PEKING UNIVERSITY

北京大学年鉴

北京大学年鉴编委会

2002

北京大学出版社

图书在版编目（CIP）数据

北京大学年鉴.2002/《北京大学年鉴》编委会编．北京：北京大学出版社，2003.11
ISBN 7-301-06371-7

Ⅰ.北… Ⅱ.北… Ⅲ.北京大学－2002－年鉴 Ⅳ.G649.281-54

中国版本图书馆CIP数据核字（2003）第049802号

书　　　名：北京大学年鉴（2002）
著作责任者：《北京大学年鉴》编委会
责 任 编 辑：刘乐坚
摄　影　者：李中新　王文泉等
标 准 书 号：ISBN 7-301-06371-7/Z·0081
出　版　者：北京大学出版社
地　　　址：北京市海淀区中关村北京大学校内　100871
网　　　址：http：//cbs.pku.edu.cn
电　　　话：发行部 62750672　邮购部 62752015　编辑部 62752032
电 子 信 箱：zpup@pup.pku.edu.cn
印　刷　者：北京大学印刷厂
发　行　者：北京大学出版社
经　销　者：新华书店
　　　　　　787毫米×1092毫米　16开本　42印张　1380千字
　　　　　　2003年11月第1版　2003年11月第1次印刷
定　　　价：100.00元

2001年5月18日,物理学院成立

2001年5月28日,新闻与传播学院成立

2001年10月26日,地球与空间科学学院成立。

2001年12月22日,政府管理学院成立

2001年9月16日,北京大学医学网络教育学院成立

2001年4月19日北大—耶鲁植物分子遗传学及农业生物技术联合研究中心成立

2001年9月7日,北京大学中国—欧洲研究中心成立并在百周年纪念讲堂举行揭牌仪式

2001年9月10日,国务院副总理李岚清来北大看望徐光宪院士

2001年9月10日,钱其琛副总理来北大视察工作并发表演讲。图为钱其琛副总理与北京大学党委书记王德炳亲切交谈

2001年12月26日,中央军委委员、总政治部主任于永波上将来北大看望国防定向生

2001年5月17日,季羡林先生90华诞,教育部部长陈至立前来看望

2001年5月24日,外交部副部长李肇星为北京大学师生作国际形势报告

2001年3月21日,美国前国务卿基辛格在百周年纪念讲堂与北大师生座谈

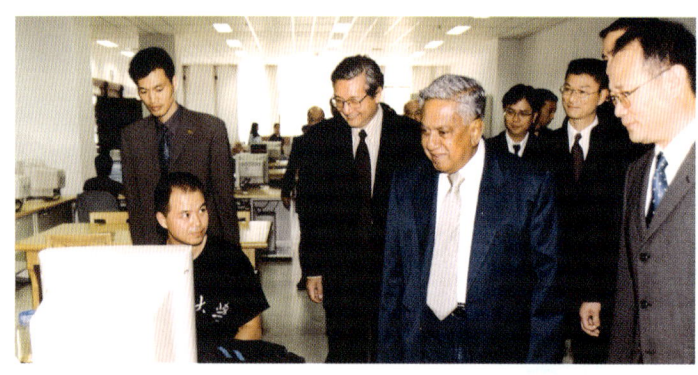

2001年3月,泰国诗琳通公主来到北京大学研修中国文化。图为诗琳通公主拜访季羡林先生

2001年9月18日,新加坡总统纳吉访问北京大学

2001年11月1日,德国总理施罗德访问北京大学并在办公楼礼堂为北大师生演讲

2001年10月10日，诺贝尔奖获得者、著名物理学家杨振宁教授来到北京大学并为师生作报告

2001年10月11日，北大党委常务副书记闵维方会见英国科学与创新部长

2001年5月，耶鲁大学校长莱文访问北京大学。图为在许智宏校长陪同下参观生命科学学院实验室

2001年8月4日，著名哲学家德里达来北京大学演讲。图为常务副校长迟惠生向德里达教授颁发北京大学名誉教授证书

2001年3月29日，北京大学召开师德建设工作会议

2001年5月22日，北京大学与国防大学共同主办纪念中国共产党成立80周年理论研讨会

2001年6月24日，北京大学隆重举行庆祝中国共产党成立八十周年大会。图为党委副书记岳素兰同志率领新党员举行入党宣誓仪式

2001年3月27日,在勺园多功能厅举行北京大学"211工程"验收座谈会

2001年5月,北京大学举办东方学国际研讨会

2001年11月2日,以"21世纪:人文与社会"为主题的首届北大论坛开幕式在百周年纪念讲堂隆重举行

12月27日,"北大论坛——基因组时代的医学"开坛

2001年10月，美国国家地理学会基金会授予侯仁之院士科学研究与考察奖

晏智杰教授《劳动价值学说新探》出版座谈会

2001年6月，北京大学—芝加哥大学资本市场、公司财务、货币和银行年会

2001年10月19日,北京大学与辽宁省签署全面合作协议,许智宏校长与辽宁省省长薄熙来交换协议文本

2001年12月20日,北京大学与宁夏回族自治区签署合作协议

2001年9月7日,北京大学与新疆石河子大学签署合作办学协议

北京大学图书馆

北京大学校园

《北京大学年鉴》(2002)编辑委员会

顾　　问：王学珍　王德炳　陈佳洱　吴树青　郝　斌　王义遒
　　　　　王效挺　马树孚　梁　柱　李安模　何芳川
主　　任：闵维方　许智宏
副 主 任：迟惠生　韩启德　赵存生　岳素兰　王登峰　林钧敬
　　　　　林久祥　吕兆丰　郝　平　吴志攀　林建华　鞠传进
　　　　　王丽梅
委　　员：史守旭　张维迎　海　闻　肖东发　张　彦　赵为民
　　　　　岳庆平　李　鹰　郭　海　张　芳　缪劲翔　魏国英
　　　　　夏文斌　梁　枫

《北京大学年鉴》(2002)编辑部

主　　编：赵存生
副 主 编：张　彦　李　鹰　缪劲翔　魏国英　夏文斌
学术顾问：肖东发
编　　委：梁　枫　衣学磊　张西峰　余　浚　程贵权　廖志敏
　　　　　孙晓华　赵春晖　刘文玲　肖　渊

编辑说明

《北京大学年鉴》(2002)是北京大学建校以来的第四本年鉴,反映了北京大学2001年度在教学改革、学科建设、科学研究、对外交流等各方面的发展进程和最新成就。

《北京大学年鉴》(2002)以文章和条目为基本体裁,以条目为主。全书共分特载,专文,北大概况,机构与干部,院系情况,教育教学与学科建设,科学研究与产业开发,管理与后勤保障,党建与思想政治工作,人物,北京大学党发、校发文件,表彰与奖励,2001年毕业生,2001年大事记等基本栏目。

2001年是北京大学发展史上至关重要的一年。在这一年里,北京大学校本部顺利通过了"211工程""九五"期间建设项目的国家验收(医学部于2002年4月接受国家验收并顺利获得通过),重新修订了《北京大学创建世界一流大学计划》,举办了庆祝中国共产党成立80周年大会和文艺晚会,开展了"三讲"教育"回头看"活动,成立了物理学院、新闻与传播学院、地球与空间科学学院、政府管理学院,召开了师德建设工作会议、文科教师大会、本科生教学工作会议、研究生教育工作会议、科研工作会议、国际合作与交流工作研讨会,以及第一届"北大论坛",有力地推动了北京大学创建世界一流大学的步伐。对其中部分内容,本卷设置"特载"一栏加以记述,并在"专文"一栏中收录了2001年重要会议的讲话摘要。

本年鉴所收录的各院、系、所、中心等单位的资料,基本上按照发展概况、学科建设、科研活动等条目编写。统计数字附在相关内容之后。

本年鉴所刊内容由各单位确定专人负责提供,并经本单位领导审定。

本年鉴采用双重检索系统。书前有目录,书后有索引。索引采用内容分析主题法,按汉语拼音排序。读者还可以通过书眉查检所需资料。

本年鉴主要收录了各单位2001年1月1日至2001年12月31日期间发生的重大事件,部分内容依据实际情况在时限上略有延伸。

《北京大学年鉴》(2002)由北京大学党委办公室、校长办公室组织编写,在编写过程中,得到了各有关单位和部门的大力支持,在此谨表衷心感谢。

《北京大学年鉴》编辑部
2002年11月

目 录

·特 载·················(1)

北京大学顺利通过"211工程""九五"期间建设
  项目的国家验收··················(1)
隆重召开庆祝中国共产党成立八十周年
  大会·······························(4)
北京大学开展"三讲"教育"回头看"活动········(5)
  附录：王德炳在北京大学"三讲"教育"回头
    看"活动动员大会上的讲话············(6)
    许智宏在北京大学"三讲"教育"回头
    看"活动通报会上的讲话·············(11)

·专 文·················(16)

党委书记王德炳在春季全校干部大会上
  的讲话····························(16)
校长许智宏在春季全校干部大会上的讲话···(21)
校长许智宏在秋季全校干部大会上的讲话···(26)
党委书记王德炳在秋季全校干部大会上
  的讲话····························(31)
党委常务副书记、副校长闵维方在秋季全校
  干部大会上的讲话··················(34)
常务副校长迟惠生在秋季全校干部大会上
  的讲话····························(37)
常务副校长韩启德在秋季全校干部大会上
  的讲话····························(39)
党委书记王德炳在师德建设工作会议上
  的讲话····························(43)
常务副校长迟惠生在本科教学工作会议上
  的讲话····························(48)
党委书记王德炳在本科教学工作会议总结
  会上的讲话························(50)
许智宏校长在科研工作会上的讲话··········(52)
常务副校长迟惠生在科研工作会上的讲话···(57)
党委书记王德炳在文科教师大会上的讲话···(59)
清除赝品，拒绝平庸，树立北大文科精品意识
  ——副校长何芳川在文科教师大会上的讲话
  ·····································(59)
校长许智宏在"北大论坛"开坛仪式上
  的致辞····························(61)
党委常务副书记、副校长闵维方在"北大论坛"
  开坛仪式上的致辞··················(62)
校长许智宏在国际交流与合作工作研讨会上
  的讲话····························(63)
副校长郝平在国际交流与合作工作研讨会上
  的讲话····························(64)

·北大概况·················(68)

·机构与干部·················(72)

校级领导干部···························(72)
学术委员会暨教师职务评审委员会··········(72)
专业技术职务评审委员会··················(72)
学位评定委员会·························(73)
学部学术委员会·························(73)
第四届校教职工代表大会执行委员会········(74)
医学部负责人···························(74)
校机关各部门、工会、团委负责人··········(74)
各院、系、所、中心负责人···············(76)
直属、附属单位负责人···················(79)
各民主党派和归国华侨联合会负责人········(80)

·院系情况·················(81)

数学科学学院···························(81)
力学与工程科学系·······················(83)
物理学院······························(84)
地球与空间科学学院·····················(88)
电子学系······························(94)
计算机科学技术系·······················(96)
化学与分子工程学院·····················(99)
生命科学学院··························(104)
城市与环境学系························(107)
心理学系······························(111)
中国语言文学系························(113)
历史学系······························(115)
考古文博院····························(118)
哲学系、宗教学系······················(121)
国际关系学院··························(127)
新闻与传播学院························(129)
政府管理学院··························(131)
经济学院······························(133)
光华管理学院··························(134)

法学院……………………………… (135)
信息管理系………………………… (139)
社会学系…………………………… (141)
社会学人类学研究所……………… (142)
外国语学院………………………… (144)
马克思主义学院…………………… (146)
教育学院…………………………… (147)
艺术学系…………………………… (149)
计算机科学技术研究所…………… (151)
中国经济研究中心………………… (153)
人口研究所………………………… (154)
环境科学中心……………………… (155)
信息科学中心……………………… (156)
基础医学院………………………… (158)
药学院……………………………… (159)
公共卫生学院……………………… (161)
护理学院…………………………… (162)
第一临床医学院…………………… (163)
第二临床医学院…………………… (170)
第三临床医学院…………………… (174)
口腔医学院………………………… (181)
临床肿瘤学院……………………… (181)
精神卫生研究所…………………… (183)
临床药理研究所…………………… (184)
中国药物依赖性研究所…………… (185)
生育健康研究所…………………… (186)
医学部外语教学部………………… (188)
医学部社会科学与人文科学教学部… (189)
元培计划管理委员会……………… (189)
首都发展研究院…………………… (191)

·教育教学与学科建设· …………… (196)

本科生教育教学…………………… (196)
　教学改革进一步进行……………… (196)
　元培计划………………………… (196)
　基地建设………………………… (196)
　本科生科研……………………… (196)
　全校性公共课程选课制度改革…… (197)
　教学评估………………………… (197)
　教学成果………………………… (197)
　教材建设………………………… (197)
　招生工作………………………… (197)
　"两课"教学……………………… (198)
　艺术教育………………………… (198)
　体育教学………………………… (198)
　医学部本、专科生教育教学……… (200)
　附录：北京大学本科专业目录…… (202)
　　　　北京大学本科课程目录…… (203)
　　　　优秀主干基础课…………… (223)
　　　　北京大学2001年录取各省第一名学生
　　　　　名单………………………… (224)
　　　　北京大学2001年录取中学生国际
　　　　　奥林匹克竞赛获奖学生名单… (225)
　　　　毕业生学位类别人数统计…… (226)
　　　　各院系毕业生人数统计……… (226)
　　　　各专业毕业生人数统计……… (226)
　　　　北京大学田径纪录…………… (227)

研究生教育………………………… (229)
　概况……………………………… (229)
　研究生教育改革………………… (229)
　改进管理机制…………………… (229)
　狠抓高质量成果产出…………… (230)
　招生工作………………………… (230)
　培养工作………………………… (231)
　学位工作………………………… (232)
　中国研究生院院长联席会……… (232)
　医学部研究生教育……………… (233)
　深圳研究生院…………………… (236)
　附录：全国优秀博士学位论文名单… (237)
　　　　2001年在岗博士生指导教师 …… (237)
　　　　有博士、硕士学位授予权的学科专业
　　　　　目录………………………… (242)
　　　　2001年在校研究生统计 …… (245)

继续教育…………………………… (246)
　概况……………………………… (246)
　招生工作………………………… (246)
　学籍管理………………………… (247)
　教学管理与研究………………… (247)
　高层次继续教育………………… (248)
　自学考试主考和助学工作……… (248)
　发展现代远程教育……………… (248)
　成人教育学院建设与发展……… (248)
　医学部继续教育………………… (249)
　附录：成人高等学历教育在校生
　　　　统计………………………… (251)
　　　　成人学历教育招生录取人数
　　　　统计………………………… (251)
　　　　大学后高层次继续教育培训学生
　　　　统计………………………… (251)

海外教育…………………………… (252)
　概况……………………………… (252)
　泰国公主诗琳通来校研修……… (252)
　奖学金年度评审………………… (252)
　合作项目………………………… (253)

研修项目……………………（253）
　对外汉语教学………………（254）
　医学部留学生工作…………（255）

·科学研究与产业开发·……（256）

理科与医科科研……………（256）
　概况…………………………（256）
　科研基地建设………………（256）
　科研项目与科研经费………（257）
　科研论文……………………（258）
　科技成果……………………（259）
　医学部科研工作……………（259）
　附录：2001年北京大学理科与医科在研
　　　项目…………………………（262）
　　2001年北京大学理科与医科到校
　　　科研经费………………（263）
　　1996—2001年科研经费统计……（264）
　　2001年申请及获准国家自然科学
　　　基金项目与经费………（264）
　　国家重点基础研究发展规划项目
　　　………………………………（265）
　　医学部申报国家"863计划"中标
　　　项目………………………（265）
　　医学部北京市科技合同项目………（266）
　　重点实验室名录……………（266）
　　2001年新建研究中心………（267）
　　2001年理科与医科科研成果
　　　获奖情况………………（267）
　　2001年科技论文与著作统计……（270）
　　2001年通过鉴定、评审的科技
　　　成果……………………（275）
　　2001年理科单位专利授权与申请
　　　情况……………………（277）
　　理科国际学术会议…………（277）
　　入选教育部"跨世纪优秀人才培养计划"
　　　名单……………………（278）

文科科研……………………（278）
　概况…………………………（278）
　北京大学获第五届国家图书奖……（279）
　附录：2001年北京大学国家社会科学项目
　　　………………………………（279）
　　2001年北京大学教育部人文社会科学
　　　"十五"规划第一批研究项目……（280）
　　北京大学北京市哲学社会科学
　　　"十五"规划项目………（282）
　　北京大学教育部人文社会科学重点
　　　研究基地项目…………（283）
　　2001年文科横向项目到账经费情况
　　　………………………………（283）
　　2001年北京大学获北京市社会科学
　　　理论著作出版基金资助名单……（286）
　　2001年北京大学获第五届国家
　　　图书奖名单……………（286）
　　2001年北京大学文科国际学术会议
　　　………………………………（286）

科技开发、产业管理与国内合作………（287）
　概况…………………………（287）
　校办产业……………………（288）
　校企改制……………………（288）
　大学科技园…………………（288）
　科技开发……………………（289）
　国内合作……………………（290）
　深港产学研基地……………（292）
　医学部产业管理……………（293）
　附录：2001年北大科技开发部合同额
　　　统计总表………………（295）
　　2001年北大科技开发部合同到款额
　　　统计总表………………（295）
　　2001年各单位合作签订的主要技术
　　　合同项目………………（295）
　　2001年重点推广项目………（296）

主要高科技企业……………（297）
　北大方正集团公司…………（297）
　北大青鸟集团………………（299）
　北大未名生物工程集团……（300）
　北大资源集团………………（301）

主要教学科研服务设施……（302）
　北京大学图书馆……………（302）
　医学图书馆…………………（307）
　北京大学出版社……………（308）
　北京医科大学出版社………（318）
　北京大学档案馆……………（321）
　医学部档案馆………………（322）
　北京大学学报（自然科学版）……（323）
　北京大学学报（哲学社会科学版）……（326）
　北京大学学报（医学版）…（327）
　赛克勒考古与艺术博物馆…（327）
　现代教育技术中心…………（328）
　医学部教育技术中心………（329）
　计算中心……………………（331）
　医学部信息中心……………（333）
　医药卫生分析中心…………（334）
　实验动物科学部……………（337）

·管理与后勤保障· (339)

发展规划工作 (339)
概况 (339)
修订规划 (339)
制度建设 (340)
学科规划 (340)
事业规划 (340)
校园规划 (341)
环境保护与辐射防护工作 (341)
异地办学与校际交流 (341)
"海峡两岸——大学的校园"学术研讨会 (342)

对外交流 (342)
校际交流 (342)
政要来访 (343)
诺贝尔奖得主来访 (343)
校际合作项目 (343)
外国专家工作 (343)
派出工作 (345)
医学部对外交流 (345)
附录：因公出国(境)人员统计表 (346)
因私出国(境)人员统计表 (348)

人事管理 (349)
概况 (349)
编制核定 (349)
教职工队伍状况 (350)
增员情况 (350)
减员情况 (351)
"长江学者"聘任 (352)
高层次创造性人才工程 (352)
奖教金评审 (352)
人才开发与培训 (352)
青年教师流动公寓 (353)
年度考核与岗位聘任 (353)
专业技术职务聘任 (353)
流动编制 (354)
人事代理制度 (356)
工资与福利 (356)
离退休人员工作 (356)
博士后管理 (358)
人事档案管理 (359)
全国出国留学工作研究会 (359)
医学部人事管理 (360)

财务与审计 (363)
财务工作 (363)
总体财务状况 (363)
财务状况专题分析 (364)
财务管理 (365)
审计工作 (366)
概况 (366)
预算执行情况与财务收支审计 (366)
经济责任审计 (367)
工程审计 (367)
审计科研 (367)
审计制度建设与业务建设 (367)
审计队伍建设 (368)
医学部审计工作 (368)

资产管理 (369)
概况 (369)
房地产管理 (369)
房改工作 (370)
住房制度改革研讨会 (371)
西二旗经济适用房 (371)
蓝旗营小区入住 (371)
人防工程管理 (372)
仪器设备管理 (372)
设备采购 (373)
实验室建设与管理 (373)
世行贷款"高教发展项目" (374)
无形资产管理 (374)
医学部资产管理 (374)
附表：土地基本情况汇总表 (376)
房屋基本情况汇总表 (376)
公用房调整情况一览表 (376)
教职工住宅现状情况表 (379)
成套家属房统计表 (379)
人防工程(含普通地下室)统计表 (379)
出售公有住宅楼房情况一览表 (380)
1995年以来仪器设备(800元以上)拥有量一览表 (380)
校内开放大型仪器设备清单 (380)
"985"项目进口仪器设备一览表 (386)
医学部"211工程"进口仪器设备一览表 (398)
医学部"世行贷款高教发展项目"进口仪器设备一览表 (400)
正常进口仪器设备一览表 (401)
实验室基本情况一览表 (408)
医学部接受国外捐赠科教仪器一览表 (410)

基建与后勤 (410)
基建工作 (410)

概况	(410)
抗震加固工程	(410)
维修改造工程	(411)
新建工程	(411)
煤改气及天然气工程	(411)
大运会运动场工程	(411)
翻建工程	(412)
在建工程	(412)
其他工程	(412)
医学部基建工作	(412)
总务系统工作	(412)
总务部工作	(412)
餐饮中心	(413)
水电中心	(415)
供暖中心	(415)
校园管理服务中心	(416)
学生宿舍管理服务中心	(416)
运输中心	(417)
幼教中心	(418)
节能办公室	(419)
后勤党委	(419)
医学部后勤工作	(420)

医院管理 (424)
　主要医疗指标 (424)
　医院管理改革 (424)
　学科联合工作 (424)
　医疗质量管理 (424)
　规范化服务达标 (425)
　药品集中招标采购 (425)
　上级卫生行政部门交办任务 (425)
　护理工作 (425)

教育基金会与校友工作 (427)
　概况 (427)
　基金使用 (427)
　基金会(美国)成立 (427)

会议中心 (432)
　概况 (432)
　勺园 (432)
　对外交流中心 (433)
　百周年纪念讲堂 (434)

燕园社区服务中心 (440)
燕园街道办事处 (442)
北京大学校医院 (443)
北京大学附属中学 (445)
北京大学附属小学 (446)

· 党建与思想政治工作 · (448)

组织工作 (448)
　概况 (448)
　党组织基本状况 (448)
　党建工作 (448)
　干部队伍状况 (448)
　干部队伍建设 (450)
　干部培训工作 (452)
　基本经验和工作设想 (453)
　医学部组织工作 (453)

宣传工作 (457)
　概况 (457)
　思想理论工作 (457)
　庆祝中国共产党建党80周年理论
　　研讨会 (458)
　校园文化建设 (458)
　校报工作 (460)
　广播电视台 (460)
　新闻网工作 (461)
　医学部宣传工作 (461)

统战工作 (463)
　概况 (463)
　主要工作 (464)
　医学部统战工作 (465)

纪检监察工作 (467)
　概况 (467)
　干部廉洁自律 (467)
　制度建设 (468)
　监督检查 (469)
　宣传教育 (469)
　信访与案件 (469)
　岗位聘任的申诉受理调查工作 (470)
　队伍建设 (470)
　医学部纪检监察工作 (471)

保卫工作 (474)
　概况 (474)
　重大警卫活动 (474)
　维护校园稳定 (474)
　治安与科技防范 (474)
　校园环境秩序整治 (474)
　医学部保卫工作 (475)

工会与教代会工作 (477)
　概况 (477)
　教代会工作 (477)
　第六届教代会工会工作研讨会 (477)
　组织宣传工作 (478)
　文化工作 (478)
　体育工作 (478)

青年工作……………………………………(479)
女教职工工作………………………………(479)
生活福利工作………………………………(479)
医学部工会工作……………………………(480)
学生工作………………………………………(482)
概况……………………………………………(482)
思想政治教育………………………………(482)
学生日常管理………………………………(484)
助学工作……………………………………(485)
本科毕业生就业指导………………………(485)
毕业研究生就业指导………………………(487)
国防教育……………………………………(488)
医学部学生工作……………………………(489)
共青团工作……………………………………(493)
概况……………………………………………(493)
学生思想政治教育…………………………(494)
理论研究与宣传引导………………………(494)
学术科技与社会实践………………………(495)
校园文化建设………………………………(495)
学生组织与学生社团………………………(495)
青年志愿者行动……………………………(496)
机关建设……………………………………(497)
青年团干与学生骨干培养…………………(498)
医学部共青团工作…………………………(498)

·人　物·……………………………………(502)
在校院士简介…………………………………(502)
教授名录………………………………………(518)
2001年逝世人物………………………………(526)

·2001年党发、校发文件·…………(527)

·表彰与奖励·……………………………(543)
"长江学者奖励计划"教授……………………(543)
"教学优秀奖"获得者…………………………(544)
奖教金获得者…………………………………(544)
优秀德育奖……………………………………(548)
优秀班主任奖…………………………………(548)
北京大学优秀班集体…………………………(549)
党务和思想政治工作先进集体………………(549)
党务和思想政治工作优秀个人………………(550)
学生奖励获得者………………………………(552)
奖学金获得者…………………………………(561)

·毕业生名单·……………………………(582)
本、专科毕业生(包括第二学士学位
　毕业生)………………………………………(582)
硕士毕业生……………………………………(589)
博士毕业生……………………………………(594)
毕业留学生……………………………………(597)

·2001年大事记·…………………………(602)

·附　录·……………………………………(622)
2001年聘请的名誉教授………………………(622)
2001年聘请的客座教授………………………(622)
2001年授予的名誉博士………………………(623)
报刊报道有关北大主要消息索引……………(623)

·索　引·……………………………………(630)

Contents

Specials (1)
"211 Project" and Construction Projects Undertaken in PKU During the 9th Five Year Plan Approved by the National Authorities Concerned (1)
Grand Convention Held at PKU to Celebrate CCP's 80th Anniversary (4)
PKU Initiates Various Activities to Promote the Education of "Three Advocates" and "Looking Back" Theories (5)

Speeches (16)
CCP Secretary Wang Debin's Speech Delivered at the Spring Convention of PKU Cadres (16)
President Xu Zhihong's Speech Delivered at the Spring Convention of PKU Cadres (21)
President Xu Zhihong's Speech Delivered at the Autumn Convention of PKU Cadres (26)
CCP Secretary Wang Debin's Speech Delivered at the Autumn Convention of PKU Cadres (31)
CCP Vice Secretary and Vice President Min Weifang's Speech Delivered at the Autumn Convention of PKU Cadres (34)
Vice President Chi Huisheng's Speech Made at the Autumn Convention of PKU Cadres (37)
Vice President Han Qide's Speech Made at the Autumn Convention of PKU Cadres (39)
CCP Secretary Wang Debin's Speech Delivered at the Meeting of PKU Moral Education of Faculty (43)
Speech Made by Vice President Chi Huisheng at the Meeting on the Teaching of Undergraduates (48)
A Concluding Remark Made by CCP Secretary Wang Debin at the Meeting on the Teaching of Undergraduates (50)
President Xu Zhihong's Speech Delivered at the Research Conference (52)
Vice President Chi Huisheng's Speech Delivered at the Research Conference (57)
CCP Secretary Wang Debin's Speech Delivered at the PKU Faculty Conference of Liberal Arts (59)
Speech of Vice President He Fangchuan Delivered at the PKU Faculty Conference of Liberal Arts (59)
Address delivered by President Xu Zhihong on the Ceremony Of the Initiation of "PKU Forum" (61)
Address delivered by CCP Vice Seecretary and Vice President Min Weifang at the Ceremony Of the Initiation of "PKU Forum" (62)
Speech made by President Xu Zhihong at the Symposium on International Communication and Cooperation (63)
Speech made by President Hao Ping at the Symposium on International Communication and Cooperation (64)

Peking University Survey (68)

Body of Leadership Lists (72)
University Leaders (72)
Academic Committee and Faculty Evaluation Committee (72)
Evaluation Committee of Professional Posts (72)
Evaluation Committee for the Evaluation of Academic Degrees (73)
Board of Academic Committees (73)
Executive Committee of the Fourth Faculty and Staff Representative Congress (74)
Leaders of Medical Department (74)

Leaders of the Administrative Bodies,
Workers' Union and Youth League .... (74)
Leaders of Colleges, Schools, Departments
and Research Centres .... (76)
Leaders of Direct-subordinate and Affiliated
Organizations .... (79)
Leaders of Democratic Parties and the Union
of Homecoming Overseas Chinese .... (80)

Schools and Departments (81)
Mathematics .... (81)
Mechanics and Engineering .... (83)
Physics .... (84)
Earth and Space Sciences .... (88)
Electronics .... (94)
Computer Science .... (96)
Chemistry and Molecular Engineering .... (99)
Life Science .... (104)
Urban Environmental Science .... (107)
Psychology .... (111)
Chinese Language and Literature .... (113)
History .... (115)
Archaeology .... (118)
Philosophy and Religious Studies .... (121)
International Studies .... (127)
Journalism and Communication .... (129)
Political Science and Management .... (131)
Economics .... (133)
Guanghua School of Management .... (134)
Law .... (135)
Management of Information Science .... (139)
Sociology .... (141)
Research Institute of Sociology and
Anthropology .... (142)
School of Foreign Languages .... (144)
Marxist Studies .... (146)
School of Education .... (147)
Fine Arts .... (149)
Research Institute of Computer Science
and Technology .... (151)
China Center for Economic Research .... (153)
Research Institute of Demographics .... (154)
Research Centre of Environmental Science
.... (155)
Centre of Information Science .... (156)
School of Basic Medical Science .... (158)
School of Pharmacy .... (159)
School of Public Health .... (161)
School of Nursing .... (162)
The First College of Medicine .... (163)
The Second College of Medicine .... (170)
The Third College of Medicine .... (174)
College of Stomatology .... (181)
College of Oncology .... (181)
Institute of Mental Health .... (183)
Institute of Clinical Medicine .... (184)
Institute of Medical Dependency of China
.... (185)
Bearing Care Institute .... (186)
Foreign Languages Teaching Centre of
Medical Department .... (188)
Centre of the Education of Social Sciences
and Humanities of Medical Department
.... (189)
Yuanpei Committee of Planning and
Management .... (189)
Institute of the Capital Development .... (191)

Teaching and Disciplinary Buildup (196)
Education and Instruction of Undergraduate
students .... (196)
  Teaching Reform .... (196)
  Yuanpei Project .... (196)
  Construction of Educational Bases .... (196)
  Research of Undergraduates .... (196)
  Reform on The Selective Rules of Basic
    Courses .... (197)
  Appraisal of Teaching .... (197)
  Achievement in Teaching .... (197)
  Compilation of Teaching Materials .... (197)
  Admission .... (197)
  Teaching of Two Courses .... (198)
  Education Of Fine Arts .... (198)
  Physical Education .... (198)
  Instruction of Both Undergraduates and
    College Students .... (200)
Graduate Education .... (229)
  A General Survey .... (229)
  Reform in Graduate Education .... (229)
  Improvement of Managerial Mechanism
    .... (229)
  Take active Measures to Assure High

Quality Academic Achievements ········ (230)
Admission ································· (230)
Training ···································· (231)
Degree Granting ························· (232)
Board of Directors of Chinese Graduate
　Schools ································· (232)
Graduate Education of the Medical
　Department ···························· (233)
Shenzhen Graduate School ·············· (236)
Adult Education ···························· (246)
A General Survey ······················· (246)
Admission ································· (246)
Credit Profile Management ············· (247)
Management of Teaching and Research
　·· (247)
Post-college Continual Education ······ (248)
Self-study Testing and Assistant Work
　·· (248)
Long-distance Modern Education
　Network ································ (248)
Construction and Advancement of
　PKU College of Adult Education ····· (248)
Adult Education in Medical Department
　·· (249)
Overseas Education ······················· (252)
A General Survey ······················· (252)
Thailand Princess Comes to Study
　in PKU ································· (252)
Annual Appraisal of Scholarships ······ (252)
Projects of Cooperation ················· (253)
Research and Training Projects ········· (253)
Chinese Language Instruction Abroad ··· (254)
International Students in the Medical
　Department ···························· (255)

Academic Research and Hi-tech Enterprises ·················· (256)
Researches in Science and Medicine ········ (256)
A General Survey ······················· (256)
Construction of Scientific Research
　Bases ··································· (256)
Research Projects and Funds ··········· (257)
Research Papers ························ (258)
Achievements in Scientific Researches ··· (259)
Research Work in the Medical Department
　·· (259)

Researches in Humanity and Social Science
　·· (278)
A General Survey ······················· (278)
PKU Granted The Fifth National Books
　Award ································· (279)
**Academic Research, Management of
University-owned Enterprises and
National Cooperation** ···················· (287)
A General Survey ······················· (287)
University-owned Enterprises ··········· (287)
Reform in University-owned Enterprises
　·· (288)
University Sci-tech Campus ············ (288)
Development of Science and Technology
　·· (289)
National Cooperation ··················· (290)
Research Bases for Shenzhen-Hong
　Kong Enterprises ····················· (292)
Management of Enterprises in the
　Medical Department ··················· (293)
Main Hi-tech Enterprises ··············· (294)
Major Teaching and Research Facilities ··· (302)
Peking University Library ·············· (302)
PKU Library of Medical Science ········ (307)
Peking University Press ················ (308)
Beijing Medical University Press ········ (318)
PKU Archives ··························· (321)
Archives of the Medical Department ······ (322)
Journal Of Peking University
　(Science Edition) ····················· (323)
Journal Of Peking University (Philosophy
　and Social Science Edition) ··········· (326)
Journal Of Peking University (Medical
　Science Edition)······················· (327)
A. M. Sachler Musium of Arts and
　Archaeology at Peking University ····· (327)
Technical Centre of Modern Education
　·· (328)
Technical Centre of Modern Education
　of the Medical Department ··········· (329)
Computer Centre ······················· (331)
Information Centre of Medical
　Department ···························· (333)
Centre of Medical Analysis ············· (334)
Scientific Centre of Experimental
　Animals ································ (337)

Administration and Service Provisions (339)

Development and Planning (339)
- A General Survey (339)
- Improvement of System and Regulations (339)
- Scientific Planning (340)
- Layout of Disciplines (340)
- Research Projects (340)
- Campus Layout (341)
- Environmental Protection and Safety from Radiation (341)
- Setting Up Affiliated Schools in Other Regions and Intercollegiate Cooperation (341)
- Symposium of "Campus Across The Straits" (341)

International Exchanges and Cooperation (342)
- Intercollegiate Exchanges and Cooperation (342)
- VIP Visits (343)
- Visits of Nobel Prize Laureates (343)
- Intercollegiate Cooperation (343)
- Foreign Experts (343)
- Working Abroad (345)
- International Exchanges and Cooperation in the Medical Department (345)

Personnel Management (349)
- A General Survey (349)
- Verification of PKU Personnel (349)
- Status of PKU Faculty and Staff (350)
- Increase of Employees (350)
- Status of Staff Cutdown (351)
- Introduction of Changjiang Scholars (352)
- Project of High-level Qualified Initiative Personnel (352)
- Appraisal and Award to Excellent Scholars (352)
- Training of Promising and Gifted Personnel (352)
- Movable Flats for Young Teachers (353)
- Annual Appraisal and Appointments (353)
- Appointment of Professional and Technological Posts (353)
- Mobile Posts (354)
- Setting-up of Personnel Surrogate System (356)
- Wages and Welfare (356)
- Retirees (356)
- Management of Post-doc Researchers (358)
- Management of Personnel Archives (359)
- National Symposium on Studying Abroad (359)
- Personnel Management in the Medical Department (360)

Finance and Audition (363)
- Financial Affairs (363)
- Auditing (366)

Property Management (369)
- A General Survey (369)
- Real Estate Management (369)
- Housing Reform (370)
- Symposium on Housing Reform (371)
- Xi'erqi Economic Housing District (371)
- Moving into Lanqiying Houses (371)
- Management of Air-raid Facilities (372)
- Management of Instruments and Equipment (372)
- Purchase of Equipment (373)
- Construction and Management of Laboratories (373)
- Loan from the World Bank for the "Projects of the Development of Higher Education" (374)
- Management of Invisible Assets (374)
- Management of Assets of the Medical Department (374)

Capital Construction and Logistics (410)
Management of PKU Hospitals (424)
Foundation of Education and Alumni Association (427)
Conference Centres (432)
Yanyuan Community Service Centre (440)
Yanyuan Neighborhood Office (442)
Peking University Hospital (443)
Affiliated High School of PKU (445)
Affiliated Primary School of PKU (446)

The CCP Construction and Ideological Education (448)
Organization (448)

Contents	
A General Survey (448)	Department (475)

- A General Survey .... (448)
- A General Survey of Organization Setup .... (448)
- CCP Construction .... (448)
- Status of Cadres .... (448)
- Construction of Cadres .... (450)
- Training of Cadres .... (452)
- Experience and Prospects .... (453)
- CCP Organization of the Medical Department .... (453)

Public Education .... (457)
- A General Survey .... (457)
- Education of CCP Ideology .... (457)
- Theoretical Symposium on the Eightieth Anniversary of CCP .... (458)
- Campus Culture .... (458)
- School Journals .... (460)
- Broadcasting and TV Station .... (460)
- News Network .... (461)
- Public Education in the Medical Department .... (461)

United Front .... (463)
- A General Survey .... (463)
- Main Efforts .... (464)
- United Front in the Medical Department .... (465)

Disciplines Inspection and Supervision .... (467)
- A General Survey .... (467)
- Self-discipline of CCP Cadres .... (468)
- Improvement of Regulations .... (469)
- Inspection and Supervision .... (469)
- Propaganda and Education .... (469)
- Letters, Calls and Investigation of Cases .... (469)
- Investigation on Complaints Concerning Tenure and Appointment .... (470)
- Organization Setup .... (470)
- Disciplines Inspection and Supervision in the Medical Department .... (471)

Security .... (474)
- A General Survey .... (474)
- Important Security Actions .... (474)
- Maintenance of Stability on Campus .... (474)
- Safety and Security on Campus with Hi-tech means .... (474)
- Keep Orders on Campus .... (474)
- Status of Security in the Medical Department .... (475)

Labour Union and Convention of Faculty Representatives .... (477)
- A General Survey .... (477)
- Convention of Faculty Representatives .... (477)
- The PKU Union Seminar at the Sixth Convention of Faculty Representatives .... (477)
- Organizations and Propaganda .... (478)
- Cultural Issues .... (478)
- Education .... (478)
- Youth .... (479)
- Female Teachers and Staff .... (479)
- Welfares .... (479)
- Labour Union in the Medical Department .... (480)

Management of Students .... (482)
- A General Survey .... (482)
- Moral and Political Education .... (482)
- Management of Daily Life .... (484)
- Scholarship System .... (485)
- Job Directory for Undergraduates .... (485)
- Job Directory for Graduates .... (487)
- Education of National Defense .... (488)
- Student Management in the Medical Department .... (489)

Communist Youth League .... (493)
- A General Survey .... (493)
- Ideological and Political Education of Students .... (494)
- Theory and Publicity .... (494)
- Scientific and Technological Projects .... (495)
- Cultural Activities on Campus .... (495)
- Students Union and Associations .... (495)
- Activities of Youth Volunteers .... (496)
- Construction of Style of Work, Organizations .... (497)
- Training of Youth Cadres and Students Activists .... (498)
- Youth League in the Medical Department .... (498)

Profiles .... (502)
Academicians .... (502)
List of Professors .... (518)
Late Persons .... (526)

Contents

CCP and Collegiate Documents of PKU ······ (527)

Honors and Awards ······ (543)
Awards to Changjiang Scholars ······ (543)
"Excellent Teaching Awards" Laureates ··· (544)
Excellent Teachers ······ (544)
Excellent Moral Education Awards ······ (548)
Excellent Class Tutors ······ (548)
Excellent Classes in PKU ······ (549)
Excellent Persons and Organizations in CCP and Ideological and Political Education ······ (549)
Excellent Students ······ (552)
Scholarship Winners ······ (561)

Lists of Graduates (including Second Degree Holders) ······ (582)
Undergraduates ······ (582)
Graduates ······ (589)
PhD Graduates ······ (594)
International Graduates ······ (597)

Events Chronicles ······ (602)

Appendixes ······ (622)
PKU Honorary Professors in 2001 ······ (622)
PKU Visiting Professors in 2001 ······ (622)
Honorary Doctorate Awarded in 2001 in PKU ······ (623)
Indexes of Briefs on PKU in Newspapers and Journals ······ (623)

Indexes ······ (630)

· 特 载 ·

北京大学顺利通过"211工程""九五"期间建设项目的国家验收

2001年3月26～28日，北京大学校本部接受了由国家计委、财政部、教育部主持的对北大"211工程""九五"期间建设项目的验收，获得了评审专家的高度评价，顺利通过了验收。

1993年2月13日，中共中央、国务院颁布了《中国教育改革和发展纲要》，原国家教委随后发布了《关于重点建设一批高等学校和重点学科的若干意见》，宣布开始实施"211工程"。这一举措为高等教育的发展提供了前所未有的大好机遇。

北京大学积极响应这一决策，全校动员，集思广益，从学科建设大讨论入手，对北京大学未来的改革与发展进行了充分论证，形成了《北京大学改革和发展纲要》，并以此为基础，制定了《北京大学"211工程"建设规划》；经国家批准，于1996年成为我国第一批实施"211工程"的院校之一。

几年来，北京大学坚持以邓小平理论为指导，坚持"三个面向"的原则，贯彻落实党中央、国务院改革开放和"科教兴国"的战略方针，始终把学科建设和教育改革作为学校改革发展的核心，不断调整和优化专业结构和学科布局，持续推进面向21世纪的教学改革和建设，努力培养高素质的人才；坚持以人为本，不断推动各种"人才工程"的实施，努力建设高水平的学术队伍和管理队伍，坚持创新性研究，并注意加大科技成果转化和为社会主义建设服务的力度；坚持多渠道筹措办学经费，千方百计改善办学条件；不断加强和改进新时期党的建设和社会主义精神文明建设，创造先进的校园文化；充分调动全校师生员工的积极性，使"211工程"顺利实施。特别是在党中央领导的亲切关怀下，在实施"211工程"的过程中不失时机地抓住北京大学百年校庆的历史机遇，将它与创建世界一流大学计划紧密衔接起来，使北京大学在"九五"期间进入了一个前所未有的大发展时期，在师资水平、培养质量、科学研究水平和发展高科技、实行产业化等方面，迈向了一个新的阶段。其主要标志是：

——学科结构有了明显改善，重点学科建设取得重大进展。"九五"期间，北京大学根据社会和学校自身发展的需要，积极进行学科调整，到"九五"末，北京大学建有人文、社会、自然、信息与工程、医学等5个学部，包括16个学院，19个系，86个本科生专业，177个硕士点，155个博士点，13个国家重点实验室，2个国家工程研究中心，14个部属重点实验室，29个博士后流动站。此外，北京大学还建立了13.5个国家基础科学研究与教学人才培养基地，10个人文社科重点研究基地，相当一部分基地的水平已经达到或接近世界一流水平。通过优势互补、资源共享，北京大学与北京医科大学于2000年4月成功进行了合并，为创建世界一流大学迈出了重要的一步。

——教育改革取得重大进展。教学改革贯彻"加强基础、淡化专业、因材施教、分流培养"的方针，加强创新人才的培养，推行以素质教育为取向的跨学科通选课程体系，鼓励低年级大学生参加科研，实行硕博连读等多种培养计划，加强学生综合文化素质教育，更新及新建了22个重要基础课实验室，新添和更换了大部分教室的课桌椅，教室面貌焕然一新。"九五"期间，北大教学成果和教材建设硕果累累：1997年获教学成果奖41项，1999年，有7部教材获奖，2001年获北京市教学成果奖53项。

——办学规模稳步发展，学生结构更趋优化，形成了以培养高层次人才为主、多层次、多形式办学的新格局。1996～2000年连续保持了本科生招生的高质量，研究生由1995年的4055人发展到2000年的8050人，增加了95.8%，与本科生的比例已提前达到并超过"九五"末1∶2的指标，实际达到1∶1.2。博士后流动站由1996年的15个增加到23个。

——科学研究更加活跃，在基础研究、应用研究和科技成果转化方面都取得了许多重要的成果。科研经费大幅上扬。被SCI收录的论文数量逐年递增。人文社会科学的研究水平和获奖数目继续保持高校领先的地位。社会服务更加活跃和富有成效。在产学研结合方面取得了重大进展。

——实施跨世纪人才工程取得很大成效。在平稳的新老交替中，一批跨世纪的优秀人才正在茁壮成长。北大中科院院士、"长江学者"、总理基金获得者等人数均居全国高校领先地位。

——现代化的公共服务体系建设取得重大进展，为教学科研发挥了巨大作用。北大"211工程""九五"期间公共服务体系建设的主要内容是建设现代化的图书服务体系和校园网，经过五年的建设，北大图书馆现代图书文献保障体系已经基本建成，采用先进技术更新扩建的校园网也已处于国内领先水平。

——基础设施建设取得了重大进展，办学条件有了较大改善。到2000年底，基础设施总体建设计划已经全部完成，共建成教学科研用房86454平方米，职工住宅29214平方米，热电工程已投入使用，供暖面积达75万平方米。

——产学研基地发展迅速，校办产业产值和科技成果转让快速增长。五年来，北京大学校办产业的发展一直处于全国高校前茅，以方正集团、青鸟集团、未名集团、资源集团等四大支柱为代表的校办企业产值连年增长，从1996年的44.3亿元增加到2000年的120亿元。

——对外交流与合作空前活跃。到"九五"末，北大已与近50个国家和地区的180所海外大学和一批国际组织、跨国公司签订了合作协议，领域不断拓宽，层次和领域显著提高。

——党的建设和精神文明建设不断取得新成就。用邓小平理论武装头脑的工作不懈推进，"邓小平理论课"的成功开设在社会上产生了重要影响。育人环境不断改善，校园文化活动丰富多彩又体现了主旋律。1994年北大荣获"北京市党的建设和思想政治工作先进普通高等学校"的称号，1998年荣获全国"党的建设和思想政治工作先进高等学校"的称号。

经过"九五"期间北京大学全体师生员工的共同奋斗，"211工程"建设规划的目标已经全部实现，并为北京大学创建世界一流大学奠定了全面而坚实的基础。

2001年3月26日上午，"北京大学、清华大学'211工程'验收开幕式暨'九五'期间建设成果报告会"在清华大学举行。国家计委副主任郝建秀、财政部副部长张佑才、教育部副部长吕福源出席开幕式并讲话。会上，北京大学校长许智宏简洁扼要地汇报了北京大学"211工程""九五"期间的建设情况及所取得的成果、主要经验及相关的建议。3月26日下午，北京大学验收专家组在组长杨福家院士的带领下，对北京大学"211工程"建设项目进行实地考察，并观看了北京大学"211工程"建设专题片及部分成果展。3月27日上午，专家组全体成员与北京大学21位来自相关院系的教授与学生举行了座谈会。全面了解教师和学生对北京大学实施"211工程"的看法和意见。3月27日下午，专家组成员在"北京大学'211工程'建设项目清单"中自选部分单位分头进行验收考察。每一位专家都选了2~4个项目，涉及北京大学"211工程"建设的绝大多数项目。3月28日上午，专家组对北京大学"211工程""九五"期间建设情况进行了评议，并与学校领导交换了意见。

验收组的各位专家通过对北京大学"211工程""九五"期间的建设项目全面而仔细的考察与评估，对北京大学所取得的成绩给予了高度评价。专家组组长杨福家院士说，"211工程"的投资，尽管相对于国家其他投资来说并不是很多，但这些投资到了北大，好像海绵吸水一样，使它产生了非常好的效果。刘中树教授说，北京大学"211工程"建设给我留下的深刻印象是：不但规划非常科学，而且规划的落实也很扎实，应该说是超标准的完成了规划，投入并不是很大，但收效是显著的。石元春院士说，我对北京大学实施"211工程"的情况印象很好，水平很高。赵鹏大院士说，北大的"211工程"建设是以人为本的建设，学科建设是龙头，学科建设的关键就是一流的人才，理科楼的建设，为吸引和稳定人才创造了条件。"211工程"支持不多，但确实做出了不少世界一流的工作。沈士团教授说，北大的"211工程"投资少，但获得的效益却很高，希望通过北大的成绩向中央反映应该继续投资，北大"211工程"有自己的特色。许家瑞教授说，北大在"211工程"建设中，大型仪器设备建设的总体思路比较好，特别是注重了设备仪器本身的指标确定，仪器设备比较先进，有些仪器在国内是领先的，有些甚至是国内惟一的。另外，大型仪器的管理是非常规范的，严格按照有关制度执行，这一点我们专家组是非常首肯的。我们认为大型仪器总的使用效果是好的，我们看到有些仪器的投入使用确实对教学、科研水平的提高起到了很好的促进作用，因此我们认为总体情况是非常好的。李文海教授说，北大"211工程"搞得非常好，如果与国家其他重点工程来比较的话，教育战线的"211工程"是一个投入非常低、产出非常高的项目，北大给我们提供了一个非常有说服力的示范。

此外，各位专家也对北大在今后的工作中进一步加强对文科的支持力度、人才引进、学科建设、软环境建设、设备放置空间等方面提出了许多富有建设性的意见和建议。

北京大学顺利通过"211工程""九五"期间建设项目的国家验收，为下一步学校创建世界一流大学奠定了坚实的基础。

（梁枫）

注：2002年4月8日至9日，专家组对原北京医科大学"211工程""九五"期间建设项目进行了整体验收。2002年9月18日，"211工程"部际协调办公室向北京大学正式发布"211工程"九五期间建设项目的验收结果。验收意见书认为，北京大学"211工程"九五期间建设目标已经实现。这是2001年3月、2002年4月验收专家组对北京大学和原北京医科大学（北大医学部）进行了全面、严谨的审查之后得出的结论。

附 录

北京大学"211工程""九五"期间建设项目验收专家组意见

在国家计委的领导和"211工程"部际协调小组的部署下，受教育部的委托，2001年3月26日至28日，专家组对北京大学"211工程""九五"期间建设项目进行整体验收。专家组听取了北京大学校长许智宏关于学校"211工程""九五"期间建设的总结报告，实地考察了学科群及重点学科建设项目及内容、教学实验设施项目、公共服务体系建设项目及部分基础设施建设项目和仪器设备配置，与学校的部分学科带头人、中青年学术骨干及少数在校研究生进行了座谈，并进行了认真的讨论和评议，现提出评价意见如下：

一、北京大学于1996年9月经国家计委批准立项进行"211工程"重点建设以来，学校领导高度重视，加强领导和管理，深化校内改革，广大教职员工努力拼搏，开拓创新，保证了工程项目的顺利实施，全面地、高质量地完成了国家下达的"211工程""九五"期间项目建设计划，包括6个学科群和4个重点学科、以图书馆现代化和校园信息网建设为主的公共服务体系以及以理科1号楼、2号楼为代表的基础设施建设任务。

二、通过"211工程"建设，北京大学办学条件得到明显改善，广大教职工的精神面貌为之振奋，学校在学科建设、人才培养、师资队伍建设、科学研究、成果转化以及推进教育教学改革，实行教学方法的更新及现代化，优化教学、科研和管理的运行环境等方面取得了较大进展，效果显著，为实现学校的总体建设目标，将学校建设成为世界一流大学打下了坚实的基础。北京大学"211工程""九五"期间建设目标已经实现。学校的学科结构趋于优化，学科的交叉、渗透得到加强，学科的整体水平有显著提高，在数学、物理、化学、生物等基础学科和电子信息科学与技术、新功能材料等新兴、交叉学科以及法学、经济管理等应用人文社会学科的建设方面成绩突出，特别是一批重点学科开展科学前沿研究和解决重大科技问题的能力明显增强，取得了一批标志性成果，社会效益重大、经济效益较高，为国家经济建设、社会发展提供了宝贵的人才支持和知识贡献。

三、专家组提出了北京大学在"211工程"建设中尚需注意的问题：在学术梯队建设上需进一步加大力度，重视机制创新，特别是建立竞争和淘汰机制，着力营造有利于人才成长的条件和环境；要进一步处理好理论学科与应用学科、自然科学学科与人文社会科学学科协调发展的关系，加大对人文社会学科支持的力度，使北大在人文社会学科方面的传统优势得到保持和发扬。

四、建议在"211工程"实施过程中，学校能够进一步跟踪瞄准世界科技前沿，突出学校的学科优势和特色，力争若干学科尽快达到世界一流水平。鉴于北京大学"211工程""九五"建设项目计划的实施取得了明显效益和成果，专家组一致建议国家继续加大对北京大学"211工程"建设项目的投入和政策支持力度，给予学校更多的办学自主权，促使北京大学尽早实现其总体建设目标。

专家组：
  杨福家 朱清时 石元春
  沈士团 耿 东 赵鹏大
  李文海 刘中树 刘诗白
设备专家：
  许家瑞 胡继明 刘忠敏

原北京医科大学"211工程""九五"期间建设项目验收专家组意见

根据国家计委和"211工程"部际协调小组的部署，受教育部的委托，2002年4月8～9日，专家组对原北京医科大学"211工程""九五"期间建设项目进行整体验收。期间，专家组听取了北京大学常务副校长韩启德同志关于原北京医科大学"211工程""九五"期间建设的总结报告，实地考察了重点学科建设项目内容、中心实验楼、附属医院及部分基础设施建设项目和仪器设备配置，与学校的重点学科带头人、中青年学术骨干进行了座谈，阅读了有关材料并进行了认真的讨论和评议，现提出评价意见如下：

一、原北京医科大学于1997年1月经国家计委批准立项进行"211工程""九五"期间重点建设以来，在教育部、卫生部和北京市的关心、支持下，学校领导高度重视，精心规划，加强管理，带领广大教职员工抓住机遇，努力拼搏，改革创新，在经费投入尚有少量没有到位的情况下，完成了甚至部分超额完成了国家批复的"211工程""九五"期间项目建设计划，高质量地完成了包括10个重点学科建设项目、分析中心等公共服务体系以及人民医院科研楼等基础设施在内的建设项目。

二、通过"211工程"建设，学校广大教职工的精神面貌为之振奋，凝聚力进一步增强，积极性得到充分调动。学校在学科建设、人才培养、教学改革、教学质量、师资队伍建设尤其是吸引拔尖人才、科学研究、医疗保健等方面取得了明显进展。学校抓住"211工程"的契机，集中优势力量，建立了"人类疾病基因研究中心"、"干细胞研究中心"、"中医药现代研究中心"等反映医学研究前沿领域的研究中心和技术平台，为相关学科今后的发展打下了很好的基础。在干细胞研究、新药的研制与开发、骨髓移植及血液病学、医学免疫学、生理学、骨科学、生殖医学、超声热疗等领域取得了一批标志性成果。仪器设备购置合理，大型仪器设备实行集中管理，专管共用，使用效率较高。原北京医科大学"211工程""九五"期间建设目标已经实现，为我国医学学科增强国际竞争力打下了良好的基础。

三、专家组希望学校继续加强人才队伍的建设，多出快出具有重要国际影响的、高水平的成果，加速培植在国际上具有领先地位的学科，继续发挥基础研究与临床结合的优势，缩短研究成果的转化周期，充分利用与北京大学合并带来的多学科广泛交叉融合的有利条件，努力创建新的边缘学科，提升整体水平。

四、鉴于原北京医科大学"211工程""九五"建设项目计划的实施取得了明显效益和成果，专家组一致建议，国家应继续加大对合并后北京大学医学学科"211工程"建设项目的投入和政策支持力度，使北京大学早日跻身世界一流大学的行列。

专家组：

巴德年　李延保　郑　树　胡冬煦　张肇达
王　镭　杨杰东

隆重举行庆祝中国共产党成立八十周年大会

2001年6月24日下午3时，北京大学庆祝中国共产党成立80周年大会在百周年纪念讲堂隆重召开。原北京大学党委书记汪家镠、王学珍、任彦申，原北京大学校长吴树青，原北京大学副校长季羡林教授，"一二·九"运动时期和解放战争时期的老党员白文治、黄楠森、彭瑞骢，北京市委教育工委副书记李明，北大校领导王德炳、许智宏、迟惠生、赵存生、岳素兰、王登峰、林钧敬、林久祥、吕兆丰、鞠传进等，北京大学民主党派代表韩汝琦教授及教师和学生代表2000多人出席了大会。大会由北京大学常务副书记、副校长闵维方主持，党委书记王德炳作大会报告。

王德炳在报告中说，在新世纪的开元之年，我们迎来了中国共产党成立八十周年纪念日。作为第一所国立综合性大学，北京大学是中国最早传播马克思主义和科学民主思想的发源地，是中国共产党最早的活动基地。从党的源起、初创，到发展、壮大，再到革命、建设，在每一个历史阶段，北京大学都写下了动人的篇章，做出了重要的贡献。因此，在北大举行纪念建党八十周年活动，具有非常特殊的意义。

王德炳满怀深情地回顾了北京大学在党的领导下所走过的光辉历程。他说，中国共产党成立后，在党的领导下，北大的进步师生高举爱国主义和共产主义的旗帜，从"三·一八"惨案到"一二·一"惨案，从"一二·九"运动到"反内战、反饥饿、反迫害"运动，都站在斗争的前列，起到了革命的先锋和桥梁作用。还有一批共产党员和革命师生，被党派到各条战线上工作，他们同工农群众相结合，同革命实践相结合，表现了大无畏的革命精神，为中国人民的解放事业做出了重要贡献。在艰苦卓绝的革命斗争中，李大钊、邓中夏等90多名共产党员和进步师生献出了宝贵的生命。五星红旗上凝聚着北大烈士的鲜血，21个省市和朝鲜战场上埋有北大烈士的忠骨。新中国成立后，在党和国家的领导和支持下，北大更加焕发了青春和活力。从一批批高素质人才到一项项高水平成果，从喊出"团结起来，振兴中华"的口号到打出"小平您好"的横幅，从实施"211工程"，成功举办百年校庆到创建世界一流大学……北大的成就受到全社会的广泛关注。党的三代领导人都对北大寄予厚望，毛泽东同志题写了北京大学校名，邓小平同志题写了北京大学图书馆馆名，江泽民同志最近又题写了北京大学校史馆馆名，党成为北大人心中最高扬的旗帜!

王德炳同志说,一所大学与一个政党,进而与一个国家和民族的关系如此紧密,休戚相关,在中外高教史上实属罕见。今天,北京大学的党组织得到了空前的发展和壮大。北京大学现有党员12320名,其中,教职工党员8943名,学生党员3377名。有院系级党委52个、党总支3个、党工委3个、直属党支部3个;基层党支部共717个。多年来,北京大学始终坚持马克思主义在学校的指导地位,坚持社会主义办学方向,坚持党委领导下的校长负责制,全面贯彻党的教育方针,努力培养德智体美等方面全面发展的社会主义事业建设者和接班人,多次受到中央和上级有关部门的表彰。在几代北大人的不懈努力下,今日北大已成为科教兴国的一支重要的生力军,正努力实践江泽民总书记提出的"三个代表"重要思想,积极响应江泽民总书记在庆祝北京大学建校一百周年大会上的讲话中提出的"为了实现现代化,我国要有若干所具有世界先进水平的一流大学"的号召,满怀豪情地向世界一流大学迈进!

王德炳强调,要肩负起创建世界一流大学的重任,最重要的一条就是要努力实践江泽民同志提出的"三个代表"重要思想:

第一,要把用邓小平理论武装全党作为首要任务,加强党的思想建设。马克思主义在北大的地位和作用,关系着北大的荣辱和兴衰,决定着北大的性质和方向。对邓小平理论和江泽民同志"三个代表"重要思想的真学、真信、真实践,是实现创建世界一流大学目标的根本要求;

第二,不断增强凝聚力和战斗力,搞好党的组织建设。在历史悠久、个性鲜明的北大开创前无古人的事业,一要谋划得当,二要形成合力。建立并完善领导体制和管理机制,充分调动党员干部和师生员工的主动性、积极性、创造性,是实现创一流目标的根本要求;

第三,全心全意为人民服务,加强党的作风建设。只有坚持党的群众路线,才能得到群众拥护;只有得到群众拥护,才能进一步优化党的领导。发扬民主,科学决策,深入实际,密切党群关系,是实现创一流目标的必然要求。

王德炳在报告最后说,北京大学满载着光荣的革命历史,驶入了创建世界一流大学的快车道。在新世纪的征途上,与中国共产党已经风雨同舟八十载的北京大学,一定要高举邓小平理论伟大旗帜,紧密团结在以江泽民同志为核心的党中央周围,同心同德,群策群力,锲而不舍,知难而进,为早日成为世界一流大学,为中华民族的伟大复兴而努力奋斗!

闵维方宣读了北京大学党委表彰决定及表彰名单,并为获奖的先进集体和个人颁了奖。

大会还举行了庄严的新党员宣誓仪式,由党委副书记岳素兰领誓。800余名师生加入到党的队伍中来,为党组织又注入了新鲜的血液。

学校的前任领导、"一二·九"时期和解放战争时期的老党员代表汪家镠、黄楠森及学生代表也在大会上发了言。

当晚,北大隆重举行了盛大的庆祝中国共产党成立八十周年师生联欢晚会,把北大庆祝建党八十周年系列活动推向了高潮。

(党办校办信息室)

北京大学开展"三讲"教育"回头看"活动

综　述

根据中共中央和北京市委关于"三讲"集中教育结束后开展"回头看"活动的指示精神,按照北京市委教育工委的统一部署,北京大学作为北京高校第二批"三讲"教育"回头看"活动单位,从2001年11月初开始,在校、院系两级领导班子、重点是校级领导班子中开展了"三讲"教育"回头看"活动。

这次"三讲"教育"回头看"活动旨在以江泽民"三个代表"重要思想为指导,围绕创建世界一流大学的奋斗目标,检查领导班子"三讲"教育整改措施的落实情况,以整风精神纠正学校在改革和发展过程中不适应新形势的部分,以求真务实的工作作风取信于广大教职员工,巩固和扩大"三讲"教育成果,建设一支高素质的领导班子,大力推进北京大学的改革与发展。

这次活动要求领导班子认真学习并深入领会江泽民同志"七一"重要讲话、《中共中央关于加强和改进党的作风建设的决定》等重要文件的精神实质,切实加强和改善作风建设,理清学校教育改革和发展的思路。

从 2001 年 10 月下旬开始，北大就进入了"三讲"教育"回头看"活动的准备阶段。10 月 26 日，党委书记王德炳和纪委书记王丽梅带队参加了北京高校校级领导班子"三讲"教育"回头看"活动动员培训会。根据会议精神，北大迅速成立了"三讲"教育"回头看"活动领导小组，王德炳任组长，许智宏、闵维方、岳素兰任副组长，并组建了有党委办公室校校长办公室、党委组织部、党委宣传部、校纪委等单位的负责同志参加的"回头看"活动办公室，开始展开工作，拟定了校级领导班子"三讲"教育"回头看"活动实施方案。

11 月 5 日，学校召开了各基层党委（总支、直属支部）书记、机关各部部长会议，在中层正职干部范围内传达了"三讲"教育"回头看"活动的有关精神，校级领导班子开展"三讲"教育"回头看"活动正式开始。根据实施方案，"回头看"活动分为"学习提高、自查自看、完善方案、通报总结"四个环节。

在第一环节，11 月 7 日，学校在办公楼礼堂召开了全校处级以上干部和有院士、教授、教职工代表，工会、共青团负责人，学校各民主党派负责人及代表，学校主要产业负责人，后勤系统及各经济实体负责人，离退休干部代表等 400 多人参加的"三讲"教育"回头看"活动动员大会。王德炳在动员大会上结合"三个代表"重要思想阐述了"回头看"活动的重要意义，介绍了方法步骤，并提出了明确的要求。

动员大会前后，校领导通过集中学习和个人自学的方式，重点学习了江泽民同志"七一"重要讲话、十五届六中全会关于加强和改进党的作风建设的决定等文件精神，并结合实际工作，紧紧围绕创建世界一流大学和建设高素质领导班子的主题，深入地进行了交流，提高了对"回头看"活动重要性的认识，为后续工作的展开奠定了思想基础。

在第二个环节，校级领导干部分别参加了各方面代表的座谈会，深入群众，听取意见，就"三讲"教育整改方案的落实情况进行了逐条自查，并根据上级指示，对照"八个坚持、八个反对"，深入细致地进行了"五必看"，从工作方法与工作作风上查找了在整改方案落实过程中存在的差距和不足。

第三个环节，为总结经验教训，改进作风建设，11 月 20 日，学校召开了领导班子自查自看专题民主生活会，领导干部结合群众反映的意见，对照"三个代表"重要思想和《中共中央关于加强和改进党的作风建设的决定》，针对班子和个人在自查自看中查找的问题开展了深刻的批评和自我批评。11 月 22 日，学校召开党委常委扩大会，领导班子就如何完善整改方案进行了研讨，并制订了 29 条补充整改措施。

第四个环节的主要任务是通报和总结。12 月 4 日，学校召开"三讲"教育"回头看"活动通报会，校党政领导和校本部、医学部各基层单位党政主要负责人、机关部处长参加了会议。会上，许智宏校长总结了领导班子"三讲"教育整改方案的落实情况，通报了补充整改措施的具体内容。

12 月 6 日上午，党委书记王德炳、副书记岳素兰同志向北京市教育工委"三讲"教育"回头看"活动检查组周兴健、沈志超、曾铁凯、陆小红等同志汇报了北大"三讲"教育"回头看"活动的整体情况。周兴健同志代表检查组对北京大学"三讲"教育"回头看"活动的组织工作和取得的成效给予了有力的肯定。

通过为期一个月的"三讲"教育"回头看"活动，北大领导班子和领导干部在政治意识、大局意识、责任意识上有了进一步的增强，工作状态和工作作风有了明显的改进，更加密切了领导干部与广大教职员工之间的联系，凝聚了人心，进一步激发了广大教职员工创建世界一流大学的积极性和创造性；"三讲"教育的成功经验自觉地运用到了党的建设等经常性工作当中，批评与自我批评的优良传统得到了保持和发扬，巩固和扩大了"三讲"集中教育取得的成果，进一步明确了学校今后努力的方向。"三讲"教育"回头看"活动对学校各项工作的开展起到了有力的推动作用。

（缪劲翔）

附　录

王德炳在北京大学"三讲"教育"回头看"活动动员大会上的讲话

（2001 年 11 月 7 日）

同志们：

根据中共北京市委教育工委的部署，我校从 11 月初开始，用一个月的时间，在全校处级以上领导班子、领导干部中开展"三讲"教育"回头看"活动。这是北京市第二批高校"三讲"教育"回头看"活动，共有 33 所学校参加。今天，我们在这里召开动员大会，有两个目的：一是动员校、院系两级干部积极主动地参加"三讲"教育"回头看"活动；二是充分发动群众，帮助领导班子和领导干部检查整改方案，完善整改措施，巩固和扩大"三讲"教育成果。

从 2000 年 10 月 17 日到今年 1 月中旬，我校在全校处级以上领导班子、领导干部中开展了以"讲学习、讲政治、讲正气"为主要内容的党性党风教育。学校不仅把这一过程作为新时期加强党的建设的重要举措，而且把"三讲"教育作为进一步动员广大干部教师凝聚力量创建世界一流大学的重要机遇，作为两校合并后进一步加强班子建设，推进深度融合，提高办学效益和水平的重要机遇。学校党委突出"讲政治"这个核心，紧扣建设高素质领导班子、创建世界一流大学这一主题，使我校"三讲"教育工作取得了比较明显的成效。

通过"三讲"教育，我校领导班子和领导干部受到了一次深刻的马克思主义理论教育，政治意识、责任意识、大局观念有了明显增强；查找了领导班子、领导干部党性党风方面和工作中存在的突出问题，并从世界观上深入剖析，进一步明确了努力方向；领导干部受到一次生动的群众路线和群众观点的再教育，进一步密切了和广大干部、教师之间的关系，增强了廉洁自律和接受群众监督的意识；在发扬批评与自我批评的优良传统方面有了明显进步，健全、活跃了党内生活，增强了领导班子的团结，增加了领导集体的凝聚力；激发了进取精神，促进了作风转变，推动了各项工作，产生了积极反响。

作为"三讲"教育的重要成果之一，我们制定了《北京大学领导班子整改方案》，主要包括全面推进以学科建设和教学科研为中心的创建世界一流大学进程；加强校级领导班子建设，坚持群众路线，大力改进党建与思想政治工作；关心群众生活，解决热点问题，为教职员工办实事等三个方面，共64条，作为学校发展、建设的行动指南。

今年是21世纪开局第一年，我们共同迎来了建党八十周年，江泽民同志在"七一"讲话中全面阐述了"三个代表"的重要思想，十五届六中全会对加强和改进党的作风建设提出了新的要求。"三讲"集中教育结束后近10个月以来，我们面对新形势带来的机遇和挑战，根据"三讲"教育整改方案，始终紧紧围绕着创建世界一流大学这个核心目标，围绕"211工程"和"985计划"这两个中心任务，努力发挥高等学校的科学研究、人才培养和社会服务三大功能，抓住学科建设、队伍建设、增强办学实力和党建与思想政治工作四项基本工作，全体北大干部、教师在各自不同工作岗位上，表现出了强烈的忧患意识、高度的责任感和协作精神，使学校的各方面工作获得了积极、健康、稳步的发展：

我们重新修订了创建世界一流大学规划；顺利通过了"211工程""九五"期间建设项目的国家验收，得到了验收专家和国家有关部门的充分肯定；学科整合和院系调整取得了重要进展，新闻传播学院、物理学院、地球和空间科学学院以及生物医学跨学科研究中心、脑科学与认知科学中心、计算生物学研究中心、卫生政策与管理研究中心等一系列跨学科研究中心先后成立；围绕教育和科研工作，召开了师德建设工作会议、文科教师大会、研究生工作研讨会、教学工作会和科研工作会，深入分析了现存的问题，并提出了很多积极的建议和对策；我们完成了国家重点学科申报工作；校本部和医学部在学科融合上不断加强，合并后的北大发展稳健；科技开发和产业稳步发展，北大科技园建设启动，北大香港科技大学深圳医学中心，北大深圳医院，深圳研究生院挂牌成立；我们还制订并颁发了党委常委会、校长办公会工作规则，党风廉政建设责任制，校务公开实施办法等一系列文件，为提高工作效率，转变工作作风提供了制度上的保证；我们成立了党建研究会，在上学期北京市党建与思想政治工作先进单位的评审中，我校受到了好评，被市里再次评定为北京市党建和思想政治工作先进普通高等学校；在暑假中，我们组织全校中层干部认真学习了江泽民同志"三个代表"重要思想，提高了理论水平，推动了实际工作。

"三讲"教育对学校的改革与发展起到了实质性的促进作用。《整改方案》也在分步实施，并逐渐显出成效。在"三讲"集中教育结束，学校领导班子和领导干部进行积极整改，全力推进工作这段时间里，广大党员、干部、群众给予了我们充分的理解、高度的信任和大力的支持，有成绩时，我们能听到肯定的评价，有问题时，我们能听到中肯的批评，有难处时，我们能听到积极的建议。"三讲"教育之后的北大，更加团结，更加融洽，建设世界一流大学的目标更加明确，为这一共同理想而采取的措施也更多了。在此，我代表学校党委、行政和全体班子成员，向给予我们批评、建议、关心、支持的全体师生员工表示衷心的感谢！

在"三讲"集中教育中，我们讲出了团结，讲出了干劲，讲出了凝聚力。但我们也要看到，我们工作中还存在不少问题，整改方案中有些项目还有待进一步落实，院系之间发展还不够平衡。根据胡锦涛同志在全国第三次"三讲"教育工作会议上的讲话精神，在"三讲"集中教育结束一段时间以后，要开展一次"回头看"活动，巩固和扩大"三讲"教育成果，进一步深化认识和落实整改措施，确保"三讲"教育不走过场。中发[2000]4号文件也明确提出，要紧密结合本地区、本部门的实际，结合"三讲"教育"回头看"活动，在巩固前一段已经取得成果的基础上，把总结过去、规划未来的工作提高到一个新水平。"三讲"教育"回头看"活动是我校推动改革与发展的又一次机遇。按照中央和北京市委的有关精神，我校认真制订了"三讲"教育"回头看"活动工作实施方案。下面，我代表校党委，就如何搞好我校"三讲"教育"回头看"活动，谈几点意见和要求。

一、充分认识开展"三讲"教育"回头看"活动的必要性，增强搞好"回头看"活动的自觉性和主动性

开展"回头看"活动，是中央在总结"三讲"教育经验，正确把握党建规律的基础上提出来的，对巩固和深化"三讲"教育成果，把"三讲"教育落到实处具有重要意义，也是进一步增强贯彻党的基本理论和基本路线的自觉性，提高认识，开阔眼界，理清思路，抓住有利时机,努力开创工作新局面的必然要求。为此,我们要求领导班子、领导干部努力从以下几个方面提高认识。

第一,要从巩固和扩大"三讲"教育成果出发,充分认识开展"三讲"教育"回头看"活动的必要性

以"三讲"教育为主要内容进行党性党风教育,是新时期党建工作的一项长期战略任务。"三讲"集中教育期间,我们在有限的时间内实现了有限的目标,但不可能解决所有的问题,而且形势在发展,情况在变化,党性党风问题的解决不会一劳永逸。这就要求我们在开展集中教育活动的基础上,不能满足于"三讲"教育取得的一时一事的成效,更应当在日常工作中继续深化"三讲"教育,使"三讲"成为各级领导干部经常性的自觉行动,努力将"三讲"教育制度化、经常化,把"三讲"精神贯彻到学校的各项工作中去。把"三讲"教育坚持下去并不断引向深入,当前尤其要搞好"回头看"活动,认真抓好各项整改措施的落实和完善,使我们的队伍保持蓬勃向上的生机和活力,使我们的工作继续巩固成果,不断扩大战果,努力争取新的突破。

在"三讲"集中教育过程中,我校广大干部和教师以主人翁的责任感积极参与,以创建世界一流大学的使命感献计献策,提出了许多中肯的意见和建议。在"三讲"教育动员大会上发放的324份《征求意见表》,回收了317份,经过汇总,共收集到对校级领导班子和班子成员的意见和建议2284条,近18万字;在领导班子剖析材料形成以后,我们听取了各方面代表300人的评议意见,共1432条,11万多字。这些意见和建议对于帮助领导班子和领导干部找准、抓住在党性党风方面的突出问题,从思想深处进行剖析,制定科学可行的整改方案,起了重要的推动作用,使我校"三讲"教育在与日常工作"两不误"、"两促进"中获得了丰硕的成果,收到了显著的成效。这些成果和成效能否得到巩固和扩大,能否长期坚持下去,是广大教职员工最为关心的问题,也是每一个领导干部应当思考和研究的重要课题。整改措施和各项规章制度哪些落实了,哪些需要进一步落实;群众反映的突出问题哪些解决了,哪些尚未解决。我们都要通过"三讲"教育"回头看",实事求是地对前段整改工作情况作出评估,并认真分析原因,总结经验,进行查漏补缺,全面落实整改,只有这样,才能进一步巩固和扩大"三讲"教育的成果,让群众看到"三讲"教育的成效。

第二,要从学习贯彻"三个代表"重要思想,在新形势下进一步落实创建世界一流大学规划出发,充分认识开展"三讲"教育"回头看"活动的必要性

一年以来,国内外形势发生了很大的变化。国家"十五"计划的制订,描绘了今后五到十年我国经济和社会发展的宏伟蓝图;江泽民同志今年"七一"重要讲话,深刻回答了当前全党所关心的带有全局性、战略性、根本性的重大理论和实践问题,全面阐述了"三个代表"重要思想的科学内涵和本质要求;中国共产党第十五届六中全会通过的《中共中央关于加强和改进党的作风建设的决定》,深刻指出了新时期加强和改进党的作风建设的重要性和紧迫性,明确了党的作风建设的主要内容、基本任务和重大举措。北京成功申办奥运,我国即将加入世界贸易组织,都极大地振奋了民族精神。美国遭遇"9·11"恐怖袭击后,世界政治、经济、军事格局正在发生着重要变化。这些新情况、新变化,必将对我国政治、经济、文化产生深远的影响,必将会给我国高等教育事业的发展带来新的机遇和挑战,同时也必然会对我校创建世界一流大学规划提出新的问题与思考。尤其是江泽民同志在"七一"讲话中对"三个代表"重要思想的全面阐述,使我们能够从更深的层次、更高的角度、更宽的视野去审视创建世界一流大学的具体规划和重大意义。

1998年5月,江泽民同志在我校百年校庆大会上发出科教兴国动员令,提出了"为了实现现代化,我国要有若干所具有世界先进水平的一流大学"的战略号召,使北大进入到科教兴国和创建世界一流大学的最前沿。创建世界一流大学,这是国家和民族赋予我们的神圣使命,是北大在21世纪振兴发展的必然选择。创建世界一流大学规划凝聚了几代北大人的梦想和智慧,既是我们的奋斗目标,又是我们的精神支柱和工作蓝图。目前,这项规划已经启动近三年,总体运行是顺利的、健康的。但作为国家重点支持的学校,党和国家以及社会各界对我们寄予了殷切的期望,我们承担着巨大的责任和压力。我们必须拿出过硬的成果来,否则就无以面对人民的厚望。因此,在此之际开展"三讲"教育"回头看"活动,有利于我们在广大干部、教师的帮助下,深入思考所面临的新形势、新情况和新问题,进一步理清工作思路,突出工作重点,研究新的对策,实现新的突破,为学校的发展打好基础;有利于我们结合江泽民同志在"七一"讲话中对"三个代表"思想的全面阐述,准确把握"三个代表"重要思想的科学内涵,在实践中以"三个代表"思想为指导,把"三个代表"重要思想的精神实质和我校创建世界一流大学规划的具体实施紧密结合起来,自觉承担起科教兴国的历史重任,着眼大局,把握方向,面向未来,与时俱进,努力做先进生产力的开拓者,做先进文化的弘扬者,做最广大人民群众利益的维护者。

第三,要从建设高素质领导班子出发,把开展"三讲"教育"回头看"活动作为取信于民和调动广大干部、教师积极性的重要步骤

建设一支政治坚定、团结实干、开拓创新、清正廉洁的高素质的领导班子,对于全面贯彻党的基本路线和教育方针,推进素质教育,提高办学水平和办学效

益,把北京大学办成世界一流大学,完成党和国家赋予我们的历史使命,具有重要的意义。在"三讲"集中教育过程中,学校领导班子和中层领导干部广开言路,积极听取群众意见,通过自我查摆、群众评议等方式,找出了要着重加以解决的在党性党风方面和工作中存在的突出问题,校级领导班子针对这些问题,形成了近万字的《北京大学领导班子剖析材料》,制订了整改方案。领导班子和领导干部党性党风方面存在的突出问题,在很大程度上制约着学校的发展,影响着北京大学创建世界一流大学的步伐。切实解决这些问题,建设一支高素质的领导班子,对于我们创建世界一流大学,多出优秀人才和高水平成果,为国家的发展与建设服务,具有重要意义。

在"三讲"教育"回头看"活动中,检查整改方案是否得到了落实,是检验"三讲"教育是否不走过场的一个标准,也是领导班子"三讲"集中教育过后能否取信于民、凝聚人心的一个标志。时隔近10个月,各级领导班子制定的整改方案到底落实没有,落实得如何,在这次活动中,要集中接受群众的检验和监督,接受上级党组织的检查。通过这次"回头看"活动,各级领导班子和领导干部要结合在"三讲"集中教育中查摆出来的在党性党风方面和工作中存在的突出问题,对照整改方案,认真总结,不断完善整改措施。这次"回头看"活动对于多数认认真真抓整改的领导班子和领导干部,将起到进一步的激励作用,对于少数整改不力的领导班子和领导干部,将起到鞭策和警示作用。对不认真整改,班子党性党风和工作中的突出问题没有切实纠正,群众意见大,工作无明显改进的领导班子和领导干部,要进行组织调整。对北京大学来讲,切实落实整改措施,解决好教职工最关心、反映最热烈的问题,才能够更好地凝聚大家的力量,上下同心同德,共同迎接21世纪的各种挑战,共同完成创建世界一流大学的伟业。

我们说"三讲"教育决不能走过场,不仅是指在集中教育的每个阶段必须抓得很认真,更重要的是通过教育使领导班子、领导干部在思想上、政治上、纪律上、作风上都有明显的进步。各级领导班子和领导干部一定要统一思想,端正态度,正确认识"三讲"教育"回头看"活动,注意提高开展"三讲"教育"回头看"活动的自觉性和主动性,要把开展"三讲"教育"回头看"活动作为加强党的思想作风、学风、领导作风、工作作风和生活作风建设的有利契机,切实解决领导班子和领导干部在作风方面存在的突出问题。

二、要在认真学习的基础上,深入进行"五必看",搞好自查自纠工作

"三讲"教育"回头看"活动仍然要以领导班子认真学习、提高思想认识为基础。领导班子和领导干部要重点学习十五届五中全会、六中全会精神,江泽民同志在中央纪委第四次全会上的讲话,胡锦涛、曾庆红同志在全国"三讲"教育工作总结会上的讲话,《中共中央关于加强和改进思想政治工作的若干意见》、《中共中央关于加强和改进党的作风建设的决定》,以及中央关于进一步搞好"三讲"教育的一系列指示精神,特别是要学习好江泽民同志今年"七一"的重要讲话。要充分认识贯彻"三讲"精神、开展"三讲"教育"回头看"活动的重要性和必要性,增强巩固和扩大"三讲"教育成果的自觉性和主动性;要进一步发扬理论联系实际的学风,紧紧围绕讲政治这个核心,着眼于提高思想认识,重温领导班子和个人的剖析材料,认真总结经验教训,进一步提高贯彻党的路线、方针、政策的自觉性;要深刻领会江泽民同志"三个代表"论述的精神实质,充分认识治国必先治党、治党务必从严以及加强和改进党的作风建设的重大意义,认真剖析和解决作风方面存在的突出问题;要认真贯彻解放思想、实事求是的思想路线,紧密结合新"三步走"战略和"十五"计划的要求,深入思考如何贯彻中央和市委跨世纪发展的战略决策,结合创建世界一流大学规划,理清本单位教育改革和发展的思路。

在学习的基础上,领导班子和领导干部要认真回顾"三讲"集中教育以来的思想实际和工作实践,结合群众反映的意见,对照"三个代表"重要思想和《中共中央关于加强和改进党的作风建设的决定》提出的"八个坚持、八个反对",着重从以下五个方面进行自查自看:

第一,看"三讲"的自觉性是否真正得到了提高,政治意识、大局意识、责任意识是否明显增强,在贯彻中央、教育部和市委当前工作的各项重大决策,推进各项改革措施和加强思想政治工作等方面,是否坚定不移,有无片面性、绝对性和"一手硬,一手软"的问题;

第二,看"三讲"集中教育中查摆出来的突出问题,特别是群众反映强烈的问题是否得到了解决,在树立正确的理想信念、加强班子团结、贯彻民主集中制原则、坚持群众观点和群众路线、廉洁自律和党风廉政建设责任制等方面是否有了新的改进和提高,并从制度上得到了保证;

第三,看领导班子和领导干部的工作状态和工作作风是否有了明显改进,是否坚持为群众排忧解难,是否有力地推动了当前各项工作;

第四,看"三讲"教育的成功经验是否自觉地运用到党的建设等经常性工作中去,批评和自我批评的优良传统是否在党内生活中得到保持和发扬,领导班子解决自身问题的能力是否得到明显提高;

第五,特别要根据中央和北京市委的要求,深入思考在作风建设等方面还有哪些影响本校改革发展和稳定的重大问题需要加以解决。对存在的问题,要认真分析,提出有效的解决措施。

领导班子和领导干部要紧紧抓住以上"五必看"内容,以此为重点,深入开展"三讲"教育"回头看"活动。

三、加强领导,精心组织,规范步骤,抓住重点,高质量完成"三讲"教育"回头看"活动

(一)要加强"三讲"教育"回头看"的组织领导工作

"三讲"教育"回头看"活动是近期学校党建方面最主要的工作。校、院系两级主要领导干部要率先垂范、尽职尽责,确保"三讲"教育"回头看"活动达到预期目的,取得实效。

根据北京市教育工委文件精神,我校党委对"三讲"教育"回头看"负总责,党委书记要继续担负起第一责任人的责任。为加强对"三讲"教育"回头看"活动的领导,校党委决定成立"三讲"教育"回头看"工作领导小组,我担任组长;校长许智宏,常务副书记、副校长闵维方,副书记岳素兰任副组长;成员有常务副校长迟惠生,常务副校长韩启德,党委副书记赵存生,副校长、医学部党委书记林久祥。领导小组下设办公室,办公室主任由岳素兰副书记兼任,纪委书记王丽梅任副主任,办公室成员有党委办公室、校长办公室主任张彦,组织部部长杨河,宣传部部长赵为民,医学部组织部长管仲军等。办公室下设文秘组、组织组、宣传组、联络组,负责相关具体工作。根据工作需要,医学部也成立了"三讲"教育"回头看"工作小组及其办公室,制定实施意见并负责组织落实。

根据北京市委教育工委统一安排,以原中央民族大学党委书记周兴健同志为组长,教育部纪检组二室副处长沈志超同志为副组长,中国人民大学纪委副书记曾铁凯同志,北京市委教育工委陆小红同志参加的检查组,负责我校和其他5所兄弟院校"三讲"教育"回头看"活动的了解、检查和督促工作。他们的办公室设在北京外国语大学。我们一定要充分配合检查组的工作,认真听取检查组的意见,在检查组的帮助下,做好各项工作。

(二)"三讲"教育"回头看"活动的指导思想和工作安排

按照北京市委的统一部署,校党委制定了校级领导班子"三讲"教育"回头看"活动实施方案和中层领导班子"三讲"教育"回头看"活动实施计划,已经下发,我在这里仅作一简要说明。

1. "三讲"教育"回头看"活动的指导思想

我校"三讲"教育"回头看"活动的指导思想是,以江泽民"三个代表"的重要思想为指导,紧紧围绕创建世界一流大学的奋斗目标,结合领导班子在"三讲"教育中党性党风方面查摆的突出问题检查整改措施的落实情况,以开门整风精神纠正学校在改革和发展过程中不适应新形势的部分,以求真务实的工作作风取信于广大教职员工,巩固和扩大"三讲"教育成果,总结过去,明确目标,规划未来,进一步端正思想和工作作风,不断提高工作能力和管理水平,建设一支高素质的领导班子,为大力推进北京大学的改革与发展奠定坚实的思想基础和组织保证。

2. 参加"三讲"教育"回头看"活动的计划安排和范围对象

这次全校"三讲"教育"回头看"活动从今天正式开始,校级领导班子"回头看"用一个月时间,分为四个环节。第一环节是学习提高;第二环节是自查自看;第三环节是完善方案;第四环节是通报总结。中层领导班子"回头看"先做准备工作,一周后正式开始,计划用三周左右时间,分为两个阶段:第一阶段是学习、自查,第二阶段是整改、总结。校级领导班子"回头看"活动按党委安排,校本部、医学部同步、同方案进行。中层领导班子"回头看"活动,校本部统一进行,医学部由医学部"回头看"活动领导小组参照校本部方案单独制订,并组织实施。学校决定,机关各部负责人在年终总结交流时要汇报"三讲"成果和整改情况。

参加"三讲"教育"回头看"活动的范围,主要是学校和院系、部处两级领导班子和领导干部。校级领导班子和领导干部是重点。

(三)要抓住几个关键问题搞好"三讲"教育"回头看"活动

搞好"三讲"教育"回头看"活动,认真学习是前提,学校的中心工作是核心,稳定是立足点。我们搞"回头看"活动,不能脱离当前的形势,不能脱离学校的实际情况,更不能脱离保持学校稳定和团结的大局。因此,我们在"回头看"活动中要把握一个总的原则,就是要坚持把"三讲"教育"回头看"活动和学习江泽民同志"七一"重要讲话、学习中央十五届六中全会精神紧密结合起来,坚持把"三讲"教育"回头看"活动和学校创建世界一流大学的中心工作紧密结合起来,坚持把"三讲"教育"回头看"活动和建设高素质领导班子紧密结合起来,把握大局,保持稳定。在这个原则基础上,我们在"回头看"活动中,要注意以下几个具体问题:

第一,要坚持发扬民主,开门搞"回头看"。

"三讲"教育的一个重要经验就是发动群众,开门搞整风。在"回头看"活动中,我们要自觉运用这一经验,自觉接受群众的检验和监督。"三讲"集中教育以来,我们的整改方案落实得怎样,效果如何,群众最有发言权。在"回头看"活动中,党委要坚持群众路线,为群众创造畅所欲言的条件,虚心听取群众意见,正确对待群众的批评和建议。特别是要注意吸取群众智慧,丰富和修订整改措施,进一步搞好整改。但同时,也应充分发挥校党委在"回头看"活动中的主导作用,避免只有民主而没有集中的现象。

从即日起，学校将开通"三讲"教育"回头看"活动专线电话，24小时有人值班，号码是：62751201、62751301。校本部办公楼、医学部办公楼分别设立意见箱。真诚地欢迎大家对我们提出意见和批评。

第二，要坚持整风精神，认真开展批评与自我批评。

在"回头看"活动中，要注意以整风的精神进行积极健康的思想斗争，开展认真的批评与自我批评。各级党组织要坚持发扬党的优良传统和作风，着重从思想认识的角度深入查摆和分析问题，无论是批评还是自我批评，要始终围绕有利于创建世界一流大学这条主线进行，要讲政治，顾大局，实事求是，以诚相待。

第三，要坚持把"回头看"活动和推动实际工作紧密结合。

要注意克服厌倦或自满情绪，坚决摒弃为"回头看"而"回头看"的形式主义、走过场，绝不能把"回头看"活动搞成纸上的"回头看"，以形成书面自查报告、书面补充整改方案为满足，应付上级、应付群众。领导班子和领导干部要按照"三讲"要求，坚持高标准、严要求，通过"回头看"活动，督促领导班子和党员领导干部认真查找在思想作风、学风、工作作风、领导作风和生活作风方面存在的突出问题，反思和梳理一年多来的整改情况，总结成绩和经验，检查问题和不足，真正使领导班子和领导干部在思想上和工作上确有收获，从而推动领导班子和领导干部以更加饱满的工作热情、旺盛的工作精力，高度的政治责任感投入到创建世界一流大学的工作中去。

第四，要注意总结把"三讲"教育成功经验运用到党建日常工作中去的途径和办法。

"三讲"集中教育结束以来，不少单位积极探索把"三讲"成功经验运用到党建日常工作中去，取得了积极的效果。在"三讲"教育"回头看"活动中，各单位要注意总结这方面的经验。要努力创造适应时代特点、学校实际的党建工作的新机制、新办法，继续巩固和扩大"三讲"集中教育成果，能够转化为制度的，要及时转化为制度，能够形成程序的，要及时形成程序。

第五，要进一步落实整改方案和补充整改措施。

"三讲"教育"回头看"活动结束以后，各级党委要以高度的责任心和务实态度，把整改方案和补充整改措施进一步落到实处。要重实际、使实劲、办实事、求实效，把主要精力和注意力放到解决实际问题上来。通过不断解决实际问题，特别是难点、热点问题，不断提高思想水平和领导水平，推动各项工作不断前进。

同志们，北大"三讲"教育"回头看"工作搞得如何，直接关系到学校领导班子建设和干部素质提高，直接关系到创建世界一流大学目标的最终实现。我们相信，在北京市委的领导下，在检查组全体同志的帮助下，全校党员干部和师生员工的共同努力下，北大的"三讲"教育"回头看"工作一定会取得预期的成果，达到我们预期的目标，为北大在新世纪的建设和发展打下坚实的基础。

谢谢大家！

许智宏在北京大学"三讲"教育"回头看"活动通报会上的讲话

（2001年12月4日）

同志们：

今天，我受校领导班子的委托，向大家通报一下校级领导班子"三讲"教育"回头看"活动的有关情况。我主要讲三个问题：一是校级领导班子"三讲"教育整改方案的落实情况；二是制订补充整改措施的情况；三是在新的形势下北京大学发展战略上需要着重注意的几个主要问题。

我首先讲一下校领导班子"三讲"教育整改方案的落实情况。

去年12月通过"三讲"教育制订的整改方案是"三讲"所取得的重要成果之一，是校领导班子在"三讲"教育过程中认真学习、深入思考、集思广益的结果，体现了全校师生员工的意见、建议和要求，也是校领导对全校做出的郑重承诺。"三讲"集中教育结束之后的10个多月以来，领导班子成员在工作中经常对照整改方案，检查整改任务的进度和落实情况。大家深知，切实落实整改方案，是全校师生员工的迫切希望，也是推进工作、提高水平、转变作风、争创一流的实际行动。

开展"三讲"教育"回头看"活动以来，我们重温了江泽民同志今年"七一"讲话，深入学习领会《中共中央关于加强和改进党的作风建设的决定》等文件精神，紧紧围绕创建世界一流大学的主题，结合工作实际交流了心得体会，进一步提高了思想认识，增强了搞好"回头看"活动的自觉性和主动性，为更有针对性地检查整改方案落实情况，巩固和扩大整改成果，奠定了坚实的思想理论基础。

从11月12日到11月16日期间，各位校领导分别参加了向民主党派代表、中层干部代表、教师代表、工会、教代会代表和老干部代表征求意见的座谈会。5次座谈会共收集意见和建议139条。这些批评意见和建议坦诚、深刻，从大局出发，表现了北大人强烈的责任意识；大家对"三讲"教育以来学校的发展基本持肯定的态度，同时也表达了殷切的期望，使我们深受鼓舞，深受感动。

在认真学习和充分征求意见的基础上，11月16日，我们对照干部、群众提出的意见、建议和要求，对

《北京大学校级领导班子"三讲"教育整改方案》提出的64条整改措施的具体落实情况逐条进行了严格细致地自查自看。在自查中,大家对已经落实的措施回顾了取得的效果,对正在落实的分析了运行的状况,对计划落实而仍未落实的检查了延迟的原因,并提出了进一步整改的计划和办法。总的来看,三个方面64条整改措施绝大多数得到了较好的贯彻和落实。

近一年来,学校领导切实把工作重心放在抓教育科研上,先后开了师德建设工作会议、文科教师大会、研究生工作研讨会、教学工作会议、科研工作会议和北大论坛,总结经验,听取意见,进一步明确了步入21世纪后我校在教育科研工作中的思路。

在学科建设和教学科研方面:我们推进了学科整合和院系调整,成立了新闻传播学院、物理学院、地球和空间科学学院以及生物医学跨学科研究中心、脑科学与认知科学研究中心、计算生物学研究中心、大规模科学工程计算中心、卫生政策与管理研究中心等一系列跨学科研究中心;发挥北大多学科的综合优势,在"973"、"863"和一些专项基金项目的申报上取得了明显进展;启动了重点实验室和工程研究中心主任基金。在科技部刚刚公布的2000年科技论文(SCI)总数排名中,我校以1105篇又一次名列第一;本周末即将公布的中科院新院士名单中,我校新增选院士6名,名列高校第一;今年全国自然科学奖评审结果也即将公布,全国高校共有9项,北大占4项,也是高校第一。我校还实行了新的通选课和公共选修课的选课办法;启动了本科生教育改革的"元培计划";推出了医学长学制教育模式;加强了对招生工作的领导,确保了今年招生计划的圆满完成;对提高研究生培养质量采取了新的措施;在全国和北京市教学成果奖评审中,我校的获奖数量和级别均居全国高校之首。围绕学科建设和教学科研,学校加大了人才引进和培养的力度,进一步促进了校本部和医学部的融合,建立并完善了多渠道筹措办学经费的格局,完成了一批基础设施的建设和改造项目,完成了理科4号楼等一系列基础设施的工程立项和审批手续,在校办产业改制和科技园建设上也取得了重要进展。

在加强领导班子自身建设和党建与思想政治工作方面:我们坚持党委领导下的校长负责制,认真贯彻执行民主集中制原则,并通过调整校领导分工,确保了教学科研的领导力量,通过制订党委常委会和校长办公会工作规则,提高了工作效率。校领导集中精力抓大事,减少了事务性工作和出差出国次数,加强了各分管事务的沟通和协调。我们成立了北京大学党建和思想政治工作研究会,制订了《北京大学校务公开实施办法》和《北京大学党风廉政建设责任制》,并使利用网络开展学生思想政治工作得到进一步加强。

在关心群众生活,解决热点问题方面:学校为解决教职工住房难的问题,努力扩大房源,除了韦伯豪和怡美家园两个商品房项目外,还联系了西二旗经济适用房项目,目前一期492套住房已销售了一批,第二批销售正在操作;为维护蓝旗营住户的权益,学校督促蓝旗营教师住宅建设办公室及设计、施工、监理单位进行了必要和及时的返修;学校努力为教职工就医创造方便条件,从三院、人民医院等聘请20多位专家定期来校医院门诊、查房、会诊,专门开设了102门诊,增加了挂号和服务窗口,并为在西三旗生活的离退休人员就医和在职人员在三院西三旗门诊部急诊按公费报销创造了一定的方便条件。此外,学校还在畅春园建立了超市,建立了燕园社区网络服务体系,为教职工的生活提供了便利。

因为时间关系,我没有按照整改方案自查报告一条条对着讲,在这里只讲了一个落实的基本概况。由于学校发展格局和发展战略的研讨还需进一步深化,以及配合国家有关部门的工作部署,有一些整改措施没有按照原先设想的目标落实,需要进一步调整和修改。结合这些,下面我就着重讲一下制订补充整改措施的情况。

第二个问题,制订补充整改措施。

在自查自看的基础上,学校党委常委扩大会议进一步完善整改方案,并制定出补充整改措施。补充整改措施不是另起炉灶,而是在领导班子"三讲"教育整改方案的基础上进行的补充和加强。因此,要继续贯彻在"三讲"教育整改方案中所阐明的我校今后发展的总体思路,即:"一个目标、两个工程、三大功能、四项基本工作"。具体地说,就是:以创建世界一流大学为目标,抓好"211工程"和"985计划"的实施,发挥高等学校人才培养、科学研究和社会服务三项基本功能,做好学科建设、队伍建设、增强办学实力、加强和改进党建和思想政治工作四项基本工作。这个发展思路是我校在多年的实际工作中摸索出来的,要继续坚定不移地坚持下去。

补充整改措施也正是在这一总体思路的指导下制订的,并进一步突出教学科研、队伍建设、党建和思想政治工作、解决群众现实生活问题等几个方面,体现整改要求,重在充实完善。

补充整改措施一共29条。刚才这个方案已经下发,大家可以仔细看,我不打算在会上一一详述了,着重强调以下几点:

第一,根据国家重点学科评审结果,结合一年来国际国内形势的变化,在进一步听取全校师生意见和建议的基础上,对已有的《北京大学创建世界一流大学规划》(修订稿)作进一步修订,并于2002年初定稿。然后,再根据国家对"985计划"中期评估的意见作进一步修订。通过校内的自我评估，加强对创建世界一流大学成果的宣传力度，使全校师生员工统一认识，明确目标，增强信心和凝聚力。

第二，突出中心，继续扭住学科建设和教学科研不放松。在这方面，我们将补充做好下面几件事：

1. 继续深化教育教学改革，加强素质教育和创新教育。认真贯彻教育部4号文件精神，在提高教学质量上采取有力措施。加强对"元培计划"项目的领导和支持，推进本科教育改革。进一步改进通选课和公共选修课选课办法，加快推行有指导的以学生自由选课为基础的学分制的步伐。坚持教授必须讲授基础课，参加教学工作的制度。进一步普及现代教育技术手段，促进教师提高教学质量，创造精品课程，加强教材建设，提高学生学习的自觉性、主动性。

2. 继续加强对本科生招生工作的领导，加强招生宣传和队伍建设，研究招生模式和政策，争取在全国实行"零批"录取，及时研究高考时间的变化和具体招生政策调整对我校招生工作的影响，有针对性地开展工作，确保生源质量。

3. 继续加强研究生培养工作，研究并明确招生规模和招生政策，完善招生制度，实行研究生论文抽查、优秀论文奖励措施，保证研究生论文质量，加强研究生院的自身建设。

4. 积极争取国家在"211工程"和"985计划"二期对北大的支持，为下一步发展筹措基本建设经费。继续发挥北大多学科的综合优势，增强对外争取科研经费的竞争力，努力争取国际合作项目和"十五"国家重大项目。

5. 加强对国家和省部级重点实验室、工程研究中心的建设和领导，认真研究和切实解决在管理体制和研究方向等方面存在的问题，争取在2002年的评估工作中取得较好的成绩。

6. 深入研究继续教育的发展战略问题，理顺管理体制，明确继续教育的目标、任务和规模。拟在2002年5月前后召开继续教育工作会议，规范全校的继续教育工作。

第三，进一步加强两支队伍建设，主要补充做好以下几件事：

1. 进一步加强教师队伍建设，研究教师队伍的梯队和结构，加大对教师的培训力度，搞好老、中、青教师的传、帮、带，建立一支结构合理、素质过硬的教师队伍。

2. 重视和改进博士后工作。在严格进站选拔的基础上，加强宣传，加大选人力度，采取积极有效的办法吸引海外优秀留学人员和国内优秀人才，进一步扩大博士后的招收数量，把博士后的招收与学科发展、国家重点实验室建设、科研项目的完成结合起来。

3. 加强教学辅助人员队伍的建设，注意研究人力资源的合理配置。重点研究实验技术人员在岗位设置、人才引进等方面的政策，切实保证这支队伍的质量，为教学科研服务。

第四，推进企业改制，规范对外合作。在这方面要做好两件事：

1. 根据国务院对北大方正企业改制的意见，执行对方正集团的改制方案，并且实现对青鸟、未名、资源等企业的全面改制。

2. 进一步研究校外合作办学的指导思想，理清发展思路，完善审批程序，明确管理体制，理顺运行机制，树立精品意识，提高质量层次。

第五，在理顺管理体制方面，主要补充四个内容：

1. 积极稳妥地推动校本部与医学部在资产管理、基建和人事等方面职能部门的实质性融合。

2. 切实加强对附属医院的领导，加强与教育部、卫生部的沟通，从实际出发，积极促进上级有关部门制订合理的政策。

3. 根据学科整合和发展的需要，进一步推进校、院、系三级建制、二级管理体制改革，于2002年初在信息科学技术、环境及公共管理方面成立有关学院，酝酿成立工程科学方面的学院，基本完成理科院系的调整。将继续推进文科院、系的调整。

4. 加强职能部门之间的协调和沟通，建立健全督查催办机制，推动机关改进工作作风，增强全局观念和服务意识，进一步提高工作效率。

第六，推动已完成工程立项及部分审批、报建手续的理科4号楼、国际关系学院大楼、考古文博院大楼和已完成工程立项的文科楼群、新化学南楼、医学部新教学楼和等建设项目及时进入下一个阶段，督促万柳小区学生公寓和农园餐饮中心在保证质量的前提下确保工程进度，进一步改善教学科研条件和学生生活条件。

第七，改进作风建设，加强党建和思想政治工作。

在这方面，首先是加强和改进领导班子的作风建设，解放思想，实事求是，与时俱进，开拓进取。我们要进一步落实校领导联系基层制度，深入细致地开展调查研究工作。校领导每学期要定期召开一次二级单位党政一把手的专门会议，沟通情况，研讨工作。认真贯彻执行民主集中制原则，发挥党委总揽全局、协调各方的核心领导作用，理顺运行机制，研究和调整校领导的分工，提高工作效率。

二是要坚持党管干部原则，进一步改进干部管理办法，完善制度，健全机制，加强对干部的培养和教育，坚持用好的作风选人，选作风好的人。充分发挥北京大学党建和思想政治工作研究会的作用，深入研究基层党支部建设不平衡问题和青年教师党员发展工作，积极推进基层组织建设。

此外，在加强思想政治工作方面我们将采取其他一系列措施，如坚持和完善校、院系两级理论学习制度，加强和改进学校对外宣传工作，加强对互联网的建设和管理，督促落实《北京大学党风廉政建设责任制》和《北京大学党风廉政建设主要任务分工》，等等，我就不一一列举了。

第八，我讲一下群众关心的几个问题：

1. 为切实改善民主党派的办公条件，我们正在采取措施，争取尽快完成民主党派办公室的修缮和搬迁。

2. 为丰富教职工业余文化生活，我们将尽快解决教工之家的场地问题，并改善离退休人员和老干部的活动条件。

以上是补充整改措施的基本情况，讲的是比较具体的工作。这次"回头看"我们还有一个很重要的任务，也是领导班子的共识，就是要根据新的形势，不断研究学校的战略发展问题，真正做到与时俱进，开拓进取。这是我下面要讲的问题。

第三个大问题，我结合当前的形势讲一下学校发展战略上需要着重注意的几个问题。

在过去的一年中，国际国内形势发生了很大的变化。在国内，中国共产党第十五届五中全会全面分析了新世纪之初我国面临的国际国内形势，审议并通过了《中共中央关于制定国民经济和社会发展第十个五年计划的建议》；九届全国人大四次会议审议通过了国务院《关于国民经济和社会发展第十个五年计划纲要》，描绘了今后五到十年我国经济和社会发展的宏伟蓝图；江泽民同志今年"七一"重要讲话，深刻回答了当前全党所关心的带全局性、战略性、根本性的重大理论和实践问题，全面阐述了"三个代表"重要思想的科学内涵和本质要求；中国共产党第十五届六中全会通过的《中共中央关于加强和改进党的作风建设的决定》，深刻指出了新时期加强和改进党的作风建设的重要性和紧迫性，明确了党的作风建设的主要内容、基本任务和重大举措。中央颁发的《公民道德建设实施纲要》，对于提高公民道德素质、推进依法治国和以德治国相结合的治国方略，具有重要意义。北京成功申办奥运，我国加入世界贸易组织，以及中国足球队取得2002年世界杯决赛权都极大地振奋了民族精神。国际上，美国遭遇"9·11"恐怖袭击后，世界政治、经济、军事格局正在发生着重要变化。此外，台湾立法院和市县选举结果会对两岸关系发生深刻影响。这些新情况、新变化，必将对我国政治、经济、文化产生深远的影响，也必然会给高等教育事业的发展带来新的机遇和挑战。面对这样的新形势和新情况，以及随之产生的新问题，我们有必要紧紧围绕创建世界一流大学这个中心目标，进一步理清工作思路，突出工作重点，研究新的对策，实现新的突破。

我主要讲四个问题，即整体规划问题、学科布局与资源配置问题、管理问题、校风建设问题。这几个问题本质上都不是新问题，但都在随着形势的发展而不断变化，如果不去加强研究，有的问题就可能成为学校发展的制约因素。

第一，关于规模、质量和效益的整体规划问题。

明确北大的适度发展规模，这是大家都非常关心的问题。北大的发展，要有一定的规模，但不是说规模越大越好，发展规模要与效益和质量紧密结合。没有一定的规模，效益就上不去，规模过大，可供支配的资源跟不上，质量和层次就难以保证。规划问题首先也有一个学校定位问题。北大的核心目标是创建世界一流大学，这就决定了北大的定位是世界一流。我国已经加入WTO，在我国本土高等教育的国际竞争会日趋激烈，挑战也越来越严峻。但越是在这样的形势下，我们越要清楚自己的定位。不可否认，我们也要参与市场竞争，但我们的目标要明确，不能盲目跟风，不能随波逐流。我们要成为国内高等教育领域无可置疑的制高点，更要成为我国高等教育水平的标志。因此，对于北大来说，最重要的是必须确保质量和层次，要有最优秀的生源，培养最顶尖的人才。我们要爱护"北京大学"这一品牌，不能为眼前的、局部的利益使他蒙受污染。当前，我们北京大学拥有的资源是十分有限的，我们必须从严控制我们的规模。北京大学四个字，是一笔无法以金钱来衡量的无形资产，维护北大的声誉，这是我们每一位北大人的责任。本学期末校领导要召开战略研讨会，会上，将对学校的发展规模问题，包括对招生规模，对继续教育的目标和任务，以及校外办学、省校合作的质量和层次等问题，加以重点研讨。

第二，关于学科布局与资源配置问题。

这个问题实际上是上一个问题的延伸。学科建设和教学科研是学校的中心工作，学科合理的战略布局，是确保质量的基础上。我校重点学科多，而资源有限，如果面面俱到，平均分配，则显不出重点，也就保不了重点，资源的利用效率更无法显现。北京大学要创一流，在充分发挥传统优势学科的基础上，必须根据学科特点，根据国际发展趋势，根据国家目标，根据教育市场的走向进行科学的学科布局，对不同的学科，要根据学科的性质、我校的基础，也要分清主从、有收有放，合理配置资源。希望研究生院、科研部、社科部和教务部组织各院系，对这个问题进行细致认真的调研，校领导在寒假将对此进行专门的研究讨论。

第三，关于管理问题。

1999年学校机关机构改革后，在机构精简的情况下，行政效率有了一定的提高。在这一年中，我们又大力推进了校院系三级建制、二级管理体制，并正在逐步发挥出应有的作用；我们建立了人事代理制度，推进了职称制度改革,初步形成了人才能进能出、能升能转的格局,在人事制度改革方面取得了新的进展;在教学管理、财务管理、领导班子议事规则以及后勤社会化改革等方面,我们也都有所进展。但总的来讲,就目前而言,我们的管理体制、机制以及由此产生的管理效率与现代高校所应当达到的水平还有着相当的差距。在这次"回头看"活动征求意见的座谈会上,有些老师也提出了这个问题。改进和加强管理,建立科学的管理体制和高效的运行机制,这是北大下一步发展所面临的重要课题。除了进一步理顺管理体制外,加强行政督办制度,切实建立行政人员责任制,以及加强群众的监督,是我们要认真考虑的内容。

第四,校风建设问题。

校风建设是学校建设的核心内容之一。我校在百年发展历程中形成了优良的校风,需要在新世纪不断发扬光大。这些年来我校在硬件环境,即为教学、科研、学习、生活服务的基础设施、仪器设备建设,以及后勤社会化改革等,在"211工程"和"985工程"实施以来取得了很大的进展,成就有目共睹。与硬件环境不同,软环境的建设具有长期性、持续性的特征,成效往往不易显现,因此,软环境建设也就容易被忽视。而实际上,软环境通过潜移默化,在不知不觉之中所发挥的作用有时要更为重要,意义更为重大。校风的建设,是学校得以繁荣发展的精神命脉。

良好的校风是时代精神的体现。在当今时代,贯彻"三个代表"的重要思想,做先进生产力的开拓者,做先进文化的弘扬者,做最广大人民根本利益的维护者,这是我校校风应有的内涵。

校风建设是一个系统工程,它包括学风、教风、政风、党风。四个环节既相互独立,各担重任,又相辅相成,密不可分。

学风是基础。当今,少数学生中厌学现象、应付考试现象比较严重,在某些教师中也存在着学术上的浮躁情绪和急功近利现象,追求论文的数量而忽视质量。北大不是世外桃源,社会上的不正之风和腐败现象也同样地正在侵蚀我们的学术肌体,所以我们对这种种现象必须引起重视。因为这关系到学校学术命脉的延续,关系到学术的发展与创新。勤奋、严谨、求实、创新,这八个字不能放在一边。我们已经在文科教师大会上提出了"消除赝品、拒绝平庸"的口号,打出了"反对学术腐败,倡导精品意识"的大旗,这是在新的形势下对传统学风的新发展。但切实落实这些,还有很大的距离,需要我们作出较大的努力。

教风是关键。所谓言传身教,教师对待教育教学所持何种态度会对学生的治学方法、学术道德,甚至于人生观、价值观产生非常深刻的影响。但我们很遗憾地看到,有少数教师虽然身在讲坛,却常常心思在外,敷衍了事,精力外流。我们已经召开了师德建设工作会议,表彰了黄楠森、石青云、潘文石等7位教师,为全校教职员工树立了典范,开了个好头,具体措施还要进一步细化。

政风是保证。职能部门代替学校行使各方面的行政管理权力,良好的政风不仅体现在通过建立有效的运行机制来提高工作效率上,更体现在服务意识上,要树立换位思考的意识,避免官僚主义、老爷作风,同时也为实现"全员育人、管理育人"创造一个良好的环境。

党风是核心。党组织搞好自身的精神状态和作风建设,才能为学风、教风和政风的建设提供方向和指南。十五届六中全会对加强和改进党的作风建设提出了新的要求,我们要在今后的工作中不断学习,加强落实。

总之,加强校风建设应该成为大家共同努力的事。这个问题也将列入校领导寒假研讨会的议程。

因为是补充整改方案,不是全面的工作总结和规划,我只是向大家做一个通报。整改方案中不少条款不是一年可以做完的,需要各级干部继续做好工作。加上今天我讲的补充整改方案,希望各级干部肩负起各自的使命,发挥积极性和主动性,在总结过去的同时,规划好未来,在搞好"回头看"的基础上,更要向前看,努力巩固和扩大整改成果,真正负起责任,层层分解任务,共同把整改落到实处,把北京大学创建世界一流大学的工作提升到新的水平。校领导也欢迎全校师生员工对我们的工作进行监督,继续对我们的工作提出批评、建议。

谢谢大家。

· 专 文 ·

党委书记王德炳在春季全校干部大会上的讲话

(2001年2月19日)

同志们：

刚才许校长结合校领导假期研讨会讨论的一些问题，对学校的各项工作做了详细安排和部署，我完全同意。今年是新世纪的第一年，也是我们国家实施"十五"规划的第一年，对我们北京大学来说，今年面临着"211工程"国家验收、第二期"211工程"申报、重点学科重新申报和申报"十五"重大课题等任务，特别是作为国家工程的创建世界一流大学计划，已经到了政府给予高强度支持的最后一年，我们要充分利用好这笔资金，力争尽快、尽可能多地实现有显示度和标志性成果的重大项目，保持这一计划的延续并寻求政府的持续支持。这对北京大学在21世纪的发展和振兴至关重要。这是需要全校师生员工集思广益、共同奋斗的伟大事业。我希望在座各位同志对此高度重视，按照许校长刚才提出的要求，有足够的思想认识和充分的工作准备，以时不我待、只争朝夕的精神投入到今年的工作中。在这里我还要特别强调重视稳定问题，稳定工作是学校全部工作的重中之重，要抓稳定、保稳定。特别要提高对与法轮功邪教组织斗争的认识，要有长期作战的思想准备。各级领导要切实加强工作，要把不稳定的因素消灭在萌芽状态。

下面，我主要对我校校级领导班子和领导干部以及中层领导班子和领导干部在上个学期集中一段时间开展的"三讲"教育工作做一个总结。

北京大学开展"三讲"教育有两个重要的背景，一是正值原北大与北医大合并不足半年，新的领导班子组建不久，学校工作还处于进一步调整之中；二是适逢世纪之交，全校创建世界一流大学的工作正处于关键时刻，因此这次"三讲"教育对我们北京大学、对北京大学的领导班子来讲，意义格外重大，影响格外深远。按照《北京大学校级领导班子和领导干部"三讲"教育实施方案》和《北京大学中层领导班子、领导干部"三讲"教育工作计划》的安排，校级领导班子和领导干部的"三讲"教育从2000年10月17日开始到12月中旬，中层领导班子、领导干部"三讲"教育从11月中旬到今年1月中旬，分别经过了"思想发动，学习提高"、"自我剖析、听取意见"、"交流思想、开展批评"和"认真整改、巩固成果"等阶段的工作，平稳、顺利地完成了预定的各项任务。

在这次集中进行的"三讲"教育中，学校不仅把这一过程作为新时期加强党的建设的重要举措，而且把"三讲"教育作为进一步动员广大干部教师凝聚力量创建世界一流大学的重要机遇，作为两校合并后进一步加强班子建设，推进深度融合，提高效益和水平的重要机遇。按照这一思想，学校党委将中央精神与北大实际相结合，突出"讲政治"这个核心，紧扣建设高素质班子、创建世界一流大学这一主题，使我校"三讲"教育工作基本达到中央17号文件以及教育部党组和北京市委的要求，取得了比较明显的成效。主要表现在以下五个方面：

第一，领导班子和领导干部受到了一次深刻的马克思主义理论教育，政治意识、大局观念有了明显增强。

加强理论学习是贯穿"三讲"教育始终的首位任务。在这次"三讲"教育中，从校级领导到中层领导班子的各位同志，大家对照社会主义政治家、教育家的标准衡量自己的理论素养，明确了要求，看到了差距，激发了学习的自觉性。过去，我们有些同志陷于繁杂的日常事务之中，学习理论不够自觉，不注意全面把握理论的科学体系，不能自觉地用科学理论解决现实问题。在这次"三讲"教育中，大家联系实际深入学习马列主义，毛泽东思想和邓小平理论，以及江泽民同志的一些重要论述，认真回顾近些年来领导班子和个人的理论学习与工作实践，立足于总结经验教训，反思了过去在思想上、工作中存在的问题。特别是，大家把江泽民同志提出的"三讲"要求与"三个代表"重要思想紧密结合起来，把坚持"三讲"、落实"三个代表"与北京大学正在进行的创建世界一流大学的实践紧密结合起来，把学习理论、武装头脑与整顿思想、改进作风、推动工作紧密结合起来,增强了责任感、紧迫感、使命感,强化了政治意识和大局观念,更加深刻地领会到了开展"三讲"教育的必要性和重要性,进一步坚定了坚持"三讲"、实践"三个代表"、创建世界一流大学的信心和决心。这些进步,对提高领导水平,做好今后工作是非常重要的。

第二,查找了领导班子、领导干部党性党风方面和工作中存在的突出问题,并从世界观上深入剖析,进一步明确了努力方向。

在学习理论、武装头脑的基础上,学校领导班子和中层领导干部广开言路,积极听取群众意见,通过自我查摆、群众评议等方式,找出了要着重加以解决的领导班子和领导干部在党性党风方面和工作中存在的突出问题。校级领导班子并针对这些问题,形成了近万字的《北京大学领导班子剖析材料》。在这份剖析材料中,查摆了领导班子存在的六个方面的问题:(1)学校改革发展的重大举措不多,前进步伐较慢,不能适应创建世界一流大学的需要;(2)学科建设和教学科研在学校工作中的中心地位还没有完全确立,尚未形成创建世界一流大学所应有的态势;(3)领导班子建设存在明显不足,不能适应带领全校师生员工创建世界一流大学的历史重任;(4)管理薄弱,效率不高,成为影响创建世界一流大学的瓶颈;(5)党建和思想政治工作尚待加强和改进,还不能及时有效地为创建世界一流大学提供坚强有力的保证;(6)领导班子工作作风不深入,群众观点不强,没有充分调动起全校教职员工创建世界一流大学的积极性。这份《剖析材料》还深入剖析了问题产生的原因,明确了今后的努力方向。领导班子成员的剖析材料,也在学校领导班子内部、巡视组和分管部门负责同志之间充分交换了意见,数易其稿。学校领导班子和领导成员对待大家的批评和意见,态度是端正、严肃、认真的。大家查摆问题基本比较实在,没有就事论事,而是进一步从世界观、人生观、价值观和党性党风方面找原因。不少同志在严肃查摆自己存在的问题时,剖析思想方法上的主观主义和形而上学,又剖析了自己面对矛盾和问题患得患失等思想认识上的根源,进一步明确了今后努力的方向。

在中层干部的"三讲"过程中,一些单位感到仅仅通过设立意见箱,召开支部会议听取意见还不够,又向全体同志发放了书面的征求意见表。从而更加全面、真实地听到了广大干部教师的意见和要求。

第三,领导干部受到一次生动的群众路线和群众观点的再教育,进一步密切了我们和广大干部、教师之间的关系,增强了廉洁自律和接受群众监督的意识。

在这次"三讲"教育过程中,我们严格按照上级党组织的指示,坚持开门搞"三讲"教育,采取多种形式,在较大范围内征求群众意见。许多过去群众不敢讲、不愿讲的意见讲出来了,我们过去听不到、不愿听的话听进去了。这使我们和广大干部、教师之间扩大了交流,增进了了解,加深了情感,也对领导班子和领导干部查找和正确对待自己存在的问题起了重要的促进作用。有的同志感慨地说,原来以为自己就生活在群众之中,绝对没有脱离群众的道理,通过"三讲"教育才发现,自己正在离群众越来越远,值得警醒;有的同志看了群众的评议材料,面对一些比较尖锐的意见,思想上震动很大,开始觉得不好接受,后来经过反思,感到这些意见是符合实际的,是对自己的爱护,对自己难得的教育。我们的领导班子和领导干部像这次这样大范围征求群众意见,接受群众的批评和监督,是多年来未有的,大家普遍受到了一次具体生动的马克思主义群众观点的再教育,增强了群众观念,提高了接受群众监督的自觉性。很多同志表示,要把坚持党的群众路线,时刻欢迎群众监督,作为提高自身素质的一个重要课题,不断努力解决好。

第四,在发扬批评与自我批评的优良传统方面有了明显进步,健全、活跃了党内生活,增强了领导班子的团结,增加了领导集体的凝聚力。

在这次"三讲"教育期间,我校领导班子和领导干部以及中层领导干部充分发扬党内民主,拿起批评和自我批评的武器,开展了积极健康的思想斗争。大家从落实"三个代表"精神、创建世界一流大学的高度,对领导班子和领导干部党性党风方面和在工作中存在的不适应创建世界一流大学要求的问题,尤其是对照群众意见比较集中、反映比较强烈的问题进行了集中的自我批评和相互批评。在这一过程中,大家讲原则、讲党性,出以公心,坦诚相见。通过这次集中开展批评与自我批评,大家对各方面批评的心理承受能力增强了。过去听到批评意见不舒服,现在认识到开展批评很必要,很正常,也很有好处。一些同志也借此机会倾吐了埋藏心中的苦衷,进一步增进了彼此之间的了解和信任。我们有个别院系的个别领导成员之间原来有一些矛盾和摩擦,通过深入的批评与自我批评,大家把话谈开了,问题拿到了桌面上,反而容易解决了,对工作是一个有力的促进。特别北京大学新的领导班子刚刚组建不久,通过这种与人为善、着眼于发展和建设的批评与自我批评,每一个班子成员都更加清醒地看到自身存在的问题,找准了努力的方向,明确了改进的措施,促进了我们班子的相互理解与信任,进一步增强了我们的凝聚力和战斗力,更有力地承担起带领北京大学的全校师生员工创建世界一流大学的历史使命。

第五,激发了进取精神,促进了作风转变,推动了各项工作,产生了积极反响。

通过"三讲"教育,我们领导干部的精神状态和思想作风、工作作风已经开始出现一些可喜的变化和进步。大家在思想上逐步克服临时观念和畏难情绪,增强了使命感和危机感,振奋了精神,树立了大局意识和群众观点,也采取了措施克服"软、散、慢"等弊端。这次集中开展"三讲"教育的整个过程中,我们高度重视保持学校稳定的重要性,较好处理了"三讲"教育与开展正常工作的关系,尽量合理安排,弹好钢琴。同时,把"三讲"教育中激发出来的进取精神,转化为物质力量,努力做好各项工作,坚持边整边改,能改的马上改,做到"两不误、两促进"。从目前反馈的情况看,广大干部教师对学校进行"三讲"教育工作的评价基本是积极的,肯定的,认为我们的"三讲"教育工作认真扎实,围绕中心工作,着眼于解决实际问题,没有走过场。

作为"三讲"教育的重要成果之一,我们制定了《北京大学领导班子整改方案》,主要包括全面推进以学科建设和教学科研为中心的创建世界一流大学进程;加强校级领导班子建设,坚持群众路线,大力改进党建与思想政治工作;关心群众生活,解决热点问题,为教职员工办实事等三个方面,共64条,作为学校下一步发展、建设的行动指南。许校长已就这份《整改方案》做过专题报告,并作为正式文件下发给校内各单位。

在集中进行的"三讲"教育过程中,"三讲"巡视组和学校"三讲"办公室还收到群众来信和来访材料56件,其中校本部36件,医学部20件。学校有关部门对这些材料逐件进行了认真调查、核实,并已作出了相应处理。

北京大学"三讲"教育工作应当说一直是在平稳、有序、健康、顺利地进行,取得了一定积极成效。我们的一些做法和体会主要有以下方面:

一、将中央精神与北大实际相结合,突出"讲政治"这个核心,紧扣建设高素质班子、创建世界一流大学这一主题,这是北大"三讲"教育收到明显成效的关键。

在集中进行"三讲"教育的筹备阶段,学校党委通过认真研讨,统一了思想,认为"三讲"教育收到实效的关键是能否将党中央有关"三讲"教育的指示精神与高校实际特别是北大实际结合起来。据此,我们提出,北大"三讲"教育的主题就是建设高素质的领导班子、创建世界一流大学。

创建世界一流大学是江泽民总书记于1998年5月4日在北大百年校庆大会上作为"科教兴国"重大举措提出的,2000年11月3日,李岚清同志视察北大清华时又明确指出,应从"三个代表"的高度认识创建世界一流大学的重要意义。因此,将这一目标确定为我们进行"三讲"教育的主题本身就是"讲政治"的具体体现。

同时,创建世界一流大学也是全体北大人的共同理想和奋斗目标,在北京大学有极高的共识度。广大师生员工不仅关心"三讲"教育对领导干部的思想和理论水平有多少提高,更关心通过"三讲"教育,北大创建世界一流大学的进程能否扎扎实实向前推进。这是群众衡量我们的"三讲"教育是否走了过场、是否取得实效的关键所在。

在集中进行的"三讲"教育中,学校党委将这一主题与各个阶段的任务有机结合,贯彻始终。学习阶段,着重从"三个代表"的高度认识创建世界一流大学的重要意义;剖析阶段,着重从创建世界一流大学的高度查摆班子和个人所存在的问题;在批评与自我批评阶段,着重围绕创建世界一流大学中的认识和表现展开;整改阶段,从实现创建一流大学的目标出发制订了整改措施。

二、把思想发动和理论学习作为搞好"三讲"教育的前提与基础来抓,始终立足于教育和提高是"三讲"教育取得成效的前提条件。

"三讲"教育开始时,有些同志心存疑虑,担心流于形式走过场,影响团结,影响稳定,影响工作等等。针对这些思想障碍,领导干部带头学习中央文件,学习江泽民同志及其他中央领导同志关于"三讲"教育的重要讲话,用中央精神统一思想,不断提高对"三讲"教育重要性、必要性和可行性的认识。同时,我们在10月17日召开"三讲"教育动员大会,在全校范围内进行了充分的思想发动和动员。学校的党政领导、院士、教授代表,现职副处以上干部,校工会、教代会和共青团主要负责人,民主党派负责人,离退休老同志代表,校办企业和经济实体负责人等近500人参加了大会。会上,传达了中央、教育部党组和北京市委关于深入开展"三讲"教育的要求,联系北大的实际,阐明"三讲"教育的重要性和必要性;并初步查摆了学校领导班子中存在的突出问题,代表领导班子表明了态度,对我校的"三讲"教育作出了具体部署。巡视组组长曾繁仁同志在会上做了重要讲话,对我校进行"三讲"教育工作提出了指导性意见和要求。从会后大家的反映看,我们的动员大会取得了预期效果。大部分同志对动员报告和讲话反应积极热烈,认为从中看到了党中央和北京市委对北京大学"三讲"教育的高度重视,看到了学校领导班子和领导干部搞好"三讲"教育的态度和决心,进一步提高了对"三讲"教育工作的重要性和必要性的认识。各中层领导班子在开始"三讲"前也分别在本单位内部召开了动员会议。

"三讲"教育是一次普遍的马克思主义理论教育,必须把学习马列主义、毛泽东思想,特别是邓小平理论和江泽民同志有关"三个代表"和"三讲"的重要指示贯穿始终。通过学习理论武装思想,为剖析问题、总结经验教训奠定思想基础。只有理论上的成熟,才能保持政治上的清醒和坚定。我们在"三讲"教育一开始就形成了严肃认真的学习氛围,并坚持把学习理论、武装头脑同整顿思想、改进作风结合起来,贯穿教育活动的全过程。特别在校级领导10月19～22日集中学习的四天中,全体同志聚精会神地研读指定著作和文件,勤奋读书,认真思考,写出了读书笔记和心得体会。大家表现出了很高的自觉性,学习十分刻苦、投入。有的同志在集中学习期间有工作安排,任务结束后,马上回来进行补课,每个人的集中学习时间都超过了40个小时。在一些同志的心得中写到,"这是一次难得的充电机会",是一次"精神享受",感到"意犹未尽"。充分"务虚"、思想先行,是"三讲"教育取得成效的前提条件。

三、充分发扬民主,相信和依靠群众,坚持以整风精神开门搞"三讲"教育,是"三讲"得以高质量完成的重要保证。

充分走群众路线,开门搞"三讲"教育,是"三讲"教育工作取得成功的宝贵经验。在"三讲"教育准备阶段,学校党委就在学校不同的人员范围内召开了11个座谈会,初步查摆了学校领导班子和领导干部在党性党风方面存在的突出问题。动员大会之后,学校"三讲"教育办公室向各方面代表共324人发放了《征求意见表》,回收317份,回收率达97.8%。经过汇总,共收集到对校级领导班子和领导班子成员的意见和建议2284条,近18万字。其中对领导班子的意见和建议559条,对领导班子成员的意见和建议1725条。为更广泛听取群众意见,学校还在校内五个地点设立了十个意见箱,在医学部和各附属医院设立了十四个意见箱,开通了"三讲"教育征求意见专线电话。从10月23日开始,由巡视组和学校"三讲"教育办公室分别进行个别访谈和召开座谈会,听取了我校前任校领导、院士、长江特聘教授和知名学者代表、机关职能部门负责人、中青年教师、离退休人员、民主党派、工会、教代会等各方面代表200余人的意见。剖析材料形成以后,我们采用民主评议和民主测评的方式听取了各方面代表300人的评议意见,共1432条,11万多字,其中对领导班子的意见和建议157条,16000多字。我们召开了民主生活会以后,又召开会议,向干部、教师代表通报了有关情况,进一步征求意见。在我们整改方案形成的前前后后,我们又召开了六次座谈会,听取了院士、教授、民主党派、院系与机关负责人等方方面面代表的意见和建议,并在整改方案通报会上向教职工代表做了汇报。

在整个"三讲"教育过程中,我们强烈感觉到,广大干部和教师对学校的"三讲"教育非常关注,参与的积极性十分高涨,所提意见和建议积极中肯,切中要害,富于建设性,既有尖锐的批评又与人为善。从大家所提意见的内容上看,涉及到创建世界一流大学的办学思路与办学方向,领导班子的自身建设,教学科研,管理工作,党建和思想政治工作,群众路线等方方面面。紧紧围绕着北大如何创建世界一流大学和建设高素质领导班子这一主题,没有纠缠细枝末节。其中一些比较尖锐的批评意见,直接指向我们在党性党风方面和工作中存在的突出问题,也指明了我们努力的方向,一针见血,刻骨铭心,使我们的头脑更加清醒,深感责任重大。

广大干部和教师的积极参与,所提出的批评与建议,对于帮助领导班子和领导干部找准、抓住突出问题,从思想深处进行剖析,制定科学可行的整改方案,起了重要的推动作用。事实证明,只要坚定地相信和依靠广大干部、教师,满腔热情地欢迎大家的帮助,虚怀若谷地听取大家的意见,诚心诚意地对待大家的批评,查摆问题就比较准确,剖析就比较深刻,整改就比较扎实,班子建设就会不断取得进步,"三讲"教育就不会走过场。

四、拿起和用好批评与自我批评的武器,开展积极健康的思想斗争,弄清思想、增强团结是加强班子建设、实现"三讲"教育目的的重要环节。

中央在部署这次"三讲"教育时,特别强调各级领导班子、领导干部要充分交流思想,认真开展批评和自我批评。开展批评和自我批评是我们党区别于其他任何政党的显著标志之一,也是加强党的自身建设特别是领导班子建设、健全党内生活、解决党内矛盾、增强党的团结、帮助党员和干部不断进步的一个重要法宝。

对于我们北京大学的校级领导班子来讲,更具有现实意义。我们的班子组建刚半年,思想上交流还不够,一团和气,"好人主义"的问题也有所反映。一些同志在理论学习心得体会和剖析材料中,提到了自己坚持原则不够,对班子和其他同志批评不够等问题,并表达了坚决改正的愿望。针对这种情况,领导班子成员通过学习中央和教育部、北京市委"三讲"教育文件以及毛泽东、邓小平和江泽民等领导同志关于做好批评与自我批评工作的重要著作与论述,进一步提高了认识,端正了态度,为开好民主生活会奠定了思想认识基础。同时,领导班子成员在会前广泛开展了谈心活动,进行了积极的思想交流,为开好民主生活会营造了良好的氛围。在谈心过程中,同志们敞开思想,坦诚相见,互相促进,互相帮助,收获很大。如此高密度、高质量的谈心活动,在北京大学近年来的班子建设中是少见的。尤其是在两校合并后不久,开展这样的谈心活动更为重要。

在民主生活会上,大家坚持高标准,严格要求,以实施创建世界一流大学计划为目标和要求来衡量自身,看看到底有多大差距,如何缩短这些差距。由于标准明确严格,班子成员都能自觉检讨自己在党性党风和工作中存在的缺点和不足,诚恳接受大家的批评帮助。民主生活会的气氛是融洽的、积极的、健康的。这次民主生活会是一次高标准的党内政治生活,继承和发扬了党的优良传统，较好地落实了中央关于开展"三讲"教育的原则精神；进一步明确了领导班子和领导干部存在的突出问题及其根源，明确了努力方向，增强了解决自身矛盾和问题的能力；领导班子振奋了精神，凝聚了士气，增强了团结和信心，促进了合并后的进一步融合；同时，这次民主生活会着眼于改，着眼于做实事，也为整改工作打下了良好基础。

各基层单位也开展了积极、健康的批评与自我批评，比如技物系的领导班子，用9个小时的时间召开了一次高质量的民主生活会，大家敞开心扉，坦诚相见，融洽了感情，促进了工作。

五、把边整边改作为一个重要的指导思想贯穿始终，把开展"三讲"教育同推进当前工作紧密结合起来。认真制订整改方案，进一步取信于民是"三讲"教育取得成效的重要标志。

在"三讲"教育中，整改工作既贯穿始终，又是一个专门阶段。整改是整个"三讲"教育的着眼点和落脚点。衡量"三讲"教育是不是达到了预期目的，走没走过场，领导班子和领导干部在认识上是不是真正有明显提高，政治上是不是真正有明显进步，作风上是不是真正有明显转变，纪律上是不是真正有明显增强，最终体现在整改上，落实在整改上。广大干部、教师衡量和评价我校这次"三讲"教育的成效，最终也是看整改效果如何。因此，整改阶段是前三个阶段成果的实际检验和巩固，只有紧紧抓住整改这个关键环节，通过制定、落实整改方案、整改措施来解决党性党风方面存在的突出问题，才能从根本上确保"三讲"教育取得实效。搞好整改也是促进学校发展建设的迫切需要和教职工的迫切要求。整改是"三讲"教育与推进学校工作的重要结合点，领导班子和领导干部党性党风方面存在的突出问题，在很大程度上制约着学校的发展，影响着北京大学创建世界一流大学的步伐。通过"三讲"教育整改阶段及落实整改的工作，切实解决这些问题，对于我们创建一流大学，多出优秀人才和高水平的成果，为国家的发展与建设服务，具有重大的意义。在"三讲"教育的前三个阶段，领导班子和领导干部都深切地感到，全校广大教职工对我们的意见和批评，集中到一点就是关心学校的建设和发展，关心两校合并后取得的实质性进展，关心学校创建世界一流大学计划如何更加有力地向前推进。对北京大学来讲，搞好整改工作，解决好教职工最关心、反映最强烈的问题，才能够更好地凝聚大家的力量，上下同心同德，共同迎接跨世纪的各种挑战，共同完成创建一流大学的伟业。这也是我们取信于广大干部、教师的关键所在。

我们按照江泽民同志"三个代表"的重要思想和"三讲"教育的有关文件精神，紧紧围绕创建世界一流大学的主题，对照群众在"三讲"教育过程中提出的意见、建议和要求，针对领导班子和领导干部在党性党风方面和工作中存在的主要问题，认真制定了整改方案。从座谈会和整改方案通报会的情况看，广大干部、教师对我们的整改方案基本是肯定和认同的，这也将督促和鞭策我们按照整改方案的要求，认真抓好落实，不负师生厚望。

六、充分发挥各单位党委的领导作用、书记的第一责任人作用和行政首长及班子其他成员的表率作用，是"三讲"教育顺利完成的根本原因。

这次"三讲"教育尽管运用开门整风方式，但不同于过去以阶级斗争为纲的所谓"整党"，而是要进一步增强各级党组织的战斗力，增强党员领导干部党性修养的一次马克思主义教育。因此，党中央要求，这次"三讲"教育是一次有组织有领导的党内自我教育，必须充分发挥各级党组织对"三讲"教育的领导作用，发挥党委书记的第一责任人作用，发挥领导班子成员的带头表率作用。

在我们"三讲"教育过程中，从学校党委到各基层党组织，正是充分发挥了这样"三个作用"，才保证了"三讲"教育的健康发展，促进了班子建设和学校发展，收到明显成效。

学校党委把开展好"三讲"教育工作作为事关学校发展建设全局的中心工作来抓，在全体班子成员中统一思想，统一认识，并对"三讲"教育的每一个环节切实加强领导，抓好落实工作。在"三讲"教育筹备阶段，我们成立了"三讲"教育领导小组，明确了党委书记为第一责任人，全面负责对北京大学这次"三讲"教育工作的领导，领导小组下设办公室，负责各个具体环节的操作和各项具体事务的落实。领导小组和办公室的同志一起认真制定了"三讲"教育的实施方案和各个阶段的实施计划，对指导思想、目标要求、工作原则、方法步骤和时间安排都做了明确说明，并在实际操作的每一个环节中抓好落实。在我们领导班子中，大家思想认识一致，党政配合密切。许智宏同志虽然参加了中科院的"三讲"教育活动，他仍然对自己高标准严要求，以高度的党性觉悟和敬业精神，投入到我校的"三讲"教育中，认真与大家交流思想，开展批评与自我批评。其他同志也能够主动、自觉地克服困难，确保时间，确保精力，协调好与日常工作的关系，全身心投入到"三讲"教育工作中。许多院系，比如地质系、图书馆、马克思主义学院等，领导责任到位，方案明确，步骤扎实，党委书记和院长、系主任带头开展批评和自我批评，使本单位的"三讲"工作开展积极而有成效。在这里还要特别提到"三讲"教育办公室的同志们，他们在完成自己的本职工作以外，发扬连续作战的精神，加班加点，夜以继日、日以继夜地做了大量工作，从文件起草，简报编印，收集、汇总、梳理、反馈各种意见，到每一次会议和集中学习的精心准备与安排,为我校"三讲"教育工作顺利进行提供了强有力的保证。我作为"三讲"教育的第一责任人,感谢大家的支持和配合。

这里还要感谢以曾繁仁同志为组长、孙祖国同志为副组长的巡视组各位同志,他们政治上强,政策水平高,敬业负责,作风严谨,一丝不苟,是我们学习的榜样,受到了全校师生员工的好评。对于确保我校"三讲"教育质量,保证"三讲"顺利健康进行,发挥了不可替代的作用。一是指导有方。不仅帮助我们制定工作方案,而且对"三讲"教育的转段、搞好自我剖析、开好民主生活会、做好整改都进行了及时有效的指导。二是作风深入,广泛听取了各方面意见,帮助我们领导班子及领导干部找准、抓住、解决好突出问题。巡视组的各位同志与上百名干部、教师代表进行了谈话,收集到大量意见,为我们搞好"三讲"教育奠定了基础。三是把关严格。我们领导班子和领导干部的每一份剖析材料,我们上报的每一份总结,我们在大会上的每一次讲话,包括我们的整改方案,都经巡视组的同志们细心审阅过,发现的不足,给我们及时指出,并提出负责的修改意见,发挥了把关作用。我们的"三讲"教育取得今天的成效,是与他们的辛勤努力分不开的,在此向巡视组的各位同志表示衷心感谢。

我们在看到我校"三讲"教育取得成绩的同时,还应当看到存在的不足,对已取得的成效不能估计过高。从目前情况看,中层领导班子开展"三讲"教育的情况不够平衡,个别单位的整改方案还未落实,一些领导虽然在民主生活会上进行了批评与自我批评,但班子内部的问题并未彻底解决。在今后一段时间里,落实整改的任务也将十分繁重,有些问题解决的难度很大,我们要克服的困难还很多,必须对此有足够的思想准备和工作准备。

同志们,在集中进行"三讲"教育的近半年时间里,教育部党组和北京市委教育工委等上级部门以及巡视组同志们给予我们很多及时有效的帮助、指导;学校"三讲"教育领导小组办公室的各位同志也为"三讲"教育的顺利进行做了大量卓有成效的工作;学校广大干部、教师更给予我们极大的关心和爱护,信任与支持,在此,我代表学校党委对所有关心、支持我们"三讲"教育工作的同志们表示衷心感谢。

集中一段时间开展"三讲"教育已经结束,但"讲学习,讲政治,讲正气"的要求应时时体现在我们的思想上,贯穿于我们的工作中。我们还将继续加强学习,坚持落实好整改措施。希望通过这次"三讲"教育,真正把我们的班子凝聚起来,把大家的士气振奋起来,把全校师生员工的聪明才智集中起来,把干劲激发出来,共同为实现北京大学创建世界一流大学的宏伟目标而不断奋斗!

校长许智宏在春季全校干部大会上的讲话

(2001年2月19日)

同志们:

已经过去的2000年是北大发展历史上至关重要的一年。学校各项工作紧紧围绕创建世界一流大学这个中心任务,抓住机遇,深化改革,实质性地促进学校各项事业的发展。两校合并与"三讲"教育,是2000年的两件大事。两校合并工作,平稳操作,顺利完成,对全国高教体制改革做出了历史性贡献。通过"三讲"教育,加强了领导班子建设,提高了凝聚力,增强了创建世界一流大学的自觉性与责任感。

今年是新世纪的开局之年,意义非常重大。挑战与机遇并存,挑战更加严峻,机遇也更多。中央和北京市对北大创一流很重视,北京市已经把支持北大、清华列入今年的重点工作,这为我们营造了良好的社会氛围;"985"经费今年将达到9个亿,投入之大,史无前例;作为"十五"计划第一个年头,国家、教育部、北京市科研项目明显增多,经费投入力度也大幅度提高,我们可以争取的资源更加丰富。这都是我们推动发展的大好机遇。另一方面,我们面临的挑战与考验在今年显得尤为紧迫。3月底,"211工程"国家验收将拉开帷幕,北大与清华首当其冲,交一份怎样的答卷,万众瞩目;与此同时,重点学科重新评审,对北大的学术地位、未来发展将产生重大影响;应该看到,今年是"985计划"投入最大的一年,也是推出具有显示度的成果的关键之年。

在"三讲"教育整改方案中,按照创建世界一流大学的要求,我们把学校今后的发展思路概括为"一个目标、两个工程、三大功能、四项基本工作"(一个目标:创建世界一流大学;两个工程:"211工程"和"985"工程;三大功能:科学研究、人才培养、社会服务;四项基本工作:学科建设、队伍建设、增强办学实力、党建与思想政治工作),这一思路也就是本学期学校行政工作总的指导思想。德炳书记在"三讲"教育总结报告中还要讲,我不再展开。

在讲今年的主要工作之前,我简要传达一下近期中央、教育部和北京市有关会议精神。

寒假前，我和德炳书记参加了教育部直属高校咨询会议，闵校长参加了北京市高校工作会。岚清副总理、至立部长、北京市的有关领导分别在两个会上作了非常重要的讲话。讲话内容很多，核心可以概括为：总结经验，巩固成果，深化改革，发展提高；以"三个代表"思想坚持教育改革的方向，增强责任感，开拓教育改革的新局面。

目前，高校的结构调整、合并重组，已经告一段落，部分地解决了条块分割等问题，应总结经验，在巩固成果的基础上，适时转入下一阶段。在下一阶段，学校的中心工作应从宏观调整转入微观运作。主要任务是深化内部管理体制和运行机制的改革，促进学科融合与交叉，进一步推进人事体制改革，完善人才引进、培养机制，加快后勤社会化改革，加速校办产业改制。

岚清副总理和至立部长都特别强调，高校应认真领会"三个代表"思想在现时代的理论意义，充分认识这一重要思想在指导社会实践上的地位和价值，利用高校优势，组织专门的力量深入讨论和研究，力求做出成果。根据"三个代表"的重要思想，学校要在促进高校发展与社会需求的紧密结合方面作出成绩；要使教师在社会舆论环境中发挥积极的作用；要关注新的生长点，注意研究新问题，如学校规模扩大后产生的新问题，网络教育问题，网络与思想政治工作的结合问题等。

这两次会议的精神对我校本学期的工作具有重要的指导意义，要在工作中认真贯彻落实。下面我根据两个会议的精神和校领导寒假工作会议的情况，就本学期工作要点谈一些意见。

一、修订创建世界一流大学规划

原《北京大学创建世界一流大学规划》制订于两校合并前。两校合并后，学校的实际情况已经发生了较大的变更，有必要根据合并后的情况和一年以来的新形势、新动态修订《规划》。《规划》内容包括学科规划、事业规划、校园规划三部分，在修订中，要对学科建设、人才培养、体制框架、管理模式、基础设施等若干涉及学校发展的重大问题作出回答和规划。修订《规划》工作，是全体北大人共同的事业，要充分听取各方面的意见，凝聚全体北大人的智慧。要争取在2月底拿出初稿，并在今年5月定稿。

二、加大力度推进学科建设与教学科研

学科建设和教学科研是学校整体工作的中心环节。本学期在学科建设和教学科研方面，学校将在2000年的基础上，进一步加强领导，加大资金投入力度，充实管理力量，改革体制框架，使学科建设和教学科研不断产生新成果。

（一）加强学科建设，提高科研水平

1. 迎接"211工程"的国家验收

"211工程"国家验收工作是本学期的当务之急，验收的结果对我校争取二期"211工程"及其投入力度，对学校下一步的发展将产生直接、重大的影响。据悉，一个英国教育代表团也将应邀参与验收工作，北大、清华列入首批验收单位，因此验收工作的国内外影响不言而喻。

"211工程"实施5年以来，学校在学科建设、基础设施建设和公共服务体系建设等方面，确实取得了突出的成绩，也应该利用国家验收这一契机，全面总结，加强宣传，凝聚人心。

根据教育部的安排，验收时间是3月28日到30日。从现在起，全校应开始倒计时进行准备工作，要有紧迫感。验收工作由有关部门抽调精干人员，共同组成工作班子，全力以赴，要在一个月的时间内拿出能够充分说明北大"211工程"成就的执行报告，并利用多媒体手段，制作出高质量的演示文本。验收工作涉及到的各院系以及有关部门，应密切配合，充分重视。

2. 做好重点学科规划与申报工作

重点学科重新申报工作是这学期的另外一件大事。教育部已明确，原有各校的重点学科这次全部推倒，要重新申报。我校原有重点学科53个，在这次申报中，要争取有新的突破。研究生院、科研部、社科部将共同组成申报工作小组，组织摸底调研、规划和预答辩等工作。鼓励和推动新学科脱颖而出，纳入国家重点。学校将在财力许可的范围内对重点单位给予支持。

重点学科申报工作任务繁重，意义重大。重点学科的多少，体现着学校的学术地位，是决定学校的整体形象和声誉的重要因素，对学校争取国家和社会各界的支持与援助至关重要。各个院系以及相关单位要充分重视，要吸取申报评选基地工作中的教训，切忌各自为政，分散力量。学校各主管部门应在分管校领导的领导下，做好组织工作，积极行动，责任到人，意识到位，工作到位。

3. 争取重大重点项目，加强学科交叉和研究基地的建设

首先是争取"十五"重大科研项目。在第十个五年计划中，国家、教育部、北京市将安排更多的资金用于科学研究、应用开发和成果转换。科研部和社科部等单位要认真做好重大项目的组织、论证和争取工作。各院系要抓住机遇，增强对外争取科研经费的竞争力，不可坐失良机。对争取到国家重大项目的院系，学校将结合学科建设予以必要的配套支持。

充分发挥我校综合性大学的优势，加强交叉学科建设。根据国际科技发展的趋势，根据国家"十五"计划的需要，结合我校特点，建设高水平的跨学科研究中心。在国家纳米科学与应用研究中心的组建中，北大要争取到适当的位置，获取一席之地；要加快建设生物医

学跨学科研究中心、结构生物学研究中心、微处理器研究中心、高性能科学计算研究中心、脑与认知科学研究中心等;在生命科学、医学等领域几个重点实验室的评估工作上,要加强纵向与横向的协调与沟通。推进校本部和医学部的进一步融合,支持文理医相互之间的贯通,鼓励把握科技与人文的相互影响、相互作用,开辟新的研究方向。

4. 加快校院系三级建制二级管理体制改革

加快校院系三级建制二级管理体制的改革。我校现有学院16个,又有理科9个系,文科9个系,摊子较大,头绪很多,部分院系存在着学科重复设置、资源浪费、内耗严重等问题。不利于管理,阻碍了我校向世界一流大学迈进的步伐。今年,学校将以有利于学科整合与发展,有利于资源合理配置为着眼点,加快推进体制改革,进一步推进两校合并后的实质性融合,争取取得重大进展。

学校要积极为学科整合创造条件。从经费投入上,要向已经形成合理发展态势的学科倾斜。在校园规划与布局上,围绕学科建设这个中心环节,为学科建设与发展服务。已经建成的理科楼群为理科各院系合理整合奠定了基础;学校规划在未名湖东北兴建文科楼群,为文史哲等人文科学的进一步整合和发展创造条件。根据学科发展的趋势,以大文科为理念,对文科现有科研机构将逐步进行改革重组,规范全校文科数据库、调查资料中心、案例库等基础建设,组织跨学科研究的重大项目。

体制改革是关系到学校长远发展的大事,在这个问题上,大家必须统一思想,树立大局意识,局部利益一定要服从整体利益。目前,学校有关部门正在就学科整合进行规划、论证、征求意见,在学校形成行攻决策之后,各单位必须严格贯彻落实。

5. 推动学科建设和科学研究为国民经济主战场服务

在充分发挥基础传统学科的作用的同时,要注意加强应用科学和工程学科,推动其密切关注社会需求,积极参与国民经济主战场。人文社会科学要注意在当前国家急需发展的领域占领制高点,在国家重大决策制定过程中,要能够听到北大的声音。人文社科要在论述"三个代表"重要思想、反对邪教等领域推出重要的论著。

6. 做好"985计划"的中期检查

今年是创建世界一流大学计划实施的第三年,上面所谈到关于学科建设和科学研究的各个方面的举措,归根结底是为创建世界一流大学这个核心服务的。关于"985计划"涉及到的各个项目,在今年要逐一进行检查,上半年主要是准备工作,要有明确的时间表。

(二)深入推进素质教育,改进教学管理工作,加强教师队伍建设,努力培养高素质创新人才

几年来,我校在加强思想政治素质教育、科学文化素质教育、身心素质教育和艺术素质教育等方面进行了卓有成效的探索和实践,"两课"教学改革、名师名课名教材工程、接连不断的高雅艺术演出形成了北大素质教育的特色。但是,根据21世纪人才市场的需求,更加细致、准确地研究素质教育的目标模式,确定进行素质教育的途径、方式与手段,仍是一项艰巨的任务。这学期应重点抓下面几方面的工作。

1. 改进教学管理工作,为人才培养服务

科学的教学管理,是开展素质教育的重要保证之一。本学期,要根据学校教育教学管理中存在的问题,改进管理工作,为人才培养服务。

——配合学校院系三级建制二级管理体制的改革,相应地调整、改进教学管理体制和机制。改革机构设置,把涉及到教育教学的各方面(如教学成果评估、质量检查、教材建设、教学保障等方面)协调、整合起来,重新设立教务长一职,全面管理教育教学工作。

——根据教育教学改革的需要和高层次人才培养的要求,改革医科学生学制设置模式,试办医药卫生长学制教育,这学期尽早形成方案报教育部审定。

——要制订和完善优秀教师担任基础课制度,提高我们的教学质量,维护学校的声誉。

——本学期开始试行的扩大通选课和公共基础课自由选课制,要在实践中总结经验,不断加以完善。

——加强对继续教育的管理,要研究继续教育的合理定位,在管理上进一步规范。

2. 加强招生工作,保证生源质量

北大的发展,要有规模,但更重要的是保证质量。教育质量是学校持续发展、健康发展的生命线。目前万柳、五道口学生公寓以及餐饮中心等大量基础设施建设正处于施工阶段,交付使用要到明年,在资源紧缺的情况下,盲目扩招必然会对教育质量产生影响,也会对学校管理带来极大压力。因此,今年北大招生工作的原则是控制规模,保证质量。

鉴于2000年本科招生中出现的问题,今年要进一步加强领导,做好招生宣传、咨询以及相关的各项准备工作,抓好招生队伍的建设。校领导、院系领导和招生具体工作人员应利用各种机会和渠道,宣传和树立北大的良好形象,让社会了解北大,了解北大在新时期社会经济发展中的新的面貌。认真处理好本部与医学部一起招生情况下可能遇到的矛盾和问题。招生、培养、分配就业是我校教育的系统工程,要从一开始就抓好。

3. 建设高素质的教师队伍

教师言传身教,为人师表。教师的素质,包括道德品质、业务素质以及有关的能力和水平等,决定了实施

素质教育的质量。建设一支业务水平精良、思想道德素质过硬的教师队伍,是北京大学加强教育教学工作,培养高素质人才的重要保证。

首先,建设高素质的教师队伍,涉及到许多方面,如教师对学生的影响不仅表现在学术上,而是全方位的。教师的思想观点在某种程度上对学生的情绪、学校的稳定也会产生正面或负面的影响。加强师德建设,制订严格的教师执业纪律或规范,在提高业务水平的同时,提高教师的思想道德水平,增强教师的职业责任意识,这是建设高素质教师队伍的必然要求。

其次,培养高素质创新型人才,必须引导学生投身于科学与社会实践中去,通过解决实际问题,提高分析问题和解决问题的能力,并学会如何与他人合作。因此,北京大学作为研究型大学,他的教师必然要在教学和科研两方面都具有较强的能力,没有创新型的教师,很难培养出创新型的学生。同时,教学与研究应该紧密结合在一起。较强的科研能力,较高的科研水平是教学质量的重要保证。因此,学校将采取适当激励机制,推动教师提高科研水平和创新能力。

第三,要努力解决教学方法的传帮带任务。当前,教师队伍处于新老教师更替的重要阶段,教师年轻化的步伐不断加快,年轻教师如何学习、继承老教师丰富的教学经验,并在实践中改良创新,是亟待解决的问题。需要组织对年轻教师的培训,并加强教学研讨工作,加快年轻教师在教学上的成熟。

除了以上三点,建设一支高素质教师队伍,还有用人机制方面的问题。关于这一点,我将作为一个单独的问题来谈。

三、深化人事制度改革,完善优秀人才引进和培养机制,提高全员工作积极性

深化人事制度改革,完善优秀人才引进和培养机制,提高自主培养高层次人才的能力,加快造就一批具有国际一流水平的学术带头人和高水平的管理人才,是我校面临的严峻任务。

应该肯定的是,近几年我校教师队伍建设、引进优秀人才方面取得的成绩是显著的。从队伍结构上看,具有博士学位的教师1375人,占教师总数的25.7%,预计到2006年建设一流大学第一阶段结束时,教师队伍将主要由博士组成。从数量和质量上看,我校除"长江学者"特聘教授人数与清华持平外,在院士人数、国家杰出青年基金获得者、国家有突出贡献的中青年专家、国家人事部"百千万人才工程"入选者、"跨世纪人才"以及北京市"百人工程"入选者等重要指标上,都居全国高校首位,显示了我校人才队伍的强大实力和巨大潜力。但也应该看到,院系之间存在着明显的差异。

今年,我校将在总量控制、保证质量的前提下,与重点学科的发展相结合,继续实施高层次人才培养和引进工程,并在去年的基础上加大投入力度。为了保证引进人才的质量和使用的合理性,要建立人才引进和使用的规范化机制,解决好优秀人才聘前考察、聘期内考核、职称评定以及资金和配套设施等一系列问题。学校还要建立快速反应机制,对特殊的人才给予特殊的优惠,以个案处理的手段,灵活对待。在引进优秀人才问题上,各院系主要领导要变被动为主动,树立在本学科领域的"猎头"意识,更要切实优化本单位工作环境,为引进人才、培养人才创造条件。对于优秀人才,引进以后,各级领导都要在思想、生活与工作上关心和支持他们,帮助他们解决实际问题,同时帮助他们尽快熟悉环境,尽快融入北京大学建设一流大学的氛围之中。

学校的整体人事体制的改革,已经向前推进了一大步,今年在总结经验的基础上,要进一步完善。人事部门应根据国家人事体制改革的精神,对人的管理逐步由身分管理转向岗位管理。这学期应结合定编定岗,研究并作出今年职称评定的具体方案;在各类干部的聘任、晋升方面,也要逐步推行向社会公开招聘的办法,改变近亲繁殖的干部结构,也要注意积极向社会各界输送干部,有进有出,能上能下,改变被动等、靠的思想意识,充分发挥各类人员的工作积极性。在定编定岗的基础上,学校应给各院系更大的用人自主权。

四、落实科技园建设,推进产业改制,加强与地方的产学研合作

1. 关于大学科技园的规划和建设

北大科技园是北京市今年50项重点工程之一,是规划中的高科技产业孵化基地。落实科技园建设,对拓展学校空间,促进产学研结合,加快科技成果转化,以及对北京大学创建世界一流大学有重大意义。利用建设科技园这个机会,我们还可以顺势把学校周边环境整治工作向前推进一大步。

目前,经过学校各有关方面的艰苦努力,积极争取,已经取得了突破性进展。我可以高兴地告诉大家,从城市规划用地上,成府路两侧、西南体育用品商店一带、西门外篓斗桥一带,都已经北京市政府批准,纳入北大版图。目前,由海淀区政府出面,居民住宅拆迁工作已经开工,希望保卫部门配合海淀区公安局,做好周边的安全稳定工作。

2. 关于产业改制问题

岚清副总理非常重视校办产业的改制问题。在去年来校视察时就曾指示,校办产业要向现代企业制度过渡。产业改制是学校体制改革的一项重要内容,对于学校集中精力搞好学科建设和教学科研也将产生积极的影响。我校产业改制的主要目标,是按照党中央十五届四中全会的精神,搞好方正、未名、青鸟和资源四大集团的改制。通过改制,企业将由学校的全资公司转变为股份制公司,按照国家的有关规定以及公司的具体

情况,学校将分出一定份额的股份给公司,对有贡献的职工进行产权激励,而学校则成为公司的股东,确保学校的权益。目前,各大集团的改制方案已经开始上报学校,学校将成立专门的班子审核改制方案,要注意防止国有财产流失,确保顺利完成产业改制工作。

3. 加强与地方的产学研合作

加强与地方的产学研合作,这是高等学校吸收和利用外部资源,促进学校发展,增强办学实力,扩大社会影响,实现社会服务功能的重要手段。"十五"期间,国家对军队、国防事业投入的力度加大,学校要抓住这个时机,主动加强与军队、国防科技事业在人才培养、科技开发方面的合作。

已经创办的深港产学研基地,北大和香港科技大学各投资 1000 万元,深圳市政府投资 6000 万元。基地在产业开发、教育培训等方面的项目已经开始运作,产生了良好的社会效益。最近在深圳成立的深圳北大医学中心,社会反响也很好。北大六大附属医院在社会服务领域资源丰富,今后要注意进一步发挥优势。

地方政府与北大合作联合办学的积极性也很高。深圳市、青岛市都给以非常优惠的条件。深圳市已决定建设大学园区,重点支持清华、北大在深圳办学。深圳市政府计划投资 4 亿 7300 多万元,建设北大深圳校区,今年已经开始拨款。因为深圳一直是我校许多院系办培训班的重要基地,所以,深圳校区定位在研究生学位教育。应抓紧做好深圳校区的规模设计。青岛市计划投入 10～20 个亿,在临海黄金地带 2700 亩土地上,建设北大青岛分校,承揽全部硬件设备。由于青岛分校计划定位在本科生教育,难度和复杂程度非常大,学校有关部门还要对项目的可行性进行进一步分析论证。

五、继续深化后勤社会化改革,加快基础设施的规划与建设,扎扎实实为教职员工办实事

推动后勤社会化改革,建立规范的管理体制和运行机制,是学校实现持续发展的有力保障。年前,教育部已在武汉召开了第二次大学后勤社会化改革会议。北大在后勤社会化改革方面,已经取得了很好的成绩,根据国家的要求和学校的自身特点,校本部建立了"小机关,多实体"的管理模式,提高了后勤服务水平。医学部也在积极推进这项工作。今后,要继续根据国家的有关政策,根据全国后勤社会化改革的进程,研究适合我校实际情况的具体方案,理顺关系,明晰产权,明确责、权、利关系,进一步深化改革。

加快基础设施建设,改善办学条件,这是实现创建世界一流大学的基本要件。学校在今年将陆续启动理科 4 号楼、国际关系学院大楼、考古文博大楼、科技大厦、医学部教学大楼、研究生宿舍楼、26 号职工住宅楼和游泳馆等建设项目。在今年完成文科楼群、新化学南楼、医学部新教学楼等项目的立项。万柳小区和五道口各 10 万平方米的学生公寓项目,要争取在 2002 年交付使用。45 号甲学生宿舍楼将于今年暑期建成。

切实解决教职员工住房难的问题,扎扎实实为教职员工办实事。学校决定,采用贷款机制,在西二旗安宁西里争取 14 万平方米的经济适用房。安宁西里位于上地信息产业基地北侧,距北大 8 公里,小区紧邻规划中的城市轻轨铁路,交通在未来非常便利。安宁西里再往北的回龙观文化居住区,学校也在联系洽商,如果洽商成功,将再增加 10 万平方米的经济适用房。这两个项目,将使困扰北大多年的住房难问题基本解决。

顺便说一下北大附中扩招的问题。随着大学连续两年的扩招,普通高中毕业生显得紧缺。扩大普通高中的规模,迫在眉睫。根据岚清副总理的指示,教育部在包括北大附中在内的北京 6 所重点高中进行扩招的试点工作。这是根据社会对重点高中的迫切需求作出的调整,全部基建经费由国家拨款。这次扩招对于附中的发展,也是一次难得的机遇。

六、继续加强党建和思想政治工作,维护校园稳定的良好局面

当前,国际国内形势的深刻变化,学校改革和发展的不断深入,给党建与思想政治工作提出了新的更高的要求。继续维护校园稳定局面有许多有利条件,但也应看到,我们也面临着不少不利因素。越是加快发展,越要高度重视党建与思想政治工作,越是改革到了攻坚阶段,越要正确处理好改革、发展和稳定的关系。

我校的党建工作,要按照江泽民同志"三个代表"的要求,从思想建设、组织建设和作风建设上切实加强。要巩固并扩大"三讲"教育的成果,进一步加强领导班子建设,进一步提高干部队伍的素质,增强干部队伍的凝聚力和战斗力。要坚持不懈地抓好党的基层组织建设,积极做好在优秀知识分子和青年学生中发展党员的工作。今年是建党 80 周年,学校要组织一系列的纪念宣传活动,总结北大在新的历史时期党建工作的新经验,展现北大和北大共产党员在科教兴国大潮中的新形象。

我们要继续加强思想政治工作,深入贯彻中央思想政治工作会议精神,把理想信念教育作为思想政治工作和德育工作的核心内容。要加强思想政治工作的制度建设和队伍建设,重点推动师德建设。本学期要召开师德建设工作会议。要充分运用网络技术,增强思想政治工作的实效性和覆盖面。

要继续加强党风廉政建设,认真落实党风廉政建设责任制,严格干部廉洁自律制度,增强队伍的纯洁性和战斗力。认真解决群众关心和反映强烈的突出问题,促进依法治校,推行校务公开,加强学校民主管理与民主监督。要进一步严格财政管理。今年学校财政负担更加繁重,要大力提倡勤俭节约,反对铺张浪费,加强审计工作,杜绝小金库,防止形成资金体外循环。

稳定工作是学校工作的重中之重,要警钟长鸣。岚清副总理和至立部长多次谈到稳定问题,强调要理直气壮地讲稳定,要常抓不懈,不能放松。北京市要求今年稳定工作要坚决做到"六不出":不能出在社会上产生严重影响的歪理邪说,不能出与境内外敌对势力勾结呼应的重大事件,不能出指挥煽动的法轮功指挥者,不能出形成社会热点的恶性治安事件,不能出因领导失察处置不当而引发的纠纷,不能出因管理不严而产生的贪污腐败大案。我们在工作中,要及时化解影响稳定大局的各种矛盾,把握工作的主动权。当前,最应当注意的,是"法轮功"问题,我们不能掉以轻心,更不能产生厌战情绪。校园治安问题,与稳定关系非常密切,处置不当,容易造成学生情绪激动,甚至失控,也应引起高度重视。

以上谈到的是本学期的工作要点。其他常规性工作也要抓紧抓好,许多工作在上学期的"三讲"教育整改措施中都有具体的布置,而且已经明确了责任人。由于时间关系,这里不再一一展开。总之,今年的任务非常繁重,目前学校领导和院系领导、中层干部都在超负荷工作。特别是许多院系领导都是双肩挑干部,压力更大。但北大正处于改革的攻坚阶段,建设的关键时期,各种关系还有待于理顺,只要有担子,我们就责无旁贷。为了北大的光荣与梦想、责任与使命,我相信,我们超负荷的工作,将奏响北大振兴的强音,我们团结一致凝聚的心血和汗水,就是北大腾飞的翅膀。最近,江泽民总书记在全国宣传部长会上强调要宣传弘扬"五种精神",即解放思想、实事求是的精神,紧跟时代、勇于创新的精神,知难而进、一往无前的精神,艰苦奋斗、务求实效的精神,淡泊名利、无私奉献的精神。希望大家共同以此来激励自己,使之成为我们努力进行各项工作的崇高的精神支撑,把北京大学创建世界一流大学的事业推向前进。

校长许智宏在秋季全校干部大会上的讲话

(2001年8月30日)

同志们:

闵校长、迟校长、韩校长和陈校长已经就分管的主要工作,向大家作了比较详细的汇报,有助于大家准确地把握学校各方面工作的进展情况。有些方面,如后勤社会化、住房改革等,也是学校的重要工作,由于时间关系,这里不再作专题介绍。

新世纪的开局之年已经过半。在上半年,我们根据年初制订的"三讲"整改方案的要求,稳步推进了学校的各项工作:

——根据两校合并后的新形势、新动态,我们重新修订了创建世界一流大学规划,规划涉及到学科建设、人才培养、体制框架、管理模式、基础设施等影响学校发展的各个方面。为了更好地体现广大师生的参与,听取他们的意见,我们目前正在充分利用座谈会、校园网络、电视以及书面等方式广泛地征求意见;

——我们顺利通过了"211工程""九五"期间建设项目的国家验收,得到了专家和国家有关部门的充分肯定,为学校下一步的发展奠定了良好的基础;

——学科整合和院系调整取得了重要进展,新闻传播学院和物理学院先后成立,地球科学和空间科学学院筹建工作也进展顺利,公共管理学院也在抓紧筹建的准备工作;还成立了一系列跨学科研究中心,如脑科学与认知科学中心、计算生物学研究中心、科学与工程计算中心、卫生政策与管理研究中心等,有力地推动了跨学科和交叉学科研究的发展;

——围绕教育和科研工作,上半年学校召开了师德建设工作会议、文科教师大会、研究生工作研讨会、教学工作会和科研工作会,这些会议不仅分析了我校在学科建设和教育科研工作中存在的问题,而且在深入探讨的基础上提出了很多积极的建议和对策,对于推动学校科研教育工作起到了积极的作用;

——我们完成了国家重点学科申报工作;在全国和北京市教学成果奖申报评审中,我们也拿到了很好的成绩,荣获全国特等奖1项、一等奖5项、二等奖18项,荣获北京市一等奖31项、二等奖22项,获奖数量和级别均居全国高校之首;

——校本部和医学部在学科融合上不断加强,生物医学在"985"的支持下,获得了长足的进展,虽然两校合并后在深度融合上还存在着许多需要解决的问题,但比较其他综合性大学与医学院校合并的情况,合并后的北大发展稳健,这应该给予充分地肯定。

——科技开发和产业稳步发展,方正指纹已在国内市场占到了30%的份额,产业化进展很快。北大科技园建设也已经启动,北大抓住了难得的机遇,拓展了生存与发展的空间,周边环境正在发生变化。深圳研究生院的建立已获教育部正式批准,深圳将成为北大在京外的真正的产学研基地。

总的来讲,学校工作进展比较顺利。但我们也应看到,形势还非常严峻,在我们面前摆着许多亟待解决的问题。虽然我们已经顺利通过了"211工程"的国家验收,但还面临着"985计划"的中期检查,面临着校本部与医学部的深度融合,在几次会议上大家对学科建设也都提了不少意见和建议,还有我们的办学条件也需要进一步改善,特别是学生生活条件,以及部分文科院系的教育科研条件等等。因此,我们还不能有丝毫的懈怠。当前,在国家"十五"规划中,建设国家科技创新体系已经成为科技工作的总目标,北大应该有充分的准备和对策,争取发挥好资源和人才的优势,解决好长期以来制约我校科技创新的种种问题,把北大创建世界一流大学的建设和发展与国家科技创新很好地结合起来,这是我们的机遇,也是挑战。前不久,江泽民同志在"七一"讲话中,更加系统地阐述了"三个代表"的重要思想,这对于我们创建世界一流大学有着非常重要的指导意义。我们要深刻领会讲话精神,深刻理解科学和教育在国家振兴中的重要地位,并把精神实质融入到教学、科研和学校的各方面工作中去。

在上半年的工作中,我们也欣喜地看到,面对挑战和机遇,全体北大人始终紧紧围绕着创建世界一流大学这个核心目标,围绕"211工程"和"985规划"这两个中心任务,努力发挥高等学校的科学研究、人才培养和社会服务三大功能,在各自不同工作岗位中,表现出了强烈的忧患意识、高度的责任感和协作精神,这是北大改革、发展和稳定的重要推动力,也是我们在今后应该继承和发扬的精神传统。

暑假期间,我与王德炳书记、闵维方副校长、林钧敬副校长,和清华校领导一起,为能得到国家稳定而持续的支持,向教育部陈至立部长等领导汇报了我们"985"的执行情况,并提出了我们对下一期"985"安排的初步设想。部领导听取了我们的汇报,并提出了一些重要的问题和意见,这对于我们"十五"期间的工作安排具有重要的意义。

下面我根据部领导的意见和校领导暑期工作会的情况,谈一谈本学期的主要工作。

一、进一步修订创建世界一流大学规划

我们在上学期已经根据两校合并后的新情况重新修订了创建世界一流大学规划,这学期还要在听取意见的基础上,进一步修订。学校的规划,不是各个院系规划的简单累加,要充分考虑学校今后若干年的整体战略布局。规划的修订,也不可急于求成,要尊重、珍惜教职工参与的积极性,通过征求意见,集思广益,进行充分论证,使规划切实可行,具有可操作性,真正成为全校师生的行动指南。在规划的修订中,应当特别注意三个问题:第一,"三个代表"的重要思想是我们各方面工作的指南,在规划中要予以贯彻;第二,要主动从适应国家发展和科学发展的需求出发来修订规划;第三,要充分把握国家未来发展趋势,考虑到我们大致可以得到的各方面的资金总量,从为国家多做贡献出发修订规划。

二、以学科建设为中心,加大力度推进学科建设和教学科研

学科建设是学校的中心工作,是关系学校战略全局的重中之重,要继续紧抓不放。抓好学科建设,当前的任务主要有以下几点:

(一)进一步明确学科布局的发展战略,继续推进院系调整和学科整合,继续做好重点学科的申报工作

学校要进一步加强对学科布局的顶层设计的研究。在学科建设上,要把握学科分化和综合的发展趋势,按照国际公认的学术规范和惯例,既要注意保持发展北大的传统优势,同时又要充分考虑学科建设的前瞻性,在发挥北大特色和优势的前提下,要争取占领前沿学科阵地,如纳米科学、信息科学、生命科学等学科;也要考虑国家发展的需求以及素质教育本身的要求,通过加强协作,拓展和进一步争取学科新的发展空间,如MPA、艺术教育等等。

本学期,学校将在对学科战略布局进行深入研究的基础上,进一步推进院系调整。考虑到各方面的因素,我们将在建立地球科学和空间科学学院之后,加紧信息科学方面的整合。根据国家对软件方面人才的需求,教育部已下文,有条件的大学应与地方政府和企业合作以新的机制抓紧酝酿成立软件技术学院,我校的方案已在拟订,还需报教育部审批,学校应抓紧做好酝酿、论证、组织工作。除此之外,我们还将通过加强国际合作等途径,促成公共管理学院的成立。各位校领导要加强和院系领导的沟通和交流,定期联系,实地调研,为其余有关单位的整合和调整打好基础。

关于重点学科申报工作。根据第一阶段的工作看,我校的重点学科申报工作还是取得了很好的成果,但考虑到我校现在是两校合并后的新北大,整体实力加强了,只要我们组织好,并认真分析一下我们的优势和问题,我想我校可以取得更好的结果。请各院系一定要重视这一工作。主管校长也会与研究生院、科研部、社科部等部内及有关院系进一步研究,做好下一步的准备。

(二)作好准备,迎接"985计划"的中期评估

我们已经多次强调,今年是创建世界一流大学计划实施的第三年,学科建设以及教学、科研各个方面的举措,归根结底是为创建世界一流大学这个核心服务的。明年年初,国家教育部要组织对"985计划"涉及到的各个项目进展情况进行中期评估,我们的准备工作还要抓紧,不仅要有明确的时间表,还要组成精干的工作班子。我、迟校长、吴志攀、林建华、羌笛与医学部吕清浩共同组成领导小组,羌笛负责组织和直接领导工

作班子进行筹备，校本部和医学部有关职能部门要给予充分、积极地配合。

(三) 做好二期"211工程"和"十五"规划项目的申报工作

二期"211工程"的投入力度和我们能够在"十五"规划科研项目中争得的份额，对于我校今后的发展具有重要的意义。目前，申报工作即将开始，科研部和社科部等单位要认真做好重大项目的组织、论证和争取工作，充分发挥北大的综合优势，争取更多的项目和资金，提高北大在国家重大研发项目中的地位，同时促进校内不同学科之间、校内与校外之间的合作。各院系也要抓住机遇，主动出击，增强对外争取科研经费的竞争力，不可坐失良机。对争取到国家重大项目的院系，学校将结合学科建设予以必要的配套支持。我们一定要注意，不能因为有了"985"的支持，就降低了对外争取科研经费的积极性，北大只有保持强劲的竞争力，才能不断拓展生存与发展的空间。

(四) 珍惜科研工作会议和文科教师大会的成果，针对实际问题，寻求解决方案

我们上学期召开的几个重要会议，成果都非常显著。我们要珍惜会议取得的成效，落实会议精神，并针对提出来的问题，积极地寻求解决方案。在科研工作会上，我们普遍认识到，我校的科研工作存在着科研机构布局不合理、缺少原创性的重大成果、研究分散、难以承担国家重大科研项目、部分院系教师队伍年龄结构不十分理想等问题；在文科大会上，大家对部分教师精力外流等现象也进行了批评。可以说，问题都切中要害，批评也非常尖锐，但我们不能停留在这个层次上。在这学期，我们要针对不同的学科特点，由主管校领导和相关职能部门、各有关院系，针对问题，寻求切实可行的解决方案。我相信，只有这样，我们的科研工作环境才能真正得到优化，我们的工作才能一步一步见出成效。

(五) 加强不同层次人才培养模式的改革力度

在全面贯彻素质教育的同时，要加强文、理科两个实验班的组织领导工作，并注意总结经验，使之成为推进教学改革、教学观念转变和探索本科生培养模式的重要环节。这项工作请林建华、李克安同志负责研究落实。在教学管理改革上，要逐步给予学生主动发挥和自由选择的机会，提高学生的工作能力和创造能力。要抓紧进行医学教育模式的研究，学校决定由韩启德副校长、吕兆丰副校长和林建华校长助理牵头，由生命科学学院、教务部、后勤等有关部门组成工作班子，研讨落实。

关于招生工作，通过总结经验，加强领导和宣传，今年取得了比较理想的成效。但鉴于学校的实际情况，在近年内，仍要控制好招生规模，尤其是研究生教育，要在稳定规模的基础上，重点提高培养质量。由于万柳、五道口两处大学生公寓正在建设中，目前学生住宿条件极其紧张，希望各院系做好学生工作，妥善处理好宿舍分配等问题，避免激化矛盾。学校也会尽可能地为无床位的学生寻找房源。

关于成人、继续教育工作，也是学校人才培养的重要方面，要注意提高层次，调整培养方向，积极同国家需求相结合。可以考虑开展对国家机关公务员以及大、中专院校教师的培训工作，为国家行政管理和教育事业做出更大的贡献。

培养高素质人才，教师是关键。要加强对教师的培训和提高，普及先进的教育技术手段，改善教师的教学方法。上学期，我校在教学成果评比上获得了好成绩，应该再接再厉。同时，要注意落实师德建设大会的精神，建设一支业务水平精良、思想道德素质过硬的教师队伍，这是北京大学加强教育教学工作，培养高素质人才的重要保证。

(六) 推进跨学科国际与地区研究中心的建设和留学生教育

北大在国际上有着较好的声誉和影响，国际交流与合作日趋频繁，应该充分利用这一优势，提高国际交流的层次，更好地发挥教师在国际交流中的作用，促进重大理论问题和现实问题的研究，促进国际间的科研合作和学术交流。基于此种考虑，学校将由国际合作部和有关院系共同筹备成立跨学科国际研究中心管理委员会，具体指导现有国际问题研究中心的整合和管理体制改革，积极推动条件成熟的跨学科国际与地区研究中心进行改革试点。当今，很多国际问题已经不再局限于政治、经济，而越来越多地涉及到科技、环境、生态等领域，具有综合性、跨学科的特征，我们要充分利用北大多学科的综合优势，改革体制，加强研究，把资源优势转化为实际成果。

留学生教育在创建世界一流大学过程中也具有重要的战略地位，必须大力发展，不断改善留学生的学科、地域分布和层次结构。在管理上，要针对留学生教育的特殊性，继续贯彻"统一领导，归口管理，分级负责，协调配合"的原则，实行特殊的管理政策，学籍管理由教务部负责，使留学生在学习过程中融入中国学生中，在招生、毕业审查和生活方面归口国际合作部管理，以利于特殊政策的落实。

结合留学生教育，我校也要大力加强英语教育，充分发挥我们拥有大批海外归来的学者这一优势，在有条件的院系，尝试在更多一些专业课程特别是研究生的课程用英语授课，这也有助于在我校扩大留学生的专业范围。对整个学校的教学、科研水平以及在国际上的声望都会产生良好的影响。

三、积极稳妥地推动校本部与医学部的进一步融合

原北京大学与原北京医科大学合并以后,统一了学校领导班子,统一了办学思想,实现了平稳过渡。在医学部教学科研和学科建设方面,启动了医科学生长学制培养模式,促进了公共卫生、医学、药学与文科、理科的交叉研究,在"985"经费强有力的支持下,医学部重点支持了人类疾病基因、干细胞研究、中医药现代化等方面的研究工作,基础设施和教学科研条件得到了较大的改善,这是两校平稳合并后在短期内取得的扎扎实实的成果,这些成果来之不易,应该给予充分肯定。从这些成果中,我们也清楚地看到,两校合并在学科建设上赋予了北京大学新的生长点。发扬两校合并的积极成果,促进新的学科生长点健康发展,这是本学期的重点工作之一。为了做好这项工作,我们一方面要加强宣传,使教职工了解到两校合并后取得的积极成果,增强全校师生员工的凝聚力;另一方面,我们应当积极稳妥地推动校本部和医学部的进一步融合,充分发挥出两校合并的资源优势,为学科建设和教学科研服务。

在暑假研讨会上,学校进一步明确了医学部的管理体制和学校对医学部的定位问题。医学部作为北大下属管理实体,有其特殊性。因此,在学校对人、财、物统筹管理的前提下,将继续赋予医学部较大的自主权。医学部要建立主任领导下的主任负责制,以部务会议为部内最高决策机构,在医学部党委换届后,不再设常委会,新的医学部党委发挥保证监督作用。

针对校本部与医学部当前存在的影响进一步融合的实际问题,如财务管理、干部交流、教学设备共享、学科重复设置等问题,要在有关主管领导的牵头、主持下,积极研讨,拟订解决问题、推动进一步融合的操作方案。这学期,首先要加强职能部门的实质性融合,工作重点首先是财务、资产管理、基建和人事。在后勤方面也要早日实现统一规划,资源共享。要进一步加强两部之间干部的交流,并为此积极创造条件。学校决定,由闵维方、韩启德、岳素兰、林久祥等同志进行研究并提出方案。在教学管理方面,两校合并为医学长学制学生汲取人文、社科知识,扩展理科知识,并在丰富多彩的校园文化中获取养分提供了可能,我们要充分利用综合性大学的优势,为社会培养高素质的医生和医学研究人才。在医院的管理体制上,请韩校长会同医学部领导,组织专门班子抓紧进行调研,提出改革方案。

四、稳步推进后勤社会化改革,扎扎实实为教职员工办实事

推动后勤社会化改革,建立规范的管理体制和运行机制,是学校实现持续发展的有力保障。北大在后勤社会化改革方面,已经取得了很好的成绩,我们不仅根据国家的要求和学校的自身特点,在校本部建立了"小机关,多实体"的管理模式,而且在上半年,按照学校后勤社会化改革方案,盘查了7个后勤服务实体和社区服务中心、会议中心的资产情况,基本搞清楚了甲、乙方的责、权、利关系。目前,除水电中心外,其他服务实体都已按照企业化模式运行,在不占用学校津贴的情况下,运行是比较平稳的;与学校脱钩的力度,与北京市其他高校相比,也是比较大的。今后,我校将根据两次高校后勤社会化改革会议的精神,进一步深化改革。各级领导和全校教职工要尊重后勤部门的劳动,保护后勤队伍的积极性,理解后勤工作的难度,支持后勤继续推进社会化改革。

在推进后勤社会化改革的同时,学校也在积极地想办法,改善教职员工住房条件,扎扎实实为教职员工办实事。上半年,学校采用贷款机制启动的西二旗安宁西里经济适用房一期工程已经动工兴建,预计2002年10月可以交付使用。目前,一期492套住房的操作方案已经出台。二期的方案也在制订。这个项目,对解决北大教职工的住房问题将起到重要作用。

顺便在此提一下静园草坪地热井工程和北大附中的建设两个问题。在静园草坪开凿地热井,这是经过学校慎重考虑和专家科学论证的项目。地热资源是一种清洁能源,开采地热资源对学校的发展具有长远的意义。近日,钻井已打到2000多米,按计划应打到3000多米,目前进展顺利。当然,开采是否成功,有一定的风险,不过一旦成功,其效益将会充分地体现出来。对于钻井期间给有关院系工作上带来的不便,还请大家给予理解。关于附中的建设问题,中学扩建是附中面临的发展机遇,但在办学指导思想上要使北大教职工子女获得良好的受教育的机会,并不断地提高办学质量。

五、深化人事制度改革,充分调动各方面积极性,为学科建设服务

人事制度改革是学校改革的核心,深化人事制度改革,完善优秀人才引进和培养机制,充分调动各方面的积极性,是一项艰巨的任务。应该肯定的是,近几年我校在引进优秀人才方面取得的成绩是显著的。在队伍结构的多项重要指标上,都居全国高校首位,显示了人才队伍的强大实力和巨大潜力。但也应该看到,院系之间发展不平衡,人才能进不能出的问题也依然存在着。

本学期,我们要从严格掌握各类人员进入北大。对高层次人才,既要积极引进,也要制定程序,加强评审。引进人才一定要和学科建设结合起来,在总量控制、保证质量的前提下,加强对重点学科、重点研究领域的人才梯队建设和人员配备。同时,鼓励优秀人才进行合作和交叉研究,增强各个学科学术团队的合作精神。

人事改革的目的是促进北大的开放,吸引更多的

优秀人才到北大工作。因此,在人事任用和职务晋升中,必须打破封闭体制,建立开放的灵活的机制,使校外的优秀人才通过严格而又不失灵活性的评估机制进入北大。只有将源源不断的新鲜血液纳入北大教师队伍,才能有北大活跃的学术气氛,北大才能出大师,造大船。本学期,我校将在条件成熟、管理规范的学院首先进行用人机制改革的试点,形成经验,并于今后逐步在全校推广。

在深化人事制度改革过程中,也要注意,人事改革是一个系统工程,改革政策的制定不能脱离社会环境的制约,要注意关注和研究兄弟院校、科研院所的改革动态,为学校重大人事政策的制定,提供参考意见。

关于本学期的岗位考核和职务评聘工作,人事部门应按照原来确定的编制和岗位设置方案,尽快提出今年岗位考核的办法和专业技术职务评审方案。医学部各个学院也应尽早拟定宏观规模控制方案,报学校审批,为职务评聘办法的改革奠定基础。

六、关于财务状况和审计工作

今年上半年,学校接受了国家和北京市有关部门组织的财务、物价、票据等专项检查和审计,财务运行状况得到了上级部门的肯定。在预算执行方面,根据学校财力制定切实可行的预算是财政运行的前提,学校各部门要提前规划好工作,将资金需求纳入预算。从财务运行上,要按照学校的审批制度严格控制预算执行。明年学校的经费状况不容乐观,教育部领导已明确提出北大、清华应把今年"985"预计下拨的9亿中的3亿留作明年使用。因此,学校各单位要坚持开源节流的原则,珍惜来之不易的经费,合理支配,坚决抑制支出膨胀,坚决杜绝各种违规行为。

关于科研经费,仍要进一步鼓励教师从多方面争取经费。财务部门和科研部门应对此进行专题研究,制定政策,建立灵活机制,使经费多的教师和学术团队能适当改善待遇,聘用更多的研究生和助手。

审计是学校的一项重要工作,其重要地位越来越突出,但我校目前审计力量薄弱,有关部门要运用多种灵活机制,抓紧审计队伍的建设,尽快充实审计力量。

七、关于科技产业改制、科技园建设和合作办学问题

关于科技产业改制问题,李岚清副总理曾多次作出指示,强调必须明确校企关系,尽快建立高校与企业的脱离机制。目的是在学校与企业之间建立一道"防火墙",使高校真正成为产、学、研基地。目前,教育部、国务院体改办正在以北大、清华为试点,制订校办产业改制的具体政策。北大、清华校办产业产值占全国高校40%以上,改制的成功与否将对全国高校产生深远的影响。我们一定要按照国家的原则规定,组织专门班子,吃透政策,进行研究,结合学校和企业的具体情况,积极而慎重推进。企业改制中涉及到的一个重要问题,就是人事政策问题。根据新的政策,学校将继续鼓励教师和科研人员向企业流动,但一般均需脱钩,转成企业编制,但对于少数特殊的专家,如几位院士,我们将根据政策允许校企兼跨;对于学校和企业都需要的教师,企业可以采取借调的办法来理顺人事关系。

当前,北大的校办产业众多,不少采用校名来命名,校名是北大的无形资产,更关系到学校的社会声誉,今后要通过制订办法使校名逐步与企业脱钩,新成立的企业在审批中应严格把关,不得再以校名为企业命名。在此,我也要说一下,不少老师向我反映我校下属的一些部门对外举办的多种培训班、研究生课程班在名称上出现的混乱情况,希望各级行政部门、各院系都来珍惜北大的品牌和声誉。对此,学校将制订文件进行规范,严格审批制度。

大学科技园的建设,关系到学校的发展空间,对于改善北大的周边环境也有积极意义。科技园的操作思路是符合学校目前的情况的,因为北京市要求三年内必须建成科技园,那么利用市场机制拿下北大周边的用地是当前惟一可考虑的途径。建设科技园是我校教职工和广大学生都非常关注的一件大事,有关部门要继续做好深入细致的宣传工作。

关于深圳校区的建设,今年教育部已经正式批准了北大、清华在深圳设立研究生院,这是北大各部门,特别是北大产业与深圳进行产学研合作,长期对深圳的发展所作的贡献积累下来的成果。做好它的管理工作,对于学校合理利用外部资源,促进学校发展,增强办学实力,扩大社会影响都具有重要意义。从性质上讲,深圳研究生院是北大的深圳校区,相当于北大的二级学院,研究生的招生培养要接受研究生院的指导,继续教育要接受继续教育部的指导。有关部门应尽快拟订深圳校区的管理办法,明确成本核算、自负盈亏的运行模式,明确深圳校区的任务、宗旨和对学校的回报等等。请陈章良副校长指导开展这项工作,并议定操作方案。

为了支援西部大开发,根据教育部的安排,北大将和新疆石河子大学结成对子,进行对口支援,目前已由迟校长组织研究生院、教务部、医学部、继续教育部提出具体的方案。在合作办学问题上,北大要有所为,有所不为,既要突出重点,也有所侧重,集中力量办实事,使北大的社会服务功能真正见出成效。

八、关于校领导分工的调整

在暑期研讨会上,经充分酝酿,决定林久祥副校长工作重心逐步向学校转移,协助闵维方同志分管学校的人事工作;郝平副校长分管国际合作和中小学教育,并协助闵维方同志分管基金会工作。

以上谈到的是本学期的工作要点。其他常规性工

作也要抓紧抓好,由于时间关系,这里不再一一展开。希望大家认真学习、传达和落实本次会议的精神,解放思想,实事求是,团结协作,勇于创新,把北京大学创建世界一流大学的事业推向前进。

党委书记王德炳在秋季全校干部大会上的讲话

(2001年8月30日)

同志们:

我们连续开了两天会议,认真学习江泽民同志"七一"重要讲话,并对本学期学校的各项工作做出部署。昨天袁贵仁同志就学习"七一"讲话作了专题的辅导报告,今天,校领导结合学校财务工作、学科建设与院系调整、两校合并、校办产业改制和科技园建设等问题也做了较为详细的专题报告。刚才,许校长结合暑期工作研讨会讨论的重要问题,对本学期学校的工作做了详细的安排和部署,我完全同意。已经讲过的,我不再重复,下面,我主要就本学期学校工作的整体指导思想和几项重点工作谈几点意见。

本学期全校工作的总体指导思想是:深入学习江泽民同志"七一"重要讲话,以《讲话》精神和"三个代表"重要思想为指针,全面推进学校的中心工作,为创建世界一流大学打下坚实的基础。

下面我主要讲四个问题:一是进一步认识江泽民同志"七一"讲话的重大意义,自觉实践"三个代表",认真做好全校范围内对《讲话》的学习工作;二是认清形势,狠抓机遇,迎接挑战,努力开创学校工作的新局面,为创建世界一流大学打下扎实的基础;三是关于党建和思想政治工作;四是关于学校的稳定。

一、进一步认识江泽民同志"七一"讲话的重大意义,自觉实践"三个代表",认真做好全校范围内对《讲话》的学习工作

学习《讲话》是本学期的头等大事。北京大学广大师生要充分认识江泽民同志"七一"讲话的重大意义,自觉承担起学习、宣传、研究和实践"三个代表"的历史重任,要用江泽民同志"七一"讲话和"三个代表"的重要思想指导北京大学创建世界一流大学的实际,大力促进学校的教学科研以及两校合并后深度融合的各项重要工作,努力做"先进生产力的开拓者、先进文化的弘扬者和最广大人民利益的维护者"。

校党委已制定和下发了《关于学习江泽民同志"七一"重要讲话具体安排的通知》,希望大家认真贯彻执行。下面我主要强调几点:

一是搞好《讲话》的学习,关键在领导。各级领导要高度重视,要带头学,要把对《讲话》的学习当成一项长期的工作和任务,常抓不懈。

二是在学习方法上要以自学为主,以学原著为主,在此基础上组织好集体讨论。通过讨论,进一步认识《讲话》的重大意义,把思想统一到《讲话》和"三个代表"的精神上来。然后,针对大家提出的问题,组织好专题辅导报告。

三是要坚持"理论联系实际"的学风。当前的要求是既要弄清理论问题,又要联系实际,特别是要联系北京大学创建世界一流大学实际,着眼于北大改革、发展与稳定的大局。

四是要承担起学习、宣传、研究、实践"三个代表"的历史重任。

北大具有学习、研究、宣传、实践马克思主义的优良传统,要认真总结和发展邓小平理论"三进"工作方面的成功经验,发挥北大多学科优势,撰写出有分量的文章,在学习、研究、宣传《讲话》上做出新贡献。当前要着重做好两个方面的工作:一是在全校范围内认真开展学习《讲话》、贯彻"三个代表"的活动,二是要认真研究落实江泽民同志"七一"重要讲话和"三个代表"重要思想"进课堂、进教材、进学生头脑"等工作。

学校已成立专门的领导小组,由赵存生同志负责,近期学校还要召开由"两课"教师参加的"三个代表""三进"动员会,对此项工作做详细部署。

五是在"讲话"的学习上要讲政治,要有高度的政治敏感性和政治鉴别力,善于从政治上观察和处理问题,善于在路线、方针和政策上保持清醒和坚定,与党中央保持高度一致,并按照学校的统一部署,在全校范围内认真做好对《讲话》的学习工作。

二、认清形势,狠抓机遇,迎接挑战,努力开创学校工作的新局面,为创建世界一流大学打下扎实的基础

当前学校面临的整体形势是好的。从学校的内部建设来看,通过去年的"三讲"教育,加强了领导班子建设,坚持党委领导下的校长负责制;学校党政关系协调,领导班子团结,保持了学校方针政策的稳定性和连续性。在干部和教职工中,有许多同志兢兢业业,任劳任怨。今年以来,按照年初制定的"三讲"教育整改方案的要求,学校各项工作进展平稳顺利。在学科建设与院系调整、211工程验收以及争取党建先进校等方面都取得较大成绩,校本部与医学部的融合也实现了平稳过渡。但大家也必须清醒地认识到,当前我们面临的矛盾、困难很多,因此,工作要有思路,要抓住主要矛盾。当前学校存在的主要问题是:经费短缺和办学条件差,不能满足学校的发展,在办学规模和学科建设上受到了影响和制约;学校整体教学、科研、管理、服务的水平与创建世界一流大学要求之间存在着明显差距;队伍建设尽管这几年取得了很大的成绩,但还缺少大师级的学者;重大的有显示度的标志性成果还不多。因此,全校广大师生一定要认清形势,狠抓机遇,迎接挑战,有所作为。

按照《北京大学创建世界一流大学的规划》,从1999年~2005年,是北京大学创建世界一流大学的第一阶段,也是基础性准备阶段。我们将利用七年左右时间,扎扎实实地打好基础。我认为,当前一段时间和未来五年,北大主要面临着以下十一项主要任务:

一是认真做好创建世界一流大学第一阶段成果评估的准备工作。"985"一期检查主要包括两个方面:一是看我们三年主要成果;二是看《规划》是否合理。争取每年6个亿的支持,对北大的发展至关重要,评估做得不好,将影响国家对北大的后续支持,我希望大家对此要有清醒的认识,高度重视,认真准备,要借鉴"211工程"验收准备工作的成功经验,并争取做得更好。

二是认真做好二期"211工程"的准备。

三是抓住机遇,加快推进校本部与医学部的融合。校本部与医学部的融合首先要做好思想政治工作,尤其是职能部门思想工作。两校合并16个月以来,我们不但实现了平稳过渡,而且取得了显著的和令人鼓舞的成绩。实践证明,我们在合校过程中所采取的各项措施基本上是符合事物本身发展规律的。当前一定要抓住机遇,进一步推进实质性融合。实质性融合的各项工作一定要从大局出发,从一个学校出发,从创建世界一流大学的实际出发。当前特别要在干部交流、财务、人事、基本建设、资源共享等方面有实质性进展,要重视长学制医学教育的改革和加强医院建设。这里需要着重指出的是,学校对医院的建设非常重视,今年暑期研讨会,校领导专门拿出很大一部分时间讨论医院改革与建设问题。医院是人才培养、医疗保健和科学研究的交叉点,是学校不可分割的组成部分,对医院要有一个很好的管理体制和机制。实践证明,医院与大学只有紧密结合,才能共同发展,各医院要树立全校一盘棋的观念,医院负责同志要从医院的长远建设出发,克服离心倾向。下一步学校要加强对医院的调查研究,进一步理顺大学与医院的关系。

四是认真做好重点学科和"十五"规划国家项目的申报工作。

五是进一步推进学科建设与院系调整。

六是进一步深化教学改革,提高人才培养质量。在课程设置与教学改革的实践上,还要本着"加强基础,淡化专业,因材施教,分流培养"的教改方针,加快推进素质教育。本科生的教学改革要按照"厚基础,宽口径"的教学理念,认真做好"元培计划"。研究生工作,要处理好规模、结构和质量的关系,要注重提高研究生、特别是博士生的培养质量。

七是尽快取得标志性成果,特别是原创性成果。

八是努力建设两支高素质人才队伍。队伍建设要注意处理好老中青结合、人才引进与现有骨干的关系。

九是加快基础设施建设。未来五年,我们将筹建完成生命科学大楼、新化学大楼、国际关系学院大楼、文科楼群、医学部的教学大楼、人民医院病房大楼、学生公寓等项目,进一步加强基础设施建设,改善办学条件。

十是加快科技园建设和产业改制。

十一是积极推进后勤社会化工作。

以上十一项工作将是未来五年学校的主要工作。十一项任务艰巨而繁重,工作千头万绪,因此,工作中一定要坚持以下四点原则:

一是要扭住中心工作不放松,始终把学科建设、教学科研工作、队伍建设放在首位。

二是要有全局的观念。要坚持全校上下一盘棋的思想,要把工作出发点,把开展各项工作统一在创建世界一流大学的全局之下。

三是要坚持"有所为,有所不为"。第一,学校无论在规模上,还是在结构上应当是适度的和合理的;第二,在学科发展上应当有所重点、应当加大对重点学科的扶持和倾斜,同时大力鼓励跨学科交叉,充分利用综合性大学和两校合并,在学科上优势,大力争取原始性创新;第三,在学科建设问题上要处理好"高原与高峰"的关系。即在学科的发展上,北大既要占领制高点,要发挥自己综合大学的优势,提高综合竞争力,成为高原;另一方面又要牢牢掌握国际上学科发展的趋势,抓住机遇,创建一批国际上公认的一流学科,成为高峰。

四是在工作作风上,要继续保持谦虚谨慎、戒骄戒躁的作风,要团结协作、稳健务实、开拓进取。

三、按照"三个代表"的要求,加强和改进党建和思想政治工作

(一)认真做好"三讲"教育回头看工作

按照《北京大学校级领导班子和领导干部"三讲"教育实施方案》和《北京大学中层领导班子领导干部"三讲"教育工作计划》的安排,北京大学校级领导班子和领导干部的"三讲"教育从2000年10月17日开始到12月中旬,中层领导班子、领导干部从11月中旬到今年1月中旬,平稳、有序、健康、顺利地进行了"三讲"教育。通过"三讲"教育,学校领导班子和领导干部普遍

受到了一次深刻的马克思主义理论教育,领导班子建设得到显著加强。

作为"三讲"教育的重要成果之一,我们制定了《北京大学领导班子整改方案》,主要包括三个方面,共64条,明确提出了下一步学校发展的整体思路和具体措施,并作为正式文件下发给校内各单位。各部门、各单位要认真对照《整改方案》,找差距,查不足,为"三讲"教育回头看做好准备。

(二)关于班子建设

最近,中共教育部党组下发了《关于进一步加强直属高校领导班子和干部队伍建设若干问题的通知》,《通知》明确提出,要进一步完善领导干部任期制,进一步优化领导班子结构。按计划,北京大学将在2003年召开党代会,完成校级领导班子换届改选。这期间,按照优化结构的原则,学校领导班子有可能进行局部调整。班子建设一定要按照"四化"的方针进行。经验证明,领导班子建设,是做好工作的关键,学校工作稳步推进,关键是领导班子团结。此外,今年还要做好医学部党委换届选举工作,其他院系也可能进行班子调整换届,因此,我们一定要从"讲政治"和创建世界一流大学的高度出发,高度重视,认真做好班子的考核、调整和换届工作。

(三)积极稳妥地做好发展新党员,特别是在青年教师中发展新党员的工作

从学校的党员构成看,青年教师,特别是青年教师中教学科研骨干党员的比例过低。积极在青年教师,特别是在优秀青年骨干教师和学术带头人中发展党员,是当前的一项重要工作。青年骨干教师政治素质如何,直接关系到北京大学的发展方向和教学、科研、医疗水平的提高,关系到创建世界一流大学目标的实现。积极发展教师,特别是优秀的青年教师和科研人员入党,不仅能激励他们在思想上、政治上、业务等方面的全面进步,在科研和教学工作中做出更大贡献,而且能扩大和加深党在广大青年学生中的影响,带动更多的青年学生向党组织靠拢。各级党组织要从战略的高度充分认识此项工作的重要性与紧迫性。

(四)加强学生思想政治工作,重点研究和做好公寓化后的学生管理和思想政治工作

面对国内外纷繁芜杂的形势,新时期学生思想政治工作不是应该削弱,而是应该加强。要不断研究社会主义市场经济条件下,思想政治工作出现的新问题,要努力适应新情况,探索新的手段、方法和机制,做有说服力的思想政治工作。当前一项紧迫和重要的工作,就是要重点研究和做好公寓化后的学生管理和思想政治工作。

从2002年秋季开始,相当多的学生将被陆续安排到万柳和五道口学生公寓居住。如何加强思想政治工作,如何把行之有效的思想政治教育工作延伸到学生公寓当中,学校是否成立专门机构,派专人管理,负责学生思想政治工作,学生公寓中党团组织如何重建,如何发挥院系在学生管理和思想政治工作中的作用?其他诸如交通问题,作息时间调整等等,都需要进一步研究,尽快拿出具体方案。

(五)准确把握信息化校园的新特点,重视和加强网络思想政治阵地建设

信息网络技术等一系列高科技的飞速发展,正在使人们的工作、生活、学习和交流方式发生重大变化,这也必将对大学的校园产生重大影响,岚清副总理曾明确提出,高等教育工作者要回答:"网络时代,新的知识经济时代,大学校园,应当是一个什么样的校园?"网络技术的发展,一方面将大大加快知识与信息的传播速度、范围,大大提高信息资源共享的效率;另一方面,也必须看到,网络是一把双刃剑,正反两方面的信息都将对学生产生影响,而且它传播信息的速度更快、氛围更广、影响更大,这给我们传统的思想政治工作带来巨大挑战。对于北大来说,当前尤其要重视和加强网络思想政治阵地建设。目前,一方面我们要对BBS校园网站进行必要的调整和整合,并考虑是否成立专门的机构,进一步加强对BBS校园网站的监督与管理,使其负面影响降低到最低限度;另一方面,我们要在校园网上加强正面报道,建立自己的宣传阵地,加大弘扬主旋律的内容。今后学校有关部门要进一步加大研究力度,把网络思想教育阵地的建设当成今后加强思想政治工作的一项重要任务,我希望大家对此事要给予必要而高度的重视。

总之,广大党员干部要认真学习江泽民同志有关新时期党建和思想政治工作的论述,充分认识学校党建和思想政治工作的重要性,自觉地把思想和行动统一到江泽民同志"七一"讲话精神中来,使党建和思想政治工作成为创建世界一流大学的组织和思想保证。

四、紧密结合北大的实际,认真处理好改革、发展和稳定的关系

发展是硬道理,改革是发展动力,稳定则为改革和发展提供保证。北大的稳定历来事关全局,至关重要,我们要以高度的责任感和着眼全局的观念,高度重视学校的稳定工作。目前,学校整体上是稳定的,但也必须看到校内还有一些潜在的不稳定因素,主要体现在以下三个方面:一是学校的办学条件还不能满足广大师生日益增长的需求,当前主要体现在学校的研究生宿舍紧缺问题比较突出,开学将至,各院系一定要做过细的思想工作,这也再一次提醒我们,学校的发展一定要有一个合理的结构和规模;二是学校的管理、服务的水平还不能全面适应学校的改革和发展;三是在教学上,个别教师不能为人师表。以上种种都可能成为潜在

的不稳定因素,因此,各级领导一定要保持清醒的认识,将不稳定因素消化在萌芽状态。另外,当前还要充分认识与"法轮功"斗争的严峻性、复杂性,千万不能麻痹。

总之,各级领导,各党政部门负责人,广大党员干部,一定要坚持全心全意为人民服务的宗旨,转变工作作风,密切联系群众,忠于职守,爱岗敬业,以良好的精神风貌,以时不我待、只争朝夕的精神投入到今年的工作中,全面推进学校的各项改革与建设。

同志们,北大面临着前所未有的大好机遇,也面临着诸多困难和挑战。处在新旧交替的历史时刻,我们的工作更是一刻也不能放松。创建世界一流大学是一项集"调整、改革、建设、提高"为一体的艰巨任务,也是一项非常复杂的系统工程,需要几代人坚持不懈的努力,要求我们既要有雄心壮志,又必须脚踏实地。我们深感责任之重大。让我们紧紧围绕学校的中心工作,以江泽民同志"七一"讲话和"三个代表"重要思想为指导,抓住机遇,开拓进取,迎难而上,百折不挠,为全面推进创建世界一流大学的伟大事业而不懈地努力奋斗。

谢谢大家!

党委常务副书记、副校长闵维方在秋季全校干部大会上的讲话

(2001年8月30日)

今天我向各位领导和老师报告以下五个问题:
一、今年我校财务工作的总体思路和指导方针;
二、今年上半年校本部校级预算执行情况;
三、近期学校财务管理方面所做的几项工作;
四、今年上半年学校接受上级财务检查的情况通报;
五、目前学校财务工作面临的若干问题。

一、今年我校财务工作的总体思路和指导方针

今年我校财务工作的总体思路仍然是:以创建世界一流大学为目标,以为教学科研服务为宗旨,以不断改善学校的学习工作条件和师生员工的生活为落脚点,进一步统一思想认识,深化财务改革,规范财经行为,严格财务管理,优化资源配置,提高办学效益,建立和健全新的与社会主义市场经济体制相适应的学校财政管理体制。我们要按照国家教育部和财政部的要求,坚持"以收定支、量入为出、收支平衡"的预算管理原则;实行财力集中、财权下放、一级核算、两级管理的财务管理体制;建立多渠道筹措办学经费的有效机制,不断增强办学实力,推进学校的建设与发展。

我校财务工作将一如既往地遵循:"严格、透明、公平、效益、服务"的十字指导方针:"严格"是指要严格执行国家的各项财务法令法规和制度,财务工作规范化,要按照国家的要求,维护预算的严肃性;要经得起广大师生员工的监督和上级机关的检查。"透明"是指财务工作要坚决避免非制度化的行为,钱从哪来的,到哪去了,要完全透明,全校的财务信息要公开。"公平"是指在资金的配置和利益的分配上要兼顾各方面的利益,要按照国家的规定和要求,公平地对待校内每一个单位和每一名师生员工。"效益"是指加强成本效益观念,对全校的财务活动进行全口径成本分析,提高资金使用效率和学校的整体办学效益。"服务"是指财务人员应树立服务观念,为学校教学科研第一线服务,促进学校各项事业的发展。

为实现我校财政工作的总体目标,学校的财务工作必须实现四个转变:

第一,学校经费要从过去被动地等、靠、要向主动多渠道筹措办学经费转变。

办学经费不足是制约学校发展的主要矛盾之一,事业经费和基建经费缺口不能单纯依靠国家增加拨款,只能广开渠道,校系两级都应多方筹措办学经费,充分利用学校的科技、人才优势,在保证正常的教学科研工作的前提下积极开展各种筹款活动和社会服务,争取海内外捐赠和社会资助,形成多渠道筹措办学经费的有效机制。

第二,学校财务工作要从核算型向管理型转变。

学校的财务工作在必须做好记账、报账等会计核算基础工作的同时,要进一步发挥计划、监督、管理、分析和调控等管理职能。利用经济杠杆调整各方面的经济利益关系,加强财务监督,建立健全财务规章制度,规范学校的经济行为,为学校党委和行政当好参谋。

第三,经费支出要从膨胀扩张型向成本效益型转变。

要抑制经费支出的无限扩张的趋势,讲求经费投入的成本效益。特别是在经费严重短缺的情况下,提高资金的使用效益将成为财务工作的主要任务之一。对外投资和大型仪器设备的购置必须经过可行性论证,履行严格的批准程序。学校的有限资源应进行科学合理的配置,兼顾各方面的利益。

第四,国有资产从无偿占用向有偿使用转变。

在市场经济条件下,学校必须要增强对国有资产的管理意识,明确产权关系,严格评估固定资产、无形资产的价值。对教学、科研、行政使用的固定资产,应根

据所承担的任务进行合理配置,超额占用部分实行有偿使用,合理收费。经营型经济实体占用学校的资产,应按规定对资产进行评估,办理资产转移手续,并要确保国有资产保值和不断增值。

二、2001年1～6月校本部校级综合预算(校长可支配数)执行情况

(一)2001年校本部综合预算(校长可支配数)执行情况

由于预算是年度预算,目前,收入和支出都没有完全到位,因此,不能反映预算执行的全貌,以下数字仅供参考:

1. 收入预算:今年我校预算收入47520万元,其中国家教育事业费拨款15581万元,科学事业费拨款758万元,住房公积金拨款377万元,需学校自筹30804万元。至6月30日止,总共到位经费1.65亿元,由于大部分收入都将在第三、四季度到账,因此,目前有很多收入项目尚未实现,但从收入预算执行情况看,与往年相比上半年情况基本正常。

2. 支出预算:本年支出预算安排47520万元,学校严格按照预算控制执行,进展正常。根据实际需要,对新建的物理学院、新闻学院的启动费等教学口的8个项目增加一次性专项预算199万元;对人事部等12个行政单位增加一次性专项预算95万元。

3. 今年上半年运行费实际支出为1.4亿元,比上年同期增加支出3733万元。增加的主要原因是今年全校教职工(包括离退休)从一月份调资所致。

(二)2001年"行动计划"专项资金预算执行情况

1. "行动计划"资金实际收支情况

今年"行动计划"专项经费财政部尚未下拨到教育部,但我校根据教育部财务司的指示精神,仍按原预算抓紧进行"行动计划"各项目的工作,经费不足部分由学校先予垫支。上半年具体收支情况如下:1999年和2000年共计结余4.96亿元(含暂付款),本年实际支出1.48亿元,暂付款3.79亿元,学校已经垫付3078万元。

三、近期学校在财务管理方面所做的几项工作

财务公开是具体落实学校提出的财务工作十字方针,促进党风廉政建设,加强学校财务管理的重要措施,也是财务工作上水平,创世界一流大学财务管理的一个重要方面。学校在三讲整改方案中也明确提出了学校财务公开透明的要求。从2000年至2001年6月学校重点作了以下几方面的工作:

(一)增强预、决算的透明度

我校的年度预算由党委常委会和校长办公会集体制定。预算一经通过任何人均不得随意做出增或减收的决定。今年上半年,财务主管校长向学校党委常委会、校长办公会、教代会、职代会,各民主党派代表,部分院系代表专门报告了全校2001年的预算及2000年决算情况,说明了钱从哪里来,用到哪里去,从而增强了预、决算的透明度。

(二)建立了科研经费查询系统

我校于2001年4月在计算中心和财务部共同努力下研制完成了科研经费查询系统,全校科研人员可以通过校园网输入自己的密码直接查询本人近三年的科研经费收支及结余情况,这样对于加强财务监督,更好地为教学科研人员服务起到积极的作用。

(三)建立系级财务查询系统

在实行会计人员派驻制和系级财务核算的基础上,今年4月份在计算中心和财务部的共同努力下研制了系级财务查询系统,各院系、各单位主管财务的领导可以通过校园网在计算机上直接查询到本单位所有资金的收支及结余状况,做到心中有数。

(四)建立了职工个人工资查询系统

从2001年6月开始,将全校在职人员工资和离退休人员离退休费发放情况全部传送到校园网,全校教职工通过校园网可以查询本人的工资发放和扣款的详细情况。

(五)建立财务部主页和部长信箱

为了进一步提高财务工作的透明度,2001年在校园网上建立了财务部主页,设有财务政策法规、机构设置、服务指南、部长信箱、最新消息发布等内容。

(六)财务部和计算中心共同研制的财务软件通过教育部鉴定

2001年6月28日,由国家教育部组织召开了《高校校园网络环境下的财务管理信息系统》鉴定会。鉴定委员会成员由教育部、财政部有关领导和兄弟院校的财务专家和计算机专家组成,经过系统的演示和答辩,鉴定组专家对该系统给予了充分肯定和高度评价,认为是目前高校校园网络环境下运行的同类系统中集成度高、功能强的系统,处于领先水平,同意通过鉴定。同时建议在全国高校中推广应用。《高校校园网络环境下的财务管理信息系统》是由北京大学计算中心和财务部共同研制的财务系统,目前已在校内外40多个单位推广使用。

四、2001年上半年学校接受上级财务检查的情况

为了加大力度规范财经行为,整顿财经秩序,严格财务管理,上级有关部门加大了财务监管的力度。今年1～8月多次来我校进行财务检查。

1. 2月财政部指定财政部监察驻山西特派办对我校行动计划(一流大学建设)专项资金的执行情况进行检查,历时2个多月,对我校从1999年以来行动计划的项目管理、资金使用、工程进度等进行了详细全面的检查。

2. 4月财政部对我校世界银行高教贷款项目进

行检查,检查内容涉及到贷款项目进展情况、教学设备的立项审批、设备使用效率、国内配套资金到位情况等多方面的内容。

3. 5月科技部对我校科技三项费用和"973经费"的执行情况进行检查。

4. 4月至5月财政部、教育部对高校落实经济责任制和新《会计法》执行情况进行检查,不仅要求学校如实填报规定的检查报表,还召开财务处长和审计处长参加的情况汇报会,如实汇报学校的执行情况,下一步将对一些单位进行重点检查。

5. 6月国家发展计划委员会价格监督检查司对高校收费和票据进行检查,按照检查要求,学校不仅要提供各种收费项目,还要提供收费的收据,对未经计委批准的收费项目将视为违规。因此,校内各院系各单位必须强化收费项目的立项审批观念和程序,绝不能违反国家规定。

6. 3月北京市纪委和高校工委在检查我校校务公开情况时,我校财务公开的情况得到了检查部门的充分肯定。

7. 8月上旬,财政部监察局派员对我校3月份行动计划检查结果进行复查,核对有关财务数据。

8. 8月中旬,监察部、财政部、人民银行、审计署联合发出清理整顿行政事业单位银行账户的通知,根据要求我校对校内单位的银行账户进行自查,国家将组成联合检查组9月初对高校银行账户进行专项重点检查。

9. 3月我校"211工程"验收,审计部门对我校"211工程"资金使用全过程进行检查。

从1月到8月我校共接待了9次不同部门、不同层次的财务检查,这种情况表明,北大作为全国最大的综合性大学,不仅国家投入资金量大,而且经济活动复杂多样,经费管理难度大,有关上级机关也不断加大监管力度,因此我校在资金的使用和管理上不能出现任何纰漏。下一阶段我们准备借"行动计划"专项资金中期检查的契机,进一步规范财务工作,将我校的财务管理工作提高到一个新水平。校内各单位的同志们一定要进一步增强法制观念和财务纪律观念,自觉接受国家上级机关和广大师生员工的监督,努力做遵纪守法的模范。

五、目前学校财务工作面临的若干问题

(一)收费立项审批难

收费立项审批难是目前高等学校遇到的普遍问题,根据国家现行的管理体制规定,在京高等学校的行政事业性收费项目和收费标准必须由国家计委和北京市教委批准,未经批准的行政事业性收费项目学校不得收费;教育部或其他中央部委关于收费的规定或文件一律不能作为学校收费的依据。

1. 我校现在的收费管理程序

各院系向学校业务主管部门提出收费申请,业务主管部门审核批准后转财务部,财务部根据国家有关规定和计委核定的收费项目核对各院系的收费项目和收费标准后办理收费立项并发放合法收费票据。

2. 学校面临的主要困难

我校作为重点大学,必须严格执行国家计委核准的收费项目和收费标准,但是随着教学科研和后勤体制改革的深入,必然会遇到许多现有文件涉及不到的新情况,对这些缺少明确规定的收费项目,学校无法审批,对此,校内有的单位提出意见,认为收费立项审批难,影响了事业的发展。学校只能按照程序上报国家计委,经国家计委批准后才能收费。

3. 如何加强收费管理

做好收费管理工作,应从两方面入手,一方面校内各单位应严格执行国家的有关规定,按照学校收费管理程序,合法、合归的组织各种收入,不得自立收费项目和收费标准,使用合法票据收费;另一方面,学校应积极向主管部门反映学校的实际情况,争取更多的政策支持。

(二)关于清理学校的银行账户问题

根据国务院办公厅[2001]41号文件,国家监察部、财政部、人民银行总行、国家审计署将进一步清理整顿包括我校在内行政事业单位的银行账户。国务院明确指出,严格控制并规范行政事业单位的银行账户,既是加强预算管理、推进国库管理制度改革的基础性工作,也是强化资金监管、从源头上预防和治理腐败的重要措施。各地区、各部门要进一步提高认识,加强领导,集中力量对行政事业单位的银行账户进行全面的清理整顿,严格按照国家有关规定开设和使用银行账户,切实解决银行账户过多过滥和账外设账、私设"小金库"的问题。各有关部门要明确责任,搞好组织协调,加强监督检查,严格执行纪律,确保清理整顿银行账户工作顺利进行并取得实效。学校党委和行政要求校内各单位严格按照国务院等有关部门的文件要求,党政一把手负责,切实做好我校的银行账户清理整顿工作。今后任何单位确因需要开立银行账户,应按规定到学校审批。

(三)关于政府采购问题

从2002年开始,财政部要求学校编制下年度预算时必须增加政府采购内容,其规定的采购项目包括基建、大型修缮及汽车、计算机、复印机、锅炉、电梯等。

政府采购的要点是:学校使用财政性资金(含预算外资金)购买以上商品必须经过政府采购,财政部将学校上报的政府采购项目资金从学校年度预算中扣除。

政府采购对学校带来的困难是:学校必须按照财政部的规定,在每年的10月份左右将下年度使用财政性资金开工的新建、修缮项目及购买的五种商品的数量和单价列入年度预算上报财政部,由财政部审批核定。根据学校的实际情况,我校很难将所购设备的数量和单价统计清楚。如果统计不全,应纳入政府采购的设备未纳入政府采购,有关监督检查部门将视为学校违规。我校必须根据财政部的这一新的要求,每年十月份详细列出下一年度的设备采购计划。校内各院系、各单位要作好相应的工作。

（四）在建工程的自筹基建经费缺口问题

由于我校近年来事业发展较快,对基本建设的需求越来越大,国家拨款远远不能满足我校建设需要。学校必须依靠自筹资金解决基建经费的巨大缺口。北大作为百年老校,多数建筑年久失修,线路老化,火灾等各种隐患严重。多年来国家对北大教学科研等基本建设投资力度过小,随着学生招生规模扩大,原有的设施不能适应教学科研的需要,教室座位不足,学生宿舍拥挤不堪。如果我们不能在近几年内尽快改变这种局面,一流大学建设就会受到严重制约。为此,从1997年开始,学校加大了自筹基建投资的力度,进行了热电联运二期工程、新图书馆、百年纪念讲堂、理科楼群、西三旗和蓝旗营教职工住宅等项目的建设。我们还要进行生命科学大楼、新化学楼、国际关系学院大楼、医学教学大楼、文科楼群、艺术学院大楼、新体育馆、新闻学院大楼等许多项目的建设。但由于国家基建拨款不足,这些项目的实施加剧了学校原本就很紧张的经费短缺问题。截止到2000年底,校本部在建工程自筹经费缺口为4.36亿元,这还未包括文科楼群、艺术大楼等许多项目的建设资金。今年校本部综合预算安排自筹基建经费1亿元,"行动计划"专项资金安排了1.2亿元,仅今年我校的基建实际缺口为2.16亿元。

总之,我们学校的事业发展很快,经费的缺口也很大。我们一定要振奋精神,努力工作,在多渠道筹措资金的同时,精打细算,节约开支,提高资源使用效率,更好地为教学科研服务,推动一流大学建设。

常务副校长迟惠生在秋季全校干部大会上的讲话

（2001年8月30日）

各位同志：

根据校领导的意见,我就学校学科建设方面的情况和任务向大家作一汇报,主要谈两个方面的问题,一是对上学期工作的简短回顾,二是谈下学期重点要抓的工作。

一、对上学期工作的简短回顾

2001年上学期是跨入新世纪后的第一学期,也是我校建设世界一流大学打基础的前七年中承前启后的关键一年的第一学期。上学期学校召开了一系列工作会议,对进入新世纪以后,北京大学在建设一流大学方面如何深化改革,提高水平,进行了一系列研讨,如师德工作会议,文科教师大会,研究生工作会议,教学工作会议以及科研工作会议等。这些会议总结了我校学术队伍和科研、教学、高层次人才培养方面的基本经验教训和今后要开展的工作。与此同时,各院系也纷纷就各自的发展举行了各种研讨会,在这些研讨的同时,学校继续进行了建设一流大学规划的修订。上述会议的精神对于北京大学未来的发展是十分重要的,需要进一步贯彻。除了这些工作会议以外,上学期主要完成了以下几方面的工作。

（一）完成了国家发展计划委员会、财政部和教育部联合组织的对我校"211工程""九五"期间建设项目的验收（3月下旬）以及以我校为中心的"211工程"公共服务体系之一CALIS项目（中国学术图书馆及信息系统）的验收（7月18日）。在全校的共同努力下,这些项目的实施取得了优异成绩,得到了专家组和上级单位的高度评价,并且为"211工程"第二期的申请创造了良好的条件。

（二）根据国务院学位委员会的布置,完成了重点学科的申报。在上一次重点学科的评审中,我校(含医学部)共有53个重点学科点,占全国460个重点学科的十分之一强。今年,全国要评出600个重点学科点,我校申报了100个,争取最后评出的还占全国的十分之一,但从目前初评的形势来看,形势严峻。在重点学科申报过程中及随后召开的研究生工作会议上,就如何加强博士点的建设,提高研究生培养质量方面,各单位提出了一些很好的建议,也采取了一些措施。

（三）在本科生培养方面,总结前几年的经验教训,加强了从招生、本科教学方案到教学成果的领导和战略研讨,采取了一些有力措施。

在招生方面,召开了招生工作会议,成立了招生工作委员会,加强了与教育部和各地方教委的沟通,制定了合适的政策,加强了宣传,今年招生取得了较好的成绩。

教务部在认真听取教学战略研究小组、老教授调研组及各方面意见的基础上,提交校领导讨论,确定了在2001年级本科中实行"元培计划"实验班的试点,实行通识基础教育和宽口径专业教育相结合的本科教学计划试点，同时推动全校本科教学改革的实施。

认真组织并参与了北京市和教育部关于教学成果奖的推选和评审工作，取得了全国高校教学成果奖档次和数量的好名次，并且为争取四年后进一步取得好成绩而提前进行了部署。

开始就医学部长学制培养计划进行研讨并落实措施，远程教育和继续教育进一步得到发展。

（四）在科学研究方面，文科教师大会打出了树立北大精品意识的旗帜，文科基地的建设正在逐步落实，"985计划"支持的一些开大船计划正在顺利实施，学术活动空前活跃。理科围绕着"十五"规划的制订，积极组织力量参与国家科技体制的改革与重大项目的组织，如新的国家重点实验室的体制改革，国家纳米研究中心的建设，新一轮"973"与国防科技项目的争取，同时完成了对"植物基因及蛋白质工程"等实验室的评估等等。

继续推进学科整合，陆续成立了"计算生物学中心"、"脑科学与认知科学中心"及"大规模工程计算中心"等跨学科研究中心。

加强了国内外的学术交流，如接待泰国诗琳通公主在北大两个月的研修中国文化，与莫斯科大学在北京大学举行了莫斯科大学日，与耶鲁大学代表团会面并在生命学院举行了联合研究中心的揭幕，与美国加州州立大学签订协议在MPA的培养和研究方面开展合作，与美国基金会和美国十所院校联合准备开展数字图书馆方面的合作。在国内，与中国原子能研究院、中国科学院高能所，与深圳市（北京大学深圳研究生院）以及与西部有关省区签订了合作协议。

（五）教学管理与服务体系的调整

根据"三讲"整改措施的规划，推进了学院的建设。上学期成立了物理学院、新闻与传播学院，同时地球与空间科学学院的筹备也取得了良好进展。在公共管理方面也要成立一个学院，具体名字有人建议叫政府学院，已经成立了筹备组。

学校已决定恢复教务长系统，目前正在操作。

为了适应教育技术发展对教育技术手段的管理、使用和推广的需求，学校正在筹建教育技术中心。

为了适应学校重组后对出版事业发展的需求，学校已决定并筹备建立出版集团。

除了上述提到的之外，还有其他许多日常工作。

二、下学期应该着重抓的几项工作

（一）认真做好"北京大学发展规划"的修订

北京大学发展规划，即"北京大学建设一流大学规划"，这个规划的第一个文本产生于1999年3月底以前，1999年曾根据教育部的意见进行了修订。后来由于两校合并，需要再次修订。

在这两年过程中，实践和认识都有了很大的发展，国际上的激烈竞争和国家发展的迅速步伐对北京大学提出了更高的要求。因此，通过对这一规划的修订，北京大学必须向世人回答：

北京大学对于今后十年的发展究竟是如何设想的，究竟以哪些方面的成果证明自己不愧为可以跻身于世界一流行列的？

为了实现这一目标，北京大学应该在学术队伍的建设上，学科的布局和建设上，人才的培养上，基础设施和公共服务体系的建设上，在促进高水平成果的出现和对国家的贡献和显示度上，在国际人才与学术交往上有哪些重大举措和预期成果？

为了实现这一目标，我们目前的差距在哪（特别是与国际一流大学相比），我们分段的实施计划如何设计？由于这一规划制订的好坏，对于"211工程"二期和"985"二期争取国家支持关系极大，因此，必须要认真做好，其做法是：

（1）自下而上，层层分担；学术党政，分别把关；

（2）总结定位，明确重点；前后呼应，划好阶段；

（3）专题论证，透明决断；集思广益，年底交卷。

（全校规划的文本年底完成，各单位应于11月中旬完成）

制定规划时，要注意处理好几个关系：

（1）建设世界一流大学是一个长期而艰巨的任务，需要几代人的努力，并且学科发展有它内在的科学规律。一定要踏踏实实地工作，不能浮躁，要有忧患意识。实际上，北京大学目前的状况在许多方面不是争取一流的问题，而是如何避免沦于不入流的问题。但另一方面，我们又要看到，在科学技术和社会迅速发展的今天，历史确实给了我们很多难得的机遇，如果不抓住它就会被时代的潮流所淹没。当前正在进行的以生物科技、纳米科技和信息科技以及其互相结合为代表的所谓"第二阶革命"（second-order revolutions），不仅会推动经济的迅速发展，而且会引起伦理的、道德的、精神的，即社会的变革，而且会引起对人的本质的讨论。北京大学应该如何抓住这些机遇，并且在这些发展和变革的主流中占有一席之地，这是各个单位需要认真思考的问题。这就要明确，什么是我们的优良传统，我们一定要"发扬优良传统，争取更大光荣"；这就要明确，什么是我们的特色优势，我们一定要"发挥特色优势，争取占领前沿"；这就要明确，哪里是我们的合作对象，我们一定要"发挥协作优势，争取发展空间"，借助外力发展自己，借助新机制发展自己，充分利用北京大学的国际地位和国际影响，加强国际学术合作。

（2）学科建设的主体和建设的根本是学术队伍的建设，在当前要特别注意老中青队伍的有机组织。老一代的科学家和管理者对于北京大学的发展做出了重要贡献，并且积累了丰富的治学经验，这是北京大学发展的宝贵财富,要继续在建设一流的北京大学中发挥作用,并且起到传帮带的作用。中青年学术队伍,特别是优秀学术带头人的建设和培育是北京大学的当务之急,必须特别予以重视,因为他们是北京大学的未来,在这一点上学校和各院系一定要有清醒的认识,做好规划,使北大的学术队伍能够健康的、和谐的发展。

(二)准备迎接对"建设一流大学计划"的中期评估

这一评估要在明年初进行,教育部准备在年底前制订评估体系,因此我们应该充分准备,加强积累,包括一些原始素材的积累,包括各方面计划实施的情况,取得的成就,标志性成果及其对社会、对国家的贡献,和社会及国家对我们的评价,经费使用情况及其效益,下一阶段的发展设想及拟实行的计划措施等。

希望各院系专人负责,不断积累,同时要实事求是地、及时系统地向社会宣传。

(三)加强对培养不同层次高素质人才方面的改革力度

(1)对于大学生,"元培计划"实验班一定要做好,但基础还在于各院系的改革,在教学计划和课程设置上要灵活,要使学生有灵活选择的余地,教学管理上要给学生创造自由发展的空间;教学手段上要给学生自由发展的机会。教师要尽快提高用先进的教学手段和理念武装自己。

(2)对于研究生,一定要严格要求,把好几个培养环节。

(3)对于继续教育,一定要提高人才培养的层次,大力加强对于政府管理干部的培训,在各级领导部门和社会各界大力造就合格的北大校友。充分认识到网络的作用,网络是计算机,网络是图书馆,网络是大学。

(四)在研究方面,进一步加强研究基地的建设,在国家重大研究基地内占有重要一席

同时继续争取"十五"期间重大项目,学校要注意建立合理的评价体系和学术氛围。同时还要注意建立具有北京大学品牌的学术论坛,促进跨学科研究的发展,促进国内外学术交流与合作。

(五)进一步理顺学科管理体制,促进学院建设的进一步发展

(六)支持西部地区,特别是石河子大学的发展

总之,本学期面临的任务是艰巨的,需要认真研究逐一落实。稍后学校还会就有关问题进一步布置。各单位要根据本单位的情况行动起来。

谢谢各位!

常务副校长韩启德在秋季全校干部大会上的讲话

(2001年8月30日)

同志们:

原北京大学与原北京医科大学合并已经快一年半了,今年暑期校领导工作研讨会上对合并15个月以来的工作实践进行了总结,大家对合并以后取得的成绩,采取的模式,存在的问题,以及下一步怎么加快进一步融合,都取得了高度一致的认识。下面我就把暑期工作研讨会有关这个问题的精神向大家传达一下。我将分两个方面来讲,第一部分介绍一般的状况,我们取得的成绩,我们的基本经验,和我们还存在的问题,第二方面是这一学期及今后我们所需要做的工作。

一、合并以来的基本情况

我们两校是在去年4月3号正式宣布合并的,与其他学校不同的是,我们两校在合并前做了大量的准备工作。我们从1994年就开始讨论合作事宜,并逐步签订了协议,成立了北京大学医学中心,从1998年开始提出两校合并的概念,到正式宣布合并时已经是水到渠成。由于准备工作充分,一宣布合并之后,就迅速实现了学校的统一领导,具体地表现在建设一流大学的总体方向和办学思路的统一,校级领导班子的统一,校级各类委员会的统一(包括学术委员会、学位委员会、纪律检查委员会和各个管理委员会等等),总体规划的统一,重要制度的统一,重要领导干部任命的统一,在这些最重要的方面都迅速地达到了统一。

在管理模式方面,我们基于原来的历史状况以及实际的情况,根据世界一流大学的管理经验和模式,保留了医学部这样一个层次,在北京大学的领导下,由医学部负责原北京医科大学所属学院、附属医院、科研机构和直属单位的领导和管理工作。在重大问题和重要的工作计划决定以后,把任务交给医学部,在他们领导下来完成工作,所以在建制上还保留了原来的北医的各个职能部处,在医学部的领导下开展工作,同时又接受学校各个职能部处的领导,而且医学部各职能部处负责人兼任大学相应的职能部处的副部长。我们通过条、块结合的管理模式来实现对医学部工作的领导。15个月的工作下来,我们取得了非常显著的成绩,最主要的是对我们的教学、科研和学科建设,起了很大的推动作用,具体体现在四个方面:

(1)启动了符合我国实际情况的、有特色的、先进

的医学教育模式

我们通过充分的论证,最后也得到教育部的认可,是在全国惟一的一所重点院校来全面推行长学制的医学教育模式。在临床医学、口腔医学、基础医学这三大专业将实行本、硕、博连读的8年一贯制培养模式。具体就是四个"2":2年基础教育,2年医学基础课学习,2年医学临床教学,2年临床各学科的轮转训练。最后全部完成整个学业者获得医学博士学位。通过这样一个模式,我们相信可以加强我们医学生在人文、社科方面的教育,以及基础学科的教育,同时也并不削弱临床技能的训练。这是我们长期期盼的模式,在国际上会有一定的特色,即我们实际上将用8年的时间完成在美国要10~11年才能完成的医学人才的培养任务。模式确定以后,包括美国中华医学基金会的主席和其他的一些院校听到消息后都来向我们作具体的了解。此外,我们的预防医学与药学专业也将首次分别实行7年一贯制和6年一贯制的本、硕连读。这是一个非常重大的事情,将在我们国家的医学学科的人才培养模式里发生长远的影响,而且这样的事情也只有在两校合并以后在综合大学学科优势下面才可能完成。

(2)促进了生物医学、公共卫生、药学等学科与理科、社会科学等学科的交叉和结合

一年多的实践使我们越来越深刻地体会到,两校的合并对我们学科的发展起了非常重大的作用。我举两个例子来说,一是我们经过充分的准备在2000年12月12日,成立了"北京大学生物医学跨学科研究中心"。这个中心目前主要是开展三个方面的工作。第一个方面的任务,中心促成了不同学科之间的相互了解,主要的形式是开展交叉学科讲座,讲座定在每个星期三下午2点钟,在固定的地点,一次在校本部,一次在医学部,轮番进行以不同学科人员为对象的学科讲座。到目前为止,已经举行了34讲,内容涉及:医学复杂系统初探、纳米科学与技术、干细胞研究、人类基因组计划框架草图的形成和使用、医学图像信息关键技术研究、人类后基因组时代、中医药现代研究、激光光镊技术及其在细胞生物学中的应用、超快时间分辨光谱进展及其应用、生物信息的研究开发和应用等等,涵盖物理学、化学、数学、信息学、地质学、生命科学、医学、药学、口腔科学等众多学科。我们想把这个讲座办成北京大学学科交叉方面有品牌地位的一项传统。

生物医学跨学科研究中心的第二个任务是组织跨学科研究,目前已正式启动了四个项目,一个是"北京市大气细颗粒物对健康的影响",通过这个项目的工作我们将向政府提出关于北京市大气细颗粒物标准的制定,应该采取的措施,以及经济评价等各方面的咨询意见;第二个课题是"计算生命科学",特别是在人类基因组计划完成以后,确定和疾病相关的基因,这方面需要计算机技术、生物信息学的技术,这方面已经进行了大量的工作;第三个题目是"计算机辅助手术系统研制",就是用计算机技术确定手术方案和手术途径,比如截肢与低位直肠癌手术切口的定位;第四个项目是"白血病实时定量PCR基因诊断芯片",这个项目还是非常成功的,清华大学陈经教授曾组织的生物芯片声势浩大,实际上我们这个项目组织后,就可以在手指甲大小的芯片上面完成上千个PCR,由于我们有微加工技术的国家重点实验室,所以我们在短短的几个星期之内,就完成了初步的模式,现正在不断地改进,有望在比较短的时间里把此技术用到白血病的诊断上面,这个项目给我们的鼓舞是很大的。目前我们正在审批关于第二批交叉学科的项目,已经有30多个项目申报,但重点将放在单分子与纳米生物医学及其在医学中的应用等方面。

生物医学跨学科研究中心的第三项任务是培养跨学科复合型人才,这是学科发展的希望。半年前,成立了"生物信息学研究生班",由来自计算机技术、化学、物理学、生物学与医学等多学科的35名研究生组成。他们必须完成规定的跨学科课程学习,由不同学科的导师联合指导,并完成跨学科的有关生物信息学的研究课题,目前进展顺利。现正积极组织第二个跨学科研究生班:"生物医学工程学研究生班"。

我要举的第二个例子是,2001年6月5日,我们成立了"北京大学卫生政策与管理研究中心"。这个中心有北京大学中国经济研究中心、法学院、光华管理学院、公共卫生学院、社会学系等多学科参与,旨在充分利用北京大学多学科综合优势,为我国医疗卫生事业的改革与发展出谋划策,在这方面成为国家的思想库与智囊团。这个中心目前还在具体的组织过程中,但已经开始工作。6月12日,卫生部部长张文康、副部长彭玉与中心主要成员一起作了认真的研究,决定第一阶段主要开展两个方面的研究:一是中国农村医疗卫生事业的发展方针与措施;二是从我校附属医院体制改革着手,探索符合我国国情的医院管理制度。目前这两方面的工作都已正式启动,简报已经出到了第八期。我们准备把研究成果向政府有关部门提供。

所以两校合并后在学科交叉活动中已经做了很多的工作,而且这些工作只有是在两校合并以后才有可能做的,这些工作的主体都是在北京大学校本部,比如,生物医学跨学科中心主要工作就是由我们力学与工程科学系方竞教授来组织的,卫生政策与管理研究中心主要是由经济研究中心的海闻教授来主持工作的。校本部很多学科的教授都参与了其中的工作。

(3)对生物医学学科的发展起到非常大的促进作用

在医学部方面,我们经过充分论证,集中主要力量

支持三个方向的研究,一个是人类疾病基因研究、一个是关于干细胞的临床应用研究,一个是中医药现代研究。在全校多个学科抽调力量并分别集中投入到这三个方向,在短期内取得了显著的成效。人类疾病研究中心抓住基因功能研究、与临床医学结合以及我国遗传资源丰富的特色,在全校范围内广泛组织项目、培训人才、建立基地与实验平台、建立临床样品库与标本库,已经收集了不少重大疾病病人的DNA和蛋白质样本,为今后的加速发展奠定了基础,这在国际上也是我们的一个强项。另外,当西方人尚在为能否采用人胚胎与胎儿干细胞开展研究争论不休的时候,我们的干细胞研究中心已经建立起胎儿各种组织的干细胞库,并已在临床应用上取得突破。中医药现代研究中心形成了从中药复方研究着手的具有原始创新性的发展思路,确立了远期、中期与近期的目标,已在国内外产生了一定的影响。

今年起,从医学部学科基础与发展方向出发,又决定再重点支持神经学科、心血管学科与肿瘤学科三个方向。在临床医学学科发展方面,我们强调与基础医学结合,以及各个附属医院同学科联合发展,重点建设器官移植中心、病理中心、感染中心、药物检测中心、辅助生育中心、眼科中心、皮肤病与性病中心、眼视光中心、微创外科中心与社区护理基地等。这些中心的建设与发展,将使北京大学的临床医学学科出现崭新的面貌,并使临床诊断与治疗水平有一个明显的提高。

目前医学部在学科建设中出现了一派新的气象,广大教师积极性高涨,学科基础进一步夯实,出现了一批好的苗头,北京大学生物医学学科的发展开始腾飞。

(4) 基础设施与教学科研条件的明显改善

合校后,医学部在"985计划"基础设施改造和维修经费支持下,完成了生理楼、生化楼、解剖楼的科研和教室的维修与改造,学生宿舍2、3、4号楼的加固加层,食堂的扩建与维修,水电气的增容、校园网络的改造,图书馆多功能电子阅览室以及激光共聚焦显微镜等大型公用仪器添置等,使医学部本科生、研究生的住宿条件和教师、科研人员的工作环境得到明显的改善。

生命科学是21世纪的领头学科,各院系的老师都有非常强烈的与生命科学结合的愿望,合校为这样的结合创造了非常好的条件,我们很欣喜地看到校本部理科、社会科学各学科的老师积极性非常高,反映也非常好,这对于我们整个学科建设有巨大的推动作用。从最根本的来讲,世界上一流的大学绝大多数往往有一流的医学院,特别是生命科学成为领头科学的时候,这个标志就更加明显,所以我们必须创建一流的医学学科,这对创建一流大学有很重要的意义。

3. 存在的问题

由于合校时间还比较短,以前分别是两个学校,医学这边规模也比较大,是一个非常特殊的情况,所以其实质性融合是需要一个过程和时间的。目前我们必须清醒地认识到,我们离两校真正意义上的融合还有一定的差距。主要存在下面这些问题:

(1) 思想观念转变问题。两校教职工有相当一部分还停留在原来两校的概念,相互了解还很不够,也不太关心另一个校区内发生的事情。碰到具体问题时,也往往只考虑本校区的情况。总之,传统的心理定式急需打破。

(2) 组织管理问题。两校区的管理部门间尚未完全的融通,不少工作彼此脱节,信息传递不畅。干部也缺乏流通。

(3) 财务问题。原两校财务系统分别采用教育部与卫生部的财务软件,管理办法也有较大差别。至今两校区的财务管理还有不少地方没有统一起来,影响了预、决算以及资金的有效使用。

(4) 教学问题。基础课程教学尚未融通。例如政治、德育、外语、数学、物理学、化学等的教学基本上仍分两个校区按原体系进行。实施医学长学制教学模式后,将有更多医学部的学生在燕园校区学习,各方面条件尚未跟上。

(5) 学科融合问题。原北京大学生命科学学院与原北京医科大学的基础医学院有些学科重叠,例如生理学、生物化学与分子生物学、细胞生物学、生物物理学等尚待融合。在学科交叉方面还有很大的潜力没有发挥。

(6) 国有资源共享问题。目前,在充分发挥国有资源共享,提高使用效率上也有很大的问题。

(7) 与卫生部的关系问题。合校以后,医学方面由卫生部转到教育部,也有很多关系需要理顺,如教育部与大学对附属医院的领导机制等。

总而言之,两校合并以来的成绩是非常显著和鼓舞人心的,我们必须予以充分地肯定。这不仅关系到全校师生对合校与建设世界一流大学的信心,而且直接关系到今后的发展思路。但与此同时,也必须看到目前离两校真正融合还有很大的差距,还有很多工作要做。所以第二个方面,我讲一下这个学期以及今后我们需要加快原两校深层次融合的计划。

二、加快原两校深层次融合的计划

1. 指导思想

我们的指导思想可概括为:三条原则,两个定位,一种管理模式。

三条原则:一是加快速度。在目前已实现平稳过渡,各项工作顺利发展的基础上,要加快实质性融合的力度与强度。当前可以做到的,决不拖到以后去做。二是实事求是。要加强调查研究,不惟书,不惟上,一切从实际出发,并不断总结经验与教训,及时调整各项措施。三是"发展是硬道理"。我们在合校过程中的一切做法都要以是否有利于教学、科研与学科发展,是否有利于建设世界一流大学为标准来衡量。有些看起来很复杂的事情,如遵循这条原则,就显得很简单了。

两个定位:一是要确立医学部在北京大学中的定位。合并前的北京医科大学有10个学院、一万多教职员工,八千多名各类学生,它作为独立的大型高等院校已经经历了近半个世纪,加上医学教育以及医疗保健任务的特殊性,在两校合并后,从实际出发,需要在大学及学院之间保留医学部这样一个管理层次。在整个北大校—院(系)—系三级建制、二级管理的基本框架中医学部处于独特的地位,它不同于其他学院,也不同于没有管理功能的人文学部、社会科学部、理学部以及信息与工程学部,不能用其他单位的模式套用到医学部中去。二是确立生物医学在北京大学学科建设中的定位。当前我们国家已经确立优先发展信息科学、生命科学、材料科学以及能源与环境科学的战略,那么对北京大学来讲,我们现在有这么好的条件,我们一定要把生命科学的学科发展在整个北大的学科发展当中作出非常准确的定位。我们有6位校领导是搞生命科学的,好像这个问题应该容易解决,但实际上在具体制订规划的时候,在决定支持的时候,是否能把定位体现出来,还是存在一定的问题。

一种管理模式:就是对医学部实施条块结合的管理模式。合校15个月来,实施以校—医学部—学院纵向管理为主,结合各职能部处对医学部相应管理部门的横向管理。一年多来的实践证明这种基本管理模式是符合实际情况的、高效的,也符合北京大学校内管理模式重心下移的长远目标。应当在相当长的时期内保留这种管理模式。

2. 具体措施

(1) 为了加强党委的统一领导,尽快举行医学部党委改选(原北京医科大学党委于今年11月份已到届),不再设常委会,医学部党委在北京大学党委的直接领导下,发挥监督保证作用,开展党的建设和思想政治工作。医学部以主任领导下的、有党委书记与副书记参加的部务办公会议为最高决策与领导机构。

(2) 加快职能部处的实质性融合,稳步有序地实行原两校干部交流,首先从财务、人事和后勤基建等部门开始。

(3) 医学部处级以上干部由学校组织部考察,校党委常委会讨论通过,校长任命。干部级别按"老人老办法,新人新办法"处理,即"老人"保持原干部级别,但在学校岗位制度上则严格按照一个大学的原则,取消双重制。在人事待遇上也要彻底理清,尽量统一。

(4) 统一财务的预、决算,加快财务管理上的融合,医学部的财务管理采取二级预算与决算的方式。合并原两校的审计部门。

(5) 加强学校对资产的统一清点、管理与统筹使用。两校区的产业与基本建设实施统一管理。

(6) 加快论证新的医学教育模式的实施方案,成立专门领导小组推动此项工作。今年我们已经开始在各个专业招收长学制的学生,但由于我们的准备工作还不充分,所以今年招收的8年制的学生,还只能在医学部的校区学习,这实际上与我们的初衷是不相符合的。但明年入学的学生一定要按照我们新的模式来培养。另外,怎样能落实长学制医学教育模式的宗旨,真正提高培养质量,我们还要进行论证。目前我们已经成立了领导小组。

(7) 进一步加快学科融合,近期内完成医学部数学、物理、外语以及社文教学部门与校本部相应学科的整合。逐步调整基础医学院与生命科学院重复学科的设置。继续大力支持生物医学跨学科研究中心与卫生政策与管理中心的工作,推动学科交叉。

(8) 继续办好交叉学科研究生班,推进并加大研究生交叉学科推荐、联合培养的力度。在已经上报的明年的招生方案中,我们明确了直接招收跨学科研究生班的计划,在招生目录中,导师可以明确地提出希望招收的其他学科的名称,在考试上,凡是属于交叉学科的继续考原来学科的课程,这一点已经得到教育部的同意,这将更有利于学科的交叉。

(9) 加强学校对附属医院的领导。附属医院是大学重要的不可分割的组成部分,是医学人才培养、科学研究、医疗保健的结合点,学校要高度重视医院的建设与发展。要积极推进附属医院内部管理体制改革及学科建设。立即着手开展调研,近期内组织召开研讨会,制定学校对医院的管理机制和改革方案。

(10) 加强与改善统一的宣传工作。宣传材料、宣传口径要体现一个学校,消除原两校的痕迹。原两校的电视新闻、校刊等要实现完全的融合。学校社团、群众组织、文体活动、社会实践等都要统一组织。

15个月的实践使我们深切地体会到,原北大和北医两校的融合是创建世界一流大学过程中一个重要的步骤。由于两校的融合,使得我们有可能对学科交叉、科学研究、人才培养达到一个新的高度。所以,这是一项非常重要的工作,是我们创建世界一流大学中浓重的一笔。我们在今后还要进一步转变我们的思想观念,不断地落实各项措施,把两校融合的工作做好。实际上,刚才迟校长也讲了我们在学科建设上,在发展一流大学中,要注意到我们的特色,要注意到我们的优良的传统,注意发展我们的强项。和清华大学相比,其实我们现在最有利的一点,是我们有医学而他们没有,清华大学也意识到这个问题,现在也想创建一所医学院,但这不是那么容易的事。原来的北京医科大学是从1912年开始,经过了近一个世纪的建设才发展到现在这个程度,并成为我们国家医学院校的排头兵。所以,我们有很好的一个条件,在两校融合中如果利用好这个优势,清华是没有办法跟我们比拟的。如果我们反过来总是跟他去比工科,我们就是把自己放在一个不利的地位。如果我们在原北大的学科跟医学学科的结合上多做文章,我想清华是望尘莫及的,我们该清醒地认识到这一点,而且更要认识到我们现在是一个大学,那么我们在学科发展方面一定会做出更大的成绩。谢谢大家。

党委书记王德炳在师德建设工作会议上的讲话

(2001年3月29日)

同志们:

今天我们在这里召开北京大学师德建设工作会议,主要任务是贯彻落实中央思想政治工作会议和高校第九次党建工作会议精神,重点研究和探讨师德建设工作问题,就进一步加强和改进我校师德建设工作提出意见。

今年是新世纪的开局之年,也是北京大学创建世界一流大学的关键之年。北京大学能不能完成"985"的规划,按照预定目标进入世界一流大学行列,这是北大全体师生员工十分关注的问题,也是中央和全国人民所普遍关注的一个问题。创建世界一流大学是一项非常复杂的系统工程,而教师队伍的建设则构成了这一系统工程的核心内容。有无一批著名科学家、学术名师为代表的优秀教师活跃在教学科研第一线是衡量一所大学综合实力、地位、形象的最主要标志。从总体上来说,世界一流大学应以一流水平完成三大任务,即培养高级专门人才、发展科学技术文化和促进现代化建设。这三项任务都必须依靠一流的教师队伍来完成。教师素质的高低直接关系到我校创建世界一流大学目标能否实现。

江泽民同志最近提出了以德治国的重要思想,这对教育战线有着特殊的意义。师德不是一个抽象的政治说教,而是具有深刻的知识内涵和文化品格的,一个有广博知识的教师才会有道德感召力,仅仅依靠说教的道德教育必然是苍白的。同样,教师的师德魅力也是以其深厚的文化为底蕴的。惟有如此,教师才能完成其教书育人的神圣使命。对北大来说,教师是否具有较高的政治素质、先进的教学观念、合理的知识结构、良好的协作精神等对于我校的教学科研的发展和其他工作的推进都起着决定性的作用。正是出于这样一个考虑,我们将这次会议作为新世纪学校的第一个大会,也希望通过这次会议的召开,在全校范围内进一步提高对师德重要性的认识,将师德建设纳入到学校教学科研的各项工作中去,以此激发全体教师的积极性和创造性,扎扎实实地推进我校创建世界一流大学的进程。下面我就三个方面谈一些看法。

一、实事求是,正确分析把握北大教师思想状况和发展动态

要做好北大的师德建设工作,必须尽可能全面、历史地了解北大教师的思想状况及其发展变化,研究影响北大教师思想的深层次原因,进而提出加强和改进北大师德建设工作的基本对策。为了准备这次会议,宣传部等有关部门就我校教师的师德状况进行了比较全面的调查研究,根据相关的调研总结,结合北大的历史传统,我们可以对北大教师的师德情况有一个基本的估价。从积极的方面来看,多年来北大教师具有这样一些优秀的道德品质,形成了北大的优秀传统。

1. 具有爱国主义精神和高度的社会责任感

北大是在民族危亡的关键时期产生的。百年来,北大的发展与祖国的命运息息相关。世界上没有一所大学能像北大这样与一个民族进步有着如此密切的关系。在风云变幻的20世纪,北大师生发扬爱国主义精神,为民族的独立和富强做出了应有的贡献。从"五四"运动到中国共产党的成立,从"三·一八"惨案到"一二·一"惨案;从"一二·九"运动到反内战、反饥饿、反迫害运动;从中华人民共和国建立到改革开放,北大教师都站在中国革命和建设的最前沿,为中国人民的解放事业和社会主义现代化建设做出了重要贡献。我们这次表彰黄楠森教授等七位师德标兵,他们的感人事迹,充分体现着北大教师的爱国主义精神和高度的社会责任感。

2. 敬业爱岗,忠诚党的教育事业

尽管近年来北大教师的生活待遇有了一定的提高,然而从总体上来说,北大教师是清贫的。多年来,在比较艰苦的条件下支撑北大教师不懈努力的精神动力,是他们对教育事业的忠诚。尤其是一批从国外学有所成的教师,他们甘愿在北大创业,就是因为有一颗拳拳报国心和对教育事业的执着追求。一位教师曾说,北大给我的生活条件可能不是最好的,但北大有非常好的学术文化氛围,这是其他学校所不具备的,这也是一个教师最为看重的东西。北大生命学院潘文石教授长期在条件异常艰苦常人难以想象的环境下工作,甚至

不止一次面对生与死的考验,这种忘我的工作态度和敬业精神值得每一个北大人学习。

3. 自强不息,不断创新

现代国际竞争的核心是知识创新。创新是一个国家和民族进步的灵魂,也是北京大学生生不息、永远向前的重要驱动力。鲁迅先生曾说:"北大是常为新的,改进的运动的先锋,要使中国向着好的,往上的道路走。"一个世纪以来,北大所以能为中华民族的振兴和发展培养出大批高素质创造性人才,就是因为北大教师具有一种创新精神,能够不断根据时代发展的需要,创造性地提出并解决重大的科学前沿问题。新中国成立以来,北大教师更是创造性地完成了许多重大科研项目。如,我校教师在十分艰苦的条件下,为我国"两弹"的成功研制作出了重大贡献;我校教师与中国科学院有关研究所的人员合作,经过不懈的努力,获得了人工合成牛胰岛素结晶,这一具有世界先进水平的重大成果,对生命科学研究具有重大理论和实际意义;解放后北大第一任校长马寅初提出了著名的"控制人口,节制生育"的"新人口论",成为后来我国制定计划生育的先声;著名语言学家王力教授在古代汉语领域、著名历史学家周一良教授在世界历史领域、著名哲学家冯友兰教授在中国哲学领域都做出了开创性的研究工作,其成果代表着国内甚至世界的最高学术水平。改革开放以来,以王选为代表的教师群体走出一条产学研相结合的新路,实现了中国印刷业的一次革命,北大方正集团也成为国家重点扶持进入"全球五百强"的六家企业之一。另外,也正是我校教师在社会科学领域内的一系列创造性研究,如社会主义初级阶段理论研究、一国两制理论研究、股份制理论研究等,为社会主义现代化建设提供了重要的理论依据。

4. 求真务实,治学严谨

北大教师具有优良的学风,这是北大非常重要的学术传统。在追求真理的道路上来不得半点虚张声势,而是需要科学的精神和务实的作风。一代又一代北大教师正以其治学态度的认真严谨,取得了教学和科研上的一项项重要成果,并为北大赢得了声誉。不少校外的同行都曾对北大教师有这样的总体评价:北大教师出的东西有分量,能够经得起历史考验,这是因为他们的治学严谨。北大信息中心的石青云老师,在身患癌症情况下,依然在科学的道路上一步一个脚印地默默探索着。她所取得的一系列学术成果,正是北大优良学风在新的历史时期的弘扬光大。

5. 言传身教,教书育人

教育作为一项崇高的事业,对于教师的要求是非常高的,它不仅要求教师具有高超的教学科研水平,而且需要教师具备高尚的人格精神。因为教师所面对的是世界观、人生观和价值观都尚未完全定型的大学生,他们需要知识的积累,需要掌握寻求知识的能力,更需要如何走好人生道路和适应社会的有价值的指导。著名的医学家、教育家吴阶平院士说过,一个教师和医师都在自觉不自觉的在教书育人,教师的一言一行,有时会影响青年学生的一生。1946年任北京大学医学院院长、原北京医科大学名誉校长胡传揆教授一生忠诚教育事业,死后将自己的骨骼作为标本献给医学教育事业,他的光辉榜样,激励着一代又一代的医学生为人类的健康事业而奋斗。作为北大教师也正以一种高度的社会责任感,既教书又育人,将思想道德教育渗透在专业教学中,帮助同学们思想和业务同步发展。在这次推出的师德典型中,北大第一临床医学院教学院长刘玉村教授、北大基础医学院教学副院长高子芬教授所以赢得医学部同学的广泛尊敬,就是他(她)们在教书育人的过程中以自己的言传身教,使同学们深切感受到教师的人格力量,更唤起同学们对科学追求的精神动力。

应当指出的是,随着国内外形势的变化,改革的深入发展,市场经济负面影响下功利主义的冲击,在我们教师身上也存在着这样那样的问题,主要表现在:

1. 部分教师教学态度不端正

有些教师不认真备课,不遵守教学纪律,随意变更教学时间,课堂上信口开河,甚至随意接听手提电话,对此,听课的学生反映,听这些教师讲课,不如自己去看书,因为这些教师没有很好备课,听这样的课没有多大收获,是浪费时间。

2. 文人相轻的现象还时有发生

北大教师的个人素质一般很高,但一些教师的整体协作精神却不强。当代重大科研项目的成功,需要跨学科的共同合作,需要一种团队精神,需要参与者相互尊重、取长补短,互相学习的精神。而这种精神正是北大一些教师所缺乏的,这也势必会影响到北大重大科研成果的产生。

3. 部分教师精力外流

现代教育必须同社会发展相结合,产学研相结合是教育改革的一个重要方面,从这个意义上说,我们鼓励教师走向社会、服务社会。但有一些教师以单纯的挣钱为目的,从事一些低水平、同自己业务提高关系不大的工作,进而使得本职工作投入不足甚至置之不顾,造成教学科研水平下降的现象。

4. 有些教师缺乏严谨的治学态度

要真正把教学和科研搞上去,需要投入艰苦的劳动,需要严谨的治学态度,还需要一种淡泊名利的心态,要耐得住寂寞。由于受到目前市场经济负面因素的影响,部分教师治学不严谨,急功近利,心态浮躁,不求甚解,教学不认真,科研成果经不起推敲,甚至在个别教师中还出现了剽窃等弄虚作假行为。

5. 个别教师思想政治倾向有问题

个别教师在课堂、讲座、论坛、书籍和报刊中发表了一些违背四项基本原则的错误言论，对中国共产党的性质和宗旨、中国人民的革命斗争进程、社会主义的教育方针等方面做出了错误的评价，在一定程度和范围内引起了人们的思想混乱，也影响了北大正常的学术自由的氛围。

对于北大教师身上存在着这样和那样的问题，尽管问题只出现在部分和个别人身上，但其影响却是不容忽视的。北大在中国具有特殊的政治文化地位，北大是我国科学教育重镇，北大的一言一行，一举一动，不仅在国内而且在国外也会有重大影响，北大教师的一些负面性行为和言论，会迅速在社会上传播蔓延，并引起社会各层面的普遍关注。所有这些，势必影响到北大改革、发展和稳定，甚至会影响社会的稳定，影响到北大正在进行的创建世界一流大学的整体形象，必须引起我们高度重视。

二、我校师德建设工作的成绩及问题

近年来，我校在师德建设工作方面做了许多积极的探索，主要表现在以下几个方面：

1. 坚持社会主义的办学方向，树立正确的教育思想和教育观念

要提高北大教师的思想道德水平，首先必须有一个正确的办学方向，这是师德建设的制度伦理基础。北大创建世界一流大学的工作必须坚持社会主义办学方向，这是由我国的社会主义制度和高等教育所具有的社会属性所决定的。针对社会主义初级阶段的实际情况，我们在办学过程中，坚持党的基本路线，主动积极地适应国民经济和社会发展的需要，努力培养德、智、体、美等方面全面发展的社会主义建设者和接班人。社会主义办学方向是通过树立正确的教育思想和观念来完成的。近年来，我们组织全校师生员工尤其是广大教师认真学习邓小平科教兴国的思想，充分认识在社会主义现代化建设中，教育是基础，科技是关键这一科学论断的重要意义，进一步明确教育、科技、社会相结合的现代教育方向，深入理解知识创新的理论内涵和时代价值。为此，我们在全校范围内开展了教育思想和观念的大学习大讨论活动，通过学习讨论，全校教师在教育思想和教育观念等许多问题上形成了共识。与此同时，我们在素质教育、产学研结合、鼓励创新等方面做了不少工作，进一步强化了北大人才培养、科学研究、社会服务的功能和面向现代化、面向世界、面向未来的方向。所有这些，都为教师师德建设和教育提供了一个良好的制度和价值导向。

2. 在师德工作的实践中努力形成比较明确的思路和规范化的制度

近年来，我们努力从制度建设入手，不断推进教师思想政治工作的规范化，对教师师德规范提出了明确的要求，对涉及教师和党员干部思想政治和教学科研等方面的工作提出了具体的意见，并做了许多组织落实工作。如我校1997年召开了北京大学精神文明建设工作会议，在会上既提出了长期的和近期的工作目标，又动员各方面力量落实这些目标，在全校师生员工中产生了积极的影响，推进了我校师道德建设的工作进程。另外，我校召开的党建工作会议、教学工作会议、科研工作会议等都从不同侧面对教师职业道德提出了明确的要求，并制定了实施方案。近年来，学校先后制定了《北京大学关于进一步加强学校社会主义精神文明建设的意见》、《北京大学教职工党员行为规范》、《北京大学教师职业道德规范》、《北京大学教师教学工作管理办法》。这些意见和办法从不同角度提出了我校教师师德建设工作的指导思想、工作目标、基本思路以及具体实施的基本原则，从而使得我校师德建设工作目标明确，有章可循。也正是通过这一系列文件的出台、宣传和初步落实，营造了北大教师思想政治工作比较好的氛围，广大教师通过对上述文件的学习和领会，了解了作为一名北大教师所必须具备的基本素质，知道了作为北大教师的基本行为规范。

3. 典型引路，不断加大对师德宣传的力度

近年来，我校在各类教师先进典型的推荐和评选中，突出了教师师德的地位。如学校曾经表彰的优秀共产党员黄楠森、程民德、石青云、韩汝珊等、数学科学学院和化学与分子工程学院稀土化学研究中心党支部等都体现了北大教师认真严谨、爱岗敬业的优良传统和作风。尤其是1999年，我校配合北京市对我校王选教授的宣传，更是以其高尚的职业道德精神为切入点，进一步说明了教师职业道德对其教学科研工作的促进作用。在王选身上，我们进一步了解了当代中国知识分子的优秀品质和创造精神，也进一步发现了优秀人才在当代社会发展中的重要价值。这表现为：一是强烈的民族责任感和爱国主义精神；二是强烈的团队为本的奉献精神；三是强烈的创新精神。

应当说，学校先后推出各类先进教师和先进集体的典型，在广大教职员工中引起比较强烈的反响。大家认为，这些先进典型事迹感人，代表了北大教师的努力方向，这对于推动师德建设工作有着积极的意义。

4. 深入开展调查研究，及时了解教师的思想动态

广泛深入开展调查研究是不断增强师德建设工作针对性和实效性的重要保证。从1990年开始，我们每年都要对教师思想动态进行一次比较全面的调查，通过发放问卷和座谈会等形式，了解教师对一系列重大问题的看法。这包括：教师的思想政治观点和道德价值取向，教师对政治、经济问题的总体看法，教师对社会焦点和热点问题的看法，教师对教育改革与发展的看

法等。另外,我们还针对教师的思想和工作实际,分别召开不同年龄和不同层次的座谈会,听取一线教师对校内外重大事件的反映。几年来,我们在调查研究基础上撰写了一系列调查报告,如北大教师对北约轰炸我南斯拉夫大使馆的反映、北大教师对法轮功现象的反映、北大教师对香港和澳门回归的反映、北大马克思主义学科状况的调查、北大教师对北大管理体制和人事制度改革的反映、北大教师对创建世界一流大学的反映等。通过这些,进一步了解了教师对校内外一系列重大问题的看法以及对加强思想政治工作的意见和建议,为学校各项工作的决策提供了比较准确的依据。

5. 以提高教师思想道德素质为着眼点,不断推进北大教书育人工作的理论和实践进程

创建世界一流大学的关键在于能否培养出高素质创造性的人才,而要完成这一目标又需要我们根据时代的需要,不断提高教师的思想道德素质,努力推进教书育人的工作进程。近年来,学校经常举办青年教师骨干培训班,组织他们学习马克思主义理论和时事政治,学习邓小平科教兴国思想,先后组织青年教师去部队、农村和延安等地进行参观考察,加强中青年教师对社会实践的了解并对他们进行实地的革命传统教育。注意要求教师结合教学实践,言传身教,从思想、品德、学业等方面帮助学生全面提高素质。学校通过教代会等机构已先后召开了六次教书育人研讨会,分别围绕不同的主题,进行了广泛深入的研讨,取得了多方面的成果。

6. 努力将加强师德建设同关心解决教师的实际问题结合起来

在师德建设工作中,我们注意多办实事,讲究实效。因为只有通过多为教师办实事、办好事,使教师多用武之地,少后顾之忧,才能为师德建设进一步创造物质条件,也才能使得师德建设得到广泛的响应。近年来,我们紧紧抓住教师住房这一教师最为关注的热点问题,争取到中央和北京市的支持,先后在燕北园、西三旗、六道口、蓝旗营等处为教师盖建住房22万平方米,初步缓解了教师住房难的问题,即将出台的西二旗小区将为教师再提供14万平方米1100套三居室的住房,这将会使我校教师的住房有一个根本性改善。另外,我们在社区服务、医疗条件、文化设施等方面也做了许多努力,力求不断满足教师的物质生活和文化生活的需求。各院系也做了大量工作。

应当指出的是,尽管近年来,我们在师德建设工作方面做了不少工作,也取得了一定的成效,但从创建世界一流大学基本要求来看,我们还存在着许多问题和不足,这主要表现在以下几点:

一是思想认识还需进一步提高。在一些人看来,学校的中心工作是教学科研,这是看得见摸得着的东西,应当花大力气搞上去,至于教师的思想政治工作是虚的东西,没有硬指标,做多了反而会冲击教师的教学科研工作。应当说,这种观点有一定的片面性,教学科研工作不可能孤立进行,如果我们的教师对党和国家的方针政策不学习不了解;如果我们的教师没有相互尊重、相互合作的团队精神;如果我们的教师不了解当代大学生的思想状况,又怎能完成教学科研的重要任务。我们要反对的是离开学校中心工作,空喊政治口号的形式主义和教条主义的做法,但我们必须充分意识到,创建世界一流大学需要调动我们广大教师的积极性和创造性,需要高尚的师德,而这又是离不开富有成效的思想政治工作和师德建设工作的。

二是机制还需进一步理顺。要搞好师德建设工作,必须建立一个信息畅通、责任明确、反应迅速的工作机制。这几年来,尽管我校也在积极探索一条有效的教师思想政治工作机制,但从总体上来看,我们在这方面的工作机制还是一个薄弱环节。这表现为:了解教师思想信息渠道尚不迅捷和畅通,学校尚未建立一个比较规范的教师思想信息收集系统;管理权限不太明确,学校没有一个专门负责教师管理的部门,校两办、党委组织部、党委宣传部、教务部、科研部、人事部、工会等都与教师工作密切相关,但由于缺乏必要的沟通和职权划分,在一定程度上造成了对教师管理工作职权不明确,决策不统一等问题;在教师评估体系方面,尚没有找到一个有效的机制,将师德的一票否决权作为刚性的指标贯彻下去。

三是师德建设的工作方法还有待进一步探索。教师是一个高素质的群体。他们有着广泛的接受信息的渠道,对国内外时事政治和我国经济社会发展的一些重大问题有着较强的分析能力。如何针对教师的特点,开展教师能够接受并乐于参加的思想政治教育和学习活动,在这方面,我们的办法还不多。面对教师的工作性质和自身特点,面对教师中出现的新情况和新问题,我们的师德建设工作在形式、方法和手段等方面都有许多不到位的地方,在不同程度上存在着形式陈旧、内容单调、手段呆板等问题。

三、围绕学校中心工作,努力开创师德建设工作的新局面

1. 深入学习贯彻江泽民同志在中央思想政治工作会议上的讲话精神,提高对师德建设重要性的认识,不断增强师德建设工作的针对性实效性主动性创造性

去年6月下旬我国第一次以中共中央名义召开了思想政治工作会议。江泽民总书记在这次会议上发表了重要讲话,他从国际国内大局的高度,全面分析了思想政治工作面临的新形势新情况,强调了思想政治工作的任务、方法、原则和工作重点,深刻阐明了一系列带有根本性、全局性的重大理论和实践问题。这篇讲

话,对于加强和改进党的思想政治工作,推进建设有中国特色社会主义事业,具有重要的指导意义。江泽民同志在讲话中提出,思想政治工作是一门科学。这是对我们党的思想政治工作历史经验和现实经验的科学总结。同时,向全党提出了发扬思想政治工作优良传统,总结思想政治工作内在规律,构建思想政治工作理论体系的任务。在今年全国宣传部长会议上,江泽民同志又提出了以德治国的重要思想,进一步强调了道德建设在社会主义现代化建设中的重要地位和作用。师德建设是道德建设的重要组成部分,我们要认真学习贯彻江泽民同志的讲话精神,深入研究我校思想政治工作的规律和特点,在师德建设工作的针对性、实效性、主动性、创造性上下功夫。要密切关注我校教师的思想状况和变化特点,及时研究并回答教师普遍关注的重大思想政治问题和各种具体实际问题;要避免师德建设工作中的教条主义和形式主义,努力将师德建设工作同学校的教学科研工作结合起来,同解决广大教师的实际问题结合起来,不断将师德建设工作落到实处;要积极主动地开展师德建设工作,做到未雨绸缪,因势利导,把问题想在前面,把工作做到前面;要根据时代变化和我校改革发展的情况,解放思想,实事求是,努力探索新时期教师思想政治工作的新途径,创造性地将我校师德建设工作推向前进。

2. 加强对教师思想政治工作的领导,牢牢掌握师德建设方向的领导权和主动权

思想政治工作是经济工作和其他一切工作的生命线。对于高等学校来讲,教师的思想政治工作对我校创建世界一流大学,对学生的全面素质提高具有重要作用。各级党组织要进一步重视加强教师思想政治工作,党政领导班子的"一把手"要切实承担起教师思想政治工作的领导责任,按照江泽民同志提出的"三个代表"的要求,加强和改进师德建设工作。要充分意识到北京大学在中国政治文化发展中的特殊地位,努力通过切实有效的师德建设工作,不断维护学校的改革、发展、稳定;要密切关注北大意识形态的复杂性,认清西方敌对势力对我们实行"西化"和"分化"的政治图谋,增强阵地意识,做到守土有责,真正使意识形态的领导权掌握在马克思主义者手里;要深入研究北大师德建设工作的领导机制和运行机制,建立校党委统一领导、党政各部门和各院系齐抓共管、各负其责的思想政治工作格局;要充分考虑北大教师思想政治工作的实际,建立和完善教师师德建设工作联席会议制度,建立健全民主化、科学化的师德建设工作决策机制;注意北大教师

思想的特点,运用各种手段,建立一个信息反馈灵敏有效的教师思想政治工作调控机制;通过深入调研和各部门的相互协商,研究建立标准明确、公正合理、操作性强的师德建设工作评估办法和奖惩机制;切实加大对师德建设工作的投入,将其纳入北大创建世界一流大学的总体工作中,不断完善师德建设工作的保障体系。

3. 将师德建设同学校创建世界一流大学的中心工作结合起来

师德建设同教学科研工作是紧密联系在一起的,两者是相辅相成的互动关系。一个教师只有具备正确的教育思想和教育观念,具备淡泊名利、坚忍不拔、容人容事的精神和气度,才能在教学科研上有大的成就,才能培养出高素质的人才;同样,只有对教学科研的积极探索,熟悉本学科的发展方向,有深厚的学术造诣,才会对师德的内涵和作用有更深刻的理解,也才能将师德化为自身的自律行为。因此,我们的师德建设一定要同创建世界一流大学中心任务结合起来,教学科研工作有机结合起来,同学科建设和师资队伍结合起来。在研究和制定教师管理的政策过程中,一定要注意将师德内容纳入到教师评估体系中去。通过有效的政策机制和典型的导向作用,努力营造出一种优化师德的环境和氛围,不断推进学校创建世界一流大学的进程。

4. 加强和改进服务工作,为师德建设提供更好的物质基础

校系党政领导和职能部门要切实加强和改进管理服务工作,牢牢树立全心全意依靠教职工特别是教师办好学校的思想。要有强烈的关心、帮助教师解决工作、生活上遇到的各种困难和实际问题的服务意识,要深入教学科研第一线,了解第一手材料,掌握教师的思想脉搏。在思想政治上、生活上全面关心教师,做教师的知心朋友;要想教师所想,急教师所急,尽心尽力地为教师更好地进行教学、科研排忧解难,办实事,办好事,为提高教学科研工作的质量和水平,为加强师德建设,提供更好的物质基础。今年要重点抓好西二旗及回龙观20万平方米新建教师住宅工程。

同志们,伟大的创业需要伟大的精神。在世纪之交、千年之交的重要历史关头,让我们紧密地团结在以江泽民同志为核心的党中央周围,在教育部和北京市委的领导下,振奋精神,同心同德,开拓进取,努力开创北大师德建设工作的新局面,为北京大学创建世界一流大学做出新的持续不断的努力和贡献。

常务副校长迟惠生在本科教学工作会议上的讲话

(2001年6月10日)

讲点体会和看法,讲的不完全或不对的地方,请两位书记纠正。讲三个问题,第一个问题是对会议的评价,第二个是对会议上所讨论的几个问题的看法,第三个是作个简短的结语。

我喜欢十六字,所以对会议的评价,总结十六个字:这个会议,大家是"认真准备,积极参与,议题重大,任务艰巨"。这个会议,教务部在会前做了大量的调查研究和研讨,同时,我们学校的本科生战略研讨小组也进行了认真的讨论和研讨,我们老教授调研组也把他们调查研究的情况进行了认真的分析。教务部在他们认真调查的基础上,制定了一些设想、办法,在教学科研工作委员会、在学科发展委员会以及在校长办公会和党委常委会上,都汇报和讨论过,所以总的精神是得到学校支持的。会议发下的一些材料,尽管有些用语或者一些观点,可能值得商榷,或者需要修改,但是总的精神是代表了学校关于本科生教育发展的一些设想和一些打算。各个院系的领导以及各个单位的教务员同志,都积极参与了本会。我初步数了一下,今天会上有十个左右的职能部门的领导或者相关的同志,有十八个院系的领导同志与会。在前排就座的有社会科学学部部长程郁缀、人事部部长周岳明,有生命学院的院长周曾铨同志,有我们数学学院的院长张继平同志,还有我们外语学院的书记吴新英同志,有电子学系的书记郭英同志,后排还有很多,我就不一一点了。现在正是我们各个院系学生答辩的时候,还有,各个院系工作也比较忙,但有的院长、书记,甚至有的单位书记和主管副院长以及院长和主管副院长同时与会。家里有事,晚上打的回去,早上打的再来。国关学院的副院长许振洲同志,他的孩子两岁发高烧住院,但还是料理一下参加会。所以我们这个会有许多可歌可泣的事情,需要认真总结。这两天的讨论非常热烈,涉及到一些重大的问题,大家畅所欲言。但是,由于时间关系,有些言犹未尽之处,需要下面继续讨论,积极参与。讨论的问题,是对北京大学在今后一百年的发展影响重大的问题,不光是对北京大学面对的建设世界一流大学的任务影响重大的问题,也是牵涉到影响我们学校改革全局的大问题。为什么说是对北大今后一百年影响重大的问题呢?因为我上次讲过,美国在制定其小学、中学以及大学的改革方案的时候,它起的名字叫"2060计划"。从上一世纪80年代开始,它制定中学改革措施,它认为这个东西的完善要到2060年以后。所以,北京大学目前所发动的本科生教育或者前一阶段的研究生教育或者将要开展的继续教育,它会影响到北大今后一百年的走向,而且,它的不断完善恐怕也不是一时就可以成功的。建设一流大学的任务,是需要几代人的努力才能完善的,才能完成的,需要各方面的配合。所以,我们讨论的问题,是议题重大的问题。我们面临的任务,——改革的任务,是十分艰巨的。在前面这几年是打基础的时期,只是开了一个头。所以,要说这次会是一次什么会呢?是一次有重要影响的会,对北京大学未来的发展是一次有重要影响的会,也是一次没有开完的会。大家如果看过电影《一盘没有下完的棋》的话,那么我说我们这是一次没有开完的会。这个会,只是提起了一个头而已。下面还要继续讨论,只不过开会的形式要发生变化。这是对会议的总体评价。

第二个是对会议所讨论问题的几点看法。

第一个问题,就是关于怎样确定北大本科教育发展战略的问题。这个问题,刚才数学院的张继平院长代表第一小组,已经说得很清楚了。教务部在经过集思广益提出的"本科教育在今后五到六年内完成向高等基础教育,即通识教育与宽口径专业教育相结合过渡"的总体设想,与会人员总体上是认同的,认为是我校在80年代所确定的十六字方针的深化与发展。但是,大家提到,首先,要统一认识,调动广大教师的积极性和各方面的积极性。因为北京大学的建设发展,特别是北京大学的改革,归根结底是全校师生员工大家共同的事业,没有大家的积极性,这个工作是做不好的。而在本科生教育这个问题上,它的改革首先要充分调动广大教师的积极性。第二,要贯彻和实施这种改革的举措,需要强有力的领导。从学校来讲,需要党委和校长发挥集体领导作用,并且要有强有力的专门班子来操办这个事情。第三,需要做艰巨的准备工作和大量的组织工作。因为这是牵动全校全局的深刻的改革,要把困难和问题估计得充分一些,制定实施办法,特别要注意使其具有可操作性。

大家提了很多意见,或者谈了很多想法,但是我认为最主要的就这几点。所以会后学校和教务部要分析整理大家的意见,集中大家研究的成果,形成一个草案。要广泛征求全校教职员工的意见,同时制定周密的方案,一定要做好试点,就是试验班的组织和实施工作。这是学校要办的事。对于各院系来讲,要把会议的精神传达给本单位的全体同志,要听取大家的意见,支持学校所进行的试点。同时各个院系要根据各个院系自己的情况,积极推进已经从事的改革。因为这些年来,我们有些院系已经进行了很多改革。学校一方面试点,搞试验班,各个院系也要根据自己过去的基础和将来发展的设想,积极推行各自的改革,并且把好的经验及时反映到学校来。因为前一阶段有些院系已经纷纷召开了教学研讨会。比方说,国际关系学院、外语学院、数学学院等等。随着院系的调整,有些新的院系的领导班子,也在积极设想各个院系的教学改革的方案,各个院系要紧密和学校配合,来做好这件事情。

当一种新的改革思路提出来的时候,肯定会有来自各方面的批评。这种批评有些是正面的肯定,有些是从侧面或者从反面提出意见,这都是正常现象。当一种新的观点出现的时候,如果是众口一词的时候,那你就要考虑考虑是否什么地方出现了什么问题。万众一心的局面,是令人害怕的局面。所以,有不同意见不要紧,在大多数人持一种主流看法的时候,要特别注意一下非主流的意见,特别要注意那些反对的意见。要想一想,他们是不是真有道理。而且认真地吸纳这些意见,使我们的各种措施更加完善。

为了启发大家的思路,我想借这个机会,给大家念一点东西。在这个会议开幕之前,我拜访了侯仁之先生,他送给我刚出版的一本《燕京学报》,2000年5月出版,新十期。该期学报刊登了吴大猷先生1997年的一篇讲话。我想,在座的相当多的同志,应该知道吴大猷先生,但是,可能有的年轻人不知道吴大猷先生。我就给大家先说说吴大猷先生。吴大猷,1907年9月29日生,2000年3月4日去世。广东番禺人,国际著名物理学家和教育家。1929年毕业于天津南开大学物理系,1933年获美国密歇根大学哲学博士学位,1934年回国,先后任北京大学、西南联合大学物理系教授。1946年春,受政府派遣赴美考察战后科学状况,先后任密歇根大学、哥伦比亚大学客座教授、纽约大学教授。1949年秋,应加拿大国家研究院邀请,任该院理论物理组主任达14年之久。其间,又曾分别短期任教于台湾大学和新竹清华大学、普林斯顿高等学术研究院、瑞士洛桑大学讲座。1963年到美国任纽约布鲁克里理工学院物理系教授、纽约州立大学布法罗分校物理学与天文学系主任、教授。1956年后,经常回台湾讲学,曾任中央研究院物理研究所代所长。从1967年起,每年寒暑假回台湾担负策划和推动科学发展的重任。1968年起,任"国科会"主任。1984年起,任"中央研究院"院长。吴大猷培养了几代物理学人才,最早受教于吴大猷的有马士俊、郭永怀等,后有黄昆、杨振宁、李政道等。他们后来都成为世界知名科学家,尤其是杨振宁与李政道共同获得了1957年诺贝尔物理学奖。从吴大猷的老师饶毓泰到吴大猷再到杨振宁、李政道,这三代人的师生关系,已成为中国科学代有薪传的佳话。在加拿大国家研究院的14年间,受过吴大猷教诲的博士后,后来又成为国际知名科学家者尚有多人。吴大猷一生刚直不阿,坦诚待人。在他主持"国科会"期间,台湾政界欲造原子弹而征询他的意见,他严厉地质问道:"造了原子弹,要往哪儿投?!"他一生想念着北京,多次言及自己的心声。1992年回北京与周培源等旧友相聚,受到有关方面的隆重接待。李政道先生曾经说过:"吴大猷老师为中国科学和教育事业的发展,献出了毕生的精力,他是中国近代物理学开始阶段十分重要的人物。"我先把吴大猷介绍介绍,因为吴大猷1992年回来的时候,到北京大学来作过讲演,在座的有人在场。我也见过吴大猷先生。吴大猷先生1997年应李政道先生的邀请,讲了从1900年到1950年中国物理学和物理学教育的发展。其中,有一段的题目叫《不能降低教育标准》,不长,我就念念这一段。(略)

因为吴大猷先生已经去世了,所以,我想我们大家应该认真领会一下他的观点,把我们的事情做得更好些,这是第一个问题。

第二问题就是我们在会上讨论了关于以进一步争取更多国家教学成果奖为由头,"全面规划,重点建设,专人负责,明确目标",为提高我校的教育水平而奋斗的问题。这个问题归根结底是我们教师队伍的建设问题。所以从学校来讲,要和各个院系结合在一起,从今年开始,加大力度,开展教师培训,教学研究,教师梯队建设和着力培养年轻一代名师的成长。对学校而言,主要是制定相应的政策和创造良好的环境。对各院系来讲,我们一定要做好规划,把责任落实到人。希望各个院系要把今后四年在这个方面的规划尽快形成一个初步的意见,然后报到教务部,到学校汇总。在普遍提高水平的基础上,我们一定要抓住一些重点人、重点课程和重点教材,要加以重点支持。我昨天说了,杨承运那门课一定要得奖,这不是一句玩笑话。为什么呢?因为首先杨承运老师具有得奖的素质,他是一个有综合性素质的人物,他是一个复合型人才。第二,他这门课程选题非常之好,是当前我们国家和世界上的热门课,是大家都很关心的问题。第三,他这门课程能够很好地发挥我们国家、我们学校综合性的特点。第四,他这门课程,能够很好地利用各种现代化教育手段。不足之处有两点,一是教学梯队的建设,一是教材建设。希望教务部把这个意见转达给他,希望学校抓一抓。意思就是我们学校要选一批将来能够代表我们学校去争国家重奖的课程、教师和教材,要加强对名课和名教材建设的组织和领导。如果各个院系在自己发展的过程中,需要学校引进原版教材,请你们赶快报。在我们主干基础课、通选课以及无论在本科生教育、研究生教育和继续教育方面,一些重点的前沿性课程要立项的话,我们希望尽快报上，学校将重点支持。各个院系要勇于承担任务。要分析分析你这个学科、你这些教材，或者你这些教学，或者是你这些改革措施，在国内外的地位，觉得具有竞争力的话，那我们尽量促进大家提高水平。这是第二个问题。因为这个问题这两天讨论时我曾经讲过了，不展开了。

第三个问题就是为了战略举措的顺利实施，要有相应的管理办法和配套措施。政策要配套，要可行，要有利于学校教学活动的正常开展，而且要有利于学生生动活泼地健康地全面发展。所以，我们的教学计划，一定要把课时减下来，把学分减下来。少而精，要让学生生动活泼，主动地得到发展。课堂教学只是我们培养学生计划的一个环节，还有很多环节，这些环节要把它很好地组织起来。究竟怎样组织，这要看老师的本事。老师如果没有能耐，只会照本宣科，不敢发动学生讨论，学生一提出一些问题老师都不知道怎么去答，他能搞好教学吗？所以最根本的还是要抓教师水平的提高，同时要促进学生在学习过程中的主动精神。在开会之时，教务部已经拿出了一些管理办法，当然这些管理办法还需要完善，特别需要学校其他有关部门的配合。所以学校还要进一步听取大家的意见，把这些办法修改完善，然后实行。各个院系回去以后，要尽快地在师生中间征求对这些管理办法的意见，尽快地反馈给教务部门，然后上校长办公会讨论，通过，实行，再不断地完善修改。这就是我对会上讨论的问题谈的几点看法。

总之，我们已经启动了我们教学改革的进程，这个改革肯定是有风险的，但是看准了就要干。改革肯定是需要成本的、是需要投入的，学校要肯于付出代价。而且改革肯定是一个艰巨的过程，需要我们几代人及大家持续不断的努力。所以，我希望学校老一代的教师、中青年一代的教师以及我们的同学，大家要紧密团结起来，学校要正确集中大家的智慧。但是，我们工作的基础还是在各个院系。所以，我希望回去以后各个院系能够根据这两天会议的讨论情况，结合本院系的情况认真地研究怎样贯彻实施，而且，要把刚才讲的与三个方面有关的东西，尽快形成你们的意见和看法，以各种各样的方式反馈给教务部，学校要尽快集中大家的意见，再形成一些新的考虑，在暑期的领导工作会议上加以研究。所以我希望通过这次会议，在我们北京大学的教学改革上能够出现一个新的局面，通过我们扎实的工作，使我们北京大学的教学水平，培养人才的水平，能有一个很大的提高。在上次会议到现在几年的过程中间，或者是一二年的过程中间，无论是教务部的同志、各个院系的领导和广大教师，还是我们在教务管理工作方面在第一线工作的同志们，大家对学校的发展都做出了非常重要的贡献，我代表学校向各位表示衷心的感谢，同时也预祝各位在贯彻我们教学改革的路程中做出新的更大的贡献。

谢谢各位！

党委书记王德炳在本科教学工作会议总结会上的讲话

（2001年6月10日）

各位老师：

学校对于这次会议的召开，还是非常重视的。刚才迟校长对这次会作了一个全面的总结，我也学到了一些东西，我因为没有全面参加这个会。本来是要参加开幕式，参加讨论的，因为有一个重要的会，故与许校长作了分工，他参加开幕式并参加讨论，我参加总结大会。所以说学校对这次会议是非常重视的。而且在这个会议之前，认真地听取了教务部李克安同志和朱庆之同志的详细的汇报，对这次会议的内容也进行了认真的讨论。所以，学校对这次会议是非常重视的。另外，从总的来讲，学校通过去年"三讲"，大家对学校提了很多意见，主要是如何抓好学校的中心工作。所谓学校的中心工作，也就是教学工作、科研工作、学科建设、队伍建设和人才培养的问题。经过认真听取大家的意见，我们也制定了一个比较详细的整改方案。今年的工作，基本上可以说是按照整改方案进行的。学校今年重点抓了一个师德建设问题，接着文科全体教师开了一个关于创精品意识大会，这样一个会影响是很大的。现在又召开这样一个会议，——关于教学工作会议，这也是涉及全校全局的一个事情，是学校的一件大事。对此，学校还是非常重视的。我想讲几方面的事情，也就是几个问题的考虑。因为没有全面参加会议和小组的讨论，只是谈自己的一点感想。

先谈一下本科教学的重要性。因为这次会议提出来关于本科教育未来发展战略的问题。我觉得这是一个非常非常重要的问题。一个大学的教育分几个方面，一个是本科教育，再一个就是研究生教育，还有一个就是继续教育。不管分几个层次，总体来讲，这是一个系统工程。本科教育、研究生教育和继续教育具有密切的联系，抓好本科生教育，推动本科教育的改革，是我们创建世界一流大学，完成我们高质量、高素质人才培养的一个很重要的任务。而且这次会议提出的本科教育的问题,具有深远的影响。刚才迟校长讲了,这次会议,对我们学校的发展,具有重大影响。迟校长提了具有一百年的影响,我想这样提也是不过分的。因为确实来说,抓好本科生教育,是非常非常重要的。很多的毕业生对我们学校的感情,本科生是体会最深的,而且本科教育是学校的一个主体。北大要想能够在教育改革上深入发展,我想本科教育是非常非常重要的,这次抓的还是很对的。

另外,这次还提出我们如何加强基础,拓宽我们的知识面,在组织形式上也提出许多措施,这个也是非常重要的。关于基础对专业的问题,如何摆正它们的关系,一向是有争论的。但是总体来讲,我想加强基础,这是一个最本质的东西。因为本科培养我们的人才,将来他面向社会,而且还要有专业的分流,抓好这段的本科教育,对于人才的培养是最重要的阶段。我觉得在历史上,拿医学教育来讲,就有两个学校的模式,一个是北医的模式,一个是上医的模式。北医当时有马院长,他提出后备力论。当时在"文化大革命"前,在《人民日报》上发表文章,提出对于大学生来讲,对本科教育来讲,一定要加强基础,其他的对于日后,如怎样做好临床、怎样诊断好一个病人、怎样做好治疗,是一个长期的过程。如果本科不打好基础,今后没有这样一个再回到学校学习的阶段。上医呢,特别重视临床。所以说,北医和上医是两种风格,是不一样的。有的用人单位喜欢上医,觉得你们的理论讲得好,但是你们的实际操作能力不强。但是最后经过五年培训,他的人才肯定是有发展前途的,他的潜力是不一样的。所以加强基础教育,拓宽本科生的知识面,为他今后的定向、今后的发展提供一个潜力,是非常非常重要的。所以,提出这样一个思考和战略,我觉得是非常重要的。这里面,涉及三个方面的问题,一个是教育观念转变的问题,第二涉及教学内容的更新问题,第三涉及一个组织形式的问题。

第一个问题,从目前来说,总的来看,大家对这个问题分歧不是太大。就是说我们一定要加强基础,拓宽知识面,培养具有潜能的更有适应能力的学生的多数同志的看法还是一致的。但是,我们也需要进行认真的讨论,特别是要发动我们全校的教职员工进行认真的讨论。这是一个观念,实际也是教育思想的转变的问题。第二个问题就涉及教学内容的问题。如果我们的教学内容不改变,如果我们的课时(周课时)还是那么多,就不可能使学生培养起独立的自学能力,也不可能使他具有创新能力,他就可能完全是应付考试。从北大的情况来看,人文社会科学周课时少一些,理科是相当重的,至于医学那就更重了。我记得一周的学时最高达到34个,排得非常非常满。这样的话,学生主要是接受传授知识,应付考试,背笔记,最后创新能力和实际能力就减弱了。所以说,我们的教学内容一定要改变。要减少我们的课时,给学生有更多的自学时间,培养他自学和获取知识的能力。这一点是非常重要的。应该来说现在提出这个问题有了条件。从前,可以说图书不够,图书馆的座位有限,现在已大有改善,今后条件会更好,宿舍实行4、2、1,计算机也会走进宿舍。这样为学生自学提供了必要的条件。1986年,我曾经去哈佛大学医学院,他们当时提出以问题为中心的学习方法。他当时的条件很好,每一个同学有一台计算机。当时不知道我们什么时候能达到这一步。经过十五六年的努力,我们现在有这样一个条件。这样就使我们的教学内容一定要更新。也就是哪些内容要给学生,哪些内容不给,这要分析。北医的一个院士讲,教师最重要的不是要给学生什么,而是知道哪些不给他们。教师常常愿意把所有东西传授给学生,但是究竟要给学生哪些?这就是过去所讲的少而精的问题。现在看来我们的课堂教学,还是内容太多。我们的小班教学,小班讨论,真正启发学生能力这方面还是很少。

第二方面,要实行这样的改变,就必须要更新教学内容。我们的教课方法应该改进,我们应更多地向学生提出一些启发他思路的问题,为他提供一些进行创新的工具和条件。目前新的教育手段不断更新,这些都是会达到的。

第三个内容,实际涉及到教学组织的模式的改变,也就是重新组织教学的内容。如果说我们要拓宽学生的知识面,刚才提出在这个阶段如何为学生打下基础,我们的组织模式如何改变,恐怕这是核心的问题。我觉得这是一个很大的问题,涉及到学校的全局的问题,涉及学校整个管理体制、管理模式的问题,也涉及现有的组织形式以及未来组织形式之间的关系问题。在这样一个重大问题上,我觉得我们应该认真分析,认真思考,认真作好调查研究。在调查研究方面,我想恐怕应该认真注意这几个问题。一个是历史的经验,要进行总结。教学改革,我们曾经经过了一系列的改革,翻来覆去。我们不能再来回折腾,应该总结我们的历史经验。从历史经验的总结当中,得到教训:我们应该如何去做。第二,要注意国外的经验、国内其他大学经验与北大实际经验相结合的问题。这个也是非常重要的。刚才迟校长引了一段吴大猷先生的讲话,我觉得他的一个重要观点就是不能够赶时髦。一定要根据自己的实际情况来进行。我觉得北大一定要走北大的道路,我们一百多年来有很多光荣的传统,我们不能听别人说什么,就跟着别人走,哪个大学做什么,我们就跟着走。要有我们自己的见解,要有我们自己的道路。应该是注意国外的经验、国内其他学校的经验如何与北大的情况结合起来,发扬北大的光荣传统。需要讨论的第三个问题就是可能性和现实性的问题。整个来讲,方案的思路很好,但要注意它的可能性与现实性。这是值得讨论的。

第四个问题是关于组织模式的问题。关于这个问题大家提了很多意见,有的提出建立文理学院,有的提出建基础学院,等等。对此一定要想好。这里面涉及很多方面。一个涉及新的组织形式与现有的学院之间的关系,另外与学生管理的关系,还有教师现有的专业和所承担的任务这样的关系。组织模式是一个非常重要的问题,值得认真讨论。再一个要讨论的问题,是一定要经过试点。实验班通过一百个人来试,我觉得很好。任何工作,尤其这样一个严肃的工作,都要经过我们的试点来做。只有经过试点,才可以暴露问题。总的来讲,我觉得我们的思想是好的,因为我们的教育一定要改革,不改革就没有出路,我们的态度应该积极,我们的步子应该稳妥。我们要经过试点,我们要发动广大师生进行讨论。上面讲的几个问题应该在讨论之列。但是,总的来说,我相信这次会议是我们在教育改革方面的一个标志,标志着我们在新世纪会迈向一个新的阶段,是推动我们本科生教育乃至整个教育改革的一个重大步骤。从学校来讲,会竭尽全力来支持这项改革。有的同志提出我们教学组织模式问题,学校常委会经过认真讨论,我们恢复我们的教务长制度。这个已经过讨论,我们的教务长就是迟校长,常务副校长兼我们的教务长。迟校长老说副教务长没定下来,他不愿意公布。我今天在这个会上就先讲一下。因为这确实在常委会上讨论过,迟校长也表示愿意在这个阶段作最大的努力,为北大留下一个很好的结果。我相信我们的教学工作在迟校长担任的常务副校长兼教务长这样的教育组织模式下,在新的世纪一定会走向一个新的阶段。

谢谢大家。

校长许智宏在科研工作会上的讲话

(2001年7月2日)

　　这次理科科研工作会议召开的时间是非常合适的。今天上午各个部委的领导介绍了"十五"科研计划的安排,非常鼓舞人心。总的来讲,国家在"十五"期间对科技的投入继续大幅度地增长,为我们搞好科研提供了非常好的外部环境和重要的物质基础。问题是国家有那么多钱放在那儿,我们能不能到国家的口袋中去争取到我们应有的份额,这就需要我们仔细地讨论,组织好我们的队伍。北京大学作为中国的高等学府,要担负起作为先进生产力的代表这一重大责任。特别是讲到科技是第一生产力,作为北大,我们要培养出一批能够为国家做出重大贡献的科学家和教师,我们要出一大批的科技成果,从这个意义上来讲,我们肩负重任。当然在我们科学研究和教育工作中,也应代表先进文化的前进方向,文科、社会科学承担了更大的责任。但同样的,理科教师在探索自然科学的同时,为精神文明建设、为我们的社会提倡科学精神和科学方法,都做出很多的贡献。当然最终我们的工作要落实到为全社会最广大的人民群众谋福利。从这些意义上来讲,我们这次召开科技工作会议,江总书记的这些思想同样也是北大今后的科技工作的明确的指导思想,要贯彻到这次会议之中。北京大学作为全国最高学府,作为一所研究型的大学,在发展科技工作的过程中,在全国应该有我们自己的地位与责任。国家通过"211工程",通过"985"的"创建一流大学计划",给予了北大比其他兄弟院校更多的支持。在"211工程"中,在"985计划"中,都把北大和清华作为第一个档次的、给予更多支持的两所大学,所以我们理应感到肩上的责任。而且社会对于我们也有很大的期望,我们理应比其他学校对社会做出更多的贡献。认识到这一点,对于激励我们学校的老师和科技人员的积极性、奋发精神,都是非常重要的。在党中央十五届五中全会上,对我国的基础研究工作已经有一个明确的指示。它提出:科技进步和创新是增强综合国力的决定性因素,要增强基础研究和应用基础研究,瞄准世界科技发展前沿,选择我国具有一定优势、对国民经济和社会发展有重大意义的研究领域,集中力量、重点突破,力争在基因组学、信息科学、纳米科学、生态科学和地球科学等方面取得新进展。这是党中央在十五届五中全会上所做出的明确的指导性意见,对于我国整个基础研究的下一步工作具有很大的意义。

　　第二点我想讲一讲北京大学在我国的创新体系中应有的地位。今天上午国家主管部委的几位领导都讲到了在"十五"期间要进一步完善我国的知识创新体系。在"九五"期间,国务院考虑到我们国家的具体情况,第一步以中国科学院作为试点来推进我国科技体制的改革和知识创新体系的建立。我想在"十五"期间,国家在这方面肯定会有更全面的部署。高等院校在整个国家的创新体系中应该是一个非常重要的组成部分,是强有力的生力军,北京大学作为其中一所非常重要的高等学府,我想在国家的创新体系中,我们应该有自己的地位,而且不是一般的地位,应该是一种不可缺少的、或者不可取代的地位。以此为出发点,有这样几点可以考虑:(一)北大作为一所综合性的研究型大学,其学科上的综合性更有利于学科的交叉,其科研体制相对于国内的国立研究院所来讲更为灵活。(二)作为综合性大学,我们有良好的人文氛围,有更为优越的学术自由环境。(三)我认为像北大这样一批综合性大学,有一大批优秀的学生,源源不断地参与到我们的研究队伍中,不断地给我们的研究工作带来新的活力。正是基于这些考虑,北京大学在国家的支持下,应该能够做到通过我们的努力在国家的创新体系中有我们应有的地位。前一段时间我受教育部委托到南京大学参加"211工程"的验收,跟很多高校的领导交换了意见。我想作为一所综合性大学,我们不能够仅仅在一两个学科领域领头,我们在"创建一流大学"的计划中讲到,我们要在一批学科领域中涌现出一批出色的教授和科学成果,这样才能成为综合性大学。一所大学如果只有一两个领域领先,我想它成不了一流的综合性大学。只有我们有一批高水平的学科领域,我们才有可能在这个基础上来更好地促进我们的学科交叉。这样一种思想和我们"创建一流大学"计划的精神和目标是一致的。

我想说的第三点是北京大学科技工作在我们学校工作中的地位以及目前存在的问题。目前很多报纸以及我校的很多文件都在讲,现代大学有三大功能:要培养人(作为教育),要出研究成果(作为科研),要为社会服务(作为社会的功能)。这三者应该是相互关联的,不能在教学工作会议上就把教育讲得很重要,在科技工作会议上就把科技讲得很重要,三者要有机结合,对于我们创一流大学都非常重要。北京大学作为研究型大学的科研工作,其意义不仅仅在于为国家出更多的科研成果(这当然是我们很重要的一个指标),但同时最终也将会促进我们教育水平的提高。很难设想作为一所世界一流的大学,我们的教授可以不进行研究,而只是从事教育工作(当然还是会有一部分教师主要从事基础课程的教育)。我曾经在教学会议上讲过,作为一所研究型的大学,教授应该是两栖性的,既能从事研究工作,又能很好地从事教学工作,只是教学的分量在不同的年份、在不同的教师身上可能有差别。只有这样,才能通过研究工作来不断提高我们的教学水平,才能使北大培养的学生有更高的水准。同时,通过研究工作,也可以培养出一批真正的学科带头人,这对我们学校未来的发展是非常重要的。所以对于科技工作在学校工作中的地位应该辩证的认识,不要把教学、科研和对社会的服务三方面工作相互孤立或对立起来。

今天上午朱星老师、羌笛老师都作了报告,下午韩校长又把医学部的情况作了全面的介绍。我想北大在"211工程"、"985计划"的支持下,在科技工作方面应该讲取得了不少成果。今年教育部组织了对清华和北大的"211"验收,在验收时展现了北大在"211"的支持下所取得的各方面的成果,其中也包括在科研领域的成果。应该讲现在北大有一批潜在的重大成果正在涌现或取得,刚才韩校长也讲到,其中不乏一批成果,如果我们再加一把劲,我相信是会出大的成果的。比如在信息科学、光学、纳米科技、生命科学包括医学的一些领域,都有这种苗头。去年科技部公布的十大基础研究成果当中我们北大参与了两项,一项是夏商周断代工程,一项是碳纳米管。去年北大本部没有获得一项国家的科技奖项,但是今年我们可望改变这种状况。今年的国家科技奖项的初评中,我们有几项已经列进去了。对于SCI文章,通过大家的努力,我校重新在各大高校中名列首位。但是刚才大家也讲到,对SCI文章,一方面要重视,另一方面也不是惟一。最近在《科技日报》上很多院士都在讨论这件事,当北大的SCI文章退到第三名的时候,我们当然应该抓一抓,抓了就上去了;但是在上去的时候必须有一个清醒的认识,SCI文章不是惟一的,我们要出大的成果。最近文科开会讲到"反对赝品",要出大的成果,何校长讲到要"开大船",文科的老师,包括社会科学和人文科学,都有这样一个呼声。我想作为理科院系同样一定要奔着出大的科技成果这一方向来努力。

另外,在我们充分发挥老科学家作用的同时,一批优秀的中青年科学家已经成长起来,我校在国家层面上申请重大项目方面的优势已经逐步得到体现。这些是通过我们全校的老师以及行政主管部门的努力所做到的。但是应该讲在我们的科研工作中也存在很多问题,甚至是相当严重的问题。假如我们不能正视这些问题,会影响到我们下一步整个学校的科研工作,影响我们对国家重大任务的竞争,影响我们优秀人才的培养。

目前存在的主要问题:

第一,从整个国家的层面来说,我们原始性的、创新的重大成果太少,这一点与我们北大作为综合性、研究型大学的地位是不相称的,我们已面临很大的挑战。我刚才讲到去南京大学参与"211工程"的验收,设身处地地想一想,我觉得南大所得到的国家的投入与所出的成果来比较,是很不容易的。我们北大得到了国家和教育部更多的支持,理应做出更大的贡献。从投入产出比的角度来讲,我们还需要做出更大的努力。

第二,课题分散、课题重复的现象在一些院系中或院系之间存在,影响了资源的合理使用和效率的发挥。

第三,在部分院系中教师队伍的年龄结构不十分理想。最近我参加了由学校科研部和人事部一起召开的部分"长江学者"座谈会,会上长江学者也反映存在这方面问题。很多因素影响了我们一些优秀青年教师作用的发挥。在今后的时间里,作为北大,要把工作搞下去、要创一流大学,人才问题依然是一个最重要的问题。这方面需要人事部门来更好地考虑怎么能够吸引更多的青年人才。实际上我觉得人才问题也不光是青年人的问题,我们中青年优秀人才都需要吸引。目前来讲很重要的一点是能够吸引一批相当成熟的中青年科学家、帅才式的人物，这对于我们北大未来的发展是至关重要的。科学院第二步的创新把这一点列为整个科学院发展的最重要部分，以高出原计划的强度来吸引国内外的帅才。所以作为北大，下一步的工作中也要考虑怎样使更成熟的科学家、学术的带头人能够到我们北大来工作。

第四，虽然我们通过"211工程"、"985计划"提高了我们学校教职员工的待遇，但总体上来讲我们的创新激励机制还不够完善，我们的学术环境也不很理想，这些问题阻碍了北大作为综合性大学优势的发挥。

针对这些问题我想谈谈我个人的意见和看法。

第一点要讨论的是怎么发挥我们学校的综合优势、促进学科交叉、加强在争取国家重大项目中的综合竞争力，为国家的经济、社会发展做出更大贡献。现在大家都讲，大学在国家的科技创新体系中有很高的地位，但我们目前的状况并不是很理想，所以在很多情况下，我们的综合优势只是一种潜在的综合优势，并没有转化成为真正的综合优势。当然我们也有很成功的例子，比如刚才所讲的夏商周断代工程，我们北大依赖于文理交叉的优势，在这个国家重大课题中很好地做出了我们应有的贡献。实际上还有很多很多领域我们可以做得更好。最近科学院地学部的好几位院士对我说，按道理来讲，在古生物方面北大应是最有潜力的，最有条件的。因为古生物不是仅仅研究古生物，它必须要有现代生物科学家的参与。我们云南的无脊椎动物的研究，与台湾的那位细胞生物学家合作，在《Science》发表了很好的文章。已故的张昀教授实际上毕业于生物系，而在地质系工作了很长时间。在这方面我们北大有很好的基础，因此一些科学院地学部院士觉得北大应该很好地发展古生物研究。刚才佳洱校长已经举了很多例子，我们这几年国际上出名的《Science》、《Nature》文章很大一批是古生物方面的。北大在这方面虽然有以前张昀教授很好的文章，但是仍然有些落后。一些科学院院士给我们分析，北大在这方面有两个失误：一是没有把近代生物和古生物很好地结合起来，实际上张昀教授已做了一些工作，但由于他的去世，现在这个工作断了。二是我们古生物研究的布局不合理。这几年对脊椎动物的研究比较多，而对无脊椎动物的研究我们北大没有很强的力量。我觉得这些分析是有道理的，如果我们能够很好的布局，应该可以把这方面工作做得很好。另一个例子是刚才韩校长讲到的，中医学、中医药的现代化。这是我们国家非常重视的，从"九五"期间就列为我国科技部重点发展的重大项目。通过我们的老祖宗百千年的实践，中医药的确是一个宝库，但用科学的方法进行深入的研究还很不够。现在医学部的药学院、化学学院的很多教授已经开始在这方面联手起来了。国家现在还只是从第一步入手，比如说标准化、有效成分的分离等等，这些当然很重要，必须做，但这还只是第一步的工作。对于很多中医药的有效成分的作用机理，北大应该有很好的综合优势。昨天我和长江学者邓兴旺谈了一下，现在搞的人类基因组的序列研究今年年底可以结束，但同时植物拟南芥的基因测序今年初也已经完成。拟南芥的基因组中一个最有意思的东西就是它的次生代谢的基因数目比任何一种其他生物都多得多，这我想可以理解，我们中国人用的几千种草药，其中很多有效成分都是生物学中所讲的"次生代谢产物"，生物碱、萜类化合物等等。所以在植物的代谢过程中有一大批基因参与次生代谢有关的过程，这是其他生物所没有的。昨天我对邓兴旺博士讲，我们的生命科学通过基因组的研究将来能不能够在次生代谢的研究方面建立一些基础，来促进、提高草药有效成分的研究，与药学、化学的老师结合起来，形成北大的综合研究实力。类似的还有国防科研，北大历史上为国防科研、为"两弹一星"做出了很大贡献，现在总装备部也仍很重视，上午来了很多的领导。上个月我们和总装备部的李政委一起吃饭，他也讲到希望更好地与北大合作，尤其是在遥感方面，希望我校能够参与"十五"的军口"863计划"。最近我又带着数学院、物理学院等几个院系的老师到四川九院访问，他们也表示了强烈的与北大在人才培养、科技合作方面的意愿。我想北大应该为我们的国防科学技术继续做出我们应有的贡献。国防需要更多的高新技术，我们的王阳元老师的实验室就是国防科工委支持的。我们有很多信息技术方面的工作也同样与国防有密切的关系。所以我们应该很好地考虑，怎么利用北大的优势来为国防科技服务，同时也争取得到他们对我们的支持。

对于学科交叉方面，我想我们目前的体制还存在很多问题，还不利于真正使学科交叉很好地进行。去年两校合并以后，我们已经组织了一批科研中心，使不同领域的科学家能够很好地在一起进行研究，我想这种状况还需要我们继续支持和培育。今年我到英国参加大学校长会的时候，在剑桥大学参观生物工程研究所，规模不大，才一百多个人，但约一半的研究人员是化学家、物理学家，甚至理论物理学家，形成了一个真正的多学科交叉的群体，它一方面很快地在《Nature》、《Cell》等杂志上发表高水平的论文，同时它也不断出很多重要的专利，并与公司进行合作。所以我觉得北大作为一所综合性大学，我们应该探讨怎样建立一种使不同领域的科学家能够很好的合作的机制，包括给他们提供这种机会。这种机会是很重要的。今天韩校长在这里讲过之后，我想大家对医学部的工作有了更全面的了解。这种不断的接触、交流可能会产生一些新的火花。总之我认为需要组织不同院系的科学家相互沟通，克服各自为政的状况。

第二点要讨论的是如何结合目前学科的调整、院系的整顿，切实组织好队伍，来积极参与国家的"十五"科技计划项目。因为我们就算讲北大有再多的优势，如果最后在国家的层面上没有我们的地位、没争取到项目，那我们的日子也很难过。国家"211"、"985"给我们的钱，是为我们营造一个良好的科研和教育的环境，至今在硬件方面的确为我们提供了很好的基础。但我们的研究主要还要靠我们的教授组织起来向外竞争，而这种国家层面上大的项目，一安排就是五年，我们今天如果组织不好，就可能影响今后整整五年的工作。所以我希望我们的行政主管部门，包括我们分管的各位校长，以及各个院系的领导，一定要非常重视"十五"项目的组织和申报工作。在这个过程中同样要注意不要各自为政，因为国家层面上的大项目往往不是一个实验室、一个单位所能完成的，它需要不同实验室之间的配合、不同学科之间的合作。作为北大的教授，应该更好地学会怎样跟兄弟单位的科学家合作，包括校内各个院系之间的合作。只有这样，我们才有可能争取到更多的国家项目。在这方面希望我们学校的科研部能够多做沟通工作、组织工作，使我们真正有一批优秀的科技人员能够最终在我们国家的大的科技项目当中有自己的位置。我过去在科学院工作时抓基础研究，我感到在这个过程中有一点必须注意：特别是年轻教师，除了个人兴趣，除了注意到科学前沿，同样应该考虑到我们国家的需求。在必要的时候，要适当地改变一下自己的研究方向，也许最终能够在国家的科研工作中发挥更大的作用。建国初期 50 年代，在总理的召唤下，一大批海外留学生回国，实际上那时的科研条件是非常差的，很难设想可以在很多领域继续做他们在国外的工作，事实上很多人改行了，但是他们的确为国家做出了很大的贡献。从这一点来讲，我们年轻的学子应该把个人的兴趣、把科学发展的趋向以及国家的需求结合起来。特别是现代科学技术迅速发展的情况下，一个人一辈子只搞一个课题的状况会越来越少。在三四十年代时没有那么多竞争，可以认准一个课题慢慢地去研究，但现在科学研究的竞争发展这么快，绝对需要我们不断调整研究的方向。我们学校的各个院系、重点实验室都要很好地考虑这些问题。在这个过程中也要克服一种小农思想，因为我看到部分教师满足于申请一点基金委的项目，带几个学生，每年出一二篇论文。但是怎么能够在科学上有更多的建树，动力不够。这些方面大家都可以讨论一下，怎么来改变这种状况。总之要围绕着出大的科技成果这个方向来努力。

第三点要讨论的是北大如何营造一个适于基础学科发展的宽松的学术环境。这一点对创新的科研是至关重要的。北大在全国高校中应该是数一数二的，我们有良好的学术氛围，但是这还不够，还有很多的因素制约着良好学术环境的建设。现在北大有多少院系能够定期地召开大范围的学术交流活动？有的教授甚至告诉我，现在外面的著名学者来作报告，有时竟然没几个人去听。这些都反映了北大作为最高学府，学术氛围还不够，或者说我们还没能创造一种使广大师生能够以更多的精力来探讨学术问题的风气。这一点对于我们未来能否产生更多的创新成果是至关重要的。我到北大来这一年半多参加了几次会，包括中科院路院长发起的科学教育研讨会，组织一批院士讨论大学理工科方面的教育问题。我感觉综合性大学应该有更强的优势，因为我们有很强的文科和社会科学，容易产生所谓的"科学上的激情"，这对于科学的原创性的发现是非常关键的。但我们好像还没有充分利用北大在这方面的优势。科学上的原始创新并不总是和它的投入成比例的。诺贝尔奖获得者的很多原创性工作并不是由钱堆出来的，我说过目前科技部组织的如"973"项目是不大可能出诺贝尔奖的，但正像陈佳洱校长刚才讲的，基金委的很多面上项目出了成果，这意味着成果的投资强度并不一定需要很大，关键要有良好的学术氛围。在良好的学术氛围下，有良好的思路，对理科来讲有个良好的实验室，我相信即使在比较差的条件下也可以做出一流的成果。剑桥的分子生物学实验室当年在蛋白质结构的研究方面出诺贝尔奖时，他们并没有世界一流的实验室设备，但他们有良好的研究氛围。我们应该帮大家争取更多的经费，但更要重视我们有中国人的天才，同样可以在比较差的实验环境下做出一流的工作，这在国内外都有很多例子。对于基金委的面上项目和科技部的"973"项目，我们不能用同样的管理模式。一方面我们要鼓励我们的教授积极进行探索性研究，做出名堂才能去争取更大的项目。我们的教授也要学会怎样去参与国家的大项目。我到北大后感到北大的教授比较适应基金委的面上项目，尤其是我们北大这种长期的自由研究的氛围，但实际上国家目前有那么多专业性的项目，我们必须学会怎么样组织我们的队伍，去竞争这种项目。因为有了足够的经费我们才有可能为开展更多的探索性工作打下很好基础。同时也提出一个问题，我们一部分院系在经费很充足的条件下要注意做好合适的安排，来进行这种探索性工作的安排，使我们的科研工作有一个稳定的发展，有比较好的后劲。但是我认为目前作为北大来讲，在这方面并不是很完善。大家已理解到这一点的重要性，我们要注意怎么样在全校和各个院系建立起良好的学术风气，这里当然也涉及到很重要的体制问题。

最后还有几个问题，我想提一点自己的看法。

第一点是关于 SCI 文章。不能不要 SCI 文章，也不要惟 SCI 文章，与此有关的是我们学术上要出精品。最近中科院组织了一批院士,包括北大的好几位,召开了关于科学道德和学术腐败问题的座谈会,其中涉及到很多问题,如一稿两投等问题。我觉得作为北大我们一定要树立一个形象。现在在我们的一部分同学和年轻教师中间,由于社会大环境的原因滋长了严重的急功近利、浮躁的心情,这对北大良好的学术环境造成了负面影响。院士们呼吁,院士自身要带头,以身作则,反对学术腐败,同时希望社会各界来支持。教师应在多方面给学生指导,树立良好的风气,如学生在写论文时教师要给学生明确的指导,如何写,该怎样引用文献。今年在博士论文审议期间,屡屡出现不好好引用文献等问题,这反映了北大在研究生培养和教育方面存在的问题。假如我们培养的青年一开始就不注意基本素质和道德问题,我想北大毕业出去的学生将是不合格的。这一点希望我们能很好地注意。

第二点我想说一下教学和科研的关系。最近召开了教学工作会议,会上我讲了自己的观点,我们往往是一个倾向掩盖另一个倾向,讲教学重要的时候大家都去搞教学,讲科研重要大家又都去搞科研,这两者应该是相辅相成的。最近在长江学者的座谈会上,我讲到特别希望长江学者主动承担一部分教学任务。很多学生对我说,到北大一年多了,听说北大有那么多名教授、优秀青年教授,可来了几年都没见过,最多是走廊里见到打个招呼,他们很希望见见大家的风采。我们的优秀中学生冲着北大来,无非是因为北大有一批名人,当年我考北大也是因为知道北大有一批名教授。北大的声誉靠我们出色的研究工作,同时也要靠我们参与教学工作,把最新的科研成果贯串到教育之中,提高教育的水平。当然每个人参加教学的比例、时间应该有所不同,院系之间也会有所差别。但总体来讲我希望不要把两者对立起来。我们的院系领导在考核我们的教授时要注意到和处理好这个问题。

第三点,我觉得应该加强北大实验室的建设,特别是国家和部委级实验室,因为这是我们重要的科研基地。刚才林建华老师讲到我们正在考虑怎样使我们的实验室更好地拓宽研究领域,组织起来真正成为国家科学研究基地,这一点我觉得是非常重要的。不光是我们大学的,包括科学院的国家重点实验室,当年在设计布局时并不是尽善尽美的。一部分大学的领导,包括科学院研究所的所长们,当时很敏感,知道这个计划就及时申报了。有些大学、有些所长不那么敏感,就失去了机会。国家又限制了重点实验室的数量,不能再增加了。所以我们必须要有个清醒的头脑,要注重及时调整我们实验室的学术方向,不断吸引新人补充进来。我们的重点实验室不是说没有问题,在这几年的实验室评估中,有几个实验室的成绩并不好,原因有各种各样,但不管原因如何,我们都应该仔细地分析。其中我自己感到特别重要的是我们的院系应该把设在院系的重点实验室作为院系很重要的工作。我在科学院是主管基础研究工作的,科学院有一部分实验室有问题,问题大多出在实验室和所在研究所的所长关系没有处好,和所长有矛盾。当时我就批评所长,既然有国家实验室在你那里,重点实验室研究方向就应该是所里的重点研究方向。北大的实验室也是同样,当时设在你那里至少说明这是你那里的重要学科领域、重要的发展方向。各院系领导应该及时帮助实验室解决困难和问题,推进他们的工作。迟校长、林校助和科研部都在讨论怎么样解决目前我校重点实验室存在的问题,这一点对于我们学校下一步的科研工作是非常重要的。我希望有关院系切实负起责任,几次校领导会议上我们都讲了将来在考核院系领导岗位责任时,应该把这一点作为考核的指标。

第四点,要加强和兄弟院校、科研院所的联合。北大作为研究型大学是开放性的大学,我们要更加开放而不是自我完善自身的体系。当然我们必须要有自己的研究室,在这个基础上,我们和兄弟院校、科学院进行合作,这样才能促进北大科研水平的提高,提高我们在整个社会各个层面的影响力。但我们自己要把自己的队伍组织好,我们要根据我们各个院系的情况来选择我们合作的伙伴,最近化学院提出和中科院化学所全面合作,暑假他们就要开一次双边研讨会,互聘教授,这就很好。过去科学院与大学签订了很多合作协议,不少是一纸空文,我觉得我们应该真正的互聘、兼职、承担责任。我知道科学院有许多年轻的学者愿意到北大来讲课,我们为什么不能请他们来担任我们的课程,使我们的老师有更多的时间来从事研究工作或者进修,或者到科学院去工作,通过互聘来提高我们的研究水平?必须打破这种部门间的界限,这点我希望我们某些院系作为试点,做一下,看看到底结果怎样。科学院路甬祥院长已多次说过在北京重点与北大合作,在上海和二医合作,二医的陈竺到科学院去当副院长,倒过来了。先把这两个大学作为试点,我希望以我这样一个特殊的角色来推进这项工作。最近我们在筹建地球科学和空间科学学院的过程中,我们把科学院遥感所的老所长童庆禧请来兼我们北大遥感所的所长,他已经答应了。地震局的陈运泰院士也答应来兼我们的地学院院长,马宗晋院士也希望到北大地学院来兼职,这都是非常好的。这些院士都是身强力壮,参与国家重大项目的组织,有很大的影响力。这次童先生来了,讨论我们的遥感所如何申报国家"十五"的"863"军口项目,通过童院士又把科学院的和清华大学的有关力量组织到一起。北大只有这样才能逐步介入到国家的重大科研项目中去。

最后一点我想讲一讲研究生的问题。今天我们不是专门讨论研究生问题,但研究生与科研密切相关,是北大的一支科研生力军。我们的研究论文有很大比例是研究生完成的,但我们对研究生的教育和管理上的确还存在问题。希望今后对研究生的培养管理能够有更宽松的环境。研究生是最容易体现学科交叉的,我看了一下我们的长江学者,好几个都不知道转了多少次行,上海神经研究所好几位科学院"百人计划"入围者大学时读的是无线电、物理、化学,到国外去学了生物。只有这样我们才能培养出更多的知识面宽的、跨学科的优秀青年学者。还有一点就是论文,我们规定理科博士生必须出论文,可有的人把一篇论文分成两篇,发表在低影响因子的刊物上。最近上海生命科学研究院规定了如果几位研究生共同参与的研究工作论文发表在影响因子10以上的刊物,研究生的确承担了其中的部分重要工作,都可以考虑允许毕业,这就鼓励研究生参与大项目,否则研究生都要做自己独立的课题,老师承担的大的国家课题怎么办?总之北大的科研工作要创一流,各方面的工作都要配合上去。今天学校各个职能部门的负责人和校领导都来参加这个会议,我想我们要真正把我们的科研工作搞上去,实际上涉及到我们人事的体制,也涉及到我们后勤的保障,涉及到国际合作等等。我们要围绕着把我校教学科研工作促进上去、争创一流这个目标,这是我们学校工作的核心。我相信我们学校各个部门都会本着这样一个宗旨来做好我们的行政工作,把我们的服务工作做好。

常务副校长迟惠生在科研工作会上的讲话

(2001年7月2日)

前面各位领导和代表的发言提出了许多建议和意见,科研部要结合学校的部署并把各单位反映的情况整理一下,分别提交有关领导和部门,并研究如何将会议精神贯彻下去。

最近学校开了一系列的工作会议,如教学、科研会议,国际交流会议将在下一学期开。这些会议开完了以后,关于我们学校今年在"十五"计划期间的一些部署,大体上就会呈现一个规模。我以前讲过,建设世界一流大学,是一个系统工程问题。尽管是按一个一个口子开的,可是下到各个院系,你要面对各个方面的问题,所以各个院系要认真分析一下,结合学校采取的一些举措,结合本单位的一些情况,要研究一下在这几年内怎么发展。目前学校已经把建设一流大学规划的概要性本子发给各个单位征求意见。我们希望能通过各个院系和单位的反馈,经过校学术委员会讨论,再上交党委、校长办公会讨论以后,形成一个正式的文本,上报教育部。这个文本完成的时候,18亿也差不多就到位了。

今后怎么办?我们还要和清华大学协调。因为科学院的知识创新工程第二期已经争取下来了。教育部关于面向21世纪教育振兴行动计划(创一流大学计划是其中的一部分)到明年以后怎么执行?要继续向国家呼吁,希望创建世界一流大学能得到国家进一步的支持。明年,国家要对我们建设一流大学的计划进行中期评估。尽管大家说评估太频繁,但是,我们还应要认真面对这个评估,所以我们能拿出什么样的打动领导的成果,非常关键。在讨论世界一流大学规划的时候,各个单位有哪些叫得响的成果,要加紧时间培育。在这些方面,需要学校有哪些方面的支持,我们个别交换意见。希望各个院系提交过得硬的东西,发动群众,经过层层筛选,要形成学校标志性成果,使得大家在谈到北京大学这几年的建设时,对那些可以叫得响的东西,包括人文社会科学这一块要心中有数。学校的建设与发展是与各院系的发展紧密结合在一起的,学校要做好一个宏观的规划,同时学校要在最近这几年进行格局的调整和基础设施建设,特别是软环境的建设。这些建设在5年期间能不能达到目标?现在看来很难说。例如现在的院系设置,再经过几年的建设,是不是还需要进一步的调整,现在也很难说,因为整个国家的战略调整是5至10年的时间,北京大学不能脱离国家这个大环境。国家的战略性调整,它不是适应性的调整,而是在某些方面要做出根本性的变化。例如,国家机关要进一步精简机构,进一步改变职能,就是把过去计划经济体制遗留下来的问题能够尽快地解决。有些东西政府要宏观管理、宏观调控,好多东西要放到市场中去运行。从学校来讲,也要进行宏观调控,把自主权要尽量多地放到院系里,但目前还做不到这一点,为什么呢?因为学校本身就没有这个权。所以我们学校的改革要不断适应国家改革的深化才能不断地前进。

北京大学要在当前的形势下取得发展,就应该在大环境下寻求一个好的发展机遇,制订我们自己的发展计划。对各个院系来讲也是这样,我们希望院系有好的反应机制,能够在一定的边界条件下,争取到最好的结果。但是当这个边界变化以后,相应的发展空间也会发生变化。这就是当前的大形势。所以这使得有些同志感觉到老在变来变去,使大家不能安心做学问。道理上我们很理解,因为我们都是做教学研究出身的。在这种情况下,我希望各个院系发挥你们的聪明才智,寻找一个很好的发展空间,并且要定好自己的位,其中最要紧的是要分析自己的特色在哪,哪些是我的长处,哪些是我的短处,要扬长补短。

各位提的好的建议,有些要提交学校在这个暑期进行战略研讨,研讨会要涉及到本部和医学部进一步整合的问题。从而能够更好地发挥我们的资源效益。此外,要根据大家提出的建设世界一流大学的意见,认真研究一下今后几年的部署问题。国家要求我们要尽快建设成世界一流大学,这个任务是非常艰巨的,需要几代人的努力。当然,有些事情当前是可以做的,比方说,复合型高素质人才的培养问题,我们可以采取一些措施;再比如,结合我们的"十五"计划精神,北京大学应该在国家的重大研究项目里占有一席之地。我们还要看到加入WTO后,随着国际竞争的加剧,有些东西靠我们自己,我们有些优势很难发挥。但是,北京大学由于她在中国的地位,由于她在中国和世界上的影响,我们在国际舞台上有很大的活动空间,所以我们要加大国际合作的力度。现在世界上一些知名的大学,很希望能和北京大学合作,主要原因是他们看中了北京大学的人才。反过来,我们也可以利用这一条件来取人之长来补己之短。至于人才问题,有些人才要长期或永久留下来工作,恐怕有一定的难度。我们一方面是吸引人才,一方面可以让他们留在外面,这同样可以为国服务,为北京大学服务。在这些方面,希望大家能有一些新路子。

总之,我们每一个时期总要解决一些面临的问题,面对新的形势总要有些新的特点。此次会议讨论的一些问题是过去讨论过的问题,但为什么迟迟得不到解决?有些问题是非不为也实不能也,想解决而解决不了。所以有些问题我们要循序渐进地来解决,通过这次会议和以前的会议,学校已经梳理了一些问题。在座的也有一些部门的领导,特别是在人才方面大家提了一些很好的建议。人才引进快速反应机制问题,是学校当前所注意的问题,学校还会进一步地研究;再一个是建立学校良好的宽松的学术氛围的问题,我们要通过一些政策来引导,但往往是一种倾向掩盖着另一种倾向,所以希望各个单位在掌握的时候一定要实事求是地来处理问题。现在社会上有很多不好的风气,比如说浮躁、弄虚作假等,这些东西也会反映到北京大学内部来。在原则性问题上我们一定要抓住不放!学术氛围,一定不能弄虚作假,一定不能浮夸。在这点上,我们一定要树立一些好的典型,同时抓住一些坏的典型,并且一定要认真严肃地处理。

北京大学应该充分利用社会上有利的条件来发展自己,同时我们要注意防范不良风气的影响。希望各个单位结合我们学校的总体发展目标来考虑本单位的发展规划,学校的发展规划就是以各个单位的发展规划为基础,希望各个单位在制定这个发展规划的时候能够与学校沟通一下。前一段学校在"211"建设的过程中,在建设世界一流大学的实施中投资支持了一些项目,支持了一些单位,这次让大家知道一下学校的这些钱都花在什么地方。拿到这些钱的单位,是给你一个亮相的机会,要有接受大家监督的思想准备。如果这几千万投下去了不见成果,那就说明工作没有做好。我们国家财力有限,上面能花这么多钱来支持我们,很不容易,所以我们要好好做工作,来回报国家对我们的支持;同时通过多出成果来获得国家对我们更大的支持。在7月18日左右,学校要开暑期工作研讨会,在这个会议之前,有什么意见希望大家能够通过各个渠道反映到学校来。

7月1日江总书记在庆祝中国共产党建党80周年的讲话,大家要好好学习。我们建设世界一流大学要以这个精神为指南,要很好地领会精神,然后结合本单位的工作,来考虑如何贯彻中央的精神,如何来丰富我们建设世界一流大学的计划和实践。

这次学校科研工作会开得很紧凑,希望把上面的精神传达给大家。另外希望大家围绕进一步出高水平成果这个核心问题,进一步能够把我们的结构性调整搞得更好一些。国家的导向就是要改革,早改革早支持你。中科院调整改革的动作比较大,北京大学的调整改革力度目前没有那么大,不见得以后不进行大幅度改革。所以我们要进行院系调整和重点实验室调整,根据国家和我们学校的需求状况,将出台一些措施。这些措施会在充分听取大家意见的基础上形成决策并出台实施,学校认为符合建设世界一流大学发展目标的,将大力贯彻执行,同时尽量避免出差错。如果取得成效,那我们继续往下做。有些东西要想大家意见完全一致是不可能的,所以今后可能会加强这些措施的贯彻执行。

最后请大家在度过愉快暑期的同时,多思考一些相关问题。开学以后,学校将继续围绕建设世界一流大学这个目标出台一些新举措,希望大家共同努力,做出自己的贡献!

谢谢大家!

党委书记王德炳在文科教师大会上的讲话

(2001年4月27日)

各位老师,同志们:

今天我很高兴参加这个大会。这个大会令我振奋,让我受了很大教育。我其实是非常喜欢文学的,高中毕业时,我曾经想报文科,但我家里是中医,受家庭的影响,我还是选择了医生这个职业,觉得这个职业将来不管怎样都不会丢了饭碗。所以,我学了医,成了医生。但是我始终对文学非常感兴趣,因为我认为医和人文社科有着非常非常密切的关系。要想做一个好医生,必须有高尚的道德情操。我们国家许多著名的医学家都是有非常厚的文化底蕴的。从这方面讲,人文社会科学对我来说是很重要的,也很感兴趣。

今天我要谈的第一个想法是人文社科的重要性。我们现在都说21世纪是信息时代,是生命科学的时代,这主要是自然科学的范畴。当然,科学技术是第一生产力,但科学技术本身也是双刃剑,它是生产力,但掌握不好的话,也可以破坏生产力,毁灭人类。比如原子能技术,可以造福人类,也可以造成原子弹,毁灭人类。现在关于分子生物学的发展,有关克隆技术问题,它们为人类带来福音,但也可以破坏人类的伦理道德。从这个意义上讲,人文社会科学工作者肩上的担子是很重的,因为人文精神是永恒的。尽管目前社会上对人文学科不重视,但我相信总有一天,人文科学终会指导我国的社会主义建设和科学技术的发展。

第二是关于创建世界一流大学的问题。创建世界一流大学是国家给我们的重要任务,我们北大人肩负着重大的责任和使命。每个学校都应该有自己的特色,走自己的路。我们国家的所有学校都不应该是一个模式,北大要创建世界一流大学的特色是必须重视文科。北大之所以成为北大,在国内外有重大影响,就是因为北大的文科。北大文科不仅影响了北大的发展,而且也影响了我国历史的发展和中国革命的发展。从这个意义上讲,学校创建世界一流大学一定要发展我们的文科,一定要把为发展文科创造条件摆到议事日程上来。我们在"985"计划中增加了对文科的投入,同时规划了文科大楼。我们也希望同志们积极提出建议,因为我们欠文科的东西太多了。过去文科条件差,现在我们下决心从根本上加强人文学科的建设。这次我们有10个文科单位评上了教育部重点文科基地,这为我们建设文科创造了条件。今天这个会,应该是我们一个新的开始,必将对我校的文科发展产生重大影响,我感到兴奋。

北大要建设好文科,最根本是我们要有一批著名的文科老师。北大之所以有名,就是因为有一批思想家,有一批学术大师,他们始终站在学科前沿,而且有创新。他们人品好,学术造诣深,有团结奉献精神。他们不怕政治迫害,坚持真理,而且坚持到最后。科学,不管是自然科学还是社会科学都是这样。比如马寅初老校长,他因为自己的人口论在当时受到政治上的打击和迫害,最后他的理论被证明是正确的。自然科学家也是这样,比如遗传定律的发现者摩尔根、孟德尔,他们的定律在当时并没觉得非常伟大,而且苏联还批判他们的理论,但他们死后理论被证明是对的。科学家要创新,就要敢于坚持真理,敢于修正错误,敢于经受实践的检验。今天,提出精品意识,就是要发扬我校的优良学风"勤奋、严谨、求实、创新"。

最后,我代表学校表示:愿意为人文学科建设做服务工作。大家有什么意见给我们提出来,我们能做到的一定要创造条件,使北大在我国的社会主义现代化建设中做出更大的贡献。

清除赝品,拒绝平庸,树立北大文科精品意识
——副校长何芳川在文科教师大会上的讲话

(2001年4月27日)

尊敬的各位同事:

今天下午,我们北大文科的全体同事聚会一堂,共同思考21世纪我校文科的发展。就许多同志和我个人的记忆而言,我校文科已经很久很久没有这样盛大规模的聚会了。我们祖祖辈辈流传下来的一句话,叫做"一年之计在于春"。时值21世纪的第一个春天,咱们大家确实应该坐下来,共同商讨我校文科发展的一些根本大计。

1998年，我校庆祝了自己的百年华诞。江泽民总书记亲临我校，对北大等高校提出了建设世界一流大学的宏伟任务。这三年中，北大在中央和上级党的领导和关爱下，在全校师生员工的共同努力下，有了发展，无论硬件和软件，都有了改善和提高。我校理科的同仁，拿出了一个实实在在的成果：SCI排名恢复了全国第一。当然他们还在努力。距离世界一流大学，还有很长很长的路要走。

那么，北大的文科呢？毫无疑问，北大的文科也在发展，也在进步。文科的全体同事，也在各自的岗位上，辛勤劳动，取得了很多成绩。不过，这些并不是今天我们聚会在这里的主要缘由。我们大家今天坐在一起，是为了冷静地看一看形势，想一想我们的担子，进而思考一下我们应该怎么做。

我们应该怎么做呢？我们要做的事情很多很多，但千头万绪集中到一点，今天的文科发展，还是要大力倡导精品意识，凝聚共识，团结奋斗，努力出精品！

"树立北大文科精品意识"，这是中华民族伟大复兴的事业向我们发出的神圣呼唤。

21世纪的世界，将是一个更加开放的世界，同时也将是一个竞争更加激烈的世界。伴随着我国改革开放和社会主义现代化的发展，我国与外部世界的交流也会日益频繁、广泛。国外，特别是西方发达国家的人文社会科学界将与我们的人文社会科学界发生更多的接触、交融与撞击。实现中华民族的伟大复兴，要求我们吸收外部世界一切人类文明的精华，同时也要积极地拿出中国的精华成果，对外交流和积极影响外部世界。当今国际学术界各学科发展迅速，各学科之间的交叉融会趋势尤为迅速，并向更深层面进展，各种人文社会科学的新理论、方法论不断涌现，研究手段日益更新。要拿出真正中国品牌的在各个学术领域触及问题核心的过硬的成果，堂堂正正地与国际世界交流、交锋，特别是和国际一流大学的一流学者交流、交锋，赢得对方的尊敬，绝不是一件容易的事。凡我北大文科的同事，均应牢牢树立精品意识，在马克思主义指导下，在理论、材料与资讯、外语等方面刻苦练功，以期在高手云集的国际学术界奥林匹克级的大赛中捧金夺银，为中华民族争光扬威，为世界人文社会科学的进步发展，作出贡献。我想，我校文科即使在这方面已经取得了一些成果，也还有一个很长的路要走吧！

"树立北大文科精品意识"，这是祖国社会主义现代化事业向我们提出的神圣要求。

根据国家发展战略所提出的目标，我国将在本世纪中叶迈入中等发达国家之列，而世纪之初的"十五"规划，尤其要为此奠定坚实的基础。当前，我们国家正在从社会主义计划经济向社会主义市场经济转轨，整个社会正在经历某种结构性的震撼与变革。这是一场小平同志称之为"革命"的改革和巨大变化。这一巨变，对人文社会科学提出了无比巨大的需求。特别要指出的是，这种无比巨大的需求，正如极地的冰山，其大部分尚未浮出海面，还不被社会大多数人所认知。然而，我们人文社会科学工作者却必须以一种前瞻的眼光，高度敏锐地观察、研究这座冰山，特别是它的海平面以下一部分，并积极尽早地做出答案，因为，一旦整个冰山露出水面，那时再说解决，就为时已晚，追悔莫及了。在这方面殷鉴不远，实应记取。

在人文学科方面，当今社会发展提出的最大问题，是如何在新的历史时代，凝聚中华民族社会主义新时期的民族魂。远而言之，在古代中国，中华优秀文化的代代传承，是我们民族魂魄的载体。多少惊天动地、辉煌璀璨、可歌可泣的事业，正是由这一民族魂魄撑起；近而言之，八年抗战，中华民族以弱抗强，终于战胜侵略者，也正是由于民族魂魄的一口气在！如今这个社会大转型的时代，如果在民族魂魄上面出了问题，后果不堪设想。对于人文学科工作者来说，理应头悬梁、锥刺股，十载寒窗，发扬春蚕到死丝方尽的精神，将自己的人生抱负，名声事业，统统融进"精品"之中！融入中华民族社会主义新时期的民族魂魄的构建之中。

在社会科学方面，改革大潮正令我国方方面面如千帆竞发，百舸争流，一日千里。社会实践中遇到的问题，多如流星雨，需要我们的学者苦练内功，深入实践，直面种种难题，做出理论与实践相结合的科学解答，为国家深化体制改革和现代化建设做出更大贡献，并进一步升华为学科的重要理论。同志们，无论在人文还是社科方面，国家建设，社会发展有多少大题目等着大家去回答，多少大规划正等着大家去构想。如果没有根深蒂固的精品意识，不拿出一流、超一流的作品，我们北大文科将愧对时代和国家，我们北大文科人将愧对母校的代代先贤。

"树立北大文科精品意识"，也是当今社会发展中各种负面乱流所警示我们的神圣职责。毋庸讳言，当今社会转型发展中，有许多负面的东西。在历史江河奔流澎湃之际，泥沙俱下、鱼龙混杂的情况是难免的。这些负面的东西，且称之为历史大潮中的一些乱流吧。这些负面乱流，首先从经济生活中乘隙而生，因风乘势，向社会生活的各个领域流播蔓延，逐步蔓延到教育界、文化界。学术，这一最圣洁的领域，国家民族的最后一块净土，也开始受到侵蚀。受到负面乱流的影响，一种浮躁之症在国内学术界游荡；赝品之风，早离青萍之末；平庸之气，也正侵蚀精华。如今，学术打假的呼声，开始不绝于耳。面对负面乱流，凡我北大文科同仁，皆应横眉冷对、拍案而起。首先，要从"我"做起，北大人应有勇气向社会作出庄严承诺：清除赝品、拒绝平庸，同时，抱定针锋相对、寸土必争的精神，以建设优良学风为己任,高举北大文科精品意识大旗,反乱流,出精品,做出自己应有的贡献。

毛泽东同志指出:人是要有一点精神的。汉代大将霍去病:"匈奴未灭,何以家为?"是一种精神;宋代范仲淹的"先天下之忧而忧,后天下之乐而乐"是一种精神;文天祥:"人生自古谁无死,留取丹心照汗青"是一种精神;明代张煌言:"国破家亡欲何之,西子湖头有我师,日月双悬于氏墓,乾坤半壁岳家祠"是一种精神;一位红军女战士牺牲前:"革命者流血不流泪"也是一种精神。正是这种精神,传承着民族的基因,支撑着中华的基业。我们北大,也是有精神的。这精神融会在我校光荣的革命传统和学术传统中。今天,在改革开放的新时代,面临着建设世界一流大学的新任务,我们更需要一种精神。在中央的直接关怀,全国人民的关爱与支持下,近年来我校教师的生活条件与工作条件有了明显改善,而且还会进一步改善。这使得我们出精品也有了相当的物质基础。自古以来,无论中外,知识分子的一个重要特点,就是孜孜不倦,求知求真者多,求仁求义者多,而求财求富者少。我们北大文科同仁,理应在这方面争为天下先,发挥表率作用。

精品意识—金牌战略—亮点工程,是我校文科学科建设的主要思路。在这方面,我们要倡导一种"开大船"的做法。所谓"大船",是指那些将在国内学术界占领制高点,在国际学术界有着重要影响,能及时转化为教学成果与国民教育成果的学科前沿课题,特别是那些跨学科综合研究,既有集体攻关,又能充分尊重文科知识分子个人劳动的特点,充分实现文科知识分子个人人生抱负与人生价值的重大课题。我们要用鼓励开大船的办法,实现金牌战略,做好亮点工程,将精品意识落到实处。

"春种秋收",是今年我校文科建设思路的两个支点。春种什么?种精品意识。到今年秋天,我校将要举办大规模的"北大文科论坛",交流近年来我校文科最前沿的科研收获,并请我校理科、医科杰出的有成就的同事,来给文科论坛添光彩,报告他们前沿的资讯与收获,从而更加激活我校文科同仁的创新思维。我们还将举办"北大文科成果展",检阅全校各院系的科研成果。我们呼吁全校文科各院系同仁行动起来,积极筹办今年我校文科的这一学术奥林匹克盛会。

同志们,让我们大家团结起来,心无旁骛,聚精会神做学问,聚精会神搞学科建设。全国高校文科正在万马奔腾,我们芳邻清华大学文科正乘建校90周年的东风,在我们一侧疾驰。让我们努力吧!

校长许智宏在"北大论坛"开坛仪式上的致辞

(2001年11月2日)

尊敬的各位领导、各位来宾、各位老师和同学们!

早晨好!

"北大论坛"经过一个多学期的准备,今天终于开幕了。这是世纪之初北大全体师生的一件盛事。我谨代表北京大学,向所有与会的海内外嘉宾,向教育部以及各级政府、各有关部门的领导,向所有来参加论坛的各兄弟院校的领导,老师和同学们,表示由衷的感谢和诚挚的欢迎!

本次"北大论坛"的主题是:21世纪:人文与社会。为什么要选择这个主题呢?人类社会刚刚进入21世纪,我们每个人都在考虑人类社会现在或将来面临的最基本问题。

我们居住的这个世界正在进入一个信息时代。现代科学技术的发展,特别是信息技术,已使世界经济由工业经济时代进入信息经济时代。知识成为世界社会经济发展的主动力。工业产品越来越多地依靠知识;信息技术已在不断地使人们的工作、生活、学习和交流方式发生着重大的变化。

随着科学技术的迅速发展,人类的知识正以前所未有的速度增长、交流、集成,并向更广大的范围传播和转化。技术也促进了东西方文化之间的交汇,促进了人文科学、自然科学、社会科学以及工程技术等不同学科和领域之间的交叉与融合。这将有力地促进大学创造新的思想和理论。

众所周知,大学自产生以来就是人类智慧和知识产生、汇集和向外界辐射和散播的场所。信息时代对知识的新的需求不断增长,科技成果产品化的周期的缩短,使人们更注重于知识的有形价值,功利主义滋长,人文精神的培养受到忽视。在经济全球化的过程中,文化多样性面临不断丧失的危险。

当我们考虑到社会快速发展时价值和行为模式的变化,以及自然资源枯竭、环境污染、人口膨胀、东西方国家发展差距拉大和不同国家、地区之间、不同文化和文明之间的对抗等工业社会遗留下来的难以解决的问题时,大学面临的挑战便更加巨大。

所以这些,促使我们必须认真考虑在新的世纪,在知识经济时代,人文社会科学在经济、社会发展中的作用以及面临的挑战。

今年 8 月 7 日,江泽民同志在北戴河亲切会见部分国防科技专家和社会科学专家,在这些专家中,也包括我校的黄楠森教授和袁行霈教授。总书记在会见专家们时讲话中指出,加强哲学社会科学研究,对党和人民事业的发展极为重要。一个民族要兴旺发达,要屹立于世界民族之林,不能没有创新的理论思维。哲学社会科学,是人们认识世界、改造世界的重要工具,是推动历史发展和社会进步的重要力量。哲学社会科学的研究能力和成果,也是综合国力的重要组成部分。在改造世界的过程中,哲学社会科学与自然科学同样重要;培养高水平的哲学社会科学家,与培养高水平的自然科学家同样重要;提高全民族的哲学社会科学素质,与提高全民族的自然科学素质同样重要;任用好哲学社会科学人才并充分发挥他们的作用,与任用好自然科学人才并发挥他们的作用同样重要。

上述讲话极大地鼓舞了包括北大在内的广大哲学社会科学工作者。本次论坛正逢学习和贯彻江泽民同志的"八七"讲话大好时机,我相信,这对繁荣我国哲学社会科学,推进人文与社科理论创新,重视文理学科的交叉,发扬中华文明,融合中外文化,促进精神文明建设,一定会起到积极的作用。

在北大的百年历史中,出现过一批杰出的人文科社方面的大师,在人文社会科学方面,北京大学具有长期积累的经验,巨大的潜在优势,拥有一大批优秀的师资与学生。为了促进科技人文社科的教育和研究,提高水平,今年 4 月,北大召开了树立文科精品意识的大会,800 余名文科教师出席了会议。在会上,北大文科教师对世人庄严承诺:"清除赝品,拒绝平庸"。

秋天是一个收获的季节,在 21 世纪第一个金秋,举办北大论坛,就是对以往我们已经取得的部分研究成果,进行一次公开的展示,看看我们已经做了什么,还需要继续努力的方向在哪里。论坛还是对我校人文与社会科学,以及跨学科各个领域正在工作着的教授们和研究生们,进行一次富有历史意义与人类使命的再动员:让我们在新的世纪里,努力研究,努力创造,努力探索,努力发掘。同时,论坛也将为我校师生向兄弟院校学习,向社会各界同行学习的极好机会。论坛将要发言的各位学者,都是海内外知名度很高的教授,业内精英。从他们的论文中,我们可以学习到宝贵的经验。下午分学部的论文讲演中,从文史哲到政经法,从艺术到教育,从社会学到新闻传播学,从众多的外国语言学研究到宗教学的比较研究,都有精彩的论文。

我们要将"北大论坛"做成北京大学最高学术荣誉项目。通过时间的考验,"北大论坛"本身的质量要向世人证明:在竞争中选拔出来论文在论坛上发表,将成为我校的一个最高学术荣誉。我们从海外聘请来"北大论坛"讲演的嘉宾,也将获得我校最高的学术荣誉,载入北大第二个百年的史册。

我也希望这次论坛的举办,能为今后"北大论坛"举办理科和医学等主题论坛,开一个好头。我相信,论坛的学术荣誉,将在历史中被检验,论坛论文的深刻学术影响,也将在今后的时间中,被世人所感受。

北大教学与科研所取得的一切,都是教授和同学们辛勤劳动的结果。同样,也离不开各级政府的大力支持。我们都还记得,1998 年,江泽民总书记在我校百年校庆时,对北大给予的厚爱和支持。他在人民大会堂的讲话中号召,为了实现现代化,我国要有若干所具有世界先进水平的一流大学。1999 年,北大与清华大学提出创建世界一流大学的计划,立即得到国家最高领导人和教育部的大力支持,拨出巨额资金,进行落实。

我来北大工作正好两年了,我深深感受到,北大时刻都在得到海内外各界,以及兄弟院校同仁,以及各界朋友们的大力支持,得到全国人民以及全世界人民的厚爱。

北大每年都获得来自海内外各界慈善捐款和物质捐助,使我们学校的硬件环境和软件条件得到改善。就连我们今天论坛所在地的百年纪念讲堂,从国家副总理,到普通市民;从企业家到我们自己的校友,都做出了他们热心贡献。我们今天坐在这里,触摸着一砖一瓦、一桌一椅的时候,都会感受到世人对北大的关爱。

我们愿借助这次论坛,向多年来支持我校教育和科研事业发展的所有领导、海内外同仁和社会各界的朋友,表达我们深切的谢意。

最后,祝愿首届"北大论坛"圆满成功!

谢谢!

党委常务副书记、副校长闵维方在"北大论坛"开坛仪式上的致辞

(2001 年 11 月 2 日)

各位领导、各位来宾,老师们、同学们:

大家好!

非常感谢各位嘉宾学者的精彩发言,他们精辟独到的见解使北京大学首届论坛大为增色。让我们代表

北京大学,代表全校师生再次对梁定邦资深大律师、季羡林教授、饶宗颐教授、黄楠森教授、张维迎教授表示最衷心的感谢!

本届北大论坛的主题是"21世纪:人文与社会",论坛的宗旨可以概括为六个字:求深、求新、求真。今天上午五位报告人的精彩讲演,充分体现了这个宗旨。

对于学术研究,我们应该强调求深。李政道先生引用过杜甫的名句"细推物理须行乐,何用浮名绊此生"。只要我们每天坚持探索,乐此不疲,总会做出高水平的成果,而且是影响深远的成果。

所谓"求新",正像刚才饶宗颐先生讲过的,现在是从工业社会走向信息社会,在新的千年里,我们要追求一个新的境界,新的学术成果,新的精神观念。

所谓"求真",就是要探索社会运动的本质规律,其中包括中国特色的社会主义社会,经济体制改革以及中国加入WTO以后对社会生活的影响和变化的规律等。求真不是教条主义,也不是经验主义,而是要从自己的实践中找到事物发展变化的本质规律,用以指导我们的各项工作。

北大的学术发展,必须求深、求新和求真。我们不要浮躁,要深刻;不要守旧,要创新;不要急功近利,要拿出真正的、高水平的学术成果来。

上午的论坛,还有一点特别让我们感到欣慰。在论坛上演讲的,有老一辈的思想家,国家级的学术大师。他们人品高尚,学术造诣深厚,始终站在学科发展的前沿。除了学术成果的贡献之外,他们还做出了作为教师的另一种奉献:培养了一代杰出的中青年教授。北大的中青年学者,勇于探索真理,不断追求创新,也正是有了中青年学者,才使我们的教育与科学研究事业,兴旺发达,后继有人。

北大肩负着创建世界一流大学的重任,这是党和人民给北大的光荣任务,政府和社会各界也给予了北大巨大的支持,所以,北大义不容辞,要做出应有的学术贡献与培养人才的贡献。

北大今后的发展,要在坚持以往既定规划的基础上,注意在跨学科和交叉学科方面的研究与合作。我们是一所综合性大学,学科门类多,具有跨学科的天然优势。我们所说的跨学科不仅仅是本学科内的小专业方向的跨学科,还要在不同大学科之间跨学科,例如,在理工和医学、人文与社会科学的跨学科研究,还要同世界其他著名大学跨学科交流。跨学科不限于不同学科的知识的交流,还包括方法的交流。

我们一定要贯彻江总书记关于哲学社会科学和自然科学四个"同样重要"讲话的精神,为发展哲学和社会科学的繁荣进步,不断创造发展条件。要发展北大的文科科研,还要坚持马克思主义与时俱进的理论品质,发扬北大"勤奋、严谨、求实、创新"的优良学风,使文科的教学、科研能够健康蓬勃地开展,创造出一流的成果和一流的人才,为北京大学早日跻身世界一流大学的行列,做出文科应有的贡献。

我们要以这次"北大论坛"为起点,今后每年举办一次全校性的论坛,主题除文科外,还将在准备充分之时,陆续举办理科主题的"北大论坛",医学主题的"北大论坛"。

首届北大论坛的主会论坛上午的演讲到此结束,下午还将举行人文学科、外语学科、经济管理学科以及政法学科分会论坛的学术报告和讨论。欢迎各位嘉宾、老师和同学踊跃参加。

再次感谢各位的光临!谢谢!

校长许智宏在国际交流与合作工作研讨会上的讲话

(2001年12月14日)

尊敬的各位领导,各位来宾,各位老师,早上好:

经过学校有关部门的积极紧张的筹备,"北京大学2001年国际交流与合作工作研讨会"今天正式召开。这是我校自百年校庆以及原北京大学和原北京医科大学合并以来首次召开的全校性国际交流与合作工作会议。百年校庆以后,我校的国际交流与合作蓬勃发展,先后接待了12位外国国家元首和政府首脑;数以百计的国际要人,众多的世界级学者和大师纷纷登上北大的讲台。目前我校已经与47个国家和地区的219所大学建立了校际交流关系,并保持着大量实质性的交流和合作。每年来校任教的外国专家和学者有300多人;在校的长短期留学生超过3000人;每年通过校际交流协议派出的学者和学生近200人;另外,今年我校包括医学部在内,已经有5000多人次的师生出访、进修、留学等。这些数字只是一个简单的概括,但我想足以说明我校国际交流与合作工作的规模。

多年来,上级领导部门和社会各界对我校的国际交流与合作工作给予了热情的关怀和精心的指导,为我校完成国际合作任务和外事任务提供了有力的支持。这次会议的召开也得到了各部门领导的支持,教育部章新胜副部长,外交部周文重部长助理,外国专家局陈阳进副局长等,都将在百忙之中专程为会议作重要讲话。我谨代表北京大学对他们表示热烈的欢迎和衷心的感谢。

今天上午在座的除了会议代表,还有学校全体中层干部。我希望大家能通过这次会议交流经验,更好地了解国际形势,切实把我们北大创建世界一流大学的目标更紧密地和国际合作与交流结合起来,在这样一个国际大背景下认识国际交流工作的意义,在全校形成一个重视国际交流与合作的局面,以此来推动创建世界一流大学的工作,为我校在世界上争得更多的荣誉。

江总书记在我校百年校庆的讲话中说过,国际交流应是民族优秀文化和世界先进文化交流和借鉴的桥梁。要实现这个功能,就应加强国际交流与合作。我到北大工作这短短的两年,感到北大的国际交流与合作确实为学校的发展创造了非常好的条件,主要有以下几点:

第一,国际交流与合作大大促进了我校的科研和教学工作,也使我校在创建世界一流大学的工作过程中找到了差距。去年在教育部的安排下,我校派出了一批中层干部到美国考察学习,这使他们更加深刻地体会到北大与世界一流大学的差距。当然,各院系的大量工作也促进了学校教学和科研工作水平的提高。

第二,国际合作与交流为我们培养了大批人才。我们现在各个院系都有一大批领导和骨干是在改革开放以后,通过国际交流出国留学,而后又回国担任领导工作的。这是北大在新的历史条件下能够创建世界一流大学很重要的基础。

第三,国际合作与交流使世界了解北大,也使北大更好地了解世界。在新的历史背景下,北大师生员工都必须有国际的视野。我跟很多北大的同事说过,不管他们将来是留在国内工作,还是出国工作,都必须用国际的视野来观察周围的一切。北大活跃的国际合作与交流为老师和同学形成这种视野创造了一个很好的条件。

第四,活跃的国际合作与交流也使我们更好地凝聚了北大在海外的一大批校友。每次我率团出国访问,都深深地感受到北大校友对母校的一片深情,他们努力对母校各方面的工作进行支持。实际上,我们的海外校友通过他们的努力,为北大争取了很多海外的资助。

还有很多方面,我们都可以在这次会议上交流。所有这些都说明了国际合作与交流对北大发展的重要性。刚才郝平副校长已经说了,"911"事件凸显了目前国际政治经济中存在的问题。在当前经济全球化、高等教育国际化这样一个大的背景下,大学无疑是促进不同文明和不同文化之间沟通的桥梁。在沟通之中,不同文化和文明之间的理解起着十分重要的作用。所以,国际交流在创建世界一流大学的进程中正发挥着越来越重要的作用。国际合作与交流工作开展的好坏,同样也是衡量我们创建世界一流大学工作的一个重要指标。

这次会议得到了各院系、各单位的积极参与和支持,大部分院系领导和一部分著名的院士和教授都抽出时间来参加会议,这也充分反应了全校上下对国际交流与合作工作的重视,这是我们开好这次会议的基础。希望与会的老师们能够充分利用这次机会,在听取报告、充分交流经验的基础上,就如何使我们的国际合作与交流更好地围绕我们创建世界一流大学的目标开展工作,如何提高我校的教学科研水平,以及今后我校的国际合作与交流工作如何更好地与各院系的工作结合起来进行思考和讨论。希望通过这次研讨会,大家能够有更多的建议,或者达成共识,同时也希望通过这次研讨会,能够进一步促进我校在国际交流与合作方面的工作,加快北大创建世界一流大学的步伐。

最后,预祝这次研讨会圆满成功。谢谢大家。

副校长郝平在国际交流与合作工作研讨会上的讲话

(2001年12月14日)

各位老师:

自上次全校外事工作会议至今,已逾四年,我校的国际交流合作工作有了较大的发展。这期间我校国际交流的环境发生了深刻的变化,对国际交流提出了新的要求。此次研讨会是两校合并后的第一次,意义更加重大。上午许校长的开幕词和教育部章新胜副部长、外交部周文重部长助理和外专局陈阳进副局长的报告,使我们对目前国际形势、国家对教育国际交流的总体战略以及我校对外交流的总体要求,有了更为全面的了解,王书记等校领导在明天的闭幕式上也要发表重要讲话,这些都有助于我们认清形势,明确任务。

下面,我从北大的国际交流如何为创建世界一流大学服务的角度,谈几点体会,供大家讨论。

一、以创新理念指导创新实践,进一步提高国际交流合作的层次

创新是大学青春活力的源泉,是大学的灵魂和使命,北大如果离开了创新,创一流就会变成镜花水月。美国作为世界最发达的大国,非常重视大学教学科研的创新问题。几年前,针对经济全球化的形势,由代表着美国最先进科研水平的120家大学、国家实验室和企业的领导人在华盛顿成立了一个竞争委员会,专门研究美国的创新战略问题,力争使美国在新世纪全球化激烈竞争中抢占制高点。其中特别指出,在国家的创新体系中对高等教育的支持和高等学校的水平与作用举足轻重。创新也是世界一流大学发展的内在动力,它既包括科学研究的创新,也包括大学管理体制、办学思想和发展战略的创新。创新能力在大学的国际竞争中起着决定性的作用。国际交流是实现创新战略的重要手段。在当今经济全球化浪潮的席卷下,任何大学,如果不以积极的姿态进行高水平的国际交流合作,创新将无从谈起。我们北京大学要实现建设一流大学的目标,一定要借助外力发展自己,一定要打破常规实现跨越式发展,一定要强强合作,扬长补短,一定要在国际舞台上参与竞争,发挥特色。总之,要以创新的理念和创新实践提高国际交流合作的水平,从而促进学校总体水平的提高。

经济的全球化促进了高等教育国际化的潮流,引起了全球范围内对人才的竞争,这种趋势以前所未有的深度和广度影响着全世界的高等学校。从上一世纪90年代中期起,世界一流大学和大学组织越来越重视研究新世纪大学面临的挑战、任务和使命,调整自身的发展方向。北大也开始参与这个过程。我校百年校庆时举办的世界著名大学校长论坛上,来自国内外一百多所大学的校长共商21世纪的高等教育。应哈佛大学校长路丁斯坦的建议,北大与哈佛于1999年11月在美国举办的"中美大学校长会议"(美方有Harvard、MIT、Duke、Virginia、UCLA和美国大学校长联谊会主席,中方有北大、清华、复旦、上海交大、南京大学、西安交大和浙大),中美双方的大学校长们进一步讨论了21世纪大学的使命、学科建设、国际交流合作在学校发展中的作用、人才的选拔和竞争、产学研结合等几乎所有涉及新世纪大学发展的重大课题。2000年10月应东京大学校长莲实重彦提议,在日本召开的"中日大学校长会议"(日本的东京大学、北海道大学、东北大学、大阪大学、京都大学、名古屋大学、九州大学、中国的北大、复旦、上海交大、南京大学、浙大、西安交大、中国科大),又探讨了同样的问题。

以上事实说明,国外一流大学及大学组织普遍把国际交流特别是高层次交流作为迎接新挑战的重要途径,并且日益迫切需要在办学理念、招生、教学、科研、管理等各个方面频繁磋商,互相借鉴。创建世界一流大学的任务已经超出了一个学校和一个国家的范围,必须要在高等教育国际化的进程中扮演积极的角色,对于改革开放只有二十年历史的中国大学,必须比国外一流大学更加重视国际交流,否则差距会越拉越大。

北大国际交流的发展情况是不平衡的,有的院系认识明确,行动积极,取得了不少成效,积累了相当多的经验。有的院系则不太活跃,因此失去了一些重要的发展机会。通过此次会议,希望各单位认真总结一下,认清形势,解放思想,克服困难,提高层次,真正把国际交流与合作作为本单位发展的重要工作来抓好。

必须进一步提高国际交流合作的层次,继续推行强强合作。首先要加强对国外著名大学的研究,不仅要研究它们的成功经验,更要关注它们的发展动态,了解对方的长项,有针对性地开展交流合作;抓住重点,注重实效,提高层次。其次要与世界一流大学建立校、院系、学科、学者等多层次的实质性联系,寻找交流机会。比如我校与耶鲁大学建立的"北大—耶鲁植物分子遗传暨农业生物技术联合实验室",是耶鲁大学在国外建立的第一个同类实验室,耶鲁大学校长莱温亲自来北大出席揭牌仪式,此项目在美国也产生了一定的反响。长江学者邓兴旺教授在其中发挥了重要作用。这就是加强联系的结果。再比如长江学者佘振苏教授的湍流实验室与UCLA的交流,程旭教授所在的微处理器研究开发中心与海内外的广泛合作,都是强强合作的成果。再看莫斯科大学与北大的合作。虽然俄罗斯的经济状况不好,但莫大仍是世界一流大学,有很强的教学科研实力。今年6月,校长萨多夫尼奇院士率领一个庞大的代表团访问北大,举办了"北京大学莫斯科大学日"和莫大教学科研成果展,随行的著名教授到我校各院系对口交流,同时举行了11场学术报告,校长也作了有关航天科学的学术演讲。莫大在北大设立了信息中心,同时希望在莫大设立北大信息中心。

强强合作是北大在1996年底的外事工作会议上提出的任务,当时北大在资金投入、师资队伍建设、学科发展和校园环境等方面,都有许多不足,强强合作在许多学科领域很难开展。今天的情况与五年前大不相同。由于"985"的资金投入,许多学科具备了强强合作的条件和基础,便我们开展高层次的交流成为可能。

二、国际交流必须紧密围绕教学科研开展,为学术服务

由于特殊的地位和社会影响,北大承担着国家和教育部下达的重要的外事任务,但大学国际交流的根本属性是学术的交流。国际交流的工作重心必须放在为教学科研服务上,"落脚在院系,教授是主体",一切从教学科研的需要出发,找准着力点。离开了为人才培养服务和教授的普遍参与,国际交流的针对性和效益性就无从谈起。比如大学与大学之间的交流协议,如果没有院系和教授的参与,将是一纸空文。

通过国际交流,教授有机会掌握本领域的最新研究动态,及时获取教学科研信息,了解国外的边缘学科、新兴学科的发展状况。不了解世界先进水平,赶超就无从谈起。有的院系多次邀请到诺贝尔奖得主及大学者来校演讲,介绍本学科的最新进展。通过与大师交流,师生们接触到了本学科的最前沿,开阔了眼界。每年由我校主办的三十多次国际会议,有不少是具世界水平的,本校学者得以方便地与会,与国外同行进行交流。这些年来,各单位都创造了不少好的经验,值得认真总结交流和提倡。

三、加大力度吸引一流人才

当前人才竞争非常激烈,学校要加大力度,在世界范围内吸引一流人才进来发挥作用,我们有很多长江学者是通过国际交流引进的。但是兄弟院校的作法比我们更大胆、更解放,他们不惜重金聘请国外一流人才来校担任重要的学术职务,我们的力度还需要进一步加大。同时我们也要考虑到,中国加入WTO以后,海外和校外吸引人才的优惠条件会更多,别人会千方百计毫不留情地把我们的人才挖走。我们既要有自己的人才随时被别人抢走挖走的心理承受能力,也要有人才短缺的危机感。因此,我们应当把通过国际交流合作吸引世界一流人才,作为师资队伍建设和学科建设的重要任务来抓,而且应该采取各种形式,不拘一格选拔好人才。

随着形势的发展特别是"985计划"的实施,国家加大了对吸引重点人才的经费支持,但离世界标准还有很大差距,这就需要各院系广开渠道,多方筹措经费,以多种方式举贤纳才。中国经济研究中心、法学院、计算机科学技术系、光华管理学院等单位在这方面都取得了不同程度的进展。

四、继续推动学生参与国际交流,外国留学生工作要扩大规模、提高质量

以往对外交流时,我们派教员,对方派学生,我校学生出去交流的机会很少。这种做法有历史原因,但长远来看不利于学生综合素质的培养,不适应日益国际化的人才市场对毕业生的需求——国际意识、国际经验、符合国际人才市场要求的知识结构和综合素质。世界一流大学普遍重视对学生国际意识的培养,要求学生有国际经历,主要作法是要求学生到国外学习一段时间。比如加州大学要求有40%的学生有海外学习经历,有的学校甚至要求所有学生都要至少在国外学习一学期。北大也面临着同样的问题,虽然我们也派学生,比如每年向美国曼隆学院派20名,参与香港的"李韶计划",学生艺术团出国演出,参加大学生体育交流活动,等等,但人数很有限。在对外交流中,很多学校都希望与我们互换学生,耶鲁校长来访时提出了学生交流计划,韩国、日本、欧洲的很多大学都有这样的愿望。派学生到海外进行短期培训或联合培养等,是高等教育国际化的一个重要内容和方向,各院系应该积极创造条件,采取多种形式,争取在派学生到海外学习一

段时间方面有所突破。法学院和新闻传播学院等院系已经着手制定这样的计划。

留学生的规模要进一步扩大,质量要进一步提高。外国学生占学生总数的比例是衡量一流大学的重要指标,一般应该在15%左右。1999~2000学年,哈佛的留学生比例是19.7%,康奈尔15.5%,宾州大学17.9%,哥伦比亚21.1%,南加州15.8%,纽约大学13.2%。以1997年为例,全球接收留学生最多的前十所大学的情况是:澳大利亚新南威尔士大学4715人,波士顿大学4657人,Monash大学4189人,南加州大学4183人,威斯康星大学3886人,哥伦比亚大学3807人,俄亥俄州立大学3722人,RMIT 3775人,牛津大学3255人,密歇根大学3194人。需要说明的是这里只是正规的学位生的数字。招收留学生除了能占领世界教育市场、取得经济效益外,来自不同文化的留学生也给学校带来了活力,本国学生、教授和管理者都能从中获益,对学校的发展产生很大的促进作用,培养的学生分布在世界各地,又是学校的重要资源。上世纪60年代末,全世界留学生的数量近50万人,80年代初达到100多万人,翻了一番,而到1995年,则突破了130万人。招收外国学生也能带来可观的经济效益。据美国NAFSA统计,2000—2001学年,有547867名外国学生在美国留学,给美国带来了110.4亿美元的收入。不少发达国家制定了吸引外国学生的政策,有的甚至提出了"留学经济"的说法。近几年频繁举办的外国教育展就是最好的证明。

北大已经有不少留学生,从数量和质量上在全国占领先地位。近几年来,我校与加州大学、剑桥、牛津、斯坦福、早稻田等著名高校合办了培训项目,接受他们的本科和硕士生来学习一学期或一学年,对方承认学分,取得了很好的效果,学生和合作方都很满意。我校的留学生结构基本反映了国家整体的科技和教育水平,与世界一流大学相比还有很大差距,特别是理科学生很少。下一步的任务是进一步提高留学生培养质量,增加学位生比例,同时在执行入学标准的前提下扩大留学生的规模。我们全国的留学生人数才5万人,与世界发达国家存在很大的差距。教育部和北京市都鼓励高校扩大招收留学生。我校在理科方面要争取有所突破,前不久教育部在《关于加强高等学校本科教学工作提高教学质量的若干意见》中规定,国家重点建设高校要力争在三年内开出5%~10%的双语课程,这是我们招收理科留学生的有利条件,北大完全有能力开出一大批用外语讲授的课程,可以避开不少学生的语言障碍。另外我们还应该加快引进国外的最新教材,以此推动教材水平的提高和课程设置的改革。这样既有利于吸引留学生,也有利于中国学生的培养。有的院系在这方面已经作了很好的尝试。

国内不少兄弟院校已经意识到了培养留学生的重要性,制定了一系列具体办法,并已付诸实施,北大必须要有危机感。现在学校正建设留学生外国专家博士后公寓,工程完工后留学生的住宿难问题将得到解决。

五、在充分论证的基础上开展境外办学,先进行试点,力争尽快有所突破

上午章新胜副部长谈到教育部正在研究制定我国高等教育境外办学的有关政策,国际合作部根据教育部指示精神,结合我校具体情况,起草了学校的意见,已经发给大家。我和国际合作部有关同志参加过教育部组织的座谈会,而且据我了解,我校有多位学者也参加了教育部的专家咨询会。这说明国家非常重视北大在其中的作用。各院系和职能部门在这个问题上态度要积极,方式要探讨清楚,寻找机会,在认真分析、充分论证的基础上拿出方案,果断走出去,把我们的优势打到境外去,参与高等教育的全球化竞争。当然,要避免盲目从事,境外办学要有序开展,学校要有规划。希望各院系各部门认真考虑本单位情况,向学校提出建议。

六、建设校内国际交流网络,实现机制创新

首先要建立教授联系信息库,有针对性地向教师发布国际交流信息,为教师提供更方便更有目的性的国际交流机会,建立有效的信息发布和反馈机制,力争实现职能部门与教授间的直接交流。还要利用现代信息技术手段,在校园网上加大国际交流的信息量,增加教师学生对国际交流进展情况的了解。

七、调动各方面积极性,多渠道筹措发展经费

我们必须解放思想,广开渠道,多方筹措经费,鼓励教授参与国际竞争。国家自然科学基金委也鼓励国内学者参与国际合作研究,并制定了具体措施。有的院系在筹款方面成绩很好,比如国际关系学院筹到了建楼资金,将大大改善教学条件;学校支持历史、哲学等系利用捐款建立了希腊研究中心,促进了学科建设;中国经济研究中心利用捐赠建设了万众苑;学校利用韩国高等教育财团的 200 万美元和香港校友的 1000 万港币捐助建立了亚洲研究中心,等等。在国际交流中充分利用外部资源,借助别人的力量发展自己,加强筹款工作,是今后重要的努力方向。

所有这些举措都需要各院系、各部门和全体教师的参与,教授是北大国际交流合作的主体。在小组讨论中大家要畅所欲言,为北大的国际交流合作献计献策。我们只有集思广益,群策群力,北大的国际交流工作才可能搞好。

谢谢大家!

北大概况

北京大学创建于1898年,初名京师大学堂,是我国第一所国立综合性大学,也是当时中国的最高教育行政机关。辛亥革命后,于1912年改为现名。1917年,蔡元培先生出任北大校长,他"循思想自由原则、取兼容并包主义",对北大进行了卓有成效的改革,促进了思想解放和学术繁荣,北大从此日新月异。北大是中国新文化运动的中心,五四运动的策源地,在中国传播马克思主义和科学民主思想的最初基地。陈独秀、李大钊、毛泽东以及鲁迅、胡适等一批杰出人才都曾在北大任教或任职。卢沟桥事变后,北大与清华、南开南迁长沙,共同组成长沙临时大学。1938年初,临时大学迁往昆明,改称国立西南联合大学。抗战胜利后,北大返回故园,于1946年10月正式复学。当时设有文、理、法、医、农、工6个学院和一个文科研究所,学生总数为3400多人。新中国成立后,全国高校于1952年进行院系调整,北大成为一所以文理基础教学和研究为主的综合性大学。同年,北大校址从北京市内的沙滩原址迁移到位于西北郊的原燕京大学校址,即"燕园"。北大自创建以来,为国家培养了大批人才。据不完全统计,北大校友和教师有400多位两院院士,中科院数理学部三分之二的院士来自北大。1955年,北大成立了中国第一个核学专业,并于50年代后期相继成立了技术物理系和无线电电子学系,为国防科技战线培养了一批骨干,在"两弹一星"的研制中发挥了重要的作用。60年代,北大参与了由中国科学院组织的研制人工合成牛胰岛素工作,这一工作的成功对生命科学研究具有重大的理论意义和实践意义。70年代,中国第一台每秒运算百万次的电子计算机第一块1024位随机动态存储器和第一台汉字激光照排系统相继在北大诞生。而中国人文社科界的著名学者相当多也出自北大,其中几位大师级学者在中国学术和教育发展史上产生了深远的影响。

改革开放以来,北大进入了一个前所未有的大发展、大建设的新时期,并成为国家"211工程"重点建设的大学之一。1998年5月4日,北大百年校庆之际,国家主席江泽民题词:"发扬北京大学爱国进步民主科学的优良传统为振兴中华做出更大贡献",并在庆祝北大建校一百周年大会上发表讲话,发出了"为了实现现代化,我国要有若干所具有世界先进水平的一流大学"的号召。北大适时启动"创建世界一流大学计划"(也称"985工程"),北大的历史从此翻开了新的一页。

2000年4月3日,原北京大学与原北京医科大学合并为新的北京大学。原北京医科大学的前身是国立北京医学专门学校,创建于1912年10月26日。20世纪三四十年代,学校一度名为北平大学医学院,并于1946年7月并入北京大学。1952年在全国高校院系调整中,北京大学医学院脱离北京大学,独立为北京医学院。1985年更名为北京医科大学,1996年成为国家首批"211工程"重点支持的医科大学。两校合并进一步拓宽了北京大学的学科结构,为促进医学与人文社会科学及理科的结合,改革医学教育奠定了基础。

一个世纪以来,北大为民族的振兴和解放、国家的建设和发展、社会的文明和进步做出了不可替代的贡献,在中国走向现代化的进程中起到了重要的先锋作用。爱国、进步、民主、科学的传统精神和勤奋、严谨、求实、创新的学风在这里生生不息、代代相传。

近年来,在"211工程"和"985工程"的支持下,北京大学进入高速发展阶段,在学科建设、教学科研、人才队伍建设、科技开发、国内外交流合作以及基础设施建设等方面都取得了显著的成绩。

一、制订完善《创建世界一流大学规划》

创建世界一流大学,这是北京大学在相当长一段时期内发展的战略目标,也是全体北大人梦寐以求的共同理想。《创建世界一流大学规划》正是这一理想的具体行动方案,也是全体北大人面向21世纪的宣言书。《创建世界一流大学规划》正式启动于1999年初。《规划》提出了两步走的战略设想,明确了远景目标和近期主要任务——从1999年到2005年,加快体制改革和结构调整,全面提高办学效益,积极推进教学改革,实施创新教学计划,创建一批高水平的人才培养基地、知识创新基地和产学研结合基地,取得若干标志性成果,形成适应新世纪需要的高素质的师资队伍,着力改善办学条件和教职工待遇,为下一步发展提高奠定坚实的基础;从2006年到2015年,按照世界一流大学标准,全面推进各项事业。两校合并后,学校根据合并后的新形势和国家经济社会发展的需求的变化,对《规划》又进一步加以修订。《规划》内容包括学科规划、事业规划、校园规划三部分。

二、学科建设取得重大进展

目前,北大已经是一所包括自然科学、医学、人文科学、社会科学、管理科学和新型工程科学等多种学科的综合性、研究型大学。在新近教育部对全国高校重点学科的评审中,北大有81个学科被评为全国重点学科,居全国高校之首。此外,教育部、国家基金委批准北大建立了13.5个国家基础科学研究与教学人才培养基地(数学、力学、物理学(含核物理)、大气科学、化学、生物学、地质学、地理学、中国语言文学、历史学、哲学、经济学、文化素质教育);教育部批准北大建立了10个人文社科重点研究基地(外国哲学、邓小平理论、中国社会与发展、中国考古学、政治发展与政府管理、汉语语言学、教育经济、中国古代史、东方文学、中国古文献)。这些充分显示了北大坚实的基础学科优势。

北大根据社会发展需要及建设世界一流大学的总体目标,积极推进学科的整合,在稳步发展基础学科的同时,着重建设了一批国家社会急需的应用性学科,增设了中文信息处理、新闻学、影视编导、教育技术学、电影学等一些新的本科或研究生专业,成立了新闻传播学院、物理学院、地球与空间科学学院、政府管理学院以及生物医学跨学科研究中心、脑科学与认知科学研究中心、计算生物学研究中心、大规模科学工程计算中心、卫生政策与管理研究中心、言语与听觉研究中心等一系列跨学科研究中心。在文、理、医均衡发展的同时,北大的工科异军突起,与北京航空航天大学合办了北京大学工程研究中心,成立了北大建筑学研究中心,新增环境工程、控制理论与控制工程、信息与通信工程等硕士、博士专业,部分院系专业可以授予工科学位。

三、教育改革成果显著

"九五"期间,北大大力推进教育教学改革。贯彻"加强基础、淡化专业、因材施教、分流培养"的方针,大力推进面向21世纪教学内容和课程体系的改革,加强重要基础课建设,精选了327门主干基础课;在全校本科生中开设通选课,将单科化的专才教育转变为整体化的通识教育;加强学生综合文化素质教育,陆续开设了社会经济、文化艺术、自然科学前沿、时事政策四大系列讲座,并成立了素质教育委员会,为丰富学校的良好文化学术环境,全面提高学生素质发挥了积极作用。此外,鼓励本科学生参加科研实践,不断完善文理科试验班,把国防教育、军事训练和假期社会实践作为教学计划的重要环节。2001年,在一年级本科中开始实行"元培计划"实验班试点,试行通识基础教育和宽口径专业教育相结合的本科教学计划,使北大本科教学改革向前推进了一大步。

在医学教育方面,北大启动了符合我国实际情况的医学长学制教育模式,对促进教学内容与教学方法的改革,推动医学教育质量的提高起到了积极的作用。

北大积极推进研究生教育的改革与发展,在招生工作中采取了免试推荐、单独考试、招收业绩特长博士生和在优秀应届本科毕业生中直接招收硕博连读研究生等方式与方法吸引优秀生源,提高了生源质量。

教学成果和教材建设也是硕果累累。1999年,北大教师编写的7种教材获教育部科技进步奖,占获奖总数的25%;2001年,北大44项教材获北京市高等教育精品教材建设立项;同年,北大有53项教学成果获北京市教学成果奖,其中一等奖31项,二等奖22项;并荣获全国特等奖1项,一等奖5项,二等奖18项。

四、科研水平不断提高

"211工程"和"985工程"实施以来,北大承担国家科技重大任务的能力大大增强。2000年承担的国家重点以上科研项目为248项,比1996年增加了64%,其中国家重大项目(包括国家重大基础研究项目即"973"项目、攀登项目、重大基金项目)增加到120项,比1996年增加了69%。北大已有11名教授出任"973"项目首席科学家。被SCI收录的科技论文数也大幅增长,2000年和2001年公布的1999年和2000年SCI收录论文数北大均名列全国高校之首。

"九五"期间理科共获部委级以上科研成果奖159项。在42项国家级奖中,国家自然科学奖7项,其中,二等奖1项,三等奖6项。国家科技进步奖共17项,其中,特等奖1项,一等奖1项,二等奖9项。北大理科和医科承担国家重点以上课题达239项。其中国家攻关项目4项,"973"项目40项,自然科学基金重大项目26项,国防科技36项。2001年,北大王选院士荣获国家最高科技奖,又有4项成果荣获国家自然科学奖二等奖(2001年仍无一等奖,全国仅评出18项二等奖)。在微处理器研制、原子量测定、纳米科技、珍稀动物保护和研究、空间信息系统关键技术等领域一些具有国际先进水平的科研成果开始显现。

"九五"期间,北大文科教师积极承担国家哲学社会科学基金项目、教育部社会科学研究项目、北京市哲学社会科学基金项目等各类项目共346项,其中重大项目为16项。据不完全统计,"九五"前四年中文科教师共出版学术著作1475部,发表学术论文4462篇。五年中共获得各类奖励147项,其中国家级奖61项,省市部委级奖86项,在全国高校中名列前茅。在教育部实施的人文社会科学"跨世纪优秀人才培养计划"中,北大有25名优秀中青年学术骨干入选。在中国石窟寺考古领域处于国际领先水平。

五、队伍结构日趋合理

北大大力实施高层次人才培养和引进工程,在教师队伍建设方面取得了显著的成绩。具有博士学位的教师达1375人,预计到2006年,教师队伍将主要由博士组成。北大在院士人数、长江学者特聘教授人数、国家杰出青年基金获得者、国家有突出贡献的中青年专家、国家人事部"百千万人才工程"入选者、"跨世纪人才"以及北京市"百人工程"入选者等重要指标上,都居全国高校首位,显示了人才队伍的强大实力和巨大潜力。

六、校办产业和科技开发快速增长

北大校办产业一直处于全国高校领先地位,以方正集团、青鸟集团、未名集团、资源集团四大支柱为代表的校办企业产值连年增长,从1996年的44.3亿元,到2001年增至150亿。方正集团的中文电子出版系统在国内外市场的占有率达85%以上;方正指纹指纹识别产品的国内市场占有率也已达到30%;未名集团的基因工程药物α-1b干扰素占国内市场60%以上,"血脂康"已获准进入美国和新加坡市场,北大科技园区已从北京扩展到深圳、厦门和山东等地。1996年来,北大的科技成果转化加速增长。1996年转让科技成果合同为28项,合同总额为735.9万,2001年签订转让合同112项,合同总额达到3.25亿元。2001年,北京大学还启动了北大科技园建设项目。

与深圳市和香港科技大学合作建立的深港产学研基地在社会上已产生了良好的影响,2001年又建立了深圳医学中心,挂牌成立了北大深圳医院、深圳研究生院,进一步推动了产学研的结合和发展。

七、国际交流与合作开创了新局面

到2001年底,北大已和50个国家的219所大学签订了校际合作协议,接待外宾人数成倍增长,2001年达16000人次,仅国家元首和政府首脑级的宾客就接待了6人。国际学术交流空前活跃,2001年共举办45次国际学术研讨会,短期出国参加学术交流、合作研究及访问考察的人数也大幅度增加,2001年达2551人次。与美国耶鲁大学合作建立了北大—耶鲁植物分子生物学和农业生物工程联合实验室。北大与国际知名高科技企业的合作也有了长足的发展,与IBM、Bell实验室及Motorola、Intel等分别设立了联合实验室,与Canon等建立了联合企业。

八、基础设施与公共服务体系建设取得了重大进展

百年校庆以来,北大新建成了亚洲高校面积最大的图书馆,图书馆藏书551万册,作为全国高校图书文献保障体系(CALIS)的中心,建设了国际先进水平的系统,并正在顺利实施数字图书馆计划。国内高校中设施最先进的百周年纪念讲堂,功能齐全、布局合理的理科楼群,以及建筑面积达9400平方米的餐饮中心等已成为学校一批新的标志建筑。新建、改建了一批教工住宅和办公用房,学生宿舍、运动场、供电、供暖等也得到明显改善,逐渐满足了教学、科研、生活需求。采用先进技术更新扩建的高速校园网,延伸到学校各处,联网计算机已达2万多台,为教学、科研提供了方便。

2001年北大拥有教职工15639人,各类在校学生39533名(其中全日制本科生和研究生24530名),有教授1230人,博士生导师987人,中国科学院、中国工程院院士共46人,"长江学者奖励计划"特聘教授和讲座教授52人。学校现设19个学院,另有12个系,98个研究所,126个研究中心;有12个国家重点实验室,3个国家重点学科专业实验室,10个教育部重点实验室,8个卫生部重点实验室,2个国家工程研究中心,1个国防重点实验室;有6所附属医院和10所教学医院。全校有174个博士点,198个硕士点,92个本科专业,以及覆盖155个专业的30个博士后流动站。北大拥有的教授、博士生导师、中科院院士、国家重点学科和国家重点实验室的数量均居全国高校之首。

2000年,北大根据创建世界一流大学的规划,重新梳理了今后的发展思路,即:"一个目标、两个工程、三大功能、四项基本工作"。

一个目标,即创建世界一流大学,这不仅是北大的大事,更是国家和民族的大事,是北大人必须始终坚持而不可动摇的战略选择。两个工程,即"211工程"和"985工程",这两大工程是北京大学20世纪90年代发展建设的牵引力,将继续推动北京大学在21世纪初叶实现更高的飞跃。三大功能,即人才培养、科学研究、社会服务。这三大功能是现代大学的基本功能,其水平和效益如何,是体现北京大学价值以及国家和社会衡量我校工作的主要指标。四项基本工作,即推进学科建设、加强队伍建设、增强办学实力、加强和改善党建和思想政治工作,这些构成了学校工作的基本内容。学科建设和教学科研是学校的中心工作。在资源配置、政策导向上,要优先考虑学科建设和教学科研工作,为培养人才服务,全面推进素质教育。在建成一批具有国际先进水平的基础学科的同时,巩固和加强应用学科,大力发展交叉学科和边缘学科,努力为社会主义现代化建设服务。队伍建设是关键。创建世界一流大学,关键在人。要以人为本,进一步树立"尊重知识,尊重人才"、"以人为本"、"德才兼备"的观念,坚持"压缩总量、改善结构、加强管理、减员增效、优才优用、优劳优得"的方针,通过人事改革和制度建设,切实抓好学术和管理两支队伍。处理好外部引进人才与校内培养人才的关系,加大对拔尖人才的引进、培养和支持力度。增强办学实力是创一流的基础,包括筹措办学资金、加强基础设施和运行保障两大方面的工作。党建和思想政治工作则是统领各项工作的最重要的保证。这个发展思路是北大在多年的探索中形成的,今后将继续指引北大的改革与发展。

目前,北大"211工程""九五"期间建设项目已经圆满完成,"985工程"进展顺利。学校将充分依托和发

挥基础学科的优势,加强文、理、医各学科的交叉整合,积极推进研究成果向现实生产力的转化,重点发展生命科学、信息科学、纳米科学及地球和环境科学等学科,直接为综合国力的增强做出贡献;北大文科将把改革开放、现代化进程中的重大理论与实践作为主攻方向,为两个文明建设、党和国家的重大决策服务,探索中国特色社会主义政治、经济、文化发展规律;同时,倡导精品意识,向学界浮躁之风宣战,以师德建设推动教师队伍建设,深入推进素质教育,努力培养高素质创造性人才。北京大学正处于发展建设的关键时期,国家和人民对北大的未来寄予了殷切的期望,北大全体师生员工将以创建世界一流大学为目标,全力以赴,团结奋斗,争取为教育振兴、祖国繁荣创造新的辉煌。

(党办校办信息室)

· 机 构 与 干 部 ·

校级领导干部

党委书记	王德炳
校　　长	许智宏
党委常务副书记	闵维方
党委副书记	赵存生　岳素兰　王登峰
常务副校长	迟惠生　韩启德
副 校 长	闵维方(兼)　陈章良　何芳川　林钧敬　林久祥　吕兆丰　郝　平
纪委书记	王丽梅
校长助理	郝　平(2001.6免)　鞠传进　吴志攀　林建华(2001.4任)

学术委员会暨教师职务评审委员会

主　任	许智宏
副主任	闵维方　迟惠生　韩启德
委　员	王德炳　陈佳洱　吴树青　王义遒　陈章良　何芳川　林久祥　吴志攀　丁伟岳　张恭庆
	甘子钊　欧阳颀　黎乐民　赵新生　陈建生　陈晓非　周力平　朱作言　王　甦　方　竞
	佘振苏　杨芙清　李晓明　袁行霈　叶　朗　申　丹　宁　骚　梁守德　厉以宁　林毅夫
	朱苏力　马　戎　王　夔　陈慰峰　郭应禄

专业技术职务评审委员会

主　任	许智宏
副主任	闵维方　迟惠生　韩启德
委　员	王德炳　王义遒　郝　斌　岳素兰　吕兆丰　李安模　陆正飞　温儒敏　戴龙基　吴慰慈
	王兴邦　沈定予　廖陶琴　王慧芳　唐镇松　李月东　周岳明

学位评定委员会

主　席　许智宏
副主席　韩启德　迟惠生
委　员　何芳川　周其凤　袁行霈　甘子钊　厉以宁　杨芙清　文　兰　王敏中
　　　　薛增泉　赵进东　曾贻善　陶　澍　黄嘉佑　赵敦华　潘国华　王邦维
　　　　吴志攀　魏丽惠　王　夔　章友康　俞光岩　韩济生

学部学术委员会

人文学部学术委员会

主　任　袁行霈
副主任　赵敦华　申　丹
委　员　裘锡圭　陆俭明　叶　朗　陈　来　吴国盛　高　毅　阎步克　严文明
　　　　安美华　王逢鑫　仲跻昆　张玉书　赵振江　李毓榛　张玉安　王邦维
　　　　王文融　赵存生　何芳川　李克安

社会科学部学术委员会

主　任　厉以宁
副主任　吴志攀　黄宗良
委　员　吴树青　梁　柱　张纯元　刘　伟　易　纲　梁守德　陆庭恩　龚文库
　　　　宁　骚　张国有　李士坤　魏振瀛　刘世定　王　余　吴慰慈　闵维方
　　　　程郁缀

理学部学术委员会

主　任　甘子钊
副主任　姜伯驹　赵新生　赵进东
委　员　张恭庆　耿　直　高崇寿　欧阳颀　黎乐民　来鲁华　陶　澍　方精云
　　　　濮祖荫　陈建生　陈晓飞　刘元方　方家训　江栋兴　郑亚东　郝守刚
　　　　朱作言　朱玉贤　迟惠生

信息与工程科学部学术委员会

主　任　杨芙清
副主任　佘振苏　王子宇
委　员　王阳元　石青云　陈　珂　阳振坤　黄　琳　陈　滨　俞孔坚　唐孝炎
　　　　许卓群　程　旭　薛增泉　梁庆林　史树中　张永和　韩启德　陈章良
　　　　周其凤　羌　笛　朱　星

医学部学术委员会

主　　任　韩启德
副 主 任　王　夔　　黎晓新
委　　员　王志新　王　宪　王海燕　王　夔　张礼和　陈明哲　汤　健　沈渔邨
　　　　　陆道培　陈慰峰　张震康　林久祥　柯　杨　秦伯益　郭应禄　郭　岩
　　　　　秦　炯　党耕町　高晓明　强伯勤　韩启德　韩济生　蔡少青　翟中和
　　　　　黎晓新

第四届校教职工代表大会执行委员会

主　　任　赵存生
副 主 任　林钧敬　陈淑敏
委　　员　(以姓氏笔画为序)
　　　　　王　磊　朱庆之　刘永福　刘张炬　许保良　陈淑敏　张宝岭　张　彦
　　　　　林钧敬　赵存生　胡　坚　梁　燕　曾　辉
　　　　　(注:许保良委员于 2001 年 7 月病逝)

医学部负责人

主　　任　韩启德(兼)
副 主 任　林久祥(兼)　吕兆丰(兼)　魏丽惠　柯　杨　史录文
党委书记　郭　岩
党委副书记　吕兆丰(兼)　马焕章(兼)　吴建伟
纪委书记　马焕章

校机关各部门、工会、团委负责人

校 本 部

党委办公室校长办公室	主任	刘宇辉(2001.9 免)
		张　彦(2001.9 任)
发展规划部	部长	岳庆平
纪委监察室	主任	叶静漪(兼)
党委组织部	部长	王　杰(2001.4 免)
		杨　河(2001.6 任)

党委宣传部	部长	赵为民
党委统战部	部长	卢咸池
学生工作部	部长	陈建龙
保卫部	部长	张　虹
教务部	部长	李克安
科学研究部	部长	朱　星
社会科学部	部长	程郁缀
研究生院	院长	韩启德（兼）
	常务副院长	周其凤（2001.2免）
		牛大勇（2001.2任）
继续教育部	部长	李国斌
人事部	部长	周岳明
财务部	部长	廖陶琴
国际合作部	部长	李岩松（2001.2任）
总务部	部长	鞠传进（2001.2免）
		张宝岭（2001.2任,兼）
资产管理部	部长	史守旭（2001.10免）
		初育国（2001.10任）
基建工程部	部长	支　琦（2001.2任）
科技开发与产业办	主任	姜玉祥
审计室	主任	闫　敏（2001.4任）
工会	主席	赵存生（兼）
工会	常务副主席	陈淑敏
团委	书记	张　彦
机关一党委	书记	王丽梅（兼）
机关二党委	书记	仇守银
后勤党委	书记	张宝岭
产业工委	书记	隋凤花

医　学　部

党委办公室、主任办公室	主任	李　鹰
纪检监察审计办公室	主任	孔凡红（2001年5月前）
纪检监察办公室	主任	孔凡红（2001年5月后）
党委组织部	部长	管仲军
党委宣传部	部长	李海峰
党委统战部	部长	金　纯
保卫处	处长	王振铎
老干部处	处长	谢连孝（2001年4月前）
离退休人员办公室	主任（副处级）	谷卫胜（2001年4月后）
工会	主席	马焕章
	常务副主席	王春虎
学工部	部长	辛　兵
团委	书记	迟春霞
机关党委	书记	刘淑英
后勤党委	书记	郭富堂（2001年9月前）

后勤党委	书记	张　奇(2001年10月后)
产业总支	副书记	侯利平
党校	校长	吴建伟
人事处	处长	林　丛
人才培训与服务中心	主任	乔　力
教育处	处长	辛　兵
科学研究处	处长	方伟岗
研究生院	常务副院长	李春英
继续教育学院	副院长	张成兰(2001年4月前)
继续教育处	处长	张成兰(2001年4月后)
医院管理处	处长	英立平
计划财务处	处长	孙瑞霞(2001年9月前)
	处长	闫　敏(2001年10月后)
国际合作处	处长	董　哲
审计办公室	主任	张　明(2001年5月)
设备与实验室管理处	处长	周文平
产业管理办公室	主任	侯建新
后勤部	主任	史录文(2001年9月前)
后勤与基建管理处	副处长(主持工作)	王书生(2001年9月后)
后勤服务总公司	总经理	徐善东

各院、系、所、中心负责人

校　本　部

数学科学学院	党委书记	刘和平
	院长	张继平
力学与工程科学系	党委书记	于年才
	主任	方　竞
物理学院(新建)	党委书记	郭建栋(2001.5任)
	院长	叶沿林(2001.5任)
化学与分子工程学院	党委书记	刘　锋
	院长	林建华(兼)
电子学系	党委书记	郭　瑛
	主任	项海格
计算机科学技术系	党委书记	魏引树
	主任	李晓明
生命科学学院	党委书记	李松岗
	院长	周曾铨
地球与空间科学学院(新建)	党委书记	宋振清(2001.9任)
	院长	陈运泰(兼)
城市与环境学系	党委书记	莫多闻

	主任	杨开忠
心理学系	党委书记	肖　健
	主任	王　垒
计算机科学技术研究所	所长	王　选
环境科学中心	党总支书记	栾胜基
	主任	张远航
信息科学中心	主任	唐世渭
中国语言文学系	党委书记	李小凡
	主任	温儒敏
历史学系	党委书记	王春梅
	主任	王天有
考古系	党委书记	赵朝洪
	主任	高崇文
哲学系/宗教学系	党委书记	丰子义
	主任	叶　朗（2001.3 免）
		赵敦华（2001.4 任）
国际关系学院	党委书记	邱恩田
	院长	钱其琛
	常务副院长	潘国华
新闻与传播学院	院长	邵华泽
	常务副院长	龚文庠（2001.4 任）
经济学院	党委书记	睢国余
	院长	晏智杰
光华管理学院	党委书记	王其文
	院长	厉以宁
人口研究所	所长	郑晓瑛
中国经济研究中心	主任	林毅夫
法学院	党委书记	刘守芬
	院长	吴志攀（2001.1 免）
		朱苏力（2001.1 任）
信息管理系	党委书记	刘兹恒
	主任	吴慰慈
社会学系	党委书记	吴宝科
	主任	马　戎
社会学人类学研究所	所长	马　戎（兼）
政府管理学院（新建）	党委书记	江荣海（2001.12 任）
	院长	罗豪才
	常务副院长	王浦劬（2001.12 任）
外国语学院	党委书记	吴新英
	院长	胡家峦
艺术学系	直属支部书记	彭吉象（兼）
	主任	叶　朗
马克思主义学院	党委书记	杨　河
	院长	陈占安
教育学院	院长	闵维方（兼）
体育教研部	主任	田敏月

撤消建制

物理学系	党委书记	周岳明(2001.5免)
	主任	甘子钊(2001.5免)
技术物理系	党委书记	白郁华(2001.5免)
	主任	叶沿林(2001.5免)
重离子物理研究所	所长	陈佳洱(兼)
地球物理系	党委书记	仲维英
	主任	黄嘉佑(2001.5免)
地质学系	党委书记	宋振清
	主任	潘懋
遥感与地理信息系统研究所	所长	杨开忠(兼,2001.9免)
政治学与行政管理系	党委书记	江荣海(2001.12免)
	主任	王浦劬(2001.12免)

医 学 部

基础医学院	党委书记	于恩华
	院长	贾弘禔
药学院	党委书记	洪和根
	院长	彭师奇
公共卫生学院	党委书记	李立明(2001年2月免)
		郭 岩(2001年2月任)
	院长	李立明(2001年2月免)
		胡永华(2001年2月任)
护理学院	党总支书记	邵集中(2001年2月免)
		吕凤英(2001年2月任)
	院长	郑修霞
第一医院	党委书记	蒋学祥
	院长	章友康
人民医院	党委书记	李月东
	院长	吕厚山
第三医院	党委书记	贾建文
	院长	侯宽永
口腔医院	党委书记	俞光岩
	院长	俞光岩
肿瘤医院	党委书记	李吉友
	院长	游伟程
精神卫生研究所	党委书记	周东丰
	副所长(主持工作)	于 欣
社文部	总支书记	胡佩诚
	主任	徐天民
外语部	主任	董 哲
体育部	主任	宝海荣

直属、附属单位负责人

校 本 部

图书馆	党委书记	高倬贤
	馆长	戴龙基
出版社	党委书记	王明舟
	社长	彭松建
	总编辑(代)	王明舟(兼)
计算中心	主任	张兴华(2001.9免)
		黄达武(2001.9任)
档案馆	馆长	何芳川(兼)
	常务副馆长	赵岚明
校史馆	馆长	何芳川(兼)
成人教育学院	院长	魏常海
现代教育技术中心	主任	李树芳
对外汉语教学中心	主任	郭振华
学生就业指导服务中心	主任	李国忠
会议中心	主任	范 强
校医院	党委书记	付 新
	院长	张宏印
燕园社区服务中心	主任	赵桂莲
街道	工委书记	何敬仁
	主任	张书仁
附中	党委书记	董灵生
	校长	赵钰林(2001.11免)
		康 健(2001.11任)
附小	直属支部书记	李建新
	校长	刘开云
深圳研究生院	院长	陈章良(兼)
	常务副院长	史守旭
深港产学研基地	主任	陈章良(兼)
校办产业管理委员会	主任	姜玉祥
国内合作委员会	主任	迟惠生(兼)
首都发展研究院	院长	迟惠生(兼)

医 学 部

图书馆	馆长	廉志坚
档案馆	副馆长	李润生
实验动物科学部	主任	杨果杰(2001.2任)
教育技术中心	主任	许连陆

信息中心	副主任	张　翎
医药卫生分析中心	主任	崔玉新
出版社	社长	陆银道
学报编辑部	主任	周传敏

各民主党派和归国华侨联合会负责人

中国国民党革命委员会北京大学支部委员会	主任委员	韩汝琦
	副主任委员	陈月华　吴泰然
中国民主同盟北京大学委员会	主任委员	王晓秋
	副主任委员	黄嘉佑　沈正华　孟广礼
中国民主建国会北京大学支部委员会	主任委员	晏懋洵
	副主任委员	邱建国
中国民主促进会北京大学委员会	主任委员	高巧君
	副主任委员	胡军　佟新　潘燕生
中国致公党北京大学支部委员会	主任委员	李崇熙
	副主任委员	马军
九三学社北京大学委员会	主任委员	许保良(7月去世)
	副主任委员	陈恢钦　姚孟臣　陆杰华(12月增补)
		杨其湘(12月增补)
北京大学归国华侨联合会	主席	王德煌
	副主席	王佩瑛　李安山
中国民主同盟北京大学医学部委员会	主任委员	范家栋
	副主任委员	赵金垣　季加孚　李载权　吴东
中国农工民主党北京大学委员会	主任委员	顾晋
	副主任委员	李刚　金燕志　冷希圣　徐军
中国致公党北京大学医学部支部	主任委员	陈仲强
九三学社北京医科大学委员会	主任委员	林琬生
	副主任委员	李安良　王荫华　屈汉庭　张波
北京大学医学部归国华侨联合会	主席	于长隆
	副主席	陈淑华(常务)　刘国魂　黄河清

· 院 系 情 况 ·

数学科学学院

【发展概况】 2001年,北京大学数学学科已走过88年的发展历程。数学科学学院现有2个一级学科:数学、统计学;3个本科专业:数学与应用数学、统计学、信息与计算科学。数学科学学院是全国首批具有按照一级学科(数学)授予博士学位权的单位。学院有4个博士专业:基础数学、应用数学、计算数学、概率统计。4个博士专业都设有博士后流动站,在2001国家重点学科评审中,上述4个专业全部被评定为重点学科。学院下设5个系:数学系、概率统计系、科学与工程计算系、信息科学系、金融数学系。学院设有综合办公室和教学科研办公室。

数学科学学院原有9个院属实验室、研究所与中心:学院中心实验室、信息实验室、计算数学实验室、数理统计实验室、北大一联证金融数学实验室、金融信息实验室、数理统计研究所、几何分析中心、金科网络研究与开发中心。考虑到进一步发挥实验室机器设备的效率,利于集中统一管理,经学院办公会议讨论,决定关闭信息实验室、计算数学实验室和数理统计实验室,进一步充实和组建通用机房、研究生专用机房和本科生机房。数学科学学院还编辑出版《数学进展》、《逼近论及其应用》(英文)、《数理统计与管理》等数学杂志。

北京大学数学研究所挂靠在数学科学学院,实行院所结合的体制,采取开放流动的运作方式。数学所每两年进行一次人员换届,由数学学院的教师提出申请。依据申请者的研究计划和前几年的科研状况,数学所在与学院充分讨论之后,决定新一届的进所教师名单。数学所为所有成员提供良好的工作条件。在这两年中他们原则上不承担教学工作,以确保能够集中精力进行数学研究。挂靠在数学科学学院的单位还有:教育部数学与应用数学开放实验室、全国高校数学研究与高等人才培养中心。

【师资队伍】 数学学院拥有一支研究领域广泛、学术渊博、治学严谨、爱岗敬业的师资队伍。2001年在编人员168人,其中教学科研编制140人,教授64人,副教授46人,讲师16人,博士后13人,助教1人。教授中有中科院院士6名,第三世界科学院院士2名。另有党政管理、工程技术、教学辅助人员共28人。学校"985"岗位聘任情况如下:

全院岗位聘任134人,其中A1岗11人,A2岗26人,A3岗22人,B1岗15人,B2岗14人,B3岗13人,C1岗15人,C2岗5人,C3岗1人,职员岗12人。

2001年博士毕业生留校2人,校外调入2人,调出1人,退休6人。

【科研成果】 数学科学学院在"211工程"、"985工程"的支持下,经全院教职员工的努力奋斗,2001年取得了令人瞩目的成绩,教学科研硕果累累,全年获省部级以上奖18项。获奖项目表如表5-1:

表5-1 数学科学学院2001年获奖表

项目名称	项目完成人	获奖等级
数学基础研究与人才培养基地建设	数学科学学院	国家教学成果特等奖
三维流形拓扑性质的研究	王诗宬	国家自然科学奖二等奖
KAM理论及非线性振动	柳彬	中国高校科学技术奖一等奖
拟共形映射及其在复动力系统中的应用	伍胜健	中国高校科学技术奖二等奖
非线性抛物型复方程及其新发展	闻国椿	北京市科技进步一等奖
一族带指数扰动的马氏链的亚稳态性	钱敏平 陈大岳	北京市科技进步二等奖
计算数学专业课程建设和研究生培养	应隆安	国家教学成果二等奖
理科"高等数学"课程内容体系的改革	李忠、周建莹	国家教学成果二等奖
"数学模型"课程建设	雷功炎	国家教学成果二等奖
	朱小华	"求是"杰出青年学者奖
数学基础研究与人才培养基地建设	数学科学学院	北京市教学成果一等奖
计算数学专业课程建设和研究生培养	应隆安	北京市教学成果一等奖
理科"高等数学"课程内容体系的改革	李忠、周建莹	北京市教学成果一等奖
"数学模型"课程建设	雷功炎	北京市教学成果一等奖
经济学院"高等数学"教学的改进	刘西垣	北京市教学成果一等奖
基础课多方位教学改革的理念和实践	丘维声	北京市教学成果二等奖
文科类高等数学教改研究(教材)	张顺燕	北京市教学成果二等奖
	甘少波	全国优秀博士论文

2001年全院发表论文137篇,其中被SCI收入60篇,出版教材9本、著作2本、译著2本。在研项目101项,其中:973项目6项;自然科学基金重点项目6项;杰出(A+B)青年基金8项;自然科学基金一般项目26项;教育部博士点基金14项;教育部人才基金18项;国际合作项目1项;企事业单位委托项目14项;其他8项。

2001年还不断传来令数学学院鼓舞的喜讯:姜伯驹获华罗庚数学奖,范厚宏获美国李氏奖,姜明获北美放射学会优秀研究奖,陈大岳、柳彬获教育部第三届"高校青年教师奖",王长平、刘培东、鄂维南获国家杰出青年基金。田刚被增选为中国科学院院士。王诗宬、刘军分别被聘为"长江学者奖励计划"特聘教授和讲座教授。田刚、丁伟岳、王诗宬、鄂维南被选定在2002年世界数学家大会上作大会特邀报告。应隆安被选定在2003年世界工业与应用数学大会上作大会特邀报告。

【学术交流】 为创建世界一流的数学学科,数学学院努力创造条件,在院内营造浓厚的学术氛围,加强广泛的学术交流。2001年组织学术报告60次,其中30次境外专家报告,12次校外专家报告。此外还主请20位外籍专家来院访问讲学。4月1日台湾大学理学院康明昌院长率团来北大数学院访问,举办了为期一周的"新世纪数学研究与教学研讨会",两岸数学家通过交流,加深了了解。数学学院与韩国浦项工业大学数学研究所签订了交流协议。在请进来的同时,数学学院的教师们也走出去,全年出境访问共102人次。

【教学工作】 2001年,数学科学学院在教学规模上仍是北大理科最大的院系,承担外系的教学任务仍是全校最繁重的院系之一。2001年春季开设73门本科生课程(其中本院开课47门,为兄弟院系开课24门,开设全校公共选修课2门)、21门研究生课程、37个研究生讨论班;秋季开设83门本科生课程(其中本院开课42门,为兄弟院系开课38门,开设全校公共选修课3门)、27门研究生课程、38个研究生讨论班。

2001年数学学院的学生基本情况如表5-2。

本科生生源再创新高,其中53名数学奥林匹克竞赛优胜同学被保送入学,北京地区录取平均分数达到640分。在本科生教学中,改革传统的教学体系和教学内容,加强反映现代数学新成果的教学内容,重点建设"三高"基础课和24门主干课程。

研究生招生人数逐年扩大,生源质量不断提高。在研究生录取过程中,把考试成绩作为重要的依据,但并非惟一依据,通过面试加强对实际研究潜力的考察。在研究生教学和培养过程中,完善课程体系,课程划分为基础必修课、专业选修课、介绍前沿最新成果的专题课,其中全力建设18门研究生基础课。根据不同学科的实际情况和特点,实行导师负责制或指导小组共同负责制,强化论文的校外评审制度,鼓励学生参加校内外的学术交流活动。

第四期"北京大学特别数学讲座"于2001年6月3日拉开帷幕。与前三期相比,参与这次讲座的教授阵容空前强大,九门课程的教授中,有两人(田刚、励建书)曾被邀请在世界数学大会上作45分钟专题报告,另有两人应邀将在2002年的数学大会上作专题报告。这些世界一流的教授不仅为学员们传递新信息、介绍新课题、输送新知识,还把他们的治学经验融入讲座之中。在讲座进程中,他们更注重教与学的互动,如田刚教授的微分几何讨论班,通过引导学员研读英文原著、课下答疑、讨论等教学方式,客观上不仅为学员们融会了新知识,提高了他们的外文应用水准,还增强了教学双方的互动性。为了使特别数学讲座发挥最佳效用,参与讲座工作的老师和工作人员在每门课程开始后的一周内,收集学员们对课程的反应情况和要求,整理归类后及时反馈给讲座教授,使教与学在更为顺畅和融洽的氛围中进行。参与这次讲座学习的正式学员231名,旁听学员50多人。

【党建与学生工作】 数学学院现有党员194人,其中正式党员172人,预备党员22人。全院共有10个党支部,其中,教工党支部5个,学生党支部5个。2001年在学生中发展党员14人。数学学院党委获得北京大学党务和思想政治工作先进集体,田立青、丘维声获得"北京大学党务和思想政治优秀工作者"称号。

2001年学院学生活动丰富多彩。5月份,学院团委、学生会经过精心准备,举办了北京大学数学建模竞赛,有6所学校,46支队(包括一支台湾大学代表队)共计138人参加。这不仅扩大了学院和学校的影响力,还增进了其他院系同学对数学的了解。10月18日到20日,数学学院40多名同学参加了校田径运动会。同学们奋勇拼搏、团结互助,取得了学生甲组男女团体总分第五名,这是建院以来的最好成

表5-2 数学学院学生基本情况

	秋季在校人数	招生人数	毕业人数
本科生	747	195	157
研究生	189	81	46
博士生	104	49	30

绩。在颁奖典礼上数学学院还同时喜获"协会杯"第二名奖杯和"运动会精神文明奖"锦旗。12月16日上午,在北大学生会、研究生会组织的十佳教师(理科部分)评选中,数学科学学院丘维声老师以票数第一当选为北京大学2001年十佳教师(理科五名、文科五名)。学生全年获得学校表彰共有:三好学生标兵7人、创新奖2人、三好学生49人、优秀学生干部2人、单项奖56人。吴霖颖在北京大学十佳演讲比赛中表现优异,获得十佳第三,刘苏、吴思思获得北京市三好学生表彰,周臻获得北京市优秀学生干部表彰。吴思思在世界大学生运动会志愿者服务中表现出色,获得"彩虹之星"表彰。

(刘华荣)

力学与工程科学系

【概况】 力学与工程科学系是国家理科基础科学研究和教学人才培养基地。系下设有流体力学教研室、固体力学教研室、一般力学教研室、结构工程教研室、计算力学与应用数学教研室、空气动力学实验室、测试分析室、计算机教学实验室、系图书馆、湍流及复杂系统研究国家重点实验室和北京大学力学博士后流动站。

全系在职教工90人,其中教授26人(包括长江特聘教授3人、博士生导师21人),副教授16人,讲师9人,研究员1人,高级工程师和高级实验师6人,工程师和实验师16人,助理工程师3人,馆员2人,党政管理7人,工勤4人。离、退休职工60人。

2001年招收本科生75人,硕士生39人,博士生19人。全系现有本科生275人,硕士生78人,博士生53人,博士后15人。2001年毕业本科生71人,硕士生13人,博士生5人。

【学科建设】 2001年3月29日至4月1日,陈滨教授主持的教育部理科力学专业类课程结构和基础课教学内容、体系改革研究项目组在广州召开总结交流会,北京大学、复旦大学、兰州大学、吉林大学以及中山大学力学专业相关教师参加,会议讨论了理科力学专业的发展规划及培养模式。12月,由严宗毅教授主持的"流体力学"名牌课程被教育部评为"优秀创建项目";王敏中教授主持的"弹性力学"课程和陈滨教授主持的"理论力学"课程继续列入教育部创名牌课程计划;力学与工程科学系固体力学、流体力学、一般力学和力学基础被确定为教育部高等学校重点学科。

【教学科研工作】 2001年,科研经费580万元,在研项目90个,其中重大项目二级子课题2个,重点项目2个,在国内外学术期刊上发表论文164篇,其中被SCI收录37篇,被EI收录20篇。2001年,方竞教授的"光力学数字信息处理方法及其应用研究"课题获国家自然科学基金杰出青年科学基金资助;陈国谦教授的"异重流的实验观测与数值模拟"和白树林副教授的"刚性颗粒填充高分子复合材料界面性能的研究"获教育部优秀青年教师基金资助;全系申请自然科学基金面上项目14项,批准10项。

【获奖情况】 2001年12月,王大钧教授等承担的"柔性结构的振动控制研究"课题获北京市科学技术进步三等奖;10月,陈国谦教授发表在1999年第4期《中国人口资源与环境》杂志上的"和谐——可持续发展的灵魂"一文获中国可持续发展研究会优秀论文一等奖;王敏中教授主持的"弹性力学的教学研究与实践"课题获北京大学2001年度教学成果一等奖;李植副教授被评为北京大学2001年度优秀教师;8月,博士后段志生的"对象与控制器同时摄动的鲁棒控制问题"论文获全国第七届关肇直控制理论奖;11月,在北京市大学生非物理类专业物理学竞赛中,本科生寻波以最高分获特等奖。力学与工程科学系党委获2001年度北京大学党务和思想政治工作先进集体。

【国际交流与合作】 2001年,分别派教师到澳大利亚悉尼大学、美国阿克隆大学、美国加州大学戴维斯分校和香港大学进行合作研究。有1人到台湾成功大学短期访问。2001年,邀请了俄罗斯莫斯科大学数学力学系西图加林教授、日本京都大学巽友正教授、香港城市大学S. Kitipovuchai教授等来系进行短期学术交流。

2000年9月至2001年1月,美国Notre Dame大学黄乃健教授来系讲授"粘弹性力学"课程。2001年2月黄乃健教授返回美国后,用邮寄的方式向北京大学图书馆捐赠数学和力学方面的图书241部,表达了他对祖国教育事业的关心。10月15日,力学与工程科学系与日本九州工业大学工学部签订合作协议书,双方协议联合开展教学和科研活动,包括交换研究生和进行教师交流等。

【出席国际会议】 2001年参加国际会议13人次,其中有2人参加了在日本召开的亚洲太平洋生命和系统工程会议,1人参加了在墨西哥召开的2001年国际工程与科学计算学术会议,1人参加了在澳大利亚召开的亚太计算力学会议,1人参加了在美国召开的2001年力学与材料会议,1人参加了在英国召开的国际光学工程会议,2人参加了国际理论与应用力学联合会,3人参加了在美国召开的美洲控制会议,1人参加了在日本召开的冲击工学会议,1人参加了在韩国召开的第6届亚洲显示学术会议。

2001年11月,中国力学学会

计算力学专业委员会主任、力学与工程科学系教授袁明武,在澳大利亚悉尼代表中国申办2004年第六届世界计算力学大会暨2004年亚太计算力学大会(WCCM Ⅵ & APCOM'04)获得成功。国际计算力学学会执行局决定大会于2004年9月在北京召开,并任命袁明武教授为会议主席。

【人事工作】 2001年9月开始进行岗位聘任工作,A类岗位人员向聘任审议委员会作述职报告,申请晋升岗位的各类人员作申述报告,聘任审议委员会通过讨论和投票确定各类岗位人选。岗位聘任结果是:A1级3人,A2级7人,A3级11人,B1级10人,B2级10人,B3级7人,C1级13人,C2级6人,实行职员制岗位津贴7人。2001年9月,王龙教授被聘为"长江学者奖励计划"特聘教授,同时"一般力学与力学基础"被批准为"长江学者奖励计划"设岗学科。职称晋升工作在11月份进行,为了促进力学各专业均衡发展,力学学科评议组在晋升高级职称方面,第一次实行了职称晋升工作与专业岗位相结合的办法。

【湍流及复杂系统研究国家重点实验室】 湍流及复杂系统研究国家重点实验室(以下简称湍流室)有17名教职工,其中教授7名(包括2名长江特聘教授),副教授2名,讲师1名,高级工程师1名,工程师和实验师5名,秘书1名。佘振苏教授任室主任。

2001年6月,陈十一教授在美国物理协会(APS)上作了题为"New Insights into Fluid Turbulence"的特邀报告;11月,佘振苏教授在钱学森技术科学思想与力学大会上作了特邀报告。2001年,陈十一的"颗粒材料物理"课题获国家自然科学基金杰出青年科学基金资助。湍流室发表SCI检索论文11篇,邀请国外学者作学术报告11人次,邀请国内学者作学术报告23人次。12月,由魏庆鼎教授和中国科学院力学研究所共同负责的"九五"攀登项目"流体和空气动力学关键基础问题研究"全面完成了原定的各项计划,通过国家科技部验收。

2001年8月3日至9日,受国际理论与应用力学联合会(IUTAM)委托,湍流室在北京大学成功主办了题为"湍流层次结构与模拟"的暑期学校,邀请到中国、美国、日本、加拿大和香港地区多位专家学者作学术报告。该暑期学校是第一次在亚洲举办。

【王仁院士逝世】 2001年4月8日,中国科学院院士、北京大学力学与工程科学系暨地球物理系教授王仁先生因病不幸逝世,享年80岁。王仁先生生前曾担任北京大学数学力学系副主任、北京大学力学系主任、北京大学地球动力研究中心主任,曾任国家自然科学基金委员会副主任、国际理论与应用力学联合会理事与执行局委员、中国力学学会理事长等职。王仁先生长期从事力学与地球动力学的教学与研究工作,把自己的全部精力和才智献给了祖国的教育事业。

(李正华)

物理学院

【发展概况】 2001年5月18日,作为北大创建世界一流大学的一个重要举措,在原物理系、技术物理系核物理专业、重离子物理研究所、地球物理系的大气物理与气象专业、天文系的基础上,成立了北京大学物理学院。学院以教学机构和博士点为基础设置了普通物理教学中心、基础物理实验教学中心、理论物理研究所、凝聚态物理与材料研究所、现代光学研究所、大气科学系、天文学系、技术物理系、重离子物理研究所及电子显微镜专业实验室等10个教学科研实体单位。学院拥有人工微结构与介观物理国家重点实验室、暴雨监测与预测国家重点实验室、重离子物理教育部重点实验室等科研机构;有一级学科博士点1个,二级学科博士点8个,博士后流动站4个;有国家重点学科8个,国家理科基础研究和教学人才培养基地2.5个。

【师生员工】 教职工队伍有原物理系在职职工188人、原技术物理系原子核物理专业在职职工51人、原重离子所在职职工43人、原地球物理系大气物理学与气象学专业在职职工39人、原天文系在职职工9人。截至2001年12月31日,物理学院在职职工总人数为317人,博士后人员18人,其中教学科研人员203人,教授201人,副教授70人,党政管理、实验技术、教辅人员及工人114人。中国科学院院士10人,长江特聘教授5人。2001年9月物理学院合并后第一次开展岗位考核聘任工作。在原有各单位指标和上年聘任的基础上进行考核和少量调整,计A类岗84人,B类岗118人,C类岗49人。另有16名党政管理人员按职员系列评定岗位。

2001年在校本科生总数为844人,其中原物理系408人;原地球物理系和天文系131人;原技术物理系123人。毕业本科生157人。招收来自24个省、市、自治区新生182人,其中物理学专业124人;天文专业28人;大气科学专业30人。其中2人获国际奥林匹克物理竞赛金牌。

2001年在校研究生501人(硕士研究生351人,博士研究生150人),其中原物理系176人(硕士研究生141人,博士研究生35人);原地球物理系和天文系93人(硕士研究生53人,博士研究生40人);原技术物理系72人(硕士研究生53人,博士研究生19人)。毕业研究生93人(硕士研究生70人,博士研究生23人)。招收新生160人,其中硕士研究生104人,博士研究生56人,并第一次在本科生中直接招收博士。

【党建与学生工作】 物理学院成立后,院党委相应由原物理系、技术物理系核物理专业、重离子物理研究所、地球物理系大气科学部及天文系的党委合并组成。党委委员重新进行了分工,加强了组织、宣传、学生、统战等各方面的工作。同时为了更有针对性地开展支部工作,在新的第三级教学、科研实体机构的基础上分别建立了在职党员和离退休党员党支部,并分别选出了新的支部委员会。学院党委下设10个在职支部、9个离退休支部和8个学生支部。学院现有党员374名,其中教工党员235人,学生党员139人。

学院的学生管理工作仍以原来相应的班级为单位进行。现有班主任30人。院团委由原三个系团委合并而成,重新调整了现有四个专业的负责人,并于2001年11月召开学生代表大会,选举产生了学院成立后第一届学生会。研究生会则由原三个系的研究生会合并而成。

2000～2001学年全院学生奖学金获奖137人,金额近30万;获新生奖学金53人;奖励122人。有27位同学获得学费减免,34人获得助学金资助,70多人申请国家助学贷款。

2001年物理系团委获北京大学先进团委称号、北京大学学生工作先进单位;物理系99级一班获北京大学"班级五四奖杯";00级团支部获北京市先锋杯优秀团支部;贾珣、穆良柱获北京市三好学生奖励。

在2001年全国大学生数学建模竞赛暨北京大学数学建模与计算机应用竞赛中,物理学院学生获得了全国一等奖2组、二等奖1组,北京市一等奖3组、二等奖3组的好成绩。

【教学工作】 2001年物理学院为本院及理科物理类系、理科非物理类系、医学部和文科系开出各类主干基础课、限定选修课、选修课及全校通选课66门,上课学生约为47万人时数。基础物理实验中心承担全校的普通物理实验课和近代物理实验课,并为物理爱好者开放课外实验室,上课学生约为15万人时数。在国家理科基地创建名牌课程项目中,物理学院的普通物理实验、光学、电动力学、量子力学、力学、核与粒子物理实验6门课程获得批准。

物理学院十分重视教学工作和教学改革,成立了物理学院教学委员会,邀请本院老教师研讨教学改革,并为提高生源质量做了大量工作。

2001年北大所获的国家级教学成果奖中,理科类共7项。其中物理学院吕斯骅、段家忯、冯庆荣、张洁天的"全面改革物理实验教学体系与内容,培养有坚实基础的创新人才"和高崇寿、彭桓武、秦旦华、阎守胜、周月梅的"北京大学物理学丛书(教材)"获国家二等奖。

物理学国家基础科学研究与教学人才培养基地(理科基地)2001年通过国家验收正式挂牌,并被评为"九五"优秀基地。

刘玉鑫教授获第三届教育部"高校青年教师奖"。

舒幼生教授在北京大学第七届"十佳教师"评选活动中再次当选,位居理科第二名。

光学专业博士生王树峰荣获北京大学2001年研究生学术十杰。其博士学位论文题目为:"超快光谱学技术在非线性光学和荧光动力学上的应用。"

在2001年北京大学优秀博士论文评选中,物理学院朱世琳的《量子色动力学求和规则的若干应用——同位旋对称性破缺效应等》获一等奖;周善贵的《用推转玻尔莫特森模型研究A=190区超形变核》获二等奖;张铁桥的《飞秒光谱技术在分子动力学和非线性光学材料研究中的应用》获三等奖。

【科研工作】 2001年物理学院承担科研项目共168项,获拨科研经费共1815万。重大科研项目83项。其中"973"项目子项目计19项;"863"项目3项;自然科学重大基金3项;自然科学重点基金27项;国际合作3项,其中"CMS部分探测器和器件研制"为重大国际合作项目;杰出青年基金6项,海外基金1项,协作21项。已获立项资助重大项目3项,其中包括:"十五"攻关——文明探源工程,华夏文明形成及其早期发展;"十五"攻关——中国气象数值预报系统技术创新研究(气象);海洋"863"——海洋遥感信息通用信息提取平台(气象)等。在国内外各类专业刊物和国际会议上发表论文约450篇,其中SCI文章257篇,EI文章104篇。出版科学研究著作10部(见表5-3)。

人工微结构和介观物理国家重点实验室已经初步形成了有自己特色的研究方向,逐步建立了一些与研究课题及水平相适应的基本物理测量手段,例如:超高真空(UHV)扫描电子显微镜(SEM)扫描隧道显微镜联合系统的研制最近通过了教育部鉴定,鉴定结果表明:"它的总体设计先进合理,在解决STM和SEM的联机,STM的扫描架,五维调节机构,减震系统结构,以及系统软件等多种关键技术方面具有创造性","性能和指标达到国际先进水平";建立了世界上第一套结合了飞秒激光技术和光偏转精确测量方法的测厚系统;使用飞秒激光脉冲首次探测到了单晶锗薄片内超快的相干声子激发和传播过程。

表 5-3 物理学院 2001 年出版科学著作一览表

姓 名	著作名称	出 版 社	出版时间	备注
吴鑫基	宇宙佳音：天体物理学（诺贝尔奖百年鉴）	上海科技教育出版社	2001.9	第1版
卢希庭等	原子核物理	原子能出版社	2001.7	修订版
刘洪涛等	人类生存发展与核科学	北京大学出版社	2001.1	第1版
马伯强	量子电动力学	北京大学出版社	2001.4	第1版
高崇寿	物理学的发展与展望	山东教育出版社	2001.11	第1版
俞允强	热大爆炸宇宙学	北京大学出版社	2001.6	第1版
高政祥	原子和亚原子物理学	北京大学出版社	2001.9	第1版
陈秉乾	电磁学专题研究	高等教育出版社	2001.12	第1版
钟锡华	大学物理通用教程·力学	北京大学出版社	2001.1	第1版
包科达	热物理学基础	高等教育出版社	2001.12	第1版
刘式适	物理学中的非线性方程	北京大学出版社	2001.7	第1版

建立于 1998 年底的非线性动力学与生物技术实验室，经过三年多的努力，已经建立了完备的实验研究体系，并在以下几个方面做出了突出的科研成果，成为国际上知名的非线性动力学实验室之一。(1)对螺旋波失稳及缺陷混沌产生的实验研究取得了一系列重要发现。(2)在开发第二代基因芯片，即分子灯塔 DNA 检测技术的基础研究工作中取得重大进展。在实验中发现了生物门效应，并对其进行了理论研究。(3)建立理论与模拟小组，成员以高年级本科生为主，研究方向是复杂系统的动力学问题，对象包括物理、化学、生物、金融、经济、网络、文化等方面。

自 1999 年以来，辐射探测实验室承担了国际合作重大项目任务和"973"项目任务，使北大成为高能物理与核物理国际大科学合作的一个重要成员。

陈家宜教授参加的"中国核电站大气扩散的理论与时间研究"，获国防科工委科技进步一等奖，北大为第二获奖单位。

2001 年 1 月，日本科学工作者首先发现了具有特殊意义的镁硼二超导体。冯庆荣副教授的工作小组在国内首先开展了镁硼二超导体的研究。经过努力，他们成为我国第一个制备出二硼化镁超导体的研究小组。

电子显微镜实验室原有 4 台电镜，2001 年通过"985"工程引进了 2 台目前为世界先进水平的国内最好的电镜，一台是菲利普公司的 300 千伏场发射高分辨透射电镜 TECNAI F30，另一台是 FEI 公司的聚焦离子束工作站 STRATA DB235。场发射高分辨透射电镜是目前国际一流电子显微镜，代表了当今世界电子显微学的最高最新水准，可进行纳米尺度的结构分析和成分分析，对样品进行蚀刻、减薄，进行离子注入等，可以用于制备纳米量子器件、纳米集成电路，研究准一维纳米结构的量子输运过程，剖析和修改微器件等等。

物理学院 2001 年获得科研大小科研奖共十多项。其中龚旗煌负责的混合型聚合物光折变材料制备、表征及应用研究；乔国俊负责的脉冲星磁层中的逆康普顿散射过程的研究；秦国刚负责的氧化多孔硅和纳米硅或纳米锗镶嵌氧化硅发光研究均获得中国高校科学技术二等奖。陈佳洱院士获 2001 年度何梁何利科学与技术进步奖。

【科技成果转化】 学院成立了科技成果转化办公室，在组织协调科研人员、参与科研成果转化等方面取得了一定的成果。

1. 北大中核磁业有限公司。为扩大规模，该公司已与"金瑞公司"合作，由对方参股，从 1000 万元扩资到 6000 万元，使该项目的科研成果得到一定的经济回报。

2. 北大蓝光科技有限公司。2001 年公司完成了 1100 平方米超净厂房的建设，引进并建立了 GaN-基蓝光 LED 生产线，完成了 MOCVD 设备的安装与验收工作，年底生产出 400nm，460nm，470nm 和 505nm 波段的 LED 外延片和 LED 管芯。

3. 以杨应昌院士研究的钕铁氮磁性材料为无形资产，由北京大学参股、注册资金 8700 万元的"双极公司"正式成立，并在北京市新技术开发区（亦庄）征地建厂，作为中试生产基地。

4. 2001 年 9 月，实时在线拉曼光谱仪完成样机后，与重庆渝港钛白粉有限公司合作。该仪器用于钛白粉生产过程中的实时在线检测，及时提供关于成分和品质的信息，可提高产品质量，增加经济效益。北京市科委于 2002 年 1 月 31 日在北京瑞利分析仪器公司主持召开了由北京大学和北京瑞利分析仪器（集团）有限责任公司共同承担的北京市科委计划项目"实时在线拉曼光谱仪"的技术鉴定会。鉴定委员会专家一致认为，该光谱仪用于生产过程实时在线检测，可提供动态信息，有利于实施最佳控制；它具有快速、无损、原位、远程测量、使用方便等特点。该样机设计合理、紧凑，体积小巧，技术处于国内领先水平，具有广阔的应用前景，符合当代国际拉曼光谱仪的发展方向。

【交流与合作】 2001 年度由学校批准并支持前来物理学院讲学及合作研究的外国专家分别来自日本、美国、澳大利亚、俄罗斯、法国、意大利、瑞典、德国、韩国、英国及港澳台地区，共 42 人。其他由教师和科研小组自行邀请的外宾还有很多。

根据教育部"在综合大学培训部分优秀中学骨干教师的方案",北京大学继续教育部于2001年10月至2002年1月接受了来自全国重点中学的9名物理骨干教师到物理学院进修。本次进修是教育部"跨世纪园丁工程"的一项重要内容,也是教育部第一次在综合大学对中学教师进行培训。

物理学院举办了"北京大学物理学院名师系列讲座",共有10名著名物理学家进行了量子力学前沿、宇宙学、大爆炸理论、粒子物理前沿、低温超导、介观理论、非线性理论、原子核理论等方面内容的讲座16次,听众爆满,影响很大。

2001年12月15日上午,中国工程物理研究院朱祖良院长等莅临物理学院进行交流访问。随同来访的还有中国工程物理研究院副书记谭志昕、副院长张维岩和高级科学顾问于敏、胡思得、杜祥琬院士以及科技部副部长张文平等。访问结束后,双方代表参加了学校举行的定向培养本科生协议签字仪式。此次交流访问增进了物理学院与中国工程物理研究院之间的了解,推动了双方在人才培养与科研等方面的合作。

正在启动建造的"北京大学超导加速器装置"(简称:PKU-SCAF)作为中德高技术合作项目之一,于2001年11月1日在北京人民大会堂举行的中德高技术对话论坛第二次会议闭幕式上,由北京大学校长许智宏和德国电子同步辐射国家实验室的Heuer教授代表中德双方签订了正式协议。中国国务院副总理李岚清和德国总理施罗德出席了会议并致词。PKU-SCAF是一台集当代诸多高技术的先进加速器装置,它可以提供具有高平均流强、高品质的皮秒脉冲电子束。它主要由激光驱动系统、DC-SC光阴极注入器、两个9cell的超导加速腔的主加速段以及束流传输部件与检测部件等组成。PKU-SCAF将提供能量为20～35MeV、平均流强达到1mA的电子束。

2001年10月18日,由北京大学和中科院高能物理研究所联合组建的北京射频超导研究中心成立。北京大学校长许智宏,中国科学院副院长白春礼,国家自然科学基金委员会主任陈佳洱,中国科学院院士方守贤、谢家麟,高能物理研究所所长陈和生以及教育部、科技部等有关单位的领导出席了成立大会。许智宏校长和白春礼副院长为中心正式成立揭牌,并分别致辞。物理学院赵夔教授和高能所张闯副所长在会上作了精彩的学术报告。

2001年10月8日至13日,由北京大学物理学院、中国高等科学技术中心、北京现代物理研究中心、中国科学院理论物理所等单位和国外多家著名学术机构联合举办的第三届泛太平洋地区高能自旋物理会议在北京大学召开。有120多名学者出席了会议。除来自美国、日本、澳大利亚、韩国、新西兰、智利等太平洋地区的专家学者外,还有来自非成员国的法国、意大利、德国、波兰、捷克、荷兰等国家以及中国港台地区的专家学者等代表共60人。

由中德科学中心、中国高等科学技术中心、北京大学物理学院和北京大学重离子物理研究所共同主办的"中德高功率质子加速器物理与技术学术研讨会"于2001年9月25至27日在北京中德科学中心成功召开。会议主题定位于当前国际加速器研究的前沿领域,参加会议的专家学者共有32人,其中德国专家6人,印度专家1人,国内专家25人。陈佳洱院士、叶铭汉院士和谢家麟院士等出席了会议。会上两国专家共宣读论文20余篇(其中德国专家提交13篇)。

由中国高技术中心、中国医学物理学会医学影像专业委员会、中国仪器仪表学会医疗仪器分会诊断医疗仪器专业委员会、中国生物医学物理研究会、北美华人医学物理工作者协会、北京大学物理学院、北京大学重离子物理研究所和北京大学肿瘤物理诊疗技术研究中心共同发起的北京第二次医学影像物理和工程国际会议于2001年10月24～27日在北京大学交流中心召开。会议共收到论文126篇,重要论文60多篇,其中有关MRI技术和临床应用的论文30篇;CT技术和应用的论文19篇;有关核医学、医学图像处理、PACS系统、医学图像中的计算机辅助诊断等方面的论文16篇。来自国外和全国科研究所、大专院校及医疗卫生机构的科研工作者、临床工作者和医疗仪器制造商近200人参加了此次学术会议。

1998年由日本理化学研究所放射性核束科学首席科学家I. Tanihata教授和北京大学物理学院长江特聘学者孟杰教授共同发起的"北京亚原子物理国际暑期学校",每两年举办一次。2001年8月21～25日,由北京大学物理学院负责组织、协调和承办的以"天体物理中的核结构与核反应"为专题的第二期暑期学校在北京瑶台山庄举行,来自国内外20多所著名高校和研究所的80多位学者和学生参加了学习。本期还特别邀请了15位活跃在核物理和天体物理领域的国际著名学者授课。

【物理大楼翻修改造工程】 物理大楼是一座服役了40余年的老楼。其楼体、上下水管道、电、气、消防设施、抗震强度等方面存在着严重的安全隐患,引起了校领导和有关部门关注。为了保证教学、科研工作的正常进行和广大师生员工的安全,学校投入了2200多万元对物理大楼进行全面的翻修改造。自2000年3月开始做工程计划,6月底进入现场施工。截至2001年年底,已完成了南楼、中楼的翻修改造,北楼的东西两端正在施工中。整个大楼的翻修改造工程预计在2002年年底之前完成。

【重大事件】 1. 2001年物理学院赵光达、秦国刚教授当选为中国科学院院士。至此,物理学院的院士达到10名。

2. 在北京大学物理系工作了26年的黄昆院士获得国家最高科学技术奖。

3. 2001年经教育部严格评审,物理学院的8个博士点全部被评为国家重点学科,在全校(文、理、医)约占1/10,在全国约占1/100。这是物理学院未来发展的重要学科基础。

4. 物理学国家基础科学人才培养基地(理科基地)经过10年建设,正式通过教育部验收并挂牌,同时被国家自然科学基金委员会评为"九五"优秀基地,王祖铨、吕斯骅教授被评为先进工作者。

(赵秀荣、肖庆、杨玉籁、张秉筠、董晓华、潘青、郑妮、丰伟静)

地球与空间科学学院

【概况】 北京大学地球与空间科学学院(简称地学院)于2001年10月26日正式成立,由原地质系、地球物理系空间物理专业和地球物理专业、遥感所、城市与环境学系地理学专业一部分和地理信息系统专业等组成。参加成立大会人数近1000人,其中包括校外嘉宾100多人,中国科学院院士30人;参加大会的新闻媒体单位有二三十家;收到单位和个人发来的贺电、贺信多封。成立大会由迟惠生副校长主持,校党委书记王德炳宣读北京大学关于成立地球与空间科学学院的决定,王德炳书记、许智宏校长、陈运泰院长和党委书记宋振清共同为新成立的学院揭牌,校领导、院领导、校外和校内单位的邀请嘉宾代表、教师和学生代表在成立大会上发表了热情洋溢的讲话。

地学院现有2个一级学科,8个二级学科;设有4个本科生专业、8个硕士研究生专业、7个博士研究生专业,并设有地质学和地球物理学两个博士后流动站;有教育部重点实验室一个,理科基础科学人才培养基地一个。按照一级学科设立系与二级学科设立研究所的原则,研究决定地学院内部设置3个系(虚体):地质学系、地球物理学系、空间信息科学与技术系;7个研究所(实体):大陆动力学与资源工程研究所,史前生命与环境研究所,矿物、岩石、矿床学研究所,地球化学研究所,理论与应用地球物理研究所,空间物理与应用技术研究所和遥感与地理信息系统研究所。2001年学院新聘教师6人,其中2名长江学者:陈永顺来自美国,高克勤来自加拿大。6名副教授晋升为教授,4名讲师晋升为副教授。截至2001年底,学院在编人员165人,其中教学科研人员107人,党政管理、实验技术、教辅人员58人,中科院院士7人(其中新增1名,外聘5人),长江学者3人,博士生导师31人,教授48人,副教授42人,讲师14人,教师中具有博士学位的60人,45岁以下青年教师60人。2001年博士后流动站出站12人,进站13人,在站33人。学院共有学生622人,其中博士研究生94人,硕士研究生205人,本科生323人。

【学院机构和人员设置】 地球与空间科学学院长为陈运泰,常务副院长为潘懋,副院长为陈晓非、张立飞、秦其明;学院党委书记为宋振清,副书记为仲维英;学院学术委员会主任为童庆喜,副主任为陈运泰、潘懋、陈晓非。学院学位委员会主任为马宗晋;教学委员会主任为叶大年。

学院下设三个办公室:综合办公室;教学、科研办公室;党、团、人事办公室。

(吴国泉、李凤棠)

·地球物理学系·

【发展概况】 地球物理学系于1958年11月筹建,1959年1月正式成立,苏士文任第一届系主任和党总支书记。当时有4个专业:地球物理学专业、应用地球物理学专业、气象专业和大气物理学专业。经过40多年的发展,构成较为完善的学科体系。到2000年6月有3个本科生专业:地球物理学、大气科学、天文学;5个硕士点、5个博士点:固体物理学、大气物理与大气环境、气象学、空间物理学和天文学;3个一级学科:地球物理学、大气科学、天文学;3个博士后流动站:大气科学、地球物理学、天文学博士后流动站。

随着教育的发展和需求,2000年6月2日第3次(总第419次)校长办公会研究决定,同意天文专业与中国科学院合办成立天文学系,成为独立实体,但党、团、学生、工会挂靠地球物理系,任命北京天文台中科院院士陈建生为系主任。

根据学校三级建制两级管理的体制改革方案,地球物理学系的大气教研室和天气动力教研室于2001年5月18日(成立)进入物理学院。地球物理教研室、空间物理教研室和一个地球动力学中心于2001年10月26日(成立)进入地球与空间科学学院。其学科状况自2001年10月26日起为:1个本科生专业(地球物理学),2个硕士学位授予点(固体地球物理学和空间物理学),2个博士学位授予点(固体地球物理学和空间物理学);有1个一级学科(地球物理学),1个博士后流动站(地球物理学博士后流动站)。

地球与空间科学学院的在职人员有39人,学生161人,其中本科生110人,硕士生38人,博士生

13 人。

2001 年原地球物理系共毕业 91 人，其中本科 52 人(35 人读研，10 人出国，3 人就业，4 人不就业)；硕士 25 人(读博 2 人，出国 14 人，就业 9 人)；博士 13 人(出国 3 人，博士后 3 人，就业 7 人)。博士后出站 5 人。招本科生 36 人。

2001 年固体地球物理学、空间物理学招硕士研究生 12 人，博士研究生 6 人。

博士后进站 2 人(固体地球物理 2 人)

由于院系调整，学校批准了以肖佐教授为主任的临时的地球物理学系学术委员会(2001 年 9 月 14 日～11 月 13 日)；以陈晓非教授为主任的临时的地球物理学系岗位聘任委员会(2001 年 9 月 14 日～11 月)。

【编制及岗位聘任】 2001 年 9 月 19 日北京大学人事部下达调整后的地球物理系的编制为：教师 23 人，科研 2 人，实验 8 人，图书资料 1 人，党政 3 人，其他(地球动力中心教师)3 人，合计 40 人；调整后地球物理系的岗位指标为：正高级专业技术指标数 8 个，岗位总数 31 人，其中，A 类岗位 7 个(A1 1 个，A2 2 个，A3 4 个)，B、C 类岗位 24 个。

实际聘岗情况是：长江学者 2 人，A1 2 人，A2 1 人，A3 4 人，B1 5 人，B2 4 人，B3 3 人，C1 5 人，职员 3 人，未聘 4 人。

【院士】 2001 年地球物理系空间物理专业涂传诒当选中国科学院院士。

【学科建设】 在 2001 年全国高校重点学科评选中，固体物理专业入选，成为全国惟一入选的固体物理国家重点学科。此次全国共有 227 所高校总计 1786 个二级学科点参

与申报评选。固体物理专业入选为全国高校重点学科，是该专业建设史上的一件大事，也将是该专业往新的高度发展的重要转折点。

2001 年固体物理和空间专业实验室建设取得重要进展。在学校"985"项目第一期资助下，建成了拥有多台高配置的工作站和几十台 PC 机组成的计算实验室。固体物理专业计算室包括全球 1 公里间距点的地形数据库、全球强震目录和全国微震目录，以及部分强地面运动的波形记录等重要地球物理学基本观测数据库的建立；包括 Promax、SAC 及 SeisAn 等地球物理观测资料分析和科研计算的基本软件库的建设。数字流动地震台阵、重力流动观测台网、地球电磁实验室及本科生教学综合实验室的建设正在进行之中。

【科研情况】 2001 年固体物理专业共承担在研课题 25 项，其中国家自然科学基金课题 5 项，国家科技部重点攻关项目课题 7 项。此外，2001 年申请获准、于 2002 年开题的自然科学基金项目 5 项(其中包括 1 项国家重点基金和国家杰出青年科学基金)，总经费 331 万。获得从 2001 年开始延续下达的研科研经费 1420.5 万，人均 97.4 万元。

2001 年空间物理专业共承担在研课题 9 项，其中国家自然科学基金"九五"重大项目 3 项，国家重点基础研究发展规划项目("973") 2 项，国家自然科学基金 3 项(基金委重点项目 1 项，基金委高技术 1 项)，航天部 1 项，总经费 83.5 万。此外，2001 年申请获准、于 2002 年开题的自然科学基金(2002～2004 年)3 项(其中包括 1 项国家重点基金)，科学院 1 项(2002～2004 年)，总经费 168 万。

2001 年固体地球物理专业年共发表学术论文 40 篇(含已接受文章 17 篇)，其中 SCI 收录 33 篇，EI 收录 1 篇。在国际学术会议上有 3 个特邀报告。

2001 年空间专业共发表文章 23 篇，其中 SCI 收录 19 篇。在国际学术会议上有 3 个特邀报告。

【国际会议】 地球物理系固体物理专业于 2001 年 8 月 21～25 日成功举办了"2001 年北大暑期地球科学高级论坛"，邀请了美、欧、日共 11 位在国际地球科学界有影响的华人海外学者作专题报告。国内有 60 多位来自高校、科学院和地震局的知名教授(含三名院士)、青年学者、博士生参加此次会议，并在会上踊跃发言，报告自己的最新研究成果。

【人才引进】 2001 年固体物理专业经教育部批准引进"长江学者"特聘教授陈永顺。陈永顺 1989 年获美国普林斯顿大学博士，1996 年任俄勒冈州立大学终身教授，并获 2001 年国家杰出青年基金。科研方向是地球动力学。

【队伍建设】 2001 年地球物理系为了加强教学科研队伍建设，招聘博士 3 人。其中，黄清华 1999 年在日本大阪大学获物理学博士，其后任日本理化学研究所博士研究员，科研方向是地震电磁学；周仕勇 1999 年在中国地震局地球物理所获博士，1999 年到北京大学作博士后研究，2001 年 10 月留校工作，科研方向是地震学；陈鸿飞 2001 年中科院地质与地球物理所获物理学博士，后转到北京大学，从事有关空间探测和数据采集的工作。

【获奖情况】 (1) 12 月，涂传诒获国家自然科学二等奖：太阳风中磁流体湍流的特征和本质。

(2) 12 月，濮祖荫获国家自然科学二等奖(第一完成人)：磁层能量传输与释放。

(3) 2 月，王绍武被评为"九五"国家重点科技攻关计划先进个

表 5-4A 地球与空间科学学院在职人员构成

教授	副教授	高工	副研	副研馆	博士后	中级	初级	副科调	工人
6	8	3	1	1	7	5	6	1	1

人,其课题"近120年中国气候变化及重大气候灾害"被评为"九五"国家重点科技攻关计划优秀科技成果。

(4) 胡天跃获中国海洋石油总公司科技进步一等奖和北京大学2000～2001年度教学优秀奖。

(5) 仲维英获北京大学优秀党务和思想政治工作者一等奖——李大钊奖。

【党建与学生工作】 地球物理系党委制定了"三讲"整改措施,举行了"三讲"总结会。2001年发展党员6人(5名学生,1名教员)

举办"反对邪教、崇尚科学——批判法轮功",提高学生素质等一系列主题团日、班日活动;本科生党支部组织100多名同学到鹫峰植树;为97级毕业班制作了精美的毕业生光盘;组织赴云南进行社会实践等活动。

2001年全校秋季运动会上获得学生乙组第四名。

2000—2001年度地球物理系被评为先进团委,00级地球团支部被评为优秀团支部,00级硕士生支部被评为先进团支部。袁明达、胡龙被评为优秀团员。

2000—2001年度,98级地球本科生班获北大先进学风班,张海明等20人获三好生等奖励,黄慧获北京市三好生,地球专业王毅被评为北京市优秀毕业生,张天华等4人被评为北京大学优秀毕业生。

【李宪之先生逝世】 中国著名气象科学家、高等气象教育事业的开拓者和奠基人、九三学社社员、北京大学地球物理学系李宪之教授因病医治无效,于2001年3月20日逝世,享年97岁。

李宪之,男,河北赵县人,1904年9月生。1927年入北京大学学习,1930年赴德国留学,1934年获德国柏林大学气象学博士学位,以后在该校从事科研工作。1936年回国,先后在清华大学、西南联合大学、北京大学任教。曾任清华大学气象系主任。建国后,曾任清华大学、北京大学教授、气象专业主任、大气物理专业主任,以及中国气象学会第一届常务理事,北京气象学会第一届理事长和《气象学报》编委会主任。李先生是中国气象科学研究和教育事业的开拓者、奠基人之一,为新中国的气象事业贡献了毕生精力。主要论著有《季风与气候》、《论台风》、《降水问题》等,在国内外发表的主要论文有"塔克拉玛干沙漠对若羌天气的影响"、"东亚寒潮侵袭的研究"、"台风研究"、"大气气压变化的平流机制"、"大气环流模式"、"大气环流与海洋环流的相似性"、"关于气候变化和环境恶化的两个问题"等。

(原地球物理系供稿)

·地质学系·

【发展概况】 地质学系创办于1909年,是我国设立最早的地质教育和科学研究机构,也是北京大学建立最早的理科系之一。截至2001年底,地质学系有教职工100人,其中院士1人,教授27人(其中博士生导师20人),副教授29人,讲师3人,实验技术、图书资料和行政管理岗位上的高级职称人员有12人,中级职称19人,其他10人。为进一步加强师资队伍建设,2001年从加拿大引进"长江学者"特聘教授1名,同时还聘任中国科学院3名院士做兼职教师。地质学系办公机构包括行政办公室、人事与党委办公室、教务办公室和教辅办公室。研究机构设有岩石圈研究所、石油与天然气研究中心、应用地质研究所。实验室方面设有研究实验中心和教学实验中心。其他有图书资料室、地质博物馆和档案馆(陈列馆、档案馆)、宝石鉴定中心等机构。2001年地质学系毕业本科生25人,硕士研究生24人,博士研究生8人。2001级共招收新生108名,其中本科生50人(地球化学专业26人、地质学专业24人),硕士生37人,博士生21人。近二十年来,地质系广泛开展国内外学术交流与合作,承担了数百项国家、部委及横向的科研与生产任务,创造出了一大批具有国际先进水平的科研成果,不少项目荣获国家或部委级的奖励。10月26日,地质系并入新成立的北京大学地球与空间科学学院。

地质博物馆和档案馆包括地质档案馆和地质博物馆两部分。地质档案馆为亚洲最大的地质档案馆,是北京大学"211工程"标志性建设成果之一,已接待了40多个国家的学者到访。地质博物馆(地质陈列馆)创立于1909年,是中国最早的地学专业陈列馆,2001年被评为国家级优秀"211工程"项目,承担教育部"大学数字博物馆—北京大学地质数字博物馆"项目,初步完成了1000余件模式或典型标本的数字化存档和展示工作,在馆内进行6门本科生基础课的教学和实践活动。博物馆和档案馆已成为地质学系室内教学实习基地。

【学科建设】 地质学系现有2个本科生专业:地质学和地球化学。4个硕士生与博士生专业:构造地质学,古生物学及地层学,岩石、矿物及矿床学,地球化学。1个地质学博士后流动站。9个研究领域:古生物学、地层学、构造地质学、矿物学、岩石学、资源地质学、环境地质学、灾害地质学、地球化学。有6个教研室构造地质学、古生物学及地层学、岩石学与矿物学、地球化学、资源地质学和环境与灾害地质学。4月份地质系根据师资、科研力量等综合条件,经过论证,将构造地质学和古生物学及地层学两个学科申报教育部重点学科。2001年又购置32台Nikon高级显微镜用以装备投影和计算机两个实验室。显微镜照相室已具备胶片和数码照相功能。

【对外交流】 2000～2001年度短期出国参加国际会议、访问考察、合作交流等活动共计23人次；校际交流出国访问进修4人（朱永峰副教授赴日本早稻田大学、陈衍景副教授赴澳大利亚国立大学、刘树文教授赴美国戴维斯加州大学、魏春景教授赴澳大利亚墨尔本大学），时间一年。

【科研学术活动】 1月20日由国家自然科学基金委地球科学部组织专家组对基金委"九五"重点项目"华北克拉通早期大陆性质和演化"进行了中期评估。本项目由北京大学地质学系李江海教授主持，中国科学院地质地球物理研究所、中国地质科学院地质研究所的十余位专家及研究生参加。自1999年1月启动以来，项目组研究人员足迹遍布北京、晋、冀、蒙、辽、鲁、豫的广大山区，取得丰富的第一手地质资料。项目组已发表学术论文70余篇，会议论文摘要40余篇，开展了与德国、加拿大、澳大利亚、美国之间的国际合作项目6项。项目组首次编制了华北大陆基底构造图（1∶100万），提出了华北大陆早期演化历史的基本框架，并在多项研究上取得新认识和新发现，对于认识中国大陆深部地壳组成、华北早期地质演化及其与其他大陆的构造关系具有重要意义。项目组在华北新发现的世界最古老的大洋地壳残片，在国际地球科学界引起广泛关注和强烈反响。参加项目评估的专家组认为本项目全面地完成了课题计划，研究工作已取得突出进展和丰富的成果。

5月8～9日由国家自然科学基金委员会地球科学部、中国地质学会矿物学专业委员会和中国矿物岩石地球化学学会矿物岩石材料专业委员会主办，北京大学地质学系和环境矿物学分会承办的"首届全国环境矿物学学术研讨会"在北京大学召开。这次会议是环境矿物学的首次全国性学术会议。环境矿物学是地球科学中新的学科生长点，也是国际上热点研究方向之一。目前国内的环境矿物学研究热潮一年比一年高涨，国家自然科学基金委员会地学部矿物学科（不包括地球化学与地理学等学科）中涉及环境矿物学方面研究内容的资助项目数量逐年攀升。在5月8日上午的大会开幕式上，应邀出席会议的领导和专家有：国家环保总局副局长宋瑞祥，北京大学常务副校长迟惠生，中国科学院院士叶大年，中国地质学会秘书长王弭力，国土资源部地质环境司副司长、中国地质学会农业地质专业委员会主任委员姜建军，科技部基础司调研与协调处处长叶玉江，教育部科技司基础处处长陈冬生，国家自然科学基金会地学部环境地质学科负责人蒋复初，以及北京大学科研部和地质学系负责人等。第15届国际矿物协会主席谢先德研究员发来贺辞。参加会议的来自全国各地的从事环境矿物学和环境矿物材料研究的专家和学者达120多人。大会共收到论文50余篇，交流论文40余篇。这些论文反映了近年来我国环境矿物学领域研究的最新成果，探讨了环境矿物学在环境保护和改善人类生活环境方面的前景和研究方向。会议交流论文在《岩石矿物学杂志》2001年第4期上以环境矿物学专辑（二）发表。

11月29～30日，第六届全国显微构造与组构学术研讨会在北京大学召开。会议由中国地质学会构造地质专业委员会显微构造专业组主办，地质学系联合中国地质大学地学院和吉林大学地学院承办。与会代表共30余人，地球与空间科学学院院长陈运泰、常务副院长潘懋、院党委书记宋振清和副院长张立飞等出席了会议。陈运泰院士发表了热情洋溢的讲话，称这次会议是地球与空间科学学院成立后承办的第一个全国性的学术会议。研讨会共有20位学者作了精彩的发言，展示了当今全国显微构造与组构学术领域的新水平。大家就共同关心的学术热点、合作立项、显微构造教学与人才培养等问题进行了广泛的讨论。

12月23日，青年教师张进江副教授参加了北京大学举办的第二届青年教师基本功和现代教育技术应用演示竞赛活动。

【科研成果】 2001年地质学系在科研项目、科研经费和取得科研成果方面都有明显提高。目前各类在研项目有100多项，其中国家攻关和"973"项目（课题负责）7项，国家自然科学基金项目42项（重点项目2.5项），省部级项目64项。2001年进账的科研经费达750万元。发表的科研论文数量也在逐年增加，并且在 Nature、Science、Geology 等国际一流学术期刊发表论文，仅SCI检索的论文，1999年33篇，2000年45篇，2001年达到60篇。

地质学系何国琦教授于2001年10月荣获第七届李四光地质科学奖。在此之前，地质学系丁中一教授和董申保院士分别于1989年和1993年荣获第一届李四光地质科学奖和第三届李四光地质科学荣誉奖。

【实验室建设】 为适应学科长远发展规划，创建世界一流地质学系的奋斗目标，1999年12月在地质学系分析测试中心的基础上成立了研究实验中心。中心在2001年继续加大实验室建设投入，目前中心拥有数百万元的精密仪器设备，中心开放的机制使多台大型仪器被纳入北京地区联合测试网，不仅可以满足系内科研和教学的需要，还向社会开放。研究试验中心依托全系教学科研力量，以一大批现代大型分析测试仪器为技术支撑，建立造山带与地壳演化实验室，主攻大陆动力学。2000年底，造山带与地壳演化实验室申报教育部和国家重点实验室，2001年9月15日通过教育部专家组评估验收,2002年1月11日正式获得批准成立北京大学造山带与地壳演化教育部重点实验室。2001年,参与国家重点基础研究发展规划之"中国西部中亚型造山与成矿"项目的申请立项工作,获得成功。负责其中2个课题的研究工作,共有9人分别参加4个课题。李江海教授等关于华北太古代板块构造研究取得重大进展,被评为2001年中国基础研究十大科技新闻之一。在 Science 等国内外著名刊物上发表一大批科研成果,争取到一大批研究项目。引进最新型电子探针;与英国、加拿大、瑞典等国专家合作,在B、Cu和Pb同位素ICP-MS分析方面取得重要进展;在美国伯克利加州大学专家的协助下,引进全自动全时标激光显微探针定年系统。重点实验室为构造地质学科被评为国家重点学科做出了重要贡献。

2000年12月地质系建成了全国第一家环境二噁英研究专用实验室,二噁英实验室为北京大学"985"重点项目之一。经过一年的试运行,二噁英实验室已经完全能够对应十万分之一(10~6克)至一千兆分之一(10~15克),109倍浓度差的样品的前处理和测试工作,并成功地完成了垃圾焚烧炉的飞灰、烟气,食品(鱼、肉、蔬菜等)以及世界卫生组织的委托样品测试工作,同时承担了国家自然基金委的人体中极微量二噁英污染检测技术开发工作。目前研究开发工作进展顺利,二噁英实验室建设入实质性应用科学研究阶段。

【工会工作】 在北京大学第六届"资源杯"教工、学生运动会上,地质学系获得团体总分第八名和精神文明奖。

【学生工作】 4月22日,举办新世纪第一个国际"地球日"活动;响应学校"文明修身"号召,举办"我爱我室"卫生检查、宿舍风采摄影展和"资源、环境与人类文明"科普讲座。荣获北京大学"学生工作先进系"(连续第9次)和"红旗团委"。本科生党支部在全校纪念建党80周年的"缅怀先辈丰功伟绩、展现党员时代风采"主题党日活动中荣获一等奖。00级本科地质班、地化班荣获北京市"先锋杯"优秀团支部。00、01级本科地质班、地化班和01级硕士班先后荣获"三个代表"、"北大标准"、"崇尚科学,反对邪教"和"网络文明"等最佳主题团日奖。01级硕士班被评为北京大学"先进学风班"。王长秋、徐备和王德明三位老师分别被评为校优秀班主任二等奖、三等奖和优秀德育工作者。98级本科生王欢、赵睿璇和00级硕士生李强先后被评为北京市三好学生。00级本科生咸国伟和98级硕士生陈华勇分别荣获北京市优秀学生干部和校"学术十杰"。00级硕士生李强和98级本科生余绒双获校"十佳歌手"。

(李凤棠 王德明)

· 遥感与地理信息
系统研究所 ·

【发展概况】 遥感与地理信息系统研究所(简称遥感所)成立于1983年,是中国最早从事遥感、地理信息系统理论研究和技术应用的科研与教学单位之一。1981年国家遥感中心成立,中心最早的三个部之一——技术培训部设在北京大学地理学系。1983年,经国家教委批准,北京大学组建遥感技术与应用研究所、国家遥感中心技术培训部改设在北京大学遥感技术与应用研究所。1985年,国家教委为推动与协调高校遥感技术研究与应用,批准成立高校联合遥感应用研究中心,办公室设在北京大学遥感技术与应用研究所。1994年,遥感技术与应用研究所改名为遥感与地理信息系统研究所。1995年北京大学成立跨院系的地理信息系统中心,挂靠遥感所。1997年遥感所挂靠在北京大学城市与环境学系。2000年国家科技部成立国际空间信息技术培训研究院(I-ISIT),并在北京大学设立IISIT北京分院,挂靠在北京大学遥感所。2001年,中国地理信息系统协会"GIS工程与应用专业委员会"成立,挂靠在北京大学遥感所。2001年北大遥感所经北京市教委、科委批准成立"空间信息集成与3S工程应用"北京市重点实验室。2001年10月通过院系调整,原遥感与地理信息系统研究所的全部、城市与环境学系的地理信息系统专业合并为新的遥感与地理信息系统研究所,并成立空间信息科学与技术系,所长与系主任由童庆禧院士担任,采用系所合一模式管理运行,隶属于地球与空间科学学院。

遥感与地理信息系统研究所现拥有"地理信息系统"本科专业,"地图学与地理信息系统"(理学)硕士点、博士点、博士后流动站,以及"摄影测量与遥感"(工学)硕士点。设有地图学与地理信息系统教研室和摄影测量与遥感教研室,遥感信息科学、地理信息科学、航空遥感技术、GIS技术与软件、卫星定位技术、成像技术、空间信息应用工程、地图制图技术、数字地球等研究室和中心实验室等。2001年10月院系调整前,有在职教职工23人。在职职工中包括教授7人,副教授7人,高级工程师2人,工程师2人,教管助研员1人,馆员1人,工人3人。另有在站博士后9人。院系调整后有在职教职工25人。在职职工中包括院士1人,教授8人(含博士生导师5人),副教授6人,高级工程师3人,讲师3人,助教1人,工程师1人,教管助研员1人,工人2人。还有兼职教授陈述彭院士、徐冠华院士、李德仁院士等6人,另有在站博士后8人。到2001年底共有在校学生131人,其中本科生61人,硕士研究生45人,博士研究生25人,地图学与地理信息系统专业研究生课程班63人。1985～2001年间北大遥感所共招收硕士研究生184人，毕业138人，招收博士研究生52人，毕业37人。

【科研项目】 遥感与地理信息系统研究所主要的研究领域包括遥感理论与技术，GIS技术与软件，遥感图像处理，图像自动解译，遥感应用（资源开发与管理、环境与灾害监测、水土流失与水土保持、水利、农作物估产、地质、海洋等），GIS工程，卫星定位系统技术与应用，移动目标空间信息服务（LBS），成像技术，可持续发展理论等。2001年信息系统研究所共承担各类科研项目36项，其中各省市与部委项目16项，国家自然科学基金6项，"973"项目子课题4项，"863"项目4项，其他项目6项（详见表5-4）。

表5-4 2001年遥感与地理信息系统研究所科研项目表

项目名称	项目来源分类	主持人
高庄、南屯、西曲地测信息系统	行业基金	毛善君
矿井地层和巷道实体虚拟现实建模理论及技术研究	国家自然科学基金	毛善君
葛亭、古城、滕北五号井地测信息系统	行业基金	毛善君
数字城市空间信息应用关键技术及示范	省市合作	李 琦
北京奥运移动用户综合信息服务系统	国家863	李 琦
数字城市系统理论和关键技术	教育部骨干教师基金	李 琦
高分辨率卫星图像多目标智能识别	国家自然科学基金	秦其明
东莞市人口普查GIS	省市合作	秦其明
云南丽江坝子遥感制图	省市合作	秦其明
卫星数字图像自动解译中的空间分析方法研究	国家自然科学基金	秦其明
《遥感概论》网络课程	教育部项目	秦其明
遥感复杂性机理研究	国家973项目	秦其明
关键应用参数反演技术	国家863项目	秦其明
遥感信息模型与地理数学研究	国家自然科学基金	马蔼乃
提高卫星空间分辨率的图像处理技术	国防科研项目	陈秀万
利用遥感与GIS进行干旱半干旱地区水土资源综合管理	国际合作	陈秀万
农作物和草类的微波辐射衰减与散射研究的模拟计算分析	国家973项目	曾琪明
中山市国土房产局地理信息系统工程	省市合作	程承旗
水—土环境污染的信息集成系统研究	国家973项目	程承旗
厦门市高分辨率卫星影像图制作及绿地面积调查	省市合作	程承旗
空间信息移动用户应用服务系统	国家863项目	程承旗
图像压缩解压缩	国家计委	晏 磊
CMOS数码相机产业化	科技部	晏 磊
垃圾能源化	省市合作	晏 磊
APS智能摄影系统	国家学术技术出版基金	晏 磊
行播冬小麦遥感机理模型	国家973项目	徐希孺
开放复杂体系热辐射特性及其组分温度反演理论的研究	国家自然科学基金	徐希孺
地表能量交换相关参数的遥感探测机理模型	九五攀登项目	徐希孺
MODIS数据一体化反演方法的研究	教育部博士点基金	徐希孺
黄河流域水土流失监测网络系统设计	水利部水土保持基金	邬 伦
GIS的可视化二次开发技术	教育部骨干教师基金	邬 伦
黄土高原遥感侵蚀模型	水利部水土保持基金	邬 伦
基于GIS的现代地貌过程的数值模拟	国家自然科学基金	邬 伦
多源遥感数据的岩性分类	教育部留学回国启动金	李培军
数字地球发展战略与产业化	科技部九五项目	李 京
大型GIS标准与测评技术及平台研究	国家863项目	方 裕

【科研成果】 2001年北京大学遥感与地理信息系统研究所出版专著3部（见表5-5），在核心刊物以上以第一作者发表论文44篇，国际会议论文7篇，被美国《科学引文索引》（SCI）检索收录2篇，被《工程索引》（EI）检索收录7篇。

【对外交流】 11月5～9日，所长童庆禧院士任中国参加22届亚洲遥感会议代表团团长，率团参加了在新加坡召开的22届亚洲遥感会议。

2001年中韩日"国际遥感学术研讨会（ISRS2001'）"于10月31～11月2日在韩国济州举行。陈秀万教授等参加会议。

中国—意大利科技合作项目"洪水风险规划、监测及实时预报集成系统"研讨会于6月15日在意大利驻华使馆举行。陈秀万教授作为项目中方负责人之一，参加了此次研讨，并代表国家遥感中心作总结发言。

6月21～22日，陈秀万教授出席在北京举行的"中欧卫星定位系统研讨会"。

10月18～19日，陈秀万教授参与组织并出席了在北京举行的"中德中国北方煤火探测、灭火与监测新技术研究研讨会"。

经2000年联合国亚太经社理事会（UNESCAP）第56届大会批准，"基于遥感、地理信息系统的干旱半干旱地区水土资源综合管理"项目被列为"亚太地区空间应用促进可持续发展计划"（RESAP）优先项目。北大遥感所（国家遥感中心技术培训部）是该项目中方实施单位之一。为保证该项目实施的有效性以及项目成果的实用性和可推广性，UNESCAP与中国科技部、外交部合作于2001年12月10～14日在新疆石河子市组织召开了项目研讨会。陈秀万教授作为项目责任专家之一出席了会议，并作了"项目实施方法与执行计划"报告。

作为中国—马来西亚政府间科技合作计划空间信息技术项目中方主持人李京教授8月份赴马执行该项目，策划、组织、实施了航空遥感合作的第一期项目。11月份完成了首次在马来西亚进行的航空高光谱遥感飞行。这是中方自行研制的高光谱机载传感器在第三世界国家的首次飞行实验，获得了大量宝贵资料，受到了马来西亚政府和科技界的高度赞赏。

在中—马政府间科技合作框架下，自1997年开始，李京教授应邀担任马来西亚国家资源与环境管理计划项目专家。2001年10月，该计划在该国IT业最高奖——首相奖评比中获得第二名。中方专家的贡献受到马方的极高评价。

9月，在文莱举办"东盟国家科技周"，李京教授作为中国空间技术界的代表，应邀参加了其中的科技讨论会，并在空间技术研讨会上作大会报告。

10月，联合国亚太经社委员会（ESCAP）在吉隆坡进行了"空间技术在土壤侵蚀研究中的应用"研讨会，李京教授应邀担任会议主席并作了大会报告。

邬伦教授作为执行主席参与组织了10月28～29日中国科协青年科学家论坛第65次会议，活动主题为"数字中国"地理空间基础平台，来自海内外的30多位知名中青年专家和科技部、国家基金委官员参加了本次会议。

8月22～27日，程承旗副教授赴日本参加国际移动信息服务技术研讨会，与日本NTT、Basic、Epson等国际企业及东京大学等国际著名大学专家共同讨论有关技术及合作问题。

季然高工赴马来西亚合作交流一年。李培军副教授8月赴韩国合作交流一年。

（遥感所）

电子学系

【发展概况】 电子学系是1958年在北京大学物理系的无线电物理专业、电子物理专业及波谱专门化基础上成立的，1996年更名为电子学系。

电子学系共有教职工93人，其中教授22人（内有中科院院士1人，博士生导师16人），副教授29人，讲师10人，助教1人，高级工程师7人，工程师7人，助工2人，实验师4人，助理实验师1人，职员8人，工人2人。现有客座教授4名，兼职教授7名。现有学生646人，其中本科生445人，硕士研究生152人，博士研究生49人。

2000年全系迁入新楼——理科2号楼（逸夫苑），使用面积8000余平方米，新增价值800多万元的大型仪器设备，系网站总体工作完成，全系实现联网，教学和科研环境得到显著改善。

为贯彻"面向21世纪教育振兴计划"，落实创办世界一流大学的精神，在学校安排下，电子学系开始筹建北京大学信息科学技术学院，并就学科建设、教学改革和队伍建设等问题进行了分析和讨论，拟定出近期改革方案和面向21世纪发展规划。

表5-5 2001年遥感与地理信息系统研究所出版科技专著、教材表

作者姓名	著作名称	出版社
晏磊，刘光军	静电悬浮控制系统	国防工业出版社
秦其明等	Arcview地理信息系统实用教程	北京大学出版社
邬伦等	地理信息系统原理、方法和应用	科学出版社

【学科建设】 电子学系专业设置有：(1)学士授权点：电子信息科学与技术。(2)硕士授权点：通信与信息系统、信号与信息处理、物理电子学、无线电物理、电路与系统、电磁场与微波技术、声学。(3)博士授权点：通信与信息系统、信号与信息处理、物理电子学、无线电物理。(4)博士后流动站：通信与信息系统、电子科学与技术、物理学。其中电子科学与技术是新批准的一级学科博士点，电磁场与微波技术是新批准的二级学科硕士点。2001年经国务院学位办审批，通信与信息系统和物理电子学二学科成为国家重点学科。

在大学"985工程"、"211工程"和世行贷款的支持下，购进841万元的大型仪器设备，研究条件得到很大改善。在"211工程"资助下，电子物理实验室购进价值250万元人民币的计算机站，用于计算纳米电子学的研究。在"985工程"资助下，通信与信息处理研究中心购进价值40万元人民币的测试设备，用于卫星通信、无线通信和图像处理研究。在"985工程"资助下，量子电子学实验室购进价值65万元人民币的高精度的可调半导体激光器、冷电耦合探测器等设备，用于BEC、光频标、铷原子钟、激光卫星通信和原子喷泉频标等研究。区域光纤通信网与新型光通信系统国家重点实验室2001年又获"211工程"80万元人民币经费支持。在"211工程"和"985工程"资助下，电子科学基础实验中心又购进价值25万元人民币的仪器设备。

【实验室建设】 电子学系设有区域光纤通信网与新型光通信系统国家重点实验室、量子信息与测量教育部重点实验室、基础教学实验室和11个专业实验室(见表5-6)。

实验室建设取得较大进展。800元以上的仪器设备的固定资产总额已达2400余万元，其中单价20万元以上的大型仪器设备17台(套)，总额1026万元(约占固定资产总额的50%)。"电子信息科学基础实验中心"基本建成。该中心使用面积1850余平方米，改建扩建了11个教学实验室，详见表5-6。其中，EDA、DSP、微机原理与接口、信息处理和基础电子学实验室具有高水平的设备和条件。

自然科学基金网NFSCNet和"863"计划网CAINONet在北大区域光纤通信网与新型光通信系统国家重点实验室设立了两个节点，并成立了中国高速信息示范网北京大学实验室。

【教学工作】 2001年电子学系在教学队伍建设、课程建设和教材建设等方面取得新的进展。

教学队伍建设取得进展。2001年电子学系通过国内外招聘和本校培养选拔留校等方式，新增年轻教员5名，其中4名具有博士学位。理论课程的老中青教师队伍基本形成。

基础实验课建设取得较大进展，形成了"电子线路实验(电类)"、"数字电路实验"、"电子线路实验(非电类)"、"电子工艺与测量"和"微机原理与接口技术"五门基础课的课程组。"数字信号处理实验"和"可编程逻辑电路实验"内容得到进一步完善。

教材建设成绩显著。由王楚、沈伯弘教授主持的教育部项目"高等教育面向21世纪教学内容和课程体系改革——信息与电子科学专业教学内容和课程体系改革"(项目号：02-12-19)获2001年北京市高等教育教学成果奖一等奖和北京大学教学优秀成果奖一等奖。

【科研工作】 2000年电子学系引进科研项目经费716万元。在研科研项目32项，其中基础研究15项，应用基础研究17项，横向开发11项。新立项32项，其中国家自然科学基金及重大、重点项目19项，教育部重点、重大项目2项，北京市自然科学基金2项，总装备部17项，"863"项目6项，教育部博士点基金3项，海外青年合作基金1项，北京大学"985"项目基金2项。

发表论文105篇，其中国外学术刊物31篇，国内学术刊物74

表5-6 电子信息科学基础实验中心组成表

电子信息科学基础实验中心	基础电子学实验室	第一实验室
		第二实验室
		第三实验室
		虚拟仪器实验室
	电路系统实验室	DSP实验室
		微机接口实验室
	计算机辅助分析实验室	
	电路开放实验室	第一实验室
		第二实验室
	EDA实验室	
	信息处理实验室	第一实验室
		第二实验室
	现代电子学实验室	*通信技术实验室
		*微波技术实验室
		*光电子技术实验室

注：加"*"者为正在筹建。

篇。被 EI 收录 42 篇，SCI 收录 38 篇。

科研项目结题 16 项；通过鉴定 2 项：(1)JAM-1 型警用远程监控系统；(2)450MHz 数字无线本地环路传输技术。

科技交流：2001 年度出国访问 20 人次。其中，出国三个月以上 5 人，出国参加国际会议 8 人次。共同举办中韩双边国际会议（The 6th Annual Join Workshop on modern Electronic Technology and Applications）一次。来访 36 人。接收短期专家 17 人，接收进修教师 1 人，国内访问学者 2 人。接收博士后 5 人，出站 2 人。现有博士后 8 人。

【学生工作】 学生工作取得良好成绩，学生活动活跃。

（1）研究生会分别举办了电子学系学术年会和诺基亚科技日活动，收集到很多硕士生和博士生的论文和作品，举办了现场报告会。

（2）连续七年开展团校活动，对新生进行全面素质教育，效果很好。参与其中的有高年级辅导员 14 人，一年级团员 72 人，占新生的二分之一。

（3）积极参与 2001 年校运动会，获得了校精神文明奖。

（4）参加了校系举办的多项文艺体育赛事，研究生篮球队获得硕士杯冠军，本科生也在篮球、新生乒乓球、羽毛球方面取得较好名次。

（5）电子学系视频媒体工作小组成立，隶属于系团委领导；录制和整理了系内的多项讲座、活动和实验室的介绍等，放在系网站上供视频点播。

（6）有四个队参加全国大学生电子设计大赛，其中两个队获得全国赛区一等奖，其余两队也都在北京赛区获奖。两个队参加了大学生数学建模比赛。

（7）班级建设得到加强，班级活动开展活跃。随着研究生人数的增加，研究生的班级活动也开展得有声有色。

（8）2001 年学生获得的奖励有：99 级 1 班获校优秀班集体称号，99 级 3 班和 00 级 2 班获得先进学风班称号；个人称号有：北京市三好学生标兵 1 人，三好学生 31 人，学习和社会工作单项奖 36 人，创新奖 2 人。获得奖学金的同学共 92 人次，助学金 18 人次。

（9）毕业生分配情况

本科生毕业 71 人，其中考取研究生 35 人，自费出国 21 人，就业 11 人，不愿就业 4 人。

硕士研究生毕业 30 人，其中自费出国 9 人，就业 20 人，读博 1 人；

博士研究生毕业 6 人，就业 4 人，做博士后 2 人。

（栾桂冬）

计算机科学技术系

【概况】 计算机科学技术系包括计算机软件专业和微电子学两个专业，均为国家重点学科。

【人事】 教职员状况见表 5-7、表 5-8。

2001 年人员变动情况：新进 10 人，调出 5 人，留校 3 人，辞职 1 人，博士后 14 人，博士后出站 1 人。

【教学】 2001 年在校本科生 655 人，硕士生 277 人，博士生 117 人，计算机辅修、电子商务双学位学生 415 名，同时承担全校文科计算机基础课 1800 多人和医学部 200 多人的计算机基础课程的教学任务。

在学校"985"计划支持的基础上，计算机科学技术系进一步更新了实验室的设备，改善了教学科研条件。200 多台计算机软件实验室完全对学生开放，实现每天（含周末在内）13 小时自由上机；建立研究生公共机房（40 台计算机）；初步建成多目标芯片设计教学实验室；改善了各专业方向实验室（300 多台计算机）的条件；全部实验室和办公室实现无线覆盖联网。

同时，根据学校教学改革的总体规划和长远目标，计算机科学技术系进一步调整了本科生、研究生的培养计划。新的本科生教学计划体现了加强基础和素质教育的原则，并增设了通选课；在研究生招生和培养计划中则采取措施鼓励外校优秀保送研究生，并增加了直博生及硕博连读生的名额；在教学环节上进一步加强了基础教学、实验教学、双语教学以及与国外的交流，鼓励和支持教师参与教学改革、教材建设。

表 5-7 计算机科学系教师队伍职称状况

人数　职称 专业	教授 （含正高）	副教授 （含副高）	中级 （含博士后）	初级
计算机专业	21	26	42	2
微电子学专业	19	24	32	3
合计	40	50	74	5

表 5-8 计算机科学系聘岗情况

人数　职称 专业	A1	A2	A3	B1	B2	B3	C1	C2	C3	职员	合计
计算机专业	3	11	5	11	15	16	5	5	3	10	84
微电子学专业	3	7	11	6	14	12	14	16			83
合计	6	18	16	17	29	28	19	21	3	10	167

2001年教育部立项支持的网络建设项目有4项,学校支持的教改项目4项。

王阳元、董士海指导的博士生获北京大学博士生优秀论文奖(二等奖)2项。

耿素云、屈婉玲、王捍贫、张立昂的"离散数学系列课程体系建设"获北京市教学成果一等奖;陈向群获北京市教学成果二等奖;张立昂的"理论计算机科学基础课程建设"、陈向群的"建设面向21世纪的操作系统课程体系,培养学生创新精神、提高实践能力"获北京大学教学成果一等奖。

【科研】 出版译著、著作有:

《快易通Linux网络程序设计》,唐礼勇、郭志峰、张云霞,北京大学出版社。

《UML用户指南》(译著),邵维忠、麻志毅译,机械工业出版社。

《数据库系统实现》(译著),杨冬青、唐世渭、徐其钧译,机械工业出版社。

《现代半导体器件物理》(译著),刘晓彦、贾霖、康晋锋译,科学出版社。

发表论文、科研验收结题、立项、获奖等情况见表5-9、5-10、5-11、5-12、5-13、5-14。

2001年科研经费计算机系到款(纵向)约651万元;成果转换约218万元。

表5-9 发表论文情况统计

专 业	论文(外)	论文(中)	合 计
计算机	34	107	144
微电子	40	60	100

表5-10 论文收录统计

专 业	SCI	EI	合 计
计算机	4	17	21
微电子	38	70	108

表5-11 科研验收结题情况

项目名称	项目类别	主要完成人
面向高端消费类电子产品的32/16位嵌入式微处理器及其示范原形系统——JBCor32/16位微处理器及系统软件和程序开发环境	"863"专题	程 旭等
现代汉语词的语法属性描述研究	国家社科基金"九五"重大课题	俞士汶等
SPMD程序设计模型——从Fortran到Java	自然科学基金(面上)	李晓明等
显式指令并行结构及其编译优化技术的研究	自然科学基金(面上)	程 旭等
深亚微米半导体器件的蒙特卡罗模拟	国家电子预研基金	韩汝琦
亚0.1微米刻蚀新工艺基础研究	国家电子预研基金	张 兴
深亚微米CMOS单元电路优化设计技术研究	国家电子预研基金	张天义
数字信息加解密处理电路(97-758-01-40)	"95"攻关项目	蒋安平
16位嵌入式微处理器设计(97-758-01-53-09)	"95"攻关项目	于敦山
超深亚微米设计关键技术(863-SOC-Y-3-3-4)	"863"专题	刘晓彦
SOC相关的新结构电路(863-SOC-Y-3-5-1)	"863"专题	黄 如
微处理器IP核(863-SOC-Y-2-1-5)	"863"专题	王迎春

表5-12 2001年新立项目

项目名称	项目负责人	项目来源分类
自然、高效和主流的多通道用户界面的研究	董士海	自然科学基金(重点)
Internet与Web技术概论网络课件	李晓明、王胜清	教育部
软件科学与技术网上合作研究中心	杨芙清、王立福	教育部
超大规模集成电路SOC重大专项——面向系统芯片的16位、32位微处理器核及PCI主控制器核的研究与开发	程 旭、王克义	"863"专项
计算机信息系统安全保护等级评估认证体系及电子身份认证管理及安全保护平台建设	王立福、陈 钟	国家计委
利用Agent技术进行网上异构空间信息库的协同研究	罗英伟	北京市基金
基于网络的虚拟博物馆漫游显示中的关键技术研究	汪国平	北京市基金
高性能32位RISC微处理器及系统软件的实现	程 旭	国防应用基础研究
网络环境下虚拟博物馆漫游显示中的关键技术	汪国平	自然科学基金
混成系统的描述与验证理论研究	王捍贫	自然科学基金

续表

项目名称	项目负责人	项目来源分类
SMP机群上的多范例并行模型及q-HPF编译支持	丁文魁	自然科学基金
构件化软件的在线演化技术研究	王千祥	自然科学基金
汉语指代消解与多文本交叉共指研究	王厚峰	自然科学基金
新世纪网络课程-离散数学	屈婉玲	教育部
新世纪网络课程-编译原理	丁文魁	教育部
软件构件组装技术及理论研究	梅宏	自然科学基金杰出青年
面向领域的构件运行支撑平台	邵维忠	"十五""863"
面向机器机构的编译优化技术-编译优化基础设施及面向众志系列32位处理器优化编译器的研发	丁文魁、佟冬	"十五""863"
基于Internet、以构件库为核心的软件开发平台	杨芙清、谢冰	"十五""863"
水资源调度系编软件构件柔性组装技术研究——面向领域的应用框架和构件技术	王立福	"十五""863"
面向电子商务基于工作流的协同工作支撑平台——软件服务质量特征组合的协同策略及其质量评估	汪小林	"十五""863"
高性能存储体系结构——基于Peer-to-peer计算模型的海量分布式文件系统	代亚非、李晓明	"十五""863"
智能化战争综合研究与演练环境-新型虚拟战场勘察及支撑平台研究	汪国平	"十五""863"
简易、自然和高效的网络服务多通道用户界面	王衡	教育部留学回国启动基金
学习对象结构编排技术及模板工具项目	李晓明	教育部现代远程教育工程
网上合作研究中心网络服务平台	王立福	教育部现代远程教育工程

表5-13 微电子所2001年新立项项目

项目分类	项目数	经费总数(万元)
国家电子预研项目	15	2730
国家电子公关项目	1	180
国家电子基金项目	2	20
重点实验室基金项目	2	29
总计	20	2959

表5-14 科研获奖情况

项目名称	获奖名称	获奖者
青鸟软件生产线系统	科技部、财政部、国家计委、国家经贸委"九五"国家重点科技攻关计划优秀科技成果	杨芙清等
青鸟软件质量保证支撑工具体系	科技部、财政部、国家计委、国家经贸委"九五"国家重点科技攻关计划优秀科技成果	杨芙清等
面向微处理器设计的软硬件协同设计环境	科技部、财政部、国家计委、国家经贸委"九五"国家重点科技攻关计划优秀科技成果	程旭等
小尺寸MOS器件可靠性及其应用技术研究	科技部、财政部、国家计委、国家经贸委"九五"国家重点科技攻关计划优秀科技成果	许铭真等
CMOS/SOI ASIC及深亚微米器件电路研究	科技部、财政部、国家计委、国家经贸委"九五"国家重点科技攻关计划优秀科技成果	张兴等
用于集成电路芯片检测与分析的比例差值算符及其应用技术	2001年度教育部中国高校科学技术(自然科学类)二等奖	许铭真、谭长华

【学生工作】 计算机系团委响应校团委"新世纪修身行动在母校"的号召,组织了一系列讨论活动与社会实践活动。讨论围绕大学生的精神风貌、学习生活中如何面对挫折等主题展开。讨论中同学们富于

思辨的发言擦亮了精神的火花。组织了三支团队分赴东、西、中部地区。赴杭州的团队以科技考察为主题,主要调查了杭州的高科技企业和高新技术开发区的运营现状和杭州的国企改革情况,调查政府部门在市场经济条件下的职能。赴湖北的综合性社会调查团队,以国企改革为主线,调查了多家国有企业,了解他们的经营状况和面临的困难,亲身体验了工人们的辛劳。还通过对当地农业的调查,了解了农业现代化的进程。广西是"西部大开发"的战略重点,在百色,学生们接受了传统的爱国主义教育;在恭城,学生们走进乡间,和当地少数民族兄弟们一起,感受了最真实的农村生活。

(魏引树)

化学与分子工程学院

【发展概况】 2001年原北京大学技术物理系应用化学专业并入化学与分子工程学院(简称化学学院)。北京市核磁共振中心于2001年1月正式挂靠在化学学院。截止到2001年底,化学学院现有教职工311人(包括博士后),其中中科院院士10人,教授63人,副教授63人,高工19人,有博士生导师47人。有10人被教育部聘为"长江学者"教授。近十几年来,一大批年轻的博士、硕士陆续充实到教师队伍中,教职工中具有博士学位的有146人,占教职工总数的46.9%。

学院每年招收本科生约180人,硕士生和博士生约100人。学院重视教学、注重学生素质的培养,注重扎实系统的基础理论教学和严格系统的实验训练是化学学院的优良传统。现有无机、有机、分析、物化、综合五大基础课实验室,建筑总面积为3500多平方米。全院拥有总价值1亿元的各种仪器设备。学院自1986年起建立博士后流动站,共进站博士后164人(截至2001年底)。学院有5个二级学科(无机化学、有机化学、分析化学、物理化学、高分子化学与物理),均于1989年被教育部首批认定为重点学科,2001再次被评为重点学科。这些学科均设有硕士点、博士点和博士后流动站。1978—1998年,全院共出版专著、译著、教材50多部,其中先后被评为国家级优秀教材特等奖1部,国家级优秀奖6部,国家教委一、二等奖共9部。共有5项教学成果获得国家级奖励。

学院注重基础理论与应用基础理论研究,开展多项应用与开发研究,2001年化学学院从国家和省部委获得科研经费1750万元。主持2项、参加6项国家科技部重点基础研究发展规划项目("973"项目)和3项国家科技部重大基础研究项目(攀登项目)、多项国家"863"高科技项目、攻关项目,以及近百项国家自然科学基金项目和省部级项目。1994~2000年有14人获得国家自然科学杰出青年基金资助,5人与国外学者合作获得国家自然科学基金海外杰出青年基金资助,1人获得教育部首届教学与科研奖励基金,5人获得教育部跨世纪人才基金,9人获得教育部优秀青年教师基金,6人被列为国家级百千万人工程,有2人获得中国优秀博士后奖。1978~2000年共获科研成果奖157项(不含北京大学校级奖),其中国家自然科学奖和国家科技进步奖共17项。1994~2000年在国内外核心学术刊物上发表论文共2500余篇,其中被SCI收录1805篇(从99年起使用SCI扩展版)。

2001年配合国家"创建世界一流大学规划"("985"规划),化学学院继续贯彻执行了学院的目标责任书,进行了2000年岗位考核及2001年岗位续聘,共聘A类岗位54人,B类岗位95人,C类岗位34人。2001年化学学科建设"985"专项经费1200万元已经基本执行完毕,化学学院购置国内外先进仪器设备近20余套。根据"985"规划,化学大楼的整体改造二期工程(北区)于2001年完成,化学学院的工作和实验条件得到了极大的改善。

表 5-15 化学学院结构及研究机构

化学与分子工程学院						
化学系	材料化学系	高分子科学工程系	应用化学系	化学生物学系	院机关、后勤	院工厂、公司
教学及研究机构						
无机化学研究所	北京大学稀土化学研究中心	有机化学研究所	分析化学研究所	北京大学物理化学研究所	现代物理化学研究中心	高分子化学与物理研究所	北京大学分析测试中心	北京大学化学基础教学实验中心	北京大学纳米科学与技术研究中心
重点实验室						
稀土材料化学及应用国家重点实验室		分子动态与稳态结构国家重点实验室		生物有机与分子工程教育部重点实验室		
学报及人事挂靠单位						
《物理化学学报》编辑部		《大学化学》编辑部		北京市核磁共振中心		

【学科、专业设置】 (1)本科生学位授予专业设置：化学专业、材料化学专业。

(2)硕士生学位授予专业设置及研究方向：

无机化学：稳定同位素化学、稀土化学、无机固态化学、无机材料化学、物理无机化学。

分析化学：电化学分析法、色谱分析法、光学分析及生化分析法、生化分析及痕量物质的分离、原子吸收光谱分析。

有机化学：天然产物有机化学（含多肽合成）、生物有机化学、有机合成化学、金属有机化学、物理有机化学、有机结构分析。

物理化学：化学动力学、电化学与光电智能材料、溶液化学（含生物热化学）、催化化学、胶体化学及表面化学、结构化学（含结晶化学、表面结构化学、生命过程中的重要化学问题、功能体系的分子工程学）、量子化学、纳米化学及有序组装膜化学、固体物理化学（含分子筛、复合氧化物等功能材料）、计算化学。

高分子化学与物理：高分子合成与分子设计、医用和功能高分子、高分子多相体系与拉胀材料、感光与液晶高分子、生物降解与环境友好高分子。

应用化学：二次电池正极材料、辐射高分子材料、应用生物化学、药物化学。

(3)博士生学位授予专业设置及研究方向：

无机化学：稳定同位素化学及原子量测定、稀土化学、配位化学及生物无机化学、稀土配位化学、材料化学、稀土材料化学及稀土分离化学、无机固体和材料化学、物理无机化学与应用量子化学、配位化学、无机合成及全碳分子化学。

分析化学：生化分析、生化分析及有机试剂。

有机化学：天然产物与有机合成、有机天然产物及有机反应、有机合成与多肽化学、有机合成与生物有机化学、金属有机化学与有机合成方法学。

物理化学：结构生物学与功能体系分子工程学、动力学（含分子反应动力学）与激光化学、生物大分子结构与药物分子设计、纳米化学及有序组装膜化学、固态表面分散体系结构与功能关系的研究、非晶体氧化物结构与小分子活化、纳米离子超晶格的结构化学和分子工程学研究、功能分子（分子磁体、纳米分子、抗癌药物）的设计、合成、结构和性能研究、固体表面结构与功能、量子化学与物理无机化学、理论化学、固体物理化学、电化学和光电智能材料、胶体与界面化学、化学信息学。

高分子化学与物理：高分子化学、感光功能高分子与精细高分子、新型高分子合成与液晶高分子、液晶高分子（及光学活性高分子、特殊结构高分子）、中孔材料合成、聚合物凝聚态物理。

应用化学：生命加速器质谱学、核药物和天然药物化学、辐射化学与辐射高分子材料、超分子化学与材料、锂离子二次电池正极材料。

【教学工作】 继续调整课程体系，改革教学内容，执行本科生教学手册中的教学计划。将原来本科生的毕业学分由156减少到150，其中公共必修课34学分，院系必修课78学分，共43门课；专业限选课7学分，13门课；任选课22学分，其中学校通选课16学分；本科生毕业论文学分由原来的10学分减为8学分；生产实习1学分。取消原各专业实验课，为本科生开设综合化学实验。

化学和材料化学专业进行研究生招生改革实验，招收具有学士学位（或同等学力）的五年制博士研究生。培养方案按"五年制博士研究生培养试行办法"施行，该"办法"调整了硕士学习阶段的课程。

化学学院有2篇学位论文入选2001年全国优秀博士论文：王任小博士的"基于结构的药物分子设计方法"，导师来鲁华教授；应立明博士的"叠氮甲烷光解动力学、稀土配合物分子内能量传递及储库分子水合物理论研究"，导师赵新生教授。

2001年化学学院获3项教学成果奖："分析化学课程全方位建设"获北京市一等奖，北京大学一等奖；"'结构化学'课程的改革与建设"获北京市二等奖，北京大学一等奖；"普通和无机化学教学体系的建设与改革"获北京市二等奖，北京大学一等奖。2名教师荣获"北京大学优秀教学奖"，10名教师获北京大学奖教金。2篇博士生学位论文获北京大学优秀博士论文奖一等奖，3篇获三等奖。出版教材6部，教学光盘7张。

本年度共招收本科生184人，其中保送生36名。4名国际化学奥林匹克化学竞赛奖牌获得者（3金1银）全部进入化学学院学习。招收五年制博士研究生63人，普通博士生50人，三年制硕士生12名。有159名本科生毕业，其中143人获得学士学位。有80名研究生毕业，其中42人获得硕士学位，38人获得博士学位。接受进修教师2名，访问学者2名。

在北京大学第二届青年教师教学基本功和现代教育技术应用演示竞赛中，化学学院获得一等奖1项，三等奖1项，优秀奖1项，并获组织奖。

本年度化学学院在5个学科点的博士后流动站共进站博士后28人，18位博士后出站。截止到2001年底，化学学院在站博士后共56人。2001年共获得9项博士后科学基金。黄建滨获2001年"中国优秀博士后奖"（全国10名）。

2001年在校团委、学生会组织的"我爱我师"评选活动中，化学学院刘锋老师被评为"十佳教师"。

【"985"中期检查】 2001年底化学学院进行"985"项目中期检查和学科评估工作。聘请12名校外著名学者组成专家组,他们是:陆熙炎、刘会洲、乔金梁、汪尔康、吴云东、王柯敏、习复、徐如人、杨玉良、张存浩、张礼和、支志明。院长林建华向专家组和领导汇报了化学学院"985"计划实施以来的工作情况,包括学科现状、办学思想、项目执行情况以及今后的发展规划。高松、王剑波、吴凯、李元宗、李子臣、沈兴海、赵新生等分别汇报了无机化学、有机化学、物理化学、分析化学、高分子化学与物理、应用化学、化学生物学等学科的情况。专家组利用一天时间分别考察了各学术小组的工作和实验室。考察前各学术小组已经进行了自评,写出自评报告,并由院里汇编成册。

专家认为,化学学院在"211工程"和"985"的支持下,各方面工作取得显著进展。制定了有成效的管理制度,在一些领域中建立起了具有国际水平的实验室,年轻学术带头人队伍富有活力,一些研究成果达到国际水平,整体实力显著提高,为建设在国际化学界具有重要影响的化学学院打下基础。同时,专家们也对化学学院的学科布局、学术方向和机构调整、人员配备、研究生招收制度、仪器设备等方面提出了中肯的意见和建议。

【学生工作】 2001年化学学院学生工作在班级主任、学生干部及广大同学的努力下取得了较好的成绩。99级1班、98级3班被评为北京市先进班集体;院团委被评为校先进团委;先后有187名同学荣获北京市及校级的各种荣誉称号、奖励与奖学金。另外,化学学院有8位同学获得第九届挑战杯一、二等奖,其中3名同学获全国挑战杯一等奖,这也是北大第一次夺得此项荣誉。

4~5月,化学学院举办了第四届化学文化节,主题是"学会做人、学会做学问、认识化学、热爱化学"。

4~10月,化学学院学生开展了"文明修身工程"活动,从讨论找差距,到落实在自己的行动中,同学们收益很大。

2001年化学学院学生文体活动也取得了很好的成绩。在"一二·九"大合唱、校足、篮、排球赛里均取得了优异的成绩。

年底,化学学院院召开了学生工作总结会与表彰先进交流会。班委会、班级主任认真作了工作总结和交流。

暑期,化学学院有7支团队分赴工厂、山区进行社会实践,使同学们对社会、对基层有了更具体的感性认识,增强了社会责任感、使命感。

【成果统计】 2001年化学学院出版专著4部,在国内、外学术刊物共发表论文约600余篇,其中被SCI收录467篇(以SCI扩展版统计)。

获奖成果有:

吴瑾光、徐光宪等的"振动光谱的基础研究与学科交叉研究"获北京市科技进步奖一等奖。

王剑波入选教育部2000年度"跨世纪优秀人才培养计划"。(2000年年鉴未写入)

张新祥、李子臣分别入选教育部2000、2001年度"优秀青年教师资助计划"。

出版著作有:

《有机化学中的光谱方法》,北京大学出版社,王剑波、施卫峰译。

《光电功能超薄膜》,北京大学出版社,黄春辉、李富友、黄岩谊。

《城市化进程与可持续发展的平民审视》,上海科学技术出版社,钟爱民。

《分析化学》,北京大学出版社,李克安、金钦汉。

【科研工作】 2001年化学学院共承担纵向科研项目153项,其中国家科委重大基础研究"973"项目12项,国家自然科学基金委重大、重点项目10项,国家自然科学基金委杰出青年基金项目8项,海外青年学者合作基金3项,国家自然科学基金委面上基金(含青年基金)61项。教育部博士点基金10项,教育部类基金18项。当年完成项目67项,仍在进行中项目86项。

表5-16 化学学院2001年主要科研项目

项目名称	起止时间	负责人	总经费(万元)	任务来源
1.稀土化学中若干重大问题的基础研究	1997.12—2002.12	严纯华	2800	973项目
2.高纯稀土化合物分离新工艺及专家系统设计	1997.12—2002.12	严纯华	360	973项目
3.稀土磁分子材料	1997.12—2002.12	高松	150	973项目
4.新型VUV与FED荧光材料的研究	1997.12—2002.12	林建华	196	973项目
5.稀土光电功能薄膜材料的研究	1997.12—2002.12	黄春辉	150	973项目
6.含稀土高分子新材料	1997.12—2002.12	吴瑾光	75	973项目

续表

项目名称	起止时间	负责人	总经费（万元）	任务来源
7. 稀土离子掺杂的纳米光学功能材料的研究	1997.12—2002.12	孙聆东	190	973项目
8. 氧化物的磁性和超大磁电阻效应	1997.12—2002.12	王哲明	170	973项目
9. SO2和NOX的吸附富集固态化学	1999.10—2004.09	寇元	175.0	973项目
10. 凝聚相、表面和界面复杂体系的动力学研究	1999.12—2004.11	赵新生	120.0	973项目
11. 高表界面固体的分子工程与纳米结构设计、制备与组装	2000.4—2004.12	王远	280.0	973项目
12. 烷基化、异构化生产多支链异构烷烃反应与超强酸新催化材料	2001—2004	赵东滨	33.6	973项目
13. 创造新物质的分子工程学研究	2000—2004	席振峰	32.0	973项目
14. 重元素化合物计算方法及应用	1998.03—2001.12	黎乐民	30.00	基金委重大项目
15. 有序高级结构分子聚集体的理论基础研究	1999—2002	徐筱杰	50.00	基金委重大项目
16. 有机/无机复合纳米隧道的构建及室温	1998.04—2002.03	刘忠范	95.00	基金委重大项目
17. 化学反应及控制理论研究	1998.04—2001.12	赵新生	30.00	基金委重大项目
18. 有序高级结构分子聚集体的结构、构筑和性能研究	1999.01—2002.12	宛新华	50.00	基金委重大项目
19. 某些新材料的制备、结构与性能关系研究	1998.01—2001.12	吴念祖	70.00	基金委重点项目
20. 溶液中两亲分子有序组合体的形成、特性与功能	1998.01—2001.12	马季铭	80.00	基金委重点项目
21. 杰出青年科学基金	1999.—2001	席振峰	80.00	基金委杰出青年
22. 杰出青年科学基金	1999.—2001	甘良兵	80.00	基金委杰出青年
23. 杰出青年科学基金	2000.—2003	王远	80.00	基金委杰出青年
24. 海外青年合作基金	1999.—2001	危岩	30.00	基金委杰出青年
25. 海外青年合作基金	2000.—2003	李中汉	40.00	基金委杰出青年
26. 海外青年合作基金	2000.—2003	杨伟涛	40.00	基金委杰出青年
27. 教育部跨世纪人才基金	1998.01—2000.12	李元宗	20.00	教育部跨世纪人才
28. 教育部跨世纪人才基金		宛新华		教育部跨世纪人才
29. 教育部跨世纪人才基金	2001.01—2004.12	王剑波	20.00	教育部跨世纪人才
30. 教育部优秀青年教师奖励基金	2000—2004	宛新华	50.00	教育部
31. 教育部优秀年轻教师基金	2000—2002	高松	9	教育部
32. 教育部优秀年轻教师基金	2001—2003	张新祥	9	教育部
其余122项略		以下略		

【学术交流】 （1）为促进学术交流，提高研究生和本科生的科研兴趣，创造良好的学术环境，化学学院继续举办面向研究生的"兴大科学系列报告"和面向本科生的"今日化学"讲座。2001年共举办"兴大"科学系列报告25讲和"今日化学"讲座6讲。

表5-17 兴大科学系列报告

1	Dr. Chun-k Loong Intense Pulsed Neutron Source Division, Argonne National Laboratory, USA：The method of neutron scattering and its application for studying nanostructured materials，2月23日
2	忻新泉教授（南京大学配位化学研究所）：固相合成化学，3月2日
3	王文清教授（北京大学技术物理系）：手性与弱中性流宇称不守恒，3月9日
4	王梅祥教授（中科院化学研究所）：有机合成中的生物转换—兼谈化学生物学，3月16日
5	饶子和教授（清华大学生命科学院）：结构蛋白质组学-本世纪的重大科学工程，3月30日
6	Prof. Robert John Hamers University of Wisconsin-Madison：Linking microelectronics with biotechnology；fabrication and structure of controlled interfaces between DNA and silicon surfaces. 4月6日

续表

7	佟振合院士(中科院感光化学研究所)：超分子体系在合成化学中的应用-微反应器控制的有机合成反应，4月27日
8	Prof. John J Hefferren University of Kansas, USA：Developing a Laboratory Method to Predict a Clinical Result—Radiotracer Method to Assess Toothpaste Abrasion，4月27日
9	张礼和院士(北京大学医学部)：化学生物学的研究近况，5月11日
10	潘怀宗教授(台湾阳明大学药理所)：分析化学在神经科学研究上的应用，5月11日
11	方肇伦院士(东北大学理学院分析科学研究中心)：微流控分析芯片研究，5月18日
12	刘中立教授(兰州大学化学系)：Free Radical Biology and Antioxidants，5月18日
13	Prof. Urs P. Wild, Physical Chemistry Laboratory, Swiss Federal Institute of Technology：Sing Molecule Spectroscopy, Microscopy, and Identification，6月8日
14	智林博士，Ligand Pharmaceuticals Director of the Medicinal Chemistry：Androgens, Aging and the Selective Androgen Receptor Modulators，6月8日
15	程津培教授(南开大学化学学院)：Applications of Driving Force Analysis on NO - and NAD(P)H -related Mechanistic Studies，6月15日
16	Dr. Ziling (Ben) Xue University of Tennessee USA：Chemistry of Metal Silicon Complexes and Molecular Approaches to Silicon -Based Materials，6月15日
17	徐燕教授(Department of Cancer Biology, Cleveland Clinic Foundation)：Bioactive lysophospholipids and their receptors，9月28日
18	John D. Corbett, Ames Lab. and Dept. of Chemistry, Iowa State University Ames, IA (USA)：Polyatomic Anions and Networks Among Alkali -Metal Salts of the Early p -Metals in Condensed Systems，10月12日
19	王季陶教授(复旦大学电子工程系)：非平衡非耗散热力学及其在低压金刚石制备中的应用，10月19日
20	Peter C. Stair, Professor of Chemistry, Northwestern University, USA：The Chemistry Ph. D. Program at Northwestern University，10月26日
21	李彦副教授(北京大学化学学院)：On -Site One -Step Nanofabrication—Electrochemical AFM Dip -Pen Nanolithography and More，11月2日
22	王琛研究员(中国科学院化学研究所)：有机分子吸附和低维组装结构研究，11月23日
23	杨震博士(北京大学化学学院"长江学者"特聘教授)：题目：Diversity -oriented Synthesis and Branched Reaction Pathway Applied to Natural Product -like Compounds，12月7日
24	Dr. Xueheng Cheng，美国 Global Pharmaceutical Discovery, Abbott Laboratories：Recent Technological Developments in Biological Screening，12月21日
25	Dr. Liu Tong -Zhou，美国 E. I. Du Pont de Nemours and Company Dr. Liu Tong -Zhou：Chemical industry plays an important role in the world economy and people's everyday life，12月21日

（2）举行了首届曾昭抡讲座，邀请国际著名化学家、曾昭抡先生的学生王瑞駪教授(美国纽约州立大学爱因斯坦教授)作报告：Anti -cancer and Anti -virus Poly -DNP -Oligoribonucleotides。

（3）中科院化学研究所和北大化学学院2001年学术报告会于8月22日～24日在北京大学交流中心举行。出席会议的有全国政协副主席朱光亚、国家自然科学基金委员会主任陈佳洱、副主任朱道本、全国人大教科文卫委员会主任朱丽兰、国务院学位委员会办公室主任周其凤、中科院副院长陈宜瑜、北京大学校长许智宏以及基金委化学部、材料部及各学科的负责人，北京大学和中科院各主管部门的领导等。

在会上，中科院化学所和北大化学学院签署了全面合作协议，并举行了双方互聘教授仪式。会议共收到论文264篇，其中会议报告192篇。参加会议的教员、科研人员、研究生将近400人。两个单位在科研第一线的科研人员利用这一机会报告了科学研究中取得的最新研究成果。

（4）2001年度化学学院共接待国外及港澳台来宾143人，作学

表5-18 今日化学讲座

1	徐光宪院士(北京大学化学学院)：21世纪的化学是研究小分子的科学
2	徐光宪院士(北京大学化学学院)：21世纪化学的四大难题
3	徐光宪院士(北京大学化学学院)：分子片化学
4	徐筱杰教授(北京大学化学学院)：化学体系的多尺度研究
5	李星国教授(北京大学化学学院)：稀土金属间化合物的研究与发展
6	顾镇南教授(北京大学化学学院)：碳原子簇研究进展

术报告近百场。其中由校国际合作部批准并支持的来校讲学、合作研究的外国及港澳台专家共15人。他们是：美国University of Wisconsin - Madison；Prof. Robert John Hamers；美国新奥尔良大学先进材料中心电镜室主任周维烈博士；加拿大卡里顿大学王植源教授；台湾阳明大学药理所潘怀宗教授；日本北海道大学触媒研究所教授、北海道大学校长助理高桥保先生；台湾科技大学化工系的廖德章教授；美国Michigan State University生理系田心棣教授；国际著名科学家美国纽约州立大学爱因斯坦教授王瑞骏先生；美国University of Kansas Prof. John J. Hefferren；2000年诺贝尔化学奖获得者、美国宾西法尼亚大学A. MacDiarmid教授；瑞典Lund大学物理系许宏启教授；日本高知大学生物资源科学系金哲史教授；美国Illinois大学Wilfred van der Donk教授；美国Iowa State University John D. Corbett教授。

（卢英先）

生命科学学院

【发展概况】 北京大学生命科学学院是由原北京大学生物学系在1993年扩展建立的，现有5个国家重点学科（生物化学及分子生物学、细胞生物学、植物生物学、动物生物学和生理学），下设6个系（生物化学及分子生物学系、细胞生物学及遗传学系、生理学及生物物理学系、植物分子及发育生物学系、环境生物学及生态学系和生物技术系），2个国家重点实验室（蛋白质工程及植物基因工程国家重点实验室、生物膜及膜生物工程国家重点实验室），2个研究所（分子生物学研究所、细胞生物学研究所），4个科学研究中心和基地（北大—耶鲁大学植物分子遗传学及农业生物技术联合研究中心、大熊猫及野生动物保护研究中心、北京大学生物信息中心、北京大学广西崇左生物多样性研究基地），2个实验仪器中心（生命科学研究测试中心、生物基础学教学实验中心）。

2001年底统计，生命科学学院在编职工177人，其中教授42名（包括教授级高工），副教授35名（包括高工及副研），院士3名，博士生导师31名，长江特聘教授9名，"973"项目首席专家2名，全国杰出青年科研基金获得者13名。

与全国其他生物科学学院（系）比较，该院的院士数、国家重点学科数、国家重点实验室数、高级职称教师数和每年科研经费数等均为全国第一。利用"理科人才培养基地"、"211工程"经费和"985"建设一流大学经费，建立了多个技术平台，如激光共聚焦显微与patch结合实验装置、蛋白质测序仪、DNA测序仪、细胞分选仪、X-ray仪和电子显微镜等。这些先进的仪器设备装备了一批以长江特聘教授为核心的实验室，使之具有了国际科研竞争能力。

2001年学院在读本科生628名，硕士生122名，博士生115名。

【教学工作】 "国家理科基础科学研究和教学人才培养基地"及"211工程"经费继续加强本科生教学工作。从课程体系到教学内容，从师资队伍到教学设备均上了一个新的台阶。在"理科人才培养基地"的评审中受到专家们的一致肯定，被评为"A"类。

建设一支高素质、年龄结构合理的师资队伍是保证教学质量的决定因素。2001年，在学院的107名教师中，45岁以下的博士65人，硕士9人，55岁以上17人，45～55岁9人，45岁以下82人（占教师队伍76%）。一支素质高、数量稳定、结构合理的师资队伍基本形成。8门生物专业基础课已安排具有国外学历或曾出国进修的年轻教师作为接班人，他们都具有副教授以上职称，且有较强的教学组织能力。

重视教学研究、提高教学质量是生命科学学院的优良传统。年轻教师正在继承好传统，在教学研究上花费大量心血。2001年获省部级以上教学奖7项（详见表5-18）。基础教学实验是提高学生素质的重要因素，2001年"生物基础教学实验中心"通过专家评审，标志着本科基础教学实验已达到更高水平。

2001年有11人获北京大学奖教金。出版教材4部（见表5-19）。

邀请院内外知名教授为本科生开设多种学术讲座和学术交流，如"现代生命科学讲座"、"21世纪生物科学前沿论坛"、"植物分子生物学国际研讨会"等。内容涉及生命科学的不同领域和深度，使学生了解生命科学的最新进展和研究动态，激发学生对生命科学的求知欲望，深受学生欢迎。

2001年招生本科生107名，其中生物学专业87名，生物技术专业20名；国际奥赛金牌得主3名，省级状元4名。毕业生本科141名，硕士33名，博士29名。

教育部批准建设的名牌课程有3个：生物化学与分子生物学、细胞生物学、植物生物学。

【科学研究】 生命科学学院2001年获得科研总经费1107万元，科研项目132项。重大项目如："863"专项1项、"973"项目18项、国家杰出青年基金8项、科学基金重点项目3项等（见表5-20）。

发表论文总计123篇，其中国外学术刊物31篇，国内学术刊物92篇，被SCI收录65篇。科研获两个重大奖项："非细胞体系核重建（装配）的系统研究"获国家自然科学奖二等奖，获奖者翟中和、张传茂等，该奖全国共18项，全国高校

表 5-18　生命科学学院 2001 年教学获奖情况一览表

奖项类别	获奖时间	奖项名称
国家教学成果一等奖	2001 年	普通生物学媒体系列教学软件的研制与应用
国家级教学成果二等奖	2001 年	非生物类普通生物学教学体系的改革
北京市教学成果一等奖	2001 年	生物化学与分子生物学课程改革与建设
北京市教学成果一等奖	2001 年	普通生物学教学软件
北京市教学成果一等奖	2001 年	动物生物学教学体系的建立与实施
北京市教学成果二等奖	2001 年	细胞生物学教学体系的改革与建设
北京市教学成果二等奖	2001 年	建立野外教学基地

表 5-19　生命科学学院 2001 年出版教材一览表

书名	出版社	作者
人类生物学	北京大学出版社	陈守良等
生态生物化学	北京大学出版社	李绍文
继续生存的机会	北京大学出版社	潘文石等
脑科学导论	北京大学出版社	孙久荣

表 5-20　生命科学学院 2001 年科研项目一览表

项目名称	项目数
"863"专项	1
"973"项目	18
国家杰出青年基金项目	8
科技部攀登项目	1
国家研究与开发专项	10
教育部重点项目	3
教育部跨世纪人才项目	2
教育部骨干项目	9
科学基金重点项目	3
自然科学基金项目	29
教育部留学人员科研启动金项目	4
教育部博士点基金项目	4
国际合作项目	3
北京市科学项目	1

共 9 项;"金属硫蛋白的结构与功能"获国家高校科学技术奖二等奖,获奖者茹炳根等,该奖北大共 10 项。

经过几年的努力,一批高水平的研究中心、科研基地和研究实验室进入正常运转,并取得可喜成绩。例如:北大—耶鲁大学植物分子遗传学及农业生物技术联合研究中心、北京大学生物信息中心、北京大学崇左生物多样性研究基地、干细胞研究实验室、细胞钙信号转导研究实验室、结构生物学研究实验室、细胞及发育生物学研究实验室等。

在 2001 年国家重点实验室的评估中,学院两个国家重点实验室(生物膜与膜生物工程重点实验室;蛋白质工程及植物基因工程重点实验室)所取得的科研成果被专家们充分肯定,顺利通过评估,均被评为"良好"。

【学科建设与主攻方向】　2001 年生命科学学院共申请五个重点学科,全部顺利通过评审。它们基本涵盖了生物学所有基础学科,研究方向分别为:(1)生物化学与分子生物学:蛋白质结构与功能,蛋白质工程及蛋白质组学、核酸生物化学、基因工程及基因组学、基因表达调控、结构生物学及生物信息学;(2)细胞生物学:非细胞体系核、膜重建装配的调控、细胞分化与细胞工程、细胞信号传导、细胞与病毒的关系;(3)植物生物学:植物系统演化、光合、固氮、植物发育生物学、植物基因工程及生物技术;(4)动物生物学:动物的发育与遗传、保护生物学、动物生态学;(5)生理学:细胞生理学、比较生理学。

【理科 4 号楼——生命科学大楼启动】　随着 21 世纪生命科学的兴起,北京大学生命科学学院的规模迅速发展,面对教学、科研紧迫需要,学校同意在 2001 开始筹建生命科学大楼。

根据许智宏校长的意见,为了设计、建设好新生命科学大楼,要派人出境考察。2001 年 1 月由生命科学学院、基建工程部、机械工业部设计院三方组成赴新加坡、香港考察团。考察团共 15 人组成,其中北京大学 10 人,设计院 5 人,副校长林钧敬、生命科学学院院长周曾铨亲自参加,林钧敬副校长带队。

2001 年 1 月 7 日考察团通过评估正式赴新加坡、香港考察。主要考察了新加坡农业分子生物学研究所、新加坡国立大学、香港科技大学、香港中文大学和深圳北大科星公司新大楼现场。1月16日考察团返京,1月18日林钧敬副校长、周曾铨院长等向许校长作了考察和筹款情况的汇报。1月21日、22日考察团三方有关人员以及生命科学学院系主任、实验室主任共四十多人开会,详细讨论设计方案。设计院唐琼高级工程师在会上介绍了根据2000年~10月在学院召开的几次征求意见会议上确认的初步设计二稿方案,会议就设计中所有重大问题进行了讨论并作出决定。会议拟定了设计建设新大楼时间表。春节后,2月10日再次召开三方审定初审方案会议。设计院展示了设计第三稿,新大楼方案基本确定。3月7日周曾铨院长、教育基金会高超副秘书长再次赴香港开展新生命科学大楼筹款工作。

4月初开始,设计院设计人员多次到生命科学学院考察,与各实验室老师们确认各种细致、具体的设计方案。8月施工图纸初步设定,10月基建工程部和设计院对施工图纸进行了最后审核。

12月13日,生命科学大楼(理科4号楼)招标开始,北大成立了以基础工程部部长支琦为组长,林钧敬副校长参加的由六个单位组成的招标小组。12月25日上午监理开标,2002年1月3日下午监理单位决标,航天设计院监理工程部中标。此后施工单位招标开始。

【生物基础教学实验中心通过评估】 该实验中心2001年通过了北京市教育委员会专家组评估,专家们对实验中心的工作给予了很高评价,认定为合格实验室。该基础教学实验中心是国内高校生物学科中功能最为齐全的大型综合实验中心,在国内整个生命科学教学中具有非常重要的地位和作用。利用理科基地建设经费、国家"211工程"建设经费、世界银行贷款以及学校专款支持,建成和完善了分子生物学、生物化学、细胞生物学、遗传学、微生物学、动物生物学、动物生理学、植物生物学、普通生物学等十个基础教学实验室。

中心实行全员聘任和岗位责任制,现有专职人员16名,其中具有高级专业技术职称的4人,中级专业技术职称的12人。他们和教员共同承担着生命科学学院、心理系、医学部临床医学、协和医科大学的本科生的基础课实验教学,以及全校生物类选修课实验。现每年承担13.5万人学时的实验,到2003年将承担超过18万人学时的实验。实验中心总使用面积1411.06平方米,拥有资产741万元。

【21世纪生物科学前沿论坛召开】 会议由美国吴瑞学会(留美学者的学术组织,团结和吸引着人数众多的会员,旨在将他们的专长和兴趣有计划地更好地为国内科教事业服务)和北京大学顾孝诚教授倡议,受北京大学、国家自然科学基金委、教育部、科技部、中国科学院、北京市各部委和深圳金雨投资公司、北大科兴公司、丹麦诺和诺德公司等专业单位的大力支持与资助,并由北京大学生命科学学院承办,于6月21~25日在北京大学交流中心会议厅举行。会上有三位诺贝尔奖获得者Joseph Goldstein、Michael Brown(美国Texas州立大学西南医学中心教授)和Phillip Sharp(美国麻省理工学院教授)作特邀学术报告,还有以吴瑞(美国康奈尔大学Cusbea项目的创始人,吴瑞学会的荣誉主席)为首的约100位留美学者就当前主要学科前沿领域作了总计18场报告。报告人主要来自美国,少数(胡建祥等)来自加拿大,一人(罗时成)来自台湾省阳明大学。包括的单位有著名大学,如哈佛及医学院、耶鲁及医学院、斯坦福、普林斯顿、麻省理工学院等;有名药业及生物技术公司,如Scripps、Merck等。共作了97篇报告,涉及的前沿领域有:信号传导机制;转录、Splisosmes拼接子和转录后修饰;细胞周期/肿瘤抑制;细胞凋亡/Checkpoints关卡基因;神经发育与功能;发育;神经细胞死亡及疾病;干细胞/细胞命运的决定;植物生物学;免疫学;基因组学。基本覆盖了这些领域中的基础理论研究及应用和开发研究。

国内听众反应:报告内容新,水平高,是国际一流的会议;国外学者反映:听众好,提问有水平,听众面广,有各行各层次的学者和学生。

主办人称,"这是一次取得爆炸性成功的会议,主办人、主讲人和听众一致表示非常满意。"

三位诺贝尔奖获得者回国后都有回信,对有幸出席会议表示感谢,表示有兴趣在会后与中国同行在科研教学和开发方面开展合作。

【北大—耶鲁植物分子遗传学及农业生物技术联合研究中心成立】 该中心是经过长江特聘教授邓兴旺博士(中心主任)长期艰苦的工作,在北大大力支持下得已成功实现的。5月7日在北大正式揭幕成立,耶鲁大学校长Levin教授率领的包括美国前国务安全秘书、美国参议院议员等在内的美方代表团30余人出席揭幕式。被聘为中心国际学术指导委员会委员的澳大利亚总理首席科学顾问克拉克教授、瑞士联邦技术研究院的国际著名分子生物学家格鲁厄森教授、耶鲁大学的爱丽施和道森教授也应邀出席揭幕式。被邀请的还有我国著名植物分子育种专家张启发院士。

揭幕式的成功举行,与世界一流大学联合,为北京大学增添国际知名度、在国际上寻求资金支持和国际合作奠定了基础。

邓兴旺博士利用学校"985"工程拨款200万元人民币,开展植物功能基因组重大课题研究,进行大规模拟南芥突变体的构建工作,为最终了解植物基因功能奠定基础。

现已建成了 4 间 15 平方米和一个 250 平方米的植物温室。该重大课题的研究取得了可喜成果,已经获得 4 万个单株拟南芥突变体植株,保存核 DNA、种子和新鲜叶片样品各 4 万份,做 TAIL-PCR 5000 份样品,测定插入位点侧端序列 2000 个样品,发现了一批有趣的插入突变体,使北大的拟南芥突变体库的建设工作达到国内领先水平,具备了向国际先进水平靠拢的基础。

【北京大学崇左生物多样性研究基地建设】 在"985"项目的支持下,2001 年该基地的建设已粗具规模,在科学研究、人才培养以及国际合作方面都取得重要进展。

潘文石教授和他的研究生们经过多年的研究,对崇左及其周围地区的地质、地貌和气候特征及生物多样性的构成和价值有了较深入的了解,对当地生态系统的旗舰物种——白头叶猴的种群数量及社会行为进行了全面的调查,获得大量的第一手珍贵资料,从而填补了国际上在这方面研究的空白。

潘文石教授在关于野生动物保护研究的基础上于 2001 年开设了"保护生物学"全校通选课,深受广大同学欢迎,共有 351 人选修该课程。课堂上同学踊跃讨论,为野生动物保护提供了许多新思路。基地还接纳其他教师及本科生进行暑期实习和社会实践,以促使人们树立动物保护观念。

该基地以其独特的研究内容备受国内外同行的关注。仅 2001 年暑假期间,就有三名外国学者来访问,其中来自 Stongbrok 大学的博士后 Chai L. Tan 更是被这里研究所吸引,放弃了由 Palricia Wright 领导的在马达加斯加岛上进行的对竹猴的研究,决定加入到该基地对白头叶猴的研究中来。美国 Smithon 学会的两位知名学者也对这项研究显示了浓厚兴趣。研究力量的不断涌来带来了研究手段的更新,基地准备将世界先进的 GPS 卫星定位系统引入研究中,使基地研究水平达到世界一流。

当地政府为基地建设提供大量资金,基地帮助当地居民建成学校、医疗站等公共设施,不仅提高了当地人民的生活质量,而且使环保观念深入人心。

在众多国际同行的眼里,基地的研究已达到世界一流,并获得多项国际国内奖,如"福特汽车环保长江奖"、"Paul Getty"奖、报告文学《共和国脊梁》获全国金牌奖。

【学生工作】 学院学生工作在提高学生综合素质、培养创新精神方面开拓进取,与时俱进,出色地完成了本年度学校开展的各项工作任务。院学生工作办公室被评为"学生工作先进系",院团委被评为北大"红旗团委"。

坚持对学生加强社会主义、爱国主义、集体主义教育,组织同学参与"北大学生新世纪修身行动",参加学校庆祝纪念建党 80 周年系列活动,提高广大同学的文明修养、社会责任感以及理想信念。

结合专业特点开展相关的座谈参观活动,收到了良好的效果。3 月下旬,组织同学参观了华大基因研究中心;4 月上旬,分别邀请学院潘文石教授、陈守良教授、长江学者舒红兵博士就个人的成长体会,谈科学家应该具有的文化知识、科研素质,以及对如何培养科学精神、能力提出了自己的见解;6 月份,利用三位诺贝尔科学家来京访问的机会,组织不同年级、不同专业的 100 名同学与 Goldstein,Sharp,Brown 三位教授座谈,以培养学生创新意识、创新精神、创新能力。

在北京大学第九届"挑战杯"竞赛中,97 生化王萌同学的作品"用基因转化的方法获得抗衰老拟南芥植株"以及 98 博士生赵允同学的作品"Analysis of nuclear apoptosis process in a cell-free system"获得了一等奖,他们还分别获得北大"学术希望之星"和"学术十杰",学院获得团体总分第一名;在学校第四届"箸政基金"遴选活动中学院沈抒殚、王竹等 6 位同学入选。

在北大 2000~2001 年度先进集体和个人的表彰大会上,陈曦等 120 名同学和 00 级生科一班、00 级生科三班、99 级医预班受到表彰;沈扬、白书农等 6 位老师荣获 2001 年优秀德育奖和优秀班主任奖。

(庄道斌)

城市与环境学系

【发展概况】 城市与环境学系以人类环境和可持续发展方面的研究和教学为己任,是国内该领域科学研究、人才培养和对外交流的中心。师资力量雄厚,现有教授 26 人(其中院士 1 人,博士生导师 22 人),副教授 18 人,还有一大批国内外著名学者任兼职教授。本学科领域与人类社会信息化建设、城市化建设、生态环境保护和可持续发展密切相关,科学研究与教学活动非常活跃。全系现设 5 个本科生专业、7 个硕士研究生专业、5 个博士研究生专业和博士后流动站,是地理学国家基础科学人才培养基地,其中人文地理是国家在该领域惟一设立的重点学科点。城环系毕业生广泛活跃于国内外高校及社会各领域。近几年来,每届本科生毕业有约 80% 在国内外著名学府深造。目前各类在校学生 769 人,其中本科生 368 人,硕士生 252 人,博士生 149 人。

【国家重点学科——自然地理】
北京大学自然地理学科点是 1952 年全国院系调整时由清华大学地学系地理组和燕京大学部分教员

联合建立的,其渊源可追溯到1929年建立的清华大学地学系地理组,以及抗战期间的西南联大地质地理气象系地理组。1955年分出地貌学专门化方向,"文革"后在国内率先发展了环境地理学、宏观生态学等方向。目前本学科点的主要研究方向是:综合自然地理学、环境地理学、宏观生态学、地貌与第四纪环境学。

本学科点现有教授19名,其中教育部长江学者奖励计划特聘教授2名,国家杰出青年基金获得者4名,教育部跨世纪人才基金获得者1名,博士生导师17名,6位教师还获得首批自然科学基金创新群体计划资助。本学科点具有从本科、硕士、博士到博士后的完备培养系列,多年来为国家培养了大量自然地理学人才。承担了包括国家重点基础研究项目、国家攻关项目、自然科学基金项目、各类国际合作项目和地方、企业委托项目等研究课题,在基础理论和应用研究方面都取得多项重要成果,SCI论文及其他论文的总数和人均发表数大大超过同类学科的相关单位。

本学科汇集了一大批老中青学者、学术带头人或学术骨干。陈静生、崔之久、崔海亭、杨景春、蔡运龙、陶澍、莫多闻、周力平、方精云、王仰麟、许学功、王学军、曾辉、刘鸿雁、刘耕年等一批学者使本学科在国内保持领先地位。

本学科点近来重点研究陆表层的空间结构和物理、化学、生物过程,特别是人类活动干扰下的结构和过程特征,注重各种过程的相互关系和生态、经济、社会影响。综合自然地理学方向四十多年来,一直坚持综合研究方向,以土地资源、水资源、气候资源、区域自然结构及其动态作为研究基础,重点研究全球环境变化与人类活动的相互作用机理、土地利用与土地覆被变化的基础理论及其在区域可持续发展战略中的应用。环境地理学方向重点研究天然和人工合成物质排放在全球或区域范围内的生物地球化学循环、界面间的迁移转化及其与环境质量变化、灾害形成和损失、人体健康的关系,从化学形态、地球化学相、生物水平、环境要素界面间、生态系统、流域、城市、生物圈和全球系统不同层次进行各种研究。宏观生态学方向长期以来从事地植物学、生物多样性科学、景观生态学、生态恢复等方面的研究,重点研究领域为生物多样性保育与生态恢复,可分为调查编目研究、濒危物种保护生物学研究、生物多样性整合研究三个主要方面。地貌与第四纪环境学方向在发展过程中逐步形成了相对稳定、特色鲜明的五个主要研究方向:新构造与构造地貌、气候地貌与沉积、第四纪环境与全球变化、动力地貌学、第四纪年代学。以上研究重点都是当前国际学术前沿和学科热点,具有良好的发展前景。

在多年形成的国内优势地位基础上,本学科点近年来又得到"211工程"、"985"以及"创新群体"等计划的支持,在教学科研条件、人才培养、科研成果等方面在国内优势更加突出,在若干领域也取得了国际先进水平的成果。但总体上看,与世界一流水平相比还有相当大差距,尤其是人才结构、管理体制、激励机制等方面的差距较为明显。

【国家重点学科——人文地理】

本学科点始于1955年建立的经济地理专业,60年代初扩充了历史地理研究组,70~80年代在国内人文地理学界先后率先开拓城市与区域规划、风景评价与规划、城市土地利用等研究与教学方向,90年代以来推进了城市郊区化与城市连绵区研究、区域创新网络与新产业区研究、区域经济与发展战略研究、文化地理研究、旅游地理研究、时间地理研究等,并在国家与地方政府的重大决策中发挥着重要作用。本学科点作为首批国内人文地理惟一的重点学科、国家理科人才培养基地、地表过程分析与模拟教育部重点实验室以及"211工程"重点学科建设项目的重要组成部分,在国内最早招收人文地理学博士研究生。1996年以来累计招收非在职博士研究生47名,其中已获得博士学位20名,合作培养博士后10名。该学科点国际学术联系广泛,与国际区域科学协会、国际地理联合会工业空间组织委员会、世界城市研究网络、美国地理学会等国际学术组织建立起了紧密的学术联系。

本学科点汇集了仍然活跃在学术界的一大批老一辈著名学者,如侯仁之、胡兆量、杨吾扬、魏心镇;一大批中年学术带头人,如周一星、董黎明、谢凝高、于希贤、王缉慈;一大批年轻有为的青年学术带头人或学术骨干,如杨开忠、韩茂莉、韩光辉、吴必虎、冯长春、孟晓晨,以及毕业于哈佛大学、东京大学等世界知名学府的博士们,如吕斌、俞孔坚、唐晓峰、柴彦威、李国平。本学科点老、中、青人才结构合理,以中青年为主体的教学科研队伍在国内保持领先地位。

本学科点在综合发展基础上,形成了以下四大研究方向,即城市地理、经济地理、历史地理、城市与区域规划。在城市化、城市体系、都市连绵区、城市土地经济评价、城市内部结构、城市与区域经济理论和方法、区域可持续发展、区域创新网络与新产业区、房地产经济、城市历史地理(北京历史地理等)、历史时期环境演变、地理学史、风景名胜与世界遗产、城市与城区规划、景观规划设计、旅游规划与设计等领域取得了众多开创性的研究成果,位于国内同学科领先水平,在国内外都有较大影响,特别是《北京历史地图集》等系列成果在国际上影响尤其广泛。主持承担多项国家重大、重点与攻关项目以及几十项国家自然科学基金与社会科学基金项目,不仅多项研究成果获得国家省部委奖励,更在制定国家"八五"计划、"九五"计划、第五次人口普查城市人口统计标准、城市土地分等定级国家标准,以及"中关村科技园区建设"等国家重大决策中被采纳。促成了泰山成为我国第一个被联合国批准的人类文化遗产。所属的北京大学城市规划设计中心是全国综合大学地理系第一个被批准的甲级资质的规划设计单位。《经济地理学》与《城市地理学》等教材在全国具有重大影响,"经济地理学"更成为国家理科基地名牌课程。近年来开创性推动了国内的郊区化、都市连绵区、历史文化遗产、区域可持续发展、区域创新网络与新产业区、时间地理、文化地理等在中国的发展。

【祝贺侯仁之先生90华诞暨从教65周年大会】 2001年12月3日,北京大学举行"祝贺侯仁之先生90华诞从教65周年大会"。全国人大副委员长丁石孙,教育部副部长赵沁平,国家自然科学基金委员会主任陈佳洱,北京大学党委书记王德炳,国际地理联合会副主席、中国科学院院士刘昌明,中国地理学会副理事长、中国科学院地理与资源研究所所长刘纪远等到会祝贺。全国政协副主席罗豪才、北京市市长刘淇、中国科学院院长路甬祥、科技部部长徐冠华、北京市副市长汪光焘等发来贺信贺词。吴传钧院士代表到会的中国科学院院士致贺词。到会嘉宾及北大师生约300余人。大会发言中回顾了侯仁之先生对于中国现代历史地理学理论建设、北京城市历史地理研究及北京旧城改造、沙漠及半干旱地带历史地理研究所做出的重大贡献,并对他数十年来教书育人、桃李满天下的师德给予高度评价。

侯仁之先生1911年12月6日出生于河北省枣强县,祖籍山东恩县。1932年入燕京大学历史系。1937年7月转为洪业(煨莲)教授的研究生,开始转向历史地理的研究。1940年夏留校任教,开始讲授地理课程,并兼任学生辅导委员会的副主席。1946年夏赴英国利物浦大学地理系留学,专攻历史地理学,此期间曾任留英中国学生会副主席。1949年夏获博士学位,同年9月回国。回国后历任燕京大学副教授、教授,兼任清华大学营建系教授和北京市都市计划委员会委员。1952年院系调整,转任北京大学地质地理系主任,兼北京大学副教务长。1953年至1964年,侯仁之先生担任《地理学报》主编。

自20世纪50年代开始,侯仁之先生在历史地理理论与实践上进行了大量开拓性研究,率先在理论上阐明了现代历史地理学的学科性质与研究方法,指出传统沿革地理与现代历史地理学的重要区别,充分吸收现代地理科学的理论方法,逐渐发展为一门独立的学科。《历史地理学四论》一书集中了他的重要理论论述。

在历史地理学研究实践中,他的重要贡献之一是将中国城市历史地理的研究推向新阶段。在对北京的研究上,他以现代地理学的观察角度揭示了北京城起源、发展、历久不衰的深刻地理原因。并对北京市的水利建设、旧城改造做出了重要贡献。侯仁之先生注重野外考察。自60年代初,为开创沙漠历史地理研究的新领域,他曾深入毛乌素、乌兰布和等沙漠及半干旱地带,揭示了历史上人类活动对该地区沙漠化形成的影响规律,并带动了对北方半干旱地带的历史地理研究。《历史地理学的理论与实践》一书汇集了侯仁之先生80年代以前的主要研究成果。

20世纪80年代以来,环境问题日益为全社会所注重,侯仁之先生率先强调历史地理学在环境问题研究上的重要作用,指出历史地理学的研究时段可以从全新世早期开始,考察人类活动对自然环境影响的全过程,从而总结规律,为今后的环境保护提供更充分的历史依据。在这一方面,他直接指导了对赤峰、承德、围场等地区的环境变迁研究,并主编了《环境变迁研究》一至五辑。

侯仁之先生重视历史地图集的编纂,先后主编了《北京历史地图集》一、二辑。目前,第三辑的编绘工作正在进行。侯仁之先生又是较早着手研究中国古代地理学史的学者之一,主编了新中国第一部中国地理学史专著《中国古代地理学简史》。

侯仁之先生是我国当代在国际上最有影响的地理学家之一,曾多次被邀请赴国外讲学,他的一些重要研究成果在国际学术界影响很大,1984年被英国利物浦大学授予荣誉科学博士学位。1999年获何梁何利基金科学与技术成就奖。1999年被美国地理学会授予乔治·戴维森勋章(侯仁之先生为获得此项奖励的惟一中国学者)。2001年获美国国家地理学会研究与探索委员会主席奖(侯仁之先生为获得此项奖励的惟一中国学者),该委员会称侯仁之先生为"世界导师级"的学者。

从50年代到80年代,侯仁之先生担任过的主要社会职务有:中国地理学会副理事长,中国地理学会历史地理专业委员会主任委员、中国地理学会沙漠分会名誉会长、中国人民政治协商会议全国委员会第三至第七届全国委员会委员、国际地理学会联合会(IGU)及科学历史与哲学国际协会(IUHPS)所属地理学思想史专业工作委员会常任委员等。

【科研项目】 2001年城市与环境学系承担各类项目共计86项,其中国际合作项目3项,国家"973"项目3项,国家自然科学基金委重点项目2项,国家自然科学基金委面上项目37项,国家部委其他科技项目2项,教育部骨干教师计划资助项目2项,国家杰出青年科学基金项目3项,教育部跨世纪人才计划项目2项,教育部留学人员科研启动金项目5项,教育部优秀青年教师基金项目2项,北京市科委项目5项,企事业单位委托项目14项,青年科学基金3项,其他项目3项,科研经费数列全校第一(见表5-21)。

【科研成果】 2001年城市与环境学系教师在核心刊物上(以第一作者)发表论文260篇,研究生在核心刊物上发表论文139篇,其中被SCI收录论文18篇。陶澍的SCI数量在全国环境类中名列第一。方精云在《Science》发表论文2篇,被列为教育部十大科技新闻之一。

【图书资料】 2001年城市与环境学系资料室采购期刊251种,其中中文期刊168种,外文期刊83种。图书408种544册。现库存中外期刊10084册,中外图书20032册,光盘141盘,录像带42种85盒。

【学生活动】 针对学生思想个体化倾向严重的情况,开展多种以班集体为单位的活动,尤其是在新生班开展。这种做法已经收到好的效果,涌现出98级本科自然地理班和99级博士生班两个北京市优秀班集体(全校第一),一名北京市三好学生,两名北京市优秀学生干部(其比例均居全校第一)。在团委的组织下,城环系组织了4个活动实践团,赴大连、贵州、云南和重庆考察,多次获奖。充分调动和积极支持学生参与各种业余活动,并在这些活动中取得了许多好成绩,同时使同学们陶冶了情操,增强了凝聚力,增加了集体荣誉感。

【获奖情况】 陶澍被评为全国优秀教师。崔之久被评为全校十佳教师。杨景春的"地貌学"被评为全国名牌课。

表5-21 城市与环境学系主要科研项目表

项目名称	负责人	项目来源分类	开始时间	结题时间
京津水资源可持续管理研究	陶澍	国际合作	1997.1	2002.9
中国北部边疆的人与环境	唐晓峰	国际合作	1998.7	2001
青藏高原现代表生过程及相互作用机理	赵昕奕(参加)	国家"973"项目	1998	2002.12
生物多样性大尺度格局及其形成机制	方精云	国家"973"项目	2000	2002.3
区域生态环境与生物多样性保护	王仰麟	国家"973"项目	2000	2002.3
我国植物多样性分布规律及某些物种遗传多样性的研究	方精云	国家杰出青年科学基金	1995.1	2001.6
环境中的内分泌干扰物质的监测、危害性评价及其对策	胡建英	国家杰出青年科学基金	2000.1	2003.12
欧亚黄土区冰期极端气候事件的识别、对比及年代学	周力平	国家杰出青年科学基金	2000.1	2003.12
中国资源综合利用技术政策研究	王学军	国家科技攻关项目	2000	2001
地形影响下干扰及植被响应的格局研究	沈泽昊	科学基金面上项目	2001.1	2003.12
中国可持续城市水系绿色通道设计的景观生态学途径	俞孔坚	科学基金面上项目	1999.1	2001.12
我国水青冈属植物生态解剖特征的量化研究	方精云	科学基金面上项目	2000.1	2003.12
浅水湖泊生态结构动力学变化的模拟研究	徐福留	科学基金面上项目	2000.1	2002.12
云南拱王山与台湾高山末次冰期冰川与季风演化特征研究	崔之久	科学基金面上项目	2001.1	2003.12
黄河壶口瀑布—小浪底水库段河流地貌变异模型	李有利	科学基金面上项目	2001.1	2003.12
微机产业的柔性生产综合体及其地方创新网络研究	王缉慈	科学基金面上项目	2001.1	2003.12
辽金时期西辽河流域农业开发对环境变化的影响	韩茂莉	科学基金面上项目	2001.1	2003.12
夕阳产业地域的形成、演变与持续发展研究-以东北为例	李国平	科学基金面上项目	2001.1	2003.12
卫星数字图像自动解译中的空间分析方法研究	秦其明	科学基金面上项目	2001.1	2003.12
华南过渡热带埋藏古木群与历史时期气候突变事件	崔海亭	科学基金面上项目	2001.1	2003.12
开放条件下中国城市体系的空间结构	周一星	科学基金面上项目	1998.1	2000.12
西北干旱区生态重建与经济可持续发展	方创琳	科学基金面上项目	1999.1	2001.12
清代以来我国人口空间过程的特点及其环境后果研究	韩光辉	科学基金面上项目	1999.1	2001.12
我国农业可持续发展的区域战略及其操作手段研究	蔡运龙	科学基金面上项目	1999.1	2001.12
深圳—东莞快速城市化地区景观复合分析及优化设计研究	曾辉	科学基金面上项目	1999.1	2001.12
华北平原南部全新世古径流状况的研究	王红亚	科学基金面上项目	1999.1	2001.12
太白山、五台山高山林线对气象变化的响应	崔海亭	科学基金面上项目	1999.1	2001.12

续表

项目名称	负责人	项目来源分类	开始时间	结题时间
我国东部山地植物物种多样性垂直格局的比较研究	方精云	科学基金面上项目	2000.1	2002.12
我国河流沉积物重金属质量基准研究	陈静生	科学基金面上项目	2000.1	2002.12
区域复杂空间格局演化规律的研究	杨开忠	科学基金面上项目	2000.1	2002.12
污染农业土壤中微量有机物的活性和生物有效性	陶澍	科学基金面上项目	2000.1	2002.12
半干旱农业景观空间结构演变规律及其机理的模型研究	王仰麟	科学基金面上项目	2000.1	2002.12
地层中与油气扩散有关的热释光变化规律的研究	郑公望	科学基金面上项目	2000.1	2002.12
水库区人力资源特征及其开发与管理研究	韩光辉	科学基金面上项目	1998.1	2000.12
环渤海地区土地覆被变化与可持续利用模式研究	蔡运龙 王仰麟	科学基金重点项目	1999.1	2001.12
港澳回归与珠江三角洲地区协调发展(中山大学负责)	杨开忠	科学基金协作项目	1999.1	2001.12
江海泥沙灾害研究	莫多闻	科学基金协作项目	1999.1	2001.12
台湾海峡两岸生物地理格局及其与古地理课的关系	方精云	科学基金重点基金	1999.1	2002.12
典型微量有机污染物的区域环境过程	陶澍	科学基金重点基金	2001.1	2003.12
我国北方历史时期人地关系相互作用机制	崔之久	科学基金重点基金	1999.1	2002.12
我国平原地区湖泊非点源污染负荷和控制规划研究	王学军	科学基金主任基金	2001.1	2001.12
我国乡镇企业集群的竞争力研究	王缉慈	科学基金主任基金	2000.8	2001.7
创新研究群体科学基金(环境生物地球化学)	陶澍	科学基金专项基金	2001.1	2003.12

(贾振邦)

心理学系

【科研工作】 在前两年的工作基础上,心理学系的科研工作在2001年取得了突破性进展,已建立的科研激励制度得到了进一步的巩固。

在科研基金申请方面,2001年心理学系教师作为主持人新获得基金14项(2000年是8项),其中有国家自然科学基金(王垒、苏彦捷、谢晓非、耿海燕);国家攀登计划子项目(朱滢、沈政、周晓林);教育部人文社科基金重大项目(王苏、周晓林);教育部人文社会科学面上基金(苏彦捷、侯玉波、孟祥芝);教育部重点科学技术项目(周晓林);教育部留学回国科研启动基金(韩世辉)。

在科研产出方面,2001年心理学系教师在国内外刊物共发表论文91篇(2000年为57篇),其中国际刊物和国际会议论文全文19篇,国内核心刊物47篇,其他刊物和论文集25篇。2001年心理学系共发表4篇第一作者的SCI文章,其中韩世辉两篇(影响因子分别为3.1和1.5),李量一篇(影响因子为3.6),周晓林一篇(影响因子为6.9)。统计显示,心理学系2001年发表的SCI论文据全国高校心理学系之首,而且平均影响因子(3.775)据北大各院系之首。心理学系为这些文章的作者颁发了科研奖金共6.2万元。

心理学系除继续举行每星期一次的午餐学术研讨会,给新任教师颁发科研启动基金外,还采取重大举措:在今后三年中,由系创收的经费中拿出300万元,重点支持基础研究项目,并于2002年1月24日下午举行了"重大基础研究项目"评审会。周晓林、韩世辉和李量教授的课题组分别作了汇报。出席评审会的除了心理系学术委员会成员外,还有张侃、董奇、荆其诚、彭聃龄、傅小兰、郭春彦等国内心理学界知名人士,以及国家自然科学基金委、北京大学科研部有关人士。

(周晓林)

【教学及学生工作】 申请教育部基础心理学重点学科的工作贯穿了整个2001年,几乎所有教师都参加有关资料的准备工作,体现了全系上下一心、合作努力的精神。12月11日,系主任王垒和副系主任苏彦捷参加了汇报答辩。基础心理学重点学科最终获得批准。

3月11日至17日,由系主任肖健教授和谢晓非、曲振卿三位教师率领王瑶、周斌、蒋毅、衣琳琳、岳琦、马悦、叶冬梅、施俊琦、陈祉妍、陈素芬等10位本科生、硕士生、博士生组成的北京大学心理学系学生代表团对台湾进行了学术交流访问,这是对去年台湾心理学大学生代表团访问心理学系的回访。

3月29日至4月2日,应香港中文大学邀请,由吴艳红博士率安芹、谭洪岗、王彦、王晓春、蒋毅、吕晓薇等 6 名博士生、硕士、本科生组成 2001 年学生交流团,赴港参加学术访问。这是由北京大学、香港中文大学和台湾大学三校心理学系每年定期共同举办的学生交流活动,旨在加深了解,互通信息,共同关注和促进华人心理学教育的发展。

2000~2001 年度第二学期的每月末的周五午餐讨论会为教学研讨会,共进行了四次,集中探讨了本科生、硕士生、博士生的课程设置、培养过程及其政策规定,同时就如何发挥研究生的科研潜力,以及教学安排和设施合理配置方面进行了讨论,并修订了硕士研究生的教学计划。

99 级本科生王瑶参加了北京大学和新加坡国立大学校际交流项目的学生交流,赴新加坡国立大学学习了一个学期(2001 年 7~11 月)。

心理学系和香港中文大学心理学系开展教育合作,举办培养临床心理学(心理咨询与治疗)硕士项目,8 月 27 日得到国务院学位委员会办公室的批复,批准招收 50 名学员,将于 2002 年初开学。

9 月 9 日中午,心理学系 2001 级人力资源管理方向研究生班在勺园宾馆多功能厅隆重举行了开学典礼,北京大学校领导、学位办公室领导、系领导及部分教师与 109 位学员出席了开学典礼。本级学员更年轻化、更多元化。他们将接受两年系统的应用心理学、人力资源管理与开发的教育、训练和实践。这是该系在北京招收的第五个人力资源管理研究生班。

9 月 12 日下午,心理学系举行了 2001 年新生欢迎会。本年有 33 名本科生、10 名运动心理双学位学生、29 位硕士生、13 位博士生被录取。这是新世纪第一届新生,也是恢复建系以来各层次招生规模最大的一届。

今年暑假,心理学系四名本科三年级学生被送往加拿大多伦多大学心理学系进行为期一个月的学习和研究工作。这是继向香港和台湾地区派遣学生访问团之后,向西方大学派遣学生以强化多种形式教育、提升我系教育质量的重要举措。而这次派遣的学生全部是本科生,也体现了该系在学生培养方面重视基础教育的意图。

3 月,由该系学生会发起的北京大学心理学文化节,在学生会主要干部的努力下顺利举行。活动邀请了北京师范大学、首都师范大学、北京大学医学部等多家单位的领导与个人,内容涉及社会心理学、脑与认知心理学、实验心理学、变态心理学、发展心理学、生理心理与比较心理学等多项领域。讲座内容具有专业的深度,也注意深入浅出,对普及心理学起到了不可忽视的作用。

学生会、研究生会在本年度还举办了多种形式的文娱体育活动,比如"一二·九"合唱获得了三等奖;在全校运动会中也取得了可喜的成绩;由两会主办的系学生新年联欢会形式多样,节目丰富有趣,给与会的老师和同学留下了深刻印象。

数十名学生获得了学校颁发的各种奖励。

为了进一步鼓励学生从事基础心理学的学习和研究,系办公会决定在 2002~2003 学年起,对所有新考取基础心理学方向的研究生提供特别奖学金。

(苏彦捷、谢晓非)

【学术合作与交流】 2001 年,心理学系不但延续一批良好的、稳定的长期国际合作与交流项目,而且还启动了几项新的合作项目。3 月 1 日至 5 月 1 日伯克利加州大学心理学系原系主任、伯克利工业关系研究所原所长 Sheldon Zedeck 教授访问该系,进行了为期 2 个月的讲学和合作研究。这是心理学系与伯克利心理学系长期学术合作交流项目的一部分。3 月 2 日,世界著名咨询机构盖洛普公司副总裁 John Fleming、盖洛普中国公司副董事长等高层管理人员一行四人访问了该系,商讨盖洛普公司与心理学系合作成立研究与咨询中心事宜。4 月 29 日至 5 月 2 日,系主任王垒教授应邀访问了位于美国华盛顿、林肯的盖洛普咨询公司总部。9 月 13 日,盖洛普(中国)公司董事长、总经理、副总经理等一行四人访问了心理学系,双方就合作建立研究中心、开展培训、咨询及合作兴办成功力开发新概念幼儿园等事宜再次进行了商讨,并宣布正式启动部分项目。盖洛普公司如此之多高层领导出访,体现了对合作的重视和决心。至此,心理学系与盖洛普公司的合作已全面展开,很快将推出一批重要成果。香港中文大学心理学系主任张妙清教授年内多次访问心理学系,就双方合作研究、交换学生、共同举办研究生班等事宜进行磋商和执行实施。此间,心理学系客座教授、香港大学陈永昌教授也多次来访,就心理学系教育引进外教、改善教学科研条件等事宜进行深入研讨。

2001 年数位欧美和港台的著名学者访问心理学系,并作了精彩的报告。3 月 8 日,爱立信公司北京手机生产部经理访问心理学系,并在心理学系 HR 论坛作了有关人力资源管理经验的讲座。加拿大多伦多大学心理学系 John Yeomans 教授于 6 月 1 日~14 访问心理学系,其间与心理学系生理心理实验室的师生和学生进行了学术交流,洽谈了交流项目,并向全系作了"情绪与惊吓反射"的主题演讲。香港科技大学管理学系主任樊景立教授 10 月 10~11 日访问心理学系并作了"组织公民行为"的学术报告。心理学系 88 级校友、布朗大学博士、哈佛大学博士后李黎 10 月 11~17 日回访母校,并作了有关视觉研究及工程心理学的学术报告。著名华人企业家、美国利时康石油集团董事长兼总经理何毓璘先生10月12日访问心理学系,并作了有关企业家伦理的演讲。10月16日,台湾"中央研究院"民族学研究所余安邦博士到北大访问,并作了"心身健康与文化"的讲座。10月16日,英国皇家学会会员Richard G. M. Morris教授抵达北大,对心理学系进行为期一周的学术访问,并参加了北京大学脑科学与认知科学中心成立大会。12月2日,美国麦迪逊Alexander Stajkovic教授来访并作了"非经济激励"的讲座。12月20日,香港大学何友晖教授作了题为"从关系的角度看跨文化沟通"讲座。

除了在教师层面进行合作交流外,心理学系继续开展学生层面的教育合作。2001年心理学系接受了来自不同国家和地区的学生短期访问和研修,其中美国2人,意大利1人,台湾14人,香港7人。同时心理学系也派出学生境外访学,其中美国1人,加拿大4人,香港6人,台湾10人。学生层面的交流为提高心理学系教育质量、声誉,开拓教育平台和学生视野,起到了有益的作用。

【行政人事工作】 7~10月,哲学楼整修后面貌一新。心理学系自筹资金20多万元购置教学办公设备,党政办公室也从简易平房迁入哲学楼内,使全系的办公室与实验室相对比较集中,便于管理。

2001年的财政持续保持良好状况,上交学校76万元。

队伍建设方面,引进4位年轻教师,其中一位从美国留学回国,一位是博士后出站留校,另两位是外单位应届毕业博士。教师人数由26人增加到30人,成为目前国内师资规模最大的心理学系。

9月份全校进行了年度考核和岗位聘任工作。心理学系按照学校的部署,顺利地完成了此项工作。每个教职工都对当年的工作进行了总结和述职报告。全体教职工都通过了考核,部分教职工因成绩突出或有进步,岗位津贴有所提高。

(肖健)

【其他】 12月27日心理学系在北京大学英杰交流中心举办了唐钺先生诞辰110周年纪念大会暨《唐钺文集》首发式。校党委副书记王登峰、北大出版社领导彭松建、王明舟,原市委统战部副部长任宁芬,中国社科院原顾问于光远,《人民日报》社汪子嵩教授,北大哲学系黄楠森、叶朗教授,心理学系主任王垒教授,吉林大学车文博教授,南开大学乐国安教授和南京师大叶浩生教授等近百位在京和来自全国各地的学者、专家聚集一堂,缅怀一代学术大师。丁石孙、龚育之、王庆淑、张岱年、张香桐、陈立、杨鑫辉、龚浩然、赵碧如、王树茂、陈启伟、王重鸣等向会议发来了贺信和贺电。纪念会由北大心理学系党委书记肖健主持,王垒、王登峰、彭松建、沈德灿、于光远、汪子松、黄楠森、任宁芬、荆其诚、车文博、张厚粲、杨玉芳、乐国安、叶朗和唐钺先生的长子唐子健等十几位代表发言,追忆唐钺先生教书育人,严谨治学,为我国培养了一大批心理学和神经科学方面的专家和学者的情景,交流学习唐钺先生著作的心得,与会者一致对刚出版的《唐钺文集》给予了高度评价。《人民日报》海外版、《光明日报》、《科学时报》、《中国教育报》等一些报刊对此次活动给予了报导。

(曲振卿)

中国语言文学系

【发展概况】 北大中文系是国家文科基础学科人才培养和科学研究基地,现有3个本科专业:中国文学、汉语言、古典文献;设9个教研室:古代文学、现代文学、当代文学、文艺理论、民间文学、现代汉语、古代汉语、语言学、古典文献;3个研究所:北京大学古籍整理研究所、北京大学比较文学与比较文化研究所、北京大学中国语言文学研究所,以及1个实验室(语言学实验室),1个资料室。挂靠在北大中文系的有:教育部古籍整理委员会秘书处及20世纪中国文化研究中心等若干学术研究团体。有5个国家重点学科:中国古代文学、中国现当代文学、汉语史、现代汉语、中国古典文献学。7个博士点,1个博士后流动站。经教育部批准,北大中文系新设应用语言学专业,将从2002年开始招生。

中文系现有在编教职工113人,其中教授47人,副教授39人。本科生总数473人(含留学生108人),2001年招收新生82人。现有研究生总数441人,其中硕士研究生224人(含留学生27人)、博士研究生217人(含留学生42人);2001年招收新生132人(其中硕士生76人,博士生56人)。现有国内访问学者27人,国内进修生13人;国外访问学者6人,国外进修生30人;现有博士后2人。

(宫仁)

【教学工作】 中文系文科人才培养基地被教育部评为优秀基地。2001年共开设本科生课程111门次,其中上半年54门次,下半年57门次;开设留学生课程24门次,其中上半年12门次,下半年12门次;为外系开设课程30门次;为新加坡东方文化学院开设课程8门次。2001年共开设研究生课程96门次,其中上半年52门次,下半年44门次。此外,为香港树仁学院开设研究生课程12门次。

中文系的课程历来深受学生欢迎,有大批外系学生来系选课听课;中文系承担了校内若干院系的教学任务;2001年还派出老师赴日本(东京大学、日本大学、神户大学)、韩国(高丽大学、忠南大学、顺天大学、韩国外国语大学、梨花女子大学)、澳门大学、香港树仁学院、新加坡东方文化学院、台湾实践大学等若干所国内外大学任教。2001年有数十人次的国内外学者来系为学生开课或作学术演讲。

2001年北大中文系获得4项全国高等教育教学成果奖和4项北京市高等教育教学成果奖(见表5-22、表5-23)。

(卢亚)

【科研活动】 据不完全统计,2001年度中文系教学科研人员共出版各类学术著作、教材、工具书、参考书、古籍整理著作、译著、编著78种;发表论文341篇,其中在各类书刊发表230篇,在各类学术会议发表111篇。

2001年中文系教学科研人员承担各类科研项目82项,本年度完成项目8项、正在进行中的项目74项,其中本年度新立项项目37项,合作研究项目1项。

2001年中文系有不少科研成果获奖,其中朱德熙著《朱德熙文集》,袁行霈主编的《中国文学史》,王力主编的《王力古汉语字典》获第五届国家图书奖,陈平原《世界经典散文新编·中国散文选》获第五届国家图书奖提名奖,詹卫东《面向中文信息处理的现代汉语短语结构规则研究》获高等学校全国优秀博士学位论文奖。

(周燕)

【学生工作】 本年度中文系的学生工作重点开展了以下方面的活动:

(1)积极组织开展各类文体活动,活跃系内气氛,加强不同年级学生之间的交流,凝聚人心。在北京大学新生文艺会演中,中文系选送的节目获得一等奖,表演者刘洛克荣获最佳台风奖。

(2)首次举行了海峡两岸研究生的学术交流联谊活动。3月24～31日,中文系师生接待了由台湾筑梦基金会组织的来自台湾清华大学、台湾师范大学、中正大学、东吴大学、东华大学师生共计19人的访问团。双方进行了热烈的联谊与交流,来自台湾的研究生们观摩了中文系"子民学术论坛"吴小如教授的讲座,以及陆俭明、孙玉石教授的讲课,参观了校园和博物馆、图书馆,与中文系的研究生举办了两场学术座谈和一次热烈欢快的联欢晚会,双方学生对此次交流活动深感满意,活动取得了很好的效果。

(3)11月18日,经过精心准备,举行了新一年度团学联换届选举大会,经过紧张激烈的选举程序,会议圆满结束,顺利产生了新一届团学联。

(4)在2001年的学校"一二·九"合唱比赛中,经过老师和同学们的精心准备,热情参与,近百位各年级学生和数十位老师组成的强大阵容,精神饱满,技惊四座,使中文系首次荣膺此项比赛的一等奖。

(5)12月10～17日作为两岸学生交流活动的回访,由蒋朗朗、杨荣祥带领中文系9名硕士与博士生访问了台湾。访问团在台期间受到了台湾学生的热情接待,先后参观了台湾大学和台湾东华大学,与两校的师生分别举行了题为"如何开展古典文学研究"和"传统与现代"的学术研讨会。访问团成员还观摩了课堂教学,与台湾小说作家座谈,参观了大学图书馆等。大家普遍感觉交流活动意义很大,促进了两岸青年的深入了解,加深了彼此之间的联系和友谊,有助于各自今后学术研究的发展。

(6)继续重点抓好毕业生的就业指导工作,采取积极有力的措施,帮助毕业生落实工作单位。经过上下配合共同努力,除两名学生因为不能拿到学位证书而回省就业外,其他学生(包括本科、硕士、博士)就业一次到位,学生和用人单位都比较满意。

(蒋朗朗)

【纪念魏建功先生诞辰一百周年暨《魏建功文集》出版学术研讨会】 此次会议由北京大学中文系、北京大学中国古文献研究中心主办,中国社会科学院语言研究所、商务印书馆、江苏教育出版社、中华书局协办,于8月10～11日在北京大学交流中心举行。来自中国大陆、

表5-22 2001年中文系获全国高等教育教学成果奖情况

推荐成果名称	获奖等级	成果主要完成人姓名
考古资料与传世先秦秦汉古籍整理——重建中国古典学	二等奖	裘锡圭
中国文学史系列课程	二等奖	褚斌杰 袁行霈 葛晓音 周强
汉语方言学系列课程	二等奖	王福堂 李小凡 项梦冰
中国文学批评史课程系列——总结民族传统,为建设当代文艺学提供借鉴	二等奖	张少康 陈熙中 卢永 张健 汪春泓

表5-23 2001年中文系获北京市高等教育教学成果奖情况

推荐成果名称	获奖等级	成果主要完成人姓名
考古资料与传世先秦秦汉古籍整理——重建中国古典学	市一等奖	裘锡圭
中国文学史系列课程	市一等奖	褚斌杰 袁行霈 葛晓音 周强
汉语方言学系列课程	市一等奖	王福堂 李小凡 项梦冰
中国文学批评史课程系列——总结民族传统,为建设当代文艺学提供借鉴	市一等奖	张少康 陈熙中 卢永 张健 汪春泓

台湾以及日本的魏建功先生的生前友好、同事、学生、家属以及有关学者、有关方面负责人约二百人出席了会议。

大会开幕式由北京大学中国古文献研究中心主任安平秋教授主持。北京大学中文系主任温儒敏教授代表主办单位讲话,北京大学副校长何芳川教授在大会上致辞。国家语委语言信息司司长李宇明教授、国家图书馆馆长任继愈先生、鲁迅博物馆陈漱渝先生、台湾大学中文系代表裴浦言教授、台湾《国语日报》社董事会董事王天昌教授以及江苏教育出版社副总编辑徐宗文先生先后在大会上发言。

开幕式后,与会人士分为三个小组展开追思讨论。大家认为,在魏建功先生诞辰一百周年和《魏建功文集》出版之际召开这个纪念会是非常重要而有意义的。魏建功先生在做学问和做人两方面都为我们作出了榜样。纪念魏建功先生,不只是缅怀先生的功业和学问,还要继承和发扬先生严谨治学而又服务社会的精神,把工作做得更好,使我们的事业更加蓬勃地发展,这才是对先生最好的纪念。与会学者还认为,《魏建功文集》的出版也是值得庆贺的事情,它必定会有利于张扬先生的学问,推进学术研究的发展。

大会闭幕式由北大中文系党委书记李小凡教授和北大古文献研究中心副主任孙钦善教授主持。会议期间,大家还参观了由主办单位在北京大学图书馆文库举办的"魏建功先生生平事迹展览",更加深入全面地了解了魏建功先生的生活经历、工作业绩和学术成就。大会共收到与会学者提交的论文52篇。

(杨海峥)

【"多元之美"比较文学国际学术研讨会】 会议由北京大学比较文学与比较文化研究所和中国比较文学学会联合举办,于4月7～10日在北京大学召开。

面对21世纪世界文化发展的机遇和挑战,会议的目的在于为加强国际学术交流,促进文化的多元化,抵制文化霸权主义和文化部落主义,倡导一种"差别共存,相互尊重"的文学和文化交往原则,同时为东西方、南北方的人文学者创造一个有利的平等对话的机会。

本次会议受到了国内外学术界的普遍关注。著名学者季羡林教授、教育部副部长章新胜、北大副校长韩启德院士、法国驻华大使毛磊、日本驻华使馆文化处官员等知名学者、学术界领导以及外国驻华机构代表专程到会并发表了讲话。近百位代表出席会议,其中六十多名中国学者分别来自大陆、香港和台湾等重要的高等学府和科研机构;三十余位国外学者分别来自法国、德国、瑞典、美国、日本、韩国、新加坡、印度和新西兰等地。

本次研讨会在提倡东西方文学、文化平等对话的同时,尤其注意突出东方文化之间对话的重要性。会议期间,东方特别是亚洲的学者在本次会议表现出了更大的积极性与参与性,从而成为本次"多元之美"会议的亮点之一。国际比较文学学会会长、日本塚山学院大学教授川本皓嗣、日本比较文学学会代表平川祐弘、韩国比较文学学会会长金相泰、中国比较文学学会会长乐黛云、北京大学比较文学与比较文化研究所所长严绍璗、副所长孟华都作了大会发言,就连平时较少参与国际会议的印度比较文学学会秘书长莫汉也代表该学会专程出席本次会议。

大会研讨的专业领域不仅涉及文学领域,而且还涵盖了哲学、历史、艺术、考古、经济等学科。在会议期间共举办了三场配备了中英法三种语言同声传译的大会发言,由中外知名学者作了9场精彩的大会报告;同时又按照翻译与接受、形象与神话、比较诗学、东亚文学与文化、现代西方理论与中国研究五个专题进行了23场小组发言和两场圆桌讨论。会议期间举行了北京大学比较文学与比较文化研究所学术年刊《多边文化研究》第一卷的首发仪式。

本次会议受到新闻媒体普遍的关注,中央电视台、北京电视台、《人民日报》海外版、中央人民广播电台、光明日报、中国青年报、中华读书报、北京晚报、中国比较文学杂志等十多家媒体报道了大会的情况。

(跃红)

历史学系

【发展概况】 历史学系现有中国古代史和世界史2个国家重点学科。历史学系下设1个实体研究中心,6个教研室,1个研究室,3个党政管理办公室,1个资料室,1个多媒体实验室,挂靠有9个虚体研究机构。

历史学系现有在编教职工75人,其中教师63人(含教学人员52人、中古史中心科研人员11人;已取得博士学位的教师28人,在职攻读博士学位的教师8人),教辅人员5人,党政管理人员6人,工人1人。63名教师中有教授30人,副教授18人,讲师15人。2001年在册本科生239人(含留学生41人),硕士生203人(含港、澳、台及外国留学生),博士生143人(含港、澳、台及外国留学生),中国近现代史专业研究生课程进修生18人,国内访问学者及进修生27人,国外访问学者及进修生40人。2001年招收本科生43人(含留学生10人),硕士生51人(含留学生7人),博士生39人(含留学生3人)。

2001年资料室购图书800余

种,900余册;订购期刊208种,其中中文期刊177种、外文期刊31种;报纸16种;接受中、外文赠书80余种100余册;接受中、外文赠刊100种203册;交流书刊几十种(包括国外、港台地区等)。

(马春英)

【学科建设】 教育部1994年设于北大历史系的首批国家人文社科和人才培养基地之一——史学基地经过六年多的建设,各方面指标都较好地达到了要求,2001年顺利通过了验收,并被评为优秀基地。

历史系的中国古代史和世界近现代史两个专业曾于1985年被评为国家重点学科。2001年教育部对高校重点学科进行了重新申报评比,历史系申报了三个专业——中国古代史、中国近现代史和世界史(由原世界古代史和世界近现代史两专业合并而成),中国古代史和世界史顺利通过评比,中国近现代史专业落选。

历史系中国古代史研究中心被评为国家重点研究基地后,得到了有关方面的大力资助,新址于2001年在朗润园落成,其中现代化科研工作设施一应俱全,硬件软件都达到了世界一流水平。

按照学校教务部的要求,历史系2001年为全校共开设了14门通识教育选修课,加上其他各类课程,共为全校或有关外系开课34门。鉴于学校对历史类通选课需求甚大,拟于2002年在原限选课的基础上再为全校增开十多门通选课。通选课的建设对于落实学校本科教育模式的改革,改善全校本科生的人文素质,以及促进历史系本身的发展,都有着极为重要的意义,因而受到系领导班子和广大教师高度重视。

近年来本科生教育中,由于受社会风气的影响,部分学生的专业思想发生了动摇,要求转系的增多,学风也有浮躁化倾向。2001年岁末,历史系召开了本科生教学工作研讨会。大家一致认为,目前历史学科的不景气有社会方面的因素,也有学科建设自身方面的问题,现在迫切需要做三件事:一是要改革历史系的招生制度,想办法把真正有志于从事历史学研究的学生招进来;二是切实加强专业思想、学术规范和纯化学风的教育;三是尽可能扩大历史学的课堂,这就需要特别重视通选课的建设,争取尽快面向全校开出一套系统的、高质量的史学课程,通过发挥历史学在高校学生基本素质教育方面不可替代的功能来为学科发展争取更广阔的空间,同时也有望通过面向全校学生展示历史学的魅力来吸引更多的优秀生源。

(高毅)

【国际学术交流】 全年有40人次教职工赴美国、日本、荷兰、韩国、德国、挪威、奥地利、马来西亚、法国、印度、新加坡等国家和香港、台湾地区访问、讲学、进修或参加学术会议。接待邀请或顺访的境外专家学者以及参加国际学术会议的境外专家学者逾百人,举办30余场报告会或演讲等学术交流活动。2001年历史学系主办、合办9次国际学术会议:1月,世界史研究室与中国现代史教研室主办"日本侵华史与教科书修订问题"研讨会,30余人与会;4月,中外妇女问题研究中心举办"女性学学科建设"研讨会,全国24所高校50余名代表参加会议;6月,中国古代史研究中心、中外妇女问题研究中心、天津师范大学合办"唐宋妇女史研究与历史学"国际学术研讨会,与会中外学者40余人;6月,中国现代史教研室与北美21世纪中国史学会合办"20世纪中国的历史与回顾"国际学术讨论会,60余人与会;6月,中国古代史研究中心与美国西北大学、敦煌研究院合办"唐宋佛教与社会:寺院财富与世俗供养"国际学术讨论会;8月,中外关系史研究所与北京市中日文化交流史研究会合办"黄遵宪与近代中日文化交流"国际学术讨论会,60余人与会;9月,孙中山思想国际研究中心与台北国父纪念馆、香港孙中山文教福利基金会合办"孙中山与辛亥革命——纪念辛亥革命九十周年"国际学术研讨会,近百名国内外专家学者与会;9月,现代化进程研究中心与北京同响现代化战略研究中心合办"现代化理论"讨论会,40余人参加会议;12月,中外妇女问题研究中心与韩国梨花女子大学史学研究所、汉城女子大学共同举办"儒家文化与现代化"学术讨论会,国内外40余人与会。

(马春英)

【教学科研工作及获奖】 本年度为各类研究生共开设课程69门次,为本科生开设课程70门次。据不完全统计,2001年历史学系教学科研人员共出版著作28部,发表论文128篇。承担各类科研项目48项(新增6项:徐天新负责的国家社会科学规划基金项目"国际冷战中的大国战略关系研究(1949~1972)";朱孝远负责的教育部人文社会科学规划项目"德国宗教改革与近代化道路";许平负责的教育部人文社会科学规划项目"20世纪60年代西方学生运动研究";李孝聪负责的基地项目"中国古代史研究的数字化建设";张希清负责的基地项目"10~13世纪中国文化的碰撞与融合";赵进中负责的留学回国人员科研启动基金项目"德国现代化与社会保障体系"),其中国家社会科学规划基金项目11项,教育部人文社会科学研究规划项目等16项,其他项目21项,批准各类研究项目总金额近450万元,本年度完成项目4项,正在进行的项目44项。

12月7日,刘祖熙教授荣获波兰共和国骑士十字贡献勋章,以表彰他为中波友好事业做出的突出贡献,这是波兰共和国给国际友人的最高奖赏;"世界历史专业本科教学改革成果总结"(何顺果、高毅、宋成有、董正华、颜海英)获北京大学高等教育教学成果一等奖、北京市高等教育教学成果二等奖;许平获教学优秀奖。臧运祜的博士论文"九一八至七七事变时期的日本对华政策——以华北政策为中心"被评为全国优秀博士学位论文;张建华的论文"孙中山与中国不平等条约概念的起始"获香港孙中山文教福利基金会纪念辛亥革命90周年征文一等奖;张寄谦的论文"蔡元培的'社会主义'观"获蔡元培研究优秀论文二等奖;李新峰的博士论文"明前朝兵制研究"和戴桂菊的博士论文"俄国东正教会改革(1861~1917)"均被评为北京大学优秀博士论文三等奖。刘祖熙、徐万民获桐山奖;牛可获安泰个人奖;李新峰获安泰项目奖;赵进中、颜海英获正大奖;张帆、王立新入选"北京市社科理论人才百人工程"。

(马春英)

【党的工作】 历史学系现有党员216人,其中教工党员78人,学生党员138人;有7个教工党支部(包括一个离退休党支部)、9个学生党支部;全年发展党员19人,转正32人,35名党员转入组织关系,26名党员转出组织关系,去世一人;63名入党申请人,其中入党积极分子43人,有34名积极分子分别参加了北京大学初高级党校培训。

年内分别召开了40岁以下青年教师和45岁以下党外青年教师座谈会,征求对系里工作以及"十五"规划的意见和建议;请王晓秋教授介绍全国政协会议情况;分别召开"纪念建党80周年、坚持新时期党员标准"教工党员、学生党员讨论会;参观北京市在中华世纪坛举办的建党80周年图片展及中组部在中国革命博物馆举办的建党80周年图片展;组织党员参加学校和北京市委的"党的知识竞赛"工作;组织部分教工及家属利用暑假游览了泰山、曲阜、青岛等地的名胜古迹;组织"三讲"教育"回头看"活动;组织全系教工和博士生、本科生党员观看国务院战略发展中心副主任陈锡文"关于中国农村与农民问题"的报告录像;召开了班主任工作总结交流会。

(马春英)

【学生工作】 历史学系学生工作以"学习为中心,成才为目的",努力提高学生的全面素质,把新生和毕业生工作作为工作重心,积极开展学生的思想政治教育工作,努力创造良好的育人环境,在本年度取得了可喜成绩。在校共青团"五四"评优活动期间,98级本科生团支部被评为优秀团支部,00级本科生团支部被评为先进团支部;日本研究会主办的《东邻》被评为优秀学生刊物;王霄飞被评为共青团标兵;徐利卫、李鹏被评为优秀团干部;陈嘉渊被评为优秀共青团员。6月,在"缅怀先辈丰功伟绩,展现党员时代风采"主题党日活动中,99级硕士生党支部和本科生党支部获奖。在"三个代表"与"四个如何认识"理论学习与党员形象大讨论活动中,00级硕士生党支部被评为先进党支部。在"北京大学庆祝建党八十周年学生文艺汇演"中,历史学系的配乐伴舞诗朗诵《丰碑》获一等奖。全年有72名同学获得各级奖励,80名同学获得各级奖学金;00级本科生班获北京市优秀班集体和北京大学优秀班集体。本年度在校学生发表学术论文33篇、发表其他各类著述24篇,获得各类资助的科研项目共计19项。有23人次各类学生赴美国、日本、韩国、德国、法国、新加坡、俄罗斯等国家和香港、台湾地区进行访问考察、合作研究、搜集资料、学习进修、旅游、培训等。

(马春英)

【著名史学家周一良教授逝世】
我国著名的历史学家、原北京大学历史学系主任、中国日本史学会名誉会长、中国民主同盟盟员、中国共产党党员周一良教授于2001年10月23日凌晨5时在北京不幸逝世,享年88岁。周一良教授1913年出生于山东青岛,1944年毕业于哈佛大学远东语言系,获博士学位。在近半个世纪里,先后任教于国内外多所著名大学,并在语言学、佛学、朴学、中国古代史等领域勤于开拓、广有建树,在世界史、亚洲史、日本史、中外文化交流史等新兴学科作出奠基性贡献,是一代学贯中西的史学宗师。所著多收入《周一良集》。其中《魏晋南北朝史论集》和《魏晋南北朝史论集续编》两部论著获国家教委首届社会科学优秀成果一等奖;《中日文化关系史论》获日本片蟠桃文化大奖。周一良教授在"文革"期间屡经磨难而爱国初衷愈坚。他潜心学术,访学足迹遍及亚非欧美四大洲,为弘扬中国学术,发展我国教育事业,繁荣学术研究和培养专业人才无私地贡献了毕生精力。

(刘隐霞)

【抗议日本右翼篡改历史教科书】
5月25日,由历史学系学生会、日本研究会发起并主持召开了全校性"北大学子抗议日本右翼篡改历史教科书讨论会",副校长何芳川教授及历史学系王新生、徐勇、宋成有教授,刘一皋副书记、校团委副书记秦春华等出席研讨会,会上师生们对日本右翼篡改历史教科书的行为进行了深刻的批判。历史学系学生会、日本研究会还特地编辑了《抗议日本右翼篡改历史教科书专刊》,刊载了日本右翼篡改历史教科书的过程和内容,中国等曾经遭受日本侵略的各国政府的抗议和中日学者对篡改行为的批判,以及同学们的相关文章,《专刊》在会上散发。9月18日,历史学系学生会主办纪念"九一八"事变

70周年暨日本教科书问题现状学术报告会,日本冲绳大学高岛伸欣教授作了题为"日本教科书诉讼问题"的报告,与会者反响强烈。日籍华人学者王智新,留日华人、中国"七三一"部队细菌战受害原告团团长王选,中国社会科学院世界政治与经济研究所研究员吴广义,北京大学历史学系教授徐勇等出席报告会,有近400名学生参加了报告会。

(马春英)

考古文博院

【发展概况】 自1988年列为重点学科以来,北大考古文博院在教学、科研的发展及人力资源的合理配置方面,均有了较大的进展,已建成了比较合理的学术梯队。2001年,北京大学考古学再次获得教育部批准为重点学科。2001年现任教职员工57人(其中4人为新增人员),教授16人,副教授13人、讲师6人。其中,博士生导师14人,有博士学位者10人,另有客座教授1名,兼职教授2名。为加强文保专业师资力量,2001年留校2名文物保护专业毕业的博士生(1名博士后)。

考古文博院有4个教研室(旧石器时代教研室、新石器时代—商周教研室、汉唐教研室、博物馆学教研室),1个科技与文物保护实验室,4个党政管理办公室(行政办公室、教务办公室、人力资源工作办公室、党委和学生工作办公室),1个博物馆秘书室,1个资料室(苏秉琦书屋、张政烺书屋),1个陶瓷考古研究所。

考古文博院设有4个本科专业(按专业对待方向):考古学专业、博物馆专业、文物保护专业、古代建筑专业,本科生在读人数118人;设有硕士研究生专业1个,即考古学与博物馆学专业,在读人数53人(留学生);设有博士研究生专业1个,即考古专业,在读人数27人;继续与历史系合设博士后流动站。

考古文博院图书室藏中文书9000本,外文书1500本,中文刊物1200册,外文刊物850册。2001年,接受美国哈佛大学教授张光直捐赠西文图书666册。

考古文博院在国家"211工程"和"985工程"的重点支持下,教学、科研以及著作出版工作均收到了很大的成效。科研课题研究环境也得到了很大的改善。考古文博院有10名科研人员在"北京大学考古研究中心"做课题研究。科研课题的数量(横向课题)达到平均每位教师一个研究课题。

【学科建设】 考古文博院每年有30名本科生、25名硕士(博士生)入学的规模。2001年,考古文博院办了3个研究生进修班。

考古文博院教学、科研水平不断相长;同一学科、不同学科领域,国内考古学科水平、国外考古学科水平不断相长。北京大学考古学这一重点学科将担负起它应承担的任务。

表5-24 2001年考古文博院本科生课程设置与教学计划

专业名称	专业培养知识要求及初步研究	课程数量	必修/选修学分	毕业学分
考古学专业	扎实、广泛的人文知识	39	68/42	150
博物馆学专业	考古、文化遗产、博物馆	40	75/36	150
文物保护专业	文理交叉、文博、艺术	42	77.5/36	150
古代建筑专业	建筑、考古、历史、文保	39	72/41	150

表5-25 2001年考古文博院硕士研究生课程教学与培养

考古研究方向	课程数量	必修/选修/考古实习/教学实践	应修满学分数	备注
旧石器时代	17	24/8/6/2	40	未实习,补选修课学分
新石器——商周时代	22	24/8/6/2	40	同上
汉至唐考古	24	27/6/6/2	40	同上
宋元明考古	24	24/8/6/2	40	同上
古文字研究	17	21/8/6/2	40	同上
佛教考古	19	23/9/6/2	40	同上
陶瓷考古	19	22/10/6/2	40	包括陶瓷工艺实践
中西亚考古	23	23/13/2—6/2	40	未实习,补选修课学分
中国古代文物	20	20/13/5/2	40	同上
博物馆学	16	20/10/6/2	40	同上
文物保护科学	20	22/12/5/2	40	/
科技考古	18	23/9/6/2	40	

表 5-26 考古文博院博士研究生培养要求

各类标准	具 体 内 容
素质要求	具备良好政治的素质,掌握扎实基础理论、研究方法和系统深入的专业知识;有一定的相关学科知识;有独立从事学科创造性科学研究、高等院校教学和在文博系统工作的能力;熟练掌握一门外语。
学制及课程设置	学制一般为三年,在职博士生学习年限为 4 年。课程设置一般由导师或导师与指导小组教师制定。
考试方式及考试成绩要求	综合考试成绩达到优良者,继续攻读博士学位;综合考试成绩不合格者,不予补考,予以退学。
论文预答辩准备	① 首先要做选题报告,有不少于 5 名的专家组成评审小组。 ② 选题报告有关资料报校研究生院。 ③ 要求申请答辩者学习期间在国内外核心刊物上发表或接受发表论文 2 篇,否则一般不准予答辩。
论文预答辩时间	在正式答辩之前 3~5 个月
预答辩程序	① 由申请者向本研究方向的导师、博士生指导小组成员及有关教师全面报告学位论文进展情况和研究成果。 ② 听取与会教师的意见,由博士生指导小组提出是否能举行答辩的审核意见。 ③ 报送研究生院申请论文答辩书时附上评审意见。

【教学活动】 旧石器教研室:考古文博院与郑州市文物考古研究所合作,带领研究生发掘河南郑州荥阳织机洞旧石器遗址。

新石器—商周教研室:赴河南三门峡市参加三门峡李家窑城址发掘现场座谈会。赴邢台、安阳参观邢台东贤、安阳等地发掘资料。带领研究生调查山东临淄桐林遗址。赴内蒙古敖汉旗考察四家子帽儿山后红山文化积石冢,顺便参观了城子山夏家店下层文化山城遗址、兴隆沟遗址以及与四家子相关的若干红山文化遗址。就四家子积石冢举行了座谈,9 月,带领研究生 2 人赴河南洛阳,发掘洛阳宁县西王村遗址,历时 4 个月。商周组 9 月带领 99 级考古专业本科生和部分研究生,在周原遗址进行田野考古发掘实习。商周考古博士研究生 8 人赴郑州、洛阳、偃师、安阳等地博物馆及考古工地参观、教学。

汉唐教研室:带博士生、硕士生赴新疆进行佛教石窟与遗址调查田野实习。

博物馆教研室:带研究生、本科生赴内蒙古察右前旗庙子沟遗址做环境考古调查。带领 99 级博物馆专业本科生到重庆忠县进行教学实习。

【科研】 2001 年,考古文博院科研人员在研课题 43 项。其中 2001 年申报成功的项目为:教育部 9 项(考古中心 4 项)、省、市级项目 11 项(横向课题),占在研课题总数量的 46%。

表 5-27 2001 年考古文博院在研课题项目统计

项 目 名 称	负责人	项目来源	计划完成时间	备注
马可波罗以前的中亚民族与宗教	林梅村	国家社科	2004	
酒泉干骨崖墓地——附河西走廊考古	李水城	国家社科	2002	
河南汝州严和店遗址出土瓷器研究	吴小红	省市课题	2002	
云南剑川石窟	马世长	省课题	2001	
绵阳市博物馆新馆陈列设计	孙华、宋向光	市课题	2002	
北京市文博事业发展规划研究	赵朝洪	事业委托	2001	
γ能谱铀系法无损测年和晚期智人研究	陈铁梅	自然科学	2003	
中国远古人类与文化源流研究	王幼平	教育部	2003	
仙人洞与吊桶环新石器时代早期研究	张弛	教育部	2003	
考古资料所见中国早期麦类作物及源流	李水城	教育部	2003	
网络课程"世界遗产"	晁华山	教育部	2002	
四川地区先秦文化研究	孙华	教育部	2003	
重庆市忠县(郑公村崖脚)遗址	孙华	省市项目	2002	
重庆市忠县(红星村哨棚嘴)遗址	孙华	省市项目	2002	
东胡林人及其文化研究	赵朝洪	省市项目	2005	
织机洞遗址古人类活动及年代学与环境背景的研究	王幼平	省市项目	2004	

续表

项 目 名 称	负责人	项目来源	计划完成时间	备注
中国私立博物馆管理与发展	宋向光	省市项目	2003	
汉墓陶器组合的研究	杨哲峰	省市项目	2002	
中国古代石阙研究	孙华	省市项目	2003	
良渚文化与大汶口文化关系	吴小红	省市项目	2004	
古代丝织品保存状况分析及糟朽丝织品的加固	原思训	省市项目	2001	
北京大葆台西汉墓车马坑保护研究	胡东波	省市项目	2002	
云南青铜矿物原料来源分析	吴小红	省市项目	2003	
黄淮地区史前居民食性变化与全新世环境演变	吴小红	自然科学	2004	
河南鹿邑太清宫出土原始瓷研究	吴小红	香港	2002	
中国南方早期陶器碳十四年代研究	吴小红	香港	2003	
中国出土去卢文集成	林梅村	国际合作	2004	
曲沃北赵晋侯墓地	李伯谦	国家社科	1999	
多卷本《中国考古学》	宿白、邹衡	国家社科	1999	
ESR测年与我国古人类年表	陈铁梅	自然科学	2000	
土遗址防风化加固保护材料研制及在秦俑土遗址的试用	原思训	省市项目	1999	
汉代铜器、漆器铭刻资料的整理与研究	赵化成	高等院校	1998	
中国旧石器时代考古方法研究	王幼平	国家社科	2001	
中国与西亚古人类文化跨学科比较研究	王幼平	国家教委	2002	
中国简帛学	邢文	国家教委	2002	
青海都兰吐蕃发掘项目	齐东方	国际合作	2002	
中美"中国古代盐业考古"调查研究	李水城、孙华	国际合作	2002	
西北科普文化基地规划制定及特点	赵朝洪	企事业委托	2002	
古代马的起源和病理学的研究	李水城	国际合作	2007	
夏商周断代工程项目(7个子项目)	李伯谦	国家重大	2003	
	刘绪	国家重大	2000	
	原思训	国家重大	2000	
	陈铁梅	国家重大	2000	

2001年,考古文博院教师参加各类学术活动共33人次,提交论文16篇。考古调查了10个省市。

(1) 主要学术活动:

考古文博院2001年2月24~26日,由北京大学考古文博院和国际日本文化研究中心举办的"长江流域青铜文化国际研讨会"召开,院长高崇文主持,严文明教授致辞,中国考古学研究中心主任李伯谦作总结发言。院内近10人提交论文并发言。与会28人,其中外方代表8人。

12月11日,由北大中国考古学研究中心、北大考古文博院和国际日本文化研究所联合举办的"聚落演变与早期文明国际学术讨论会"在考古文博院召开,由考古研究中心学术委员会主任严文明和中心副主任赵辉主持,赵辉作会议主题报告"考古学关于中国文明起源问题的研究",考古文博院教师参加了会议并有近10人提交了论文,严文明作总结报告。

9月,美国威斯康星—麦迪逊大学人类学系詹姆斯·斯托克曼教授来考古学系作"古代陶器的成分分析及贸易"学术演讲。

3月,邀请美国波士顿大学教授、联合国教科文组织世界遗产办公室代表默哈默德·穆高来北京大学为研究生作"印度河谷、巴基斯坦公元前2000~2500年的第一次城市化进程"学术演讲。

2001年,考古系教师访问日本国立历史民俗博物馆执行合作项目1人。作为公派校际交流学者,赴法国马赛AIX第一大学访问1人。参加韩国"第七回加耶史"国际学术会议1人。参加韩国公洲"武宁王陵与东亚文化"国际学术会议1人。

12月,严文明出席中国工程院西部水资源项目中全新世课题组会议,作了"从史前文化演变看4—8千年黄土高原的自然环境"的发言。

(2)田野考察:

2001年,考古文博院教师19人赴南京、陕西、河南、内蒙、山西、河南、内蒙、成都、广州、深圳、江苏等地进行田野考察。

12月,宿白等3人出席国家文物局在南京召开的全国考古工作汇报会,严文明就提高田野考古质量问题作了大会发言。会议期间赴扬州参观了唐宋扬州城考古工地,还应南京市文物局邀请考察了江浦县汤泉镇牛头岗遗址考古工地。

3月,严文明应邀赴江苏江阴考察祁头山两遗址、吾山湾土墩墓、佘城遗址和无锡彭祖墩遗址,并参观了博物馆的出土文物。

考古文博院教师与美国哈佛大学人类学系巴尔·约瑟夫教授一行在湖南考察石门、澧县、临澧、常德、长沙等9个县的考古遗址。

考古文博院教师与陕西考古研究所合作进行"陕北神木县两河流域环境考古调查",实地调查古遗址20余处。后赴内蒙古文物考古研究所、察右前旗、凉城县及山西大同等地参观考察。

9月,邹衡应邀赴成都参观发掘的船棺葬和三星堆大型遗址,然后赴广汉参加"三星堆遗址保护规划与广汉旅游发展总体规划"纲要评审会。

【北京大学中国考古学研究中心】

北京大学中国考古学研究中心依托北大考古文博院于2000年成立,2001年获国家教育部正式批准为北京大学中国考古学重点研究基地,主任为李伯谦教授。现基地研究人员(聘请校外人员)28人,其中教授18人,副教授8人,讲师1人,助教1人。中心下设三个研究室:史前考古研究室、原史考古研究室、历史考古研究室。

(1)"中心"的课题研究。2001年,"中心"的研究课题为:"聚落演变与早期文明"、"响堂山石窟(上):6世纪中原中心石窟群考古报告"和"汉唐陵墓制度研究"以及"洪州窑遗址考古发掘研究"。

(2)"中心"的主要活动。"聚落演变与早期文明"课题组大部分成员于7月赴内蒙古赤峰市敖气考察洪山文化,参观夏家店下层文化遗址、博物馆,出席当地科研所召开的学术讨论会。

9月,"响堂山石窟(上)"课题组带领研究生在河北响堂山石窟进行测绘和记录。

10月,"聚落演变与早期文明"课题组全体成员赴山东济南、章丘、桓台等地围绕课题内容进行学术考察。

11月,应考古学研究中心邀请,英国伦敦大学考古学院院长UCKO教授一行5人来到北京大学讲学访问。这是继1998年之后的第二次大型学术交流活动。

12月,举办了"聚落演变与早期文明国际学术讨论会"。

【获奖情况】 (1)邹衡主编《天马—曲村(1980—1989)》一书,获美国华盛顿沙可乐、佛利尔国立艺术馆以及日本京都大都会远东艺术研究中心"岛田奖"。《天马—曲村》2000年由科学出版社出版。

(2)宿白教授《唐宋时期的雕版印刷》获第五届国家图书奖。

(3)新石器教研组荣获北京市教学成果一等奖,获奖题目"新石器时代考古教学实践与成果",获奖人为严文明等。

(4)北京大学考古文博院被重庆三峡库区评为先进集体,孙华被评为先进个人。

(李淑霞)

哲学系、宗教学系

【概况及动向】 北京大学哲学系始建于1914年,是中国高等学校中最早成立的哲学系。1995年9月宗教学由原来与哲学、逻辑学并列的专业独立成系,与哲学系联体运作。目前,哲学系(宗教学系)拥有3个本科专业:哲学、逻辑学、宗教学;1个本科辅修专业:哲学。在8个二级学科设立9个教研室:马克思主义哲学教研室、中国哲学教研室、外国哲学教研室、逻辑学教研室、伦理学教研室、美学教研室、佛教道教教研室、基督教与宗教学原理教研室、科学技术哲学教研室;1个与系合作的研究所:北京大学外国哲学研究所(教育部人文社会科学百所重点研究基地);1个挂靠的科研机构:北京大学科学与社会研究中心;7个虚体研究机构:北京大学马克思主义文库(马克思主义文献研究中心)、北京大学中国哲学与文化研究所、北京大学宗教研究所、北京大学人学研究中心、北京大学现代科学与哲学研究中心、北京大学应用伦理学中心、北京大学科学传播中心。2000年,哲学系创办了面向整个华语哲学界的学术刊物《哲学门》(半年刊,湖北教育出版社出版)。目前,图书资料室藏书已达3.5万余册,学生计算机室机位18个,教师工作室机位24个,人文信息实验室装备多台服务器,独立创建和维护哲学系网站。截至2001年9月,哲学系、宗教学系在职教师61人,其中教授27人(包括26名博士生导师),副教授27人,讲师7人。两系学生总数438人,其中本科生178人,硕士生151人,博士生109人;其中留学生40人(硕士11人,博士29人)。

2001年,哲学系、宗教学系党委、行政领导班子换届,丰子义连任系党委书记,赵敦华接替连任两届系主任的叶朗任哲学系、宗教学系主任。在教育部组织的国家重点学科评选中,哲学系的马克思主义哲学、中国哲学、西方哲学、美学等四个学科获选,是全国大学哲学学科中获选最多的系(其他大学哲学学科最多是两个学科获选)。2001年,哲学系、宗教学系教师出版专著、译著30余部,发表学术论文200余篇。在全国教学成果奖和优秀教材评选中,叶朗的"从专业教育到素质教育——中国美学史课程建设"获得一等奖,黄楠森、王东的一卷本《马克思主义哲学史》获得二等奖。2001年两系继续推行上年开始实行的新的教学计划和研究生培养方案。本科生的哲学概论课程本年度请年届80岁的著名哲学家张世英教授主讲。本年度开始为硕士研究生开设了马克思主义哲学研究、西方哲学研究、中国哲学研究等公共基础课,并召开了全系教师参加的教学改革研讨会。在对外交流方面,邀请著名哲学家哈贝马斯、德里达及知名学者十余名来校讲学;60余人次出国出境讲学、访问和参加国际学术会议。哲学系、宗教学系在本校主持召开了中日哲学宗教学学术研讨会、现象学讲习班、马克思主义与全球化学术研讨会、21世纪哲学创新学术研讨会等。著名教授黄楠森、张世英80岁生日时,北京大学及哲学系和有关单位分别为两位哲学家举行了庆祝会。2001年,两系学生工作取得很大成绩,继续获得学生工作先进系称号,团委、学生会举办的"爱智杯"系列学生活动取得圆满成功,在学校"一二·九"歌咏比赛中获得二等奖。

【教学与研究生培养研讨会】 6月28日,哲学系宗教学系教学与研究生培养研讨会在国际交流中心召开。副校长何芳川、校长助理吴志攀、教务部副部长朱庆之、研究生院常务副院长牛大勇出席会议并讲话。马克思主义学院、历史系、心理学系等单位主管教学的负责人及哲学系、宗教学系全体教员参加了研讨会。这次会议是继2000年学科建设与人才培养会议之后,哲学系、宗教学系召开的又一次相关主题的研讨会。会议根据学校创办世界一流大学对哲学系和宗教学系的要求,在试行一段时间的新的教学和研究生培养计划的基础上,力图进一步完善、系统化,并发现和解决一些重要的关键问题。在这次会议之前,哲学系、宗教学系的各教研室根据系里的要求,就本学科教学和研究生培养的具体问题先期进行了深入的讨论。

系主任赵敦华首先介绍了基本情况和思路。1998年以来,哲学系、宗教学系对本科生教学计划和研究生培养方案做了全面的、大幅度的修订。在本科生教学方面,大力压缩必修课学时,同时增加选修课的课目和学时,开出了7个系列84门新课,使必修课与选修课的学时比达到1∶1;另外还启动了出版38门课程教材的北大哲学教材系列的计划。在研究生培养工作中,增加了一级学科的比重,开设了4门全系研究生必修的专业基础课,还制定了硕博连读六年制的培养方案;同时还在招生、培养、答辩和毕业等各个环节,作出了21条新规定,以规范博士生培养工作,提高博士论文质量。这些新的教学方案在全国哲学系系主任会议上公布后,得到了广泛的认同,认为这些方案标志着哲学教学改革的新突破,具有示范作用。实践证明,北大的教学改革是有成效的。但在实践中也出现了一些问题需要解决。比如,课目的设置要进一步完善,新课的开设有待落实,教学基本资料建设必须抓紧,教学管理急需规范,教学手段和方法需要更新。这些问题如不认真解决,教学方案中的一些好的设想就会落空,教学改革就会停滞不前。

在听取了各位教研室主任和教师代表的发言之后,系副主任吴国盛就教学改革方案发言指出,目前本系教学基本格局是,四个本科专业:哲学专业、逻辑学专业、宗教学专业、哲学辅修专业;八个研究生专业:马克思主义哲学、中国哲学、外国哲学、逻辑学、伦理学、美学、宗教学、科学技术哲学;五大课程系列:本科必修课、研究生必修课、九大选修课、校通选课、校选课;一个教材系列:"北京大学哲学教材系列"。近几年来,学校一直在研究新的教学改革思想和方案。总的精神是,明确本科教育是十年制高等教育学制中的基础教育,因此要"淡化专业、加强基础",实行通识教育,目前正在实行的校通选课制度是措施之一;另外,要注重调动学生的学习积极性,注重创造能力的培养,因此实行教学计划与导师指导下的自由选课学分制。哲学系在1999年制定并实施的新的教学方案与学校的教改思想不谋而合:一是压低必修课学分,多开选修课;二是打通本科与研究生的界限;三是开设本科辅修专业。两年来,新方案顺利执行,受到国内同行好评。这次坚持大框架不动,只做一些调整。调整有五个思路:第一,进一步完善五大系列课程,包括课程名称、课时、学分、开课学期等;经过广泛征求意见后的课程体系将印成课程手册,发给全系教师和学生。第二,将五大系列课程进一步打通,使教师有更大的开课空间,使学生有更大的自由选课空间。近期准备将必修课和校通选课先行打通,本系学生这两类课程的学分可以相互替代。此外,辅修专业不再单独开班上必修课。第三,要建设一批本系优势课程、精品课程、名牌课程,特别是主干基础课和校通选课。准备从"哲学导论"这门课抓起。第四,要强化课程规范和管理,开课、停课、调课要由教务统一管理,教学评估要制度化。从秋季开始,系里所有的课程要上网。第五,要加强对学生的选课指导。系里将成立"本科教学建设工作小组",负责课程规范和学生选课指导。

系副主任胡军就研究生培养问题发言指出：研究生教育改革把培养目标分为学术研究类和应用型两大类，这给哲学系研究生培养提出了比较高的要求，有困难也有契机。对于文科院系来说，硕博连读是一个很好的方向。因为文科的硕士生，尤其是博士生，应该有宽广深厚的知识基础和得到过严格训练的理论思维能力，这就需要长期的积累和训练，因此要求博士研究生在短短的三年中写出高质量的博士学位论文是有很大的难度的。采取硕博连读的措施就能在一定程度上保证学生有比较充裕的时间写出较好的学位论文。问题是不能做硬性规定。我们既要有五年或六年一贯制直读博士生的制度，也应保留三年制的硕士生和博士生的制度。这样做较有弹性，较有灵活性。为了提高我系研究生入学考试命题质量，有利于招收更好的学生，我们根据学校的相关规定，重新修订了我系研究生入学考试命题的原则及要求。全系业务课的命题工作由主管研究生工作的系主任负责实施。各有关教研室根据命题的需要，应组织三人以上的业务课命题小组。命题小组成员由教学经验丰富、学术水平较高且近期担任教学工作的副教授（博士命题为教授）或相当于副教授以上人员担任。命题小组组长一般由教研室主任担任。命题人员要认真核对，严防出错。试题的内容、文字必须经命题小组长亲自校对，并送主管研究生工作的系主任审定。试题经审定后交试题专管人员，按机要文件妥善保管。命题的草稿须在交题后立即销毁。试题的难易要适当，应反映本学科专业主干课的内容和要求，一般应包括基础理论、实际知识、综合分析和论证等方面的内容。应有一部分试题能反映考生的理论分析能力。命题时应确定答案和评分标准。已经拟订了《北京大学哲学系研究生招生命题原则及要求》，将在适当的时候发给各位老师，希望多提意见，一经通过，也希望老师们参照执行。研究生学位论文的评审和答辩是研究生培养工作中的一个关键环节。为了做好评审和答辩工作，今年基本上实施了匿名评审和导师回避制度。今年三、四月份，根据学校要求已建立了评审专家库。今年参加我系博士学位论文评审的校外专家就是在专家库中抽取的。凡参加答辩的博士生在5月15前将论文统一交至系教务室，由系里匿名统一分送到校外各评审专家的手里。导师回避制也得到了很好的实施。应该说，匿名评审和导师回避制的实施取得了较好的效果，相对地减少了论文评审、答辩工作中的人情因素，强化了导师和博士研究生的质量意识，使论文优秀率今年有所下降。这对提高博士学位论文的质量能起到促进作用。

【张世英主讲哲学概论课】 哲学概论课是哲学系、宗教学系各本科专业的一门基础课和必修课，目的是对哲学的初学者概述哲学的基本概念、基本问题、哲学的各个分支、各个流派的基本观点。世界各大学哲学系都把哲学概论或导论作为一门基础必修课在大学本科低年级开设。我国大学哲学系特别是北大哲学系就有开设哲学概论课的传统，著名哲学家贺麟先生就曾在北大（西南联大）开设过哲学概论课。"文化大革命"以来，受极左思潮的影响，北大哲学系乃至全国各大学哲学系，都一度停止了哲学概论课，而用马克思主义哲学课代替了哲学概论课的作用。教学实践证明，马克思主义哲学作为一个特殊的哲学流派虽然在我国是处于理论基础的哲学，但却不能代替系统介绍哲学基本知识的哲学概论课。有鉴于此，北大哲学系早在1996年就率先恢复了哲学概论课，以后中国各主要大学哲学系都陆续恢复了哲学概论课。近年来一些学校哲学系（院）在哲学概论课程建设方面取得了一定的成绩，出版了几本《哲学概论》的教材。在2000年召开的哲学系教学改革和学科建设研讨会上，把加强哲学概论课的建设当做近期的重要工作。考虑到教育部关于知名教授为本科生开课的要求，以及加强课程建设、开出精品课程的目标，哲学系、宗教学系特邀请已退休的哲学系教授、著名哲学家、80高龄的张世英教授讲授2001年度的哲学概论课程。为了更好地开好这门关系重大的课程，哲学系特别组成了由副教授李超杰担任组长、由两名研究生参加的助教小组，协助张世英教授。张世英教授经过认真的准备，形成了自己特点和观点的哲学概论的体系。其讲稿后由北京大学出版社出版，纳入北京大学哲学教材系列，成为目前中国出版的几本哲学概论教材中很有影响和特点的著作。课程从哲学是什么讲起，然后介绍了本体论、认识论、审美观、伦理观、历史观的基本概念和基本观点及其相互关联，梳理了中国哲学史和西方哲学史的主要问题、特点和发展阶段，特别评介了现代西方哲学的主要流派的新观点和新走向。张世英教授虽已80高龄，但精神矍铄，精力充沛，思维活跃，他深入浅出、妙趣横生的讲授，不仅深深吸引了哲学系宗教学系各专业的本科生，也引来了不少研究生、进修生及系外、校外的学生、教师旁听。大家都感到能够亲聆张教授这样全国知名的学者讲授哲学概论这样的基础课，真是受益匪浅。张教授表示只要身体允许，他愿意继续讲授这门课。哲学系拟陆续邀请本系在学术上享有盛誉的老教授讲授哲学概论课程，使这门课成为具有较大影响的精品课程。

【"马克思主义与全球化"学术研讨会】 北京大学马克思主义文献研究中心自2000年5月5日成立以

来,坚持文本研究、基础理论研究和重大现实问题研究相结合,继上年召开"《共产党宣言》与全球化"学术研讨会之后,2001年9月21~22日又在京举办了"马克思主义与全球化——《德意志意识形态》的当代阐释"学术研讨会。来自中央编译局、中央党校、中国社会科学院及国内重点大学哲学系的专家学者百余人参加了会议。德国特里尔马克思故居纪念馆的艾斯纳尔教授和科普夫教授也应邀出席。

会议设计的焦点问题有三个:(1)关于全球化与现代化的关系。国内外学者大致有三种观点:其一,把全球化看作现代化展开伊始就具有的历史特征或基本内容;其二,把全球化看作现代化的一种后果;其三,把全球化和后现代的社会趋向相联系,把它看作超越现代性的一种后果。后两种观点的分歧在于,全球化和现代化的连续性和超越性到底孰轻孰重?国内学者大都强调二者的连续性。此次会议的专家学者有的倾向于认为全球化只不过意味着现代化由西方扩展到整个世界,是全球规模的现代化;有的则更强调随着现代化进程在20世纪遍及整个世界,全球化和后现代性的理念凸现出来了。

(2)关于全球化与马克思主义的阐释效应问题。自20世纪80年代开始全球化问题讨论以来,马克思的《德意志意识形态》和《共产党宣言》等著作再度受到重视。国内外一些学者提出,马克思是第一个对全球化作出系统阐述的理论家;20世纪初马克思主义阵营内部围绕帝国主义问题发生的争论,实际上也就是第一次关于全球化的争论。此次与会的专家学者强调,《德意志意识形态》既是马克思主义哲学形成的标志,又是马克思主义世界历史理论形成的标志,同时还是当今全球化理论的源头。这一点是毫无疑问的,比较困难的问题在于,如何看待马克思主义的社会主义运动和全球化的关系。美国左翼学者德里克认为,虽然不能把苏东社会主义的失败完全归因于资本主义的全球扩张,但一些事实表明,西方发达国家有意识地操纵全球经济,促使社会主义国家在经济上和政治上边缘化,从而迫使他们加入资本主义世界经济体系。另有学者认为,苏联的解体是传统的社会主义全球化模式的失败。国内也有一些学者赞同这些观点。此次研讨会上,与会专家学者对这个问题众说纷纭,各持己见。如何深入考察全球化和社会主义在20世纪的命运,仍然是非常重要的问题。20世纪以来马克思主义研究者关注的文本,主要是重新发现或发表的马克思手稿、遗稿和笔记。这些一度被视作未完成、不成熟或未定型的作品,为阐释和理解马克思的思想打开了广阔的语义空间。此次与会的埃斯纳尔教授介绍了特里尔马克思故居纪念馆近年来对《德意志意识形态》的研究情况,并对目前该书的编排顺序提出质疑,认为该书不是一部完整的著作,应当以时间顺序为主,辅之以逻辑顺序进行重新编排;这样一种新的编排顺序将大大改变《形态》的面貌,并将引起对《形态》的重新解读和阐释。推而言之,加强对马克思主义经典文本研究,特别是加强对马克思手稿、遗稿和笔记的版本考证和解读,发掘马克思文本中长期以来被忽视、被曲解的思想内容,是今后一个时期的重要工作。与会学者认为,马克思主义是一种与时俱进的理论学说,始终是随着现实社会生活的发展而发展的。现在把马克思主义和全球化联系起来,就不只是用马克思主义的立场、观点和方法来思考全球化问题,而应在全球化时代重塑马克思主义的思想面貌。并不存在一个一经发现就可以一劳永逸地把握和运用的马克思主义的立场、观点和方法。无论是"回到马克思"还是"发展马克思",都是一个阐释和理解的过程,重要的是立足于当下的现实社会生活,促成理论、历史和现实之间的良性互动。

(3)关于全球化问题的研究方法问题。与会专家学者在全球化的本质问题上存在不同见解。一种观点认为,从其发源和形成来看,全球化实质上就是资本的全球化;从其发展趋势和结果来看,全球化的实质又是共产主义的。另一种观点认为,从实然角度看,全球化就是西方化,全球化的规则主要是由西方发达国家制定的;从应然角度看,全球化属于共产主义。揭示事物、现象的本质当然非常重要,但不应堕入现象/本质的二元对立,把本质凝固化、永恒化。既然我们是通过现象发现本质的,现象又是历史性的存在,我们就必须始终关注现象的变化,而不能借本质之名漠视现象。在此意义上,探讨全球化的重心,不在于通过对全球化面相的粗枝大叶的扫描,急急忙忙地确定它姓"社"姓"资",而应在考察资本主义和社会主义概念的历史谱系的同时,重视对现实资本主义和社会主义发展状况的全面研究。

与会专家学者探讨了如何看待当前反全球化运动的问题。反全球化运动作为经济全球化进程中的一种国际现象,揭露了当代国际关系中诸多不公正、不合理的现象以及人类面临的生态环境恶化、南北经济发展差距拉大等危机,某些反全球化人士甚至激烈地反对资本主义。国内外一些学者因此就把反全球化运动予以过高的估价,甚至视之为社会主义的潜在同盟。事实上,反全球化运动的成员构成复杂,且往往提出一些极端的要求,采取破坏一切现存秩序的无政府主义手段。与会专家学者指出,马克思和恩格斯合著的《共产党宣言》曾分析过封建的社会主义、小资产阶级的社会主义、保守的或资产阶级的社会主义等对于资本主义的种种批判,表明批评资本主义的人士不一定是进步的、革命的力量,我们对反全球化运动的分析,不应低于马克思、恩格斯当年的理论水平。

在全球化过程中,某些强势文化借全球化遍及全世界,大有同化其他文化之势,弱势文化出于对自身的保护,往往过分强调一成不变地保存自身的固有文化,从而陷入文化部落主义。与会专家学者强调,在全球化问题研究中,应避免把全球化进程划分为两种截然对立的状态,诸如同质/异质、整合/解体、统一/多样,等等;在维护文化民族性时,必须否定民粹主义的本真的认同诉求。与会专家学者清醒地意识到,全球化作为一种全球普遍的相关性,意味着相互依存、相互影响、相互制约的明朗化,强调多元文化的目的是为了平等对话而非制造对抗,是寻求价值共识而非加深价值危机。

此外,目前的研究总体上比较抽象,且研究者往往处于旁观者、局外人的立场,缺乏行之有效的方法论原则。如何把经验的、实证的研究和抽象理论研究结合起来,是全球化问题研究中的一个瓶颈。

【黄楠森80华诞学术研讨会】 11月29日,21世纪哲学创新暨庆祝黄楠森教授80华诞学术研讨会在北京大学英杰交流中心召开。来自教育部、中宣部、中央党校、中央编译局、中国社会科学院、北京大学、中国人民大学、北京师范大学、北京市委党校、复旦大学、山西大学、人民日报社、光明日报社、中国教育报社等单位的领导、专家和学者150余人参加了研讨会。教育部副部长袁贵仁、北京大学党委书记王德炳、中央党校副校长王伟光、中央编译局局长韦建桦、北京大学哲学系主任赵敦华等致辞。

黄楠森教授是我国著名的哲学家,他所主张的"继承创新观"作为研究马克思主义哲学的基本原则,在哲学界产生了深远的影响。1981～1996年间任第一、二、三届国务院学位委员会学科评议组成员,1983年任国家社科基金学科评议组成员,1990年任北大人学研究中心主任。还曾任中国马克思主义哲学史学会会长、中国恩格斯学会会长、中国人学学会会长。现任中国马克思主义哲学史学会名誉会长、北京市社会科学联合会顾问、北京市哲学会名誉会长。1983年被评为北京市教育系统先进工作者,1996年被评为北大优秀党员标兵,2001年被评为北大师德模范。2001年8月17日,黄楠森教授作为哲学社会科学专家的代表在北戴河受到了江泽民、朱镕基等党和国家领导人的亲切会见。

黄楠森教授在马克思主义哲学诸领域进行的开创性研究,主要体现在以下几个方面:

(1)马克思主义哲学史方面。为建立这门学科进行了大量的开拓性工作。先后主编了《马克思主义哲学史教学资料选编》(上、中、下三册)、《马克思主义哲学史》三卷本和八卷本,并承担了《中国大百科全书》哲学卷马克思主义哲学史学科的主编。其中,《马克思主义哲学史》三卷本获1991年国家优秀教材奖,八卷本400万字专著的浩大工程填补了我国在马哲史研究方面的许多空白,获得了社会的高度评价,1997年被授予"五个一"工程奖和吴玉章奖,1999年获首届北京市社会科学基金项目优秀成果一等奖,其中的第六、七卷获北京市1991年优秀成果特等奖,第一、二、三卷获1994年优秀成果特等奖。1998年出版的一卷本教材被国家教育部确定为"面向21世纪课程教材"。这些成果对于中国马哲史学科的发展起了重大的推动作用,并具有国际性的影响。

(2)马克思主义哲学原理方面。多年来,哲学界对建构马克思主义哲学新体系、新形态涉及的几个大问题,一直争议很大,没有形成比较一致的看法。如关于马克思主义哲学体系的板块结构问题;关于马克思主义哲学体系的一元结构问题;关于什么是马克思主义哲学首要的基本的观点问题,等等。对此,黄楠森教授以自己深厚的哲学功底,在多年潜心研究的基础上,对这些问题提出了有说服力的见解。他的科学解说澄清了人们对某些哲学基本原理的模糊认识,坚持了马克思主义的真理,对建构马克思主义哲学新体系、新形态有重大的指导作用。

(3)人学方面。黄楠森教授对中国马克思主义人学的建构进行了长期的探索。早在80年代初,他就开始了这方面的研究,组织发起了全国性的"马克思与人"学术研讨会,组织出版了《人学词典》。1991年组建了北大人学研究中心,并任该研究中心主任。此后又发起成立了"中国人学研究会"。他还配合国际政治斗争的需要,积极从事人权问题的研究,主编了《西方人权学说》,担任中国人权学会常务理事。

(4)文化方面。随着中国改革开放的深入和全球化竞争的加剧,文化问题的重要性日益突出,如何认识文化的本质,如何总结我们在文化建设上的得失,如何建设有中国特色的社会主义文化,如何应对国际竞争中文化方面的挑战,黄楠森教授对这些问题都有诸多深刻独到的见解。他主编的《有中国特色社会主义文化建设研究》一书荣获2000年北京市优秀成果一等奖。

与会领导、专家和学者高度评价了黄楠森教授在马克思主义哲学研究领域所做出的贡献,盛赞他严谨求实,坚信真理,无论世界风云如何变幻,都始终坚信马克思主义的真理,对各种歪曲马克思主义的理论和思潮予以批驳,执着于马克思主义哲学的真精神;盛赞他不拘泥于过去的僵化教条,不固守过去的陈旧理论,而是在坚持马克思主义真理的基础上,进行马克思主义哲学的时代创新,对一些重大的现实问题给以理论上的解答。与会领导、专家和学者高度评价了黄楠森教授的治学之道、学术创新和高尚师德,一致认为,黄楠森教授所走过的学术历程,是不断探索、不断创新马克思主义哲学的历程,对马克思主义哲学在中国的不断深化、发展,黄教授功不可没。

与会专家学者探讨了21世纪中国哲学的发展道路,指出,21世纪中国哲学发展的主导方向既不是自由主义全盘西化论,也不是保守主义儒学复旧论,而是马克思主义中国化的综合创新论。马克思主义哲学、西方近现代哲学、中国传统哲学三者间不是简单平列关系,而应在马克思主义哲学指导下,融会中西,综合创新,最终实现马克思主义哲学中国化,也就是中国哲学现代化。三者之间,在哲学问题、哲学智慧、时代精神、文明走向上,有深刻共性;在语言风格、表述方式、哲学范畴、哲学体系上,又各有特色。把三者熔为一炉,有所创新,是艰苦细致的漫长历史过程。

与会专家、学者指出,21世纪哲学创新,特别是马克思主义哲学创新的目标,不应当是个别原理、个别范畴、个别提法的枝节变化,而需要做出富于时代精神的大发展、大创新,面向新世纪,创造新智慧,实现马克思主义哲学的中国化、现代化、系统化。这就是走"古今中外,综合创新"的大道,创造出富于时代精神、中国特色的马克思主义哲学新体系,也是融会"中西马"的大成智慧学,或者说是马克思主义哲学的中国化和中国哲学的现代化。

(张立波)

【中日宗教学、哲学学术研讨会】8月22～24日,以日本一桥大学名誉教授岩崎允胤为首的日本宗教学、哲学学者代表团前来北京大学哲学系、宗教学系,共同举办主题为"中国和日本的宗教与宗教研究状况及相关问题"的中日宗教学哲学学术研讨会。这是继以往北京大学哲学系、宗教学系与岩崎等日本学者就诸如唯物辩证法等主题进行学术交流活动以后的中日学者之间的又一次学术聚会。参加研讨会的日本学者还有原文教大学讲师日隈威德先生、日本基督教教团议员田本畅志先生和日本鹿儿岛短期大学教授川端纯田郎先生。中方参加研讨会的有,北京大学的赵敦华、丰子义、楼宇烈、黄楠森、魏常海、张志刚、胡军教授以及中国宗教研究中心原主任赵匡为研究员、中共中央党校乔清举教授等。开幕式上,北京大学哲学系、宗教学系主任赵敦华教授与岩崎允胤教授分别致辞。五节会议分别由丰子义、魏常海、岩崎允胤、张志刚、胡军主持。会议围绕"现代中国的宗教与宗教政策"(赵匡为)、"现代日本的宗教"(日隈威德)、"中国佛教研究现状与展望"(楼宇烈)、"近代日本宗教哲学及其批判"(田平畅志)、"中国基督教研究现状"(张志刚)、"现代日本基督教现状与课题"(川端纯田郎)、"佛教与人生——环境、核、和平诸问题"(岩崎允胤)、"宗教与无神论是否并行不悖"(黄楠森)、"明末基督教为何被儒家学者广泛接受"(乔清举)等主题发言,进行了广泛深入的讨论交流。

【哈贝马斯来北大演讲】4月20日下午,北京大学百年大讲堂迎来了当代著名哲学家哈贝马斯(Juergen Habermas,1929～)。邀请当代最著名哲学家来北大讲演访问,是北大哲学系开展对外学术交流活动的一项重要内容。继上年邀请法国哲学家保罗·利科来北大演讲之后,本年又邀请来了哈贝马斯和德里达来北大演讲访问。哈贝马斯是当代最有影响的哲学家之一。他1929年生于德国,曾先后在德国哥廷根大学、瑞士苏黎世大学、德国波恩大学学习哲学、心理学、历史学、经济学等,哲学博士。曾任海德堡大学哲学教授、法兰克福大学哲学-社会学教授、法兰克福大学社会研究所所长、德国马格斯·布朗克研究院科技生活条件研究所所长。哈贝马斯是当代西方马克思主义(法兰克福学派)的主要代表人物、理论社会学家、哲学家,在德国、欧洲、北美哲学社会学界有着广泛的影响,是已经载入各国哲学教科书和社会学理论教科书的重要思想家。他是一位多产作家,几乎每一两年就有重要著作问世。90年代有人曾说过,哈贝马斯的每一本著作的出版都是哲学界的一件大事。这次他来北大演讲的题目是《民主的三种规范模式:关于协商政治的概念》。在演讲中他从国家公民观念、法权概念和政治意志构成过程三个方面,讨论了处于对立中的民主的两种规范形式——自由派和共和派,并通过对共和派模式在伦理上的过重负担的批判,发展出他所提出的第三种模式,即名之为"协商政治"的过程主义的方案。北大哲学系教授靳希平作现场翻译。中文译稿的节选,发表在《2001北大最佳讲座》(长江文艺出版社)中。2000余名北大师生到场聆听了演讲。在哈贝马斯访问北大期间,哲学系主任赵敦华及部分哲学系教授与哈贝马斯进行了学术交流活动。

【德里达来北大演讲】9月,应北京大学的邀请(通过哲学系),当代著名哲学家德里达(Jacques Derrida,1930～)在北京大学理科楼117教室作题为《宽恕》的演讲。哲学系及北大数百名师生聆听了演讲。德里达1930年出生于法属殖民地阿尔及利亚的一个小资产阶级犹太人家庭。1949年去法国读书,1952年入法国巴黎高师攻读哲学。1953~1954年访学胡塞尔档案馆,撰写《胡塞尔哲学中的起源问题》一书(1990年才得以出版)以后先后在巴黎索邦大学、巴黎高师任教。1966年在美国霍普金斯大学举行的人文科学讨论会上发表《人文科学话语中的结构、符号与游戏》,宣告了当时作为大会主题的结构主义的不可能性。1967年出版了《文学学》、《文字与差异》和《声音与现象》三部著作,标志着解构主义的真正确立。以后往来于法国和美国之间,与耶鲁的四位学者(称"耶鲁四人帮")组成了"耶鲁学派"。1979年,汇集此五人每人一篇文章的文集《解构与批评》问世,标志着解构主义达于极盛。在这篇演讲中,他针对扬克里维奇在《不受时效约束》一文中认为宽恕要以请求宽恕为意义和存在理由的观点,提出了不同的观点,认为:第一,宽恕是人的一种权利;第二,"宽恕,如果它存在的话,前提就是它不可宽恕,即不可救赎的、非人性的无限制的尺度";第三,宽恕是为了正义。哲学系杜小真教授作现场翻译,讲演稿发表在《2001北大最佳讲座》(长江文艺出版社出版)中。德里达访问北大期间,哲学系部分教授与之进行了学术交流活动。

【学生"爱智杯"系列学术活动】"哲学"一词的希腊文,是由爱和智慧两个词组接而成的,表达了古希腊哲学家对哲学的最初的理解。虽然现代哲学已经不能用"爱智慧"作为其准确的定义,但不影响我们用"爱智"来代表对哲学的兴趣和对哲学殿堂的神往。由哲学系团委、学生会举办的旨在激发学生专业学习兴趣,探寻进入哲学殿堂门径,培养学生思考和表达能力的"爱智杯"系列活动,在哲学系宗教学系2001年学生工作开展的诸多活动中,是一项颇受学生欢迎的较

有影响的活动。系列活动从2001年10月起,到2002年3月止历时6个月,包括学术讲座、演讲比赛和有奖征文。在系列讲座环节,赵敦华教授的题为"走近哲学"的演讲,以通俗生动的语言和广博融通的视角,富有时代感地阐明了什么是哲学,哲学能给我们什么等历久恒新的问题。吴国盛教授则选择了"科技时代的伦理问题",阐述了哲学最前沿而面向未来的关切。以"理性与信仰"为题的演讲比赛,由于涵盖了哲学系宗教学系各本科专业的内容,激起了学生广泛的兴趣,参加演讲的十余位同学用生动活泼的语言,严谨缜密的逻辑,纵横捭阖的征引,表述了自己独立思考的论点。不仅吸引了本系的同学,也引起了系外同学的关注、参加与喝彩。征文活动环节收到了系内外共三十余篇哲学论文,由哲学系领导和教师组成评议组,评出一、二、三等奖,并颁发了奖品和获奖证书。整个系列活动从听到讲到写,锻炼了学生学术能力的各个环节,受到学生的普遍关注和欢迎。

(于小凤、席大民、张立波)

国际关系学院

【发展概况】 2001年5月28日,原属北京大学国际关系学院的国际传播与文化交流系与校内其他单位合组北京大学新闻与传播学院。至此,国际关系学院共存两系(国际政治系、外交学与外事管理系)三所(亚非研究所、国际关系研究所、世界社会主义研究所),以及美国研究中心、日本研究中心、非洲研究中心、俄罗斯研究中心等众多学术研究机构。学院师资力量较强,梯队整齐,现有教职员工76名,其中教授25名(含博士生导师16名),副教授28名;各类学生

932名(内含各层次的留学生163名),其中本科生480名,硕士生275名,博士生117名,政治学专科生60人。

【教学工作】 2001年,国际关系学院进一步完善了教学管理制度,顺利完成学校及学院的各项教学任务。一年来,学院不断充实师资队伍,继续引进国外专家教授来校上课,强化了本院教师、国内兼职教授及国外兼职教授相结合的各个层次的教员队伍体系,外籍教师担任专业课程及外语课程的教学工作,已逐步形成制度。在此基础上,学院与国外院校展开了形式多样的交流活动,选派多名本科生和研究生赴国外进修、学习。

在学科建设方面,本年新增博士点2个、硕士点3个,全院现在共有国际政治、科社和国际共运、国际关系、外交学等4个博士点,国际政治、科社与共运、中共党史、国际关系、外交学、中外政治制度比较等6个硕士点。在2001年全国重点学科评比中,学院国际政治专业被教育部评为全国重点学科,科社和国际共运专业与北京大学马克思主义学院的相关专业一道被教育部评为重点学科。

2001年3月,为进一步强化教职员工的教学、科研、服务意识,总结近年来教学工作中的成绩和不足,学院召开了教学工作研讨会,北京大学常务副校长迟惠生出席会议并讲话。7月,在总结各相关系、所教学、科研计划的基础上,本科生国际政治专业和外交学专业的教学计划再度修改,进一步明确了各个不同专业学生的培养目标,调整了教学方案,更新了课程设置,增加了若干交叉性、边缘性课程,总学分从151减少到143,进一步减轻学生的负担,取消了限选课与非限选课的区别,设置为统一的选修课,使同学们有了更多的选择机会。

现在,国际关系学院开设的进

修课门数与学生的选课之比已达到5∶1,即学生可以在五门课中选择一门。与此同时,亚非研究所体制进行了进一步调整,由原来的五个教研究室合并为两个专业方向,真正成为一个教学科研单位。本年度,国际政治系杨朝晖讲师荣获北京大学优秀教学奖。

【中日联合培养研究生】 从1994年9月开始,国际关系学院在日本财团的大力资助下,举办中日联合培养国际关系硕士研究生班(简称日资班)。现已招收6届学生,共58人,已经毕业38人。在已毕业的4届硕士生中,有的进入了国家机关、新闻媒体工作,有的考入了北大、哈佛大学等名校继续攻读博士学位,有的进入国内外大公司工作,充分反映了这一新的办学模式下人才培养的巨大成功。从2001年开始,国际关系学院又与该财团签署合作办学协议,今后五年内,除继续联合培养硕士研究生外,新增硕博连续项目。每年从刚入学的博士生和二年级硕士生(实际硕博连续)中挑选5名优秀学生,并与日本早稻田大学实行联合培养。入选的同学第一年在北京大学修完学分,其后两年时间在早稻田大学收集毕业论文资料和研修,第四年回北大完成论文的撰写与答辩,并取得北京大学和日本早稻田大学的双重学位。

此外,从2001年开始,国际关系学院开始负责北京大学现代日本研究班的具体运作,该班是由教育部和日本外务省国际交流基金商定的北京日本研究中心项目的一部分,由两部分组成:(1)现代日本研究高级班,每期从北京大学国际关系学院、经济学院、法学院、光华管理学院和政治学与行政管理系招收二年级硕士生10人和博士生5人,教学计划列入北大研究生院正式教学计划,其招生、学籍管理及结业由北大研究生院与本班共同负责;(2)现代日本研究干部研修班,每期招收10名社会上的高级管理干部,其招生、管理及结业由北大继续教育部与本班共同负责。该班授课教师由中国、日本和欧美知名大学教授、学者组成,所有学生在学期间有半个月时间赴日本研修,其中博士生中将挑选1~2人赴日研修6~12个月。

【科研活动】 2001年度,学院的科研工作取得新的进展。2001年学院教师共承担国家科研项目、国家部委项目及国际合作或海外基金资助课题12项,其中国家社会科学基金项目3项,国务院各部门项目7项,总经费近90万元。3项国家哲学社会科学基金项目分别是"新地区主义与欧亚合作"(主持人:国际政治系陈峰君教授)、"'三个代表'思想与政治发展研究"(主持人:世界社会主义研究所孔凡君教授)和"人权与国际关系"(主持人:国际关系研究罗艳华副教授)。2001年是国际关系学院学术活动频繁的一年。国际关系学院所属各科研机构在学院的统一领导下,开展了大量的学术科研活动,举办了一系列国际国内学术会议,其中主要包括5月举行的"哈佛大学—北京大学—东京大学中美日关系研讨会"、5月的"东亚区域合作国际研讨会"、6月的"上海合作组织研讨会"、7月的"21世纪:东亚文化与国际社会"国际学术研讨会、10月的"东亚地区与合作机制"国际学术研讨会以及10月的"亚非地区:'911'的冲击与影响"学术讨论会。据不完全统计,全院教员2001年共出版学术著作9本(含译著1本),发表论文200余篇。在2001年11月举行的北京大学首届文科论坛上,国际关系学院张世鹏教授作了"当代西欧资本主义研究"的学术报告。学院为配合文科论坛所制作的展板集中反映了近年来国际关系学院在科研方面取得的成绩,起到了扩大国际关系学院影响的作用,受到普遍好评。

【国际合作】 2001年,国际关系学院教师和学生共有47人次到国外访问、讲学、进修或参加学术会议,接待9位境外专家在国际关系学院任教,以及76位短期来访的外国专家。国际关系学院受国家外经贸部的委托,先后举办"阿拉伯国家经贸易管理委员会研修班"和"法语非洲国家经贸易管理官员研修班",每期历时42天,共有23个国家的44名副部级、处级官员参加,受到各国的广泛欢迎。除北京大学与国外院校之间的校院交流外,国际关系学院还与日本东京大学、日本大学、成蹊大学、信洲大学、新潟大学、美国的丹佛大学、美利坚大学、德国柏林自由大学、法国波尔多第四大学、韩国庆熙大学、丹麦哥本哈根大学、土耳其其中东科大学、香港城市理工大学、香港大学等建立了友好交流关系,每年选派若干名优秀教师和学生到上述学校讲学、进修和学习。一年来,有的教师分别到东京大学、哈佛大学、伊利诺伊大学等世界名校讲学,也有的老师陪同中财领导人出席重要国际会议,参加外交决定与咨询活动,积极开展民间外交,宣传中国的改革开放和对外政策。此外,除每年自费出国30多人外,国际关系学院选派在校学生17人到日本、欧洲和香港的大学学习、搜集论文资料(费用均由对方支付),使广大同学走出国门,进一步了解和认识世界,提高分析和解决问题的能力。

【党建与学生工作】 2001年,国际关系学院共党员348人,其中教工党员113人,学生党员235人,党支部17个。在学校党委及学生工作部的领导下,国际关系学院党委坚持"全员育人"的方针,深入开展"三个代表"和江泽民同志"七一"讲话精神的学习和教育活动,并在院师生的共同努力下,取得了一定的成果,全院学生的综合素质不断提高。学院坚持以服务师生为指导思想,全面推进素质教育,多渠道深入开展"三个代表"理论学习,加强党团组织建设。5月,学院召开全院教职员工大会,讨论有关师德建设和政治思想的学习教育工作。北京大学党委副书记赵存生出席会议并讲话。一年来,全院共评出三好学生、学习优秀奖等奖励69名,光彩、五四、汇凯、光华等项奖学金135名;98级本科生孙志强被评为北京市三好学生,99级本科生班被评为北京大学优秀班集体和北京市优秀班集体;另有20位同学被评为北京大学优秀毕业生,其中5名同学被评为北京市优秀毕业生。

【《国际政治研究》公开出版发行】《国际政治研究》是教育部主管、北京大学国际关系学院主办的学术季刊,2001年11月,国家新闻出版总署批准,自2002年第1期(总第83期)起,正式公开出版发行,国内统一刊号为CN11-4782/D,国际标准刊号为ISSN1671-4709。中共中央政治局委员、国务院副总理兼北京大学国际关系学院院长钱其琛欣然为该刊题写了刊名,美国前国务卿基辛格博士也发来了贺词,祝贺该刊公开发行。《国际政治研究》的前身是于1980年3月创刊的《世界政治资料》(共不定期出版12期),1984～1988年(总第13～30期)改名为《政治研究》,并从1985年起正式确定为季刊。1989年北京大学原国际政治系进行专业调整,该刊自总第31期起改称现名。多年来,该刊以马克思主义、毛泽东思想、邓小平理论为指导,坚持四项基本原则,坚持双百方针,与教学、科研紧密结合,设有"邓小平国际战略思想"、"国际政治论坛"、"国际经济纵横"、"世界社会主义理论实践"、"国际组织与国际法"、"当代国际外交"、"政党政治"、"两岸关系"、"学科建设"等栏目,所载论文从现实的角度出发,侧重理论与历史分析,具有理论性、综合性和现实性相结合的特色,受到同行专家及广大读者的好评,被收录于《全国报刊索引》,对推动国际政治学的学科建设,起了积极的作用。该刊公开发行后,上述办刊方针不变,并将继续高举邓小平理论的伟大旗帜,认真学习和贯彻江泽民同志"三个代表"思想和"七一"讲话精神,大力坚持与时俱进的思想路线,积极倡导理论创新、制度创新,严格执行党和国家关于国际问题和新闻出版的方针政策,为我国改革开放和加强国际政治学科领域的学科建设、学术研究和学术交流服务。

(王联)

新闻与传播学院

【概况】 北京大学新闻与传播学院成立于2001年5月28日,它既整合了北大原有的学科资源(包括国际关系学院原国际传播系、信息管理系原编辑出版学专业和艺术学系原广告学专业),又制定了崭新的发展规划。学院下设四系、三所、四中心:新闻学系、传播学系、新媒体与网络传播系、广告学系;新技术出版研究所、现代广告研究所、媒体与传播研究所;多媒体中心、影视制作中心、媒体分析中心、新闻传播实务中心。它的办学宗旨是:为社会培养和造就掌握国家政策法规、通晓新技术、精通外语、具有现代管理观念的新一代新闻与传播人才;为国家解决新闻与传播领域中面临的重大课题提供科学依据;构筑民族优秀文化与世界先进文明交流的桥梁。学院现任院长为中华全国新闻工作者协会主席邵华泽,主持日常工作的是常务副院长龚文庠、党委书记赵为民。

【学院历史】 北京大学是中国新闻学和新闻教育的摇篮,享有中国新闻教育史上"五个第一"的声誉:

• 1917年北京大学开设了高校中第一门新闻学课程;
• 1918年成立的北京大学新闻学研究会是中国历史上的第一个新闻学研究团体;

图5-1 北京大学新闻与传播学院机构设置图

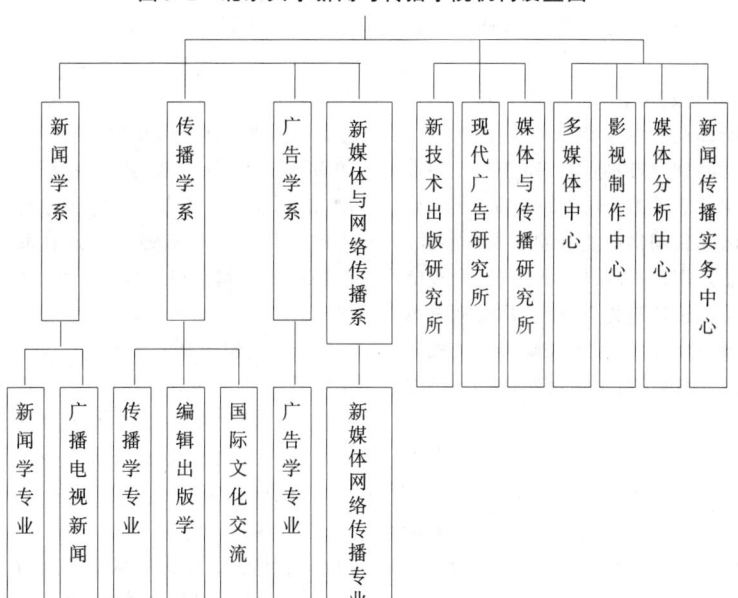

• 1919年北京大学徐宝璜教授所撰写的《新闻学》是中国历史上第一本新闻学著作；

• 1919年由北京大学新闻学研究会出版的《新闻周刊》是中国历史上第一份新闻学期刊；

• 1952年院系调整之后第一个新设新闻专业，并于"文革"后期第一个恢复新闻专业。

1958年6月，北大新闻专业并入中国人民大学新闻系，教师、图书资料等随调。1971年9月，北大新闻专业得以恢复。中国人民大学新闻系部分教师于1973年按建制分配到北大任教。1978年中国人民大学复校，北大新闻专业并回人大。1983年6月，北大在国际政治系（国际关系学院前身）设立"国际文化交流"专业，开始招收双学士学生。1986年开始在国际政治学硕士点下招收国际文化传播方向的研究生。1984年，北大设立编辑学专业，为当时全国第一批设立该专业的14所大学之一，后在相关专业下设编辑学硕士研究方向。1995年北京大学开始招收广告学本科专业，在艺术学硕士点下设广告学研究方向。1998年北京大学传播学硕士点设立（全国第一批），2001年北京大学新闻学硕士点设立。

【成立盛况】 2001年5月28日，新闻与传播学院成立大会举行出席的领导有：原国务院新闻办公室主任曾建辉、中宣部副部长王晨、国家新闻出版总署副署长桂晓风、北京市市委副书记龙新民、中央电视台台长赵化勇、光明日报社总编辑袁志发、教育部社政司司长顾海良、中国记协主席邵华泽等。出席这次大会的校领导有：党委书记王德炳、校长许智宏、党委副书记赵存生等。中宣部部长丁关根、教育部部长陈至立、新华通讯社总编辑南振中致信祝贺。在成立大会上，公布了新闻与传播指导委员会委员名单，并由主任委员、北京大学校长许智宏代表北京大学向徐光春、南振中、赵化勇、袁志发、桂晓风等颁发了聘任书。大会由北京大学副校长何芳川主持。

【专业设置】 新闻与传播学院设有如下专业：

（1）新闻学：包括新闻学、国际新闻、广播电视新闻、网络新闻等专业方向，旨在培养掌握国家政策法规，具备系统的新闻理论知识与网络时代的传播技能，具有宽广的文化与科学知识，能在新闻、出版、宣传部门从事编辑、记者与管理工作的高级专门人才。现招收硕士生、本科生。

（2）传播学：包括传播学理论、国际传播、传播管理、广播影视等方向，培养能在大众媒体、信息产业和其他相关部门从事管理和实务工作的专门人才。现招收博士生（方向）、硕士生，拟在本科生中开设专业方向。

（3）国际文化交流：培养有新闻学、传播学、跨文化交流学专业基础，有较强的外语应用能力，适于从事涉外新闻传播与文化交流工作的人才。目前招收硕士生、第二学士学位生。

（4）广告学：注重基础课教学与广告实务课教学的结合，广告专业课教学和相关学科教学的结合，校内教学与校外实习的结合，使学生既提高整体素质，又能掌握广告的基本知识和技能，成长为复合型、国际性的广告专业人才。毕业生的工作去向一般是大的媒体和跨国广告公司。现招收硕士生、本科生。

（5）编辑出版：培养具备编辑出版理论知识和专业技能，熟练地掌握现代信息传播技术，具有全面素质的网络时代新型编辑出版人才。目前招收研究生和本科生。

（6）网络传播：是新兴专业，目前拟设硕士、学士层次的专业方向。核心课程包括计算机、网络传播概论、多媒体制作、网页制作、网站开发管理、网络新闻、网络广告、网络经济学、网络传播法、网络伦理与道德等。教学从人文和科技两个视角入手，既关注新媒体及网络传播的技术和操作，又关注它们与社会、文化的互动。

（7）广播电视新闻：培养具备系统的新闻传播理论知识与广播电视专业技能、宽广的文化与科学知识，熟悉我国新闻、宣传政策法规，能在广播电视等新闻与宣传部门从事编辑、记者与管理等工作的广播电视新闻学高级专门人才。

【合作交流】 北京大学新闻与传播的建院宗旨之一是，培养具有世界胸襟和视角，掌握当今新闻与传播学领域最前沿理论与实践技能的高级专门人才。为实现这一宗旨，学院始终把发展与世界各国新闻传播学学术和传媒业界的联系放在非常重要的地位。学院成立近一年来，发展和建立了与世界知名大学新闻与传播学院和大媒体的更广泛的交流与合作关系，其形式包括：

（1）学术交流：互派访问学者、学生；合作举办传播学论坛及研讨会；共同出版学术著作和教材；开设远程教育课程，聘请知名学者教授做长短期访问、讲学，开办学术讲座及专题训练班；等等。

（2）合作项目：合作进行学术研究以及为社会承担课题研究。

（3）国外传媒界与其他人士对学院的资金支持，学院以培养人才、输送人才和其他合作形式相回报。

学院目前已有的国际交流项目主要有：

（1）与英国牛津大学传媒法律与法规研究中心共同举办的学术交流活动；

（2）与新加坡理工大学交换留学生和教师；

（3）香港《南华早报》资助研究生赴《南华早报》实习，资助教师赴《南华早报》考察；

(4)丹麦政府资助新闻与传播学生赴哥本哈根大学学习;

(5)香港《南华早报》设立高额年度奖学金,奖励本科生与研究生;

(6)与日本电通公司的中日营销传播交流项目,举办电通广告讲座,派遣教师赴日进修;

(7)与美国纽约大学、密苏里大学、斯坦福大学、伯克利加州大学、安纳伯格新闻学院、曼隆学院、培泽学院,香港大学,日本经济新闻社、筑波大学,英国牛津大学、威斯敏斯特大学、牛津布鲁克斯大学,俄国莫斯科大学等院校开展合作与交流。

【教学科研】 教学和研究领域包括新闻学、传播学、国际新闻、国际传播、广告、编辑出版、大众媒体、网络传播、广播影视、跨文化交流等学科。学院已有传播学和新闻学两个硕士点,以及新闻学专业、广播电视新闻专业、编辑出版专业、广告专业等四个学士点和国际文化交流第二学士学位点。目前在校学生有本科生(专业方向)、第二学士学位生、硕士生、博士生(专业方向)等层次。并在北京、海南、福建等地办有研究生课程进修班和新闻学专业专升本项目。

目前,全院有教授8人,副教授11人。承担了多项国家级、省部级以及横向研究项目。如萧东发教授承担了国家重点课题"中国印刷术起源及早期发展"和国家"十五规划"重点课题、社会科学基金资助的八卷本、300万字的《中国出版通史》的编撰工作。谢新洲教授承担了国家自然科学基金项目"基于电子商务的企业信息服务研究"和教育部人文社科"十五"项目"网上书店实现技术及经营模式研究"项目。刘德寰博士主持了"世界银行北京环境项目研究"(与世行合作)和"北京市报业零购市场研究"等项目。

【附录】

北京大学新闻与传播学院发展指导委员会名单

主任委员:许智宏(北京大学校长)

委　员:徐光春(中宣部副部长、国家广播电影电视总局局长)

白克明(原中央办公厅副主任、人民日报社社长,现任海南省委书记)

南振中(新华通讯社总编辑)

赵化勇(中央电视台台长)

袁志发(光明日报社总编辑)

桂晓风(新闻出版总署副署长)

龙新民(中共北京市委副书记)

邵华泽(中国记协主席)

顾海良(教育部社政司司长)

方汉奇(国务院学科评议组成员、中国人民大学教授)

赵玉明(国务院学科评议组成员、北京广播学院教授)

丁淦林(国务院学科评议组成员、复旦大学教授)

何梓华(中国新闻教育学会会长、中国人民大学教授)

赵存生(北京大学党委副书记)

何芳川(北京大学副校长)

(萧东发、谢新洲)

政府管理学院

【政府管理学院成立】 12月22日,由政治学与行政管理系和原城市与环境学系的区域经济专业联合组建成立全国高等院校首家政府管理学院。学院下设5个系:政治学系、行政管理系、公共政策系、公共经济系、城市与区域管理系。设政治学与行政学本科专业;拥有政治学理论、行政管理学、中共党史、中外政治制度、区域经济学和公共管理硕士专业学位(MPA)等6个硕士点;政治学理论、行政管理学和和区域经济等3个博士点;区域经济学设有博士后流动站。其中政治学理论为国家重点学科。学院还设有2个教研中心,即政府管理与公共政策实证研究中心、MPA教育中心;并同国家人文社科重点研究基地——北京大学政治发展与政府管理研究所有密切的学术协作关系。

学院成立发展委员会,由校长许智宏任发展委员会主任。聘请丁石孙、成思危、陈锦华、罗豪才为名誉委员。聘请厉以宁、王梦奎、陈福今、张志坚、吕福源、李肇星、谢思忠、张佑才、李育才、沈仁道、秦德文、周其凤、俞可平、刘嘉林、吴知论、李慎明、郭济、赵宝煦、张汉清、王惠岩、徐大同、刘瀚、王邦佐、Vincent Ostrom、B. Guy Peters 为首批委员。

2001年学院共有教职工44人,其中教员33人(包括教授13人,副教授16人,讲师4人),兼职教授8人,行政人员9人。在校本科生共有255名,硕士研究生231名,博士研究生99名。此外,政府管理学院在各地招收的函授学生还有千余人。现任院长为全国政协副主席、致公党中央主席、著名行政法学家罗豪才教授,常务副院长为王浦劬,副院长为杨开忠、周志忍和赵成根,党委书记为江荣海,副书记为迟行刚。

【政治学研究基地发展】 北京大学政治发展与政府管理研究所成立于1999年7月,2000年12月被批准为教育部人文社会科学重点研究基地——政治学基地。主要承担国家社会科学基金项目、教育部人文社会科学基金项目、北京大学基金会项目的科研攻关工作,同时自筹资金开展重大课题的立项和研究工作。

为更好地开展学术研究和学术合作,根据实际需要,自2001年4月份以来,该所先后成立了7个学术研究中心；北京大学中国地方政府研究中心，由谢庆奎教授任主任；北京大学中国社会团体研究中心，由李景鹏教授任主任；北京大学公共政策研究中心，由陈庆云教授任主任；北京大学廉政建设研究中心，由李成言副教授任主任；北京大学电子政府研究中心，由杨凤春副教授任主任；北京大学国民素质研究中心，由解思忠研究员任主任；中国人民代表大会制度研究中心，由蔡定剑研究员任主任。以上七个研究中心均自带项目、自筹经费开展研究。

5月11~12日，教育部普通高等学校人文社会科学重点研究基地——北京大学政治学基地、北京大学政治发展与政府管理研究所召开了"中国政治发展与政府管理学术研讨会"。教育部领导，北京大学党委、行政领导，兄弟院校代表以及国内外多名知名学者共80余人出席会议。会议议题主要是围绕基地建设和学科建设而展开。

5月20~26日，中华国家竞争力研究会、台湾政治大学公共行政学系、北京大学政治发展与政府管理研究所联合召开了海峡两岸公共管理学术研讨会。北京大学政治发展与政府管理研究所以谢庆奎教授为团长，周志忍教授为副团长派8人参加了学术研讨会。同时向大会递交了论文，谢庆奎、周志忍、关海庭、袁刚和时и兴副教授分别在大会上作了主题发言，会议论文以论文集的形式在台湾出版。

6月7日，教育部普通高校人文社会科学重点研究基地检查工作组莅临该基地进行现场检查，先后参观检查了办公室、研究室、资料室、计算机房，对基地开展研究和图书资料情况普遍感到满意。

12月28~29日，经过认真筹备，该基地与北京大学邓小平理论研究中心联合召开教育部人文社会科学重点研究基地政治学片基地主任暨学术研讨会。本次会议的主题是：交流基地成立以来的发展情况，总结基地建设的经验和存在的问题；研讨邓小平的民主与渐进政治体制改革思想，以及加入WTO对中国政府管理模式的冲击与挑战。与会代表普遍反映本次会议对于推进政治学片基地的发展具有积极意义。

2001年以来，研究基地先后启动多项研究项目。其中重大研究项目有：(1)当代中国政府管理与发展的基础理论研究，该项目由谢庆奎、陈庆云教授负责主持，下设有政府管理与发展基本理论研究、政府绩效管理研究、公共政策分析等3个子课题。(2)渐进政治体制改革与中国政治发展研究，该项目由徐湘林博士负责主持，下设有社会转型期中国政治发展的理论与模式研究、中国社会经济发展过程中的权力结构调整分析等2个子课题。(3)加入WTO对中国中央政府管理体制和地方政府管理体制的影响，该项目由黄恒学教授负责主持，下设有WTO的规则和组织体系研究、WTO与成员国的相互关系研究、中国现行政府管理体制与WTO规则的差异研究、加入WTO与中国政府管理体制转变等4个子课题。该项目是2001年争取的教育部文科基地的重大项目。

为及时总结我国政治学研究的重大成果，该所决定成立《政治学年鉴》编辑委员会，聘请石志夫教授任主编，编辑出版自1949年以来的《政治学年鉴》。此外，该所还与北京大学政治学与行政管理系联合向有关部分提出申办《政府管理研究》季刊，目前正等待批准。

【教学工作】 2001年，政府管理学院共招收64名本科生，比计划扩招16人，其中10名是留学生；招收硕士生104名（其中包括北京委培27人，深圳校区31人，在校生46人），博士生27名；硕士研修班718人，函授夜大329人。2001年对教学计划进行了调整，增加了应用性和操作方面的内容。目前已确立了7门本科主干基础课，增开了"行政案例分析"课程，并作为限制性选修课。将行政法学和行政诉讼法学两门课程合并为行政法学课，作为限制性选修课。充实学院老教授督导团的力量，增补石志夫、陈恢钦教授为成员，加大老教授督导的力度。2001年该院98级本科生全体安排去包头实习基地实习。事先准备充分、管理严格，实习单位涵盖了政府机关、事业单位等各个领域，增强了同学们根据研究内容不同的可选择性，并收到了良好的社会效果。本科生的教学质量明显提高，2001年学生评估分值超过4.0的优秀课程和优秀教师的比例首次超过70%。面向全校学生开出6门通选课，包括：陈庆云教授的"现代管理科学"，关海庭教授的"20世纪中国政治发展史论"，张国庆教授的"现代公共关系概论"，赵成根副教授的"公共管理概论"，杨明副教授的"西方资本主义国家政治制度"，姚礼明副教授的"台湾问题与中华民族的复兴"。本年度，关海庭、胡华、高虹获北京大学教学成果奖，本科生教务员胡华被评为校优秀教务员（全校共7名），魏明康副教授获北京大学教学优秀奖。2001年12月，在北京大学"我爱我师"评选中，该院李强教授以第二名的成绩被评为校"十佳教师"，王浦劬、关海庭、周志忍和杨明副教授被评为院级"受学生爱戴老师"。

【科学研究】 政府管理学院在2001年共有科研成果78项，其中专著3本：《日本的行政监察、监查》（日本政法大学出版局）、《学术漫步》（中国广播电视出版社）、《隋炀帝传》（人民出版社）；合著1本、编注（论文集）2本、8项研究报告、学术论文64篇。

国家人文社会科学"十五"规划项目共申报共5项，立项2项，其中陈庆云申报的"公共管理最新基本理论研究"立项为重点课题;赵成根申报的"我国政府采购制度创新"立项为青年项目。国家教育部人文社会科学"十五"规划项目共申报4项,立项1项,袁瑞军"中国社会团体管理体制改革研究"立项为青年项目。北京市哲学社会科学"十五"项目申报共3项,立项2项,其中谢963章年报的"北京市地方政府的府际关系"立项为重点课题;徐湘林申报的"乡村治理模式改革与乡村发展"立项为学校自酬项目。横向项目:李成言副教授承担的"北京市东城区党风廉政政策研究"(东城区区政府项目);李景鹏教授承担的中日合作项目"经济高速发展时期中日利益集团比较研究";张国庆教授承担的"如何培育和发展外经贸市场中介组织"等研究工作进展顺利,并取得了初步成果。

2001年,陈哲夫教授与人合著的《现代思想流派》(当代中国出版社),周志忍、陈庆云教授主编的《自律与他律》(浙江人民出版社),黄恒学教授专著《中国事业管理体制改革研究》(清华大学出版社)分别获得北京市第五届哲学社会科学一项一等奖和两项二等奖。

6月21~24日在山东日照召开了政治学与行政管理系科研研讨会(学院是12月成立),出席会议35人左右,会议主题是:学科建设和"九五"期间科研领域研究状况、"十五"期间本学科领域的发展趋势、主要目标任务。听取了王浦劬教授作的《北京大学政治学与行政管理系"十五"科研规划纲要(草案)》报告。

【对外交流】 2001年,政府管理学院对外学术交流活动频繁,取得了丰硕的成果。10月4~14日,北欧汉学协会会长、丹麦哥本哈根大学教授Dr. Broadsgard到访,作题为"比较视角下的中国国家能力"及"中国干部与干部管理"的讲座。11月1~5日,美国田纳西州立大学教授、绩效管理与绩效评估专家Dr. Halachmi到访问并作题为"绩效评估与团队"的报告。12月19日至2002年1月1日,美国匹兹堡大学亚洲研究中心主任唐文芳教授到该,作了题为"比较政治学的理论与方法"的讲座,并参加了政府管理学院的建院庆典。

【党团工作】 5月,为纪念建党80周年,院党委组织全体党员赴革命圣地西柏坡进行参观学习,取得良好效果。7月,组织全院党员学习江泽民总书记在建党80周年大会上的讲话,开展了一系列的党日活动,对该院工作产生了巨大的促进作用。10月,原院党委副书记杨松调至共青团中央工作,由原北京大学学生工作部学生管理办公室主任迟行刚调入接任党委副书记工作,全面负责学生工作。10月,原副院长、党委纪委委员时和兴教授调入中共中央办公厅工作。目前,政府管理学院建立了12个党支部,其中教职工支部5个,学生支部7个。

2001年9月,新一届院团委成立。张鑫为学生兼职团委书记。10月,院学生会进行换届选举,汤杰当选为主席;同月,研究生会也进行了换届选举,汤洋当选为主席。院团委获得2001年暑期社会实践"优秀组织奖",2001年度"挑战杯"团体总分二等奖、优秀组织奖;团刊《青春潮》再次获得北京大学年度"十佳刊物";院属理论社团"邓小平理论与实践研究会"被授予"北京高校十佳理论社团"荣誉称号,同时获得北京大学"特殊贡献社团奖"。

(迟行刚、胡华、佟福玲、张鑫)

经济学院

【发展概况】 经济学院现有经济学系、国际经济与贸易系、金融学系、保险学系、财政学系(2000年新设)等5个本科系及少量专科,7个教研室和5个科研机构。经济学院师资力量雄厚,不仅拥有一批造诣深湛、享誉国内外的教授和学术带头人,还有众多近年来在学术上崭露头角的中青年学者。学院现有教师51人,其中教授15人(均为博士生导师15人),副教授22人,讲师14人,另外还有虽已离退休,但仍在教学第一线的博士生导师、资深教授十余人。

2001~2002学年度,经济学院共有各类学生7467人,其中博士后8人,博士生153人,硕士生342人,普通进修生及访问学者52人,本科生679人,留学生96人,研究生课程进修生850人,成人教育部本科、专科学历教育学生3932人,成人教育部非学历高级课程进修班、中国企业家特训班学生1355人。

【学科建设】 经济学院现有经济思想史、西方经济学、经济史、政治经济学、世界经济、金融学等6个博士点,其中外国经济思想史和西方经济学是国家重点学科,此外还设有经济学博士后流动站。学院有政治经济学、西方经济学、经济思想、经济史、世界经济、金融学等6个硕士点和经济学、国际经济与贸易、金融学、保险学、财政学等5个本科专业。此外,学院成人教育部有3个兼读制本科专业和3个兼读制专科专业。兼读制学生由学院设在全国各地的函授站和远程教育站管理,教学由学院承担。

本科生必修课程、选修课程主要有:经济学基础、高等数学、会计学、统计学、宏观经济学、微观经济学、财政学、国际经济、货币银行学、国际贸易、国际金融、发展经济学、产业经济学、经济计量学、经济法、经济学说史、国际营销学、国际投资学、区域经济学、电子商务、英语、计算机、体育、文化艺术和自然科学课程等。

【科研工作】 2001年学院教师出版各种专著、译著、教材、参考工具书22部,发表论文135篇,在国内核心期刊60篇,在国外期刊发表6篇。获奖著作和论文3项。承担了15项科研项目,其中国家社会科学基金项目2项,北京市哲学社会科学规划项目5项,教育部人文社会科学研究项目8项。项目配套经费按项目1∶1比例配套,并且每申报一项科研项目,补贴1000元人民币,以此鼓励教师积极申报。这些科学研究对我国改革与建设的理论和实践起到了积极作用。

学院现有国外经济学说研究中心、市场经济研究中心、经济研究所、国际经济研究所和中国金融研究中心(于2001年12月1日成立)等学术机构。2001年主办主要学术研讨会和大型系列讲座5场:经济学院主办2场、中国金融研究中心主办2场、经济学院保险系与台湾逢甲大学保险研究所共同主办1场。

《经济科学》杂志是学院主办的国家级经济理论刊物。主要内容包括经济学、经济管理、国际经济、经济史、经济思想史等。

改革开放以来,经济学院先后派出多人次出国短期讲学,参加国际学术会议与长期进修。2001年有40人次被派出参加学术会议、受聘讲学、社科考察、合作研究。也多次邀请国外专家来院讲学或短期工作,与多所海外大学与科研机构建立了合作关系,其中有奥地利维也纳经济与管理大学、日本北海学园北见大学、日本信州大学、日本新潟大学、台湾淡江大学等。

经济学院注重探索与企业界协力办学的合作方式。1994年以来先后有海内外的若干企业家资助学院。为加强同社会各界联系及充实教学力量,经济学院先后聘请了于光远、薛暮桥、乌杰、戎文佐、高尚全、蒋震、龚如心、伊安·罗兰等海内外数十名专家、学者及政府、企业界人士担任兼职教授或顾问教授。2001年4月聘请日本中央大学吴天降教授为客座教授,12月聘请美国伯克利大学钱颖一教授为客座教授。

(萧治合、李梅)

光华管理学院

【概况】 光华管理学院的前身是工商管理学院,于1993年12月在原北京大学经济学院经济管理系和北京大学管理科学中心的基础上成立。1994年9月18日,北京大学与光华教育基金会签订合作办学协议书,工商管理学院更名为光华管理学院。学院现有11000多平方米的教学科研楼,教学科研设备一流,教室、会议室、教师办公室、图书资料室和设备先进的计算机实验室,为教师和学生提供了良好的教学科研条件。

著名经济学家厉以宁教授任学院院长,张维迎、王其文和朱善利任副院长。2001年,学院引进教师10人,都有博士学位,招聘博士后12人。截至12月31日,学院共有在编教师71人,其中教授29人、副教授30人,讲师12人;45岁以下教师50人,占教师总数的70.42%;教师中有45人获得博士学位(在国外获博士学位者19人,在香港获博士学位者4人),占教师总数的63.38%;共有在站博士后20人;在编党政管理人员9人;在编教辅人员9人。此外,学院还聘请了一批学术造诣深厚和富有实际管理经验的专家学者为学院的兼职教授。

为了体现交叉学科的特点,光华管理学院坚持按文理兼收的原则招收学生。2001年,学院招收各类新生共计694人,其中本科生120人,MBA学生420人(含学位班北京班96人,深圳班60人),其他硕士研究生102人,博士研究生37人,留学生15人。

2001年光华管理学院共有各类毕业生594人,其中本科毕业生101人(其中:出国留学9人,30人继续攻读硕士学位);MBA毕业生393人,其他硕士毕业生81人,其中有6人继续攻读博士学位;博士毕业生14人(其中有3人进入博士后流动站从事科研工作);留学生毕业生5人。

此外,2001年诺基亚等单位的1178人报名参加了光华管理学院培训中心所提供的课程培训。截至2001年12月31日,该中心已为2328名高级经理和管理人员提供了培训服务。

【学科建设】 光华管理学院设7个系:应用经济学系、战略与公共政策系、组织与人力资源系、财务金融系、会计学系、市场营销系、管理科学与管理信息系统系;13个学术研究机构:北京大学管理科学中心、北京大学工商管理研究所、北京大学国际经营管理研究所、北京大学金融与证券研究中心、北京大学金融数学与金融工程研究中心、北京大学国际会计与财务研究中心、北京大学企业管理案例研究中心、北京大学经济分析与预测中心、北京大学华人企业管理研究中心、北京大学复杂性科学虚拟研究中心、北京大学中小企业促进中心、北京大学网络经济研究中心、二十一世纪创业投资研究中心;1个实验室:社会—经济系统分析与模拟实验室;学院有应用经济学博士后流动站和工商管理博士后流动站。

目前光华管理学院本科设6个专业:财务学、会计学、市场营销、工商管理、金融学(货币银行方向)、人力资源管理;硕士研究生设8个专业:国民经济学、金融学、产业经济学、管理统计、管理科学与工程、会计学、企业管理、工商管理

(MBA);博士研究生有4个专业:国民经济学、金融学、产业经济学、企业管理。

【科研与学术活动】 截至2001年12月31日,光华管理学院教学科研人员共有各类在研项目31项,其中:16项为国家自然科学基金、国家社会科学基金以及"九五"国家重点攻关项目,9项为省部级项目,新立项的项目10项;出版各类学术著作20部,发表论文101篇。

本年度光华管理学院教员参加各种学术会议与交流50人次,其中国际性学术会议和交流36人次,举办各种类型的学术讲座、报告会和大型学术会议40次,中外著名学者与跨国公司的CEO如国际著名金融专家索罗斯先生、美国芝加哥大学教授、美国金融协会主席George Constantinides先生等先后应邀到该院作学术报告和讲座。

3月26日,"211工程"验收组的专家在校长许智宏陪同下,到该院经济—社会系分析与模拟实验室进行验收。专家们听取了汇报,对该院的"211工程"项目成果表示满意。

5月25～27日,该院企业管理案例研究中心与大连理工大学、全国MBA指导委员会单位共同主办的"第一届海峡两岸暨港澳地区中国企业管理案例研究学术研讨会"在大连召开。本次研讨会旨在促进海峡两岸暨港澳地区高校MBA教育方面的广泛交流,分享两岸三地各具特色企业管理经验和企业管理案例教学与研究的成果。来自台湾、香港、澳门和大陆的100多名专家学者和MBA教育工作者参加了会议。

6月14～15日,首次北京大学—芝加哥大学"资本市场、公司财务、货币和银行年会"在该院召开。此次学术会议的宗旨是把世界金融领域的学术研究动态介绍到中国。美国金融协会的四位前主席以及现任主席George Constantinides等12位国际金融界的权威人士发表了主题演讲,提供了金融领域的最新学术成果和理论动态。共有250名国内外专家学者和实业界人士参加了此次会议。

8月12～20日,厉以宁、王其文等12人赴加拿大温哥华,参加中国环境与发展国际合作委员会环境经济工作组交流活动。

9月10～11日,2001年两岸证券与资本市场高级研讨会在该院召开。海峡两岸的政府、企业和学术界人士出席会议,就两岸证券与资本市场发展的有关重要问题做了探讨。

应厉以宁院长邀请,国际著名金融专家索罗斯于9月13日来到光华管理学院访问,并作了题为"开放社会的哲学"的演讲。

9月15日,北京大学光华管理学院华人企业管理研究中心成立,这是北京大学侧重研究华夏文化基础上企业管理理论与实践的学术机构。

11月16日下午4时"与世界通行,北大光华—中国MBA教育先锋暨全球MBA巡展代表团招待会"在光华管理学院举办。全球MBA巡展是在MBA专业领域内享有国际声誉的、高度专业化的世界性巡展。这是该组织首次到中国的上海和北京举办MBA交流暨展览会。招待会的举办,有利于增进北京大学和国际名校间的交流和对话,加深双方之间的了解和沟通。

11月23～26日,北京大学—索尼营销论坛在该院举行。本次论坛的主题是:21世纪的索尼:宽带网络时代的多元化发展。来自索尼公司的五位总裁陆续登上讲坛,描述索尼正在全世界缔造的梦想世界。

【科研与教学获奖】 2001年光华管理学院朱善利、王其文、章铮等人的"适应国际化要求的工商管理本科教学体系创新",王其文、张国有、葛锐等人的"企业竞争模拟教学软件开发与应用",李东、吴安、葛锐、季燕铜等人的"创造基于计算机网络的经济管理教学辅助和服务环境"获北京大学高等教育教学成果一等奖,其中前两项还获北京市高等教育教学成果一等奖。

【MBA职业服务中心】 为适应市场对人才的需求,光华管理学院成立了专门的MBA职业服务中心,负责MBA在校生、毕业生与用人企业之间的沟通和联系,为MBA学生寻找能充分发挥自己才能的全职、兼职或实习单位提供咨询服务。

【交流与合作】 光华管理学院与美国西北大学凯洛格商学院、曼隆学院和加拿大、欧洲、新加坡、香港、台湾等地的多所大学建立了密切的学术交流与合作关系,并陆续派出教师到凯洛格商学院以及其他商学院进修或访问,学习先进的教学内容与方法,以提高教学质量;同时还派出学生进行交流。此外学院与国家经济管理部门和工商界保持着密切的联系,承担多方面的研究课题。

2001年,光华管理管理学院派出9名教师到美国西北大学凯洛格商学院进修,14名学生前往美国曼隆学院和法国学习,另有多名教师出国访问。截至2001年底,光华管理学院共派出了42名教员出国进修,44名学生出国学习。

(徐俊华)

法 学 院

【发展概况】 1898年,京师大学堂在其专门学第三门"高等政治学"内设有法律学课程。1904年1月,改大学专门学科为分大学堂,在政法科大学堂内设法律门。1919

年又将法科法律学门改为法律学系。1952年院系调整时，北京大学法律学系并入北京政法学院。1954年，北京大学法律学系得以重建。1999年6月26日，法律学系更名为北京大学法学院。法学院现设有法律图书馆、《中外法学》编辑部、比较法和法律社会学研究所、国际法研究所、经济法研究所、劳动法和社会保障法研究所、刑事法理论研究所、国际经济法研究所、民商法研究所、环境与资源法研究所、犯罪问题研究中心、港澳台法律研究中心、科技法研究中心、司法研究中心、税法研究中心、中日法律研究与交流中心、金融法研究中心、立法学研究中心、公法研究中心、法律经济学研究中心、法制信息中心、妇女法律研究与服务中心、中国犯罪学会、司法鉴定室等。

法学院图书馆也是北京大学的法律文献信息中心，全馆使用面积1100平方米，馆内设有期刊、图书、电子阅览室、中文和外文书库，藏书8万余册，中外文期刊500余种。馆内电子阅览室有41台电脑与国际联网，并已开展国际远程教育。2000年该馆被联合国确定为"联合国资料保存馆"。

法学学术性双月刊《中外法学》(Peking University Law Journal)每期20万字，面向国内外公开发行，是享有盛誉的中国法学类核心期刊之一。

2001年法学院在职教职人员101人，其中教授36人（博士生导师28人），副教授32人，讲师11人，教辅、党政管理人员22人。在站博士后7人。校外兼职博士生导师5人。

2001年在校学历教育各类学生1839人，其中本科生763人（含留学生88人），硕士生766人，博士生280人。2001年招收本科生171人（含留学生16人），硕士生336人（含留学生2人），博士生88人。2001年毕业本科生181人（含留学生12人，知识产权双学位29人），176人获学士学位；毕业硕士研究生202人并获硕士学位；毕业博士生54人并获博士学位。现有各类继续教育学生1300多人。

（王磊、朴文丹）

【学科建设】 目前法学专业教学主体结构仍为法学专业本科、硕士研究生、博士研究生三个层次。法学院有权对符合条件的本科毕业生授予法学学士学位；有权对法学理论、法律史、宪法学与行政法学、刑法学、民商法学、诉讼法学、经济法学、环境与资源保护法学、国际法学、法律硕士等10个专业授予硕士学位；有权对法学理论、法律史、宪法学与行政法学、刑法学、经济法学、环境与资源保护法学、国际法学等7个专业授予博士学位。2001年法学院有4个学科被确定为国家重点学科，分别为法学理论、宪法学与行政法学、刑法学、经济法学，重点学科数居全国法律院校之首。经过几年的努力，法学院的学术梯队趋于合理，导师力量雄厚，学术研究的重点集中在对中国法制建设的现实问题进行深入的实证和理论研究之上，取得了丰硕的科研成果。

【科研与学术活动】 科研成果：2001年出版著作29篇、教材7篇、工具书2篇、译著3篇、论文172篇、译文1篇，其中核心刊物77篇。

（赵焕）

表5-28 2001年法学院获国家高等教育教学成果奖项目名单

序号	推荐成果名称	获奖等级	成果主要完成人
1	网络与法学教育互动	二等奖	李 鸣 赵晓海 乔聪启 吴亚平

表5-29 2001年法学院获北京市高等教育教学成果奖项目名单

序号	推荐成果名称	获奖等级	成果主要完成人
1	中国司法制度与司法改革	一等奖	贺卫方 张 文 陈兴良 陈瑞华
2	网络与法学教育互动	一等奖	李 鸣 赵晓海 乔聪启 吴亚平

表5-30 2001年法学院获北京市第六届哲学社会科学优秀成果奖名单

获奖人	获奖成果	获奖等级
陈兴良	《刑法的人性基础》	一等奖
王世洲	《德国经济犯罪与经济刑法研究》	二等奖
王小能	《中国票据法律制度研究》	二等奖

表5-31 2001年法学院获北京大学高等教育教学成果奖名单

序号	推荐成果名称	获奖等级	成果主要完成人
1	金融法研究生指导教学新方法探索	一等奖	吴志攀 白建军
2	中国司法制度与司法改革	一等奖	贺卫方 张 文 陈兴良 陈瑞华
3	网络与法学教育互动	一等奖	李 鸣 赵晓海 乔聪启 吴亚平
4	法理学（教材）	一等奖	沈宗灵 罗玉中 巩献田 张 骐
5	行政法与行政诉讼法（法学核心教材）	一等奖	姜明安 湛中乐

表 5-32 法学院 2001 年立项项目

负责人	项目名称	金额(元)	立项单位
钱明星	农地承包权登记问题研究	20000	中国土地勘测规划院
吴志攀	企业债务重组	756693.66	国家经贸委,北京先行信怡节能技术公司
刘剑文	知识经济与法制创新研究		国家哲学社会科学规划基金入围项目配套
王世洲	中国社会转型时期的经济犯罪与经济刑法		国家哲学社会科学规划基金入围项目配套
汪建成	刑事证据法原理		国家哲学社会科学规划基金入围项目配套
姜明安	行政执法问题研究	36000	国家哲学社会科学规划基金一般项目
周旺生	当代法理学理论学说研究	40000	北京市哲学社会科学规划基金重点项目
邵景春	电子商务法律制度研究	30000	北京市哲学社会科学规划基金一般项目
汪 劲	北京市地方立法实行可持续发展影响评估制度研究	30000	北京市哲学社会科学规划基金一般项目
王 轶	规范分析与中国民法典的制定	12000	国家哲学社会科学规划基金青年项目
姜明安	中国行政组织法研究	40000	国家哲学社会科学规划基金
汪 劲	中外环境影响评价立法比较研究	40000	教育部优秀青年教师资助计划项目
白建军	金融犯罪研究	7000	国家哲学社会科学规划项目
王 轶		3296	不详
郑胜利		80000	不详

【交流与合作】 1月4～5日,著名法学家、香港大学法学院院长陈弘毅教授在法学院学生活动中心作"回归后香港法制的发展与内地法制的互动"和"从皮诺切特案看国际刑法和国际人权法的新发展"的学术报告。

4月2日下午,由香港杨少为先生联系、组织的芬兰乌鲁大学学生团访问北大。郭瑜教授为该团学生讲授了中国涉外经济法。

5月14日,哈萨克斯坦纳尔大学校长奥马罗夫·叶伦盖普教授、副校长凯尔扎诺夫·叶列根教授以及该校战略与国际问题研究中心主任哈菲佐娃·克拉拉一行三人来法学院进行学术交流,朱苏力、王哲、沈岿、强士功等老师参加了接待。

5月19日至6月10日,美国堪萨斯密苏里州立大学(UMKC)三位教授 Julie Cheslik、Robert Downs 和 Mary Kisthardt 来法学院讲学,围绕美国财产法、商法和家庭法举办了9场学术报告。

5月20日至6月10日,法学院举办第三届堪萨斯密苏里州立大学(UMKC)中国法律讲习班,16名UMKC学生参加了此次活动。

5月24日,国际知识产权联盟(IIPA)顾问 Michael N. Schlesinger 应北大法治研究中心之邀来法学院作"互联网和知识产权——对中国出版者的含义"的学术讲座。

5月26日,法学院金融法研究中心在北京长安俱乐部举办了"北京大学金融法春季论坛"开坛仪式,及以"WTO·金融竞争·法律调整"为主题的首次论坛活动。此次活动由北京市尚公律师事务所和美国高特兄弟律师事务所协办。论坛将每年举行一次,邀请国内外学术、金融、企业、司法各界专家学者参加,以当年中国金融法制建设中的当务之急为题进行学术交流。

5月26日至6月3日,法学院承办第二届香港律政司中国法律讲习班,香港律政司12位政府律师参加了培训。学习期间,法学院组织学员访问了天元律师事务所,赴北京市第一中级人民法院旁听了一则民事审判。

6月19～23日,法学院邀请香港大学法学院何美欢教授来访,并为学生作了"普通法方法"和"资本市场的互动化"的精彩讲座,受到学生们的好评。

6月16～17日,法学院举办了中国物权法及不动产法国际研讨会。与会专家有来自美国 UCLA、Columbia、Oklahoma 等大学法学院的著名不动产法专家,以及我国民法界的著名专家、学者。研讨会主要内容是结合正在起草的中国物权法,借鉴美国的经验和教训,讨论中国房地产法制建设的热点问题。

8月4～12日,法学院为澳门法务局举办"内地登记制度及公证制度培训班"。学员主要是澳门法务局、登记局和公证处的局长、公证员。尹田、潘剑锋、甘培忠教授和金锦萍博士为培训班讲授了不动产交易的法律制度、公证法律制度、婚姻登记法律制度以及公司的注册登记等课程,并参观访问了北京市房地产交易所、长安公证处、海淀工商分局。培训班获得圆满成功。

9月3日至2002年7月31日,由亚洲基金会推荐的卢思基金会学者 Allison Moore 女士,在法学院任访问教授,讲授美国行政法。

9月10日下午,朱苏力院长、张骐、沈岿、葛云松教授及部分学生在临湖轩会见来访的英国法律大臣办公室常务秘书海顿·菲力浦(Sir Hayden Phillips,Permanent Secretary)率领的代表团。菲力浦先生是"中英谅解备忘录"的英方执行人,此次应司法部邀请访问中国。该团就中国的法学教育与法学院师生座谈。

9月10～24日,台湾前"法务部"部长、现中国文化大学法律学、法学研究所专任教授、台北大学法律学研究所兼职教授廖正豪先生,应北京大学邀请来法学院讲学,期间在法学楼学生活动中心安排讲座4次(每周三、五下午)。讲座的主要题目为:(1)两岸刑法之比较研究;(2)两岸刑事政策之比较研究。

9月23～29日,第三期香港律政司中国法律培训班举办。参加学员14人。

10月6日下午,德国波恩大学法学院教授Gunther Jacobs在法学楼学生活动中心,举行讲座,题目:刑法中的资格及其排除。由王世洲教授主持。

10月7日,韩国著名国际法、海洋法教授、国际海洋法庭法官朴椿浩先生应邀来法学院讲学。为期两个月。李红云教授任合作教授,并安排讲学活动。

10月26日至11月7日,美国芝加哥Schiff Hardin & Waite律师事务所诉讼律师J. Jeffrey Patton先生应邀来法学院讲学两周,题目:商事诉讼(Commercial Litigation)。

10月31日,法学院在模拟法庭举行"纪念著名马克思主义法学家陈守一教授诞辰95周年学术研讨座谈会"。2001年10月1日是北京大学法律系第一任系主任、著名马克思主义法学理论家陈守一教授诞辰95周年纪念日。为了纪念陈老的杰出成就和高尚品格,继承并发展陈老的法学思想和法学教育思想,法学院召开了此次座谈会。参加座谈会的有谢觉哉夫人王定国、原北大党委书记王学珍、陈守一教授的夫人胡冰等。

11月6～7日,在北京大学法学院模拟法庭召开"纪念《劳动法》颁布七周年学术研讨会"。研讨会由中国劳动法学研究会和北京大学劳动法与社会保障法研究所主办,香港范强记运输公司协办。研讨会主要就劳动法颁布以来的实施情况、面临的挑战和主要对策进行研究和探讨。内地和香港特区的理论研究人士和实际部门的代表参加了会议。

12月3日下午,德国萨克森州司法部长克列斯蒂·帕弗尔先生来法学院访问,并作了有关青少年暴力的讲座。张美英老师负责接待。

(殷铭)

【学生工作】 2001年5月,院团委被北京团市委表彰为五四红旗团委。11月,法学院又被评为北京大学2000～2001年度学生工作先进单位。法学院学生工作办公室提出了以"规范化的管理服务、系统化的成才教育、制度化的自我管理"为目标的学生工作制度体系。院团委则将基层支部的建设作为一年工作的中心,除了坚持完善"推优入党"制度,探索"党建带团建"的道路外,还进一步规范了团支部的组织建设和团日活动,制定了相关制度并设计和推出了"法律的职业素质"、"主题团日设计大赛"、"学习'三个代表'重要思想"、"人人都是志愿者"等团日活动,有多家支部在校团委的最佳团日评比中获奖。

在院团委的指导和推动下,法学院学生会进行了改革。将以往的单一结构改造成"执行委员会"和"学生委员会"二元架构,突出广大同学对学生会工作的参与与监督,并且制定了《北京大学法学院学生会章程》和《北京大学法学院学生委员会章程》,为学生会的长期发展提供了根本的制度保障。改变了以往的间接选举模式,实现了学生会执行委员会主席的直接选举。

北京大学法律援助协会依托"诊所式法律教育"项目,进入了一个新的快速发展时期。发起了"首都高校法律援助共同体",联合清华大学法学院、中国政法大学等多所法律院校在"315"消费者权益保护日和"12·4"全国法制宣传日开展了大型宣传活动。与河北迁西县合作共建的"迁西社区法律诊所"项目也于12月在当地正式挂牌。《北大法律援助》创刊。

以"网络与法律"为主题的2001年法律文化节和年底进行的北京大学法学院第四届十佳教师评选继续在校内外产生了广泛的社会反响。法学院辩论队参加了北京市学联主办、中国政法大学学生会承办的"锋豪杯"京津地区法律院校辩论邀请赛,问鼎冠军。在校团委主办的"北京大学第四届演讲十佳比赛"中,法学院有四人获得"演讲十佳"称号,显示了雄厚的整体实力。在学校组织的其他各项文艺汇演、歌咏比赛和体育竞赛中,法学院都取得了较好的成绩。

7月15至19日,法学院举办了"未来法律人"全国高中生夏令营,共有来自全国著名中学的45名高二学生参加了活动。在校期间,他们参观了校园,听了吴志攀和贺卫方教授的精彩讲座,访问了北京市第二中级人民法院、海淀检察院、高特律师事务所北京办事处和君合律师事务所,对法律职业的素质要求和发展前景建立了初步的认识。

2001年,院刊《北大法律人》共出版了6期(第16期到第21期)。

(韩流)

信息管理系

【发展概况】 信息管理系是我国自己创办的最早的图书馆学情报学教育基地之一,其前身是图书馆学系,始建于1947年。1987年5月改名为图书馆学情报学系,1992年为适应国民经济信息化和社会信息化的需求,改为信息管理系。经过半个多世纪的建设和发展,在几代人的不懈努力下,逐步壮大为一个多学科、多层次、全日制与继续教育相结合的新型专业教育中心,以及培养高层次信息管理人才的摇篮,拥有图书馆学博士点和情报学博士点以及一级学科学位授予权。2001年全系有教职员37人,其中教授9人(含博士生导师7人),副教授14人,讲师5人。其中图书馆学博士生导师3人,情报学博士生导师4人,兼职导师4人。另外,聘有外国客座教授3人,国内兼职教授多人。系内设有3个教研室(图书馆学、情报学、信息经济与立法),1个研究所(信息传播研究所),2个实验室(电子图书馆实验室、计算机信息管理应用实验室),还设有实习室、资料室、党委办公室、行政办公室、函授办公室、教务办公室等机构。2001年5月28日,北大成立新闻与传播学院,根据学科调整需要,信息管理系的编辑出版专业转入新闻与传播学院,有6名教员和隶属该专业的本科生也一并转入,出版管理研究方向的博士生和硕士生暂时仍留在原系。

【学科建设】 在专业设置方面,经过多年的调整和发展,信息管理系已形成一个以信息管理为核心的、专业门类较齐全的专业体系。本科设有信息管理与信息系统专业、图书馆学专业,2001年招生50人。博士和硕士研究生设有2个专业:图书馆学、情报学。2001年在校全日制本科生人数达184人,硕士生90人,博士生49人。此外2001年招收进修教师与访问学者15人。生源比较充足,就业状况良好。

教学改革是一个系健康发展和永葆青春的重要机制。1996年,以贯彻学校部署的全面修订教学计划的任务为契机,开展了新一轮教改工作,重点解决学科发展方向和优化课程设置问题。经过全系师生广泛深入的调查研究和讨论、论证,确定了今后的学科发展方向:面向大信息,以信息资源管理和信息技术应用为核心的发展重点,为国家信息化培养合格人才。学科定位在信息资源建设和信息传播与服务的教学与研究方面。拓宽专业口径,逐步转向信息管理,从技术、经济、政策与法律、人文等不同角度来切入此领域。图书馆学专业也要突破传统的学科范围,重点转向文献信息管理。关键要转变观念,把信息管理、图书馆视为一个密切相关的学科组合体,均属于信息生命周期中的学科。还提出,要特别关注网络信息管理学科建设与管理问题。

在培养目标上,强调基础宽厚,自我发展和应变能力强,提出要培养信息主管(CIO)、信息经纪人、数据库工程师等新型人才。研究生专业的研究方向也作了调整,图书馆学专业下设图书馆学理论、文献资源建设、目录学、信息存贮与检索、信息技术应用和咨询学等5个方向。在课程设置和教学内容改革方面,确立了一些新的指导原则和思路。例如,强调课程设置要讲求科学性和系统性,完善课程的论证和审议制度,加强信息管理和信息技术应用方面的课程,改造和优化那些必要的传统课程,提倡文理兼容主选。认为信息管理专业学生的知识结构应包括7个方面:专业理论、信息增值知识和技能、信息服务与市场营销知识和技能、信息系统开发与管理知识与技能、坚实的数理基础知识、必要的人文社科知识、语言交际能力。根据信息管理专业的需要和发展方向,近年来该系部分新开设的专业课程包括:信息管理概论、信息媒体及采集、信息组织、信息存贮与检索、信息服务与用户、信息经济学、信息分析与决策、信息政策与法规、管理信息系统、信息环境论、经济信息管理、企业信息化工程、企业竞争与信息利用、广告概论、创作工具与利用、广告实务等。

经过申报和严格审查,2002年初,信息管理系的图书馆学被评为国家重点学科。

【科研工作】 信息管理系教师在教书育人的同时,在图书馆学、情报学、信息管理与信息系统等领域进行了广泛而深入的研究。近五年来,承担了国家和省市部委科研项目三十余项,其中国家项目十余项,部级项目十余项,出版各类教材、专著和其他著作数十种,发表论文数百篇,获得各种学术奖励和荣誉二十余项,得到了学术界的好评,有多篇论文被SCI、SSCI(社会科学引文索引)等收录。2001年获国家自然科学基金项目2项。

在学术交流方面,北大信息管理系是国际图联、中国图书馆学会、中国科技情报学会、中国社科情报学会、中国信息协会、中国信息经济学会、全国科技传播研究会等重要学术团体的机构会员,并在其中担任了常务理事或副理事长等重要学术职务。与国内外一些著名大学的信息管理系或其他相关院系有密切的交往,每年都接待一定数量的国内外专家学者访问或讲学,选派若干名教师出国进修、访问或参加学术会议。

近年来到该系短期讲学的境外专家有:李华炜(美国俄亥俄大学教授)、李炳穆(韩国延世大学教授)、胡述兆(台湾大学教授)、长泽雅男(日本爱知淑德大学教授)、李德竹（台湾大学教授）、储荷婷（美国长岛大学教授）。

2001年8月，信息产业部、国家信息化推进工作办公室批准在北京大学组建国家信息资源管理北京研究基地。研究基地有关工作接受国家信息化推进工作办公室指导，由北京大学信息管理系负责组织实施，承担国家信息化推进工作办公室委托的课题研究任务和相关的社会服务工作。研究基地的目标是：系统研究信息资源管理的理论方法和技术，调查研究和总结我国信息资源开发利用的经验和存在的问题，探索符合国情的信息资源管理政策、体制和运行机制，为国家有关部门和社会用户提供咨询意见、解决方案或其他研究成果，为实现国家"十五"规划纲要中提出的信息化建设目标贡献力量。

【成人教育】 自1956年开办函授班以来，至今已有近50年的历史，为国家培养了近万名函授毕业生，为图书馆界输送了大批实用人才，并为函授教育摸索和积累了许多有益的经验。目前正在开办的成人教育专业有2个：图书馆学（专升本）、计算机信息管理（大专）。每年共招生700多人，目前正在学习的学生有1900多人，在天津、石家庄、太原、兰州、西安、济南、合肥、南京、广州等地都设有函授辅导站。另一方面，鉴于成人教育的高层次化趋势，该系从1994年起每年都开办研究生课程进修班，为社会上具有同等学力又要申请硕士学位的人员提供进修学习的机会。2001年，招收"知识管理与咨询策划"研究生课程进修班100人，"信息管理与信息化建设"研究生课程进修班55人。在澳门开设的大专班学生已顺利结业，并获准在香港中文大学开办"图书与资讯管理"专业。

（石晓华）

表5-33 信息管理系科研项目一览表（1997～2001）

项目类别	课题名称	负责人	立项时间	批准经费
国家社会科学基金项目	越境数据流与中国的信息环境管理问题研究	岳剑波	1997.4	2.9万
国家社会科学基金项目	网络信息环境下的信息组织与检索技术	赖茂生	1997	2.9万
国家哲学社会科学规划项目（重大）	面向21世纪的中国图书情报工作网络化研究	周文骏	1997.9	36万
国家自然科学基金项目	企业信息环境研究	谢新洲	1997.1	6.5万
教育部"九五"国家级重点建设教材	信息存贮与检索	赖茂生	1997	1万
教育部"九五"国家级重点建设教材	信息分析与决策	秦铁辉	1997	0.5万
教育部"九五"国家级重点建设教材	中国文献史引论	王余光	1997.9	1万
北京市第二批教改试点项目	《信息管理基础》课程建设与实践	岳剑波	1997.12	2万
北京大学	中美图书馆事业的比较研究	刘兹恒	1997.5	0.6万
北京大学	社科文献资源开发与利用（常用社科文献信息源）	王锦贵	1997.5	1万
国家教委回国人员资助项目	信息与媒体	李常庆	1997.6	2万
国家教委人文社会科学研究项目	多媒体数字化图书馆的标引与检索技术研究	赖茂生	1998	3万
国家教委人文社会科学研究项目	20世纪的目录学研究与21世纪的目录学学科建设	李国新	1998	3万
北京大学	古代中国文化史论	王锦贵	1998	0.4万
国家社会科学规划基金资助项目	虚拟图书馆和传统图书馆的关系研究	刘兹恒	1998.8	3万
国家科技部	电子图书的技术和市场发展趋势	赖茂生	1999.7	10万
与日本爱知淑德大学共同研究	依托数字化信息资源的信息服务现状调查	吴慰慈 赖茂生 李常庆	1999	100万日元
国家社会科学基金一般项目	基于WEB的数字定制服务系统	余锦凤	2000.6	5.8万
教育部社科基金	图书馆人才培养模式综合改革研究与实践	马张华	2000	3万
国家社会科学基金一般项目	中英文网络门户的比较研究	董小英	2000	5.4万
与中央电视台共同研究	年鉴规范化及索引编制	肖东发	2000.6	1.2万
国家自然科学基金	促进企业核心竞争力机制形成的知识管理系统研究	赖茂生	2001.1	13万
国家自然科学基金	提升企业竞争力的信息资源开发战略研究	秦铁辉	2001.1	13万
国家自然科学基金	基于电子商务的企业信息服务研究	谢新洲	2001.1	14万
国家社会科学基金	20世纪中国文献学研究	王余光		5.2万
国家社会科学基金	中国图书馆法治环境研究	李国新		5.2万

表 5-34　信息管理系发表著作一览表（1997～2001）

著作名称	作者	出版社	出版时间
企业竞争与信息利用	秦铁辉	书目文献出版社	1997
司马光与资治通鉴	王锦贵	大象出版社	1997
中国图书馆年鉴 1996	肖东发	北京图书馆出版社	1997
汉代佛教法器服饰略说	白化文	商务印书馆	1998
信息媒体及其采集	刘兹恒	北京大学出版社	1998
中小学图书馆文献分类与主题标引	马张华	北京图书馆出版社	1998
外国年鉴编纂出版概观	李国新	中国旅游出版社	1998
中国新图书出版的文化贡献	王余光	武汉大学出版社	1998
中国新图书出版业初探	王余光	武汉大学出版社	1998
中文工具书基础	李国新	北京图书馆出版社	1998
办公自动化基础教程	赵文	北京大学出版社	1998
中国读者理想藏书	王余光	光明日报出版社	1999
名著的选择	王余光	云南人民出版社	1999
文献分类法主题法导论	马张华	北京图书馆出版社	1999
信息管理基础	岳剑波	清华大学出版社	1999
企业信息知识手册	赖茂生等	北京出版社	1999
"读好书文库"第一辑 12 种	王余光	云南人民出版社	1999
我国科技电子信息资源开发与利用	董小英	北京图书馆出版社	1999
常用社科文献信息源	王锦贵	北京图书馆出版社	2000
日本图书馆法律体系研究	李国新	北京图书馆出版社	2000
文献信息资源编目	段明莲	北京大学出版社	2000
书海导航	王余光	宁波出版社	2000
咨询理论与实务	申静	中国电力出版社	2000
网络环境下信息资源管理与信息服务	董小英	中国对外翻译出版公司	2000
中国藏书楼	肖东发	辽宁人民出版社	2000
实用年鉴学	肖东发	中央文献出版社	2000
中国图书馆年鉴 1999	肖东发	北京图书馆出版社	2000
中国图书馆年鉴 2001	肖东发	北京图书馆出版社	2001
"读好书文库"第二辑 10 种	王余光	云南人民出版社	2001
新媒体与网络广告	张浩达	科学出版社	2001
信息分析与决策	秦铁辉	北京大学出版社	2001
视觉《圣经》——西方艺术中的基督教	张浩达	社会科学文献出版社	2001
信息组织	马张华	清华大学出版社	2001

社会学系

【发展概况】　2000 年 6 月，社会学系与社会学人类学研究所打通。目前社会学系、所教学、科研、教辅、和行政人员的总数达到 48 人，在 36 名教师中，有教授 15 人（共有博士生导师 12 名），副教授 13 人，讲师 8 人，其中 25 人具有博士学位。现设 4 个教研室和 1 个中心，即：社会学理论、社会学方法、应用社会学、社会工作教研室和北京大学社会调查研究中心。还设有社会学、人口学和人类学 3 个博士点，社会学、人类学、人口学和社会保障 4 个硕士点，有社会学和社会工作 2 个本科专业。

【课程与教学】　社会学系（所）2001 年开设的课程有：现代社会学理论核心概念、社会学概论、社会学专题、社会统计、国外社会学学说、社会人类学、社会心理学、社会分层与社会流动、科学社会学、社会问题、社会性别研究、环境社会学、劳动社会学、家庭社会学、影视文本和社会工作、社会政策、社会问题、城市社会学、农村社会学、经济社会学、发展社会学、人力资源开发与管理、越轨与犯罪社会学、社会保障与社会福利、人类学理论与方法、马克思主义人类学原著选读、中国少数民族专题研究、经济学与社会学比较研究、民族社会学、文化社会学、社会运动理论、教育社会学、城乡社会学、文化传媒社会学原著选读、社区研究的理论与方法、海外民族志讲座、批判社会学原著选读、福利经济学研究、网络社会学专题研究、政治人类学等课程。此外，还为全校文科开设了 8 门通选课，受到文科学生的广泛好评。2001 年招收博士研究生 16 人，硕士研究生 43 人，本科生 45 人，在校学生总数达 336 人。2001 年有 42 名本科生毕业，14 位硕士、10 位博士研究生通过论文答辩，2 名博士后人员圆满完成研究。毕业生中有不少学生被美欧和香港知名大学录取深造，更多学生被国家机关和科研部门录用。

【科研和学术活动】 2001 年系所在研各类课题 40 余项，拨入经费 90 余万。申请获得国家社科基金项目 5 项，基地重大项目 1 项，教育部各类项目 5 项，北京市项目 3 项，国家部委和企事业单位委托、合作项目若干项。"当代中国社会学方法研究"、"20 世纪下半期中国农民的社会生活"、"国外历史社会学理论与方法研究"、"中国农村基层组织类型运作机制"、"80 年代以来国外'现代性'与'后现代性'社会理论"、"家庭、家族活动的现状及其对现代化影响研究"等国家社科基金课题已经或正在结项。"中国工人职业生涯研究"、"中国社区发展的战略和策略"、"解构霸权——欧洲社会心理学研究的新进展"、"企业改制与工人阶级地位稳定性研究"等课题也取得了良好的阶段性成果。2001 年系所共出版专著、编著 15 部，发表论文 100 余篇。王汉生副教授和蔡华教授的论文被选中在 2001 年"北大文科论坛"讲演。

【党建和学生思想工作】 社会学系党委在党委和支部建设以及学生思想工作方面历来有良好的传统。2001 年 1 月，系党委经过三个月的"三讲"教育活动，制定出 23 条整改方案，以建设世界一流水平的社会学系为目标，力求经过几年的努力，使社会学系的教学、科研、对外交流和管理上一个新台阶。7 月 3 日，经北京大学党委常委会批准，社会学系新一届党委会成立，由 7 人组成。2001 年共发展学生党员 6 名，其中本科生 4 名，硕士生 2 名。

学生的思想教育工作也取得了一定成绩，2001 年社会学系学生在学校各类比赛、竞赛中多次获奖，00 级硕士团支部和 98 级本科团支部被评为校级优秀团支部。

【成人教育】 2001 年社会学系成人教育工作也在稳步发展。成都 99 级应用社会学专业研究生课程学习班结业 179 人，重庆 99 级应用社会学专业研究生课程进修班结业 160 人。与北大在线联合举办应用社会学专业"商务与社会"方向研究生课程进修班。与青岛大学、北京朝阳社区学院、四川大学达成合作培训意向。

（于惠芳）

社会学人类学研究所

【发展概况】 研究所由费孝通教授任名誉所长，马戎教授任所长兼社会学系主任，刘世定教授、佟新副教授任副所长兼社会学系副主任。2001 年在编员工 20 人，其中博士生导师 5 人，教授 7 人，副教授 5 人，讲师 2 人。获博士学位者 13 人，占 86%。45 岁以下的 13 人，占 81%。另有博士后研究人员 5 人，设有城乡社区发展、人类学与民俗、民族社会学与人口、环境与发展、文化与传播等研究室。另设北京大学人类学与民俗研究中心、中国社会学会民族社会学专业委员会、中国社会学会社区研究专业委员会筹备组三个秘书处，以及由费孝通学术基金支持的"北京大学学生社区研究奖"评审委员会。编辑出版《人类学与民俗研究通讯》、《城乡发展研究通讯》、《民族社会学研究通讯》等学术通讯和不定期的研究论文系列，2002 年起将编辑出版《北京大学社会学人类学年刊》。通过十几年的社会调查和与地方政府的密切合作，研究所已经在全国 20 多个省市设立了实地调查点。

【学术思路】 社会学与人类学的研究必须立足于中国社会实际国情，注重现实问题与学术问题相结合，在研究上强调多学科交叉研究，社区研究—类型比较—定性定量分析结合，历史观点和追踪研究，注重运作过程和机制研究。主要研究领域有：社会学与人类学学科建设、城乡社会发展、边区与民族地区发展、人类学与民俗、社区研究、乡镇组织制度结构与运作机制、家庭与社会问题、民族关系、人口迁移与城镇化、环境与社会经济发展、城乡教育、文化与传播等。

【博士后流动站】 1987 年设立，是当时全国惟一的文科博士后流动站。至 2001 年底，博士后人员共参加国家级项目 9 个，国际国内合作项目 11 个，发表论文 120 余篇，出版或即将出版的专著有 10 余部，有 8 篇论文或专著在国内外获奖。16 人获博士后科研科学基金资助，1 人获"国氏"博士后奖励基金，1 人获第二届全国青年优秀社科成果优秀奖(最高奖)。2001年有2位博士后出站,至年底在站博士后有5名。

【课程与教学】 研究所与北京大学社会学系共同设立了社会学博士、硕士点。1998年设立了人类学博士、硕士点。除了博导外,全所教学科研骨干组成研究生指导小组,共同培养指导博士、硕士研究生。研究所教师在2001年开设了人类学理论与方法、马克思主义人类学原著选读、中国少数民族专题研究、经济社会学、经济学与社会学比较研究、民族社会学、文化社会学、社会运动理论、社会统计学、教育社会学、环境社会学、城乡社会学、文化传媒社会学原著选读、社区研究的理论与方法、海外民族志讲座、批判社会学原著选读、福利经济学、网络社会学专题研究、政治人类学等课程。4位硕士、4位博士研究生通过论文答辩。由教师和博士、硕士研究生共同组织的"读书会"每周活动一次。

【科学研究】 2001年在研各类课题19项,拨入经费70余万。申请获得国家社科基金项目3项,基地重大项目和教育部项目各1项,北京市项目2项。国家部委和企事业委托、合作项目若干项。在陆续出版了《社会与发展研究丛书》12种及20余部其他学术著作的基础上,2001年出版《社会学人类学论丛》7卷,《社会学人类学译丛》1卷,发表论文20余篇。

继续编印《研究论文》(working paper)系列,及时反映研究所工作人员近期的科研成果和正在进行的研究工作。2001年编印了11期,总期数达到36期。

【学术交流】 全年共组织举办各类学术讲座、研讨10余次,邀请了国内外有成就的学者介绍研究的前沿问题,并就学科前沿及诸多社会现实问题进行讲演讨论,对促进学科创新、人才培养和信息交流起了较好的作用。大型活动如下:

(1)召开国际学术会议——第六届社会学人类学高级研讨会。7月26日至8月4日在西北民族学院举行。与会者70余人,除来自韩国、台湾、香港的学者以外,还有来自十多个省、市、自治区的教学和科研工作者。参加者分属13个民族,是历届研讨会上民族成分最多的一次。91岁的费孝通教授作了"民族生存与发展"的主题发言。

(2)10月,研究所与香港中文大学崇基学院、台湾法鼓山人文学院、台湾东华大学联合举办了第七届现代化与中国文化研讨会,主题为"科技发展与人文重建",有40余名来自两岸三地的学者出席。费孝通教授在香港中文大学举办的开幕式上发表主题讲演"进入21世纪时的回顾与前瞻"。

(3)11月7日与清华大学当代中国研究中心联合举办"读书·评论·学术发展"座谈会。议题围绕北京大学蔡华教授的专著《无夫无父的社会——中国的纳人》及美国普林斯顿大学教授吉尔兹(Clifford Geertz)针对该书发表在《纽约图书评论》上的书评"走访"展开,与会者讨论了中国人类学的发展、中国人类学研究和国际人类学界的对话等问题。

(4)举办"转型期的劳工问题与社会公正"研讨会,有国内外几十名学者出席并发表学术论文。

【基地建设】 首先在对"十五"期间社会学发展基础和可能趋势进行研究的基础上,制定了基地"十五"科研规划。确定了10项重点研究课题:(1)社会变迁与社会资本研究;(2)全球化背景下社会成员身份认同研究;(3)技术进步与社会组织变迁研究;(4)家庭代际关系的人口社会学研究;(5)社团组织研究;(6)文化象征与新消费群体研究;(7)中国社会文化变迁的社区史研究;(8)影视人类学方法及其在中国的研究运用;(9)中国地方社会和少数民族群体的习俗、习惯法和法律实践研究;(10)开放社会与区域人文类型关系的研究。为了推动研究质量的提高,中心决定在《年刊》的选稿中实行匿名评审制度。

其次,按照北京大学社会科学部对校内各基地的统一要求,成立了管理委员会。召开了基地研究人员大会,就学术研究规范、成果评价、对研究人员的激励等问题进行了讨论。

此外,2001年3月28日经学校研究批准,与"美国未来研究所"共建"中国未来研究中心"。该中心将对中国经济社会发展中的重要问题进行研究,并做出预测,每年将提出一份综合报告及若干专题研究报告。

【资料库与信息网络建设】 该所图书资料室现有中文图书15000册,外文图书4500册,中文报刊200种,外文现报刊38种,中文过刊400余种,外文过刊84种;积累了大批课题资料、上万份调查问卷档案资料及诸多地方调查报告和声像资料。在教育部社政司的支持下,建立了"社会学人类学中国网",并注册了教育网下的域名:www.SACchina.edu.cn。这是国内首家由教育部基地主办的社会学人类学专业网站。目前的主要栏目有:学科词典、信息中心、学者家园、读书时间、文章选读、学术刊物等。2001年10月起,与北大图书中心馆联网,对书刊进行联机编目,实现图书资料的网络化管理与网络化服务。

【国际交流和人事变动】 (1)周星教授赴日本爱知大学讲学1年;

(2)高丙中教授赴美国伯克利加州大学访问6个月;

(3)2001年12月麻国庆副教授赴日本东京都立大学从事博士后研究;

(4)美国加州大学Duran Bell教授来该所授课3个月;

(5)美国未来研究所Mary

O'hara-Devereaux 博士来所从事合作研究，累计1.5个月。

此外还派出多次1个月以下的出国交流，以及接受许多国外学者的顺访。

（于惠芳）

外国语学院

【发展概况】 北京大学外国语学院成立于1999年6月22日。它是由原北京大学东方学系、西语系、英语系和俄语系合并而成的北京大学第一个多系、多学科的学院。现下设英语系、俄语系、法语系、德语系、西班牙语系、东语系、日语系和阿拉伯语系等8个系以及东方学研究院、翻译中心、世界文学中心等3个研究机构，包括英语、俄语、法语、德语、西班牙语、日语、阿拉伯语、蒙古语、朝鲜语、越南语、泰国语、缅甸语、印尼语、菲律宾语、印地语、梵巴语、乌尔都语、波斯语、希伯来语等19个语种，共有9个博士点，1个博士后流动站。学院现有教职工276人，其中教授54人（含博士生导师47人），副教授88人，讲师78人。现有学生980人，其中本科生708人（其中留学生4人），硕士研究生253人，博士研究生75人。2001～2002学年招收新生314人，其中本科生206人，硕士研究生89人，博士研究生19人。学院办有三种学术刊物：《国外文学》、《北京大学学报（外国语言文学专刊）》和《东方研究》。另外，学院还有26个虚体研究机构和学术团体，如英语语言文学研究所、加拿大研究中心、澳大利亚研究中心、德语国家研究中心、意大利研究中心、俄罗斯学研究中心、中俄比较文学学会、普希金研究会、莎士比亚研究学会北京大学分会、中外妇女文学研究会、世界传记中心、语言学研究所、文学与翻译学会、北京大学英语教学研究会、东方文化研究所、日本文化研究所、阿拉伯—伊斯兰文化研究所、印尼—马来文化研究所、南亚文化研究所、朝鲜文化研究所、伊朗文化研究所、东南亚文化研究所、希伯来文化研究所、泰国研究所和古代东方研究所等。外国语学院主办的北大"星光外语教学电台"面向全校进行英语广播。2001年6月，外国语学院党委被评为"2001年北京大学党务和思想工作先进集体"。5月18日学院召开了首届教职工代表大会，并组织全院教职工与北京某部队积极开展了军民共建活动。

【祝贺季羡林先生90华诞暨从事东方学研究66周年】 北大举行祝贺季羡林先生90华诞暨从事东方学研究66周年大会。国务院副总理李岚清给季羡林先生写来贺信表示祝贺，原人大常委会副委员长雷洁琼、外交部部长唐家璇、韩国社会科学院理事长金俊烨也分别发来贺信。教育部部长陈至立专程前来北大看望季羡林先生。出席大会的校内外领导和嘉宾有：教育部副部长韦钰，外交部副部长李肇星，中共中央统战部副部长刘延东，中国国际交流协会常务副会长李成仁，全国政协常委、民盟中央常务副主席吴修平，东方文化研究会名誉会长韩天石，山东省副省长邵桂芳，印度驻华大使梅农，伊朗驻华大使马劳亦克，德国驻华公使克劳斯·威德尔，清华大学党委副书记胡显章，香港著名出版家、北大名誉博士石景宜，及北大领导许智宏、迟惠生、赵存生、何芳川、郝平等。

【学科建设】 2001年，外国语学院共开设378门课程，其中研究生课程242门，本科生课程208门（其中主干基础课66门），辅修课程18门，全校性选修课17门。英语系大学英语教研室和研究生公共英语教研室分别负责全校本科生、硕士研究生公共英语教学。

现有22名长期外国专家，近20名短期专家在外国语学院教授本科生和研究生课程。

【科研工作】 （1）4月28至29日，举办旨在总结科研工作经验、展示科研成果、繁荣科研与学术的"外国语学院科研研讨会"。全院200余名老中青教师同聚一堂，盛况空前。

（2）组织了各级各类科研项目的立项和申报工作。具体项目如下：

① 2001年国家社科基金"十五"规划项目申报和立项工作，共获得立项项目1项，入围项目2项（表5-35）。

② 2001年教育部人文社会科学研究"十五"规划项目申报和立项工作。外国语学院共获得9个项目，立项名单见表5-36。

③ 外国语学院科研启动基金项目申报和立项工作。共组织了51项项目的申请，有23个项目获准立项，立项名单见表5-37。

（3）组织北京市社会科学理论著作出版基金的申报工作，共获得3项出版资助（见表5-38）。

（4）2001年外国语学院主办的学术会议14次。

① 纪念陀思妥耶夫斯基诞辰180周年、逝世120周年学术研讨会，4月17～18日。

② 北京大学外国语学院科研研讨会，4月28日至29日。

③ 北京大学校庆《日本近世文化与近代》中日学术研讨会，5月5～6日。

④ "东方学与东方文化——世纪之交的回顾与展望"，2001年中国北京大学东方学国际研讨会暨季羡林先生九十寿辰庆祝会，5月15～19日。

⑤ 泰汉音译规范问题研讨会，9月6～7日。

表 5-35

序号	项目负责人单位	项目负责人姓名	项目名称	项目类别
1	东方学研究院	陈明	西域出土胡语医学文书研究	青年项目
2	东语系	赵杰	满汉语法接触研究	入围项目
3	英语系	唐仁虎	印度现代文学	入围项目

表 5-36

序号	项目负责人单位	项目负责人姓名	项目名称	项目类别
1	东语系	段晴	原民族宫藏梵语贝叶经整理	博士点项目
2	东语系	刘安武	印度文学和中国文学的比较研究	规划项目
3	英语系	沈弘	弥尔顿研究	规划项目
4	俄语系	赵桂莲	19、20世纪之交俄国文学评论研究	规划项目
5	英语系	刘建华	后现代美国小说研究	规划项目
6	东语系	刘曙雄	穆斯林诗人伊克巴尔	博士点项目
7	阿语系	仲跻昆	纳吉布·迈哈福兹创作道路探析	博士点项目
8	英语系	陶洁	福克纳研究	博士点项目
9	东语系	拱玉书	中国、埃及、西亚古文字比较研究——兼论文字在国家起源中的作用	规划项目

表 5-37

序号	项目负责人单位	项目负责人姓名	项目名称
1	东语系	王邦维	西域佛教史:西北印度与中亚
2	东语系	段晴	景教仪式研究
3	东语系	姜景奎	印度教研究
4	东语系	唐孟生	南亚苏非派研究
5	东语系	傅增有	中泰文化交流研究
6	东语系	姜永仁	缅甸民族及民族问题研究
7	英语系	陶洁	福克纳评传
8	英语系	韩敏中	《北大英语》教师用书
9	英语系	钱军	功能句法学研究
10	英语系	辜正坤	中西文化比较
11	英语系	黄宗英	美国诗歌史论
12	英语系	赵白生	传记文学理论研究
13	俄语系	赵桂莲	俄国"白银时代"的文学评论与19世纪的俄罗斯文学
14	俄语系	王彦秋	俄国象征派的诗学特征
15	俄语系	凌建侯	巴赫金的理论体系与现代派小说名著
16	俄语系	王辛夷	汉族人学俄语
17	法语系	董强	对罗兰·巴尔特文艺批评理论的整体性研究
18	西班牙语系	赵德明	拉美反独裁小说研究
19	西班牙语系	段若川	智利女作家邦巴尔研究
20	阿语系	吴冰冰	伊斯兰教什叶派的历史演进
21	日语系	于荣胜	中日近现代小说比较研究
22	日语系	李强	厨川白村与中国现代文坛
23	日语系	彭广陆	从汉语的新词看日语词汇的影响

⑥ 中日女作家国际研讨会,9月11~14日。

⑦ 北京大学外国语学院世界文学研究所成立大会暨第一届学术研讨会,10月8日。

⑧ 欧洲文学与文学史国际研讨会,10月9~12日。

⑨ 世纪之交的阿拉伯文学研讨会暨阿拉伯文学研究会第四届理事会,10月12~14日。

⑩ 北京大学/纽约州立大学美国文学与文化研究国际学术研讨会,10月24~27日。

⑪ "古代文明的相互交融"学术研讨会暨中国世界古代史研究会2001年年会,10月25~27日。

⑫ 纪念哈菲兹学术研讨会,10月29日。

⑬ "911事件"与伊斯兰世界专题研讨会,10月30日。

⑭ 教育部外语专业教学指导委员会阿拉伯语指导组与中国阿拉伯语教学研究会联席会,11月15~17日。

(5)外国语学院获得的国外荣誉奖。

① 东语系金鼎汉教授荣获印度"乔治·格里森奖"。6月15日印度总统纳拉亚南在总统府举行仪式,向北京大学外国语学院东语系金鼎汉教授颁发2000年度印度"乔治·格里森奖"。该奖是印度政府向国外印地语学者颁发的最高奖项,以奖励世界上为印地语的研究和教学等工作做出了杰出贡献的学者。该奖包括奖牌、奖金和披肩。该奖每年颁发一次,从1994年至1999年,先后有世界各国的6位印地语著名学者获奖。

② 韩国总统文化奖。10月9日韩国总理李汉东在韩国汉城文化会馆举行仪式,向北京大学外国语学院东语系韩振乾教授颁发了"总统文化勋章"。该奖是韩国政府向为韩国国民文化的提高和国家的发展作出了重大贡献的学者授予的韩国文化方面的最高奖项。

表 5-38

序号	系别	姓名	出版成果名称
1	英语系	胡家峦	《历史的星空:文艺复兴时期的英国诗歌与西方传统宇宙论》
2	东语系	陈岗龙	《蒙古民间文学比较研究》
3	东语系	梁敏和	《印度尼西亚文化与社会》

表 5-39

姓名	专业	组织(刊物、会议)名称	所在地	所任职务
胡壮麟	英语语言文学	《亚洲英语教学》	香港	编委会委员
申丹	英语语言文学	The Routledge Encyclopedia of Narrative Theory	英美	顾问编委
赵白生	英语语言文学	Encyclopedia of Life Writing	英国伦敦	Advisor

2001年有两人获得该奖项,分别颁发给中国北京大学教授韩振乾和泰国东方大学校长。

(6) 外国语学院新增境外学术任职(表5-39)。

(7) 外国语学院获得的科研、学术奖励。

① 第二届鲁迅文学奖——全国优秀文学翻译彩虹奖:英语系陶洁教授的译著《圣殿》获奖。

② 国家图书奖提名奖:西班牙语系赵德明教授的《世界经典散文新编丛书》获奖。

③ 全国优秀博士学位论文奖:东方学研究院的陈明博士的《印度梵文医典〈医理精华〉研究》获奖。

④ 北京市教育教学成果奖(高等教育):东语系汪大年教授的《缅甸语概论》(教材)荣获二等奖。

⑤ 第十二届冰心儿童图书奖:东语系季羡林先生的《东方民间故事精品评注丛书》获奖。

⑥ 全国高校外国文学教学研究会第二届优秀教学科研成果奖:英语系罗经国教授的《新编英国文学选读》、英语系黄必康副教授的《形式与政治》、阿语系林丰民副教授的《为爱而歌:科威特女诗人苏阿德·萨巴赫研究》荣获优秀著作奖、俄语系查晓燕副教授的《过去贯通于现在,现在孕育着未来》荣获优秀论文奖。

⑦ 中国外国文学学会东方文学分会成果奖:阿语系林丰民副教授著的《为爱而歌:科威特女诗人苏阿德·萨巴赫研究》和东语系梁立基、李谋教授等主编的《世界四大文化与东南亚文学》获专著一等奖;东语系张玉安教授等编译的《东方神话传说》(共八卷)获编著一等奖。

⑧ 冯至德语文学研究奖:德语系谷裕副教授的论文《再一条通往人性真实的道路——试论歌德小说〈亲和力〉中的神秘主义色彩》获二等奖。

⑨ 《外国文学研究》杂志2000年度优秀论文奖:阿语系林丰民副教授撰写的论文《阿拉伯的女性话语与妇女写作》获一等奖。

⑩ 第五届北京大学学报优秀论文:德语系张玉书教授的论文《谈谈海涅的文艺思想》、东语系张玉安教授的论文《印度神话传说阿东南亚的传播》、英语系申丹教授的论文《试论当代西方文论中的排他性与互补性》获奖。

⑪ 北京大学2001年教学成果奖:东语系汪大年教授的《缅甸语概论》(教材)获一等奖。

【对外交流】 2001年,国内交流1人次,港澳台地区1人次;接待进修学习来访4人次,其中国际3人次,国内1人次;合作研究派出8人次,其中国际3人次,国内4人次,港澳台地区1人次;接待合作研究来访7人次,其中国际2人次,国内5人次。

【继续教育】 成立外国语学院继续教育办公室,旨在更好地利用北大雄厚的师资和教学条件为社会提供外语教育服务。目前,采用自办与合作办学相结合、脱产与在职相结合的方式,设有英语自考专科项目、英语自考专升本项目、BEC培训项目、函授英语项目、英语口语训练项目,先后开办了博士生入学英语考试辅导班、基础英语强化班、考研英语辅导班、英语四六级辅导班、托福英语班、新概念英语班、德语强化班、暑期中美文化研习班等。2001年总计有1万多人次接受外语培训。

【学生工作】 外国语学院于2001年再次荣获北京大学"红旗团委"和"学生工作先进学院"荣誉称号。在校篮球联赛中,院女队蝉联冠军。5月,成功举办第二届"外语文化节",校党委到会祝贺。5月7日,在学校办公楼礼堂召开"学先进,树新风,推进文明修身工程"为主题的全院学生大会。东语系陈永利同学被评为全国十佳三好学生标兵。外国语学院的学生们积极参加了全校性的大型外事活动和国际会议等社会实践活动。学生还办有学生刊物《缪斯》。

【工会工作】 外国语学院在2001年学校教工乒乓球男队比赛中荣获冠军,男女篮球队荣获学校教工篮球赛冠军。2001年10月获得北京大学田径运动会精神文明奖锦旗一面,荣获"模范教职工之家"称号。

(杨秀婷)

马克思主义学院

【发展概况】 马克思主义学院成

立于1992年。学院的教学科研机构有马克思主义哲学教研室、中国革命史(毛泽东思想)教研室、政治经济学(邓小平理论)教研室、思想政治教育教研室、当代世界经济与政治教研室、科学社会主义教研室;马列主义研究所、德育研究所;有邓小平理论研究中心、社会经济与文化研究中心、台湾问题研究中心、港澳问题研究中心(其中邓小平理论研究中心是教育部文科重点基地)。有马克思主义理论与思想政治教育、科学社会主义与国际共产主义运动等2个博士点(后者与国际关系学院共建,是国家重点学科),有中共党史、哲学、经济学、科学社会主义、思想政治教育5个硕士点。学院现有教职工55人,其中教授16人(博士生导师10人),副教授20人,讲师11人,管理人员8人(副研究员2人,馆员3人);现有学生1500人,其中在校本科生近300人,硕士生120人,博士生近40人,成人教育学生1000余人;有十多位访问学者或进修教师来院进修。

【教学工作】 学院承担了全校从本科生到博士生除"自然辩证法概论"和"现代科学技术革命与马克思主义"之外的公共马克思主义理论和思想品德课程;承担了教育部委托的"两课教师在职攻读硕士学位班"的教学、培养工作;承担了学校继续教育、培训方面的多层次、长短期的各类教学、培养工作。2001年,"邓小平理论概论"课获北京市优秀教育教学成果(高等教育)一等奖;"毛泽东思想概论"课获北京大学优秀教学成果一等奖和北京市优秀教育教学成果(高等教育)二等奖;"马克思主义哲学"课、"思想道德修养"课开始进行学生自选课堂和实行新的教学组教学的试点;"思想道德修养"课尝试在语言科各系和数学、化学、物理等院系进行案例分析教学。学院组织首届教师教学基本功和现代教育技术应用演示竞赛。由吴树青教授主编、薛汉伟、钱淦荣教授为副主编的《邓小平理论概论》和由沙健孙教授主编的《毛泽东思想概论》获教育部优秀教材奖(总共33本教材获奖);由李淑珍副教授主编的《当代世界经济与政治》被全国数家高校采用,至今已连续印刷5次;李顺荣教授主编的《马克思主义政治经济学原理》、杨河教授主编的《马克思主义哲学纲要》得到学生的好评。

【科研工作】 2001年,学院与国际关系学院共同申报的"科学社会主义与国际共产主义运动"学科被评为高等学校重点学科。挂靠在学院的北京大学邓小平理论研究中心被教育部批准为高校文科重点基地;陈占安教授主持的"邓小平理论与中国现代化研究"被确立为研究中心的两大重点课题之一,当代大学生的思想状况这一重要的现实问题列入课题研究。梁柱主持的"两大理论成果的内在统一与发展"被确立为教育部文科基地项目。谢龙教授主持的"冯定哲学思想研究"、阎志民教授主持的"我国现阶段农民问题研究"和仝华教授主持的"坚持以科学的态度和方法研究中共党史"在申报国家社会科学基金项目获准立项。尹保云教授主持的"马克思主义与中国现代化研究"、孙蚌珠副教授主持的"改革与发展对工人利益群体的影响"、刘志光副教授主持的"邓小平小康社会思想研究"和夏文斌副教授主持的"社会公平问题研究"申报教育部社会科学基金项目方面获准立项。仝华教授主持的"'毛泽东思想概论'课的教学内容、教学方法和教学管理方法改革研究"申报北京市教委高等学校教学内容及教学方法改革立项获批准。7月,学院启动大型数据库的建设。

【对外交流】 2001年,学院对外交流活动进一步发展。4月,黄南平参加北京市高校教育代表团,赴西欧国家进行学术交流访问;5月,美国内华达大学社会学系主任贝尔奇教授来院访问,作了《全球化对社会主义的影响及社会主义的前景》讲座报告;7月,仝华参加学校教育代表团到朝鲜金日成综合大学进行学术交流访问;9月,应韩国瑞江大学邀请,学院组团,由梁柱带队,郭宝平、李青宜、李毅红、李淑珍、张炳奎一行6人赴韩国进行学术交流访问;12月,北京大学客座教授、台湾中山大学教授姜新立来访,为学院学生作了题为"世界体系与全球化"的报告,并与学院教师就台湾问题进行了座谈;同月,应台湾"两岸经贸交流权益促进会"的邀请,学院组团,由徐雅民带队,陈占安、李顺荣、陈静、居维刚、刘志光、黄小寒等一行7人赴台湾进行学术交流访问。台湾问题研究中心、港澳问题研究中心与相关部门、研究机构开展了多项研究交流活动。

【学生工作】 2001年,学院研究生在社会实践活动中取得了较大成绩,由学院研究生组成的"华西村实践团"和"延安实践团"被评为北京大学社会实践"优秀团队"、"先进团队";当地媒体多次报道实践团进行社会实践的情况;实践团的调研报告被收入《北京大学社会实践文集》;3人受到学校团委的表彰。

(黄南平)

教育学院

【概况】 北京大学教育学院成立于2000年10月,是在原北京大学高等教育科学研究所、教育经济研究所和电化教学中心的基础上组建而成。教育学院下设三个系和两个研究所,即教育与人类发展系、教育经济与管理系和教育技术系,高等教育研究所和教育经济研究所。教学科研辅助机构包括图书及信息资料中心、计算机室、全国高等教育情报网总站（挂靠单位）和全国高等教育教育技术信息中心（挂靠单位）。

教育学院在研究方面从事教育学领域的基础性和应用性研究，特别关注对我国教育实践中的重大问题的研究，注重与国际同行的交流与合作。在人才培养方面以研究生的培养为主，专业涉及高等教育学、教育经济学、国际与比较教育、教育管理与教育政策分析、教育技术、人力资源开发、课程设计与现代教学理论等。另外还为中央、北京市的教育决策部门提供有关决策支持研究和政策咨询，为教育管理人员及教师提供在职培训。

教育学院院长由北京大学副校长闵维方教授兼任，副院长为魏新（兼）、陈学飞、陆小玉。现有在编人员42人，其中教授7人（博士生导师4人），副教授10人，讲师12人；党政、教辅等人员13人，其中高级职称4人，中级职称5人，初级职称4人。

【培养】 教育学院设有高等教育学专业博士点（设于1990年），硕士点（设于1983年），教育经济与管理学专业博士点（设于1997年），硕士点（设于1995年）和教育技术学硕士点（设于2000年）。研究生培养方向包括：(1)高等教育基本理论；(2)教育经济学和教育财政学；(3)中国高等教育及国际与比较高等教育；(4)教育研究方法；(5)教育管理。

2001年度在读硕士研究生50人，博士生33人，硕士班研究生5人，访问学者和进修教师以及在职申请学位者近20人，其中新招硕士研究生30人，博士研究生7人；获博士学位3人，获硕士学位10人。教育学院开设有硕士生、博士生课程以及学校通选课50余门。

【科研】 2001年进行的科研项目计16项，其中包括由世界银行、福特基金会、英国国际发展部等国外机构资助的项目5项，其余为教育部等部委项目。2001年新立项项目共29项，其中部委项目15项：北京市普通中小学办学条件装备现状调查与分析、高等学校成本核算、公派出国留学效益评估、新世纪网络课程工程"持续设计"网络课程、远程教育标准化研究与标准化网站建设、现代教育技术手段开发研制与应用、北京市义务教育资源配置均衡化研究、参与式教师培训研究、高等学校弹性学制研究、教育经济信息网、《21世纪中国高等教育·教育科研卷》、高等教育成本补偿政策分析、市场经济条件下高等教育运行机制、根据地与劳动力市场的相互作用、义务教育财政转移支付研究。横向项目14项：北大网络教学平台和多媒体示范课程、北京大学结构与规模研究、中小学课本价格问题及其对教育个人成本的影响、女童辍学研究、联合国教科文组织远程教育师资培训项目、现代远程教育扶贫示范工程培训课程教育技术项目、"九五"微电子预研总结多媒体光盘研制、微电子国防关键技术音像资料汇编、《中国教育百科全书·教育政策卷》、北京市义务教育均衡化研究、高新科技发展与人才培养模式研究、新世纪网络课程建设"计算机导论"、多媒体网络教育教室建设、信息技术与教育技术课程研究。

【学术交流】 教育学院教师在国内和国外的学术活动十分频繁，参加国内学术会议近125人次，到国内其他地方从事研究和调查近40人次，赴国外进行短期研究7人次，赴国外参加学术会议7人次。应邀来教育学院进行报告等学术活动的国内外包括台湾、香港学者50人次，其中有加拿大多伦多大学教育理论与政策学高等教育教授格伦·琼斯，美国阿尔伯尼纽约州立大学丹尼尔·莱维（Daniel Levy）教授、美国密歇根大学高等教育学教授彼得森（Marwin W. Peterson）、美国伯克利加州大学助理教授克洛林·霍夫斯泰特（Carolyn Huie Hofstetter）、密歇根州立大学赵勇博士、密歇根州立大学教育学院教育心理学家普瑞纳特（Richards S. Pranat）、美国明尼苏达大学教育心理教授戴维·约翰逊，美国华盛顿大学计算机科学工程系理查德·安正森教授、英国牛津大学教育学院科伦·布鲁科（Colin Brook）教授、教育部师范司副司长袁振国、美国马里兰大学教育学院教育政策与领导系副教授林静博士、美国密歇根大学经济系——北京大学中国经济研究中心福布莱特访问教授Albert Park博士，台湾淡江大学高教所杨景尧教授等。

【人事】 12月20日，经北京大学教师职务评审委员会审议，陈向明获教授职务任职资格，田玲、文东茅、郭文革、王蓉获副教授职务任职资格。新录用三位博士编辑。

【获奖情况】 陈学飞教授主编的《中国高等教育研究50年》获全国教育图书一等奖和第五届国家图书奖提名奖。陈向明的课程"质的研究在教育中的运用"获北京大学教学成果一等奖；高利明、陈洪捷获北京大学教学优秀奖；陈洪捷副教授的博士论文《德国古典大学观及其对中国的影响》获优秀博士论文"世顺"二等奖；2000级硕士研究生哈巍、周萱、杨朴、蔡磊珞、于莹、王文玲、李易容等人参加北大"挑战杯"——五四青年科学奖作品的报告和答辩，题目为"谁来为高等教育付费？——高等教育成本补偿的国际化比较研究"，在丁小浩教授的指导下，他们获北大"五四挑战杯"并列一等奖，并于6月获首届"挑战杯"首都大学生课外学术科技作品竞赛一等奖。

【举办会议】 5月17～19日，教育

学院及教育经济研究所举办了"为教育提供充足的资源——教育经济学国际研讨会"。参加此次研讨会的有国际教育经济学界著名专家,如法国伯艮尼(Burgungy)大学琼斯·雅克·保罗教授,美国哥伦比亚曾满超(Mun Tsang)教授,美国纽约州立大学布法罗分校布鲁斯·约翰斯通(Bruce Johnstone)教授,美国纽约阿尔伯尼大学丹尼·莱维(Daniel Levy)教授,美国密歇根大学马文·彼得森(Marvin Peterson)教授,日本东京大学金子元久教授,香港中文大学钟宇平(Y. P. chuhg)教授,香港大学马克·贝雷(Mark. Bray)、白杰瑞(Gerard A. Postislione),以及国内教育经济学著名学者王善迈、胡瑞文、陈国良、陈良琨、蒋鸣和、路纲、漆权和兄弟院校的教师、研究生、新闻媒体等150多人参加。会议的议题是:(1)多渠道筹措教育经费;(2)教育财政的管理体制;(3)教育财政的转移支付;(4)教育效率和效益;(5)教育和劳动力市场;(6)大学和产业的关系。

(陈洪捷、陆小玉)

艺术学系

【发展概况】 北京大学艺术学系正式成立于1997年4月,其前身是北京大学艺术教研室(成立于1986年),主要面向全校开设艺术类公共选修课,辅导学生艺术团体,1995年开始招收广告学专业本科生。艺术学系从2001年9月开始招收影视编导专业本科生。

北京大学艺术学系现设3个本科专业,即影视编导专业本科、艺术学专业辅修本科、文化艺术管理专业和2个硕士专业,即艺术学专业(分为艺术教育、艺术批评、美术学、文化艺术管理等五个专业方向)、电影学专业。此外,艺术学专业还开设了文化艺术管理方向、文化经纪人方向和古代艺术品(书画)鉴定方向的研究生课程班。

艺术学系承担了北京大学艺术类公共选修课的教学任务。目前,艺术学系每年接纳公选课学生人数均在3000人左右。

艺术学系还负责北京大学学生艺术总团的日常管理及艺术指导工作。总团下设大学生合唱团、大学生交响乐团、大学生舞蹈团、大学生民乐团4个分团。

艺术学系现有教职员工20人,其中教授5人,副教授10人,讲师2人,资料员1人,教务员2人。

艺术学系现有学生人数为艺术学辅修本科100余人,影视编导本科生32人,研究生41人,研究生课程班150余人。学生艺术团四个分团的总人数为280余人。

【学科建设】 结合北京大学建设世界一流大学的宏伟目标,艺术学系着手积极筹建艺术学院,力争在2002年内建院并在5至8年左右建成一个有自己特色的、居于国内一流地位的艺术学院。

影视编导本科专业是艺术学系为适应社会的迫切需求而设立的新专业。在学校的大力支持下,经教育部批准,影视编导本科专业从2001年秋季学期开始正式招生,首次招收本科生30人。

艺术学系艺术学专业硕士点分艺术批评、艺术教育、美术学、文化艺术管理等研究方向。这是目前全国仅有的两个艺术学专业硕士点之一。此外还设有电影学方向硕士点。

2001年9月招收了第三届艺术学本科辅修专业。2001年10月,艺术学系与全国文联合作,招收了第4届文化艺术管理研究生课程班,人数60人。

【影视编导本科专业】 艺术学系从2001年起增设影视编导本科专业。影视编导专业致力于为全国各电视台、电影厂、影视制作、影视报刊、音像出版等单位或部门,培养从事影视创作、编导、影视艺术教学与研究、影视策划、管理、出版等方面工作的,德、智、体、美全面发展的人才。学制4年,授予文学学士学位,面向全国招生,招生人数为30人。

开设的课程有:艺术学概论、美学概论、影视艺术概论、戏剧艺术概论、世界电影史、中国电影史、影视导演、影视编剧、影视语言、影视节目策划等几十门。

【科研活动】 2001年内,艺术学系教师出版了《文艺心理学教程》、《艺术的意蕴》(再版)等专著或教材。由叶朗教授牵头的《中国艺术批评史》,由彭吉象教授牵头的"影视学"系列研究生教材的写作,都于年内开始启动。

同时,艺术学系教师还在几十家全国人文社会科学核心期刊发表科研论文56篇。

【高校影视编导专业教学研讨会】 4月22至23日,为了深入研讨高等院校影视编导及相关专业的人才培养与学科建设,艺术学系主办了"高校影视编导专业教学研讨会"。来自北京大学、北京师范大学、北京电影学院、北京广播学院、中央戏剧学院五所高校影视专业的二十余位领导、教授参加了会议。与会的专家对影视编导专业的教学以及影视艺术教育与素质教育、综合性大学与专业艺术院校开办影视专业的不同特点等问题进行了全面深入的研讨。

与会者对北京大学开设影视编导专业寄寓了厚望。大家认为,依托于北京大学雄厚的人文优势,加之学生素质好、起点高,应该能培养出有潜力、有综合性素质和创新能力的优秀影视事业人才。

(陈旭光)

表 5-35 北京大学学生艺术团 2001 年演出活动

学生舞蹈团	
1 月	赴杭州千岛湖慰问演出
2 月	参加欢迎泰国诗琳通公主的晚宴演出
4 月中旬	参加"中国电子商务第五届国际会议"演出
4 月底	参加中央电视台"走进校园"晚会的录制
5 月初	参加共青团北京市委员会、中国广播艺术团、北京市学生联合会等单位在广播剧场举办的"首都大学生纪念五四运动 82 周年"文艺演出
5 月 4 日	参加北京大学校庆演出
5 月 13 日	参加"第二届相约北京联欢活动广场演出——海淀专场"
5 月 14 日	参加"中国现代舞展演"——中国大专院校现代舞汇演
5 月底	参加在北京大学举办的"国际校园保卫合作会议"演出
6 月初	参加"北京大学——莫斯科大学联欢晚会"演出
6 月中旬	参加北京大学庆祝建党 80 周年文艺演出
7 月底 8 月初	随北京大学 2001 年博士生赴湖南考察团考察演出
8 月 22 日	参加北京大学庆祝第 21 届世界大学生运动会召开西单广场演出
8 月 25 日	参加在中华民族园举行的庆祝第 21 届世界大学生运动演出
9 月 13 日	参加校基金会晚会
9 月 23 日	参加海淀区委广场晚会
11 月 26 日	举办舞蹈团专场演出
12 月 1 日	参加在北京大学医学部组织的"世界艾滋病日"演出活动
12 月 14 日	参加北京大学外事工作会议演出
12 月 19 日	参加北京大学庆祝教育部培训班结业晚宴演出
12 月 28 日至 2002 年 1 月 6 日	赴台湾演出
学生交响乐团	
1 月	大运会采集火种仪式庆典演奏
3 月	"燕园之春"——施坦威钢琴启用音乐会
3 月	为全国女部长联谊会演出
5 月	为校友会校庆演出
6 月	参加全校庆祝建党 80 周年文艺演出
7 月	为来自世界各国青年代表举行音乐会
8 月	大运会西单文化广场北大学生艺术团专场演出
12 月	参加全校"一二·九"歌咏大会
12 月	办公楼礼堂交响乐团新年音乐会
12 月	为北大的外国专家及留学生演出
12 月 31 日	北京大学"为祖国喝彩"演出
学生民乐团	
1 月	全国校友会新年联谊会演出
1 月 20 日	北京大学新年团拜会演出
2 月 14 日	泰国公主诗琳通留学北大,民乐团为其进行专场演出,并向公主赠送了珍贵的紫檀二胡
4 月 1 日	发起组织"为了最灿烂的笑容"义演,为身患绝症的社会学系孙晓琳同学举办大型义演活动以筹集治疗资金
4 月 7 日	为北大的老教师、老干部举办民乐精品音乐会

续表

4月14日	参加医学部国际精神分析研讨会演出
4月28日	红楼梦研究会大观园演出
5月3日	纪念五四运动52周年文艺演出暨校友联欢活动
5月7日	欢迎耶鲁大学校长代表团音乐会
5月10日	国际高校保卫学会议演出
5月20日	与中央音乐学院合作举办民乐欣赏专场音乐会
5月26日	为奥地利教育部长来访演出
6月28日	北京大学庆祝建党80周年大型演出
7月	作为团中央"保护母亲河"行动的源头序曲,赴青海循环演出,为当地学校、驻军举办多场演出,并向教育部门捐赠图书和植树专款
8月	大运会大学生文化节北大专场演出
9月	国家自然科学基金委接受捐赠晚宴演出
9月	国际合作部颐和园中秋外国专家招待晚宴演出
10月	应深圳产学研基地邀请在深圳等地作交流演出
10月	应香港科技大学邀请,赴港举办专场演出

计算机科学技术研究所

【发展概况】 计算机研究所2001年在职员工总数为117人,其中45岁以下员工100人,占总人数的85%;高级职称或硕士以上学历人员95人,占总人数的81%;博士生导师5人,硕士生导师13人。

计算机应用学科在2001年的全国高校重点学科评选中,被评为重点学科。

计算机研究所2001年在计算机系开设的研究生课程有:COM组件技术,软件设计工具,数字图像处理,密码算法与应用基础,网络与信息安全。

在研究生培养方面,2001年有博士后2人,博士生10人,硕士生48人,毕业的硕士生有15人。

【王选教授荣获国家最高科学技术奖】 2002年2月1日,中共中央、国务院在人民大会堂隆重举行国家科学技术奖励大会。中共中央总书记、国家主席、中央军委主席江泽民出席大会并为获得2001年度"国家最高科学技术奖"的王选教授颁发证书和奖金。中共中央政治局常委、国务院总理朱镕基代表党中央、国务院在大会上讲话,朱镕基总理在讲话中高度评价了王选教授用自己的发明成果所开发的汉字激光照排系统。该系统极大地推动了我国报业和出版业的跨越式发展,创造了巨大的经济和社会效益。

2002年3月18日,北京大学科技奖励大会在北京大学召开,以等额匹配再次重奖获国家最高科技奖的王选院士。如此力度的奖励在中国高校历史上尚属首次。在获奖现场,王选表示,自己只是集体的代表而已,虽有所长,但更自知不足,必须依靠集体。

【20世纪我国重大工程技术成就】 "20世纪我国重大工程技术成就"由中国工程院牵头组织,标准为"20世纪对中国国民经济建设、社会进步、人民生活水平、国家安全产生重大影响的工程技术成就"的评选活动。评委们从近300个推荐项目中评选出25项,作为20世纪中国工程技术成就的代表。计算机研究所为主要承担单位之一的研究成果"汉字信息处理与印刷革命"入选,排名第二。排名第一的是"两弹一星"工程。

【科研工作与产品开发】 为适应全球信息数字化、网络化发展的需要,计算机研究所依靠在出版领域的技术积累与信息安全技术方面的研究,将研究方向定位在计算机信息处理技术在传播科技中的应用,把研究内容由原来数字化内容创建与发布技术的研究,拓展到数字化内容创建、管理、访问等以内容为中心的跨媒体信息传播技术的研究,研究内容包括:栅格图像处理、内容制作、数字视频、置标语言、网络与信息安全、数字版权管理、跨媒体出版、日文出版、地图出版与地理信息系统、网络技术应用系统等。并以计算机科学技术研究所、文字信息处理国家重点实验室、电子出版新技术国家工程中心为核心,依托方正技术研究院,建立了产学研相结合的三级研发机制:应用基础研究,重点开展前沿性应用基础研究,坚持创新,储备技术基础;应用研究成果的转化,围绕市场需求开展新产品的开发、孵化,培育下一代产品;产品的商品化与改进,使产品适应市场、客户的需要,具有市场竞争力,有效地完成成果的转化。

2001年计算机研究所出版专著5本(表5-36),申请专利7项(表5-37),新开发产品15项(表5-38),7人次获奖(表5-39),成果鉴定3项(表5-40),获奖成果4项(表5-41),在国内外各类学术刊物上发表学术论文12篇。

另外,计算机研究所在2001年加强了国际化产品的开发工作,栅格图像处理器产品成功进入欧美市场,文字排版类产品在日本取得可喜成绩,获得市场的认可。

【基地建设】 在2001年,计算机研究所加强了对国家重点实验室和国家工程研究中心的管理和建设工作,国家工程研究中心参加了在深圳举行的2001年中国国际高新技术成果交易会,展示了工程研究中心的最新研究成果,吸引了众

表5-36 计算机科学技术研究所2001年出版专著情况

专著、译著名称	作者	出版社
COM本质论(译著)	潘爱民	中国电力出版社
深入解析ATL(译著)	潘爱民等	中国电力出版社
深入理解Windows 2000分布式服务(译著)	潘爱民	清华大学出版社
XML实用进阶教程(编著)	陈晓鸥等	清华大学出版社
UML软件建模(编著)	周秉峰	北京大学出版社

表5-37 计算机科学技术研究所2001年专利申请情况

专利名称	发明人
一种用于纵横分辨率不同的打印设备的调频挂网方法	周秉峰
一种用于凹印制版印刷的无缝挂网方法	周秉峰
一种印刷品色版图稿扫描输入处理方法	周秉峰
对数字内容作品的网上交易进行计数的装置系统	汤帜等
半页读电子书	汤帜等
电脑汉字典码输入方法	吕肖庆等
蒙古文电脑输入编辑方法及其键盘	杨燕菲等

表5-38 计算机科学技术研究所2001年新产品开发情况

序号	名称	简介
1	数字资产管理系统DAM 1.0	国内第一个面向文字、图像、视频、音频等数字内容进行存储、管理的综合系统,已获得应用。
2	媒体CRM	面向媒体行业的CRM系统。
3	卡通动画制作系统点睛3.0	计算机动画辅助制作系统,新增加了全矢量化图像处理、网络化生产模式等功能。
4	多媒体创作工具奥思5.1	交互式多媒体集成软件系统,由单机平台转向网络平台,增加了标准网络发布与视频发布功能。
5	方御网络安全产品	包括防火墙、入侵检测、安全评估和虚拟专用网(VPN)、计费系统等五个部分
6	网络安全试验仿真系统	2001年建成国内惟一的网络安全试验环境,建立了专业的网络安全漏洞检测数据库,成功实施了大量基于产品的网络安全服务。
7	方正ElecRoc印艺流程管理系统	基于JDF、XML数据库、PDF和Internet的印刷、出版流程管理系统
8	数码打样系统EagleProof	专门为数码打样领域开发的RIP产品。在兼容性支持、使用方便性、颜色准确性、网点细腻性等方面都有很大的提高。
9	基于XML的文字排版系统	基于XML、多层结构、交互式的文字排版系统
10	蒙文书版排版系统	基于Windows95/98的民族文排版系统,采用ISO10646国际编码标准,主要包括蒙文小样的编辑、排版、显示、输出几大部分。
11	专业号簿排版系统	支持GBK、GB2312等编码标准,兼容各类数据库提供的信息,支持直接制版印刷的专业排版系统。
12	专业排版系统飞腾4.0	基于Windows平台,采用面向对象技术、交互式的排版软件。飞腾集成了文字、图形、图像排版的功能,支持PostScript、OPI等各种标准,支持OLE,是一个标准化、开放式的排版软件。
13	防伪系统超线2.1	有价证券、票据、证件卡、护照、身份证、包装等防伪图形的计算机设计系统。
14	电子书系统方正Apabi	以数字版权保护技术为核心,通过Internet实现电子图书的制作、出版、发行、销售、租借和阅读,包括eBook制作和出版软件、eBook安全发行软件、eBook交易处理软件、eBook的阅读软件及eBook数字图书馆支持软件等
15	日文出版系统	包括日文报纸排版系统、商品印刷制作系统、数据库排版系统等。

表 5-39 计算机科学技术研究所 2001 年个人获奖情况

奖项	获奖者
国家最高科学技术奖	王 选
求是杰出青年成果转化奖	肖建国
森泽信夫印刷奖一等奖	汤 帜
北大奖教金	吴於茜、杨斌、吕肖庆、周祖胜

表 5-40 计算机科学技术研究所 2001 年成果鉴定情况

成果名称	鉴定组织单位
方正奥思多媒体创作工具 5.0 版	教育部
文新集团的跨媒体信息传播和经营平台	新闻出版署
北大方正 PostScript 与 TrueType 中文字库	新闻出版署

表 5-41 计算机科学技术研究所 2001 年成果获奖情况

成果名称	奖项
汉字信息处理与印刷革命	20 世纪我国重大工程技术成就
多媒体创作工具——奥思	教育软件十佳品牌
方正全数字电子出版印刷系统	"九五"电子信息产业优秀技术改造项目
方正输出流程管理系统	"九五"国家技术创新优秀项目

多的参观者。

在国家重点实验室的管理与建设方面,一方面加强了基础研究的投入与管理,另一方面加强了实验室交流与开放方面的工作开展,并正在建立、试行一些措施,进一步提高实验室的研究、开放、交流水平。

重点实验室在 2001 年新开拓了网络与信息安全、XML 应用、数字资产管理技术的研究,在信息安全研究方面重点开展了组密钥的分发与管理、入侵检测等方面的研究,并利用组密钥技术,开发完成了一个基于 IP 网络的数字电视有条件接收系统原型。

在 XML 应用、数字资产管理方面,开展了基于 XML 文档半结构化数据挖掘、基于 XML 的多媒体数据集成与发布、半结构化数据的自动转换、交互式 XML 文档编辑与自动语法检查、XML 文档的存储与检索、基于 XML 的数字资产管理系统等技术的研究,提出了结构链接向量模型 SLVM,有效利用半结构化文档中包含的结构信息与链接信息,为半结构化文档挖掘提供了一种更精确的文档描述模型,并利用这些研究成果,开发完成了国内第一个数字资产管理系统,并已经获得应用。

(叶志远)

中国经济研究中心

【发展概况】 北京大学中国经济研究中心是一个以科研与教学为主的实体。从 1994 年建立以来一直致力于这两方面的发展。中国经济研究中心现有教职员工 24 人,其中专职教学科研人员 18 人,行政办公及科辅人员 6 人。有教授 11 人,副教授 5 人,讲师 2 人,客座教授 2 人,出站博士后 1 人,在站博士后 7 人。林毅夫教授任中心主任,海闻教授任常务副主任。1999 年梁能、卢锋、周其仁、陈平被评为博士生导师,博导增至 8 人。中心下设"北大国际 MBA"项目。世界银行、福特基金会、洛克菲勒基金会、台湾亚陆投资公司、香港"致福轩"之友基金会、亚洲基金会等机构一直支持中心的发展与建设,为中心捐助研究课题、办公房屋修建、办公设备购置、外聘教授及行政开支、设立讲座教授等各种经费。台湾亚陆投资公司董事长万众先生捐资修建的"万众苑"于 2001 年 10 月竣工,总建筑面积达 2300 平方米。香港英之杰太平洋有限公司继续资助中心讲座教授基金 100 万元人民币,其利息用于支付中国经济研究中心一名教授的教学科研费用。

【学科建设】 中国经济研究中心设有政治经济学、经济史、西方经济学、世界经济和国际金融专业博士点和硕士点,现有博士研究生 22 名,硕士研究生 103 名。在校经济学双学位及辅修(本科)学生 1456 名,开设有微观经济学、宏观经济学、计量经济学、国际经济学、产业组织、人口经济、城市经济、环境经济、中国经济问题等十多门专业课。北大国际 MBA 在总结联合办学经验的基础上,2001 年进一步扩大招生,全日班 40 人,在职班 42 人,高层管理班 100 人。为了使学员成为有思想深度、有社会责任感、有文化品位、有人格魅力的企业家,北大国际 MBA 举办了"大管理"论坛,邀请企业总裁、著名学者、知名艺术家等各行业的精英为学员举办讲座。

【学术交流】 2001 年中国经济研究中心成功地举办了高质量的国际学术会议 5 次,其中包括与世界银行研究院合作举办的"21 世纪扶贫与发展"研讨会、与亚洲协会香港分会、北大国际 MBA 项目及《中国日报·商业周刊》联合举办的"'十五'计划与中国经济发展"政策理论研讨会、与美国国家经济研究局合作举办的第四届中国经济研讨会、与台湾中华金融学会合作举办的"两岸金融合作与经济发展"研讨会、与美国著名智库加图研究所合作举办的"中国养老基金制度危机与挑战"研讨会。派人参加国际学术会议 20 多人次,并先后接待了澳大利亚驻华使馆、中美关系全国委员会、英国财政部、哈佛大学等中外学者官员 30 多人次。

为纪念北京大学首任校长严复先生翻译出版亚当·斯密的《国富论》100 周年,表彰其对我国现代经济学的建立和普及的贡献,中心从 2001 年开始设立"严复年度经济学纪念讲座",每年邀请一位诺贝尔经济学奖获得者来作专题讲座,首讲由 1999 年诺贝尔经济学奖获得者、美国哥伦比亚大学罗伯特·蒙代尔教授主讲。

2001~2002 年中心教师在国内外学术刊物上发表论文 100 余篇;出版面向国内政府经济决策研究和新闻单位发行的简报 66 期,大多受到政府部门重视或被新闻机构采用;出版反映中心研究成果的中英文内部讨论稿共 24 篇。其中林毅夫教授的论文《价格双轨制与供给反映:理论与来自中国农业的经验证据》获得第九届孙冶方经济科学奖论文奖,林毅夫教授的论文《中国的财政分权与经济增长》获北京大学学报优秀论文奖。

陈平教授出版著作《文明分岔、经济混沌和演化经济学》,姚洋出版著作《自由公正与制度变迁》,中心博士后胡书东出版著作《当代中国经济学家学术评传—林毅夫》。

中心承担的研究项目主要有:中国教育部的"实现东亚经济再次腾飞的途径研究"、中国国家自然科学基金委的"复杂经济周期下的非线性微观经济动力学模型"、福特基金会的"国有企业激励与交易成本研究"等。

(陈曦)

人口研究所

【发展概况】 人口研究所的前身是成立于 1979 年的北京大学经济学系人口研究室,1984 年经教育部批准扩建为北京大学人口研究所。1991 年初,人口研究所又被命名为"世界卫生组织生育健康与人口科学合作研究中心"。为适应人口老龄化趋势和充分发挥北大学科综合发展的优势,2001 年初成立了"北京大学老龄健康与家庭研究中心"。

人口研究所是一个以研究工作为主,同时承担培养硕士生、博士生和留学生教学任务的科研与教学机构,并作为北大社会学博士后流动站的一个分站,接受博士后研究人员来所工作。2001 年,全所在编专职教职工 23 人,其中专职科研与教学人员 16 人,他们中有博士生导师 4 人,教授 7 人,副教授 6 人,讲师 3 人。另聘有国内外客座教授十余名。全所 50 岁以下中青年教师共 12 人,全部有博士学位,形成了一个老中青结合、多学科交叉、结构合理的学科队伍,其中有荣获"中华人口奖"的张纯元教授,荣获美国人口学会 Dorothy Thomas 论文奖的曾毅教授,荣获"全国首届优秀博士后"和"国家杰出青年基金"的郑晓瑛教授。许多中青年教师在科研与教学岗位上正发挥着重要的作用,为北大创建世界一流大学做出自己的贡献。

【学科建设】 人口研究所是一个多学科交叉联合的人口科学研究与培训机构,其主要研究方向是人口资源环境经济学、老龄健康与家庭研究、人口与健康研究等。作为人口研究的纵深发展,人口所研究方向具有交叉学科、边缘学科、综合学科的特色越来越明显,除了与社会科学中的经济学、社会学等的天然联系以外,还与自然科学尤其是医学、生命科学、环境科学、心理学等学科之间的交叉和融合关系更加紧密。北京大学人口研究所的教学主要以培养硕士研究生、博士研究生等高层次的人口学专业人才。此外,北京大学人口研究所还肩负着为发展中国家培养人口学人才的重任。人口研究所接近 70%的硕士研究生课程为全程英语教学,突出了北京大学人口研究所的教学特点。

2001 年有硕士研究生 26 人,博士研究生 11 人,其中外国留学生 1 人。2001 年新招收硕士生 13 人,博士生 3 人。1 人获得北京大学优秀博士论文二等奖,9 人次获北京大学奖励,1 人获得北京市和全国"挑战杯"论文一等奖。

2001 年开设的研究生课程主要有:人口经济学、人口社会学、人口分析方法与应用、生殖健康的社会科学研究、社会科学研究方法、计算机在人口科学中的应用、工商人口学、区域管理人口学、人口学概论、人口学著作精读、人口科学系列讲座、人口地理学、人口经典著作选读、人口经济学专题研讨、人口健康与卫生经济学研讨等。坚持主干基础课英语教学,设立了人口科学研究前沿新课程,增加了"人口、资源与环境经济学"、"人口与可持续发展"等课程。

【科研活动】 人口研究所拥有很强的科研队伍,科研成果突出。人口所研究人员公开发表的论文数逐年上升,2001 年公开发表论文 80 篇,其中在国外人口学术期刊发表论文 5 篇,在国内核心期刊发表论文 65 篇。另外,有 2 部专著出版,为国家及相关部门提交咨询报告 8 篇。人口所承担着国际国内重要人口科研项目,某些领域在国内处于领先地位,在国际上也有重要影响。2001 年共承担国际、国内人口科研项目 33 项,其中国家级 4 项:"社会主义生育文化研究"、"中国高龄老年人口健康状况及影响因素研究"、"中国人口出生缺陷综合干预研究"、"提高中国出生人口质量研究";省部级9项:"中国人口科学萎缩的态势与对策研究"、"出生缺陷干预工程"、"计划生育政策与管理研究"、"中国卫生事业三项建设评估"、"中国青少年吸毒与艾滋病问题"、"婚育生育制度研究"、"制度转型期中国农民生育意愿与生育行为研究"、"中国农村产前性别选择研究"、"老年人口的健康功能状况研究"、"北京市老龄产业现状、问题与发展趋势"、"计划生育服务能力与现状评估";国际合作项目7项:"老人健康长寿影响因素分析研究"、"中国卫生管理加强项目外部评审"、"中国妇女健康管理系统评估与培训"、"北京市流动工商人群艾滋病健康教育与社会干预行动"、"人口增长、消费与海洋"、"农村女童辍学研究"、"迁移对农村妇女问题的影响"。

【学术交流】 2001年,北大人口所主持重要国际、国内学术会议十余次,主要有"中国高龄老人健康长寿学术研讨会"、"第六届亚太地区社会科学与健康战略发展圆桌会议"、"中国人口学现状、问题与发展学术论坛"、"提高出生人口素质研讨会"、"中国老年健康研究国际研讨会"。全所教师参加国际国内重要学术会议46人次,其中国际会议14人次。有十余人次分赴美国、德国、日本、瑞典、荷兰等国进行合作研究、学习和深造。聘请国外学者来川讲学7人次,其中有原联合国人口司副司长游允中先生、著名人口学家、挪威奥斯陆大学经济系Nico Keilman教授、韩国国家人口研究所所长Park Un-Tae教授等。2001年举行双周报告会10次。双周报告会是马寅初人口科学演讲系列,它是为了表彰国际国内著名学者在人口科学方面的杰出贡献并使其学术成果惠益于学术界同行而设立的。为了发挥人口学在市场经济中的作用,人口研究所于1994年创办了《市场与人口分析》杂志(双月刊),在国内外公开发行。该刊现已出版7卷38期,作为人口学核心期刊,在国内外人口学界产生了重要的影响。

(胡成花)

环境科学中心

【发展概况】 环境科学中心拥有环境化学、环境管理学、污染气象学、环境生态学和可持续发展等5个教研室和环境工程研究所、中国持续发展研究中心、环境模拟与污染控制国家重点联合实验室(大气环境模拟分室)及水沙科学教育部重点实验室。

环境科学中心2001年在册职工57人,其中中国工程院院士1人、"长江学者"特聘教授1人;正高职称10人、副高职称22人,其中博士21人、硕士17人。中心有博士后流动站1个,现有8名在站研究人员。中心设有环境科学与工程一级学科,拥有环境科学和环境工程两个博士点,设有环境科学、环境工程、大气物理与大气环境、环境生态学4个硕士点。环境科学中心目前有环境规划与管理本科生专业,并与城市与环境学系合办环境科学本科生专业。

中心现有博士生导师9人,2001年环境中心本科、硕士、博士在校学生总数为231人,研究生进修班70人,成人本科生150人,其中在校博士生66人、硕士生143人、本科生22人。计划每年招收博士生20名,硕士生60人。毕业研究生有25%左右出国深造,其余大部分都在国家和地方各级部门从事环境保护研究和管理工作。

【教学与科研】 环境科学中心目前已建成了门类较为齐全的环境科学教育和研究体系,一些领域如大气环境化学、理论环境学、环境规划学、环境管理学、环境经济学等的研究长期居于国家前列,建成了我国大气环境领域的国家重点实验室。同时,在环境工程的多学科领域如水资源可持续利用、水沙环境规律研究、水灾害形成机理与防治方法及多目标决策等方面确立了重要地位。在学科建设方面,形成了以环境管理、大气环境、可持续发展、环境与健康和环境工程等方向为支柱的学科框架,建立了环境科学的本科—硕士—博士—博士后的教学体系。

2001年,环境科学中心顺利完成了第一期岗位的考核和第二期岗位的评定工作。全体在岗人员比较好地完成了岗位职责目标,在这个基础上比较顺利地完成了新年度的岗位聘任工作。有13名教师定为校级关键岗位,其中一级岗3人、二级岗4人、三级岗6人。中青年教师有8人进入A类岗。在2001年职称评定工作中,栾胜基、胡敏晋升为教授,梅凤乔等5名讲师晋升为副教授,1名工程师晋升为高级工程师。在博士生导师遴选工作中,黄国和、查克麦(外籍)、郭怀成三位教授担任博士生导师。

环境科学中心组织了"环境科学"教育部重点学科的申请,在同行专家的评估中位居全国第一,顺利通过了教育部的评审。2001年环境科学中心承担国家、省部、地方等科研项目108项,总经费1450万。

环境科学中心保持了传统的在科学研究和国际交往方面的强势,在国家科教兴国战略和北京大学建设世界一流大学战略鼓舞下,各项工作取得了较快的发展,取得丰硕成果,主要包括:

(1)开发完成了以行业为基础、以费用—有效性为特征、以政策和监督管理以及项目实施方案创新为保证的新的消耗臭氧层物质(ODS)的淘汰机制,并被命名为行业机制,已被联合国环境署《蒙特利尔议定书》采纳作为一种可广泛推广的 ODS 淘汰模式。该行业机制目前也被推荐作为履行关于持久性有机污染物的《斯德哥尔摩公约》的淘汰机制。

(2)提出全球范围内环境数据有效性的保证机制和评价方法,保证了国家环境安全的基本利益。同时引进国际环境状况评估体系,促进和改善中国国家环境状况报告和省级环境状况报告的编写及其评估技术。

(3)建立了全国森林病虫害信息管理网络体系。

(4)提出了黄河功能性断流的概念和判别模型,纠正了过去人们对于黄河断流的表面认识。这一成果已引起了水利主管部门和同行的高度重视,并在治理黄河方面得到认同。

(5)系统研究了北京市大气污染的状况、特征,基本弄清了大气污染的来源及其对空气质量的影响。课题成果已逐步被北京市环保局采纳,最终结果将为制定奥运环保战略提供决策支持。

环境科学中心的教师还获得 2 项专利,分别为粉尘采集仪(中国:中华人民共和国专利局,实用新型,ZL 00 2 52068.0)和水平集沙仪(中国:中华人民共和国专利局,实用新型,ZL 00 2 52069.9)。京郊粮田高产优化施肥技术咨询系统与技术体系研究项目获北京市科技进步二等奖。

【其他】 (1)据学校教学及学科建设规划,环境科学中心在北大深圳产学研基地、北大深圳研究生院分别筹建"大气环境模拟国家重点实验室深圳分室"和北京大学深圳研究生院下属的环境学院。

(2)北京大学环境学院筹建工作已开始启动,环境学院由环境科学中心、城环系、技术物理系环境化学教研室三个单位人员组成(环化教研室 14 名教师人事关系已经转到环境科学中心)。

(3)在 2001 年中国环境科学学会组织的第三届青年科技奖评选中,环境科学中心青年教师赵智杰、梅凤乔被授予第三届优秀青年科技奖;赵智杰获特别提名,作为环境学会向中国科学协会推荐参加中国青年科技奖评奖候选人。北京大学环境科学中心获得优秀推荐奖。

(4)环境科学中心黄艺副教授与城环系其他 5 名教师,以"创新研究群体科学基金"为研究主题,获得国家自然科学基金委首次优秀群体资助。

(庞岩、邵敏)

信息科学中心

【发展概况】 信息科学中心是由数学系、计算机系、电子学系、心理系等 10 个系(所)于 1985 年联合筹备建立的。1988 年通过验收的视觉与听觉信息处理国家重点实验室是北京大学的第一个国家重点实验室。这是北大根据当时学科的发展趋势,综合校内优势力量进行多学科交叉的标志性成果之一。

信息科学中心和视觉与听觉信息处理国家重点实验室第一届主任是石青云院士,第二届主任是迟惠生教授,现任主任是唐世渭教授。信息科学中心和视觉与听觉信息处理国家重点实验室第一届学术委员会主任是程民德院士,第二届学术委员会主任是石青云院士,现任信息科学中心学术员委会主任是石青云院士,现任视觉与听觉信息处理国家重点实验室学术委员会主任是唐孝威院士。

信息科学中心具有硕士点、博士点、博士后流动站,现有固定编制人员 29 人,其中研究人员 19 人(院士 1 人,"长江学者"教授 1 人,博导 6 人),技术人员 7 人,管理人员 3 人,另有博士后 3 人,博士研究生 12 人,硕士研究生 85 人。

信息科学中心科学研究实体部分包括:视觉信息处理研究室;听觉信息处理研究室;智能信息系统研究室;生理心理信号处理研究室(虚实结合,与心理系联合)。科学研究联合体包括:智能工程联合研究中心(与香港中文大学联合);空间信息关键技术试验基地(校内联合);数字图书馆研究所(校内联合);北京大学—IBM 联合创新研究院(北大与 IBM 公司联合)。

信息科学中心下设行政办公室,负责人事、教务、行政等事务工作。信息科学中心设有党支部和学生工作组,负责中心教职工与学生的思想政治工作和学生的日常管理工作。信息科学中心先后有 8 个研究生班级被评为北京大学优秀班集体,2001 年石青云院士被全国总工会评为"全国职工职业道德十佳标兵"。信息科学中心和实验室设备的管理维护工作由中心机房工作人员负责。

视觉与听觉信息处理国家重点实验室学术委员会由国内 15 位著名专家学者组成,指导实验室的研究发展方向。

【研究方向】 信息科学中心和视觉与听觉信息处理国家重点实验室以实现高度智能化的机器感知系统为目标,紧密结合国民经济和社会发展的需求,开展机器视觉与听觉信息处理方面的基础与应用基础研究。主要研究方向有:(1)计算机视觉、图像处理与模式识别;(2)计算机听觉、语音处理与说话人识别;(3)多媒体信息系统与智能信息系统;(4)视觉与听觉信息处理的心理生理学基础与神经计算。在机器视觉领域开展图像处理、模式识别、图像与视频压缩、生物特征识别与信息安全、三维视觉信息处理、智能机器人视觉与动作规划等研究；在机器听觉领域开展机器听觉模型、语音信号处理、人工神经网络和说话人识别及其应用研究；在智能信息系统领域开展多媒体信息的数据组织与管理、数据挖掘和网络环境下海量信息的集成等方面的研究，为视觉与听觉信息处理提供工具和环境；视觉与听觉的神经计算模型和心理生理基础研究主要从生理与心理学的角度探索高等哺乳动物视觉与听觉的机理，为视觉与听觉信息处理提供基本理论和方法。通过对上述方向中一些具有显著经济和社会效益的关键性课题的研究，以期为实现实用的机器感知系统提供可靠的方法，为实现自然的人机交互提供基础技术手段，并且在某些应用领域提供新颖的设计思想与方法，并将这种原创性的方法转化为产业化所需的关键技术，指导实用产品的开发。

信息科学中心和实验室在长期的发展过程中已经形成两大鲜明特色，即：(1)注重多学科交叉的原创性基础与应用基础研究；(2)将原创性的基础与应用基础研究成果及时地推向与指导技术创新，实现科技成果转化。

【学科建设】 信息科学中心学科建设目标是：把握信息科学多学科交叉的发展趋势，建设世界一流的信号与信息处理学科基地。信息科学中心和视觉与听觉信息处理国家重点实验室将重点建设以下学科方向：基于小波解析的图像处理、模式识别、视频压缩与传输、信息安全；将计算机视觉与智能控制结合的主动视觉系统，多智能体协调；基于神经网络模型的计算机听觉、语音信号处理、说话人识别；将数据库与多媒体技术结合的智能信息系统；视听觉的生理心理学基础。此外信息科学中心将利用北大成立信息科学技术学院(暂定)的时机进行学科整合，促进该学科的建设与发展，并开拓新的学科研究方向，如多模态机器感知；三维几何建模、可视化技术与虚拟现实；生物测定学；智能人机接口与交互等。

在学科基地建设方面，吸引国内外高水平青年学术带头人到实验室工作，为他们积极创造良好的教学与科研条件，通过他们培养和带动一批年轻的学术骨干，推动学科发展，进一步提高实验室的学术水平。此外，通过北大"创建世界一流大学计划"("985工程")中期建设项目的实施，国家空间信息基础设施(NSII)关键技术试验基地(150万元)、中港智能工程研究中心基地(130万元)、动态三维视觉信息处理与大规模几何建模(366万元)、视觉与听觉信息处理国家实验室更新改造(100万元)已基本完成。

在课程建设方面，开设并将重点建设好下列核心课程：图像分析、图像处理、数字视频处理、计算机视觉、人工神经网络原理、生物测定学、数据压缩、三维视觉信息处理、地理空间信息科学与新一代GIS、智能机器人、语音信号处理、数据仓库与数据挖掘，以及模式识别、图像处理与机器视觉、多媒体信息系统等，并开设了"金融信息化"研究生课程进修班。

【科研工作】 2001年信息科学中心的主要在研项目有："973"课题："信息安全、传输与可靠性研究"，"基于先进网络的新一代交互式多媒体远程教育系统"，"面向内容的海量信息的集成、分析处理和服务"。"863"项目："限定文本说话人确认技术研究及其在金融领域中的应用"，"JPEG2000图像压缩集成电路核心技术研究"，"足球机器人关键技术研究"等17个研究项目。国家自然科学基金重点项目："小波分析理论及其在图像处理中的应用"，科技攻关项目"集成电路产品设计，特定说话人语音控制器"于2001年通过验收，获得专家高度评价。

【合作交流】 信息科学中心和实验室十分重视与国内外的学术交流与合作。积极与各种学术组织、其他国家重点实验室与科研机构、产业界进行交流与合作。如：石青云院士担任中国图像图形学会副理事长，迟惠生教授担任国际神经网络学会理事、国际欧亚学院院士、中国人工智能学会副理事长。中国人工智能学会机器感知与虚拟现实专业委员会挂靠在该实验室，查红彬教授担任专业委员会主任，主办了2001年中国人工智能学会机器感知与虚拟现实专题学术研讨会，他还担任了2001年FI-RA(国际机器人足球联盟)足球机器人与智能系统国际学术研讨会大会主席。信息科学中心和实验室聘请了多位在国际上有影响的外籍学者担任实验室客座教授并邀请他们在访华期间到信息科学中心和实验室作学术报告，并选派研究人员，特别是年轻学者到国外参加学术会议。2001年，信息科学中心研究生会与校内其他研究生会组织了"首届信息科学前沿论坛"系列讲座，邀请来自微软中国研究院、中国科学院、北京大学、清华大学等单位和海外的十多名著名专家、教授，组织了十余次专题学术报告，先后有上千人次参加了这次活动。讲座内容覆盖面广，深受大家的欢迎。信息科学中心和实验室还积极与中国科学院有关研究所、教育部所属有关院校等单位联合申请国家项目，并与北大高科共同建立了生物特征识别联合研究所，对生物特征识别中多生物特征融合等理论与技术问题进行深入研究，以推动进一步的成果转化。实验室还接受了来自美国、新加坡及香港等国家和地区以及国内的一些著名科研机构访问学者从事研究工作，2001年度实验室批准了10名开放课题申请者到实验室从事开放课题研究，促进了实验室学术空气的活跃,推动了科研工作与学术交流的开展。

【成果转化】 2001年,由信息科学中心和实验室研制的北京大学公安指纹自动识别系统的设计容量、实际建库量、用户数量、破案量和破案率均名列全国第一。浙江省应用该系统,实现了省地市三级联网,破案数连续两年在全国各省市中名列第一。2001年全省直接破案5128起,带破案件26000余起。民用方面,在保持算法准确性优势的同时,提高了算法的灵活性,以满足在数据量、速度、精度和成本等方面的不同需求。实现了与多种指纹采集仪(光学采集、半导体电容芯片、半导体热传感采集芯片)的配合,开发出具备独立识别功能的指纹比对模块,首批200套已经出口海外。指纹门禁产品具有体积小、使用方便、准确可靠等特点,达到国外同类产品水平,已经批量生产。经北大指纹核心技术开发的社会保险金发放身份识别系统、海关通关系统、医疗保险身份认证系统、驾校管理身份认证系统以及企业考勤系统等已经广泛应用,获得了用户的高度认同,取得了良好的社会与经济效益。

(李林)

基础医学院

【概况】 北京大学基础医学院创建于1954年9月。现设10个系1个教研室、1个中心,有教师225人,其中教授55人,两院院士4人,"长江学者"特聘教授4人;副教授69人,讲师72人,助教29人,副主任技师13人,主管技师99人,技师33人,技士16人,技工4人,机关人员22人。

【教学活动】 2001年,基础医学院基础医学专业毕业学生27名,招收新生39名;医学实验专业毕业学生25名,招收新生28名;基础医学院毕业研究生51名,其中博士生28名,硕士生23名;招收研究生116名,其中博士生50名,硕士生66名;现有在校硕士生145名,博士研究生126名,在站博士后工作人员12名。经医学部批准基础医学院又增加了"神经生物学"博士学位授权点,目前基础医学院有博士点10个,在岗博士生导师35人。

2001年,临床医学专业和基础医学专业启动长学制教育,为此,基础医学院组织专家研究论证了长学制培养方案,重新调整了长学制教学计划,并开始筹划医学长学制教材的编写工作。实施了"985"创新人才培养项目,共有41位指导教师的项目被批准实施;基础医学院申报的"培养创新型医学人才的基础医学教学模式"获2001年北京市教学成果一等奖、国家教学成果二等奖。"医药教育基础课程教学质量评估指标体系的研究与实践"获2001年北京市教学成果二等奖。2001年,基础医学院有30名教师被评为医学部优秀教师,免疫学系被评为医学部教学优秀集体奖二等奖,生理学与病理生理学系被评为教学优秀集体奖三等奖,于英心教授获医学部桃李奖,马大龙教授获北京大学教学优秀奖。

2001年形态学综合实验室、病原学与免疫学综合实验室、细胞生物学与遗传学综合实验室已基本建成,至此,基础医学院生物医学实验教学中心建设基本完成。12月27日,生物医学实验教学中心还接受了北京市教委基础课实验室评估专家组的检查评估,获得合格实验室称号;机能学综合实验室和生物化学综合实验室建成后,于2001年已开始探索开设综合性实验,并着手编写新的实验教材;基础医学院寄生虫学教研室和物理学教研室申请参加了教育处组织的课程评估,寄生虫学和物理学两门课程均被评为I类课程。

【科研活动】 2001年基础医学院共获准各类科研项目96项,共获科研经费2278余万元。其中,中标国家自然科学基金项目21项,中标率33%,比往年大幅增长。"863"项目申请有7个项目中标。全院承担各类科研项目150项,2001年到位科研经费约1800万元。发表科技论文、著作386篇(本),其中:国际刊物28篇,全国刊物190篇,地方刊物5篇,专著11本,文献综述42篇,国际会议27篇,国内会议83篇,被SCI收录的论文有35篇(含论文摘要10篇),影响因子合计为69.7。申报国家专利2项。

2001年,基础医学院申报了北京市和教育部科技成果奖6项,全部获奖。其中:"人类新的促凋亡基因TFAR19的克隆和功能研究"获中国高校自然科学奖一等奖。

【学科建设】 2001年,基础医学院免疫学、病理学、生理学、细胞生物与分子生物学、生殖医学等"211工程"建设学科都通过了各级验收,达到了学科建设指标。

2001年,基础医学院7个学系被批准为教育部高等学校重点学科。这7个学系分别是:生理学与病理生理学、神经生物学、细胞生物学、生物化学与分子生物学、免疫学、病理学、药理学。

在北京大学"985"项目资金支持下,生理学与病理生理学系、生物化学与分子生物学系、生物物理学系、病原生物学生物学系在2001年又引进优秀海外学子6名,其中申报"长江学者"4名,加强了学科梯队建设。

12月12日,中国工程院正式宣布,病原生物学系庄辉教授当选为中国工程院医药卫生工程学部院士。

(李珉、夏咏梅)

药 学 院

【发展概况】 药学院始建于1941年，原为北京大学中药研究所，1943年以此为基础建立了北京大学医学院药学系，设本草专业和制药专业；1952年医学院独立建院，随之改名为北京医学院药学系，设药学、药物化学、应用化学（医药）三个专业；1985年随学校更名为北京医科大学药学院，设药学、药物化学、药理学三个专业；2000年4月原北京医科大学和原北京大学合并组建新的北京大学后，更名为北京大学药学院。

药学院曾先后有4名教授被遴选为院士。被国家人事部和卫生部授予有突出贡献的中青年科技专家称号者3名；全国优秀教师1名（王夔院士），北京市优秀教师7名，原北京医科大学桃李奖获得者5名；享受国务院颁发的政府特殊津贴者36名。现有在职职工215名，其中教授37名、副教授39名、博士生导师17名、硕士生导师35名；具有博士学位的43名，占教职工总数的20%。有中科院院士2名，教育部"长江学者奖励计划"特聘教授1名。

药学院现设有化学生物学系、药物化学系、天然药物学系、药剂学系、分子与细胞药理学系、药事管理与临床药学系、实验教学中心、应用药物研究所；一个首批建立的国家重点实验室——天然药物与仿生药物国家重点实验室，一个首批进入"211工程"的现代药学与新药研究学科群，两个国家重点学科——药物化学和生药学。

药学院现有3个博士点即药物化学、生药学、药剂学，5个硕士点即药物化学、生药学、药剂学、药物分析学、无机化学；药学作为一级学科为药学博士后流动站和"大药学"博士点，标志着药学院各学科均可招收博士生。

60年来药学院培养了4600多名本科生，450余名研究生。2001年经教育部批准可招收六年制本硕连读学生。2001年招收了六年制学生150名、研究生87名（博士后7名、博士生31名、硕士生49名）、专科生327名。现有在校生1601名，其中研究生182名（博士后17名、博士生60名、硕士生105名）、本科生549名、专科生178名、成教本科生137名、成教专科生555名。

药学院与美国、日本、荷兰等十几所大学或公司建立了友好合作关系，对外交流的扩大和加深促进了药学院整体地位与水平的稳步提高。

药学院现有教学科研用房建筑面积约12000平方米，2001年7至9月对药学楼进行了整体的改造装修装饰，改善了教学科研的环境和条件；有一大批先进的仪器设备，如500兆和300兆核磁共振仪，液质联用仪，顺磁共振仪，红外、紫外、原子吸收仪，氨基酸分析仪，旋光光谱仪和高压液相仪等。这些先进仪器为药学院的教学科研打下了牢固的发展基础。

【学科建设】 不断完善以理科教育为特征的药学教育，启动六年一贯制的办学模式，拟定与长学制相适应的课程体系、教学内容，以及教学安排，启动与长学制相适应的教材建设是2001年药学院学科建设的中心工作。组合和优化以药物化学系为中心的药物化学学科的人才、项目与成果，组合和优化以天然药物学系为中心的生药学科的人才项目与成果；安排药物化学和生药学申报国家重点学科是2001年药学院学科建设的重点工作，最终两个学科均以总评第一的成绩获得通过。

【教学活动】 2001年完成了药学专业六年一贯制学—硕连读的办学模式、课程体系及教学计划的论证，优化组合了必修课的内容。组织落实基础化学教学实验中心的二期建设，完成了世行贷款二期仪器设备的招标工作；基础化学教学实验中心通过了市教委合格实验室的评估。完成了普通高等教育"十五"国家规划教材的申报工作及部分教材的编写工作；加强了现代教育技术在教学中的应用；推广了多媒体技术在教学中的应用；组织落实了无机、有机化学网络课程的立项及实施工作。

获国家级高等教育教学成果奖二等奖1项，北京市一等奖1项，北京大学一等奖2项，北京大学医学部教学优秀集体一等奖1项，1名教师被评为医学部优秀青年教师，15名教师获医学部优秀教师奖，1名教授被评为北京市师德标兵，1名教师被授予北京市经济技术创新标兵称号。

学院不断进行教育教学改革，强化对学生的素质和创新能力的培养。加强对教学过程的管理和评估，进一步完善了院、系督学组，强化了新生导师制，成立了学生教—学联系组。继续加强师资、师德的建设，举办了青年教师授课技能培训班。

【科研工作】 2001年药学院共获得32项国家科研基金，经费总数1006万元。获得的项目数及经费数明显高于往年。其中国家自然基金13项，课题中标率为43%，居医学部首位；"863"牵头项目2项；博士点基金1项；北京市自然科学基金3项；"985"项目8项；教育部留学回国启动基金2项；北京市科技服务项目2项；CMB项目2项。在获资助的32项课题中，超过半数的课题负责人为中青年骨干，特别是在承担国家自然科学基金和"863"项目中，中青年骨干发挥了重要的作用。

2001年共发表论文159篇，其

中在国内发表 128 篇,SCI 收录 9 篇;国外发表 31 篇,SCI 收录 30 篇。国外发表影响因子最高的为张礼和院士指导的研究生雷震在《Nucleic Acids Research》杂志上发表的论文,影响因子为 5.396。

出版教材 12 部,其他类著作 3 部。在成果和专利方面,获得省部级奖励 3 项:北京市科技进步二等奖 2 项,三等奖 1 项;获专利 7 项。

表 5-42　药学院 2001 年获奖的科研成果

获奖项目名称	课题完成人	奖项级别
稀土对细胞结构和功能影响的化学基础	王夔、李荣昌等	北京市科技进步二等奖
基于内源性物质的寡肽活性物质研究	彭师奇等	北京市科技进步二等奖
载体脂质体的构筑、稳定性及靶向性研究	齐宪荣等	北京市科技进步三等奖

表 5-43　药学院 2001 年获专利的科研成果

获专利项目名称	专利申请人	专利号
一种查尔酮 C 甙和它的用途(发明专利)	车庆明	ZL97111787.X
一类具有抗肿瘤转移活性的乙酰氨基乳糖 PEG 苷及二聚体	李中军,李庆,蔡孟深,周柔丽	中国专利,申请号 01123753.8(2001,7)
具有镇痛作用的新型哌嗪季铵盐类化合物	李润涛,程铁明,李长龄,高峰丽,王欣,张红梅	中国专利,申请号 011421118(2001,9)
哌嗪基二硫代甲酸酯类化合物,它们的制备方法和在抗肿瘤药物中的应用。	李润涛,程铁明,崔景荣	中国专利,申请号 01118399.3(2001.5)
具有抗炎和抗肿瘤作用 R-双或糖本丙异硒唑取代化合物	曾慧慧	中国专利,申请号 01118666.6(2001-6-8)
New heavy metal chelating agent for oral administration, its synthesis and its uses in medicine and halth protection	彭师奇,王超,赵明	美国专利
Ardrogen synthesis inhibitors	凌仰之	美国专利(6,133,280)

表 5-44　药学院 2001 年国家自然科学基金资助项目简表(经费 274 万元)

序号	批准号	学科代码	项目名称	负责人	基金(万)
1	20101001	B0104	金属离子对细胞生命过程的干预/调控的化学基础	杨晓达	20
2	20172004	B0203	醉鱼草抗老年性痴呆活性成分构效关系及作用机理研究	赵玉英	19
3	20172005	B0205	新型蛋白激酶 C 抑制剂的设计、合成和评价	叶新山	19
4	20172005	B0205	氨基二硫代甲酸酯类化合物的合成及抗肿瘤活性研究	李润涛	20
5	20172007	B020501	新型非核苷类 HIV 逆转录酶抑制剂的设计合成和活性评估	刘俊义	19
6	20175001	B050106	新型固定相实现高效、高速毛细管电色谱分离的研究	徐秉玖	17
7	40176038	D0609	产生环肽海洋真菌的优化培养及活性环肽成分研究	林文翰	24
8	30171106	C030402	杯状海绵新环肽的结构及其对肿瘤细胞端粒酶作用的研究	林文翰	17
9	30171107	C030402	博莱霉素新同系物生物效应的分子机制研究	杨铭	20
10	30171110	C030403	治疗前列腺癌(或肥大)的 17 杂环雄甾药物研究	凌仰之	18
11	30171114	C030406	脂质体靶向中枢神经系统	侯新仆	16
12	30171139	C3050201	黄芩甙及黄芩素的血清药物化学和药代动力学研究	车庆明	19
13			海外青年合作基金	叶新山	40

注:化学部 6 项,生命学部 5 项,地球(海洋)科学部 1 项,海外青年合作基金 1 项

表 5-45 药学院 2001 年"985"资助项目简表（经费 215 万元）

序号	课题名称	主持人	基金(万)
1	以新的肿瘤相关基因 1A6 为靶的抗癌药物研究模型的建立和药物筛选	张礼和	40
2	预防药学	王夔	40
3	含马兜铃酸中药的致肾病机理、合理用药及相关肾病的临床诊治研究	蔡少青 李晓玫	40
4	抗细胞黏附超短肽研究	赵明	10
5	含砷难溶矿物药与细胞的作用	张天蓝	10
6	新靶标抗 HIV 新药的设计、合成、活性及协同作用机制研究	杨铭	30
7	血吸虫病合成多肽疫苗的研究	蔡孟深	20
8	抗肿瘤药物生物应答调节器鉴别和调节剂的定向设计及合成	曾慧慧	25

表 5-46 药学院 2001 年"863"资助项目简表（417 万元）

项目号	课题名称	主持人	基金(万)3 年
2001AA218061	高效口服环孢素 A 纳米药物研究	张强	117
2001AA620403	海洋动植物活性先导化合物的研究	林文翰	300

（杜永香）

公共卫生学院

【发展概况】 公共卫生学院现设有流行病学与卫生统计学、劳动卫生与环境卫生学、营养与食品卫生学、妇女与儿童青少年卫生学、毒理学、卫生政策与管理学、社会医学与健康教育等 7 个系。全院教职员工 170 人，其中教授和副教授 65 人，博士研究生导师 11 人，硕士研究生导师 31 人。自建院以来，公共卫生学院已培养出本科生近 4000 名，硕士研究生 350 名，博士研究生 60 名，博士后研究人员 8 名，并培养出成人教育大专、专升本学生 1300 余名。

【领导班子换届】 2001 年初，公共卫生学院领导班子完成了换届工作。院长：胡永华；副院长：王燕、郝卫东、章京。党委书记：郭岩；党委副书记：赵俊普、黄悦勤；院长助理：冯皓。

【教学工作】 实施公共卫生长学制教育，采用 5+2 模式进行培养。前 5 年完成公共及医学基础、临床、专业和专业实践教学，后 2 年进入二级学科，进行硕士学位课程选修和专题培养。2001 年已招收了 63 名公共卫生专业长学制新生。制定了《公共卫生学院长学制新生导师制的有关规定》，并按新制度为每位学生安排导师。2001 年公共卫生学院毕业研究生 29 人，其中博士 6 人，硕士 23 人，全部获得学位。在职申请学位者 11 人获得硕士学位。2001 年，学院招收了应用型硕士研究生 15 名。

《预防医学专业实验教学改革方案》已通过院内专家两次论证，并作为实验室建设项目上报教育部。劳动卫生与环境卫生学系开始进行 3 门专业课程教学内容的融合。公共卫生学院承担的教育部教改课题"预防医学专业课程体系改革研究"获医学部教改成果奖。由李立明、宋文质教授牵头的"应用型公共卫生硕士研究生培养模式研究与实践"研究项目获国家教学成果二等奖。马军等 11 人被评为医学部优秀教师，劳动卫生与环境卫生学系获教学优秀集体奖，陈育德获医学部桃李奖。

2001 年，在青岛市和西宁市分别开办了"社会医学与卫生管理研究生课程班"，在校本部开办了"医院管理硕士研究生课程班"，参加学习的学员共计 200 余人。完成国家级和卫生部继续教育委员会备案项目教学 2 项，人事部支援西部项目 1 项，参加学习的学员 701 人，培养进修生 6 人。

2001 年对预防医学函授部进行了调整，更名为"预防医学培训部"。目前，培训部公共卫生专业远程教育在校专科学生达 1200 余人，专升本学生 90 人。还举办了卫生管理专业电大教学点，招收学生 64 人。

【科研工作】 2001 年在国家"十五"科技攻关招标中，由流行病学与卫生统计学系牵头的"心脑血管疾病进一步防治研究"中标，获资助金额为 160 万；由环境卫生与劳动卫生学系承担协作单位的"室内污染研究项目"，获资助金额为 45 万。

2001 年学院获得国家自然科学基金、北京市自然科学基金、教育部博士点基金、教育部回国人员启动基金、法国达能营养基金、美国中华医学基金等国际合作 28

项,部委项目30项,总金额700多万元。4位青年教师获得院级青年基金。

公共卫生学院与北京大学应用数学系、人口所、环境中心、法学院等单位在流行病学病因模型、出生缺陷、环境监测研究、卫生政策与管理等方面开展多方合作并取得进展。2001年共举办学术活动77次,累计参加学术活动逾千人次。

2001年公共卫生学院获得多项成果:流行病与卫生统计学系李立明教授牵头的国家"九五"科技攻关项目"原发性高血压的社区综合防治"项目通过科技部验收,并获北京市科技进步二等奖和中华医学会奖。儿少所季成叶教授的"中国学生营养状况评价和常见病防治"获中国高校二等奖。环境卫生学系郭新彪教授的"砷的促癌活性及其机理研究"获北京市科技进步三等奖。全院在国内核心期刊发表科研论文100篇,国外发表论文3篇,SCI收录论文1篇。

【学科建设】 2001年新增博士生导师4人,目前公卫学院的6个二级学科点均成为博士学位授权点。流行病与卫生统计学科点进入了教育部重点学科最后的审批阶段。毒理学科点也以主要参加单位的身份进入了重点学科的最后审批。

2001年学校"985"计划支持学院100万元,用于建立分子毒理学实验室,目前此项工作正在实施中。此实验室的建立将为公卫学院的食品毒理、环境毒理、职业危害等教学与研究工作搭建平台,促进相关学科的发展。

【合作与交流】 2001年公共卫生学院与北京市爱国卫生运动委员会签订合作交流协议。双方商定在人才培养、继续教育、科研合作、学生实习现场、科学化管理等方面进行合作。该院已经为市爱委会及下属区、县开办首期进修班。

环境卫生与劳动卫生学系主办"第十三届中韩日劳动卫生学术研讨会",来自韩国的50多名代表、来自日本的60多名代表与国内100多位劳动卫生同行进行了广泛的学术交流,大会交流的119篇文章涵盖了三国劳动卫生学最新研究领域的内容。6月份邀请香港中文大学公共卫生学院院长李绍鸿教授前来进行了为期三天的学术交流,作了"香港公共卫生进展"、"预防医学教育"、"健康教育促进"的讲座。2001年全院有30多人次参加国内举办的国际学术会议,40多人次参加国内学术会议,有29人次出国参加国际会议。

(周小平)

护理学院

【教学工作】 2001年,护理学院招收研究生、在职研究生3人,本科生45人,高专生112人,高职生94人,夜大专升本科生28人,夜大专科生204人。共招收学生486人。5月经教育部批准,开设护理研究生主要课程班,学制1年,课程设置包括护理理论、护理教育、护理研究、护理管理和临床护理等,9月开学,招收学员84人。5月承担北京高等教育自学考试护理专业本科的论文指导和毕业答辩42人;完成网络学院护理专业(大专)课件任务;修订了高专生、高职生的临床阶段教学指导;完成教育部培训项目"现代危重症病人监测与护理新进展高研班",国家级培训项目"护理科研"、"医院感染预防及控制"、"人文、社会与护理新思维",举办全国护理师资提高班一期,对全国29个省市44所学校27个医院培养的95名护理师资和护理研究人员进行培训。护理学院是海淀区护士注册继续教育教学基地,全年完成学分注册1778人次。

12月15~16日护理学院与北京市卫生局全科医学工程办公室合作,对来自全市17个区县的1554名社区护士进行了首次护理专业技能考试。护理学院的教授、讲师及北京大学第一医院、北京大学人民医院、北京大学第三医院、北京积水潭医院、北京大学肿瘤医院的主任护师、主管护师担任考官。此次技能考试是北京市卫生局启动的"全科医学培训工程"的内容之一,考试内容包括血压测量、各种注射技术、导尿及换药技术等。考试合格者将成为北京市第一批持证上岗的社区护士。

【科研工作】 2001年,护理学院承担北京市教育科学研究课题"护理学本科专业课程体系和教学内容改革与实践"获得北京大学教学改革成果一等奖;继续教育培训项目"全国护理师资进修班"获得北京大学医学部继续教育优秀奖;在国内核心期刊发表论文16篇;主

表5-47 护理学院2001年论文发表情况一览表

论文发表的杂志名称	篇数
中华护理杂志	2
护士进修杂志	1
International Chinese Nursing Journal	2
International Nursing Review	1
中华医院感染杂志	2
其他中华或中国牌杂志	4
医学教育	4
合计	16

表 5-48　护理学院 2001 年发表论文一览表

论文题目	作者	刊物名称
阵发性心房颤动发作特点的研究	吴瑛	中华心律失常学杂志
高职高专护理教育课程体系和教学方法改革初探	吴瑛、陈新民、梁志欣	医学教育
急性心肌梗塞恢复期病人家属心理社会问题调查	路潜	中国心理卫生杂志
社区妇女乳房自我检查情况的调查	路潜、万巧琴	护士进修杂志
临床护理人员对艾滋病认识现状的调查与分析	庞冬、萧顺贞、李湘萍	中国性科学杂志
用组织行为学理论指导班主任工作的几点体会	张培君	医学教育
乳腺癌手术后患者婚姻质量调查	郭桂芳、肖菊青	中华护理杂志
护理学专业本科预防医学课教学内容需求的研究	梁志欣	医学教育
高职护生学习适应不良的探讨	罗萍	医学教育
从学生的学习需求看护理专业的高职教育教学	李秀惠、张继英、王雅明	中国高等医学教育
中美护理专业学生网上交流活动尝试	庞冬	国际中华护理学杂志
初产妇社会支持与产后抑郁关系的探讨	陆虹	中华护理杂志
临床护理人员洗手行为的观察与分析	尚少梅、郑修霞、王宜芝	中华医院感染学杂志
医院感染与洗手	尚少梅、郑修霞、王宜芝	中华医院感染学杂志
有效临床教学行为与临床教师角色	王艳、宫玉花、陆虹、郑修霞	国际中华护理学杂志
临床护理人员对艾滋病的相关知识、态度及行为趋向的初步研究	刘宇、萧顺贞	中国全科医学杂志

编各层次教材9本。

2001年，护理学院与美国密歇根大学签订了"社区国际交流与培训"、"社区基地建设"项目。7月12日该项目正式启动，在社区护理实践基地——北京西三旗育新花园小区北京大学第三医院第二门诊部，开展题为"高血压病人的饮食指导"的健康教育讲座，并从9月起定期开展由护理学院内科、外科、妇科、儿科教授参加的健康咨询活动。社区基地的建立标志着以护士直接管理为特色的新型社区护理模式的确立。

【学生活动】 5月，开展了以"生命需要关爱、健康需要护理"为主题的庆祝护士节系列活动：11日，与北京大学校本部、清华大学、北京理工大学、北京航空航天大学、北京邮电大学的同学联谊，12日，40名学生在北京大学百周年纪念讲堂前义诊，14日，举办题为"挑战人生"的讲座。6月27日，举行授帽仪式，原北京大学人民医院护理部主任灵爱珍和北京大学第一医院护理部副主任马兰艳为97级22名本科生、99级67名大专生授予燕帽。24名学生与美国密歇根大学护理学院学生在网上开展"卫生保健、社区健康服务体系"的讨论。191名学生成为21届世界大学生运动会青年志愿者。

（杜彩霞）

表 5-49　出版图书一览表

书名	作者	出版单位
内科护理学自学辅导	姚景鹏	北京医科大学出版社
内科护理学同步练习（电大教材）	姚景鹏	北京医科大学出版社
妇产科护理同步练习（电大教材）	郑修霞	北京医科大学出版社
护理学基础同步练习（电大教材）	郑修霞	北京医科大学出版社
儿科护理学同步练习（电大教材）	洪黛玲	北京医科大学出版社
护理药理学学习指导	萧顺贞	北京医科大学出版社
儿科护理学辅导（自考教材）	洪黛玲	科学出版社
护理学研究	萧顺贞	湖南科学技术出版社
护理教育导论	郑修霞	湖南科学技术出版社

第一临床医学院

【事业概况】 第一临床医学院（北京大学第一医院，简称北大医院）现有职工2525人，医护技人员1977人，其中高级职称365人、中级职称749人、初级职称1057人。全院共有44个病房，1147张病床，设有29个临床科室和12个医疗技术科室。医院还设有6个研究所、10个研究中心、1个部级重点实验室、14个研究室、5个实验室、6个科研辅助科室、1个国家药品临床研究基地和12个专业。

【医疗工作】 2001年医院入院28437人次，出院28449人次，年门诊量1169218人次，日平均门诊量4668人次，年急诊量79254人次，日平均急诊量217人次,年手术量14208人次,抢救1555人次,抢救成功1303人次,病人病房抢救成功率83.8%,病人急诊抢救成功率92.8%,病床使用率100%。

2001年,为贯彻落实北京市卫生局医政工作会议精神,"以病人为中心",执行规范化服务,医院开展了一系列"开展迎奥运、创一流服务活动"和争创"百姓放心医院"达标活动。与此同时,医院向患者公开了医疗收费标准;贯彻实施了以"零投诉"为目标的管理办法,加强了各项管理工作的力度;强化和改善了各项医疗服务的质量和水平,以优质服务的实际行动,接受社会监督。

12月20日,北京大学第一医院荣获中华医院管理学会和全国政协监督指导首届评选的"明明白白看病"推荐"百姓放心医院"的称号。

为配合急诊科对急诊工作的抢救,医院对急诊监护室进行了改造,增加了3张监护床,保证了抢救床的使用;并更新了急诊科室内、外的标志,方便了病人就诊。同时,医院还建立了急性心肌梗塞绿色通道,医务处、急诊科、心内科、放射科、住院处积极配合为医院绿色通道全面开通"绿灯",病人的生命能够得到更及时的抢救和治疗。医院为不同需求的病人开设了新的特色门诊,如:内分泌科的肥胖门诊、呼吸科的呼吸睡眠障碍门诊、心内科的心律失常门诊、肿瘤科造口门诊、妇产科的更年期门诊等。经多方共同努力,医院将原先许多分散的化验进行了合并,将内科所有相关的化验统一在内科门诊进行。设备处成立了设备服务中心,解决了医院多年来呼吸机、监护仪在临床抢救工作中的被动局面。为了方便患者就医,医务处重新编写了患者就医指南,改善预约挂号服务办法,修缮了在门诊挂号室一侧的电子显示屏,重新整理了专家出诊时间,并在门诊西药房一侧新建了物价电子显示屏,将医疗检查项目价格和药品价格标准的各种物价信息全面公布,真正做到让病人明明白白看病。

服务特色和新技术疗法 心内科开展了国内首例为1~2岁小儿进行冠状动脉造影的血管内放射治疗、压力导丝、冠心病介入治疗手术,获得成功。2001年,开展了53例肾移植手术,突破了每年50例的水平,成功率达到100%。开展了8例肝移植手术,填补了北京大学和北大医院肝移植手术的空白。2001年11月12日,在台湾长庚医院肝移植专家组的指导下,儿科和外科联合协作,完成了我国大陆首例儿童亲体右半肝肝脏移植手术,此次手术也是国内最小年龄的活体肝移植。经过近20小时的努力奋战,这例复杂的亲体肝移植手术获得成功,标志着北京大学第一医院及北京地区肝移植领域的新突破。烧伤整形科利用显微外科技术行肿瘤扩大切除、阔筋膜游离移植修复硬脑膜、背阔肌肌皮瓣游离移植修复巨大颅骨缺损,成功抢救一患头皮鳞状细胞癌的患者。2001年心外科成功开展心脏搭桥手术122例。心内科开展介入治疗240例;射频消融198例;冠脉造影653例;安装起搏器89例。5月,成立生殖遗传中心,截至年底共做了188例试管婴儿,成功率(已证实妊娠)在40%以上,其中第二代试管婴儿约占50%左右。8月份起,医院妇产科与麻醉科合作开展了150余例"分娩镇痛"手术,达到良好的效果。放射治疗科在国内率先开展了血管内放射治疗的动物实验和临床应用的研究,并与心内科联合开展了冠状动脉内介入近距离治疗,这项新技术的开展和应用,达到国内外先进水平。

放疗科申文江教授在国内率先开展了永久性放射粒子植入治疗,这项新技术的应用,填补了国内的空白。

男科学是随着改革开放和人民生活水平提高应运而生的新兴学科,北大医院男科门诊开展了性功能障碍检查,自开诊以来挂号全满;辛钟成大夫已完成了10例假体手术,取得了良好的社会经济效益,受到患者的欢迎。

眼科自2000年参加"健康快车"医疗队以来,完成白内障复明手术3212例,并创造了一天完成32例,无一例感染,全部复明等许多记录。不仅载誉而归,还锻炼出一支熟练进行白内障手术的技术队伍,手术技巧可以与世界接轨。2001年,眼科购买了准分子激光治疗仪,开展了新技术。现在已完成手术70例(130只眼),治疗效果极佳,术后视力几乎全部达到1.0以上,甚至1200度近视、远视、散光也得到了纠正。

【合理配置和充分利用医院资源】
合理利用医院现有的资源,加大床位的利用率是医院亟须解决的问题。经过一年多的努力,合理调整和利用了医院有限的空间,一定程度上缓解了二部的病床紧张,提高了一部的部分科室病床利用率。2001年,该院全院床位使用率100%,达历史最高水平。

(1)调整了耳鼻喉科和烧伤科病床,结果,两科室病床都比较充分,医疗资源充分被利用。烧伤整形科在克服了病房搬迁,工作人员减少等诸多不利因素的情况下,积极发掘潜力,使全年门(急)诊人数、门诊手术例数、住院病人数、住院手术例数与上一年度相比较都有较大比例的增加。

(2)小儿外科开展了新手术和高难度手术,迅速赢得了病人,病房出现从未有过的爆满场面。

(3)儿科改变了长期以来床位使用率不够的状况。从2001年开始改建了家庭化病房,加大了专家门诊,扩大了宣传,现床位使用率上升至98%以上。

(4)建立设备服务中心,协调院内呼吸机、监护仪等仪器的使用,避免资源闲忙不均现象。

(5)提供多方位服务,方便患者就医。建立了急诊绿色通道;简化就医程序,集中采血化验;开设妇产科特需病房。增加门诊医师出诊次数,开设了许多新特色门诊,肥胖门诊、呼吸科的呼吸睡眠障碍门诊、心内科的心律失常门诊、肿瘤科造口门诊、妇产科的更年期门诊、重新编写就医指南等。

【坚持规范化服务和规范化收费标准】 为更好地维护病人的利益及医院的声誉,医院坚持以病人为中心,实行规范化服务,强化了对物价管理工作的力度,以定期和不定期的形式,组织职能处室对全院医疗收费情况开展不间断地检查。由于医院三令五申、大张旗鼓地反对乱收费、多收费和搭车开药的现象,对查出问题的违纪单位和个人,坚持发现一个处理一个,将检查及处理结果通报全院,获得良好效果。

至今为止,医院连续五年被西城区评为"物价、计量信得过单位"。2001年7月份,国家计委价格监督司会同其他部门在全国各医院进行药品和医疗服务价格的专项检查,北大医院经过检查组全面检查后,整体工作得到了检查组的充分肯定,被认为是执行价格政策比较好的单位。这不仅证明了该院物价工作良性循环的局面,也是该院坚持"三个代表"的具体体现。

医院还在日常工作中严格规章制度,实现规范化服务:

(1)坚持定期检查规章制度落实情况。医务处坚持对各病房规章制度执行情况进行检查,每季度至少对每个病房进行一次检查,检查包括三级查房制度、差错事故登记制度、手术并发症登记制度、死亡病历讨论制度、医生交接班制度、病人出入院登记制度、病历自查制度等,对于从检查中发现的问题,要求做到及时更正。

(2)加强医生劳动纪律。医务处加强了对各科出诊医师到岗情况考核,对所有医师是否能准时开诊进行了多次检查,经过严格医务人员的劳动纪律考核工作,医师准时到岗率得到明显提高。

(3)抓好门诊医疗质量工作。医院在要求各科室自查病历的基础上,医务处还每月抽出科室病历20份、处方50份进行检查,并将典型病历在门诊周会上进行讲评,对不符合要求的病历和处方,要求各科医师组长具体核查问题并限期改正;医务处根据百分考核标准将奖惩办法及处理结果再反馈给科室,并责成科室将责任落实到个人。1至10月份,医务处共检查病历1560份,合格率95.7%,处方2711张,合格率91%。

(4)保证病历质量:根据医务处1至10月对病房病历质量检查结果显示,共检查住院病历530份。病历质量较好,甲级病历达90%以上,无丙级病历。

(5)护理质量控制及考核。护理部质控组一年来对各病房的大夜班工作质量、白班的基础及重病护理质量、消毒隔离管理、护理工作满意度及基础护理技术操作进行了全面检查。对手术室、产房、门急诊、血透室、供应室的护理质量、护理管理及技术操作也进行了全面检查。所有的检查均达到了三级甲等医院的质量要求。

【医疗保险工作】 自2001年1月1日开始医保试点工作,西城区持卡人1.2万人中有五千余人选择在北大医院就医;7月1日全市铺开后,试点约十五万人中有2.1万人选择北大医院,9月份109万参保人中有22.9万人选择北大医院,12月份在214万参保人中有26.6万人选择北大医院。现本院门诊患者中30%、住院患者中20%为医保病人;医院为医保病人就医提供方便条件,投入了大量人力、物力,尽力解决医保病人的结算问题。

【护理工作】 通过"读书报告会"与专题管理讲座相结合,转变护理管理者观念,提高护理管理水平。针对护理管理中的弱点及难点,有计划地外请管理专家来院讲授专题报告,促进了护士长理论水平及管理能力的提高。

(1)2001年四五月份护理部在全院进行了科护士长和护士长的述职,促进了护士长管理能力的提高。科护士长述职平均分为93.8分;护士长述职平均分为93.0分。

(2)进一步加强护士职业素质教育,积极开展"以病人为中心"的护理服务。针对护理工作中的突出问题,组织专题理论讲习班。

(3)护理队伍年轻人占绝大多数,工作的超负荷给护士带来极大的身心压力。通过理论学习,极大地促进了护士服务观念的转变。特别是医院开展"零投诉"管理以后,病人对护士的投诉明显减少。

(4)配合医院"百姓放心医院"活动的开展,护理部组织医院部分护士参加了"沟通技巧专题研讨会",护理部把护患沟通中护士存在的具体问题,提交会议讨论,经过与会者的热烈研讨,对很多问题都达到了共识。

(5)专科护理发展与护士培养:外科在2月20日开设了"造口护理健康咨询指导门诊",共接待病人170多人次。继2000年重症监护、急诊护士的理论培训后,2001年护理部又对没有参加过培训的护士进行了理论培训考试,合格者颁发"专科护士培训结业证"。肾脏内科派护士到香港学习"血液透析管理及病人的护理",内分泌病人设立了"健康教育室",配备健康教育的模型。直观的教育方法得到了病人、家属及外院参观者的一致好评。

【医疗集团工作】 北大医院成立医疗集团一年多来,以技术合作、优势互补、资源共享、共同发展为原则,在重点学科、大型设备、卫生技术人员培养、双向转诊等方面开展合作,建成以龙头医院为中心的联合服务体系,集团原有 20 家合作医院,2001 年有 8 家协作医院加入医疗集团,现该院医疗集团成员已遍布全国 8 个省市和地区,共计 28 家合作医院。

【教学工作】 2001 年,医院主要承担 3 种学制、4 个专业、12 个班共 543 人的教学任务。同时,还承担了夜大学临床医学专业与检验专业 98 级和 99 级大专班、专升本班,约五百名学生的临床医学基础与专业课教学。2001 年医院为本院中级职称以上职工开设继续教育讲座 22 次。共招收进修生 1816 人,其中参加学习班 1586 人,短期进修 230 人。共举办各类继续教育学习班 62 期,其中长期学习班 43 期,国家级继续教育学习班 19 期。

2001 年医院承担临床医学专业的临床医学基础与专业课的教改计划的设计与实施,目前已顺利完成教改计划的设计;并通过了医学部临床专业教学委员会的审核,2002 年将在临床医学专业 99 级 110 个学生中试运行。2001 年教学改革方面取得如下成果:桥梁与系统课的课程融合课题,获北大教学改革成果一等奖与北京市教学改革成果二等奖;医学检验专业课程改革课题,获北大教学改革成果一等奖与北京市教学改革成果二等奖;中小科教学模式、考试模式改革的试点工作,并将面试考试推广到内、外、妇、儿,获教学优秀集体二等奖。

2001 年医院开始使用教学管理软件和题库软件,各科教案均转为电子教案。北大医学部组织编写临床医学专业七年制教材共 15 本,本院主编 12 本。自编"临床技能考核手册",院教学专家委员审核后再版(北医三院及人民医院从 99 级开始使用),自编临床护理学内、外、妇、儿大纲。

2001 年医院新建 3 个多媒体教室,对教学楼进行了装修,更换了教室的桌椅。校、院两级共同投资建立了计算机中心室,为学生无纸化考试及局域网学习提供了良好的条件。

表 5-50 北大医院教育教学获奖情况表

奖 项	获奖单位	获奖者姓名	人数
教育部全国高等医药院校现代教育技术与计算机教学优秀论文	医学影像科教学组	李沙、孙晓伟、王霄英、杨敏	4
北京大学医学部教学先进集体二等奖	内外妇儿教学组		20
个人奖 医学部桃李奖	儿科	吴希如	1
个人奖 北京市师德奖	外科	刘玉村	1
个人奖 北大优秀教师	外科	高嵩	1
个人奖 医学部优秀班主任	学办	张道俭、向妮娟	2
个人奖 优秀论文奖	护理教研室	刘宏霞	1
个人奖 医学部优秀教师		欧晋平等	38

表 5-51 北大医院 2001 年中标课题统计表

课题来源	申报数	中标数	中标率(%)	获经费(万元)
国家自然科学基金	43	10	23.2	167
教育部归国启动基金	6	5	83.3	24
教育部重点项目	2	2	100	110
首都医学发展基金	1	1	100	80
北京市自然科学基金(第一批)	30	5	16.7	35
北京市科技合同项目(2000 年)	1	1	100	60
北京大学"985"行动计划	14	6	42.8	170
北京大学"985"行动计划学科建设项目(研究中心与配套)	2	2	100	120
北京大学人类疾病基因基金	13	3	23	35
北京大学生物医学跨学科研究基金	10	3	30	30
北京大学肿瘤研究中心	2	2	100	20
"十五"攻关项目	4	4	100	待分配
卫生部临床学科重点项目	5	3	60	待分配
总计	134	46	34	851

表 5-52 北大医院 2001 年院级基金申报及批准情况统计表

课题来源	申报数	中标数	中标率(%)	获经费(万元)
院级青年基金	36	18		17.4
院级归国启动基金	14	10	71	9.3
院引进人才特批基金	4	4	100	21
总计	54	32	59	47.7

表 5-53 北大医院 2001 年科技成果获奖统计表

获奖类别	申报数	获奖数	中标率(%)	等级
北京市科技进步奖	6	5	83	二等 2 项 三等 3 项
中国高校科技奖	4	2	50	二等 2 项
中华医学科技奖	2	2	100	一等 1 项 三等 1 项

【科研工作】 2001年教育部对全国重点学科重新评审验收,医院泌尿外科、小儿科、皮肤科评为全国重点学科。医院还重新组织了学术委员会,就研究方向、当前人才梯队状况、今后发展规划(研究方向、人才培养)进行了座谈、评估,许多科室针对其问题采取了改进措施并见到成效。由心内科、心外科、小儿心脏科合作,成立了北大医院心脏中心,实现了院内科室优势互补、强强联合的局面。

2001年共申请国家、部委市、校级课题229项,其中95项待批。已中标46项课题中,有7项经费待分配。

2001年医院其他课题基金还有,肾脏内科引进一名长江学者汪涛教授,获科研经费150万元;CMB项目3项,获科研经费13万美元。承担横向课题15项,获经费55.5万元。

2001年度在研项目114项,其中国家、部委、市级以上课题62项,校级20项,院级32项。本年度进行年终检查的课题63项,进行年终总结课题51项。

2001年发表文章855篇。SCI收录论文前20个医疗机构中,该院居第3名,国内期刊论文数最多的前20个医疗机构中,该院419篇排第12名(位居全国地方第5名)。国内论文被引用次数最多的前20名医疗机构中,该院769篇排第4名(位居全国地方医院第2名)。

2001年,医院科研申报国家外专局引进国际人才项目10项,获准5项,中标率50%。目前2项执行完毕,余3项待执行。该项目与国外专家进行了友好的交流,对培养人才及学科建设起到了促进作用。

【交流与合作】 2001年医院主办各类学术会议32次,其中国际学术会议11次,国内学术会议21次。医院参加国内外学术会议473人次。其中国际会议188人次,港澳会议17人次;国内会议252人次,地方会议16人次。国际大会发言52人次,小会发言30人次,墙报65篇,参加41人次。国内大会发言139人次,小会发言69人次,墙报22篇,参加55人次。

2001年该院共有国际交流活动410余人次,21个国家和地区的专家学者到院进行学术交流、参观访问、手术演示,举办研讨会、学习班、洽谈合作、捐赠仪器等活动。专家学者分别来自德国、芬兰、丹麦、澳大利亚、美国、荷兰、比利时、越南、加拿大、新西兰、日本、韩国、香港、澳门、台湾、新加坡、英国、法国、瑞士、南非、汤加等国家和地区。

11月13日举行了北大医院与长庚医院结为兄弟友好医院签字仪式。朱天岳副院长主持了签字仪式。北京大学常务副校长、北京大学医学部主任韩启德,北京大学副校长、北京大学医学部副主任吕兆丰及有关部门领导参加了签字仪式。北大医院院长章友康高度评价了长庚医院肝移植专家组的专家在该院的出色工作和精湛技术及两院合作的深远意义和影响。

【临床药理基地工作】 1999年2月北大医院被SDA批准为国家药品临床研究基地,有12个专业获准承担药品临床试验。2001年9月骨科被SDA批准为新的国家药品临床研究基地专业。

2001年该基地承担国家SDA批准国家药品研究项目83项。其中牵头55项,合作28项。承担任务的项数是北京医科大学临床药理中心管理时全年接受任务总量的1.3倍。

2001年2月国家SDA对全国临床研究单位进行了机构重新认证。该基地接受并通过了机构重新认证。该基地从管理到完成任务情况得到了国家SDA认可和好评。

【经济运行情况】 全年业务收入(医疗和药品,不含财政拨款)60745万元,比上年同期增加8298万元,增长15.8%。其中医疗收入增26.7%,药品收入增8.3%;药品比例为55.4,上年同期为59.2,药品比例下降了3.8个百分点。全年其他收入362万元,比上年同期增加76万元,增长26.6%。

全年收支结余-431万元(若扣除买地付款因素,则比上年增加结余969万元)。

【医院基本建设】 (1)二部工程。二期工程(外科、高干楼)在按期保质保量按原计划进行,全部框架已经完成,并已获得结构长城杯奖;现在正在进行内装修,2002年上半年可全部竣工进行调试,力争在2002年5月份全面启动。工程进展正常、顺利。

(2)医院有计划地分期分批地解决了一部妇儿大楼和五官楼中央空调的安装;进行了妇儿大楼和门诊大厅的重新装修;完成了妇儿门诊的改造、加固和装修以及一部妇儿大楼霓虹灯的安装。由妇产科教研室让出来并改建的妇儿特需病房也已正式投入使用;一部建立了生殖遗传中心。一部的基本建设已基本就绪,面貌较前几年是焕然一新。

(3)做好外科楼、高干楼入驻前的准备工作。包括仪器设备、办公用具和病房什物的准备工作,都在逐一具体落实。新楼里高干病房100张以上病床,其中包括心血管和神经内科。手术室扩大到17个,麻醉科医生、手术室的医生、护士、设备都将得到相应的补充。外科和高干楼的后勤管理工作纳入社会机制,与一流的病房、一流的服务和一流的技术相匹配。

(4)完成了签订门诊北边土地的转让协议和新门急诊大楼的申报工作。门诊北边7200平方米的空地,西城区以1.28亿转让,10月28日上午签订了协议。西城区、北大医学部、卫生部、国家计委的领导共同参加了这个签字仪式。

【党建和思想政治工作】 2001年院党委认真贯彻落实江泽民同志"三个代表"重要思想和"七一"讲话精神,团结和带领广大党员干部群众,坚定信心,克服困难扎实工作,开拓创新,全面完成了年初所确定的各项工作。2001年是进入新世纪、实施"十五"计划的初始之年,在上级党委的正确领导下,北大医院党委以邓小平理论和"三个代表"重要思想为指导,进一步加强了党的思想建设和组织建设,加大了精神文明建设的投入力度,使医院的医教研及党建工作扎实稳步地向前发展。

以整风精神开展"三讲"教育"回头看"工作,进一步巩固和扩大了"三讲"教育成果。根据北京大学及医学部党委的统一部署,医党委在11月开展了为期半个月的"三讲"教育"回头看"活动,在经历了学习自查和整改总结两个环节后,院领导班子进一步巩固和扩大了"三讲"教育的成果,总结了过去,明确了目标,进一步端正了思想和工作作风。"回头看"活动以"三个代表"重要思想为指导,认真贯彻党的十五届六中全会精神,立足学习提高,坚持开门搞好"回头看"活动。

结合医院实际"三讲"教育"回头看"活动在以下四个方面取得了实效。首先,领导班子统一思想认识,增强了搞好医院的信心,使领导班子的精神面貌焕然一新。其次,积极推进了医院改革,增强了开拓创新意识,使医院在激烈的市场竞争中立于不败之地。努力建立健全各项规章制度,形成了科学、民主的决策机制和监督约束机制,再次,认真转变了工作作风,增强了廉洁自律意识,使医院的党群、干群关系有了新的改善。医院领导班子认真落实了全心全意依靠广大职工办好医院的方针,完善了密切联系群众的各项制度。最后,加强了医院党的建设,增强了党性观念,使党组织的凝聚力和战斗力明显增强。充分发挥医院党组织的政治核心作用。每位领导班子成员都从工作实际出发,解决突出问题,取得实效。

利用纪念建党80周年的有利时机,组织开展系列庆祝活动,强化党员意识教育。医院党委配合建党80周年组织了一系列庆祝活动,组织全院党员积极参加"党的知识竞赛",其中笔答部分被医学部评为优秀组织奖三等奖;现场答题部分荣获二等奖。组织全院党员参观"肩负人民的希望"大型党史展览。组织了由本院职工自编自演的纪念建党80周年大型文艺演出。各党总支结合自身特点也组织了内容丰富形式新颖的纪念活动,总务基建处党总支继续开展了走访革命圣地,重温党的历史的革命传统教育。离退休总支组织了离退休老党员书画展。党委领导亲自带队,"七一"前夕连续走访慰问了本院的老红军、老党员,为他们带去了党组织的关怀。

及时总结工作经验,依靠优秀典型人物,推进医院两个文明建设。"七一"前夕医院党委分别被北京大学和医学部两级党委评为"党建和思想政治先进集体",充分体现了上级党委对该院党建及思想、组织、作风建设工作的肯定。2001年有8位同志经党委推荐,荣获市级以上荣誉称号:泌尿所郭应禄院士被评为北京市优秀共产党员,肾脏研究所王海燕教授荣获首都劳动奖章,刘玉村副院长被评为北京市师德先进个人,心外科张明礼教授被评为北京市经济技术创新标兵,肾内科赵明辉副教授荣获北京市五四奖章,心内科洪涛副教授被评为全国卫生系统青年岗位能手称号,外科王维民副教授被评为北京市杰出青年志愿者。另有眼科殷悦等四名同志被北京大学评为优秀党务和思想政治工作者,王玉合等五位同志被医学部评为优秀党务和思想政治工作者。党委及时以这些优秀同志的先进事迹为教材,在全院积极开展宣传工作,弘扬了主旋律。

在搞好思想建设的同时,积极探索党建工作的新情况新问题。2001医院积极参加医学部党建课题的申报工作,党委、本科生党总支、泌尿科党支部等三项课题中标。通过课题的开展积极摸索党建工作中的规律性问题,力求使成果尽快指导实际工作。

党员发展工作2001年发生了较明显的质的变化,虽然新党员发展总量上高于去年同期的12人,但更主要是在新党员的结构上发生了明显的变化:(1)年龄结构上新党员平均年龄30.6岁;(2)在职职工占51.3%;(3)大学以上学历的新党员占在职职工新党员的50%,其中博士5人,硕士2人。一大批临床科室的业务骨干被吸收到党组织中来。医院党委高度重视积极分子的培养工作,每期积极分子培训班主管书记都要亲自做动员报告。2001年组织入党前积极分子培训班2期,参加培训的积极分子达到39人,其中大部分是临床一线的业务骨干。2001年完成院后备干部库的建库工作,增强了干部培养工作的规范性。9月,安排两名后备干部参加医学部赴井冈山的社会实践。

抓好党员领导干部及广大党员的学习。院理论中心组重点学习了江泽民同志的"七一"讲话和党的十五届六中全会作出的《关于加强和改进党的作风建设的决定》,领导成员普遍反映,理论学习内容集中,针对性强,真正学有所得。尤其是学习了江泽民同志"三个代表"重要思想,使理论学习更加贴近现实,更有时代特点,也更富有成效。大家一致认为,江总书记的重要讲话,以马克思列宁主义、毛泽东思想、邓小平理论为指导,坚持党的解放思想、实事求是的思想路线,全面回顾和系统总结了中国共产党80年的光辉历程和基本经验,深刻阐述了"三个代表"重要思想的科学内涵,科学回答了新形势下加强和改进党的建设需要解决的重大问题,进一步指明了党在新世纪的历史任务和奋斗目标,是一篇马克思主义的纲领性文献。讲话对于我们在新世纪全面推进党的建设新的伟大工程,更好地领导全国各族人民为社会主义现代化建设的宏伟目标而奋斗,具有重大而深远的指导意义。领导干部纷纷表示要把学习《讲话》同学习邓小平理论有机结合起来,同学习党的路线、方针、政策有机结合起来,自觉地把"三个代表"的要求贯彻到医院的各项工作中去。

党委为全院党员购买了《讲话》和《决定》的单行本,制定下发了学习计划,并围绕学习内容出了思考题,各支部认真组织学习,党委利用院信息报连续进行了系列报道,在全院掀起了学习《讲话》和《决定》的热潮。

积极参与"零投诉"工作,加强对广大职工的宣传教育。党委积极参与"零投诉"的管理工作,并积极提出主动参加"明明白白看病、全国百姓放心医院"的评选,自觉接受社会的监督。为加强对党委工作的宣传,全年共发各类稿件近三十篇,开办以介绍组织工作为主要内容的专栏"党建之窗",配合宣传"零投诉"、学习"七一"讲话、加入WTO等重要活动,制作院内宣传橱窗共8期9组。

搞好党的统一战线工作。年初医院党办承办了医学部统战系统新春联欢会,医学部各民主党派、归侨侨眷近400人参加了活动。上半年根据中央统战工作会议精神完成归侨、侨眷重新登记工作,初步完成党派和党外后备干部两个数据库的建库工作,为2002年各党派的换届工作及2003年政协的换届工作做了充分准备。协助农工北大医院支部完成了换届调整工作,全年召开民主党派党外高级知识分子座谈会2次。协助党派做好发展前的政审工作,2001年有5名同志加入民主党派。

认真贯彻落实中央关于反腐倡廉的指示精神,认真搞好医院的党风、党纪及廉政建设。认真学习党的十五届六中全会精神,加强和改进党的作风建设核心思想,同时结合江总书记的"七一"讲话,深刻理解"三个代表"的精神实质。首先抓好思想教育,增强党员干部的党性意识,鼓励、支持党员干部在改革进程中勇于思考,勇于探索、勇于实践、勇于创新,结合新的实际,努力发扬党的传统和作风。利用干部会、行政周会、《钟与镜》月刊及北大医院院刊等形式及时进行这方面的宣传教育,请北大医学部纪委书记马焕章给全院党员讲党风党纪的党课,在广大党员干部的思想上真正筑起牢固的反腐倡廉、拒腐防变的堤防。

修订党风廉政建设责任制的规定和落实党风廉政建设责任制实施细则。还协助党办认真进行了医院领导班子的"三讲"教育,广泛征求党内外群众意见,收集整理归纳,向领导班子进行反馈,为领导班子开好民主生活会奠定了基础,并向北大医学部写了书面报告。

全年来访4件、来信14件、电话投诉6件、上级转来8件,共计32件。已结案26件,尚有6件正在查证。已结案的26件都较认真进行查证、反馈,还登门拜访,使上访和投诉者都比较满意。

加强党委领导下的工会工作,强化民主管理民主监督。2001年工会以争创北京市先进教工之家为龙头,在坚持医院民主管理,围绕医院党政中心工作开展活动,做好职工素质教育工作,为职工办好事办实事等方面,开展了多项活动并做出成绩,被授予北京市"先进教职工之家"荣誉称号。在院党政领导的支持下,成功召开医院第三届第二次教职工代表大会和医院民主管理工作研讨会,进一步推动了以院务公开为重点的医院民主管理制度建设。

关心共青团工作。院团委2001年紧密围绕医院中心工作,开展了大量富有成效的工作。5月成功召开了第四次团员代表大会,选举产生了新一届团委领导班子,新班子很快进入角色,短短半年时间开展了大量工作。2001年对于团委来说是一个丰收年,年初评选出北大医院首批十大"青年岗位能手",院青年志愿者组织荣获"北京市杰出青年志愿者集体"称号,骨科病房被北京大学医学部评为校级"青年文明号"。

重视关心老干部工作。院党政领导高度重视离退休老干部工作,党委领导在"两节"及"七一"前走访慰问老同志,为他们带去了党组织的关怀。支持帮助离退休总支成立老干部合唱团,丰富离退休同志的业余文化生活。党委领导注意利用各种场合,积极向老同志通报医院的发展情况,以求得大家的支持和理解。党委通过信访了解到个别退休职工生活困难,及时与行政沟通情况,想尽一切办法解决实际困难,一件长达十年没有解决的历史遗留问题,2001年得以最终解决,当事人对处理结果感到非常满意。对某位退休职工提出的医疗及待遇等方面的问题,及时与其沟通情况,并以书面形式向医学部作了汇报。以上这些工作对医院的稳定起到了很好的促进作用,从一个侧面服务了大局。

科学规范地搞好党委的日常管理。党委始终将与"法轮功"的斗争作为一项长期的任务来抓,2001年共收缴"法轮功"反动宣传材料105件,其中53件已按照有关手续移交医学部党办处理。

为使党委的日常管理更加科

学化、规范化,党委已建成后备干部、业务干部、党费收缴等多个数据库,基本实现了党务工作的计算机管理。

【2001年党委系统院外获奖情况】

(1)北大医院被北京大学及医学部两级党委评为党建和思想政治工作先进集体。

(2)眼科殷悦等四位同志被北京大学评为优秀党务和思想政治工作者。

(3)郭应禄院士被评为北京市优秀共产党员。

(4)院团委被评为北京市杰出青年志愿者集体。

(5)肾内科赵明辉教授荣获北京市五四奖章。

(6)外科王维民副教授被评为北京市杰出青年志愿者。

(7)心内科洪涛副教授被评为全国卫生系统青年岗位能手。

(8)院武装部被西城区武装部评为先进基层武装部。

(关力达)

第二临床医学院

【发展概况】 第二临床医学院(人民医院)是一所三级甲等医院,位于西直门立交桥西南角,建筑面积10万平方米。前身是1918年1月开院的北京中央医院,当时坐落在阜成门内,是中国人自己集资兴建的第一所大型综合医院。人民医院在八十多年的发展过程中曾几易其名,依次为北京中央医院、中和医院、中央人民医院、北京人民医院、北京医学院人民医院(第二附属医院)、北京医科大学人民医院(第二临床医学院)、北京大学人民医院。

人民医院承担着北京大学医学部临床医学、护理本科及护理高职学生的临床教学及实习任务,药学、医学检验等专业的实习任务,此外人民医院还承担医学硕士、博士学位研究生教育及部分临床医学7年制学生的二级学科阶段教育。现有博士生导师26人,硕士生导师115人。

截至2001年12月底,人民医院开放的病床1090张,设备固定资产值3.4亿元,日门诊量4506.4人次,最高日门诊6031人次。在职职工2191名,其中正高职称104人,副高职称205人。现有临床科室36个,医技科室11个,职能处室18个,还有4个研究室。承担公费医疗和大病统筹管理单位市级22个、区级26个,选人民医院为定点医院的参保人员23.6万人。

2001年,人民医院出巨资引进了世界最先进的CT、核磁、彩超等仪器,加强了医院装备工作。

2001年,人民医院围绕医院研讨会制定的"找准方向,发展学科,扩大空间,迎接挑战"的目标,开展了卓有成效的工作。全院人员充分认识医疗市场竞争的严峻局面,认真分析医院的形势,认为应当从扩大空间、发展学科入手,坚持"以病人为中心"的办院方针,提高医疗质量和服务质量。一年来,全院人员团结一致,努力奋斗,在医疗、教学、科研方面都取得了显著的成绩。医疗指标稳中有升,顺利完成"总控"指标,医院总收入较上年又有较大幅度的增长。

(戴谷音、戴清)

【医疗工作】 2001年人民医院各项医疗指标再破历史记录。年门诊量达1140121人次,年急诊量达137682人次,出院病人数28089人次。完成手术10831例,新院门诊手术量4904例。平均住院天数继续缩短到14.4天,比上年下降0.7天。

血研所是全国最先开展脐带血保存、研究、治疗的单位,2001年亚洲脐血组织的专家对人民医院的脐血干细胞库进行了考察并给予极高的评价,认为是"具有国际一流水平的,有良好质控和值得信赖的脐血干细胞库"。卫生部和北京市卫生局正式批准了人民医院脐带造血干细胞库的设置。目前脐血储存已达4328余份,它为我国开展干细胞移植工作提供了良好基础。

流式细胞室对多种白血病如CML、APL、AML-M2及急性T.B淋巴细胞系统肿瘤进行基因检测,继续在国内保持领先地位。

肝研所与血研所细胞中心合作开展了CIK+DC治疗慢性丙型肝炎,在临床取得良好效果,为治疗丙型肝炎开辟新的治疗手段,经HCVRNA和ALT两项指标观察,效果良好。

人民医院肝研所在开展抗-HIV监测工作中走在全市各医院前列。2001年共检测抗-HIV27980份,检出抗-HIV阳性抗体13例,经过市疾病控制中心确认有7例为感染者,自1998年开展此项检测以来,对日益严峻的艾滋病病毒感染局面,为阻断医院内感染,保护医护人员做出了贡献。

2001年碎石所在高能超声聚焦HIFU治疗肿瘤病人取得新的成绩,HIFU治疗病人600余人次,并为全国20余家医院培训80余名HIFU治疗人员,使HIFU技术在全国得到有效应用推广,在HIFU技术研究及临床应用方面,处于国际领先水平,治疗病例总数最多。

关节病研究所2001年共完成各类关节置换手术600余例,其中膝关节置换术达360例,比上年增加20%,其数量、难度与治疗效果仍居全国人工膝关节置换的首位。该所对人工关节术后出现肺检栓塞的病人进行了早期的诊断和治疗研究,在兄弟科室协作下成功抢救三名合并肺栓塞的病人,表明在治疗关节置换病人的并发症方面迈向新的水平。

2001年共完成关节镜手术176例,关节镜手术因创伤小,恢复快,是关节微创外科手术的发展趋势,已成为现代骨科的一项基本技术。

2001年心内科新增设了心衰门诊,先天性心脏病门诊,高血压门诊,血栓栓塞门诊等特色门诊,在开设胸痛绿色通道基础上又开设了心脏电生理绿色通道,为急性心律失常的病人带来福音。

心血管流行病研究中心与北京大学流行病教研室合作,在高血压领域、心律失常领域、心衰、血脂代谢及血栓栓塞等领域组织北京及全国的大型临床试验。

心脏外科共完成心脏手术330例,其中搭桥手术276例,比去年同期增加30%,继续保持非体外循环冠状动脉搭桥例数全国第一,年冠状动脉搭桥手术例数上升至全国第三位。2001年6月成立了"全国微创外科中心",全面提高了人民医院在冠心病外科治疗领域的学术地位,通过举办微创冠脉搭桥手术学习班,手把手地向来自全国12个省市的30余名学员传授微创搭桥的技术,切实加强了冠状动脉搭桥术在中国的普及工作。心脏外科万峰主任成为2001年12月出版的《远东经济评论》和《华尔街时报》的封面人物,被誉为最有天赋的技术领先的心脏外科医生。10月,人民医院心外科组织了"心桥病友会",有病人及家属300人参加,"心桥病友会"深受病人与社会的欢迎。

北京大学器官移植中心成立,总部设在人民医院。大大推动人民医院器官、组织移植工作,全年共完成骨髓移植125例,肝脏移植40例,肾脏移植40例,角膜移植23例,创历史最高水平。临床移植工作的开展,进一步推动其他各项临床工作,医技科室积极配合临床开展新项目,临床检验工作增设胆碱酯酶(CHE)前白蛋白(PACB),超敏CRP,对肝肾功能及心功能的评价及G-杆菌产AMPC酶的检测等9项新项目。核医学科新开展了肺灌注显像,肺通气显像,双下肢静脉显像,甲状旁腺和肾上腺髓质显像等新项目,超声影像科的彩色多普勒超声检查,包括全身(颈部、乳腺、睾丸等)浅表器官、四肢和颈部血管、腹部脏器和血管疾患、肿瘤实质及周围血流检查,泌尿系血流和泌尿系梗阻检查,疾病的诊断和鉴别诊断。放射科协助诊断临床少见病例,包括发现各系统隐匿性恶性肿瘤80余例,发现隔肌肿瘤,特发性肺含铁血黄素沉着,青少年肺癌(19岁),直径1~2cm小肝癌、胃、空肠、回音部恶性淋巴瘤、腹膜后纤维化等。

放射科还协助临床开展介入治疗手术251例。包括:胆道内支架置放术,肝移植术后胆肠吻合口狭窄成形术,肝移植术后血管溶栓术及各种恶性肿瘤的化疗栓塞,化疗泵置入,血管性病变造影等介入性诊治。

病理科完成临床病理标本诊断总计20420件,接受外院疑难病理会诊400例。

药剂科完成西药门诊调剂处方88.43万张,中心药房调剂处方12万张,中药门诊调剂处方中成药55.80万张,汤剂2.92万张、16.95万剂,协助临床开展血药浓度监测如环孢霉素A、地高辛、甲氨蝶呤等标本4370份,药品不良反应监测(ADR)收集并上报ADR报告表133份,并按照国家法规实行药品集中招标采购,让利于病人。组织全院人员学习新修订的《中华人民共和国药品管理法》,提高临床整体用药水平,保障患者用药安全有效。

医院积极承担各项社会工作。参加全国政协会议、全国基础教育会议、工程院院士大会、世界大学生运动会、各民主党派会议等保健工作23次,派出医护人员56人,服务对象2872人;参加中央电视台"健康之路"栏目现场直播13次,参加中央电视台周日栏目,中央电视台"健康生活"、"午间一小时"和北京电视台等健康宣传活动。参加市、区卫生系统组织的各种社会健康教育宣传,坚持"卫生下乡、科技扶贫"活动,受到社会广泛欢迎。

(王吉善)

【教学工作】 包括本专科教育、毕业后教育与继续医学教育、研究生教学、进修医教学四个部分。

(1)本专科教育 2001年,人民医院完成临床医学七年制二级学科培养、临床医学七年制、临床医学五年制、护理专业本科、护理专业高职、医学检验专业、药学专业及夜大学临床医学专业8个轨道14个班447名同学临床阶段的教学任务。全年完成临床授课385学时,其中副高职以上教师授课时数占91%,具有硕、博以上学历的教师占授课教师的54.3%。

2001年,人民医院首次接受临床医学七年制学生的临床课学习。为此,医院分别召开了七年制教学研讨会、专家委员会、各教研室会议,对七年制临床教学模式进行了广泛的研讨和论证。在总结以往教学经验的基础上,对临床三个阶段的课程进行融合,使各个阶段教学内容相互渗透,形成知识的纵向联合体系。

2001年,人民医院在确保教学质量的前提下,稳步推进教学改革,开展了课堂教学模式的改革:内科的"哮喘"课的授课尝试聘请多名病人和多名大夫进行分段讲授,共同完成授课;外科"门静脉高压"课继续推行思辨式的授课方法;眼科开展了基于网络的讨论式授课;内科外科就溃疡、甲状腺、胰腺疾病等,内科儿科就肺炎、哮喘、白血病、结核等课程开展了横向联合授课;在临床医学英语课程安排上采取了由医学部英语教师与医院临床医师共同授课的方式。

2001年人民医院开设了临床选修课程，包括新技术、新进展、临床诊断学、医学信息、社科综合五个模块，贯穿于临床教学各阶段。全年组织完成选修课授课182学时，副高职以上教师达99%，硕博以上学历的教师占70%。

2001年人民医院运用现代化教学手段，积极推进考试方法的改革，系统外科、外科生产实习出科考试、医学影像学考试、实验诊断学考试均采用多媒体考试形式。

完善教学评估条例，分为学生版和专家版两个版本，学生版侧重教学方法评估，专家版侧重教学内容评估，在此基础上开发建立了"临床医学教学效果和质量评估监测系统"，对不同学制、不同课程和不同教学内容，包括授课、见习、实习、生产实习等进行全员、实时、全程的教学质量评估，使得教学评估更加全面、客观、具有时效性，使教学运行状态始终处于动态的严密监督之下。该系统运行一年，积累数据超过10万，提供给教研室并试行末位课程淘汰或招标，该系统具备用人单位、教师、学生共同参与教学质量内部评估和认证机制。对于2002年即将进行的人事和分配制度的改革，将提供相对客观、量化的教学数据，用于建立有利于加强提高本科教学质量的制度。

在医院网络的框架下，搭建医学教育平台，形成了本科生教育、毕业后教育、继续教育以及教学管理、学生管理的网络体系，初步完成了全套教学评估系统及网络考场的软件设计，为医学教育和教学管理的科学化提供了坚实的保障。

2001年，医院加大对教学的投入，全年投入58万元，用于配置备相应的教学设备及教学开支。

2001年完成北医卫校97级40名学生的毕业实习和98级43名学生的临床课程、教学实习、毕业实习和毕业统考工作。

(2)毕业后教育及继续医学教育　继续加强住院医师规范化培训，取得显著效果。2001年，人民医院81名住院医师全部通过了转正及执业医师资格考试。14名住院医师参加转博考试，11名通过，通过率为78.6%。对住院医师的培训，在抓好医德医风教育的同时，将重点放在第一阶段的基本理论和基本技能培训上，力争使更多的优秀住院医师顺利通过转博考试，步入"四轨合一"的轨道。

2001年，通过一系列继续教育活动，活跃了医院的学习气氛，促进了个人的学习，举办医师系列讲座30次，参加学习2185人次，护师系列讲座27次，参加学习2199人次，技师系列讲座3次，参加学习200人次，管理系列讲座11次，270人次参加了学习。并举办了4次以问题为中心的多学科专家讲授研讨会，聘请院外专家讲座19次，外国专家讲座8次，举办专题短训班4个。此外，2001年还举办了计算机初级学习班3期，每期36学时，共约200余人参加了学习。进一步完善了各级各类人员的继续教育活动的组织管理、学分登记等制度。

按照医学部规定的副主任医师晋升前下基层锻炼的要求，2001年人民医院共派出9批48名高、中级医师分赴河北省沙河市医院和北戴河区医院、山东省即墨市人民医院锻炼，为当地医院培养了大批技术骨干，增加了医疗收入，造福于当地百姓，同时也锻炼了人民医院的医师。

(3)研究生教育　2001年人民医院共招收统招研究生91人，其中博士生46人(科研型18人，临床型28人)，硕士生45人(科研型12人，临床型33人)，是历年招生规模最大的一年。接收在职申请学位人员80人，其中在职申请硕士学位人员70人，在职申请博士学位人员10人。2001年毕业研究生61人(博士36人，硕士25人)，在职申请学位17人。

2001年实施临床医学专业学位的第一批研究生毕业，人民医院试行临床医学专业学位硕士研究生的集体答辩形式，聘请了外院知名的专家及医院的内、外科学组的成员共同组成答辩委员会。这种形式得到了研究生院及同行们的认可。

精心组织和举办了改革开放22年研究生工作回顾展，着重介绍医院有实力的专家教授及学科特色，使全院的医务人员及来院就诊的病人了解了人民医院研究生的培养规模和历史，也了解了人民医院科研和导师队伍现况。

组织毕业研究生优秀论文报告会，吕厚山教授的博士研究生孙铁铮的论文获北京大学优秀博士论文奖，并被选送参加全国优秀博士论文评选。

(4)进修医师继续教育　2001年人民医院共招收各类进修人员758人，其中(一年期)长期班253人，(半年期)长期班298人，零散进修75人，学科骨干20人，CMB研修生4人，代培(阜外医院)、实习(卫校、夜大等)61人，全科医师53人。在进修人员中高级职称占11.8%，中级职称占55.2%。

2001年人民医院组织国家级继续教育项目16个，培训人员1869人；卫生部专项继续教育备案项目37个，参加人员521人；各类短期进修学习班10个，学习人数732人；为各省市培养跨世纪学科骨干19名，4名为CMB学员。

(王杉、戴清)

【科研工作】　科研基金。2001年人民医院有28个学科获得了来自不同渠道的基金资助，获得科研基金项目60项，经费共计1994.795万元，经费总额是人民医院有史以来的最高水平。

表 5-54　人民医院 2001 年各类科研基金申报及获准情况表

序号	项目名称	获准数	金额(万)
国家级攻关计划	国家"十五"攻关项目	1项	80
	国家"973"基础研究前期项目	1项	100
	国家"863"计划项目	3项	186
	国家自然科学基金	9项	135.5
卫生部科研基金	卫生部临床学科重点项目	2项	235
	卫生部保健科研基金	1项	10
教育部科研基金	教育部博士点基金	4项	22.6
	教育部回国人员启动基金	5项	21
	教育部科学研究基金	1项	50
	教学科研经费	2项	155
北京市科研基金	北京市科委科技项目	3项	202
	首都医学发展基金	1项	80
北京大学"985"项目	北京大学医学部"985"学科建设项目	10项	285
	北京大学基因中心科研基金	6项	55
	北京大学肿瘤中心科研基金	2项	20
	北京大学"985"跨学科项目	2项	30
	北京大学器官移植中心	1项	300
公司及药厂科研基金		6项	27.695

表 5-55　人民医院 2001 年获奖情况

获奖科室	负责人	项目名称
心内科	郭继鸿等	腺苷和三磷酸腺苷的临床电生理学研究
骨肿瘤	郭卫等	原发性恶性肿瘤的细胞及分子生物学研究
眼科	黎晓新等	糖尿病患者的防盲系列研究

(1) 科研成果　冯传汉教授获2001年何梁何利科技进步奖。3项科研成果获北京市科学技术进步三等奖。此外何申戍教授研制的高能超声体外热疗机的技术成功转让,医院获得转让资金2000万元。

(2) 其他科研管理　人民医院是国家医药管理局直接授权的临床药理基地,2001年成立伦理委员会,全年召开伦理委员会会议3次,承担新药临床实验26项。其中牵头9项、参加17项；编辑出版了《2001人民医院论文汇编》。

2001 年人民医院投出论文553篇,发表451篇,其中核心期刊316篇,非核心期刊135篇。出版专著7本。文章投出数少于2000年(604篇),文章发表数比 2000 年(374篇)增加77篇,增加20.6%。2000 年全国 SCI 论文数前 20 个医疗机构排名中人民医院位居第11位。

参加2001年北京大学第九批博士研究生指导教师的遴选工作,人民医院有12名硕士生导师参加申报,其中10名被批准具备博士生导师资格,此外有1名经北京大学确认具备博士生导师资格,其中神外、胸外、麻醉、临床检验、肾内、风湿免疫、传染病等7个专业是新设博士生导师的专业,有利于人民医院学科的发展和学科梯队的建设。

在北京大学医学部的 10 个高等学校临床重点学科中,有5个为人民医院牵头组织,反映出人民医院学科的发展和壮大趋势。

人民医院充分发挥中心实验室的技术优势和专业人员集中的特点,加强中心实验室与临床各学科间的融合。2001年中心实验室承担的科研项目有20项。全年开设"人类疾病的分子基础"和"高级生化和分子生物学实验"两门研究生课程,共接受学生260人次。中心实验室正在逐渐形成人民医院的科研、技术及研究生培养的基地。

2001 年人民医院召开首届学术交流会,30个学科、57篇论文参加了学术交流。评出优秀论文一等奖2篇、二等奖4篇、三等奖6篇。

2001 年图书馆共接待读者36086人次,其中高级职称2665人次；中级职称3363人次；初级职称1945人次；研究生7642人次；学生6209人次；进修人员14253人次。为读者开放检索工作站,极大地方便了读者。

(姜保国、戴清)

【党员代表大会】　2001 年 5 月25日下午,中共北京大学人民医院党员代表大会召开,选举产生中共北京大学人民医院第八届委员会和新一届纪律检查委员会。

本届党代会共选出代表127人,代表全院595名党员。代表中男性59人,占代表总数的46%,女性68人,占54%,少数民族4人,占3%,大学(含大学)以上学历83人,占65%,高级职称57人,占45%,代表平均年龄50岁。大会还特邀民主党派代表、科室主任代表、离退休代表参加会议。

党代会由秘书长李月东主持,魏丽惠书记作了第七届党委工作总结,纪委书记孙宁玲做了本届纪律检查委员会工作报告,党院办公室主任戴谷音作了党费收缴使用情况报告。大会实到代表118名,经无记名差额选举,选出李月东、吕厚山、姜保国、王杉、孙宁玲、王吉善、黄迅、魏丽惠、戴谷音组成第八届委员会，选出王晓峰、孙宁玲、朱继业、李凡、宋基亮组成新一届纪律检查委员会。

当天下午，召开了新当选的党委会和纪委会，选出李月东为党委书记，戴谷音为党委副书记；选出孙宁玲为纪委书记。选举结果得到了北大党委的批准。

（戴谷音）

【国际交流】 2001年人民医院共接待了55批、来自12个国家和地区的245人次来院参观访问。组织医院医务工作者与海外专家开展学术交流，进行学术讨论，让大家了解海外的医学水平。全年共组织学术活动38次，参加学术活动的人数达3000多人次。

2月3日至3月1日，美国马里兰大学医学院副院长Warnick教授和魏启明副教授在北京访问期间，双方就如何加强人才培养、学生进修学习等事宜进行了广泛协商，并达成初步协议。

3月6日，人民医院与美国Neberaska大学医院中心签订了合作协议。

5月，与意大利The Asl$_4$ San Giovanni Bosco Nord Hospital关于加强人才培养和学术交流等事宜签订了意向书。

7月1~4日，人民医院在北京举办了国际内镜外科手术研讨会，参加会议人数达500多人。其中有24人来自德国、日本、韩国、印度、挪威等国。还与德国等有关部门签订了合作协议。

10月9~12日，人民医院心内科在北京成功地举办了第十二届长城国际心脏病学会议，参加此次大会的代表共850多人，其中包括来自英国、法国、瑞典、日本等十几个国家的专家代表。

2001年人民医院聘请澳大利亚悉尼大学孙君泓博士为消化内科的客座教授；美国马里兰大学魏启明副教授和美国The Cleveiand State University王擎教授为心内科客座教授。

2001年人民医院共派出专家、教授和医务工作人员62人次参加各类国际会议。50多位专家教授出国访问，进行学术交流。

人民医院重视加强两岸交流工作，认真、细致地做好每一次台胞的来访接待。2001年接待了由许信良带领的台湾财团法人新兴民族文教基金会人员、长庚医院院长翁文能带领的长庚医院管理人员、台北医师公会人员、台湾医务管理学会人员等，共58人。2001年圆满完成留学人员14人的接待工作。

（王杉、戴清）

【纪念钟惠澜教授诞辰100周年活动】 9月8日，人民医院举行了隆重的纪念大会，纪念人民医院老院长、我国著名医学家钟惠澜教授诞辰100周年。钟惠澜教授生于1901年6月，是中国科学院生物学部委员，一级教授，1942年至1957年在人民医院工作，1945年起任人民医院院长。

全国政协副主席孙孚凌，卫生部副部长王陇德，北京大学党委书记王德炳，北京市政协副主席、北京大学血液病研究所所长陆道培院士，中华医学会韩晓明副秘书长、医学部副主任魏丽惠出席了纪念大会。钟老生前同事、朋友、学生、家人及人民医院职工270余人参加了大会。吴阶平、何鲁丽、邹家华、孙孚凌、白介夫、王德炳等领导为活动题词。

钟老的子女向人民医院捐赠了钟老的部分遗物（书、显微镜等），吕厚山院长代表医院向钟老亲属赠送了感谢状。会上，进行了钟惠澜教授的铜像揭幕仪式。目前，钟惠澜教授的铜像与伍连德博士的铜像共同摆放在人民医院多功能厅外，作为青年的楷模。

收有领导人题词、百余张钟老珍贵照片及45篇来自全国各地和海外人士纪念文章的《钟惠澜先生百年诞辰》纪念册以及收有钟老一生发表的370篇论文目录的《一世耕耘，载誉杏林——钟惠澜博士论文目录集》，以展现在大家面前，获得好评。

人民医院与北京电视台、影都文化中心合作，精心拍摄、制作了声情并茂的介绍钟老一生的录像片并刻制成光盘。拍摄过程中从取材、文字效果、图像处理及背景音乐等方面都仔细推敲，反复修改，力求达到完美的效果。曾与钟老共事过的医学前辈赞不绝口；许多青年医师看完后都被钟老的事迹所感动，表示要学习钟老献身医学的精神；卫生部领导也指示，可以将此片作为医学生素质教育的教材。

为更好地继承和发扬老一辈爱国敬业、崇尚科学、献身医学事业的优良传统，加速对青年职工在医疗、教学、科研和医院管理等方面的人才培养，弘扬"爱心、奉献、求精、创新"的精神，8月16日人民医院院长书记会议讨论决定，成立"北京大学人民医院伍连德、钟惠澜院内基金"，第一期拨款100万元。

（戴谷音、戴清）

第三临床医学院

【概况】 第三临床医学院（北京大学第三医院，简称北医三院）是一所集医、教、研为一体的现代化医院，设有33个临床科室，11个医技科室，4个重症监护病房，5个研究所，5个研究中心，9个研究室，1个中心实验室，实际开放床位数1050张，现有职工1835人。卫生部核事故医学应急中心设在北医三院。

2月15日，《中国微创外科杂

志》在医院创刊并出版发行。2月21日,医院与荷兰阿姆斯特丹大学联合成立中一荷康复医学中心。4月16日,作为医院与北京冶金医院的合作项目,北京大学第三医院肿瘤治疗中心成立。4月26日,医院神经内科高干病房被共青团中央、卫生部授予"全国青年文明号"。在新世纪的第一个教师节,医院首次评出"北京大学第三医院教学突出贡献奖"。北京大学移植中心在医院挂牌,医院普通外科在2000年完年检1例肝脏移植的基础上,2001年又成功完成了成人同种异体肝移植22例。泌尿外科完成肾移植118例,其中胰肾联合移植2例。10月,医院眼科中心楼正式启用,北京大学眼科中心在医院成立。医院眼科、耳鼻喉科、口腔科搬入新楼,三个科室的门诊、病房条件得到了极大改善,信息管理中心、图书馆和病案科也相继搬入新楼,它们的专业用房条件在北京大学附属医院系统中名列前茅。12月20日,北京大学第三医院生殖医学中心搬入新楼并开诊,2001年该中心成功开展"着床前遗传学诊断"技术,妊娠2例,其中1例顺利分娩一名女婴,这是试管婴儿第三代技术在医院的成功应用。

【医疗工作】 2001年,北医三院的医疗工作仍以"提高医疗质量、改善服务水平"为方针,充分利用现有资源,尽最大努力多收治病人;以继续缩短住院病人平均住院日为突破口,认真贯彻执行国家医疗卫生改革政策;经过全院职工的共同努力,全年共收治住院病人22406人次,出院病人22356人次;全年共进行手术10804例;全年门诊病人1282603人次,其中教授门诊468934人次,占总门诊量的36.6%,平均日门诊量5029.8人次;全年急诊病人140440人次,平均日急诊量384.8人次;出院病人平均住院日13.6天,病床使用率95.8%。与前两年的主要医疗工作指标比较,有了明显的进步(见表5-56)。

表5-56 1999—2001年北医三院主要医疗工作指标情况表

	1999年	2000年	2001年	2000年与1999年比较增长(%)	2001年与2000年比较增长(%)
入院病人数	17330	19549	22406	12.8	14.6
出院病人数	17344	19553	22356	12.7	14.3
手术例数	7614	8163	10804	7.2	32.4
门诊总数(人次)	1074417	1239813	1282603	15.4	3.45
教授门诊总量(人次)	352555	420831	468934	19.4	11.4
占门诊总数(%)	32.8	33.9	36.6	3.5	7.96
日均门诊量(人次)	4271.2	4939.5	5029.8	15.6	1.8
急诊总数(人次)	117627	127853	140440	8.7	9.8
日均急诊量(人次)	322.3	349.3	384.8	8.4	10.2
平均住院日(天)	17.4	15.3	13.6	-12.1	-11.1
病床使用率(%)	95.2	94.5	95.8	-0.7	1.4

北医三院自建院开始,就重视医学理论、医疗技术的改进和创新。近几年来,医院多方筹措资金,加大科研投入,鼓励医务人员开展科技创新活动,在临床实践中积极应用新技术、新疗法。据统计,2001年全院各科室应用新技术、新疗法111项。

心血管内科新开设"冠心病及介入治疗、心脏电生理、高血压病和高血脂症、心力衰竭和瓣膜病"5个特色门诊,由临床经验丰富的副主任医师以上的专家出诊。为了给病人提供更好的服务,有机地结合医疗与科研工作,心内科还认真做好病人的卫生宣教和随访工作。呼吸内科肺栓塞的溶栓治疗进入正常轨道,本年度成功抢救危重病人5例,同时应用睡眠呼吸监测、压力滴定及无创通气和呼吸治疗的新项目。血液内科使用异基因回输加自体外周血干细胞移植、二次移植、CD34+细胞筛选等方法治疗血液恶性肿瘤,同时积极展开这方面的机理研究,为肿瘤免疫治疗打基础。肾内科受治血液透析病人比2000年增加30%,积极配合其他科室抢救大量危重病人,特别是多脏器衰竭病人。

内分泌科首次承担2项4期临床药物观察,基本取得预期结果。为了进一步提高医疗质量,内分泌科努力完善糖尿病宣教的方式。

神经内科率先在国内开设"运动神经元专科门诊";从2001年开

始,神经内科急诊值班全部由本院医生担任,同时对急诊病历书写提出更高要求,最大限度地降低医疗纠纷隐患,以确保急诊质量;开展"三叉神经-颈反射、咀嚼肌运动诱发电位"等新检测项目。消化科继续开展并推广"电子腹腔镜检查",为腹腔疑难病的诊断提供了难以替代的重要手段,还采用了内镜下气囊扩张术及厌氧培养新技术,治疗难治性幽门螺杆菌感染的患者。

老年内科克服医护人员少、任务重、工作难度大的困难,加快病床周转,全年病床周转率为122.2%,平均住院日比2000年缩短了4.3天;102门诊不限号,做到病人随到随挂号,尽可能缩短病人候诊时间。

普通外科在医院有关科室的密切配合下,成功移植成人同种异体肝脏22例,其中1例为进行二次肝脏移植,在北京地区尚属首例;目前,医院普通外科的肝脏移植手术在术后病人生存质量、移植成功率等方面居北京地区领先地位。

骨科脊柱肿瘤全脊椎切除根治手术,颈椎病的前路人工骨植入或椎间融合器植入及内固定手术,颈椎病的微创外科手术,环枢椎的内固定治疗手术,腰椎后凸畸形的矫正手术,腰椎不稳的椎间融合器及内固定手术,颈椎及胸腰椎的创伤的内固定手术,髋、膝关节的全关节置换手术,股骨肿瘤的全股骨置换手术,四肢骨折的内固定手术等,均为目前国内领先、国际先进的高新技术,其中部分手术是医院骨科首创;骨科收治的病人中疑难、重症病例很多,不少病人都是在国内辗转多家大医院或已经进行过手术而未能治愈者。

神经外科在国内率先开展临床的神经干细胞脊髓内移植和脑室—颈静脉CSF分流治疗脑积水;应用改良的后颅窝重建术治疗Chiari I 畸形,显微外科手术行脊髓空洞—蛛网膜下腔分流术的新技术。

2001年成立的心脏外科全年完成心脏手术106例,启动新技术、新疗法10余项,完成急性暴发性肺动脉栓急诊手术2例;用不同术式完成升主动脉病变患者冠脉搭桥手术3例,冠脉搭桥术改由跳动心脏条件下完成,达到国内领先水平;现在医院心脏外科能常规开展急性心肌梗塞急诊冠脉搭桥、跳动心脏冠脉搭桥、全动脉化跳动心脏搭桥、室壁瘤切除加搭桥、主动脉瓣置换加二尖瓣置换加搭桥、肾功能不全病人的搭桥、急诊主动脉瓣置换、升主动脉严重钙化病人的搭桥和急诊肺动脉取栓和主动脉内支架治疗主动脉瘤等高难度手术。

胸外科应用5项新技术、新疗法:肺减容手术(正中开胸、双侧或单侧、微创)、残胃食管或贲门癌胸腹联合残胃食管主动脉弓下吻合手术(脾、胰尾移入胸腔)、残胃食管和贲门癌胸腹联合切口结肠食管主动脉弓下吻合手术,重症肌无力胸腺扩大切除手术和(左全肺切除术后)左主支气管迟发性残端瘘开胸修补手术。

泌尿外科全年完成118例肾移植,同时开展亲属肾移植、胰肾联合移植新手术并与肿瘤治疗中心、超声诊断科合作在国内首先开展前列腺癌放射粒子置入手术,开展输尿管结石的弹道碎石治疗等。

运动医学全年下队治疗约160次;医护人员参加第21届世界大学生运动会和九运会的医疗服务保障工作;开展膝关节置换等新技术、新疗法。

康复医学中心的治疗是深入骨科、运动医学科病房,与临床大夫共同研究病人的康复治疗方案;目前,康复医学中心开展了运动损伤、人工关节置换、骨折及颈椎病、腰椎病人的术后康复,还开展冠心病、脑血管疾病的早期临床康复。

危重医学科为医院各科室开展新技术、新疗法提供了强有力的支持,如:普通外科的肝移植、心脏外科的多种心脏手术,全年收治病人240人次,比2000年增长了87.4%,抢救成功率达到90.4%(2000年抢救成功率为88.1%)。

麻醉科全年完成临床麻醉8546例,比上一年增加约1800例。在积极开展联合麻醉新技术的基础上,开展了双频谱指数、心率变异数、听觉诱发电位指数测定在判别麻醉深度和植物神经系统功能状态等方面的临床应用,开展各种PCA术后镇痛技术的应用,开展"自体血清洗回输技术"。

手术室把手术台安排得尽量合理,多开展手术,协助临床手术科室加快病人周转,为医院平均住院日的下降做出了较大的贡献。

妇产科在实施辅助生育技术方面又有了长足的进步,全年实施963例辅助生育技术,其中IVF-ET手术比2000年增加近一倍,成功率由2000年的28%上升到2001年的35%;成功开展"着床前遗传学诊断"技术,妊娠2例,其中一例顺利分娩一名女婴。

儿科在2001年建立了儿童电子保健册系统,开展了多项新技术、新疗法,如:呼吸道病毒血清IgM抗体的检测、血浆瘦素检测、血清微量胰岛素的检测、数字视频脑电图动态检测脑电变化、婴幼儿智力测定、新生儿行为测定以及早产儿脑瘫的早期干预;开设儿科肥胖门诊、儿科门诊中医捏积治疗,肺表面活性物质(固尔苏)治疗新生儿透明膜病和胎粪吸入综合症。

耳鼻喉科本着"发展耳科为重点、鼻咽喉头颈全面发展"的原则,有计划、有步骤地开展耳科动力系统和用内窥镜进行鼻窦手术。

成形外科在处于调整的过程中,做好科研项目的申请和科技成果的申报,加强对人才的培养和向学会推荐医院优秀人才进入整形外科学会。

口腔科 2001 年开展了正畸治疗呼吸暂停综合症、保留后牙残根残冠的修复治疗、颌颈联合根治术、双侧下颌造釉细胞瘤切除术和下颌重建术等大型手术,采用最先进的有严格质量监控的消毒流程,使口腔科消毒隔离技术达到国内一流水平。

皮肤科开展性病快速筛查、免疫荧光诊断皮肤病及深部真菌培养加药敏等新项目,极大地方便了病人就医,提高诊疗水平。

医院急诊工作特点仍然是病人多、留观病人多,工作量大大超过急诊科实际承受能力,为了进一步提高急诊科的医疗质量,大内科继续派出高年主治医生到急诊科轮转,内科主治医生、副主任医生继续参加急诊内科的夜班工作。

为了适应医疗市场发展需要,职业病科将原有的 3 个专业门诊扩大为 8 个服务项目,即职业病门诊、职业性疑难病症门诊、环境病门诊、化学中毒门诊、变态反应病门诊、职业及环境性肺病门诊、风湿免疫病门诊和职业性健康检查。

中医科全年门诊量为 128936 人次,近十年来,中医科的门诊量居于全院之首。

从 2001 年开始,医院第二门诊部的内科、外科、妇产科、耳科和口腔科全天开放,并设立心内科、骨科、神经内科、消化内科和皮肤科的专家门诊,深受育新花园小区及其周边地区病人的欢迎,门诊量比 2000 年增长了 33.7%。第二门诊部设有 27 张肛肠病床,全年收治病人 233 人次,比 2000 年增加 87.9%,住院手术 225 例,比 2000 年增加 59.6%。第二门诊部还承担育新花园小区及部分周边地区居民的预防保健工作,全年接种各种疫苗 3213 人次,预防接种及时率 100%,对 3 岁以下儿童进行了两次体格检查,对筛选出来的体弱、贫血、佝偻病儿童进行专项管理,系统管理率达到 100%,对围产妇女进行围产保健建册,加强对预防传染病的宣传工作,增强传染病报告的法律意识。

2001 年病案科全科同志共同努力,完成了门诊病历的提供、整理和归档工作;从 2 月份开始门诊病案室使用计算机病人姓名查询系统(PMI),加快了查询的速度和准确度;全年提供科研病历检索 228 人次,146184 份数,是历年最高的,各种病历查询和借阅 11526 份。检验科全年完成医疗检验任务 216 万条件,配合移植中心的肝移植、肾移植的大量供血、检测工作,配合临床药理基地的临床药物观察检测工作以及男性医学的药效观察工作。

放射科克服常规设备与临床需要的矛盾,努力完成医疗任务,尤其是发挥 CT、MRI、血管造影等大型设备的作用,使社会效益和经济效益获得双丰收。

超声诊断科除了完成大量的日常门诊和住院病人的普通超声检查,坚持 24 小时急诊值班外,积极配合移植中心工作,及时床旁观察移植后脏器的血流变化,为移植后的治疗提供可靠的医疗依据。

核医学科引进新设备、开展新技术,如:恶性肿瘤的全身显像及定性、定位、定期和定量,双核素心肌缺血以及缺血部位的代谢情况一次成像,还将核素治疗肿瘤作为科室发展重点。

药剂科 2001 年初顺利完成了五年一次的制剂室验收换证工作,药品流通体制的改革及招标采购进一步完善。2001 年国家频繁对药品价格进行调整,使药库的工作量大大增加,药剂科克服困难,实现一病区送输液到病房及各病区摆药单计算机联网,减轻和方便了护理工作。为方便医生处方和加强处方管理,药剂科重新修订医院药品目录手册以及新的医院处方管理办法。

营养部"以病人为中心",在本年度有长足的进步:(1)变更原有的工作职能。将营养师的工作重点从厨房转移到了病房,在病房加大了对住院病人的营养咨询、营养指导以及对需要饮食治疗病人的管理,使治疗饮食就餐率从 10%~20% 增加至 90%~100%;治疗饮食的种类从单一的糖尿病饮食增加至十余种;各种特殊病人的营养会诊从上年的 50 余例增加至本年的 300 余例。(2)改良了管喂饮食的方法,从原来单一的混合奶增加至现有的混合奶、匀浆膳、高营养鼻饲液,适合了不同的重症病人,使管喂饮食增加至每日近 1 万毫升。(3)在病房和门诊加大了营养宣教的力度。在内分泌病房坚持每月两次对住院病人的糖尿病营养教育,受教育人数达 400 余人次;对门诊病人进行糖尿病营养教育共计 4 次,受教育人数近 200 人次;多次为高干内科病房、高干外科病房、内分泌病房、心内科病房、皮科病房、眼科病房的医护人员进行糖尿病、肾病、痛风病饮食治疗的讲座;门诊营养咨询接待患者咨询近 300 人次。(4)改革原有的饮食制度,营养部在营养食堂更换了原有餐具的基础上,将原来的单一选饭制,改变成了现在的营养配餐选饭制,设计了营养配餐食谱;参与了营养食堂计算机订餐系统的筹备、系统设计以及食谱制定等工作。(5)对营养食堂病人饮食的制作、分发进行监督和指导;对营养食堂的食品卫生进行监督管理,随时检查食品原材料质量,发现问题及时处理。

医务处全体工作人员紧紧围绕医院的工作中心和工作重点,从医疗质量着力,采用新技术、新疗法,充分挖掘医院潜力、合理利用现有医疗资源,缩短平均住院日,扩大教授门诊,最大限度地满足病人的要求,加强医疗集团与跨省市医疗协作网的合作,解决医疗纠纷，做了大量而富有成效的工作。

【护理工作】 护理部在2001年着重对全院整体护理工作进行了两次全面检查，内容包括：病房环境卫生，护理病历书写，整体护理相关资料整理归档，护士长查房情况，护理人员综合素质和综合能力，病人对护理工作的满意度等。2001年护理部重点抓"病人安全就医、方便就医，护士长、护士能力的训练提高"等工作，推选医院第三届"十佳"护士和优秀护士长，并组织她们到四川省都江堰人民医院进行护理工作交流。组织部分护士长到香港理工大学进行学术交流。

2001年护理部配合医院迎接北京市卫生局关于规范化服务达标复验工作，从八个方面入手提高医院的护理质量：病房环境卫生、治疗室环境、抢救物品管理、护理人员仪表仪态、重病人和一级护理情况、急救物品管理、消毒隔离和"主管护士六知道"。共完成660个病房单位的基础护理检查，操作考核护士427人次，达标率99.3%。还加强门诊、急诊的护理工作，门诊小桌每天提前上岗，维护诊室门口的就医秩序；急诊室为了提高护理质量，减少纠纷，将护士分成小组，每组由一名护师以上并有一定管理能力的护士任组长，协调各项工作，2001年急诊科特别加强危重病人护理工作的落实，规范特护记录的书写；护理部对手术室两名护士长、骨科12病房的护士长在本科室范围内，采取"个人推荐、答辩、集体投票和科室核心组与护理部共同决定"的程序进行公开聘任，这一做法不但使该科室的每一个护士都有一次竞争的机会，而且使竞聘者对护士长岗位有一个全面、认真的思考。

护校为了开阔学生的视野与思路，要求教师增补新知识、新内容的讲授，增加见习时间和动手能力的培养，提高学生的整体素质。

【教学工作】 2001年医院本科生的教学任务比2000年更重。2000年在医院的本科生有5个专业、248名学生，而2001年有318名学生，增加了28%。

各级教师承担授课任务所占比例，副高以上职称的教师授课占约80%。在教学质量三级评估中，专家组的评估优良率为70.3%，同行组的评估优良率为96.2%，学生组的评估优良率为100%。妇产科被评为北京大学医学部教学先进集体，妇产科乔杰被评为北京大学优秀教师，医院24名教师被评为北京大学医学部优秀教师。

2001年全年完成各类教学资料制作的情况如下：拍摄录像资料30余盘带，80余小时；录像资料制作成片6部；各科举办各类进修学习班现场转播手术等，10个学习班，总转播时间70小时；彩色照片3659张，彩色反转片546张；翻拍各类X光片、CT片、图表等1186张；冲黑白胶卷53卷，洗黑白照片3362张；洗黑白幻灯片983张；数码照片318张；教办资料室将临床、妇幼各专业各阶段课表、考题及教办日常资料的录入9万余字；协助各科及院级制作多媒体课件11件，其中协助普外科付卫、神经科张俊等制作的课件应用在北医三院第二届教师讲课比赛中分别获特等奖、二等奖；配合课件准备，完成扫描任务，平扫289张，透扫294张；保证本科生大课、实习用多媒体、院内用多媒体187次；多媒体教室日常维护，共16班次，400人次在此上课、培训；开设医学文献检索学习班，组织了共80多名学生参加学习。

从2001年开始执行《各级医师专业技术职称晋升与教学工作挂钩的暂行规定》，设立教学奖励金，对调动各级教师的积极性、提

表5-57 2001年北医三院本科生教学任务完成情况

专业	班级数	学生人数
临床医学(5年)	2	98
临床医学(7年)	2	11
临床医学(7年)	1	40
妇幼卫生	2	38
护理	2	29
医学检验	1	6
临床药理	1	12
护理高职	2	84
合计	13	318

注：5个专业13个班级318人，其中留学生34人。

表5-58 2001年北医三院各类优秀学生奖学金评选情况

奖项	获奖人数	奖项	获奖人数
特等奖	1	北大三好学生标兵奖(兼)	1
联邦医学奖	2	北大三好学生奖(兼)	5
光华奖	1	北大优秀学生干部奖(兼)	1
医药奖	2	北大单项奖(兼)	5
二等奖	6	市三好学生(兼)	1
三等奖	8	优秀毕业生(兼)	2
单项奖	5		

高教学意识和教学水平起到了促进作用。

2001年召开四次全院季度教学主任会,对各阶段的教学工作作了及时的总结和新的安排,坚持在教学改革中逐步提高全院临床教学质量和管理水平。第二季度进行了教学改革课题项目申报工作;第三季度开展了教学突出贡献奖评选、教师授课基本功比赛和教师节专刊宣传工作;第四季度的主要工作是毕业班免试研究生推荐和毕业分配、教学改革中期汇报以及全院教学工作检查。

为适应新时期对医学教育的要求,从2001年起,医院在教学改革中加大了投入,设立教改专用基金,教办将从人力、资金、技术等方面给予全力支持。内科、放射科、检验科、妇产科、儿科、胸外科等6个科室申报了教改课题项目。内容涉及教学内容、教学方法、考试方法改革等方方面面。妇产科、检验科等教改项目已取得部分成果,并将逐步推广。

师资培养工作:设立北京大学第三医院教学突出贡献奖,在科室推荐、教办审核、教学质量管理委员会公正评选的基础上评选出3名候选人,然后征求群众意见,提交院长办公会讨论通过。设立教学突出贡献奖的目的在于弘扬热爱教育事业、无私奉献的精神,为教师们树立学习的典范,为造就新一代的名师打下坚实的基础,同时也激励各位教师特别是在本科教学和教改工作中积极发挥主动性和创造性以取得更优秀的成绩。

举行教师授课基本功比赛,不断提高教师业务和教学水平,以促进教学内容、教学方法的改革,不断提高医院理论课的整体授课质量。

在学生思想教育工作方面,加强爱国主义教育,开展形式多样的思想教育活动,充分发挥学生会和党、团支部的作用,通过开展各项社会活动,调动广大同学的积极性,使同学们心系人民,增强社会责任感。开展学生社会实践活动,与景山街道开展"计卫联手,服务社区"及暑期赴延庆县医院、沈家营乡卫生院社会实践,获得了北京大学及医学部优秀社会实践奖。做好新生入院教育、毕业生离校、毕业班的免试推荐研究生及毕业分配工作。

图书馆2001年采购中文期刊381种,外文期刊230种,购入中文书450册,外文书137册;开展馆际图书互借45人次;从年初开始对建馆至今的馆藏15000余册中文书进行重新粘贴书标;11月份在全院各科的配合下,出色地完成了搬家任务,共搬迁、清点图书3万余册。

【科研工作】 在科研人员与科研管理人员的努力下,2001年成为医院取得科研基金最多的一年,共获经费1048万元。其中获部委级以上基金24项,经费498万元;获北京大学医学部"985"基金11项,经费400万元;横向基金(药物观察研究)150万元。组织申报国家自然科学基金44项,中标10项,获经费182万;组织申报北京市自然基金12项,中标1项,获经费7万;组织申报教育部博士点基金8项,中标4项,获经费22万;组织申报教育部留学回国人员启动基金3项,中标3项,获11万;组织申报国家体育总局临床与基础结合基金2项,中标2项,获金费4万元;组织申报外专局引进人才项目4项,中标4项,获经费3.6万;组织申报首都医学发展科研基金重点学科项目1项,中标1项,获经费80万;组织申报北京大学"985"项目26项,中标11项,获经费400万;组织申报卫生部重点学科项目5项,中标2项,获经费237万;组织申报北京市科委项目1项,中标1项,获经费30万;获中华医学基金专项人才奖励项目1项、1.2万美元;组织申报北大跨学科项目20项,中标2项,获经费35万。

组织申报中国高校科学技术奖自然科学奖2项,1项同意推荐申报国家科学技术奖;组织申报北京市科学技术进步奖6项,获奖3项;获北京大学医学部中华医学基金优秀青年奖励项目2项。

2001年度发表论文376篇、出版专著及译著共7部。

【研究生培养】 目前有在院研究生200人,博士后在站6人,在职人员申请学位70人,共计276人;在岗博士生导师31人、硕士生导师79人;2001年医院在研究生招生、学籍、培养、学位、分配以及思想工作等方面都有了进一步的改善和提高。

研究生培养的重点工作是继续探索临床医学专业学位研究生的培养模式。1998年,医院入选全国临床医学专业学位研究生试点单位;2001年,首批4名硕士研究生毕业。为了保证培养质量,医院在建立内、外科研究生指导组的基础上,建立了各专业研究生指导组、研究生工作查房制度,在内科试行管理研究生的主治医师登记学分的办法;组织召开了新导师研究生工作研讨会;成立了医院医学专业学位工作指导小组及联合办公室;加强了在职申请学位人员管理。

2001年共招收研究生69人,博士后3人,在职人员申请学位44人;共有60人进行研究生答辩,毕业研究生44人,博士后出站3人。认真进行了第九批博士生导师申报工作,增加博士生导师7人。

组织了研究生赴甘肃兰州化工厂职工医院社会实践,并获北京大学研究生暑期社会实践优秀奖。

【医疗保险工作】 2001年北京市正式启动医疗保险体制改革,到11月底,已有25万人选择三院作为定点医院,为了加强医疗保险工作的宣传，公疗办与信息管理中心合作，在医院网站中增设医疗保险网页，将医疗保险体制改革有关文件、患者就医就诊须知公布在网上，供医务人员及患者查阅；与有关单位合作，编制医疗保险宣传材料向全院医务人员及患者发放。经过五年的药品使用的规范化管理，临床医生用药基本上以北京市公费医疗、劳保医疗使用报销目录内的药品为主；换用医疗保险专用处方后，报销更加简单明了。

【医院信息化管理】 随着医疗保险改革的不断深入，医院信息化管理的重要性得到了更多人的认同。2001 年，信息管理中心做了大量信息化工作：(1)为了缓解信息量急剧膨胀带来的巨大压力，信息管理中心于 2001 年初对主服务器进行了过渡性升级，同时升级了财务处的数据库，加快了系统对前台的响应速度，为 2001 年底的正式升级打下了基础。(2)完成了集体宿舍楼与全院信息网络的连接，为职工在宿舍中上网创造了条件。(3)与心血管内科心导管室启用医技科室录入系统，进一步完善了收费体系。(4)在药剂科和护理部的积极支持下，完成了医嘱系统领药流程的改造，解决了静脉高营养药品领用的程序支持问题，为医嘱领药流程更趋合理、减轻临床护士的工作负担提供了保证。(5)在供应科启用了设备器材管理程序，实现了家具和机电设备的计算机管理。(6)与财务处、药剂科、基建处密切配合，及时建立并启用了新建眼科中心楼的收费系统，协助眼科、口腔科和耳鼻喉科病房完成了医嘱系统的迁移，保证了该楼各科室的按时运营。(7)为实施成本核算，协助门诊收费处于 5 月开始执行科室录入，借眼科中心楼启用和眼科独立核算的契机，完成了门诊收费系统的后台核算改造，实现了按科室统计其门诊收入。(8)配合住院处启用了单机版的医保病人住院费用结算程序，达到了北京市医保机构的要求。(9)在基建处的配合下，完成了生殖医学中心的布线工程以及生殖医学中心收费点的接入。(10)信息管理中心的基本建设取得了突破性进展，医院信息管理中心空间紧张的状况得到了根本解决，为医院信息化打下了坚实的基础。在此基础上，完成了包括 UPS 和防雷设备安装在内的中心机房配套工程，并对眼科中心楼内的配线设施进行了改造。(11)在总务处的支持下，对住院处和一病区部分病房的信息点进行了增补，并协助心脏外科和器官移植中心完成了向新病房的迁移，保证了相关科室业务的正常开展。(12)医院主干网络的光缆布线工程完工，完成了医院千兆以太网的连接和调试，为医院的未来应用准备了充裕的信息通道。(13)完成信息管理中心向眼科中心楼的迁移，同时完成了管理信息系统主服务器的平稳升级，不仅缓解了高容量数据给主服务器带来的巨大压力，而且通过组建双机热备系统大大提高了系统的可靠性，为今后两年新应用的上线打下了基础。(14)进一步强化了医院的网上宣传，网页上的内容也日益充实。网上宣传不仅得到了院内各科室的重视，也受到院外群众的欢迎。

【设备改进】 2001 年是医院设备大规模整改的一年，医学工程处根据年初计划，完成新增固定资产 1234 台件，到 2001 年底医院医疗设备固定资产为 2.4 亿元人民币。医工处 7 名维修技术人员，承担 6000 多台件的医疗仪器设备的维护维修任务，工作压力巨大，据不完全统计，全年工程维修达 2280 台次；但工程技术人员发扬合作精神，按照要求，完成对 25 类、1913 台件强检仪器设备，保证了在用设备的计量合法性，为医教研工作的正常开展奠定了基础。为了提高临床医务人员使用监护、除颤仪的水平，医工处工程技术室的工程师组织了多次技术培训，对医护人员进行了使用操作培训，提高了医疗治疗水平；对重点工作进行项目管理，强调系统化，2001 年医院重点学科、重点建设项目发展迅速，为配合医院的工作，在装备管理工作方面，保证完成常规工作，医工处有关管理人员与医院相关处室一起完成了部分机电产品目录的调整，将原机电产品目录中分配不适当的目录和总务处进行了调整，以便为今后的工作奠定基础。配合全院科室大规模搬家调整；不断完善医用材料管理软件系统，开发完成固定资产管理分布式管理软件，即将投入试用阶段。在工程管理项目方面，对全院在用设备在使用中存在的问题又制定了一系列解决方案，主要完成：第一，为配合医院改造和新购 MR/CT，医工处与基建处、总务处和放射科共同制定机房设计改造的规划；第二，高干病房电视系统改造；第三，为配合科室的调整和搬家，不断改进和调整医用呼叫系统，完成了以下大型装备项目：(1)眼科大楼装备项目，此项目包括眼科、耳鼻喉科、口腔科、手术室和麻醉科等五个科室的装备，其中眼科 253 台件设备，口腔科主要包括 23 套综合治疗台，耳鼻喉科有 10 套综合治疗台，手术室麻醉科包括 7 套手术灯、手术床和麻醉监护系统；(2)生殖中心项目，包括泌尿科生殖中心和妇产科生殖中心，在立项后迅速落实有关装备工作，与有关临床科室一起，尽快落实装备项目内容，目前大型主干设备已经到位，其他装备在正常执行当中；(3)急诊装备项目，这一项目是卫生部组织的装备项目，目前部分装备已到，正在执行中。

(金昌晓、齐红)

口腔医学院

【发展概况】 北京大学口腔医学院（北京大学口腔医院）创建于1941年，为国家"211工程"重点学科建设单位，2001年被教育部设立为口腔医学临床重点学科，是我国口腔医学临床、教学和科研的主要基地之一。中华口腔医学会、全国牙病防治指导组、中国牙病防治基金会等全国性口腔医学机构挂靠在该院，中华口腔医学会会长及其下属14个专业委员会中的7个专业委员会的主任委员由口腔医学院教授担任。口腔医学院集医疗、教学、科研、预防四项功能于一体，拥有一批国内著名、国际知名的口腔医学专家及一批年富力强的中青年技术骨干，学术梯队结构合理，技术力量雄厚，医疗综合水平居国内口腔界领先，部分医疗技术已达国际先进水平。目前全院在岗职工723人，正高级职称58人，副高级职称94人。具有研究生学历者133人，其中博士学位81人，硕士学位52人。

【医疗情况】 2001年，北京大学口腔医院年门诊量685443人次，日均门诊量2211人次，年急诊量44996人次，其中危重症抢救6人，抢救成功率88.3%。2001年住院患者1954人，床位使用率83.7%，治愈率96.8%，死亡率0%，椅位使用率72.8%，全年施手术患者1808人，全年确立2001年度新技术、新疗法重点项目15项，普通项目24项，共39项。正颌外科组近年来开展的内置式颌骨牵引成骨技术的临床应用与实验研究，获选为2001年中华医学科技一等奖；肿瘤外科组近三年来对500余例患者采用游离组织瓣修复肿瘤术后的组织缺损，大大提高了患者的生存质量，开展自体血管化颌下腺移植治疗角结膜干燥症，为解除眼干患者的痛苦探索新的治疗途径；口腔正畸科近两年率先在国内采用舌侧正畸矫治技术，治疗10余例特殊职业的错颌畸形患者，解决了此类患者因矫治器暴露于口唇面而无法工作的难题。正畸科配合颌面外科开展的正畸外科、唇腭裂手术前后的正畸治疗以及睡眠呼吸暂停综合征的临床系列研究与治疗，均属国内同行先进水平；口腔颌面种植中心直接引进国外三套最成熟的种植系统：瑞典Branemark种植系统、德国IMZ和德国Frialit-2种植系统，多项临床工作为国内首创，并保持领先水平。该中心每年治疗种植修复病人约400人，五年累积种植成功率为98%；颞下颌关节病及口颌面痛诊治中心在诊治颞下颌关节紊乱病、类风湿性关节炎、创伤性关节炎、感染性关节炎、颞下颌关节强直、颞下颌关节良性及恶性肿瘤和口颌面痛等方面，也取得了令人瞩目的成果。

【教学活动】 2001年口腔医学院招收八年制学硕博连读生55名，口腔修复工艺专业专科班学生17名，在校学生达271名；毕业学生53人，其中学硕连读生15名，五年制本科生38名。完成理论授课794学时，前期实习课623学时，生产实习课45周。口腔医学教学分为三段式：基础医学、临床医学和口腔医学。口腔医学院开设20门口腔医学专业课，并正在引进和探索具有国际先进水平的教学方法，如：固有体位诱导下的牙科体位教学法、以问题为中心的教学法等，并在全国医学院校率先开设了口腔医学导论课。2001年口腔医院启动了全部由该院教授担任主编的15部口腔医学专业长学制课程教材的编写工作。由王嘉德教授主持并联合国内六所口腔医学院校共同进行的"中国高等口腔医学教育课程和教学模式体系改革"获得北京大学教学成果一等奖和北京市高等教育教学成果一等奖，并被推荐为国家教育部一等奖候选者。曹采方教授获得2001年北京大学医学部桃李奖，谢秋菲副教授获得北京大学"宝钢"教育奖。电化教育制作节目70部，共1600分钟；播放节目36场次，1130小时，观众人数2090人次。

2001年口腔医学院在校研究生总数达113人，其中博士研究生53人，博士后5人，硕士生55人。2001年毕业研究生37人，其中13人获博士学位，24人获硕士学位。

【科研工作】 2001年口腔医学院新承担部市级以上科研项目19项，获科研经费609万元，其中国家自然科学基金5项，其他重大科研项目5项（首都医学科研发展基金、卫生部临床学科重点项目、北京市科委医疗卫生科技项目和国家计委高技术应用发展项目等）。发表科研论文233篇，其中国际杂志12篇，被SCI收录4篇。王兴等的"内置式颌骨牵引成骨的临床和实验研究"项目获2001年度中华医学科技奖一等奖，于世凤等的"颌骨骨吸收机理及调控研究"项目获中国高校自然科学奖二等奖，郭传瑸等的"口腔癌患者的临床营养研究"、周彦恒等的"错颌畸形与口颌功能关系的研究"和李巍然等的"唇腭裂术后反合的正畸及其与颅面形态口颌系统功能关系的研究"等项目还分别获北京市科技进步三等奖。

（李铁军）

临床肿瘤学院

【概况】 2001年，北京大学党委、医学部党委与北京市委、卫生局党组进行了协调磋商，再次明确北京大学临床肿瘤学院（北京肿瘤医院）双方共建双管的隶属关系。这一关系的明确对该院（所）事业发展起了重要作用。

2001年初，经北京大学党委审核批准，任命游伟程教授为院（所）长，原院（所）长徐光炜教授担任名誉院（所）长。11月1日，北京大学常务副校长、医学部主任韩启德院士在医院全院干部大会上正式宣布任命决定。12月，北京市卫生局党组正式任命游伟程为院（所）长，顾晋、康永新为副院（所）长，完成了领导班子的调整。

2001年9月15日至22日医院开展了以"发扬优良传统、树立良好医德医风、进行自我教育、增强凝聚力"为主题的25周年院庆活动。

【医疗工作】 2001年，年门诊量85402人次，年急诊量1869人次，住院5918人次，出院5821人次，床位使用率106%，治愈好转率37.5%，死亡率5.8%。

2001年，医院积极采取措施缓解肿瘤患者住院难的问题，床位由435张增至505张。具体措施包括：租用玉渊潭医院三楼，将其改建成内五病区，设置病床35张，于9月3日启用，主要接收晚期肺癌、消化肿瘤及妇科肿瘤等病人；将医院二楼临床实验室改为外五病区，设置床位30张，于11月12日接收病人；原外五病区改为外七病区。

2001年医院进一步提高医疗质量的管理水平，减少医疗纠纷的发生。大力改进病历管理，将原出院病案返回病案室时间由7天缩短至3天；抽查医疗制度落实情况，聘请外院专家对本院的住院病历进行终审；聘请北京医院管理协会王凯律师授课，介绍医疗纠纷现况与预防；新建综合的有创检查同意书；全年开展三次应急能力的抽查。8月10至11日举办了"新任临床医技科室主任学习班"，就如何提高医疗质量、科室管理、加强医德医风建设、提高自身素质等方面作了专题报告。

2001年医院继续坚持发展新技术、新业务。在外四病区成功实现首例肝移植手术；在内四病区成功实现首例异基因干细胞移植；成立了以家居服务为主的宁养院，为晚期癌症病人免费提供镇痛治疗和心理辅导、宁养知识咨询；放射治疗科建立PACS/RIS网，提高影像诊断水平。

【科研工作】 2001年医院申报各类课题71项，中标23项，获科研经费1253万元（表5-59）。其中，继三个重点学科（乳癌防治中心、胃癌防治中心、影像介入治疗中心）之后，申请的首都医学发展基金项目"超声诊治研究中心"于10月中标，获资助80万元。2001年，院内科研基金立项18项，资助90万元。

论文管理得到加强，2001年发表论文130余篇。

张志谦教授的"细胞粘附分子与肿瘤细胞恶化及去恶化研究"和"间隙连接、粘着性连接等粘附结构相关分子表达调控在肿瘤恶化与去恶化中的作用"分别获北京市科技进步二等奖及中华医学科技进步三等奖。寿成超教授获国家科技部及总装备部颁发的"为国家'863'计划做出贡献"表彰。全院组织了各类学术活动10余项，并邀请外宾讲学、协助组织学术研讨会。

【教学工作】 2001年，招收39名研究生，19名研究生毕业；组织研究生、进修生课程及考试共计66人次132学时，并完成国家继续教育医学教育项目290学时，共300人次参加；组织安排院内继续教育学术讲座、活动共20次，40余学时，听课800人次；组织临床各科室申报了包括肝癌、胃癌、淋巴瘤、乳腺癌的诊治方面的9个国家级继续教育项目。

【医院管理】 7月成立首届专家

表5-59 2001年临床肿瘤学院中标科研项目情况表

课题来源	项目数	经费（万元）
国家自然科学基金	3	179
科技部"十五"攻关课题	1	88
科技部"863"课题	3	123
教育部留学回国人员启动基金	2	9
北京市自然科学基金	1	7
北京市科委合同项目	2	320
首都医学基金	1	80
北京大学"985"项目	5	130
"985"对"973"匹配	2	40
"985"跨学科中心	1	15
"985"肿瘤中心	1	65
人事部留学回国人员基金	0	0
卫生部留学回国人员基金	1	3
中医局基金	1	4
北京市卫生重点学科	3	190
合计	23	1253

委员会,成员为徐光炜、黄信孚、金懋林、勇威本、刘叙仪教授。同月,首先在放疗科采取面向社会、媒体公开招聘的形式,聘请院外专家现场评审,安排与之工作联系密切的科主任逐一进行面试,最终由院(所)长办公会综合评价确定人选,引进放疗科副主任。在此基础上,还公开招聘了药剂科副主任和护理部副主任。根据实际工作需要,调整放射科、放疗科及外科部分亚科主任、副主任人选,使医院亚科主任以上班子更年轻化,学历层次亦有了较大的提高。在新任的8位亚科主任、科室副主任中,5位具有博士学位。

2001年医院继续深化后勤机构改革,撤销原条件设备处、基建房管处,成立总务处及后勤服务总公司,后勤服务总公司后更名为后勤服务部。实行全部班组长重新竞聘上岗、全体员工应聘上岗,人员工资和运转经费双承包。

2001年,为迎接文明达标复验,利用全院行政朝会、全院干部会、门诊窗口服务单位工作会等各种会议布置落实文明达标工作,并组织了全员培训。护理队伍加强服务规范化,改善服务质量:对新就业及实习护士进行岗前培训;修订《护理技术操作规程及考核标准》,发至护士人手一册;加强了服务台咨询功能;下半年增加流动导医一名,及时解答病人疑问,协调各方面工作;护理部、门诊护士长每周承担三天的值班主任工作,建立值班记录,及时满足病人合理需求;增设了第二抽血窗口,增加了候诊椅,缩短了门诊采血病人的候诊时间;定期向门诊及住院病人发放、回收满意度调查表;整顿院容院貌,装修了行政楼大门,完成院西围墙改建,整顿停车场,修建地下存车处,增加绿地面积,加大公共场所禁烟力度以净化医院环境,加强保安工作以维护良好的院内秩序。

2001年,医院共进行五次医德医风文明达标自查并接受北医系统各医院之间的相互监督,针对问题及时落实整改。在11月13日市卫生局文明达标检查组的复查中以综合得分99分的成绩通过验收。

2001年,院党委开展了建党80周年系列庆祝活动。组织全体党员参加党的知识智力竞赛,并组队参加北大医学部的比赛;组织代表队参加建党80周年知识竞赛;参加北大及医学部评奖及图片事迹展活动;组织党员及入党积极分子排练毛主席诗词《长征》四声部大合唱,参加北大医学部庆祝建党80周年大型文艺演出,荣获优秀组织奖;赠送全体党员《80位共产党员的故事》画册。

【国际交流】 2001年,医院继续开展在胃癌高发区——山东临朐与美国NCI合作十余年的"关于胃癌癌前病变及干预研究"的中美合作项目。

2001年医院共办理公派短期出国、赴港澳台地区21人次,办理签证函1件,安排接待来访参观3次,接待国外学术交流1次,聘请客座教授1人。

(章玉、王伦)

精神卫生研究所

【发展概况】 2001年是精神卫生研究所(北京大学第六医院,简称精研所)建所二十周年。建所之初在编职工75人,经过二十年的发展,至2001年12月底,共有在职职工238人,其中卫生技术人员182人,占职工总数的76%。4月14至15日,举办了庆祝建所二十周年的大型义诊和庆祝活动,卫生部、北京大学、北大医学部和国内兄弟医院的领导前来祝贺。

2001年精研所加大了改革力度,出台了一系列新举措。修订了职工奖金分配方案;调整了中层干部职务津贴;总务处司机公开竞聘上岗;临床科室主任进行了第三次公开竞聘;职能部门进行了机构调整和干部公开竞聘,经过自荐或推荐、公开答辩、广泛征求意见、公示等程序,最后由党委任免。所有职能部门干部的公开竞聘,将中层干部竞聘上岗制度化,为干部人事制度的深化改革奠定了基础。

【医疗工作】 2001年入院病人1197人,出院人数1160人,最高日门诊量达462人次,平均住院日68.9天,病床使用率106.5%,全年门诊量89910人次,日均门诊量359.6人次。

2001年临床科室在继续坚持三级医疗查房、老教授查房、门诊三次确诊、护理查房、疑难病例讨论等一整套规章制度的同时,又陆续开展了不少提高医疗质量的新项目:在门诊开设多专家会诊,专门解决疑难病人的诊治问题,全年共会诊236人次;加强心理咨询与心理治疗门诊;增开周六、日专家门诊和节假日专家特需门诊;增设记忆障碍门诊、护理咨询门诊;增加专家、教授出门诊次数等。在门诊、病区更换和重新制作宣传栏,加强科普知识的宣传;重新更换了门诊各诊室的椅子;改善诊室内环境;启动了医疗系统计算机联网;投资80万元安装了太阳能电加热热水器,保证住院病人24小时有热水供应;对公厕进行了改造,使之更整洁、卫生等。

4月7日是世界卫生日,10月10日为世界精神卫生日。精研所在这两次活动中,在西单、新世纪广场开展了宣传咨询、义诊、发放材料、开放病房、知识讲座等形式多样、丰富多彩的活动。

10月,精研所承办了由卫生部、公安部、民政部、中国残联联合主办的全国第三次精神卫生工作会议,来自全国各地的领导和专家学者300余人参加了会议。

10月10日,举行精研所与北京市大兴区精神病院共建康复基地揭牌仪式,开创了城市精神病人康复治疗的新途径。从10月份开始陆续将适合康复治疗的病人送到大兴基地。

【科研工作】 2001年共有32项课题立项,其中"抑郁症流行病学调查"、"注意缺陷多动障碍病因、发病机理"等6项,为部委级项目;"创伤性事件心身反应与干预研究"、"早发与晚发老年精神分裂症"、"多巴胺系统功能与注意缺陷障碍关系研究"等6项,属北京大学"985"学科建设项目,共获研究经费405万元。精神病学与精神卫生学被教育部正式批准为国家重点学科。

由中国工程院院士沈渔邨教授主编的《精神病学》第四版,年内由人民卫生出版社出版。2001年在国内、外各种杂志期刊上发表论文32篇,其中外文7篇。

【教学工作】 2001年共招收研究生23人;在读研究生55人,其中硕士生30人,博士生25人。完成了北京大学医学部临床医学、预防医学、妇幼卫生、护理等专业393人的精神病学教学任务。共招收进修人员93人,其中医师77人,护士16人。

精研所根据不同业务、不同级别、不同人员层次的特点,对职工制定详细的继续教育计划。2001年底纳入继续教育计划的160人,实际参加155人,占97%,全部完成了规定的学分,使之更新了知识,提高了业务素质。

【国际交流】 2001年主办了《WHO/中国灾害应激及其心理干预讲习班》、《WHO/北京抑郁症流行病学调查讲习班》、《全国精神科医师临床教学骨干高级研修班》等各种讲习班、研讨会9次。举办学术交流报告会6次。

2001年精研所继续与世界精神病协会、美国、日本、澳大利亚、德国、英国等国际组织和国家开展科研协作与学术交流。全年接待外宾32批、352人。公派出国参加学术会议、参观访问、进修学习24人。

(雷柄、窦洪娟)

临床药理研究所

【重大事项】 2001年临床药理研究所承担的科技部"九五"期间国家重点科技攻关计划项目"国家新药(抗感染药物)临床试验研究中心",获得国家科技部、国家计委、国家经贸委表彰,并颁发了荣誉证书和奖状。

2000年11月研究所与北京大学医学部药学系等联合申请的教育部重点学科已得到批准。

【医疗工作】 全年共收治各类感染病人230余人,平均病床周转率约为150%,平均病床使用率71%;同时,病房医生承担抗感染院内外会诊工作,其中院内会诊220次,获得了病人及家属的一致赞誉,协助其他科室的同仁为病人的早日康复作出了自己的贡献。同时,研究所李家泰教授还在百忙之中为新疆的患者进行了远程会诊。工作中全体医护人员认真学习《北京地区三级甲等医院规范化服务标准》及医院医护人员服务规范标准,严于律己,端正作风,坚决抵制各种不正之风。其中,崔宏同志还拒收患者礼金200元,手表一块。病房医护人员热心为患者服务,尽力解决病人的痛苦和困难,未出现差错、事故。

【教学工作】 (1)医学学生教育。2001年,研究所承担了北京大学药学院药理专业的本科生的《临床药理学》及《抗感染药物》两门课程,共计50课时,学生人数23名。承担北京大学医学部3个实习医院的本科生的《临床药理学》课程各24课时(共72课时),学生人数100人。教师们非常努力,认真备课,积极查阅文献,把最新的进展介绍给同学们。使得同学们对临床药理学这门学科有了初步的认识,更好地将临床药理学的方法与临床相结合,提高临床医疗水平。

(2)临床药理培训班。北京大学临床药理研究所是国家药品监督管理局(SDA)在全国的6个培训基地之一,自1983年起一直承担的临床药理学的培训任务。2001年5至6月开办了国家药品临床研究基地负责人提高班一期(医师班学期4周,提高班2周分别获继续教育学分25和20分),基地医师班96人,提高班65人,学员来自全国和临床药理基地。培训班系统地介绍了临床药理学的基本内容,药品临床试验质量管理规范(GCP)的主要内容、实施方法及有关的政策法规、新药临床试验的方法等。

(3)继续教育。根据国家有关开展远程医学教育的精神,为积极支持参与推动远程医学教育事业的发展,研究所受华北制药集团委托,经卫生部批准,有八位医师参与,为好医师网站继续教育频道提供有关"耐药球菌感染与治疗"网上教学的课程和考题。

(4)研究生培养。2001年研究所共毕业1名博士生,4名硕士生;有在读博士后1名、硕士生3名。

【科研工作】 研究所的科研任务来源包括SDA下达的任务、横向联系的研究课题、研究生课题。

(1)临床试验研究:一类新药I期临床试验两项;一类新药II期临床试验共两项;三类新药II期临床试验一项已完成;四类新药II期临床试验已通过审批。基础研究:头孢他啶/酶抑制菌药效学研究;革兰阴性抗菌β-内酰胺类酶分析研究;头孢他啶酶稳定性研究及耐头孢他啶大肠杆菌耐药酶分析;阿莫西林/克拉维酸甲 625mg（500/125mg）合理给药方案（T>MIC）研究;美罗培南药代动力学研究。

（2）正在进行中课题：一类新药Ⅰ期临床试验两项;一类新药Ⅱ期临床试验共两项;进口药Ⅱ期临床试验一项进行中;复方阿洛西林钠药效学研究;中国细菌耐药调查研究;施复捷合理给药方案（T>MIC）非发酵菌的β-内酰胺金属酶的耐药机制研究;

（3）发表文章:2001年研究所在一级期刊上共发表论文20篇，其中国内外英文期刊各发表论文1篇。

【国际交流】 参办和主办的国际会议及接待来访有：

（1）第七届西太平洋化疗及传染病会议（7th WPCCID）2000年12月11~14日在香港召开，李家泰教授作为会议的联合主席，应邀主持大会并做大会报告，该有2名博士参加会议,2篇论文以大字报形式发表。

（2）2000年12月15~17日李家泰教授在北京主办召开了北京国际抗生素研讨会，担任大会主席，并为大会做综述报告，研究所吕媛副研究员等7位研究人员分别宣读了论文，还有9位研究人员以张贴的形式进行学术交流。会议聚集了17个国家的450多位代表，国际化疗学会对这次会议作了报道。

（3）8月，李家泰教授应邀参加美国礼来公司在美国夏威夷召开的第二届礼来中国抗感染专题研讨会，为会议主持人之一。

（4）德国拜耳公司总部、安万特、美国礼来、日本第一制药、克罗地亚等医药专业人员，分别来研究所参观访问。

（5）10月，研究所吕媛副研究员应邀到昆明参加中美临床试验和生物医学研究中受试者保护研究会议并作大会报告。

（临床药理研究所）

中国药物依赖性研究所

【发展概况】 北京大学中国药物依赖性研究所是专门从事有关药物依赖性研究的国家级综合研究机构，在依赖性药物的管理与药物滥用防治等方面向国家有关部门提供技术咨询，为中国的禁毒战略目标和戒毒工作服务。研究所业务上归口国家禁毒委、卫生部和国家药品监督管理局。研究所成立以来，先后完成上级主管部门下达的重要课题，如"麻醉药品的量刑标准"、"二氢埃托啡的精神依赖性潜力"、"国家药物滥用人群监测"等十余项。此外，在药物滥用流行病学调查与药物滥用监测、镇痛药评价方法研究及应用、药物滥用的脑功能显像研究、稽延性戒断量表、药物滥用复吸干预模型的建立、麻醉药品和精神药物的管理、应用研究等方面向国家有关部门递交了百余份技术报告;编著、出版专业和科普用书十余本,发表科技论文及文章300余篇,申报新药研究报告200余份。有3项科研成果分别获国家教委科学技术进步二、三等奖,2项获北京市科技进步奖。北京大学中国药物依赖性研究所下设4个职能科室:神经药理研究室、临床药理研究室、药物流行病学研究室和药物依赖信息研究室,分别承担实验、临床、社会医学研究、信息研究和编辑出版任务。

【成果与进展】 （1）药物滥用流行病学调查与药物滥用监测项目：是在国家药品监督管理局和公安部禁毒局领导下开展的重要科研业务工作。主要是了解、掌握全国药物滥用基本情况,包括药物滥用现患情况、药物滥用地区分布、滥用者的人口学特征、滥用毒品的种类、方式,评估药物滥用危害程度,预测可能的发展趋势,评价禁毒工作与药物滥用防治措施的成效,为禁毒工作和麻醉药品、精神药品的管理科学化服务。受原卫生部药政局、国家药品监督管理局和公安部禁毒局的委托,项目进行了十余项全国流行病学调查研究,并承担全国药物滥用监测中心的职能。

（2）镇痛药评价方法研究及应用：疼痛是一种主观感受,不同患者对疼痛的感受不尽相同。目前尚没有一种仪器能够把患者疼痛的强度客观记录出来。为了能够比较客观而全面地评价镇痛药药效,中国药物依赖性研究所参照国外经常使用的镇痛药评价方法,结合中国实际情况在国内推荐了《镇痛药临床评价方法》,设计了简单易行的量表,补充了卫生部《新药临床试验指导原则》中关于"中枢性镇痛药临床评价标准"的内容。系统化评价方法的应用,使中国评价镇痛药的方法与国际接轨。应用镇痛药临床评价方法,研究所评价了各类镇痛药20多个品种,如：各种品牌的硫酸吗啡控释片、芬太尼透皮贴剂、羟考酮控释片、二氢可待因控释片、羟考酮复方制剂、丁丙诺啡舌下含片、布托啡诺注射剂及鼻喷剂、曲马多缓释片、各种制剂的可待因复方、蝎毒注射液等。评价的新药占中国自实行《新药管理办法》以来批准上市或进口的新型镇痛药总数的80%以上。镇痛药临床评价方法的建立和推广应用对临床医生合理用药具有指导意义。为评价和使用镇痛药提供了量化指标,推动规范化用药,避免药物滥用,减少药物依赖患者的发生。

（3）药物滥用的脑功能显像研究：能引起依赖性的药物多具有特殊的神经精神毒性,在形成药物依赖的同时,也可导致脑功能的改变。90年代以来,随着神经核医学的发展,脑成像技术逐渐被引用到观察成瘾过程中来,它不但可以观察脑血流与代谢的变化,而且可以在活体、清醒状态下,通过使用放射性核素标记的配体作为示踪剂显示脑受体的变化,从而在分子水平上反映脑内的生物化学过程。因此,具有其他研究方法无可比拟的优越性,是国际医学科学领域研究的热点。研究所首次在国内采用单光子发断层扫描(SPECT)技术观察了海洛因和摇头丸滥用者脑内多巴胺转运蛋白(DAT)的显像变化,并观察了电针对摇头丸滥用者局部脑血流量(rCBF)及脑功能活动的影响。DAT显像结果表明,几乎所有病例都见颅板、头皮、窦汇显影,双侧纹状体明显变小、形态异常,DAT分布明显减少。与正常组相比,摇头丸滥用组和海洛因滥用组患者的左侧(L)、右侧(R)以及左右侧之和(R+L)的放射性计数和像素数均有显著性差异。摇头丸组、海洛因组的纹状体体积、重量以及纹状体与全脑总计数比值均小于正常组。脑血流灌注显像结果表明:与对照组相比,摇头丸滥用者的大脑皮质额叶、颞叶、脑岛、基底节均存在局部脑血流不同程度的降低、相应脑区功能亢进的病理表现;电针治疗可以显著增加局部脑血流量,并改善大脑的功能活动。

(4)药物滥用复吸干预模型的建立:复吸是药物成瘾的主要特征之一,也是治疗药物成瘾要解决的主要问题。药物滥用的复吸问题,已成为国内外在药物依赖性研究方面的热点。研究所是国内药物依赖性研究方面的权威单位,在这方面也进行了大量的研究工作。现已初步建立起各种动物复吸干预模型,主要包括:自身给药复吸干预模型、药物辨别复吸干预模型、条件性位置偏爱复吸干预模型,以及稽延性戒断症状的复吸干预模型。这些模型的建立,对于最终解决药物滥用问题具有重要意义。通过这些模型,可以对复吸产生的细胞、分子水平的神经基础进行深入的研究;还可以筛选用于治疗或防止复吸的有效药物。

(郑继旺、蒋志基、郑基望、刘志民、徐国柱)

生育健康研究所

【发展概况】 北京大学生育健康研究所(Institute of Reproductive and Child Health),原名为北京医科大学生育健康研究所,于2000年2月成立,为校直属单位,李竹教授任所长。生育健康研究所同时承担中国妇婴保健中心职责。

1988年,为了加强全国妇女保健服务指导,做好优生、围产保健工作,有利于国际交往,卫生部批复北京医科大学1986年的申请,设立中国妇婴保健中心(National Center for Maternal and Infant Health)。

1991年,在中美两国政府支持下,北京医科大学同美国疾病控制与预防中心签署了《中美预防神经管畸形合作项目谅解备忘录》。两国政府以中国卫生部国家"八五"重点科技攻关项目和美国卫生与人类服务部项目通知书108号文件形式,批准实施"中美预防神经管畸形合作项目"(US-China Collaborative Project on NTDs Prevention)(1991~1998年);北京医科大学中国妇婴保健中心成为其中方承担机构。"中美预防神经管畸形合作项目"在河北、山西、浙江和江苏等4省30个县(市)建成了覆盖2100万人口和近18000名基层干部和卫生科技专业人员参与的用计算机网络管理的医学流行病学研究基地。

1996年卫生部批准建立"卫生部生育健康研究重点实验室",聘任李竹教授为实验室主任,严仁英教授为学术委员会主任,1997年成为国际出生缺陷情报交换所(International Clearinghouse for Birth Defects Monitoring System, ICBDMS)的成员。

1998年,"中美预防神经管畸形合作项目"进一步发展为"中美预防出生缺陷和残疾合作项目"(US-China Collaborative Project on Birth Defect and Disabilities Prevention)。

1999年,"中美预防神经管畸形合作项目"研究成果在《新英格兰医学杂志》上发表,美国疾病控制与预防中心将论文提名为最佳论文并给予奖励。美国卫生与人类服务部部长萨拉拉博士向这个项目颁了奖。美国政府为此拨款,以加强预防出生缺陷和残疾工作。

2001年在读博士生4名,硕士生6名。迄今已培养博士9名,其中1名未答辩、未授予学位;硕士8名,其中1名未答辩、未授予学位。博士后出站1名。

【科学研究】 自"中美预防神经管畸形合作项目"开展以来,重视开拓研究课题,注重提高项目研究人员分析利用生育监测资料、撰写论文和进行学术报告的技能,以达到充分利用生育健康监测资料所能提供信息的目的,并进一步探索疾病检测资料的统计分析模式。

"生育健康监测系统电子化的研究"作为国家"九五"重点科技攻关项目"出生人口健康信息系统的建立和应用"的子课题,于1999年取得研制成果,即生育健康电子监测系统投入运行成功。生育健康电子监测系统将围产保健、出生缺陷和儿童保健三个监测连接起来,是在人群围产保健和出生缺陷监测的基础上,进行了预防神经管畸形的研究工作,极大地推动和完善了这两项监测工作,监测内容扩大到儿童保健监测,监测工具由传统的纸张表册过渡到电子表格。该系统的建立更新了生育健康领域中信息管理的概念和方法,可以提高妇幼卫生工作的决策水平和生育健康服务的科学性,提高了信息利用的及时性、准确性和可操作性,实现了高新技术与适宜技术的统一。

国家"九五"攻关项目"脑瘫流行病学及病因学研究"课题已结题。

国家重点基础研究发展规划"973"项目课题"建立具有中国特色的出生缺陷生物信息库"于2001年启动,时限至2004年。出生缺陷是导致新生儿死亡的重要原因,中国是出生缺陷高发国家,每年大约有100万各种缺陷儿童出生,严重影响国家的人口素质,也给患者本人、家庭和社会带来了沉重的负担。目前认为,大多数出生缺陷都有遗传因素在起作用。因此,研究遗传因素在各种出生缺陷发病中的作用,对于出生缺陷的防治具有重要意义。该项研究的主要任务是收集各种出生缺陷儿童核心家庭(指由儿童及其亲生父母组成的家庭)的口腔粘膜脱落细胞标本和静脉血标本,经适当处理后长期保存,以便将来进一步研究遗传基因与各种出生缺陷之间的关系,为最终控制和预防出生缺陷服务。

【推广研究】 2001年5月,所长李竹教授受到"九五"国家重点科技攻关计划先进个人表彰,"妇女增补叶酸预防神经管畸形的推广研究"获得"九五"国家重点科技攻关计划优秀科技成果奖。

"妇女增补叶酸预防神经管畸形"的推广项目,一直与"中美预防神经管畸形合作项目"这一世界上最大规模的、增补叶酸预防神经管畸形效果的评价研究相结合。"中美预防神经管畸形合作项目"研究结果表明,近30万被追踪观察的妇女,她们从结婚(或准备计划怀孕时)起,每天服用0.4毫克叶酸片,至孕满3个月为止,在神经管畸形的北方高发区和南方低发区都能够有效地降低神经管畸形的发生危险,其中北方服药率80%以上的妇女,预防率达到85%。从我国总结出的在南北方、农村和城市进行推广的模式与方法经验看,这项研究成果可能成为我国和世界上其他国家制定或修订公共卫生政策的参考依据,并将为在我国降低出生缺陷、提高人口素质作出重要贡献。

1997年,卫生部批准0.4毫克叶酸片为预防胎儿神经管畸形的第5类新药,批准文号(97)卫药准字X-74号,并批准北京医科大学实验药厂生产的五类新药叶酸片商品名为"斯利安"。这是我国批准的第一种预防用药。中国妇婴保健中心与北京医科大学实验药厂是采取科研、生产、经营为一体的合作发展战略,后者于2001年12月改制为北京北大药业有限公司。同月国家计生委批准"斯利安"进入"计划生育/生殖健康优质服务三大工程"。

在我国,口服小剂量叶酸增补剂是预防人类严重出生缺陷疾病神经管畸形的简单、经济、方便、有效的措施,其成本效果分析比食盐加碘预防碘缺乏病的价值要好。与苯丙酮尿症和先天性甲状腺功能低下症的人群防治的成本—效果比较,效果也更显著。

目前,已建立了小剂量叶酸生产基地,在全国已建立覆盖28省1400县区的推广网络,开展了大规模的卫生科普宣传。在推广示范地区,神经管畸形发生率已降低了50%以上。

8月,卫生部生殖健康专家组在北京成立,李竹教授被聘为专家组成员。

9月,英国的《柳叶刀》杂志(*The Lancet*,2001,358:796~800)发表了 Jacquline Gindler 和李竹教授等撰写的"妊娠前后增补叶酸与流产危险性的研究"一文,这是"中美预防神经管畸形合作研究项目"在国际权威医学杂志上发表的第二篇重要论文。

【成果推广】 2001年2月,《健康报》"爱心列车"和全国妇联宣传部与中国妇婴保健中心开展的"关爱母婴健康——斯利安告别畸形儿援助工程"形成了联合行动,到达新疆和其他中西部省份。此行"列车"车长、健康教育与成果推广研究部主任陈新应邀到新疆人民广播电台名牌栏目"温馨家园"做了关于"斯利安"预防神经管畸形的直播节目,并代表"爱心列车"向贫困地区托克逊县赠送了"斯利安"和家教用品。

5月,"妇女增补叶酸预防神经管畸形的推广研究"作为科技部、财政部、国家计委和国家经贸部的优秀科技成果奖项,由卫生部指定参加了北京国际科技博览会"九五"优秀科技攻关计划成就展。

7月,"斯利安"再次参展"世界人口日"首届中国计划生育/生殖健康新技术、新产品博览会。

9月,中华医学会广西分会举办全区围产保健培训班,陈新应邀讲授"妇幼保健工作中的健康教育和健康促进";卫生部王陇德副部长接见"爱心列车"代表,并代表《健康报》颁发纪念牌。

11月,同江苏省常熟市举办生育健康电子检测推广应用研究成果鉴定会,卫生部科教司刘晓波处长出席会议。

【学术交流】 2001年1月,美国疾病控制中心高级管理官员代表团来访,代表成员有美国国家艾滋病、性病和结核病预防中心管理和行动计划部副主任卡明·博兹(Carmine J. Bozzi)先生、美国疾病控制中心全球健康办事处代理主任罗斯·科克斯(Ross Cox)先生、议员助理、美国卫生与人类服务部卡罗尔·墨菲(Carol Murphy)女士、美国财政立法专家坦福·莫伟立(Teff Movelli)先生。

5月,美国盐湖城举办了

WHO 专家关于唇腭裂研究的讨论会,李竹教授应邀出席会议,介绍了叶酸对唇腭裂畸形的预防效果。中国每年大约 100 万的出生缺陷儿中,因唇腭裂致残者占第三位,每年 5 万例,形势比较严峻。国际未来十年的出生缺陷和预防工作中,也将研究唇腭裂的预防方法和早期产前诊断方法作为一个重点研究方向。

6 月,"中国、亚洲和地中海传统饮食模式研讨会"在北京举行,会上李竹教授介绍了妇女增补叶酸预防出生缺陷的有关经验。同月,李竹教授出席相继在加拿大安大略省多伦多市举行的第十四届国际儿科学与围产医学流行病学年会和 2001 年流行病学大会,并报告项目研究成果。7 月,中美预防出生缺陷和残疾项目举办最新研究进展研讨会,李竹教授和美国疾病控制中心代表高杰琳博士分别介绍了中美预防出生缺陷和残疾合作项目研究的成果与最新进展。

8 月,为启动发展中国家的出生缺陷和残疾的预防工作,南非共和国卫生部组织在约翰内斯堡市组织召开了第一届发展中国家出生缺陷和残疾国际会议,李竹教授在会上作了"中国出生缺陷人群监测系统的建立和应用"与"中美预防出生缺陷和残疾合作项目"两个报告,引起发展中国家的高度重视。与会专家指出,在婴儿死亡率降低到 40‰ 以下以后,出生缺陷就开始成为主要的健康问题。目前,已经有 75 个发展中国家的婴儿死亡率下降到 50‰ 以下。因此,研究、预防和控制出生缺陷应该列入发展中国家卫生政策的日程上来。

9 月,第 28 届国际出生缺陷监测情报交换所年会(International Clearinghouse for Birth Defects Monitoring Systems, ICBDMS)在荷兰举行,李竹教授等介绍了中国的妇女增补叶酸对儿童生长发育及健康影响的随访研究情况,并就其他有关问题同各国专家进行了交流和探讨。中国妇婴保健中心于 1997 年加入 ICBDMS,目前已建立了世界上最大的、有 2 万张出生缺陷彩色照片的数据库,并采用光盘编辑存储管理,保存了 15 万张育龄妇女血液标本纸片和 1000 多份神经管畸形病例组织标本。

10 月,中国妇婴保健中心在北京举办了第一届全国生育健康学术研讨会。同月,中美预防出生缺陷和残疾合作项目 2001 年工作会议在云南省昆明市召开,李竹教授和美国疾病控制中心专家高杰琳博士作了报告;李竹教授和王红博士应邀出席在云南昆明举行的中华医学会医学伦理学分会第 11 届年会暨中美临床试验和生物医学研究中受试者保护研讨会。12 月,任爱国教授参加北京大学在医学部举办的"北大论坛——基因组时代的医学"大型学术交流活动。

(陈新、刘坤)

医学部外语教学部

【发展概况】 医学部外语教学部的前身是原北京医科大学英语教研室、二外(日语、德语)教研室,1991 年合并为外语教学部,2000 年 5 月原北京医科大学与原北京大学合并后更名为北京大学医学部外语教学部,该部是教学单位,主要承担医学部本、专科生的大学英语,硕士、博士研究生英语,本、专科生及硕士博士研究生的日语、德语的教学任务,同时担任校本部及临床附属医院的成人英语培训工作(每年的培训人数在 500 人左右)以及海外留学生的汉语培训任务(每年的培训人数在 100 人左右),开设的课程包括大学英语必选课及包括六级辅导、高级口语、英美文学欣赏、日语(初级)、德语(初级)、日语(高级)、德语(高级)等在内的多门选修课。

2001 年在编教职员工 34 人,其中教师 27 人,教学辅助人员 7 人。教师中有教授 2 人,副教授 10 人,讲师 12 人,助教 3 人。目前在职攻读硕士学位的有 3 人。

【学科建设】 2001 年,经过多方调研,收集大量的相关资料及有关专家的论证,讨论并通过了医学生物英语专业的招生计划,该专业为 5 年制,授予学士学位,并于 2002 年秋季开始招生(计划招生人数是 40 人)。专业英语教学取得了更大进展,利用网络系统及多媒体教学手段,以外语部教师与临床教师相结合的专业英语授课模式,得到了人民医院及北医三院师生们的一致欢迎和好评。自 1999 年对本科生采用多媒体教学与教师讲授相结合的教改模式以来,这一模式在教学过程中不断完善发展,在 2001 年广泛使用,其效果很好。

【科研活动】 远程教育逐步成为教育领域里不可缺少的一部分,北京大学医学部网络教育学院是国家教育部首次批准开办的医学网络教育学院,外语部承担了网络学院的全部外语教学工作,2001 年首次招生约一千人,其中英语教学分为专升本、护理三年制、护理两年制及护理业余四年制四个轨道。2000 年启动的大学英语无纸化题库项目进展顺利,已完成对编题、审题人员的培训,题库工作进一步细化、量化,四、六级测试分题库试题筛选工作已完成一半。发表论文 12 篇,出版教材 2 部。网上医学教育项目日渐成熟,内容更加丰富多彩,版面更加美观,查阅更为便捷,学生及医学专业人士点击人数日益增加。

(穆迎露)

医学部社会科学与人文科学教学部

【发展概况】 该部2001年有在编教职员40人，兼职1人。其中教授（含相应职称，下同）9人，副教授15人，讲师15人。现有在读硕士研究生8人，在职攻读博士学位教师1人，脱产攻读博士学位教师1人。设有博士点1个，硕士点3个。负责医学部的专科生、本科生、研究生的马克思主义哲学、马克思主义政治经济学原理、邓小平理论概论、毛泽东思想概论、自然辩证法概论（内含医学辩证法）、医学伦理学、医学心理学、医学史等课程的教学任务，开设社会科学、人文科学选修课程。社文部设有2个中心（医学史研究中心和心理咨询与治疗培训中心），7个教研室和1个教学组，1个办公室，1个资料室；设有1个博士点，3个硕士点，担任医学部的研究生、本科生、专科生、进修生、留学生的教学任务，为医学部的硕士研究生、博士研究生开设4门课程，为本科生、专科生开设6门必修课，开设选修课12门。

【教学工作】 2001年，社文部共完成本科生、研究生等必修课程3647学时，选修课程113学时。除完成上述的教学任务以外，部分教研室和教师还参与了其他学院大专班及北京市委党校分院大专、本科班的教学任务。还有11人次教师受校外邀请讲学，听课的学生达2047人次。2001年，社文部开展教学评估，通过评估排出名次，并对列前5名的教师给予奖励。

【学科建设】 2001年，社文部招收硕士研究生8名，毕业硕士研究生1名；在读研究生15名；1名博士生毕业留校；与医学部党校联合，招收北京市委党校北医大分部行政管理专业本科生29名，经济管理专业专科生78名；招收进修生8名（含正在美国1人）。举办全国性培训班8期（性学会4期，心理培训中心2期，医院经营管理2期）。接待2个国外代表团讲学，共5人。为了进一步提高教学科研的水平和能力，2001年，社文部为哲学、革命史、政经三个教研室配备了新的计算机。

【科研活动】 2001年，社文部新开科研课题11个（包括合作课题），正在进行的科研课题12个，完成科研课题1个；发表学术论文41篇，科普文章24篇，一般文章12篇，译著4部；主编和参编教材8部（包括教学课件），教学工具书6部（包括本科生、全国自学考试、职业医师考试等）；应邀参加人民日报、健康报、中央电视台、北京电视台、中央电台、北京电台等关于学术性或科普性教育的专访15人次；参加国内外国际会议20人次，包括赴美国、法国和香港地区等；参加国内的学术活动共40人次。医学伦理学教研室参与组织举办了中华医学会医学伦理学学会第十一届年会暨中美临床试验和生物医学研究中受试者保护研讨会。医学心理学教研室参与组织举办了国际精神分析研讨会。医史教研室张大庆赴美国参加科研工作，革命史王玥入选北京市新世纪理论人才百人工程。

【其他活动】 2001年，社文部对本部困难职工（含离退休职工）进行了送温暖活动，探望生病的离退休职工，给困难职工多渠道筹措生活补助。社文部对灾区开展了献爱心捐助活动。参加了医学部工会组织的运动会入场式太极拳表演、大合唱比赛、羽毛球比赛、跳绳比赛、围棋比赛等，均获得优秀组织奖，其中张帆获医学部围棋比赛第一名。

（王荣丽、刘秀芝、孙曼霞、尚玉芬）

元培计划管理委员会

【发展概况】 为探索新的人才培养模式，促进北京大学本科教育教学改革的深化，作为建设世界一流大学的重要举措，北京大学从2001学年起启动以老校长蔡元培名字命名的本科教育和教学改革计划——元培计划（Yuanpei Program of Peking University），并成立北京大学元培计划管理委员会，负责元培计划的实施。元培计划是北京大学本科教学发展战略小组根据"加强基础，淡化专业，因材施教，分流培养"的十六字方针，经过两年多的反复论证后报请学校批准的，是继1952年院系调整后北京大学在新世纪教育体制改革的一件大事。

2001年9月3日，在北大教务部及各院系的支持下，元培计划管理委员会面向全校部分院系的2001级本科新生招生。经过专家面试等环节，元培计划实验班招收了83名学生（其中文科学生39名，理科学生44名，在新生体检时，有一名学生因为体检不合格保留入学资格一年而减员1名），他们分别来自24个院系。82名学生中，中共预备党员12名，共青团员69名。

9月6日晚，元培计划实验班在学校英杰交流中心举行了隆重的开学典礼，主管校长迟惠生教授出席了典礼仪式并讲话。9月14日上午，迟惠生常务副校长、林建华主任在元培计划办公室听取了元培计划实验班开学后的工作安排、面临的问题和今后的工作计划等方面的汇报，并作了指示。10月31日，林建华主任主持召开了元培计划管理委员会第一次全体委员会议，会上讨论了元培计划的教学计划、导师工作、学生的出口、入口问题和今后的宣传工作等。

2002年1月25日下午，林建华主任在办公楼103会议室主持召开了元培计划导师礼聘仪式，迟惠生常务副校长宣布了第一批导师名单（详见《元培计划管理委员会委员暨导师名单》），许智宏校长发表了热情洋溢的讲演并为元培计划的导师颁发了聘书。会后，许智宏校长与元培计划实验班的学生进行了亲切交谈，迟惠生常务副校长和林建华主任参加了导师座谈会，听取了导师们的意见。

【教学改革】 元培计划实践新的办学理念。元培计划着眼于未来社会发展对人才质量和人才规格的需求，坚持人为本、德为先、业于精的教育理念，实验班按照新的办学模式和培养方案，造就基础好、能力强、素质高的一流本科毕业生，为他们在完成整个高等教育后成为具有国际竞争力的优秀人才奠定坚实的基础。

元培计划努力贯彻"加强基础、淡化专业、因材施教、分流培养"的办学方针，充分利用北京大学学科齐全的优势和良好的教学资源，实践本科阶段低年级通识教育和高年级宽口径专业教育相结合的教育理念，突出基础、能力、素质三要素的全面培养，为研究生教育输送高素质、创新型后备生源；为经济建设和社会发展提供适应能力强的毕业生。

元培计划将探索新的办学模式。

（1）学分制。元培计划实验班实行学分制。其基础是在元培计划各个专业教学计划框架内由导师指导学生进行自由选课。学生完成公共基础课、通选课及所选专业的教学计划设置的科目，修满规定的学分即可毕业，并获得所学专业的学士学位证书。

元培计划实验班的学生低年级通识教育课程内容主要为：全校公共课（英语、政治、体育、计算机）；通选课（数学与自然科学、社会科学、哲学与心理学、历史学、语言学文学与艺术共五个领域）；公共基础课（理科：高等数学、物理学、化学和生物学；文科：高等数学、人文和社会科学）。高年级宽口径专业教育内容为学生在有关院系进行专业学习，修学各院系专门为元培计划规定的专业基础课和任意选修课。

（2）导师制。元培计划实验班实行导师制。学生在学习期间可以得到由来自文、理科各院系资深教授组成的学生学习指导委员会的全程指导。每位导师对各自的指导对象进行选课、选专业、学习内容及方法等指导。导师由相关院系推荐，北京大学校长聘任。

（3）弹性学制。元培计划实验班实行弹性学制。学生可在导师指导下根据自己的情况安排3~6年的学习计划，少则3年即可毕业。若在4年内仍未完成本科阶段的学习任务，可继续修读，直至修满学分毕业。

（4）自由选择专业。元培计划实验班学生原则上可自由选择专业。学生进校时只按文、理分类，不分专业。低年级主要进行通识教育，在他们对北大的学科状况、专业设置、培养目标以及其他情况有了进一步了解后，一般在第四学期前，可根据自己的志趣提出所希望选择的专业。但每个学生修读专业的最后确定决定于相关专业教育资源及学生本人的综合条件。

为了实现元培计划的理念，教务部召开各院系主管教学负责人会议，对相关专业的教学计划提出了制定原则并进行了讨论，全校22个院系与元培计划管理委员会共同制定了42个专业元培教学计划，2001级学生根据该计划在导师的指导下实现了自由选课。

【行政设置】 元培计划管理委员会设主任1名（由教务长林建华教授兼任），副主任兼执行主任1名（由段连运教授担任），执行副主任2名（张庭芳教授担任并兼教学计划与课程委员会主任，朱青生教授担任并兼学生学习指导委员会主任），委员28名（由学校相关职能部门的领导、部分本科发展战略小组成员和部分资深教授组成，名单见附件《元培计划管理委员会委员暨导师名单》），行政办公人员3名（负责办公室、教务工作和学生工作）。

【教务工作】 元培计划实验班的学生根据新的培养模式修读学分，低年级修读全校的公共必修课、通选课和一些导师课程及部分专业基础课，教务工作要与全校各院系的教务部门和学校教务部协调，教务管理工作非常复杂。学生们在导师的指导、教务部的鼎力帮助以及元培计划管理委员会工作人员的努力下，顺利地进入了学习状态。期末，教务人员又与各院系协调解决了相当一部分同学的考试时间冲突的问题，同时做好了下一个学期学生选课的准备工作。

【学生工作】 9月23日，第一届元培计划实验班经过民主投票选举，产生了班委会。9月30日，根据团章规定的选举程序，元培计划实验班建立了两个团支部，并在校团委的指导下成立了团总支。考虑到目前的实际情况，根据上级党组织的安排，元培计划实验班同学中党员的组织关系暂时挂靠在学校机关二党委教务部支部。

10月18至20日，在北大秋季运动会上，元培计划实验班以一班之力，获得乙组总分第三名，同时获得精神文明奖。11月7日元培计划实验班网页正式开通。12月9日，元培计划实验班在校团委组织的"纪念一二·九歌咏比赛"中获得三等奖，其中一曲以"家"为主题的《相亲相爱》展示了实验班团结友爱的精神面貌，打动了观众，演出剧照被刊登在第二天的《北京晨报》上。12月30日，元培计划实验

表 5-60　元培计划管理委员会委员暨导师名单

姓名	院系	委员	导师	姓名	院系	委员	导师
陈来	哲学		是	孙丽	学工部	是	
陈平原	中文		是	吴思诚	物理	是	是
陈向明	教育	是	是	许崇任	生命科学		是
陈徐宗	电子	是	是	许振洲	国际关系	是	是
陈建龙	学工部	是		阎步克	历史	是	是
段连运	化学	是	是	杨承运	地质	是	是
冯长春	城环		是	张庭芳	生物		是
李强	政治	是	是	赵敦华	哲学	是	是
李克安	教务部	是		赵凯华	物理		是
李守中	教务部	是		郑学益	经济学院	是	是
林建华		是		郑志明	数学	是	是
林毅夫	经济	是	是	周起钊	教务部	是	
卢晓东	教务部	是		朱青生	艺术		是
马戎	社会		是	朱庆之	教务部	是	
牛大勇	研究生院	是		朱苏力	法律	是	是
羌笛	自然科学部	是		朱善利	光华管理	是	是
屈琬玲	计算机	是	是				

班的同学们与部分的导师一起度过了第一个元旦。

【学习和交流】 11月2日上午，教务部和元培计划管理委员会的部分教授和工作人员与美国Swarthmore College的国际交流部负责人Piker教授和孔海立教授座谈了有关美国大学低年级教学问题。11月26日，元培计划委员的全体人员参加了由迟惠生常务副校长主持召开的"高校创新教育的理论与实践"研讨会。会上，大家听取了教育部高教司葛道凯副司长的有关报告，前副校长王义遒教授出席会议并即兴发言。

（刘亚平）

首都发展研究院

【发展概况】 为了适应首都发展知识经济、推进信息化建设、实施可持续发展战略和建设国际城市以及北京大学建设国际一流大学的需要，切实贯彻落实"科教兴国"战略，利用北京大学多学科综合优势和人才资源优势，更好地为北京市知识经济发展服务，北京市政府与北京大学相互合作，于1999年3月20日成立了北京大学首都发展研究院（简称首发院）。北京大学首都发展研究院是北京市政府与北京大学共同组建的服务于首都发展的研究开发机构，是北京市与北京大学开展合作的重要渠道和首都区域创新交流的重要节点。北京大学首都发展研究院作为独立的事业法人单位，在行政上隶属于北京大学，由北京大学管辖。理事会是研究院的最高决策机构并实行理事会领导下的院长负责制。理事会设理事长1人，由北京市市长担任；设副理事长5人，由市长指定的三名副市长以及北京大学党委书记和校长担任。北大常务副校长迟惠生教授任院长，北京大学政府管理学院副院长杨开忠教授任常务副院长。北京大学首都发展研究院力求成为北京市政府的智囊团、思想库，成为科技界和产业界的中介，成为组织和集成北京大学知识、信息、技术、人才服务于首都经济与社会发展的管理中枢。北京大学首都发展研究院的主要任务是：组织北京大学力量，系统地为北京市提供重大问题研究与重大决策咨询服务；组织科技界与产业界的交流与合作，促进面向首都发展需求的技术开发以及科技成果在首都的产业化；发起、组织和参与北京的国际交流与合作计划；组织北大力量，培养适合首都发展需要的各种高级人才；参加市政府主持的其他有关首都发展的工作。

【第一届理事会】 1999年11月27日北京大学首都发展研究院第一届理事会举行。理事会听取了迟惠生院长的工作汇报。报告指出，首都发展研究院自成立以来,依托北京大学的优势,在市领导和市有关部门支持下,初期运营与组织结构建设运转顺利;开展了有关热点、难点问题的研究;充分发挥北京大学专家顾问作用,为政府决策提供咨询意见;发挥研究院的咨询中介作用,积极开展校企合作;积极发挥北京大学多学科优势,就北京发展中的相关问题提出九项希望开展的课题研究计划。第一届理事会后,首都发展研究院将在如下方面进一步开展工作:尽快建设信息网络为中心的基础设施,形成有效的对外界交流的保障体系;开展课题研究;推进研究成果共享与传播转化;加强队伍建设。

理事会讨论了首都发展研究院章程(草案),并提出多项具体意见;通过了研究院理事调整、学术委员会及主要机构建议人选名单;讨论了研究院所建议的立项课题,并提出了一些意见与建议,对于一些对北京市目前经济与社会发展具有迫切研究必要的课题,理事会建议进一步落实与完善。

北京大学党委书记任彦申副理事长在讲话中感谢北京市政府的重托,阐明研究院今后课题研究的原则以及着重开展的工作方向。刘淇市长最后指出要从战略上重视北京大学在首都经济和社会发展中的作用,强调研究院功能中应重视"中介"作用,并对本届理事会讨论的立项课题,逐一明确,责成有关单位共同研究,并希望北京市科委组织衔接落实。

【首都发展研究院建设】 自1999年11月首都发展研究院第一届理事会以来,在市政府和北京大学的领导与支持下,依托北京大学优势,从落实市委、市政府建立政府—学术机构—企业良性互动的首都区域创新系统的高度出发,一手抓首都发展研究院自身能力建设,一手围绕首都发展的重大机遇和需求,特别是北京申办和举办2008年奥运会、北京"248"创新工程和首都可持续发展等问题,抓好决策咨询和中介服务,并取得了显著成效:首都发展研究院已经拥有了125平方米的办公和研究室;购置了电脑等办公和研究设备,满足了基本需求;建立了博士后流动站;从国内外引进和聘用了少量专职人员和博士后研究人员,形成了稳定的小核心队伍;制定和健全了一系列管理规程,包括人事管理、项目和成果管理等方面的规章制度。研究院网站(www.bjdi.org)建设已通过测试,正常投入运行;组织开展了21项决策支持研究,取得了良好的社会经济效益;主持召开了一系列高层次研讨会;举办了"新经济时代论坛"系列讲座;应邀为北京市有关部门和企事业单位做学术讲座与形势报告。此外,积极开展国际交流合作,走出去,引进来,拓展首都发展研究的国际空间。

【组织机构】 第一届理事会名单
理事长:刘淇
副理事长:林文漪 刘海燕
　　　　　刘志华 任彦申
　　　　　陈佳洱
理事:柳纪纲 王伟 沈宝昌
　　 范伯元 耿学超 冯海
　　 邢少军 姚莹 郭文杰
　　 华平澜 陆昊 林铎
　　 迟惠生 史守旭 羌笛
第一届学术委员会名单
顾问:费孝通 侯仁之
主任:厉以宁 杨芙清
副主任:叶文虎(常务)
委员:
北京市:邓寿鹏 方新 鲁志强
　　　　何建坤 袁振宇 范伯元
　　　　徐锡安 沈宝昌 谭维克
　　　　史悍民 任冉齐
北京大学:迟惠生 何小锋
　　　　　厉以宁 罗玉中
　　　　　刘伟 林毅夫
　　　　　栾胜基 马戎
　　　　　石青云 唐孝炎
　　　　　吴树青 吴志攀
　　　　　肖灼基 杨芙清
　　　　　杨开忠 杨紫烜
　　　　　叶文虎 王思斌
　　　　　周星 张维迎
秘书:李国平 毛志锋
首都发展研究院负责人及其他人员名单
院长:迟惠生
常务副院长:杨开忠(北大政府管理学院)
副院长:贾振邦(专职/城市与环境学系)
　　　　何小锋(经济学院)
　　　　梅宏(计算机系)
　　　　宛新华(化学与分子工程学院)
　　　　柯杨(医学部)
　　　　周曾铨(生命科学学院)
　　　　张守文(法学院)
　　　　白志强(科技开发部)
院长助理:李国平(政府管理学院)
　　　　　沈体雁(政府管理学院)
　　　　　蔡满堂(首都发展研究院)
研究人员:柏兰芝(中国经济研究中心)
博士后:陆军 窦文章
　　　　蔡满堂 李光辉
　　　　王英 甘霖
办公室:程宏
网络中心:侯建东

【首都发展研究院章程】
第一章 总则
第一条 北京大学首都发展研究院(以下简称首发院)是北京市政府与北京大学共建的服务于首都发展的研究开发机构,是北京市与北京大学开展合作的重要渠道。

第二条 首发院的宗旨是通过集成北京大学和社会资源,组织首都经济和社会发展的综合研究,加强首都科技产业发展的中介服务,努力成为北京市政府的智囊团，促进首都经济建设和社会的可持续发展。

第三条 为实现以上宗旨，首发院的功能定位于以下五个方面：

（一）资源集成：整合北京大学和社会有关资源，服务于首都经济建设和社会发展；

（二）决策咨询：为北京市提供重大问题的决策咨询服务；

（三）研究开发：针对首都发展的需要，开展关键科学技术和社会经济问题的研究和开发；

（四）中介服务：促进科技界和产业界的交流合作，加速科技成果在首都的产业化过程；

（五）项目管理：对北京大学与北京市合作和承担的项目实现统一管理和协调，提高工作效率。

第四条 首发院的主要任务是：

（一）组织北京大学力量，系统地为北京市提供重大问题研究与重大决策咨询服务；

（二）组织科技界与产业界的交流与合作，促进面向首都发展需求的技术开发以及科技成果在首都的产业化；

（三）发起、组织和参与北京的国际交流与合作计划；

（四）组织北大力量，培养适合首都发展需要的各种高级人才；

（五）参加市政府主持的其他有关首都发展的工作。

第五条 首发院在行政上隶属于北京大学，由北京大学管辖。

第六条 北京市政府办公厅是首发院与北京市政府的行政联系机构。北京市科委是首发院与北京市政府的业务联系机构。北京市政府政策研究室是首发院为北京市政府提供决策咨询服务的战略伙伴。

第二章 组织机构和人员

第七条 首发院设理事会。

（一）理事会是首发院的最高决策机构。理事会设理事长1人，由北京市市长担任。理事会设副理事长5人，由市长指定的三名副市长以及北京大学党委书记和校长担任。

（二）除理事长外，理事会设理事若干人。理事由北京市和北京大学协议产生。增补任免理事由理事会决定。

（三）理事会设理事长会议和理事会议，由理事长或受托的副理事长主持。理事长会议不定期举行，讨论决定临时性的重大问题，其方式可以是电话会议、通信会议、网上会议、集会等。理事会议每年召开一次，讨论决定：

1. 首发院的工作方针和中长期发展规划；

2. 增补任免理事；

3. 首发院领导选聘；

4. 通过首发院院长的年度工作报告；

5. 首发院下一年度研究开发计划；

6. 其他重大事项。

第八条 首发院设发展顾问委员会，聘请国内外资深专家、政府要员以及知名企业家作为委员，为首发院的发展提供指导。

第九条 首发院设学术委员会，为首发院的学术领导机构。由北京市相关职能部门资深专家和北京大学有关院（系、所）教授组成。

第十条 首发院设院长1人，常务副院长1人，专职副院长1人，其他副院长若干人。

（一）院长由理事会聘任，常务副院长、副院长由院长提请理事会聘任。

（二）院长主持院务，向理事会负责并报告工作。常务副院长受院长委托协助主持研究院工作，副院长协助院长工作，日常事务由专职副院长协助院长管理。纳入北京大学干部管理体制。

（三）重大问题由院长或院长委托常务副院长召集院务会议讨论决定。院务会议由院长、常务副院长、副院长组成。

第十一条 首发院设少数专职管理与骨干研究人员，根据项目研究需要，聘用流动人员和兼职研究人员。

（一）专职研究人员和兼职研究人员按院定研究计划或北京市政府及有关单位委托开展研究工作。对首都发展的重大问题进行长期追踪研究并提交研究报告。

（二）专职管理与研究人员纳入北京大学人事管理体制。

第十二条 首发院设研究工作站，接纳国内外专家及北京市政府官员进站参加首都发展的研究工作。研究工作站的管理参照博士后工作站模式进行管理。

第三章 经费与设施

第十三条 首发院研究经费来源于：

（一）专项费用：根据具体发展需要，申请政府的专项拨款；

（二）项目经费；

（三）社会捐助。

第十四条 研究经费的使用与管理由北京大学财务处按有关规定统一办理。

第十五条 北京大学为首发院（不少于300平方米的）科研用房。必要设备的购置在科研经费中支出。

第十六条 北京市政府责成市政府办公厅负责下发首都发展研究院相当于局级单位的和研究有关的文件、简报、资料、信息，以供研究使用。北京大学首都发展研究院设专人对有关文件、资料加强管理。

第四章 项目管理

第十七条 首发院是北京市科学技术委员会委托北京大学承担科技项目和产业化项目的归口管理部门，统一协调和管理北京大学和北京市的合作的研究和开发项目。

表 5-61 首都发展研究院主要科研项目

项目来源	项目名称	负责人	备注
北京市哲学社会科学办公室	北京市环境经济研究	杨开忠	已完成
北京市哲学社会科学办公室	北京与周边区域协调发展研究	杨开忠	已完成
北京市信息化办公室	首都信息化"十五"规划研究	杨开忠	已完成
北京市信息化办公室	"数字北京"发展规划研究	杨开忠	已完成
北京市软科学项目	北京高科技产业政策实施体系研究	李国平	已完成
北京市科委	北京高校科技产业发展规划研究	李国平	已完成
北京市软科学项目	中关村地区发展战略与规划研究	杨开忠	已完成
北京市软科学项目	中关村空间布局研究	杨开忠	已完成
北京市计委	密云县可持续发展战略规划综合研究	杨开忠	已完成
北京市软科学项目	平谷县"绿都"建设战略规划研究	李国平	已完成
北京市科委	科技奥运研究	沈体雁	已完成
北京市科委	北京高新技术产业发展年度报告(2001)	李国平	已完成
科技部	首都空间发展新战略——关于营建首都圈的理论与规划实践研究	李国平	进行中
北京市科委	北京市高科技产业价值链分工研究	李国平	进行中
北京市软科学项目	北京市第二次产业结构与空间结构重组研究	李国平	进行中
北京市软科学项目	北京若干高新技术重点领域产业链研究	李国平	进行中
北京市软科学项目	北京市数字经济发展研究	杨开忠 沈体雁	进行中
北京市信息化办公室	北京市政管理信息化与现代化研究	杨开忠	进行中
北京市信息化办公室	中关村信息化前景研究	杨开忠	进行中
自 筹	北京举办奥运会的金融支持工程	何小锋	进行中
北京市哲学社会科学办公室	奥运机遇与北京城市发展战略研究	杨开忠 柏兰芝	进行中

第十八条 凡以首发院名义申请的科研项目,应由院长签署并加盖院公章加以确认。上述项目实行主持人负责制,项目的进展受首发院的监督和检查。项目组应向首发院提交研究成果和评审结论。

第十九条 首发院认为必要时,可自行立题对首都发展的有关问题进行专项研究或追踪研究。自行立项的课题研究,接受首发院的监督、检查,应经首发院组织的评审验收,其成果向首发院及北京市有关部门提供。

第二十条 所有项目及研究成果中涉及的保密资料、数据、技术、信息、结论性意见等,不得公开发表或自行扩散。北京市政府委托首发院起草的政府文件、政策措施、法律草案等,未经正式公布前,一律加以保密,不得向无关人员扩散。

第五章 附 则

第二十一条 本章程自理事会讨论通过后生效。其解释权和修改权归理事会。

【科研项目】 2001年以来首发院承担各类科研项目共计21项,完成12项,还有9项在进行中。(详见表5-61)

(程宏)

【学术活动】 主持与参加各类学术会、专题报告、论坛、研讨会16次。

与北京市科委联合,主持召开"北京大学'科技奥运'讨论会";受北京市奥申委的委托,北京市科交与北京大学首都发展研究院承担完成了"科技奥运"项目,完成《科技奥运》专题报告;主持召开"数字北京发展战略研讨会";主持召开"首都信息化十五规划若干思路讨论会";同北京市信息化办公室、北京市政管理委员会联合举办"北京城市卡论坛(第四届中国智能卡博览会核心论坛)";北京市规划委员会联合举办"数字北京论坛"等。

在城区规划局作"我国数字城市发展态势——兼谈数字西城"的学术报告;在市档案馆作"数字北京战略与北京市地下管网网络信息系统的基本构架"的学术报告。

参加国务院发展研究中心"十五"区域经济发展战略专家座谈会;参加西城区政府"德外地区发展规划"专家论证会;参加北京中国城市化战略高级国际研讨会;参加香港"海港城市城际网络"研讨会;参加中国地理学会主办的"21世纪中国地理学发展战略研讨

会";参加世界银行召开的"中国城市化国际研讨会";参加香港中文大学"城市化发展论坛";参加莫斯科大学、俄罗斯科学院主办的"21世纪中国的全球影响"大型学术会议;参加北京市科学技术委员会为出版《科技奥运画册》而举办的高级专家座谈会等。

【科研成果】 "中关村空间布局研究"作为《托起明天的太阳》一书的一章,成为获得北京市科技进步三等奖的重要组成部分;作为北京市环境经济研究和北京与周边区域协调发展研究的成果而形成的《持续首都》(广东教育出版社)一书,获2001年度北京市科技进步二等奖;由北京市科委和首发院组织专家撰写的《科技奥运》一书由北京科学技术出版社出版。

(贾振邦、程宏)

教育教学与学科建设

本科生教育教学

【**教学改革进一步进行**】 北京大学人才培养的总体目标是培养国家社会主义现代化建设所需的高素质创新型人才。这个目标要通过本科和研究生两个阶段的教育来完成。北京大学把本科教育定位于：进行大学基础教育和素质教育，培养基础知识宽厚，创新意识强烈，掌握科学方法，具有基本人文修养、良好自学能力和动手能力、适应性强的高素质人才。这样的人才通过后续阶段学习，会成为具有在某种专业领域进行原创性研究能力的高级专门人才。在这一培养目标的指导下，北京大学的本科教学发展思路为：通过本科阶段低年级的通识教育，高年级的宽口径专业教育，逐步实现在教学计划和导师指导下的自由选课学分制。

继政治理论课"毛泽东思想概论"课程后，2001年，北京大学的体育课程也实现了自由选课制度。共推出16个体育项目的选项课和3个项目的必选课。学生可以在四学年内修完4个学分的体育课，打破了以往只能在一、二年级选课的方式，时间上也从原来的单一时间改为全天排课，充分有效地利用了师资和场地、器材资源，同时也避免了学生因课时安排不开而选不到自己喜爱项目的弊端。并在此基础上实行教师挂牌教学，增强竞争机制，提高了教师的业务水平。每学期还开设了小学期体育课（如滑冰、游泳）满足学生季节体育课的需要。

为了实现人才的总体培养目标，北京大学充分利用学科齐全的优势和良好的教学资源，于2001年9月郑重推出以"开风气之先"的北大前校长蔡元培先生的名字命名的，代表未来北大本科教学发展模式的教改计划——"元培计划"，并举办了元培计划实验班，全面实践本科阶段低年级通识教育和高年级宽口径专业教育相结合的教育理念，整合自然科学和人文科学教育，着重培养学生的基本能力和综合素质，为学生进一步深造打下基础。

【**元培计划**】 2001年，北京大学推出了"元培计划"。"元培计划"的核心内容有两点：一是强调本科教育在整个高等教育阶段中的基础地位；二是实施本科生学习制度的根本改革，把现有的学年学分制改为教学计划和导师指导下的学生自由选课学分制。元培计划的主要工作包括三个方面：（1）按照新的本科教育理念，调整教学计划，在全校范围内进行教学内容、教学方法和教材的改革，进一步贯彻"加强基础，淡化专业，因材施教，分流培养"的方针。在课程教学方面，以学生为主体，实行自由选修；（2）举办实验班，较为全面地试行通识教育和宽口径专业教育相结合的大学基础教育、导师制、学生自由选修学分制和弹性学制，为今后在全校推广提供经验；（3）改革招生办法，元培计划实行不分专业招生，学生进校时只按文、理分类，在低年级主要进行通识教育，在第四学期前，可根据自己的兴趣和愿望提出所希望选择的专业，根据学校资源条件进行双向选择。

【**基地建设**】 2001年，教育部正式批准北大设立"国家外语非通用语种本科人才培养基地"，至此，北大共有15个本科人才培养基地。文、史、哲三个国家人才培养基地在验收评估中均被评为优秀基地。物理学人才基地验收合格，正式挂牌。经济学人才培养基地在中期检查中被评为优秀基地。通过基地建设，北京大学获得了较多的经费支持，2001年获得教育部、基金委对经费为文科基地42万，理科基地42万，经济学基地15万，非通用语基地25万。被教育部批准的创建理科名牌课程项目共26项（其中被评为优秀创建项目的有16项），经费68万。基地建设经费成为北京大学教学建设工作的重要推动力。

【**本科生科研**】 2001，北京大学本科生科研继续取得引人注目的优秀成果。如城环系方精云教授指导的学生陈安平同学以第二作者身份在《Science》（2001年6月）上发表了论文。2001年物理学院欧阳颀指导的孙错同学先后在《Chinese Physics Letters》和《Physical Review E》上发表重要论文，且为第一作者。还有一些学生先后在国内外重要的学术刊物上发表论文,如《高科技通讯》、《北京大学学报》、《中国物理快报》海外版、《Solid State Comm.》、《物理化学学报》、《宋史研究通讯》等。

通过参加科研活动,同学们领略到了课堂学习之外更广阔的探索空间,亲身感受什么是"创新",同时也领悟到做人、做学问的一些道理,得到全面的锻炼发展。本科阶段的科研经历,无疑为他们今后的学术研究奠定了基础。

【全校性公共课程选课制度改革】

为了进一步提高本科教学质量、规范教学秩序,北京大学对全校性公共课程的选课方法进行了认真研究。在参照世界一些优秀大学的做法的同时,根据多年经验和学校的实际情况,2001年,北京大学提出并实施新的选课制度"面对面选课与网上选课相结合"的选课制度。

新实施的选课制度包括三个部分:

(1)选课。必修课程自动进入该年级学生成绩数据库,学生可以在网上查阅其以前学期的成绩以及该学期自己的选课情况。

每学期注册日前两天,为学生选课日。选课日当天,各院系开设的全校公共性必修课、通选课、选修课的教师在预先安排的教室、体育馆等地点与学生见面,向前来选课的学生发放材料,介绍课程,同时回答学生提问。教师可以采取先到先得、抽签、要求学生写小论文或其他自行确定的原则和合理可行的方式,根据预先排定的教室容量,选定最适合或对自己所开课程最感兴趣的学生,确定初步的选课学生名单,并在教室、互联网上公布。名单由各院系教务员录入,学生可以在网上查到其选课清单。有些课程个性不太突出的课程,例如体育课等,教师选择学生意义不大,由学生直接在网上选课。

(2)退课。开课两周后,学生应选定所修课程。在第二、三周,学生可以看到自己的选课记录,可以退课和改选。第四周可以继续选课,但不可以退课,目的是让一些最后才退课的空余名额尽量满足同学们的选课要求。自第五周起,学生成绩与选课数据库封闭,教务员将最终确定的选课学生名单交任课教师。

(3)考试及成绩登记。对未办理退选手续而不参加考试的学生,成绩自动以零分记;未办补选手续的学生,成绩无法录入。

【教学评估】 在日常教学工作中,北京大学教务部通过教学期中检查、教学评估等方式,对全校本科教学质量进行管理和监控。在全校范围内开展的本科课程评估每学期都有400~500门的课程,它们是以学生作为课程评估的主体,以教师自评作为参照,基本上全面反映了北京大学课堂教学一线情况,为北京大学能够及时发现问题和解决问题提供有效信息。另外,学校还聘请了老教授教学调研组,及时了解和发现教学中的问题,有针对性的提出改进教学的措施。

通过学校各部门的努力,北京大学的教学秩序保持良好,教学质量稳步提高。到2001年下半年,对指标"我认为这是一门不错的课程"的回答由前三个学期的61%提高到70.2%,对指标"我认为老师是一个优秀的教师"的回答由69%提高到73.6%,绝大部分同学对教师的敬业勤勉和渊博学识表示敬佩。

【教学成果】 根据《北京大学教学奖评定办法》和校发[2000]118号文件"关于认真做好2001年校级、市级、国家级高等教育教学成果奖励工作的通知"精神,北京大学组织评审出82项教学成果,并授予2001年教学成果奖。其中数学科学学院"数学基础研究与人才培养基地建设"同时获得国家教育部颁发的国家级特等奖(全国共2项),

此外,北大还获得国家级一等奖5项(全国共59项),二等奖18项;获得北京市级一等奖36项,二等奖17项。此次获奖数量之多和获奖级别之高,充分表明了北大的实力和水平,是北大教学改革和人才培养等方面进步的重要标志。

【教材建设】 在2001年北京市教委"高等教育精品教材"的立项中,北大共有66项教材获得批准,其中校本部45项,医学部21项。

2001年,第五届国家图书奖揭晓,北京大学获国家图书奖6种,占获奖总数20%,北大中文系教授袁行霈先生的《中国文学史》荣获国家图书奖一等奖,这是教材类著作第一次获此级别的奖项。

【招生工作】 2001年北京大学计划招生3825人,实际招生3836人,其中包括第二学士学位学生60人,思想政治教育专升本学生104人,医学部专科生359人。普通本科生招生3313人,其中校本部2623人,医学部690人。在这些新生中,男生1793人,女生1520人;党员110人,团员3148人;党团员占总数的95%;共录取全国各地文、理科高考总分第一名38人。小语种提前录取115人。保送生257人,其中有16人在国际中学生数、理、化、生竞赛中获奖。招收体育特长生42人,艺术特长生47人;为军队招收国防定向生33人。另外为香港大学、香港中文大学、香港科技大学代招21人;还招收了来自14个国家的留学生178人。

北大认真总结了2000年招生情况相对不利的教训,加强领导,制定了切实可行的招生政策,加大宣传力度,在网上开展了深入细致的咨询工作,并得到了各部门、各院系的高度重视和大力支持。2001年,招生情况有了较大好转:

(1)在北京地区从根本上改变了去年的被动局面。文、理、医均比原计划扩招了近20%,文、理科录取的平均分高出重点线140分以上,医学部录取的平均分599分,超出重点线111分,最低分为583分。

(2) 特别优秀的学生汇集到了北京大学。共录取高考文科第一名29人,各省前5名的学生绝大部分录取到北大;理科录取了高考第一名9人、国际中学生学科奥林匹克竞赛获奖学生16人,全国中学生数理化生等学科决赛获奖学生137人。

(3) 整体生源质量高。北京大学文科在各地录取分数的总平均分,超出各地重点线121分,理科平均超出重点线144分,医学部平均超出重点线107分。

(4) 地区分布均衡。在全国绝大部分地区文、理、医报考的人数都超过了招生计划几倍,有的地区同一高分的学生报考北大的就有八九人,由于高分学生非常集中,北大在绝大部分地区都增加了招生名额。

(5) 医学部生源质量和生源数量得到保证。除了在西藏等少数几个地区外,医学部在其他大多数地区录取的最低分均在600分以上,远远超出其他医学类院校。由于采取了分类招生的政策,保证了医学部的生源质量和数量,招生人数是历年来最多的。

(教务部)

【"两课"教学】 2001年,"邓小平理论概论"课获北京市优秀教育教学成果(高等教育)一等奖;"毛泽东思想概论"课获北京大学优秀教学成果一等奖和北京市优秀教育教学成果(高等教育)二等奖。"马克思主义哲学"课、"思想道德修养"课开始进行学生自选课堂和实行新的教学组教学的试点;"思想道德修养"课尝试在语言科各系和数学、化学、物理等院系进行案例分析教学。学院组织首届教师教学基本功和现代教育技术应用演示竞赛。由吴树青教授主编,薛汉伟、钱淦荣教授为副主编的《邓小平理论概论》和由沙健孙教授主编的《毛泽东思想概论》获教育部优秀教材奖(总共33本教材获奖);由李淑珍副教授主编的《当代世界经济与政治》被全国数所高校采用,已连续印刷5次;李顺荣教授主编的《马克思主义政治经济学原理》、杨河教授主编的《马克思主义哲学纲要》得到学生的良好评价。

【艺术教育】 艺术学系承担了对全校大学生进行艺术素质教育的各项工作。主要包括:为全校学生开设艺术类公共选修课和艺术类通选课校学生中对艺术感兴趣的同学举办艺术学辅修(双学位);具体承办面向全校,实施美育和艺术教育的普及化的"美育精品系列讲座";负责在业务上及艺术上管理及指导学生艺术团的工作,在校内外及国内外进行各项文艺演出,繁荣校园文化建设。

美育精品系列讲座是在学校党委与教务部的直接关心下,于1999年开始不定期举办的。以后一直坚持了下来,先后邀请吴冠中、欧阳中石、陈佐湟、谢铁骊、于润洋、谢飞、邵大箴、谢晋等著名艺术家到校演讲,在校内外产生了广泛的影响。

2001年度,艺术学系先后邀请著名影视教育家、北京师范大学艺术系原系主任黄会林教授,著名戏剧理论家、中国戏剧家协会党组书记廖奔教授,美国亚洲电影协会主席、坦布尔大学资深教授兰特等作有关的艺术讲座,受到广大同学的热烈欢迎。

(陈旭光)

【体育教学】 2001年北京大学体育教学改革方案 2001年北京大学体育教学改革方案主要分六个部分:一、基本思路;二、实施"开放式教学"方案;三、课程设置;四、各项目学分权重(共计4学分);五、上课时间安排;六、上课须知。

(1) 基本思路:培养具有健康第一意识,德、智、体、美全面发展的合格人才。通过体育教育,切实使学生的体质和健康水平得到增强,参与体育活动的兴趣得到激发,终生参与体育锻炼的意识和习惯得到培养,我们培养出的学生不但具有健康的体魄,有一定的体育常识,更主要的是通过体育文化的熏陶和体育活动的磨炼,养成顽强拼搏的意志、吃苦耐劳的品质、科学健身的方法和团结协作的精神。

(2) 实施"开放式教学"方案:学生在校本科学习期间限定必修4个学分的体育课程。体育课由原来的前两个学年完成,改为4个学年完成。

体育课设指定课和选项课。体育课在完成指定项目(游泳、男生太极拳、女生健美操)的基础上,选项课最大限度地满足学生的要求。其中指定项目2项,自选项目2项,每个项目分别为1个学分,共计4个学分。

实施"小学期开课"。游泳、滑冰是季节性项目,根据北京大学现有资源条件,利用寒暑假"小学期"开课。

教师挂牌教学。挂牌教学可有效地促进教学相长,有利于教师发挥特长,有利于业务能力和素质的提高,保证教学质量的高水平。

(3) 课程设置:必选项目:男生:游泳200米达标、24式太极拳、12分钟跑;女生:游泳200米达标、健美操、12分钟跑;兴趣选项:篮球、排球、足球、乒乓球、羽毛球、网球、武术、健美、健美操、形体健美、体育舞蹈、游泳、田径、滑冰、保健、艺术体操。

(4) 学分权重:

共四个学期,一个学期一个学分,共计4学分,体育特长生根据完成训练和比赛完成的情况,酌情给4~8个学分。

大型体育活动 (1) 1月1日,第21届世界大学生运动会"新世纪 新长征"火炬传递活动——"新世纪之光"火炬采集活动在北京大学图书馆前举行。北京市市委书记贾庆林,市长刘淇,副市长刘建民、林文漪、国家体育总局局长袁伟民,海淀区委书记朱善璐,北京大学校长许智宏等领导出席。北京大学法学院98级学生李宁、99级学生李春阳跑在队伍的前列,将火炬以"传递"的形式送往中华世纪坛。

(2) 5月4日,"北京大学'飘柔杯'全国攀岩邀请赛"在北京大学未名湖畔的攀岩基地举行。来自全国各地的16支代表队70余名运动员参加了速度和难度比赛。北京大学获得了4个项目中的2个冠军,赵雷获得男子速度赛的第一名,张青获得女子速度赛的第一名。

(3) 6月30日"北京市大学生'大运杯'游泳运动会"在北京大学五四游泳池举行。来自北京市14所高校的216名运动员参加了比赛。本次比赛由北京市教委、第21届世界大学生运动会组委会新闻宣传部主办,是迎接第21届世界大学生运动会系列活动之一。

(4) 第21届世界大学生运动会在北京举行,北京大学承担9场足球赛事。北京大学组织工作受到了表彰,体教部副主任张剑被评为先进个人。

(5) 10月18~20日,北京大学田径运动会在新建的五四体育场举行。本次运动会是继1998年以后的第一次运动会,是北京大学与北京医科大学合并后的第一次运动会,也是师生共同参与的运动会。约有2000余名师生参加了运动会。比赛在新建的国际标准田径场举行,使用的是现代化器材和设备,大投影屏幕的使用,是中国高校中独一无二的。本次运动会开幕式上的团体操引人注目,第一场为教职工的"红旗舞",第二场是北大附小的"红色娘子军舞蹈",然后由北京大学学生表演了交谊舞、太极拳、健美操,体现了北京大学体育特色教学的成果,最后是由医学部表演的鲜花舞,由艺术系学生配唱。

科研 (1) 筹备"以人为本,健康第一——北京大学体育与健康课程改革实验研究"课题,申请教育部十五重点课题;(2) 筹备《北京大学体育与健康教程》的编写工作,向北京市教委申请作为北京市精品教材。

体育代表队 (1) 北京高校第39届田径运动会于2001年5月18~20日在清华大学举行。北京大学获得团体丙组第四名。

(2) 第三届北京大学清华大学"华歌杯"赛艇对抗赛5月26日在昆玉河举行。清华大学以18分50秒41的成绩获得冠军,北京大学也以19分49秒51的成绩打破了该项赛事的记录。

(3) 6月,法律系98级学生秦熙同学在第九届全运会田径预选赛中以10秒53的成绩获得100米第五名。

(4) 7月18~25日,北京大学在第六届中国大学生羽毛球锦标赛中取得好成绩,全票获体育道德风尚奖,张海霞获突出贡献奖。

(5) 第十届"红双喜杯"全国大学生乒乓球锦标赛7月16~22日在上海华东理工大学举行,北大获得女子团体第四名。

(6) 全国高校第二届软式排球赛6月30日至7月11日在湖南株洲中南林业大学举行,北京大学队在9支参赛队中取得第三名,并获精神文明奖。7月28~30日在秦皇岛参加北京市沙滩排球赛,北京大学队在8支参赛中获得第四名。

(7) 第九届全国大学生健美操艺术体操锦标赛于9月7~10日在甘肃兰州西北师范大学举行,北大获得健美操甲组团体冠军和体育道德风尚奖,共获得了8项单项冠军。

(8) 10月27日,全国首届山地公路马拉松赛,在安吉天荒坪举行,由法学院学生王伟、王道水、庞虹、张西兰组成的北京大学代表队,战胜了来自全国的其他18所高校和地方体育协会代表队,荣获(专业组)团体冠军,庞虹获得女子(专业组)个人第一名。

(刘铮)

北京大学学生一级篮球裁判员达五名 2001年,北京大学又有两名学生自费通过考试,成为国家一级篮球裁判员,他们是数学系98级学生殷悦(女)、物理系2000级博士生徐耿钊。至此在校学生中有一级篮球裁判员5名。其他3位是生命科学学院2000级博士生庞立岩、计算机系98级学生高叙、技术物理系博士生何湘庆。

师资动态 (1) 1月16日,历时两年的北京大学与北京体育大学联合举办的研究生课程进修班课程全部结束。

(2) 体教部篮球国际裁判马立军副教授,健美操国家一级裁判刘承鸾、周田宝教授,田径一级裁判萧文革副教授参加了8月22日在北京举行的21届世界大学生运动会裁判工作。

(3) 7月5日,体教部有3名硕士、2名博士加入教师行列。

场馆建设 6月21日,北京大学五四运动场作为第21届世界大学生运动会足球赛场顺利通过大运会组委会的验收。五四运动场是2000年4月开始动工改建的,包括1个国际标准田径场,1个标准足球场,6个篮球场,3个小足球场,4个排球场,8个网球场。田径场看台也更换了崭新的座位,体育中心内的广播室、新闻发布厅、电教室进行了重新装修,增加了贵宾室、计算机房、裁判员和运动员休息室、医务室、更衣淋浴室等硬件设施。

对外交流 (1) 7月4日,香港大学体育总监与北大体教部就在体育管理、体育教学、群众体育

(2) 6月29日至7月6日,北京大学游泳队6名队员在教练佘潜的带领下,应邀参加在香港大学举办的两岸三地训练活动。

(3) 7月9～14日,体教部组团,考察了湖南大学、湖南师范大学、湖北大学、中国地质大学等学校的后勤管理工作。

重要社会工作主要参与者

林志超:教育部全国高等院校体育教学指导委员会公共体育组组长。

孙玉录:中国大学生体育协会田径分会常委、科研委员会主任,《中国高校田径》杂志主编。

李士信:中国武术学会委员、中国体育研究会武术分会秘书长、北京市武术协会副秘书长、北京市大学生体育协会武术分会秘书长、中华武林百杰、空手道荣誉十段。

王余:北京市大学生体育协会竞赛委员会主任。

田敏月:中国大学生体育协会健美操艺术体操分会秘书长。

(李德昌)

医学部本、专科生教育教学

【教育教学工作概述】 2001年北大医学本专科教育教学工作的思路是:占领医学教育的制高点,培养基础扎实、知识面宽、素质高、能力强,具有创新精神、创新意识、创新能力和自我更新能力的高水平人才;合理专业设置、精品课程建设、完善教学模式;实现开放型教育。在此思想指导下,学校不断加强医学教育教学模式研究,不断加强医学教育教学改革和加强医学教育教学建设。

第一,2001年,通过对长学制教育模式研究,学校加强了对医学教育模式的改革与研究。经教育部批准,2001年起,北大医学部实行长学制招生,临床医学、口腔医学、基础医学实行八年一贯制的医学博士培养,预防医学专业实行七年一贯制的硕士培养、药学专业实行六年一贯制的硕士培养。在制定教学计划时,特别注重融知识、能力、素质于一体的综合培养,强调理论与实践相结合,培养学生的自学和创新能力,加大学生选修课程的力度,将实验课从理论课剥离,成为独立设置的课程,此外调整了考试科目与考查科目的比例,减轻了学生学习负担。

2001年,医学部鼓励医学生提前进入研究室参加课题组研究与实践活动,在医学生中进行加强培养科研思维能力教学模式的研究。在"985工程"支持下,在基础医学院设立"创新型医学人才培养"项目,有41位指导教师及1996～2000级的98名学生参加,为建立新型医学人才培养模式积累了宝贵经验。

第二,继续加强教学改革。2001年,医学部通过推动课程立项与课题研究,加强医学教育教学改革与研究。为了总结20世纪医学教育改革最前沿的研究成果,对21世纪医学教育改革建设有所启示,医学部教育处组织完成了教育部、卫生部、国家医药管理局、北京市教委"高等医药面向21世纪教学内容和课程体系改革计划"项目成果汇编的组稿、印制和下发工作。同时完成了21世纪初教育部高等医药教育世行贷款教学改革项目的开题及项目研究的任务分配,并启动了2001年医学部教育教学改革研究项目的申报工作。

此外,2001年医学部以改革考核方式为重点推动工作。各学院、部及教学医院都作了不同程度的尝试,注重理论考试与实习考查的有机结合,注重基础课程与临床的密切结合,减少对知识记忆的考核,加大学生对知识理解和解决实际问题能力的考核。临床教学中注重对学生实践能力的考核,本着使临床考核更贴近临床实践、培养学生的临床思维的指导思想,实践了"以问题为中心的考核方式",探索建立了"模拟面试"的计算机考试系统,收到较好的效果。

在实验教学改革方面,化学实验教学中心和生物医学实验教学中心两个实验教学中心已建立了新的运行机制,理顺了教学经费渠道。此外,在继续完成实验教学中心硬件建设的同时加强实验教学的软件建设工作,在教学计划安排中将实验课列为独立课程,两个实验教学中心正在对实验教学内容进行整合设计、已设计出综合性实验及部分设计性实验项目。2001年,医学部顺利通过了北京市对两个实验教学中心实验室的评估,并受到北京市教委的高度评价,他们希望将医学部两个实验教学中心建成北京市示范中心。

第三,为确保医学教育教学质量,2001年学校不断加强医学教育教学建设,成绩显著。

本着"评建结合、以评促建、重在建设"的原则,在2001年度继续进行基础课程教学质量评估,完成了基础医学院开设的寄生虫学和物理学的一类课程评估。通过课程评估较全面地了解了其教学情况以及教研室的工作状况,促进课程建设,加强了教师的教学意识。

加强了师资队伍建设。医学部在上岗条件中提高了教学要求,将教学工作量、教学工作质量、教学改革与研究及教书育人列为A岗评定的指标之一。

加强了教材建设。2001年医学部以临床医学长学制的临床课程自编教材建设为起点,带动其他专业课程的长学制教材建设,最终形成具有北医特色的成套教材。同时由北京大学医学部牵头,医学部教材建设办公室具体运作,联合五所医学院校共同启动了医学本科教材的建设。

加强了网络课程建设。在网络学院和相关学院的共同努力下，初步完成了医学基础17门网络课程的建设，同时医学部启动了临床网络课程的招标立项工作。越来越多的教师能够恰当地应用计算机多媒体授课，提高了授课质量，受到学生的欢迎。

加强了临床教学基地建设。医学部在2001年启动了临床教学基地的二期建设即学科及学位点的建设。

第四，进一步加强了成人学历教育教学工作。

2001年医学部进一步理顺了成人学历教育教学工作管理体制，形成了良好的社会和经济效益：明确了医学部及各学院的各自权限、责任、义务和效益指标；明确了合作单位西城夜大培训中心的责任、义务、权限、和结束合作的日期，改变了学费收入的经济运作形式。扩大了成人学历教育的规模，进行了专业调整，体现了教育产业的特点。加强了成人教育教学管理职能，对夜大学进行机构调整，增设教学办公室和学生办公室。

（辛兵、蔡景一、仝艳红）

【教育教学工作成果】（1）有8个半教育教学研究课题获得"教育部21世纪初教育教学改革项目"立项。

（2）获国家级教学成果一等奖1项、二等奖3项；北京市级一等奖4项、二等奖5项。

（3）22本教材被北京市教委作为"高等教育精品教材"立项。北医自编全套16本临床长学制特色教材全部启动，将于2002年交付使用。

（4）完成了医学基础17门网络课程建设，计划于2002年上网，同时启动了临床17门网络课程的建设工作。

（5）医学部共有教室59间，全年完成32个教室粉刷、维修及简单装修，完成27个教室桌椅的更新，新建、改建原多媒体教室18个，在19间教室安装空调。

（6）启动了临床教学基地的教学条件建设。

（7）按照"一个代码、两个类别"方式进行了新的医学长学制招生，创医学本专科生新生录取分数历史新高。

（8）在校生培养工作成绩喜人。4个学生班集体获北京市先进班集体称号，3名学生干部获北京市优秀学生干部称号，11名学生获北京市三好学生称号。

（辛兵、蔡景一、李红）

【教学改革】 在基础课程考核方法中增加课堂小专题讨论、小论文、小测验，内容上注重理论考试与实习考察的有机结合，注重基础课程与临床的密切结合，临床教学考核中加强对学生实践能力的考核即加强能够反映出学生解决临床实际问题能力的出科面试，探索一套既符合医学生不同阶段要求又有各学科特点的面试试题、面试评分方法；采用计算机多媒体考试，使考试更贴近临床实践。

生物医学实验教学中心、化学实验教学中心加大实验教学内容，增加综合性实验及学生自主设计性实验，目前部分融合性实验课程已经开设，实验教材正在编写之中。

【课程建设】 本着"评建结合、以评促建、重在建设"的原则，在本学年度继续进行基础课程教学质量评估工作，申请并通过评估的有基础医学院寄生虫教研室和物理学教研室，通过课程评估大大促进了各学院课程建设，提高了教学质量，达到了以评促建的目的，促进了课程建设，提高了教学质量。

【教材建设】 2001年医学部七十余种教材申报了普通高等教育"十五"国家级规划教材，有34种教材获准立项组织申报北京市高等教育精品教材建设项目，22种自编教材获准立项。

【网络课程】 完成17门医学基础课程（生理、病理、免疫、微生物、细胞生物、遗传、解剖、寄生虫、病生理、药理、组胚、无机、有机、生化、微机应用、物理、数学）网络课程建设，并且挂在校园网上供学生使用。启动16门临床医学专业网络课程建设。部分临床课程已建立了医学教育资源素材库，如医学影像学、核医学、医学检验学、物理诊断学、皮肤性病学等，这些资料在教学中发挥了极大的作用。

【教学管理队伍培训】 受高等医学教育学会教学管理研究会委托，医学部2001承办了首届全国高等医学教育教学质量监控培训班，本次培训工作得到了教育部高教司的指导和支持，培训工作被纳入教育部骨干教师培训计划。全国60多所医药院校的100多名代表参加了培训班，医学部各学院、教学医院的教学管理人员及部分骨干教师也参加了培训。本次培训班主要以教育专家讲座为主，学员对本次培训很满意，认为此次培训对高等医学教育质量的管理在理论方面有了很大提高，对以后工作有很大的帮助。

（蔡景一、王翠先）

【本专科招生工作】 2001年北京大学医学部计划招生940人（本科600人，专科、高职340人），实际招生1049人（本科690人，专科、高职359人，各专业分布：临床医学八年制264人，基础医学40人，口腔医学55人，预防医学66人，药学151人，医学检验33人，护理学43人，医学实验技术30人，药学专科88人，口腔修复19人，临床护理高职94人，临床护理专科128人，临床医学台港澳38人，）其中男生348人，女生701人；保送生13人，体育特长生8人，文艺特长生14人，党员16人，团员989人，台港澳生40人。

各专业录取最高分如下：

专业	最高分	地区
临床医学	694	山东
口腔医学	675	湖北
基础医学	677	山西
药学	676	山东
医学检验	685	山东
护理	681	山东
预防医学	673	山东

2001年北大医学部招生录取分数为历史最高，除西藏、新疆外，各省区的平均分均在600以上，生源充足。在大部分省区，医学部与校本部采取了两个招生代码、校内捆绑式招生的方式；在北京等少数地区采用一个招生代码、分类别（理工类与医学类）提档招生的模式。医学部首次在临床医学、基础医学、口腔医学招收学、硕、博连读生，在预防医学、药学招收学、硕连读生。为此首次组织了由副处级、副高级职称以上人员组成的招生队伍，向大部分省区派了宣传员进行咨询。还组织了对外开放日，举办了指导考生报考志愿的讲座，加学了考生对医学部的了解。

（易本兴、郑丽云）

【教室建设与管理】 2001年为改善教学环境，利用"985"经费，维修改善了32个教室，在多媒体教室安装了10个防盗门，90套电动窗帘，更换27个教室的排椅和课桌椅，共计1975套。改善教学条件，新装教室多媒体设备10套、改装7套、安装空调34台。教学条件的改善促进了教室管理，建立了教师与管理人员使用仪器的交接制度，管理人员上岗挂牌服务，同时与勤工助学中心合作，安排学生维护教室，收到了很好的效果。

（付保平、周英妹）

【医学高等职业教育】 2001年，根据社会需求，医学部高等职业教育设置了医学实验技术、应用药学、临床护理（三年制和两年制）及口腔修复技术专业。首批高职护理专业（二年制）学生毕业，全部走上工作岗位。目前高职高专在校生共674名。

为保证高职高专教育教学质量，医学部要求各专业建立教学工作委员会，定期研究高职高专教学中出现的重要问题。第一、二、三临床医学院建立了临床护理教研室，承担高职高专临床护理教学工作。为适应临床护理教育临床实践扩大教学的需要，为学生创造更多的实践机会，要求其他有关临床医学院及首钢教学医院建立护理教学教研室，以加强师资队伍建设，规范教学管理，并计划制定第二期护理师资队伍培训计划。

2001年医学部根据高职高专教育的专业教学特点，抓了教材建设工作，规范了课程教材的使用，目前高职高专教学绝大部分课程已使用了高职高专系列教材。

（王晓琴）

附　录

表6-1　北京大学本科专业目录

院系名称	专业名称	院系名称	专业名称	院系名称	专业名称
数学科学学院	数学与应用数学 信息与计算科学 统计学	地质学系	地质学 地球化学	国际关系学院	科学社会主义与国际共产主义运动 国际政治 外交学
力学与工程科学系	理论与应用力学 工程结构分析	城市与环境学系	地理科学 资源环境与城乡规划管理 地理信息系统 环境科学 城市规划	经济学院	经济学 国际经济与贸易 财政学 金融学 保险
物理学系	物理学				
地球物理学系	地球物理学 大气科学	心理学系	心理学 应用心理学	光华管理学院	金融学 工商管理 市场营销 会计学 财务管理 人力资源管理
技术物理系	物理学 应用化学	新闻学院	新闻学		
电子学系	电子信息科学与技术	中国语言文学系	汉语言文学 汉语言 古典文献		
计算机科学技术系	微电子学 计算机科学与技术	历史学系	历史学 世界历史	法学院	法学
天文学系	天文学	考古文博院	考古学 博物馆学	信息管理系	编辑出版学 信息管理与信息系统 图书馆学
化学与分子工程学院	化学 材料化学	哲学系	哲学 逻辑学 宗教学	社会学系	社会学 社会工作
生命科学学院	生物科学 生物技术 生态学			政治学与行政管理系	政治学与行政学 行政管理

院系名称	专业名称	院系名称	专业名称	院系名称	专业名称
东方学系	阿拉伯语 日语 波斯语 朝鲜语 菲律宾语 梵语巴利语 印度尼西亚语 印地语 缅甸语 蒙古语 泰语 乌尔都语 希伯莱语 越南语	西方语言文学系	德语 法语 西班牙语	医学部	基础医学 预防医学 临床医学 医学检验 口腔医学 护理学 药学
		俄罗斯语言文学系	俄语		
		英语语言文学系	英语		
		马克思主义学院	思想政治教育		
		艺术学系	广告学 广播电视编导 艺术学 公共事业管理		

表 6-2 北京大学本科课程目录(2000～2001)

课程名称	年级	课程名称	年级	课程名称	年级
数学科学学院		密码学	98	应用回归分析	99
普通统计学		模式识别	98	应用时间序列分析	99
人工神经网络		数值代数 2	98	应用随机过程	99
数学的精神、方法和应用		数字信号处理	98	**力学与工程科学系**	
数学模型(B)		算法设计与分析	98	力学史	
常微分方程	00	同调论	98	常微分方程	00
大学英语(三)(3)	00	微分动力系统	98	大学英语(三)(3)	00
大学英语(四)(3)	00	微分流形	98	大学英语(四)(3)	00
基础物理(下)	00	微分拓扑	98	理论力学(A)(上)	00
计算机(2)上机	00	现代偏微分方程	98	普通物理实验(B)(一)	00
计算机(II)—数据结构	00	有限群论	98	普通物理学(B) 二	00
数学分析(III)	00	有限元方法	98	数学分析(三)	00
数学分析(III)习题	00	运筹学	98	大学英语(一)(3)	01
大学英语(一)(3)	01	证券投资学	98	大学语文	01
高等代数(I)	01	操作系统	99	结构工程概论	01
高等代数(I)习题	01	抽象代数	99	军事理论	01
几何学	01	邓小平理论概论	99	力学概论	01
几何学习题	01	低年级讨论班(1)	99	数学分析(一)	01
军事理论	01	低年级讨论班(2)	99	数学分析习题	01
数学分析(I)	01	计算方法(B)	99	思想品德修养	01
数学分析(I)习题	01	计算机(3)上机	99	线性代数与几何	01
思想品德修养	01	计算机(3)—数据库	99	传热传质引论	98
毕业论文	98	计算机图形学	99	断裂力学	98
边界积分法	98	理论力学	99	概率与统计	98
测度与积分	98	密码学	99	工程CAD(1)	98
程序设计语言	98	模形式	99	工程材料概论	98
泛函分析(二)	98	偏微分方程	99	计算机图像处理	98
非参数统计	98	实变函数	99	计算流体力学	98
非线性分析基础	98	寿险精算	99	结构工程分析	98
风险理论	98	数据库	99	力学实验(下)	98
概率、模型与算法讨论班	98	数理逻辑	99	振动理论	98
高等概率论	98	数理统计	99	钢筋混凝土结构	99
计算机代数	98	数值分析	99	工程弹性力学	99
金融时间序列分析	98	统计数据分析讨论班	99	结构力学	99
李代数	98	微观经济学	99	力学实验(上)	99
李群	98	微机原理	99	流体力学(A)(上)	99

课程名称	年级	课程名称	年级	课程名称	年级
马克思主义政治经济学原理	99	大学英语(三)(3)	00	普通物理实验(A)I	00
数学物理方法(二)	99	大学英语(四)(3)	00	数学物理方法(一)	00
算法与数据结构	99	电子线路(B)	00	数学物理方法习题	00
专业英语	99	高等数学(B)(三)	00	大学英语(一)(3)	01
物理学院		高等数学(B)(三)习题课	00	大学语文	01
非线性物理专题		光学	00	高等数学(B)(一)	01
高等量子力学		光学习题	00	高等数学(B)(一)习题课	01
环境生态学		普通物理实验(A)I	00	高等数学(C)(上)习题课	01
机械制图		数学物理方法(A)(一)	00	计算概论	01
量子统计物理		数学物理方法习题	00	军事理论	01
普通物理综合实验		大学英语(一)(3)	01	力学	01
群论		高等数学(B)(一)	01	力学习题	01
自然科学中的混沌和分形		高等数学(B)(一)习题课	01	思想品德修养	01
大学英语(三)(3)	00	基础天文学	01	核物理实验	98
大学英语(四)(3)	00	计算机概论上机	01	近代物理实验(A)	98
高等数学(B)(三)	00	计算机概论学	01	电动力学	99
高等数学(B)(三)习题课	00	军事理论	01	辐射防护基础	99
光学	00	力学	01	辐射物理基础	99
光学习题	00	力学习题	01	结构与物性	99
普通物理实验(A)I	00	思想品德修养	01	马克思主义政治经济学原理	99
数学物理方法(A)(一)	00	大气动力学精选	98	热力学与统计物理	99
数学物理方法习题	00	大气遥感和遥测	98	数字系统与微机原理	99
大学英语(一)(3)	01	地磁与地电	98	电子学系	
大学语文	01	地球物理观测与实验	98	语识别基本原理(通选课)	
高等数学(B)(一)	01	地热与重力	98	大学英语(三)(3)	00
高等数学(B)(一)习题课	01	电离层物理与电波传播基础	98	大学英语(四)(3)	00
基础天文	01	近代物理实验(B)	98	电路分析原理	00
计算概论	01	空间探测原理和实验	98	电子工艺与测量	00
军事理论	01	理论天体物理学	98	高等数学(B)(三)	00
力学	01	实测天体物理(一)	98	高等数学(B)(三)习题课	00
力学习题	01	数值天气预报	98	光学	00
思想品德修养	01	云物理与大气光声电	98	基础物理实验(I)	00
线性代数	01	大气物理学基础	99	大学英语(一)(3)	01
超导物理学	98	弹性力学	99	高等数学(B)(一)	01
固体结构学	98	电动力学(B)	99	高等数学(B)(一)习题课	01
激光物理学	98	概率统计(B)	99	基础物理中的数学方法	01
近代物理材料实验	98	流体力学(B)	99	计算机基础	01
近代物理凝聚态实验	98	马克思主义政治经济学原理	99	军事理论	01
近代物理实验(A)Ⅱ	98	普通天体物理	99	力学	01
粒子物理	98	热力学与统计物理(B)	99	思想品德修养	01
现代固体物理	98	原子物理	99	线性代数(B)	01
现代物理前沿讲座	98	技术物理系		传感器技术	98
电动力学(A)	99	环境材料导论		电子物理	98
电动力学习题	99	环境科学导论		固体物理	98
电子线路实验	99	环境系统工程概论		计算机网络	98
量子物理学一	99	大学英语(三)(3)	00	近代物理实验(B)	98
马克思主义政治经济学原理	99	大学英语(四)(3)	00	可编程逻辑电路实验	98
热力学与统计物理	99	电子电路基础及实验(一)	00	数字信号处理实验	98
热力学与统计物理习题	99	高等数学(B)(三)	00	通信原理	98
地球物理学系		高等数学(B)(三)习题课	00	电动力学	99
C语言		光学	00	概率论(B)	99

课程名称	年级	课程名称	年级	课程名称	年级
马克思主义政治经济学原理	99	Java 程序设计	99	化工基础实验	98
声学基础	99	半导体物理	99	化工实验	98
数字电路实验	99	编译实习	99	化学动力学	98
数字逻辑电路	99	操作系统	99	结构化学选读	98
算法与数据结构	99	电动力学(B)	99	色谱分析	98
信号与系统	99	概率统计	99	生命化学基础(下)	98
计算机科学技术系		基于 FPGA 的电路设计实现(实验)	99	生物化学实验	98
C 语言				物理有机化学	98
汇编语言程序设计		计算机组织与结构	99	原子光谱分析	98
计算概论		马克思主义政治经济学原理	99	综合化学实验	98
数据结构		热力学与统计物理(B)	99	邓小平理论概论	99
数据库概论		数据结构	99	化学信息学	99
数理逻辑学		微机实验	99	化学专业英语	99
微电子学概论		**天文学系**		环境化学	99
Web 数据仓库技术	00	大学英语(四)(3)	00	结构化学	99
大学英语(三)(3)	00	思想品德修养	01	数字系统与微机原理	99
大学英语(四)(3)	00	**化学与分子工程学院**		物理化学(A)(下)	99
电路分析原理	00	大学化学		物理化学(二)	99
高等数学(B)(三)	00	大学英语(三)(3)	00	物理化学实验(A)(上)	99
高等数学(B)(三)习题课	00	大学英语(四)(3)	00	物理化学实验(上)	99
光学	00	普通物理(B)(二)	00	**生命科学学院**	
普通物理实验(A)I	00	普通物理实验(B)I	00	保护生物学	
数据结构	00	普通物理实验(B)(一)	00	脑科学导论	
微机实验	00	普通物理学(B)二	00	普通摄影及实验	
微型计算机原理	00	线性代数	00	人类的性、生育与健康	
物理学(下)	00	有机化学(上)	00	生物进化论	
Internet 技术与 Web 编程	01	有机化学(一)	00	生物学导论	
大学英语(一)(3)	01	有机化学实验(上)	00	生物英语	
大学语文	01	有机化学实验(一)	00	大学英语(三)(3)	00
电子商务技术	01	大学英语(一)(3)	01	大学英语(四)(3)	00
高等数学(B)(一)	01	大学语文	01	分析化学实验	
高等数学(B)(一)习题课	01	高等数学(C)(上)	01	公共关系学	00
计算引论	01	高等数学(C)(上)习题课	01	脊椎动物比较解剖学	00
军事理论	01	计算概论	01	脊椎动物比较解剖学实验	00
力学	01	计算机上机	01	计算概论及上机	00
力学习题	01	军事理论	01	生物英语	00
思想品德修养	01	普通化学	01	物理化学(生物系非生化专业)(C)	00
网络实用技术实验	01	普通化学实验	01		
线性代数	01	思想品德修养	01	物理学(C)(二)	
线性代数(C)习题	01	材料化学	98	有机化学实验(B)	00
程序语言概论(拟)	98	材料物理	98	大学英语(一)(3)	01
固体物理	98	催化化学	98	大学语文	01
集成电路 CAD	98	电分析化学	98	分子生物学基础	01
计算机网络概论	98	多晶 X 射线衍射	98	高等数学(C)(上)	01
理论计算机科学基础	98	放射化学	98	高等数学(C)(上)习题课	01
软件工程	98	放射化学实验	98	军事理论	01
数据库概论	98	分离化学	98	普通心理学	01
双极集成电路	98	分散体系物理化学	98	思想品德修养	01
微电子学专业实验课	98	分析化学选读	98	无机化学(B)	01
专用集成电路设计	98	辐射化学及辐射加工工艺	98	无机化学实验(B)	01
Internetics	99	高分子物理	98	植物生物学	01

课程名称	年级	课程名称	年级	课程名称	年级
植物生物学实验	01	军事理论	01	应用数理统计方法	00
蛋白质化学	98	普通地质学	01	中国地理	00
动物细胞培养及其应用	98	思想品德修养	01	中国历史地理	00
发育生物学	98	无机化学（B）	01	大学英语（一）(3)	01
化学生态学	98	无机化学实验（B）(地学)	01	地球概论	01
环境毒理学	98	自然资源概论	01	高等数学（B）(一)	01
环境生物学大实验	98	宝石学	98	高等数学（B）(一)习题课	01
可兴奋细胞的生理学及生物物理学	98	成因岩石学	98	高等数学（C）(上)	01
		构造岩石学	98	高等数学（C）(上)习题课	01
生化及分子生物学仪器分析	98	石油地质学	98	环境学基础	01
生理学及生物物理学大实验	98	同位素地质学基础	98	军事理论	01
生物化学及分子生物学大实验	98	大地构造学	99	思想品德修养	01
		地球化学	99	无机化学（C）	01
生物技术制药基础	98	粉末衍射分析	99	无机化学实验（B）(地学)	01
微生物遗传学	98	概率统计(B)	99	自然地理概论	01
细胞分子生物学技术	98	构造岩石学	99	城市发展与规划史	98
细胞生物学及遗传学大实验	98	马克思主义政治经济学原理	99	城市设计	98
细胞生物学课堂讨论	98	算法与数据结构	99	地理信息系统	98
现代生物技术导论	98	同位素地质学基础	99	房地产估价	98
植物分子及发育生物学大实验	98	物理化学(生物系非生化专业)（C）	99	居住区规划	98
				区域经济学	98
植物分子生物学	98	现代地层学	99	土地评价与管理	98
基础分子生物学	99	中国区域地质学	99	仪器分析	98
马克思主义政治经济学原理	99	**城市与环境学系**		应用生态学	98
普通生态学	99	北京历史地理		地理信息系统应用	99
普通物理实验(B)(Ⅱ)	99	地理科学概论		房地产估价	99
生物化学（下）(新陈代谢)	99	地理信息系统概论		分析化学	99
生物化学实验	99	环境学基础		海洋资源与环境	99
同位素应用技术及实验	99	色彩学基础		环境管理学	99
微机原理及上机	99	山水成因赏析		环境经济学	99
微生物学	99	土壤地理实验		环境污染与人体健康	99
微生物学实验	99	文化地理学		环境学基础	99
无线电电子学基础	99	遥感概论		计量地理	99
无线电电子学基础实验	99	程序设计语言(C)	00	计算机地图制图	99
地质学系		大学英语（三）(3)	00	建设项目经济评价	99
地球环境与人类社会		大学英语（四）(3)	00	交通运输地理	99
地球历史概要		地图学	00	马克思主义政治经济学原理	99
大学英语（三）(3)	00	分析化学实验	00	普通生态学	99
大学英语（四）(3)	00	概率统计(C)(理科系)	00	区域与城市经济学	99
分析化学	00	高等数学（B）(三)	00	全球政治地理	99
分析化学实验	00	高等数学（B）(三)习题课	00	水环境化学	99
高等数学（B）(三)	00	管理学原理	00	乡村地理	99
高等数学（B）(三)习题课	00	环境土壤学	00	遥感基础与图像解译原理	99
古生物学	00	美术与制图	00	有机化学（B）	99
固体力学基础	00	普通地貌实习	00	中国地貌与第四纪	99
普通物理实验(C)(一)	00	普通地质实习	00	中国自然地理	99
普通岩石学（上）	00	普通生态学	00	自然资源学原理	99
物理学（C）(二)	00	气象气候学	00	**心理学系**	
大学英语（一）(3)	01	生产实习	00	环境心理学	
高等数学（B）(一)	01	水文学与水资源	00	普通心理学	
高等数学（B）(一)习题课	01	微机应用	00	实验心理学	

课程名称	年级	课程名称	年级	课程名称	年级
心理学概论		中国古代文学史（上）	00	高级汉语	01
知觉和注意		中国近代史	00	古代汉语（上）	01
大学英语（三）(3)	00	中国哲学史	00	古籍整理概论	01
大学英语（四）(3)	00	传播学概论	01	计算机基础与应用（上）	01
概率统计(B)	00	法律基础	01	日本中国学	01
普通物理实验(C)（一）	00	高等数学(D)	01	现代汉语	01
实验心理学（上）	00	高等数学(D)（上）	01	现代汉语（上）	01
实验心理学实验（上）	00	国际政治	01	中国古代史	01
物理学（C）（一）	00	汉语修辞学	01	中国古代史（上）	01
心理统计	00	媒体与国际关系	01	中文工具书使用法	01
大学英语（一）(3)	01	平面广告设计（一）	01	古文献学史（下）	98
高等数学(C)（上）	01	现代汉语	01	理论语言学	98
高等数学(C)（上）习题课	01	新闻传播学概论	01	实验语音学基础	98
军事理论	01	英文新闻写作	01	中国古代文化	98
普通生物学	01	影视文化专题	01	《庄子》	99
普通生物学实验(B)	01	多媒体技术	98	版本学	99
普通心理学（上）	01	CI研究	99	沧浪诗话研究	99
思想品德修养	01	程序设计语言	99	当代文学的历史叙述	99
程序设计基础	98	程序设计语言上机	99	二十世纪外国小说	99
程序设计基础上机	98	出版文化学	99	古代汉语（下）	99
儿童心理学	98	广告策划	99	汉语方言学	99
儿童行为障碍	98	广告实务	99	汉语方言语料分析	99
社会心理学	98	广告文案	99	汉语史（上）	99
意识的科学研究	98	马克思主义政治经济学原理	99	胡风研究	99
变态心理学	99	市场预测	99	九十年代小说与电影	99
马克思主义政治经济学原理	99	选题策划与书刊编辑实务	99	马克思主义政治经济学原理	99
人力资源开发与管理	99	中国古籍资源与整理	99	欧洲文学史	99
认知心理学	99	中国图书出版史	99	说文解字概论	99
神经生物学	99	**中国语言文学系**		孙子兵法	99
神经心理学	99	《论语》《孟子》导读		索绪尔语言学理论	99
生理心理学	99	汉语和汉语研究		台湾文学专题	99
心理测试	99	老庄导读		文学要籍解题	99
组织管理心理学	99	文学概论		文学原理	99
新闻与传播学院		中文工具书及古代典籍概要		文字学	99
跨文化交流学		《楚辞》选读	00	现代汉语规范化	99
民俗学		大学英语（三）(3)	00	现代汉语虚词研究	99
新闻传播理论与实践		大学英语（四）(3)	00	小说的艺术	99
中国古籍资源与整理		古代汉语（上）	00	校勘学	99
中国图书出版史		逻辑导论	00	叙事民俗学理论	99
程序设计语言上机	00	史学要籍解题	00	荀子	99
程序设计语言	00	语言学概论	00	语法研究	99
传播学概论	00	中国当代文学	00	元代戏曲史	99
对外传播概论	00	中国古代文学（一）	00	中国当代文学作品	99
概率论与数理统计	00	中国古代文学史（一）	00	中国古代文化	99
广告美术	00	中国民间文学	00	中国古代文学（三）	99
国际传播	00	中国现代文学史	00	中国古代文学史（三）	99
世界近代史	00	中国现代文学史（上）	00	中国说唱艺术专题	99
外国政治经济制度比较	00	中文工具书使用	00	中国文学理论批评史	99
文学与写作	00	中文工具书使用法	00	**历史学系**	
西方哲学史(A)（下）	00	大学英语（一）(3)	01	比较城市史:地图、形态与文化	
新闻与传播专家论坛	00	高等数学(D)	01		

课程名称	年级	课程名称	年级	课程名称	年级
二十世纪中国军事史		人体骨骼学	00	西方哲学导论(上)	00
二十世纪中外关系史		史前时代考古	00	西方哲学导论(下)	00
拉丁文基础(1)		文物考古技术(上)	00	西方哲学原著导读(形而上学原理)	00
世界通史(上)		中国建筑史(上)	00		
西方历史哲学		中国考古学(上)	00	西方哲学原著选读	00
现代希腊语(1)		大学英语(一)(3)	01	现代科学与哲学	00
现代希腊语(2)		高等数学(C)(上)	01	形而上学	00
政治体制与经济现代化		高等数学(C)(上)习题课	01	印度佛教史	00
中国婚姻、家庭与社会		高等数学(D)	01	中国古代文学史(上)	00
中国近现代文化思想述评		计算机基础与应用(上)	01	中国近代史	00
中国通史(古代部分)		考古学导论	01	中国哲学导论(上)	00
中华民国史专题		世界上古史	01	宗教学导论	00
大学英语(三)(3)	00	思想品德修养	01	大学英语(一)(3)	01
大学英语(四)(3)	00	无机化学(B)	01	高等数学(D)(上)	01
计算机基础与应用(下)	00	无机化学实验(B)(生物学)	01	古代汉语	01
世界近代史	00	中国古代史(一)	01	计算机基础与应用(上)	01
中国近代史	00	不可移动文物保护	98	逻辑导论	01
中国史学史	00	考古学史	98	马克思主义哲学原理(上)	01
大学英语(一)(3)	01	现代科技与考古	98	哲学概论	01
高等数学(D)	01	战国文字	98	计算机基础与应用(下)	98
计算机基础与应用(上)	01	中国建筑史(上)	98	形而上学	98
世界上古史	01	中西文化交流考古学	98	波普的历史哲学	99
中国古代史(上)	01	古建测绘与修缮实习	99	古兰经导读	99
中国历史文选(上)	01	马克思主义政治经济学原理	99	基督教史	99
15—17世纪的欧洲	99	田野考古实习	99	科学技术与社会	99
发展理论文献选读	99	**哲学系**		科学与宗教	99
工业文明的兴起	99	佛教原著导读		伦理学导论	99
考古学通论	99	科学通史		逻辑导论(文科)	99
历史学家与社会学	99	美学原理		马克思主义政治经济学原理	99
马克思主义政治经济学原理	99	社会调查		美学原理	99
世界现代化进程	99	部门艺术美学专题(电影美学)	00	希腊哲学专题	99
宋辽金史专题	99			形而上学	99
外国史学史	99	大学英语(三)(3)	00	伊斯兰教	99
西方历史哲学	99	大学英语(三)(3)	00	中国现代哲学史	99
西方史学名著选读	99	大学英语(四)(3)	00	宗教社会学	99
辛亥革命史	99	代数学引论	00	宗教学名著选读	99
中国古代史料学	99	高等数学(B)(三)	00	**国际关系学院**	
中国婚姻、家庭与社会	99	古代汉语	00	毕业实习	
中国近现代文化思想述评	99	古希腊语导论(下)	00	印度社会与文化	
中国历史名著选读	99	管理哲学	00	中国边疆问题概论	
中国现代思想史	99	后现代主义哲学	00	大学英语(三)(3)	00
中国现代政治制度史	99	环境伦理学与生命伦理学	00	大学英语(四)(3)	00
中美关系史	99	环境哲学	00	邓小平理论概论	00
考古文博学院		基督教和中国文化	00	对外传播概论	00
大学英语(三)(3)	00	计算机基础与应用(下)	00	国际传播	00
大学英语(四)(3)	00	伦理学导论	00	计算机基础与应用(上)	00
汉至清历史文献	00	逻辑哲学专题	00	计算机基础与应用(下)	00
计算机基础与应用(下)	00	马克思主义哲学原理	00	近代国际关系史	00
建筑初步与建筑设计(下)	00	世界近代史	00	台湾概论	00
建筑力学与建筑结构(下)	00	数理逻辑(下)	00	外国政治经济制度比较	00
美术色彩基础(下)	00	西方马克思主义	00	西方社会与文化	00

课程名称	年级	课程名称	年级	课程名称	年级
西方外交思想概论	00	马克思主义哲学原理	00	资产评估	98
政治学理论	00	统计学	00	保险学	99
中国外交史(下)	00	微观经济学	00	财政学	99
中国政治概论	00	线性代数	00	公司财务管理	99
中文报刊选读	00	线性代数	00	管理会计	99
专业汉语	00	线性代数(C)习题	00	管理信息系统	99
专业英语精读	00	大学英语(一)(3)	01	国际贸易	99
专业英语听说	00	高等数学(微积分)(上)	01	会计信息系统	99
传播与文化专题	01	会计学	01	货币金融学	99
大学英语(一)(3)	01	计算机基础与应用(上)	01	运筹学	99
国际政治概论	01	经济学原理	01	中级财务会计(下)	99
计算机基础与应用(上)	01	军事理论	01	**法学院**	
留学生英语	01	马克思经济理论	01	心理卫生学概论	
毛泽东思想概论	01	毛泽东思想概论(文科)	01	大学英语(三)(3)	00
媒体与国际关系	01	习题/高等数学(微积分)(上)	01	大学英语(四)(3)	00
新闻传播学	01			法医学	00
英文新闻写作	01	中华人民共和国经济史	01	国际公法	00
影视编导艺术基础与创作技巧	01	保险法	98	合同法	00
		国际投资学	98	经济学概论	00
中文报刊选读	01	世界经济专题	98	竞争法	00
专业英语精读	01	西方经济学主要流派	98	商标法	00
专业英语听说	01	专业英语	98	外国法制史	00
澳门概论	98	组织行为学	98	物权法	00
当代资本主义研究	98	《资本论》选读	99	西方法律思想史	00
邓小平理论概论	98	产业经济学	99	刑事诉讼法	00
东欧各国政治经济与外交	98	发展经济学	99	债权法	00
翻译理论与实践	98	国际金融	99	著作权法	00
涉外企业管理	98	国际经济制度比较	99	专利文献检索	00
中美经贸关系史	98	经济学说史	99	大学英语(一)(3)	01
德国政治与外交	99	欧盟经济	99	法理学	01
第三世界发展学	99	世界经济专题	99	法律导论	01
俄罗斯政治与外交	99	数理经济学	99	法律导论	01
国际战略学	99	西方财政学	99	法学原理	01
马克思主义政治经济学原理	99	中外管理思想比较	99	高等数学(D)(上)	01
美国政治与外交	99	**光华管理学院**		计算机基础与应用(上)	01
南亚各国政治与外交	99	财务会计	00	民法	01
涉外公共关系与礼仪	99	大学英语(三)(3)	00	宪法学	01
世界政治中的民族问题	99	大学英语(四)(3)	00	刑法	01
外国政治经济制度比较	99	公共关系	00	刑法总论(刑法一)	01
外交学	99	计算机基础与应用(下)	00	刑事诉讼法学	01
现代国际关系史	99	统计学原理	00	行政法与行政诉讼法	01
香港概论	99	微观经济学	00	中国法律思想史	01
英国政治与外交	99	大学英语(一)(3)	01	比较司法制度	98
英语写作	99	高等数学(一)	01	法律实务	98
战后国际关系史	99	管理学原理	01	法学方法论	98
中东政治与外交	99	计算机基础与应用(上)	01	法学流派与思潮	98
中国涉外法律概论	99	经济学	01	国际航空法	98
经济学院		审计学	98	国际税法	98
财政学	00	生产作业管理	98	国际组织法	98
大学英语(三)(3)	00	战略管理	98	竞争法	98
大学英语(四)(3)	00	证券投资学	98	实习	98

课程名称	年级	课程名称	年级	课程名称	年级
司法精神病学	98	图书馆管理	98	历史社会学	99
刑事侦查学	98	图书馆自动化基础	98	马克思主义政治经济学原理	99
专业英语(听力及口语)	98	图书馆自动化系统上机	98	社会问题	99
财政税收法	99	信息政策与法规	98	社会政策	99
房地产法	99	中国名著导读	98	统计学与统计指标	99
国际公法	99	程序设计语言	99	影视文本和社会工作	99
环境法	99	程序设计语言上机	99	**政府管理学院**	
企业法/公司法	99	出版文化学	99	比较政治学概论	00
商法总论	99	电子商务	99	大学英语(三)(3)	00
行政法与行政诉讼法	99	电子商务上机	99	大学英语(四)(3)	00
知识产权法学	99	工具书使用法(2)	99	当代西方国家政治制度	00
信息管理系		广告实务	99	当代中国政府与政治	00
中国名著导读		马克思主义政治经济学原理	99	计算机基础与应用(下)	00
中国文化史		书刊编辑实务(含选题策划)	99	人事管理与人力资源开发	00
程序设计语言	00	文献计量学	99	政府经济学	00
程序设计语言上机	00	信息存储与检索	99	大学英语(一)(3)	01
大学英语(三)(3)	00	信息存储与检索上机	99	高等数学(D)(上)	01
大学英语(四)(3)	00	信息检索	99	计算机基础与应用(上)	01
概率统计(C)(理科系)	00	信息检索上机	99	行政管理学	01
高等数学(B)(三)	00	信息经济学	99	政治学原理	01
高等数学(B)(三)习题课	00	**社会学系**		中国近现代政治发展史	01
欧洲文学史	00	逻辑导论		公共财政学	98
普通目录学	00	人类学导论		政治哲学	98
世界近代史	00	社会性别研究		发展政治学	99
数据结构	00	社会学导论		马克思主义政治经济学原理	99
数据结构上机	00	大学英语(三)(3)	00	普通统计学	99
文献管理(一)	00	大学英语(四)(3)	00	社会调查的理论与方法	99
文献管理(一)上机	00	国外社会学学说	00	行政领导学	99
西方哲学史(A)(下)	00	环境社会学	00	行政诉讼法	99
信息组织	00	计算机基础与应用(下)	00	政策科学	99
中国古代文学史(上)	00	科学社会学	00	政治学行政学专业英语(上)	99
中国近代史	00	社会分层与社会流动	00	**东方学系**	
中国哲学史	00	社会人类学	00	阿拉伯文学、文化与世界	
大学英语(一)(3)	01	社会统计学	00	阿拉伯简史	00
高等数学(B)(一)	01	社会问题	00	阿拉伯语口语(二)	00
高等数学(B)(一)习题课	01	社会心理学	00	阿拉伯语视听(二)	00
高等数学(D)(上)	01	社会性别研究	00	阿拉伯语阅读(一)	00
计算概论	01	数据分析技术	00	波斯语视听说(上)	00
计算概论上机	01	统计学与统计指标	00	朝鲜语视听说(上)	00
思想品德修养	01	影视文本和社会工作	00	东方文学史	
信息管理概论	01	大学英语(一)(3)	01	东方语言文字文化	
中文信息处理	01	高等数学(D)(上)	01	梵语(上)	00
中文信息处理上机	01	计算机基础与应用(上)	01	公共阿拉伯语(上)	00
办公自动化	98	社会学概论	01	公共日语(三)	00
办公自动化上机	98	社会学专题(一)	01	公共日语(一)	00
电子商务	98	马列经典著作选读	98	古代东方文明	00
电子商务上机	98	个案工作	99	汉语语言学	00
多媒体技术	98	环境社会学	99	基础阿拉伯语(三)	00
多媒体技术上机	98	家庭社会学	99	基础波斯语(三)	00
管理信息系统	98	科学社会学	99	基础韩国(朝鲜)语(三)	00
管理信息系统上机	98	劳动社会学	99	基础日语(三)	00

课程名称	年级	课程名称	年级	课程名称	年级
基础越南语（一）	01	缅甸报刊选读（一）	99	西汉笔译（一）	97
基础印地语（三）	00	缅甸文化	99	西汉口译（二）	97
计算机基础与应用（上）	00	缅甸现代文学作品选读（一）	99	奥地利概况	98
日本历史	00			笔译（一）	98
日本社会	00	缅甸语翻译教程（一）	99	德语（四）（上）	98
日语视听说（一）	00	缅甸语视听说（二）	99	德语（四）（上）	98
文学概论	00	日本文化概论	99	德语笔译(2)上/写作	98
伊朗历史和文明概论（上）	00	日本现代文学作品选读	99	德语国家文学史（三）	98
伊斯兰艺术与美学	00	日语词汇学	99	德语写作	98
印地语视听说（一）	00	日语概论	99	法国报刊选读（三）	98
印度概况	00	日语口译指导	99	法国文学史和文学选读（下）	98
语言学概论	00	日语视听说（三）	99	法语（四）（上）	98
韩（朝鲜）半岛概况（上）	01	日语文言语法	99	法语写作（3）	98
基础阿拉伯（一）	01	希伯莱报刊选读	99	口译（一）	98
基础波斯语（三）	01	希伯莱语视听说（四）	99	德语报刊选读（上）	99
基础韩国（朝鲜）语（一）	01	希伯莱语写作（一）	99	德语笔译（一）	99
基础蒙古语（一）	01	印尼报刊选读（一）	99	德语国家文学史与选读（一）	99
基础日语（一）	01	印尼文学选读	99	德语精读（五）	99
基础乌尔都语教程（一）	01	印尼语导游（二）	99	德语口译（上）	99
蒙古文化	01	印尼语视听说（三）	99	德语视听说（五）	99
思想品德修养	01	印尼语译汉语	99	电影	99
越南概况	01	犹太简史	99	法语写作（一）	99
中国古代文学史（上）	01	**西方语言文学系**		高级法语（上）	99
朝（韩）汉翻译教程	98	德语国家国情课		国际金融	99
朝鲜语（韩国语）报刊选读	98	法国报刊选读（一）		计算机基础与应用（上）	99
菲律宾文学史	98	法语文体学		经济法语（一）	99
菲律宾语写作（二）	98	德语精读（三）	00	拉丁美洲文学史和文学选读	99
菲律宾政治与经济	98	德语视听说（三）	00	商务法语（上）	99
高年级日语（三）	98	法国历史	00	西班牙语精读（五）	99
韩国（朝鲜）文学简史（上）	98	法语精读（三）	00	西班牙语口语（四）	99
汉译日教程（上）	98	法语视听说（三）	00	西班牙语视听（五）	99
日本语言文化专题	98	公共德语（上）	00	西班牙语阅读（四）	99
日语报刊选读（下）	98	公共法语（上）	00	西班牙语作文（上）	99
日语视听说（五）	98	计算机基础与应用（上）	00	**俄罗斯语言文学系**	
泰国文学史（上）	98	经济德语	00	俄罗斯及独联体其他国家概况（上）	00
泰语翻译教程（上）	98	西班牙历史和文化概论	00	俄罗斯艺术史（下）	00
泰语泛读（三）	98	西班牙语精读（三）	00	俄语二外（上）	00
泰语口译	98	西班牙语口语（二）	00	俄语视听说（三）	00
泰语视听说	98	西班牙语视听（三）	00	俄语语法（上）	00
英语译菲律宾语（下）	98	西班牙语阅读（二）	00	计算机基础与应用（上）	00
中泰关系	98	德语国家诗歌	01	实践俄语（三）	00
阿拉伯报刊文选（一）	99	德语精读（一）	01	俄语视听说（一）	01
阿拉伯文选（一）	99	德语视听说（一）	01	实践俄语（一）	01
阿拉伯语口语（四）	99	法语精读（一）	01	思想品德修养	01
阿拉伯语视听（四）	99	法语视听说（一）	01	中国古代文学史（上）	01
阿拉伯语写作	99	思想品德修养	01	俄罗斯文学史（三）	98
阿拉伯语阅读（三）	99	西班牙语精读（一）	01	俄语（三）	98
高级希伯莱（一）	99	西班牙语视听（一）	01	俄语报刊阅读（三）	98
高级印尼语（下）	99	中国古代文学史（上）	01	俄语口译（上）	98
高年级日语（一）	99	德语国家文学史与选读（三）	97		
计算机基础与应用（上）	99	拉美魔幻现实主义文学	97	俄语修辞学	98

课程名称	年级	课程名称	年级	课程名称	年级
翻译(三)	98	**外国语学院**		交响乐(初)	
经贸俄语会话(上)	98	大学英语(三)(3)	00	交响乐(中)	
俄罗斯文学史(一)	99	大学英语(四)(3)	00	民族管弦乐(初)	
俄语(一)	99	大学英语(一)(3)	01	民族管弦乐(高)	
俄语报刊阅读(一)	99	邓小平理论概论	99	声乐	
俄语功能语法学	99	**马克思主义学院**		图形艺术与视觉语言	
俄语写作(上)	99	邓小平理论	00	舞蹈(高)	
俄语新闻听力(上)	99	青年学	00	舞蹈(中)	
翻译(一)	99	社会学	00	西方音乐史及名曲欣赏	
计算机基础与应用(上)	99	文秘与写作	00	戏剧艺术概论	
英语语言文学系		英语(三)	00	艺术概论	
英美诗歌名篇选读		英语B	00	影视鉴赏	
测试(A)	00	计算机应用	01	中国传统装饰艺术鉴赏史	
计算机基础与应用(上)	00	伦理学	01	中国近现代音乐简史及名曲欣赏	
口语(三)	00	思想政治教育心理学	01		
欧洲文学选读	00	英语(一)	01	中国卷轴画史	
欧洲文学主题	00	英语A	01	中国美术史及名作欣赏	
普通语言学	00	政治学概论	01	中国书法史及名作欣赏	
文科教育思想选读	00	公共关系学	99	中国书法艺术技法	
写作(一)	00	青年学	99	中国音乐概论	
英语精读(三)	00	思想政治教育原理与方法	99	中外名曲赏析	
英语视听(三)	00	**体育教研部**		传播学	00
阶梯阅读(速读与理解)(一)	01	保健课		大学英语(三)(3)	00
口语(一)	01	滑冰		大学英语(四)(3)	00
思想品德修养	01	健美		广告美术	00
西方文明史	01	健美操		普通概率统计学	00
希腊罗马神话	01	篮球		文学与写作	00
应用文写作	01	排球		艺术社会学	00
英语结构	01	乒乓球		大学英语(一)(3)	01
英语精读(一)	01	太极拳		计算机基础与应用(上)	01
英语视听(三)	01	特训课		美学概论	
英语视听(一)	01	体适能		思想品德修养	01
英语语音(一)	01	体育二		艺术概论	01
测试(B)	98	体育三		艺术学概论	01
汉译英	98	体育四		毕业实习	98
美国文学史与选读(一)	98	体育舞蹈		CI研究	99
莎士比亚新读与欣赏	98	体育一		毕业论文	99
英语戏剧实践	98	网球		广告策划	99
二外(德)(一)	99	武术		广告文案	99
二外(法)(一)	99	形体(女生)		马克思主义政治经济学原理	99
汉英口译	99	艺术体操		市场预测	99
加拿大小说选读	99	游泳		**电化教学中心**	
美国文化	99	羽毛球		传播媒体与信息技术	
美国研究入门	99	足球		影视编导概论	
普通语言学	99	**艺术学系**		**元培计划委员会**	
社会语言学	99	贝多芬专题		军事理论	01
西方思想与近代中国	99	电影简史		**中国经济研究中心**	
英国文学史(一)	99	钢琴		概率统计	
英译汉	99	合唱(中)		概率统计	
英语语体学	99	合唱基础		公司财务	
		基本乐理与管弦乐基础		国际金融	

课程名称	年级	课程名称	年级	课程名称	年级
会计学		毕业讨论班	97	工程制图	00
货币与银行		测度论	97	毛泽东思想概论	00
计量经济学		初等数论(2)	97	普通物理学(B)一	00
经济史		计算机安全性	97	数学分析(二)	00
经济学原理		计算机网络	97	数学分析习题	00
经济与商务统计		计算流体力学	97	体育二	00
人力资源管理		矩阵计算及其应用讨论班	97	线性代数与几何(下)	00
微积分		控制论中的矩阵计算	97	弹性板理论	97
线性代数		偏微分方程数值解讨论班	97	钢结构	97
新制度经济学		期权期货与其他衍生证券	97	工程CAD(2)	97
应用经济学		人工智能 *	97	工程材料概论	97
中级微观经济学		软件工程	97	粘性流体力学	97
教育学院		统计计算	97	弹性力学	98
大学教育与个人及社会的发展		统计软件(SAS系统)	97	邓小平理论	98
		应用多元统计分析	97	工程弹性力学	98
人口研究所		Abel族	98	固体力学进展	98
人口学概论		测度论	98	计算方法	98
环境科学中心		常微与动力系统	98	计算机图形学	98
环境伦理概论		初等数论(2)	98	结构矩阵分析	98
环境法	98	泛函分析	98	流体力学(A)(下)	98
环境规划	98	非寿险精算	98	流体力学进展选讲	98
环境数学模型	98	计算方法(B)	98	材料力学	99
专业英语	98	计算机安全性	98	大学英语(四)(3.5)	99
教务处		计算机网络	98	工程数学	99
大学化学	99	理论计算机科学基础	98	计算概论	99
数学科学学院		流体力学引论	98	理论力学(A)(下)	99
数学的精神、方法和应用		马克思主义政治经济学原理	98	普通物理实验(B)(二)	99
数学分析(II)	0	偏微分方程数值解	98	数学物理方法(一)	99
初等数论(2)	9	软件工程	98	体育四	99
大学英语(二)(3)	00	数学模型	98	微机原理	99
大学英语(三)(3)	00	讨论班(4)	98	物理学院	
大学英语(四)(3)	00	统计计算	98	材料物理	
大学语文	00	统计软件(SAS系统)	98	今日物理	
高等代数(II)	00	拓扑学	98	物理宇宙学基础	
高等代数(II)习题	00	信息科学基础	98	大学英语(二)(3)	00
基础物理(上)	00	应用多元统计分析	98	大学英语(三)(3)	00
计算机(1)—计算概论	00	程序设计技术与方法	99	大学英语(四)(3)	00
计算机(1)上机	00	大学英语(四)(3.5)	99	电磁学	00
毛泽东思想概论	00	复变函数	99	电磁学习题	00
普通统计学(公选)	00	概率论	99	电磁学习题	00
数学分析(II)	00	宏观经济学	99	高等数学(B)(二)	00
数学分析(II)习题	00	集合论与图论	99	高等数学(B)(二)习题课	00
体育二	00	利息理论与应用	99	毛泽东思想概论	00
Abel族	97	数值代数	99	热学	00
毕业论文(汇率)讨论班	97	体育四	99	算法与数据结构	00
毕业论文(证券)讨论班	97	微分几何	99	体育二	00
毕业论文(资产定价)讨论班	97	力学与工程科学系		邓小平理论概论	98
		中国妇女文学史		近代物理实验(A)I	98
毕业论文(1)	97	大学英语(二)(3)	00	量子力学(A)	98
毕业论文(精算)讨论班	97	大学英语(三)(3)	00	量子力学习题	98
毕业实习	97	大学英语(四)(3)	00	量子物理学二	98

课程名称	年级	课程名称	年级	课程名称	年级
大学英语(四)(3.5)	99	数学物理方法(A)(二)	99	仪器分析实验	99
电子线路(B)	99	体育四	99	原子物理	99
理论力学(A)	99	微机原理及上机	99	**电子学系**	
普通物理实验(A)Ⅱ	99	线性代数	99	磁共振基础（全校选修）	
数学物理方法(A)(二)	99	**技术物理系**		大学英语(二)(3)	00
数学物理方法习题	99	大学英语(二)(3)	00	大学英语(三)(3)	00
体育四	99	大学英语(二)(3)	00	大学英语(四)(3)	00
微机原理及上机	99	大学英语(三)(3)	00	大学语文	00
地球物理学系		大学英语(四)(3)	00	电磁学	00
C语言		电磁学	00	高等数学(B)(二)	00
C语言上机		定量分析	00	高等数学(B)(二)习题课	00
环境生态学		定量分析实验	00	计算方法(B)	00
机械制图		高等数学(B)(二)	00	毛泽东思想概论	00
太空探索		高等数学(B)(二)习题课	00	热学与分子物理学	00
C语言	00	高等数学(C)(下)	00	体育二	00
C语言上机	00	高等数学(C)(下)习题课	00	习题课	00
大学英语(二)(3)	00	毛泽东思想概论	00	邓小平理论	98
大学英语(三)(3)	00	普通物理(B)(一)	00	光电子学	98
大学英语(四)(3)	00	热学	00	量子力学(B)	98
大学语文	00	算法与数据结构	00	热力学与统计物理	98
电磁学	00	体育二	00	软件系统	98
电磁学习题课	00	线性代数	00	数字信号处理	98
高等数学(B)(二)	00	高等数学(C)(上)	01	微波技术与电路	98
高等数学(B)(二)习题课	00	高等数学(C)(上)习题课	01	微机原理与接口应用实验	98
毛泽东思想概论	00	邓小平理论	98	大学英语(四)(3.5)	99
热学	00	核电子学及实验	98	电子线路	99
体育二	00	化学信息学	98	电子线路实验	99
磁层与太阳风物理基础	98	环境污染与控制概论	98	基础物理实验(Ⅱ)	99
大气动力学基础	98	计算机软件系统	98	理论力学	99
大气探测学	98	计算物理导论	98	数学物理方法	99
大气物理实验	98	加速器物理基础	98	数学物理方法习题	99
等离子体物理学基础	98	近代物理实验(A)	98	体育四	99
邓小平理论	98	量子力学	98	原子物理学	99
地球物理观测与实验	98	物理化学实验(下)	98	**计算机科学技术系**	
地热与重力	98	应用化学基础	98	编译技术	
地震学	98	原子核物理	98	操作系统	
计算方法(B)	98	大学英语(四)(3.5)	99	集合论与代数结构	
量子力学(B)	98	电工电子学及实验	99	计算机网络	
普通地质学	98	电子电路基础及实验(二)	99	软件工程	
实测天体物理(一)	98	环境材料导论	99	微型计算机原理	
数值算法与程序设计	98	环境科学导论	99	程序设计实习	00
天气学	98	环境系统工程概论	99	大学英语(二)(3)	00
天气诊断分析	98	理论力学	99	大学英语(三)(3)	00
统计气象学	98	普通物理实验(A)Ⅱ	99	大学英语(四)(3)	00
英语专业阅读	98	普通物理实验(B)Ⅱ	99	电磁学	00
大学英语(四)(3.5)	99	人类生存发展与核科学	99	电磁学习题	00
电子线路实验	99	数学物理方法(二)	99	电磁学习题	00
理论力学(B)	99	体育四	99	高等数学(B)(二)	00
普通物理实验(A)Ⅱ	99	物理化学(一)	99	高等数学(B)(二)习题课	00
数据结构	99	线性代数(C)	99	集合论与图论学	00
数据结构上机	99	仪器分析	99	毛泽东思想概论	00

课程名称	年级	课程名称	年级	课程名称	年级
热学	00	高等数学(B)(二)习题课	00	高等数学(C)(下)	00
数字逻辑	00	毛泽东思想概论	00	高等数学(C)(下)习题课	00
数字逻辑实验	00	热学	00	毛泽东思想概论	00
体育二	00	算法与数据结构	00	体育二	00
微电子学概论	00	**化学与分子工程学院**		物理学(C)(一)	00
物理学(上)	00	生产实习		现代生命科学讲座	
算法与数据结构	1	大学英语(二)(3)	00	现代生物学概论	00
mos集成电路	98	大学英语(三)(3)	00	有机化学(B)	
半导体器件物理	98	大学英语(四)(3)	00	有机化学(B)	
操作系统实习	98	定量分析	00	毕业论文	97
邓小平理论	98	定量分析实验	00	邓小平理论	98
邓小平理论概论	98	高等数学(C)(下)	00	昆虫学及实验	98
电子电路设计制作工艺(实验)	98	高等数学(C)(下)习题课	00	免疫学	98
		毛泽东思想概论	00	神经解剖学及实验	98
电子线路	98	普通物理学(B)一	00	生理学(B)	98
工艺原理	98	算法与数据结构	00	生理学实验(B)	98
计算机图形学	98	算法与数据结构上机	00	生物大分子晶体学基础	98
计算机组织与结构	98	体育二	00	生物化学实验	
量子力学(B)	98	化学实验室安全技术	97	生物技术大实验	98
面向对象技术引论	98	材料化学导论	98	微机原理及上机	98
人机交互	98	邓小平理论	98	微生物大实验	
数字化艺术	98	高分子化学	98	细胞生物学	98
算法与数据结构	98	化工基础	98	细胞生物学实验	98
物理学(下)	98	界面化学	98	遗传工程学	
专用集成电路设计	98	生命化学基础(上)	98	遗传学	98
Java程序设计	99	天然产物化学	98	遗传学实验	
UNIX程序设计环境	99	无机化学	98	植物生理学	
编译技术	99	无机化学实验	98	植物生理学实验	98
大学英语(四)(3.5)	99	物理化学实验(A)(下)	98	大学英语(四)(3.5)	99
代数结构与组合数学	99	有机化合物光谱鉴定	98	普通物理实验(B)(一)	99
电子线路	99	大学英语(四)(3.5)	99	生物化学(上)(生物分子的化学)	99
电子线路基础实验(B)	99	今日化学	99		
汇编语言程序设计	99	普通物理实验(B)(Ⅱ)	99	生物统计学	
理论力学(B)	99	体育四	99	生物英语	99
普通物理实验(A)Ⅱ	99	物理化学(A)(上)	99	算法与数据结构及上机	99
数据结构	99	线性代数	99	体育四	99
数学物理方法(B)	99	仪器分析	99	物理化学实验	99
数学物理方法习题	99	仪器分析实验	99	细胞生物学	99
体育四	99	**生命科学学院**		细胞生物学实验	99
物理学(下)	99	普通生物学实验(B)		**地质学系**	
原子物理	99	人类的性、生育与健康		地史中的生命	
天文学系		生态学概论		矿产资源经济概论	
近代天体物理学		生物伦理学		新地球科学观	
现代天文学		生物学导论		自然灾害与对策	
大学英语(二)(3)	00	生物英语		自然资源与社会发展	
大学英语(三)(3)	00	大学英语(二)(3)	00	大学英语(二)(3)	00
大学英语(四)(3)	00	大学英语(三)(3)	00	大学英语(四)(3)	00
大学语文	00	大学英语(四)(3)	00	大学语文	
电磁学	00	动物生物学	00	高等数学(B)(二)	
电磁学习题	00	动物生物学实验	00	高等数学(B)(二)习题课	00
高等数学(B)(二)	00	分析化学(B)	00	计算概论	00

课程名称	年级	课程名称	年级	课程名称	年级
结晶学与矿物学	00	城市总体规划原理	98	比较心理学	98
毛泽东思想概论	00	邓小平理论	98	邓小平理论	98
体育二	00	环境工程原理	98	儿童阅读障碍的理论与实践	98
物理学（C）(一)	00	环境监测与实验	98	发展心理学	98
元素地球化学	97	环境评价	98	高级统计spss上机	98
邓小平理论	98	环境生物学	98	认知心理学	98
地貌与第四纪地质	98	环境演变与全球变化	98	生理心理实验	98
地震地质学	98	居住区规划	98	大学英语（四）(3.5)	99
古生态学与古环境分析	98	空间结构与组织	98	生理学（B）	99
矿产经济学	98	历史地理	98	生理学实验（B）	99
矿床学	98	旅游地理学	98	实验心理学（下）	99
微机原理及上机	98	旅游规划	98	实验心理学实验（下）	99
线性代数	98	综合自然地理学	98	体育四	99
岩石学研究方法	98	沉积与环境	99	微机原理及上机	99
中国区域地质学	98	大学英语（四）(3.5)	99	**中国语言文学系**	
大学英语（四）(3.5)	99	地理信息系统	99	文学概论	
地球物理学	99	工业地理学	99	中国古代文化	
地史学	99	环境模型	99	中文工具书及古代典籍概要	
地质摄影	99	计算机图形学	99	大学英语（二）(3)	00
地质制图	99	建筑概论	99	大学英语（三）(3)	00
构造地质学	99	旅游规划	99	大学英语（三）(3)	00
计算概论	99	软件工程	99	大学英语（四）(3)	00
普通岩石学	99	数据库概论	99	古代汉语（下）	00
体育四	99	水环境化学	99	古文选读	00
城市与环境学系		算法与数据结构	99	汉字书法	00
板块构造与地震		体育四	99	计算机基础与应用（上）	00
海岸环境、开发与管理		土壤地理学原理	99	思想品德修养	00
环境学基础		文化地理学	99	体育二	00
全球变化及其对策		现代自然地理学实验方法	99	文学原理	00
人与海洋		线性代数	99	先秦诸子概况	00
中国历史地理		植物地理学	99	现代汉语（下）	00
城市生态学	00	**心理学系**		现代汉字学	00
大学英语（二）(3)	00	大学生心理卫生与咨询		中国当代文学	00
大学英语（三）(3)	00	社会心理学		中国古代史（下）	00
大学英语（四）(3)	00	CNS解剖	00	中国古代文化	00
大学语文	00	大学英语（二）(3)	00	中国现代文学史	00
地貌学	00	大学英语（三）(3)	00	《汉书》导读	98
地学基础	00	大学英语（四）(3)	00	《吕氏春秋》研读	98
高等数学(B)（二）	00	大学语文	00	《论语》《孟子》选读	98
高等数学(B)（二）习题课	00	高等数学(C)（下）	00	版本学	98
高等数学(C)（下）	00	Q高等数学(C)（下）习题课	00	比较文学原理	98
高等数学(C)（下）习题课	00	毛泽东思想概论	00	邓小平理论概论	98
计算概论	00	普通心理学（下）	00	地下出土文字资料选读	98
经济学概论	00	体育二	00	敦煌文献概要	98
毛泽东思想概论	00	物理学(C)	00	俄苏文学	98
软件工程	00	线性代数	00	方言调查	98
体育二	00	教育心理学	97	方言专题	98
物理学(C)	00	脑与免疫	97	古文献学史（上）	98
沉积与环境	98	认知神经科学	97	汉语史（下）	98
城市化与城市体系	98	心理学史	97	汉语修辞学	98
城市基础设施规划	98	SPSS统计软件包	98	鲁迅研究	98

课程名称	年级	课程名称	年级	课程名称	年级
论语	98	大学英语(四)(3)	00		
孟子研究	98	世界中古史	00	马克思主义政治经济学原理	98
民间文学概论	98	思想品德修养	00	三国两晋南北朝隋唐考古	98
诗歌写作	98	体育二	00	宋辽金元考古	98
诗经	98	中国古代史(下)	00	文化人类学	98
文艺美学	98	中国历史文选(下)	00	文物保护材料学	98
现代汉语虚词	98	当代西方史学	98	文物法规与行政管理	98
学年论文	98	德国史专题	98	文物修复与复制	98
训诂学	98	邓小平理论概论	98	物理化学实验	98
语义学	98	东北亚史	98	学年论文	98
语音专题研讨	98	敦煌学概论	98	印度与中亚佛教考古	98
元明清散曲	98	古代希腊史	98	《工程作法则例》与明清建筑	99
哲学要籍解题	98	美国文化史	98	博物馆藏品管理与陈列	99
中国当代文学	98	明清经济与社会	98	大学英语(四)(3.5)	99
中国古代文学(四)	98	欧洲启蒙运动	98	当代世界经济与政治	99
中国古代文学史(四)	98	秦汉史专题	98	动物考古学	99
中国现代小说选读	98	世界古代史文献导读	98	美术色彩基础(下)	99
中国语言学史	98	斯拉夫文化史	98	体育四	99
大学英语(四)(3.5)	99	晚清史专题	98	田野考古学概论	99
当代世界经济与政治	99	文史知识专题	98	文物法规与行政管理	99
古代汉语(上)	99	先秦史专题	98	文物考古技术	99
汉语写作	99	意大利早期工业化进程研究	98	原史时期考古	99
汉语音韵学	99	印度现代史	98	中国古代陶瓷	99
计算机基础与应用(下)	99	中国古代军事史专题	98	中国建筑史(下)	99
目录学	99	中国古代民族史	98	中国考古学(下)	99
世界现代史	99	中国区域历史地理—地缘政治、区域经济与文化	98	**哲学系**	
体育四	99			辩证唯物主义专题	
文字学	99	中国现代对外关系史	98	当代中国哲学重大问题专题	
现代汉语词汇	99	资本主义史	98	古希腊语导论(上)	
语义学	99	大学英语(四)(3.5)	99	管理哲学	
中国古代文化	99	当代世界史	99	后现代主义哲学	
中国古代文学(二)	99	史学概论	99	基督教和中国文化	
中国古代文学史(二)	99	世界现代史	99	科学哲学	
中国古代文学史(下)	99	体育四	99	逻辑导论	
中国现代史	99	中国现代史	99	社会哲学	
中国现代文学史(上)	99	中华人民共和国史	99	西方马克思主义研究	
中国哲学史(A)(下)	99	**考古文博学院**		现代科学的哲学问题	
历史学系		博物馆学导论	00	现代西方哲学	
欧洲启蒙运动		大学英语(二)(3)	00	伊斯兰教专题	
人类发展与环境变迁		大学英语(三)(3)	00	艺术与人生	
世界通史(下)		大学英语(四)(3)	00	应用伦理学引论	
西方文明史导论		古文字与先秦文献	00	哲学与当代中国	
现代希腊语		建筑初步与建筑设计(上)	00	知识论	
中国古代政治与文化		建筑力学与建筑结构(上)	00	中国佛教史	
中国近代疆域变迁史		美术素描基础(下)	00	中国古代思想世界(下)	
中国书法(技法与理论)		世界遗产	00	中国美学史(B)	
中国通史(近代部分)		思想品德修养	00	大学英语(二)(3)	00
资本主义史		体育二	00	大学英语(二)(3.5)	00
大学英语(二)(3)	00	中国古代史(二)	00	大学英语(三)(3)	00
大学英语(二)(3)	00	不可移动文物保护	98	大学英语(四)(3)	00
大学英语(三)(3)	00	邓小平理论	98	高等数学(B)(二)习题课	00

课程名称	年级	课程名称	年级	课程名称	年级
古代汉语(下)	00	中亚各国政治与外交	97	公司财务	98
计算机基础与应用(下)	00	冲突学概论	98	国际信贷	98
军事理论	00	东南亚各国政治与外交	98	计量经济学	98
逻辑导论	00	翻译理论与实践	98	跨国公司管理	98
马克思主义哲学原理(下)	00	国际冲突与危机管理体制	98	利息理论与应用	98
世界上古,中古史	00	国际政治概论	98	欧盟经济	98
数理逻辑	00	经济外交	98	日本经济管理	98
体育二	00	世界环境与发展	98	商务日语	98
西方哲学导论(上)	00	中俄关系	98	市场营销学	98
心理学概论	00	中美关系史	98	投资银行学	98
中国古代史(下)	00	传播与文化专题	99	财政学	99
中国哲学导论(下)	00	大学英语(四)(3.5)	99	大学英语(四)(3.5)	99
高等数学(B)(二)	01	国际政治经济学	99	当代世界经济与政治	99
邓小平理论(3学分)	98	冷战后国际关系	99	概率论与数理统计	99
邓小平理论概论	98	两岸关系与一国两制	99	国际贸易	99
逻辑哲学	98	日本政治与外交	99	宏观经济学	99
马克思主义哲学史	98	世界社会主义理论与实践	99	货币银行学	99
圣经导读	98	体育四	99	劳动经济学	99
异释逻辑	98	外国政治思想史	99	体育四	99
大学英语(四)(3.5)	99	现代国际关系史	99	习题/概率论与数理统计	99
当代世界经济与政治	99	中文报刊选读	99	中国经济思想史	99
基督教原典	99	专业汉语	99	转轨经济问题研究	99
美学原理	99	专业英语精读	99	**光华管理学院**	
体育四	99	专业英语听说	99	大学英语(二)(3)	00
新儒家研究	99	专业英语听说	99	大学英语(二)(3)	00
伊斯兰教(下)	99	**经济学院**		大学英语(三)(3)	00
应用伦理学专题	99	大学英语(二)(3)	00	大学英语(四)(3)	00
中国哲学导论(下)	99	大学英语(二)(3)	00	多元微积分	00
国际关系学院		大学英语(三)(3)	00	基础会计	00
美国文化与社会		大学英语(四)(3)	00	军事理论	00
台湾概论		高等数学(微积分)(下)	00	民商法	00
文科论文写作		计算机基础与应用(上)	00	体育二	00
传播学研究方法	00	经济学基础(下)	00	线性代数	00
大学英语(二)(3)	00	思想品德修养	00	金融衍生工具	97
大学英语(三)(3)	00	体育二	00	C语言	98
大学英语(四)(3)	00	外国经济史	00	高级财务会计	98
国际关系与国际法	00	习题/高等数学(微积分)(下)	00	国际金融	98
留学生英语	00			金融市场与金融机构	98
说服学	00	保险投资学	97	经营案例分析	98
思想品德修养	00	房地产经济学	97	企业伦理	98
体育二	00	国际金融专题	97	人力资源管理	98
新闻传播学	00	国际税收	97	社会主义改革与建设	98
英文新闻写作	00	开发经济学	97	税法与税务会计	98
中俄关系	00	期权定价理论与项目评估	97	产业经济学	99
中国外交史(上)	00	企业战略管理	97	成本会计	99
中国文化概论	00	日本经济管理	97	大学英语(四)(3.5)	99
中文报刊选读	00	随机过程	97	当代世界经济与政治	99
专业英语精读	00	证券市场	97	宏观经济学	99
专业英语听说	00	保险精算	98	体育四	99
非洲政治与外交	97	保险投资学	98	统计学原理	99
世界宗教与国际社会	97	风险管理学	98	中级财务会计(上)	99

课程名称	年级	课程名称	年级	课程名称	年级
法学院		物权法	99	编辑写作	99
英美侵权法		知识产权法学	99	传播学原理	99
大学英语(二)(3)	00	知识产权法学	99	大学英语(四)(3.5)	99
大学英语(三)(3)	00	**信息管理系**		当代世界经济与政治	99
大学英语(四)(3)	00	电子资源的检索与利用		工具书使用法(1)	99
国际公法	00	书评研究		广告概论	99
国际技术转让法	00	中国历史文献学		计算机基础与应用(下)	99
国际私法	00	中国文化史		社会实践	99
计算机基础与应用(上)	00	编辑出版概论	00	世界现代史	99
经济法学	00	程序设计实习	00	数据结构	99
逻辑导论	00	程序设计实习上机	00	数据结构上机	99
民法总论	00	大学英语(二)(3)	00	数据库系统	99
民事诉讼法	00	大学英语(三)(3)	00	数据库系统上机	99
青少年法学	00	大学英语(四)(3)	00	体育四	99
思想品德修养	00	大学语文	00	微机基础	99
体育二	00	高等数学(B)(二)	00	文献管理(二)	99
刑法分论(刑法二)	00	高等数学(B)(二)习题课	00	信息环境论	99
行政法与行政诉讼法	00	高等数学(D)(下)	00	中国古代文学史(下)	99
知识产权导论与专利法	00	古代汉语(下)	00	中国现代史	99
中国法制史	00	逻辑导论(文科)	00	中国哲学史(A)(下)	99
专业英语	00	世界上古,中古史	00	**社会学系**	
国际海洋法	97	思想品德修养	00	西方社会学理论	
国际环境法	97	体育二	00	大学英语(二)(3)	00
国际金融法	97	文化学论著选读	00	大学英语(三)(3)	00
会计法	97	文献资源建设	00	大学英语(四)(3)	00
票据法	97	西方哲学导论(上)	00	高等数学(D)(下)	00
司法鉴定学	97	线性代数	00	国外社会学学说	00
刑事执行法	97	信息管理概论	00	军事理论	00
专业英语(听力及口语)	97	中国古代史(下)	00	社会工作概论	00
保险法	98	中国古代文献基础(下)	00	思想品德修养	00
法律社会学	98	毕业论文	97	体育二	00
国际技术转让法	98	毕业设计	97	现代生物学概论	00
国际经济法	98	出版经营管理	98	专业外语	97
海商法	98	邓小平理论	98	组织社会学	97
金融法/银行法	98	广告概论	98	城市社会学	98
劳动法与社会保障法	98	计算机网络	98	邓小平理论概论	98
马克思主义政治经济学原理	98	计算机网络基础	98	经济社会学	98
外国民商法	98	计算机网络上机	98	农村社会学	98
外国宪法	98	市场营销学	98	人力资源开发与管理	98
大学英语(四)(3.5)	99	市场营销学	98	社会保障与社会福利	98
当代世界经济与政治	99	数据库系统	98	社会行政	98
法理学	99	数据库系统上机	98	市场调查与预测	98
犯罪学	99	线性代数	98	团体工作	98
国际技术转让法	99	信息分析与决策	98	西方社会思想史	98
国际金融法	99	信息服务与用户	98	专业外语	98
国际投资法	99	信息管理概论	98	组织社会学	98
计算机基础与应用(下)	99	信息环境论	98	城市社会学	99
计算机技术的法律保护	99	中国历史文献学	98	大学英语(四)(3.5)	99
经济法学	99	中外出版业(系列讲座)	98	当代世界经济与政治	99
民事诉讼法	99	著作权法	98	计算机技术	99
体育四	99	专业英语	98	科学社会学	99

课程名称	年级	课程名称	年级	课程名称	年级
社会调查与研究方法	99	阿拉伯语视听(一)	00	泰语泛读(二)	98
社会人口学	99	波斯语视听说(上)	00	泰语听力(下)	98
社区工作	99	韩(朝鲜)半岛概况(下)	00	泰语写作(下)	98
体育四	99	基础阿拉伯语(二)	00	泰语演讲与叙事	98
线性代数(D)	99	基础波斯语(二)	00	英语译菲律宾语(上)	98
中国社会	99	基础韩国(朝鲜)语(二)	00	中国与菲律宾交流史	98
政府管理学院		基础日语(二)	00	阿拉伯伊斯兰文化	99
西方社会政治思想史		基础印地语(二)	00	阿拉伯语口语(三)	99
现代管理科学		毛泽东思想概论	00	阿拉伯语视听(三)	99
政治学原理		日语会话	00	阿拉伯语语法	99
中国近现代政治发展史论		体育二	00	阿拉伯语阅读(二)	99
中国政治与政府过程		印地语视听(一)	00	大学英语(四)(3.5)	99
大学英语(二)(3)	00	中国古代文学史(下)	00	当代世界经济与政治	99
大学英语(三)(3)	00	阿拉伯小说	97	高级印尼语(上)	99
大学英语(四)(3)	00	朝鲜语发展史	97	基础阿拉伯语(四)	99
高等数学(D)(下)	00	高年级日语视听说	97	基础缅甸语(四)	99
思想品德修养	00	韩国(朝鲜)文学简史(下)	97	基础缅甸语(四)	99
体育二	00	韩国(朝鲜)语文体学	97	基础日语(四)	99
西方政治思想史	00	汉(韩)朝翻译教程	97	基础希伯莱语(四)	99
中国政治制度史	00	汉译日教程(下)	97	马来西亚概况	99
邓小平理论概论	98	汉越语口译	97	缅甸语视听说(一)	99
公共关系学	98	蒙古文献阅读	97	缅甸语语法	99
秘书学与秘书工作	98	蒙古语翻译教程(下)	97	日语句法	99
民族政治学	98	蒙古语写作(下)	97	日语视听说(二)	99
西方当代政治思想	98	日本散文与评论(下)	97	体育四	99
政党学概论	98	实习	97	希伯莱语视听说(四)	99
政治学行政学专业英语(下)	98	乌尔都语翻译课程(三)	97	印度尼西亚历史(二)	99
大学英语(四)(3.5)	99	乌尔都语文学史	97	印度尼西亚文体学	99
当代世界经济与政治	99	乌尔都语戏剧选	97	印度尼西亚语实用语法	99
体育四	99	越南文学名著赏析	97	印尼语导游(一)	99
西方文官制度	99	越南语视听说(四)	97	印尼语视听说(二)	99
行政法学	99	朝鲜语(韩国语)报刊选读	98	中国现代文学史	99
政治管理学	99	邓小平理论	98	中日文化交流史	99
中国现代政治思想	99	菲律宾历史(二)	98	西方语言文学系	
中国政党与政治	99	菲律宾语报刊选读	98	公共德语(下)	
中国政治思想史	99	菲律宾语写作(一)	98	公共法语(下)	
组织与管理	99	高年级泰语(二)	98	德语精读(二)	00
东方学系		韩国(朝鲜)古代文学导读	98	德语视听说(二)	00
阿拉伯伊斯兰文化		韩国(朝鲜)语方言	98	法语精读(二)	00
藏语(下)		韩国(朝鲜语)语法	98	法语视听说(二)	00
东方文化		汉(韩)朝翻译教程	98	毛泽东思想概论	00
东方文学史		计算机基础与应用(下)	98	体育二	00
梵语(下)		日本古典作品选读	98	西班牙语精读(二)	00
公共阿拉伯(下)		日本近代小说(下)	98	西班牙语口语(一)	00
公共日语(二)		日本文学史	98	西班牙语视听(二)	00
公共日语(四)		日译汉教程	98	西班牙语阅读(一)	00
汉语语言学		日语报刊选读(上)	98	德语泛读(辅修)(二)	1
基础印尼语(下)		日语敬语	98	德语精读(辅修)(二)	1
语言学概论		日语视听说(四)	98	德语视听(辅修)(二)	1
中日文化交流史		日语作文指导	98	法语泛读(辅修)(二)	1
阿拉伯语口语(一)	00	泰文报刊选读(下)	98	法语精读(辅修)(二)	1

课程名称	年级	课程名称	年级	课程名称	年级
法语视听(辅修)(二)	1	货币银行学	99	英语文化	00
西班牙语精读(辅修)(二)	1	经济法语入门	99	英语语音(二)	00
西班牙语视听(辅修)(二)	1	拉丁美洲历史和文化概论	99	语法语义学	00
西班牙语阅读(辅修)(二)	1	欧洲文学史	99	语言学引论	00
德语泛读(辅修)(四)	2	体育四	99	美国文学史与选读(二)	97
德语精读(辅修)(四)	2	西班牙语精读(四)	99	报刊选读	98
德语视听(辅修)(四)	2	西班牙语口语(三)	99	邓小平理论	98
法语泛读(辅修)(四)	2	西班牙语视听(四)	99	二外(德)(二)	98
法语精读(辅修)(四)	2	西班牙语阅读(三)	99	二外(法)(二)	98
法语视听(辅修)(四)	2	**俄罗斯语言文学系**		美国研究入门	98
笔译(二)	97	俄罗斯艺术史(上)		美国政法体制	98
德语(四)(下)	97	俄苏诗歌(公选)		文化与翻译批评	98
德语笔译(2)下/写作	97	俄苏小说(公选)		英国散文名篇	98
德语国家小说	97	俄语视听说(二)	00	英国文学史(二)	98
法国报刊选读(四)	97	毛泽东思想概论	00	英国小说选读	98
法语写作(4)	97	实践俄语(二)	00	英语语体学	98
高年级法语阅读	97	体育二	00	语言与文化	98
国际金融专题	97	中国古代文学史(下)	00	测试(A)	99
阶梯阅读(二)	97	俄罗斯文学史(四)	97	当代世界经济与政治	99
经济法语(4)	97	俄语(四)	97	计算机基础与应用(下)	99
口译(二)	97	俄语口译(下)	97	口语(四)	99
口语(二)	97	俄语语法(下)	97	欧洲现代文学选读	99
投资学	97	翻译(四)	97	体育四	99
西班牙语(4)下	97	经贸俄语会话(下)	97	文学形式导论	99
西班牙语作文(三)	97	邓小平理论	98	西方思想传统	99
西汉口译(二)	97	俄罗斯文学史(二)	98	写作(二)	99
英语精读(二)	97	俄语(二)	98	英语精读(四)	99
英语视听(二)	97	俄语报刊阅读(二)	98	英语视听(四)	99
德语(三)(下)	98	俄语写作(下)	98	**外国语学院**	
德语报刊选读(下)	98	俄语新闻听力(下)	98	美国研究入门	
德语笔译(1)下	98	翻译(二)	98	大学英语(二)(3)	00
德语国家文学史(二)	98	计算机基础与应用(下)	98	大学英语(三)(3)	00
德语口语(下)	98	大学英语(四)(3.5)	99	大学英语(四)(3)	00
邓小平理论	98	当代世界经济与政治	99	**马克思主义学院**	
法国报刊选读(二)	98	俄罗斯及独联体其他国家概况(下)	99	环境哲学	
法国文学史和文学选读(上)	98			现代西方哲学思潮研究	
法语(3)下	98	俄语视听说(四)	99	当代世界经济与政治	00
法语视听说(六)	98	俄语语法(下)	99	科学社会主义理论与实践	00
法语写作(2)	98	实践俄语(四)	99	伦理学	00
计算机基础与应用(下)	98	体育四	99	思想政治教育原理与方法	00
经济德语	98	中国现代文学史	99	英语(二)	00
商务法语(下)	98	**英语语言文学系**		英语B	00
奥地利概况	99	跨文化交际		思想政治教育心理学	98
大学英语(四)(3.5)	99	英译汉		思想政治教育心理学	99
当代世界经济与政治	99	中西文化比较		思想政治教育原理与方法	99
德语精读(四)	99	阶梯阅读(二)	00	文秘与写作	99
德语视听说(四)	99	口语(二)	00	英语(四)	99
德语语法专题	99	毛泽东思想概论	00	英语A	99
法语精读(四)	99	体育二	00	**艺术学系**	
法语视听说(四)	99	英语精读(二)	00	钢琴	
国际贸易	99	英语视听(二)	00	合唱基础	

课程名称	年级	课程名称	年级	课程名称	年级
基本乐理与管弦乐基础		中西艺术思想专题	99	信息技术与当代教育改革	
交响乐(初)		**电化教学中心**		中国古典园林	
交响乐(中)		传播媒体与信息技术		中国近代建筑史	
美国电影概论		因特网的最新实用技术及其应用		大学化学实验	98
民族管弦乐(高)				数字系统与微机原理	99
民族管弦乐(中)		影视编导概论		**英语语言文学系**	
莫扎特专题		**中国经济研究中心**		大学英语 ABC(二)(3)	00
声乐		INTERNET 与 WEB 技术		大学英语(二)(3)	00
十九世纪欧洲浪漫主义音乐		法律经济学		大学英语(三)(3)	00
舞蹈(高)		复变函数		大学英语(四)(3)	00
舞蹈(中)		国际贸易		大学英语(四)(3.5)	99
西方现代艺术史(1)		计量经济学		大学英语 ABC(四)(3.5)	99
西方音乐史及名曲欣赏		经济史		大学英语口语	99
戏剧新探索(2)		经济学前沿理论与方法		高级英语	99
现代音乐专题		经济与商务统计		**马克思主义学院**	
艺术概论		劳动经济学		毛泽东思想概论	00
影视鉴赏		农业经济学		思想品德修养	00
油画技法		人力资源管理		思想品德修养	00
中国电影史(1)		投资分析		邓小平理论	98
中国美术史及名作欣赏		卫生经济学		邓小平理论概论	98
中国书法史及名作欣赏		政府,市场和金融中介		马克思主义政治经济学原理	98
中国书法艺术技法		中国经济专题		当代世界经济与政治	99
中外名曲赏析		中级宏观经济学		**体育教研部**	
大学英语(二)(3)	00	中级微观经济学		体育二	00
大学英语(三)(3)	00	**环境科学中心**		体育四	99
大学英语(四)(3)	00	毕业论文	97	**电化教学中心**	
高等数学(D)(下)	00	环境科学专题讲座	97	计算机基础与应用(上)	00
毛泽东思想概论	00	城市总体规划原理	98	计算机基础与应用(下)	98
平面广告设计(二)	00	邓小平理论	98	**武装部**	
市场营销原理	00	环境管理	98	军事理论	00
体育二	00	环境经济学基础	98	**英语语言文学系**	
艺术概论	00	软件系统	98	大学英语(三)(3)	00
中西艺术思想专题	00	生产实习	98	大学英语(四)(3)	00
广告综合研究	97	微机原理及上机	98	大学英语 ABC(三)(3)	00
CI 研究	98	**医学部教学办**		大学英语口语	00
邓小平理论	98	高等数学(C)(下)	00	网络英语写作与口语	00
广告媒体研究	98	高等数学(C)(下)习题课	00	大学英语(二)(3)	01
广告管理	98	算法与数据结构及上机	00	大学英语(二)(3)	01
广告实例分析	98	物理学(D)	00	大学英语(三)(3)	01
广告学概论	98	物理学(D)	00	大学英语(一)(3)	01
市场预测	98	有机化学(B)(上)	00	大学英语 ABC(一)(3)	01
大学英语(四)(3.5)	99	有机化学实验(B)	00	**马克思主义学院**	
当代世界经济与政治	99	**教务处**		马克思主义哲学(理科,外语)(2.0)	00
广告实例分析	99	半导体传感器			
广告心理	99	国内外新材料的奇妙应用		马克思主义哲学原理	00
计算机广告设计(二)	99	激光加工概论		马克思主义哲学原理	00
苹果电脑设计	99	计算机辅助绘图基础		毛泽东思想概论(文科)	01
市场调查与预测	99	计算机图形学基础		思想品德修养	01
体育四	99	科学技术概论		思想品德修养	01
文学与写作	99	通信原理概论		思想品德修养	01
西方现代艺术史(1)	99	微计算机技术		邓小平理论概论	01

课程名称	年级	课程名称	年级	课程名称	年级
马克思主义政治经济学原理	99	计算机基础与应用(上)	00	**武装部**	
电化教学中心		计算机基础与应用(上)	01	军事理论	01
马克思主义政治经济学原理	99	计算机基础与应用(上)	99		

注：鉴于排课的时间在某些院系调整之前，故个别2001年新成立学院在本表中并未体现。

表6-3 优秀主干基础课
（1999年评审通过，2001年修订）

理科组：

编号	课程名称	主持人	主讲人
1	高等代数及习题	张继平教授	丘维声、王 杰、丁 帆、蓝以中、蔡金星、方新贵、冯荣权、刘旭峰
2	几何学	段海豹教授	尤承业、王长平
3	常微分方程	李承治教授	郑志明、柳 彬、楚天广
4	数学分析及习题	彭立中教授	刘和平、王耀东、朱学贤、伍胜健、李伟固、刘培东、房祥忠、刘建明、甘少波、孙文祥、黄克服、唐少强、朱海平
5	概率论	钱敏平教授	陈大岳、何书元
6	概率统计(B,C)及习题	耿 直教授	谢衷洁、程士宏、栾贻会、周赛花、高惠璇、孙万龙、何书元、李东风、耿素云、范培华、崔兆鸣
7	高等数学(B)*	郑志明教授	李 忠、腾振寰、郭懋正、李承治、庄大蔚、董振喜、黄少云、柳 彬、刘张炬、林源渠、蒋美跃、叶抗生、朱学贤、周蜀林、邓明华
8	流体力学(A)上下*	严宗毅教授	苏卫东、李 植、陈国谦
9	热力学统计物理	林宗涵教授	李先卉副教、张建玮副教、刘 川
10	光学*	钟锡华教授	周岳明、王若鹏、汤俊雄、许方官
11	电磁学*	陈秉乾教授	王稼军、濮祖荫、舒幼生、王劲松、杨东海
12	量子力学	程檀生教授	张启仁、郭 华、卢大海、董太乾、熊传胜
13	数学物理方法	吴崇试教授	周治宁、邓卫真、马伯强
14	近代物理实验*	吕斯骅教授	吴思诚、王祖铨、赵汝光、姚淑德、黄显玲、荀 坤
15	原子核物理	叶沿林教授	
16	计算机组织与结构	程 旭教授	
17	电路分析原理	余道衡教授	陈徐宗
18	细胞生物学*	丁明孝教授	陈建国、苏都莫日根、
19	生理学(A)及实验(上、下)	周曾铨教授	柴 真、庄道斌、张艳平、黄玉芝
20	定量分析化学*	李克安教授	赵凤林、刘 锋、焦书明
21	结构化学*	段连运教授	
22	地貌学	杨景春教授	
23	经济地理学概论	李国平副教授	
24	普通岩石学	张立飞副教授	魏春景
总计：24门			

文科组：

编号	课程名称	主持人	主讲人
1	政治学原理	王浦劬教授	
2	经济学基础(下)	睢国余教授	刘 伟、崔建华
3	法理学*	朱苏力教授	周旺生、张 骐、贺卫方

编号	课程名称	主持人	主讲人
4	基础阿拉伯语	谢秩荣副教授	景云英、傅志明、倪 颖、梁雅卿、顾巧巧、蒋和平、林丰民、吴冰冰
5	基础法语(精读)	王文融教授	张冠尧、王庭荣、顾嘉琛、黄蓉美、田庆生、杨国政、周林飞、陈燕平
6	西班牙语精读	段若川教授	徐曾惠、陈 文、丁文林、王平媛、王 军、卜 珊、赵德明、赵振江
7	英语精读	孔宪倬副教授	王继辉、刘建华、李素苗、燕 翎、阚冬青、韩敏中
8	现代汉语	陆俭明教授	沈 阳、袁毓林、项梦冰、詹卫东
9	中国古代文学史(1—4)*	葛晓音教授	程郁缀、钱志熙、刘勇强、孟二冬、傅 刚、于迎春、李 简、周先慎、费振刚
10	古代汉语*	蒋绍愚教授	朱庆之、张联荣、宋绍年、耿振生、邵永海、刘子瑜、胡敕瑞
11	中国近代史	王晓秋教授	徐万民、房德邻、郭卫东
12	世界古代史	朱孝远教授	彭晓瑜
13	邓小平理论概论*	陈占安教授	陈占安、吴树青、赵存生、沙健孙、梁 柱、薛汉伟、钱淦荣、孙蚌珠、居维刚、宋国兴、秦玉珍、李庆瑞
总计:13门			

《大学英语》评为优秀公共基础课,高淑清等9人被评为主持人,黄必康等29人被评为主讲人。

注:凡是带"*"号的为已评上教学优秀奖的课程。

表 6-4　北京大学 2001 年录取各省第一名学生名单

姓　名	性别	科类	录取专业	来源中学
邓靖芳	女	文	经济学	广西南宁二中
蔡　超	女	文	经济学	青海湟川中学
陈敏杰	男	文	国际经济与贸易	河北渤海中学
徐舒扬	男	文	国际经济与贸易	浙江嵊州中学
王林丽	女	文	国际经济与贸易	湖北襄樊四中
黄小倩	女	文	国际经济与贸易	贵州凯里一中
王　玥	女	文	金融学(光华管理学院)	北京十五中
伊璐怡	女	文	金融学(光华管理学院)	辽宁鞍山一中
潘伟明	女	文	金融学(光华管理学院)	黑龙江哈三中
王微微	女	文	金融学(光华管理学院)	福建泉州五中
宋　婷	女	文	金融学(光华管理学院)	江西上高二中
慈颜谊	女	文	金融学(光华管理学院)	山东文登二中
谭　彦	女	文	金融学(光华管理学院)	湖南衡东一中
王海桐	女	理	金融学(光华管理学院)	四川石室中学
王　琅	男	文	金融学(光华管理学院)	四川内江六中
孟涓涓	女	文	金融学(光华管理学院)	云南个旧一中
柏　青	女	文	金融学(光华管理学院)	陕西西安中学
王　斌	男	文	金融学(光华管理学院)	宁夏银川唐徕回中
幸　婧	女	文	金融学(光华管理学院)	重庆江津中学
钱　磊	男	理	金融学(经济学院)	福建福安一中

姓 名	性 别	科 类	录取专业	来源中学
韩 凌	女	文	金融学（经济学院）	贵州贵阳一中
米大鹏	男	文	财政学	山西太原外国语学校
金 燕	女	文	工商管理	吉林延边一中
王 瀛	男	文	工商管理	上海市西中学
陈天一	男	文	法学	江苏南通中学
方 博	男	文	法学	海南临高中学
徐晓彦	女	文	法学	西藏
于 哲	男	文	法学	甘肃酒钢三中
李彦铭	女	文	国际政治	天津外国语学院附中
黄 淳	女	文	英语	安徽淮北一中
张 晔	女	文	广告学	内蒙呼市二中
张明远	男	理	数学与应用数学	甘肃兰州一中
周	女	理	物理学	重庆铜梁中学
王 凡	女	理	生物科学	天津南开中学
胡蕴菲	女	理	生物科学	福建顺昌一中
刘 冰	男	文、理	天文学	河南南阳二中
杨 莹	女	理	生物科学	广东广州执信中学
艾尼瓦尔	男	理（民考汉）	计算机科学与技术	新疆乌鲁木齐一中

表 6-5　北京大学 2001 年录取中学生国际奥林匹克竞赛获奖学生名单

姓 名	性 别	奖 牌	录取院系	来源中学
肖 梁	男	数学金牌	物理学院	北京人大附中
张志强	男	数学金牌	数学学院	湖南长沙一中
余 君	男	数学金牌	数学学院	湖南师大附中
郑 晖	男	数学金牌	数学学院	湖北武钢三中
瞿 枫	男	数学金牌	数学学院	东北育才中学
李 鑫	男	数学金牌	数学学院	华南师大附中
吴忠涛	男	数学金牌	数学学院	上海中学
刘 彦	男	物理金牌	物理学院	湖南长沙一中
陈思远	男	化学金牌	化学学院	湖南长沙一中
罗佗平	男	化学金牌	化学学院	福建厦门双十中学
韩德伟	男	化学金牌	化学学院	天津南开中学
张 维	男	化学银牌	化学学院	湖北华中师大一附中
廖雅静	女	生物金牌	生命科学学院	湖南师大附中
童 一	女	生物金牌	生命科学学院	四川成都七中
卢 立	男	生物金牌	生命科学学院	江苏海安高中
吴 薇	女	生物铜牌	生命科学学院	福建厦门一中

备注：

　　数学奖牌中 2001 年中国共获六枚全是金牌，其中北大录取到五位金牌获得者，另李鑫为 1999 年和 2000 年连续两枚数学金牌获得者，吴忠涛为 2000 年数学金牌获得者；

　　物理奖牌中 2001 年中国共获得四金一银，北大录取其中一名金牌获得者；

　　化学奖牌中 2001 年中国共获得三金一银，北大录取全部奖牌获得者；

　　生物奖牌中 2001 年中国共获得三金一铜，北大录取全部奖牌获得者。

表6-6 毕业生学位类别人数统计

学科类别	学位名称	各学位人数	学科类别	学位名称	各学位人数
06	哲学学士	35	12	理学学士	1100
07	经济学学士	198	13	工学学士	32
08	法学学士	436	15	协和结业	62
10	文学学士	294	16	管理学学士	64
11	历史学学士	53			

表6-7 各院系毕业生人数统计

院系	人数	院系	人数	院系	人数
城市与环境学系	68	技术物理系	66	物理学院	90
地球物理学系	52	计算机科学技术系	161	西方语言文学系	31
地质学系	25	经济学院	162	新闻与传播学院	20
电子学系	71	考古文博院	15	心理学系	24
东方学系	72	历史学系	38	信息管理系	58
俄罗斯语言文学系	18	力学与工程科学系	71	艺术学系	19
法学院	172	马克思主义学院	68	英语语言文学系	44
光华管理学院	100	社会学系	42	哲学系	35
国际关系学院	84	生命科学学院	202	政府管理学院	50
化学与分子工程学院	157	数学科学学院	156	中国语言文学系	80
环境科学中心	22	外国语学院	1		

表6-8 各专业毕业生人数统计

专业名称	人数	专业名称	人数	专业名称	人数
城市与环境学系		电子信息科学与技术	71	货币银行学	36
城市与区域规划	25	**东方学系**		市场营销	31
环境学	19	阿拉伯语言文化		**国际关系学院**	
自然资源与环境生态	24	巴基斯坦语言文化	11	国际政治	63
地球物理学系		朝鲜语言文化	13	外交学与外事管理	21
大气科学	22	蒙古语言文化	9	**化学与分子工程学院**	
地球物理学	17	日本语言文化	17	材料化学	26
空间物理学	7	越南语言文化	9	化学	131
天文学	6	**俄罗斯语言文学系**		**环境科学中心**	
地质学系		俄语语言文学	18	环境科学	22
地球化学	10	**法学院**		**技术物理系**	
地震地质学	3	法学	143	应用化学	33
构造地质学	7	知识产权法二学位	29	原子核物理及核技术	33
古生物学及地层学	5	**光华管理学院**		**计算机科学技术系**	
电子学系		会计学	33	计算机软件	140

专业名称	人数	专业名称	人数	专业名称	人数
微电子学	21	临床医学专业（协和医大）	62	**心理学系**	
经济学院		生理学及生物物理学	19	心理学	24
保险	32	生态学及环境生物学	10	**信息管理系**	
国际金融	33	生物化学与分子生物学	41	科技信息	29
国际经济	33	生物技术	32	图书馆学、编辑学	29
国际贸易	33	细胞生物学及遗传学	19	**艺术学系**	
经济学	31	植物分子及发育生物学	19	广告学	19
考古文博院		**数学科学学院**		**英语语言文学系**	
博物馆学	5	计算数学及其应用软件	28	英语语言文学	44
考古学	10	数学	26	**哲学系**	
历史学系		统计与概率	42	文科实验班（一）*	1
世界历史	23	信息科学	26	哲学	26
中国历史	15	应用数学	34	宗教学	8
力学与工程科学系		**外国语学院**		**政治学与行政管理系**	
工程结构分析	32	西班牙语语言文学	1	政治学与行政管理学	50
理论与应用力学	39	**物理学院**		**中国语言文学系**	
马克思主义学院		物理学	90	古典文献	9
思想政治教育	68	**西方语言文学系**		汉语言学	22
社会学系		德语语言文学	15	文科实验班（三）*	15
社会工作	5	法语（国际经济辅修）	16	中国文学	34
社会学	37	**新闻与传播学院**			
生命科学学院		国际文化交流二学位班	20		

表 6-9　北京大学田径纪录

男子

项　目	成　绩	姓　名	单　位	时　间	地　点
100 米	10″53（电）	秦　熙	法学院	全国田径锦标赛 2001.6	河北保定
200 米	21″8	张　轻	心理系	第 28 届高校运动会 1990.5	北京大学
400 米	46″53（电）	于宝一	城环系	第 7 届全国运动会 1993.10	北京亚运村
800 米	1′52″5	林　军	城环系	第 3 届全国大学生运动会 1998.8	南京五台山
1500 米	3′50″90（电）	林　军	城环系	第 3 届全国大学生运动会 1998.8	南京五台山
3000 米	9′23″9	谢　寮	化学系	北京大学田径运动会 1960.5	北京大学
5000 米	14′27″1	马宏升	法学院	第 35 届高校运动会 1997.6	清华大学
10000 米	32′23″5	杜春武	法学院	第 28 届高校运动会 1990.5	北京大学
110 米栏	14″4	赵建军	法学院	第 35 届高校运动会 1997.6	清华大学
400 米栏	53″32（电）	卢　杰	法学院	全国高校田径锦标赛 2001.8	华南师大
3000 米障碍	8′57″5	马宏升	法学院	第 35 届高校运动会 1997.6	清华大学

项 目	成 绩	姓 名	单 位	时 间	地 点
4×100 接力	41″70(电)		校队	全国高校田径锦标赛 2001.8	华南师大
4×400 接力	3′15″4		校队	北京市 9 运会 1995.5	北京先农坛
跳高	2.15 米	于 宏	经济学院	第 3 届全国大学生运动会 1998.8	南京五台山
撑杆跳高	3.80 米	陈子楠	力学系	北京大学田径运动会 1985.5	北京大学
跳远	7.15 米	李 露	法学院	第 28 届高校运动会 1990.5	北京大学
三级跳远	14.67 米	吴尚辉	心理系	北京大学田径运动会 1990.4	北京大学
铅球	15.30 米	朱诺伟	法学院	大运会选拔赛 2000.3	北京体育大学
标枪	57.90 米	陈 涛	经济学院	北京大学田径运动会 1993.4	北京大学
铁饼	49.49 米	朱诺伟	法学院	北京大学田径运动会 2001.10	北京大学
链球	42 米	沈 弘	外语学院	北京大学田径运动会 1985.5	北京大学
10000 米竞走	45′20″1	刘立峰	心理系	第 28 届高校运动会 1990.5	北京大学
十项全能	6089 分	王 辉	法学院	第 35 届高校运动会 1997.6	清华大学

女子

项 目	成 绩	姓 名	单 位	时 间	地 点
100 米	12″17(电)	包菡微	法学院	第 4 届全国大学生运动会 1992.8	武汉
200 米	24″27(电)	周 娜	法学院	第 5 届全国大学生运动会 1996.8	西安
400 米	56″4	冷雪艳	心理系	第 35 届高校运动会 1997.6	清华大学
800 米	2′18″68(电)	苗 淼	法学院	全国高校田径锦标赛 2001.8	华南师大
1500 米	4′39″2	张 曦	法学院	第 37 届高校运动会 1999.5	首都师范大学
3000 米	9′32″4	黎叶梅	法学院	北京市 9 运会 1995.5	北京先农坛
5000 米	17′02″1	黎叶梅	法学院	北京市 9 运会 1995.5	北京先农坛
10000 米	35′30″6	黎叶梅	法学院	北京市 9 运会 1995.5	北京先农坛
100 米栏	14″0	刘 波	心理系	北京大学田径运动会 1995.4	北京大学
400 米栏	1′00″0	邱爱华	心理系	第 28 届高校运动会 1990.5	北京大学
4×100 接力	47″4		校队	第 36 届高校运动会 1998.5	北京体师
4×400 接力	4′02″6		校队	第 35 届高校运动会 1997.6	清华大学
跳高	1.77 米	倪秀玲	心理系	第 28 届高校运动会 1990.5	北京大学
跳远	6.55 米	关英楠	法学院	第 35 届高校运动会 1997.6	清华大学
三级跳远	12.28 米	孙海姗	法学院	北京高校田径杯 1995.10	八一田径场
铅球	19.03 米	周天华	心理系	第 28 届高校运动会 1990.5	北京大学
标枪	61.99 米	王亚宁	法学院	全国田径锦标赛 1999.10	广州惠州
铁饼	44.44 米	周天华	心理系	第 28 届高校运动会 1990.5	北京大学
七项全能	5681 分	刘 波	心理系	第 35 届高校运动会 1997.6	清华大学
马拉松	2:38′08	黎叶梅	法学院	14 届国际马拉松赛 1994.12	澳门

研究生教育

【概况】 2001年,研究生院继续坚持"教育要面向现代化,面向世界,面向未来"的指导思想,认真贯彻落实涉及研究生教育与管理工作的各项规划和方案,取得明显成效。研究生教育的规模有所增长,培养质量显著提高。校本部硕士招生录取2449名,博士870名,录取总数为3319名。在校研究生达到9118名,其中留学生288名。

2001年北京大学校本部有硕士学位授予权专业153个;博士学位授予权专业135个。博士生指导教师在岗人数为782人,其中可招生人数为557人。

在2001年全国百篇优秀博士学位论文评选中,北京大学有8篇入选(含医学部2篇),与复旦大学并列全国第一。

在教育部组织的重点学科申报工作中,北京大学有81个学科荣获全国重点学科。入选学科数量在全国遥遥领先。

北京大学在"高等学校博士学科点专项科研基金"项目中,获得40个项目资助,高居全国高校之首。

2001年公布2000年北京大学被SCI收录的论文数量1240篇,继续居全国第一。其中校本部研究生以第一作者身份发表论文439篇。

【研究生教育改革】 2001年4月底,北京大学在西山杏林山庄召开研究生教育工作研讨会,各院(系、所、中心)、各学位分会和各学部负责人、有关职能部门负责人和特邀教授代表80多人参加了会议。

研究生院招生办公室、培养办公室和北京大学学位办公室分别向与会代表汇报了前一阶段的工作情况、面临的问题和改革设想。近年来研究生工作成效显著的化学、中文、药学、数学等四个院系,分别派代表介绍了典型经验。

与会代表分文科、理科两组,主要围绕如何提高招生质量、导师与研究生的关系、培养模式与学制调整、外语教学改革、学科交叉培养、研究生在学期间发表论文的要求、学位论文环节与质量控制、师德与学风建设等八个问题展开讨论,提出一系列改进工作的建议。会议议题具体,讨论集中,讲究实效,对进一步改进学位与研究生教育工作,提高研究生培养质量,争取实现创建世界一流大学的目标,将会产生积极作用和深远影响。

在深入调查研究和反复征求意见的基础上,研究生院提出北大学位与研究生教育工作的六项改革措施,6月29日报北京大学学位评定委员会第63次会议审议并原则通过:

(1)强化博士培养,淡化硕士环节,有效地调动一切教学资源,为国家培养高层次、高水平的人才。凡已设立博士点的专业,应尽可能采取免试推荐优秀本科生、招收直攻博士生、硕博连读等等方式,实行五年制或六年制的博士学制。全校扩大硕博连读、直博生规模。

(2)仍然实行硕士学制的院系,应继续按专业而不按导师招生。提倡第一年结束时硕士生同导师实行双向选择。社会科学领域部分专业试行两年制硕士。

(3)加大入学考试中院系复试的权重,但必须坚持集体复试、集体决定录取的原则,避免个人说了算。

(4)研究生公共外语教学将从课程必修制改为以水平考试为取向的选修制。研究生在培养中期进行学科综合(博士资格)考试前,必须通过相应的外语水平考试。

(5)坚持推行对博士学位论文的匿名评审制。各院系应根据自己的情况,制订相应的措施。

(6)今后论文答辩委员会的决议,应避免简单的两极化选择,增加分级处理的意见。并对学位授予作出相应的决议。

以上精神,已经并将继续贯彻于研究生院对招生、培养和学位授予各个环节的具体改进措施中。在积极贯彻这些措施的前提下,允许各院系采取符合自己实际情况的做法。校领导希望各院系认真从各个环节加强对学位与研究生工作的管理,全面提高培养质量,尽量把问题解决在论文答辩之前,积极探索研究生课程教学的新方法、新技术和新思路,加强导师与研究生的联系,完善研究生的知识结构,培育更多的优秀学位论文。

【改进管理机制】 为贯彻党风廉政建设和校务公开的原则,4月间,经研究生院提议,学校批准,成立了以常务副校长兼研究生院院长韩启德院士任主席,赵存生副书记、周起钊教授任副主席的由学校党、政、纪委领导和导师代表组成的研究生招生录取工作委员会,旨在加强对研究生录取工作的监督,审查疑难问题并提出指导性的处理意见。这一措施对2001年研究生录取工作起了良好的作用,各方面反映很好。

为加强调查研究和战略规划,聘请王义道、王山、陈学飞等15位教授组成学位与研究生教育发展战略研究组,不定期召开会议,给研究生院的工作提供指导帮助,为学位与研究生教育改革出谋划策。

3月15日,针对评审中屡次发生的各种投诉案,研究生院拟订了

《对学术评审投诉案审理程序》，经校党政领导批准实行，在公正合理的基础上设立了由学部等学术机构审理对学术评审提出的各类投诉的程序。

根据学校部署，研究生院加强了自身建设。制订并贯彻党风廉政建设责任制。实行财务公开。各办公室调整为副处级。初步建成包括招生、学籍、培养、学位等管理内容的比较完善的研究生教育管理信息系统。修订补充了有关的保密条例，完善了试题保密办法。改进阅卷工作，决定从2002年起实行全校集中阅卷制度。

【狠抓高质量成果产出】 落实研究生论文抽查、优秀论文奖励等措施，提高研究生论文质量。2001年4月向全校推广了中文系博士研究生学位论文匿名评审办法，有三分之一以上的院系采用。研究生院还将采取进一步措施，扩大学位论文匿名评审的覆盖面。往年的论文抽查是在校学位委员会评审后进行，2002年将在论文答辩前的评阅阶段进行抽查。

4月，在北京大学研究生教育工作研讨会上，经过充分讨论，各学科就研究生在校期间发表论文的要求基本达成共识。理工、医科和大部分人文社科院系完全接受博士生应在国内外核心期刊发表至少两篇论文的指标。少部分文科院系也能接受"一般应发表两篇论文"的要求。

12月25日下午，北京大学优秀博士学位论文世顺奖颁奖仪式在英杰交流中心大厅隆重举行，共有58篇博士学位论文受到表彰，获一等奖的8篇论文为全国优秀博士学位论文。香港世顺集团连续三年捐资对北京大学优秀博士学位论文给予奖励。

【招生工作】 在研究生招生过程中，继续贯彻公开、公正、公平的原则，积极探索招生制度的改革，完善内部各项规章制度，通过各种渠道扩大对外宣传，成功地吸引了大批优秀生源申请免试攻读或报考北京大学研究生。

2000～2001招生年度报考校本部硕士研究生考生共计12296人，居全国之首，实际招收硕士研究生2449人（其中含港澳台硕士研究生55人，外国留学生30人），报考与录取比约为6∶1。

报考校本部博士研究生的考生共计2561人，实际招收博士研究生870人，其中包括港澳台博士研究生20名，外国留学生31名。

为更加科学、合理地制定北大2001至2002招生年度研究生招生计划和专业目录，进一步提高招生质量，研究生招生办于2001年5月，针对工作中存在的问题和出现的新情况，根据教育部有关文件和《北京大学研究生招生工作手册》的相关规定，结合2001年北京大学研究生工作研讨会会议精神，及各单位的意见和建议，经校长办公会批准，认真组织各单位编制了2001～2002年度研究生招生计划和专业目录，并于7月初对外发布。其重点是：

（1）坚持需要与可能相结合的宗旨，在严格控制招生规模的基础上，根据学校学科发展规划、培养力量、科研条件、生源质量等因素，重点进行招生学科结构的优化调整，对国家重点学科、传统优势学科、交叉学科、新兴学科和重大科研项目的计划安排给予大力支持。

（2）在2001年北京大学研究生教育工作研讨会上，与会专家形成共识，在今后若干年内，科学研究的重大突破最有可能集中在交叉学科领域。针对这一前景，率先将生物信息学、生物医学工程、纳米科技三个多学科交叉领域单列，设立专项招生指标，鼓励学生报考。同时，根据各单位意见，规定在多个专业，可以根据学生的不同学科背景，选择指定的北大其他学科专业的一组考试科目应试，积极促进交叉学科领域的发展。

（3）首次在招生简章中明确要求考生在复试阶段提供可以证明自身研究潜力的相关材料，包括攻读研究生阶段的研究计划等，同时明确提高了复试成绩在总成绩中所占比重，加强了复试阶段对考生的进一步考察。

（4）硕士生招生继续坚持按二级学科（专业）设定考试科目，并根据教育部将要出台的改革方案，提倡按一级学科设定考试科目。博士生招生坚持一门考试科目按照二级学科或一级学科命题，另一门考试科目按照二级学科或三级学科即专业方向命题。

9月，研究生院招生办继续实施了《北京大学接收优秀应届本科毕业生免试攻读硕士研究生的规定》和《北京大学关于在优秀本科毕业生中直接招收博士研究生的办法》，有效地吸引了大批国内重点院校优秀本科毕业生申请免试攻读北大硕士、博士研究生。同时，在广泛征求意见的基础上，进一步严格了选拔标准，规范了申请程序及申请材料，使免试生选拔工作更加科学、规范。经过严格的差额复试，最终初取了673名推荐免试硕士生，和110名五年制直博生，其中外校优秀生源（均为各重点院校年级前三名）较上年有大幅度增加。

11月10至14日，研究生院经过精心组织，圆满完成了2002年硕士研究生报名工作。从报名的统计结果看，全国各地考生报考北大硕士研究生非常踊跃，报考人数再攀高峰，仍高居全国首位。全国各考点报考北大2002年硕士研究生总数高达18134人（统计数据均不含港澳台考生），其中报考校本部考生16284人，报考医学部考生1850人。此外还有留学生115人。仅校本部报考人数已经连续几年高居全国首位，且远远超过其他兄弟院校。近几年，报考校本部硕士研究生人数迅速攀升，2000年报考人数9071人，2001年报考人数12296人，增幅为35.54％，2002年增幅又高达32.44％。其中在北京大学校本部报名的考生人数达9115人，比2001年净增27％，再次刷新记录。同时在医学部报名点报名人数为683人。

12月25至30日，研究生招生办又顺利组织了博士生报名工作。报考人数达2700余人，较上年也有较大增加。

报考研究生持续升温的原因是：（1）北京大学的雄厚综合实力吸引了大批优秀生源。研究生院近几年加强了招生宣传，尤其是网络建设。专门建立了招生网页，对招生信息、招生政策、导师情况、学科建设和参考资料等及时发布，反映良好。研究生招生网页高峰时每天访问量达到6000多人次。与此同时建立了168报考研究生免费咨询热线，也起到了很好的宣传效果。（2）就业市场竞争日趋激烈，市场对研究生层次的高级专门人才需求旺盛。本科应届毕业生人数不断增加，许多本科生将目光投向了研究生教育。尤其是我国加入WTO，人才市场需要更高层次的专业人员。（3）"9·11事件"后，美国对留学人员进行了更加严格的限制，这部分人员在不能出国留学的情况下，转读国内研究生。还有一部分直接被推荐免试攻读硕、博士研究生，今年理科中基础学科推荐研究生的质量明显比往年高。（4）近几年国家一直在探索研究生的招生改革。其中关于考试方式和收费制的改革已经研讨多次，这也促使部分考生及早做出考研选择。（5）2003年硕士研究生入学考试中，听力成绩将正式计入总分（2002年外语的听力成绩只作为参考分），这就增加了考试难度，使得那些想先工作几年再报考硕士研究生的学生提前报考。

【培养工作】 学科建设项目 2001年，陆续实施了进一步提高研究生培养质量和培育优秀博士学位论文的若干项目基金资助。培养办公室拟订了项目经费的具体使用办法，并先后开设了"北京大学研究生培养基地建设基金"、"北京大学优秀博士学位论文奖"、"北京大学博士学位论文创新性工作资助"和"北京大学研究生科研成果奖"等。有226人获得总计144.5万元的博士学位论文创新性工作资助；有1006人次获得总计71.24万元的研究生科研成果奖。各项基金的实施对激发了研究生的学习热情，多出高水平科研成果，提高研究生尤其是博士生的培养质量，推动北大研究生教育向国际一流水平迈进，起到了积极作用。

研究生培养计算机辅助管理和研究生网上选课 北京大学的研究生教育规模日益增大，研究生的培养管理工作量也大大增加。为了提高研究生培养管理效率和加强培养工作的科学化和规范化，研究生院与计算中心合作开发的研究生培养计算机辅助管理系统已全部完成并投入运行。该系统在研究生新生数据维护、在校生数据维护、注册管理及研究生成绩管理等方面初见成效的基础上，进一步加入了研究生毕业审核、网上选课等研究生培养计算机辅助管理内容，均取得了较好效果。

研究生"三助"岗位津贴 为切实提高研究生的生活待遇，体现"按劳付酬"的原则，给予参与科研、教学和管理工作的研究生适当经济补贴，根据校发[2001]26号文件精神，面向研究生设置教学助理（简称助教）、研究助理（简称助研）和管理助理（简称助管）岗位（简称"三助"），实行岗位津贴制度，从2000～2001学年第二学期开始试行，截止到2001～2002学年第一学期期末，约有70％的研究生通过"三助"岗位获得总计843万元的岗位津贴。此举推动了广大研究生积极参与教学科研活动，培养了研究生的创新实践能力，加强了学校教学科研力量，也解决了部分研究生的生活困难。

扶持新兴交叉学科 生物医学工程是综合生物学、医学和工程技术学科的交叉学科，旨在以技术与工程手段研究和解决生物学和医学中的有关问题。北京大学校本部与医学部的强势学科交融，形成国内领先的高新科技领域，为开展生物医学工程跨学科研究和人才培养提供了强有力的基础。培养办公室与生物医学跨学科研究中心协作，建议学校加速整合医学部、生命科学学院、化学与分子工程学院、物理学院、电子学系、计算机科学技术系、力学与工程科学系等单位的学科优势与人才资源，依托北京大学生物医学跨学科研究中心等机构，形成跨学科的教学和科研力量。建议得到了校领导的肯定与支持，已在年底正式组织实施生物医学跨学科研究方向研究生培养计划，全校首批共选拔出11名不同专业的研究生，进行生物医学工程跨学科研究方向的学习和科学研究工作。

首届中国传统文化研究博士班2002年开始招生，此班由北京大学国学研究院主办。拟聘请文、史、哲及考古方面的六位有专长的学者共同担任导师，提供有利于诸学科融会交叉的课程安排、学习形式及论文指导方式，期望培养知识和视野较为开阔、能够进行跨学科综合研究的博士生。2002年纳米科技暂作为电子学系物理电子学、化学与分子工程学院物理化学、物理学院凝聚态物理三个专业的研究方向正式招生。正在组织中的跨学科人才培养项目还有欧洲学、公共卫生政策管理学、视听信号学等。

教务管理 2001年由研究生院直接主管的全校研究生政治理

论课、外语和计算机公共课共开班151个,2001年聘请6位外籍教师教授博士生一外(英语)。2001年接受并安排校外研究生来北大选课390人次。此外,还完成了安排全校研究生专业课,对研究生课程教学情况进行检查,包括对学期初开课情况和期末考试情况的检查等项工作。

学籍管理 2001年研究生新生入学注册3293人次,在校生注册5825人次;各类研究生学籍异动1059人次;办理研究生毕业(结业、肄业)离校手续2014人次;办理研究生对外联系用成绩单14470份;办理研究生出国手续628人次(其中公派出国248人次,自费出国380人次),延长国外学习期限、豁免回国服务的10人次,涉及28个国家和地区。

【学位工作】 学位授予 2001年校学位评定委员会开会3次(1月5日、6月29日和9月21日),共授予博士学位471名(其中同等学力2名),比2000年增加26.7%;共授予硕士学位1828名,比2000年增加21.7%,其中授予以毕业研究生同等学力的硕士学位352名。到2001年底止,校本部累计授博士学位2875人,硕士15698人,合计18573人。

重点学科的申报和评审 2001年3月,国家布置申报重点学科工作。全国重点学科申报工作是13年来全国高校学科建设检阅成就、展示实力、调整格局的机会。在学校领导下,研究生院精心筹划、精心组织。多次召集院系开会,通报最新进展,布置相应工作。先后两次组织专家审议各学科点的申报材料,提出具体的修改意见,安排答辩预演。经过十个月的不懈努力,终于取得了丰硕的成果:北京大学有81个学科被评为重点学科,在全国高居榜首。其中理学26个,工学9个,人文社会科学29个,医学17个。

优秀博士学位论文评选 经过院系推荐、学部分委员会讨论、校学位评定委员会审定,北京大学共向北京市学位委员会上报论文18篇,最后有8篇入选2001年全国优秀博士学位论文,与复旦大学并列第一。在这8篇优秀博士学位论文中,医学2篇,物理学1篇,化学2篇,数学1篇,中国语言文学1篇,印度语言文学1篇。2001年9月又开始了2002年全国优秀博士论文暨北京大学优秀博士学位论文申报评选工作。北京大学共评出北京大学优秀博士学位论文56篇,其中22篇上报到北京市学位委员会参加全国优秀博士学位论文的评选。

博士生指导教师登录招生简章工作 按照北京大学规定,博士生指导教师在退休前两年就不得再招收博士生。出于学科建设和人才培养的需要,对于必须延期的,个人要承诺,学生一定要带完。院系也要承诺,退休后要返聘。据此再报校长批准。2001年制定2002年招生简章时,在岗导师有800人,其中符合年龄要求的为487人,校长特批70人,上招生简章招生的为557人。

博士生指导教师遴选 2001年春季,在校学位委员会的领导下,组织了博士生导师遴选工作。从文件修改、工作筹划,到对院系的布置、咨询、检查,之后材料组织、安排、组织学部和校学位委员会会议,直到数据录入完成。共遴选博士生指导教师109名,其中医学部44人。

【中国研究生院院长联席会】 中国研究生院院长联席会2001年工作会议于2月26～28日在重庆大学召开。国务院学位委员会办公室领导和全国33所研究生院的院长或常务副院长参加了会议。会上,学位办赵沁平主任作了题为"确定目标,建立机制,增强活力,创造优势,尽快提高我国研究生教育的国际竞争力水平"的报告;王亚杰副主任传达了国务院学位委员会第十八次会议精神;国务院学位办六个处的处长分别介绍了2001年各处的主要工作;周其凤秘书长作了联席会2000年工作总结和2001年工作要点的报告;上海交通大学副校长、研究生院院长叶取源教授作了联席会赴美院长代表团访美报告;哈尔滨工业大学研究生院常务副院长丁雪梅作了联席会赴西部院长代表团考察情况报告。会议对《中华人民共和国学位法》(讨论稿)和学科专业目录调整方案进行了讨论,并对联席会自身建设的一些问题,如对试办研究生院的学校入会问题等达成了共识。

2001年3月,联席会秘书长变动,由北京大学常务副校长韩启德院士兼任。

4月28日,韩启德秘书长在北京主持召开了本届第三次主席单位院长会议。与会院长交流了思想,讨论了联席会近阶段的工作。决定了夏季研讨会的时间;启动分别组团赴澳大利亚、加拿大参加会议的工作;会议还对联席会的工作设想等进行了讨论。

7月29～31日中国研究生院院长联席会2001年夏季研讨会在山东省威海市召开。教育部副部长吕福源、国务院学位办公室主任周其凤等领导和全国53所研究生院的院长或常务副院长出席了会议。会议由秘书长韩启德主持。吕福源副部长围绕"211"二期规划和学位与研究生教育发展战略作了重要指示。会议还听取了国务院学位委员会办公室各处做的工作报告,讨论了《中国学位与研究生教育发展战略报告》;各位院长围绕着研究生院建设、研究生院长职责和面对新世纪研究生教育的思考等问题进行了大会交流。会议还对中国科学院研究生院关于加入中国研究生院院长联席会的申请进行了讨论,全体正式会员投票决定,同意接收中国科学院研究生院为正式会员。

10月19～22日在西安召开了"中国研究生院院长联席会2001年年会",出席会议的有,国务院学位委员会办公室主任周其凤和全国54所研究生院的院长或常务副院长。联席会秘书长韩启德主持了大会。会议听取了秘书处的阶段性工作汇报,并原则通过了秘书处提出的对联席会《条例》的修改意见;会议围绕着"加强学风建设,提高培养质量"的主题进行了大会报告和分组讨论;对国务院学位办《关于改进和加强专业学位教育工作的若干意见》提出了咨询意见和建议。

在国际交流方面,2001年10月,院长联席会组织了由清华大学研究生院院长顾秉林院士为团长的代表团赴加拿大参加由加拿大研究生教育委员会主办的研究生教育研讨会,并在会上发言;2002年4月,以秘书长韩启德院士为团长、清华大学陈皓明教授为副团长的院长代表团参加了澳大利亚有关"研究生教育的质量问题"的国际会议,并顺访了澳大利亚、新西兰等5所主要大学,还召开了一次澳大利亚留学生、在澳工作的华人教授研究人员的座谈会,收获很大。有关报告将提交到教育部有关部门,并将在年会上公布。

(研究生院)

医学部研究生教育

【概况】 2001年初,北京大学研究生院召开了研究生工作会议。医学部党委、医学部分院和研究生思想工作部认真贯彻会议精神,就提高研究生教育质量问题开展了一系列工作,主要包括:加强研究生党支部建设和德育工作;认真开展研究生社会实践活动;进行研究生招生改革,努力选拔优秀生源;开展跨学科人才培养;进一步促进临床医学专业学位研究生培养与住院医师规范化培训的合轨,提高临床研究生的实践能力;扩大博士后规模,加强科研力量;加强研究生培养基地建设,加强导师队伍建设,在教学医院增设研究生培养点等。

2001年医学部实际招生人数656人,招生规模比2000年扩大了19%,其中,博士生291人、硕士生365人、外国留学生4人、港澳台学生4人。截至2001年9月底,在校研究生数达到1608人,其中,博士生702人、硕士生906人。

2001年实际毕业研究生302人,其中博士生180人、硕士生122人。就业去向:留校91人(博士71人、硕士20人),申请出国留学87人,考取国内博士生6人,进入国内博士后流动站3人,6人出服务范围就业。一次就业率97%。

2001年经全面审查、组织答辩,共向287名研究生授予学位,其中授予博士学位163人(含临床医学博士学位69人),授予硕士学位124人(临床硕士专业学位21人);授予在职人员博士学位47人(含临床医学博士学位29人),授予在职人员硕士学位62人(含临床硕士专业学位29人,临床硕士学位2人);授予七年制临床医学硕士专业学位46人,临床医学硕士学位15人;授予五年制学士学位564人;授予成人本科学士学位108人。

2001年招收博士后研究人员35人,现在站64人,比去年在站47人增加36%。

医学部共有一级学科博士、硕士授权点6个,二级学科博士点41个,二级学科硕士点46个。在9所教学医院中,所设二级学科硕士专业学位培养点已覆盖12个学科专业。

(李春英)

【招生工作】 2001年医学部招生规模比2000年扩大了19%,实际招生人数656人,其中,博士生291人、硕士生365人、外国留学生4人、港澳台学生4人,在校研究生人数达到1608人。2001年招生工作主要作了以下几个方面的工作:

(1)按期完成2001年研究生考务工作,包括2001年博士生、2002年硕士生以及临床硕士生转博考试的命题、组考、阅卷等。做到了认真、细致、无差错。

(2)录取工作努力做到公平、公正、公开,给导师和二级单位尽可能大的自主权。由于硕士生源较好,上线考生较多,积极主动帮助医学部未能录取但达到教育部录取分数线的考生联系招生单位,转出135人,受到考生的由衷感谢。

(3)编制2002年招生计划,在研究生招生类别上有较大改变。为有利于学生培养,提高科研能力,多出科研成果:①在医学部内具有博士招生条件的专业和学科招收科研型直博生,②与中科院联合招收培养研究生。2002年计划在基础医学、药学、预防医学和临床医学(科研)招收153名直博生(其中推荐免试生68名,统招生85名),与中科院联合招生5名。

(4)作为2002年研究生报名点,全国报考医学部研究生人数达1900多人,为历史上报考人数最多的一年,涵盖全国所有省和直辖市,考点230多个。继续完善计算机信息采集,提高了工作效率。

(5)为解决医学部内无学科专业授权点单位招收和培养研究生工作中存在的问题,经反复研究下发了《关于医学部无学科专业授权点单位招收培养研究生及学位授予的几点意见》。

(6)由于推荐免试攻读硕士学位人数的大幅度增加,为理顺接收推荐免试研究生工作的程序和办法,与教育处协商联合起草下发了《关于作好2002年推荐免试攻读研究生和报考研究生资格工作的通知》,2002年医学部接收本部优秀应届本科毕业生推荐免试攻读研究生117人。

【学籍管理】 2001年重新修订《北京大学医学部研究生手册》。2001年退学10人,取消学籍2人。按照北京大学文件要求,2001年上半年研究并实施了研究生"三助"工作,但因经费问题而暂停。按北京市教委规定和要求,完成了2000届毕业生电子注册的数据录入、审核和上报工作。

(刘秀英)

【培养工作】 2001年医学部研究生工作主要针对研究生、在职申请学位人员数量大量增加的现状,围绕如何提高研究生培养质量、管理工作科学化、提高工作效率开展了以下几方面工作:

课程教学 2001年4月开展研究生课程教学大纲的修订工作。现行研究生教学大纲自1993年制定以来,未曾修订过。随着科学进步和研究生教育的发展,研究生的课程设置、教学内容以及教学方式等有与之不相适应的方面,不利于研究生的培养质量。为此,提出"研究生课程教学大纲修订意见",强调本次修订工作要结合教学改革进行,各学院要认真规划和调整本学院研究生课程,更新课程内容、避免课程内容间的重复以及改变教学方式等。

9月进行研究生外语教学的改革。首先,自2001级硕士研究生开始,硕士研究生英语学位课程作为选修课程,由研究生自愿选修。但是,硕士研究生英语学位课程水平考试作为必考科目,必须通过考试获得学分。每年举行三次考试,硕士生在学期间通过任何一次即可获得学分。其次,自2001学年开始,博士生的外语课程不作为必修课程,仅为选修课,供博士生选修;同时,为了提高博士生的英文写作能力和国际学术交流能力,增开"生物医学论文英文写作"和"学术交流与国际会议英语"2门选修课。

培养工作 2001年开展了促进学科交叉、培养模式的改革:(1)2001年6月为促进生物物理所与医学部联合培养博士生,召开生物物理所与医学部双方导师学术交流会,寻找共同的研究领域,并提出共同招生,联合培养的措施。在2002年博士生招生计划中,有5对双方导师联合招生。(2)开展生物信息学跨学科研究方向研究生培养工作。医学部有4名研究生在3名导师指导下按照生物信息学专业培养方案进行培养。

落实医学专业学位培养工作。(1)针对临床医学研究生培养中的问题,提出改进措施。在外科学专业培养方案中增设了危重医学研究方向,确定了危重医学方向研究生培养方案的基本原则,并列入2002年招生计划。其次,对影像医学与核医学专业的转科要求进行了调整。(2)组织进行了2001年度研究生/住院医师阶段考核工作。参加本次考核的学生共210人、13个专业。在本次考核工作中,针对以往研究生培养和考核中的问题,提出了进一步严格考核的要求,即,自2002年起,凡临床思维能力考核科目中考核≥2份病例的学科,其中1份病例分析不及格,则该考核科目不及格,改变以往将几份病例分析成绩按照权重计算总分后,再判定是否及格的记分办法,这种记分办法将促进研究生和住院医师的临床轮转科室的训练。(3)医学部首届临床医学硕士专业学位研究生毕业,各院按照《北京大学医学部临床医学专业学位临床能力考核及学位论文答辩暂行规定》的要求,以集体答辩形式组织了研究生论文答辩工作。(4)讨论和确定了口腔医学专业学位研究生培养方案,并从2000级研究生开始按照口腔医学专业学位培养方案进行培养。

研究生主要课程进修班工作 2001年共举办6期研究生主要课程进修班,共5个专业,包括药学、临床医学/基础医学、社会医学与卫生事业管理、护理学、心理学。

建立培养工作管理软件系统 2001年,与软件公司共同开发制作培养工作管理软件系统,以加强管理工作科学化,同时有利于监督审核研究生培养质量,便于教师和学生查询有关研究生培养的资料,包括培养要求、课程完成情况、论文发表情况等。本学年度研究生的选课工作即是利用该软件系统完成了近5000人/课次的选课工作,大大提高了工作效率。

(侯卉)

【学位工作】 导师队伍建设 2月,医学部组织5个专家组对各学位分会初选的52位申请博士生导师资格人员进行专家评审。经申请人答辩、专家质疑,通过45人,其中具有博士学位19人,具有硕士学位14人,年龄最轻的37岁。通过专家评审的45人中,经医学部学位评定委员会审核批准43人,另增补2人,确定资格2人,共通过47人,并于3月20日北京大学第62次学位评定委员会确认备案,圆满完成了第九批博士生导师的遴选、上岗工作。

此次选聘突出以下几个特点:(1)强调学术水平力度。基础、药学、公卫等基础研究领域的申请人所发表的学术论文一般应有2篇被SCI收录。(2)强化学位结构力度。要求新选聘的53年元月1日以后出生的博士生导师一般应有博士学位。(3)改善博士生导师队伍的年龄结构,使之更趋于年轻化,要求新选聘的博士生导师年龄一般应在55岁以下。

学位授权点及培养点建设 为充分发挥北大医学部临床教学医院有关临床医学学科的优势,并进一步促进其发展,更好地培养高层次临床医学专业技术人才,经医学部研究决定:对各临床教学医院进行第二批硕士专业学位培养点及其导师资格的评定工作。经认真调研,针对教学医院的特点,制定了"关于教学医院申请硕士专业学位培养点的几点意见"和有着基本条件,共有8所教学医院申报硕士专业学位培养点29个,申请硕士专业学位导师资格者89人,已有培养点而仅评导师资格者18人,博士专业学位培养点2个。经专家通讯评议共通过22个培养点,通过硕士专业学位导师资格者66人,12月26日经医学部学位评定委员会审核,全部通过认定。

目前医学部共有一级学科博士、硕士授权点6个,二级学科博士点41个,二级学科硕士点46个。在9所教学医院中,所设二级学科硕士专业学位培养点已覆盖12个学科专业。

在职人员申请学位 为了理顺在职人员申请学位的管理程序和进一步明确相关要求,组织编写了"在职人员申请学位工作手册",并于2001年3月正式印发,以供管理人员和申请学位人员参阅。

同年组织并完成了在职申请硕士、博士学位人员的外语和综合水平全国统考的报名和考务工作。

到医学部报名参加外语及综合水平统考的共779人,考试合格者213人,参加博士外语统考报名的共92人,合格者62人。

受北京市学位办委托,组织了北京市在职申请硕士学位外语和综合水平全国统考的全部考务工作,共承担了英、俄、法、德、日及其他共8个语种的考生883人,设32个考场,及工商管理、临床医学等24个综合学科考生899名,设32个考场,合计1782人,64个考场。

受卫生部医学考试中心委托,组织了在职人员申请博士学位外语全国统考工作,参考人员共有269人,9个考场。

在组织全国统考工作中,对考场安排、监考人员培训、试卷保密、考场材料回收及严格监考秩序等方面作了细致周密的安排,承担了庞大的工作量,圆满完成了任务,并受到北京市学位办、国务院学位办及卫生部考试中心的好评。

2001年经资格审查合格,接受申请硕士学位的在职人员179人,其中申请硕士专业学位的109人;申请科学学位的70人;接受申请博士学位的在职人员61人,其中申请博士专业学位的51人;申请科学学位的10人;共计240人。

在上级领导的统一部署和领导下,在多次调研和广泛征求意见的基础上,出台了"关于调整在职人员申请学位收费办法的几点意见",调整了管理程序。

专业学位 在临床医学专业学位实施三年及2000年国务院学位办批准医学部为开展口腔医学博士、硕士专业学位试点单位的基础上,2001年6月医学部又申报了公共卫生与预防医学专业学位试点单位,申报材料,对医学部开展此项工作的必要性、可行性、质量保障措施及学科、师资、科研、实践成果及管理等诸多方面的优势进行了充分的论证,得到了上级领导和专家的充分肯定。国务院学位委员会于2001年12月以学位办(2001)97号文件正式批准医学部开展公共卫生硕士(MPH)专业学位教育试点工作。北大为首批开展此项工作的22所院校之一。

全国优秀博士学位论文评选

5月经国务院学位办和评估所组织专家评审,入选全国优秀博士学位论文及北京大学优秀博士学位论文一等奖2篇;校级优秀博士学位论文二等奖3篇(另有2篇已获得北京医科大学优秀论文奖,故本次不参加北京大学优秀博士学位论文评选),三等奖9篇。

根据教育部教研办函[2001]12号文件、全国学位与研究生教育发展中心学位中心[2001]34号文件及北京市学位委员会京学位办[2001]010号文件"关于做好北京地区2002年全国优秀博士学位论文推荐工作的通知"精神,医学部制定并规范了"北京大学医学部优秀博士学位论文评选暂行办法",积极组织了各学院所申报工作和专家评审工作。医学部各二级单位共推荐了博士学位论文17篇,经专家组评审,全票通过12篇,其中5篇推荐上报全国优秀博士论文,7篇推荐上报为校级优秀博士论文。经北京大学学位评定委员会审核通过3篇推荐上报全国优秀博士论文,9篇为校级优秀博士论文。

各级专家在评审中,重点核查发表论文的影响因子、SCI收录及获奖情况,以增加我校博士学位论文在全国评比中的质量比重。

医药科工作委员会 根据国务院学位办及中国学位与研究生教育学会的工作部署,医药科工作委员会申请的"九五"学位制度与研究生教育A类重点课题"21世纪我国医学学位设置、培养途径及其质量标准的研究"于2001年10月圆满结题。

为促进高等院校的体制改革,研讨体制改革中医学研究生教育的发展,交流高等院校体制改革中的做法和经验,进一步推动医学研究生教育的深化改革,医药科工作委员会于2001年8月在吉林大学召开了原卫生部属12所医学院校的"高校体制改革中的医学研究生教育"研讨会。参加会议的12所院校中的8所已与综合性大学合并,全国也已有20多所医学院校与综合大学或工科大学合并,高等院校的这种体制改革,对医学研究生教育带来发展机遇,同时也带来新的矛盾和问题。会议就合并高校如何尽快建立正常高效的运行机制、医学研究生教育在综合大学内的应有位置、医学研究生教育不断扩招带来的困难及医学专业学位在实践中遇到的问题等展开了充分讨论，最后代表们向教育部、国务院学位办、卫生部提出了几点意见并上报各有关领导部门，为中国学位与研究生教育的发展决策提供理论和实际依据。

2001年积极组织并完成了中国学位与研究生教育学会"十五"科研课题申请和专家评审、上报工作。医药科工作委员会共申请了19项课题，其中7项A类课题，12项B类课题。经组织专家评审，共评出A类课题3个，其余15项为B类课题，1项为专著。

学位授予 2001年经全面审查，组织答辩，共向287名研究生授予学位。其中授予博士学位163人（含临床医学博士学位69人）；授予硕士学位124人（临床硕士专业学位21人）；授予在职人员博士学位47人（含临床医学博士学位29人）；授予在职人员硕士学位62人（含临床硕士专业学位29人，临床医学硕士学位2人）；授予七年制临床医学硕士专业学位46人，临床医学硕士学位15人；授予五年制学士学位564人；授予成人本科学士学位108人。

在学位授予中进一步加强了各个中间环节的管理和检查，以确保最终学位授予质量是合格的。

（李均）

【博士后流动站】 北京大学医学部现有基础医学、生物学、药学、公共卫生与预防医学、临床医学、口腔医学6个博士后科研流动站，有41个学科专业有权招收博士后研究人员。

为了提高博士后研究人员的进站质量，加强了博士后进站前的资格审查工作，经过考核后择优录用。2001年进站35人，在站64人。比上年（47人）增加36%。

根据博士后管委会办公室的精神，加强了信息网络管理，博士后个人业务档案输入博士后管理工作信息系统。

博士后现有住房85套，其中47套为新建住房，2001年对原有住房进行了装修工作，改善了博士后的生活条件。

（聂克珍）

深圳研究生院

【北京大学与深圳市政府共建北京大学深圳校区签订合作意向书】 深圳市政府为提高深圳高等教育整体水平，实现深圳高等教育跨越式发展，增强当地科技创新能力和发展后劲，决定创建深圳大学城，并希望北京大学成为第一批进驻深圳大学城的学校之一。2000年10月11日，北京大学校长许智宏与深圳市市长于幼军签署了"深圳市政府与北京大学创建北京大学深圳校区合作意向书"，本着优势互补、资源共享、政府引导、自主办学的原则，深圳市政府积极支持北京大学在深圳办学，根据北京大学深圳校区办学层次及规模，提供必要的办学条件，包括校区用地及教学、科研、行政办公等用房，校区的学生、教师生活和后勤纳入大学城后勤社会化统筹安排。深圳大学城建好之前，深圳市政府给予适当支持，北京大学深圳校区依托深港产学研基地开展办学活动，突出深圳市发展急需、与现实结合紧密的学科，开展全日制学历教育，严抓质量，树立北京大学的品牌效应，并积累办学经验。

【北京大学与深圳市人民政府合作创办北京大学深圳校区】 2001年1月16日，深圳市常务副市长李德成代表深圳市人民政府，北京大学副校长陈章良代表北京大学就北京大学进入深圳大学城、合作创办北京大学深圳校区签订正式协议书。根据协议书，北大校区定位于高起点、高质量、高水平，以全日制研究生培养和应用性研究为主，到2005年在校生达到3000人左右的办学规模，并根据需求和条件设立博士后流动站，进站博士后达到50人左右。学科设置以应用型为主，文商法理及技术学科并重，大力发展新兴学科和交叉学科。深圳市政府按照3000人的办学规模，提供必需的教学楼、综合楼等设施，以及校区开办所必需的配套条件。北大深圳校区学生招生和培养均列入北京大学的研究生教学计划，与北京大学本部的学生同样要求、同等待遇。

【教育部同意设立北京大学深圳研究生院】 2001年4月23日，教育部正式批复同意设立北京大学深圳研究生院（教研函[2001]2号）。根据教育部批复精神，北京大学深圳研究生院隶属北京大学，是北京大学设在深圳的、以培养研究生为主要任务的教育机构。北京大学深圳研究生院旨在充分发挥北京大学的学科优势和深圳的区域优势，面向深圳区域经济和社会发展特别是高新技术产业发展的需要，培养高层次人才，探索和发展新型的高校—政府—企业在人才培养和科技创新方面的合作机制。

【深圳研究生院正式挂牌】 2001年9月26日，北京大学深圳研究生院挂牌仪式在深圳市高新区深港产学研基地大楼广场隆重举行，广东省委常委、深圳市长于幼军，市委副书记、常务副市长李德成，副市长庄心一，北京大学党委书记王德炳、校长许智宏、常务副校长韩启德、副校长兼深圳研究生院院长陈章良，香港科技大学校长朱经武，广东省教育厅副厅长刘育民等出席了庆典。于幼军、许智宏共同为北京大学深圳研究生院揭牌，并分别致辞。于幼军说，深圳与北大合作办学，实现优势的整合与互补，走出了一条高等教育改革发展的新路子，同时也为深圳率先基本实现现代化提供了强大推动力。深圳市政府将一如既往地为研究生院的发展提供服务和支持。许智宏在致辞中说，北大深圳研究生院的成立为北大拓展办学功能、争创世界一流大学注入了新鲜血液。北大将严格按照高起点、高质量、高水平的要求进行深圳研究生院的学科建设，积极发展新兴学科和交叉学科，将其办成一个具有自身特色，与北大本部相互促进、相辅相成的校区。

【深圳研究生院2001年招生情况】

在北京大学深圳研究生院成立前，依托深港产学研基地培训中心，北京大学在深圳已经开展了各项在职研究生教育，截至2001学年，在校生人数为483人（详见表6-10）（含2000级及2001级）。

表6-10 北大深圳研究生院在校生统计

专　业	在校生人数
世界经济专业研究生课程进修班	168人
人力资源管理专业研究生课程进修班	128人
行政管理专业硕士研究生	31人
金融学专业硕士研究生	11人
工商管理硕士（MBA）	145人

附　录

表6-11　2001年全国优秀博士学位论文

序号	专业	姓名	性别	获学位时间	论文题目	导师姓名	院系
1	汉语言文字学	詹卫东	男	1999.7	面向中文信息处理的现代汉语短语结构规则研究	陆俭明	中文系
2	印度语言文学	陈明	男	1999.7	印度梵文医典《医理精华》研究	王邦维	外语学院
3	基础数学	甘少波	男	1997.7	流的稳定性猜测及相关问题	文兰	数学学院
4	理论物理	朱世琳	男	1997.7	量子色动力学求和规则的若干应用——同位旋对称性破缺效应等	杨泽森	物理系
5	物理化学	应立明	男	1998.7	叠氮甲烷光解动力学、稀土配合物分子内能量传递及储库分子水合物的理论研究	赵新生	化学学院
6	物理化学	王任小	男	1999.7	基于结构的药物分子设计	唐有祺	化学学院
7	病理学与病理生理学	朱卫忠	男	1998.6	参与大鼠阻力血管收缩和外周血压调节的α1-肾上腺素受体亚型	韩启德	医学部
8	口腔临床医学	方平科	男	1999.7	细胞因子在颞下颌关节紊乱病中的作用	马绪臣	医学部

2001年北京大学在岗博士生指导教师名单

校本部

马克思主义哲学

曹玉文　陈志尚　丰子义　郭建宁　李士坤
王　东　杨　河　易杰雄　张文儒　张翼星
赵光武　赵家祥

中国哲学

陈　来　胡　军　李中华　楼宇烈　魏常海
许抗生　朱伯崑

外国哲学

陈启伟　杜小真　韩水法　靳希平　张祥龙
赵敦华

逻辑学

陈　波　刘壮虎　周北海

伦理学

陈少峰　何怀宏

美学

叶　朗　朱良志

宗教学

姚卫群　张志刚

科学技术哲学

傅世侠　龚育之　何祚庥　任定成　孙小礼
吴国盛

政治经济学

陈德华　董辅礽　傅骊元　李顺荣　刘　伟
刘方棫

卢　锋　钱淦荣　吴敬琏　吴树青　徐雅民
睢国余
经济思想史
　　石世奇　郑学益　晏智杰
经济史
　　萧国亮　周其仁
西方经济学
　　樊　刚　胡大源　胡代光　刘文忻　宋国卿
　　王志伟　易　纲
世界经济
　　海　闻　王跃生　巫宁耕　萧　琛　张德修
国民经济学
　　陈良琨　高程德　高尚全　胡健颖　厉以宁
　　林毅夫　秦宛顺　王梦奎　杨岳全　邹恒甫
　　闵庆全
区域经济学
　　杨开忠
金融学
　　曹凤岐　陈　平　高西庆　何小锋　胡　坚
　　李庆云　刘　力　孙祁祥　萧灼基
产业经济学
　　张来武　张维迎　朱善利
法学理论
　　巩献田　罗玉中　沈宗灵　赵震江　周旺生
　　朱苏力
法律史
　　贺卫方　李贵连　饶鑫贤　王　哲　武树臣
宪法学与行政法学
　　姜明安　罗豪才　肖蔚云　应松年　袁曙宏
刑法学
　　陈瑞华　陈兴良　储槐植　郭自力　刘守芬
　　汪建成　杨春洗　张　文　张玉镶　赵国玲
　　周振想
经济法学
　　贾俊玲　刘剑文　刘瑞复　盛杰民
环境与资源保护法学
　　金瑞林　魏振瀛　尹　田　郑胜利　朱启超
国际法学
　　白桂梅　龚刃韧　饶戈平　邵　津　王铁崖
　　吴志攀　杨紫煊
政治学理论
　　丁则勤　李景鹏　宁　骚　王浦劬　萧超然
　　谢庆奎　许耀桐
科学社会主义与国际共产主义运动
　　曹长盛　黄宗良　李青宜　梁　柱　林代昭
　　林勋建　潘国华　沙健孙　张世鹏　智效和
　　钟哲明

马克思主义理论与思想政治教育
　　陈占安　林　娅　赵存生
国际政治
　　陈峰君　龚文庠　李　玉　梁守德　陆庭恩
　　尚会鹏　王　杰　张锡镇　方连庆　刘金质
　　袁　明
外交学
　　贾庆国　牛　军　叶自成
社会学
　　费孝通　郭崇德　雷洁琼　刘世定　卢淑华
　　马　戎　王思斌　谢立中　杨善华
人口学
　　郭志刚　陆杰华　曾　毅　张纯元　郑晓瑛
　　蔡　华　高丙中　王铭铭
高等教育学
　　陈学飞　汪永铨　喻岳青
基础心理学
　　钱铭怡　沈　政　王　垒　王　甦　王登峰
　　肖　健　周晓林　朱　滢
文艺学
　　陈熙中　董学文　李思孝　刘　烜　卢永璘
　　王岳川　张少康
语言学及应用语言学
　　陈保亚　沈　炯　王洪君　徐通锵
汉语言文字学
　　符淮青　郭锡良　何九盈　蒋绍愚　李小凡
　　陆俭明　王福堂　袁毓林　张联荣　张双棣
　　朱庆之
中国古典文献学
　　安平秋　董洪利　金开诚　李　零　李家浩
　　倪其心　孙钦善　杨　忠　裘锡圭
中国古代文学
　　程郁缀　储斌杰　费振刚　葛晓音　刘勇强
　　钱志熙　孙　静　夏晓虹　袁行霈　周　强
　　周先慎
中国现当代文学
　　曹文轩　陈平原　洪子诚　钱理群　商金林
　　孙玉石　温儒敏　严家炎
比较文学与世界文学
　　车槿山　戴锦华　乐黛云　孟　华　严绍璗
英语语言文学
　　程朝翔　高一虹　辜正坤　韩加明　韩敏中
　　胡家峦　胡壮麟　刘意青　申　丹　沈　弘
　　陶　洁　王逢鑫
俄语语言文学
　　李明滨　李毓榛　任光宣　吴贻翼
法语语言文学

罗 芃　秦海鹰　王东亮　王庭荣　王文融

德语语言文学
范大灿　李昌珂　张玉书

日语语言文学
刘金才　潘金生　彭广陆　徐昌华　于荣胜

印度语言文学
季羡林　刘安武　刘曙雄　唐仁虎　王邦维

西班牙语语言文学
段若川　赵德明　赵振江

阿拉伯语语言文学
陈嘉厚　孙承熙　仲跻昆

亚非语言文学
拱玉书　孔远志　李 谋　姚秉彦　叶奕良
张玉安　赵 杰

考古学及博物馆学
陈铁梅　高崇文　葛英会　李伯谦　林梅村
刘 绪　马世长　齐东方　权奎山　宿 白
王幼平　徐苹芳　严文明　原思训　赵 辉
赵朝洪　赵化成　晁华山

历史地理学
韩光辉　韩茂莉　侯仁之　于希贤

专门史
李孝聪　牛大勇

中国古代史
邓小南　荣新江　田余庆　王天有　王小甫
吴宗国　徐 凯　岳庆平　张希清　朱凤瀚
祝总斌　阎步克

中国近现代史
房德邻　郭卫东　金冲及　刘桂生　茅海建
欧阳哲生　王晓秋　徐万民　杨奎松

世界史
董正华　高 毅　郭华榕　何芳川　何顺果
梁志明　林被甸　林承节　刘祖熙　马克尧
彭小瑜　沈仁安　宋成有　徐天新　郑家馨
朱孝远

基础数学
陈维桓　丁石孙　丁伟岳　段学复　姜伯驹
蒋美跃　李 忠　李承治　李伟固　刘和平
刘嘉荃　柳 彬　彭立中　丘维声　谭小江
王 杰　王长平　王诗宬　文 兰　伍胜健
徐明曜　张恭庆　张继平　赵春来　郑志明
宗传明

计算数学
李治平　徐树方　应隆安　张平文　滕振寰

概率论与数理统计
陈大岳　陈家鼎　程士宏　耿 直　龚光鲁
何书元　钱敏平　谢衷洁　郑忠国

应用数学
陈亚浙　程乾生　郭懋正　胡德焜　黄少云
林作铨　刘培东　刘旭峰　刘张炬　史树中
王 铎　王正栋　张恭庆　张乃孝

理论物理
高崇寿　李重生　林宗涵　刘玉鑫　卢大海
马伯强　宋行长　苏肇冰　熊传胜　杨立铭
俞允强　赵光达

粒子物理与原子核物理
陈佳洱　陈金象　江栋兴　孟 杰　叶沿林
张焕乔　张启仁

凝聚态物理
戴远东　甘子钊　高政祥　韩汝珊　欧阳颀
秦国刚　任尚元　田光善　王福仁　王世光
吴思诚　熊光成　杨威生　杨应昌　尹道乐
俞大鹏　章 蓓　张 酬　张国义　朱 星
阎守胜

光学
龚旗煌　孙骑亨　徐至展

无线电物理
董太乾　汤俊雄　王义遒　杨东海

无机化学
陈志达　高 松　高宏成　顾镇南　哈鸿飞
黄春辉　李星国　林建华　刘元方　其 鲁
沈兴海　王文清　王祥云　魏根拴　吴季兰
吴瑾光　徐光宪　严纯华　支志明

分析化学
常文保　李克安　李元宗　张新祥

有机化学
甘良兵　花文廷　李崇熙　王剑波　席振峰
杨 震　叶蕴华　袁 谷

物理化学
蔡生民　郭国霖　黄其辰　寇 元　来鲁华
黎乐民　林炳雄　刘忠范　马季铭　唐有祺
王 远　吴 凯　吴念祖　谢有畅　徐光宪
徐筱杰　章士伟　赵新生

高分子化学与物理
曹维孝　程正迪　冯新德　李福绵　丘坤元
宛新华　危 岩　魏高原　周其凤　邹德春

天体物理
艾国祥　陈建生　刘晓为　乔国俊　吴鑫基

自然地理学
蔡运龙　陈静生　方精云　陶 澍　王学军
王仰麟　周力平

人文地理学
董黎明　胡兆量　吕 斌　王缉慈　谢凝高
杨吾扬　俞孔坚　周一星

地图学与地理信息系统
李　京　李　琦　马蔼乃　徐希儒　邬　伦
晏　磊

气象学
陈受钧　黄嘉佑　刘式适　钱维宏　谭本馗
陶祖钰　王绍武

大气物理学与大气环境
陈家宜　刘式达　刘树华　毛节泰　秦　瑜
桑建国　赵柏林　周秀骥

固体地球物理学
蔡永恩　陈晓非　臧绍先

空间物理学
涂传诒　肖　佐　濮祖荫

矿物学，岩石学，矿床学
艾永富　崔文元　董申保　鲁安怀　阎国翰
张立飞　郑　辙

地球化学
穆治国　曾贻善　郑海飞

古生物学与地层学
白志强　董熙平　郝守刚　齐文同

构造地质学
韩宝福　何国琦　侯建军　李茂松　刘瑞珣
刘树文　潘　懋　邵济安　史　語　徐　备
郑亚东

第四纪地质学
崔之久　李树德　李有利　刘耕年　莫多闻
夏正楷　杨景春

植物学
白书农　陈章良　崔克明　邓兴旺　顾红雅
李　毅　林忠平　许智宏　尤瑞麟　赵进东

动物学
雷光春　潘文石　许崇任

生理学
刘泰槰　孙久荣　于龙川

细胞生物学
陈建国　邓宏魁　翟中和　丁明孝　莫日根
尚克刚　舒红兵　朱作言

生物化学与分子生物学
顾　军　梁宋平　罗　明　茹炳根　唐建红
王忆平　朱圣庚　朱玉贤

生物物理学
程和平　金长文　卢光莹　吴才宏　夏　斌
张人骥

一般力学与力学基础
陈　滨　黄　琳　王　龙　叶庆凯

固体力学
胡海昌　黄筑平　刘凯欣　苏先樾　王　炜

王大钧　王建祥　王敏中　武际可　殷有泉

流体力学
陈国谦　陈十一　黄永念　王健平　魏庆鼎
吴介之　吴望一　严宗毅　佘振苏

工程力学
陈德成　方　竞　顾志福　颜大椿　袁明武

物理电子学
龚中麟　刘惟敏　彭练矛　吴锦雷　吴全德
薛增泉　周乐柱

微电子学与固体电子学
甘学温　韩汝琦　吉利久　倪学文　盛世敏
谭长华　王阳元　武国英　许铭真　张　兴
张利春　赵宝瑛

信息与通信系统
焦秉立　梁庆林　王子宇　吴德明　项海格
谢麟振　徐安士　余道衡　查红彬　陈　珂
迟惠生　石青云　谭少华

计算机系统结构
程　旭　丛京生　李晓明

计算机软件与理论
陈　钟　董士海　李大维　梅　宏　屈婉玲
邵维忠　沈昌祥　孙家骕　唐世渭　王立福
许卓群　杨冬青　杨芙清　俞士汶　袁崇义
张立昂

计算机应用技术
陈堃銶　宋再生　王　选　肖建国　阳振坤
周秉锋

核技术及应用
包尚联　方家训　郭之虞　唐孝威　于金祥
赵　夔　赵渭江

环境科学
白郁华　郭怀成　李金龙　唐孝炎　叶文虎
张远航　朱　彤

环境工程
查克麦　黄国和　倪晋仁

企业管理
成思危　符国群　靳云汇　雷　明　李　东
梁　能　梁钧平　陆正飞　涂　平　王建国
王立彦　王其文　项　兵　熊维平　尹衍樑
张国有　陈庆云　黄恒学　李习彬　刘　峰
汪玉凯

行政管理
张国庆　周志忍

教育经济与管理
丁晓浩　闵维方

图书馆学
王锦贵　王余光　吴慰慈　萧东发　周文骏

情报学
傅守灿　龚念曾　关家麟　赖茂生　梁战平
秦铁辉　王惠临　徐学文　余锦凤　张　钟
赵澄谋

医学部

生理学
韩济生　汤　健　范少光　王晓民　张志文
蔡浩然　祝世功　唐朝枢　王　宪
遗传学
徐希平
细胞生物学
柯　扬　周柔丽　李凌松
生物化学与分子生物学
张宗玉　周爱儒　贾弘禔　童坦君　吕有勇
寿成超　邓大君
生物物理学
聂松青　程　时　文宗耀　卢景雾
人体解剖与组织胚胎学
刘　斌　沈　丽
免疫学
陈慰峰　马大龙　谢蜀生　邓鸿业　高晓明
病原生物学
朱万孚　庄　辉
病理学与病理生理学
郑　杰　邹万忠　方伟岗　韩启德　吴立玲
药理学
林志彬　李学军　李长龄
流行病与卫生统计学
李　竹　王润田　李立明　胡永华
劳动卫生与环境卫生学
王　生　赵一鸣
营养与食品卫生学
李　勇
儿少卫生与妇幼保健学
季成叶　王　燕
卫生毒理学
周宗灿
社会医学与卫生事业管理
郭　岩
药物化学
张礼和　彭师奇　程铁明　杨　铭　凌仰之
李润涛　叶新山　李中军
药剂学
侯新朴　张　强
生药学
赵玉英　果德安　蔡少青　屠鹏飞　林文翰

杨秀伟
无机化学
王　夔
内科学
武淑兰　任自文　高　炜　高　妍　王海燕
章友康　李晓玫　王勤环　郭继鸿　孙宁玲
陆道培　陈珊珊　王德炳　何权瀛　王　宇
粟占国　魏　来　陈明哲　郭静萱　陈凤荣
毛节明　赵鸣武　林三仁　吕愈敏　赵金垣
周丽雅　于仲元　朱　平　姚婉贞
儿科学
吴希茹　王　丽　杜军保　丁　洁　叶鸿瑁
神经病学
王萌华
精神病与精神卫生学
沈渔邨　王玉凤　周东丰　张　岱
皮肤病与性病学
马圣清　朱学骏　李若瑜
影像医学与核医学
蒋学祥　杜湘坷　谢敬霞　张　武　邹英华
王荣福　杨仁杰　陈敏华
临床检验诊断学
朱立华　张　正
外科学
徐文怀　朱天岳　郭应禄　薛兆英　俞莉章
那彦群　陈鸿义　杜如煜　王　杉　王　俊
祝学光　冷希圣　吕厚山　荣国威　姜保国
候树坤　朱积川　解基严　王晓峰　栾文忠
周孝思　张同琳　党耕町　娄思权　蔡钦林
陈仲强　刘忠军　李健宁　王振宇
妇产科学
郭燕燕　冯　捷　魏丽惠　陈贵安
眼科学
黎晓新　谢立信　晏晓明　王　薇　曹安明
麻醉学
吴新民　杨拔贤
中西医结合临床
黄　熙
耳鼻咽喉科学
于德林　李学佩
运动医学
张宝慧　于长隆　敖英芳　林共周
口腔基础医学
于世凤　高　岩
口腔临床医学
曹采文　王嘉德　栾为民　高学军　孟焕新
沙月琴　张震康　马绪臣　俞光岩　王　兴

孙勇刚　徐恒昌　冯海兰　傅民魁　林久祥　　徐光炜　黄信孚　勇威本　李吉友　顾　晋
曾祥龙　　　　　　　　　　　　　　　　　　科学技术史
肿瘤学　　　　　　　　　　　　　　　　　程之范

(李　均)

北京大学有博士、硕士学位授予权的学科专业目录

校本部

01　哲　学

★0101	哲学
*010101	马克思主义哲学
*010102	中国哲学
*010103	外国哲学
*010104	逻辑学
*010105	伦理学
*010106	美学
*010107	宗教学
*010108	科学技术哲学

02　经济学

★0201	理论经济学
*020101	政治经济学
*020102	经济思想史
*020103	经济史
*020104	西方经济学
*020105	世界经济
*020106	人口、资源与环境经济学
★0202	应用经济学
*020201	国民经济学
*020202	区域经济学
*020203	财政学(含:税收学)
*020204	金融学
*020205	产业经济学
*020206	国际贸易学
*020207	劳动经济学
*020208	统计学
*020209	数量经济学
*020210	国防经济

03　法　学

★0301	法学
*030101	法学理论
*030102	法律史
*030103	宪法学与行政法学
*030104	刑法学
030105	民商法学
030106	诉讼法学
*030107	经济法学
*030108	环境与资源保护法学
*030109	国际法学
★0302	政治学
*030201	政治学理论
*030202	中外政治制度
*030203	科学社会主义与国际共产主义运动
*030204	中共党史
*030205	马克思主义理论与思想政治教育
*030206	国际政治
*030207	国际关系
*030208	外交学
★0303	社会学
*030301	社会学
*030302	人口学
*030303	人类学

04　教育学

★0401	教育学
*040106	高等教育学
040110	教育技术学
0402	心理学
*040201	基础心理学
*040203	应用心理学

05　文　学

★0501	中国语言文学
*050101	文艺学
*050102	语言学及应用语言学
*050103	汉语言文字学
*050104	中国古典文献学
*050105	中国古代文学
*050106	中国现当代文学
*050107	中国少数民族语言文学(分语族)

* 050108	比较文学与世界文学		* 070207	光学
			* 070208	无线电物理
★0502	外国语言文学			
* 050201	英语语言文学		★0703	化学
* 050202	俄语语言文学		* 070301	无机化学
* 050203	法语语言文学		* 070302	分析化学
* 050204	德语语言文学		* 070303	有机化学
* 050205	日语语言文学		* 070304	物理化学
* 050206	印度语言文学		* 070305	高分子化学与物理
* 050207	西班牙语语言文学		0704	天文学
* 050208	阿拉伯语语言文学		* 070401	天体物理
* 050210	亚非语言文学			
			★0705	地理学
0503	新闻传播学		* 070501	自然地理学
050301	新闻学		* 070502	人文地理学
050302	传播学		* 070503	地图学与地理信息系统
0504	艺术学		★0706	大气科学
050401	艺术学		* 070601	气象学
050406	电影学		* 070602	大气物理学与大气环境

06 历史学

			★0708	地球物理学
★0601	历史学		* 070801	固体地球物理学
* 060101	史学理论及史学史		* 070802	空间物理学
* 060102	考古学及博物馆学		★0709	地质学
* 060103	历史地理学		* 070901	矿物学,岩石学,矿床学
* 060104	历史文献学(含:敦煌学、古文字)		* 070902	地球化学
* 060105	专门史		* 070903	古生物学与地层学
* 060106	中国古代史		* 070904	构造地质学
* 060107	中国近现代史		* 070905	第四纪地质学
* 060108	世界史		★0710	生物学
			* 071001	植物学

07 理 学

			* 071002	动物学
			* 071003	生理学
★0701	数学		* 071004	水生生物学
* 070101	基础数学		* 071005	微生物学
* 070102	计算数学		* 071006	神经生物学
* 070103	概率论与数理统计		* 071007	遗传学
* 070104	应用数学		* 071008	发育生物学
* 070105	运筹学与控制论		* 071009	细胞生物学
			* 071010	生物化学与分子生物学
★0702	物理学		* 071011	生物物理学
* 070201	理论物理		* 071012	生态学
* 070202	粒子物理与原子核物理		★0712	科学技术史
* 070203	原子与分子物理		071200	科学技术史
* 070204	等离子体物理		★0801	力学
* 070205	凝聚态物理		* 080101	一般力学与力学基础
* 070206	声学		* 080102	固体力学

*080103	流体力学
*080104	工程力学
★0809	电子科学与技术
*080901	物理电子学
*080902	电路与系统
*080903	微电子学与固体电子学
*080904	电磁场与微波技术
★0812	计算机科学与技术
081200	计算机科学与技术
*081201	计算机系统结构
*081202	计算机软件与理论
*081203	计算机应用技术
★0830	环境科学与工程
*083001	环境科学
*083002	环境工程

08 工 学

★0810	信息与通信工程
*081001	通信与信息系统
*081002	信号与信息处理
0811	控制科学与工程
081101	控制理论与控制工程
0816	测绘科学与技术
081602	摄影测量与遥感
0817	化学工程与技术
081704	应用化学
0827	核科学与技术
*082703	核技术及应用

12 管理学

1201	管理科学与工程
120100	管理科学与工程
1202	工商管理
120201	会计学
*120202	企业管理
1204	公共管理
*120401	行政管理
*120403	教育经济与管理
120404	社会保障
★1205	图书馆、情报与档案管
*120501	图书馆学
*120502	情报学
*120503	档案学

20 专业学

2001	法律硕士
200101	法律硕士
2006	工商管理硕士
200601	工商管理硕士

注：加 * 号者有博士学位授予权

（研究生院）

医学部

理 学

★生物学
*生理学
*细胞生物学
*生物化学与分子生物学
*生物物理学
遗传学

★科学技术史
（本学科不分设二级学科）
★化学
无机化学

医 学

★基础医学
*人体解剖与组织胚胎学
*免疫学
*病原生物学
*病理学与生理学
*放射医学

★公共卫生与预防医学
*流行病与卫生统计学
*劳动卫生与环境卫生学
*营养与食品卫生学
*儿少卫生与妇幼保健学
*卫生毒理学

★药学
*药物化学
*药剂学
*生药学
*药物分析学
*药理学

★口腔医学
*口腔基础医学
*口腔临床医学

临床医学

　*内科学：心血管、血液病、呼吸系病、消化系病、内分泌与代谢病、肾病、传染病

　*儿科学

　*神经病学

　*精神病与精神卫生学

　*皮肤病与性病学

　*影像医学与核医学

　*外科学：普外、泌尿外、骨外、胸心外、整形外

　*妇产科学

　*眼科学

　*肿瘤学

　*麻醉学

　*运动医学

　*耳鼻咽喉科学

　临床检验诊断学

　护理学

　急诊医学

　神经外科学

中西医结合

　*中西医结合临床

　中西医结合基础

法　学

政治学

　马克思主义理论与思想政治教育

教育学

心理学

　应用心理学

管理学

公共管理

　社会医学与卫生事业管理

注：★有博士学位授予权的一级学科

　　*博士学位授权点

(李　均)

表6-12　2001年各院系在校研究生统计

系所名称	总计	博士生	硕士生	系所名称	总计	博士生	硕士生
数学科学学院	275	102	173	马克思主义学院	145	39	106
力学与工程科学系	144	54	90	科学与社会研究中心	46	26	20
物理学院	366	121	245	艺术学系	40	0	40
电子学系	199	48	151	对外汉语教学中心	27	0	27
计算机科学技术系	388	118	270	中国经济研究中心	122	22	100
化学与分子工程学院	295	153	142	教育学院	82	33	49
生命科学学院	222	125	97	人口研究所	35	9	26
地球与空间科学学院	282	94	188	信息科学中心	92	12	80
城市与环境学系	350	138	212	环境科学中心	185	59	126
心理学系	107	34	73	基础医学院	283	130	153
新闻与传播学院	66	0	66	公共卫生学院	133	30	103
中国语言文学系	445	214	231	药学院	174	67	107
历史学系	286	127	159	第一临床医学院	321	139	182
考古文博院	93	36	57	第二临床医学院	220	118	102
哲学系	269	122	147	第三临床医学院	204	93	111
国际关系学院	419	134	285	口腔医学院	105	51	54
经济学院	475	163	312	精神卫生研究所	49	25	24
光华管理学院	1171	115	1056	临床肿瘤学院	87	41	46
法学院	1139	323	816	社文部	12	0	12
信息管理系	137	51	86	护理学院	9	0	9
社会学系	160	53	107	积水潭医院	11	8	3
政府管理学院	328	97	231	合　计	10315	3396	6919
外国语学院	317	72	245				

(夏永宏)

继 续 教 育

【概况】 成人、继续教育是现代教育的重要组成部分,是建立终身教育体系的重要措施,是建立横向沟通纵向衔接的教育立交桥的重要引桥。2001年,北京大学继续教育部认真贯彻落实国家有关改革发展成人、继续教育的方针政策,在学校整体改革思想的指导下,围绕建设世界一流大学的中心工作,积极稳妥地推进了成人、继续教育的各项工作。

函授、夜大学、脱产班教育规模保持稳定。2001年北京大学成人学历教育的函授、夜大学、脱产班在校学生总计11083人,其中函授5643人(专升本2591人,专科3052人)、夜大学2138人(专升本819人,专科1319人)、脱产班3302人(高本1878人,专升本411人、专科1013人),与2000年相比人数减少了4.57%,办学规模基本稳定在原有水平。

学历教育结构调整取得新进展。在年招生规模保持不变的情况下,主动向教育部计划主管部门争取本科招生计划指标,使年招生计划本科层次所占比例由2000年的41.9%上升到2001年的69.5%。在校本科学生比例由2000年的32.6%上升到2001年的82.4%,较大幅度地提升了成人学历教育的办学层次。在科类结构调整中,巩固加强了国际经济与贸易、金融学、计算机科学与技术、环境工程等专业,开设了人力资源管理、企业管理等新专业,与此同时还对校外教学站(点)、中心的布局进行了调整,撤掉了3个工作上不去的远程教育中心,新建了10个现代远程教育教学中心。在校外远程教育教学站(点)布局调整中,充分注意了向西部省份倾斜,在新疆、内蒙、四川、广西、宁夏五省区新建了5个现代远程教育教学中心,以通过现代远程教育手段,把北京大学教育资源优势向西部地区辐射,落实北京大学与西部省、自治区合作协议精神,为西部大开发战略的实施努力做出贡献。

高层次继续教育创出了新品牌,有了新进展。2001年继续教育部在继续组织办好北京市六城区干部高研班、中国人民保险公司和中国人寿保险公司各省分公司经理高级研修班、贵州省干部研修班等跨学科、专业的高研班的同时,还组织开办了重庆市高校党委书记、校长高级研讨班,宁夏回族自治区厅局级领导干部高级研修班、内蒙古西部地区大中型企业、厂长经理研修班,支持了经济学院现代企业家特训班等高研班,努力办出自己的特色。这些跨系科、综合性的高研班的开办,既体现了北大的优势和特点,创出了北大高层次继续教育的新品牌,又推动了北京大学继续教育沿着高层次、高质量、高品位的方向不断取得新进展。2001年共举办高研班49个,培训各类学员4131人次,从而使成人教育中高层次大学后继续教育的重点更加突出。

积极、稳步地发展了现代远程教育。在认真总结三年来开展现代远程教育试点经验的基础上,继续教育部认真贯彻了教育部和北京大学有关发展现代远程教育的指示精神,促进了现代远程教育的健康发展。在保证已开设的国际经济与贸易、金融学、法学三个专业教学计划正常执行的情况下,2001年更新了部分课程的教学内容,编制了部分新课件,同时,新开出的企业管理、人力资源管理两个新专业开始面向社会招生。

为履行北京大学与最高人民法院、最高人民检察院的协议精神,北京大学现代远程教育还接受最高人民法院、最高人民检察院的委托,在全国30个省、市、自治区的检察院、法院系统招收法律专科起点本科现代远程教育学生13446人,开通了以光盘课件授课为主,以网上答题、讨论和面授辅导为辅的现代远程教育信息传输通道,不仅促进了现代远程教育手段的多样化、网络化进程,而且拓展了现代远程教育的服务范围和覆盖面,促进了北京大学现代远程教育迈出了"跨跃式"发展的新步伐。

【招生工作】 根据教育部深化成人教育招生体制改革,充分利用现代化手段加强成人教育招生工作管理的精神,2001年改革了传统的成人教育招生录取方式,支持并积极参与全国成人教育招生网上录取的试点工作。在北京参加了局域网录取;在山东、福建两省实现了网上远程录取;在江西、江苏等地区采取了委托站(点)、中心直接参加局域网录取的方式。在继续教育部成人教育招生办公室统筹协调、指挥下,圆满完成了2001年全国成人高考的招生录取工作,并对网络录取试点工作取得的经验和存在的问题做了认真分析和总结,提出了一些合理化的建设性意见,而受到教育部等主管部门领导的重视。

随着高校成人教育办学自主权的扩大,承担学校自主命题招生考试的工作越来越多。为保证成人教育入学考试工作的顺利进行,2001年继续教育部根据教育部有关招生以及保密工作的规定,从严格考务管理以及严肃考试纪律等方面入手,制定了《北京大学成人高等教育招生入学考试管理办法》(校发[2001]12号)等文件。该《办法》分为总则、命题、制卷与试卷保管、考试、阅卷、附则等6章44条,对成人招生工作中有关命题、制卷、试卷保管、组考、阅卷等工作都提出了具体的要求,对有关工作原则、实施程序做了详细规定,为北京大学自主进行的成人教育招生考试工作提供了实施准则和依据,经主管校长批准实施后收到了良好的效果,也保证了2001年北京大学函授、夜大学专升本专业课入学考试和现代远程教育自考自招工作顺利进行。

2001年在现代远程教育自主招生报名工作中,继续教育部将考生的全部个人信息及照片录入电脑,制作了电子档案,并由计算机自动生成带有考生本人照片的准考证及考生座位表,从而有效地遏制了代考等入学考试作弊现象的发生,维护了北京大学的成人教育入学考试秩序和办学声誉,同时,也为学生入学后各种个人信息进入教育的电子注册系统奠定了良好的基础。

【学籍管理】 为适应高等教育改革的需要,保证高等教育质量,维护国家学历教育制度和学历证书的严肃性,维护高等学校毕业生的合法权益,教育部颁发了《高等教育学历证书电子注册管理暂行规定》(教学[2001]4号),要求各高等学校及高等教育自学考试和高等教育学历文凭考试单位,必须贯彻执行教学[2001]4号文件精神,对成人高等教育学历证书实行电子注册制度,以加强对学历证书的管理。为加强学历证书的管理,2001年继续教育部启用了计算机电子注册系统,并对1991届至2001届成人学历教育毕业生进行大量数据采集和计算机录入工作,整个工作将在2002年7月完成。计算机电子注册系统的使用,是对新生报到注册、在校生学籍管理、毕业证书管理与发放实行规范化管理的重要手段,并为毕业证书网上查询提供了数据支持。与此相适应,2001年继续教育部对《北京大学成人高等学历教育学籍管理办法》做了适当的修订,以保证入学注册、休、退、转、毕、结业等各项管理工作与实行学分制工作及毕业证书电子注册工作相适应,并逐步完善成人教育计算机网络管理系统。2001年提交验印的毕业生数2896人,验印一次通过率100%。全年异动557人,其中转入114人,转出15人,退学211人,休学(含保留入学资格)101人,复学41人,转系(站)转专业75人。

【教学管理与研究】 为推进教学改革,提高教学质量,加强教学管理,2001年继续教育部对《北京大学成人教育课程考核管理办法》、《北京大学关于授予成人高等教育本科毕业生学士学位的规定》、《北京大学优秀毕业生评选与表彰办法》、《北京大学成人教育课程免修办法》、《北京大学成人教育监考守则》、《北京大学成人教育考场规则》等教学管理文件进行了修订。这些管理办法的修订体现了成人教育改革总体指导思想,反映了几年来成人教育改革新经验、新成果,使成人教育在改革深入进行的同时也加强了规范化建设工作,促进了成人教育工作的健康发展。

在修订规章制度的过程中,继续教育部认真总结了实行完全的学分制、开展成人教育教学管理制度改革的经验,研究了实践中提出的新问题,修订了《北京大学成人高等教育学历教育学分制的管理办法》,推进了实行完全的学分制工作,使成人教育教学管理制度的改革又迈上了一个新的台阶。继续教育部主抓的《改革成人教育教学管理制度,实行彻底的学分制》和《依托成人教育函授站,建设全日制本科生实习基地》项目获得北京大学2001年教学成果一等奖,受到了学校的表彰。与此同时,针对实行学分制后管理工作复杂程度增加的实际情况,继续教育部和有关院系重点抓好本科段学生的毕业论文工作,以提高成人学生的综合分析问题和解决问题的能力,把好毕业生的质量关。这一工作收到了很好的效果,北京市教委在2001年本科生毕业论文工作检查中肯定了北大抓好成人教育本科生毕业论文的做法,并把北大信息管理系专科起点本科毕业生张燕敏的论文《从明清时期地方志看江南市镇的修桥义行》,收入了北京市高校成人本科教育优秀毕业设计(论文)范例一书中。

考风建设是学风建设的重要环节。为贯彻北京大学加强学术道德建设的精神,自觉抵制社会上不正之风对成人、继续教育的侵袭,继续教育部于12月3日在南昌召开了北京大学校本部函授站、现代远程教育中心工作会议。会议的主题是深入学习教育部《关于加强考试管理,狠刹各种考试违纪、舞弊歪风的意见》(教考试厅[2000]5号)等文件精神,研究加强成人教育学风、考风、站风建设的有关问题,努力提高成人教育的学风、考风、站风的建设水平,并为成人学生创造一个良好学习氛围和环境。24个函授站、23个现代远程教育中心的负责人,各有关院系主管成人教育的院长或系主任及继续教育部的部长、副部长共90多人出席了此次会议。通过学习和讨论,与会同志在较高层次上统一了思想,提高了认识,许多站(点)、中心的同志都对照教育部文件精神和先进经验认真解剖了本单位在学风、考风、站风建设中存在的问题,提出了改进措施。并表示要把会议精神带回去,立场坚定、旗帜鲜明地反对教育领域的不正之风,努力把学风、考风、站(点)风建设提高到一个新水平。继续教育部结合期末考试进行的教学检查情况表明,各院(系)、站(点)中心回去后认真贯彻落实了这次会议精神,在期末考试期间加强了对学生的教育和考试管理，引导学生树立"勤奋、严谨、求实、创新"优良学风，不仅保证了期末考试各项工作正常进行，而且也极大地促进了成人教育学风、站风建设工作。

【高层次继续教育】 发展高层次继续教育是北大成人教育的重点，2001年这方面工作取得了许多新进展。

2001年根据教育部师范司下达的任务，北京大学继续教育部承担了"园丁工程"的培训任务，完成了国家级培训项目——9名中学物理高级教师的培训工作。该项目在完成后顺利通过了教育部的验收，并受到教育部有关专家和学员的好评。经过对进修教师的接收、管理环节的改进，进修教师整体素质继续提高，2001～2002学年度共接收进修教师（截止到2001年12月）306名，其中访问学者164人，单科进修133人。在这些进修教师中，具有副高级以上职称的为142人，占总人数的46%，比上一学度上升了13个百分点。在完成进修教师日常管理工作的同时，继续教育部还加强了进修计划实施情况的检查与管理，促进了进修教师工作与北大教学、科研工作的结合，在努力提高进修教师学术水平和教学、科研能力的同时，也使其为北大的学科建设和教学、科研工作的发展做出新贡献。

大力发展了高层次继续教育，积极组织开办了一些高层次的研讨班、研修班。全年北京大学继续教育部受教育部委托、资助，举办了"中国信息资源建设"、"西部矿产资源勘察开发理论与技术"、"碰撞造山带大规模成矿作用"、"第六届社会人类学"4个追踪学科前沿的高级研讨班。同时增加了高层次管理人员研修班的开办幅度。2001年共举办高级研修班49个，培训人次达4131人次。

【自学考试主考和助学工作】 完成了2001年北京市自学考试委员会下达的主考命题、阅卷和主考专业毕业生毕业资格审核工作任务及助学辅助工作。北大主考的公共课和专业课的阅卷总量约为55万份；法律专业、计算机软件及应用专业和心理学专业全年毕业学生3384人，比2000年的2388名毕业生增长41.7%，其中本科生440人、专科生2944人。北京大学共有4个单位举办了全日制自学考试辅导班，全年入学新生1591人，现有全日制自学考试辅导班在校生2666人；同时，心理学系、计算机系分别开办了心理学专业和计算机软件及应用专业的业余辅导班，共招生2620人。自学考试业余和全日制辅导班在教学环境改善、加强教学管理和对学生进行素质教育工作等方面也取得较大进展。

【发展现代远程教育】 2001年，北京大学现代远程教育在以卫星通讯技术和计算机互联网技术传输教育信息的同时，又通过教育电视台"鑫诺1号"卫星开通了卫星IP数字广播系统，实现了卫星音视频教育信息的直播。同时，基于ISDN的视频会议系统等教学辅导、答疑、讨论等工作也进一步加强。继续教育部远程教育办公室组织教师和课件技术人员采集录制了21门课程，共计1000多个小时，其中有300多小时的课程进行了后期图像和字幕处理，100多小时的课程使用了现场特技效果。与此同时还对个别课程进行了更精密的后期加工，建立了流媒体和知识点的对应关系，为教学资源的检索提供了方便条件，这些改进都受到了现代远程教育学员的广泛欢迎。远程教育办公室还围绕"提高教学质量，完善教学管理"这一主题，加强了各项教学管理工作。在这一年中，远程教育办公室重新设计并制作了网站页面，完成了信息发布、站内搜索、网上报名、注册、选课、课件点播、网上论坛、留言板、聊天室、在线考试等栏目的改版和重新开发工作；开发制作了远程教育办公室管理信息系统和远程教育办公室内部办公系统，完善了远程教育办公室的管理平台，为管理人员完成招生管理、学籍管理、教务管理及远程教育办公室内部的人事管理、设备管理、办公用品管理、图书管理等提供了功能模块；进行了以WEB页面浏览为基础的内部网站的建设，使该网站具备了图书管理、IP地址管理、驱动下载、公文浏览、技术支持、设备管理、教学中心信息管理、员工信息浏览和电子留言板等功能，这些"基本建设"工作的加强，较好地满足了教学管理需要，也促进了远程教育管理的工作效率的提高。

【成人教育学院建设与发展】 北京大学成人（继续）教育学院是专门从事北京大学成人、继续教育以及其他社会教育服务的专门化学院，又称北京大学应用文理学院。

学院拥有两个校区，即圆明园校区和昌平校区。至2000年有2100多名成人教育学生生活、学习在圆明园校区，其中成人高中起点本科学生700余人，成人专升本学生400余人，成人高中起点专科学生700余人，夜大专科学生50余人，美中英语培训科目（ESEC）学生51余人。2000年初，学校领导决定将昌平校区划归成人（继续）教育学院使用。2000年5月至2002年5月，在学校支持下，成人教育学院对昌平校区的校园进行了大规模的整治，学校投入1000余万元对教学楼、学生宿舍进行了抗震加固与装修。成人教育学院利用自身的办学积累投入3000余万元对校园绿化、道路、灯光、球场等进行整修与改扩建。2000年9月成人高等教育培训生1300余名进入昌平校区学习，顺利完成了昌平校区功能性的转换。目前，昌平校区有成人脱产教育等学生2600余名。学院设有教学行政办公室、总务办公室、行政办公室、保卫办公室、技术保障办公室以及学生工作组等工作机构,负责全院教学、生活、学生教育等具体工作。

成人教育学院教学主要由北大有关院(系)承担。成人教育学院采取得力措施,不断加强教育教学管理,确保了成人脱产班的教育质量。在组织教学过程中,一是严格按成人教育特点审定教学计划,突出应用型课程;二是认真检查教学计划,了解教师讲课情况,使教师教学工作更有针对性;三是成立教学研究组,例如高等数学、英语、计算机基础等课程成立了研究组,由小组统一内容,统一进度,检查教学效果;四是各班成立教学小组,有针对性地提高学生学习积极性和学习能力,帮助学生不断改进学习方法,提高学习效率。

成人教育学院特别注重校园文化建设,积极开展有益学生健康发展的文化活动。2001年成人脱产班学生在参加全校各种活动中均取得了较好的成绩,先后荣获北京大学2001年"一二·九"师生合唱特等奖、北京大学"新生杯"足球比赛冠军、北京大学"先进团委"称号、北京大学2001年秋季运动会团体总分第三名和精神文明奖、北京大学2001年暑期社会实践"优秀团队奖"、"优秀领队老师奖"、"优秀实践个人奖"、北京大学2001年建党八十周年演讲比赛三等奖等等。

北大成人教育学院以北大学科体系为基础,以全校各院系师资力量为依托,面向21世纪社会发展的要求,根据国家经济建设的需要设置专业,开展成人继续教育工作。目前,成人教育学院所设专业是:高中起点本科有国际经济与贸易、计算机科学与技术、英语、国际政治、法学、金融学等专业;专科起点本科有国际经济与贸易、计算机科学与技术、金融学、英语、国际政治等专业;高中起点专科有金融与贸易、市场分析与营销、新闻学、法律学、英语、外事与外贸英语、外事管理与涉外秘书、房地产开发与管理、生物化学与现代生物技术、计算机实用技术、电子与计算机应用技术、电子与计算机网络技术等专业。

(继续教育部)

医学部继续教育

【住院医师规范化培训】 2001年医学部确立了"四轨合一"培训临床医学专业学位的模式(住院医师规范化培训、临床医学专业学位研究生、七年制临床医学专业学生和学位进修医师),医学部"四轨合一"的管理体系初步建立。继续实行优秀住院医师插班转博制度。临床医学专业学位办公室对临床医学院和教学医院的住院医师参加学位课程学习的时间和参加国家级考试及第一阶段考试的有关问题做出统一规定。

获得第一阶段住院医师规范化培训合格资格103人;插班转博31人。获得住院医师规范化培训合格证书30人。

住院医师规范化培训增加3所教学医院:首钢总医院、矿物局总医院、仁和医院。受北京市卫生局委托,医学部作为北京市全科医师培训基地。人民医院已经承担北京市全科医师规范化培训试点工作。

《加强住院医师规范化培训,提高临床师资队伍素质》获2001年北京市教育教学成果(高等教育)一等奖。

(赖豫建)

【高层次继续医学教育】 2001年医学部坚持以开展多形式、多层次尤以高层次继续医学教育为重点的继续医学教育特色的指导思想,办学规模不断扩大,为国家和社会培训中级专业技术职务及以上人员共9962人次。其中,国家级继续医学教育项目培训6394人次,卫生部继续医学教育委员会备案项目2829人次;培训学科骨干77人;受人事部委托培训328人;受教育部委托培训69人、培训"农、林、医"中青年骨干教师61人;培训零散进修人员593人。

【国家级继续医学教育培训基地】 2001年经卫生部审批,医学部口腔颌面外科学、精神病与精神卫生学、儿科学、外科(骨科学)、病理学与病理生理学、泌尿外科学、内科学(传染病学)、药理学8个学科获准为首批国家级继续医学教育培训基地,占卫生部首批批准的15个国家级继续医学教育培训基地的一半以上。

【远程教育】 2001年医学部完成了4个国家级继续医学教育项目远程教育课件的制作和继续教育平台的设计工作。它们是:"眼底病治疗进展"、"妇科肿瘤进展"、"电视胸腔镜手术的临床应用"、"口腔种植外科及修复学新进展学习班"。通过课件的制作的试点工作,已基本形成了远程继续医学教育项目课件的制作形式和规范,为通过远程教育开展继续医学教育奠定了基础。

【对内继续教育】 在2000年评估、总结、表彰的基础上,2001年医学部提出了对内开展继续教育工作的新思路。健全并加强了医学部继续教育办公室的力量,制定并颁发了《北京大学医学部管理人员继续教育学分制试行办法》、《各学院党政管理干部继续教育学分登记方法明细表》、《各学院医、教、研、护、技专业技术人员继续教育学分登记方法明细表》、《医学部各职能部、处及直属单位管理干部继续教育学分登记方法明细表》。建立了每学年管理干部继续教育培训计划的制度。将完成继续教育学分的要求作为年度考核必备条件之一,并列入医学部颁发的《关于下发〈北京大学医学部教职工考核聘任实施办法〉及2001年度教职工考核聘任工作安排的通知》[北医(2001)部人字192号]中。为进一步加强继续教育活动的组织和管理,2001年医学部各单位明确了继续教育的主管领导和学分登记员。医学部举办了学分登记员培训班,进一步明确了学分登记员的职责、任务及学分登记办法。

2001年医学部明确了管理人员的继续教育培训活动内容分为两大类:第一类为医学部统一组织的讲座。包括:医学部继续医学教育委员会组织的知识型和技能型培训活动(委托人事处主办)、医学部组织部组织的处以上干部培训班和党课、医学部宣传部组织的有关形势报告。第二类为各职能部(处)举办的本行业系统或几个职能部门联合举办的培训活动。

随着继续医学教育工作的深入开展,逐步受到各级领导、专业技术人员和管理干部的重视,各二级单位为继续教育对象主动开办了多种形式和内容的继续教育活动。经检查,2001年医学部各类专业技术人员和管理人员完成所规定的继续教育学分达标率分别为:医、教、研、护系列的专业技术人员完成25学分达标率为77.3%;技术员系列完成25学分达标率为86.4%;管理人员中副处级以上人员完成20学分达标率为92.8%,正科及以下完成15学分达标率为89.7%。

【继续医学教育工作总结交流表彰大会】 2001年1月4日在医学部会议中心召开。来自各学院、机关部处和直属单位有关人员共100余人参加了会议。北京大学常务副校长韩启德,副校长吕兆丰,医学部副书记马焕章、吴建伟出席了会议。会议由吕兆丰主持。

吕兆丰副校长对医学部2000年开展的继续医学教育评估工作做了总结。总体而言,面向全国开展的继续医学教育工作比面向本单位开展的继续医学教育工作做得好;临床各医院比医学部各学院的继续医学教育工作做得好;对专业技术人员开展的继续教育比对管理人员开展的继续教育做得好。吕副校长总结了医学部的继续医学教育工作有四点成功经验:(1)终身教育观念得以确立;(2)各级领导对继续医学教育工作的重视程度有所提高;(3)管理机制发挥了作用;(4)开展了丰富多彩的继续教育活动。在谈到继续教育工作存在的主要问题时,吕副校长指出,医学部的继续医学教育工作发展不平衡;继续医学教育管理不够规范;运行机制没有落实。吕副校长对今后下一步工作做了全面部署:(1)建立一种形式,加强终身教育观念的转变;(2)将启动一个持续性工程,建立国家级继续医学教育基地;(3)强化对外继续医学教育工作力度,根据四轨合一的教育模式,启动学位进修工作;(4)加强对内继续医学教育工作,加强激励机制,管理领域里的继续教育要体现在岗位限定的条件中。

韩启德常务副校长作了总结发言。他肯定了医学部的继续医学教育工作,认为对外开展的继续医学教育活动,不但推动了全国的继续医学教育工作的开展,推动了学科发展,提高了医学部学术地位,还增强了医学部的中青年教师的自信心。今后还要进一步加强对内的继续教育工作,加强学科队伍建设,将继续教育的形式和内容统一起来,要充分认识到学分制本身不能解决问题,但它是一种保障形式,能很好地推动继续医学教育工作的开展。要有一种机制去促进人们主动学习,扩大其知识领域。要开展确实有实质内容的继续教育活动,从内容上、方法上想办法,促进继续医学教育活动的开展。建设一流的大学,要靠一流的师资,就要接受最新的知识,拓宽视野,医学部没有理由不把医学部职工的继续教育工作做好,这是我们的中心工作,医学部要在财政上给予投入。韩校长希望2001年的继续医学教育工作有所突破,开拓新的思路,办出特色,带动全国的继续医学教育工作的开展。

本次会议表彰了4个面向全国专业技术人员开展继续医学教育工作先进单位、6个面向本单位专业技术人员继续医学教育工作先进单位、10个举办进修班先进科室。

(黄静)

【医学网络教育学院】 北京大学医学网络教育正式启动于2000年1月,首先成立了"北京医科大学远程教育工作筹备组"。组长为吕兆丰,成员有王晓民、陈立奇等人。本着"政策支持、资金自筹、企业管理、技术保证"的原则正式开始了医学远程教育的筹备工作。2000年2月25日教育部《关于北京医科大学申请加入教育部"中国远程教育网"的报告的回复》,明确为原北京医科大学安排一个DVB(数字电视广播)频道传输远程医学卫生科技教育节目,基本解决了远程教育的技术实现方式问题;2000年6月2日北京市工商局批准成立了"北京医大时代教育技术有限公司",正式启动了市场开拓及技术实施工作。

在建立、健全企业管理的同时,确定了基地学院、站点学院、教学站点(均为医学院校)的三级合作办学模式,解决了医学教育中实验、实习的难题。在此基础上,经过半年的努力调查、评估,2000年底达成合作意向的院校为12所,覆盖山东、河南、内蒙、新疆、广东、河北、江苏7个省市,为2001年的招生工作做好了准备。同时,明确了"天地结合、综合利用"的技术实现方式,充分利用数字卫星广播、会议电视系统、互联网等多种现代技术手段保证医学远程教育的技术实施。2000年7月,互联网平台www.bytime.com.cn上网;2000年11月,通过"中国远程教育网"的数字卫星广播平台,实验播出了北京大学医学部的第一个卫星电视节目《教育部领导关于远程教育的访谈》。2000年6月由原基础学院副院长于英心及王敬美、王丽等负责积极开展教学准备工作。2000年10月10日,经北京大学批准,正式成立了"北京大学医学网络教育学院"。这标志着学校内部教学运作平台的成功建立,为医学网络的长久发展提供了政策保障。2000年11月完成了第一个远程站点学院保定站的工程建设任务;为今后的远程教育实施作好了技术保证。

2001年9月16日,北京大学医学部隆重举行北京大学医学网络教育学院揭牌暨首届开学典礼仪式。2001年,北京大学医学网络教育学院开设了临床专升本、护理专科2个专业,共完成16门3246学时的网络课件制作,16门142学时的录播课程制作;完成了11个站点建设;实现了10个站点招生,共招收学生902人;互联网平台2001年9月之前完成了系统设计、开发、试运行。

在学院与企业分工合作过程中,学校与企业领导决定采取学院与企业合二为一完全融合的工作模式。2001年9月28日,正式宣布学院与改组后的企业合署办公。一套工作人员,两块牌子。经过努力,网络学院的4个部门,即学院办公室、教学办、学生办、技术办共28人已经到位,岗位责任明晰,各方面工作均稳步发展。

2001年12月7～8日,北大医学网络教育学院召开了站点学院工作会,对已经招生的站点学院在网络教育实施过程中产生的问题共同讨论、达成共识,将医学网络教育工作进一步推进。12月27～28日,网络教育学院又召开了第二批新成立教学站工作会,这样,北京大学医学网络教育教学站点增加到30个,意味着网络教育学院正在探索出具有自己医学特色的医学网络教育模式。

(刘义光、堵文静)

附 录

表6-13 2001年北京大学成人高等学历教育在校生统计

类别	校本部					医学部
	合计	98级	99级	2000级	2001级	
函授	7018		1525	1946	2172	1375
夜大	5704		424	926	788	3566
脱产	3302	91	315	1122	1774	
远程	17391		681	806	15904	
共计	33415	91	2945	4800	20638	4941

表6-14 2001年北京大学成人高等学历教育招生录取人数统计

项目	合计	校本部							医学部		
		函授夜大学		成人脱产班			远程		夜大学		函授
		专科	专升本	专科	专升本	高起本	高起本	专升本	二学历	专科	专升本	专升本
录取数	25509	1796	1226	664	225	940	1274	17433	468	748	474	261

表 6-15 2001 北京大学大学后高层次继续教育培训学生统计

	进修教师							高级研讨、研修班						合计	
	小计		访问学者	骨干班		助教班		学位班		单科进修	小计		教育部		自办		班次	人数
	班次	人数		班次	人数	班次	人数	班次	人数		班次	人数	班次	人数	班次	人数	班次	人数
2001~2002	306	164								142	53	4276	4	145	49	4131	57	4582

表 6-16 北京大学医学部开展高层次继续医学教育统计

国家级继续医学教育项目培训	6394 人次
卫生部继续医学教育委员会备案项目	2829 人次
培训学科骨干	77 人
受人事部委托培训	328 人
受教育部委托培训	69 人
培训"农、林、医"中青年骨干教师	61 人
培训零散进修人员	593 人

海 外 教 育

【概况】 2001 年,北大顺利完成了各类留学生的接收任务,接收新生 650 人,在校学生达到 1350 人(不含医学部)。2001 年,留学生首次和中国学生一起参加新生开学典礼,留学生参加了北京大学迎新招待会和新年招待会,反映非常好。

2001 年,北京大学留学生工作的服务水平和质量又上了一个台阶。"留学生新生报到须知"采用中英文对照的形式,报到程序、时间、地点一目了然,深受欢迎。新印制的《留学生手册》,内容进行了大量修改,加入许多新的管理规定,使之更实用,更贴近留学生,成为留学生在校学习和生活的帮手。

2001 年,北京大学加强了留学生招生工作的宣传力度,先后赴韩国、日本、泰国参加教育部主办的《留学中国教育展》。北京大学 2001 全年共接收短期留学生 1437 人次,其中汉语进修 664 人次、中国学项目 71 人次(牛津大学、剑桥大学、萨尔斯堡大学项目);专业短期班 702 人次。短期留学生规模再创历史新高,与 2000 年相比,2001 年短期留学生总数增加近 10%,其中专业班人数增加近 4%,汉语短期项目同比增加 15.4%。更重要的是实现了中国学项目零的突破,丰富和发展了短期留学项目的形式和内容,增加了北京大学短期留学项目的吸引力。另外,2001 年北京大学短期留学项目在生源结构上发生了重要变化,欧美国家的学生比例首次达到三分之一,初步改变了多年来短期留学生以日韩学生为主的局面,说明了北京大学国际地位的提高。相信随着中国加入世贸组织,北京大学短期留学生将朝着多元化、高层次的方向继续发展。

【泰国公主诗琳通到北大研修】 2001 年 2 月,泰国公主诗琳通开始在北京大学为期 1 个月的汉语学习和中国文化研修。为了保证教学工作的顺利进行,汉语中心专门安排优秀教师组织教学。学校各相关院系、职能部门都非常重视,给予了大力支持和配合。公主回国后,在泰国引起了很大反响,掀起了中国热。

【奖学金年度评审】 2001 年,在教务部、研究生院以及各院系领导和广大教务人员的支持配合下,完成了政府奖学金生的奖学金年度评审工作和留学生学习优秀奖的评审工作。

表 6-17 2001 年留学生学习优秀奖获奖情况统计表

学生类别	获奖人数	一等奖	二等奖	荣誉奖
本科生	22	6	11	5
硕士生	15	5	9	1
博士生	16	6	8	2
合计	53	17	28	8

【合作项目】 2001年,北京大学留学生工作呈现良好的发展态势,除了加强与外国重点名牌大学的合作项目外,还与新加坡报业控股、日本大学等签订了留学生派遣和接收协议。北京大学—哈佛—夏威夷中国学奖学金项目正式启动,每年接收5名美国知名大学的博士生来校研修一年,此项目由哈佛大学资助,北京大学、夏威夷大学联合招生。

北京大学—剑桥大学项目 2001年1月,北京大学与剑桥大学短期交流项目正式启动,这标志着北京大学中国学项目沿着高起点、高质量和强强联合的方向迈出了坚实的一步。项目从考察到协议签署历时半年之久,北京大学最终争得了该项目的承办权。剑桥大学项目课程包括汉语学习和用英文讲授的法律课和经济课。为发挥北京大学的综合学科优势,在主管校长的直接领导下,相关单位就课程设置和授课内容进行了反复协商,保证了教学工作的顺利进行。各教学单位在学期中和学习结束后都进行了总结。剑桥大学的8名中文专业本科生和4名现代中国学专业硕士研究生分别于2001年1月初和4月初到校。留学生办公室在组织学生参观北京历史文化古迹的同时,为每位同学安排了北京大学的学生作为学习伙伴,帮助他们行处理学习和生活中遇到的各种问题。学生在校的这段时间,剑桥大学先后委派三名项目负责人来北京大学考察,充分说明了该校对北京大学项目的重视程度。经过与学生及任课教授的接触,剑桥大学方对北京大学提供的教学安排和生活服务非常满意,首次北京大学—剑桥大学中国学项目已经取得了圆满的成功。

北京大学—牛津大学项目 2001年3月底首批牛津大学中文系本科生11人来到北京大学对外汉语教学中心学习汉语。该项目是北京大学与世界一流大学之间强强合作、资源共享的又一个重要项目。牛津大学多年来始终在汉语研究和汉语教学领域保持着良好的声誉,此次与北京大学建立汉语培训项目不仅体现出该校对汉学领域的高度重视,更进一步肯定了北京大学在国内高等教育界乃至世界汉学教育界的重要地位。牛津大学学生到校后能够尽快融入北京大学的学习和生活中,表现出名牌大学学生良好的学习习惯和研究能力,受到任课老师一致好评。鉴于第一年合作成功,牛津大学方表示2002年在继续派遣本科生的同时,将增派该校中国学专业硕士生到北京大学学习,相信在不久的将来,中国学项目会呈现更高的层次和更大的规模。

萨尔斯堡大学项目 萨尔斯堡大学是北京大学的姊妹校,与北京大学保持着良好的校际关系。2001年8月27日以了解中国传统文化和当代经济和社会发展状况为主题的第三届萨尔斯堡大学中国文化研修班在北京大学国际交流中心开幕。为了充分发挥北京大学在中国传统文化领域的优势,在汉语学习的同时留学生办公室围绕中国历史和文化传统安排了系列英文讲座。该项目受到萨尔斯堡大学和奥地利政府的高度重视,奥地利教育部长在萨尔斯堡大学副校长韦克林纳女士的陪同下亲临我校,在百周年纪念讲堂举行了开班仪式,教育部副部长章新胜和北京大学副校长迟惠生出席仪式并讲话。该项目由来自奥地利多所大学的48名学生组成,是留学生办公室短期项目近年来接待的最大的欧洲学生团体,在学校领导的关怀和留学生办公室的精心筹备下,该项目取得了圆满成功,受到萨尔斯堡大学校方高度评价。

【研修项目】 澳门终审法院文化研修 为了配合澳门特别行政区政府在司法界推广中文以作审判和司法文书中运用,北京大学于2001年4月为澳门终审法院部分法官和工作人员举办了为期两周的中国文化研修班。研修班以普通话学习为主,辅以形式逻辑专题和中国文化讲座,并且利用课余时间组织参观北京名胜古迹。该项目受到上级领导和澳门各界的高度重视,国务院港澳办、教育部港澳台办公室、最高人民法院有关等领导出席了开幕式;北京大学校友、澳门终审法院岑浩辉院长也莅临北京大学亲自主持答谢宴;大陆及澳门多家媒体追踪报道了项目进展的全过程。

全国台联中华文化研习班 由全国台联发起,北京大学承办的中华文化研习班旨在吸引台湾当代大学生了解中华文化传统,培养炎黄子孙的民族自豪感。全国台联对研习班给予高度重视,两位副主席分别出席了开幕式和结业宴会,并委派专人协助项目的实施。

春季学期班 2001年春季学期,留学生办公室短期项目共招收学期汉语进修班学生72人次,由北京大学对外汉语教学中心负责全部教学工作。

春季汉语进修班 2001年2月,留学生办公室短期项目举办为期一个月的春季汉语进修班。有来自日本庆应大学、早稻田大学等一流大学的99名学生。

北大—港大历史与文化研修班 2001年6月17日,第六届北京大学-香港大学历史与文化暑期研修班在北京大学开幕。根据北京大学与香港大学两校签署的校际交流协议,北京大学于1996年开始承办为期一个月的北京大学-香港大学历史与文化暑期研修班,该班的招生对象为香港大学在校的一年级或二年级的本科生。课程设置以普通话与文化讲座并重,聘请北京大学在历史、文学等领域的知名教授主持讲座,以中国历史与文化,传统艺术和传统建筑以及中国当代改革与发展等香港学生关心的问题为主题全面介绍了中国的历史与现状。

暑期汉语进修班 2001年6月开始的暑期汉语进修班是北京大学留学生办公室短期项目重要的工作内容，进修班大体上共分三批，时间有4周、6周和8周不等，共接收了包括美国斯坦福大学、日本早稻田大学等高等学府的350名学生。留学生办公室在组织学生参观北京市内文化古迹的同时还安排了承德旅行。

秋季学期汉语进修班 2001年秋季学期，留学生办公室短期项目共招收学期汉语进修班学生75人次，由北京大学对外汉语教学中心负责全部教学工作。

【**对外汉语教学**】 发展概况 北京大学是新中国从事对外汉语教学时间最早、历史最长的学校之一。1950年，新中国第一个对外汉语教学机构清华大学东欧交换生中国语文专修班建立。1952年，全国进行高等学校院系调整，清华大学东欧交换生专修班转到北京大学，更名为北京大学外国留学生中国语文专修班，教员13人，外国留学生77人。1961年，北京大学外国留学生中国语文专修班与北京外国语学院非洲留学生办公室合并，成立外国留学生办公室，北大"专修班"的师生绝大多数转到了北外，留在北大的少数教师在留学生办公室属下成立了公共汉语教研组，负责已入系留学生的汉语补习工作，至1964年以前，教师不足10人，学生几十人。1965年，中国接收3000名越南学生来华学习，北京大学接收了250名，公共汉语教研组的教师增加到40人。1966年"文革"爆发，留学生全部回国，北大停止接收留学生6年。1972年，北京大学恢复招收外国留学生，对外汉语教学亦重新开始。1977年，北大在外事处下设外事办公室、留学生办公室和汉语教研组。1984年10月24日，以外事处汉语教研组为基础，加上从中文系抽调的部分教师，成立了北京大学对外汉语教学中心，有教职工28人，长期生不足80人，短期生240人。1995年4月，以汉语中心和留办为基础，成立了北京大学海外教育学院。1999年，学校进行管理体制改革，海外教育学院撤消，汉语中心挂靠在国际合作部。

教学 经过半个多世纪、特别近二十年来的发展，北京大学的对外汉语教学规模不断扩大，师资力量逐渐壮大，课程体系和教学管理日臻完善，教学设施日益完备，教学条件逐步改善，较好地满足了留学生的学习需要。截止到2001年底，汉语中心有在职教职工55人，其中教员49人，办公室3人，教辅人员3人。在职教工中，教授4人，副教授16人，讲师28人，助教1人，其中85%以上已经通过国家统一考试并获得教育部颁发的对外汉语教师资格证书；在学历层次上，博士9人，硕士30人；在年龄结构上，不同年龄段已基本形成梯队，个人研究方向的分布也较为合理，不少青年教师在学术界已崭露头角，是一支平均年龄较轻，综合素质较高，教学科研能力强，朝气蓬勃的师资队伍。2001年接收留学生的数量与1984年成立汉语中心时比，长期汉语进修生（1年以上）从不足80人增加到460人次（包括预科班109人、学期班113人），短期汉语进修生（半年以下）从240人增加到702人（包括学期班113人）；在读研究生从1986年的5人增加到29人。

本年度开设的主要课程包括必修课：汉语精读（初级、中级、高级）、汉语口语（初级、中级、高级）、汉语听力（初级、中级）；选修课（初、中、高）：汉字、正音、词汇、语法、虚词、阅读、报刊、写作、商贸汉语、古代汉语、英汉翻译、日汉翻译、电影欣赏、中国概况、语言与文化、传统文化与现代生活、中国古代诗歌选、现当代文学作品选、文化讲座等。从1990年开始每年一次的留学生"汉语演讲比赛"及文艺演出活动，从1991年开始的每年一次组织留学生到京郊的教学实习，本年作为教学计划仍然进行。

对外汉语教学是一门新兴学科。从1986年起，汉语中心开始向国内外招收现代汉语专业对外汉语教学方向的硕士研究生，是全国首批招收对外汉语专业研究生的单位之一。截止到2001年9月，已招收、培养中外硕士研究生八十余名。在实践中，将人才培养和学科建设紧密结合，在中文系的大力支持下，已经初步形成了比较完备的具有对外汉语教学特色的研究生培养计划和课程体系。开设的研究生主要课程有：对外汉语教学概论、对外汉语教学理论与实践、应用语言学与对外汉语教学、对外汉语教学语法研究、对外汉语教学词汇研究、对外汉语教学汉字研究、对外汉语教材编写研究、对外汉语教学专题研究、语言学习理论及学习策略研究、语言测试研究、专业英语等。

科研 多年来，在完成繁重教学任务的同时，教师们积极从事科学研究，组织课题组，承担科研项目，编写教材，撰写论文，参加学术会议，取得了丰硕成果。近二十年来，承担（包括已结项）国家社科科研项目及教育部（汉办）科研项目13项，编写教材40余册，出版专著、译著、词典、论文集10余部，发表论文400多篇，科研成果中省部级奖励8项。

2001年，汉语中心教师出席国内外学术会议17人次，在各种学术刊物上发表论文23篇，出版教材、著作8部。6月1日，汉语中心举行"五四科学讨论会"，提交论文22篇。7月13～16日，中国对外汉语教学学会第七届年会在成都举行,北大仍是通过论文评审被批准参加会议人数最多的院校之一,汉语中心12位教师出席了会议,其中1人作大会发言,11人在分组会上发言。

国际交流与合作 近二十年来,"汉语中心"先后和世界上十多个国家和地区的大学及教育机构建立了交流与合作关系。主要交流形式:接收来华留学生、派教师出国任教、中外合作编写教材、合作从事专题研究等。特别是近年来,在学校领导及国际合作部大力支持下,与英国的剑桥大学、牛津大学,美国的斯坦福大学、加州大学,日本的早稻田大学、庆应大学等世界著名大学进行了密切交流与合作。其中,在与剑桥大学、牛津大学、斯坦福大学联合培养本科生和研究生方面,发挥北大的优势,有的放矢地开设了高质量的课程,得到了对方的高度赞扬,并探索出了行之有效的模式,为进一步更好地合作奠定了良好基础。2001年春,泰国诗琳通公主来北大研修中国文化时,汉语中心负责汉语课程,圆满地完成了教学任务,得到各方面的好评。自80年代以来,汉语中心先后派出教师80多人次到澳大利亚、蒙古、保加利亚、日本、美国、德国、法国、英国、印度、泰国、韩国、比利时、芬兰、意大利、斐济、斯洛文尼亚等17个国家和地区的35所大学从事汉语教学。2001年,汉语中心分别向美国、日本、韩国、法国、英国的六所大学新派出6名教师。

(王顺洪)

【医学部留学生工作】 2001年留学生工作所遵循的原则是"扩大规模,加强管理,提高质量"。医学部先后召开过两次有关留学生工作的研讨会,就留学生招生规模,学制及招生程序、标准等问题进行了认真的调查研究。初步确定把招生规模控制在总招生人数的15％左右。对学习成绩特别优秀的留学生和已在国外大学就读或本科毕业的学生,经确认能力和学业优秀者,可转入8年制就读。

2001年招收外国留学生30名。其中自费生25人(上一年度自费生8人),台港澳侨学生37人(上一年度6人)。本年度第一次开办预科班,招收预科生43人。此外,医学部还与美国加州Pitzer学院联合开办了中医及中国文化英语授课班,各方反映很好,增长了多种模式办学的经验。短期进修生工作也有质的飞跃,增加了来自美国A&M大学、Ohio大学、Iowa大学和Maryland大学的生源。

2001年完成了医学教育海外培训中心的组建,留学生餐厅投入使用,并完成了旧留学生楼的翻修工作。

2001年内,组织了较多的学生活动,以增进留学生对中国文化和社会的了解,活跃学生的课外活动,包括:(1)利用假期组织部分留校的学生观冰灯;(2)组织学生到河北唐县参观白求恩纪念馆,郊游和采摘活动;(3)应邀参加大连服装节的活动;(4)2001级留学生和台港澳学生男生获得了篮球年级冠军;(5)在新生文艺汇演中,留学生和台港澳学生同台演出的尼泊尔舞蹈和台湾学生的独唱受到观众的热烈欢迎和好评;(6)应邀参加中央电视台《实话实说》、《欢乐总动员》、《家在中国》等节目的录制。

(医学部)

科学研究与产业开发

理科与医科科研

【概况】 2001年是北京大学科学研究在科技奖励、科研项目、学术论文、科研基地建设等方面取得全面丰硕成果的一年。王选院士获国家最高科学技术奖;北京大学获得国家自然科学二等奖4项,位居全国高校之首;获得77项省(市)部(委)级奖项和民间奖励等。在国家科技部2001年公布的2000年度科技论文统计报告中,北京大学SCI论文继续保持全国高校领先地位。北京大学5位教授被增选为中国科学院院士,1位教授被增选为中国工程院院士。

2001年理科通过科研部进入校财务的科研经费近2.3亿元,医学部获得的科研经费为0.45亿元。2001年是我国"十五"科技计划的开局之年,北京大学新增科研项目数明显增加,获准国家自然科学基金项目为全国之首;担任新批准的4个"973"项目首席科学家;在争取"十五""863"计划项目及国际合作项目中成绩显著,为第十个五年计划的科学研究打下了良好基础。

2001年北京大学进行了院系调整和整合。到2001年底,理科院系包括数学科学学院、物理学院、化学与分子工程学院、生命科学学院、地球与空间科学学院、城市与环境学系、力学与工程科学系、电子学系、计算机科学技术系、心理学系、信息科学中心、环境科学中心。信息科学和环境科学的院系整合正在进行中。医科学院包括基础医学院、药学院、公共卫生学院、护理学院和6所附属医院。

在标志科学研究个人成就的院士遴选中,2001年度数学科学学院田刚教授,物理学院赵光达教授、秦国刚教授,化学与分子工程学院黄春辉教授,地球与空间科学学院涂传诒教授等5人当选为中国科学院院士,医学部庄辉教授当选为中国工程院院士。北大新当选的院士人数位居全国高校首位。

在本次年鉴中,首次增加了"北京大学部分优秀科研论文目录"和"北京大学理科2001年举办国际学术会议名单"。通过公布优秀、原创学术论文目录,表彰和鼓励学校为认识科学世界做出贡献的人员,他们同时也为北京大学争得学术声誉;公布北京大学举办国际学术会议是表征学校迈向国际化的步伐。特别鼓励研究人员以北京大学为基地,以重点实验室、研究中心和研究所的名义组织国际学术会议,特别是大型、系列会议,以扩大北京大学的学术影响。

2001年,北京大学科研部获得部委级奖励2项:国家自然科学基金委员会国家自然科学基金管理工作先进单位,教育部全国普通高校科研管理(自然科学类)先进集体;个人奖3项:蔡晖被评为国家自然科学基金管理工作先进工作者,吴锜、郑英姿被评为全国高校科研管理先进个人。

【科研基地建设】 北京大学的科学研究是在院系基础上,以重点实验室、研究所(中心)为基地开展。重点实验室涵盖了北京大学绝大部分理科和医学学科,重点实验室的发展状况反映了全校科研发展的情况。北京大学的长江学者、国家杰出青年基金获得者和教育部跨世纪优秀人才计划基金获得者绝大部分在重点实验室工作;在全校科研项目、科研经费和科研成果方面,重点实验室也占据主导地位,因此,重点实验室的发展在北京大学科研工作中的地位极其重要。

重点实验室评估 2001年,北京大学共有生命科学类3个国家重点实验室(蛋白质工程及植物基因工程国家重点实验室,生物膜与膜生物工程国家重点实验室,天然药物及仿生药物国家重点实验室)和1个卫生部重点(实验室,神经科学卫生部重点实验室)接受了科技部委托国家自然科学基金委实施的全面评估,对实验室自1996年以来的运行情况、成果、学术地位和人才培养等方面进行综合审查,4个实验室评估结果均为良好。

新建三个教育部重点实验室 2001年教育部新增了一批重点实验室,北京大学3个实验室获批准,分别是:神经科学教育部重点实验室(医学部),分子心血管学教育部重点实验室(医学部),造山带与地壳演化教育部重点实验室（地球与空间科学学院）。

【科研项目与科研经费】 2001年北京大学理科正在执行的科研项目1156项，其中新启动的项目381项。在2001年全国批准的20个《国家重点基础研究发展规划项目》（以下简称"973"项目）中，北京大学5位教授出任其中4个项目的首席科学家，位居全国之首；在国家自然科学基金委员会发布的公告中，北京大学2001年度获国家自然科学基金面上项目总数、经费总数以及人才基金资助人数均为全国第一；2001年北京大学申报的一批"十五""863"项目和国防项目获得批准，获准的教育部、北京市科技项目增多。全年理科到校科研经费为22891万元。

国家自然科学基金委员会资助的各类项目 2001年度北京大学获得国家自然科学基金各类项目资助总额近5400万元，在全国受资助的各高校和科研院所中名列前茅。其中面上项目、国家杰出青年科学基金、海外青年学者合作研究基金以及基金委与香港研究资助局联合科研资助基金等四类项目的获资助数均居全国首位。

（1）面上项目。2001年度北京大学共申请面上项目526项，获批准179项，获资助总经费3300万元。其中校本部申请292项，获批准项目115项，获资助经费2135万元；医学部申请234项，获批准项目64项，获资助经费1165万元。北京大学获批准项目数占本单位申请项目总数的百分比（获准率）为34.16%，超过全国18.76%的平均值，在受资助经费超过200万元以上的高校中名列前茅。

（2）重点项目。2001年度北京大学共申请重点项目20项，获批准2项，获资助经费305万元。

（3）国家杰出青年科学基金。2001年度北京大学共有37人申请国家杰出青年科学基金，其中12人荣获资助，总经费达910万元。他们是：数学学院的王长平、刘培东，力学系的方竞，化学学院的高松、吴凯、邹德春，核磁中心的夏斌，生命学院的李毅、邓宏魁，地球物理系的陈永顺，计算机系的梅宏，信息中心的陈珂。本年度全国共计146名青年学者获得资助。

（4）海外（及港澳）青年学者合作研究基金。2001年度共有8位以北京大学作为国内研究基地、目前尚在海外（或港澳）从事自然科学基础研究的优秀青年学者获得了此项基金资助，他们的合作者都是北京大学相应学科的带头人。获资助的海外（及港澳）青年学者及其合作者（括弧内为北京大学合作者）是：鄂维南（数学学院张平文），陈十一（力学系蔡庆东），张其洲（天文系吴月芳），谢晓亮（化学学院赵新生）、唐本忠（化学学院陈尔强），林硕（生命学院樊启昶），张葵（电子学系张耿民），张勇民（医学部叶新山）。本年度全国共计61名海外（或港澳）青年学者获得资助。

（5）重大研究计划。国家自然科学基金委员会从2001年开始实施国家自然科学基金重大研究计划试点工作，并于当年首次启动了4个研究计划。北京大学申请了27个项目，获得11项资助，其中重点项目3项，面上项目8项，获资助总经费455.5万元。

（6）基金委与香港研究资助局联合科研资助基金。2001年度北京大学共获得3项此类基金资助。这3个项目（括弧内为项目负责人）是："全面研究亚热带至温带的气溶胶"（环境科学中心唐孝炎）、"发展应用于白血病诊断和治疗的新技术"（医学部陆道培）、"经济改革与中国城镇劳动力市场的转型"（中国经济研究中心赵耀辉），获资助经费79万元。全国共有16个项目获得此类项目资助。

（7）国际交流与合作项目。2001年度北京大学在基金委资助下开展各类国际交流与合作共72项，其中国际合作重大项目1项，国际合作研究项目24项，在华召开国际会议7项，出国参加国际会议33人次，接待外宾来华3项，留学人员短期回国工作讲学4项。广泛开展国际交流与合作，很好地促进了科研人员所承担国家自然科学基金各类项目的高水平完成。

国家科研计划项目 2001年年度北京大学理科从科技部主管的各项国家科研计划中获得科研经费8439万元，占理科到校经费的37%。其中重大基础研究计划4062万元，科技攻关计划1680万元，高技术研究发展规划2393万元，国家重点实验室建设费、运行补助费及其他专项1290万元。

（1）重大基础研究计划。在科技部公布2001年批准的20个"973"项目中，北京大学5位教授任其中4个项目的首席科学家：高效生物固氮机理及其在农业中的应用，王忆平（生命科学学院）；人胚胎生殖嵴干细胞的分化与组织干细胞的可塑性研究，李凌松（医学部）；纳电子运算器材料的表征与性能基础研究，刘忠范（化学与分子工程学院），彭练矛（电子学系）；中国人口出生缺陷的遗传与环境可控性研究，郑晓瑛（人口研究所）。

"十五"期间国家计划投入136亿元支持基础研究（包括自然科学基金），其中"973"项目是目前我国支持强度最高的基础研究专项，每个项目的支持强度在3000万元左右。北京大学在"十五"计划的第一个年头，除了争取到4个项目的首席科学家"973"项目以外，在其余的17个"973"项目中，北京大学教师也担任了多个子项目负责人或作为研究骨干参加研究，是目前国内担任"973"项目首席科学家和承担"973"子项目最多的单位。这充分说明了北京大学在基础研究方面的实力和优势。此次任首席科学家的五位教授(王忆平、李凌松、刘忠范、彭练矛、郑晓瑛)都是具有博士学位的中青年学术带头人。截至 2001 年,北京大学已有 11 位教授任"973"项目首席科学家,其中年龄在 45 岁以下的 6 位。

(2) 国家重点科技攻关计划(简称攻关计划)。2001 年攻关计划项目到校经费 1680 万元,其中 1070 万元为北京大学生命科学学院承担的 7 个转基因植物研究与产业化重大专项经费,320 万元为"九五"攻关课题的经费,290 万元为 4 个"十五"攻关课题的经费。

(3) 国家高技术研究发展计划("863"计划)。2001 年初,国家高技术研究发展计划("863"计划) 15 周年成就展在北京展览馆展出,此次展览是自 1986 年该计划设立至今的总结性成就展。北京大学参展的项目有生物技术领域的未名集团科兴公司的 α1b 干扰素、生命学院的转基因植物研究,信息技术领域的物理系的氮化物蓝光、绿光发光二极管的研究和开发以及电子学系波分复用光纤通信系统的研究。同时,为弘扬"863"精神,科技部决定,表彰在实施"863"计划中做出贡献的先进集体和先进个人。北京大学此次受到表彰的先进集体是未名集团的科兴公司,以及物理学系氮化物研究小组。获重要贡献表彰的先进个人有 4 位,他们是生物技术领域的许智宏、陈章良、马大龙,信息技术领域的张国义,获贡献表彰的先进个人有 5 位,他们是生物技术领域的顾孝诚、李毅、来鲁华、汤健、朱玉贤。

2001 年是科技部"十五""863"计划开始执行的第一年,通过各部门的推荐,科技部聘任的各领域专家组正式成立。北京大学被聘任的生物技术领域专家 2 人(马大龙、朱玉贤),生物技术主题专家 2 人(顾红雅、来鲁华),信息主题专家 1 人(梅宏),海洋生物技术主题专家 1 人(果德安),自由电子激光专题专家 1 人(鲁向阳)。

科技部"863"计划第一批课题申请工作开始于 2001 年 9 月,据统计,全校主持申请项目共计 120 余项,参加校外联合申请 60 余项。直至 2002 年各领域的招标项目仍在陆续展开。截止到 2001 年 12 月,全校共有 45 个课题获得批准,其中:课题 29 项,子课题 16 项,获准 863 课题合同经费 5000 余万元。北京大学批准的研究课题主要集中在生物技术领域和信息技术领域。

教育部资助项目 2001 年北京大学理科和医科获得教育部科研经费共计 1355 万元。

(1) 高等学校博士点学科专项科研基金。2001 年度北京大学获准教育部"高等学校博士点学科专项科研基金"40 项,经费 214.1 万元,获得资助项目继续保持全国高校第一名。其中医学部 17 项,经费 48 万元。

(2) 教育部科学技术研究重大重点项目。2001 年度北京大学获准重点项目 7 个,重大项目 3 个,总经费 261 万元。其中包括医学部重点项目 2 个,重大项目 3 个。

(3) 远程教育工程项目。2001 年教育部在面向 21 世纪专项经费中新设立了"远程教育工程项目",课题研究周期一年,北京大学理科共获准专项课题 8 个,课题经费 375 万元。

(4) 跨世纪优秀人才培养计划。2001 年教育部在新材料领域、重点是纳米材料、生物医学材料、信息功能材料等交叉学科领域评出 41 名年轻学者入选教育部"跨世纪优秀人才培养计划"。北京大学有 2 名年轻学者名列其中,他们是物理学院的王福仁教授和医学部基础医学的李勇教授。自 1993 年教育部启动"跨世纪优秀人才培养计划"以来,北京大学先后已经有 40 人(医学部 11 人)入选此培养计划,获资助人数在全国高校名列前茅。如今,他们都已经是各学科的学术带头人,并成为推动学校发展的重要力量之一。

(5) 教育部留学回国科研启动基金。2001 年北京大学共有 62 人获得该基金,资助经费共计 219.5 万元,其中理科 25 人,医学部 26 人,文科 11 人。

(6) 教育部优秀青年教师资助计划。2001 年北京大学共有 7 人获得该项计划资助,其中:理科 3 人(李子臣、白树林、蒋红兵),文科 3 人(于迎春、王建、包茂宏),医学 1 人(杨晓达)。

北京市科研项目 2001 年北京大学北京市自然科学基金获准项目明显增加,全校共获准项目 16 个,其中重点项目 3 个,经费 90 万元。其中医学部 11 个一般项目,2 个重点项目。2001 年北京大学与北京市科委新签科技合同 15 项,合同额 600 余万元,其中医学部 7 项。

北京大学校长科研基金 "北京大学校长科研基金"是 1996 年起由学校自筹经费设立的一项基金,该基金主要用于为发表高水平论文的科研人员提供科研补助费,为引进人才和跨学科重大科研项目提供科研启动经费。2001 年该项基金的支出情况如下:(1) 1999 和 2000 年 SCI 论文补助经费 754 万元;(2) 引进人才科研启动经费和科研项目资助费共 33 万元;(3)《北京大学学报》(自然科学版)、《物理化学学报》、《非线性科学与数值模拟通讯》(英文版)三个刊物的办刊补助费 26 万元;合计 813 万元。

【科研论文】 学术论文是反映理科及医学科研成果的重要指标。据中国科学技术信息研究所 2001 年发布的"2000 年中国科技论文统计分析报告",2000 年北京大学发表论文被"科学引文索引(SCI)"数据库收录 1105 篇,继续名列全国高校首位。其中有一批优秀论文在国际一流期刊发表,如在《Science》上发表 5 篇论文,在《Nature》上发表 1 篇论文,其中 2 篇北京大学为第一作者单位。北京大学 2001 年发表影响因子超过 3.0 的 SCI 论文为 141 篇,全校 SCI 论文平均影响因子达到 1.35,高于 1999 年的 1.31。

2001 年度,北京大学理科院系共发表 2411 篇科研论文,其中国外期刊论文 908 篇,全国性期刊论文 1465 篇,地方性期刊论文 34 篇。北京大学医学部共发表论文 3934 篇,其中国外期刊 206 篇,全国性期刊 2504 篇,地方性期刊 176 篇,会议论文 1048 篇。

【科技成果】 北京大学王选院士荣获 2001 年度国家最高科学技术奖。在 2001 年度国家授予的 18 项(全国高校共 9 项)国家自然科学二等奖(一等奖空缺)中,北京大学获得 4 项,位居全国高校之首。获奖人员是生命科学学院翟中和院士、地球与空间科学学院涂传诒院士、濮祖荫教授和数学学院王诗宬教授为首的课题组成员。

2001 年度北京大学还获得中国高校科学技术奖 13 项,其中一等奖 3 项,二等奖 10 项;获得北京市科技进步奖 35 项,其中一等奖 3 项,二等奖 13 项,三等奖 19 项。获得其他奖励 18 项,其中,获得的重要民间奖励有:"何梁何利科学与技术进步奖"的化学与分子工程学院张滂院士、医学部王夔院士和物理学院陈佳洱院士;"李四光地质科学奖"的地球与空间科学学院何国琦教授;8 名青年教师荣获霍英东教育基金会第八届青年教师基金和奖励,其中 3 人获青年教师基金,3 人获得研究类青年教师奖,2 人获得教学类青年教师奖等。

北京大学地球与空间科学学院李江海教授为主要研究人员的研究成果——"中美科学家在我国发现最古老的大洋地壳残片"被评为 2001 年中国基础研究十大新闻之一;北京大学城市与环境学系方精云教授关于"中国陆地生态系统碳循环及植被生产力的研究"入选 2001 年"中国高等学校十大科技进展"。

2001 年度北京大学获得授权专利共 13 项,其中发明专利 9 项,实用新型专利 4 项。申请专利共 34 项,其中发明专利 33 项,实用新型专利 1 项。通过鉴定、评审的理科科技成果共 9 项,均由教育部组织鉴定。校本部理科出版著作 56 部,医学部出版著作 98 部。

(科研部)

医学部科研工作

【发展概况】 医学部 2001 年的科研工作取得了新的成绩。主要表现在:获得来自国家自然科学基金委、科技部、教育部、北京市等渠道的 150 多项基金,项目金额 6000 余万元,比去年有大幅度增长。一批高水平的科技成果获得奖励,其中北京市科技进步二等奖 9 项、三等奖 16 项,中国高校自然科学一等奖 1 项、二等奖 4 项,中华医学科技奖一等奖 2 项、三等奖 3 项。2000 年被 SCI 收录的论文 167 篇,引用 201 次。EI 5 篇,ISTP 9 篇。居可比医学院校前列。"985"项目建设全面展开,一批基础、临床及跨学科中心成立并启动一批基础与临床结合的重点课题和临床多中心前瞻性研究项目,部分已经取得标志性成果。与北大文、理各学科之间的跨学科研究得到鼓励和发展,并启动了十余项重大研究项目,希望能在脑功能、人工器官、影像医学、肿瘤治疗、新药设计及大气污染与人体健康等几个方面实现突破。2001 年对 2000 年重点支持的"人类疾病基因中心"、"干细胞研究中心"、"中医药现代研究中心"进行了经费追加,继续支持三大研究中心的建设。同时启动了"心血管研究中心"、"肿瘤学研究中心"、"器官移植中心"、"皮肤病与性病防治中心"、"眼视光学研究中心"、"同位素中心(放射性药物联合实验室)"、"临床药物检测中心"、"中国卫生政策与管理研究中心"8 大中心建设,基础与临床结合项目共受理 34 项,经专家评审,最终评出 15 项,每项平均 40 万元,共资助 577 万元。临床多中心前瞻性研究项目共受理 18 项,经专家评审,最终评出 10 项,每项平均 50 万元,共资助 493 万元。青年启动基金共受理 63 项,经专家评审,最终评出 23 项,每项 10 万元,共 230 万元。实验室与基地建设项目共 5 项,251 万元。预留 1000 万元用于一流人才的引进、启动;启动了临床流行病学培养项目,并资助了医学部陈慰峰院士主办的香山免疫学国际会议 150 万元。

公共服务体系建设方面,重点支持了医药卫生分析中心的建设,购置了共聚焦显微镜、气相层析—质谱联用仪、紫外吸收光谱仪等,圆满地完成了国家计量认证检查。还批准购置了生物质谱、无机质谱、扫描探针显微镜及单分子荧光探测设备等大型精密仪器。并对中心实验楼纯水装置进行了改造。图书馆在多功能电子阅览室的建设基础上,又启动了数字图书馆的建设。此外,为了早日启动新动物楼,提高实验动物质量(SPF 级大小鼠),为科研人员提供标准合格的实验动物,医学部向动物部投入了 345 万元建设经费对新动物楼设施按照 SPF 级国家标准进行了改建。

科技开发、技术转让项目比前一年有进一步增加。其中技术转让项目 12 项,企业合作项目 4 项,合同资金 4450 万元,目前已经到位 743 万元。

12月27～28日成功举办了"北大论坛:基因组时代的医学"。这是一次展示北京大学医学部科研成就的大会,也是一次基因组时代生物医学各学科广泛交流的盛会。到会达1000余人,除医学部师生外,还有中国医学科学院及北京市有关兄弟单位的科技工作者。香港科技大学3位专家专程来京出席会议,彭筱明教授应邀在大会作了"神经肌肉突触形成中的分子信号"的精彩报告。中国科学院副院长、国家人类基因组南方研究中心主任、上海血液学研究所所长、中国科学院院士陈竺教授在论坛上作了"人类基因组与医学"的专题讲座。本次论坛的主要内容包括:医学部基础及临床各学科最新最有代表性的研究进展工作交流,向社会展示了新北大在生物医学研究领域的活力和风采。大会报告的论文多达39篇,壁展论文64篇,涉及基础与临床几十个学科。

2001年共授予外籍学者客座教授6人,名誉教授2人。到目前为止,医学部已授予名誉教授63名,名誉顾问48名,客座教授189名。

【科研项目】 国家自然科学基金委员会资助各类项目 医学部2001年获国家自然科学基金委资助项目71项,资助总经费1417.5万元,是医学部历年来获得资助的项目和经费数最多的一年,在众多医学院校和科研院所中,医学部名列前茅。

(1)面上、重点项目。2001年北京大学医学部共申请此类项目254项,获批准67项。其中面上项目66项,1200.5万元;肿瘤所寿成超教授的"支原体感染在肿瘤发生中的作用及分子机制"课题被批准为重点项目,获得资助经费145万元。

(2)海外青年学者合作研究基金。申报3项,获批准1项,获准经费40万元。此项研究是药学院叶新山教授与法国国家科学研究中心张勇民教授合作,开展抗肿瘤药物的研究。

(3)基金委与香港研究资助局联合科研资助基金。申报3项。人民医院陆道培院士的"发展应用于白血病的诊疗新技术"课题获批准,获资助经费22万元。

(4)科普专项基金。申报7项,获批准2项,基础医学院韩济生院士的"海洛因成瘾——毒祸猛于洪水"课题,获资助经费5万元;第一医院郭应禄院士的"泌尿外科疾病知识普及"课题获资助经费5万元。

(5)国际交流与合作项目。有10人被批准出国参加国际学术会议。同时接待外宾来华和留学人员短期回国讲学,2001年医学部广泛开展国际交流与合作,很好地促进了科研人员所承担各类项目的高水平完成。

国家科技部资助项目 2001年,医学部从科技部各类专项计划得到资助25项,获准经费3865万元,约占医学部2001年新获准科研经费的50%。

(1)重大基础研究计划("973"项目)。继医学部唐朝枢教授2000年出任"心脑血管疾病发病和防治的基础研究""973"项目首席科学家之后,2001年医学部又有李凌松教授出任"973"项目首席科学家。在科技部公布的《国家重点基础研究发展规划》项目中,李凌松教授承担了"人胚胎生殖嵴干细胞的分化与组织干细胞的可塑性研究"重大项目,获批准经费2000万元。此外,医学部还承担了其他"973"项目中的24项子课题,获准经费1952.8万元。"973"项目的获准使医学部为国家在医学领域和人类重大疾病的发生、发展研究做出重大贡献,同时促进了基础学科与临床学科的发展与建设,培养了一批高水平的科研人才,为医学的发展奠定了基础。

(2)基础研究重大项目前期研究专项。根据"十五"科技计划改革的总体要求,为了更好地推动基础研究工作,科技部从2001年开始,组织实施基础研究重大项目前期研究专项。从基础研究探索性强的特点出发,以支持原始创新、孕育重大创新成果,培养和发现优秀人才,培育创新研究群体为主要目标。努力创造宽松环境,鼓励学科交叉,对创新思想和创新人才给予及时支持。2001年医学部共申请该项目19项,获批准2项。基础医学院神经生物学系韩济生院士的"阿片成瘾与复吸的神经机制及非药物抗复吸的研究"获资助经费120万元,人民医院姜保国教授的"构建人工周围神经的基础研究"获资助经费100万元。

(3)"十五"国家科技攻关项目。"十五"国家科技攻关计划继续坚持面向国民经济建设主战场,从国民经济建设和社会可持续发展的重大需求出发,以促进产业技术升级和机构调整、解决社会公益性重大技术问题为主攻方向通过重大关键技术的突破、引进技术的创新、高新技术的应用及产业化,为产业结构调整、社会可持续发展及提高人民生活质量提供技术支撑。在"十五"国家科技攻关项目所列"重大疾病防治研究"和"计划生育与优生优育关键技术的研究"中,医学部2001年申报攻关项目21项,获批准6项,获批准经费578万元。这些"十五"科技攻关项目分别是:公共卫生学院胡永华教授的"心脑血管病人群防治措施的进一步研究"课题,获准经费160万元;第一医院那彦群教授的"良性前列腺增生的自然转归、规范药物治疗和前列腺癌筛选研究",课题获准经费50万元;人民医院魏来教授的"我国输血后丙型肝炎病毒感染的慢性化规律和致肝癌作用研究"课题,获准经费80万元;肿瘤所游伟程教授的"胃癌高发现场、高危人群优化筛检方案研究"课题,获准经费88万元;药学院屠鹏飞教授的"大孔吸附树脂纯化技术及药用树脂研究"课题获准,经费40万元。生育健康研究所任爱国教授的"出生缺陷高发区的病因和综合防治措施的研究"课题,获准经费160万元。

(4) 国家高技术研究发展计划("863"计划)。2001年医学部申请该项目49项,获批准16项,获准经费1067万元。新一轮获准的"863"计划项目中,不仅比医学部以前承担的"863"项目数量多,经费多,而且从项目的难度和创新上,有了更高的发展,医学部投入的科研力量也较之更多,这样不仅培养了博士生、硕士生,更重要的是为学科发展和基地建设提供了新的契机。"十五"期间国家"863"计划第一届领域专家委员会和主题专家组成立,医学部马大龙教授被聘请为生物技术领域专家,果德安教授被聘请为海洋生物技术主题专家。(16个获准项目见表7-7)

教育部资助项目 2001年医学部获得教育部各类资助项目48项,获资助经费405.3万元。

(1) 教育部科学技术研究项目。该项目是教育部科技司重点支持的科学研究项目,此类项目重点扶植优秀人才、创新性研究课题、可进一步申报国家重大科研项目或有望形成优秀研究成果的研究小组。2001年医学部获准3项教育部科学技术研究重大项目,分别是:第一医院廖秦平教授的"子宫内膜癌雌、孕激素受体亚型的表达与调控的研究"课题,获资助经费60万元;第一医院那彦群教授的"良性前列腺增生的分子病因学及微创治疗学研究"课题,获资助经费50万元;人民医院王杉教授的"树突状细胞联合细胞因子介导的杀伤细胞治疗胃肠道恶性肿瘤作用机制研究"课题,获资助经费50万元。

2001年获准2项教育部科学技术研究重点项目,分别是第三医院周丽雅教授的"胃癌荧光标志物的确定及临床意义的研究"课题,获资助经费30万元;基础医学院郑杰教授的"肿瘤转移相关基因TMSG-1的功能研究"课题,获资助经费13万元。

(2) 教育部博士学科点基金。2001年申报47项,获资助17项,资助经费95.8万元。

(3) 跨世纪优秀人才培养计划。2001年公共卫生学院李勇教授获得此项资助,资助经费20万元。

(4) 教育部留学回国启动基金。2001年批准26项,批准经费106.5万元。

北京市资助项目 (1) 北京市自然科学基金。2001年医学部申报37项,获资助13项,获资助经费118万元。

(2) 北京市科技合同项目。2001年医学部与北京市科委新签订科技合同9项,合同金额442万元。(9项合同见表7-8)

【科研论文】 12月3日,国家科学技术部中国科学技术信息研究所正式公布2000年中国科技论文统计结果。根据统计结果,医学部在2000年共有167篇论文被SCI收录,108篇论文被国际引用201次,5篇论文被EI收录,10篇论文被ISTP收录,在国内期刊发表1628篇论文。在全国发表论文最多的前20位医疗机构统计中,第一医院被SCI收录论文30篇,居全国医疗机构第3位;在国内期刊发表420篇论文,居全国医疗机构第12位。人民医院被SCI收录论文17篇,居全国医疗机构第11位。

医学部2000年被SCI收录论文数和国内发表论文数较1999年有所上升。2000年医学部被SCI收录论文数最多的个人是药学院天然药物学系博士毕业生邹坤,有5篇论文被收录。被SCI收录论文数较多的研究集体是天然药物与仿生药物国家重点实验室、药学院天然药物学系和神经科学研究所,他们分别被收录了14篇、10篇和8篇论文。单篇论文被引用次数最多的个人是精神卫生研究所的沈渔邨院士和神经科学研究所已毕业的博士生田今华,他们的论文被引用了11次。另外,韩济生院士领导的神经科学研究所有12篇论文被引用共41次,居医学部前列。

【重点实验室】 (1) 教育部神经科学重点实验室 主任:万有教授。

神经科学教育部重点实验室的前身是成立于1993年的卫生部神经科学重点实验室。鉴于该室已有的成绩,也为了进一步促进北京大学神经科学的研究。两校合并后,北京大学首批推荐该实验室申报教育部重点实验室,并获教育部批准。该实验室还在2002年被教育部评为国家神经生物学重点学科。万有教授和王晓民教授分别担任实验室主任和副主任,中科院院士韩济生教授担任学术委员会主任,其他学术带头人包括45岁以下的正、副教授8名。目前该实验室承担着12项国家级及省部级科研课题,是国内惟一的连续12年获得美国国立卫生研究院科研基金资助的单位。疼痛及针刺镇痛研究居于国际领先地位,药物成瘾及依赖的机理及戒毒、老年性退行性疾病防治的基础研究,紧紧围绕国家亟待解决的重大问题。近五年来获得6项省部级以上科研成果奖、1项国家发明专利。在国内外重要刊物发表原著论文200余篇、其中SCI刊物40篇,培养了博士后6名、博士生20名、硕士生14名。

(2) 教育部心血管学重点实验室。实验室主任:韩启德院士。该实验室是一个综合的、多功能的通用型实验室。科研总体方针是从基因—蛋白—细胞—器官和整体五个不同层次上综合研究正常及疾病过程中心血管细胞生长、分化、增殖、损伤、凋亡、失常、修复和替换的机理。实验室今后的研究方向主要有：① LPL 在动脉粥样硬化中的致病作用。② 活细胞中 LPL 的单分子检测。③ LCAT 高亲和力单抗制备及应用。④ VEGF 基因治疗梗塞性血管病。

当前将以国家重大基础研究发展项目"973"计划为契机，以蛋白质组学（Proteomics）为中心，上联基因，下系功能，从基因—蛋白—细胞—器官和整体五个不同层次上综合研究心血管生理活动的调节与机理，阐明心血管再塑和诱发心血管疾病的发病机理，开发心血管细胞、多肽和基因防治的技术和药物。力争在未来的五年内对危害人类健康与生存的心血管疾病的防治中最为重要和迫切需要解决的问题上，取得重要的突破。

该实验室由 7 个分室组成：心血管分子生物学分室，主任陈光慧教授；心血管细胞生物学分室主任肖瑞平教授；生理学分室主任王宪教授；心血管病理生理学分室主任唐朝枢教授；心血管病理生理学分室，主任吴立玲教授；心血管疾病的基因治疗分室，主任刘国庆教授、心血管医学生物信息学主任汤健教授。

（3）国家新药筛选实验室通过科技部验收。北京大学医学部天然药物及仿生药物国家重点实验室药理组承担的国家"九五"科技攻关课题——筹建国家新药筛选实验室及抗肿瘤及免疫调节药物的筛选，2001 年 4 月通过科技部组织的专家评估验收，成为全国 5 个药物筛选实验室之一。

该实验室具备良好的实验设施，包括细胞生物学实验室、分子生物学实验室、普通动物实验室、裸鼠实验室，并设有细胞库、样品库和筛选数据信息库。目前已经建立了完整系统的筛选程序，具有从分子、细胞到整体动物不同水平的多种筛选方法和模型。

近十年来，该实验室先后承担了国家"八五"、"九五"攻关课题——新药筛选研究工作，在 1998～2000 年期间，除筹建国家新药筛选研究工作外，还进行了抗肿瘤及免疫调节化合物方面的系列工作，已发现 10 个样品具有抗肿瘤作用，其中 2 个化合物肿瘤抑制率为 70% 以上。建立了多种新靶点的筛选方法，有目的筛选，提高阳性率，以利于寻找新类型的抗癌药物。

评审专家认为，筹建国家新药筛选实验室及抗肿瘤免疫调节药物的筛选课题验收通过，将会进一步促进北京大学及全国抗肿瘤和免疫调节药物的研究与开发，为我国的医药发展实现药物研究从仿制为主到创制新药打下坚实的基础。

（医学部）

附录

表 7-1　2001 年北京大学理科与医科在研项目

单　位	国家重点基础研究	国家科技攻关项目	国家"863"计划	国家自然科学基金	教育部项目	其他部委省市专项	企事业单位委托项目	校长基金	合计
数学科学学院	6			53	39	2	2		102
力学与工程科学系	2			34	15	2	1	3	57
物理学系	6	1	3	48	30	11	1	3	103
化学与分子工程学院	13		3	92	41	10	8	6	173
地球物理学系	11			34	16	4	3	2	70
技术物理系	2	1	1	26	15	3		3	51
电子学系		1	5	14	14	17	3	1	55
计算机科学技术系	1		10	14	12	7	3		47
微电子学研究所	7		7	1	5	24			44
生命科学学院	20	10	11	40	21	10	6	4	122
地质学系	4	1		36	27	2	6	2	78
城市与环境学系	7	2	5	46	23	23	32		140
心理学系	3			9	6	1	2	2	23

续表

单位	国家重点基础研究	国家科技攻关项目	国家"863"计划	国家自然科学基金	教育部项目	其他部委省市专项	企事业单位委托项目	校长基金	合计
信息科学中心	3		2	1	3				9
环境科学中心	2	1	2	10	12	13	7	1	48
基础医学院	17		6	52	23	3	14		115
药学院	5	1	2	28	9	6	7		58
公共卫生学院	1	1		14	6	1	37		60
护理学院							3		3
第一医院		1		34	24	6			65
人民医院	2		3	22	19	3			50
第三医院			1	31	22		1		56
口腔医院			1	12	11	3	1		28
精神卫生研究所	1			5	1	1			8
肿瘤医院		1	3	3	2	1			10
其他	1	1	1	26	5	3	2		39
合计	114	23	66	685	401	157	140	28	1614

表 7-2 2001 年北京大学理科与医科到校科研经费

单位：万元

	单位	国家重点基础研究	国家科技攻关项目	国家"863"计划	国家自然科学基金	教育部项目	其他部委省市专项	企事业单位委托项目	合计
理科	数学科学学院	165	6		247	102	40	86	646
	力学与工程科学系	28			305	59	47	77	516
	物理学系	226		50	318	52	158	21	825
	地球物理学系	251	7		166	3	40	46	513
	技术物理系	27	32	30	232	33	69	404	827
	电子学系				130	21	226	302	679
	计算机科学技术系	126	315	35	88	110	60	298	1032
	化学与分子工程学院	1395			607	109	97	184	2392
	生命科学学院	261	110	120	344	52	71	234	1192
	地质学系	57	21		262	144	94	110	688
	城市与环境学系	49			498	48	185	911	1691
	心理学系	28			38	20	6	38	130
	微电子学研究所	195		137	7	25	939	27	1330
	信息科学中心	217			7	42	5	5	276
	环境科学中心	65	179	5	106	26	26	160	567
	其他	972	1010	1030	1095	509	1290	3681	9587
	合计	4062	1680	1407	4450	1355	3353	6584	22891
医科		489		105	726	612	460	2075	4467
共计		4551	1680	1512	5176	1967	3813	8659	27358

表 7-3　1996—2001 年北大理科与医科科研经费统计

单位：万元

年度	理科	文科	医学部	科研编制费	合计
1996	8929	544		620	10092
1997	12427	662		701	13789
1998	9887	1701		579	12166
1999	14977	793		696	16466
2000	27571	1820	2720	758	32868
2001	22891	2488	4467	1170	31016

（吴锜）

表 7-4　2001 年申请及获准国家自然科学基金项目与经费

单位名称	申请项目数		获准项目数		获准率(%)		获准经费(万元)	
	面上	重点	面上	重点	面上	面上＋重点	面上	重点
数学科学学院	17	3	10		59	50	100.0	
力学与工程科学系	14		10		71	71	188.0	
物理学系	19		7		37	37	128.0	
地球物理学系	13	1	7	1	54	57	155.0	185.0
技术物理系	14	1	8		57	53	157.0	
电子学系	9		4		44	44	83.0	
计算机科学技术系	17		7		41	41	126.0	
天文学系	2		2		100	100	26.0	
化学与分子工程学院	43	2	15	1	35	36	326.5	120.0
生命科学学院	31	1	10		32	31	190.0	
地质学系	31	2	12		39	36	248.0	
城市与环境学系	39		14		36	36	243.0	
心理学系	8		3		38	38	49.5	
信息科学中心	4		2		50	50	36.0	
环境科学中心	8	1	1		13	11	19.0	
光华管理学院	14	1	2		14	13	29.5	
医学部	234	8	64		27	26	1165.5	
其他	9		1		11	11	25.0	
合计	526	20	179	2	34	33	3295.0	305.0
总计	546		181		33		3600.0	

（蔡晖）

表 7-5　2001 年医科获准国家自然科学基金项目与经费

单位	面上项目				科普项目		海外学者		香港研究资助局合作	
	申报项数	批准项数	批准经费（万元）	批准率（%）	项数	经费（万元）	项数	经费（万元）	项数	经费（万元）
基础医学院	54	20	370	37	1	5				
药学院	21	12	228	57			1	40		
公卫学院	9	4	65	44						
第一医院	38	9	162	24	1	5				
人民医院	38	6	95.5	16					1	22
第三医院	44	9	174	20						

续表

单 位	面上项目				科普项目		海外学者		香港研究资助局合作	
	申报项数	批准项数	批准经费（万元）	批准率（%）	项数	经费（万元）	项数	经费（万元）	项数	经费（万元）
口腔医院	18	4	72	22						
精神卫生研究所	2	0	0	0						
肿瘤医院	12	2	34	17						
其他	5	0	0	0						
合计	241	66	1200.5	27	2	10	1	40	1	22

（医学部科研处）

表7-6 国家重点基础研究发展规划项目

序号	项目名称	首席科学家	单位	起止年月
1	稀土功能材料的基础研究	严纯华	化学与分子工程学院	1998.1—2002.12
2	细胞重大生命活动的基础与应用研究	丁明孝	生命科学学院	1999.10—2004.9
3	超导科学技术	甘子钊	物理学院	1999.10—2004.9
4	核心数学中的前沿问题	姜伯驹	数学科学学院	1999.10—2004.9
5	系统芯片中新器件、新工艺的基础研究	张 兴	微电子学研究所	2000.4—2005.3
6	心脑血管疾病发病和防治的基础研究	唐朝枢	医学部	2000.4—2005.03
7	高效生物固氮机理及其在农业中的应用	王忆平	生命科学学院	2002.4—2007.4
8	纳电子运算器材料的表征与性能基础研究	刘忠范 彭练矛	化学与分子工程学院/电子学系	2002.4—2007.4
9	常见出生缺陷的遗传与环境可控性研究	郑晓瑛	人口研究所	2002.4—2007.4
10	人胚胎生殖嵴干细胞的分化与组织干细胞的可塑性研究	李凌松	医学部	2002.4—2007.4

（吴锜）

表7-7 医学部申报国家"863计划"中标项目

序号	课题名称	单位	负责人	经费（万元）
1	心功能衰竭的自体骨髓干细胞治疗	基础医学院	周春燕	39
2	治疗帕金森病的可调控TH和GDNF双基因表达的AAV病毒载体的构建与应用	基础医学院	王晓民	48
3	人类新细胞因子CKLF1及其变异体的功能和应用研究	基础医学院	韩文玲	78
4	应用新型肝癌抗原研制肿瘤疫苗的研究	基础医学院	吴红彦	48
5	新细胞因子CKLF-RP1的基因工程及体内外活性研究基础		王 露	30
6	高校口服环孢素A纳米药物研究	药学院	张 强	39
7	用于肝癌免疫治疗的CT抗原疫苗的研制	人民医院	刘玉兰	105
8	诱导干细胞分化为肝细胞的一组生物因子的研究及其应用	人民医院	魏 来	45
9	胃癌和结肠癌导向药物开发的研究	人民医院	冯 捷	33
10	多基因共转导治疗肌萎缩侧索硬化症	第三医院	樊东升	39
11	胃癌生物样品的收集、保存与利用	肿瘤医院	季加孚	30
12	新的肿瘤相关基因1A6的功能研究及应用研发	肿瘤医院	柯 杨	60
13	胃癌和结直肠癌导向药物开发的研究	肿瘤医院	顾 晋	33
14	海洋动植物中活性先导化合物的发现和优化	药学院	林文翰	300
15	信息化头颅医学影像诊断模板及疗效预测系统	口腔医院	许天民	20
16	胚胎干细胞和脐带组织干细胞向神经前体细胞分化的基因调控及其用神经前体细胞治疗神经退行性病变（注：国际合作重点项目）	基础医学院	李凌松	120

表 7-8 医学部北京市科技合同项目

序号	项目名称	承担单位	课题负责人	批准经费(万元)
1	黄烷类衍生物的合成及抗真菌活性研究	药学院	屠鹏飞	30
2	抗风湿新药奇壬醇的研究开发	药学院	林文翰	50
3	重大精神疾病遗传资源的收集	精研所	张 岱	70
4	儿童失神癫痫相关基因的研究	第一医院	吴希如	60
5	特异性新基因 TRAP 的系统性功能研究	基础医学院	张 波	30
6	急性冠状动脉综合征的防治研究	人民医院	胡大一	90
7	肺癌的Ⅰ、Ⅱ期防治研究	人民医院	王 俊	12
8	计算机辅助义齿(假牙)设计制造系统	口腔医院	吕培军	80
9	颅面生长发育影响数字化系统的研究	口腔医院	林久祥	20

(医学部科研处供稿)

表 7-9 重点实验室名录

1. 国家重点实验室

实验室名称	所在单位	实验室主任
人工微结构与介观物理	物理学院	龚旗煌
分子动态与稳态结构	化学与分子工程学院	来鲁华
蛋白质工程及植物基因工程	生命科学学院	陈章良
生物膜与膜生物工程	生命科学学院	吴才宏
视觉与听觉信息处理	信息科学中心	唐世渭
湍流与复杂系统	力学与工程科学系	佘振苏
稀土材料化学及应用	化学与分子工程学院	严纯华
暴雨监测与预测	物理学院(重组中)	
区域光纤通信网与新型光纤通信系统	电子学系	谢麟振
文字信息处理技术	计算机科学技术研究所	王 选
环境模拟与污染控制	环境科学中心	胡 敏
天然药物及仿生药物	药学院	张礼和
微米/纳米加工技术	微电子研究所	王阳元

2. 国家工程研究中心

中心名称	所在单位	中心主任
电子出版新技术工程研究中心	计算机科学技术研究所	王 选
软件工程研究中心	计算机科学与技术系	杨芙清

3. 教育部重点实验室

实验室名称	所在单位	实验室主任
数学与应用数学	数学科学学院	张恭庆
重离子物理	物理学院	郭之虞
生物有机与分子工程	化学与分子工程学院	王剑波
量子信息与测量	电子学系	杨东海
地表过程分析与模拟	城市与环境学系	陶 澍
水沙科学	环境科学中心	倪晋仁
造山带与地壳演化	地球与空间科学学院	韩宝福
分子心血管学	基础医学院	韩启德
神经科学	基础医学院	韩济生

4. 教育部网上合作研究中心

实验室名称	所在单位	负责人
数学与应用数学	数学科学学院	张恭庆
生命科学与生命技术	生命科学学院	陈章良
应用化学	化学与分子工程学院	焦书明
核科学与核技术	物理学院	郭之虞
软件科学与技术	计算机科学技术系	杨芙清
脑科学	心理学系	周晓林

5. 北京市重点实验室

实验室名称	所在单位	负责人
医学物理和工程实验室	物理学院	包尚联
空间信息集成与3S工程应用实验室	地球与空间科学学院	晏 磊

6. 卫生部重点实验室

实验室名称	负责人
心血管分子生物学与调节肽重点实验室	韩启德
精神卫生学重点实验室	沈渔邨
肾脏疾病重点实验室	王海燕
神经科学重点实验室	韩济生
医学免疫学重点实验室	马大龙
生育健康研究重点实验室	李 竹

7. 卫生部工程研究中心

实验室名称	负责人
肝炎试剂研究中心	王宇
口腔医学计算机应用工程技术研究中心	吕培军

2001年新建研究中心

1. 北京大学生物医学跨学科研究中心
2. 北京大学科学与工程计算中心
3. 北京大学微处理器研究开发中心
4. 北京大学干细胞研究中心
5. 北京大学中医药现代研究中心
6. 北京大学皮肤病与性病防治中心
7. 北京大学老龄健康与家庭研究中心
8. 北京大学脑科学与认知科学中心
9. 北京大学卫生政策与管理研究中心
10. 北京大学宽禁带半导体研究中心
11. 中国科学院—北京大学超快光科学与激光物理联合中心
12. 北京大学—香港浸会大学应用数学联合研究所
13. 北京大学理论生物研究中心
14. 中国科学院—北京大学北京射频超导联合中心

（张光红、王秀华）

2001年理科与医科科研成果获奖情况

国家最高科学技术奖 王选

国家自然科学奖二等奖（4项）：

三维流形拓扑性质的研究
　　数学学院　　　　　　　　　　　王诗宬

太阳风中磁流体湍流的本质
　　地球与空间科学学院　　　　　　涂传诒

磁层能量传输与释放研究
　　地球与空间科学学院　　　　　　濮祖荫等

非细胞体系核重建(装配)的系统研究
　　生命科学学院　　　　　　　　翟中和、张传茂等

国家科技进步奖二等奖(1项):
66种常用中药材质量标准及其对照品的研究(合作完成)
　　药学院　　　　　　　　　　　蔡少青

中国高校科学技术奖(13项):
一等奖(3项):
KAM理论及非线性振动
　　数学科学学院　　　　　　　　柳　彬
人类新的促凋亡基因TFAR19的克隆和功能研究
　　医学部　　　马大龙　刘红涛　张颖妹
　　　　　　　　陈英玉　宋泉声　狄春辉
益肾化浊法治疗老年期血管性痴呆的研究(合作完成)
　　第一医院　　王永炎　张伯礼　刘金生　唐启盛
　　　　　　　　张允岭　朱培纯　李云谷　曹晓岚
　　　　　　　　赵建军　陈汝兴　王荫华

二等奖(10项):
拟共形映射及其在复动力系统中的应用
　　数学学院　　　　　　　　　　伍胜健
混合型聚合物光折变材料制备、表征及应用研究
　　物理学院　　龚旗煌　王　锋　陈慧英　陈义旺
　　　　　　　　陈志坚　张　波　王树峰　张志杰
脉冲星磁层中的逆康普顿散射过程的研究
　　物理学院　　乔国俊　徐仁新　等
金属硫蛋白的结构与功能
　　生命科学学院茹炳根　熊　燚　周妍娇　李令媛
　　　　　　　　俞梅敏　施定基　任宏伟　陈正佳
　　　　　　　　张晓钰　吴大庆　刘　颖　郑军恒
　　　　　　　　安　钰
用于集成电路芯片检测与分析的比例差值算符及其应
　用技术　　微电子研究所　许铭真　谭长华
县域可持续发展管理理论及其应用(合作完成)
　　　　　城市与环境学系　吴必虎(2)　柴彦威(9)
血红素氧合酶/一氧化碳体系在心肺血管疾病发病中
　的病理生理意义
　　　　第一医院、中国人民解放军北京军区总医院
　　　　　　　　杜军保　程友琴　欧和生　石　云　唐朝枢
　　　　　　　　宫丽敏　徐少平　郭志良　庞永政　崔吉君
肾病综合征脂质代谢紊乱及脂质肾损伤的机理研究
　　第一医院　　李惊子　王海燕　李晓玫　俞　雷
　　　　　　　　洪健美　邹万忠　辛　岗　张爱华
颌骨骨吸收及机理调控研究
　　口腔医院　　于世凤　李铁军　王晓敏　赵宁侠
　　　　　　　　张炜真　庞淑珍
中国学生营养状况评价和常见病防治
　　公共卫生学院　季成叶　霍卓平　林晓明　崔　爽

北京市科技进步奖(35项):
一等奖(3项):
非线性抛物型复方程及其新发展
　　数学科学学院　　　　　　　　闻国椿
振动光谱的基础研究与学科交叉研究(合作完成)
　　化学与分子工程学院　吴瑾光　徐怡庄　翁诗甫
　　　　　　　　　　　　徐光宪等
抗-HCV国家参考品及高质量丙肝诊断试剂的研究
(合作完成)
　中国药品生物制品检定所　军事医学科学院基础所
　北京大学肝病研究所　　　预防医科院病毒研究所
　　祁自柏　凌世淦　陶其敏　毕胜利　李河民
　　张贺秋　冯百芳　江永珍　周　诚　宋晓国

二等奖(13项):
一族马尔可夫链的亚稳态性
　　　　数学科学学院　　钱敏平　陈大岳
持续首都——北京新世纪发展战略
　　城市与环境学系　杨开忠　李国平　沈体雁窦文章
　　　　　　　　　　谭成文　徐春秀　王　滔
京郊粮田高产优化施肥技术咨询系统与技术体系研究
　(合作完成)
　　　　　　　　环境科学中心　李天宏等
细胞衰老过程中基因的结构与功能变化
　　基础医学院　　童坦君　张宗玉　曾昭惠
　　　　　　　　毛泽斌　唐左琴　李江红
基质金属蛋白酶及其抑制剂与肿瘤侵袭转移作用机理
　研究
　　基础医学院　　方伟岗　郑　杰　李红梅
　　　　　　　　吴炳铨　高　庆　李　燕
稀土对细胞结构和功能的化学基础
　　药学院　　王　夔　李荣昌　刘湘陶　程　驿
　　　　　　杨宵达　卢景芬　孙洪业
基于内原性物质的寡肽活性物质研究
　　药学院　　　彭师奇　赵　明　王　超
原发性高血压的社区综合防治研究
　　公共卫生学院　李立明　胡永华　周　杏　王砚英
　　　　　　　　曹卫华　詹思延　祝国英
膀胱癌、输尿管癌导向诊断与治疗的临床基础研究
　　第一医院　　张春丽　俞莉章　王荣福　丁　义
　　　　　　　　朱绍莉　李宁忱
肾脏老化对钠代谢紊乱和急性缺血损伤的影响及其机
　理研究
　　第一医院　　李晓玫　王海燕　张鸣和　刘玉春
颈椎病诊断与治疗系列研究
　　第三医院　　蔡钦林　党耕町　娄思权　杨克勤
血管内介入性治疗后再狭窄机理及预防的实验研究
(合作完成)

心血管研究所　高润霖　唐朝枢　丁金凤　汤健
　　　　　　　袁晋青　陈光慧　孟宪敏
益肾化浊法治疗老年期血管性痴呆的研究（合作完成）
　　第一医院　　王永炎　张伯礼　刘金生　唐启盛
　　　　　　　张允岭　朱培纯　李云谷

三等奖（19项）：
柔性结构的振动控制研究
　　　　　　力学与工程科学系　王大钧等
北京市旅游发展总体规划
　　　　　　城市与环境学系　吴必虎等
黄河三角洲环境系统研究
　　　　城市与环境学系　许学工　蔡运龙　贺翃燕
端粒酶基因表达与肿瘤生物学特性的研究
　　基础医学院　张波　苑昕　应建明　侯琳
阴道毛滴虫免疫学诊断
　　　　基础医学院　高兴政　祝虹　朱永红
脑内众多控制情绪和应激的核团构成升压回路的研究及其意义
　　基础医学院　顾蕴辉　吴金胜　吕贻春　王益光
载药脂质体的构筑、稳定性及靶向性研究
　　　　药学院　齐宪荣　侯新朴　吕万良　魏树礼
绅的促癌活性及其机理的研究
　　公共卫生学院　郭新彪　刘君卓　姚碧云　邓芙蓉
对小儿热性惊厥的家系调查和相关基因的研究
　　第一医院　戚豫　吴希如　吕建军　张健慧
抗真菌治疗的基础与临床研究
　　　第一医院　李若瑜　王爱平　王端礼　王文莉
肺切除术前肺弥散功能和分侧肺功能的研究及其意义
　　　　第一医院　王俊　潘中允　李曰民　陈鸿义
腺苷和三磷酸腺苷的临床电生理研究
　　　　人民医院　郭继鸿　许原　张海澄　解基严
糖尿病患者的防盲系列研究
　　　　人民医院　黎晓新　吕永顺　李立新　姜燕荣
原发性恶性骨肿瘤的细胞及分子生物学研究
　　　　人民医院　郭卫　冯传汉　徐万鹏　杨毅
中毒性肾病的实验及临床研究
　　　　　　　　第三医院　赵金垣　王世俊
提高抗癌药物入脑浓度及脑瘤化疗效果的实验与临床研究
　　　　　　　第三医院　王振宇　王毅　易声禹
口腔癌患者的临床营养研究
　　　口腔医学院　郭传宾　马大权　张魁华　胡晓宏
唇腭裂术后反合的正畸及其与颅面形态口颌系统功能关系的研究
　　　口腔医学院　李巍然　林久祥　周彦恒　傅民魁
错𬌗畸形与口颌功能的关系研究
　　　口腔医学院　于布凤　王喜太　程杏梅　阎渊林
　　　　　　　　周彦恒　傅民魁　林久祥　胡炜

中华医学科技奖（9项）：
一等奖（2项）：
原发性小血管炎和抗中性粒细胞胞浆抗体靶抗原
　　第一医院　　赵明辉　王海燕　刘玉春　章友康
　　　　　　　刘娜　邹万忠　辛岗　姜筠
　　　　　　　周福德
内置式颌骨牵引成骨的临床和实验研究
　　口腔医院　　王兴　林野　周彦恒　伊彪
　　　　　　　王晓霞　梁成　李自力　陈波
　　　　　　　张震康

二等奖3项
抗人VEGF人源化抗体及基因工程抗体真核高产量表达技术的研究
　　医科院肿瘤所　北京市肿瘤防治所
　　　　　杨治华　冉宇靓　王贵齐　董志伟　寿成超
　　　　　郭文忠　遇珑　魏淑敏　孙立新　刘军
混配农药中毒的防治研究
　　中国预防医科院　南京医科大学
　　北京大学第三医院　复旦大学华山医院
　　　　　何凤生　陈曙旸　王心如　黄金祥　汤晓勇
　　　　　马兆扬　孙金秀　吴宜群　赵金垣　吕京
血管内介入性治疗后再狭窄机理及预防的实验研究
　　医科院阜外医院　北京大学心血管所
　　　　　高润霖　唐朝枢　丁金凤　汤健　袁晋青
　　　　　陈光慧　孟宪敏　周爱儒　史瑞文　刘乃奎

三等奖（4项）
抗真菌治疗体外疗效监测方法的建立
　　第一医院　　李若瑜　王端礼　王爱平　王文莉
　　　　　　　李东明　刘伟　万哲　王晓红
　　　　　　　马圣清　朱学骏
原发性高血压的社区综合防治研究
　　公共卫生学院　李立明　胡永华　周杏元　王砚英
　　　　　　　曹卫华　詹思延　祝国英　戴立强
　　　　　　　孙宁铃　吴涛
间隙连接、粘着性连接等粘附结构相关分子表达调控
在肿瘤恶化与去恶化中的作用
　　肿瘤医学院　张志谦　林仲翔　胡颖　王冰晶
　　　　　　　赵威
红花成分抗血小板激活因子作用机理的研究
　　北京心肺血管研究所　北京中医药大学
　　北京大学药学院　北京市理化分析测试中心
　　　　　金鸣　李家实　陈文梅　吴伟　藏宝霞
　　　　　朴永哲　王玉芹　郭红祝　刘芬

何梁何利科技进步奖：
张滂（化学与分子工程学院）
王夔（医学部）

陈佳洱（物理学院）

李四光地质科技奖：
何国琦（地球与空间科学学院）

求是杰出青年学者奖：
朱小华（数学科学学院）

霍英东基金奖
朱小华	数学科学学院
傅开元	医学部口腔医院

周庆山　　信息管理学系

霍英东研究奖
廖春生	化学与分子工程学院
李江海	地球与空间学院
张守文	法学院

霍英东教学奖
王颖霞	化学与分子工程学院
陈旭光	艺术学系

2001年科技论文与著作统计

1. 2000年发表的SCI收录论文分布（表7-10）：

表7-10

单　　位	SCI 论文	单　　位	SCI 论文
数学科学学院	76	药学院	43
力学与工程科学系	27	第一医院	30
物理学系	136	基础医学院	29
技术物理系	43	人民医院	17
电子学系	31	口腔医院	13
生命科学学院	67	第三医院	7
城市与环境学系	24	临床肿瘤医院	8
地质学系	37	精神卫生研究所	6
心理系	1	公共卫生学院	4
地球物理系	28	药物依赖所	3
计算机科学技术系	26	心血管基础所	3
化学与分子工程学院	411	生育健康所	1
信息科学中心	2	分析中心	1
环境科学中心	6	医学部其他	2
校本部其他	23		
合计		1105	

2. 1995～2001年发表SCI收录论文统计（表7-11）：

表7-11

年度	1995	1996	1997	1998	1999	2000	2001
论文数	269	285	448	542	791	1105	1240
高校排名	2	2	2	2	1	1	—

注：2000—2001年的数据为SCI扩展版论文（含医学部），1995—1999年的数据为SCI核心版论文。
2001年以前数据引自中国科学技术信息研究所，2001年数据为自查SCI扩展版。

3. 2000年北京大学SCI论文影响因子统计(图7-1):

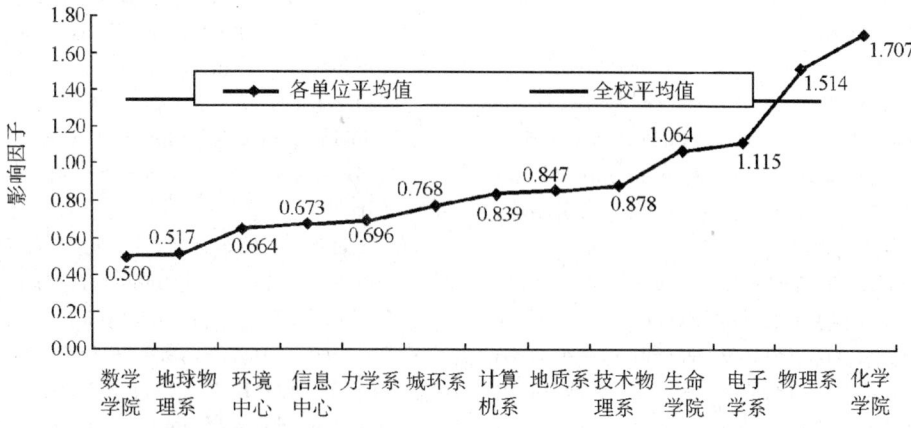

图 7-1

4. 2000年SCI论文在国内高校或研究机构中的排位
   (1) SCI收录论文高校排名:北京大学以1105篇排名第1位;
   (2) 国际论文引用情况高校排名:北京大学以880篇论文共被引用1852次排名第2位;
   (3) EI收录论文高校排名:北京大学以274篇排名第10位;
   (4) SCI收录论文数较多的个人排名:陶澍教授以7篇论文在环境类论文中排名第1位;
   (5) SCI收录论文医疗机构排名:北京大学第一医院以27篇排名第3位,人民医院以15篇论文排名第11位;
   (6) 国内论文高校排名:北京大学以2754篇排名第4位;
   (7) 国内论文医疗机构排名:北京大学第一医院以419篇排名第12位;
   (8) 国内论文被引用情况高校排名:北京大学以4492次排名第1位;
   (9) 国内论文被引用情况医疗机构排名:北京大学第一医院以769次排名第4位,第三医院以364次排名第18位。

5. 北京大学部分优秀科研论文目录
(1) 2001年发表在《Science》和《Nature》的文章
   ① Fang J Y, Chen A P, Peng C H, et al. Changes in forest biomass carbon storage in China between 1949 and 1998. Science(Reports), 2001, 292: 2320~2322, Impact Factor IF=24 (方精云 城市与环境学系)
   ② Fang J Y, Piao S L, Tang Z Y, et al. Interannual variability in net primary production and precipitation. Science(Technical Comments), 2001, 293: 1723~1724 IF=24 (方精云)
   ③ Kusky T M, Li J H, Tucker R D. The Archean Dongwanzi ophiolite complex, North China craton: 2.505-billion-year-old oceanic crust and mantle. Science (Article), 2001, 292: 1142~1145 IF=24 (李江海,地质学系)
   ④ Wang H Y, Ma L G, Deng X W. Direct interaction of Arabidopsis cryptochromes with COP1 in light control development. Science (Article), 2001, 294: 154~158 IF=24 (邓兴旺,生命科学学院)
   ⑤ Wang S Q, Song L S, Cheng H P. Ca2+ signalling between single L-type Ca^{2+} channels and ryanodine receptors in heart cells. Nature (Letter), 2001, 410: 592~596 IF=26 (程和平,生命科学学院)
   ⑥ Loucks CJ, Lu Z, Dinerstein E, et al. Ecology-Giant pandas in a changing landscape, Science (Policy Forum) 2001, 294 (5546): 1465~1465 F=24 (吕植,生命科学学院)
(2) 2000年发表在高影响因子刊物上的文章
   ⑦ Ma B Q, Zhang D S, Gao S, et al. From cubane to supercubane: The design, synthesis, and structure of a three-dimensional open framework based on a Ln(4)O(4) cluster. Angewandte Chemie-International Edition, 2001, 39: 3644~3646 IF=8.5 (高松,化学与分子工程学院)
   ⑧ Wang Y X, Lin J H, Du Y, et al. A hexagonal perovskite intergrowth compound: $La_2Ca_2MnO_7$.

Angewandte Chemie-International Edition, 2001, 39: 2730~2732 IF=8.5（林建华，化学与分子工程学院）

⑨ Xi Z F, Li P X. Deoxygenative cycloaddition of aldehydes with alkynes mediated by $AlCl_3$ and zirconium: Formation of cyclopentadiene derivatives. Angewandte Chemie-International Edition, 2001, 39: 2950~2952 IF=8.5（席振峰，化学与分子工程学院）

⑩ Xu D S, Xu Y J, Chen D P, Guo G L, et al. Preparation of CdS single-crystal nanowires by electrochemically induced deposition. Advanced Materials, 2001, 12: 520 IF=5.5（郭国霖，化学与分子工程学院）

⑪ Jiu L G, Li C S, Oakes R J, et al. Yukawa corrections to the charged Higgs boson production in association with the top quark at hadron colliders. European Physical Journal C, 2001, 14: 91~101 IF=5.4（李重生，物理学院）

⑫ Ma B Q, Schmidt I, Soffer J, et al. Lambda, (Lambda)over-bar polarization and spin transfer in lepton deep-inelastic scattering. European Physical Journal C, 2001, 16: 657~664 IF=5.4（马伯强，物理学院）

⑬ Xu J S, Peng H A, Yan Z Y, et al. J/psi plus jet diffractive production in the direct photon process at HERA. European Physical Journal C, 2001, 14: 275~284 IF=5.4（彭宏安，物理学院）

⑭ Liu Y F, Luo I C, Zhao J D, et al. Purification, characterization, and molecular cloning of the gene of a seed-specific antimicrobial protein from pokeweed. Plant Physiology, 2001, 122: 1015~1024 IF=4.8（赵进东，生命科学学院）

⑮ Ma B Q, Schmidt I, Yang J J. Flavor and spin structure of octet baryons at large x. Nuclear Physics B, 2001, 574: 331~346 IF=4.2（马伯强，物理学院）

⑯ Heng C L, Sun Y K, Qin G G, et al. Electroluminescence from semitransparent au film/nanometer SiO_2/nanometer Si/nanometer SiO_2/n(+)-Si structure under reverse bias. Applied Physics Letters, 2001, 77: 1416~1418 IF=3.9（秦国刚，物理学院）

⑰ Li J C, Xue Z Q, Li X L, et al. Parallel molecular stacks of organic thin film with electrical bistability. Applied Physics Letters, 2001, 76: 2532~2534 IF=3.9（薛增泉，电子学系）

⑱ Zhang Y W, Jin S, Yan C H, et al. Electrical conductivity enhancement in nanocrystalline (RE2O3)(0.08)(ZrO2)(0.92)(RE=Sc, Y) thin films. Applied Physics Letters, 2001, 77: 3409~3411 IF=3.9（严纯华，化学与分子工程学院）

⑲ Zhang X D, Cheng B P, Yang Y C. High coercivity in mechanically milled ThMn12-type Nd-Fe-Mo nitrides. Applied Physics Letters, 2001, 77: 4022~4024 IF=3.9（杨应昌，物理学院）

⑳ Li H D, Yue K T, Zhang S L, et al. Temperature dependence of the Raman spectra of single-wall carbon nanotubes. Applied Physics Letters, 2001, 76: 2053~2055 IF=3.9（张树霖，物理学院）

㉑ Jin L G, Li C S, Oakes R J, et al. Supersymmetric electroweak corrections to charged Higgs Boson production in association with a top quark at hadron colliders. Physical Review D, 2001, 6205: 3008 IF=3.8（李重生，物理学院）

㉒ Yang Y S, Li C S, Jin L G, et al. Supersymmetric electroweak corrections to W−+/− H−/+ associated production at the CERN large hadron collider. Physical Review D, 2001, 6209: 5012 IF=3.8（李重生，物理学院）

㉓ Ma B Q, Schmidt I, Soffer J, et al. Flavor and spin structure of hyperons from quark fragmentation. Physical Review D, 2001, 6211: 4009 IF=3.8（马伯强，物理学院）

㉔ Huang D H, Lin W B, Zhang X M. Remark on approximation in the calculation of the primordial spectrum generated during inflation. Physical Review D, 2001, 6208: 7302 IF=3.8（导师余允强，物理学院）

㉕ Hao L K, Yuan F, Chao K T. Inelastic electroproduction of eta(c) at ep colliders. Physical Review D, 2001, 6207: 4023 IF=3.8（赵光达，物理学院）

㉖ Yuan F, Dong H S, Hao L K, Chao K T. Inelastic J/psi production in polarized photon-hadron collisions. Physical Review D, 2001, 6111: 4013 IF=3.8（赵光达）

（张光红）

6. 2001年理科单位发表论文的分类统计（表 7-12）：

表 7-12

校内单位	各类期刊合计					国外期刊				全国性期刊					地方性期刊	
	小计	自然科学	工程技术	医学科学	农业科学	小计	自然科学	工程技术	医学科学	小计	自然科学	工程技术	医学科学	农业科学	小计	自然科学
数学学院	164	164	0	0	0	91	91			71	71				2	2
物理学系	450	450	0	0	0	190	190			260	260				0	
化学与分子工程学院	552	552	0	0	0	295	295			246	246				11	11
生命科学学院	123	99	0	21	3	31	31			92	68		21	3	0	
力学与工程科学系	164	109	51	4	0	78	44	31	3	86	65	20	1		0	
电子学系	105	35	70	0	0	31	9	22		74	26	48			0	
计算机科学技术系	141	0	141	0	0	34		34		107		107			0	
微电子研究所	100	0	100	0	0	40		40		60		60			0	
计算机研究所	11	11	0	0	0					11	11				0	
地质学系	73	73	0	0	0	20	20			51	51				2	2
地球物理系	79	79	0	0	0	23	23			56	56				0	
城市与环境学系	171	171	0	0	0	23	23			146	146				2	2
遥感与 GIS 研究所	54	0	54	0	0	8		8		44		44			2	
心理学系	71	71	0	0	0	9	9			43	43				19	19
信息科学中心	50	2	48	0	0	22	2	20		28		28			0	
环境科学中心	91	89	2	0	0	13	11	2		78	78				0	
计算机中心	12	0	12	0	0	0				12		12			0	
总　计	2411	1905	478	25	3	908	748	157	3	1465	1121	319	22	3	38	36

7. 2001年理科出版著作

数学科学学院（13 部）

（1）陈维桓编著《微分流形初步》（第二版），高等教育出版社

（2）陈省身、陈维桓 著《微分几何讲义》（第二版），北京大学出版社

（3）董镇喜、文兰等编《廖山涛论微分动力系统》，山东教育出版社

（4）裘宗燕等编著《计算机基础教程》，北京大学出版社

（5）张乃孝、裘宗燕等编著《数据结构：C++与面向对象的途径》（修订版），高等教育出版社

（6）裘宗燕，等译《科学程序设计引论：用 Mathematica 和 C 求解计算问题》，高等教育出版社

（7）丘维声译《用 Maple V 学习线性代数》，高等教育出版社

（8）丘维声主编《数学》（基础版）第一册，高等教育出版社

（9）丘维声主编《数学教学参考书》（基础版）第一册，高等教育出版社

（10）范培华、姚孟臣、李永乐、刘书田编著《数学模拟试卷（经济学类）》，北京大学出版社

（11）姚孟臣编著《概率统计讲义》，北京大学出版社

（12）姚孟臣编著《概率论与数理统计复习指导》（第三版），国家行政学院出版社

（13）姚孟臣编著《概率论与数理统计》，北京大学出版社

物理学院（10 部）

（14）俞允强著《热大爆炸宇宙学》，北京大学出版社

（15）马伯强、杨建军、徐德之等译《量子电动力学》，北京大学出版社

（16）高崇寿编著《20 世纪物理学的变革与发展》，山东教育出版社

（17）吴鑫基《宇宙佳音：天体物理学》，上海科技教育出版社

（18）刘洪涛、郑春开、姚淑德等《人类生存发展与核科学》，北京大学出版社

（19）高政祥《原子和亚原子物理学》，北京大学出版社

（20）陈秉乾、舒幼生、胡望雨《电磁学专题研究》，高等教育出版社

（21）钟锡华、周岳明《大学物理通用教程·力学》，北京大学出版社

(22) 包科达《热物理学基础》,高等教育出版社
(23) 刘式适、刘式达《热物理学基础物理学中的非线性方程》,北京大学出版社

电子学系(2部)
(24) 吴全德著《科学与艺术的交融:纳米科技与人类文明》,北京大学出版社
(25) 王楚、汤俊雄《光学》,北京大学出版社

计算机科学技术系(3部)
(26) 杨冬青等译《数据库系统实现》,机械工业出版社
(27) 邵维忠、麻志毅、张文娟、孟祥文译《UML用户指南》,机械工业出版社
(28) 唐礼勇、郭志峰、张云霞编著《快易通Linux网络程序设计》,北京大学出版社
(29) 刘晓彦、贾霖康晋锋译《现代半导体器件物理》,科学出版社

化学与分子工程学院(4部)
(30) 王剑波、施卫峰 译《有机化学中的光谱方法》,北京大学出版社
(31) 黄春辉、李富友、黄岩谊 著《光电功能超薄膜》,北京大学出版社
(32) 钟爱民著《给城市把脉:城市化进程与可持续发展的平民审视》,上海科技出版社
(33) 李克安、金钦汉等译《分析化学》,北京大学出版社

生命科学学院(1部)
(34) 孙久荣编著《脑科学导论》北京大学出版社

城市与环境学系(14部)
(35) 董黎明主编《房地产评估》,辽宁大学出版社
(36) 俞孔坚等著《高科技园区景观设计》,中国建筑工业出版社
(37) 王缉慈等著《创新的空间:企业集群与区域发展》,北京大学出版社
(38) 陈静生等编《环境地学》,中国环境科学出版社
(39) 陈静生、蔡运龙、王学军著《人类-环境系统及其可持续性》,商务印书馆
(40) 陈静生、汪晋三主编《地学基础》,高等教育出版社
(41) 陈效述编著《自然地理学》,北京大学出版社
(42) 蔡运龙编著《自然资源学原理》,科学出版社
(43) 吴必虎著《区域旅游规划原理》,中国旅游出版社
(44) 晏磊、刘光军《静电悬浮控制系统》,国防工业出版社
(45) 秦其明等编著《ArcView地理信息系统实用教程》北京大学出版社
(46) (合作完成)秦其明等编著《遥感导论》,高等教育出版社
(47) (合作完成)秦其明等编著《遥感实习教程》,高等教育出版社
(48) 邬伦等编著《地理信息系统:原理、方法和应用》,科学出版社

心理学系(7部)
(49) 张智勇主编《应用心理学》,吉林教育出版社
(50) 张亚旭、周晓林著《认知心理学》吉林教育出版社
(51) 李同归、侯玉波编著《工程心理学》吉林教育出版社
(52) 苏彦捷、李佳编著《环境心理学》,吉林教育出版社
(53) 侯玉波编著《社会心理学》,北京大学出版社
(54) 张智勇等译《市场营销教程》,(上册)华夏出版社
(55) 王垒主编《人力资源管理》,北京大学出版社

环境科学中心(5部)
(56) 郭怀成、尚金城、张天柱主编《环境规划学》高等教育出版社
(57) 郭怀成、廖红主编《环境教育教师手册》,高等教育出版社
(58) 叶文虎著《可持续发展引论》,高等教育出版社
(59) 邵敏等编《环境化学》,中国环境科学出版社
(60) 林涵等编著《可持续发展》,中国环境科学出版社

(周辉、王进)

8. 2001年医学部出版著作及发表论文(表7-13):

表7-13

单位	出版著作			发表论文			
	编著	专著	译著	国外刊物	全国刊物	地方刊物	国内会议
基础医学院	8	3		28	190	5	83
药学院	15			32	116	12	66
公卫学院	4	10	7	3	100	1	36
护理学院					19		
第一医院	16	11	2	64	791		247
人民医院	1	4	2	7	458	10	126

续表

单位	出版著作			发表论文			
	编著	专著	译著	国外刊物	全国刊物	地方刊物	国内会议
第三医院		4	1	10	376		289
口腔医院	1	1	1	21	209	120	144
精研所				5	27		
肿瘤医院	1			23	120	11	40
其他	3	3		13	98	17	17
合计	49	36	13	206	2504	176	1048

2001年通过鉴定、评审的科技成果

理 科

微电子研究所
1. 数字信息加解密处理电路
   蒋安平　盛世敏　刘　越等
2. 16位嵌入式微处理器设计
   于敦山　程　旭　盛世敏等

城市与环境学系
3. 数字式目标图像时实捕获及大屏幕投影监控
   晏　磊　郄胜强等

化学与分子工程学院
4. 大豆分离蛋白生产技术的工艺研究
   陈慎意　原玉明　周晴中等

微电子研究所
5. 高温GaN半导体器件及相关工艺研究
   武国英　张锦文　林兆军等

物理学院
6. 氮化镓蓝—绿光材料
   张国义等

计算机科学技术研究所
7. 方正奥思多媒体创作工具5.0版
   徐剑波　张　锐　董　宁等

环境科学中心
8. 广州市氮氧化物污染控制能力建设
   张远航　邵　敏　曾立民等

北大方正电子有限公司
9. 北大方正PostScript中文字库，TrueType中文字库
   张建国　吕肖庆　朱志伟等

（王进、周辉）

医 科

（48项，由卫生部、北京市科委组织鉴定）

基础医学院
1. 人类新的促凋亡基因TFAR19的克隆和功能研究
   马大龙　刘红涛　张颖妹　陈英玉　宋泉声
   狄春辉
2. 细胞衰老过程中基因的结构与功能变化
   童坦君　张宗玉　曾昭惠　毛泽斌　唐左琴
   李江红
3. 阴道毛滴虫免疫学诊断和治疗的研究
   高兴政　祝　虹　朱永红
4. 基质金属蛋白酶及其抑制剂与肿瘤侵袭转移作用机理研究
   方伟岗　郑　杰　李红梅　吴秉铨　高　庆
   李　燕
5. 脑内众多控制情绪和应激的核团构成升压回路的研究及其意义
   顾蕴辉　吴金胜　吕贻春　王益光
6. 端粒酶基因表达与肿瘤生物学特性的研究
   张　波　苑　昕　应建明　侯　琳

药学院
7. 基于内源性物质的寡肽活性物质研究
   彭师奇　赵　明　王　超
8. 感觉神经特异蛋白35kDa的纯化及神经营养活性的研究
   蒲小平　汪家政　李长龄　范　明
9. 载药脂质体的构筑、稳定性及靶向研究
   齐宪荣　侯新朴　吕万良　魏树礼
10. 稀土对细胞结构和功能影响的化学基础
    王　夔　李荣昌　刘湘陶　程　驿　杨晓达
    卢景芬　孙洪业

公共卫生学院
11. 神经管畸形的主要原因、发生机理和预防研究
    李　勇　李　竹　朱慧萍　赵如冰　陈光慧
    郝　玲　陈　新　李　松　孟昭亨　陈　星
    刁京晶
12. 原发性高血压的社区综合防治研究
    李立明　胡永华　周杏元　王砚英　曹卫华
    詹思延　祝国英

13. 砷的促癌活性及其机理的研究
    郭新彪 刘君卓 姚碧云 邓芙蓉
14. 儿童玩具有毒成分的卫生学评价及伤害研究
    余小鸣 叶广俊 章京 王嘉
15. 中国学生营养状况评价和常见病防治
    季成叶 霍卓平 林晓明 崔爽
16. 坐位作业肌肉骨骼损伤生物力学研究
    王生 何丽华 张书珍 李莉

第一医院

17. 抗真菌治疗的基础与临床研究
    李若瑜 王爱平 王端礼 王文莉
18. DNA疫苗治疗淋巴瘤的实验研究
    朱平 张野坪 卜定方 林宁晶 董玉君
    张新 王奕嘉 马明信 虞积仁
19. 对小儿热性惊厥的家系调查和相关基因的研究
    戚豫 吴希如 吕建军 张健慧
20. 膀胱癌、输尿管癌导向治疗的临床基础研究
    张春丽 俞莉章 王荣福 丁义 朱绍莉
    李宁忱
21. 肾脏老化的钠代谢紊乱和急性缺血损伤的影响及其机理研究
    李晓玫 王海燕 张鸣和 刘玉春 章友康
22. 肺切除术后前肺弥散功能和分侧肺功能的研究及其意义
    王俊 潘中允 李曰民 陈鸿义
23. 血红素氧合酶/一氧化碳体系在心肺血管疾病发病中的病理生理意义
    杜军保 程友琴 欧和生 石云 唐朝枢
    宫丽敏 徐少平 郭志良 庞永政 崔吉君
24. 黑斑息肉病致病基因突变及其肿瘤易感性机制的研究
    王振军 万远廉 严仲瑜 刘玉村 徐文怀
    黄延庭
25. 肾病综合征脂质代谢紊乱及脂质肾损伤的机理研究
    李惊子 王海燕 李晓玫 俞雷 洪健美
    邹万忠 辛岗 张爱华
26. 原发性小血管炎和抗中性粒细胞胞浆抗体靶抗原的系列研究
    赵明辉 王海燕 刘玉春 章友康 刘娜
    邹万忠 辛岗 姜筠 周福德

人民医院

27. 原发性恶性骨肿瘤的细胞及分子生物学研究
    郭卫 冯传汉 徐万鹏 杨毅
28. 腺苷和二磷酸腺苷临床电生理的研究
    郭继鸿 许原 张海澄 解基严
29. 应用自体肺叶移植技术治疗上叶中心性肺癌
    张国良 刘军 姜冠潮 沈晨阳 李梦赞
    颜国义 彭洁 张静华 王丹蕾 王俊
30. CT对古脊椎动物化石内部结构的观察研究
    杜湘柯 张法奎 朱奇志 吕君昌 陈雷
31. 糖尿病患者的防盲系列研究
    黎晓新 吕永顺 李立新 姜燕荣

第三医院

32. 寰枢椎脱位外科治疗的临床研究——颗粒状松质骨移植后弓融合术
    党耕町 王超 刘忠军 陈仲强
33. 提高抗癌药物入脑浓度及脑瘤化疗效果的实验与临床研究
    王振宇 王毅 易声禹
34. 中毒性肾病的实验及临床研究
    赵金垣 王世俊
35. 妊娠高血压综合症（PIH）的预防，病因学实验研究和临床预防方法的建立
    李诗兰 佟秀琴 张小为
36. 腺伴随病毒载体介导帕金森病基因治疗的实验研究
    樊东升 康德宣
37. 癫痕疙瘩不同部位组织形态学合成纤维细胞研究
    鲍卫汉 陈东明 徐少骏 赵惠勇 陈力杨
    王志刚 王传民 杨晓林
38. 颈椎病诊断与治疗系列研究
    蔡钦林 党耕町 娄思权 杨克勤 张之虎
    刘忠军 陈仲强

口腔医学院

39. 腭裂术后反颌的正畸及其与颅面形态口颌系统功能关系的研究
    李巍然 林久祥 周彦恒 傅民魁
40. 错颌畸形与口颌功能关系的研究
    周彦恒 傅民魁 林久祥 胡炜
41. 口腔癌患者的临床营养研究
    郭传宾 马大权 张魁华 胡晓宏
42. 加速矫正牙齿移动速度的临床及基础研究
    张丁 傅民魁 李盛琳 彭桂娥 刘大为
43. 数字化口腔正畸医学影像信息系统
    许天民 林久祥 周彦恒 张兴中 李崇荣
    潘鹏 邹冰爽 张晓芸 谷岩
44. 颌骨骨吸收及机理调控研究
    于世凤 李铁军 王晓敏 赵宁侠 张炜真
    庞淑珍
45. 内置式颌骨牵引成骨的临床和实验研究
    王兴 林野 周彦恒 伊彪 王晓霞
    梁成 李自力 陈波 张震康

临床肿瘤学院

46. 间隙连接、粘着性连接等粘附结构相关分子表达调控在肿瘤恶化与去恶化中的作用
    张志谦　林仲翔　胡　颖　王冰晶　赵　威
47. 围手术期输血对食管癌患者生存影响的随机分组试验及其机制的探讨
    陈克能　徐光炜　师晓天　梅　强　柯　杨
48. 非血管性空腔脏器狭窄、阻塞内支架治疗的应用研究
    张力建　程邦昌　张为民　苏文忠　殷丽明
    杨仁杰　郭启勇　沈　琳　张宏志　罗鹏飞
    陈　勇　祁　吉　沈　龙　程英升

2001年理科单位专利授权与申请情况

13项，其中发明专利9项，实用新型专利4项

1. 波分复用光纤通信波长控制方法和系统
   发明专利　吴杨、徐安士
2. 一种从天麻中提取的抗真菌蛋白及其制备方法
   发明专利　陈章良等
3. 锂离子电池的盒盖
   实用新型　周恒辉
4. 酵母菌Cu-金属硫蛋白及其生产工艺
   发明专利　林兰芝
5. 铟嫁氮晶薄膜金属有机物气相外延生长
   发明专利　童玉珍
6. 栅控混合管及其制备方法
   发明专利　黄　如
7. 一种活体组织在体、无损分析的电化学传感装置
   实用新型　慈云祥等
8. 平板式光纤扫描仪照排制版机
   发明专利　李新章
9. 粉尘采集仪
   实用新型　倪晋仁
10. 水平集沙仪
    实用新型　倪晋仁
11. 一种横向检测式陀螺
    发明专利　李志宏等
12. 一种阴图预涂感光版及其制法
    发明专利　曹维孝等
13. 一种超薄感光层型感光版及其制法和用途
    发明专利　曹维孝等

申请专利34项，其中发明专利33项，实用新型专利1项

（王进、周辉）

2001年理科国际学术会议

科学与工程计算国际研讨会
2001年3月19～23日，举办单位：北京大学数学学院
International Conference on Scientific and Engineering Computing
March 19～23, 2001, Organizer: School of Mathematics, Peking University

2001北京动力系统和常微分方程国际研讨会
2001年6月16～23日，举办单位：北京大学数学学院
2001 Beijing International Conference on Dynamical Systems and Ordinary Differential Equations
June 16～23, 2001, Organizer: School of Mathematics, Peking University

国际理论与应用力学联合会暑期讲习班
2001年8月3～9日，举办单位：北京大学湍流与复杂系统研究国家重点实验室
Summer School of International Union of Theoretical and Applied Mechanics
August 3～9, 2001, Organizer: State Key Lab for Studies of Turbulence and Complex Systems, Peking University

中日双边氮化物半导体材料与器件会议
2001年3月12～17日，举办单位：北京大学物理学院
China-Japan workshop on Nitride Semiconductor Materials and Devices
March 12～17, 2001, Organizer: School of Physics, Peking University

北京亚原子物理国际暑期学校（第二期）：天体物理中的核结构和核反应
2001年8月21～25日，举办单位：北京大学物理学院
International Summer School on Subatomic Physics, The 2nd Course: Nuclear structure and reaction in astrophysics
August 21～25, 2001, Organizer: School of Physics, Peking University

中德高功率质子加速器物理与技术学术研讨会
2001年9月25～27日,举办单位:北京大学物理学院、北京中德科学中心
Sino-German Symposium on Physics and Technology of HPPA (High Power Proton Accelerator)
September 25～27, 2001, Organizer: School of Physics, Peking University & Sino-German Center for Sciences, Beijing

第三届泛太平洋地区高能自旋物理会议
2001年10月8～13日,举办单位:北京大学物理学院
The 3rd Circum-Pan-Pacific Symposium on High Energy Spin Physics
October 8～13, 2001, Organizer: School of Physics, Peking University

北京第二次医学影像物理及工程国际会议
2001年10月24～28日,举办单位:北京大学物理学院
The 2nd Beijing International Conference on Physics and Engineering of Medical Imaging
October 24～28, 2001, Organizer: School of Physics, Peking University

第二届汉语词汇语义学研讨会
2001年5月14～18日,举办单位:北京大学计算语言学研究所
The 2nd Workshop on Chinese Lexical Semantics
May 14～18, 2001, Organizer: Institute of Computational Linguistics, Peking University

第七届自然语言分析技术国际研讨会
2001年10月17～19日,举办单位:北京大学计算语言学研究所
The 7th International Workshop on Parsing Technologies
October 17～19, 2001, Organizer: Institute of Computational Linguistics, Peking University

区域空气质量及珠江三角洲空气质量课题规划研讨会
2001年5月25～29日,举办单位:北京大学环境科学中心
Workshop on Regional Air Quality Pre-Planning and the Air Quality of Pearl River Delta
May 25～29, 2001, Organizer: Center for Environmental Sciences, Peking University

亚洲发展中国家局地和区域对空气污染和辐射平衡的贡献专题讨论会
2001年9月27～29日,举办单位:北京大学环境科学中心
Workshop on local and regional contribution to air pollution and local radioactive balance in Asian developing countries
September 27～29, 2001, Organizer: Center for Environmental Sciences, Peking University

中蒙中生代伸展构造现场研讨会,2001年7月2～5日
举办单位:北京大学地球与空间科学学院
Field Conference on Mesozoic Extensional Tectonics in Eastern China and Mongolia
July 2～5, 2001, Organizer: School of Earth and Space Sciences, Peking University

(杜临生)

入选教育部"跨世纪优秀人才培养计划"名单

陈大岳	数学科学学院	王剑波	化学与分子工程学院
王建祥	力学与工程科学系	李毅	生命科学学院
李凌松	基础医学院	张强	药学院
栗占国	人民医院	陈珂	信息科学中心

(郑英姿)

文 科 科 研

【概况】 2001年北京大学文科继续朝着创建世界一流大学的目标阔步前进。春季,召开了20多年来首次全校文科教师大会,明确将"精品意识"作为北大文科实现世界一流目标的行动指针,并于秋季召开了全校文科教师参加的首届文科"北大论坛"来初步检验"精品意识"的成果。在主题为"21世纪:人文与社会"的"北大论坛"上,教育部袁贵仁副部长、许智宏校长等

分别讲话。季羡林教授、梁定邦大律师、饶宗颐教授、黄楠森教授及中青年学者张维迎教授等作了精彩的演讲。在人文、外语、政法、经济4个分论坛,28名中青年学者走上讲坛,各抒己见,报告最新成果。两次大会在国内均引起很大反响。

作为"十五"规划的第一年,在全校文科教师的共同努力下,2001年全校文科共争取各类经费2400万元,经费总数比2000年增长33%,其中,国家哲学社会科学规划项目、教育部人文社会科学研究项目、北京市哲学社会科学规划项目立项数分别为26、72、33项,三类项目经费总额达719.8万元。全校文科教师共完成专著244部,发表论文1605篇,有12部(2部为合作)专著获国家图书奖和提名奖,3位文科教师获霍英东青年教师研究和奖励基金。

2001年度,文科国际学术活动依然活跃,经社科部审批的国际学术会议达25个。为进一步落实江总书记的北戴河"八七讲话"精神,社科部组织召开了文科院、系、所、中心及相关单位的领导和专家学者参加的"繁荣哲学社会科学,推进理论创新"座谈会。这一年,学校进一步完善了文科科研管理制度,通过了《北京大学文科重点研究基地管理办法》、《北京大学普通高等学校人文社会科学重点研究基地人员经费核定和人员编制管理实施办法》、《北京大学普通高等学校人文社会科学重点研究基地建设经费使用办法》。开始实施《北京大学文科科研机构管理办法(试行)》、《北京大学人文社会科学优秀科研成果评奖办法》、《北京大学人文社会科学科研项目管理办法(试行)》等。

2001年北京大学社会科学部荣获"全国普通高等学校科研管理(人文社会科学类)先进集体"称号,程郁缀、萧群、朱邦芳被评为先进个人。

(邹培)

【北京大学获第五届国家图书奖】
2001年11月,由国家新闻出版总署主办的第五届国家图书奖在北京评选揭晓。在24万种图书中,共评出国家图书奖31种,国家图书奖提名奖88种。北京大学获国家图书奖6种,约占获奖总数的20%;国家图书奖提名奖6种(其中2种是合作成果),约占获奖总数的6.8%。

(社科部)

附 录

表7-13 2001年北京大学国家社会科学项目

项目名称	类别	单位	项目负责人
国家对民间组织的有效治理问题研究:社会合法性的角度	一般	社会学人类学所	高丙中
转型经济国家的社会政策模式研究:东欧与中国的社会保护机制	青年项目	社会学系	熊跃根
都市化过程中文化的生产与民族认同——以呼和浩特、银川、乌鲁木齐为例	青年项目	社会学人类学所	麻国庆
我国政府采购制度创新研究	青年项目	政府管理学院	赵成根
公共管理最新基本理论研究	重点	政府管理学院	陈庆云
20世纪中国文献学研究	一般	信息管理系	王余光
中国图书馆法治环境研究	一般	信息管理系	李国新
学术期刊的评价及文献计量学研究	一般	图书馆	蔡蓉华
家庭代际关系的人口学研究	一般	社会学人类学所	郭志刚
社会主义生育文化研究	一般	人口研究所	张纯元
冯定的哲学与伦理思想	一般	马克思主义学院	谢龙
我国现阶段农民问题研究	一般	马克思主义学院	阎志民
坚持以科学的态度和方法研究中共党史——对历史虚无主义若干观点的剖析	一般	马克思主义学院	仝华
西域出土胡语医学文书研究	青年项目	外国语学院	陈明
国际冷战中的大国战略关系研究(1949~1972)	一般	历史学系	徐天新
科学方法论的范畴研究	一般	科学与社会研究中心	孙小礼

项目名称	类别	单位	项目负责人
电子时代的中国税制创新	青年项目	经济学院	刘怡
企业激励机制演进与资本结构演进的理论实证研究	一般	经济学院	黄桂田
国际关系中的主权与人权关系研究	青年项目	国关学院	罗艳华
江泽民"三个代表"思想与政治发展研究 ——以世界社会主义运动的历史经验和教训为例证	一般	国关学院	孔凡君
新地区主义与东亚合作	一般	国关学院	陈峰君
A股上市公司融资行为与融资结构研究	一般	光华管理学院	陆正飞
行政执法问题研究	一般	法学院	姜明安
中日《文选》学比较研究	一般	中文系	傅刚
现代汉语韵律与语法语用的关联	一般	中文系	王洪君

(倪润安)

表7-14 2001年北京大学教育部人文社会科学"十五"规划第一批研究项目
(72项)

单位	项目负责人	项目名称	类别
中文系	张 猛	面向汉语研究的善本文献语料库	规划
中文系	沈 阳	特殊动词和复杂动词的论元结构系统研究	博士点
中文系	李小凡	连续变调和轻声综合比较研究	博士点
中文系	王福堂	语言接触和汉语方言的层次	博士点
中文系	袁毓林	面向信息抽取的语义标注研究	博士点
中文系	洪子诚	殖民地文学论	规划
中文系	李 铎	《全宋诗》多维数据库模型研发	规划
中文系	夏晓虹	晚清文学的兴替与新文学的建立	规划
中文系	褚斌杰	两千年先秦散文研究史论	规划
中文系	蒋朗朗	台湾日据时期小说研究	规划
中文系	陈泳超	中国民间文学俗文学现代学术史	规划
中文系	吴晓东	20世纪中国诗化小说研究	规划
中文系	孟 华	中国文学中的西方人形象	博士点
中文系	王丽丽	文化研究视野中的胡风现象	青年
政府管理学院	袁瑞军	中国社会团体管理体制改革研究	青年
哲学系	赵家祥	马克思主义哲学与后现代主义比较研究	规划
哲学系	周北海	概称句的生成与概称句推理	博士点
哲学系	陈嘉映	科学世界与日常世界的分合	博士点
哲学系	陈 来	早期道学话语的形成与演变	博士点
哲学系	尚新建	柏拉图著作古希腊文本的研究与注释	博士点
哲学系	陈少峰	传统文化与民营企业伦理建设	博士点
哲学系	张志刚	20世纪宗教观的主要类型及其方法论分歧	博士点
信息管理系	谢新洲	网上书店技术与经营模式研究	规划
心理学系	朱 滢	中国人与美国人思维方式的比较研究	规划
心理学系	苏彦捷	心理理论能力毕生发展规律的初步研究	规划
心理学系	孟祥芝	汉语儿童书写障碍的特点及原因	青年
外国语学院	段 晴	原民族宫藏梵语贝叶经整理	博士点
外国语学院	刘安武	印度文学和中国文学的比较研究	规划
外国语学院	沈 弘	弥尔顿研究	规划
外国语学院	赵桂莲	19~20世纪之交俄国文学评论研究	规划

单位	项目负责人	项目名称	类别
外国语学院	刘建华	后现代美国小说研究	规划
外国语学院	刘曙雄	穆斯林诗人伊克巴尔	博士点
外语学院	仲跻昆	纳吉布·迈哈福兹创作道路探析	博士点
外语学院	陶 洁	福克纳研究	博士点
外国语学院	拱玉书	中国、埃及、西亚古文字比较研究——兼论文字在国	规划
社会学系	杨善华	社会转型期城市居民家庭代际关系研究	规划
社会学系	王思斌	中国社会工作的理论与实践	博士点
社会学系	唐 军	村民自治后的家族问题研究	博士点
社会学系	熊跃根	我国社会政策推行过程研究:以医疗保险改革为例	青年
社会学人类学所	钱民辉	冲突与和谐:多元文化与现代性教育之关系	博士点
社会科学部	程郁缀	普通高校人文社科新世纪学术带头人培养计划实施方案研究	规划
人口研究所	楚军红	制度转型期中国农民生育意愿与生育行为研究	博士点
马克思主义学院	夏文斌	社会主义公平与效率研究	规划
马克思主义学院	刘志光	邓小平小康社会思想研究	规划
马克思主义学院	尹保云	马克思主义与中国现代化研究	规划
马克思主义学院	孙蚌珠	改革与发展对工人利益群体的影响	规划
历史学系	许 平	20世纪60年代西方学生运动研究	规划
历史学系	朱孝远	德国宗教改革与近代化道路	博士点
科社中心	任元彪	20世纪中国科学技术哲学研究	博士点
考古学系	李水城	考古资料所见中国早期麦类作物及源流	规划
考古学系	张 弛	仙人洞与吊桶环新石器时代早期文化研究	博士点
考古学系	孙 华	四川地区先秦文化研究	博士点
考古学系	王幼平	中国远古人类与文化源流研究	博士点
中国经济研究中心	海 闻	中国对外贸易波动研究	规划
经济学院	王跃生	当前国际企业制度创新研究——兼论入世与我国企业	规划
经济学院	刘 怡	税收意识对公共决策的影响	规划
经济学院	赵 靖	中国近代经济思想史(中国经济思想史续集)上	博士点
经济学院	萧 琛	网络经济的新理论与新实践	博士点
经济学院	雎国余	中国国有经济效益分析	博士点
经济学院	晏智杰	深化我国分配制度改革的总体思路	博士点
经济学院	陶 涛	风险投资的筛选、激励与退出机制	青年
教育学院	陈晓宇	大学与科技园互动关系的比较研究	规划
教育学院	陈学飞	改革开放以来我国若干重大高等教育政策研究	博士点
教育学院	闵维方	中国高等教育规模扩展条件下的成本补偿与学生资助	博士点
国关学院	张海滨	生态安全及其对21世纪初期中国国家安全的影响	博士点
光华管理学院	符国群	消费者满意的决定因素和测量方法研究	博士点
光华管理学院	张国有	企业国际竞争力的测度与评价	博士点
光华管理学院	龚六堂	社会收入分配不平等与经济增长关系的研究	规划
光华管理学院	雷 明	里约十年中国环境经济综合核算分析	规划
法学院	朱苏力	当代中国社会变迁中的法律理论与实践	博士点
法学院	姜明安	行政执法与行政程序研究	重大委托
法学院	赵晓力	网络法的技术、经济与法律维度	青年

(倪润安)

表 7-15 北京大学北京市哲学社会科学"十五"规划项目
(33 项)

项目负责人	项目名称	单位
侯仁之	北京历史地图集(第三集)(自筹)	城市与环境学系
赵朝洪	东胡林人及其文化研究(自筹)	考古文博院
朱良志	元代大都绘画史实研究(自筹)	哲学系
王海明	行政伦理研究(自筹)	哲学系
徐湘林	乡村治理模式改革与乡村发展(自筹)	政府管理学院
邵景春	电子商务法律制度基本问题研究	法学院
汪 劲	北京市地方立法实行可持续发展影响评估制度研究	法学院
陆正飞	首都企业发展与资本市场融资战略研究	光华管理学院
姜万军	北京市知识型生产组织治理结构研究	光华管理学院
陈向明	参与式教师培训研究	教育学院
陈学飞	高等学校弹性学制研究	教育学院
刘 伟	北京市高新技术产业集聚发展及其竞争力研究	经济学院
刘新立	加入WTO对首都保险业的影响及风险管理研究	经济学院
萧 琛	网络经济下企业管理案例与产业组织模式比较研究	经济学院
黄桂田	北京市企业职工持股的理论与实证研究	经济学院
李心愉	上市公司增资扩股机制及风险控制研究	经济学院
陈 功	北京市老龄产业发展现状、问题与对策研究	人口研究所
李青宜	21世纪初中国社会矛盾预测与对策性研究	马克思主义学院
马 戎	北京市三类社区中居民委员会功能比较研究	社会学人类学所
王思斌	社区服务与社会支持体系研究	社会学系
郭志刚	北京市人口老龄化与家庭代际关系	社会学人类学所
陈 波	20世纪西方逻辑哲学	哲学系
郭建宁	20世纪中国马克思主义哲学	哲学系
孟二冬	唐诗研究史	中文系
邓 辉	生态环境变迁与北京城市发展关系	城市与环境学系
周旺生	当代法理学理论学说研究	法学院
丁晓浩	北京市义务教育资源配置均衡化研究	教育学院
阎志民	第三代领导集体对毛泽东思想、邓小平理论的坚持与发展	马克思主义学院
赵敦华	全球化、现代化进程中的中国传统伦理	哲学系
谢庆奎	北京市地方政府的府际关系研究	政府管理学院
陈保亚	网络汉语研究	中文系
王岳川	20世纪西方文学批评主潮	中文系
沈体雁	首都市政管理信息化研究	城环系

(倪润安)

表 7-16 北京大学教育部人文社会科学重点研究基地项目
(18 项)

课题名称	招标单位	中标人姓名	中标人单位
印度佛教哲学	北京大学外国哲学研究所	姚卫群	北京大学哲学系
高等教育与劳动力市场的相互作用	北京大学教育经济研究所	丁晓浩	北京大学教育学院
普通话音系的历史来源和汉语拼音方案的制订	北京大学汉语语言学研究中心	何九盈	北京大学
面向中文信息处理的现代汉语语义指向研究	北京大学汉语语言学研究中心	马 真	北京大学中文系
东方与西方:文学的交流与影响	北京大学东方文学研究中心	方汉文	苏州大学
东方民间文学研究	北京大学东方文学研究中心	张玉安	北京大学
三个代表重要思想与 21 世纪的中国共产党	北京大学邓小平理论研究中心	李忠杰	北京大学
邓小平理论与当代中国哲学社会科学的发展	北京大学邓小平理论研究中心	赵存生	北京大学
中国社会文化变迁的社区史研究——以亲属制度研究为主线	北京大学中国社会与发展研究中心	蔡 华	北京大学人类学研究所
汉唐陵墓制度研究	北京大学中国考古学研究中心	赵化成	北京大学考古文博院
郭店楚简文献研究	北京大学中国古文献研究中心	李家浩	北京大学中文系
宋代学术文化研究与宋代典籍整理	北京大学中国古文献研究中心	安平秋	北京大学中文系
中国古代史研究信息、文献与图像资料检索的数字化建设	北京大学中国古代史研究中心	李孝聪	北京大学历史学系
10 至 13 世纪中国文化的碰撞与融合	北京大学中国古代史研究中心	张希清	北京大学历史学系
西方哲学文献选编(古希腊罗马编)	北京大学外国哲学研究所	靳希平	北京大学哲学系
加入 WTO 对中国中央政府管理体制和地方政府管理体制的研究	北京大学政治发展与政府管理研究所	黄恒学	北京大学政府管理学院
义务教育财政转移支付研究	北京大学教育经济研究所	魏 新	北京大学教育学院
洪州窑遗址考古发掘报告	北京大学中国考古学研究中心	权奎山	北京大学考古文博院

(倪润安)

表 7-17 2001 年文科横向项目到账经费情况
(不完全统计)

单 位	姓名	项目题目	资助单位
法学院	钱明星	农地承包权登记问题研究	中国土地勘测规划院
法学院	吴志攀	企业债务重组	国家经贸委,北京先行信怡节能技术公司
古委会古籍信息中心		古籍整理研究经费	
古委会秘书处		宋元珍本复制	古委会
秘书处		20 世纪古籍整理史	古委会
光华管理学院	胡健颖	绍兴市汤浦水库生态保护与开发利用规划	浙江绍兴汤浦水库
光华管理学院	史树中	金融数据分析软件系统	北京全日通新技术有限公司
光华管理学院	胡健颖	上海宝钢内部竞争力调研报告	
光华管理学院	蔡曙涛	我国企业涉外专利侵权纠纷的起因特点及防范对策研究	
光华管理学院	王明舰	我国税收能力及影响因素研究	财政部
光华管理学院	朱善利	宁夏可持续发展战略规划	宁夏自治区政府

单 位	姓名	项目题目	资助单位
光华管理学院	朱善利	中国基金投资市场研究	安泰国际保险公司 ING 亚太地区
光华管理学院	张一驰	鸿基课题	
光华管理学院	姚长辉	关于降低金融营业税对我国宏观经济与金融的影响分析	财政部
光华管理学院	蔡署涛	我国企业涉外专利侵权纠纷的起因特点及防范对策研究	国家知识产权局
光华管理学院	于鸿君	赤峰交通局控股公司改革问题研究	
光华管理学院	于鸿君	解决琼民源定向募集法人股问题研究	
光华管理学院	周春生	股权激励与职工持股计划	
光华管理学院	国建华	中国铁路资本形成研究	铁道部横向课题
光华管理学院	张维迎	中国民营企业治理结构：从关系型治理到契约型治理	国家杰出青年科学基金
国际合作部		《国际合作交流》年度经费	古委会
教育学院	陈向明	大学排名	莱比格信息技术有限公司
教育学院	陈学飞	公派出国留学效益评估	教育部国际合作司
教育学院	高利明	信息技术与教育技术课程研究	中央广播电视大学
教育学院	文东茅	高新科技发展与人才培养模式	国家教育发展研究中心
教育学院	田 玲	中国教育百科全书.教育政策卷	教育部
教育学院	汪 琼	远程教育标准化	教育部科技司信息化处
教育学院	阎凤桥	中国贫困地区农村初中技术教育因素的政策分析	中国国家经济技术交流中心
教育学院	汪 琼	新世纪网络课程工程（程序设计）网络课程	高等教育电子音像出版社
教育学院	陈向明	新课程推进过程中培训问题研究	国家教育部基础教育课程教材发展中心
教育学院	王 蓉	中小学课本价格问题及其对教育成本的影响	福特基金会
教育学院	马万华等	河北女童辍学研究	福特基金会
经济学院	刘宇飞	中国保监会项目	中国保监会
经济学院	夏 蜀	金融混业问题研究\垄断性国有企业战略经济学分析	云南电力集团
经济学院	晏智杰	虚拟企业运行机制综合研究	华夏物行有限公司
经济学院	刘 伟	入世后中医药产业发展研究	
中国经济研究中心	周其仁	湖南湘泉集团改制及重组	湖南湘泉集团有限公司
考古学系	孙 华	重庆市忠县忠州红星村哨棚嘴遗址考古发掘	重庆文化局三峡文物保护小组
考古学系	赵朝红等	岫岩玉的开发与可持续发展	辽宁省科技厅
考古学系	吴小红	中国南方早期陶器年代研究之碳十四测年研究	香港中文大学
考古学系	赵朝红	在人工直接迹象上食物残渣沉积对于欧亚大陆食品生产和食品处理的起源和发展	科技部国际合作司
科学与社会研究中心	尚志丛	明清之际的澳门和中西科学交流共同体	国家科技部中国葡萄牙科学历史中心
科学与社会研究中心	任元彪	中国科学启蒙之研究	中国科学院自然科学史所
科学与社会研究中心	任定成	2001年中学生崇尚科学破除迷信的推进活动	中国科学技术协会/东圣公司
科学与社会研究中心	任元彪	产业R&D全球化背景下中关村高科技企业技术创新国家化研究	科技部项目
人口研究所		国家计生委计财司课题	国家计生委

单 位	姓名	项目题目	资助单位
人口研究所	邵 秦	北京市流动工商人群艾滋病健康教育与社会干预行动	中英性病防治合作委员会
人口研究所	陆杰华等	舟山地区人口增长与消费对渔业资源影响	美国 MacArthur 基金
人口研究所	张纯元	中国人口科学的萎缩态势及解决对策	
人口研究所	郑晓瑛	1999—2000 年度综合试点县项目	国家卫生部基妇司
社会科学部	萧 群	高等院校 R&D 调查	教育部科技发展中心
社会学人类学研究所	邱泽奇	乐清禁毒模式评估	公安部
社会学人类学研究所	邱泽奇	中国无毒社区模式的评估与比较之一	公安部
社会学系	张 静	法团主义与公共空间的发展	中国青少年发展基金会
社会学系	刘德寰	报摊调查	北京晚报
社会学系	刘德寰	拆迁工作社会监测	北京城市排水公司
社会学系	佟 新	中国城市妇女的职业发展	全国妇联妇女研究所
社会学系	王 微	中国社会发展研究	福特基金会
社会学系	阮桂海	职业病研究	北京燕山石化公司
图书馆古籍室		古籍整理研究经费	古委会
政府管理学院	王浦劬	1993 年以来中国公务员制度执行情况	香港大学
政府管理学院	李成言	党风廉政建设政策研究	北京市东城区纪律检查委员会
政府管理学院	李景鹏	中日利益集团政治发展比较研究	日本中央调查社
政府管理学院	张国庆	如何培育和发展外经贸市场中介组织	对外经济贸易合作部
哲学系	周北海	人工智能中的逻辑	中山大学
哲学系	陈 波	游戏论语义学和 IF 逻辑	中山大学
哲学系	苏贤贵	科学与宗教课程计划	美国神学与自然科学中心
中古史研究中心		古籍整理研究	古委会
中国古文献研究中心		古籍整理研究	古委会
中国语言文学系	钱志熙	魏晋南北朝诗歌创作史研究	首都师大
中国语言文学系	葛小音	隋唐乐府文学的音乐背景研究	首都师大
中国语言文学系	董学文	江泽民论文艺	中国作家协会
中国语言文学系	严绍璗等	20 世纪日本中国学家辞典	古委会
中国语言文学系	袁行霈	《国学研究》经费	古委会
中国语言文学系		古典文献专业古籍人才培养	古委会
中国语言文学系	张 健	严羽集	古委会
人口研究所	曾 毅	中国高龄老人长寿健康因素研究	美国杜克大学和德国马普人口研究院
社会学系	邱泽奇	软课题	
法学院	郑胜利	关于技术创新与知识产权保护的研究报告	北京市科委
教育学院	高利明	多媒体光盘研制	清华大学
教育学院	高利明	远程教育、扶贫师范培训	中央电化馆
教育学院	喻岳青	21 世纪高等教育	高教出版社
教育学院	喻岳青	21 世纪高等教育科学卷	高教学会
教育学院	丁延庆	北京市中小学办学条件装备研究	北京市教科院
教育学院	魏 新	北京市义务教育均衡化研究	北京市教科院
教育学院	丁晓浩	世行重读辍学	世行贷款办
教育学院	魏 新	世行高教评估	世行贷款办
教育学院	陈晓宇	教育经济信息网	北京太极华青公司

表 7-18 2001 年北京大学获北京市社会科学理论著作出版基金资助名单

姓　名	著作名称	作者单位
王武召	社会交往论	发展规划部
刘华蓉	论大众传播媒介对政治的影响	科学与社会研究中心
张世鹏	当代西欧工人阶级	国际关系学院
李四龙	智㖇思想与宗派佛教的兴起	哲学系
杨立华	匿名的拼接：内丹观念下道教长生技术的演进与开展	哲学系
陈汝东	语言伦理学	中文系
罗玉中	人权与法制	法学院
姚长辉	住房抵押贷款支撑证券（MBS）在中国的创新研究	光华管理学院
梁敏和	印度尼西亚文化与社会	外国语学院
郭自力	生物医学的法律和伦理问题	法学院
常　森	20世纪先秦散文研究反思	中文系
聂锦芳	现代化进程中的"后发展理论"——邓小平的发展观及其意义	哲学系

（耿琴）

表 7-19 2001 年北京大学获第五届国家图书奖名单

图书名称	著作责任者	奖　项
马寅初全集	马寅初著，田雪原主编	国家图书奖
汤用彤全集	汤用彤著，汤一介主编	国家图书奖
朱德熙文集	朱德熙著	国家图书奖
中国文学史	袁行霈主编	国家图书奖
王力古汉语字典	王力主编	国家图书奖
唐宋时期的雕版印刷	宿白著	国家图书奖
朱子哲学研究	陈来著	国家图书奖提名奖
超越市场和超越政府——论道德力量在经济中的作用	厉以宁著	国家图书奖提名奖
中国高等教育研究50年（1949～1999）	陈学飞总主编	国家图书奖提名奖
清人别集总目（上、中、下）	李灵年、杨忠主编（合作）	国家图书奖提名奖
十三经注疏（整理本）	北京大学出版社（出版）	国家图书奖提名奖
中国藏书楼（上、中、下）	任继愈主编，萧东发执行主编	国家图书奖提名奖

（耿琴）

表 7-20 2001 年北京大学文科国际学术会议

时　间	会议全称	举办单位
2月24～26日	长江流域青铜文化国际学术研讨会	北京大学考古文博院主办，国际日本文化研究中心资助
4月2～4日	中美日三边关系研讨会	北京大学美国问题研究中心主办
4月5～6日	全球化与东亚区域合作	北京大学国际关系学院主办
4月8～10日	多元之美国际学术讨论会	北京大学比较文学与比较文化研究所与中国比较文学学会共同主办

时间	会议全称	举办单位
5月2~4日	北京大学中日诗歌比较研究会2001年年会	北京大学日本研究中心主办
5月5~6日	北京大学创业投资国际论坛	北京大学光华管理学院主办
5月16~18日	2001年中国北京大学东方学国际研讨会暨季羡林先生九十寿辰纪念会	北京大学东方学研究院主办
5月16~19日	为教育提供充足的资源国际讨论会	北京大学教育学院、北京大学教育经济研究所联合举办
5月29~6月3日	亚太地区社会科学与医学研究战略圆桌会议暨第六届亚太社会科学与医学国际会议筹备会	北京大学人口所和昆明医学院联合主办
6月5~9日	唐宋妇女史研究与历史学国际学术研讨会	北京大学中国古代史研究中心"盛唐工程项目组"、北京大学中外妇女问题研究中心、天津师范大学"妇女与社会性别史"课题组
6月14~15日	资本市场、公司财务、货币和银行年会	北京大学光华管理学院主办
6月15~17日	20世纪中国历史的回顾国际学术讨论会	北京大学历史学系与北美20世纪中国史学会合办
6月27~30日	唐宋的佛教与社会:寺院财富与世俗供养会议	北京大学中国古代史研究中心"盛唐工程"项目组、敦煌研究院和美国西北大学艺术史系合办
7月10~12日	21世纪:东亚文化与国际社会	北京大学国际关系学院主办
8月上旬,3~4天	黄遵宪与近代中日文化交流国际学术讨论会	北京市中日文化交流史研究会主办
10月5~8日	欧洲文学和文学史编写学术研讨会	北京大学外国语学院主办
10月13~15日	现象学与中国文化国际学术讨论会	北京大学外国哲学研究所主办
10月21~22日	国际法在国内的实施	北京大学法学院
10月22~27日	寿命延长与老龄健康国际研讨会	北京大学老龄健康与家庭研究中心和中国人口学会联合举办
10月24~27日	跨文化文学对话:中国与美国国际学术研讨会会	北京大学外国语学院英语系、北京大学欧美文学研究中心、中国中美比较文化研究会、美国纽约州立大学英语系联合举办
11月4~5日	立法听证交流研讨会	北京大学法学院 人大与议会研究中心主办
11月24~29日	2001年传记文学国际研讨会:新世纪的传记文学	北京大学世界传记中心、福州大学外国语学系、中外传记文学研究会联合举办
12月1~2日	语文现代化与汉语拼音方案国际学术研讨会	北京大学汉语语言学研究中心与北京大学中文系主办
12月1~3日	聚落演变与早期文明国际学术研讨会	北京大学中国考古学研究中心主办
12月	城市化、数字经济与环境持续性国际会议	中国区域科学协会主办

(朱邦芳)

科技开发、产业管理与国内合作

【概况】 2001年,北京大学的产业仍然保持着很高的增长势头,科技产业销售收入达到150亿元人民币,比2000年的120亿元增加了25%,并以各种方式回报学校超过8000万元人民币。

2001年在成果转化方面以产学研相结合为核心,以促进高新科技成果转化为目标,在科技开发方面再创喜人成绩。2001年科技开发部共签署各类技术合同112项,合同额3.25亿元,到款额1.56亿元,直接用于学校教学科研的费用超过5000万元,以技术股份形式投资额为1.06亿元人民币。其中,校本部共签订各类技术合同96项,合同额约2.80亿元人民币,合同到款总额近1.49亿元人民币,其中直接用于学校教学科研的费用达 4318 万元；医学部共签订项目 16 项，合同额 4450 万元，到款额 743 万元（直接到医学部财务处），使得北大科技开发继续维持在较高的水平上，同时为学校带来了巨大的经济效益，从而有力地促进了学校的教学和科研。

按照国务院的要求，根据李岚清副总理指示精神，科技开发与产业管理办公室制定了北京大学企业改制方案，改制工作正在逐步展开。

【校办产业】 北京大学产业在 2000 年的基础上又获得长足的发展，2001 年科技产业销售收入达到 150 亿元人民币，以各种方式回报学校超过 8000 万元人民币。各公司销售收入分布为：方正集团 117 亿元人民币；青鸟集团 15 亿元人民币；未名集团 3 亿元人民币；资源集团 12 亿元人民币；维信公司 1 亿元人民币；其他中小企业 2 亿元人民币（含医学部 3610 万元人民币）。上缴学校及捐赠学校各单位款分布为：方正集团 1000 万元人民币；青鸟集团 1000 万元人民币；未名集团 1000 万元人民币；资源集团 4000 万元人民币（含太平洋大厦款 2000 万元）；印刷厂 40 万元人民币；出版社 400 万元人民币；上缴学校财政款为：7440 万元人民币；北大教育投资公司各种捐款：179.4 万元人民币；北大维信公司偿还技物系款：449.4 万元人民币。上缴学校及捐赠学校各单位款总计：8068.8 万元人民币（方正对计算机研究所、研究院的投入及青鸟对杨芙清院士、微电子所的投入未统计）。

【校企改制】 按照国务院的要求，根据李岚清副总理指示精神，北京大学科技开发与产业管理办公室制定了北京大学企业改制方案，并报国务院办公厅，受到著名经济学家吴敬琏先生的好评。北京大学产管会第二届第三次会议及 2001 年 5 月 8 日第 5 次校长办公会又通过并下发《北京大学企业改制的意见》和《关于加强企业使用北京大学名称的管理规定》，为学校企业的改制工作确定了具体原则。

李岚清副总理关于校企改制的指示精神核心内容有两点：对校办企业进行股份制或有限责任改制，避免学校的无限责任和风险；建立学校的"撤出机制"，以利于成果转化和产业的再投入，有利于学校教学和科研。由此，校企改制的工作重点是建立"产权清晰、权责清楚、政企分开、管理科学"的现代企业制度。改制总的目标是：学校与企业间的关系转换为以资本为纽带的产权关系，学校以股东（出资人）的身份行使权力，建立完善的以三会（股东会、董事会、监事会）为代表的法人治理结构，建立健全各种规章制度，完善企业内部管理体制。基本原则是：发展与"关、停、并、转"相结合，即对于多年经营不善、多年不上交的企业实行关闭或停业；对于一些有一定市场前景的企业实行合并、兼并或者根据市场要求转产；对于市场前景好、技术实力雄厚的企业进行增资扩股，扩大资产规模，有效利用社会资源。

根据以上原则，已进行的改制工作包括：(1)学校全资公司向有限责任的转制。学校全资公司向有限责任的转制。已完成由全资转化为有限责任公司的中小企业 10 家，正在进行的有 8 家，2002 年要全部完成改制。已经完成的如：北京大学计算机公司与北京君士世纪投资管理有限公司在计算机公司现有资产的基础上增资扩股，改制成为注册资本为 3000 万元人民币的计算机企业；原环境科学中心绿地增资扩股并更名为绿色科技公司，主要从事环保方面的产业，并与昌平区已经达成由该区提供 1200 亩地（30 年使用权），建立一个生态区和现代农业示范园的协议；原老干部处办的金秋公司和明和科技公司的改制等。(2)在对全资企业进行有限责任改制的同时，也关闭了部分企业。已关闭的企业有 5 家，准备关闭的企业还有 10 家左右，系院所公司改制已经基本完成。

2001 年 12 月 3 日国务院正式下发《北京大学清华大学规范校办企业管理体制试点问题的通知》，根据通知精神，北京大学成立了实施方案领导小组，由六名经济法律博士研究生组成了写作班子，并聘请厉以宁、曹凤岐、张国有为写作班子顾问，实施方案经许智宏、闵维方、陈章良等校领导审批后，于 2001 年 12 月 20 日报教育部，待教育部、财政部批准后试点工作将立即全面展开。

【大学科技园】 北大科技园作为北京大学产学研功能的延伸，是教育部、科技部批准的首批国家级大学科技园，也是中关村科技园区的核心组成部分。其功能定位主要包括企业孵化、科技研发和教育培训。北大科技园建设开发有限公司成立于 2000 年 9 月，由北京大学和北大资源集团共同出资，注册资金 3 亿元人民币。其中，北京大学占 70% 股权，资源集团占 30% 股权。2001 年 5 月，北大科技园通过科技部和教育部的验收，正式挂牌。北大科技园每年定期或不定期地向科技部和教育部领导汇报大学科技园的工作进展，纳入了国家大学科技园管理体系。公司成立一年半以来，已形成总资产 12 亿元，科技园建设投资 4 亿元。

大学科技园公司成立后第一项重要工作就是拆迁。从 2001 年 1 月起，先后完成了北大科技园成府园区拆迁、喜洋胡同拆迁、簸斗桥拆迁、海淀路 1～3 号拆迁和南街拆除整治工作，做到了节省资金，加快速度，没有发生大型集体上访等事件。其中，成府园区累计拆迁居民 1500 多户，单位 34 家，拆迁资金发放3.9亿元;喜洋胡同拆迁居民42户,拆迁资金发放1200万元;篓斗桥拆迁居民84户,拆迁资金发放4523万元;海淀路1~3号拆迁居民31户,拆迁资金发放790万元。南街整治拆除了南街3、4、5段平房4200余平方米,并恢复了北大南墙;终止与资源楼内从事商贸经营的120多家用户(占用户总数的80%以上)的合同(包括飞宇网吧2500多平方米的面积),并将东、西楼的一、二层全部腾空;资源楼所有户外广告、商户门牌均已在3月底前清除,截至2002年4月30日除必要的进出口以外的其他邻街门均已关闭。因南街改造,直接经济损失共3200多万元。

在2001年,公司相继完成了东区(主要是成府园)、南区(南街资源楼)和西区(挂甲屯)的规划工作。成府园区控制性规划和修建性详细规划:其中的详规方案面向国内外开展了公开招标,并取得了北京市规委批复;南街资源楼规划:资源东楼以教育产业和科技孵化器为主导,资源西楼除三、四层基本以回迁户写字间为主外,其他楼层主要提供给学校信息产业和咨询、法律等为科技服务企业办公;西区规划:开发留学创业人员商住两用型项目。项目正在按北京市有关道路扩展及颐和园地区改造规划推进。

2001年北京大学科技园公司完成了成府园区206亩乡土地的征地工作,并相继完成了市政管线项目综合、技术综合,以及市政管线设计方案和施工图,现已全面开工,确保市政工程不影响单体建筑的建设。

2001年底,北大科技园国际孵化器在北大资源东楼成立,并与几十家高科技企业签署了孵化合作协议。经过一年的摸索和试运营,已经形成了"服务＋投资＋运营管理"三合一的孵化模式。北大科技园孵化器正朝着"与产学研相结合"(立足于北大科研成果转化)、"与传统产业相结合"(用现代技术改造传统工业)和"与国际化相结合"(引入国际风险投资公司)的方向不断迈进。北大科技园孵化器已与北京大学团委达成协议,每年出资150万元鼓励学生创业活动,并对有发展潜力的项目进行后续资金跟进。

北大科技园建设开发有限公司的各项内部制度和管理文件已基本建立,并成立了党团组织和工会,形成了"合作、敬业、创新、奉献"的企业文化。公司从2001年5月份开始引入ISO9002管理规范,目前已进入试运营阶段,公司将于2002年9月正式申请认证,在ISO9002的基础上实现管理的科学化和规范化。

【科技开发】 在加强对外宣传的同时,科技开发部坚持脚踏实地,坚持为社会、为学校、为教授服务的原则,采取灵活多样的方式,努力促进科技成果的推广与转化。2001年科技开发部共签署各类技术合同112项,合同额3.25亿元,到款额(含投资股份)1.56亿元(其中医学部签订项目16项,合同额4450万元,到款额743万元),使得北京大学的科技开发继续维持在较高的水平上。同时努力增加实际到校的科研经费,增加成果转让的现金收入比例,校本部2001年到校金额(不含投资股份)总计4300多万元,比2000年的3100多万元增加了39%,为有史以来的最高点,科技开发成为学校争取更多科研经费的重要途径之一,为学校带来了巨大的经济效益,有力地促进了学校的教学和科研。

科技展览会 2001年科技开发部在国内的几个大型科技展览中都有不俗的表现,包括:5月在北京举行的第四届中国北京高新技术产业国际周、10月在深圳市举行的第三届中国国际高新技术成果交易会和11月举行的第三届上海国际工业博览会。在这些大型的展览会上不仅展示了北大的科技实力,同时也取得了很好的实质性的效果。如在高交会上,北京大学对外签订合同金额达(不包括意向书)2亿多元,其中北大青鸟集团与广东省及其深圳市分别签订了JB-230卫星监控系统,合同额达到1.4亿多元。在第四届北京国际周中,组委会特授予北京大学优秀组织奖、北大未名集团优秀展台奖。

除了以上几个大型的技术展览外,科技开发部还派人到云南、山东、浙江、江苏、福建等十多个省市参加技术洽谈会。所有展览中突出强调了北大作为一个整体,重点宣传和展示北大在高科技产业领域和成果转化方面的成绩与实力,这对于推动学校的科技成果产业化进程、加强学校服务社会功能、实现"产学研"一体化具有重要意义,取得了良好的社会效益和经济效益。

成果转化 一批技术含量高、产业化前景好的重大科技成果成功地实现了转化。近年先后成功转化的有物理学院的氮化镓蓝光管项目、化学学院的锂离子电池项目、生命学院的金属硫蛋白项目等。2001年物理学院杨应昌院士的"稀土永磁材料"这一重点项目成功地实行了转让,并在深圳高新技术成果交易所首次实行了参股权拍卖这一方式并获得成功。该技术作价4400万元,其中北大获得现金1500万元,股权2900万元,创下了北京大学单项技术转让的新纪录。化学学院的林炳雄教授在与黑龙江省肇东市石油华工总厂合作的"稀土助剂一期工程"项目取得良好效益的基础上,又签订了"年产500万吨稀土助剂二期工程"的技术转让合同,该项目总金额5000万元,其中北京大学占1500万元。

拓宽科技合作范围 2001年

度北大的科技开发合同以技术开发和技术服务为主,表明学校开发人员和科研人员的市场意识进一步得到了加强,很多项目在前期就开始走向了市场,同时也积极参与社会服务。校本部签署的 96 项合同中,技术服务 33 项,技术开发 29 项,技术转让 12 项,技术合作 7 项,合资联营 9 项,其他合同 6 项。从院系分布看,科技开发合同几乎分布在所有的理科院系,化学学院、物理学院、生命学院、电子学系、计算机系仍然是科技开发的主体,同时,数学学院、力学系等以理论研究为主的单位也开始了与地方和企业的合作。

科技开发部在对内加强沟通、收集科技成果及合作信息的同时,积极对外拓展合作空间,2001 年校本部的合作对象分布在全国 18 个省市自治区,其中较多的是北京(34 项)、广东(8 项)、山东(8 项)、云南(6 项)。

在加强国内合作的同时,科技开发部还把目标瞄准国外、港台有实力的大企业,大力发展和促进与国外企业的合作,2001 年与美国、韩国、台湾、香港等地的合作共签署 7 项合同,合同金额约合人民币 500 万元,从而为未来进一步加强与海外企业的合作打下了良好的基础。

联合实验室 与国内知名企业合作建立联合实验室,实现强强联合、产学研结合、互惠互利、共同发展。根据学校理科研究能力强、但技术成熟度相对不高的特点,在建立联合实验室的合作形式上有了突破,在内容上也有了发展,不再限于一个项目、一个方面的合作,而具有较强的组织性、长期性,而且对双方互利互补的作用也更强。2001 年计算机科学技术系和广州新太科技有限责任公司联合成立"北京大学计算机科学技术系—新太科技联合创新实验室",每年将获得资助 100 万元;化学学院和江苏天音化工股份有限公司合作,获得研究经费 100 万元;信息科学中心与北京天之华公司共建"北京大学信息科学中心—天之花数据仓库联合实验室",每年获得经费资助 40 万元;同时,生命学院与北京新航速投资 2 亿多元共建研发中心的计划也在筹备之中,医学部已经完成了"眼视光中心"的筹划工作。这类紧密型的合作将使得北京大学的科研成果更加符合社会和企业的需求,从而充分发挥学校的社会服务功能。双方的结合必将促进学校科研与企业发展,为国内高科技企业和知名学府之间的深入合作创造成功的典范。

积极参与西部大开发 为了积极响应国家西部大开发的号召,科技开发部和国内合作办公室共同努力,加强了与西部省市的合作,配合学校与部分西部省市签署了全面合作协议,和北大资源联合成立了西创公司,注册资金 1 亿元,医学部和新疆万利等合建了北医博大生物科技有限公司,首批开发的枸杞及肉苁蓉两个中药品种现已开始运作,同时医学部正在与台湾辜氏集团洽谈方案共同开发西北区生物科技大楼。

(刘淑媛)

【国内合作】 北京大学国内合作委员会是在科教兴国的大背景下,为深化教育体制改革,加快产学研结合的步伐,强化高校服务社会、服务经济建设的职能,并积极吸收社会力量参与学校的发展而成立的机构。委员会下设办公室,负责统一规划、组织、管理、协调和落实北京大学与国内各省市、各部门的合作事宜。北京大学国内合作委员会的原则是积极慎重开展省校合作,根据学校的力量,决定合作规模,成熟一个签署一个。目前北大与 7 个省区签署了全面合作协议,除以前签的内蒙古自治区、云南省、新疆维吾尔自治区、河南省均在健康发展外,又与辽宁省、山东省、宁夏回族自治区签署了全面合作协议。其中与河南省签署全面合作协议的同时启动了近 6 亿元的科技项目;新疆维吾尔自治区也启动了科技教育培训等一批项目。2002 年计划与四川省、江西省、西藏自治区签署全面合作协议,具体项目正在落实之中。

除此之外,国内合作办公室承担着大量的接洽任务。2001 年,办公室先后接待了浙江省人事厅代表团、上海杨浦区政府代表团、云南省代表团、辽宁省政府代表团、广州大学产业集团代表团、大庆市代表团、华中科技大学产业集团代表团等,并探讨了合作的可能性、合作领域、内容与合作方式。国内办公室也访问了四川省、西藏自治区、新疆石河子大学等地。

与河南省的合作 2001 年 2 月 23 日至 25 日,许智宏校长率领北京大学代表团一行 40 人访问了河南省,并与河南省政府及有关部门签署了全面合作协议和具体项目协议。双方根据党中央、国务院提出的"科教兴国"战略,结合各自优势,建立强强联合,共同促进体制创新和技术创新的有机融合与产学研全面合作。北京大学将发挥自身的科技和产业优势,在广电网建设、网络信息服务、计算机技术、生物工程等方面帮助河南省发展经济,通过多种形式到河南兴办实业。双方还将充分利用北大师资力量雄厚的优势积极开展多形式、多层次的办学,加强人才培养和开发,建立高层次人才委托培养制度,加强双方管理人员的交流与沟通。河南省领导也表示将给予政策保证和资金支持。

此外,北京大学与河南省有关职能部门和企业签订了具体的合作协议,如青鸟集团与河南省广电厅签订合同额为 4.08 亿元的"河南省有线电视多媒体网络建设"合作项目,方正与河南电视台签订合同额为 700 万元的"河南电视台全数字播出系统"项目等,初步统计,本次会议双方共签订了10个具体合作项目,合同金额近6亿元。

与辽宁省的合作 2001年10月19日,在北京大学交流中心阳光大厅,许智宏校长与辽宁省薄熙来省长签署了《北京大学—辽宁省人民政府全面合作协议书》,协议书的签署标志着北京大学与辽宁省的合作进入了一个新的阶段。合同内容包括:(1)北京大学利用其智力资源优势,为辽宁省经济、科技和社会发展战略、高新技术产业发展的重点与途径、区域经济建设等提供决策咨询,如重点对"辽宁省产业结构调整"、"国有企业改革与发展"、"用信息化带动工业化及国家级先进装备制造业基地"、"国家级软件出口示范城市建设"、"资源枯竭型地区经济发展"等战略对策提供咨询意见;帮助对重大建设项目、企业发展战略、现代管理、技术开发等方面提供咨询。(2)辽宁省积极参与并支持北京大学适合辽宁省并具有产业化前景项目的前期研究工作;联合申报、共同组织实施国家重大科技项目;鼓励北京大学的高新技术成果以各种形式在辽宁省转化,"十五"期间,在电子信息、新材料、生物工程与制药、环境保护等高新技术领域共同组织实施一些重大产业项目;在有条件的高新区、经济技术开发区或其他地区,支持北京大学建立创业(孵化)中心、专项技术孵化器及示范基地、研发中心、实验室;鼓励北京大学到辽宁独办或联办高科技企业,并将现有校办高科技产业向辽宁延伸。(3)借助北京大学的技术和人才优势,帮助辽宁对传统产业进行技术改造,实现产业升级和跨越式发展,支持辽宁省一些重点企业的技术开发和技术改造项目;帮助企业建立各种形式的技术中心,提高其技术创新能力和水平。(4)开展多层次的教育合作。辽宁省鼓励省内高等院校和科研院所同北京大学开展高层次、高水平的学术交流与合作;北京大学鼓励其优势学科向辽宁延伸,共建新兴、专业学科;辽宁省委托北京大学培养博士、硕士研究生;辽宁省聘请北京大学资深专家、学者到辽宁省高校做客座或兼职教授,担任各级政府的科技与经济顾问,到企业、事业单位兼(挂)职、任职;支持北京大学在辽宁省建立毕业生实习基地、研究生培养基地和博士后工作站;鼓励北京大学博士、硕士和本科毕业生来辽宁工作。(5)辽宁省政府提供优惠政策和环境,对北京大学在辽宁建立的研发中心、产业化基地给予全力支持,对于实施的高新技术产业化项目和用高新技术改造传统产业项目优先列入辽宁省各类计划,技术改造资金、科技三项费用、中小企业创新基金、风险基金、贷款担保基金向其倾斜;支持北京大学的高新技术成果以技术转让、参股、无形资产投入等多种形式参与重大产业化项目,辽宁省政府建立专项资金,用于支持重大合作项目;北京大学到辽宁,特别是到辽宁高新区创办高新技术企业的科技人员享受辽宁省及所在市已有的一切优惠政策;辽宁省对在省校合作工作中做出重大贡献的人员给予表彰和奖励。(6)建立省校合作联席会议制度,联席会议每年举行一次,互通科技合作进展情况,议定科技合作重大举措,商定并落实合作项目,解决合作过程中的重大问题。辽宁每年集中向北京大学发布一次企业技术需求信息,北京大学每年集中向辽宁发布一次重大科技成果信息。

与山东省的合作 为深入贯彻科教兴国战略,加强技术创新,发展高科技,实现产业化,北京大学和山东省人民政府决定在优势互补、互惠互利、共同发展的原则下,开展全方位合作,并在2001年10月就此达成全面合作协议。合作主要内容:(1)进行合作研究与开发。对关系山东省经济、社会特别是高新技术产业发展的一些重大科技项目,山东省聘请北京大学专家担任首席科学家;发挥北京大学和山东省两个方面的优势,双方共同申报、承担国家级重大科技项目;由山东省提供经费,双方联合在北京大学建立重点实验室;北京大学组织学生到山东省高校、科研单位、企业进行实习和社会实践等活动,提高山东省科研开发水平和科技创新能力。(2)开展人才培养合作。北京大学组织、推荐有关专家到山东省开展讲学、举办科技报告会和召开全国性高新技术领域专业会议等活动;根据山东省学科建设和高新技术产业发展的需要,北京大学有针对性地组织各种类型的培训班、进修班;山东省定期、不定期选派科技和管理专家到北京大学进行合作研究、学习深造,培养高层次科技创新和管理人才。(3)开展决策咨询。由北京大学组织专家对山东省的科技、教育、经济和社会发展战略、高新技术及其产业发展规划、重大经济建设项目和科技工程项目等进行决策咨询。(4)合作进行高科技成果转化开发。在山东省所属企业中组建北京大学科研成果中试基地、工程技术研究中心等,建立科研成果转化开发载体;北京大学组织、引导有关专家优先到山东省转化高科技成果,实现产业化,山东省为此创造良好环境提供优惠条件。(5)聘请北京大学专家担任山东省高等院校、科研单位、重点实验室、高新技术产业开发区、大中型企业的技术顾问、领导职务或名誉领导职务。

与宁夏回族自治区的合作 为了贯彻党中央、国务院西部大开发战略和"科教兴国"战略,继续深化经济、教育、科技体制改革,促进体制创新与技术创新的有机融合和产学研全面结合,进一步使宁夏的区位、资源、市场与北京大学的教育、人才、科技形成优势互补,共同促进经济、教育、科技领域的协调发展,宁夏回族自治区人民政府和北京大学决定在合作自愿、利益共享、风险共担、尊重知识、尊重人才,依法保护知识产权等原则基础上,建立长期、稳定的区—校全面合作关系,2001年双方签订了全面合作协议具体协议:(1)加强宁夏产业界与北京大学的经济技术合作。宁夏定期向北京大学提供"宁夏经济、社会发展投资及产业结构、产品结构的重点方向和项目",根据工作需要邀请北京大学的有关专家学者给予帮助、指导;北京大学负责提供相关信息,帮助宁夏企业及时了解学校的科研动态和技术成果,宁夏负责征集企业技术难题,促使北京大学科技成果和宁夏企业技术难题及时得到交流;校、企双方通过委托开发、联合攻关、共建企业技术中心、科技成果转让等多种方式加强技术创新领域的合作;宁夏支持所属有关部门和企业在北京大学设立技术创新风险基金或投资建立开发中心,提前介入北京大学有市场前景、科技含量高的科研项目;宁夏自治区人民政府和北京大学支持所属经济实体与对方采用多种形式,成立有限责任公司,双方各自以技术、专利、资本、土地等合资入股经营,收益共享,风险共担;宁夏欢迎北京大学以技术、品牌投资,以高新技术为股本,参与宁夏国有企业的资产优化重组工作;通过独资、联营、兼并、租赁等方式,来宁夏办企业。(2)组织开展多形式、多层次的教育合作,加强人才培养和培训。北京大学可接受宁夏回族自治区有关部门的委托,为宁夏开展人才培训工作,定期或不定期在北京大学举办高级公务员、高级经营管理人才、专业技术人员培训班、进修班和研修班;培养高层次急需人才,如定向及自筹类硕士生和博士生,共同举办经理培训班,以及培养城市规划和旅游规划人才,并提供技术支持和指导;北京大学为宁夏重点高校和高新技术企业建立博士后流动站和工作站给予支持和帮助;北京大学每年派博士、硕士团来宁短期服务,进行项目指导、咨询和智力开发等;北京大学每年定期或不定期选派专家、学者来宁进行学术讲座及交流活动,宁夏做好各项服务工作,提供便利条件;加强宁夏师资力量建设,如北京大学每年接受宁夏进修教师和访问学者,宁夏大学聘任北京大学知名教授担任客座教授等。(3)宁夏自治区人民政府和北京大学加强管理人员往来和交流,北京大学可选派人员到宁夏挂职,宁夏自治区政府负责安排好有关具体事宜。

(国内合作办公室)

【深港产学研基地】 召开理事会 2001年1月16日,深港产学研基地第一届理事会第三次会议在深圳举行,北京大学王德炳书记代表许智宏校长出席会议。会议推举深圳市市长于幼军担任理事长。会议听取了深港产学研基地主任、北京大学副校长陈章良关于2000年工作总结和2001年工作计划以及财务情况的报告;听取了深圳北京大学香港科技大学医学中心筹备情况,落实了医学中心的领导班子,聘任王德炳任医学中心主任,周俊安、魏丽惠、孔宪铎、杜如煜、史守旭、刘菊芳、沈翼谋任医学中心副主任;审议了二次会议以来的有关深港产学研基地发展问题的若干事项。

2001年9月26日,深港产学研基地第一届理事会第四次会议在深圳举行,北京大学党委书记、名誉理事长王德炳,北京大学校长、副理事长许智宏,北京大学常务副校长、北大医学部主任、理事韩启德等出席会议。会议听取和审议了深圳北京大学香港科技大学医学中心王德炳主任和深港产学研基地陈章良主任分别作的工作报告。理事会要求基地抓紧引进若干国内外重点实验室来深圳建立分室,使之成为推动深圳高新技术发展的公共研发平台。会后,基地与深圳市创业投资同业公会、市高新技术投资服务公司、市中小企业担保中心、深圳国际高新技术产权交易所等单位签署了战略合作协议,正式推出创新的创业服务体系;深港产学研环境技术中心、拓朴众邦计算机有限公司、华信通讯有限公司等3个项目也在会上签约加盟基地,进驻高新区;此外,香港科大远与北大签约,联合培养医学—哲学(MD—PHD)双博士。

深港产学研基地大楼建设 2001年3月8日上午,坐落于深圳高新技术产业园南区的深港产学研基地大楼正式动工。2002年1月通过各项验收,2002年2月19日,基地大楼正式启用。全国人大常委会副委员长丁石孙、北京大学党委书记王德炳、校长许智宏、香港科技大学署理校长陈玉树与深圳市委副书记、常务副市长李德成一道为大楼启用剪彩。北京大学、香港科技大学和深圳市有关方面的代表以及入驻大楼的企业代表等200多人出席了启用仪式。深港产学研基地大楼建筑面积36800平方米,是深圳市2001年的重大建设项目之一,是深圳高新区目前规模最大、功能最完备、建筑最具特色的产学研综合大楼,由深圳市政府和北京大学、香港科技大学共同投资。

招生形势 基地培训中心经过一年的精心运作,在深圳打响了知名度,创造了良好的社会效益。2001年招生的专业有研究生层次的世界经济(国际金融方向)、心理学专业(人力资源管理方向)、MBA,专升本层次的国际经济与贸易、金融学、法学专业(远程),以及高级精选课程进修班。2001年5月燕南路市内教学点投入使用,为学员提供了更加方便的就学环境。在北京大学深圳研究生院筹备阶段,培训中心作为北京大学在深圳办学的惟一窗口,开展了大量卓有成效的教育培训工作,已经和正在就读的学生达到1982名。

举办"深港产学研论坛" 为了满足深圳人求知若渴的学习热情,回报社会各界的关心和支持,深港产学研基地决定将每年8月的周年庆祝活动以"深港产学研论坛"的形式延续下去,每年都将邀请一些国内外知名专家、学者来深演讲。本年度根据深圳市大力发展高新技术产业的需要,选题为微电子技术和新材料技术。中科院院士、北京大学微电子所所长王阳元教授,香港科技大学工学院原院长高秉强教授及香港科技大学物理系主任沈平教授作了题为"微电子科学技术与集成电路产业"、"中国半导体工业的机遇与挑战"和"纳米材料研究中的两个例子"三个专题报告。

产业发展 (1)建立公共研发平台。2001年10月15日,北京大学与深港产学研基地在五洲宾馆签署协议,宣布将北大的四个国家重点实验室引进深圳,在深圳建立分室。北京大学校长许智宏,深圳市副市长郭荣俊出席了签约仪式。这四个实验室分别为"微米/纳米加工技术国家重点实验室"、"视觉听觉信息处理国家重点实验室"、"环境模拟与污染控制国家重点实验室"和"蛋白质工程及植物基因工程国家重点实验室"。基地还积极参与国家集成电路设计产业化深圳基地的建设,并在基地大楼内建成启动区和公共技术开发平台。

(2)深港产学研创业投资公司积极推动高新技术企业发展。深港产学研创业投资有限公司是深港产学研基地发起,吸收民间资本及战略投资者共同组建的风险投资公司。自2000年8月成立以来,该公司先后对400多家企业进行了研究,深入考察了其中30多个项目,投资了8家高新技术企业,总投资额在2600万元以上。在已投资企业中,鞍山荣信电力电子股份有限公司、深圳市达实智能股份有限公司、深圳市冠日通讯科技股份有限公司3家公司已进入辅导期,正积极准备上市,另外5家公司也都是成长性良好的高科技企业。该公司充分利用自有资源,探索出一条具有公司特色的投资后期管理与增值服务模式,帮助企业创造最大价值。

(3)致力深圳信息化建设。深港产学研数码科技有限公司上半年经营形势喜人。深港产学研基地通过深港产学研创业投资有限公司控股,重组了从事信息技术开发与应用的深港产学研数码科技有限公司。该公司作为深圳市出入境口岸信息网络化工程的主要承建商,建成了较完善的口岸收费系统、电子预报系统,并参与建成了30多条智能化通道。

北京大学研究生代表团赴深考察 为宣传北京大学和深圳的合作,探索通过深港产学研基地服务社会,北京大学研究生代表团利用暑期,于2001年8月21日晚抵达深圳,进行了为期一周的参观、学习和实践。代表团由北大党委副书记王登峰教授担任顾问,校团委副书记秦春华博士担任领队。深圳市委副书记、常务副市长李德成在五洲宾馆会见了考察团一行。

在深圳期间,代表团参观了高新区,重点考察深圳创业环境和北京大学在深圳的产业,先后参观了深港产学研基地,深圳北大生物谷(深圳科兴生物工程股份有限公司),北京大学深圳医院,北科创业孵化基地,深圳北大高科,深港产学研创业投资有限公司,并参观深圳人才大市场、高交所和南山创业中心,探索利用深港产学研基地创新的创业体系平台,为北京大学学生创业提供支撑和服务。深港产学研基地与北京大学团委签署了联合在深圳建立北京大学学生社会实践基地的协议。深港产学研基地还将与深港产学研创业投资有限公司联合发起设立北京大学香港科技大学学生深圳创业种子基金。

深圳北京大学香港科技大学医学中心正式成立 9月26日,深圳北京大学香港科技大学医学中心是深港产学研基地理事会领导下的一个事业单位,是我国首个以全新模式创建的集医疗、教学、科研、产业及高新技术成果转化为一体的医学中心。同时,所属的北京大学深圳医院、北京大学深圳临床医学院也正式挂牌。广东省委常委、深圳市市长于幼军,北京大学党委书记王德炳、校长许智宏,香港科技大学校长朱经武等出席了挂牌仪式。

深圳北京大学香港科技大学医学中心成立后,将借鉴国外医学中心模式,探索和实践政府、高校、医院以及产、学、研相结合的新路子,办出高水平的医院,建立起高层次的医学人才培养基地。

(史守旭)

医学部产业管理

【改制概况】 2001年对于医学部产业工作来讲,是改制的一年。两校合并后,根据李岚清副总理对高校产业工作的重要指示,按照国务院办公厅关于北京大学、清华大学规范校办企业管理体制的试点问题的通知精神,医学部产业管理办公室围绕这一中心工作,开展了一些工作。

新年伊始,在对医学部企业的资质、效益、结构等情况进行调研后,筹划了组建北京北医投资管理有限公司的设想和实施方案。4月22日,经北京大学批准,并上报教育部,正式立项。

5月11日,依照《公司法》的要

求,北京大学医学部以所属15个企业的净资产经评估后,与深圳市燕化贸易有限公司、珠海市科学技术发展总公司三方就共同出资组建北京北医投资管理有限公司达成共识,并召开了第一届股东会。

股东会议决定:北京北医投资管理有限公司注册资本1000万元人民币,其中,医学部所属企业以评估后的净资产出资950万元,深圳市燕化贸易有限公司和珠海市科学技术发展总公司各出资25万元人民币。(1)推举北京大学韩启德院士担任北京北医投资管理有限公司法人代表、董事长;(2)推举北京大学吕兆丰教授担任北京北医投资管理有限公司副董事长;(3)同意北京北医投资管理有限公司第一届董事会由韩启德、吕兆丰、谢手华、孙凯、侯建新、侯立平、李宝璐七位董事组成;(4)同意北京北医投资管理有限公司第一届监事会由王春虎、高环、刘玉旗三位监事组成。

6月18日,教育部下达批文,正式批准成立北京北医投资管理有限公司,同时,上报财政部申请对拟成立的北京北医投资管理有限公司进行资产评估立项。

与此同时,医学部成立了校办企业改革改制领导小组和北京北医投资管理有限公司资产评估工作小组,对所属的15个企业进行实质性的资产评估工作。

12月18日,历时四个月的资产评估工作正式结束,并上报财政部核准。

12月底,北京北医投资管理有限公司的注册申请手续在北京市工商局和海淀区工商局的大力支持下,进入实质性审批阶段。

(李宝璐)

【企业经济工作】 2001年,医学部16个企业全年实现销售收入6244万元,实现利润1374万元,企业的总资产达到9156万元,净资产6185万元,6个骨干和科技企业实现销售收入5058万元,占16个企业的81%,实现利润1416万元,企业总资产7860万元,占总数86%,净资产5394万元,占总数87%。

(李宝璐)

【药厂】 技术改造 2001年药厂共投资130多万元,完成了固体车间、激素车间、天然药物的设备改造,同时建立完善了生产工艺的软件管理,取得了北京市药监局的换证验收。目前药厂有4套先进的制药生产线和完善的质量管理体系。生产环境优越,自动化程度高,生产厂房及空调净化设施齐备、工艺布局合理,而且有相应配套的生产辅助设施。此外,还投资40多万元改造了用油燃锅炉替代煤燃锅炉的工程,达到了北京市环保部门的要求。

斯利安项目推广 斯利安科研成果的推广工作是在国家卫生部、国家计生委和全国妇联的大力支持和全国各省、市有关部门的大力协助下开展起来的。在推广工作中,药厂始终坚持三个方面的原则,即:坚持把提高人口素质、预防出生缺陷作为推广斯利安项目的宗旨;坚持把宣传、普及、提高妇女生殖保健和优生优育知识与推广斯利安项目结合起来;坚持把严谨的科研作风,良好的社会服务与灵活的市场机制结合起来。

为了提高推广工作的信誉,引入了社会保障机制。全国首家实行斯利安药品质量保险。凡在药品投保期间按常规服用斯利安的妇女,仍然出现神经管畸形的,由保险公司承诺,给予每一例赔付8000元人民币。由于引入保险机制,各基层加强了服药后的监测、随访和建档工作。

由于斯利安项目的推广工作是在政府没有任何资金投入的情况下进行的,因此中心推广部和北医药厂采用了灵活的市场机制,采取了"谁推广,谁获利"的原则,充分调动了各方面的积极因素,尤其是基层组织的积极性,使项目推广工作在比较短的时间内得到快速的发展。

2001年2月,全国妇联和中国妇婴保健中心启动"关爱母婴健康——斯利安:告别畸形儿援助工程"系列活动。

2001年3月,"妇女增补叶酸预防神经管畸形的推广研究"获得"九五"国家重点科技攻关计划优秀科技成果奖。

完成北大药业的改制工作 在学校领导亲自关心帮助下,原北医药厂通过国有资产的审计、评估。由国家教育部、财政部同意进行增资扩股,并按国家公司法的规定,由工商局正式注册成立北京北大药业有限公司。

药厂通过改制清理了校办企业30多年的不良资产,理顺了产权关系,实现了国有资产增值保值,平稳地解决了原有事业编制的人事关系,调动了干部、员工的积极性,促进了企业各方面工作的开展。

【GMP改造】 根据国家药监局的规定和中国加入WTO后医药行业面对的严峻形势,制药企业必须在2003年前进行GMP改造。因此,从2001年10月份开始,药厂在北京经济开发区药谷中心征用了21.3亩地,规划设计1万平方米的GMP厂房,新建3个剂型车间,设计生产能力在3亿元人民币。前期论证、征地、设计已基本完成,争取2002年底建成,2003年初通过GMP认证。

附录

表 7-21　2001 年北大科技开发部合同额统计总表

合同类型	合同数目	合同金额(万元)	北大所占金额(万元)
技术转让	12	6219	6219
技术开发	36	10229.7	10229.7
技术服务	33	312.5	312.5
合资联营	9	14700	10600
其他	6	1000	1000
医学部合同	16	4450	4450
校本部小计	96		2.8 亿元
总计	112		3.25 亿元

表 7-22　2001 年科技开发部合同到款额统计总表

	校财务部立项号	项目总名称	2001 年到款额(元)
到款以 2001 年 12 月 29 日财务部进账为依据	180	技术开发经费	15272139
	201	科技成果转让	11316806
	301	科技咨询收入	10406116
	402	实验室对外开放	6187237
	财务部到账小计		43182298
	合资联营北大所占股份		106000000
校本部小计(以北大所占股份为到款额,按实际到款额与该到款额之和计算总到款额)			149182298(约 1.49 亿)
医学部所签订合同到款额(共 16 项)			7430000
北京大学 2001 年合同总到款额			156612298(约 1.56 亿)

2001 年各单位合作签订的主要技术合同项目

城市与环境科学系
新疆五家渠市城镇体系规划
柳州市城中区人民政府与北京大学科技开发部关于长期科技合作协议书
丽江部分区域遥感影像图研究与制作
葛亭煤矿地测管理信息系统
古城煤矿地测管理信息系统
大视场红外测温装置
滕北 5 号井地测空间管理信息系统
前投电视一期开发合作协议
伊敏煤电公司电子版地质报告编制及生产计划支持系统预研
伊敏露天矿数字地质报告的编制和处理
峨眉山景区建设多领域合作框架协议
地球物理系
中关村科技园区开发建设中大气环境可持续发展条件
预测及适应对策
地质系
焉耆盆地博湖坳侏罗纪煤相研究
塔河油田碳酸盐岩储层测井评价研究
榆树林油田断裂系统形成机制及储层描述方法研究
电子学系
SDH 系统 10Gb/s 光电收发单元项目合作协议
低速语音编码模块研制
TCL-178 数字化系统(模块)研制
4 路接力机数字化系统(模块)研制
SDH 系统 10Gb/s 光电收发单元项目合作协议
直扩信号的中频和基带模块
Non-disclosure agreement
国家防汛决策指挥系统试点工程烟台市 GSM 移动通信水情遥测系统
COFDM 接收机

化学与分子工程学院
江苏天音化工股份有限公司与北京大学化学院合作协议
流光放电非热等离子体脱硫技术
石油助剂和染料中间体的技术开发
年产 500 吨稀土助剂二期工程
OLED 技术开发(Contract for research services)
高档荧光增白剂
Sponsored research greement
合作开发有机电致发光显示器(OLED)项目意向书
环境科学中心
北京中关村永丰产业基地环境影响评价
计算机科学技术系
北京大学计算机科学技术系-新太科技联合创新实验室
网络设备监测系统
基于远程网的教学与培训系统
KOD 系统的委托研究开发
mariposa 代码分析
信息恢复整理系统
计算语言研究所
现代汉语语法词典使用权转让
汉语词典软件使用权转让
版本升级协议
广播电视节目资料后控词表系统
技术物理系
铁—碱溶液催化法气体脱硫技术(简称为"DDS 脱硫技术")(2 项)
环境挥发性有机化合物(COCs)的分析监测
"驱蚊净"生产技术

力学与工程科学系
新一代航磁探测系统
L15 第一期全机低速补充吹风试验
芜湖体育场空间膜结构顶棚风载体形系数风洞实验研究
自然对流程控加热器设计
大同一电厂直接空冷系统风洞模拟试验
东屿岛区域博鳌会议中心动静态风荷载风洞实验
生命科学学院
"祝君康"保健食品开发技术合同
转金属硫蛋白基因蓝藻(环保型)技术
提高烟叶内在质量等级综合技术
耐热植酸酶基因的克隆、表达、调控及第二代高效、高产植酸酶(2 项)
关于生物技术工程开发合作意向书
数学科学学院
先进扩频码构造方法及理论研究
Intel/University sponsored research agreement
物理学系
委托开发绿光 LED 协议
Technology collaboration agreement(技术合作协议)
深圳北大双极高科技股份有限公司合作协议
信息科学中心
共建北京大学信息科学中心—天之华数据仓库联合实验室协议书
综合技术研究所
所敷膜式模拟屏供货合同
证券从业人员资格考试与管理系统(补充协议)
理学 D/max 型 X 射线衍射仪搬迁

2001 年重点推广项目

光机电及信息工程
氮化镓基白光 LED 的开发应用
紫敏高效光电探测器
超长电磁波地下遥感技术
电视台新闻采编播一体化网络
光纤通信中的集成电光调制器
抗干扰低功率的高速视频传输技术
三相异步电动机节电控制器
现代交通信息服务系统网络
有机电致发光材料与器件的应用
相控阵雷达的核心——光转接器
化工及新材料
稀土金属及合金的制备和应用技术
高导电石墨功能材料合成技术

萃取法生产硫酸烟碱和纯烟碱技术
纳米结构材料
石油焦改性低级煤水浆组合物
以低级煤改性石油焦水浆体组合物
系列高档荧光增白剂及其中间体生产
生物、农业及环保技术
多功能稀土转光剂及转光膜
浮石保鲜蔬果技术
高纯度生理活性 α-纤维素
火山岩硬水软化技术
垃圾填埋场有机物防渗工程中环境矿物材料利用技术
石榴石应用技术
天然沸石粉吸附氨氮污染物工程
天然矿物在燃煤固硫中的应用技术

天然铁的硫化物处理含铬废水发明技术
土豆废渣的综合利用
用粉末制造可降解一次性筷子
医药及医疗器械
OPCs（原花青素齐聚物）提取工艺
肥胖诊断与新型减肥药物的开发
功能性皮肤保健品系列
利用博落回开发高效抗癌新药
新一代冠心病治疗中药口服制剂——藿酮胶囊
新一代抗肿瘤中药口服制剂——苦碱胶囊
新一代糖尿病治疗药物——降糖消脂胶囊
新一代乙肝治疗药物——胡黄胶囊
心肌梗塞快速诊断盒
SB视力保护器

鼻腔支撑弹簧的研制
滇白珠抗风湿、抗眩晕新药的开发
含硒抗肿瘤处方药的开发
具有抗炎功能含硒化合物的开发
九五八冲剂
抗人雌激素受体及抗孕激素受体单克隆抗体的制备及应用
灵芝三萜类保肝新药
螺旋藻多糖蛋白抗肿瘤新药
酸枣仁的新药开发
药膜支架的联合开发
中药山楂治疗心血管疾病新药的研制
人体血清转铁蛋白受体检测试剂盒开发应用

（刘淑媛）

主要高科技企业

·北大方正集团公司·

【概述】 北大方正集团公司（以下简称方正）是北京大学1986年创建的高新技术企业。拥有4个控股的上市公司：方正控股有限公司、方正数码有限公司、上海方正延中科技集团股份有限公司和马来西亚方正有限公司，17家独资、合资企业，员工约5000人，总资产60亿元。方正拥有企业技术中心，中心下设方正技术研究院和方正信息技术研究所、方正信息产品研究所、方正稀土科技研究所。其中文文字信息处理技术等多项技术处于世界领先水平。1997年，方正成为国家120家大型试点企业集团之一，国家首批6家技术创新试点企业之一，国家重点支持的5家PC生产厂家之一。

2001年，在全球IT发展趋缓和中国加入WTO，市场竞争日趋激烈的大环境下，方正克服困难，通过以资本为纽带的控股管理模式，强化以利润为中心的目标管理，在业务和产业方向上进行大规模整合拓展，使企业取得了持续、健康的发展，2001年销售收入达116亿元。

方正在基于Internet的软件开发和系统集成方面有雄厚的实力，既有广泛应用于海内外的报业、印前、广播电视、互联网产业的信息集成系统，还有面向银行、保险、税务、证券业的大型信息系统，可应用于各行业的信息可视化决策分析集成系统，以及面向教育现代化的教学仪器、多媒体教学软件和校园网络系统。在Internet接入设备的制造方面，方正电脑成为国内驰名品牌，从1999年第二季度起，一直跻身亚太前10名之列；显示器年产销规模居国内企业首位；方正激光打印机、扫描仪、数码相机等畅销不衰。

方正立足IT领域，在宽带、移动通信等领域有新的发展；同时依托北京大学的研究成果，在稀土、新材料领域迅速成长。创造科技与文明，是北大方正的一贯宗旨，集团坚持以人为本，创新为先导，产学研相结合，不断以优质产品和技术服务于社会。

【领导层的调整】 2001年11月21日，在校领导与方正集团干部见面会上北京大学党委书记王德炳宣读了北京大学党委的决定：闵维方同志不再兼任方正集团董事长，任命魏新同志为方正集团董事长，增补张兆东同志为副董事长。新的北大方正集团公司董事会由王选、萧建国、张兆东、张旋龙、唐耀福、魏新（按姓氏笔画为序）六人组成。

【研究与开发】 方正集团作为国家首批六家技术创新试点企业之一，拥有国家级的企业技术中心，与北京大学计算机科学技术研究所电子出版技术国家工程研究中心、文字信息处理技术和稀土材料化学及应用两个国家重点实验室紧密结合，形成产学研相结合的典型模式。多年来，在文字信息处理、电子出版、数字媒体技术、地理信息科学、PC和显示器技术以及稀土材料等领域一直处于国内外先进水平，绝大部分已形成了具有市场竞争力的规模产业。2001年，方正集团凭借其雄厚的研发实力，赢得了多项荣誉。北大方正集团公司方正全数字电子出版印刷系统被国家经贸委评为"九五"国家技术改造优秀项目；北大方正集团公司方正全数字电子出版印刷系统被国家信息产业部评为"九五"电子信息产业优秀技术改造项目；海淀区人民政府授予方正集团信誉免检企业证书；中国民营科技促进会授予方正集团中国民营科技企业创新奖；北京市技术监督局授予方正集团北京市质量管理优秀企业；

北京市质量技术监督局授予北大方正集团公司生产的电子出版系统为北京名牌产品;中国名牌战略推进委员会授予北大方正集团公司生产的方正(Founder)微型计算机为中国名牌产品。

【企业管理与发展】 2001年,方正集团企业得到迅速发展。

2月28日,冕宁北大方正稀土新材料有限公司成立。经营范围:稀土精矿、稀土金属、稀土氧化物、稀土盐类、稀土合金、稀土催化剂、稀土抛光粉、稀土荧光材料、稀土磁性材料、稀土热电子发射材料、稀土储氢材料等与稀土材料有关的化工原辅材料、有色金属。

3月29日,北京方正春元科技发展有限公司成立。经营范围:技术开发、转让、咨询、服务、培训;销售计算机软硬件及外围设备;承接计算机网络工程。(法律、法规禁止的,不得经营;应经审批,未获审批前不得经营;法律、法规未规定审批的,企业自主选择经营项目,开展经营活动。)

7月12日,北京北大方正宽带网络科技有限公司成立。经营范围:法律、法规禁止的,不得经营;应经审批,未获审批前不得经营;法律、法规未规定审批的,企业自主选择经营项目,开展经营活动。

11月1日,深圳市方正科技有限公司成立。经营范围:计算机网络技术、通讯技术、信息技术、环保技术、生物工程技术的开发及相关产品的销售;兴办实业(具体项目另行申报);国内商业、物资供销业(不含专营、专控、专卖商品)。

12月20日,北京方正东安稀土新材料有限责任公司成立。经营范围:法律、法规禁止的,不得经营;应经审批,未获审批前不得经营;法律、法规未规定审批的,企业自主选择经营项目,开展经营活动。

【业务发展】 2000年7月,方正式启动股份制改造工作以来,根据1999年8月发布的《中共中央国务院关于加强技术创新发展高科技实现产业化的决定》的精神制订了改造方案,2001年年初该方案已经北大和教育部批准,并上报国家财政部。方正集团期望以此为契机,建立完善的现代企业制度和合理的企业法人治理结构,形成合理的职工持股和期权方案等组成的企业激励机制,为企业的可持续发展打下坚实的基础。

2月,由方正自主开发的方正GB18030字库和方正超大字库通过了由国家新闻出版署、国家语委和全国印刷字体工作委员会联合主持的国家级审定。这是首家通过国家级审定的同类字库产品。同月,在北京召开的"2000年用户满意工程表彰大会暨总结大会"上,方正电子荣获2000年度"用户满意企业"称号。

4月,方正ApabiReader1.0暨Apabi(阿帕比)电子书(eBook)整体解决方案发布会在北京凯宾斯基饭店隆重召开,此举预示着北大方正在20世纪80年代引领中国出版"告别铅与火,迎来光与电"之后,将再次领导中国出版进入"无纸出版、屏幕阅读"的新时代。

5月,方正集团以"创造科技与文明"为主题,参加了在北京国际展览中心举行的第四届中国北京高新技术产业国际周暨中国北京国际科技博览会。5月14日,中共中央政治局常委、书记处书记尉健行等一行参观了方正展台,并听取了方正集团刘秋云副总裁关于方正集团近几年发展情况的工作汇报,尉健行对方正集团的整体发展表示肯定。

5月,方正电子与新加坡报业控股签署一项报业电脑化合约,提供后者旗下三家主要中文报社联合早报、联合晚报及新明日报的全程采编管理流程系统及全面排版系统的升级,将方正产品在新加坡中文报业市场的占有率从0一举提升为100%。自此,东南亚超过90%的华文报纸用上了方正电子出版系统。与此同时,马来西亚方正有限公司和日本方正株式会社因其在海外市场上的卓越表现和良好的国际品牌形象,在马来西亚和日本的上市工作亦进入具体运作阶段。

6月,方正集团参加了在北京展览馆举办的"国有企业改革与发展暨技术创新成果展览会"。展览会期间,李岚清副总理和市委书记贾庆林亲临方正集团展台,向张兆东总裁关切询问王选老师的身体状况,同时对方正为振兴民族信息产业而持续创新、不懈拼搏的精神表示赞许。

6月,方正科技电脑公司向中国青少年基金会"希望网校"项目捐赠仪式在北京钓鱼台国宾馆举行。在"七一"来临之际,作为庆祝建党80周年的隆重献礼,方正科技电脑公司向1200所希望小学和其他农村中小学捐赠建立希望网校单点站和多媒体网络教室,力争用三年时间为8000所希望小学开通希望网校。

6月,方正宽带获北京市通信管理局首批许可,和蓝波万维、长城宽带等其他5家企业一起,在北京经营宽带驻地网。迄今,方正宽带已在全国近十个大中城市、四十多个社区开展了宽带接入及运营服务,成为中国宽带领域综合实力较强的骨干企业之一。

7月,NANO牌燃油添加剂在通过一系列权威部门和机构的专家鉴定和相关的使用试验后,又相继通过中国环境保护产业协会组织专家的评议和北京市科委组织的专家鉴定,得到了越来越多的国家有关部门及各地政府领导的认可与支持。12月23日,北大博雅科技实业有限公司生产基地暨方正博雅纳米技术工程中心落成庆典隆重举行。该生产基地的扩建和投入运转，将极大地补充燃油添加剂产品的生产能力，同时使燃油添加剂产品的质量控制水平跃上一个崭新的高度，为未来发展奠定了坚实的基础。

7月，北京申奥成功，方正在北京2008年奥运会申办工作中作出了贡献并受到组委会的赞扬。在北京2008奥运会申办活动中，充分利用互联网进行申办宣传工作，成为本次申奥工作的重要标志。作为北京2008年奥运会申办委员会赞助商，方正数码有限公司在奥申委官方网站(http://www.beijing-2008.org)的建设与维护中免费做了大量工作，开通了英文、法文、西班牙文、中文四个版本，为奥申委提供了一个良好的对外发布信息的平台和全面展示北京申办工作的窗口。

7月，海淀区政府授予北京北大方正集团公司及集团所属企业方正电子有限公司、方正奥德计算机系统有限公司、方正进出口有限公司、方正蓝康信息技术有限公司、方正实业开发公司和方正国际软件系统有限公司为首批高新技术企业信誉免检企业。

根据权威调查机构IDC的统计数据，截至2001年第三季度，方正电脑取得了稳居国内市场前两名、亚太市场第七的佳绩，其中方正家用电脑一举挺进亚太第二，方正商用电脑跃居亚太第五，方正服务器位居第八。

信息产品也取得了可喜的进展，方正激光打印机销售成倍增长，市场占有率逐步扩大，据CCID的统计数据，2001年，方正打印机已经跃居中国激光打印机市场前五名。与上年相比，无论在品牌形象、市场地位，还是销售业绩方面都实现了大幅增长，保持了稳定、健康、高速的发展势头。

9月，规模盛大的东莞方正科技电脑公司新厂房、新生产线启动典礼在东莞隆重举行。该生产线占地面积35000平方米，工人数1000人，年生产能力达300万台，是目前中国最大的PC生产线。新生产线的建成和正式启动，是方正电脑发展历程中的一个里程碑，也是方正集团发展史上的一件大事。它标志着方正电脑在技术领域占据优势地位的同时，在规模和产能上也进一步将巩固和扩大其作为主要电脑品牌的市场优势地位。

10月，方正集团与连宇通信公司签署合作协议，于2001年底正式成立方正连宇，从事新一代无线通信系统TD-LAS系统的研发和推广。TD-LAS系统标准化、产业化联盟于9月即在信息产业部支持下，由国内18家通信设备制造商组织成立，并启动了该系统标准化进程。该系统以LAS智慧码专利技术为核心，跨越、兼容和自主三性兼备，从核心码上取得了突破，技术水平处于国际领先地位。并在上海市政府的大力支持下，应用于与上广电集团共建的上海漕河泾国家高新区LAS-CDMA试验网中。方正连宇将在第三代和未来第四代移动通信市场上，推出有中国自主知识产权的核心技术成果，改变我国移动通信技术受制于国外公司的被动局面，在有着巨大发展潜力的移动通信领域的发展上开辟一个光明的前景。12月2日，北京方正连宇通信技术有限公司成立大会在北京钓鱼台国宾馆隆重举行。

10月，北大方正参加了在深圳举办的第三届中国国际高新技术成果交易会。同时电子出版新技术国家工程研究中心获得国家计委授牌。

12月，经北京市教委批准，方正集团获准筹办北京北大方正软件学院。北大方正软件学院预计投资2亿元，占地400亩，由北大方正集团公司与东方大学城联合举办，是以工科为主的、面向市场、集教学与实践应用为一体的具有创新教学模式的应用型软件学院。

12月，方正集团以强大的阵容参加了在中国国际展览中心举办的2001(首届)中国国际信息技术展览会。来自全国政协和信息产业部的领导胡启立、曲维枝、娄勤俭莅临方正展台参观，对北大方正所凸显出的创新优势和技术实力留下了深刻的印象。

12月，由中国工程院倡议主办、95位院士推荐评定的"20世纪我国重大工程技术成就"揭晓。其中"汉字信息处理与印刷革命"荣获第二名，作为20世纪我国重大工程技术成就的代表载入史册。

（宋振英）

·北大青鸟集团·

【概述】 北大青鸟集团成立于1994年11月，是北京大学所属的一家以计算机软件为核心的高科技信息企业集团。"北大青鸟"源于国家支持的计算机软件重大科技攻关项目"青鸟工程"，在"青鸟工程"的基础上，面向行业，推动科研成果向市场产品转化，秉承"以人才为根本，以技术为核心，以产品为依托"的经营宗旨，为中国信息化建设，为中国软件产业腾飞不断开拓。"北大青鸟"以北京大学信息与工程部的相关学科、北京大学软件工程研究所、北京大学微电子研究所为主要技术后盾，并依托北京大学的教育、文化和人才优势，致力于信息、教育和文化产业的协调发展。

"北大青鸟"2001年度的资产规模约为50亿元人民币。控股有包括"青鸟天桥"、"青鸟华光"、"青鸟环宇"三家上市公司在内的20家企业，发展趋势良好。

【融投资管理】 青鸟华光的配股申请经中国证监会证监发行字[2001]90号文核准，于2000年12月份成功实施了配股。青鸟华光与潍坊市广播电视台合资成立的潍坊广电网络有限公司于2001年12月18日正式揭牌,在投资广电方面又迈出了重大步伐。

2001年1月17日,北京北大文化发展有限公司正式成立,注册资本为1亿元人民币。

2001年4月19日,西部北大青鸟投资有限公司正式成立,注册资本为3.778亿元人民币。

2001年4月25日,北京北大华亿影视文化有限责任公司成立,注册资本为1亿元人民币。

2001年9月5日,京华文化传播有限公司正式成立,注册资本为5000万元人民币。

2001年12月18日,北京太极国际体育发展有限责任公司正式成立,注册资本为1000万元人民币。

【业务拓展】 与内蒙古蒙电华能热电股份有限公司共同组建北大青鸟蒙电信息技术有限公司。通过技术合作,开发内蒙古以至全国的电力技术市场,推广先进电力科技,推动先进电力科技,推动企业技术进步。

青鸟华光于2002年1月9日同潍坊市广播电视总台合资组建了潍坊广电网络有限公司。加快了占领广电网络市场资源,拉动了公司广电产品的销售与发展。

青鸟华光与摩托罗拉宽带部签署了为其CMTS产品全国总代理的协议。

青鸟华光与北电公司签字协议,作为其数据网高端产品OM3500、OM5200全光网络、Passport8600路由交换机,Shasta5000宽带用户接入设备的中国高级代理。并决定在语音网关项目方机进行合作,促进双方产品的销售。

青鸟华光与Compaq公司签订了合作意向书,双方决定在科研、市场营销、销售与服务等方面结成战略联盟。

青鸟华光与台湾智邦(ACCTON)公司签署合作协议,为其加工5万片计算机网卡。

2001年10月28日珠海北大教育科学园有限公司在珠海淇澳岛举行了盛大隆重的奠基仪式。北京大学党委书记王德炳、校长许智宏、校务委员会副主任郝斌、李安模及广东省委常委、珠海市委书记黄龙云,市委副书记、市长方旋,市委常委、宣传部长杨水生,市委常委、秘书长罗春柏等领导出席了奠基仪式。

由北大教育投资有限公司投资建立的北大附属实验学校于2001年5月29日获得北京市教委颁发的办学许可证,学校筹建工作同时开始。2001年8月28日,在校招生办和全校各部门工作人员的努力下,招生工作圆满完成,总计664人,超过原计划。2001年8月30日,北大附属实验学校首批新生入校。9月9日,举行了盛大的开学典礼。

【产品研发】 2001年2月26日,青鸟华光建成了我国第一条年产500万只锂离子二次电池的现代化万型铝壳电池生产线,并于11月4日通过了由山东省经贸委组织的专家鉴定委员会对该项目一期工程竣工验收,现已实现连续化、规模化生产。

32门的IPXG30 IP电话网关系统现已研制成功,并于11月份在吉通公司潍坊分公司开通了第一个试验区。

【业界荣誉】 1月7日,青鸟环宇的一项防黑客专用安全网关技术得到中国国家知识产权颁发"发明专利证书"。4月2日,青鸟网关防火墙JB-FW1V2.0产品、青鸟网络信息监察系统JB-Search V2.1产品和青鸟安全网关JB-SG2V2.0产品被中国软件行业协会评为"2000年度国产优秀软件产品"。5月26日,SZD02银行终端认证卡的安全审查报告通过国家密码办公室审查。7月3日,河北北大青鸟环宇消防设备有限公司的四项产品,通过了中国消防产品质量认证委员会的检验,取得ISO9002质量认证,准许使用消防产品安全认证标志。8月9日,经国家密码管理委员会办公室批准,青鸟公司获得"商用密码产品销售许可证"的资格。8月20日,GPS(230M)车载台产品已取得国家公安部产品检测合格证。9月26日,青鸟防火墙JB-FW(V2.2)获得中国国家信息安全测评认证中心授予的"国家信息安全产品认证证书"。11月30日,青鸟JB—SG2安全网关获得中国人民解放军信息安全测评认证中心颁发的"军用信息安全产品认证证书"。12月3日,青鸟防火墙JB—FW(V2.2)获得中国人民解放军信息安全测评认证中心颁发的"军用信息安全产品认证证书"。"青鸟通用地理信息系统开发环境(Geo-Union V5.0)"和"北大青鸟电力自动化实时临近系统V20"的具体应用,上述两个软件获得中国软件行业协会颁发的"2001年度优秀软件产品"。中国软件行业协会主办的全国推荐优秀软件产品活动中、在中国国际软件博览会及技术研讨会上公司的多项软件产品被评为"优秀软件产品"、"金奖"。

· 北大未名
生物工程集团·

【企业经营情况】 作为中国最大的生物工程企业集团,未名集团截至2001年底已拥有8条GMP生产线,9个上市产品。集团所属厦门北大之路生物工程有限公司拥有的神经生长因子NGF2001年获得国家一类新药证书,成为福建省有史以来第一个国家一类新药。

尽管国内药品市场竞争激烈,但未名集团主要产品赛若金(α-1b型基因工程干扰素)、依普定(重组人红细胞生成素注射液)、悦康仙

(注射用重组人白细胞介素-2)和第三态保健食品"再生人"等产品销售情况良好,其中赛若金在国家计委数次降价的情况下仍保持同类产品全国销量第一,创造了良好的销售业绩。

【全面建设三大生物工程产业化基地】 北京北大生物城、厦门北大生物园和深圳北大生物谷三大生物工程产业化基地的建设工作取得进展。截至2001年底厦门北大生物园已建成并投入使用,北京北大生物城和深圳北大生物谷主体建筑基本建成并粗具规模。

北京北大生物城是北京市1996～2010年中长期社会经济发展重点项目和北京"国家中关村高科技区"首批重点建设项目。首期项目甲肝灭活疫苗已投入生产,生物诊断试剂厂房和研发楼将于2002年投入使用。2001年3月7日,泰国诗琳通公主参观访问了北京北大生物城。2001年11月8日,北京市委书记贾庆林和杜德印、刘志华等领导视察了北大生物城。

厦门北大生物园已建成投入使用,主要从事生物工程产业化、高科技保健品生产和转基因植物产业化。神经生长因子NGF、虎纹镇痛肽HWAP-1、第三态保健食品"再生人"和转基因植物等多个项目将在此开花结果。

深圳北大生物谷是国家"863"计划产业化基地,主要项目有基因工程干扰素不同亚型和不同剂型项目,基因工程胰岛素项目和生长激素项目等。主体建筑研发中心已完成内外装修,即将投入使用。

建成后的三大基地将成为环境优美、机制灵活、技术先进的世界一流水平的生物工程产业化基地,它们将为未名集团和中国生物工程产业的发展奠定坚实的基础。

(未名集团)

·北大资源集团·

【概述】 北大资源集团的前身是北大房地产开发部,成立于1992年9月,在北京市新技术产业开发试验区注册。1993年3月,北京大学南街工程开工,北京北大资源开发公司成立,1996年8月更名为北京北大资源集团。北大资源集团成立以来,一直担负开发北大周边地区,建设北京大学科技园的使命。集团遵循"开拓、实干、高效、奉献"的企业宗旨,经过十年艰苦创业,初步建成北大科技园的构架。集团先后投资于高科技、文化教育、房地产等领域,发展成为拥有30多亿资产的高科技企业集团,是北京大学校办产业的支柱型企业之一。

【健全董事会】 2001年6月21日北京大学校产管理委员会下发校产[2001]005号文件《关于健全北大资源集团董事会的决定》,经5月31日第二届第二次校产管理委员会会议研究,决定北大资源集团董事会由巩运明、叶丽宁、张永祥三人组成,巩运明任董事长、集团法人代表。

【改制进展】 2001年资源集团改制工作取得突破性进展,董事会讨论通过北大资源集团管理体制改革方案,上报校产管理委员会得到批准。目前改制工作正在推进中。

【业务发展】 北大科技园业已形成在电子信息技术、生物工程技术、新能源、新材料、环境科学技术等高科技领域进行研究、开发和经营的格局。2001年所属公司在经营管理方面取得不同程度的发展。

(1)北京北大科技园建设开发有限公司是北大科技园投资开发、规划建设、经营管理的主体,是由北京大学与北大资源集团共同出资组建的以现代企业制度为基础的公司。2000年9月正式注册成立,公司以建设国际一流科技园为宗旨,以推动北京大学建设成为一流大学为目标,主要致力于科技园开发、科技与人才孵化、教育培训、创业服务等。2001年通过科技部和教育部验收,北大科技园成为首批国家级大学科技园。规划建设方面,基本完成拆迁工作,累计拆迁居民1500多户,单位30多家。相继完成成府园区控制性规划和修建性详细规划,并取得北京市规委批复。年内完成市政管线等设计方案和施工图,并正式开工。科技孵化方面,加大孵化力度,又吸引近30家新企业入园孵化。北大科技园公司成立一年来,与美国、日本、德国、西班牙、新加坡、香港、台湾等国家和地区建立了合作关系。随着北京大学与外省市合作的展开,北大科技园还在青岛、新疆建立了产业基地,已在洽谈中的外地园区还有烟台和江西。在北京顺义和密云,配套的中试基地和产业基地也在建设中。公司为提高管理和服务水平还引入ISO9000质量体系,ISO9000贯标工作正式开展。一年来,李岚清副总理,原国务院副秘书长徐荣凯,北京市副市长刘志华,海淀区委书记朱善璐、区长李进山等领导先后到北大科技园视察指导工作。

(2)北大资源科技有限公司于2001年5月实现资产重组。对下属投资公司实现科学化、规范化管理。

(3)北大正元科技有限公司将2001年确定为业务年,公司将全国销售网络一盘棋管理,确立各业务部门的销售计划,并很好地实现了全国销售区域的划分,从而保证公司销售的规范性和区域化,为提高公司的整体效益打下坚实的基础。经过广大员工一年的辛勤努力,公司年销售额突破亿元大关,达1.7亿,达到历史最高水平,并提前30多天完成了公司的计划指标。

(4)北京世纪京华房地产有限公司投资的"博雅园"项目于2000

年9月正式开工,该项目面积近10万平方米,位于朝阳区CBD商圈,东三四环之间,紧邻朝阳公园和高尔夫球场,拥有十分优越的地理位置。在公司领导的科学管理及全体员工的共同努力下,"博雅园"项目于2001年8月份完成结构封顶,预计2002年6月20日将全面验收交房。在"博雅园"项目运作的同时,2001年7月世纪京华公司同北京万霖房地产开发公司共同出资成立了北京世纪兴业房地产开发有限公司,开始开发运作位于上地开发区的近20万平方米的"博雅西园"项目,目前"博雅西园"项目已经顺利开工,预计2002年年底完成结构封顶,2003年6月全面验收交房。

另外,为改善北京大学周边环境,2001年4月3日,北京市副市长刘志华主持召开北京大学周边拆迁整治的专题工作会。会后北大资源集团迅速落实会议精神,3个月内拆除了北大南校门以西4000余平方米的商业用房,同时资源楼也调整经营方向,将繁华的科技贸易市场转变为教育和创业孵化器。此举使集团每年收益损失巨大,但为整治规划北大整体环境,创建世界一流大学做出了贡献。

（北大资源集团）

务,通过了国家验收,开始了"十五"期间建设的准备工作。

【文献采访】 2001年图书馆采访部在保障品种和争取时效方面较2000年都获得长足的进步。具体图书采访情况见表7-23。

中文图书购书品种比2000年增加16％,册数增加8.3％;外文书中,文科专款购书品种比2000年增加39％,册数增加3.7％,正常经费(主要为理科书)品种比2000年增加8.8％,册数增加0.5％。

面对中文地方版图书采购的困难,中文采访人员设法扩展采购渠道,充分利用一些专业书商的供书优势,使一些地方版的文史类书籍得到了补充。2001年外文采访遇到的主要问题仍是经费不足,面对国外每年大量的出版物及较高的书价,必须争取更多的经费,满足教学科研需要。

2001年期刊、学位论文采访情况见表7-24。

电子资源方面,2001年新增及续订中文电子资源24种,重要的新增/改版资源包括:全国报刊索引(社科类回溯数据;科技版)、台湾研究方面的4种资料库、二十五史、书生之家50000种电子新书;人大复印资料全文库等系列数据库全面升级为网络版;万方数据资源系统建立镜像版。新增及续订西文电子资源43种,重要的新增资源包括:参考数据库:CCC、JCR、Derwent;全文数据库:Lex-

主要教学科研服务设施

北京大学图书馆

【概述】 2001年,图书馆保持持续发展,各方面工作都有新的起色。文献采访、资源建设方面继续保持较好的发展和连续性,各种资源利用率不断提高;通过建立学科馆员制度、继续举办"一小时讲座"、增加阅览座位、增加读者借阅量等举措,进一步提高了读者服务工作质量;较好地完成了普通书刊编目和回溯编目工作,完成了地方志、家谱的回溯编目工作,古籍卡片目录的计算机回溯编目工作进展顺利;继续收集大量的优秀音乐、电影、语言等视听资料,满足读者相关需求;一线读者服务工作面对读者人数不断增加的压力,积极工作,加强服务,得到读者的好评;自动化部在保证图书馆系统正常运行的前提下,积极开发系统功能,并参与数字图书馆研究开发工作;数字图书馆的研究建设方面,北京大学图书馆和学校有关单位密切配合,学习国外先进理论经验,积极探索,取得了可喜的成绩;分馆建设方面,经过调查研究和组织协调,已经建成5个分馆,分馆编目工作进展顺利;以上成就的取得,与图书馆办公室、总务科和保安部的积极配合密不可分,他们以默默无闻的工作确保了图书馆各项工作的正常运转。管理中心和全国文理中心设在北京大学图书馆的CALIS项目2001年进展顺利,全面完成了"九五"期间的建设任

表7-23 2001年图书采访统计表

	中文图书(种)	中文图书(册)	外文图书(种)	外文图书(册)
校拨经费	20089	54371	1149	1547
文科专款			4941	5558
数学专款			1086	1100
世行贷款			114	124
美国基金会赠书			5985	10601
接受交流、赠书	1843	2601	3663	4621
总　计	21932	56972	16938	23551

表 7-24 2001 年报刊、学位论文采访统计

	外文报刊	中文报刊	学位论文（电子版）	学位论文（纸本）
采访	2122 种	4181 种	1823 篇	1801 篇

表 7-25 图书编目统计

		中文新书		外文新书		中文回溯	外文回溯	总计
		文科	理科	文科	理科			
数量	种	17233	6893	12191	2534	1686	3136	43673 种
	册	43986	18598	16492	2849			
合计	种	24126		14725				
	册	62584		19341				
新书合计		38851 种						
		81925 册						

表 7-26 期刊及学位论文编目统计

	外文期刊编目	中文期刊编目	记录维护	馆藏维护	学位论文
	505＋644（电子）	662	2488	3035	1607
合计	1811				

表 7-27 2001 年接待读者借阅咨询统计表

部门	接待读者人次	借阅册次	咨询人次
期刊阅览部	729705	14797	42857
流通阅览部	356485	730000	96381
古籍特藏部	7360	60000	1832
信息咨询部	65801		22114
视听部	139130		
总计	1298481	804797	163184

表 7-28 2001 年流通部读者服务统计表

计算机办理借还续人次	2390803	图书上架册次	1500000
室内阅览图书册次	800000	办理新借书证	9276
还书总册次	700000	办理离校	8844
预约图书	26746		

表 7-29 信息咨询部 2001 年工作统计表

数据库检索人次	481241	科技查新人次	66
下载全文篇次	927051	查收查引人次	266
馆际互借人次	1257	代查代检人次	20
馆际互借册次	2373	一小时讲座人次	4067

表 7-30 2001 年 11 月与 2000 年同期借阅量比较表

	2001 年 11 月借阅量	比 2000 年同期增加量	增长率
全馆借书量	92165 册	21499 册	23.3%
博士生借书量	9824 册	3078 册	31.3%
硕士生借书量	27355 册	7303 册	26.7%
本科生借书量	45422 册	10588 册	23.3%
教工借阅量	4316 册	882 册	20.4%

is-Nexis、IEE/IEEE、GaleNet；电子期刊：JSTOR、Nature；事实数据库：Beilstein/Gemlin、Chemistry-Server。截止到 2001 年，图书馆共引进光盘数据库和网络数据库 250 种，包括中外文电子期刊 12000 种；电子图书 35 种，包括图书近 6 万种。

2001 年图书馆共购进语言录音带 1000 盘，录像带 800 盘，电影光盘 1100 种，音乐 VCD10 盘，音乐 DVD80 盘。

【书刊编目】 2001 年图书馆编目部除了日常的新书、新刊编目任务之外，还加大了图书回溯建库、期刊数据维护的投入力度，2001 年图书馆书刊编目情况详见表 7-25：

此外，2001 年古籍部完成馆藏 4000 多种古代地方志的回溯编目；完成馆藏 982 种古代家谱的回溯编目；馆藏古籍卡片目录的计算机回溯编目工作进展顺利。

【读者服务】 2001 年读者服务工作在接待读者、图书外借、数据库浏览、读者培训等方面都有新的进展。根据统计，2001 年 4 月北大师生浏览、下载全文电子文献 69333 篇，为全年之最，居全国高校之首。全年各部门读者服务情况见表 7-27。

流通部、咨询部其他读者服务内容统计见表 7-28、表 7-29。

此外，期刊阅览部除日常工作外，还在过刊清点、报纸管理、业务培训和馆藏布局调整等方面做了不少工作。由期刊部文艺报刊阅览室负责的"中文报纸热点库"运作顺利，到 2001 年底已经完成记录 4000 余条，点击次数超过 18000 人次，获得较好的反响。

为了更好地做好读者服务工作，图书馆成立了文明服务检查小组，小组于 2001 年 4 月 18 日、28 日对全馆的规范服务、工作环境、清洁卫生、佩戴胸卡等进行了两次检查。

新馆投入使用后，阅览座位已

达近 4000 个,但仍远远不能满足越来越多的读者需求,自习区的座位尤其紧张。2001 年图书馆利用原有阅览桌,调整自习区空间,再次增加阅览座位 72 个,得到读者的肯定。

为更好地满足读者要求,充分利用馆藏资源,2001 年北大图书馆开始实行学科馆员制度,并从 2001 年 9 月 10 日开始,增加读者借阅量(见相关词条)。

【增加读者借阅量】 为满足读者的借阅需求,图书馆从 2001 年 9 月 10 日起对各类读者的借阅数量权限进行了调整,校内本科生读者的借阅数量由原来的 5 册增加到 10 册,教职工和博士、硕士研究生及二学位学生由原来的 10 册增加到 20 册,都在原有基础上增加了一倍;其他各类人员也有相应的增加。该措施实行后,深受读者欢迎,图书借还数量激增,各类图书的利用率都有很大提高。

根据图书馆 UNICORN 系统的统计数字,读者具体借阅增加情况见表 7-30。

【学科馆员】 为了解读者需求,提高馆藏资源的利用率,开展深层次学科咨询,北大图书馆于 2001 年正式成立学科馆员工作小组,具体做法是:针对不同学科,安排不同专业背景的图书馆员分工负责,按学科主动开展全方位的服务;同时公布这些学科馆员的名字和联系方式,便于各系的师生与他们联系,提出自己的要求和建议。学科馆员的职责是:主动与所负责的老师和资料室联系,了解他们研究课题的情况以及对书、刊、电子资源的需求;熟悉本馆有关学科的书、刊、工具书、数据库的情况及其使用方法;开展用户教育工作,为各系开办培训讲座;宣传新增加的文献信息资源和服务措施,协助编写各类宣传材料等。各学科馆员主动收集各院系老师联系方式,积极展开工作,得到各院系师生的一致肯定。

【分馆建设】 为实现文献和读者分流管理,开展专业化服务,北大图书馆借鉴国外名牌大学经验,按照中心馆和学院分馆两级建制的模式对全校文献资源实行统一规划、统一管理、统一布局,以节省人力、物力,改进北京大学图书资料系统的服务手段,实现全校的文献资源共享,提高全校的文献资源保障水平,最终达到全校一个自动化管理系统、一个书目数据标准的目标。经过对全校资料室进行调查和试点工作,2001 年已建成数学学院、教育学院、物理学院、社会学系、中古史研究中心 5 个分馆,分馆编目工作已有新的进展,深圳北大研究生院也将利用校本部的资源。分馆建设得到北大校领导的肯定和支持。

【数字图书馆研究所】 由 CALIS 管理中心、北京大学图书馆和北京大学信息科学中心联合发起并组织的北京大学数字图书馆研究所于 1999 年 9 月成立,这是一个跨领域、跨专业的综合性学术研究团体,旨在发挥北大的整体优势,构建一个从信息资源、服务方式、服务质量和信息技术诸方面都能达到国际先进、国内领先水平的数字信息服务环境。研究所成立以来主要围绕前沿研究、技术研究、实验系统、成果转换四个方面展开工作,到 2001 年底已经取得阶段性研究成果,建立了先进的数字化实验室,并且开展了北京大学图书馆金石拓片特藏、北大名师等数字图书馆试验项目。

7 月 20～22 日,北京大学数字图书馆研究所首次数字图书馆工作研讨会在怀柔召开。主要议题为:总结北京大学数字图书馆研究与实践工作;讨论北京大学数字图书馆今后的发展方向和实践方案。

为更好开展数字图书馆研究与建设工作,2001 年北大图书馆成立了数字图书馆研究与建设协调委员会与数字图书馆研究与建设实施工作组,并制定了相关工作条例。委员会主任为戴龙基。

【馆藏展览】 由北京大学图书馆与香港中文大学文物馆联合举办的中国古代碑帖拓本展览,在结束了在香港的近两个月展期之后,于 2001 年 6 月 11 日上午在北大图书馆隆重开幕。此次展览共展出 148 种展品,其中有 98 种是由北京大学图书馆提供的,另外 50 种则来自香港中文大学文物馆,集两馆藏拓之精华。展览内容上起战国,下至清代,品种丰富多彩,展示了书法史上各个时期的代表作品。展览期间,展览双方与文物出版社于 6 月 12 日在北大图书馆举办了一个小型研讨会,邀请了北京、上海和日本碑帖书法界的 30 余位专家学者座谈讨论。

5 月 16 日"庆贺季羡林教授九十华诞暨从事东方学研究六十六周年学术成果展"在北大图书馆的"北大文库"举行。季羡林先生在戴龙基馆长等的陪同下参观了展览,并与北大学生合影。整个展览展出了季老从山东济南高中毕业至今的照片 160 多幅,证书、聘书 53 份,荣誉证书 46 份,著作 519 册,手稿 13 份,珍品、条幅等实物 58 件,是"北大文库"举办的著名学者展展品最多的一次。此次展览受到北大学子们的热烈欢迎,纷纷留言,表示要以季老为榜样,潜心学术,报效祖国。教育部副部长韦钰等领导也参观了展览。

12 月 3 日～14 日,"北京大学文库"又举办了"庆贺侯仁之教授九十华诞暨从教六十五周年学术成果展",再次受到北大师生的欢迎,收到很好的效果。此外,8 月,"北京大学文库"还举办了"纪念魏建功教授百年诞辰展"。

【馆藏整理】 由于学校对原燕京大学部分建筑进行改造,原存于这些建筑楼顶的图书馆部分旧书搬至理科楼群地下室。图书馆抽调人员对这部分图书进行整理挑选,到2001年底工作基本结束。挑选出待编西文图书1.7万余册,俄文图书2200余册,日文图书1800余册。另外挑选出线装书、图片、地图、拓片约1400件册,发现珍贵资料2000余册。

2001年2月,图书馆聘请北大外国语学院沈弘教授帮助挑选1900年之前出版的珍贵外文图书,在图书馆相关人员的配合下,沈弘教授发现了大量珍贵的西文善本图书,为保存和进一步发掘这些珍贵书籍奠定了基础。

【交流合作】 2001年图书馆共接待国内外来访者214批,共3300人;派出11人分别去香港、德国、法国、日本、韩国作短期工作访问;与境外图书馆达成4项人员交流协议。

3月,哈佛大学图书馆副馆长Dale Flecker、哈佛燕京图书馆馆长郑炯文应邀到北大图书馆作短期访问讲学,Dale Flecker作了数字图书馆技术方面的报告,并与图书馆员工就相关问题进行了讨论。郑炯文馆长介绍了中美图书馆之间合作的现状,并且提出了很好的建议。

6月,匹兹堡大学图书馆系统和咨询馆员Jeffery Wisniewski到北大图书馆交流。他在图书馆作了"网页设计与评估"、"图书馆内部网"、"匹兹堡大学图书馆电子资源的检索"三个报告。此外还到咨询部、自动化部参与工作,与北大馆员交流了工作体会。

6月14日,北京高校图书馆期刊工作研究会在北大图书馆学术报告厅举办了以电子资源的采购、整合与服务为主要内容的"电子期刊知识讲座"。

2001年图书馆派工作人员参加了中文元数据应用国际研讨会、古籍联合目录资料库合作建置研讨会、PNC会议(Pacific Neighborhood Consortium 太平洋邻里协会)等国内外重要学术研讨会,介绍北大图书馆相关工作及研究情况,了解图书馆界最新相关发展。

【冯友兰先生塑像揭幕】 著名学者、北京大学教授、哲学家冯友兰先生塑像揭幕仪式于4月29日在北京大学图书馆人文社科图书借阅区举行。北京大学领导郝斌、何芳川,著名学者季羡林、任继愈、冯友兰先生的亲属,北京大学图书馆馆长戴龙基等出席了揭幕仪式。冯友兰先生铜像是由南京大学教授、北大校友吴为山先生雕塑并捐赠,塑像形神兼备,艺术地再现了大师睿智深邃的哲学家风采。

【CALIS项目】 中国高等教育文献保障系统,简称CALIS,是我国高等教育"211工程"总体建设规划中两个公共服务体系之一。CALIS的总体目标是,在教育部的领导下,把国家的投资、现代化图书馆理念、先进的技术手段、高校丰富的文献资源和人力资源整合起来,建设以中国高等教育数字图书馆为核心的教育文献联合保障体系,实现信息资源共建、共知、共享。CALIS管理中心和全国文理中心设在北京大学图书馆。

2001年CALIS项目进展顺利,全面地完成了"九五"期间的建设任务,通过了国家验收,开始了"十五"期间建设的准备工作。

截止到2001年7月,CALIS共使用国家投资的项目建设经费5000万,顺利完成了国家计委批复的《可行性研究报告》中CALIS"九五"期间的建设任务,主要包括文献信息服务网络建设和文献信息资源及数字化建设两个方面。

"文献信息服务网络建设"分两步进行:第一步构筑资源共享的服务机构平台——三级保障体系。建设"全国中心—地区中心—高校图书馆"三级保障网络环境,即建设4个全国文献信息中心、7个地区文献信息中心以及东北地区国防工程文献信息服务中心,推动以"211工程"立项高校为主体的一批高校图书馆现代化建设。第二步构筑资源共享的软件和硬件平台。统一购买一批计算机硬件设备,包括30台数据库服务器和15台光盘服务器,21台不间断电源。依托中国教育科研网与遍布全国的高校图书馆系统共同构建CALIS文献信息共享网络。在此基础上自主开发基于国际标准的通用信息共享软件平台,包括联机合作编目系统、特色文献数据库应用系统、馆际互借与文献传递系统、联机公共检索系统、通用全文数据库应用系统及通用数据库管理系统,作为各成员馆进行"共建、共知、共享"的基本软件工具。根据CALIS建设要求,12个CALIS全国和地区中心所在省市共配套2360万元,所在学校自筹1397万元,共配备了专职人员40人,兼职人员超过110人,提供每天24小时面向读者的文献查询服务、快捷方便的文献提供服务及广泛的用户培训,以及面向成员馆的多种服务。以上几个具体建设任务如期圆满完成,形成了较为完整的CALIS文献信息资源服务网络,建成了文献保障体系的基本框架,为全面开展资源共享和文献信息服务提供了先进的应用平台、服务环境与手段,为我国开展大范围、大规模信息资源共建共享提供了示范,极大地推动了我国信息资源共建共享事业的发展,为21世纪中国高等教育事业的腾飞提供了物质基础。

"文献信息资源及数字化建设"分为引进数据库和自建数据库两部分,即有选择地引进一批外文文献数据库,建设1个以"211工程"立项高校为主体的高校书刊联合目录数据库、中文现刊目次和学位论文、会议论文文摘数据库,自建一批有中国高校特色的重点学科专题数据库和重点学科网络资源导航数据库。文献信息资源及数字化建设是CALIS实现其文献保障功能的基础。CALIS的联合目录建设成绩突出，成员馆超过130个，数据增加及时迅速，发挥了很好的效益。CALIS组织集团引进国外数据库，参加学校达124所，共购买了694个库次，引进的二次文献数据库基本覆盖了所有学科，全文数据库极大地丰富了高校期刊资源，改善了教学科研的文献信息环境。CALIS自建数据库全面整合了现有的文献资源，为资源共享创造了条件。

表7-31是CALIS各子项目计划目标和完成情况。从中可以看到CALIS文献信息资源及数字化的建设任务全面超额完成。

"九五"期间是中国高等教育文献保障系统基础建设的初期，CALIS通过文献信息服务网络和文献信息资源及数字化建设，全面实现了系统的公共检索、馆际互借、文献传递、协调采购、联机合作编目、电子资源导航等功能，奠定其为中国高等教育的一个重要公共服务体系的地位。在这一时期，它不仅确立了我国高等教育文献信息的共享服务模式，初步建成中国高等教育文献保障体系的基本框架，宣传和培养新的文献信息服务意识，还为文献保障体系"十五"建设打下坚实的基础。

7月18日，中国高等教育文献保障系统在京顺利通过了国家验收。验收专家组一致认为，CALIS的建设已经全面完成了预定的任务，并且有所突破、有所创新。同时指出，CALIS尚需进一步完善和发展。建议国家在"211工程"二期建设中继续予以支持并加大投资力度，以发挥更大的社会效益和经济效益。

由于时间和经费投入的限制，CALIS在"九五"期间只是完成了文献保障体系的基本框架，随着高等教育事业的改革和发展，出现了新的需求，迫切要求把CALIS在"十五"期间建成中国高等教育数字图书馆，以发挥更大的社会效益和经济效益，为中国的高等教育走向现代化、走向世界、走向未来服务。

2001年底，CALIS管理中心成立了新一届的专家委员会，组织图书情报界和计算机科学界的专家，共同研究拟订了"十五"期间的建设方案。明确了CALIS"十五"期间的总体建设目标是：完善和利用CALIS"九五"期间已建立的文献信息保障体系，加大数字资源建设力度，建设一批面向高等教育的特色数字资源，建成若干具有先进应用技术水平的数字图书馆基地，到2005年初步建成中国高等教育数字图书馆。为100所"211工程"高校的科学研究和重点学科建设服务，为400所有研究生培养任务高校的高水平人才培养工作服务，为1000所全国普通高校的本科生教学服务。CALIS二期发展规划与评估、CALIS二期共享体系与资源发展建设思路、CALIS二期建设的技术路线等方面的想法已经初步落实。

教育部、北京大学各级领导对CALIS项目给予极大的重视和关注，2001年先后莅临CALIS管理中心听取工作报告，肯定了CALIS项目的建设成果，指出存在的不足，并就二期的建设规划给出了具体的指导性意见。

2001年CALIS与国际著名的美国联机计算机图书馆中心（OCLC）、日本文部省全国信息研究所（NII）等签订了有偿或免费交换数据的协议。在数字图书馆及相关技术领域建立了与美国哈佛大学图书馆、美国伯克利加州大学以及韩国TG InfoNet公司（韩国最大的图书馆系统开发商）的研究与技术合作。CALIS管理中心、OCLC研究院和北京大学图书馆联合举办了"变革中的图书馆暨CALIS二期数字图书馆建设"高级研讨班，100所大学图书馆的馆长、副馆长、图书馆高级管理人员参加了此次会议。截至2001年7月，CALIS各中心为CALIS建设相继选派了248人次赴海外从事学术交流和项目合作，并接待海外来访的合作交流者366人次。这些活动促进了国内外文化交流，扩大了CALIS的影响，也使CALIS及时掌握国外的最新动态，为下一步建设做好了思想和技术上的准备。

【离退休职工工作】 北大图书馆非常重视离退休职工工作，关心他们的生活，加强与他们的沟通交流。1月11日，一年一度的离退休职工座谈会在图书馆多功能厅举行，出席座谈会的离退休职工有的已经年逾九旬。座谈会上，图书馆为老职工播放了收集起来的反映

表7-31 CALIS子项目计划目标和完成情况

子项目名称	建设目标	完成情况
中外文书刊联合目录	书目记录90万条，馆藏记录220万条	书目115万条，馆藏260万条
高校现期期刊目次	70万条	137万条
高校学位论文（文摘）数据库	6万条	7万条
重点学科专题数据库	45万条	280万条
重点学科网络资源导航数据库	——	与390个重点学科相关的6万个网站
引进数据库	Ei Village, OCLC FirstSearch, Uncover, DIALOG, UMI等8个数据库	总共引进了包括计划目标在内的24个数据库

离退休职工当年工作学习情况的老照片,并向每位老职工赠送老照片刻录光盘一张,老同志们对这个小礼物非常赞赏。座谈会结束后,老职工在图书馆一楼大厅合影留念。

从1999年起,图书馆每年组织离退休老职工春游一次,先后参观游览了红螺寺、北京植物园和锦绣大地等处,老职工们对图书馆领导和职工的关心非常满意。

【工会工作】 多年来,北大图书馆工会工作一直走在全校先进行列,2001年北大图书馆工会又荣获三项殊荣:中华全国总工会命名的"模范职工之家"称号(全校惟一,北京市高校仅2个)、北京市教育工会命名的"先进工会集体"称号(全校2个)和北京大学工会授予的"工会工作先进集体一等奖"。

1月,在馆领导的提议下,图书馆工会经过精心组织、准备,在图书馆展览厅展出"北大图书馆生活、家庭摄影展",展览布置精心巧妙,内容丰富多彩,集中展示了图书馆职工五彩缤纷的业余活动和幸福美满的家庭生活,体现了北大图书馆人对生活的热爱、对美的追求,受到观众好评。

10月,在北京大学2001年"资源杯"田径运动会上,在医学部第一次加入比赛的情况下,图书馆工会积极组织,图书馆仍取得了团体总分第二名、精神文明评比第二名的好成绩。此外,图书馆工会还组织员工参加了校工会组织的其他活动,并且都取得了较好的成绩。

(图书馆)

医学图书馆

【概况】 2001年医学图书馆进行了新一轮的机构调整和全馆的岗位聘任。原有7个部室经过职能合并,重组为6个部室,即:采编部、图书流通部、期刊流通部、信息咨询部、自动化部和办公室等部门。

【文献采访】 2001年文献购置经费270万,其中购买中文图书952种,计2496册(另接受赠书600余种,1500余册);购买外文图书587种,计590册;订购中文报刊600余种,订购外文期刊579种,外国教材中心购买图书104册。订购数据库15种及多媒体教学光盘8种。

【书刊编目】 中文图书分编1147种,3196册;外文图书分编156种,202册;回溯建库17162条;新书上网推荐40册;接收纸本论文330册,电子版论文329份;学位论文分编1136册。

【数字图书馆建设】 2001年2月按计划完成了数字图书馆一期工程——多功能电子阅览室建设。目前电子阅览室有阅览机位111个,采用金盘多媒体阅览室管理软件实施自动化管理。2001年电子阅览室开放205天,共接待读者84895人次,共使用机时69664小时。为读者提供各种信息咨询服务达2万人次以上。为了更广泛、更便捷地为医学部医、教、研工作提供馆藏资源服务,医学图书馆与有关公司合作,将1997至2000年医学部研究生论文1065篇,中文样本书库生物医学类图书4000余册做成全文数据库,分别挂在图书馆和医学部局域网上提供检索。并将部分教学课件上网试运行。在鑫盘系统中创建新书推荐书目数据库已在互联网上发布。在医学部"985"项目的中期检查评估中多功能电子阅览室项目由于建设速度快,成效显著,得到了专家组的肯定。另外,进行了"985行动计划"数字图书馆建设二期工程——电子资源建设与利用的申报工作,在医学部正式立项,并得到项目经费130万元。该项经费主要用于增加资源服务器容量,引进先进的服务器整合管理软件,进行部分馆藏资源的数字化,自建专题数据库和重点学科导航库以及更新图书馆自动化管理软件等。

【读者服务】 自12月起,医学图书馆工作人员在人员缺编的情况下,再次延长了开馆时间,周一至周四早8点至晚9点全天候为读者服务,中间不闭馆。

为了方便读者了解和利用医学图书馆数据库,印制了图书馆15种主要医学数据库介绍,读者可根据需要自行选取。10月底在多功能电子阅览室增设了免费文献检索室,使师生能方便迅速地利用医学图书馆订购的所有数据库及Internet网上的免费数据库。

馆际互借文献传递是在文献经费不足情况下,满足读者需求的重要而有效的服务工作。目前,医学图书馆已在国家科技图书文献中心开设了账户,可以方便地为馆内外读者查询和索取文献,省时、省力、省钱,弥补医学图书馆文献资源的不足;医学图书馆在面向全社会开展信息服务方面也有较大进展。全年累计为外单位提供文献3100篇。

2001年共对校内外单位的75项科研项目提供了查新咨询服务,为科研项目立项和成果申报做出了较大贡献。

【CALIS项目】 2001年全国医学文献信息中心作为中国高等教育文献保障系统的一部分接受并顺利通过了财政部、教育部对CALIS一期工程验收;本年内向CALIS研究生论文库提供数据357条,并获三等奖。截止到11月,向CALIS编目中心提交书刊原编数据1304条;馆藏数据20388条;下载书刊编目数据1179条。

【资源共享】 医学部本部图书馆与附属医院图书馆及北京大学图书馆间的资源共享工作取得了突破性的成果。

经与北大及各附属医院馆讨

论,报请医学部领导批准,投资人民币 20 余万元,共用北京大学图书馆正在使用的美国 Sirsi 公司的 Unicorn 集成化管理软件,并开始了有关的准备工作。

经与北大图书馆商议,达成共识,今后北大图书馆新订购数据库均包含医学部全部 IP 地址,原订数据库中如医学部需要使用,在医学部给予供应商一定补偿后获得使用权。在此约定下已使医学部新增了 Academic Press、Kluwer 公司出版的期刊全文数据库和 ISI 公司的 SCI《科学引文索引》等数据库。

为教职员工及学生办理北大图书馆借书证 3114 个。

【教学与培训】 2001 年医学图书馆为医学部各类学生(含夜大及专升本学生)550 余人讲授医学文献课累计 200 多个课时。为中央电大卫生事业管理专业编写了教材《文献检索》,以及为网络学院医学专业编写教材《医学信息检索与利用》。

医学图书馆是 CALIS 全国医学文献信息中心,担负着医学图书情报工作人员的培训责任。2001 年举办了"中外文书刊及非书资料 MARC 格式培训班"、"Internet 生物医学信息检索与利用"、"医学主题标引学习班"等。全国图书、情报界工作人员近 150 人次接受了培训,收到了良好的社会效益。

为使用全校师生能够更好地了解和利用图书馆电子资源以及 Internet 上的免费资源,医学图书馆信息咨询部 2001 年共举办了 6 期用户信息教育培训班;从 12 月份开始分 6 个专题举办免费电子资源系列讲座。每周一次,每次 2 小时。到 2001 年底,听课人数已达 250 人次。

【继续教育】 通过馆长办公会议研究立项,加强了对馆员继续教育的组织领导。采取多种途径开展此项工作。如:参加校内外的继续教育活动;参加本馆举办的学术讲座及专业培训班;选送技术骨干参加社会上举办的专项培训;组织大家撰写论文并进行馆及部室论文交流;参加图书情报系统学术会议等。使全馆职工均完成了医学部规定的学分要求。

【书刊剔旧】 由于医学图书馆书架容量近于饱和,影响了馆藏的继续发展,且有不少书刊出版时间较早,读者很少问津。为了充分开发利用馆藏书刊资源,优化书刊收藏结构,提高书刊的活力,2001 年圆满地完成了中文期刊的剔旧工作,完成了西文图书二期的剔旧任务。共剔除中文期刊 873 种、7502 册;外文图书 5850 种、10476 册。剔下的书除充实各学院图书馆及资料室外,将 7333 册西文图书支援了山西省大同医学专科学校,收到极好的社会效益。

(多苏敏、宋洁)

北京大学出版社

【发展概况】 2001 年,北京大学出版社进一步落实"教材优先、学术为本,创建一流"的战略,出书种次增加,出书质量提高,社会效益和经济效益十分明显。各项经济指标继续较大幅度增长,全年出版图书 1908 种次,增长 16%;重印图书 1077 种次,增长 7%;总字数 7.88 亿,增长 20%;总印数 1296 万册,增长 11%;总印张 19.78 万令,增长 18%;印刷总码洋 30575 万元,增长 32%;总发货码洋 2.15 亿元,增长 19%。

2001 年内,陆续出版了《十三经注疏》繁体字整理本、《潘光旦文集》等一批精品图书,出版物质量稳步提高。在第五届国家图书奖评奖中,《十三经注疏》整理本荣获国家图书奖提名奖和全国古籍整理一等奖。《北京大学物理学丛书》等一批优秀图书获得北京市教育教学成果奖等省部级奖励。为加强图书印前的质量检查,出版社正式成立了图书质量检查中心,使各类图书的质量有了一定的提高,编校差错明显减少。

图书系列化和规模化进展较大,品种结构出现相对集中的趋势。理科、文史哲、政经法、语言、技术等五大编辑部落实教材优先、学术为本的发展战略,明确本部门的定位,下大气力开发教材选题,注重抓好图书的系列化,大批系列化图书和套书相继问世,创造了上规模见效益的好成绩。引进外版图书特别是教材的规模加大,引进图书 192 种,比上年增长 60%。政经法类和计算机类图书在出书总品种和印制总码洋等方面所占比重上升。计算机类图书的印制码洋达 9700 余万元,政经法类图书印制码洋达 8400 余万元,占到全社全年出书总码洋的 59%。据有关图书市场调查的不完全统计,在全国图书市场同类书销售排行榜上北大版法律类图书和计算机类图书居第 6 位,经济学类图书居第 7 位。北大出版社出书结构发生了一定的变化,开始突破图书品种过于平均和过于分散的现象,出版社的组织结构调整和利用社会资源和社外编辑力量工作取得初步成果。

2001 年,出版社进行了储运结构调整,顺利完成了图书储运工作转移,实现了自租库房,自办储运,实行计算机全程管理和运作。

出版社内控成本、外拓市场的工作也取得了新的进展。通过加强用纸等材料管理、对个人通信费用实行限额管理、严格因公外出的差旅费用支出和其他办公性支出有关规定,使生产成本明显下降,节省了内部管理经费开支。同时,更加积极地外拓市场。发行部、市场部和编辑部联合,首次在 20 多个省市、自治区开展大型教材信息交流等营销活动,收到较好效果。

【大型巡回教材信息交流会】 发行部、市场部和各编辑部联合,2001年3月至4月,在20多个省、市、自治区组织了大型巡回教材信息交流会等图书营销活动,邀请各地高校的院系教学负责人、骨干教师和教材科负责人,就北大版教材进行面对面的信息交流。活动体现了北大出版社在教材出版方面的整体实力,展示了北大出版的教材出版成果,对于扩大北大版教材以及其他图书的市场范围和影响,起了很大作用。活动中各地高校的专家学者们对北大版的教材还提出了许多建设性意见。出版社通过这些活动,了解到高考教学改革和实行扩招后在专业设置和办学形式、办学层次等方面出现的新情况,挖掘到一些出版资源和选题信息,初步建立了各地方高校的学者信息数据库,为进一步加强教材建设找到了新的发展方向和增长点。

【获奖情况】 2001年,北大出版社共获各类图书奖励23项。其中,《十三经注疏》整理本获第五届国家图书奖提名奖和第三届全国古籍整理图书一等奖;《北京大学物理学丛书》获国家级教学成果奖二等奖和北京市教育教学成果奖(高等教育)一等奖;《经济法概论》(第四版)、《历史唯物主义教程》、《文科类高等数学》、《高等经济地理学》、《缅甸语概论》获北京市教育教学成果奖(高等教育)二等奖;《现代半导体物理》获第十届全国优秀科技图书三等奖;《信息化校园》获全国科普读物三等奖;《笑话的喜剧艺术》获首届中国民间文艺山花奖·学术著作奖特别奖;《十年一个亿》、《全国初中数学竞赛辅导(2)》、《电脑学校:互联网篇》、《电脑学校:入门篇》获全国优秀畅销书奖。

【《十三经注疏》繁体整理本出版】 《十三经注疏》416卷,系儒家的十三部经典和汉至宋代经学家对经的注疏的汇编。它是中国传统文化中最重要的典籍,对中华民族传统文化产生过巨大的影响。

十三经的经文有过多种整理本,但其注疏部分却从未进行过系统全面的整理。此次出版的全新整理本《十三经注疏》由著名学者李学勤主编,在清阮元校刻本的基础上进行了整理。整理工作包括三方面:(1)校勘和吸收研究成果。校勘时,全面吸收阮元《十三经注疏校勘记》和孙诒让《十三经注疏校记》的成果,对阮元《校勘记》中已有明确是非判断者,据之对底本正文进行改正;对无明确是非判断者,出校记两存。孙诒让《十三经注疏校记》系专门针对阮元《十三经注疏校勘记》而作的一种补充和再校勘。对孙著中有明确是非判断者,据之对底本正文进行改正,或对阮校进行纠谬;对无明确是非判断者,出校记两存。在尽量保存底本原貌的基础上,择善而成,并力求全面反映各种版本的差异。对底本与各校本有歧异,但文意两通的,只出校记说明;对于因文字出入而可能导致所证明事实完全不相符合或性质形成较大差异的,原则上略作考证以决定取舍。此外还系统地参校并吸收了清人有关《十三经注疏》一些代表作的成果,有李道平《周易集解纂疏》、孙星衍《尚书今古文注疏》、王先谦《诗三家义集疏》、马瑞辰《毛诗传笺通释》、孙诒让《周礼正义》、胡培翚《仪礼正义》、朱彬《礼记训纂》、洪亮吉《春秋左传诂》、陈立《公羊义疏》、钟文烝《穀梁补注》、刘宝楠《论语正义》、皮锡瑞《孝经郑注疏》、焦循《孟子正义》、郑懿行《尔雅义疏》。对近现代学术界有关十三经及其注疏的校勘、辨证、考异、正误等方面的成果也择要吸取。(2)根据现行新的标点符号用法,并依据古籍整理标点的通例,对全书进行统一规范的标点。(3)对全书文字,特别是其中的异体字以及可能导致歧异和引起混淆的文字,参照有关的规定和通例,进行仔细的甄别和严格的处理。

十三经的价值和影响巨大,涉及内容极为广泛,整理工作难度非常大。此次全新整理本的出版填补了学术界的一项空白,对于中国传统文化的研究将极有裨益。繁体整理本约1200万字。

【《潘光旦文集》出齐】 《潘光旦文集》是我国老一代社会学宗师潘光旦先生留给后人的宝贵精神财富。文集内容广泛,涉及进化、遗传、人才、教育、婚姻、家庭、民族、宗教、历史、哲学等各领域,尤其对家谱学、优生学有精湛研究,对儒家哲学有深入阐释,教育思想上有独到见解,博古通今,融会中西、打通自然科学与人文科学,博大精深,广博而宗旨专一,时时处处萦怀着中华民族的未来和人类的健康发展,并由此提出了著名的"位育"理论。费孝通教授曾精辟地指出:"先生关切的是人类的前途,提出了优生强种的目标和手段。达尔文只阐明了'人类的由来',而潘光旦先生则百尺竿头更进一步,着眼于'人类的演进'。他发挥了中国儒家的基本精神,利用现代科学知识改进遗传倾向和教育去培养日臻完善的人的身心素质。因之,先生所提倡的优生学和社会学是一门包罗众多百科知识,融会贯通而成的综合性、完整性、实用性的通才之学,开辟了新人文史观的端倪。"潘光旦先生所译世界名著亦显示了作者深厚的国学功底和西学修养,信、达、雅统一的译文,博学多识的译注,在学界广为称颂,被收入《汉译世界名著》之列。

《潘光旦文集》的编纂,从搜集

遗稿到全部出版度过了23个寒暑。经过艰苦的努力,潘光旦先生的主要著作均已查到并编入文集。《潘光旦文集》共14卷,842.8万字,在保持著作原貌的前提下,作了审慎订正,精编精校,给读者提供了研究潘光旦学术成果的最系统、最完善的文本。

（刘乐坚）

2001年北大出版社新书目录

书 名	作 者
"1+1＞2"外语学习模式	高一虹
2001年高职招生考试模拟试卷·数学	侯明华
2001年高职招生考试模拟试卷·英语	王爱东,申嘉等编
2001年高职招生考试全真模拟试卷·语文	许丹,张德实
2001年全国律师资格模拟仿真试卷	律师考试研究组
2001年研究生入学考试英汉翻译与英语写作	索玉柱
2001年研究生入学考试英语阅读	李杏红
2001年注册会计师资格考试全真模拟试题·财务成本管理	本书编委会
2001年注册会计师资格考试全真模拟试题·会计	本书编委会
2001年注册会计师资格考试全真模拟试题·经济法学	本书编委会
2001年注册会计师资格考试全真模拟试题·审计卷	本书编委会
2001年注册会计师资格考试全真模拟试题·税法	本书编委会
2002年MBA入学考试英语应试指导与模拟试题	王关富
2002年法律硕士入学考试法规资料汇编	本书编写组
2002年法律硕士入学考试综合考试模拟试卷	李立
2002年研究生入学考试英语听力	黎原
20世纪美国重要历史文献导读	王波
20世纪末中国文学作品选·散文卷	曹文轩
20世纪末中国文学作品选·诗歌卷	曹文轩
20世纪末中国文学作品选·小说卷(上下)	曹文轩
21世纪的心理科学与脑科学	[美]罗伯特.L.索
21世纪智能商务解决方案·电子商务	[美]Microsoft公司
21世纪智能商务解决方案·建立网络办公室	[美]Microsoft公司
21世纪智能商务解决方案·直销与客户管理	[美]Microsoft公司
3D Studio MAX R3效果与实例	朱晓彬
Access 2000中文版学习教程	费凯涛
Alias DesignStudio工业设计	阎婴红
ArcView地理信息系统实用教程	秦其明
ASP编程高手	博彦公司
Authorware 5·0及Director 8精解与练习	李浩
AutoCAD 2000精解与练习	王铁军
AutoCAD机械设计数码工程师	博彦公司
AutoCAD建筑设计数码工程师	博彦公司
AutoCAD快速入门数码工程师	博彦公司
AutoCAD综合提高数码工程师	博彦公司
Botc电子商务开发(影印)	[美]Microsoft公司
BtoB电子商务开发(影印)	[美]Microsoft公司
C#技术内幕(影印版)	[美]Microsoft公司
C++ Builder 5学习教程	孙志强
CALIS联机合作编目手册(上下)	谢琴芳
CD-ROM与DVD疑难解答	洪锦魁
CD-RW刻录工厂	数位文化
Cimatron范例入门·实体篇	周成文
Cimatron范例入门·曲面篇	周文成
CirwitMake 6.x电子电路仿真	吴明皇
COM+技术与解决方案设计(影印版)	[美]Microsoft公司
CoreLDRAW 9快速充电	[美]Phyllis Davis
Director 8学习教程	陈立群
Director 8自学捷径	阎立
Diroeeor 7-8快速充电	[美]Andra Persidsku
Dreamweaver快速充电	[美]J. Tarin Tower
Exchange 2000企业知识管理应用	许进标
Flash 5初级历险	春水堂、蔡士源
Flash 5进击大冒险	小正正
Flash 5网页影像与动画设计师	数位文化
FreeHand 9及CorelDRAW 9精解与练习	师东生
Front Page 2000网页设计入门设计入门与提高	顾云飞
FTP总司令	宏博公司
Go! Go! Dreamweaver 4标准教材	陈达
Go! Go! Flash 5彻底攻略	钟正雄、叶宏裕
Go! Go! Flash 5范例集	钟正雄、叶宏裕
HTML 4快速充电	[美]Elizabeth Castro
IIS5.0中文版网站规划与架设实务	资讯教育
Illustrator中文版快速充电	[美]Elaine Weinmann
Internet 4合1简易通	方磊
Internet Explorer 5.5与Outlook 2000应用指南	李隶
IT网络英语手册(中关村时尚英语系列1)	程闪峰
iWPS.net学习教程	韩永林、周盛强
Java编程高手	博彦公司
Java快速充电	[美]Dori Smith
Java Applet程序设计	维兴资讯
LINGO 4.0 for Windows最优化软件及其应用	洪文、吴本忠
Mastercam 8入门与范例应用	周斌
Mastercam 8实体模块应用入门	周文成
Mastercam 8整合应用Solid Edge篇	周文成
Maya 3.0学习教程	李锐
Media Studio pro 6使用宝典	宏博公司
MESE Windows 2000 Professional试题精解	萧殿、仇伟红、马娟

书 名	作 者
MESE Windows 2000 Server 试题精解	萧殷、仇伟红、马娟
Microsoft Access 2002 标准教程	[美]Microsoft 公司
Microsoft Excel 2002 标准教程	[美]Microsoft 公司
Microsoft Front Page 2002 标准教程	[美]Microsoft 公司
Microsoft Office XP 标准教程	[美]Microsoft 公司
Microsoft Outlook 2002 标准教程	[美]Microsoft 公司
Microsoft Powerpoint 2002 标准教程	[美]Microsoft 公司
Microsoft SQL Server 2000 程序设计教程	[美]Microsoft 公司
Microsoft SQL Server 2000 系统管理(影印版)	[美]Microsoft 公司
Microsoft SQL Server 2000 与 XML 程序设计	[美]Microsoft 公司
Microsoft Visio 2002 标准教程	[美]Microsoft 公司
Microsoft Windows 2000 目录服务架构模拟试题	[美]Jill Spealman
Microsoft Windows Me 循序渐进	[美]Microsoft 公司
Microsoft Windows NT Server 4.0 终端服务器技术 参考	[美]Microsoft 公司
Microsoft Windows 用户界面开发	[美]Microsoft 公司
Microsoft Word 2002 标准教程	[美]Microsoft 公司
MP3 音乐网	数位文化
MS Application 2000 资源大全	[美]Microsoft 公司
MS Commerce Server 2000 资源大全(影印)	[美]Microsoft 公司
MS Exchange 2000 Server 4.0 资源大全(影印)	[美]Microsoft 公司
MS Exchange 2000 Server 管理员指南(影印)	[美]Microsoft 公司
MS Exchange 2000 Server 实现与管理(影印)	[美]Microsoft 公司
Ms Exchange 2000 Server 与 Web 应用程序设计(影印)	[美]Microsoft 公司
MS Host Integgration Server 2000 资源大全(影印)	[美]Microsoft 公司
Ms ISA Server 2000 (影印版)	[美]Microsoft 公司
MS Outlook 与 MS Exchange 整合开发(第二版)(影印)	[美]Microsoft 公司
MS Outlook 与 MS Exchange 整合开发	[美]Microsoft 公司
MS Small Business Server 2000 资源大全(影印)	[美]Microsoft 公司
MS SNA Server 4.0 资源大全(影印)	[美]Microsoft 公司
MS SQL 2000 管理员指南(影印)	[美]Microsoft 公司
MS SQL Server 2000 技术内幕(影印)	[美]Kalen Delaney
Ms SQL Server 2000 数据库设计与实现(影印)	[美]Microsoft 公司
MS Systems Management Server 2.0 管理员指南(影印)	

书 名	作 者
	[美]Microsoft 公司
MS Visio 2000 企业应用实务手册	赵培隶
Ms Windows 2000 Advanced Server 群集服务(影印版)	
	[美]Microsoft 公司
MS Windows 2000 Directory Services 基础结构设计	
	[美]Microsoft 公司
Ms Windows 2000 Directory Services 基础结构设计模型	
	[美]MeasureUP 公司
MS Windows 2000 Professional 模拟试题	
	[美]Ethan Wilansky
Ms Windows 2000 Server 管理员指南(影印版)	
	[美]Charlie Russel
MS Windows 2000 Server 模拟试题	[美]Rodert Sheldo
MS Windows 2000 技术内幕(影印)(第三版)	
	[美]David A. Solom
MS Windows 2000 快速升级(影印)	[美]Microsoft 公司
Ms Windows 2000 网络安全设计(影印版)	
	[美]Microsoft 公司
Ms windows 2000 网络基础结构管理模拟试题	
	[美]Dave Perkovich
Ms Windows 2000 网络基础结构设计(影印版)	
	[美]Microsoft 公司
Ms Windows 2000 性能调试技术手册(影印版)	
	[美]Microsoft 公司
Ms Windows Me DIY 一族	[美] Bjoern-Erik
Office VBA 编程高手	博彦公司
Office XP Developer 开发指南	[美]Microsoft 公司
Oracle 8i for NT DBA 培养手册	林存德
PhotoDraw 2000 精解与练习	陈存峰
Photoshop 5.6—6.0 精解与练习	陈存峰
Photoshop 6 Action 网页动画篇	慧通资讯
Photoshop 6 绘画平面设计篇	慧通资讯
Photoshop、FreeHand 5.6—6.0 及 PageMaker 效果与实例	
	张志勇
Poser 4 自学捷径	黄河
Pro/ENGINEER 2000 1~2 范例教程	林清安
Pro/ENGINEER 2000 1~2 零件设计实务	林清安
Pro/ENGINEER 2000i 零件组合	林清安
Pro/ENGINEER2000i 零件设计·高级篇(上)	林清安
Pro/ENGINEER2000i 零件设计·高级篇(下)	林清安
Pro/ENGINEER 2000i2 模具设计	林清安
Pro/ENGINEER 2000i2 实用教程	David S. Kelley
Project 2000 中文版项目管理实务	郑乔予
ProntPage 2000 精解与练习	王治国、司健
Protel PCB 99 电路设计快易通	白努雰
SolidWorks 2000 中文版高级零件篇	全宏工作室
SolidWorks 2000 中文版实作范例	谢忠佑
SolidWorks 2000 中文版使用入门	全宏工作室
SolidWorks 2000 中文版无障碍使用入门	唐家麟
Solidworks 2000 中文版与 SURCAM 组合制造	宏博公司

书名	作者
SQL Server 2000 体系结构和对 XML/Interner 的支持（影印）	[美]David Lseming
SQL Server 2000 学习教程	蔡尚军
SQL Server 2000 与 PHP 编程技术	符方梅
SQL Server 2000 中文版建置与管理手册	陈俊源
SQL Server 2000 与 ASP Web 数据库编程技术	阎华文
SQL Server 2000 分析服务	[美]Microsoft 公司
T-SQL 存储程序与表（影印）	[美]David Isemin
T-SQL 语言参考手册（影印）	[美]David Isemin
UML 软件建模	周秉锋
Unigraphics 三轴铣床加工模组	洪志贤
Unigraphics 实作范例	张柏欣
Unigraphics CAD 高级篇	郭建亨
Unigraphics CAD 基础篇	林政忠
UNIX 学习教程	王峰
Visio 5－2000 学习教程	薛建林
Visual Basic 程序设计	魏应彬
Visual Basic 编程高手	博彦公司
Visual Basic 神童	袁亚玎
Visual Basic .NET 学习教程	康晓明
Visual C++编程高手	博彦
Visual C++.NET 学习教程	冯永
Windows 2000 安全技术手册（影印版）	[美]Microsoft 公司
Windows 2000 Server 企业网络架设实战手册	数位文化
Windows 2000 Server 系统整合应用	周顺发
Windows Commander 文件管理专家	张赞祥
Windows Me 调校手册	王世智
Windows Me 神童	王冰
Windows Me 使用故障排除	数位文化
Windows 编程（第 5 版）（影印）	[美]Charles Petzo
Windows 用户经验（User Experience）	（美）Microsoft 公司
Word 2000 与 Excel 2000 应用指南	阎修彦
XML 核心技术与实例（影印）	[美]Michael J. You
XML 解决方案（影印）	[美]Jake Sturm
XML,BizTalk Server 与 B2B 电子商务开发（影印版）	[美]Brian E. Travis
保险法同步练习册	王永,孙建勇等
保险法自学辅导	覃有土
报酬递增的源泉	[美]西奥多·W. 舒尔茨
北大讲座（第一辑）	《北大讲座》编委会
北大考典·化学	江家发
北大考典·数学	源流
北大考典·物理	胡开文
北大考典·英语	胡祖明
北大考典·语文	李贲禧
北大史学(8)	北京大学历史系
北京：城与人	赵园
北京大学出版社图书简介(2000)	总编室
北京大学法学百科全书.民事、刑事、行政诉讼、司法鉴定	刘家兴

书名	作者
北京大学法学百科全书.法史卷	饶鑫贤
北京大学年鉴（2000）	北京大学年鉴编委会
北京大学史料（第二卷）	王学珍、郭建荣
北京大学史料（第三卷）	王学珍、郭建荣
北京大学史料（第四卷）	王学珍、郭建荣
北京大学校园文化	关成华
北京话词语（增订本）	傅民
北京郊区村落发展史	尹钧科
北京市基本医疗保险就医指南	校医院
比较文学形象学	孟华
波你尼语法入门	段晴
财富置业英语手册（中关村时尚英语系列.2)	侯玉清
财务报表分析	[美]伯恩斯坦
财务报表分析考试指导与模拟试卷	本书编写组
财务成本管理	田明
财务成本管理同步练习模拟试卷	考试命题组
财务公司	杜胜利
财务管理同步练习与模拟试卷	会计职称考试组
财务管理学＞考试指导与模拟试卷	本书编委会
操作系统原理	陈向群
测试流程管理	(美)Microsoft 公司
常用工具软件的使用	康耀红、黄健青
常用中日汉字词语对照词典	江丽临
超常儿童成长摇篮	刘运秀
创新的空间:企业集群与区域发展	王缉慈
创新与挑战:世界名校鉴	郝平
从微软案看反垄断法（英语活页文选.国际经济专辑）	本书编写组
打印机疑难解答	洪锦魁
大学体育与健康教程	杨洪银
大学物理通用教程.力学	钟锡华
大学英语多功能词典	范佳程
大学英语难点突破	叶永昌
大学英语四级统考应试指南与模拟试题	郭社
大学英语作文应试手册	张震久
大学语文（本科）自学考试指导与模拟试题	李佐丰
大学语文精讲	缪葵慈、周晓林等
大众传媒与政治	刘华蓉
弹性力学引论（修订版）	武可可
当代国际商务英语教程	丁文京
当代基础英语教程（下）	徐斌
当代西方宗教哲学	赵敦华
当代中国的犯罪与治理	赵国玲
德语报刊阅读	桂乾元
地理和贸易	张兆杰
地貌学原理	杨景方
第二届东亚四国大学校长论坛文集	编委会
第九届国际北京仪器分析会展文集(2001)	中科院
电脑绘画小院士	安桉
电脑设计魔法书.多媒体课件制造篇	刘旭、张哲、单征

书 名	作 者	书 名	作 者
电脑设计魔法书.多媒体网站建设篇	于鹏、张洁彬	法语学习背景知识	丛莉
电脑设计魔法书.三维工业造型篇	宋有礼、费大鹏	房地产法	程信和
电脑设计魔法书.三维空间效果篇	陈欣、许秋宁	分析化学	李克安
电脑设计魔法书.商业多媒体开发篇	孙霆、邹晓慧、冯贝	疯狂电脑	中国新漫画网站
电脑设计魔法书.数字平面艺术篇	周可敬、边洪录	疯狂聊天	中国新漫画网站
电脑设计魔法书.影视片头特效篇	孙鹏、李威	疯狂闪客	中国新漫画网站
电脑学校4:入门篇	博彦公司	疯狂游戏	中国新漫画网站
电脑学校4:办公应用篇	博彦公司	否定性思维:马尔库什思想研究	程巍
电脑医生之一:Office疑难解答	王金义	福尔摩斯与贝克街13桩疑案	[英]瓦尔·安德鲁
电脑医生之二:Photoshop、CorelDRAW与FreeHand三合一疑难解答	高晓军	福尔摩斯与电话谋杀案	[英]约翰·豪尔
		福尔摩斯与恐怖的马戏团	[英]瓦尔·安德鲁
电脑医生之三:3D Studia MAX疑难解答	黎君雪	福尔摩斯与林阴大道谋杀案	[英]约翰·豪尔
电脑医生之四:AutoCAD疑难解答	朱凯	福尔摩斯与死亡剧场	[英]瓦尔·安德鲁
电脑医生之五:Linux疑难解答	秦如霞	福尔摩斯与泰坦尼克号悲剧	[英]威廉·塞尔
电脑医生之六:Windows与internet疑难解答	高忠涛	复杂思想:自觉的科学	[法]埃德加·莫兰
电脑医生之七:Flash、Fireworks与Dreamwever UltraDev三合一疑难问答	喻湘宁	复制与自然语言查询(影印)	[美]Microsoft公司
		改革和革命:俄国现代化研究(1861—1917)	刘祖熙
电脑医生之八:Authorwre与Director疑难解答	甘桓	概率统计(高职、高专类)	高旅端
电脑医生之十一:电脑组装与维修疑难问答	郭笑鲲	概率统计讲义	姚孟臣
电脑硬件与操作小院士	刘佳	概率统计学习辅导(高职、高专类)	高旅端
电子表格Excel小院士	常鹏飞	高等教育自学考试导航	漆权
电子商务:商务最前沿	[印度]Kamlesh	高等数学(工学类)(2002年研究生入学考试指导)	徐兵
电子商务概论	张进	高等数学(上)(全国高职、高专高等数学教材)	刘书田
电子商务基础与应用	赵燕平	高等数学(下)(全国高职、高专高等数学教材)	刘书田
调制解调器疑难解答	洪锦魁	高等数学学习辅导(上)(全国高职、高专高等数学教材)	刘书田
东方文学史	郁龙余		
东亚地区的次区域经济合作	丁斗	高等数学学习辅导(下)(全国高职、高专高等数学教材)	刘书田
动态网页与Web数据库	魏应彬		
洞悉XML	硕网咨讯	高等无机结构化学	麦松威
都市情景英语	封一函	高级语言程序设计复习与应试指导	孙家骕
敦煌交响	陈雅丹	高考作文:从基础等级到发展等级(特级教师高考作文指导)	程汉杰
敦煌吐鲁番研究(第五卷)	季羡林		
敦煌学十八讲	荣新江	高中数学万题选(新编精解本)·代数(二)	王人伟主编
多媒体操作与演示PowerPoint小院士	安娜	高中数学万题选(新编精解本)·立体几何	邓均
多维视界:传播与文化研究	深圳大学	高中数学万题选(新编精解本)·解析几何	王人伟
儿童创意画教程	陈铁桥	高中数学万题选(新编精解本)·代数(一)	董士奎
二级C语言	本书编委会	工程与科学中的计算力学	袁明武
二级FORTRAN语言	本书编委会	公司法自学考试指导与题解	顾功耘
二级FoxBASE+	本书编委会	《共产党宣言》与全球化	北大马克思主义文献中心
二级Pascal语言	本书编委会	共同基金:理论、运作、设计	王韬
二级QBASIC语言	本书编委会	古文观止译注(修订本)	阴法鲁
二十一世纪:跨文化对话与文化自觉(二)	马戎	股份经济论	曹凤岐
二十一世纪:文化自觉与跨文化对话	马戎	股票市场导论	路透社
发现中关村	王干	管理会计考试指导与模拟试卷	试卷编写组
发展地理学与经济理论	蔡英	管理信息系统	张金城
法国农村社会转型研究(19世纪至20世纪初)	许平著	光电功能超薄膜	黄春辉
法律监督论纲	汤唯	国际大学生程序设计竞赛辅导教程	郭嵩山
法律文书写作同步练习册	宁致远	国际法自学考试指导与题解	端木正
法律文书写作自学考试指导与题解	宁致远	国际关系史(现代卷)	方连庆
法学魅力	吴志攀	国际货币金融法	王贵国

书 名	作 者	书 名	作 者
国际金融卫士(英语活页文选·国际经济专辑)	本书编写组	交易所非互助化及其对自律的影响	于绪刚
国际经济组织法教程	郭瑜	教师心理学	[英]戴维·冯塔娜
《国际贸易实务》考试指导与模拟试卷	本书编写组	教育再思录	张南峭
国际明牌英语手册(中关村时尚英语系列·4)	周玲	金融法自学考试指导与题解	房绍坤
国际税法学	廖益新	金融改革路在何方:民营银行二百问	徐滇庆
国际私法自学考试指导与题解	李双元	《金融概论》考试指导与模拟试卷	本书编写组
国际投资法	王贵国	金融衍生工具导论	路透社
国家、公民与行政法:一个国家、社会的角度	董炯	京师大学堂档案选编	北大档案馆
国外人文社会科学核心期刊总览(2000年版)	戴龙基	经济法基础同步练习与模拟试卷	会计资格考试组
国学研究(第八卷)	袁行霈	经济法教程	王守渝
汉英会计教程	蒋彦振	经济法同步练习与模拟试卷	考试命题组
汉语精解	曹炜	经济法学自学考试指导与题解	杨紫烜
汉语语法化的历程	石毓智	经济法研究(第二卷)	杨紫烜
红楼梦:爱的寓言	[美]裔锦声	经济过热、经济恐慌及经济崩溃	[美]查理斯
后殖民批评	[英]莱·塞尔登	经济全球化与西部大开发	厉以宁
化学专业基础英语(1)	魏高原	经济学(上下)	[美]阿瑟·奥沙利
化学专业基础英语(2)	魏高原	经济学季刊(第一卷第一期)	林毅夫
汇率的不稳定性	张兆杰	经济学是什么	梁小民
会计	张志凤	经济与金融年刊(第一卷第二期)	编写组
会计法	刘燕	经济与金融年刊(第二卷第一期)	编写组
会计师职业道德与责任	王立彦	经济与金融年刊(第二卷第二期)	编写组
会计实务(二)同步练习与模拟试卷	会计职称考试组	经济责任审计	李凤鸣
会计实务(一)同步练习与模拟试卷	会计职称考试组	精彩 Access 2000 中文版	吴秉柔
会计实务同步练习与模拟试卷	会计职称考试组	精彩 AutoCAD 2000 中文版	吴目诚、吴秉柔
会计同步练习与模拟试卷	考试命题组	精彩 Excel 2000 中文版	吴目诚
机遇还是挑战:小议 WTO(英语活页文选·国际经济专辑)	本书编写组	精彩 PhotoImpact 6 中文版	吴目诚、邱淑如
		精解 Word 2000 VBA 与范例解析	王顺兴
基础物理教程·光学	王楚	精通 SOLIDCAM	周文成
基础物理教程·热学	王楚	开花或不开花的年代	谢冕
基础语言学教程	徐通锵	考试改革研究	杨学为
激励理论	[法]Jean. Jacques	考研大纲英语词汇用法详解(英汉双解)	毕金献
激励理论的应用	[法]Jean. Jacques	科学与艺术的交融	吴全德
即学即用法语 120 句	刘敏	刻录机疑难解答	洪锦魁
即学即用韩国语 120 句	金兰	快易通 Linux 网络程序设计	余承飞
即学即用英语 120 句	罗少茜	宽带娱乐 ADSL+Cable Modem	彼特工作室
计算机办公应用	魏应彬	拉丁美洲文学史	赵德明
计算机常用硬件及相应软件工具集锦	姜谷鹏	劳动法学(高等教育法学教材)	李景森、贾俊玲
计算机基础教程(下)	唐大仕	劳动价值理论研究	晏智杰
计算机图形图像处理	杜育宽、周又玲	离散数学复习与应试指导	屈婉玲
计算机网络基础与应用	魏应彬	理论创新与 21 世纪的中国	赵存生、赵可铭
计算机网络与通信(修订版)	隋红建	历史的星空	胡家峦
计算机应用基础	魏应彬	利科北大访谈录	利科
计算机应用基础教程	史秀璋	量子电动力学	杨建军
计算机专业英语教程	张政	量子力学导引	[德]顾莱纳
技术分析导论	路透编	量子力学新进展(第二辑)	曾谨言
季羡林与二十世纪中国学术	乐黛云	《聊斋志异》故事选译(德汉对照)第一辑	[清]蒲松龄
继续生存的机会	潘文石	留学美国天问	徐小平
加拿大的自然保护区管理	许学工	伦理学原理	王海明
简明世界近代史	潘润涵	马克思主义哲学纲要	杨河
简明中国文学史	孙静、周先慎	美国好莱坞与现代音乐(时尚文化丛书.1)	邵怀宇

书　名	作　者	书　名	作　者
美国百老汇与流行艺术(时尚文化丛书.2)	邵怀宇	日本国概况	姜春枝
美国时尚潮流与旅游(时尚文化丛书.3)	邵怀宇	日本企业档案	小林英夫
美国诉微软案	[美]乔尔·布林克利	日本文言文法	马斌
美国文化研究导论	齐小新	日语活页文选(1)	本书编委会
美国总统大选辩论精粹	李月菊	日语活页文选(2)	本书编委会
美式英语综合表达教程	韩金鹏	日语活页文选(3)	本书编委会
美学是什么	周宪	日语句法与篇章法	陈岩
美英报刊阅读教程（高级本）	端木义万	儒林外史词汇研究	遇笑容
美英报刊阅读教程（高级本）教师用书	端木义万	三维动画 3D Studio MAX 小院士	张深
蒙古民间文学的比较研究	陈岗龙	森林景观生态研究	郭晋平
面向 21 世纪北京高等职业教育发展战略研究	本书课题组	商品、能源和交通运输市场导论	R. 斯利密
民法学自学考试指导与题解	余能斌	商务专利战略（第 3 版）	李德山
民事诉讼法学教程	刘家兴	商战演兵	林天强
民事诉讼法学自学考试指导与题解	李春霖	上海摩登：一种新都市文化在中国(1930—1945)	李欧梵
民事诉讼原理	潘剑锋	社会民主主义的转型	[德]托玛斯·迈尔
模形式与迹公式	叶杨波	社会统计学(重排本)	卢淑华
内幕交易论	杨亮	神奇工具软件小院士	陈晨
纳米世界探秘	江林	神学旅行	[法]卡特琳·克莱芒
南京大学学生优秀英语作文选评	南大外语部	审计	范永亮
脑科学导论	孙久荣	审计技术方法	李凤鸣
农村社会学	韩明谟	审计同步练习与模拟试卷	考试命题组
农业产业化经营的组织方式和运行机制	牛若峰	生态生物化学	李绍文
女性学概论	魏国英	生物化学简明教程	[美]H. R. Mattews
潘光旦文集（1—14）(精)	潘光旦	师表风范	本书编委会
潘光旦文集(第六卷)	潘光旦	十年一个亿	谢百三
潘光旦文集(第七卷)	潘光旦	十三经注疏（繁体标点本）	李学勤等
潘光旦文集(第八卷)	潘光旦	石清云文集	石清云
潘光旦文集(第九卷)	潘光旦	时尚生活英语手册(中关村时尚英语系列·5)	罗少茜
潘光旦文集(第十卷)	潘光旦	时事政治考试指导与模拟试题	江长仁
潘光旦文集(第十一卷)	潘光旦	实变函数论	周民强
潘光旦文集(第十二卷)	潘乃穆	实践日本语丛书·1：拟声，拟态词（初、中级）	[日]山本弘子
潘光旦文集(第十三卷)	潘光旦	实践日本语丛书·2：拟声语、拟态词（高级）	[日]增田アヤ子
潘光旦文集(第十四卷)	潘光旦	实践日本语丛书·3：副词（初、中级）	[日]小山惠美子
票据法自学考试指导与题解	姜建初	实践日本语丛书·4：副词（高级）	[日]小山惠美子
平面与三维设计指南	刘焕生	实践日本语丛书·5：动词（初、中级）	[日]深谷久美子
破碎思想体系：英美文学与思想史论稿	陆建德	实践日本语丛书·6：动词（高级）	[日]深谷久美子
普遍语法原则与汉语语法现象	徐杰	实践日本语丛书·7：惯用语（初级版）	[日]田仲正江
普希金：俄罗斯精神文化的象征	查晓燕	实践日本语丛书·8：惯用句（高级）	[日]田仲正江
企业兵法教程	[美]潘维廉	实践日本语丛书·9：助词（初、中级）	[日]三吉礼子
清华大学学生优秀英语作文选评(1)	范红	实践日本语丛书·10：助词（高级）	[日]三吉礼子
趣味编程 Visual 小院士	王艳芙	实践日本语丛书·11：名词（初、中级）	[日]芦川明子
全球百强英语手册(中关村时尚英语系列·6)	欧阳玉清	实践日本语丛书·12：名词（高级）	[日]芦川明子
热大爆炸宇宙学	俞允强	实践日本语丛书·13：接续词（初、中、高级）	[日]木村克巳
人格与健康之迷	蒋方田	实践日本语丛书·14：助动词（初、中、高级）	[日]三吉礼子
人类生存发展与核科学	刘洪	实用法律英语手册(中关村时尚英语系列·3)	袁开宇
人类生物学	陈守良	实用公共关系学	肖辉、赵卫红
人力资源管理	王垒	实用统计方法与 SAS 系统	高惠璇
《人力资源管理》考试指导与模拟试卷	本书编委会	世纪阴影：经济危机(英语活页文选·国际经济专辑)	
人权与法制	罗玉中		本书编写组
日本的社会思潮与国民情绪	高增杰	世界统一货币的曙光：欧元寻梦(英语活页文选·国际经济专	

书 名	作 者	书 名	作 者
辑）	本书编写组	文史十五论	黄嫣梨
市场营销学	曹小春	文心雕龙研究史	张少康、汪春泓
《市场营销学》考试指导与模拟试卷	本书编写组	文学与现代性	［法］伊夫·瓦岱
视窗操作 Windows 小院士	何晴	文学原理	董学文
首战"3＋x"高考文科用书	刘志瑜	文字处理 Word 小院士	王跃
首战"3＋x"高考理科用书	张淑俊	乌尔都语语法	山蕴
数据库与数据仓库实用政治操作大全	［美］Microsoft 公司	物理天工总是鲜：彭桓武诗文集	彭桓武
数理物理基础	彭桓武	西方企业文化纵横	谭伟东
数论及其应用	李文卿	西方哲学简史	赵敦华
数字相机与扫描仪疑难解答	洪锦魁	西方政治法律学说史	王哲
税法同步练习与模拟试卷	考试命题组	西欧社会党与欧洲一体化研究	陶涛
税法自学考试指导与题解	严振生	鲜活英语 1000 句	高原
私法	易继明	显示器疑难解答	洪锦魁
宋元明清法律思想研究	杨鹤皋	现代半导体物理	夏建白
素朴集合论	刘壮虎	现代俄语模型句法学	吴贻翼
随意学英语（下）	刘实	现代汉语动词语义计算机理论	靳光瑾
随意学英语·泛读长文（上）	何田	现代汉语句模研究	朱晓亚
随意学英语·泛读长文（下）	何田	现代日语间接言语行为详解	徐昌华
随意学英语·泛读短文（上）	本书编写组	现代西方哲学新编	赵敦华
随意学英语·泛读短文（下）	本书编写组	线性代数（高职、高专类）	胡显佑
随意学英语·听力	本书编写组	线性代数学习辅导(高职、高专类)	胡显佑
泰语语法新编	裴晓睿	宪法学	魏定仁
唐代财政史稿（下卷）	李锦绣	香港基本法与一国两制的伟大实践	肖蔚云
唐代集会总集与诗人群研究	贾晋华	心理学专业英语教程	张华
唐研究（第七卷）	荣新江	心中的校园	谢百三
唐钺文集	唐钺	新编日语外来语辞典	张作义
町人伦理思想研究	刘金才	新世纪博士生综合英语教程	张承平
图解 3D Studio MAX R3 与 Maya 2.5	刘洋	新世纪大学英语·高科技知识阅读	杨智颖
图像处理 Photoshop 小院士	马翠萍	新世纪大学英语·军事知识阅读	周平
外国法制史自学考试指导与题解	由嵘	新世纪大学英语·社科知识阅读	李兆平
外汇和货币市场导论	路透社	新世纪大学英语·世界知识阅读	曲江华
王梦奎九十年代文选	王梦奎	新世纪大学英语·文史知识阅读	王少琳
网吧飞字	甘易	新世纪研究生英语（上下）教学参考手册	马衰
网上冲浪 Internet 小院士	高莹	新世纪英语专业听力教程(3)	李岩
网页操作 FrontPage 小院士	邢洁	新中国外交思想：从毛泽东到邓小平	叶自成
网页设计梦工场·DREAMWEAVER 篇	博彦公司	信息分析与决策	秦铁辉
网页设计梦工场·FLASH 篇	博彦公司	刑法学	高铭暄
网页设计与制作	魏应彬	刑事诉讼法学（新编本）	王国枢
网页制作 DIY	三原色工作坊编辑群	刑事诉讼法学概论	汪建成
微观经济学(第二版)	朱善利	行政法学自学辅导	马怀德
微观经济学十八讲	平新乔	行政诉讼法学	姜明安
微软解疑专家(1)·Windows Me/98/95	［美］Stephen W. Sa	休假随机服务系统	田乃硕
微软解疑专家(2)·Windows 2000 Professional		岩石物理学	陈踊
	［美］Jerry Joyce	燕京大学人物志（第一辑）	燕京研究院
微软解疑专家(3)·PC 机	［美］M. David Sion	燕京学报（第十期）	燕京研究院
微软解疑专家(4)·Excel	［美］Laurie Ann U	燕京学报（新十一期）	燕京研究院
微软解疑专家(5)· Access 数据库	［美］Virginia And	一级 B	本书编委会
微软解疑专家(6) Outlook 2000/Outlook Express		一级 DOS 环境	本书编委会
	［美］Julia Kelly	一级 Windows 环境	本书编委会
文明的表现	阮炜	医化学基础:疾病发生和发展的化学规律	王夔

书 名	作 者	书 名	作 者
以 Ms Windows 2000 Professional 建立最佳办公环境		战胜 FreeHand 必作练习 50 题	孙科峰
	[美]Microsof 公司	战胜 FrontPaga XP 必作练习 50 题	秦绫好
异中求同：人的自我完善	[美]克莱斯·瑞恩	战胜 Javascript 必作练习 50 题	邓瑞峰
易图考	李申	战胜 Office XP 必作练习 50 题	桑瑞思、张秋泽
银行发展：市场化与国际化	庄乾志	战胜 Photoshop 6.0 必作练习 50 题	梁继勇
印地语汉语大词典	北大东语系	战胜 Visual C++ 必作练习 50 题	解灵运
印度两大史诗研究	刘安武	战胜 MATLAB 必做练习 50 题	满晓宇
印度现代化的发展道路	林承节	战胜 SQL Server 必做练习 50 题	肖健
应付攻击行为	[英]Breakwell.G.M	战胜 Visual Foxpro 必做练习 50 题	施伟伟
应用经济统计学	李心愉	张青莲文集	张青莲
英语奥林匹克(高中)听力篇	林继玲	赵柏林文集	赵柏林
英语奥林匹克(高中)语法篇	林继玲	证券投资基金管理人的责任	王苏生
英语奥林匹克(高中)写作篇	林继玲	郑洛地区新石器时代聚落的演变	赵春青
英语发音与纠音	张冠林	政治学专业英语教程	张华
英语活页文选(30)	本书编写组	知识产权法同步练习册	曹新明
英语活页文选(32)	本书编写组	知识产权法自学考试指导与题解	吴汉东
英语活页文选(33)	本书编写组	知识经济与法律	罗玉中
英语活页文选(34)	本书编写组	知识与发展：21世纪新追赶战略	胡鞍钢
英语活页文选(35)	本书编写组	植物基因工程研究（二）	陈章良
英语活页文选(36)	本书编写组	智能商务解决方案·财务管理	[美]Microsoft 公司
英语活页文选(37)	本书编写组	中国：经济转型与经济政策（第二辑）	
英语活页文选.基因科技专辑（6种）	本书编写组		北大中国经济研究中心
英语时空（第一集）	本书编写组	中国当代经济政策与理论	谢百三
英语同义近义词例解词典	胡壮麟	中国地区国民收入差距实证研究	林燕平
英语专业八级阅读与词汇教程	朱晓慧	中国佛教文化大观	方广昌
英语专业听力教程(1)	李岩	中国古代简史	张帆
营销新世纪：与思想对话	郑学益	中国古代史论稿	[日]五井直弘
硬件检修与性能优化	数位文化	中国古代思想文化的历史论析	陈启云
硬盘疑难解答	洪锦魁	中国古代文化故事(第一辑)·中国古代军事故事	萧浩
有机化学中的光谱方法（第5版）	[英]D.H.Williams	中国古代文化故事(第一辑)·中国古代名著故事	刘晓雨
有组织犯罪透视	康树华	中国古代文化故事(第一辑)·中国古代神话故事	刘晓雨
语文读本（第一册）	初中语文教材研究组	中国古代文化故事(第一辑)·中国古代童话故事	刘晓雨
语言伦理学	陈汝东	中国古代文化故事(第一辑)·中国古代寓言故事	刘德联
《语言学纲要》学习指导书	徐通锵	中国古代杂体诗通论	鄢化志
语言学教程（修订版）	胡壮麟	中国古典文艺学丛编（一、二、三）	胡经之
元代诗法校考	张健	中国股指期货市场概率	姚兴涛
原子和亚原子物理学	高政祥	中国建筑文化大观	罗哲文、王振复
在北大光华管理学院的讲话	王亚非	中国民族社区发展研究	马戎
增进实用英语语法	孙亦丽	中国企业电子商务发展战略	姚国章
债券市场导论	路透社	中国企业管理教学案例.战略管理教案	何志毅
战斗的足迹：北大地下党有关史料选编	王效挺、黄文一	中国儒学文化大观	汤一介
战胜 3D Studio MAX 必作练习 50 题	余晓彭	中国图书出版印刷史论	萧东发
战胜 Auhorware 必作练习 50 题	张伟华	中国文化地理概述	胡兆量
战胜 C++Builder 必作练习 50 题	钟光辉	中国文化史纲要	吴小如
战胜 CorelDRAW 必作练习 50 题	张石勇	中国现代化报告 2001	中国现代化报告组
战胜 Delphi 必作练习 50 题	钱辰	中国现代文学课程学习指导	温儒敏
战胜 Dreamweaver 必作练习 50 题	战祥森	中国现代哲学	张文儒
战胜 Dreamweaver UltraDev 必作练习 50 题	贾鹏	中国新文论的拓荒与探索:杨晦先生纪念集	北大中文系
战胜 Fireworks 必作练习 50 题	张松伟	中国音乐文化大观	蒲菁、管建华
战胜 Flash 必作练习 50 题	段志刚	中国与知识经济：把握21世纪	[美]卡·达尔曼

书 名	作 者	书 名	作 者
中国哲学史	北大哲学系	资产证券化的法律解释	彭冰
中国住房抵押贷款证券创新研究	姚长辉	自考毕业论文写作教程	漆权
中国资本市场前瞻	梁定邦	自然地理学	陈效逑
种姓与印度教社会	尚会鹏	宗教社会学	孙尚扬
诸子学	黄卓明	最新高考英语听力应试指导与训练	赖丽燕
转型中的城市基层社区组织	雷琼琼	最新日汉商贸辞典	董礼彬
状元精解:高中英语关键题	邵怀宇	最新韦伯斯特学生英语词典(百科版)	[美] Sidney I. Landa（刘乐坚）

北京医科大学出版社

【发展概况】 2001年是"十五"规划开局第一年,在各级党委的领导下,北医大出版社全面完成各项指标。销售码洋5000万元;销售实洋3500万元;实现销售收入3100万元,比上年同期增长50%。出书品种:203种(其中新书101种,重印书102种,教材教辅146种,专著57种)。总字数:9000余万字。总印数:213万册,比上年的185万册增加15.14%。利润:1050万元,比上年增长30%。其中,朱平教授主编的《现代血液肿瘤诊断治疗学》获新闻出版署第十届全国优秀科技图书三等奖。完成了由小型社向中型社的过渡,2001年2月再次被新闻出版署评为"全国良好出版社"。

为了适用把北京大学医学部建设成世界一流大学和出版社自身发展的需要,年初,出版社加强管理力度,内减成本,外拓市场。发行部进行内部改革,实行区域销售责任制,目标到人,责任到人,扩大了市场,销售回款率达到92.8%,为历史最高水平。严格成本管理,加大了组稿力度,此项投入有所加大,争取了大批作者,提高了作者的著书积极性,同时,严格规范图书印制的费用、材料采购费用、社内管理费用。两项措施一增一减,做到了费用水平与上年平衡,保证了出版社利润率的实现。

同时,加强队伍建设,落实培训计划,提高职工队伍建设。培养团队精神,齐心协力为出版社做大做强而努力。完成了编辑部的结构调整,民主推荐聘用一、二、三编室和对外合作部主任、财务部副主任,制订了新的运行机制,为管理下移奠定了基础。新增4人(新招硕士毕业生2人补员2人),进一步提高了出版社人员素质和知识结构。全年职工发表论文6篇。报道出版社的通讯在有关报刊上发表了4篇。

【组建对外合作部】 为了应对入世对国内医学出版业的冲击,2001年初新建了对外合作部,具体负责图书对外版权贸易工作。在一年内,出版社的对外版权合作工作已初见成效。与十几家国外主要的医学专业出版社建立了版权业务联系,签署图书版权输入出版合同7种,图书版权输出合同3种,并派员10人次参加了美国芝加哥国际书展和第53届法兰克福书展,开阔了视野,丰富了国内的医学出版资源,为今后的图书对外版权贸易工作开了一个好头。

【教材建设】 8月8日,由校党委书记王德炳牵头,首都医科大学、天津医科大学、哈尔滨医科大学、内蒙古医科大学等5所医科大学校长在出版社召开了关于启动全国五年制医学教材工作研讨会。各校领导及社领导十余人参加会议。会议确定正式启动五年制本科教材64种,10月份正式召开主编会,2002年底出版。随后陆续启动组稿:基础、临床、公卫、口腔、药学长学制教材、教辅80余种;五年制本科教材64种,专升本教材44种等总计200余种,为改造出版新一轮教材作了充分准备。2002年年有22种教材被北京市教委选为精品教材,据悉有40余种教材被教育部列为"十五"规划教材,为使北医出版社成为国内重要的医学教材出版基地之一提供了条件。

【制定"十五"规划】 2000年2月,制定了北京医科大学出版社"十五"发展规划。出版社拟改名为北京大学医学出版社,抓住机遇,加快发展,完成由中型社向大型社的过渡。成为国内医学专业的著名出版社。(1)各项经济指标比"九五"期间翻两番;(2)建设成为国内重要的医学教材、专著出版基地之一;(3)建立适应市场经济的管理体制和高效、合理的运行机制,提高竞争力;(4)建立一支高效精干有团队精神的出版队伍;(5)办社条件得到根本改善,有利于多种媒体出版格局的形成,为建成世界一流的北京大学作出应有的贡献。

【出版基金】 9月12日,经北京大学医学部出版基金委员会讨论批准,2001年度由郭应禄教授主编的《泌尿外科临床病理学》等10本书获得2001年度出版基金的资助:(1)《泌尿外科临床病理学》(主编:郭应禄);(2)《现代运动创伤学进展》(主编:于长隆);(3)《中老年妇女的疾病与性激素的替代疗法》(主编:陈秉枫);(4)《医务人员中高级英语》(主编:胡德康);(5)《流行病学进展》(主编:李立明);(6)《中国大黄的现代研究》(主编:郑俊华);(7)《无限风光在险峰 — 老一辈生理学家的心路历程》(主编:韩济生);(8)《激光扫描共聚焦显微镜教程》(主编:袁兰);(9)《卫生统计学基础》(主编:孙尚拱);(10)《康复医学》(主编:殷秀珍)。

(马昕)

2001年北京医科大学出版社出书目录

书 名	作 者	书 名	作 者
核磁共振新技术研究与临床应用	谢静霞	内科护理学学习指导	姚景鹏
窦房结	李澈	妇产科护理学	郑修霞
核医学和放射治疗技术	唐孝威	护理学基础学习指导	郑修霞
儿童的心理与治疗	曾文星	妇产科护理学	郑修霞
临床技能	韩丽	皮肤病性病学	李林峰
新护士用药手册	王静芬	现代眼科诊疗手册(第二版)	李美玉
现代交通创伤诊断学	韩文朝	现代耳鼻咽喉科诊疗手册	郭敏
社区儿童早期发展(0—3岁)	卫生部	中医学	韩贵清
药物结构分析	白小红	医学实验设计与统计分析	王仁安
青年人的心理与治疗	曾文星	病理生理学	苏静怡
老年人的心理与辅导	曾文星	诊断学基础	张树基
邓小平理论概论	薛福林	注册护士资格考试指南	刘玲
护理社会学概论	王雯	医学免疫学应试指南	丁桂凤
内科护理学同步练习	姚景鹏	预防医学学习指导	张淑贤
妇产科护理学同步练习	郑修霞	预防医学	张淑贤
外科护理学学习指导	姚兰	医学伦理学	李本富
儿科护理学同步练习	洪黛玲	护理学基础同步练习	郑修霞
急诊护理学同步练习	刘均娥	环境医学	王振刚
传染病护理学同步练习	吴光煜	儿科护理学	洪黛玲
护理药理学同步练习	肖顺贞	传染病护理学	吴光煜
组织学与胚胎学同步练习	唐军民	康复医学	刘珊珊
组织学与胚胎学(第二版)	唐军民	口岸传染病控制	殷大奎
儿科学应试指南	陈永红	内科护理学同步练习及题解	姚景鹏
现代皮肤性病诊疗手册	朱学骏	急诊医学	乔义超
物理学(第二版)	王鸿儒	内科学(21世纪)	祝家庆
医学微生物学(第二版)	冯树异	生药学实验指导	郑俊华
简明核医学(第二版)	潘中允	社区医学	张枢贤
马克思主义哲学原理(第三版)	刘新芝	实用医学文献检索	陈荔子
医学伦理学(第二版)	李本富	现代医院感染管理手册	刘胜文
夫妻的关系与婚姻治疗	曾文星	司法精神病学鉴定的实践与理论	李从培
青少年的心理与治疗	曾文星	家庭小药房非处方药物手册	何振凤
医学心理学	洪伟	人体生理学	于吉人
生物化学	章有章	医学寄生虫学学习指导	高兴政
腹部器官移植手册	李书	外科学	徐文怀
放射性粒子近距离治疗肿瘤	王俊杰	妇产科学	刘惠喜
心血管疾病研究进展	胡永华	儿科学自学辅导	许积德
皮肤病性病中医治疗学	雷鹏程	内科学应试指南	郭继鸿
皮肤病的组织病理诊断(第二版)	朱学骏	内科学应试指南	郭继鸿
药理学(联大教材)	李龄松	人体解剖学	胡梦娟
急诊护理学	刘均娥	生理学应试指南	朱文玉
内科护理学(电大)	姚景鹏	组织学与胚胎学应试指南	唐军民
外科护理学(电大)	郭桂芳	医学免疫学基础	高小明

书 名	作 者	书 名	作 者
医学微生物学应试指南(五年制)	朱万孚	外科学应试指南	姜保国
医学寄生虫学应试指南	高兴政	现代心理治疗手册	许又新
医学遗传学基础	徐维衡	病理学(自考)	吴秉铨
生物化学自学辅导	章有章	微机应用基础(第三版)	戴宗基
病理学(自考)	吴秉铨	医学寄生虫学应试指南	高兴政
药理学(自考)	金有豫	社区服务网络中心运营手册	汤晋苏
病理学(自考)	吴秉铨	全国硕士研究生考试西医综合试题选编与分析	于英心
医学遗传学	柳家英	乡村卫生人员健康教育手册	钮文异
现代内科诊疗手册(二版)	汪丽蕙	微机应用基础(第三版)	戴宗基
外科学(自考)	吴在德	现代儿科护理手册	雷春莲
妇产科学(自考)	榆 淑	血吸虫病健康教育指导手册	卫生部
儿科学(自考)	许积德	病理学	苏 敏
眼耳鼻咽喉科学	王正敏	药理学	姚果原
医学心理学(自考)	胡佩诚	小儿发热	侯存安
现代神经病学诊疗手册(二版)	余宗颐	听力康复	韩德民
皮肤性病学自学辅导	朱学骏	急诊医学	乔义超
医用基础化学学习指导	张发浩	CT诊断学基础	范家栋
预防医学自学辅导(自考)	叶荸荸	医务人员初中级英语	胡德康
儿科护理学	洪黛玲	现代妇产科诊疗手册(第二版)	董悦
生物化学应试指南	周爱儒	现代儿科诊疗手册(第二版)	李齐岳
医学生物化学学习指导	黄如彬	公卫职业医师考试全真模拟及精解	公卫编写组
病理学学习指导	宫恩聪	临床职业医师复习试题集	北医大
人体生理学学习指导	朱文玉	临床职业医师复习要点	北医大
诊断学基础学习指导	张树基	灵芝的现代研究	林志彬
生物化学应试指南	周爱儒	医学伦理学自学辅导(自考)	李本富
病理生理学应试指南	吴立玲	儿科学	涂明华
现代外科诊疗手册(二版)	才文颜	中国生理学史(二版)	陈孟勤
帮小学生排解99个烦恼	吴国瑞	药理学应试指南	陶 城
口腔助理医师考试全真模拟及精解	口腔编写组	口腔职业医师考试全真模拟及精解	口腔编写组
公卫助理医师考试全真模拟及精解	公卫编写组	现代传染病学诊疗手册(第二版)	田庚善
口腔助理医师复习试题集	口腔编写组	胆囊炎与胆石症	王 宇
微积分初步与生物医学应用(二版)	方积乾	系统性红斑狼疮	谢红付
组织学与胚胎学	吴江声	骨质疏松症	林 华
医学遗传学学习指导	柳家英	肿瘤与放射治疗	肖素华
病理学	宫恩聪	乳房疾病	高东寰
医学免疫学应试指南	丁桂凤	肿瘤新知	焦解歌
妇产科学自学辅导(自考)	榆 淑	糖尿病	王 恒
预防医学自学辅导(自考)	叶荸荸	儿童眼病	甘晓玲
生物化学(自考)	章有章	现代护理诊断手册	邹 恂
医用基础化学	张法浩	健康教育与健康促进	吕姿之
医学寄生虫学实验指导	高兴政	医用电子学简明教程	魏崇卿
公卫助理医师复习试题集	公卫编写组	基层妇幼保健健康教育培训手册	田本淳
临床医师复习试题集	临床编写组	妇产科学应试指南	廖秦平
口腔助理医师应试指导	口腔编写组	物理学内容提要与习题	王 照
临床助理医师应试指导	口腔编写组	生物药剂学与药物动力学	魏树礼
临床助理医师考试全真模拟及精解	临床编写组	病理生理学学习指导	吴立玲
临床助理医师考试全真模拟及精解	临床编写组	病理生理学	吴立玲
医学免疫学与微生物学	白惠卿	人体解剖学学习指导	胡梦娟
医学免疫学与微生物学学习指导	白惠卿	病理学(自考)	吴秉铨
生理学应试指南	朱文玉	药理学(自考)	金有豫

书 名	作 者	书 名	作 者
药理学（自考）	金有豫	传染病学	王勤环
药理学（自考）	金有豫	自然辩证法概论	刘 奇
医学心理学（自考）	胡佩诚	产科掌中宝	董 悦
急诊护理学学习指导	刘均娥	现代大学生保健指南	柳斯品
现代临床实用药物手册（第二版）	贾博琦	国家基本药物临床应用手册	秦文瀚
组织学与胚胎学学习指导	唐军民	基因扩增临床检验指南	郑怀竞
微机应用基础（第三版）	戴宗基	可摘局部义齿和全口义齿修复设计原理与应用	徐普
病理学学习指导	宫恩聪	护理学基础同步练习	郑修霞
药理学	张 远	生物化学应试指南	周爱儒
药理学学习指导	张 远		

北京大学档案馆

【概况】 2001年，北京大学档案馆档案保管条件和库房建设有了质的改善，多年来制约档案工作发展的基本物质条件得到了解决。在馆舍面积增加近一倍的情况下，全体职工克服人员紧张的困难，在保证日常业务工作正常进行的同时，档案馆完成了以下四项重大工作。(1)圆满完成档案库房搬迁、回迁和档案核查工作。(2)优化馆藏，重新划分馆藏门类，将不属于档案范畴的材料划为资料保存，同时增设人物档案和实物档案两个新门类。(3)继续推行2000年文书立卷改革，结合北大档案管理系统试运行，使档案归档工作从数量到质量都提高到一个新的水平。(4)档案科学技术研究基地建设工作得到了柯达（中国）有限公司商业影像系统部的支持，并捐赠价值十几万的高速扫描仪。此外，2001年也是北京大学档案业务建设逐步走上规范化的一年。档案馆坚持"以利用为中心，真实反映学校发展历史"为出发点，围绕立卷改革和馆藏优化，采取措施使馆藏结构、内容逐步走向科学化。

【档案收集】 抓住重点，加强收集指导工作。全年组织学校兼职档案员业务培训3次，档案工作交流3次。人物档案和实物档案征集工作进展很大。化学学院黄子卿院士、徐光宪院士，力学系周培源院士，电子学系吴全德院士，计算机研究所王选院士及李宪之、林超、胡代光等18位教授的人物档案材料被档案馆收藏；北京大学庆祝建党80周年书画、工艺品展览的部分展品也进入档案馆馆藏。2001年档案馆共接收纸质档案13092卷（件），照片263张，底图364张，涵盖党政、学籍、科研、基建、会计、出版、人物、声像、实物、设备10个门类。截至2001年底，档案馆库存档案排架长度1600米。

【档案整理】 2001继续开展文书和学籍档案编目、插卷以及基建档案综合材料、基建底图的整理工作，并对老北大历史档案进行整理、改换档案装具。老北大1947年、人事部1958年的档案全部整理完毕，共802卷，改换档案装具2426盒。档案馆组织人力审定了北京大学、北平大学、日伪占领区北京大学、西南联合大学四个全宗案卷目录2051卷，调出案卷审定293卷，为下一步档案开放做准备。

【档案利用与服务】 2001年党政管理档案、学籍档案和基建档案仍旧保持较高查阅率。学校工作查考、新闻出版单位以及国内、国际友人查阅了大量文字材料和照片档案。全年接待利用者1831人次，提供档案6334卷次，复制、翻拍照片1062张。

【学术交流】 北京大学档案馆学术空气日益浓厚，在做好日常工作的同时，工作人员积极开展档案学术研究。2001年档案馆工作人员在教育部档案学术交流会上提交论文5篇，其中两篇获三等奖。档案馆荣获教育部直属高校1997～2001档案工作协会学术交流论文优秀组织奖。

为加强与兄弟院校档案馆合作，档案馆组织工作人员在本市和南方兄弟院校档案馆就馆藏建设、档案资源开发、现代化建设等方面进行调研，并接待了来自浙江大学、东南大学、西安交通大学、天津大学、河北大学等档案同行来馆进行业务交流。通过请进来、走出去的学术交流和业务探讨，活跃了学术气氛，促进了全馆职工档案理论水平的提高，在一定程度上扩大了北京大学档案馆的影响。此外，档案馆先后组织了全校文书档案立卷工作汇报交流会，教育部直属高校档案协会北京地区高校档案工作研讨会，分别对归档立卷方式改革、北大科怡档案管理系统、档案开放与档案保密期限等专题开展多种形式的研讨，取得了良好效果。

【加固改造 馆藏搬迁】 档案馆楼经过半年多的加固改造，全楼建筑结构进行了加固，水电、网络、消防管路重新铺设，并安装现代化防火、防盗系统和空调系统，一个库房安装了密集架。经过此次改造，档案馆档案保管条件和工作人员办公环境以及档案利用者阅览条件都有了质的改善。北京大学档案馆硬件建设跃居全国高校前列。

7月18日,根据学校工作安排,理科楼群西侧马路需要拓宽以为大运会做准备。在档案馆楼维修工程尚未完工的情况下,档案馆从理科楼东连廊临时用房回迁档案楼。档案馆全体同志周密设计,反复测算、修改新馆库房的布局方案。全体同志冒着酷暑炎热,加班加点,安全高效地完成了档案回迁任务,为学校抢修马路保证了时间。

【专题展览】 回顾历史,再现辉煌

为配合2001年校庆工作,北京大学档案馆从馆藏现有档案中辑录一些与"一字级"(即入核年份尾数为"1"的年级)同学在校期间学习、生活有关的历史片段,举办了"回顾历史 再现辉煌——'一字级'同学身边的人和事"专题展览。展览以年代为线索,从"一字级"同学所能感知的角度,立足他们所处的不同历史阶段,再现了北大各个历史时期的发展变化。

建党80周年图片展 为庆祝建党80周年,北大党委宣传部、组织部和档案馆在三角地橱窗联合举办"在共产主义旗帜下——北京大学庆祝中国共产党成立80周年图片展"。整个展览共有69块展板,分为时代先锋、革命烈士、今日风采三大部分。档案馆承担了前两部分展览的编辑和设计工作。

【共建档案科学技术研究基地】

10月18日,北京大学档案科学技术研究基地共建大会——柯达、世纪科怡与北京大学联袂共推高校档案数字化管理系统会议在北京大学交流中心召开。会议由北京大学档案馆、北京世纪科怡科技发展有限公司和柯达(中国)有限公司商业影像系统部发起,北京大学副校长何芳川等北大有关领导、国家档案局王良城主任、全国20余所重点院校档案部门的领导及十余家新闻媒体记者出席了会议。会上有关领导和专家对北京大学档案科学技术研究基地的建设工作和北大科怡高校档案管理系统给予了充分的肯定和好评,并对今后的工作提出了建设性的指导意见。基地的建设工作得到了柯达公司的大力支持,为基地赠送了一台价值十几万元的柯达DS2500D型高速扫描仪。

(刘晋伟)

医学部档案馆

【概况】 北京大学医学部档案馆的前身是北京医科大学档案馆。1979年12月北京医学院恢复档案工作,1985年成立了院办档案科。1989年3月6日成立北京医科大学档案馆,是学校领导下的独立直属单位,处级建制。2000年4月1日原北京医科大学与原北京大学合校后,2000年6月更名为北京大学医学部档案馆,挂靠在医学部主任办公室。1992年北京医科大学档案馆被评为卫生部直属单位档案工作先进集体,1995年12月被评为北京市高等学校档案工作先进集体。档案馆设在学校原图书馆楼东侧平房,建筑面积约300平方米。

馆藏档案参照国家教委确定的实体分类法分为历史档案、党群档案、行政档案、教学档案、研究生个人学位档案、科学研究档案、基本建设档案、产业档案、出版物档案、财会档案、人物档案、设备档案、外事档案、照片档案和礼品档案等共15个门类。在医学部教育技术中心设有声像档案分室,专门负责录像和录音档案的管理。在医学部设备与实验室管理处设有设备档案分室,负责5万元以上的设备档案管理。礼品档案在学校中心实验楼设有专门的礼品展室,陈列着自1992年以后北京医科大学校庆和对外交往收到的各种礼品。截止到2001年12月31日,医学部档案馆共藏有各类纸质档案41475卷,以件为保管单位的礼品、人物档案2412件,各类照片7737张,基建底图1026张,资料350册。档案馆从1993年起开展有关学校新闻报导的剪报搜集工作。馆藏档案最早的是北京医科大学第一任校长、国立北京医学专门学校汤尔和校长1915年创建的中华民国医药学会的章程。党政文书档案始于1950年。随着档案管理工作的逐步加强,档案馆的馆藏档案不断丰富和充实,其中研究生个人学位档案具有一定特色,比较完整地保存了从1955年起历届硕士研究生、博士研究生的学位培养和考核材料、科研工作记录和学位论文。档案馆还保存了自1986年起博士后的进、出站等综合材料。人物档案中收集有在医学部工作的科学院院士、工程院院士以及知名专家、学者和曾任北京医科大学校长的相关照片和实物,在学校成果展室设有北京医科大学校长和在校本部工作的两院院士的相关材料展柜。在馆藏档案中,有1954年毛泽东主席接见著名医学专家、1958年邓小平参观北京医学院科研成果展、1992年江泽民总书记接见北京医科大学博士研究生、江泽民总书记与北京医科大学1992年毕业生合影等照片和1992年北京医科大学成立80周年江泽民、李鹏等国家领导人的题词等珍贵档案。

为了使档案工作有章可循。1992年北京医科大学档案馆修订编写了《北京医科大学档案工作规章制度汇编》。《汇编》包括了"北京医科大学档案工作条例"和各类档案管理办法等38个文件。

【档案收集与整理】 继续抓好档案的接收和收集工作。2001年医学部档案馆共接收各类档案2867

卷（件、册），档案接收数量比 2000 年增加 52%。其中党群档案、行政档案 345 卷；教学档案（含研究生个人学位档案）1898 卷、科学研究档案 470 卷、基本建设档案 131 卷、设备档案 3 卷、人物档案 15 件（册）、礼品实物 5 件和照片 572 张。

【档案利用与服务】 2001 年档案馆在坚持做好对各部门立卷指导工作的同时，继续发挥着良好的服务功能，各类档案都有较高的借阅率。2001 年共向校内外利用者提供各类档案 2303 卷次，比 2000 年借阅量增加 32%。其中各部门工作查考借阅约占 64%；为查找科研记录、工作评估、办理学籍证明和学习成绩证明等约占 26%；为编史借阅占 7%；为宣传教育借阅约占 3%。科研档案提供借阅 842 卷次，教学档案提供借阅 695 卷次，党群档案、行政档案提供借阅 362 卷次，基本建设档案提供借阅 352 卷次，人物档案利用 11 次，照片档案利用 57 张。

【档案工作管理】 档案馆在完成经常性的档案整理、登记工作的同时，重点开展了计算机案卷目录的输入，2001 年已登录案卷级目录 16470 条，历史档案、教学档案、研究生个人学位档案已完成全部案卷目录的计算机登录。完成了 1996～2000 年校字、党字发文目录和剪报目录的计算机登录工作。为保证计算机数据的安全，由学校信息中心提供了"数据安全保护系统"的设计和计算机相关设置。档案馆增置了激光打印机、图形扫描仪，更新了数码复印机。在 2001 年档案馆有 2 人参加了《北京大学年鉴》关于医学部有关条目和《1996～2000 年北京医科大学》的编辑工作。自 10 月起档案馆有 2 人参加医学部 90 周年筹备和校史编写工作，与此同时档案馆为整体搬迁开始物质准备和有关规划工作。

【继续教育和培训】 根据学校继续教育的要求，6 月 19 日档案馆举办了有医学部本部、第三附属医院及精神卫生研究所兼职档案员参加的"关于文件归档的基本要求和档案法规"的专题讲座。讲座结合医学部档案工作的实际，重点介绍了档案管理的相关法律和法规；文件转化为档案的条件；文件归档的基本要求。档案馆组织专职人员参加了北京市档案局举办的"文书档案归档整理新标准"学习，档案馆和学校计财处有关人员参加了北京市档案局举办的"财会档案管理"业务讲座。有 1 人参加了北京、陕西、山西、江苏、辽宁五省市高校档案工作研讨会，1 人参加了国家档案局举办的威海档案工作研讨会。

（李润生）

北京大学学报（自然科学版）

【概况】 《北京大学学报（自然科学版）》（以下简称《北大学报（自然版）》）系教育部主管、北京大学主办的自然科学（包括技术科学）综合类学术性期刊，1955 年 12 月创刊，1966 年下半年停刊，1973～1975 年间曾以《清华北大理工学报》的刊名出版过几期，1977 年正式复刊，1982 年由原来的季刊改为双月刊。截至 2001 年 12 月，《北大学报（自然版）》共出版 37 卷 184 期，刊发论文 2713 篇。

《北大学报（自然版）》秉承了蔡元培先生创办的《北京大学月刊》（1919.1～1923.1，文理合刊）和《国立北京大学自然科学季刊》（1929.10～1935.9）等学术刊物的优良传统，成为北大师生和海内外校友表达学术思想、发表科研成果，走向社会、走向世界的场所，也成为世界了解北大科研成果和学术水平的窗口。目前，通过北大图书馆和中国国际书店，《北大学报（自然版）》已发往海外 30 多个国家和地区的 130 多所科研院所和大学图书馆。

截至 2001 年底，《北大学报（自然版）》的总印数近六十万余册，80 年代初该刊曾达到每期印刷七八千册的高峰。目前每期印数为二千四百余册，在国内同类期刊中仍处领先地位。

【历史沿革】 《北大学报（自然版）》自创刊以来，行政方面直属学校主管校长（以及自然科学处或科研部）领导，业务由编委会指导、把关，编辑出版的具体工作由编辑部负责。周培源、张龙翔、丁石孙、王义遒等正副校长都主管过《北大学报（自然版）》工作，目前分管学报工作的是迟惠生常务副校长。

《北大学报（自然版）》历届编委会成员为：

第一届（1955～1984）：主编周培源，副主编邢其毅、赵以炳，还有王竹溪等 10 位编委。

第二届（1985～1987）：主编徐光宪，副主编姜礼尚、陈守良、钱祥麟，还有王选、王楚等 25 位编委。

第三届（1988～1995.5）：主编高崇寿，副主编姜伯驹、陈守良、钱祥麟、黎乐民，25 位编委基本同第二届。

第四届（1995.6～ ）：主任委员甘子钊，副主任委员姜伯驹、黎乐民、朱圣庚、刘瑞洵、项海格，还有丁明孝、王选等来自理科各院、系所的 24 位编委。

《北大学报（自然版）》编辑部历任主任为：张世龙（1955～1958），梁毅（1959～1985），罗淑仪（1986～1993.8），陈进元（原名陈婧媛，1993.12～ ）。

根据 1995 年 5 月 12 日校长办公会议决议，学报"编委会主编"更名为"编委会主任"，学报"编辑部主任"更名为"学报主编"。

学报编辑部原来一直是学校直属的系、处级单位，1993 年 8 月至1999年7月挂靠到北京大学出版社,1999年8月又划分出来挂靠到科研部。2000年下半年,科研部分为科研部和社科部后,学校又将《北大学报(自然版)》编辑部划为科研部的挂靠单位。1999年12月24日,学校人事部、组织部领导召见学报文、理两个版负责人商谈岗位津贴事宜时,明确宣布:学报是两个编辑部,设两个主编。

【获奖情况和入选"期刊方阵"】

据不完全统计,截止到2001年底,《北大学报(自然版)》刊载的论文中有260篇次获得国家级、部委级或省市级、校级科研成果奖,其中,廖山涛院士的9篇论文获得"第三世界科学院数学奖"。

改革开放以来,《北大学报(自然版)》编辑部遵循党的十一届三中全会到十五大以来的精神,认真执行国家有关科技出版的法律法规、方针政策、标准和规范,紧跟新闻出版业从以规模数量为主到以优质高效为主的阶段性转移部署;注重自身建设,不断完善工作制度,在下大工夫组织优质稿件的同时也花大力气提高编辑出版质量,使得学报的整体质量不断得到提高。1995年以来《北大学报(自然版)》获得各种奖励如下:

1995年7月获北京市高校系统自然科学学报"三优"评比一等奖,同年11月获国家教委全国高校自然科学学报系统优秀学报二等奖;1996年11月获国家教委国家教委系统优秀科技期刊一等奖;1997年3月获中宣部、新闻出版署、国家科委联合颁发的第二届全国优秀科技期刊一等奖;1999年5月获教育部全国高校优秀科技期刊一等奖(相当于部级科技进步一等奖),同年10月获国家首届中国期刊奖并得到科技部奖励。

《北大学报(自然版)》陈进元编审,1995年曾先后被评为北京市高校系统自然科学学报优秀编辑工作者和全国高校自然科学学报系统优秀编辑工作者。2001年11月在中国高校自然科学学报系统"双优"评比中,孔宪玲副编审被评为优秀编辑;陈进元编审在《科技与出版》杂志上发表的文章"作品的网络传播与著作权的集体管理"获优秀编辑学论著一等奖。

2001年下半年,经新闻出版总署和科技部等部委选定,《北大学报(自然版)》进入国家"期刊方阵"最高一层的"双高"(高水平、高知名度)期刊阵列,成为国内综合性大学自然科学学报惟一入选者。在2001年11月初举办的全国首届"中国期刊展"上,《北大学报(自然版)》被放在展厅显著的位置上。由蔡元培先生题写刊名的《国立北京大学自然科学季刊》(1929年创刊)、郭沫若先生题写刊名的《北京大学学报(自然科学版)》(1956年第1期)以及学报1955年12月创刊号等3种期刊的大幅封面(灯箱式)照片成为展会中一个突出的亮点,对宣传北大的学术传承产生了良好效果。

【计量指标和被收录情况】

《北大学报(自然版)》论文在国内被引用频次逐年提高,如1999年为204篇次,比1994年的121篇次提高了68.6%。其他如学报年发表论文总数、基金资助的论文比例、影响因子、即年指标等衡量科技期刊学术水平的计量指标近年来也都呈上升趋势或保持稳定。此外,《北大学报(自然版)》一直被评定为国内自然科学"综合类"学术期刊中的核心期刊。

目前,《北大学报(自然版)》被国内外30多种权威数据库或文摘期刊收录,具体如下:

国外8种大型权威数据库:Chemical Abstracts(CA,美国《化学文摘》);Science Abstracts(SA,英国《科学文摘》);Mathematical Review(MR,美国《数学评论》);PЖ(俄罗斯《文摘杂志》);科学技术文献速递(日本);Zb1 Math(德国《数学文摘》);GeoRef(GR,美国《地质参考》)。

从1998年起《北大学报(自然版)》进入EI(美国《工程索引》)的外围刊源PageOne。

国内11种文摘期刊:中国科学文摘;中国科学引文索引;中国学术期刊文摘;中国力学文摘;中国数学文摘;中国物理学文摘;中国光学文摘;中国天文学文摘;中国地理学文摘;中国生物学文摘;古生物学文摘。

国内15种文献数据库:中国科学引文数据库;中国力学文献数据库;中国数学文献数据库;中国物理学文献数据库;中国光学文献数据库;中国天文学文献数据库;中国地理学文献数据库;中国生物学文献数据库;中国化学文献数据库;中国稀土文献数据库;中国无线电电子学文献数据库;中国高校学报文献数据库;中国学术期刊(光盘版,全文);万方网络全文数据库(全文);中国期刊网(全文)。

【岗位培训和学术活动】

岗位培训。《北大学报(自然版)》编辑部虽然一直人手少,任务重,但还是积极安排每个编辑参加学术研讨会或专业培训,以提高编辑人员的业务素质。几年来,已有十多人次参加有关的学术会议,3人次接受业务培训,其中2人分别获得国家有关主管部委颁发的"主编"或"编辑"岗位证书。

学术论著 从1996年到2001年,陈进元编审已有12篇论文先后发表在核心期刊或新闻出版署主管的报刊上。其中,有的获得中国高校自然科学学报系统优秀编辑学论著一等奖或中国科技期刊编辑优秀论文二等奖;有的被人大资料中心转载,并被收入中国编辑学会主编的《中国编辑研究1998》一书中。她在2001年11月第三届亚太地区媒体与科技和社会发展研讨会上宣读的论文《网络环境下作品使用方式刍议》,获会议主席周光召先生签名的"国际会议论文证书"。她还参加了《科技书刊标准化十八讲》(北师大出版社1998年出版)一书的撰写工作,该书已作为科技期刊主编培训班教材。

【在期刊著作权保护方面开展的工作】《北大学报(自然版)》编辑部一直注重对期刊和作者个人著作权进行保护,该项工作走在了国内期刊界的前头。几年来具体做的工作如下:

和作者签订论文出版合同 自1996年1月1日起编辑部参照国际惯例开始和作者签订论文出版合同(据悉是国内期刊界首家)。2000年3月根据国家1999年10月颁布的《合同法》又对论文出版合同条文进行了全面修改。目前该合同文本被很多期刊编辑部作为参考样本。

对侵权者进行投诉 2000年4月以来发生某市一家信息公司大规模侵犯期刊著作权的事件(未经任何许可将7000余种中文期刊通过扫描制作成光盘或网络版进行销售)。为保护期刊界的合法权益,2000年10月《北大学报(自然版)》编辑部作为投诉单位之一对该公司提起法律诉讼。

参加有关课题研究 陈进元编审2000年1月被国家"863"计划—306主题专家组聘为"中国数字图书馆发展战略组法律组"成员,委托承担《数字图书馆中著作权的集体管理问题》的专题研究(已完成,待验收)。2000年10月还参加了北大知识产权学院"网络环境下的著作权保护"课题研究(已结题)。近年来,她还多次应邀在有关部委举办的科技期刊主编培训班上讲授"著作权法和科技期刊"大课。

组建中国高校学报(自)学会版权工作委员会 2001年5月陈进元编审被选为中国高校学报(自)学会版权工作委员会主任。9月21~23日在北大成功举办了中国高校学报(自)学会第一次版权工作研讨会,请到了国家版权局领导等来校作报告,并制订出版权委员会工作计划。此举在国内期刊界首开先河,引起各有关方面的关注,对今后科技期刊版权的保护工作以及考虑如何与国际接轨等,将产生积极的促进作用。

【2001年工作概要】 刊载论文情况,2001年《北大学报(自然版)》出版6期,刊载论文138篇。各学科论文分布见表7-32。

论文被国外权威检索期刊(数据库)收录情况 学报编辑部2001年底不完全统计,在《北大学报(自然版)》2000年发表的124篇论文中,有80篇次分别被CA、SA、MR收录,收录比例为64.5%(详见表7-33)。此外,124篇论文全部被收入EI的外围Page One。

学报论文计量指标 据中国科技信息研究所2001年11月发布的《2000年度中国科技期刊引证报告》中的统计数据,《北大学报(自然版)》2000年的计量指标如表7-34所示。

几个计量指标的含义说明如下:被引频次:期刊自创刊以来发表的全部论文在统计当年被引用的总次数;影响因子:期刊前两年发表论文在统计当年被引用的总次数/期刊前两年发表论文总数;即年指标:期刊当年发表论文被引用次数/期刊当年发表论文总数;被引半衰期:在统计当年,期刊被引用的全部论文中,较后一半论文发表的时间段;他引率:在统计当年,期刊被引用的全部论文中,被其他刊物引用次数所占的比例;基金比例:在统计当年,期刊发表的全部论文中,各类基金资助的课题论文所占的比例。

收稿情况。2001年共收稿137篇,退稿14篇。各学科稿件分布见表7-35。

表7-32 北大学报(自然版)2001年刊载论文学科分布

学科	数学	力学	物理学	化学	地球物理	地质城环	生命科学	心理学	技术科学	总计	(英文稿)
篇数	24	6	2	38	12	33	13	1	9	138	(16)
比例(%)	17.4	4.3	1.4	27.5	8.7	23.9	9.4	0.7	6.5	100	11.6

表7-33 北大学报(自然版)2000年刊载论文被收录情况

学科	数学	力学	物理学	化学	地球物理	地质城环	生命科学	心理学	技术科学	总计
刊载篇数	19	8	4	20	8	29	25	3	8	124
CA收录			1	15		7	14		1	38
SA收录	2	7	2	4	5	2	1		7	30
MR收录	8	3	1							12
总收录篇次	10	10	4	19	5	9	15	0	8	80
收录比例(%)	52.6	125	100	95	62.5	31	60	0	100	64.5

说明:"收录比例"是指被收录的总篇次除以刊载篇数。

表 7-34　北大学报（自然版）2000 年论文计量指标

年份	被引频次	影响因子	即年指标	被引半衰期	他引率	基金比例
2000	0.84	194	0.196	0.056	4.6	0.88

表 7-35　2001 年北大学报（自然报）编辑部接收稿件学科分布

学科	数学	力学	物理学	化学	地球物理	地质城环	生命科学	心理学	技术科学	总计
篇数比例（%）	15	4	9	18	8	47	20	5	11	137
	10.9	2.9	6.6	13.1	5.8	34.3	14.6	3.6	8	100

其他工作。(1)开辟新栏目。在学报原有栏目的基础上，2000～2001 年又增加了"科研快讯"、"校内要闻"、"重点实验室巡礼"、"教材简介"等新栏目，丰富了版面，增大了信息量。(2)改进学报印装质量，增加篇幅。2001 年学报封面重新进行了设计，由过去的双色改为四色套印；篇幅由每期 136 页（1996 年从原 128 页增加至此）又增加到 144 页（2001 年实际出版的总页码为 900 页）。这些改进提高了学报的印装质量和论文刊载量。(3)精选优质稿件，组织专刊或及早出版。2000 年下半年和学校博士后办公室、化学学院合作，精选"中国博士后学术大会——化学分会研讨会"（由北大主办，2000 年 10 月召开）论文 30 篇作为学报 2001 年第 2 期（专刊）出版，受到有关各方面的欢迎。对优质稿件实行优先刊登政策。例如，方精云等几位老师的文章"1982～1999 年我国植被净第一性生产力及其时空变化"2001 年 4 月份投稿，由于考虑到该文很有见地，创新性较高，审稿通过后立即进行编辑加工，插发在 7 月 20 日出版的第 4 期学报上，几乎和方精云等几位老师在国际著名期刊《科学》(Science)上发表的系列文章同步。(4)对学报工作进行调研和全面总结。2001 年 3 月份，编辑部将"学报论文学术地位调查表"发往全校 18 个理科院、系、所，了解学报论文在各单位科研成果计算上，硕士、博士获取学位中所占的地位以及与 SCI 收录的论文进行量化比较等。在各单位的积极支持下，编辑部收集到了大量有关信息，对学报今后工作的改进有着很好的参考价值。在科研部副部长的建议下，学报编辑部对 1995～2000 年的工作进行了全面的总结，写出了万余字的工作报告，收集、统计了各类有关数据（制作了 6 种附表），对科研部了解和掌握学报情况提供了翔实的第一手材料。(5)编辑部工作计算机化、学报出版网络化。2000～2001 年具体工作如下：学报各期插图的制作彻底实现了计算机化；学报中英文文摘上网的业务已全部由编辑部自己承担（基本做到与印刷版同步）；对学报网络版的整体框架进行了设计；参与"高校学报编辑部日常工作管理软件"结构和功能的设计；加入科技部下属的万方数据有限公司的"数字化期刊群"和中国学术期刊电子杂志社制作的"中国期刊网"（均全文上网）。

《北大学报（自然版）》自 1995 年以来的中、英文文摘可在北大校园网上浏览，网址为：http://www.pku.edu.cn/xb/xby1ch.html

（北大学报）

北京大学学报（哲学社会科学版）

【概况】《北京大学学报》(哲学社会科学版)是北京大学主办的大型综合性学术理论刊物。

北大文科向来驰誉海内外，学术上循思想自由，兼容并包，创学建派，蔚为大观。当年，陈独秀、李大钊办《新青年》，蔡元培办《北京大学月刊》，胡适办《国学季刊》，开风气之先，影响深远。1955 年创刊的北大学报，既继承《北京大学月刊》、《国学季刊》探求学术的求实和严谨的学风，又发扬《新青年》感应时代风云的敏锐和创新之精神，在近半个世纪的风雨历程中，承传学术，积累文化，服务教学，扩大交流，发表过一大批名家新秀的重要论文。如今经过改革开放时代大潮的洗礼，北大学报（哲社版）坚持人文社会科学的正确导向，贯彻"双百"方针，走理论联系实际、学术结合时代之路，追踪社会思潮、理论前沿和学术热点，在重大理论问题上反映北大的声音，在学术探索和创新上体现北大的水平，在编校质量、编排规范上坚持北大严谨的学风。

近年来，北大学报（社科版）实现了三个转变：一是从论文汇编式变为贯彻编辑主体意识、策划意识的学术期刊，辟有"百年学术"、"现代化研究"、"文史新证"、"文化研究"、"比较文学研究"、"现代科学发展的哲学思考"、"北大学人"、"北大学术简讯"、"高校社科学报概览"等有创意有特色的专栏。二是随着北大争创世界一流大学的步伐加快，北大学报（哲社版），由专门发校内作者论文的一所学校办的刊物，变为吸纳校内外、海内外部分作者的优秀论文，可以和社会上一些重要期刊展开竞争的名刊大刊。三是由按一般编排体例编辑的期刊,变为适应现代信息社会需要,便于快捷实现学术文献信息统计、评估、传播的有严格编辑体例和编排规范的现代学术期刊。

1995年,新闻出版总署举办首届全国社科期刊评奖,近四千种各类期刊中评出21家优秀期刊,其中学术理论期刊占7家。北大学报(哲社版)是7家中的两家大学学报之一。1999年北大学报(社科版)获首届国家期刊奖,1997年和1999年连续被评为第一届、第二届全国百种重点社科期刊。1998年北大学报(哲社版)发表的黄楠森《必须坚持辩证唯物主义》一文获中宣部"五个一工程"论文奖。北京大学出版物的成果获此项大奖尚属首次。2001年底,进入中宣部和国家新闻出版总署评定的"中国期刊方阵"最高层次"双高"期刊(高知名度、高学术水平),这是全国高校700多家社科学报中惟一获此殊荣的学报。

南京大学中文社会科学评价中心公布的中文社科学术期刊影响因子(CSSCI)统计,1998~2000年社科综合类学报平均影响因子排序,北大学报(哲社版)以0.230高居榜首,比第二名的数据高出近一倍。

北大学报(哲社版)设有"北京大学学报优秀论文奖",已评选五届,在校内外产生广泛影响。

(北大学报)

北京大学学报(医学版)

【概况】 《北京大学学报(医学版)》创刊于1959年,原刊名是《北京医学院学报》,为季刊。十年动乱期间,于1966年第2期起停刊。1974年第一季度复刊,仍为季刊。1980年开始经国际书店向国外发行。1985年9月,学报随学校更名,改称《北京医科大学学报》。1987年9月,学报改为双月刊。在1992年和1996年中宣部、新闻出版署、国家科委(科技部)组织的第1、2次优秀科技期刊评比中分别获得三等奖和二等奖。2000年4月原北京医科大学和原北京大学合并组建新的北京大学。《北京医科大学学报》更名为《北京大学学报(医学版)》,现任主编(即编委会主任)为中国科学院院士、病理生理学家韩启德教授。

《北京大学学报(医学版)》是中国科技论文统计与分析刊源数据库(中国科学技术信息研究所)、中国科学引文数据库(中国科学院文献情报中心)、中国核心期刊要目总览(第3版)(北京大学图书馆)、和中国生物医学光盘数据库(中国医学科学院医学信息研究所)核心(或引文源)期刊,被美国《化学文摘(CA)》、俄罗斯《文摘杂志》(РЖ)、世界卫生组织《医学增补文摘》光盘数据库(ExtraMED)及国内外多种检索期刊收录;全文入编万方数据资源系统数字化期刊群(中国科学技术信息研究所)、中国期刊网和《中国学术期刊(光盘版)》(清华大学)。

【组成第7届编辑委员会】 《北京大学学报(医学版)》第7届编辑委员会第1次全体会议于2001年2月21日举行。会议由北京大学常务副校长、医学部主任、《北京大学学报(医学版)》主编韩启德院士主持。

首先,由韩启德主编向各位编委颁发聘书。本届编委会由中科院院士、工程院院士、长江学者奖特聘教授、973课题首席专家以及各学科学术带头人等共46人组成,吴阶平院士任名誉主编,韩启德院士任主编。此外,还聘海外优秀华人中青年学者7人为特邀编委。

【正式更名】 根据国科财字[2001]12号文,《北京医科大学学报》自2001年起更名为《北京大学学报(医学版)》,刊号为CN11-4691/R。

【入选中国期刊方阵】 据新出报刊[2001]1682号和国科财字[2001]340号文件,北京大学学报(医学版)入选由中宣部、新闻出版总署组织评选的"中国期刊方阵",被评为"双百(100种重点科技期刊和100种重点社科期刊)"。

【出版情况】 2001年全年出版正刊6期,增刊1期。

在出版周期和页码不变的情况下,本刊影响因子和总被引频次连续四年上升。据中国科技信息所2001年12月公布的资料,本刊影响因子和被引频次名列同类医学院校学报前茅。据中国科学院文献情报中心中国科学引文数据库最近公布的统计结果,本刊入选《2000年被引频次最高的中国科技期刊300名排行表》和《2000年影响因子最高的中国科技期刊300名排行表》,是进入《2000年影响因子最高的中国科技期刊300名排行表》的惟一的一份高等学校医(药)学报。

(周传敬)

赛克勒考古与艺术博物馆

【概况】 北京大学赛克勒考古与艺术博物馆除了配合北大考古文博院教学和科研以外,最大的任务之一就是弘扬中华民族几千年的悠久历史,向全世界展现民族精神和民族文化。自1992年落成、1993年5月27日开放以来,逐年上升地接待国内、国外宾客几万人。2001年,北京大学赛克勒考古与艺术博物馆接待人数36000人。

2001年,博物馆在"金牛山"专题陈列、旧石器时代考古、新石器时代考古、"山东长岛新石器时代聚落遗址"专题陈列、夏商周考古、秦汉考古、"山西曲沃曲村晋文化墓葬"专题陈列、三国两晋南北朝隋唐考古、宋辽金元明瓷器、"河北磁县观台窑址"专题陈列之外，博物馆还布置了3次特展、举行了1次捐赠仪式。

5月4日至8月30日，由北京大学考古学系、北京大学古代文明研究中心、陕西省宝鸡市文物局、陕西省周原博物馆共同举办的"吉金铸国史—周原出土青铜器精品展"在博物馆开幕。这次展览期间，还特邀请中国历史博物馆朱凤瀚教授进行了"周原青铜器与西周家族形态"的讲座。此次展览，在全国范围内收到了良好的效果。许多青少年参观后，拓宽了学习的知识面，更加形象地了解中华民族的发展阶段的历史。

4月3日至20日，北大考古文博院、北大中国考古学研究中心、甘肃礼县人民政府、甘肃礼县博物馆共同举办的"西陲遗珍——甘肃礼县秦国青铜器特展"在博物馆举行。

2001年9月，北京大学考古文博院主办、北京市龙顺成中式家具厂协办的"明清家具艺术展"开幕。这次展览使得国内、国外宾客对中华民族的文化多义性有了较深刻的认识。对其展览的作品本身评价较高：选材精细，多为坚硬致密的花梨木、红木、紫檀等珍贵木材，加工考究，雕刻细腻，造型古朴隽秀，古色古香文静典雅。

"再制毛主席用瓷"捐赠仪式于2001年9月9日上午在北京大学赛克勒考古与艺术博物馆举行。仪式上，北京大学考古文博院院长兼北京大学赛克勒考古与艺术博物馆馆长高崇文教授讲话并授予对方捐赠证书、纪念品。湖南国光瓷业集团股份有限公司董事长讲话并捐赠再制"毛主席用瓷"分套组5组（TJ1手绘釉下双面五彩小碗、TJ2A月季花系列、TJ2B芙蓉花系列、TJ2C菊花系列、TJ2D梅花系列），每组4件。

博物馆不仅是一个面向世界的窗口，更担负着较重的教学、科研任务。博物馆专业的本科生、研究生，利用许多的实习机会担负着整理馆藏文物的任务，以从中学到博物馆管理的知识；研究生利用许多休息时间为国内、国外来宾作博物馆讲解；来博物馆与考古专家一起做研究。考古文博院、中国考古研究中心、中国古代文明中心、陶瓷研究所的科研人员都在博物馆内设有研究室。

(李淑霞)

现代教育技术中心

【概况】 现代教育技术中心的前身主要是原北京大学电化教育中心（简称电教中心），2000年10月，原电教中心与原高等教育研究所合并组建为北京大学教育学院。为了适应信息时代高等教育发展和推动北京大学信息化建设的需要，2001年5月学校决定成立北京大学现代教育技术中心，9月28日正式挂牌成立。该中心是研究、开发与管理、服务并重的独立的单位（处级建制），其主要任务包括：全校教育技术设备（设施）的规划管理和服务、教师的教育技术培训、网络多媒体课程（课件）制作、音视频技术对教学的支持与服务、现代远程教育的技术支持与服务、新技术的研究开发与推广应用和共用天线维修管理等。中心主任为李树芳，副主任为侯建军、杨全南、崔光佐。下设办公室、新技术研究开发室、网络多媒体课件制作室、教育技术服务。现在编人员23人，其中正高级职称4人、副高级职称6人，占中心总人数的43%，中级职称5人、初级职称5人、技工3人。中心计划定编数39人，实际需要定岗数为33人，其中：党政系列3人、教师系列5人、工程技术和其他系列25人。

中心制定了"一年工作计划"和"三年工作规划"，明确了"以服务为基础，以管理为中心，以开发为先导"的建设与发展指导思想，和把现代教育技术中心建设成为北京大学课件制作基地、教学资源基地、教学信息基地的目标。中心成立不到半年，在保证完成学校交办的各项工作的同时，完成了单位内部的建设工作：在与教育学院整合划分人员、经费、办公用房等工作的基础上，完成了搬家工作，集中到电教楼四层；根据学校人事部关于"存量基本不动，增量拉开差距"的原则要求，完成了本单位的岗位续聘工作，同时妥善地处理了遗留的个别人事问题；成立了中心学术小组，明确了各室的岗位责任，成立了党支部和部门工会，使各项工作得以顺利进行。

【科研开发】 本着以开展信息技术的前沿研究和教育应用的前瞻性工作，带动北大教育技术推广应用整体水平的提高的思路，在保证北大教育技术高质量技术服务的基础上，中心积极组织科研开发，正在进行的项目包括"北京大学教育信息资源库系统"（平台）、"移动教育的理论与实践"和"教育资源建设的瓶颈与对策的研究与实践"等。

"北京大学教育信息资源库系统"（平台）的研究与开发不仅是一项科学研究，而且是北京大学的一项全局性工作，是推动北大信息化建设的一项基础性和前瞻性工作，也是中心建设与发展的一个龙头项目。"移动教育的理论与实践"是经教育部高教司批准实施的项目，全国高等学校协作委员会任组长，中国移动通讯集团和北京京辉热点公司任副组长。这是一个深化教育改革，推动我国教育信息化进程的项目，具有前瞻性和实用性，正在组织实施。"教育信息资源建设的瓶颈与对策的研究与实践"（与三辰影像公司合作）是国家教育"十五"规划的一个子项目，属教育部重点课题。

"并行多线索结构开发不同级并行性的研究"（国家青年自然科学基金项目）、"网络教育示范工程"（"十五"国家科技攻关计划，合作项目）、"多媒体课件制作平台"（教育部科技司立项）等项目均在进行之中。所带教育技术学专业的硕士研究生参加了上述有关项目的研究开发。

【教师培训】 "应用现代教育技术提升教学水平"是教育部对高校教师的要求，也是北京大学提高教师素质的一项重要任务。为落实这一要求，由现代教育技术中心组织实施的"教师教育技术免费培训计划"，于2001年12月6日启动，该计划面向全校（校本部）教职员工，旨在通过教育技术的培训，使教师的教学观念、教学方法、教学手段等得以改变、更新和提高。首期培训内容包括：Win98操作系统（7学时）、文字处理软件（7学时）、演示文稿制作软件（3.5学时）、上网基础知识（3.5学时）、网页三剑客（10.5学时）、PC机结构与原理（9学时）、局域网实用技术（7学时）、多媒体教室使用方法和有线电视节目调整方法、语音教室使用方法等9个模块，共培训教师200余人次。

【技术服务】 中心的一项主要工作是负责全校（校本部）53个多媒体教室、18个语音实验室和11个电化教室的管理工作以及全校共用天线的维修服务工作。在中心成立、整合、交接期间，全体员工团结一致，积极向上，克服困难，保证了学校教学工作的顺利进行和有线电视网的畅通。2001年度完成了一教32个和理教10个多媒体教室及文史楼9个多媒体语言实验室、1个多媒体计算机教学机房的安装、调试工作，同时还对电教楼的4个多媒体教室进行了彻底改造，保证了9月份开学后的正常使用，受到了学校有关领导和教师的好评。

【协作委员会工作】 全国高等学校教育技术协作委员会1999年12月2日在天津成立，面向全国1000多所普通高校、1000多所成人高校和1000多所民办高等教育机构，积极开展教育技术的研究、实践、推广和普及工作。北大常务副校长迟惠生任主任委员。协会下设秘书处，挂靠北京大学现代教育技术中心，中心主任李树芳任秘书长。

CETA网站 全国高等学校教育技术协作委员会网站（www.ceta.edu.cn）创建于2000年3月，2001年11月改版。新版网站与《教育技术》刊物并行，更及时、更灵活，点击率已达3万人次以上。网站的功能为信息发布、交流研讨、协同管理；内容涉及国家有关教育技术的方针政策、会议情况、重大活动、研究与应用的发展动态，还有全国各类教育技术组织机构、专家研究与开发项目成果数据库等。

《教育技术》刊物 2001年3月创刊，现为双月刊，内部发行，已出版6期。正在申请编辑出版《教育技术学学报》，希望把它办成一本公开发行的、在国内教育技术学科具有一流学术水平的权威杂志。教育部科技司已审核同意，已报科技部审批。

第二届年会暨学术交流会 2001年12月19日至21日在重庆西南师范大学成功举办。此次会议的召开对于高等学校教育技术的研究与应用是又一次有力的推动，受到了高等教育司领导和各兄弟院校的充分肯定。会议希望全国高等学校的同行，进一步认识这项工作的深远意义，主动关心和积极参与协作委员会的各项工作，携起手来，积极推动我国教育信息化事业的发展，为我国高等教育的现代化做出新的贡献。

（李树芳、杨全南）

医学部教育技术中心

【发展概况】 北京大学医学部教育技术中心始建于1978年5月，当时为北京医学院教材处电教室，1986年9月正式建立北京医科大学电化教育中心。1999年4月改名为北京医科大学教育技术中心。2000年4月北京大学与北京医科大学合并后，更名为北京大学医学部教育技术中心，为医学部直属业务单位。现有专业技术人员18人，其中副高以上职称2人，中级职称11人，初级职称5人。

中心主要工作任务是：通过对教育技术的研究与应用为医学部的教学、科研和医疗工作开展相关技术服务。目前主要的业务范围包括：教育技术理论和实践的研究，教育技术的培训和技术管理，多媒体教学软件的开发与应用，视听教材的制作与技术，远程教育、数字录音技术、VCD制作技术、光盘制作技术、电视新闻节目及专题片制作技术、多功能教室的技术管理等。

医学部教育技术中心现有建筑面积2000平方米，其中有120平方米和80平方米的大、小演播室各一个，远程直播控制教室一个，以及编辑制作室、计算机多媒体软件制作室、播放室、复制室、黑白暗房、显微摄影等制作空间。具有Betacam、DV、BVU等视频摄录编辑系统、非线性编辑系统，以及数字录音和卫星接收设备、数字幻灯制作设备和摄影、照片制作设备。近来又增添了20多台高端计算机和图像扫描、视频采集、光盘刻录等设备，在医学教学、课件开发中发挥着重要作用。

目前,该中心下设4个科室:综合业务办公室、多媒体教学实验室、音视频技术工作室和医学摄影工作室以及北医电视台。

综合业务办公室主要工作任务:协助中心主任处理本单位人事、财务、设备等行政管理工作,负责医学部多媒体教室设备的技术管理;拍摄、编辑、播放北医电视新闻,以及中心资料室的管理。

多媒体教学实验室:负责计算机多媒体教学软件的开发与研制;开展计算机多媒体技术在教学中应用的研究;负责计算机多媒体制作技术的人员培训;管理中心计算机及相关设备的硬件维护及安全。

音视频技术工作室:开展音视频技术在教学中应用与研究;负责音、视频教材的制作;负责音视频设备的维护;保障设备状态正常运行及培训相关人员。

医学摄影工作室:负责医学摄影、显微摄影和幻灯教材的制作,开展数字化幻灯技术在教学中的应用;维护保养摄影器材。

十九年来,该中心先后制作完成600多部医学教学音像教材和十多部多媒体教学软件。这些教材和教学软件广泛地应用于医学教育,并先后出版发行。其中部分视听教材和教学软件分别获教育部、卫生部、新闻出版署和北京市的奖项。先后发表论文40余篇,主编著作2部,参编著作2部。

北医电视台自1991年9月开播以来,共制作《北医新闻》210期,采集新闻1263条,播放432余次。

【基础设施建设】 根据学校总体规划和"985"建设项目实施计划,开展了以下工作:

(1)围绕医学部教室改造项目先后完成12个教室多媒体设备选型、论证和改造,使目前医学部的主要教室都具有了现代多媒体教学的功能,所有授课教师都可以使用现代多媒体教学手段进行教学。

(2)完成远程直播教室的设备建设和线路改造,可以满足与五教、六教的直接连接。完成与中国教育电视台卫星广播的直接连接,以及与远程站点的会议电视系统的连接,并于2001年9月正式启用。

(3)完成教育技术中心五层办公室和部分楼道的装修改造工程。

【教材建设与教学服务】 教材建设方面:(1)承担了国家课题《生理学》网络课件的制作项目,该项目已通过中期检查。(2)《病原性球菌》、《人体寄生虫学》CAI课件制作完成,即将出版发行。(3)制作完成生理学示范课程VCD《正常心电图形成原理》。(4)制作完成《心血管系统解剖》电视教学片。(5)制作完成《免疫病理学实验教学》CAI课件(豚鼠速发型过敏实验、小鼠迟发型过敏实验)。

2001年围绕学校中心工作以及教学服务工作:(1)完成"211工程"终审汇报多媒体软件制作。(2)完成医学部校内学生宿舍改造电视专题片的摄制。(3)录制生物医学交叉学科学术报告7场。(4)摄制"北大医学论坛"开幕式及全场学术报告。(5)摄制卫生事业管理专业"卫生统计学"课程、计算机网络安全课程共11讲。以及各类学术、形势报告、文艺汇演等5场。(6)制作复制教学光盘500多片。(7)完成16000张教学科研图片和拍摄制作幻灯片3200张。(8)组织新职工岗前教育技术课程培训,以及部分教师和中心工作人员多媒体制作技术的培训。

教育技术中心制作的《上消化道大出血的诊断与治疗》CAI课件获中华医学会教育技术学会优秀CAI课件二等奖。

【北医电视台】 北医电视台2001年制作完成电视新闻20期,采集新闻200条,总长300多分钟,共播放新闻42次。为学校重大活动如:招生宣传开放日"211"终审、"985"项目检查、党代会、远程教育开学典礼、北大医学论坛等做了重点报道和全程报道,并制作新闻专题片。

教育技术中心与宣传部合作成立北大医学部新闻中心,并建立新闻网站。教育技术中心负责电视新闻节目的制作和网络新闻节目的制作。全校师生除通过闭路电视收看北医电视新闻,还可以通过校园网进行VOD视频点播,收看《北医新闻》和为学校重大活动制作的电视专题报道。

【远程教育】 2001年是北大医学网络教育学院开展远程教育的第一年,教育技术中心积极支持协助,保证了学院远程教育的顺利展开。(1)教育技术中心与北大医学网络教育学院、中国教育电视台共同努力,成功完成了北大医学网络教育学院的开学典礼卫星实况转播技术准备和实时播出。主会场与外地各站点之间画面的切换无误,扩大了北大医学部应用新技术进行远程教学的领域。(2)完成远程教学视频教材的制作。其中有:解剖学、化学、免疫学、护理学、英语、数学等十几个学科200多学时。使中国教育电视台能实时播出第一学期所有课程,保证了北大医学网络教育学院外地各站点学院的教学需要。(3)使用会议电视系统和卫星广播系统顺利完成远程异地教师与学生交互的教学串讲和复习考试答疑。(4)为保证教学课程的收看质量,教育技术中心为远程教学制作了大量的VCD教学课程光盘。(5)通过远程教学的实践,开展对远程教学网上直播系统的研究与开发。

(许连陆、张靖)

计算中心

【发展概况】 计算中心初建于1963年,1985年正式确立为系处级建制。1993年学校在计算中心管理信息系统室的基础上成立了北京大学管理信息中心,1995年学校在计算中心网络室的基础上成立了北京大学网络中心,这两个中心都挂靠在计算中心。在近40年的发展建设过程中,尤其在"985工程"和"211工程"实施以来,在校园网、管理信息系统的开发建设和维护以及全校学生上机实验和高性能科学计算的计算机房建设和服务等方面都取得了很大的成绩。2001年又与计算机研究所共同申请"计算机应用技术"国家重点学科,并获批准。

计算中心现设有网络室(网络中心)、管理信息室(管理信息中心)、运行室和办公室等4个室。截止到2001年底共有65名职工,其中正高级职称8人,副高级职称14人,中级职称39人,35岁以下的年轻人占计算中心总人数的26%。具有本科以上学历者占计算中心总人数的2/3以上,其中2人具有博士学位,14人具有硕士学位,3人在读博士,2人在读硕士。本年度有1人获"正大"奖,1人获"摩托罗拉"奖。2001年9月计算中心行政领导班子换届。根据学校的要求于2001年对计算中心在编人员进行了岗位考核和重新聘任工作。

计算中心现在拥有各类用户近24000个,其中包括电话入网用户1960户,光纤家庭入网1350户,学生宿舍计算机入网8000个,校本部和医学部各单位入网微机有12000台左右,CERNET北京大学主节点用户90多个。

(孙光斗)

【校园网建设】 2001年实施了"985信息网络建设"项目第二年的计划。网络室完成了以下任务:

2月底实现了大学生(本科生)宿舍楼的联网。26、28、29、31、32、34B、35、36、37、38、40、41、42共13栋楼2000个信息点,每个房间1个信息点(除34B楼每个房间4个信息点外),到每个楼的带宽是1000兆,到房间的带宽是10/100兆自适应。学生楼45甲布有900多个信息点,于10月份联网。

2月底,CERNET北大主节点配置了一台千兆位高档路由器CISCO12000,北京大学校园网与CERNET网络中心实现了1000M速率的连接。

3月份,蓝旗营北大教员宿舍楼与校园网联网。共600个信息点,到每个楼的带宽是1000兆,到每家的带宽是10/100兆自适应。布线系统在基建时已完成,学校只提供网络设备。

4月底,实现勺园留学生宿舍楼的联网。勺园1~9号楼共9栋楼1000个信息点,每个房间1个信息点,到每个楼的带宽是1000兆,到房间的带宽是10/100兆自适应。

2001年10月,北京大学校本部全部学生(本科生、研究生和留学生)宿舍楼共35栋都联上网。建信息点6300个,多数楼千兆速率上联校园网,10/100 M交换到房间,学生宿舍联网的计算机8000台。

1998年11月,签署了CERENT华北地区北京大学主节点建设子专题合同。子专题的建设目标是:(1)建设和扩展华北地区主干网;(2)建设和扩展华北地区北京大学主节点;(3)根据中国教育和科研计算机网管理办法、安全管理协议和用户守则,建立规范的网络运行管理、网络信息服务和培训服务系统;(4)为天津市、河北省和北京市的高等院校、"211工程"重点学科点、省、市教委、高教厅和部分中小学提供中国教育和科研计算机网联网服务。

子专题建设任务是:(1)地区网络中心的基本环境建设;(2)网络服务系统建设;(3)网络中心的组织机构设置。

2001年7月份通过验收。

网络室还与清华大学、北京邮电大学、中国科学院网络中心、北京航空航天大学等单位共同承接了国家自然科学基金委员会的"中国高速互联实验网NSFCnet"的建设任务,开展了下一代互联网络关键技术的研究工作,主要研究内容包括高速光纤传输技术、高速计算机互联网络和高速网络环境下的典型应用及其关键技术等。该网络连接了五个承接单位及自然科学基金委,目前的带宽为2.5Gbps,2000年9月与InternetII连通,在中国第一个实现了与国际下一代高速网InternetII的互联。NSFCNET于2001年7月通过验收。

北京大学网络中心与思科公司合作开办了北大网络技术培训中心,这是思科公司在中国启动的第一批思科网络技术学院项目,目的是教授学生设计、构建和维护计算机网络的知识和技能。帮助教育机构克服资金和技术两大瓶颈,让更多的年轻人学习最先进的网络技术知识,为互联网时代做好准备。目前授权开设CCNA和CCNP两类思科认证职业网络技术培训课程,以校内师生为主,同时面向社会。自9月份起,先后招收了3个班,年底结业。

暑假期间及其后,与网络病毒展开了较量。(1)8月22日发现Sircam病毒,全校约有100个用户被感染。被感染病毒的用户发大量邮件,也有的是校外被感染病毒的用户,不停地给校内用户发大量邮件,Sircam病毒使两台邮件服务器不能正常工作。(2)9月5日发现CodeRed病毒。病毒使网络速度特别慢,延时达到200ms,且丢包率很高,丢包率为80%~90%,部分网络处于瘫痪状态。校园网主干节点(与CERNET连接)交换机第三层交换的CPU利用率已达到100%,其他路由器尚正常。检测出已感染病毒的计算机总共有840台左右。在发现病毒后,网络中心立即采取了多种措施,在广大师生网络用户的积极配合下,尽快控制了病毒的感染,网络恢复了正常运行。与网络病毒的较量成了经常性的重要工作,网络中心成立应急响应小组,并建立了相关主页pkucert.pku.edu.cn,及时为校园网用户提供网络安全的技术支持。

受教育部派遣,网络室有3人参加了西部大学的校园网络建设的可行性分析与调查工作。

(王一心)

【**管理信息系统建设**】 管理信息系统研究室主要从事管理信息系统的研究、系统集成和开发等工作。多年来为高校和社会上的企事业单位研制开发过不同规模、不同类型的管理信息系统,不少项目获得省部级奖励。

目前,该室作为北京大学管理信息中心的技术支持的实体单位,主要精力用于研究高校校园网络环境下的管理信息系统建设,主要承担了"北京大学管理信息系统建设"的规划设计、研制开发和运行维护工作,以北京大学管理模式为背景,研制高校校园网络环境下的管理信息系统。在系统研制开发中所采用的网络技术、数据库技术、复制服务器技术、面向对象的开发技术、图形图像处理技术以及客户/服务器与浏览器/服务器有机结合的体系结构,均属目前国际上成熟的先进技术。经过十年的努力,目前已有:"校内信息服务系统"、"本(专)科生教务管理信息系统"、"办公自动化系统"、"财务管理信息系统"、"人事管理信息系统"、"研究生教育管理信息系统"、"仪器设备和实验室管理信息系统"、"学工部管理信息系统"、"外事管理信息系统"、"综合查询与统计系统"、"科研管理信息系统"、"继续教育管理信息系统"、"保卫部管理信息系统"等13个系统在北京大学校园网络环境下投入运行。上述13个系统中有9个系统先后通过了教育部主持的专家鉴定,专家们一致认为这些系统的"整体水平已处于全国同类系统的领先地位"。由该室研制的高校校园网络环境下的管理信息系统已向全国各高校转让。到目前为止已有中山大学、华中科技大学(原华中理工大学)、内蒙古大学、大连铁道学院等30多所大学和教育部的有关司局不同程度地使用了由该室研制、开发的管理信息系统。北京大学管理信息系统的建设工作在全国高校中处于领先地位。

2001年北京大学管理信息系统建设进展和成果如下:(1)1月研制研究生选课系统,并于2001年9月投入试运行。(2)2月启动开发"科研管理信息系统",5月开始分模块提供科研部使用。(3)3月"北京大学档案馆管理信息系统"中的文书档案的录入、检索工作在校园网上实现,10月实现与"研究生教育管理信息系统"、"本(专)科生教务管理信息系统"、"科研管理信息系统"、"外事管理信息系统"间的信息共享,根据上述系统的信息自动形成学生档案、科研档案、外事活动等部分档案。(4)4月,通过"校内信息服务系统"以浏览器方式向全校教职员工提供本人工资查询、向科研课题负责人提供相关账目查询、向各部门领导提供所管辖部门的财务账目查询,方便了全校教职员工,使北京大学的财务管理进一步公开。(5)6月,"财务管理信息系统"通过了教育部主持的专家鉴定。与会的有财政部、教育部负责财务工作的领导、兄弟院校的财务处长及计算机专家,专家们一致认为该系统"运行稳定、可靠、效益显著,是目前高校校园网络环境下运行的同类系统中集成度高、功能强的系统。处于领先水平,同意通过鉴定,建议在高校中推广应用"。(6)10月,"研究生教育管理信息系统"通过国务院学位办验收。(7)支持共建学校内蒙古大学。给内蒙古大学安装了"校内信息服务系统"、"仪器设备和实验室管理信息系统"、"研究生教育管理信息系统"、"学工部管理信息系统"、"财务管理系统"等5个系统。(8)10月,开始研制校园一卡通示范工程学生上机收费系统。(9)11月~12月,研制北京大学医学部财务系统并与北京大学财务管理系统接轨。(10)11月,"保卫部管理信息系统"开发测试完毕,并在保卫部安装运行。

(孙绍芳)

【**运行室工作**】 运行室主要负责全校文、理科计算机教学环境(跨网段NT教学网)的规划、设计、实施;微机、网络设备及服务器、系统软件、应用软件的选型、教学环境维护、更新换代、教学机时的安排调度、资源的合理分配和利用;账户、文件资源的维护和管理;提供全校师生教学科研用机,2001年1月至12月运行室完成了以下任务:

(1)校文、理科计算机大型实验室硬件升级及功能扩充:①内存由64MB升级到128MB。多媒体教学软件的不断升级对内存空间要求越来越大,像photoshop,3D-maps等应用软件在64MB内存情况下基本上不能运行;严格按商业规范及性能指标要求,内存由64MB升级到128MB,600台文祥机使用近两年,所有内存未发生任何问题,升级到128MB后明显提高了多媒体教学软件的使用效率。②8个机房电源增容。机房电源超负荷运转,尤其是夏天用空调的情况下,有时半小时掉电三次,严重影响了教学秩序和教学质量,在不影响正常教学的情况下,对机房电源进行了合理增容及负载平衡,掉电得到控制,保证了教学秩序和教学质量。③ 内存条安全保护功能的扩充:500台文祥微机机箱内硬盘前增加内置固定金属挡板,避免周末机房通宵开放时机器内存条处于不安全的状态。

(2) 校文、理科计算机大型实验室软件升级及功能扩充:① 在校文、理科计算机大型实验室硬件升级及功能扩充的基础上,使实验室公共基本软件具备齐全、版本新、功能强、一致性好、实用性强;② 多媒体机房安装写保护软件,进一步提高了机器的完好率;③ 升级两个多媒体机房 E-school 教学软件,由两个独立的管理模式升级到一个独立的安全集中模式,以解决两个多媒体教室之间相互干扰的问题;④ 更新音响设备:100台多媒体机器更新耳麦;⑤ 备份系统、应用软件,大大提高了维修的速度和质量;⑥ 规范随机、日、周、月、季度及学期维护,保证了正常教学,提高了资源的利用率。⑦ 查杀各种病毒:2001年病毒种类之多、水平之高,创造了病毒史之最,除流行的公共病毒以外,还有一种只有北大计算中心惟一存在的 WIN32/TNIT 病毒,这类病毒世界上共15种,专门感染执行文件,几乎造成全部微机中毒,8台服务器其中3台系统不能启动,在多次更新防毒软件的同时,600台机器重新恢复2~3次,保证了全校师生的正常使用。⑧ 完成了160万机时。⑨ 清理97级和98级本科账号、文件空间。

(3) 高性能并行处理机的机房建设、运行和维护管理:北京大学 IBM RS/6000 SP 高性能并行计算系统由学校于2001年投资100万美金购得,计算中心负责机器的运行和维护管理。IBM 并行机可以方便地进行 SMP 和 MPI 方式的并行处理,这种并行算法对科学研究是非常重要的,计算能力的提高使得对更大规模问题的求解成为可能。北京大学 IBM RS/6000 SP 由4个高节点组成,每个节点内有 RISC 结构、主频 375MHz 的16个 CPU,每节点的 CPU 共享16G 内存,节点内置硬盘存贮36G,整个系统外挂7133磁盘阵列,容量1T,以 RAID5 配置给每个节点250G。4个节点之间通过千兆以太交换机进行数据交换。用 LINPACK HPC 的方法来测量节点内16个 CPU 的并行计算性能,实测值17934Mflops。操作系统为 AIX4.3。装有 FORTRAN,C 和 C++ 编译软件和并行作业调度软件 Load Leveler。机器投入使用以来在生物信息研究的微生物进化关系、生物基因组分析和力学工程、地震学等方面的应用方面表现出极大的优势和广阔的应用前景。

(4) 工程技术:和网络室共同完成昌平园区校园网120个节点的一期工程,提高了教学质量,同时连通了 Internet,结束了学生不能在昌平园区内上 Internet 网的状况。

(丁万东、孙爱东)

【成人教育】 在成人教育方面,自1993年开始受北京大学成人教育学院委托,对该院计算机专业学生实施教学与管理。所办专业包括计算机函授本科、计算机夜大学专科和本科、计算机脱产专科和本科等,9年来共招收各种班级22个,学生1265名,已毕业677人。目前在校学习的有8个班,共有588名学生,其中本科452人,大专131人。同时,计算中心还承担了北京大学继续教育学院的计算机专业本科入学考试中专业课的培训辅导、考试出题和判卷任务。在培训过程中,教师工作态度严谨,为成人教育摸索和积累了许多有益的经验。培养出的毕业生知识面广、基础扎实、动手能力强,深受用人单位的欢迎。

(孙光斗)

医学部信息中心

【人员情况】 2000年完成定岗工作后,信息中心现有人员10人,其中高级工程师3人,工程师6人,助工1人。中心主要工作为网络建设与维护、网上信息的建设、职工计算机及网络知识的培训等。

【网络建设】 2001年完成4所附属医院(第一医院、人民医院、口腔医院、肿瘤医院)与医学部网络的光缆互联,光缆总长度为30公里,现六所附属医院网络均已用光缆联入医学部的网络中。

办公区的全部办公室、教室、实验室及学生区的本科生、研究生宿舍都已连入网络,总信息点约5000个,分布在30多幢楼中。家属区的宽带网络正在建设中。

网络主干由原来的155兆 ATM 转为千兆交换网络,实现了主干带宽为2000兆,各楼到主结点为1000兆,10/100兆到桌面计算机的整体宽带网络。

中心现有各种服务器20余台,其中 SUN E3500、SUN E3000 各1台,SUN E250 4台,SGI 服务器4台及 PC 服务器10台。

目前网络提供电子邮件服务、主页服务、文件服务、网络图书馆、办公自动化服务、MIS 管理系统、生物医学信息服务、网络课件、新闻中心、网络杀病毒服务、VOD 视频点播服务、网络电视服务等等。

【信息建设】 参考校本部及各附属医院的编码,制定医学部编码系统。

从校本部引入人事系统、教务系统、设备系统三套管理信息系统在医学部安装调试,按医学部要求进行修改,帮助导入数据,培训用户;对其他管理信息系统做一些接口工作。

为托管服务器单位进行网页制作、内容上传等培训,使其能熟练地完成网上提供信息服务。

建立新闻中心及视频新闻服务器、网络电视系统等应用。

继续参加生物医学信息网站的建设工作。

【培训工作】 举办用户培训班约30周,每周3学时,每次约25人。

举办医学信息资源检索、网络基础知识介绍、网页制作、Excel应用、宽带网介绍及校医院、体育部、保卫处等部门的计算机网络培训班。

医药卫生分析中心

【体制改革工作】 根据北京大学医学部"关于下发《北京大学医药卫生分析中心改革方案》的通知",为加强医药卫生分析中心建设和管理,集中医学部"985行动计划项目"财力2500万元,发挥北京大学医学部学科优势,医学部与各学院共建共管,专管共用资源共享,使医药卫生分析中心真正做好各科研单位技术保障和高水平完成分析测试任务,北京大学医学部于2001年6月21日召开了北京大学医药卫生分析中心改革动员大会,改革动员大会由设备与实验室管理处处长周文平主持,医学部主任韩启德作动员讲话。参加改革动员大会的还有医学部副主任林久祥、柯杨等有关领导及原医药卫生分析中心和国家重点实验室部分职工。2001年下半年,由5位博士组成的领导班子,完成组建并新组建医学与生物(细胞)分析室、放射性药物联合实验室、药学与化学分析室、卫生与环境分析室4个测试实体。新组医学与生物(细胞)分析室,由新建蛋白质组学研究室、原基础医学院电镜室和细胞分析室组成;新建放射性药物联合实验室,是由北京大学医学部和原子能院同位素所共同组建;新组药学与化学分析室,是由原北京大学医学部医药卫生分析中心波谱室和天然药物及仿生药物国家重点实验室仪器组合并、重新组建而成。同时完成了四个测试实体近2500平方米实验室和公共场所近400平方米改造装修工作,并正在完成近1379万元的大型精密仪器的更新定购任务。通过对中心的体制改革、重组,适应建设一流大学所要求的新的医药卫生分析中心,进行了资源配置的优化。已初步建成现代化大型医药卫生分析测试的技术平台,促进了学科整体科研水平迈向新的台阶。2001年10月通过国家计量认证复查换证,评审意见是:"该中心组织机构健全,质量保证体系运转正常,仪器设备运行状态良好,工程师以上人员占总人数86%,人员素质高。""经国家计量认证高校评审组考核和审查,认为该中心已具备按国家及国际颁布的有关技术标准、规范进行分析测试的条件和能力,符合计量认证复查换证的要求,同意通过计量认证复查换证的评审。"

医药卫生分析中心主要科研项目:

"居室环境中涂料和材料对人体健康的影响"和"居住环境监测与对人体健康的研究"的子项目"居住环境中主要建筑、装饰材料样品检测及分析研究",2项科技部社会公益"绿点认证"研究专项资金。

【医学与生物(细胞)分析室】 (1)测试服务。① 流式细胞计FACScan年共测试样品1万多个,机器运行超1200小时。流式细胞计FACS Vantage SE分选机时超过800小时。此两台流式计创收3.5万元。② 像分析仪Leica Q550IW运行650小时,创收近1万元。③ 新的激光共焦显微镜Leica TCS SP2完成了安装调试,并投入了试运行,激光共焦显微镜Leica TCS NT运行超过1000余小时。共创收1.5万元。

④ 电镜:透射电镜JEM1230和扫描电镜JSM4500LV各运行近1000小时,创收3万元。

(2)教学工作。医学与生物(细胞)分析室2001年继续为全校研究生开设了"细胞分析与定量"课,研究生人数为30余人,还辅导了免疫系研究生班和科大生物系研究生班200余名研究生上机。

(3)科研工作。① 医学与生物(细胞)分析室和其他教研室合作,共同完成论文十余篇,第一作者文章5篇。科研课题:"无菌分选"、"免疫树突状细胞研究"、"母体中胎儿细胞的分选"、"各种细胞转染绿色荧光蛋白的研究"。基础免疫室"狼疮小鼠BXSB自身反应性T细胞免疫生物学分析"、"狼疮病人外周血自身反应性T细胞建立"和"小鼠脾CD4+CD25+T细胞建立"。干细胞中心的"全能干细胞的分选和培养"和"人神经干细胞、人角膜干细胞和人胰岛素干细胞的克隆与鉴定"。

(4)实验室建设。完成1台激光共焦显微镜的安装和调试工作,完成了1台流式细胞计和FACS Vantage SE升级的合同签订工作。学校"211工程"拨款20万美元,购置1台LRS流式细胞计,为新仪器的到来做了实验室装修和人员培训工作,并积极开展开放实验室工作。原基础医学院电镜室,归到医学与生物(细胞)分析室。

(5)新仪器新功能的开发。2001年度接受了"985工程"办公室的大型激光共焦仪Leica TCS SP2的购置和安装任务,安装后即投入试运行。同时,又集中力量对FACSVantage SE流式细胞计进行继续开发,此仪器的Sorting、Sterilizing Sorting、Clonecyt Sorting、Index Sorting等功能均已开发出来，并已投入正常使用。此台仪器已成为最繁忙的仪器，为学校基因组、T细胞室等学科和医科院、校本部、中科院动物所等单位完成许多重大课题。

（6）新建一个蛋白质组学研究平台。为了加强医学部蛋白质组研究、细胞基因、干细胞研究等重点学科课题的顺利进行，学校经过充分论证，正在中心建设生物质谱实验室，购置高档Q-TOF生物质谱仪相应的辅助设备，"985行动计划"项目已投资500万人民币。该实验室的建立将对医学部生物医学研究的深入进行做出积极贡献。为建设现代化的蛋白质组学研究技术平台，深层次研究蛋白质的构象及与药物分子的相互作用，在分子水平研究健康与疾病的相关，与生物质谱配套进行研究，学校在医学与生物（细胞）分析室新建蛋白质组学研究室，已开始仪器的选型和仪器论证。

【放射性药物联合实验室】 北京大学医学部放射性药物联合实验室成立于2001年3月，是由北京大学医学部和原子能院同位素所共同进行建设，目的是本着优势互补的原则，共同发展。分子生物学的发展更多地运用了同位素技术，同样放射性药物的发展更加依赖于分子生物学，特别是单克隆抗体放射性药物、受体放射性药物以及基因放射性药物等。北京大学医学部在生物学和医学方面具有明显的优势，原子能院同位素所在放射性核素的制备及应用方面一直在国内处于领先地位。二者的有机结合可谓是强强联手，是产、学、研相结合的典例，对我国生物学和医学的发展都会起到积极的作用。联合实验室的任务有以下三个方面：（1）进行放射性药物的研制与开发，近期内跟上国际发展步伐，研制出具有国际水准的放射性新药，并应用于我国核医学，在将来希望能研制出具有自主知识产权的放射性药物。科研成果进行转让和进行产业化。（2）为全校的科研提供同位素技术支持和服务。（3）承担医学部的本、专科学生和研究生的教学。联合实验室的发展目标是努力建成国际一流的放射性药物实验室。目前实验室已配备了先进的仪器设备，包括全自动(计数器、液闪仪、放射性薄层扫描仪、高压液相色谱、活度计、层析柜、超纯水系统、生物纯化系统、辐射防护设备等，并建有GMP实验室，实验室的硬件设施已达到国际一流水准。3名从美国和欧洲留学归来的主要研究人员也已陆续到位，他们在多肽及单抗放射性药物、体内治疗药物以及PET药物的研究方面具有特长，是目前我国此领域最具实力的研究团队。实验室采取固定人员与流动人员相结合的管理模式，聘请国内外的专家和学者担任客座教授和客座研究员。实验室即将承担国家"十五"科技攻关项目"体内诊断及治疗放射性药物的研究"，并将与北京大学干细胞研究中心、中国人民解放军总医院核医学科共同承担国家"863"重大专项"神经系统疾病的干细胞治疗及PET诊断"。另外，实验室还将与干细胞研究中心、人类疾病基因中心、免疫实验室等以及国内外有关单位合作，研制新型的PET药物、受体药物、单抗和多肽药物以及基因药物等。实验室的发展已呈现出良好的前景，估计在2003年底，将建成国内最好的放射性药物研究和开发中心。

2001年，实验室的工作包括以下内容：（1）3～4月，实验室组建。（2）5～7月，向北京市卫生局、公安局和环保局申请实验室改建和实验室升级（由二类丙级升至二类乙级），完成各项检测以及环境评价报告书、放射卫生评价报告书，进行实验室的设计。（3）8～10月，实验室改建，订购仪器。（4）11～12月，实验室开始工作，逐步步入正常运转，调试仪器，准备教学工作。（5）进行人员结构调整，吸引留学生回实验室工作，聘请有关人员担任客座研究员。

目前实验室各项工作逐步就绪，已开始承担部分校内外测量工作。科研工作正在准备阶段，即将全面启动。教学工作也在准备中，下学期将为本、专科学生和研究生开设"实验核医学"。

【药学与化学分析室】 药学与化学分析实验室是由原北京大学医学部医药卫生分析中心波谱室和天然药物及仿生药物国家重点实验室仪器组合并、重新组建而成，成立于2001年10月。该室拥有较先进的仪器设备，主要仪器有：Varian INOVA-500型和Gemini-300型核磁共振波谱仪、JEOL AL-300OV型核磁共振波谱仪、Bruker ESP-300型电子自旋共振波谱仪、SGI Octane 2工作站、MDS SCIEX API QSTAR液相色谱—质谱联用仪、Finnigan TRACE 2000气相色谱—质谱联用仪、VG ZAB-HS-MS质谱仪、LDI-1700激光辅助电离飞行时间质谱仪、瓦里安Cary Eclipse型时间停留荧光光谱仪、瓦里安Cary 300型时间停留紫外光谱仪、JASCO J-20C自动记录圆二色散光谱仪、尼高力Nexus 470型傅里叶变换红外光谱仪、PE 240C型元素分析仪、超速和高速离心机等，已建成基本满足药物研究和教学需要的平台。现有科研、教学、教辅、技术人员等16人，包括副高级职称以上人员5人，4人具有博士学位。

（1）测试服务与创收。① 300NMR运行2000小时，测试服务收入2万元。② 元素分析仪测样80个，运行300小时，测试服务收入0.3万元。③ MALDI—TFO质谱测样80余个，运行2000小时，测试服务收入1万元。④ GC—90气相色谱仪运行800小时，测试服务收入0.8万元。

(2)教学工作。NMR、FAB、TFO等仪器给药学院100多人上的演示实验课。

(3)仪器维修与维护。TFO飞行质谱仪购置激光管及计算机升级,FAB质谱仪完成工作站改造工作。

(4)"985"仪器申请书论证报告及专家论证报告、"985"办公设备多份报告及经费申请报告,撰写2000年的年终总结报告等。

(5)完成了"房屋环境中涂料和材料对人体健康的影响"的科技部专项基金项目协作课题(包括调研、购置材料、对改造装修后的家庭及购置材料监测和分析测试等)大量工作。

【卫生与环境分析室】 2001年主要工作完成情况:

(1)在校设备实验室管理处和校分析中心的统一领导组织下,随同分析中心于2001年10月通过国家换证复审。

(2)完成国家自然科学基金项目"小麦粉和人发标准物质中15种稀土元素含量定值研究",并于2001年4月获得国家技术监督局[2001]97号文批准颁发的"GBW09101a人发中稀土元素成分分析标准物质"和"GBW08503小麦粉中稀土元素成分分析标准物质"两种国家一级标准物质证书。

(3)获建设一流大学"985工程"项目200万元。

(4)完成科研项目:

① 公卫学院徐厚恩教授的国家自然基金重大课题主要合作项目"农用稀土低剂量长期作用的毒理效应和机理研究"中负责12种动物器官、组织的痕量稀土元素的质控和监测,经费5万元,发表文章5篇:"小麦粉和人发一级国家标准物质中稀土含量定值研究"(卢任程、王耐芬、尹明、单孝全等,《中国稀土科技进展》,中国稀土学会编,2000;"ICP-MS法对人发中痕量稀土元素的均匀性检验"(刘虎生,光谱学与光谱分析,20卷4期,2000年为SCI收录);"ICP-MS法测定中国参考人组织样品中痕量钍、铀、铯含量的研究"(王耐芬、诸洪达等,现代仪器,第一期,2000年1月)其中1篇被SCI收录。

② 西医学院颜世铭教授的国家自然基金重大课题重要合作者项目"环境稀土污染与健康效应"中空气、水、食物、蔬菜中13种环境样品和人血中15种痕量元素质控与监测,经费4.7万元。

③ 北京市课题主要合作项目"铅污染对母婴的影响"中的乳汁和全血痕量铅质控与监测,经费2.6万元。

④ "绿点认证"。这方面有着其他单位无法比拟的优势,既有仪器分析的手段,又有健康评估的科研力量。所谓"绿点认证"是指对于装修材料进行科学、公正、权威性的评估,符合环保要求的产品将给予"绿点认证",承认其为"绿色产品"。

⑤ 开设研究生课程:2001年9月份首次正式开出面对全校的研究生课程;同时还获得公共卫生学院领导批准,招收研究生列入全院计划。

⑥ 先后引进2名科技人才。

下一步计划开展的工作有:

(1)生性寄生虫金属抗药性的研究(与加拿大CHUL合作)。此项工作已经于20021月份开始,正在顺利进行。加方对中方的实验结果十分满意,并对中方提出的一些实验设想大为赞赏。通过这次合作,将使得该室从过去单纯测定元素总量提升到测定元素在生物体内的价态和形态,从而令科研水平上一个档次。此外,该室将和加方共同发表文章,并会获取一定数额的经费。

(2)同位素稀释法测定环境样品中痕量元稳定素(与荷兰NMi合作)。通过努力与位于荷兰的欧盟重点实验室NMi达成长期合作意向,原定2002年5月前往合作研究三个月,后因故改为9月派欧阳荔副研究员作为第一批合作人员前往工作三个月。通过此项长期合作,将使①在制备环境和生物样品标志物方面走到全国的前列;②配合医药卫生研究需要开展稳定性同位素示踪研究,从而避免以往放射性同位素弊端;③令即将更新的ICP-MS发挥更大的作用。

(3)生命元素谱。通过查阅大量文献,并结合现有仪器设备条件,参照人类基因组计划,首次提出了"人类生命元素总谱"的概念,旨在利用现代化测试手段对生物样品中所有元素及其形态、价态进行分析,以求获得全面、系统并具有统计学意义的科学数据。作为人类生命元素谱计划第一阶段,将首先致力于建立"人发生命元素总谱"。因为该谱图涵盖了人类头发中所有可以检测出的元素,提供的信息丰富而全面,远非以往仅仅检测人发中若干元素所能比拟,因而在基础理论和应用研究上都具有相当重要的意义。通过正常生命元素谱与异常生命元素谱的对比,并附以多元线性回归分析,所获成果将会在疾病诊断、治疗效果跟踪、发病机理的探索、远程普查以及环境监测等诸多方面发挥巨大的作用,并将在该领域处于国际领先地位。

(4)加拿大魁北克医学研究基金会项目。大力促成加拿大麦吉尔大学教授Jean-Paul Collet博士与医学部众多院所(公共卫生学院、天然与仿生药物重点实验室、药学院、神经研究所、肿瘤医院等)的合作,例如:临床流行病研究与培训中心、传统医药的评估等。

【计量认证复查换证评审工作】 医药卫生分析中心自1996年6月20日国家技术监督局高校计量认证评审组计量认证评审,至今已满

5年,根据计量认证评审JJG1021-90文件(即50条)的要求,计量认证工作满5年前要提前半年提出计量认证复查换证评审申请。经向国家技术监督局高校计量认证评审组申请,批准2001年10月进行计量认证复查换证评审工作。计量认证工作是大型精密仪器标准化、规范化和法治化管理的可靠保证机制,目的是使检测机构适应市场经济需要,逐渐与世界经济接轨,保证其所检测样品测试数据科学、可靠、准确,同时具有法律效力。

2001年10月21日至24日国家计量认证高校评审组组长刘忠敏教授(北师大)及组员李景奇处长(教育部)、王兴国教授(兰州大学)、秦建侯教授(清华大学)等4人(北京市技术监督局一人因事未参加)进驻学校,对医药卫生分析中心进行计量认证复查换证评审工作。专家们对1999年12月计量认证中期检查后以来的各项工作,按照JJG1021-90文件(即50条)的要求,对中心的质量保证体系运行情况、仪器状态、人员上岗情况、执行管理手册情况、出具公证数据的原始材料以及实验室条件、环境卫生等各个方面都逐条逐项地进行了全面的检查评审。现场考核6个样品,涉及9类20台仪器,基本涵盖了所申请的4大类22个项目的内容。专家们对20台仪器的工作状态、测试能力进行了考察,占所申请仪器总数的55%。考察的结论是:"该中心检测人员业务素质良好,样品检测结果与标准值相符合,仪器运转状态正常,提供的10份检测报告均符合计量认证的要求。"专家们同时对21名工作人员进行了现场软件口试,内容包括计量认证法规、产品质量机构考核规范、数据修约及中心质量管理手册中有关人员岗位责任等方面,口试结果成绩良好。10月,通过国家计量认证复查换证,评审意见是:

"该中心组织机构健全,质量保证体系运转正常,仪器设备运行状态良好,工程师以上人员占总人数86%,人员素质高。""经国家计量认证高校评审组考核和审查,认为该中心已具备按国家及国际颁布的有关技术标准、规范进行分析测试的条件和能力,符合计量认证复查换证的要求,同意通过计量认证复查换证的评审。"

出具的计量认证报告有:"鼎突黑蚂蚁氨基酸成分"分析2份,"酒"成分分析、GROWTH YOUNG FACTOR共4份。检测项目共三大类21项。

(王靖野)

实验动物科学部

【发展概况】 实验动物科学部在医学部领导下,经过竞争上岗和群众民主评议于2002年2月19日产生了新一届领导班子。杨果杰任实验动物科学部主任、周淑佩任实验动物科学部副主任。新领导班子制定了动物部今后三年的发展规划和近一年的工作计划。力争将实验动物科学部办成以动物实验和研究特殊品种品系(转基因、疾病动物模型)动物为主的能与国际接轨的,高水平、专业化的国内一流的动物实验研究中心。启动新动物楼,按照国家标准改建旧动物楼,制定和修订管理规章制度,为教师和科研人员提供合格的实验动物和合格的动物实验设施。并向全体职工提出"注重实验动物质量,改善服务态度,为建设世界一流大学做贡献"的口号。在2001年生产供应各种实验动物8万余只(其中大小鼠约6万只)。接受动物实验约210项。

在2001年实验动物科学部获得"985"项目资金350万。以杨果杰主任为领导的新楼启动工作小组积极组织专家论证,制定改造方案,监督施工质量,把新动物楼洁净度从原设计的10万级(清洁级)提高到万级(SPF级)水平,楼内增设室内温湿度、压力、电视监视和背景音乐系统。

在新动物楼改造的同时多次请专家对旧动物楼改造也进行了论证,三个厂家拿出改建设计图纸和改建经费预算。

"985"项目资金主要完成了新动物楼如下改建工作:

新动物楼的改建:一层大门、监控室、接待室、更衣室、卫生间改建,内环境温湿度、室内压、电视监视系统,楼内网络系统(计算机、电话、广播、背景音乐)二层202、204、205房间的改建和粉刷;206—210房间拆除夹壁墙,改用彩钢板、增设排风管道,三层305、307室改建成定向流系统,重铺二、三层消毒外室、内室地砖,重铺三层隔离器室地面,更换2个和增加1个紫外线传递窗,更换部分铝合金玻璃门,更换全部水池为不锈钢水池,制作楼内各层平面图、标牌、指示说明及标志等,全楼墙面维修和重新粉刷,新动物楼所需配置的隔离器、铝合金层流柜、不锈钢定向流柜、电脑、洗衣机等设备到位,为启动新楼做好了准备。改建了旧大门,新造单位标志牌。建立了绿草丛围红砖镶嵌金字的单位标志牌。

新建教学基地和新建会计室外走廊,增添了投影仪、数码相机、数码摄像机、复印机等,目前已培训北大一院、继续教育、清华紫光药业、动物部职工约400人次。新建会计室室外走廊。

通过全体人员的努力,新动物楼在5月31日通过北京市实验动物管理委员会组织的专家验收,获得了科技部和北京市科学技术委员会颁发的SPF级的实验动物生产和使用许可证。

12月,通过北京市实验动物

管理委员实验动物许可证年检。

12月24日,宣布实验动物科学部由北京实验动物中心代管。

【教学与培训】 校内外的教学工作:

(1)教学:从业人员上岗证培训(25小时)1个班。14人通过考试获得市科委颁发的从业人员上岗证书。完成继续教育培训15学时。杨果杰、田枫参加市科委组织的"实验动物学讲义"的编写。

(2)本部人员的培训工作:部领导和职工们非常重视自身的继续教育,积极参加各类学术讲座,拓宽知识层面。在新动物楼启动之前,安排全体职工学习SPF设施的使用和管理,共计10次课程,参加学习人数达370人次。3名员工正在攻读在职硕士学位,6名员工先后到上海等地学习和培训。

2001年动物部共发表论文13篇。

【国际交流】 动物部领导积极开展国际间友好交流,先后接待了14名各国来宾来访。洽谈技术投资,商讨合作研究和建立友好关系。

4月,日本国际协力财团(JICA)金子丰藏、水野明夫教授等四人参观来访。

5月,杨果杰主任作为中国实验动物学会代表团副团长同原动物部王兆绰主任赴日参加日本2001年实验动物科技大会。

11月,日本佐藤坚治一行四人来访本部。其中渡边良一先生作了题为"日本实验动物设施设备"的讲座。

12月,日本熊本大学浦野彻教授等一行四人到访。其中中泻直已教授作了"冷冻胚胎和冷冻小鼠精子库介绍"的学术报告。

12月,美国杰克逊研究所国际部主任和查里士河亚太地区经理访问了实验动物科学部。

【建立北京市第一座动物慰灵碑】 为倡导爱护动物,保护动物的精神,宣传"减少、替代、优化"的3R原则,实验动物科学部建立了北京市第一座动物慰灵碑,以纪念为人类健康作出贡献的实验动物。纪念碑主体由汉白玉雕刻,形似显微镜,象征洁白无瑕,代表现代文明,预示着生命科学研究和实验动物事业蒸蒸日上。

(实验动物科学部)

管理与后勤保障

发展规划工作

【概况】 进入21世纪,国际、国内形势发生了新的、深刻的变化。对于北京大学而言,一切工作的中心就是创建世界一流大学。2001年2月20日,北京大学第431次校长办公会审议并通过成立以校长许智宏为主任的北京大学规划委员会,下设学科规划委员会、事业规划委员会、校园规划委员会三个专门委员会,同时还通过了《北京大学规划委员会工作章程》、《北京大学学科规划委员会工作章程》、《北京大学事业规划委员会工作章程》、《北京大学校园规划委员会工作章程》、《北京大学关于校属实体机构设置或调整的申请与审批程序的规定》等重要文件。以上委员会的日常工作由发展规划部负责,初步形成了发展规划规章制度体系。

2月26日,在北大校园网上开通了"发展规划部主页"。该主页除了向广大师生介绍发展规划部的职能配置、人员组成、内设机构、工作动态以外,还专门设置了"部长信箱"。自"部长信箱"开通后,陆续收到全校师生有关学校发展规划等方面的大量来信,发展规划部均及时回复,并不同程度地予以采纳。

6月27日至7月6日,发展规划部在全校范围召开9次专题座谈会,先后与各方代表共计151人次进行了座谈,在此基础上,适时对《北京大学创建世界一流大学规划》进行了修订。全年共编辑《发展规划部简报》46期,《环境保护与辐射防护简报》6期,《发展规划资料选编》3期。共组织召开了6次校园规划委员会会议、3次事业规划委员会会议、2次学科规划委员会会议、2次发展规划专家组会议、2次有关学院组建的专题研讨会、13次校园规划办公室会议以及5次专题讨论会。对国际关系学院大楼方案、考古文博院大楼等学校有关单位建设项目的立项申请共150余项进行了认真的论证和审核,回复《校园建设项目审批意见书》85份。还积极参与北京大学深圳研究生院、北京大学青岛分校的筹建工作,积极参与对口支援石河子大学的工作。

为庆祝中国科学院院士、北京大学城市与环境学系侯仁之教授九十华诞,12月3~4日,发展规划部主办了"海峡两岸——大学的校园"学术研讨会,对于活跃学术研究、推动海峡两岸的文化交流起到了积极作用。此外,发展规划部还通过部门例会等形式对有关学校发展的重大课题进行研讨。并依托发展规划专家组及校内有关专家,积极进行课题研究。《北京大学结构与规模研究》已经取得阶段性成果,还将继续开展《北京大学稳定机制研究》、《北京大学人才培养与人才队伍建设》等项研究,为学校的发展献计献策。

【修订规划】 为了贯彻落实江泽民总书记在庆祝北京大学建校一百周年大会上的讲话精神,在学校直接领导下,1999年6月在"985"计划启动之始,发展规划部初步完成了《北京大学创建世界一流大学规划》(以下简称"《规划》"),这是北京大学在21世纪初叶基本建成世界一流大学的中长期发展战略规划。

在《规划》的运行过程中,2000年4月,原北京大学与原北京医科大学顺利合并,组建了新的北京大学,修订《规划》成为学校的一项重要工作,由校长许智宏和常务副校长迟惠生、韩启德具体负责。

首先,对《规划》中的校园规划部分进行了进一步的细化和完善,包括完成医学部园区规划与校本部校园规划文本的汇总、修改校园基础设施规划和信息网络建设规划、增补校园环保专项规划和昌平园区总体规划。

其次,在科学归纳和整理的基础上,结合医学部发展规划,发展规划部对《规划》作了初步修订。2001年2月28日,形成《规划》的修订初稿,送交校领导审阅。3月底,根据校领导审阅、批转的意见,发展规划部专门召开部务会议对《规划》修订工作进行认真研讨,将《规划》的六个附件全部汇总、修改完毕,并将附件中的有关内容加到了正文当中,使正文的内容更为明确,并于4月20日将《规划》修订稿再次送交校领导审阅。

6月中旬，根据校领导的指示，发展规划部对《规划》修订稿又作了一次修订，并将《规划》的六个附件压缩为三个附件，于6月18日形成新的修订本。至此，在全校范围广泛征求修订意见之前，《规划》已经数易其稿。

6月下旬，发展规划部又一次在全校范围广泛征求修订意见：在校园网上公布了《规划》的概要，并按单位分发《规划》全文。6月27至7月6日期间，通过召开9次专题座谈会的形式广泛征求大家意见，先后邀请部分著名学者、离退休老同志、职能部门和院系负责人、工会代表、教代会代表、民主党派和无党派代表、普通教师代表等共计151人次进行座谈。会后，及时总结各种意见和建议，形成了9期专题简报，在全校范围下发，并于校园网上及时公布。除此之外，还大量收到全校师生有关规划修订的书面建议，在反复研究的基础上，对其中具有建设性、可行性的建议予以采纳。在此基础上，对原修订稿又一次进行了认真的修订，于7月30日形成了定稿本。

修订后的《规划》以"三个代表"重要思想和江泽民在庆祝北京大学建校一百周年大会上的讲话为指针，深入考察国内外高等教育改革与发展的成功经验，认真分析学校的风雨历程和客观现状，对北京大学的历史使命、奋斗目标、发展战略以及学科建设、队伍建设、管理体制、运行机制等事关学校改革发展的根本问题形成了科学明确的思路。全文30多万字，256页，包括以下部分：(1)前言；(2)机遇与使命；(3)改革与建设；(4)步骤与前提；(5)结论；(6)附件：北京大学学科规划、北京大学事业规划、北京大学校园规划、北京大学附属医院发展规划。描绘了从1999年至2015年北京大学改革发展的蓝图，催人奋进。

【制度建设】 为进一步加强对全校整体规划的协调和领导，使学校的事业规划、学科规划、校园规划更加科学和合理，并使制定出的全校整体规划能切实有效地指导各项工作，2001年2月20日，北京大学第431次校长办公会审议并通过成立以校长许智宏为主任的北京大学规划委员会，下设事业规划委员会、学科规划委员会、校园规划委员会三个专门委员会。各委员会的日常工作由发展规划部负责。

学科规划委员会主任为常务副校长迟惠生，主要职能是：根据学校办学的指导方针，对涉及与北京大学学科规划有关的议题进行审议；根据学校整体规划和学科规划，对学校发展规划专家组关于校属学术实体机构设置的初审意见进行审议；根据学校办学规模的规划，对学校每年各类学生招生规模的调整计划进行审议；根据学科内在发展规律，对诸如学科建设、调整、交叉、整合等若干重要方面的发展进行审议。

事业规划委员会主任为校党委常务副书记、副校长闵维方，主要职能是：根据学校办学的指导方针，对涉及与北京大学事业规划有关的议题进行审议；根据学校整体规划和事业规划，对学校发展规划专家组关于校属非学术实体机构设置或调整的初审意见进行审议；根据学校整体规划和事业规划，对各单位要求增减人员编制的申请进行审议。

校园规划委员会主任为副校长林钧敬，主要职能是：根据学校办学的方针及学科规划和事业规划，对涉及与北京大学校园规划有关的议题进行审议；根据校园总体规划和学校发展的需要，每年度审议一次由发展规划部组织编制的校园近期建设规划；根据校园总体规划，对校园重要建设项目的立项申请进行审议；根据校园总体规划，对建设过程中出现的问题进行协调、讨论并向北京大学规划委员会或校长办公会提出建议；制定北京大学校园建设和管理章程，保证校园规划的顺利实施。

【学科规划】 4月10日，北京大学学科规划委员会召开成立后的第一次会议。会议主要就"北京大学'十五'期间事业发展规模自核建议书"、《关于成立北京大学文化产业研究中心的申请报告》、《关于将化学系更名为化学与化学生物系的申请报告》等问题进行了讨论和审议。

4月18日，物理学院筹备工作小组会议召开。会议主要就物理学院党政领导班子的组建、办公用房的落实、学生工作的安排、大型仪器设备和实验室的管理等问题进行了讨论和审议。

4月25日，北京大学发展规划专家组扩大会议召开。会议主要就《关于建立本科教学改革实验班管理机构的报告》、《依据现有学科恢复构建北京大学工学院的建议》等进行了讨论和审议。

5月25日，关于地学、环境科学方面建院事宜座谈会召开。会议由校长许智宏主持。会议主要围绕拟组建两学院现有学科的调整及名称进行了讨论和审议。

6月15日，北京大学学科规划委员会和教学科研工作委员会联席会议召开。会议主要围绕微电子所改系、建立本科生教学改革实验班管理机构、物理学院三级教学科研实体建制、成立信息工程学院、信息管理学院、工学院以及对全校院系的英文名称进行统一规范等问题进行了讨论和审议。

6月28日，北京大学发展规划专家组会议召开。会议主要围绕"公共(政府)管理学院"成立的必要性及具体设想进行了充分论证。

【事业规划】 2001年，事业规划工作取得了新的进展。3月8日，事业规划委员会召开成立后的第一次会议。会议主要就教育技术服务中心成立，图书馆CALIS管理中心独立建制,科技开发部、产业管理办公室与国内合作办公室名称确定和内设机构设置以及审计室、教务部、党委办公室、校长办公室、国际合作部、党史校史馆、欧美研究中心和国学研究院等单位要求增加事业编制的申请进行了认真讨论和审议。

6月19日,事业规划委员会召开第二次会议。会议主要就研究生院、纪委和监察室、文科基地、深圳研究生院增加编制,校史馆增加编制及内设机构设置、档案馆增加编制和内设机构更名、附中发展规划、资产管理部进行机构调整等问题进行了讨论和审议。

12月27日,事业规划委员会召开第三次会议。会议主要就北大附中、国际合作部增加编制,研究生院各办公室副主任级别、"元培计划"专职编制和燕园街道办事处设置财务统计办公室等问题进行了讨论与审议。

2001年,发展规划部还编辑了3期《发展规划资料选编》,就大家关心的"三教、四教西侧土包清理"问题刊载了部分来信,还充分发挥学工助理的积极性,就同学们关心的学习、住宿、通行、校园建设等问题开展专题调研并形成报告,为学校决策提供参考,取得了良好的效果。

(徐中煜)

【校园规划】 2001年,围绕北京大学校园规划工作,发展规划部共组织召开了6次校园规划委员会会议、13次校园规划办公室会议以及5次专题讨论会。编写有关校园规划方面的简报24期,共发送约1600份。对国际关系学院大楼方案、北大附小新教学楼、考古文博院大楼、北大附中青年教师周转楼、医学部研究生楼增加面积、北大科技发展中心二期等学校有关单位建设项目的立项申请共150余项进行了认真的论证和审核,回复《校园建设项目审批意见书》85份,对所有的立项申请(不论批准与否)均给予了及时的答复,为学校领导决策提供了科学的依据。

对校园建设项目和工程进行审核和监督管理,对学校重要建设工程的可行性方案和具体设计方案进行审核和一定程序的论证,并针对基本建设过程中可能出现的问题向学校提出建议和改进措施。

针对北京大学主校园交通秩序混乱状况的现状,对原因和解决方案进行了多次、多方面的调研,召集了"校园交通问题研讨会"、"校园规划专题讨论会"、"公用空调器安装管理专题研讨会"、"校园规划现场办公会"、"北京大学110kV变配电站工程现场协调会"等专题讨论会。对学校加强制度建设,规范工作程序起了推动作用。

此外,还经常进行现场调研,并做好相关协调工作,如就体育教研部与资源集团场地归属问题进行协调等。

(夏旭东)

【环境保护与辐射防护工作】 为了配合校园道路改造,并从广大师生的根本利益和校园整体规划出发,学校经过慎重考虑,决定彻底清理三教、四教西侧土包。遵照学校的统一部署,3月1日至7月26日,发展规划部及其挂靠的环境保护办公室、辐射防护室委托具有权威资质的专业部门(核工业北京三院)对三教、四教西侧的土包进行了清理。清理工作之前,发展规划部做了充分的调研、论证和较为周密的准备工作,王德炳书记、许智宏校长和林钧敬副校长对清理工作高度重视,并从广大师生的根本利益出发,对清理工作提出了明确、具体的书面要求。整个清理工作严格按照专业操作规程进行,并在现场配备监测设备进行全天候检测。3月29日,三教、四教西侧土包的土运出学校。截至7月26日,已将该土包内的放射性废渣按国家规定全部清运出校。

3月25日,北京大学环境保护办公室与北京大学环境与发展协会联合举办"支持北京申奥天漠绿色营"活动。6月3~11日举办"世界环境日"纪念周。活动期间,有关方面著名学者举行了专题报告会和生态图书发行仪式。6月5~7日,在三角地举办了大型环保宣传活动,向过往师生发放5000份宣传品,突出了本次世界环境日"世间万物,生命之网"的主题。整个纪念周系列活动学术性、知识性、娱乐性兼备,形式灵活多样,达到了预期的宣传效果。

辐射防护工作历来是学校的大事。在全国辐射防护工作面临严峻形势的情况下,北京大学及时调整了辐射防护领导小组和专业小组成员。明确规定每学期将定期召开相关会议,紧急问题随时研究,会议纪要存档备查。平时,要加强制度建设:在全校制订统一的规章制度的基础上,各院系辐射防护小组要根据本部门实际情况制定实施细则,尤其要强化放射源的安全管理,对新上岗的辐射防护人员要进行岗前培训和职业性查体。

【异地办学与校际交流】 赴深圳研究生院考察、调研 4月26至27日,北京大学发展规划部就深圳研究生院的发展组织研讨会。北京大学深圳校区筹备组部分成员及相关院系和职能部门的负责人一行16人赴深圳进行了为期2天的考察和调研。与会人员就深圳研究生院校区建设、学科规划和人才培养等方面提出具体需求,并根据深圳市政府建设深圳大学城的整体需求,结合北京大学实际,研究制定北京大学深圳校区详细的办学方案,以推动北京大学深圳校区的各项筹建工作。考察团赴深圳后,受到了深圳市领导和政府各部门的高度重视。因此,尽管此次考察调研时间短暂,但日程安排十分紧凑,达到了预期的效果和目的。

参与筹建北京大学青岛分校

由于现有校园面积、师资力量、教学科研设施等条件的限制,北京大学的长远发展受到很大局限。长期以来,北京大学与青岛市保持了良好的合作关系。2000 年 7 月 24 日,青岛市王家瑞市长向来青视察的教育部部长陈至立正式提出在青岛建设北大分校一事,陈至立部长表示原则同意。后青岛市人民政府主动与北京大学联系,经过双方多次友好协商,2001 年 6 月 15 日就创办北京大学青岛分校(Peking University. Qingdao)草签了合作协议。拟建中的北京大学青岛分校背靠崂山,面向大海,离市区 40 公里,到机场 20 分钟,共占地 2700 亩,地理位置十分优越。

根据协议规定,北京大学青岛分校由北京大学与青岛市人民政府联合办学,隶属于北京大学,建设纳入《北京大学创建世界一流大学规划》的整体规划之中。北京大学承担招生、教学、科研及学生培养工作。学科建设中,以发展经济、法学、管理、语言等应用文科为主,同时发展信息科学、生命科学、海洋科学等应用性较强的理科高科技专业,把培养社会主义现代化建设需要的应用型高级专门人才同进行重大科学前沿问题的研究有机地结合起来,从而成为一所集人才培养、科学研究、社会服务为一体的新型综合性大学。其学生招生和培养将列入北京大学的教学计划,与北京大学校本部学生持同样的毕业证书、学位证书。

参与对口支援石河子大学 2001 年 6 月 13 日,教育部制定并下发了《关于实施"对口支援西部地区高等学校计划"的通知》。按照《通知》的统一部署,北京大学对口支援石河子大学并与其进行全方位的合作。2001 年 7 月 7 日,王德炳书记率领有关单位负责人一行 7 人赴石河子大学进行实地考察和调研。在 7 月 18~21 日的暑期工作研讨会中,王德炳书记传达了教育部部长陈至立就有关对口支援问题的一系列指示精神。

9 月 3 日,由迟惠生常务副校长主持召开了各职能部门负责人参加的对口支援石河子大学校内协调会。会后,成立了由迟惠生常务副校长负责的支援石河子大学专门小组,确定各部门的意见、建议汇总至发展规划部,由发展规划部在石河子大学征求意见稿的基础上负责协议文本的起草。9 月 6~7 日,由新疆生产建设兵团教委主任高继宏、石河子大学党委书记周生贵、石河子大学校长向本春率领的石河子大学赴北京大学考察团一行 17 人来到北大进行参观、考察,并就对口支援协议进行了协商和草签。整个合作情况由发展规划部负责向教育部上报 B《北京大学对口支援石河子大学暨全方位合作工作简报》。

【"海峡两岸——大学的校园"学术研讨会】 为庆祝中科院院士、北京大学城市与环境学系侯仁之教授九十华诞,2001 年 12 月 3~4 日,北京大学发展规划部主办了"海峡两岸——大学的校园"学术研讨会。副校长林钧敬、校长助理鞠传进、原副校长郝斌,著名学者吴良镛、关肇邺等均到会祝贺。随后,来自海峡两岸的 40 多位专家学者进行了学术交流活动:既有对大学校园规划历史的回顾、对大学校园现状格局的剖析,也有对大学校园发展前景的展望;既有对大学校园规划宏观普遍规律的探讨,也有对大学校园规划具体案例的分析;既有对大学校园景观场地规划的重点透视,也有对大学校园、学科和事业规划的全面阐述。

研讨会期间,侯仁之教授亲自登台讲解燕园规划。指出了燕园改造工作中存在的不足,对燕园自然景观遭到的破坏表示忧虑,同时,对今后的规划工作寄予厚望。北京大学发展规划部部长、历史系教授岳庆平指出,在北京大学校园规划、学科规划、事业规划三者的关系上,目前校园空间的相对有限与学科建设的全面发展、事业规模的逐渐扩大之间的矛盾日益突出,在很大程度上影响了北京大学创建世界一流大学目标的早日实现。北京大学发展规划部副部长、城市与环境学系教授吕斌则着重分析了大学空间形态的原形与形成原理,阐释了大学空间变容过程中的持续原理与规划方法等等。

尽管与会的专家学者来自不同的校园,具有不同的学术背景,但目的都是尽快建成理想的、适应社会进步的大学校园。本次研讨会对于活跃学术研究推动海峡两岸的文化交流起到了积极作用。

(徐中煜)

对 外 交 流

【校际交流】 截止到 2001 年底,北京大学已经和遍及世界上 47 个国家和地区的 219 所大学建立了校际交流关系。2001 年间,北京大学与海外大学签订了 12 个友好协议,其中欧洲地区 9 个,美国 1 个,台湾地区 1 个。根据交流协议来北京大学学习的外国交流学生共计 44 人,招收港澳台学生共 58 人(其中台湾学生 38 人,香港、澳门各 9 人)。到目前为止,在北京大学就读的港澳台学生(包括本科生、硕士生和博士生)共251人,分布在人文、社科、理科和医学等26个院系。

(1) 2001年,北京大学根据校际交流协议派出交流学者、教师50人。2001年也是北京大学积极主动地开展外访活动卓有成效的一年,累计向境外派出主要代表团22个,其中较为重要的有:王德炳书记率领的赴德国、意大利、荷兰、英国访问团;许智宏校长率领的赴奥地利、英国访问团;闵维方副校长赴日本参加"第五届亚洲科技论坛";迟惠生常务副校长、赵存生副书记访问美国加州州立大学等。

(2) 2001年共有80个代表团到访北京大学,包括50个大学代表团(含35个校长代表团)。其中,耶鲁大学校长理查德·莱温教授在该校300年校庆前夕首次访问中国大陆即来访北京大学。两校由此开展了全面合作,包括建立"北大—耶鲁植物分子遗传和农业生物技术联合研究中心"、两校学生非政府组织研究实习项目等。6月份,莫斯科大学校长萨多夫尼奇院士来访,在北京大学举行了"北京大学—莫斯科大学日",随同莫大校长来访的众多著名专家学者还进行了9场学术演讲,在图书馆举办了"今日莫大"展览,并与北京大学师生举办了"北大—莫大之夜"联欢晚会。以此次访问为契机,北京大学与莫斯科大学开展了深入且主题突出的交流。10月份迟惠生常务副校长回访时,双方已经开始商讨有关筹建"北京大学—莫斯科大学信息中心"和"北京大学—莫斯科大学联合研究生院"等合作事宜。

(3) 此外,北京大学与港澳台地区的学生交流合作项目蓬勃发展,"海外杰青汇中华"、"李韶计划"以及台湾"十大杰出青年团"等,为港澳台学生了解祖国、了解北京大学提供了很好的机会。北京大学还通过举办两岸大学生交流学习营、短期中华文化研修班、普通话班等活动,帮助新一代的青年人拓宽视野、互相理解,加速港澳台地区大部分青年的思想观念从"我不是中国人"向"我是中国人"、"我喜欢做中国人"变化。

【政要来访】 2001年访问北京大学的各国领导人共6人,包括菲律宾前总统拉莫斯、俄罗斯国家杜马副主席卢金、新加坡总统纳丹、德国总理施罗德等。来访的各国政要有16人,包括联合国副秘书长达纳帕拉、美国基督教联盟主席罗伯逊、挪威教科宗教大臣、澳中经济委员会会长等。此外,配合党中央、国务院等上级领导部门,接待了许多在两岸关系上有影响力的高层人士,包括台湾"总统府资政"、"国家发展策进会"会长、现任国民党中央副主席邱创焕;台湾中国国民党副主席、"行政院"前院长萧万长,台湾"海峡两岸和平统一促进会"副会长郭俊次,台湾"经济部"常务次长尹启铭等等。

【诺贝尔奖得主来访】 2001年有5位诺贝尔奖得主来访北京大学,其中包括1999年度诺贝尔经济学奖得主罗伯特·蒙代尔和2000年诺贝尔物理学奖得主、集成电路发明人杰克·基尔比以及1987年诺贝尔化学奖得主连恩等等。此外,还有多位在国际各学科享有崇高学术威望的大师级学者纷纷来北京大学演讲。他们的到来,丰富了北京大学的学术科研活动;他们与北京大学学者及院系的交流合作,不仅大大拓宽了北京大学师生的国际接触面,而且有力地提升了北京大学的国际影响力和相关学科的国际化程度。

【校际合作项目】 随着中国加入世界贸易组织,高等教育国际化的趋势日益明显。为适应这一形势,北京大学利用国际合作关系,开展科研、教学方面的跨国联合,其中最重要的包括与荷兰莱顿大学设立法律联合培训班的计划,与美国加州州立大学签订在MPA(公共管理硕士)的教学上合作协议等。

北京大学与港澳台地区的学术交流与合作方面,也取得了长足的发展。北京大学与港澳台地区的重点院校已经建立了校际学术交流关系。特别是在一些重大的科研项目上取得了突破性进展。鉴于两岸四地在语言上的一脉相承以及词汇语义学在目前语言信息处理领域中的重要地位,2001年10月,北京大学计算机系和中文系两强合作,召开了"两岸四地第二届汉语词汇语义学研讨会",希望在由国际影响力的大型项目中实现两岸四地学术界的优势互补与合作。此次会议汇集了两岸四地的各方语言学专家、教授,无论是在推动学术还是增进感情与了解方面,都取得了良好的效果。此外,北京大学的城环系与台湾大学地理系、中央大学地球物理系等,也保持了多年的合作关系,2001年8月,又筹划了两岸大学生"天山冰山考察"计划。

总之,北京大学2001年的国际交流与合作,内容丰富、形式多样;在做好来访团体接待的同时,根据交流区域的不同特点,因地制宜,实行了富于针对性的交流策略,取得了良好的交流效应。另外,紧密结合我国经济国际化的趋势,积极迎接高等教育国际化的挑战;在国际交流中坚持以教学科研为核心,提升交流活动的层次。通过精密策划、有力宣传,利用各种宣传途径和网络,大大提升了北京大学在国际交流中的形象。

(夏红卫)

【外国专家工作】 聘请外国专家工作 智力引进工作是北京大学创办世界一流大学系统工程中的重要一环,北京大学始终本着抓质量、抓实效、重管理、重服务的原则,努力做好外国专家和教师的聘请与管理工作。经国家有关部门批准,自2001年1月1日起北京大学同清华大学等5所大学获得了邀请外国人来华自行审批权,北京大学严格履行职责,在工作中形成了一套规范的报批、管理程序,简化了手续,提高了工作效率,取得了实效。北京大学将国家下拨的外专经费全部用于聘请外国专家,不断调整和优化专家聘用结构,因需而聘,保证重点。此外,鼓励各院系多渠道筹集经费,聘请外国专家和教师的数目逐年增加。2001年度北京大学共聘请长期外国专家和教师68人次,短期外国专家和教师276人次。他们来自世界25个国家以及港澳台地区,分布在全校各个院系,为北京大学教学、科研与人才培养做出了积极的贡献。

(1) 长期专家主要分布在:① 外国语学院,从事英语、法语、德语、阿拉伯语、日语、希伯来语、菲律宾语、西班牙语等十余个外语语言专业的本科生及研究生课程的教学工作;② 研究生院,担任全校900余名博士生一外英语的教学任务;③ 部分院系,如法学院、光华管理学院、经济学院、国际关系学院等,从事专业课程、专业英语等课程的教学工作。长期专家除教学外,还参与新编和修改外语教材,已出版的有《北京大学大学英语学生作文集》《北京大学英语专业学生英语作文集》、《泰语旅游口语》、《高年级泰语》、《泰语写作》、《泰语演讲与叙事》、《基础乌尔都语》等。外国专家还经常向学校或院系提供最新的图书资料、科研设备,将最新的知识传授给学生。如在外国语学院任教的龙·科恩在校任教已4年,他每年都从以色列带回许多图书、教材。他与以色列驻华使馆保持着密切的联系,使得使馆十分重视北京大学希伯来语的教学,及时提供最新的图书资料。他还从以色列使馆取得一笔资助,为希伯来语教研室更新了部分教学和办公设备。

(2) 短期专家遍及全校各个院系,大多是本学科领域的世界著名学者和教授。他们为青年教师和研究生等开办专题讲座,指导或参与课题研究和实验。如数学学院邀请了菲尔兹奖获得者阿提亚·斯贝亚、莫风·米林伯,沃尔夫奖获得者赫斯布鲁克、陈景深、伊藤青,国际数学联盟主席派力斯,数学家联盟秘书长格里菲斯等来校访问、讲学。法学院邀请了在英美法研究领域颇具造诣的台湾东吴大学杨桢教授来校开设"英美契约法"等课程,用三周时间,以密集型方式,向学生系统地授课,其专著《英美契约法论》简体中文版已由北京大学出版社出版。2001年他还在法学院设立了"杨桢助学金",用于资助贫困学生。政治学系与历史学系联合邀请美国了斯坦福大学著名教授默兹克与北京大学教师合开"中外近代政治思想史课程",用两个月时间集中授课,在教学内容、教学方法和教学观念上给师生带来许多新东西,这一形式是学科交叉、资源共享的典型。通过访问与交流,中外双方增进了了解,为今后长期的合作奠定了良好的基础。2001年3月图书馆邀请哈佛大学图书馆长、副馆长等来校进行短期访问,双方都感到获益匪浅,并签订了为期三年的合作协议。一次短期访问,带来长远合作,在各个院系都有这方面的具体事例。

(3) 北京大学继续以优厚待遇和便利条件聘请留学回国人员,他们为国家建设与发展做出了积极的贡献。如电子学系聘请的刘青崇,原是北京大学本科毕业生,赴美留学后留在美国从事科研工作,取得多项专利,来校访问期间介绍了他的专利和目前国际上光无线通信技术领域的新进展,特别是他与北京大学教师一起前往北京市科委,就发展光无线通信产业化问题进行磋商,提出了宝贵的建议。

北京大学坚持"管理就是服务"的原则,积极改善住房条件和校园环境,妥善处理专家在校期间遇到的各种问题,丰富专家的业余生活,充分调动专家工作的积极性。越来越多的外籍学者、教授通过各种渠道表达了希望来北京大学任教的愿望。

国际学术会议 举办国际学术会议是北京大学进行国际交流的重要渠道之一。2001年北京大学主办了44个国际学术会议,其中人文、社科类28个,理科类16个。与会人员达2000人次,外国学者占50%,来自世界28个国家以及港澳台地区。通过举办国际学术会议,充分展示了北京大学的科研实力与学术水平,提升了北京大学的国际地位,扩大了影响。

(1) 作为北京大学"创建世界一流大学规划学科建设"重点项目组成部分,北京大学"盛唐工程"研究项目正式启动,旨在对唐宋时期的宗教和民间社会关系进行跨学科的研讨,对中国悠久的传统文化进行再认识,弘扬中华民族优秀的传统文化。中国古代史研究中心举办的"唐宋的佛教与社会"、妇女中心举办的"唐宋妇女史研究与历史学"国际研讨会,将海内外学术界在唐宋史、宗教史、艺术史等领域研究成果卓著的学者汇集到一起,进行跨学科的研讨,促进了相关研究领域的学术水平的提高。

(2) "泛太平洋地区高能自旋物理会议"是一年一度的高水平国际研讨会,研讨国际最前沿科学—强子物理等问题,北京大学物理系凭借自身的学科优势、学术水平和在国际上公认的研究实力,被推举主办了2001年"第三届泛太平洋地区高能自旋物理会议",来自欧、亚、美洲十余个国家的著名学者出席了会议。

(3) 规模较大的会议还有:数学学院举办的2001北京动力系统和常微分方程国际学术会议、科学与工程计算国际研讨会;重离子物理研究所举办的北京第二次医学影像物理和过程国际会议;医学部举办的中美临床实验受试者保护研讨会;外国语学院举办的东方学会与季羡林诞辰90周年纪念会、欧洲文学与文学史编写研讨会;光华管理学院举办的创业投资国际论坛、两岸证券与资本发展研讨会等。

(白燕)

【派出工作】 2001年办理了1542人次的因公出国手续,976人次的赴港、澳、台的手续,1401人次的自费出国的手续,共3919人次,其中校级代表团22个(不包括医学部)。出访人数比2000年增加了611人次。

从2001年1月开始,出国审批权下放到学校。1月8日,召开了全校各院、系、所和医学部,包括各附属医院的主管外事负责人和经办人的大会,传达了相关文件,至此,这项工作在北京大学全面铺开,尤其是医学部及附属各医院,以前出访任务都是由卫生部审批,现在改为学校审批,跨度比较大。在初始阶段,派出办公室为医学部的经办人员提供了多项服务,包括所需表格、批件的格式等都提供了样本、样表,在具体办理手续的过程中,也提供了相应的帮助,使这项工作得以顺利进行。除此之外,在出国审批权下放到学校以后,派出办公室在疏通各种渠道和协调各个部门的关系方面做了大量的工作,如:外交部、教育部、中国留学服务中心、北京市外办、市台办、北京市公安局等相关部门,使北京大学的派出管理工作没有受到任何影响。

学校审批,减少了中间环节,缩短了审批时间,很能快拿到批件,给办理护照签证留出充足的时间,出访人员都很满意。当然这也加大了派出工作的审核力度和对工作的责任感。2001年也是北京大学派出工作整合的开端,目前不论长期、短期,因公、因私,出国、出境,除校内相关单位的会签以外,其他所有的手续都已归到派出办公室办理。

(庞志荣)

医学部对外交流

【发展概况】 2001年在北京大学"为创建一流大学的总体战略目标服务"主导思想下,医学部的国际交流工作始终坚持"突出重点,讲求实效"的原则,积极开展对外交流工作。2001年医学部的长短期派出人员共875人次。其中包括参加国际会议494人次,出国参与合作研究课题41人次,出国访问考察110人次,应邀讲学11人次。2001年医学部共接待国外学者来访262批,人数达1584人次。来自美国、英国、日本等十几个国家和地区的医疗、医学教育和健康机构的各个层次的代表团、专家、学者对医学部进行了访问和交流。

【国际交流】 2001年医学部国际合作处着重加强了与NIH、CMB(中华医学基金会)、Duke大学、UC Irvine分校、华盛顿州立大学和澳大利亚LaTrobe大学的联系和合作。Duke大学、UC Irvine分校、日本富山医科大学的校级领导以及CMB主席、美国疾病控制中心代表团先后来医学部访问,探讨合作领域。2001年医学部成功地从CMB申请到了4个项目,项目为"生物医学编辑与写作"、"人类临床试验"、"私立学校"、"双胞胎登记的流行病研究",总金额达138万美元。根据医学部与韩国嘉泉大学的交流协议,暑期10名医学部师生赴韩国嘉泉医学院参加了医学生暑期夏令营活动,同时韩国嘉泉的医学生也来到医学部实习。

【国际会议】 2001年医学部举办了21次国际会议。各种类型的研讨会、学术报告会145次。其中具有影响的大型国际会议有:中美临床试验中受试者保护研讨会、国际精神分析会议、第七届预防口腔医学大会、北京淋巴瘤标准化诊断与规范化治疗国际研讨会、国际内镜外科手术研讨会、北京淋巴瘤国际研讨会、中日韩劳动卫生学研讨会、WHO/中国灾难应急及其心理社会干预讲习班等。

【台港澳地区及国外奖学金的申请工作】 2001年国合处与有关处室配合,负责了6项国际奖学金申请组织工作,此6项奖学金项目为:日本第一制药奖学金、胡应湘夫人奖学金、日本富山大学西山敬人奖学金、何何李奖学金、日本自治医科大学奖学金。

【国际合作项目】 2001年医学部与各国际组织、基金会、世界卫生组织、国外学校等机构进行了广泛的科研合作。新申请的国际合作项目达38项,资助金额达230多万美元。

(医学部)

附录

表 8-1 北京大学因公出国(境)人员统计表

校本部

出访类别 国别(地区)	国际会议	合作研究	访问考察	应邀讲学	其他	合计
美国	156	59	137	11	50	413
日本	93	42	98	9	33	275
韩国	59	17	24	1	48	149
加拿大	55	10	4	1	2	72
德国	36	26	31	4	10	107
新加坡	32	1	13	11	6	63
泰国	14	3	8		1	26
澳大利亚	11	12	6		2	31
越南	11					11
印度	11				2	13
英国	10	23	28		2	63
法国	10	16	21	6	5	58
奥地利	10	2	7	1	6	26
墨西哥	8					8
意大利	6	5	7	4		22
瑞士	6	5	1			12
西班牙	6	4	3		2	15
比利时	6	2	3		2	13
俄罗斯	6		4		4	14
希腊	5					5
印度尼西亚	4		2			6
捷克	4		1			5
荷兰	3	4	12		1	20
挪威	3	1	1			5
马来西亚	2	2	4		2	10
巴西	2	1	1			4
以色列	2	1	1			4
克罗地亚	2					2
孟加拉	2					2
文莱	2					2
葡萄牙	1			4	1	6
波兰	1					1
新西兰	1		3		2	6
埃及	1					1
匈牙利	1		1		2	4
斯里兰卡	1					1
多米尼加共和国	1					1
缅甸	1					1

续表

国别(地区) \ 出访类别	国际会议	合作研究	访问考察	应邀讲学	其他	合计
马耳他	1					1
爱尔兰	1					1
土耳其	1		1			2
斯洛文尼亚	1	2				3
瑞典	1	5	4		1	11
菲律宾	1		1			2
蒙古			12			12
朝鲜			9		2	11
丹麦					5	5
芬兰			2		1	3
乌克兰					1	1
智利		1	1			2
罗马尼亚					2	
叙利亚					1	1
委内瑞拉			1			1
哥伦比亚			1			1
保加利亚					2	2
巴基斯坦					1	1
中国香港	157	69	320	84	14	644
中国澳门	23	1	12	36	10	82
中国台湾	101	6	125	32	2	250
合计	872	320	910	224	225	2551

医学部

国别(地区) \ 出访类别	国际会议	合作研究	访问考察	应邀讲学	其他	合计
美国	118	14	35	3	38	208
日本	57	7	4	2	40	110
韩国	12	1	8		4	25
加拿大	17		8		8	33
德国	22		10		32	64
新加坡	13		1		4	18
泰国	8	1	1	1	2	13
澳大利亚	19	1	1	1	2	24
越南	1					1
英国	13	2	3		3	21
匈牙利	1					1
法国	17	1	2		12	32
奥地利	5				3	8
意大利	7	2	4		1	14
瑞士	1	1				2
西班牙					3	3

续表

出访类别 国别(地区)	国际会议	合作研究	访问考察	应邀讲学	其 他	合 计
比利时	2				1	3
俄罗斯	1				1	2
印度尼西亚	2					2
捷克	2				5	2
荷兰	8		5		1	18
挪威	2				1	3
马来西亚	13					14
巴西	1				1	1
孟加拉						1
波兰			1			1
新西兰	1					1
埃及	1					1
匈牙利	1					1
土耳其	1					1
斯洛文尼亚		4				4
瑞典	11	2	4		1	18
菲律宾	1					1
南非	4					4
希腊	1				1	2
丹麦		1			1	2
芬兰					1	1
乌干达	1					1
苏格兰	2					2
中国香港	102	4	15	3	49	173
中国澳门	8			1	2	11
中国台湾	16		8		2	26
合计	494	41	110	11	219	875

表 8-2　因私出国(境)人员统计表

校本部

拟赴国家(地区)	留学	探亲访友	旅游观光	学术交流	其他	合计
美国	711	91	8	3	17	830
韩国	7	7	29	0	1	44
中国香港	1	24	45	5	6	82
新加坡	13	8	64	1	10	96
泰国	0	4	75	1	1	81
加拿大	8	13	2	1	1	25
日本	14	12	4	3	10	43
德国	22	6	2	2	7	39
法国	7	7	17	4	3	38

续表

拟赴国家(地区)	留学	探亲访友	旅游观光	学术交流	其他	合计
英国	32	7	3	1	2	44
俄罗斯	5	0	3	0	1	9
澳大利亚	3	0	6	3	3	15
奥地利	0	0	0	1	1	2
瑞典	0	0	1	0	0	1
瑞士	1	2	1	0	1	5
中国台湾	0	3	0	0	1	4
意大利	0	1	3	0	0	4
中国澳门	0	3	1	0	0	4
马来西亚	0	1	0	0	2	3
新西兰	1	2	0	0	0	3
比利时	0	2	0	0	0	2
朝鲜	0	1	0	0	0	1
菲律宾	0	1	0	0	0	1
印度	0	0	0	3	1	4
缅甸	0	0	1	2	0	3
叙利亚	2	0	0	0	0	2
捷克	0	1	0	0	1	2
埃及	0	0	0	0	1	1
爱尔兰	1	0	0	0	0	1
巴基斯坦	0	0	0	0	1	1
丹麦	0	1	0	0	0	1
其他国家	3	3	0	0	4	10
总计	831	200	265	30	75	1401

人 事 管 理

【概况】 2001年是北京大学实施"创建世界一流大学规划"的第三年，人事工作朝着世界一流的目标前进，坚持"压缩总量、改善结构、加强管理、减人增效、优才优用、优劳优酬"的指导原则，立足改革与创新，有力地推动了学校队伍建设，队伍建设形势喜人。人事部以高度负责的精神，本着积极、稳健、协调的方针，树立"人才资源是第一资源"的观念，继续深化人事分配制度及管理体制改革，并取得了新的成果。

顺利地开展了高层次创造性人才工程，基本实现了校本部教师具有博士学位达到1000名的目标，形成了教师中国外引进1/3、国内引进1/3、本校培养1/3的良好学缘结构，初步完成了校本部队伍建设的结构调整。除落实国家的劳资政策，先后两次调整工资标准、正常晋升工资档次从而提高校本部教职工收入之外，校人事部着眼于推进学校的人事管理体制改革、落实院系管理主动权、促进队伍建设，推进了以完善的专业技术职务聘任制为目标的职称评审制度改革，重点做好了年度考核与岗位聘任工作，实施竞争奖励机制，在校本部启动人事代理制度，采取有效措施发挥院系管理的积极性。

【编制核定】 人事部遵循"稳定规模、优化结构、提高质量、注重效益"的原则，在2000年9月全校教学、科研单位的编制核定的基础上。2001年根据"先消化、后优化"的原则，校人事部对物理学院、新闻传播学院、地球与空间学院和政府管理学院等新建或整合单位的编制、正高级专业技术职务数、创建世界一流大学专项岗位指标数进行规划。根据学科的规划与人员的调整，分别核定了物理学院、化学学院、环境中心、地球物理系的编制、岗位与正高级专业技术职务数。

【教职工队伍状况】 2001年北京大学教职员工队伍的建设继续朝着控制规模、结构合理的方向发展。截至2001年12月31日，北京大学在职人员共6124人，比2000年减员160人，减员幅度为2.5%。离退休人员3846人（其中离休385人），比2000年增加202人，增幅为5.2%。学校教职工总规模9978人，比2000年减少199人。职工队伍的年龄、学历结构趋于合理。教师队伍中具有博士学位近986名，基本达到了预期目标，硕士学位696人，学士学位539人。教师的平均年龄为43岁，其中教授平均年龄为52.6岁，比2000年教授的平均年龄下降1.4岁。45岁以下教授占教授总人数的28%。

表 8-3 2001年校本部教职员工基本情况一览表

人员及分布	数量（人）	比例
总规模	10261	100%
在职总人数	6106	59.5%
其中:女性	2674	43.8%
教师	2221	36.4%
非教师专业技术人员	1561	25.6%
党政管理人员	765	12.5%
工勤人员	1263	20.7%
中小学幼教	341	5.9%
其中:教师	264	77.4%
附中	206	60.4%
附小	85	24.9%
幼教	50	14.7%
事业编制	5196	85.1%
企业编制	255	4.2%
集体所有制	549	9%
博士后流动人员	309	3.0%
离退休人员	3846	37.5%
其中:离休人员	385	10.0%
退休人员	3384	88%
退职人员	78	2.0%

表 8-4 2001年北京大学人员分布情况

总计	教学科研	实验技术	工程技术	党政管理	图书资料	出版印刷	财会	医护	中小幼教	工勤
6106	2230	527	363	783	259	107	186	113	264	1274

表 8-5 校本部教师队伍的年龄结构

	平均年龄		45岁以下教授		60岁以上教授		45岁以下教师	
	教师平均	教授	数量	比例	数量	比例	数量	比例
1994年	46	58.6	50	6.8%			1008	40.6%
1999年	43	55	171	22%	367	46%	1403	60.4%
2001年	43	52.6	236	28%	266	32%	1408	63.1%

由表8-5可以看出，教师队伍的平均年龄呈下降趋势。

【增员情况】 2001年北京大学全年增员200人。其中事业编制184人，企业编制16人。在新增的184个事业编制中，教学科研占60.3%，党政管理占15.8%，实验技术占3.3%，图书资料占3.3%，出版印刷占3.8%，中小幼教占9.8%，医护人员占2.2%，财会占1.6%。

表 8-6 2001北京大学教师队伍学历状况

学位状况	人数	%
博士学位	986	44.4%
硕士学位	696	31.3%
学士学位	539	24.3%

表 8-7 2001年校本部现有人员编制构成

总计	事业编制	企业编制	集体编制	合同制工人	博士后
6433	5196	255	549	124	309

在增员总数中：(1)获博士学位105人，占52.5%；硕士学历54人，占27%；本科学历34人，占17%；大专及大专以下7人，占3.5%；硕博研究生学历共计159人，占79.5%。(2)选留毕业生98人，占全校增员的49%。其中博士31人，占31.6%；硕士40人，占40.8%；本科27人，占27.6%；硕博研究生71人，占72.4%，未达到教育部规定的研究生占80%的比例。(3)录用留学生23人，占11.5%；选留博士后34人，占17.0%，录用留学生与选留博士后共57人，占全年总增员的28.5%，全部为博士学位获得者。(4)地方调入45人，占总增员的22.5%。其中包括新引进的院士6位（徐至展、陈运泰、童庆禧、马宗晋、叶大年、张弥曼），新入编特聘教授4名（陈永顺、刘文剑、杨震、金长文）。

引进人才的力度大大加强，层次和质量明显改善，选才、用才有了更宽广的视野和更大的选择余地。在一定程度上扭转了前些年教师队伍青黄不接的局面；一些市场稀缺的专业人才如电子、信息等领域的高层次人才缺乏、毕业生不愿在大学任教的情形也逐步好转。

【减员情况】 2001年，北京大学共减员379人，其中离退休241人，调出校外82人，辞职、自动离职50人，在职死亡6人。本年共有113位具有正高级专业技术职务的人员离退休。

非离退减员132人，其中事业编制减员77人，与2000年相比减员数增加了20人。企业编制减员55人。企业编制减员与校办产业业务调整有直接关系。事业编制减员略有上升。从减员情况可以看出，在注重人才引进的同时，特别应营造人才成长的环境氛围。同时要加大岗位奖励津贴向青年优秀人才倾斜的力度。

表8-8 2001年事业编制增员的分布

	合计	理学部	信息学部	人文学部	社科学部	其他
2001年	184	53	21	23	23	64

表8-9 2001年全校增员的分布

	小计	教学科研	实验技术	图书资料	出版印刷	工程技术	党政管理	中小幼教	医护	财会
事业编制	184	111	6	6	7		29	18	4	3
企业编制	16	8				8				
合计	200	119	6	6	7	8	29	18	4	3

表8-10 2001年新增人员的类别及学历分布

	小计	选留毕业生	录用留学生	地方调入	选留博士后
合计	200	98	23	45	34
博士	105	31	23	17	34
硕士	54	40		14	
本科	34	27		7	
大专	7			7	

表8-11 2001年选留毕业生的分布

	总计	教学科研	实验技术	工程技术	党政管理	学生工作	图书资料	编辑	中小幼教	财会
总计	98	44	2	7	16	6	1	5	15	2
博士	31	25	1	1	1			3		
硕士	40	19		6	10	1	1	2	1	
本科	27		1		5	5			14	2

表8-12 2001年调入人员的分布

优秀人才	中小教	实验技术	行政	财务	图书资料	医护	出版印刷	企业（企编）	军转干部
19＋6	3	4	7	1	3	4	2	1	1

表 8-13 2001 年离退休人员分布

合计	教学科研		其他正高	图书	出版	中小幼教	医药卫生	干部	财会	工勤
	教授	其他								
241	97	16	16	1	2	25	8	56	5	31

表 8-14 2001 年非离退减员的工作岗位分布情况

总计	教学科研	实验技术	工程技术	党政管理	图书资料	出版印刷	中小幼教	财会	工勤
132	51	12	43	11	2	4	3	4	2

表 8-15 2001 年非离退减员的学历分布情况

合计	博士	硕士	本科	大专以下
132	28	68	29	7

表 8-16 2001 年"长江学者"候选人推荐及审批情况

推荐批次	申请人数	学校推荐候选人数	教育部批准数	已签协议人数	全国情况	备注
1998	30 余	13	11	10	73	1 人辞聘
1999	60 余	14	8*+4*	7*+4**	117+10	1 人缓签
2000	30 余	16*+4**	11*+3*	11*+3**	97+15	
2001	30 余	22*+4*	16*+1**	14*+1**	136+7	2 人缓签
合计				42*+8*	423+33	3

注：*指特聘教授数，**指讲座教授数。

【"长江学者"聘任】 2001 年，教育部批准北京大学特聘教授 16 位、讲座教授 1 位，分别占全国总数的 11.8% 和 14.3%；当年签署聘任协议 16 位特聘教授（含 2 个 2000 年批准的特聘教授），1 位讲座教授，2 名特聘教授缓签聘任协议。从聘任情况来看，与特聘教授开展工作相关的配套措施有待加强，特别是在实验室建设、启动资金、助手配备、个人住房、家属工作安排等方面，学校应当从长远出发，制定相应的政策，加强聘后管理与考核；同时继续加强宣传，使国内外有识之士全面了解北京大学，进一步拓宽沟通渠道。

【高层次创造性人才工程】 2001 年，北京大学本部新增中科院院士 5 人，他们分别是：物理学院的赵光达、秦国刚，化学学院的黄春辉，地球与空间学院的涂传诒，数学院的田刚。工程院院士 1 人：医学部的庄辉。新聘中科院院士 5 人：物理学院的徐志展，地球与空间学院陈运泰、童庆禧、马宗晋、叶大年。

新签约"长江学者"教授 17 人：数学学院王诗宬、刘军，物理学院马伯强，化学学院席振峰、来鲁华、杨震、刘文剑、夏斌、金长文，生命学院朱玉贤，地球与空间学院陈永顺、高克勤，力学系王龙，医学部 4 人。

新批准国家"973"项目首席科学家 5 人：化学学院刘忠范、电子学系陈练茅、人口所郑晓瑛、生命学院王忆平、医学部李凌松。

新增国家杰出青年基金获得者 12 人：数学学院的王长平、刘培东，力学系的方竞，化学学院的高松、吴凯、邹德春、夏斌，生命学院的李毅、邓宏魁，地球物理系的陈永顺，计算机系的梅宏，信息中心的陈珂。

新批准有突出贡献的中青年专家 20 人；教育部第三届"高校青年教师奖"4 人；推荐享受政府特殊津贴人员共计 20 人，其中校本部 13 人，医学部 7 人。

目前，北京大学拥有中科院、工程院院士 52 人，"长江学者"特聘教授 50 人，国家杰出青年基金获得者 54 人，国家级有突出贡献的专家 59 人，国家"973"项目首席科学家 11 人，教育部"跨世纪人才工程"51 人，高等学校优秀青年教师奖获得者 15 人，入选人事部"百千万人才工程"29 人、北京市"百人工程"25 人。

【奖教金评审】 2001 年，学校奖教金评审委员会组织了 13 项海内外公司和个人设立的奖教金的申报、评选工作。13 项奖教金为：杨芙清—王阳元院士奖、桐山奖、柯达奖、正大奖、安泰奖、宝洁奖、东宝奖、摩托罗拉奖、树仁奖、通用电气奖、岗松奖、花旗奖。奖教金总名额为 211 人，涉及金额 119 万元。

【人才开发与培训】 2001 年，人事部人才开发办公室配合国家教育部、国家留学基金委员会有关国际合作项目，共办理公派出国人数 130 人次，办理探亲、旅游、访友等因私出国事务 88 人次，承办国家项目 8 项。承办国家项目主要有：

(1)国家留学基金选派出国留学人员9人;(2)教育部高校基础课任教教师出国研修项目,推荐14人;(3)教育部太古奖学金,推荐2人;(4)哈佛燕京学社,推荐10人;(5)富布赖特项目,推荐3人;(6)联合国科教文组织青年妇女生命科学奖学金项目,推荐2人;(7)哈佛大学高级访问学者,推荐4人;(8)重点高校系主任骨干出国研修项目,推荐理科16人,文科9人。

2001年共有公派留学人员144人回校,延期、逾期不归人员61人,豁免11人。对于出国逾期不归人员,人事部进行了清理、暂停薪和停薪,并与院系联系采取了进一步的处理措施。

8月29～30日,人事部组织举办了2001年北京大学校本部人事干部培训班,校本部各单位人事干部、人事部人员共80多人参加培训。会上,人事部部长周岳明,副部长刘耕年、张景春等总结了2000年北京大学的人事工作和队伍建设所取得的成绩,对2001年下半年校本部人事工作做了全面部署,并就岗位职务聘任制、人事代理制、校办企业转制中的人事问题和社会保障等问题进行了研讨,对加强现代人力资源管理知识的培训学习提出了进一步的要求。

8月30日至9月1日,人事部组织举办了2001年北京大学校本部新任教职员岗前培训班,校本部新聘用的教职员60多人参加了培训。培训班上,"长江学者"特聘教授严纯华、周力平,全国优秀教师陈兴良、教务部副部长朱庆之、人事部长周岳明分别就"科研道德与学术作风"、"如何做一个优秀教师"、"教学与科研的关系"、"北大教学改革"和"如何适应北京大学的工作环境、尽快进入岗位角色"等作了富有启发性的报告;教育学院马万华、陈向明两位副教授分别作了题为"大学教学中的心理学问题"和"课程设计与教学方法"等生动活泼的教学讲座。校党委常务副书记、副校长闵维方就学校建设现状、发展前景和工作指导方针等作了全面系统的报告,并现场回答了新教职员普遍关心的科研预研经费、住房等问题。

【青年教师流动公寓】 青年流动公寓为北京大学吸引高素质、高质量人才工作提供了有力的住房保证。2001年,共有38位引进人才入住青年流动公寓,36位搬出。由于学校不再分配住房,导致青年流动公寓出口不畅,目前已很难保证每年引进人才的住房需求。学术假公寓共接待了各院系国内外访问学者45人次,为来北京大学进行学术交流的国内外专家提供了一个舒适、安静、宽松、自由的生活环境。

【年度考核与岗位聘任】 2001年9月14日,人事部下发了《关于年度考核与岗位聘任的通知》(北人发[2001]001号),就全年的考核与岗位聘任的基本原则、具体要求及完成时间作了规定。年度考核分两类:正常晋升工资档次的年度考核及岗位目标的年度考核。

正常晋升工资档次的年度考核主要对是否在岗位工作进行考核。全校参加晋升工资档次年度考核的人员共6346人(含在站博士后人员),考核合格者6131人,考核不合格者有215人;考核不合格的主要原因是不在学校工作。

岗位目标的年度考核按照本人的岗位目标责任书严格进行,A类岗位人员需在院系级会上述职,B、C类岗位人员由院系考核,院系职员制人员参照机关干部考核办法进行。岗位聘任与续聘继续坚持高标准、严要求,按照"四个有利于"进行,并适当简化聘任审核程序:原聘A类岗位人员考核合格续聘者,不再经学部和学校审核;新聘A类岗位人员、原A类岗位人员级别变动者仍由学部和学校审批,B、C类岗位聘任按照1999年的《北京大学关于专项岗位设置与人员聘任的规定》及2000年的文件执行。

从聘任的情况来看,教学科研单位共有149人应聘A类岗位,通过148人;B、C类岗位分别有1097人和506人参加应聘,并获得通过。在教学辅助单位中,图书馆、校医院、计算中心基本按照2000年的岗位数执行,共聘365人,附中、附小实行工资总额包干(不在365人之内)。校机关职数的考核由组织部负责。校机关有20个部实行职员制,共聘447人,其中正部18人,副部44人,副部以下385人。在机关直属、挂靠、代管单位中,工会、团委、教育基金会、档案馆、街道办事处共聘61人,其中正部5人,副部12人,副部以下44人。机关及机关直属单位共聘508人,其中正部23人,副部56人,副职以下429人,其他参加机关考核的非机关人员12人。此次聘任整体情况比较好,符合《北京大学关于专项岗位设置与人员聘任的规定》(校发[1999]181号)。特别是对于A类岗位人员,考核合格岗位级别不变的,学部不再审核。这部分人约占岗位数的80%,审议的约占总岗位数的20%。这一决定减轻了各院系和学部的负担,受到欢迎。

【专业技术职务聘任】 2001年7月,北京大学正式启动本年度专业技术职务聘任的准备工作。9月2日举行了全校拟申请聘任人员的外语及计算机考试,11月5日和7日举行第二次考试。参加计算机考试的共有158人,参加外语高级考试的共有95人,参加外语中级考试的共有32人。由于学校的人员变动和离退休等原因,经学校批准对校本部的学部、分会、学科评议组的委员会进行了个别调整。根据

表 8-17　2001～2002 年度校本部各类岗位统计

学部	A 类岗				学部			机关	教辅单位	其他
	A1	A2	A3	总计	B 类岗	C 类岗	职员			
人文学部	22	64	96	182	225	104	40			
社会科学学部	24	45	94	163	263	96	72			
理学部	42	100	163	305	432	197	52			
信息科学学部	15	40	56	111	197	113	33			
总计	103	249	409	761	1097	506	197	508	365	12

教育部的授权,成立了北京大学专业技术职务评审委员会医疗卫生分会。

聘任原则:按照10月30日学校常委会及校长办公会通过的校发[2001]167号文件精神,从今年起对原有的职称评审制度进行稳步改革。改革的最终目标是建立完善的专业技术职务岗位聘任制。本年的改革措施是:岗位设置执行上年下达的总量控制与结构比例控制的原则;聘任前提是有岗位空缺;聘任时要注重岗位和工作任务的需要;聘任高级职务要坚持学术标准第一的原则。教师职务严格按照上述原则进行聘任,各单位下达实指标,学部审议时无差额投票,2/3(含)多数同意票为通过。其他系列的专业技术职务聘任参照上述精神,不再给各单位下达指标,而给学科评议组、分会下达指标。分会仍然是差额投票。

聘任总量的确定:(1)教师系列。为贯彻学校精神,人事部与校本部30多个教学科研单位座谈交流,一方面宣传解释学校改革政策,另一方面讨论拟下达的指标。在此期间,还向人文等四个学部汇报有关情况,听取意见。在细致调查的基础上,提出本年总量控制数为:教授80以内,副教授120以内,并落实到各教学科研单位,由学校批准后正式下达。(2)非教师系列。为贯彻学校精神,人事部与校本部各学科评议组负责人座谈交流,一方面宣传解释学校改革政策,另一方面讨论拟下达的指标。在细致调查的基础上,提出本年总量控制数为:正高20以内,副高60以内,由学校批准后正式下达。

11月13~30日,校本部各学科根据学校下达的指标进行了评议。12月3~14日,学部对所属各学科评议组推荐的候选人按无差额投票的方式进行审议,分会对所属各学科评议组推荐的候选人按差额投票方式进行审议。12月15日,召开全校教师职务评审委员会,审议教师系列职务聘任情况。12月17日召开校专业技术职务评审委员会,审议非教师系列的专业技术职务聘任情况。结果,在教授(研究员)职务的聘任中,校本部各学科评议组共下达79名正高指标,学科评议组实际通过78名候选人(不含提退4名、引进5名、代评1名、医学部1名和转聘1名),学部评议通过75名。在副教授(含副研究员)职务的聘任中,各学科评议组共下达119名候选人名额,学科评议组实际评议119名候选人(不含引进3名、代评5名、医学部1名),学部审议通过116名。在讲师(含助理研究员)职务的聘任中,各学科评议组审议通过教师系列中级职务26人,经审核均符合任职年限和学历。在非教师系列的正高职务聘任中,校本部各学科评议组共下达23名正高指标,学科评议组实际评议22名候选人(不含提退1名、提调2名、医学部2名),分会通过18名。在非教师系列副高职务的聘任中,校本部各学科评议组共申报副高84人,学科评议组实际评议60名候选人(不含提退1名、代评9名、医学部5名),分会通过52名。非教师系列中初级职务的晋升主要根据实际工作表现,并严格按照学历和任职年限的规定执行。中初级职务原则上不破格,最终审议通过69人,其中实验/财会/工程分会25人,图书出版分会11人,校产分会3人,医疗卫生分会7人,教育管理分会23人;中级职务代评3人,提调1人;审议通过的初级职务4人,含实验/工程分会3人、教育管理分会1人,代评2人。

从总体上说,2001年的专业技术职务聘任落实了总量控制和结构比例控制等配套改革措施,强化了岗位约束机制,逐步从职称内部晋升评审制度向开放性的专业技术职务聘任制度转变。在专业技术职务聘任中,将原来的岗位软约束改为硬约束,在强调学术水平的同时,强化了岗位任务和责任,强调教授要上讲台,教学任务达不到岗位要求的教授将改聘研究员等。这些措施已经产生了强烈而积极的效果。由于岗位约束的强化,加大了院系的管理权限,管理重心逐步下移,提高了院系管理效能,队伍建设的目标更具体,要求更高、更明确了。

【流动编制】 继2000年11月正式在海淀人才服务中心设立人事户头以来,校人才中心根据《北京大学流动编制暂行办法》的规定,在2001年陆续为校内十多个单位共35名流动编制办理了入户手

表 8-18　2001年校本部各学部教授(含研究员)评议结果

学部	总数	正常	破格	引进	提退	代评	转聘
人文学部	15	15		1	1		
社科学部	21	16	5	2		1	
理学部	30	26	4	2	2		
信息学部	9	7	2		1		1
合计	75	64	11	5	4	1	1

表 8-19　2001年校本部各学部通过教授(研究员)的年龄和学历结构

	年龄结构				学历结构			
	总数	最小	最大	平均	博士	博士比例	硕士	大学
人文学部	15	36	57	48	10	66.7%	3	2
社科学部	21	35	53	44	16	76.2%	5	0
理学部	30	33	57	42	26	86.7%	1	3
信息学部	9	35	56	44	4	44.4%	1	4
合计	75	33	57	44.5	56	74.6%	10	9

表 8-20　2001年校本部各学部副教授(副研究员)评议结果

学部	总数	正常	破格	引进	代评
人文学部	24	24+1		1	1
社科学部	32	32		1	3
理学部	31	30	1	1	1
信息学部	29	29			
合计	116+1	115+1	1	3	5

注：+1为医学部申报

表 8-21　2001年校本部各学部通过的副教授(副研究员)的年龄和学历结构

	年龄结构				学历结构			
	总数	最小	最大	平均	博士	博士比例	硕士	大学
人文学部	24	31	40	35.5	16	66.7%	8	0
社科学部	32	30	42	35.5	21	65.6%	7	4
理学部	31	24	47	34.7	28	90.3%	3	0
信息学部	29	29	43	32.8	24	82.8%	5	0
合计	16	24	47	34.6	89	76.7%	23	4

表 8-22　2001年校本部各分会非教师系列职务评议结果

分会	正高	副高	中级	初级
实验/财会/工程分会	4+1	20	25	3
图书出版分会	1+1	7+4	11	
校产分会	4	6	3	
医疗卫生分会		5	7	
教育管理分会	9	14	23	1
合计	18+2	52+4	69	3

注：+后数字为医学部申报

续，协调落实了人事档案保存、户口、养老保险、失业保险和住房公积金等问题。流动编制的建立解决了各单位正式编制之外人员管理和后勤等社会化单位人员引进等问题。由于较规范的管理，该制度受到了用人单位和个人的好评。

【人事代理制度】 人事代理制度是由社会人才服务部门代理学校聘用人员的大部分人事管理职能，学校与被聘用人员依据聘用合同维持或调整劳动关系，合同期满或合同终止，由人才服务中心接管人事档案关系及户籍关系的新型人事管理体制。实施人事代理制度是北京大学进一步深化人事制度改革，完善岗位聘任制度，健全激励竞争机制，建立符合学校特点的单位自主用人、人员自主择业、固定和流动结合、配套措施完善的人事管理体制的需要；它将是学校缓解引进人才风险，促进人员合理流动，解决多年来困扰学校的人员能进不能出难题的制度保证，也将为实现真正意义上的全员聘用制打下良好基础。2002年1月1日，北京大学将全面实施人事代理制度。

【工资与福利】 北京大学依照国家法规和规章，不断改善教职员工和离退休职工的工资及福利待遇。改革工资体系和福利制度是提高教职工工作热情，不断推进校内管理体制和分配制度改革的重要环节，同时也是北京大学对广大教职员工的重要承诺。

根据《国办发（2001）14号》、《教人厅（2001）4号》、《国办发（2001）70号》和《教人厅（2001）13号》等文件的规定，北京大学分别于2001年1月和10月两次调整在职职工的工资标准，增加离退休人员的离退休费，完成了正常的工资档次晋升任务。由于2001年国家两次调整工资标准，一次正常晋升工资档次以及岗位奖励津贴有所增加，在职职工的工资和离退休人员的离退休费都有相当幅度的提高。2001年底，全校在职职工人均月收入2523元，比2000年的2208元提高了315元，若加上相当于一个月工资的年终奖金2600元，则比2000年提高了392元；离休人员人均提高319元，退休人员人均提高252元。

在社会保险方面，2001年北京大学失业保险工作变化不大，全年缴费96万元，但由于种种原因，尚没有失业人员享受失业保险待遇。由于北京市的养老保险的进一步改革，要求企业人员全部加入社会保险，北京大学一部分无条件独立缴纳社会保险费的单位就要求学校为他们的流动编制和企业编制人员以及部分临时工，统一办理各项社会保险的缴纳手续。为了保障职工和退休人员患病时得到基本医疗、享受医疗保险待遇，北京大学人事部根据国家有关规定以及北京市将医疗保险扩展到事业单位的要求，于2001年6月协助校医院对全体在职和离退休人员进行了基本情况调查，采集全校1万人的近40万个基本信息，为今后医疗保险工作打下了一定的基础。此外，校人事部在2001年共办理八号门诊108人，其中在职159人，离退休82人。到2001年年底，北京大学享受高干医疗待遇的人员有1254人，比2000年减少10人。

近几年随着人事制度改革的逐步深入，变"身份管理"为"岗位管理"。加强各支队伍的培训也逐步提上日程。工人的技术培训也从原各系统自行培训考核过渡到行业统一管理。北京大学在本校培训考核了240人，送国家机关事务管理局培训考核了144人。其中高级工169人，中级工140人，初级工2人，不及格73人，不及格人数占考核人数的19%。

【离退休人员工作】 2001年，校人事部共为241人办理了离退休手续。截至12月31日，北京大学共有离退休人员3846人，其中离休干部385人，比2000年离休干部少10人，退休人员3384人，比2000年退休干部多205人，退职人员77人；另代管外省市离休干部3人。

表8-23 2001年北京大学调资情况

项目	人员分类	人次	年增资额（万元）
2001年1月提高工资标准	在职人员	6497	1065.99
	离退休人员	3749	602.00
2001年10月提高工资标准	在职人员	6346	884.35
	离退休人员	3847	549.00
2001年10月正常晋升工资档次	在职人员	5297	357.25
	离退休人员	3847	133.00
2001年12月年终奖	在职人员	5870	545.79
合计		35453	4137.38

表 8-24　2001 年校本部办理离退休手续统计表（单位：人）

项目	离休	退休	退职	合计
2001 年办理离退手续人数	2	236	3	241
2001 年底离退休总人数	385	3384	77	3846

表 8-25　2001 年校本部养老保险缴费情况

分类	项目	数额	月人均数
人员情况	年终人数	208 人	—
	其中：事业编制职工	145 人	—
	企业编制职工	6 人	—
	流动编制人员	24 人	—
	临时工	33 人	—
	返回保险费人数	171 人	—
	全年转出人数	6 人	—
	全年转入人数	32 人	—
缴费基数	全年缴费基数	2093696 元	928 元
缴费金额	单位缴纳	397802.24 元	176.32 元
	其中：单位划转金额	83747.84 元	37.12 元
	统筹基金	314054.40 元	139.20 元
	个人缴纳	146558.72 元	64.69 元
	合计	544360.96 元	241.28 元
	管理费	5574.20 元	—

表 8-26　2001 年校本部失业保险缴费情况统计

平均月缴费人数	单位缴纳	个人缴纳	合计
5171 人	722084 元	236040 元	958124 元

表 8-27　2001 年北京大学福利费支出情况统计表

下拨院系所福利费	离退休纪念品	儿童节补助幼教中心	慰问因公牺牲人员家属及孤老	在职人员临时补助	退休人员及已故职工遗属困难补助	机关家属互助医疗费	合计
421600 元	9640 元	30000 元	4600 元	1000 元	7488 元	14206 元（190 人）	48.85 万元

为了加强对离退休工作的领导、落实离退休人员的政治待遇和生活待遇，2001 年 3 月成立了由学校党政主要领导，组织、人事、财务、总务、街道、社区、校医院等部门负责同志和老干部代表等 29 人组成的离退休工作委员会，校党委书记王德炳任委员会主任，校党委常务副书记闵维方、副校长林久祥、校党委副书记赵存生任委员会副主任。

人事部认真落实老干部政治待遇，在思想政治工作上，除学校主要党政领导亲临司局级离休干部学习会、向老干部汇报学校在"三讲"教育中制定的整改措施，听取老干部对学校发展和建设的意见之外，人事部部长周岳明在收到老干部关于对学校住房政策意见的联名信函后，及时召开座谈会向老干部进行解释，并将老干部的合理建议通报给学校的房产部门，对学校陆续出台的住房新精神又分四次及时传达给老干部。老干部们感到提出的事情有结果、有着落，表示很满意。

人事部为贯彻学校有关精神，为老同志做了 3 件实事：(1) 加大经费支持力度。原离休干部活动经费 550 元/年/人、退休人员 50 元/

年/人，2001年增加到离休干部800元/年/人，退休人员120元/年/人。根据北京市第十四次老干部座谈会精神和京组通[2000]66号文件精神，校人事部向学校报告，建议参照北京市的标准执行，离休干部为1000元/年/人，退休人员为300元/年/人。学校批准从2002年开始执行，同时批准增加活动经费。(2)设立每年30万元的特困基金。由于我校离退休人员多，70岁以上的离休干部已占95%，进入疾病高发区，年老体弱、生活不能自理的老同志日趋增多，凡生大病、住院或临终抢救的病人都要负债几万元，福利费已不能解决问题，很多老教师或家属都希望得到帮助。鉴于医学部已设立每年10万元的特困基金，学校批准了在人事部设立每年30万元的特困基金，并拟从2002年开始执行。(3)批准新建4块门球场。1999年和2000年校人事部曾两次向学校申请为老同志修建门球场，因受场地和资金的限制未能落实。2001年，校人事部再次向学校提出申请，通过校发展规划部的立项申请，学校同意拨款22.5万元，在蔚秀园原菜窖处为老干部修建4块门球场，经费列入2002年预算。

围绕庆祝建党80周年，校人事部先后组织老干部参观中华世纪坛、卢沟桥抗日战争纪念馆和雕塑园，组织老干部合唱团和老年健身班80多人参加了北京市教工委和教育部老干部局举办的纪念建党80周年文艺演出，组织参加北京市老干部局等单位举办的纪念建党80周年征文活动，举办北京大学庆祝建党80周年老年书画与工艺作品展，召开参加过抗日战争的老干部座谈会，慰问抗日战争时期的老干部62人。这些活动宣传了老干部的历史功绩，发挥了老干部的积极作用，也使老干部的生活丰富多彩。

【博士后管理】 2001年，北京大学新批准成立核科学与技术博士后流动站，北京大学产业开发部、厦门北大之路生物工程有限公司被批准成立企业博士后科研工作站。至此，北京大学共有30个博士后流动站。从1985年设站以来，累计招收博士后963人、出站647人。2001年进站博士后160人，出站103人，为设站以来招收和出站人数最多的年份。截至2001年12月31日，校本部在站博士后313人（因报到时间与起薪时间存在差异，故与人事系统相差4人）。

为把博士后的招收与学科建设、国家重点实验室的发展、科研项目的完成及师资队伍建设结合起来，校人事部博士后办公室积极组织博士后开展科技开发活动，促进产学研一体化，先后组织博士后赴浙江新昌、浙江绍兴、安徽铜陵、浙江嘉兴、山东德州、辽宁锦州、深圳龙口工业区、福建晋江等地市开展学术交流与科技项目合作，并与晋江市人民政府签署了合作协议，得到对方的经费支持。为将博士后工作面向经济主战场、扩大企业博士后数量，校人事部博士后办公室先后为大庆油田、大港油田、胜利油田、深圳证券交易所、广发证券、宝钢集团、许继集团、特华投资公司、三峡水利公司、中关村科技园、晋江三力机车公司等企业博士后工作站招收博士后，其中与大庆油田、胜利油田、中国嘉陵集团招收的博士后已有4人完成在站项目出站。2001年6月13至14日，校人事部博士后办公室成功组织召开了"经济与管理学术前沿2001'中国博士后论坛"，并获学术活动优秀组织奖、文体活动优秀组织奖。

博士后的科研工作。北京大学2001年共有122人申请博士后科学基金，有40人获得通过；有8人申请优秀博士后，其中有2人入围，1人获得批准；博士后科研成果被SCI收录195篇，被EI收录43篇，被ISTP收录25篇，被SSCI收录3篇，在国际刊物发表论文101篇，在国内核心刊物发表论文420篇，在国内一般期刊发表论文140篇，提交参会论文84篇，出版专著、译著或教材66部，承担或参加科研项目234项，涉及科研经费893.4万元，获得专利9项。

表8-28 2001年北京大学博士后进站情况（单位：人）

年度	招收总数	国家资助	自筹经费	留学回国	教育部资助	企业博士后
2001	160	49	62	13	23	13

表8-29 2001年北京大学博士后出站情况（单位：人）

年度	离站	留校	到其他高校	到科研机构	到企业	出国	到其他单位	到国家机关	中途离站
2001	103	35	19	10	8	15	8	3	5

表 8-30　2001 年校本部各单位博士后在站情况（单位：人）

单位	在站	国家资助	自筹经费	教育部资助	企业博士后	留学归来	外籍
数学学院	13	6	2	4		1	
物理学院	10	5	2	1		2	
技物系	5	4	1				
天文系	1	1	0				
微电子所	13	2	9	2			
电子学系	8	4	1	3			
化学学院	59	19	26	10		4	
环科中心	8	2	4	1		1	
城环系	20	6	8	2		4	
遥感所	8	1	5	1		1	
地球物理	8	4	4				
地质系	17	3	8		6		
生命学院	22	6	9	7			
力学系	15	7	6	2			
计算机系	10	2	8				
计算机所	2	2	0				
信息中心	4	2	0	1		1	
光华学院	37	2	17	2	16		
经济学院	14	1	9		4		
中文系	3	2	0			1	1
历史系	4	0	3			1	
考古文博院	1	0	1				
法学院	8	3	4			1	
外语学院	4	3	0			1	
哲学系	5	3	1			1	
经济中心	7	0	6			1	
社会学系	5	2	0			2	1
心理系	2	0	1			1	
合计	313	92	135	36	26	22	2

【人事档案管理】 1999 年，北大人事部档案管理办公室确定"建设达国家干部人事档案管理标准"，一直从基础工作抓起，开拓进取，勇于创新。建立了人事档案转递系统、目录系统及电子卡片。

2001 年，校人事部人事档案办公室派遣转出毕业生档案 2251 卷，其中本科双学位 826 卷、硕博研究生 1032 卷；接收新生档案 6082 卷，其中本科生 2795 卷、硕士生 2421 卷、博士生 866 卷；接待人事档案查阅 5100 人次；转出机要档案 1565 卷，其中教职工（含博士后）调出 250 卷；接收建立档案 175 卷，其中博士后档案 83 卷，调进教职工 92 卷；整理教工档案 910 卷。

【全国出国留学工作研究会】 全国出国留学工作研究会第三届理事长单位为北京大学，理事长由常务副校长闵维方担任，秘书处设在北京大学人事部，秘书长由人事部部长周岳明担任。2001 年，研究会在理事会和秘书处的共同领导下，围绕研究会章程中赋予的基本任务，于 5 月 21 至 23 日在宁波召开全国出国留学工作研究会 2001 年年会暨成立十周年纪念大会。大会对过去 20 年国家有关公派、自费出国留学政策和实践进行评估及理论探讨，共征集论文 68 篇，内容涉及留学工作的实践与改革、人才的外流与回归、留学效益的分析与评估、留学管理的制度化建设、留学政策的沿革与探讨等方面。经闵维方理事长提议，秘书处讨论决定出版《全国出国留学研究会成立十周年纪念文集》，并成立了以闵维方、王永达为主编，陈学飞、张双鼓为副主编,秘书处全体成员为编委的编委会。同时,研究会承担了教育部2001年度重点课题"改革开放二十年国家公派留学效益评估",继续有序地开展了《出国留学工作研究》杂志的编辑工作,建成了研究会专用网站,并组织各分会开展了丰富多彩的活动。

(人事部)

医学部人事管理

【概述】 2001年,医学部人事管理工作紧密围绕创建世界一流大学的总体目标和学校的中心工作,按照医学部领导班子"三讲"教育整改方案的要求,进一步落实人事制度和分配制度改革的政策和措施,强化队伍建设,改革人事管理制度,全面推进岗位聘任、分配改革的步伐,建立竞争激励机制。在2000年岗位设置与人员聘任工作的基础上,进一步明确岗位职责,进行大量的调查研究,完成了医学部本部核定编制工作。为完善岗位聘任和岗位考核制度,把岗位聘任落到实处,对原《北京医科大学各类人员考核办法》进行修订,颁发了《北京大学医学部教职工考核聘任实施办法》。为加快医院人事制度、分配制度改革步伐,医学部人事处及各医院人事处负责同志,到香港公立和私立医院进行了以"人事管理制度及分配制度"为主要内容的实地考察和调研,制定并推行医院聘任制实施办法。

【核定编制】 医学部本部1999年底已根据教育部的《普通高等学校编制管理规程》(草案)开始核定编制。两校合并后,根据学校加强编制管理和医学部整改方案的总体要求,在全员聘任、竞争上岗的基础上,按照"调整编制结构为主,压缩编制为辅;注重重点学科发展"

的原则,2001年对各单位各类人员编制进行了重新核定,完成了定编设岗工作。按2001年标准生数,医学部本部生员比为4.42:1,生师比为9.2:1,编制数为1687个,其中教师编制666个、专职科研编制178个、教辅编制506个、党政工勤编制337个。此方案已经部务办公会讨论通过。今后,按照"优化结构、按需设岗、按岗聘任、公平竞争、择优录用、以岗定薪、严格考核、合约管理"的指导思想,将逐步实现规范化、科学化管理。

【机构与干部】 根据中组部、人事部关于干部人事制度改革的精神,医学部对干部人事任免制度进行了大胆的改革,经医学部党政联席会讨论决定,将临床医院科主任干部任免权限下放给各医院;经部务办公会讨论决定,调整学院、学部所属教研室主任干部任免程序,改为各二级单位提出意见,经部务办

公会或党政联席会讨论决定后,由各二级单位聘任发文。

2001年医学部人事处组织对北京大学中医药现代研究中心正、副主任,医学部实验动物科学部正、副主任进行了公开选聘。按照任人唯贤、任人唯能的选拔任用干部的原则,采取公开选聘、平等竞争、择优录用的方式,在全校范围内发布招聘信息,组织公开答辩会,由群众和专家进行投票表决。

【教职工队伍状况】 2001年医学部教职工队伍建设继续朝着规模适度控制、结构基本合理的方向发展。截止到12月31日,医学部在职职工总数9328人,其中本部1813人,临床医院7515人。离退休人员2953人,其中本部969人,临床医院1984人。教师队伍整体优化,职务结构、学历结构、年龄结构逐步改善和趋于合理。

表8-31 2001年医学部专业技术人员职务结构情况

	总计7964人				
医学部专业技术人员	正高	副高	中级	初级	未定
	587 7.4%	1004 12.6%	2756 34.6%	3346 42%	271 3.4%
	总计1410人				
本部专业技术人员	164 11.6%	261 18.5%	564 40%	364 25.8%	57 4%
	总计6554人				
临床专业技术人员	423 6.5%	743 11.3%	2192 33.4%	2982 45.5%	214 3.3%
正高:副高:中级:初级:未定	医学部	1:1.7:4.7:5.7:0.5			
	本部	1:1.6:3.4:2.2:0.3			
	临床	1:1.8:5.2:7:0.5			

表8-32 2001年医学部在职教师学历结构情况

	2551人			
医学部在职教师	博士	硕士	本科	专科及以下
	563 22.1%	518 20.3%	1373 53.8%	97 3.8%
	534人			
本部在职教师	115 21.5%	162 30.3%	255 47.8%	2 0.4%

表 8-33　2001 年医学部专业技术人员年龄结构情况

职务		年龄段 总人数	35 岁以下	36—45 岁	46—54 岁	55 岁以上
医学部	正高	587	1(0.2%)	117(19.9%)	122(20.8%)	347(59.1%)
	副高	1004	73(7.3%)	579(57.7%)	283(28.2%)	69(6.9%)
	中级	2756	769(27.9%)	1092(39.6%)	858(31.1%)	37(1.3%)
	初级	3346	2647(79.1)	424(12.7%)	271(8.1%)	4(0.1%)
本部	正高	164	—	34(20.7%)	37(22.6%)	93(56.7%)
	副高	261	18(6.9%)	125(47.9%)	88(33.7%)	30(11.5%)
	中级	564	167(29.6%)	236(41.8%)	149(26.4%)	12(2.1%)
	初级	364	225(61.8%)	85(23.4%)	53(14.6%)	1(0.3%)

表 8-34　2001 年医学部出国学习人员学历、专业技术职务、年龄分布情况

专业技术职务	人数	学历	人数	年龄段	人数
正高	10	博士	49	50 以上	1
副高	37	硕士	36	45—50	2
中级	48	本科	25	40—45	14
初级	10	大专及以下	2	35—40	35
待定(新毕业生)	7			30—35	38
				30 以下	22
总计(人)			112		

【师资培养、人才引进与学术梯队建设】 2001 年人事处负责组织申报两院院士 8 人,获批准中国工程院院士 1 人(庄辉);申报特聘教授 5 人,3 人获批准(李凌松、杨逢春、汪涛)。申报政府特殊津贴 7 人。

2001 年医学部选派了 112 名优秀人才出国学习,其中国家公派进修 11 人,国家公派读学位 1 人,单位公派进修 86 人,单位公派读学位 14 人。

医学部非常重视青年教师的培养,鼓励在职教师参加申请学位,2001 年共批准 240 人在职攻读学位,其中博士 61 人,硕士 179 人。2001 年人事处继续对新教师开展岗前培训工作,共有 471 人参加,其中医学部 221 人,教学医院 187 人,其他单位 63 人。为了提高教职工全面素质,医学部还专门设立职工培训经费,2001 年,共有 39 人参加各种培训学习。

2001 年吸引正高级专业技术人才 4 人。接收毕业生共 370 人,其中博士后 7 人,博士生 67 人,硕士生 39 人,7 年制本硕连读生 20 人,本科生 79 人,大专生 54 人,中专生 104 人。接收复转军人 14 人。

截止到 2001 年底,医学部共有两院院士 10 人,"长江学者"特聘教授 8 人,国家重大项目首席专家及重大项目总负责人 28 人,有突出贡献专家 39 人,国家杰出青年基金获得者 5 人,入选"跨世纪优秀人才培养计划"11 人,"百千万人才工程"6 人(人事部 3 人,北京市 3 人)。

【专业技术职务评聘】 2001 年医学部的专业技术职务评审工作仍然本着"坚持标准,保证质量,全面考核,择优评聘"的原则,按照《北京医科大学专业技术职务评审聘任条例》要求进行,但高级职务的评审在以下几个方面与校本部统一做法:最后评审通过获准晋升的人员,其任职资格起始时间统一为 8 月(医学部原为 6 月 30 日);医学部卫生系列(医、药、护、技)仍按原程序评审,评审结果统一由校学术委员会审定批准;医学部与校本部相同的且原医学部没有高级终审权的系列(图书档案、出版、马列主义公共课、体育等)参加校本部同类系列的统一评审,其他相同且医学部有终审权的系列仍由医学部负责评审;管理系列由医学部卫生事业管理与思想政治教育学科评议组评议后参加北大相应的教育管理分会评审;校本部卫生系列由北大医学学科评议组和学术委员会统一评审。

2001 年医学部共有 379 人通过高级专业技术职务任职资格评审,265 人通过中级专业技术职务任职资格评审,404 人通过初级专业技术职务任职资格评审。

表 8-35　2001年医学部高级职务任职资格评审情况

情况 单位	正高			副高			合计
	晋升	平拉	确认	晋升	平拉	确认	
医学部本部	16	0	4	37	0	4	61
附属医院	73	29	2	122	53	6	285
教学医院	0	2	0	0	31	0	33
合计	89	31	6	159	84	10	379

表 8-36　2001年医学部晋升高级职务人员的年龄、学历结构情况

正高	年龄分布					学历分布			
	≥56	51～55	46～50	41～45	≤40	博士	硕士	本科	其他
89	1 1.1%	17 19.1%	17 19.1%	25 28.1%	29 32.6%	30 33.7%	23 25.8%	36 40.4%	0
副高	年龄分布					学历分布			
	≥51	46～50	41～45	36～40	≤35	博士	硕士	本科	其他
160	0	15 9.4%	15 9.4%	73 45.6%	56 35.0%	46 28.8%	27 16.9%	77 48.1%	9 5.6%

【工资与福利】　随着国家工资制度改革的进程，2001年医学部进行了调整工资标准、增加离退休费等一系列的工作。

根据国办发（2001）14号文件《关于从2001年1月1日起调整机关事业单位工作人员工资和增加离退休人员离退休费的通知》，医学部本部为在职人员（不含企编人员）1853人调整了工资标准，为117人增加离休费，为790人增加退休费；各临床医院为在职职工7375人调整工资标准，为191人增加离休费，为1698人增加退休费。

根据国办发（2001）70号文件《关于从2001年10月1日起调整机关事业单位工作人员工资和增加离退休人员离退休费的通知》，医学部本部为在职人员1835人调整了工资标准，为117人增加离休费，为852人增加退休费；各医院为在职职工7553人调整了工资标准，为191人增加离休费，为1755人增加退休费。

医学部本部全年共有86人办理离退休手续，其中退休71人，退职15人。

为体现对遗属和伤残人员的关心，医学部本部根据国家有关规定，对21名生活困难的遗属给予了困难补助。根据民发（2001）60号文件《关于提高部分优抚对象抚恤补助标准的通知》，医学部本部共有3位同志享受伤残抚恤金。

【人事档案工作】　医学部人事处主要负责医学部全体教职工及博士后人员人事档案的管理工作。截至2001年底，共计管理档案5041份，其中在职职工2012人，代理人员767人，离退休人员902人，博士后74人，出国逾期不保留公职832人，死亡及历史积压档案454份。

【人才服务与培训】　医学部人才服务与培训中心，负责人才的交流与培训和对代理人员的管理与服务。为拓展人事代理范围，推动人事代理工作进一步发展，经与北京市人才服务中心共同协商，北京大学医学部人才服务与培训中心于2001年7月10日正式成为北京市人才服务中心北医工作站，并举行了揭牌仪式，签订了有关协议，这是北京市人才服务中心建立的第一个工作站。工作站成立至今接收外来人员存档12人，完成2001年医学部新接收毕业生347人的人事代理工作。截止到2001年12月底代理人数为1017人，接收各类毕业生924人，调入人员77人，自筹人员65人。

加强对代理人员的管理和服务，2001年为65名自筹编制人员建立了养老保险、失业保险和住房公积金，其中45名同时建立了基本医疗保险。完成87名技术工人升级考工工作。为外地务工人员办理就业证564个。与9名未聘人员签订代管协议。组织了小型供需见面会，解决了原北医商店8名职工的安置问题。

【离退休人员工作】　2001年5月，医学部离退休人员办公室挂靠医学部人事处，为副处级单位，现有工作人员3人。

截止到2001年12月底，医学部共有离退休人员3133人（其中离休干部317人，退休干部2274人，工人542人）。医学部本部离休干部117人（其中享受副部级待遇1人，正局级3人，享受正局级待遇3人，副局级2人，享受副局级待遇22人，正处级18人，正处级待遇5人，副处级9人，副处级待遇48人，

正科级 6 人);退休干部 641 人,(其中副局级干部 4 人,正处级干部 13 人,副处级干部 19 人);退休工人 217 人;临床医院离休干部 200 人(其中享受副局级待遇 39 人,正处级 6 人,副处级 15 人),退休干部 1633 人,退休工人 325 人。

医学部领导坚持从政治上爱护、生活上关心老同志,积极组织老同志参加重要的政治学习、时事报告会,坚持召开离退休人员代表座谈会。坚持重大节日走访慰问、探望住院老同志制度。2001 年 6 月为离退休人员进行了一次查体,年内离退休人员两次提高工资待遇,极大地改善了离退休人员的生活。

重视离退休党支部的建设,派支部书记参加市教工委组织的支部书记培训班,请医学部全体离退休支部书记参加医学部党支部书记培训班。

积极开展各种丰富多彩活动,坚持春、秋季组织老同志外出一日游活动,举办了两次老年运动会,2001 年 9 月举办第十三届老年书画展,举办医学部第六届老年门球赛。另外,老年京剧、民乐、合唱、舞蹈、健身操等活动也十分活跃,丰富了离退休人员的文化生活。

(医学部)

财 务 与 审 计

财务工作

【总体财务状况】 学校收支概况 2001 年学校收入总额为 238756 万元,比 2000 年的 190094 万元增加 48662 万元,增长 25.60%。支出总额 181873 万元,比 2000 年的 144115 万元增加 37758 万元,增长 26.20%。年末固定资产总额 204979 万元,比 2000 年的 175749 万元增加 29230 万元,增长 16.63%。收支总量的稳步增长和固定资产的逐年增加,表明随着"教育振兴行动计划"专项资金的全部到位以及自筹经费能力的增强,学校的教学、科研等事业进入前所未有的快速发展时期,办学实力进一步增强。

多渠道筹措办学经费 2001 年学校总收入 238756 万元,其中国家经费拨款达 159194 万元,占总收入的 66.68%,主要是"行动计划"专项资金 9 亿元全部到位。自筹经费收入为 79562 万元,占总收入的 33.32%,比上年的 60695 万元增加了 18867 万元,增长了 31.08%,这与学校注重开展多形式办学、发展校办产业、积极争取海内外捐赠和社会资助密不可分。

2001 年各项收入构成情况见图 8-1。

从图中可以看出,教育经费拨款(含"行动计划"专项经费)、科研经费拨款等国家拨款占总收入一半以上,是构成学校办学财力的主要来源;教育事业收入、其他收入等学校自筹资金在总收入中占有较大比重,成为弥补办学经费不足的重要来源。从而形成了以国家拨款为主、多渠道筹措办学经费的格局。

支出结构趋向合理 2001 年学校总支出 181873 万元,比 2000 年的 144115 万元增加 37758 万元,增长 26.20%。支出构成情况见图 8-2。

从图中可以看出,学校在今年的支出预算安排上,注重对基础设施建设和教学科研事业的投入力度,支出结构趋向合理,资金的投向更加注重长远目标和效益,其中"行动计划"专项资金的投入起到了举足轻重的作用。

2001 年学校事业支出 154572 万元,比上年的 129090 万元增加了 25282 万元,增长了 19.58%。2000 年与 2001 年事业支出比较见图 8-3。

从图中可以看出,随着"行动计划"专项资金的全部到位,学校支出情况比上年更加活跃,支出结构更趋稳健、合理,为教学、科研事

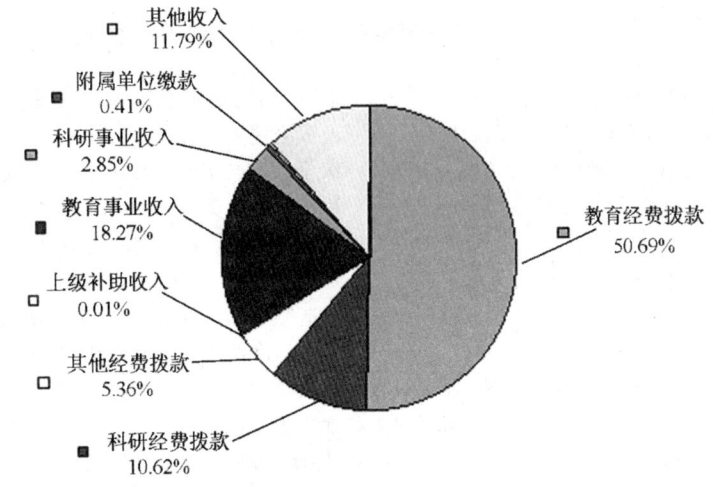

图 8-1 北京大学 2001 年收入构成分析

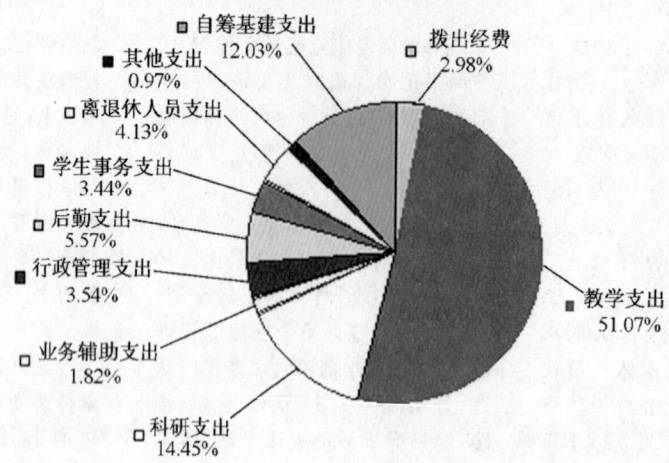

图 8-2　北京大学 2001 年支出结构分析

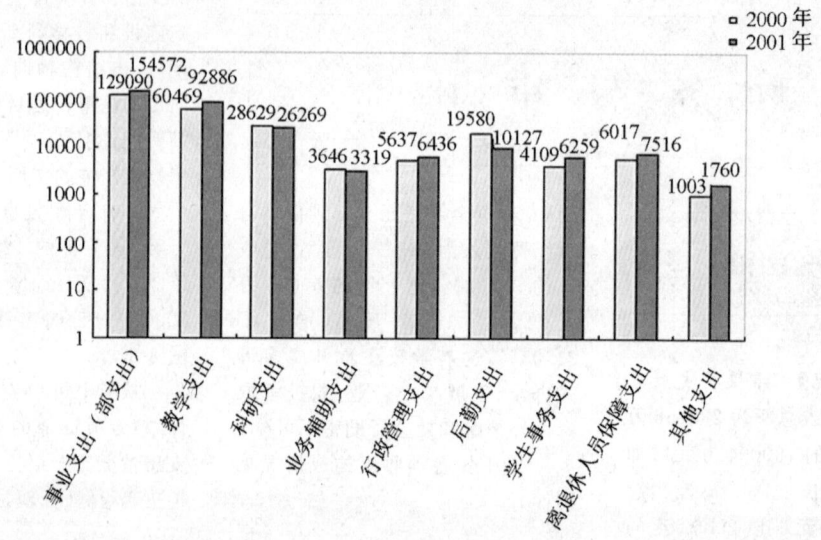

图 8-3　北京大学 2000、2001 年事业支出情况比较

业的发展奠定了坚实的基础。

"行动计划"专项资金概述　2001 年,"行动计划"专项资金 9 亿元全部到位,这是北京大学历史上国家投入教育经费力度最大的一次。专项资金的使用严格按教育部、财政部批准的总体预算框架执行,用于队伍建设、学科建设、提高学生素质、基础设施改造、改善公共教学条件等 5 个方面,取得了很好的效益。

本年的"学科建设"经费主要用于进行较大规模的学科整合,对前沿学科、重点学科、优势学科以及国家重大项目、重点实验室等继续予以重点支持。"队伍建设"经费用于引进优秀人才,本年新聘请了 19 位"长江学者",使北大"长江学者"总人数达到 41 名。"基础设施改造"经费用于理科 4#(生物楼)、新化学南楼、110V 变电站、医学部教学大楼、学生宿舍 45 甲和学生食堂 6 个项目的基本建设。随着"行动计划"专项资金的大力投入,一些学科建设项目已取得阶段性成果,基础设施和教学条件也得到明显改善。

【财务状况专题分析】　收支总量稳步增长　2001 年学校收入总额为 23.8756 亿元,比 2000 年的 19.0094 亿元增加 48662 万元,增长 25.60%,扣除"行动计划"专项经费比上年增加的 3 亿元后,与 2000 年同口径相比,实际收入 20.8756 亿元,比 2000 年的 19.0094 亿元增加 1.8662 亿元,增长 9.82%。2001 年支出总额 18.1873 亿元,比 2000 年的 14.4115 亿元增加 3.7758 亿元,增长26.20%。收入和支出均比上年有较大幅度增长。

2001年，由于"行动计划"专项经费9亿元全部到位，学校总收入创历史最高水平。收入的稳步增长为增强办学实力提供了强有力的保障。在支出方面，主要围绕创建世界一流大学的总体目标，重点加大引进人才、学科建设、基础设施改造等工作的资金投入力度，取得了良好的资金效益。

总体办学效益提高 2001年学校平均在校学生（含留学生、函授、夜大学生）50401人，全年平均在职教职工8678人，在职教职工与学生比为1∶5.81，比上年提高了1.76。专任教师全年平均3490人，专任教师与学生比为1∶14.44，比上年提高了3.23。学生人数特别是研究生人数逐年增加，教职工人数逐年下降，师生比进一步优化，总体办学效益提高。

【财务管理】 遵循财务工作的十字指导方针，促进学校各项事业的发展 2001年，在坚持积极、稳妥财政方针的同时，学校财务工作重点突出了"严格、透明、公平、效益、服务"的十字指导方针。"严格"是指财务工作要依法进行，要维护预算的严肃性；"透明"是指财务工作应避免非制度化的行为，完全透明化，财务信息公开且对称；"公平"是指在资金的配置和利益的分配上要兼顾各方面的利益，预算的制定逐步公式化；"效益"是指加强成本效益意识，对全校的财务活动进行成本分析，提高办学效益；"服务"是指财务人员应树立服务观念，为学校教学科研工作服务，支持学校各项事业的发展。

推动预算改革，提高预决算透明度 2001年，财政部和教育部对部门预算进行了大幅度改革，在坚持"量入为出、以收定支、综合平衡"预算总原则的基础上，财务部按时保质完成了部门预算的编报工作。同时，作为教育部细化部门预算、规范预算收支管理的试点单位，财务部对1998年到2000年各种不同口径的数据进行了测算，顺利完成了"定员定额"测算工作。

在此基础上，为了让大家更好地了解学校财务状况，学校在教代会、职代会及其他会议上专门汇报了全校预、决算情况，说明了资金的来源和用途，从而增强了预、决算的透明度。

管好用好"行动计划"专项资金 2001年是"行动计划"专项资金投入力度最大的一年。年初，学校接受了财政部驻山西特派专员办事处对"行动计划"专项资金的检查，经过2个月的实地检查，学校专项资金的管理水平和使用效益得到检查组的肯定与好评。为进一步管好用好资金，学校在各单位自查的基础上，组织以校长为首的检查组于年末对"行动计划"项目进行了中期检查，以确保资金用到实处并产生效益。

实现校本部和医学部在财务管理上的深度融合 从2001年10月18日开始，学校选派校本部3位干部到医学部计划财务处协助工作。这是自2000年两校合并以来首次进行的干部交流，自此校本部和医学部财务工作实现了深度融合，为北京大学实现财务工作的五个统一奠定了基础，即领导统一、会计核算制度统一、分配政策统一、会计电算化软件统一、对外报表统一。这对提升北京大学整体财务管理水平起到了重要作用。

将医学部校医院纳入医学部财务处统一核算与管理 2001年，学校医学部针对其校医院会计核算的特点，多次组织专人深入研究校医院会计核算与管理模式。在此基础上，设计了公费医疗收支月报表，建立了校医院库存药品及消耗材料账，将应抵减公费医疗支出、药品收入、挂号收入等全部纳入财务统一管理，从而改变了以往公费医疗挂账的局面。

重新制定医学部创收收入分配方案 2001年下半年，根据《医学部部门收入分配比例基础方案》的要求，医学部对其下属各单位、各部门的创收重新制定了具体分配办法，为增加医学部部级财力提供了有力的保障。

加强与农业银行、教务部的合作，提高工作效率 2001年学校与农业银行扩大了合作范围，农行为学生制作了2万多张"金穗校园卡"，在制卡费用和异地存取费用上都给予了优惠。学生的学费可以通过"金穗校园卡"办理异地存取，本科生生活补贴和研究生普通奖学金、房贴也可直接转入"金穗校园卡"中，既安全又快捷。另外，农行还在校内安了6台自动取款机，为广大师生提供了方便。

自2001年起，学生注册以在财务部交纳学费为依据。财务部收取学费后，及时将数据通过网上传到教务部，教务部根据财务部的收费信息给学生注册，简化了新生注册手续，提高了工作效率。

积极推进水电费改革 为加强水电经费的管理，强化各单位节约水电的观念和成本核算意识，进一步推动后勤社会化改革，财务部、总务部和水电中心在多次实地调研和讨论的基础上，研究制定了新的水电费管理办法，采用全额拨款、全额收费的管理方式，改变了以往的"大锅饭"局面，显示了公平原则。

严格规范校内收费行为 为规范校内收费行为，加强对收费和票据的管理，2001年学校对校内所有收费项目和收费标准进行了清理，在此基础上制定了北京大学收费和票据管理办法，规定学校收费实行《校内收费许可证》制度，并对可能出现的违规行为提出了明确的处罚办法。该文件已于2001年12月25日第447次校长办公会通过，从2002年1月1日起实行。

重新签订医学部对外费用支付合同 2001年，学校医学部整理了水费、电费、天然气费、养路费、电话费等项目的托收合同，与银行重新签订了托收协议，这样既保证了每项托收业务有据可查，又保证了资金的安全。

完善各类财务查询系统，提高财务工作的透明度 2001年4月，财务部研制完成了科研经费查询系统和系级财务查询系统。科研人员可以通过科研经费查询系统直接查询本人近三年的科研经费收支及结余情况，各单位主管财务的领导可以通过系级财务查询系统直接查询到本单位所有资金的收支及结余状况，从而做到心中有数。同时，为方便广大师生，还建立了职工个人工资查询系统和学生助贷学金查询系统，从2001年6月开始，教职工和领取助贷学金的学生可以通过校内信息服务系统，分别查询本人的工资和助贷学金发放、扣款的详细情况。此外，为进一步提高财务工作的透明度，2001年建立了财务部主页，设有政策法规、服务指南、部长信箱、最新消息发布等内容，为广大师生员工了解财务信息提供了快捷途径。

"高校校园网络环境下的财务管理信息系统"通过部级专家鉴定 该系统由北京大学计算中心和财务部共同研制开发，并于2001年6月28日参加了教育部组织召开的鉴定会。鉴定组专家对该系统给予了充分肯定和高度评价，认为在目前同类系统中处于领先水平，一致同意通过鉴定，同时建议在全国高校中推广应用。目前，该系统已在校内外40多个单位使用。

清理整顿银行账户 为规范校内经济行为，严肃财经纪律，根据教财厅[2001]6号文件的精神，学校对包括机关部门、院（系、所、中心）、非法人独立核算单位及校办产业在内的所有单位进行了银行账户的清理整顿工作，摸清了学校和所属单位银行账户的基本情况，对杜绝"账外账"、"小金库"等违法行为起到了举足轻重的作用。

开展《会计法》自查自纠工作 2001年，根据财政部整顿和规范会计秩序的要求，学校开展了《会计法》执行情况自查自纠工作，重点检查是否开设银行账户、是否私设小金库、收入是否全部入账、是否私购不合法票据、是否公款私存等内容，摸清了学校各单位执行《会计法》的基本情况。通过自查自纠，有利于督促各单位整顿会计秩序、提高会计信息质量、避免会计工作中的违法违纪行为，并针对存在的问题和薄弱环节进行整改。

加强会计队伍建设，完善会计派驻制 2001年，学校先后组织会计人员参加了国务院机关事务管理局举办的会计知识培训班、会计电算化培训班，鼓励大家加强学习，更新业务知识，提高业务水平。同时，就更新后的校级和系级财务管理软件，组织会计人员进行相应培训。

针对经济领域的犯罪行为，开展了学习、讨论、总结活动，敦促大家在工作中树立正确的人生观和良好的职业品质，培养学法、懂法、守法、执法的自觉性。在此基础上，校本部加强了对派驻会计的管理，根据工作需要对8名会计进行了岗位轮换，对21个单位进行了库存现金的清查；医学部也着手试行会计派驻制工作。

（阎敏）

审计工作

【概况】 按照教育部《2001年教育审计工作要点》的要求，北京大学立足一流大学的建设，继续贯彻"全面审计、突出重点"的方针，使审计工作覆盖北京大学全部经济活动，充分发挥审计工作为北大防范财经风险和促进加强财经管理的作用，进一步加强了内部审计工作，表现在：审计工作的力度进一步增强；审计工作的覆盖面进一步扩大；审计工作的制度化和规范化建设进一步深化；审计工作的质量、效率、效果进一步提高；审计队伍的年龄结构和知识结构得到优化等。

审计项目完成情况 2001年，北京大学共开展审计项目633项，其中包括：

（1）预算执行情况审计和审计调查　　　　　　　　2项；
（2）财务收支审计　　23项；
（3）经济责任审计　　8项；
（4）工程竣工结算审计
　　　　　　　　　　304项；
（5）工程开工前审计　68项；
（6）科研经费审签　　228项

全年开展审计项目数量是行业平均水平的2～3倍。

通过上述活动，发现并处理违规违纪金额353万元，为北大防范了财经风险；审减基建、修缮工程造价721万元，为北大节省了宝贵的资金；提出加强财经管理的意见和建议110条，促进了北大财经活动地规范运行。

审计工作受到教育部表彰 北京大学在审计工作方面所取得的成绩受到教育部表彰。在教育部4年一度（本次为1998～2001年期间）的审计工作评优活动中，北京大学审计室被评为全国教育审计工作先进集体，审计室主任王雷被评为全国教育审计先进工作者。

【预算执行情况与财务收支审计】
预算执行情况审计工作 为加强重大专项资金的管理，北大审计室对"211"工程经费和"振兴行动计划"经费进行了预算执行情况审计和审计调查。

"211"工程经费预算执行情况审计 为加强对"211"工程经费的管理，规范资金使用，北京大学规定了对"211"工程经费的审计办法,对于一些重点项目,审计部门派员参加项目验收。为配合"211"工程的整体验收工作,北京大学于2001年3月在过去中期审计检查的基础上,进一步对"211"工程预决算进行了审计。上述审计工作,保证了专项经费的规范使用,促进了资金使用效益的提高。

"振兴行动计划"经费预算执行情况审计调查 "振兴行动计划"经费是北大的一项重要资金来源。为管好用好这部分经费,北京大学加强了对这部分经费使用的审计力度,对于其中部分项目还规定了必审制度。为进一步加强该项经费的管理与使用,北大审计部门还对"振兴行动计划"经费预算执行情况进行了审计调查。这项工作的开展,对于保证重大专项资金的规范使用,起了应有的作用。

财务收支审计工作 为进一步规范校内单位特别是独立核算单位的财经管理,北京大学审计室在2001年开展财务收支审计23项。其中包括:① 为配合院系体制调整,对将要新组建学院的原有系、所进行审计;② 为促进机关部处特别是财经活动较多的部处的财经管理,对总务、基建、资产管理等部门所管理的经费进行了审计。③ 为加强对后勤改革后后勤实体的管理,对后勤系统7个中心进行了审计;④ 为配合校办企业改组改制,对部分校办企业进行了审计。上述审计活动,对于促进被审计单位依法行政或经营、规范管理、提高经费使用效益起了应有的作用。

【经济责任审计】 2000年,北京大学通过了《北京大学中层干部经济责任审计规定》。2001年,审计室根据学校要求,配合干部换届工作,共开展任期经济责任审计8项,对总务部、基建部、北大附中、物理系、技术物理系、地球物理系、重离子所等换届单位的负责人进行了任期经济责任审计。通过审计,对单位负责人依法行政、规范管理、创造效益的情况进行了审查和评价。这项工作的开展,有利于明确离任干部的经济责任履行情况,并使接任干部摸清家底,全面了解情况;有利于北京大学各级负责人经济责任制的贯彻落实,并通过责任制的贯彻落实促进加强财经管理。

【工程审计】 工程竣工结算审计工作 2001年,是北京大学开展基建、修缮工程项目竣工结算审计的第三年,审计室继续贯彻造价审减与规范管理相结合的原则,充分发挥工程管理部门在造价审核中的作用,促进工程管理进一步规范,促进工程结算审减率进一步降低。全年共审计工程项目304项,审计金额19937万元,审减金额721万元,审减率3.62%,为北京大学节省了宝贵的资金。另外,审计室还开展了《北京大学竣工结算审计规定》的修订工作,为进一步更好地开展竣工结算审计工作打下了基础。

工程开工前审计工作 2001年是北京大学开展工程开工前审计的第2年,全年共开展开工前审计68项。这项工作的开展,进一步规范了工程的招投标行为,为提高建设资金使用效益打下了基础。另外,在总结过去经验的基础上,北京大学审计室着手制定《北京大学开工前审计规定》,准备在过去对招标程序进行审计的基础上,进一步明确招标文件审计、工程合同审计等的程序与办法,为项目竣工结算审计打下基础。

【审计科研】 承担教育部财务司"内部控制审计"课题研究任务 2001年4~12月,教育部财务司组织教育部直属15所高校开展教育审计规范课题研究活动,北京大学与清华大学、东北大学共同承担"内部控制审计"课题研究任务。

承担审计署中国审计学会"经济责任审计"课题研究任务 2001年,审计署中国审计学会向北京大学下达了"经济责任审计"课题研究任务,北京大学审计室完成了《经济责任的界定、确认和评价》的课题报告,并在中国审计学会经济责任审计研讨会上汇报了课题成果,受到与会领导和专家的广泛好评。

承担教育部财务司《高校经济活动案例选编》编写任务 2001年3~9月,教育部财务司组织编写《高校经济活动案例选编》一书,审计室承担了部分编写任务。

获得教育部审计论文评比奖项 2001年3月,审计室王雷撰写的《经济责任审计的基本理论问题》一文获得教育部直属高校审计论文评比一等奖;2001年9月,审计室提交的《经济责任的界定、确认与评价》一文获得教育部直属高校审计协作片区论文评比一等奖。

【审计制度建设与业务建设】 北大审计室在过去两年业务管理改革的基础上,进一步加强制度建设和业务建设,努力提高审计工作的质量、效率、效果。

审计质量方面 进一步完善了审计报告的质量控制制度。修订了审计报告的规范格式、规范用语、写作指南,完善了审计报告的讨论制度,强调审计报告要把揭示问题与提供信息相结合,提高了审计报告的质量,进一步满足了报告使用者对审计报告的需求。进一步完善了审计作业程序和文档的质量控制制度。根据过去业务开展情况,组织审计人员对审计作业程序和审计作业文档进行了学习和讨论,进一步明确了作业关键点,并对审计作业文档做了进一步规范化的要求,为进一步提高审计质量提供了保障。

审计效率方面 完善"一人为主审计制度、审计项目定期制度、主审工作定量制度",强化审计人员的责任,进一步促进了审计工作效率的提高。完善审计作业过程管理,减少了审计过程中的效率损失环节,提高了审计效率。

审计效果方面 实行审计报告双向征求意见制度,用客观、扎实的工作赢得被审计单位和委托单位两个方面的满意,为审计意见和建议地落实打下基础。进一步强化了审计处理意见地落实。对于下达的审计意见,要求被审计单位逐条落实、逐条答复,并要求被审计单位定期将审计意见落实情况以书面形式报告审计室,审计室对落实情况进行检查,使审计效果落在实处。近年来连续审计的单位,其经济活动中违规现象明显减少,内部财经管理规范化程度明显提高。

【审计队伍建设】 引进高素质的审计人员 2001年,北京大学审计室引进审计人员2人,使校本部审计人员达到7人。这2人年龄在31~34岁之间,具有重点大学财经类本科或研究生学历,并且担任过财务、工程方面的项目主管工作,并拥有经济师、注册资产评估师、工程概预算等专业资格。这2名人员地引进,在一定程度上改善了审计队伍的知识和年龄结构,提高了审计队伍的整体素质。在此基础上,审计室准备再引进2名同志,进一步优化审计队伍,并经过选聘和培养,建设一支由"三师"(国际注册内部审计师、中国注册会计师、中国注册造价师)组成的审计队伍,服务于北京大学的世界一流大学建设。

开展计算机辅助审计培训 2001年11月,审计室组织4名审计人员参加了中国内部审计学会组织的计算机辅助审计培训班,旨在通过计算机辅助审计的开展进一步规范审计过程,提高审计质量。

(沈寄)

医学部审计工作

【概况】 医学部审计室从1985年至1999年一直独立设置,2000年两校合并后,审计室与纪检监察部门合署办公。为加强审计工作,充分发挥审计的监督职能,经2001年5月部办公会决定,医学部审计室与纪检监察办公室分离,机构独立设置,定编4人,张明任审计室主任。

【制度建设】 为建立以法律为依据、以制度为标准的审计工作机制,使审计工作日益制度化、规范化。审计室在2001年,重点规范基建、修缮工程审计工作,制定了《基建修缮工程项目审计工作流程》,起草了《北京大学医学部基建、修缮工程项目管理实施细则》。

为了进一步发挥审计的经济监督职能,加大审计整体力度,保障医学部各部门正确执行国家各项财经法规和财务制度,起草了《北京大学医学部审计工作实施方案》,结合北医系统医、教、研三位一体的特点,对医学部及6个医院的审计人员,实行审计专业整体化管理与分散式管理相结合的运行机制。

【素质教育】 审计工作是一项政策性、专业性很强,对审计人员综合素质与专业素质要求很高的工作。为适应医学部在建设世界一流大学进程中对审计工作的要求,审计室把提高审计人员的综合素质和专业素质作为一项长期的奋斗目标。

(1)审计室全体人员按照国家要求,参加了2001年度的会计人员培训,顺利通过国务院机关事务管理局对会计人员的年检。

(2)审计室拟定集中组织北医系统的审计人员,定期参加专业学习,并在医学部举办审计专题报告会,聘请专家教授讲课,邀请业内外人士参加。

【基建修缮工程审计】 2001年1月至12月,完成对医学部117项基建修缮工程的结算审计,审计总金额7845万元,审减金额558万元,为学校节省了大量资金,取得明显经济效益。其中:

(1)委托审计项目35项,审计金额6962万元,审减金额506万元;

(2)委托与自审结合项目11项,审计金额264万元,审减金额29万元;

(3)自审项目71项,审计金额619万元,审减金额23万元。

【经济责任审计】 根据《北京大学中层领导干部任期经济责任审计规定》和北京大学第六医院向医学部党委提出的申请,组成联合审计组,对北京大学六院正副所长4人进行了任期经济责任审计。对4位领导干部任职期间的医院经营情况、医院改革情况以及医院存在问题进行了审计分析,并撰写了审计报告,上报医学部领导。

【"211"工程预算执行情况审计】 由学科建设、公共服务体系和基础设施建设三部分组成的"211"工程,预算执行期跨度5年,建设总投资12500万元。根据学校领导的要求,审计室对"211"工程建设项目,1996年12月至2000年12月的预算执行情况进行了审计,并撰写了审计报告。

【参与其他经济管理工作】 按照2001年5月21日部办公会通过的《北京大学医学部部门收入分配比例基础方案》,积极配合医学部领导核定各部门收入提成比例。协助财务部门完成2000年度世界银行贷款"高等教育发展项目"财务决算工作。2001年参与医学部大型设备采购论证会17次,参加基建、修缮工程议标论证会24次。

【改革思路】 为实现世界一流大学认真做好监督与服务,努力实现

审计工作的三个转变:

(1) 由松散型向整体型转变。利用北医医、教、研自成一体的特点,将分散于6个医院的审计人员组成一个专业化整体,以联合审计的方式,开展国家专项资金投资工程的结算审计、亿元以上大型工程的二次追踪审计、国家投资的各类具有独立法人资格的实体(公司)的年度经济效益审计和领导干部任期经济责任审计。

(2) 由收支型向效益型转变。国家对各类具有独立法人资格的校(院)办经济实体投入大量资金,但经济效益甚微。审计室将加强对校(院)办经济实体的经济效益审计,为领导提供经济分析报告,建立国家资产投入与效益产出的正比例关系。

(3) 由内部型向内外结合型转变。实现由内部审计向内外审计相结合的进一步过渡。达到逐步扩大自审比重、掌握第一手经济信息和实现管理效益的三重目的。

(医学部)

资　产　管　理

【概况】 2001年,资产管理部继续做好各项常规性工作:公用房调配与管理、教职工住房分配与管理、住房制度改革、房地产产权、人防工程维护与管理、仪器设备管理、设备采购、实验室建设与管理等,着重开展了一系列重点工作及探索性工作。

在房地产管理方面主要有:(1)多渠道开拓住房资源,帮助教职工购买商品房、经济适用房,解决住房困难问题。(2)结合抗震加固改造工程,进行了公用房的调整和周转,为《北京大学公用房管理条例(试行)》及实施细则的施行打下基础。(3)配合学校整体规划建设,进行了大量拆迁工作。(4)蓝旗营住宅小区交房入住后的进一步整改和完善。(5)积极推进住房货币化改革工作,拟订了《北京大学住房制度改革实施方案》及多项配套方案。(6)进行了住房货币化改革的测算工作,对教职工的住房情况进行全面普查。(7)继续做好北京大学国有土地使用权登记工作。(8)完善各种数据资料管理,建立房地产数据信息管理系统,实现数据、信息及资料的计算机化管理。

在设备与实验室管理方面主要有:(1)大力推行对大型仪器设备(20万元以上)的规范化、系统化管理,提高仪器设备的使用率和完好率。(2)开展无效资产(仪器设备)的清理工作,提高仪器设备的更新率。(3)完成了第十期大型仪器开放测试基金工作。(4)"211"工程的总结验收工作。(5)"985"项目的执行,大型仪器设备采购论证及招标采购等。(6)继续做好世行贷款"高等教育发展项目"工作。(7)实验室评估工作,实验室条件建设以及改革实验室管理体制。(8)进一步完善"校园网络环境下的仪器设备管理系统"的使用、管理和维护。同时,进一步完善了内部建设与管理工作。建立健全内部规章制度,进一步落实、完善岗位责任制。加强业务管理制度的建设,制定、完善相关的管理规定和办法,争取做到工作程序的制度化、规范化、科学化。推行办事公开,把本部门的基本情况、规章制度、业务管理制度和办事程序等向广大教职工公开。

2001年底,北京大学本部占地面积225.245万平方米,由于成府路两侧等处的拆迁,较2000年减少了10804平方米。各类房屋建筑面积118.5706万平方米,较2000年净增加22786平方米。其中教学、科研及辅助用房31.4962万平方米,行政办公用房17609平方米,学生宿舍96539平方米,教职工住宅(含集体宿舍)43.2917万平方米,其他用房32.3680万平方米。2001年底,共有各类实验室111个,由于实验室的整合、调整,较2000年减少了2个;其中国家重点实验室11个,教育部开放实验室7个,校中心级实验室9个;实验室总使用面积59030平方米。全校共有各种仪器设备43630台(套、件),较2000年净增加6565台(套、件);总价值8.17亿元,较2000年增加1.3亿元。其中用于教学、科研的仪器设备36670台(套、件),较2000年净增加6222台(套、件);价值7.14亿元,较2000年增加1.16亿元。

(姜晓刚)

【房地产管理】 房地产是支持学校教学、科研和日常运作的重要条件和保障,2001年,学校逐步加强对房产资源的统一规划、合理配置、使用及协调工作的领导。结合抗震加固工程和搬迁周转,进行了部分院系和校机关用房的调整,为实施《北京大学公用房管理条例(试行)》做好准备;深化学校住房制度改革工作,着手实施住房分配货币化方案;多渠道开拓住房资源,帮助教职工解决住房困难问题等。

公用房调配与管理 按照学校的整体思路,拟订初步的公房调整方案和计划,并落实有关调整工作。2001年,利用有限的机动房源,组织完成了学校办公用房的抗震加固周转工作,落实了校内道路拓宽等工程涉及的公房搬迁调整工作。编制学校公用房普查材料,为实施公用房管理条例,实现公用房有偿使用打好基础。主要工作有:(1)根据条例进行公用房调整,涉及单位41个,51次,使用面积

14560平方米。(2)全年验收公用房屋23处,建筑面积56235平方米。其中新建房验收2栋楼,建筑面积19473平方米;改造验收21处,建筑面积36762平方米。(3)新办理和换发校内房屋租赁协议,2001年共收取房租101万元。(4)落实抗震加固工程,安排校内10栋公用房20余家单位的腾空周转及回迁工作。(5)接待有关公房的来访、咨询500余次,受理公用房调整、扩大、装修等事宜的申请近300份。

住房管理 (1)根据学校的决定,2001年4月至6月,资产部会同人事部,为具有正高职称(含正处级)解决三居室住房。报名登记84人,经资格审核和两榜公布,分配住房53套。(2)2001年9月至12月,分2次组织操作了西二旗经济适用房售房工作,报名1567人,出售住房434套。(3)与学校人事部配合,做好博士后住房的分配与管理,为94户博士后办理了进站住房手续,为93户办理了出站手续。(4)清理家属住房,多渠道开展住房挖潜。2001年挖潜成套房31套,散房24套,建筑面积共2609平方米。(5)房租扣缴与调整工作。与学校财务部配合,进行房租调整1600余人次,工资中扣缴房租160余万元,天线费73万元;派专人收缴外户房租40万元,天线费10余万元,供暖费27万元。(6)拆迁工作。2001年,协助完成了学校理科楼群四号楼、化学南楼等建设项目的拆迁,统筹协调了北大科技园、北大南街、西门篓斗桥、中关园等周边房屋的拆迁工作,除中关园外,其他拆迁工作均已顺利完成。(7)增强服务意识,做好住房问题接待咨询。全年办理住房情况调查表2200余人次;接待前来咨询的教职工及家属数千人,受理住房申请1000余份。对于反映属实的问题(如违章装修、违规出租、房屋维修)及时处理,不属于本部门的问题及时向有关部门反映、转达。

多渠道开拓住房资源,帮助教职工解决住房困难 在为教职工联系引进魏公村韦伯豪小区、怡美家园商品房项目(共300多套)之后,2001年重点操作了西二旗安宁西里小区经济适用房项目,分两期工程,约14万平方米,1000多套住房。其中一期工程7万平方米,3栋塔楼,500多套住房。除学校预留60套引进人才用房外,经过两批操作,向教职工出售住房434套。在清河附近也洽谈了2栋塔楼,约6万平方米。争取房源的原则是,距学校6公里左右,每平方米不超过4000元。

教职工集体宿舍管理与改造 为进一步改善集体宿舍教职工居住条件,经学校研究决定,逐步对校内现有的教职工集体宿舍进行改造,此项工程从校内21楼开始,于2001年7月启动。11月15日,21楼改造工程竣工,共改造住房77间,房屋内和走廊全部铺设了地砖,网线、电话线、闭路电视线入户,并重新配置了新家具,包括衣柜、书柜、床等,极大地改善了居住条件;在21楼大门安装了防盗门,改善了安全状况。2001年新留校工作的教职工60余人搬入了改造后的21楼,另有部原住21楼的教职工也顺利迁回。此外,2001年落实集体宿舍住房调整300余人次;清退占房8间;办理集体宿舍的入住和退房手续200多人次。

住房普查工作 为了积极推进北京大学住房制度改革工作的顺利进行,准确了解和掌握全校教职工的现有住房情况,为学校下一步实行住房分配货币化、建立和发放住房货币补贴做好基础和准备工作,根据国家教育部的指示,在2001年1月初开始进行了全校性的住房普查工作。此次住房普查涉及学校(不含医学部)教职工近10000人,其中离退休人员3000多人,人员情况复杂,工作时间紧,各种数据的录入及整理工作非常大。到8月底,这项工作已顺利完成。住房调查表数据的录入及整理完成,对学校组织教职工购买西二旗(安宁西里)经济适用房工作的顺利进行发挥了重要的保证作用。

土地登记工作 根据《土地管理法》、《城市房地产管理法》的有关规定,为依法保障北京大学作为国有土地使用者的合法权益,建立、健全地籍管理制度,加强土地使用权的管理,资产管理部逐步对北京大学在海淀区、东城区、昌平区范围内占用的近40宗220多万平方米国有土地进行初始登记。截止到2001年底,已向房地局报送土地权属文件30余套,校发文件(函)10多份。北京大学在海淀区、昌平园区内20余宗土地的初始登记、勘界划点、测绘等工作已经完成。中关园、昌平园区主校园等6宗土地,近55万平方米已经办理完毕国有土地使用证。

(刘学志、姜晓刚)

【房改工作】 2001年的住房改革工作,主要是围绕贯彻国务院《关于进一步深化城镇住房制度改革加快住房建设的通知》(国发[1998]23号)和《北京市关于进一步深化住房制度改革加快住房建设实施方案》(京发[1999]21号)文件的有关规定,进一步深化改革住房分配体制,逐步把住房实物福利分配方式转变为货币工资分配方式。开展的主要工作有:(1)完成99价售房262户的房款结算工作,实收售房款651万元;办理2001价售房登记108户,经审核后,实收预付款45万元;为8位新分配蓝旗营教师住宅小区的教学、科研、管理骨干办理集资购房手续,实收集资款146.4万元。(2)为160户调整住房的教职工办理原购房学校回购手续,其中办理退款25户。(3)制作完成96价售房产权证284本。(4)与北京高校房地产开发总公司协作,为居住在育新花园和静淑园两小区的北京大学住户办理99价购房手续88户,结清育新花园小区二期97价售房款81户,签约507份,发放育新花园一期97价产权证130本。(5)学校房改工作小组坚持定期开会研讨房改工作中遇到的重大问题,在进行深入调研,多次召开教职工座谈会的基础上,起草了《北京大学深化住房制度改革实施方案》及《北京大学安宁西里住房操作方案》。2001年5月召开了全校范围的深化房改工作研讨会,对上述两方案进行深入的研讨。(6)为进一步解决北京大学教职工住房紧张的状况,落实校领导"三讲"学习中制定的有关整改措施,2001年,北京大学与北京市安达房地产公司合作建设的西二旗安宁西里小区经济适用房项目进入实质操作阶段。2001年9月,资产部组织教职工正式认购。按照学校确定的"收回原住房,房改价售房与落实住房补贴并行,差额面积按市场价购房"的操作原则,经资格审核,原住房面积部分按房改售房价计价,核算住房补贴,两批操作共售出住房434套,学校为购房的教职工提前兑现住房补贴合计1787万元。

(杜德华)

【**住房制度改革研讨会**】 2001年5月31日至6月2日,在昌平沙河赛迪培训中心召开了北京大学深化住房制度改革工作研讨会,许智宏校长、赵存生副书记、林钧敬副校长、鞠传进校长助理、教代会房审会全体成员,学校房改工作小组成员,学校人事部、财务部、资产部、工会等相关部门负责人,校办产业、会议中心、社区中心、后勤各实体代表,医学部领导及其相关部门负责同志等40余人出席了会议。许智宏、赵存生、林钧敬在会议上讲话。资产管理部提出了《北京大学住房制度改革实施方案》以及几种《西二旗经济适用房操作方案》,会议对上述方案进行了认真和充分的讨论,并提出了一些修改和进一步完善的建议。

【**西二旗经济适用房**】《北京大学领导班子"三讲"教育整改方案》的要求,"为解决教职工住房困难的问题,在(魏公村)韦伯豪、怡美家园已按商品房操作的基础上,抓紧扩大房源。在2年内,争取采用贷款等机制,在西二旗安宁西里洽商经济适用房,约14万平方米,1100套住房。与此同时,进一步开发房源,努力解决教职工的住房问题。"按照校领导的上述指示和具体要求,2001年,资产管理部把西二旗经济适用房项目作为工作重点,进行了具体落实。

(1)2000年12月15日,由闵维方副校长代表学校同北京安达房地产开发公司就合作建设西二旗经济适用房项目签订了《合作意向书》,合作建设的住房共有7栋,建筑面积约14万平方米,近1100套。其中一期工程3栋塔楼,建筑面积7万平方米,500多套住房,将于2002年10月交付;二期工程4栋楼,建筑面积约7万平方米,500多套住房。安达公司按照国家和北京市有关经济适用房法规和政策进行运作,按北京市政府定价2850元/平方米,将上述房屋全部出售给北大教职工。(2)2001年2月16日,由许智宏校长代表学校同安达公司签订了正式《合作协议》,以及关于一期工程具体安排的《补充合作协议一》,对《合作意向书》中商谈的事项进行了正式落实。由于所购买的是经济适用房,为切实改善居住环境,学校对上述房屋在原有设计和装修基础上,更改了户型设计,提高了部分装修标准。(3)2001年4月19日,西二旗一期工程举行了开工典礼,王德炳书记、林钧敬副校长以及学校相关部门、教职工代表参加了开工仪式。(4)2001年8月27日,学校正式发布了《西二旗项目一期操作方案》(校发[2001]123号),随后资产管理部在学校人事、财务等相关部门的支持和配合下,进行了报名登记、资格审核、补贴测算、三榜公布等大量购房准备和组织工作。(5)2001年9月26~28日,西二旗经济适用房项目一期挑房正式进行,3天共挑房342套。12月14~15日,西二旗经济适用房项目一期第二批挑房进行,共挑选92套。至此,西二旗一期工程已基本操作完毕,共有1567人报名登记,除学校预留60套引进人才用房外,出售住房434套,为486名教职工提前兑现住房补贴1787万元。解决了一批教职工的住房问题,同时学校回购了220多套旧房,约10000平方米,为下一步实行住房货币化改革,建立教师公寓管理体系奠定了基础,也为学校下一步的发展建设预留了一定的空间。

【**蓝旗营小区入住**】 2000年10月,蓝旗营小区交房入住,还存在一些善后问题尚未解决。按照《北京大学领导班子"三讲"教育整改方案》的要求,为使蓝旗营小区住户有一个良好的生活环境,学校决定进一步采取措施,督促蓝旗营教师住宅建设办公室及设计、施工、监理单位进行必要和及时的返修,尽可能解决教职工的利益损失问题。方案出台后,林钧敬副校长立即组织资产管理部、校工会并协调有关单位进行了具体落实。(1)从2000年12月25日开始,资产管理部同育新物业公司协调解决了未办理装修手续的住户问题,为小区封闭管理以及搬家入住做好了准备。(2)2001年1月,以蓝旗营建设办、育新物业公司、北大资产部、清华房产处四家名义联合下发通知到每个住户,对蓝旗营小区的整改问题都有明确阐述和具体落实措施。(3)具体整改和完善措施有:增加了空调机位置,3居室3个,4居室4个。在暑假以前,对住户分档装修未做或做一半的,凡属于有问题的全部退款;对于已经做过但有问题的,进行整修。增加和改造了铁艺护栏。小区临街商业用房空调机位进行了改动,不再影响住户。小区的整体布局、绿化、园林小品等在广泛征求住户意见之后进行了调整和改动。(4)2001年8月16日,蓝旗营小区业主委员会成立,使小区管理逐步走向规范化。

【人防工程管理】 2001年,在教育部人防办的领导和支持下,北京大学人防办按照《人民防空法》及《2001年教育部人防工作要点》的有关要求,认真开展了各项常规性工作。做好人防工程建设,"结建"人防工程的管理体制调整工作;积极配合教育部人防办做好新建"结建"工程的验收;工程维护管理与平战结合,定期对人防工程进行检查,人防工程防汛、防火等安全工作责任到人;做好人防经费物资管理和人防宣传教育和培训等。2001底,北京大学共有人防工程(含普通地下室)41处,使用面积41169平方米,较2000年增加了15172平方米。2001年开展了三项重点工作:(1)抗震救灾预案的修订工作。根据北京市教委关于制定或修订地震应急预案的通知(京教办[2001]6号)的要求,为保证地震应急工作高效、有序地进行,各高校要结合工作实际,制定或修订本单位地震应急预案,做到组织落实、人员落实、措施落实。资产管理部、校人防办根据林钧敬副校长、鞠传进校长助理的批示,严格按照国家《防震减灾法》、国务院《破坏性地震应急条例》的规定,参照《北京市破坏性地震应急预案》和《海淀区破坏性地震应急预案》的有关规定和要求,结合北京大学的实际情况,进行了详细的修订。结合学校外籍专家、学者、留学生和港、澳、台留学生较多的情况,在预案中有明确针对上述人员的具体疏散方案。同时,拟订了北京大学抗震救灾指挥部组成机构及人员名单。由于医学部的地理位置相对独立,参照校本部的预案另行制定了应急预案。(2)教育部人防协作组工作。根据教育部人防办的要求,北京大学、清华大学、中国人民大学等11所高校组成了教育部人防第一协作组,北大、清华为组长单位。2001年,组织了人防协作组的有关业务活动以及落实中央国家机关人防办、教育部人防办关于人防工作的目标管理、考核和检查。(3)地下空间安全专项治理整顿活动。从2001年10月开始,北京市开展一次地下空间安全专项治理整顿工作,治理整顿的范围包括人防工程、楼房普通地下室、地下设备层、地下车库、仓库等地下空间场所。海淀区政府通过燕园街道办事处向学校转发了有关通知和治理整顿方案。《人民防空法》颁布实施以后,高校人防工作由属地管理转变为由中央国家机关人防办、教育部人防办管理。中央国家机关人防办和教育部人防办也下发了关于开展地下空间安全专项治理整顿的有关通知和具体方案。从10月下旬开始,负责学校人防工作的几位同志对全校41处人防地下室和普通地下室,建筑面积55000平方米,其中人防工程17000平方米,进行了普查,并逐处详细填写了"地下空间安全专项治理整顿登记表",上报到教育部人防办及中央国家机关人防办,同时将登记表复印件提供给地方主管部门。11月份,协同学校保卫部、综合治理办以及燕园街道城管办对全校的地下空间场所进行了专项安全检查。对于检查中发现的问题和不合格使用单位要求限期整改。

(姜晓刚)

【仪器设备管理】 随着"211"工程和"21世纪教育振兴行动计划"专项资金的投入,北京大学仪器设备的购置量和拥有量都有了大幅度的增长。到2001年底,在用仪器设备总量为43630台,总价值8.17亿元,其中21941台(套)是近三年购置的;教学、科研用仪器设备36670台,价值7.14亿元。2001年北京大学新增800元以上仪器设备8951台(套),金额1.5亿元。其中,直接用于教学、科研的仪器设备7798台(套),金额12787万元。到2001年底,利用"211"工程专项资金购置的仪器设备共4689台(套),金额12135万元。其中微机类2252套,金额2873万元;价值在20万元以上、40万元以下的大型仪器设备46台,金额1388.8万元;40万元以上的大型仪器设备39台,金额4371.1万元。2001年底,利用"21世纪教育振兴行动计划"专项资金购置的仪器设备共4265台(套),金额9941.9万元。其中,微机类1869套,金额2682.9万元;20万元以上的仪器设备73台,金额4348.1万元;40万元以上的34台,金额3205.6万元;100万元以上的10台,金额1597.2万元。

2001年,在加强科学管理,防止国有资产流失,提高仪器设备的使用效益,以及在全校教职工及学生中树立国有资产安全、完整意识等方面做了大量的工作,并取得了很好的效果。主要工作如下:(1)完成了12000台仪器设备的账物处理,包括建账、增减值、调拨、过户、报废等。其中,回收报废仪器设备2700台,收回残值106万元。(2)完成了第十期大型仪器开放测试基金工作的总结、结算。2001年有49台大型仪器参加全校基金开放工作,共完成课题351项,执行金额73万元。(3)参加北京地区协作共用网大型仪器设备的组织与管理工作。2001年共优选出大型仪器10台参加了该协作网。年度总结结果,开放使用情况良好,共完成课题356项,测试样品4779个,完成机时9439(小时),测试收入74万余元,从协作网获得运行补贴费用25万余元。(4)完成2001年度贵重仪器设备(≥20万元/台)使用情况及效益的评价工作。参加调查、评价的仪器204台，涉及到化学与分子工程学院、生命科学学院、物理学院、力学与工程科学系、电子学系等13个院、系。评价工作是根据教育部《高等学校贵重仪器设备效益评价表》中的测评标准进行的。评价结果如下：优秀设备16台，良好设备34台，及格设备71台，不及格设备83台。造成不及格的主要原因是：①1990年左右购置的仪器，性能、指标及功能已不能满足要求；②仪器因故障待修；③运行费不足；④因仪器的使用管理人员调出或长期出差、出国无人接替，造成仪器闲置；⑤购置前选型不准确、无课题支持。对上述的有关问题，将按照新的《仪器设备管理办法》中的有关规定作出处理。(5)为进一步加强学校的民主管理与监督，使仪器设备管理工作逐步走向规范化、制度化，制定了《有关"仪器设备管理"的校务公开内容》。公开的内容包括：《北京大学仪器设备使用、管理办法》、院、系各单位仪器设备的使用、管理情况以及效益评价结果等，并以简报的形式向全校公布。

（张解东）

【设备采购】 2001年北京大学仪器设备采购总额超过1.4亿元，其中主要为"985"项目采购，约1.27亿元；此外，还包括少量"211"工程采购，非"985"项目教学科研采购1200万元。截止到2001年底，资产管理部负责管理的"985"专项设备采购资金累计达3.5亿元；其中2001年拨款额为1.8亿元，较2000年（约1.04亿元）增长了73%。2001年国内设备采购约4000万元。设备进口采购，继2000年首次突破亿元大关后，2001年又超过亿元。2001年共完成订货（含"985"、正常进口业务）296项，比上年增长32.14%（2000年为224项），金额为1290.89万美元，折合人民币1.07亿元，与上年基本持平（2000年为1212.38万美元）。向海关申报科教用品免税315项，免税金额1347.13万美元，折合人民币1.12亿元。具体情况如下：

(1)"985"项目执行情况。2001年谈判、签订合同226项，比上年同期增加了61.43%（2000年"985"为140项），均已办理了进口配额证明、进口许可证或机电产品登记证，同时向海关申报办理了免税证明，进口及免税金额1132.27万美元，折合人民币9397.84万元，比上年同期增加了22.73%（2000年为922.60万美元）。其中包括IBM高性能计算服务器、静态真空质谱仪、激光共聚焦显微镜、面探测器系统、等离子刻蚀系统、细胞分选仪、单晶衍射仪等超过20万美元的大型仪器。

(2)正常设备进口采购。2001年谈判、签订合同70项，均已办理了进口配额证明、进口许可证或机电产品登记证，同时向海关申报办理了免税证明，进口及免税金额158.62万美元，折合人民币1316.55万元。

(3)接受境外赠送工作。接受国外赠送24项，全部办理了申请接受赠送的行文、报审、进口审批手续，金额为27.77万美元，折合人民币230.49万元。办理了科教用品的免税手续19项，免税金额56.24万美元（含上年接受本年到货的捐赠）。

(4)国内设备采购。2001年，国内设备采购金额约4000万元。其中，进行实验室设备国内招标采购8次，约1550万元，占国内全部采购量的34%。包括电教中心、体育部、遥感所、数学学院、外语学院、中国经济研究中心等10个单位，涉及多媒体教室工程、计算机及网络工程、高频放大器、防盗报警系统、油压机等。

(5)大型仪器设备采购论证及招标采购。2001年切实执行了大型仪器设备采购招标论证，20万元人民币至40万元人民币，由院系组织论证，资产部参加；40万人民币至100万美元，由资产部主持论证；100万美元以上的仪器设备由学校主管领导主持论证。2001年共组织专家论证36次，并进行了多次仪器设备集中招标采购，收到了良好的效果。

（石铄）

【实验室建设与管理】 2001年底，北京大学校本部共有各类实验室111个，其中基础课实验室15个，专业基础课实验室25个，专业实验室20个，科研实验室39个，综合实验室12个。由于部分实验室的整合、调整，在总数上较2000年减少了2个。2001年开展的实验室建设与管理工作主要有：

(1)推进实验室体制改革，优化资源配置，加强规范化管理，改善教学环境。2001年底，已基本完成全校基础课实验室的体制改革，先后组建了5个基础课教学实验中心，分别是：物理基础教学实验中心、化学基础教学实验中心、地质教学实验中心、电子信息科学基础实验中心和生物基础教学实验中心。6月28日和11月28日，电子信息科学基础实验中心以及生物基础教学实验中心分别顺利通过北京市教委的基础课实验室评估并获得好评。至此，北京大学基础课实验室已全部通过了教育部的该项评估工作。通过评估，加强了规范化管理，在完善管理机制、人员配备、实验教学改革等方面也取得了较大的进展。

(2)实验室、教学设施的建设与改造。2001年主要完成的项目有：哲学楼教室、文史楼语言语音实验室设备、桌椅及黑板的配备；理科楼小中央空调的具体运作；生命科学学院动物房改造；重离子所循环冷却水系统改造；电子信息科学基础实验中心教学环境的建设；生物基础教学实验中心实验室改造等。

(3) 实验室人员的培训交流工作。2001年先后组织了36人次的校际交流活动，分别到复旦大学、南京大学、浙江大学、厦门大学、第四军医大学、西北农大、四川大学等12所大学进行对口交流访问，到江南光电集团、杨凌农业开发中心、西安杨森集团公司等进行参观考察和技术培训。

(4) 提高实验室的科学管理手段，加强实验室管理信息系统的推广。截止到2001年底，全校所有实验室已基本实现通过网络填报统计数据以及查询统计功能。

(张聂彦)

【世行贷款"高教发展项目"】1998年立项的世界银行贷款"高等教育发展项目"，北京大学校本部共有6个基础教学实验中心纳入建设计划。2001年度的主要工作是：完成第一期国际招标仪器设备采购的到货验收、付款和结算工作，大部分设备已投入使用；完成第一批图书采购工作；完成各贷款实验中心的配套建设约40万元；上报北京大学第二期招标采购设备清单及设备详细指标，共计930台件，金额138.67万美元，约占贷款总金额的58%；顺利接受了京津冀特派员对世行贷款项目的第一次审计。

(黄凯)

【无形资产管理】 学校的无形资产，包括许多方面的内容，也涉及到较多的部门，如何管理好无形资产是一项新兴而又复杂的工作。2001年主要是结合土地使用权、房屋产权以及经营场所产权证明等项工作内容，同学校相关部门密切配合，逐步开展无形资产的管理工作。(1)对北京大学的名称使用问题，尤其是企业使用，进行严格把关。凡是没有学校主管领导或产业管理部的批准而使用北大名称的，一律不予办理产权证明和相关证明。(2)土地使用权及房屋产权管理工作。继续开展国有土地使用权登记工作，北京大学在海淀区、昌平区、东城区范围内共占用土地近40宗，220多万平方米。截止到2001年底，向房地局报送土地权属文件资料30余套。完成了北京大学在东城区的土地初始登记。在海淀区、昌平区20余宗土地的初始登记、勘界划点、测绘工作已完成，并对其中的中关园、昌平园区主校园等6宗土地，近55万平方米办理完毕国有土地使用证。房屋产权管理工作，2001年办理了太平洋大厦房屋所有权证，建筑面积4万多平方米。办理了校内14区、15区的房屋产权证变更登记。(3)建立健全学校土地及房屋产权的档案资料。明确北京大学各宗土地的四邻界址，积极协调并努力处理好学校与外单位、个人之间的房地产产权争议和纠纷，以维护北京大学的合法权益。(4)经营场所产权证明工作。2001年为各单位新成立的公司及租用学校房屋的公司办理工商营业执照出示产权证明130余份，办理税务登记、广告、卫生许可证及不影响教学科研证明等100余份。

(姜晓刚)

医学部资产管理

【房地产工作】 2001年，医学部房地产管理办公室在继续做好各项常规性工作的同时，主要完成了以下重点工作。

建立医学部房屋固定资产数据信息管理系统 全面整理医学部所有房屋固定资产资料，并按房屋的用途将医学部所有房屋建筑物进行分类，把与房屋有关的所有信息，比如建筑年代、建筑面积、工程造价、使用单位、主要用途等等，全部录入计算机，建立了医学部房屋固定资产数据信息库。到2001年底，医学部各类房屋建筑面积共计278799.06平方米，比2000年减少4350.94平方米，主要原因是，2001年拆除房屋总计6865.82平方米，新增房屋总计2514.88平方米。

房改工作 2001年住房制度改革工作主要按照国发[1998]23号《关于进一步深化城镇住房制度改革加快住房建设的通知》和京发[1999]21号《北京市关于进一步深化住房制度改革加快住房建设实施方案》文件精神，深化医学部住房制度改革，逐步使住房福利分配向货币化分配转化。具体完成的工作有：(1)启动医学部经济适用住房政策。按照以上两个文件精神，医学部确定了新建住宅26号楼分配的五项原则：①停止福利分配住房，采取集资建房方案；②启动住房补贴制度，为职工贷款购房提供方便条件；③集资建房价格参考因素有三项：楼房建造成本、当年政府规定的房改成本价和周边院校集资建房价格；④校内住房向教学、科研、医疗和管理骨干倾斜；⑤分房采取切块集资方案。26号楼共切三块：特批房(主要用于吸引人才)、离退休房、在职职工房，比例分别为20%、20%、60%。房地产办会同医学部住房资格审定委员会，严格按照医学部教代会制定的五项原则，起草了医学部26号楼分配方案，在广泛征求教职工意见后，递交教代会常设主席团和医学部部务会讨论，最后讨论通过。(2)建立职工住房档案。根据北京市文件要求，房地产办公室对医学部所有在职在编和离退休职工共3000多人下发了《在京中央和国家机关职工住房情况调查表》，共计收回2997份，回收率94%。房地产办公室利用2001年春节休息时间，完成了2997份住房调查表的计算机录入工作，初步建立了医学部职工住房档案数据库，为下步启动住房分配货币化打下了基础。

(3)房改售房工作。2001年,房地产办公室多次和海淀区测绘队联系,完成了医学部院内家属住宅9号楼、24号楼、25号楼和院外安宁里小区3号楼、11号楼、12号楼的测量工作,共出分户图671份,建筑面积合计43720.21平方米。根据这一测量结果和购房职工的具体情况,按照《北京医科大学1997年度出售公有住宅楼实施办法》的规定,完成了97价556户购房职工购房价格的计算和核对工作。同时为购房职工填写《房屋产权登记申请书》556份。为下一步结清房价款和办理《产权证》做好了前期工作。(4)根据教育部《转发财政部办公厅〈关于填报2002年购房补贴预算报表的通知〉的通知》要求,房地产办公室对医学部3000多名教职工(含离退休)住房情况进行了超标与否的核定,并根据未达标和无房职工的基本情况,进行了住房补贴的全面测算,据此,及时填写了《2001年住房补贴决算表》和《2002年住房补贴支出预算表》,并以软盘的形式上报北京大学本部。

26号楼分配工作 北京大学医学部住房分配的程序是,由教代会住房资格审定委员会集体决策,房地产办公室负责具体操作。2001年,严格按照医学部26号楼分配方案,坚持政策公开、计分公开、房源公开、按分排队、依次挑房、三榜定案的原则,采取职工自愿报名,住房资格审定委员会集体审核,并将审核结果全部上网公布,让医学部全体职工监督的方式,顺利完成了26号家属住宅的分配入住工作,共入住125户。

房屋安全大检查 2001年7月,后勤部以房地产管理办公室为主,根据《海淀区2001年度楼房设备安全检查工作安排》通知要求,成立了医学部房屋安全检查工作小组,组长王书生,副组长孙品阳,该小组对医学部所属全部房屋进行了彻底、仔细的安全检查。检查结果是,50%房屋属完好房屋,33%的房屋属基本完好房屋,17%的房屋属一般破损房。

《房屋所有权证》的办理 2001年,房地产办公室已完成医学部1990年以后竣工的6栋楼房(家属住宅24号楼、药物依赖楼、学术交流厅、中心实验楼、两厂两所楼和汽车房)的产权办理工作,这6栋楼房的《房屋所有权证》已全部领回,并交医学部档案馆存档。

(孙品阳)

【实验室建设与管理】 到2001年底,医学部共有各类实验室117个,教学实验室33个,其中基础课实验室11个,专业基础课实验室22个,科研实验室97个。实验室工作人员554人,其中高级职称以上197人,大学学历以上364人,50岁以下人员446人;实验项目465个,社会服务2226项,共取得各种奖励9项;完成了216台大型仪器设备使用效益的评估;实验室有效用房面积41000平方米。2001年开展的实验室建设与管理工作主要有:

(1)改革管理体制,加强基础管理工作,提高管理水平。①2001年6月,原归后勤部管理的中心实验楼划归设备与实验室管理处管理,具体由实验室管理办公室派出人员管理大楼,并得到"985"行动计划支持,更新了纯水和超纯水系统。②完成了《北京大学医学部设备与实验室管理制度汇编》的编辑工作,完善了制度,促进了管理,使设备与实验室的管理工作有章可循。

(2)加强建设与管理并重,优化资源配置改善办学环境。①完成实验室改造设施近518万元,其中"985"项目占300万元。②为使有限的实验用房资源发挥最大效益,调整了实验室用房1000多平方米。

(3)对医药卫生分析中心的管理体制进行改革,使之顺利通过国家计量认证的复查。

(4)结合世行贷款高教项目的进行,完善了基础化学实验教学中心和生物医学实验教学中心的管理和建设,通过了北京市教委组织的基础课实验室合格评估。

(5)检查评估了医学部"九五"期间"211"工程项目所购置仪器的使用现状和使用效益,顺利通过专家组的验收。

(6)调整了医学部放射防护委员会成员,修改了工作条例。一年中,共接受环保局和卫生局及防疫站检测8次;自行检测3次,改造同位素实验室近1000平方米;对放射性从业的技术人员进行了培训和体检。

(徐继苹)

【设备管理】 2001年医学部设备管理工作主要有:(1)建立完善设备管理有关规章制度,主要有《北京大学医学部"985行动计划"设备管理办法》、《关于北京大学医学部仪器设备竞价采购工作的管理办法》等。(2)完成世行贷款设备后期到货建立资产账的工作,根据教育部外资办两批结算单,建账620万元、667台件设备。(3)为迎接"211"工程总体验收,做好设备检查有关工作、完善设备档案,并出了"211设备"专刊。(4)配合教学实验室评估工作,对两个教学实验中心的设备进行清查核对,保证评估顺利通过。(5)为加强附属医院设备管理工作,做好"985"设备资产管理统计工作上半年组织召开了医学部设备管理工作座谈会,医学部设备处与5家附属医院设备处有关人员一同研讨"985"设备固定资产统计报表工作,以及"211"设备管理工作。(6)在引进设备管理中,始终坚持以学校利益为原则,充分利用有限资金,提高投资效益,为医学部引进设备保质保量,采购并上账的设备6226万元。全年举办6次规模不等的应用技术讲座,最大规模讲座会人数达180人,并请到资深院士王大珩到会。(7)做好20万元以上大型仪器设备的选型论证工作,及大宗批量设备的招标工作,全年举行大型仪器设备选型论证会及批量采购竞标会22次,聘请校内、外专家110人次。

(程伟星)

【物资供应中心】 2001年1月中心完成了人员岗位的聘任,3月份对中心的工作环境进行了调整改造,修建了300平方米的营业大厅,一改过去封闭被动式的供应模式,给用户一个半开放、直观的领物环境。4月18日举行了营业大厅的开业仪式,受到了校领导及来宾的普遍称赞。大厅开业后,中心开展了送货上门等多种服务方式方便大家。2001年底,中心入库额800余万元,比上年同期增长了78.57%,出库额800余万元,比上年同期增长73.91%。

(王修平)

附 录

表8-37 2001年校本部土地资源基本情况汇总表

区 片	面积(平方米)
校 园	1066267
燕东园	186886
中关园	160201
蔚秀园	84680
畅春园	60615
承泽园	73149
燕北园	98402
昌平园区	346296
其他	175954
合 计	2252450

(杨晶)

表8-38 2001年校本部房屋基本情况汇总表

项 目	建筑面积(平方米)
一、教学及辅助用房	314962
教 室	49910
图书馆	52351
实验室及附属用房	186826
体育馆	11667
会 堂	14208
二、行政办公用房	17609
三、生活用房	853135
学生宿舍	96539
学生食堂	20267
教工集体宿舍	30240
教工住宅	402677
教工食堂	4369
生活福利及其他附属用房	299044
总 计	1185706

(刘学志)

表8-39 2001年校本部公用房调整情况一览表

单位名称	建筑名称	调整面积	调整时间	调整类别
保卫部	理东连廊	1300.00	2001.8	分配
传播学院	老化学楼	134.00	2001.12	分配
邓小平理论中心	老化学楼	242.28	2001.11	分配
法律顾问	德斋	16.00	2001.6	分配
工会	老三教	439.13	2001.6	分配
古籍委员会	哲学楼	364.10	2001.11	分配
古籍委员会	老化学楼	136.77	2001.11	分配
古文献中心	哲学楼	207.48	2001.11	分配
环工所	交流中心	255.00	2001.12	分配
计算机所	交流中心	260.00	2001.5	分配
计算机系	交流中心	250.00	2001.8	分配

单位名称	建筑名称	调整面积	调整时间	调整类别
计算中心	理1#楼	300.00	2001.6	分配
计算中心	交流中心	50.00	2001.6	分配
计算中心	才斋	96.00	2001.6	分配
教育经济中心	老化学楼	197.41	2001.11	分配
力学系	印刷大楼	200.32	2002.1	分配
力学系	力学楼	580.00	2002.1	分配
历史系	老化学楼	191.80	2001.11	分配
马列学院	法学楼	122.00	2001.4	分配
人事部	计算东楼	460.00	2001.12	分配
社会学系	法学楼	99.00	2001.1	分配
深圳研院	德斋	16.00	2001.6	分配
审计室	计算西楼	100.00	2002.1	分配
数学学院	交流中心	270.00	2001.1	分配
数学学院	交流中心	180.00	2001.11	分配
团委	老三教	108.00	2001.6	分配
外国哲学中心	老化学楼	337.28	2001.11	分配
心理系	哲学楼	458.01	2001.11	分配
研究生院	才斋	32.00	2001.4	分配
语言学中心	老化学楼	334.99	2001.11	分配
元培计划	老化学楼	65.00	2001.12	分配
哲学系	老化学楼	191.80	2001.11	分配
中古史中心	红旗幼儿园	660.00	2001.5	分配
中文系	老化学楼	191.80	2001.11	分配
资产部	计算西楼	450.00	2002.1	分配
就业指导中心	北阁	540.00	2001.8	分配
城环系	地学楼	149.00	2001.9	分配
历史系	二院	683.04	2001.6	回迁
团委	老三教	243.00	2001.6	回迁
心理系	哲学楼	589.26	2001.11	回迁
哲学系	四院	772.84	2001.6	回迁
中文系	五院	727.96	2001.6	回迁
环境中心	老地学楼	935.10	2001.12	迁出
外语学院	六院	394.27	2001.8	迁出
心理系	哲学楼	589.26	2001.7	迁出
信息管理系	三院	412.30	2001.1	迁出
宣传部	六院	150.05	2001.8	迁出
亚非所	三院	264.17	2001.1	迁出
亚非所	六院	83.33	2001.1	迁出
保卫部	七斋	434.45	2001.8	收回
就业指导中心	地学楼	234.70	2001.8	收回
工会	老地学楼	180.85	2001.8	收回
工会	农园平房	205.50	2001.1	收回
计算机所	印刷大楼	670.00	2001.12	收回
计算机系	理1#楼	300.00	2001.8	收回

单位名称	建筑名称	调整面积	调整时间	调整类别
计算中心	计算东楼	360.00	2001.7	收回
计算中心	计算西楼	800.00	2001.7	收回
力学系	理东连廊	440.00	2002.1	收回
数学学院	法学楼	198.00	2001.1	收回
心理学系	动物平房	165.35	2001.11	收回
学报	计算东楼	102.00	2001.6	收回
哲学系	三院	163.12	2001.12	收回
哲学系	老化学楼	62.17	2001.7	收回
中古史中心	六院	151.79	2001.6	收回
中文系	四教	81.28	2001.12	收回
中文系	老化学楼	369.29	2001.7	收回
中文系	化学北楼	49.51	2000.8	收回
资产部	力学楼	580.00	2002.1	收回
保卫部	老地学楼	80.00	2001.8	周转
传播学院	老地学楼	130.00	2001.8	周转
邓论中心	老化学楼	20.00	2001.6	周转
法律系	印刷大楼	300.00	2002.1	周转
古文献中心	老地学楼	200.00	2001.7	周转
环境中心	交流中心	600.00	2001.12	周转
环境中心	动物平房	80.00	2001.12	周转
教育经济中心	老化学楼	20.00	2001.6	周转
审计室	交流中心	65.00	2001.6	周转
数学学院	理1#楼	35.00	2001.5	周转
统战部	理1#楼	25.00	2001.5	周转
团委	老地学楼	180.00	2000.1	周转
外国哲学中心	老化学楼	20.00	2001.6	周转
外语学院	新地学楼	130.00	2001.8	周转
武装部	十三斋	80.00	2001.6	周转
心理系	交流中心	550.00	2001.7	周转
信息管理系	印刷大楼	132.00	2001.1	周转
信息管理系	十三斋	80.00	2001.1	周转
宣传部	老地学楼	20.00	2001.8	周转
宣传部	老化学楼	30.00	2001.8	周转
宣传部	交流中心	20.00	2001.6	周转
学报	法学楼	99.00	2001.7	周转
亚非所	法学楼	102.20	2001.1	周转
语言学中心	老化学楼	20.00	2001.6	周转
元培计划	地学楼	49.00	2001.8	周转
哲学系	老地学楼	30.00	2001.6	周转
政治学系	德斋	16.00	2001.6	周转
中文系	老地学楼	20.00	2001.6	周转

(刘学志)

表 8-40　2001年校本部教职工住宅现状情况表

建筑面积 （平方米）	使用面积 （平方米）	居住面积 （平方米）	实住户数 （户）	家庭人均居住面积 （平方米）	有成套房户数 （户）	住房成套率 （%）
486715*	365951	219570	7989	8.1	6368	80

注：教职工住宅中包括蓝旗营小区的住宅面积

（赵月娥）

表 8-41　2001年校本部成套家属房统计表

区　片	套数（套）	建筑面积（平方米）
校内	96	9834
附中	108	6000
中关园（含科学院）	1286	79083
蔚秀园	817	43403
畅春园	320	20068
承泽园	386	24961
燕东园（含清华园）	884	51698
燕北园	1350	96700
蓝旗营	641	75600
西三旗（一期）	316	22387
西三旗（二期）	129	14575
六道口	83	6166
燕东园小楼		6547
燕南园小楼		5650
合　计	6416	462672

（赵月娥）

表 8-42　2001年校本部人防工程（含普通地下室）统计表

地　区	项　目	个　数	使用面积（平方米）
办公区	校办公区	31	37084
宿舍区	中关园	1	477
	燕东园	4	1490
	蔚秀园	2	511
	燕北园	3	1607
合　计		41	41169

（杨晶）

表 8-43 2001 年校本部出售公有住宅楼房情况一览表

统计截止时间：2001 年 12 月

	校园周边住宅区					蓝旗营教师住宅小区	育新花园小区、静淑园小区
	95 价	96 价	97 价	99 价	2001 价		
售房价格（元/每建筑平方米）	成本价：1165	成本价：1337	成本价：1450	成本价：1485	成本价：1560	集资价：1800	96～99 年成本价
售房时间	1995～1996	1996～1997	1997～1999	1999～2000	2001～2002	1998～2001	1997～2001
核定购房户	2043	324	1093	266	108	639	504
结清全额房款户	2043	324	1093	262		639	378
已办理产权证户	2043	284					259
实收购房款（万元）	4461.25	678.72	3094.97	651.00	45.00	4337.8	

（杜德华）

表 8-44 2001 年校本部 1995 年以来仪器设备（800 元以上）拥有量一览表

年代	全校仪器设备总量		教学、科研用仪器设备	
	总数量（台、套）	总金额（万元）	总数量（台、套）	总金额（万元）
2001	43630	81649.24	36670	71359
2000	37065	68764.66	30755	59973
1999	34432	60913.27	29158	53903
1998	31867	56229.96	26730	49720
1997	29904	44496.00	25409	39052
1996	34710	37414.12	29222	31657
1995	33761	33444.15	28594	28105

（张解东）

表 8-45 2001 年校内开放大型仪器设备清单

校本部

仪器编号	仪器名称（型号）	负责人	联系电话	所在单位
1	交变梯度磁强计（2900-4C）	陈海英	51618	物理系
2	材料衍射仪（X'pert MRD）	王永忠	55359	物理系
3	激光拉曼分光光度计	张树霖	51750	物理系
4	热分析仪（STA1500）	王永忠	55359	物理系
5	FT 多功能拉曼红外谱仪（910/750）	翁诗甫	54183	化学学院
6	荧光光谱仪（F-4500）	章斐	54174	化学学院
7	电子能谱（ESCALAB5）	黄惠忠	54191	化学学院
8	四元单晶衍射仪（AFC-6S）	金祥林	51490	化学学院
9	高分辨核磁共振谱仪（ARX400）	吕木坚	54182	化学学院
10	色质联用仪（ZAB）	贺晓然	54181	化学学院
11	热分析系统（2010/2960）	章斐	54174	化学学院
12	气谱/质谱联用仪（GCQ）	张新祥	54174	化学学院
13	磁园二色分光光度计（J-500）	周永芬	51016	化学学院

仪器编号	仪器名称(型号)	负责人	联系电话	所在单位
14	元素分析仪(Vario EL)	刘 晖	54183	化学学院
15	凝胶渗透色谱(515+240+2487)	孙 玲	54174	化学学院
16	ICP 光量计(2.5)	申国荣	54185	化学学院
17	热分析系统(1090B)	廖复辉	53456	化学学院
18	全自动X衍射仪(D/max2000)	阮慎康	54186	化学学院
19	紫外、可见、红外分光光度计(UV3100)	周永芬	51016	化学学院
20	扫描寿命荧光光谱仪(48000S)	姚光庆	54186	化学学院
21	气谱/质谱联用仪(HP5971A)	王显仑	54184	化学学院
22	激光散射光谱仪	郑 容	52127	化学学院
23	高效液相色谱仪(HP1100)	孙 玲	54174	化学学院
24	快速比表面孔隙分布测定仪(ASAP 2010)	章 斐	54174	化学学院
25	高压液相色谱仪(HP1100)	刘虎威	54976	化学学院
26	气相色谱仪(HP6890)	刘虎威	54976	化学学院
27	蛋白质序列仪(491A)	沈为群	57145	生命学院
28	制备超速离心机(L8-80M)	潘 卫	65841	生命学院
29	中压液相层析系统(18—1112—41)	任燕飞	55470	生命学院
30	中压液相层析系统(Lcc501 Plus)	任燕飞	55470	生命学院
31	微量高压液相色谱仪(ABI 173A)	沈为群	57145	生命学院
32	透射电镜(JEM-100cx)	马淑芳	51865	生命学院
33	同位素扫描成像仪(445 SI)	瞿礼嘉	54249	生命学院
34	多功能离子束分析系统(5SDH-2)	沈定予	51882	技物系
35	高压离子色谱仪(2010I)	陈淑芬	55401	技物系
36	高压液相色谱(5060)	何永克	57193	技物系
37	气相色谱(GC-9A)	周玉荣	57193	技物系
38	ICP 光量计(ICAP-9000)	邵宏翔	54118	地质系
39	电子探针(EPM810Q)	舒桂明	51168	地质系
40	激光显微探针定年系统(VSS)	刘玉琳	51167	地质系
41	表面结构分析仪(M50)	赵兴钰	51768	电子学系
42	场发射扫描电镜(1910FE)	陈文雄	51427	电镜室
43	透射电镜(JEM-200cx)	汪裕萍	51427	电镜室
44	扫描电镜(KYKY1000B)	张会珍	51427	电镜室
45	高分辨透射电镜(H9000)	尤力平	51427	电镜室
46	富利埃变换红外光谱仪(FTS65A)	邵可声	51920	环境中心
47	气相色谱/质谱联用仪	曾立民	51920	环境中心
48	气相色谱仪(HP-6890)	王永华	53659	城环系
49	原子吸收分光光度计(Z-5000)	王永华	53659	城环系

(李小寒)

医学部

序号	品名	金额(元)	负责人	使用单位
1	16导生理记录仪	112128	潘励山	药物依赖研究所
2	16导生理记录仪	540838	黄 熙	中医药现代研究中心
3	DNA测序/差异显示系统	550074	石玉顺	基础医学院

序号	品　名	金额（元）	负责人	使用单位
4	DNA 合成仪	282000	陈世瑞	基础医学院
5	DNA 序列分析系统	638598	宋泉声	基础医学院
6	DNA 自动测序仪	473200	李　燕	基础医学院
7	γ计数器	193052	郭　玲	基础医学院
8	包衣造粒机	125000	管作武	药学院
9	薄层扫描光密度计	143209	蒋益民	药学院
10	变温装置	169286	刘雪辉	药学院
11	超薄切片机	367330	裴　雯	药学院
12	超薄切片机	143994	孟书聪	基础医学院
13	超薄切片机	574462	樊景禹	医药卫生分析中心
14	超纯水系统	111169	安丽芝	放射性药物联合实验室
15	超纯水系统	109816	宋泉声	基础医学院
16	超低温冰箱	127212	徐维胜	基础医学院
17	超低温冰箱	127212	徐维胜	基础医学院
18	超速冷冻离心机	423301	郭　玲	基础医学院
19	超速离心机(微型)	176054	李　杰	基础医学院
20	程序降温系统	154102	宋泉声	基因研究中心
21	大容量高速冷冻离心机	139096	王　宏	基础医学院
22	蛋白纯化系统	114414	林　明	基础医学院
23	等电聚焦电泳仪	118754	郭　玲	基础医学院
24	等电聚焦二维电泳仪	158273	于　亭	药学院
25	等电聚焦二维电泳仪	209220	崔景荣	药学院
26	低压层析系统	110856	王　宏	药学院
27	低压层析系统	155822	宋泉声	药学院
28	低压层析系统	119387	马康涛	基础医学院
29	低压柱层析系统	119712	宋泉声	基础医学院
30	电磁血流流量计	109433	马　建	基础医学院
31	电转移系统	101516	李　杰	基础医学院
32	定量 PCR 仪	372111	庄　辉	基础医学院
33	定量 PCR 仪	608709	宋泉声	基因研究中心
34	动脉血压监测仪	361843	邹长江	基础医学院
35	多肽合成仪	231123	侯　琳	基础医学院
36	多肽合成仪	531404	宋泉声	基因研究中心
37	发光仪	151451	程　时	基础医学院
38	发酵罐	330134	宋泉声	基础医学院
39	放射性高压液相色谱仪	418698	安丽芝	放射性药物联合实验室
40	飞行时间质谱仪	1033340	彭嘉柔	医药卫生分析中心
41	傅立叶变换红外光谱仪	339136	许克宁	药学院
42	付立叶红外光谱系统	511586	黄力新	基础医学院
43	感应偶合等离子体质谱	1438309	王耐芬	公卫学院
44	高速冷冻离心机	187762	安丽芝	放射性药物联合实验室
45	高速冷冻离心机	115546	吴恩融	药学院
46	高速冷冻离心机	194988	宋泉声	基因研究中心

序号	品　名	金额（元）	负责人	使用单位
47	高速冷冻离心机	122840	李　燕	基础医学院
48	高速冷冻离心机	113169	宋泉声	基础医学院
49	高速冷冻离心机	171164	宋泉声	基础医学院
50	高速冷冻离心机	192334	吕　平	基础医学院
51	高速冷冻离心机	167941	马康涛	基础医学院
52	高速冷冻离心机	153624	孙长伟	基础医学院
53	高速冷冻离心机	220347	程　时	基础医学院
54	高速冷冻离心机	228224	程　时	基础医学院
55	高速冷冻离心机	160241	林　明	基础医学院
56	高速冷冻离心机	148771	张晨晖	基础医学院
57	高效层析系统	111732	程　时	基础医学院
58	高效层析系统	111732	程　时	基础医学院
59	高压液相色谱仪	222624	王　宏	基础医学院
60	高压液相色谱仪	283060	孙长伟	基础医学院
61	高压液相色谱仪	166000	李春强	基础医学院
62	高压液相色谱仪	373500	田熠华	生育健康研究所
63	高压液相色谱仪	135426	果德安	药学院
64	高压液相色谱仪	225357	梁惠宾	药学院
65	高压液相色谱仪	318553	杨　珊	药学院
66	高压液相色谱仪	234627	宋志宏	药学院
67	高压液相色谱仪	264470	王　玢	药学院
68	高压液相色谱仪	300000	王　滨	药学院
69	高压液相色谱仪	400857	赵明波	药学院
70	高压液相色谱仪	167295	艾铁民	药学院
71	高压液相色谱仪	506814	陈世瑞	基础医学院
72	高压液相色谱仪	136068	陈　跃	医药卫生分析中心
73	高压液相色谱仪	250453	凌笑梅	药学院
74	高压液相色谱仪	106353	张　强	药学院
75	高压液相色谱仪	124053	张　强	药学院
76	高压液相色谱仪	251442	徐明清	药学院
77	高压液相色谱仪	196874	赵　明	药学院
78	高压液相色谱仪	308096	乔　梁	药学院
79	高压液相色谱仪	105176	傅宏征	药学院
80	高压液相色谱仪	107957	何甜京	药学院
81	高压液相色谱仪	110000	马　庄	药学院
82	高压液相色谱仪	275610	鲍　忠	中医药现代研究中心
83	高压液相色谱仪	275610	鲍　忠	中医药现代研究中心
84	高压液相色谱仪	409619	鲍　忠	中医药现代研究中心
85	共焦显微镜	2663839	何其华	医药卫生分析中心
86	核磁共振波谱系统	3476130	刘雪辉	药学院
87	核磁共振波谱仪	902784	乔　梁	医药卫生分析中心
88	核酸蛋白成像分析系统	113612	宋泉声	基础医学院
89	核酸检测系统	119515	李继尧	基础医学院

序号	品名	金额（元）	负责人	使用单位
90	基因转移系统	132561	宋泉声	基础医学院
91	激光共焦显微扫描系统	2586676	何其华	医药卫生分析中心
92	快速蛋白质液相层析系	292670	宋泉生	基础医学院
93	冷冻干燥机	164071	宋泉声	基因研究中心
94	冷冻干燥机	116129	赵明波	药学院
95	冷冻干燥机	122866	王 滨	药学院
96	冷冻切片机	137671	杜 娟	基础医学院
97	冷冻切片机	110267	徐维胜	基因研究中心
98	冷冻切片机	175673	李 枫	基础医学院
99	冷冻切片机	186229	石玉顺	基础医学院
100	冷冻切片机	135576	孙长伟	基础医学院
101	冷冻切片机	143889	赵新荣	医药卫生分析中心
102	冷干机	109846	程 时	基础医学院
103	冷干机	103942	杨 珊	药学院
104	磷感屏成像系统	268454	宋泉声	基因研究中心
105	流动层造粒包衣干燥机	174177	张 强	药学院
106	流式细胞计	663000	陶家平	医药卫生分析中心
107	流式细胞计	2386653	陶家平	医药卫生分析中心
108	流式细胞仪	581000	高 凌	基础医学院
109	毛细管电泳开发系统	440036	宋泉声	基因研究中心
110	酶标仪	120000	贾 萍	药学院
111	膜片钳放大系统	158902	石玉顺	基础医学院
112	磨刀机	111270	石玉顺	基础医学院
113	脑立体定位仪	105580	石玉顺	基础医学院
114	凝胶成像系统	151845	孙长伟	基础医学院
115	凝胶扫描分析系统	179508	宋泉声	基础医学院
116	凝胶图像分析系统	109840	王瑞卿	药学院
117	气质色谱质谱联用仪	734233	杨秀伟	药学院
118	全自动生化分析仪	490331	沈小毅	公共卫生学院
119	全自动脱水机	209451	杨京平	基础医学院
120	认知诱发事件相关电位	694237	石玉顺	基础医学院
121	扫描式电子显微镜	338024	管增伟	医药卫生分析中心
122	生物分子结构预测分析	268573	宋泉声	基础医学院
123	十人共览显微镜	115615	柳剑英	基础医学院
124	同位素薄层扫描仪	211375	安丽芝	放射性药物联合实验室
125	透射电子显微镜	1979964	胡白和	医药卫生分析中心
126	图像分析仪	175707	赵 莹	基础医学院
127	图像分析仪	880000	何其华	医药卫生分析中心
128	微板测试仪	346544	宋泉声	基础医学院
129	微板测试仪	347967	安国顺	基础医学院
130	微生理探测仪	506985	石玉顺	基础医学院
131	位置偏爱监测仪	206026	张开镐	药物依赖研究所
132	细胞照射仪	631175	张 玲	基础医学院

序号	品　名	金额（元）	负责人	使用单位
133	细胞转基因仪	185165	宋泉声	基因研究中心
134	显微操纵系统	482215	刘　斌	基础医学院
135	显微图像分析处理系统	185102	石玉顺	基础医学院
136	显微图像分析系统	234465	陈　静	干细胞研究中心
137	显微图像分析系统	186046	宋泉声	基因研究中心
138	显微图像分析系统	174739	王建瓴	公共卫生学院
139	显微照相数位化系统	305709	吴秉铨	基础医学院
140	血球计数仪	169538	宋泉声	基因研究中心
141	药物分子辅设计工作站	367607	张亮仁	药学院
142	药物设计分析系统	411643	王　炜	药学院
143	液体闪烁计数器	397129	郑　杰	基础医学院
144	液体闪烁计数器	422460	张　玲	基础医学院
145	液体闪烁计数器	189132	李继尧	基础医学院
146	液质联用仪	2766030	张蔚青	药学院
147	遗传分析仪	1227618	宋泉声	基因研究中心
148	荧光倒置显微镜	125703	宋泉声	基因研究中心
149	荧光倒置显微镜	225700	孙　英	基础医学院
150	荧光倒置显微镜	137255	安国顺	基础医学院
151	荧光分光光度计	224694	黄力新	基础医学院
152	荧光分光光度计	122221	赵　明	药学院
153	荧光分光光度计	256293	杨秀伟	药学院
154	荧光显微镜	188125	陈　静	干细胞研究中心
155	荧光显微镜	211200	吕　平	基础医学院
156	荧光显微镜	224963	石玉顺	基础医学院
157	荧光显微镜	108123	孙长伟	基础医学院
158	荧光显微镜	148598	胡白和	医药卫生分析中心
159	有机合成仪	425611	张亮仁	药学院
160	真空干燥箱	112807	鲍　忠	中医药现代研究中心
161	振荡培养箱（全温）	101363	张君增	药学院
162	蒸发光散射检测器	109134	鲍　忠	中医药现代研究中心
163	中压液相层析仪	276232	杨振军	药学院
164	中压液相色谱仪	277179	孙长伟	基础医学院
165	柱层析系统	222571	张亮仁	药学院
166	紫外分光光度计	127600	王　宏	基础医学院
167	紫外分光光度计	105664	李继尧	基础医学院
168	紫外分光光度计	136496	程　时	基础医学院
169	紫外分光光度计	127828	张亮仁	药学院
170	紫外分光光度计	301877	杨秀伟	药学院
171	自动染色机	149800	杜　鹃	基础医学院
172	自动旋光仪	159865	李中军	药学院
173	组织脱水机	126684	杜　娟	基础医学院
174	伽玛计数系统	188373	汤　建	基础医学院
175	氚表面污染监测仪	108424	赵慧云	基础医学院

表 8-46 "985"项目进口仪器设备一览表

校本部

序号	品　名	数量	合同金额	使用单位
1	足球机器人	1	US $ 5550.00	信息中心
2	研磨仪、超声波破碎仪	2	US $ 5417.00	化学学院
3	基因点样工作站	1	US $ 92000.00	生命学院
4	基因定量仪、电泳槽	2	US $ 5030.00	生命学院
5	超纯水仪	1	US $ 9000.00	生命学院
6	超滤仪	1	US $ 2200.00	生命学院
7	大幅面扫描仪	1	US $ 25500.00	城环系
8	高温炉、旋转蒸发仪、超低温冰柜	5	US $ 30100.00	地质系
9	高压、干式灭菌仪,干式灭菌仪,环境种子柜	4	US $ 8900.00	生命学院
10	电泳仪及试剂	1	US $ 1740.00	生命学院
11	高速离心机	1	US $ 3230.00	生命学院
12	研磨仪	1	US $ 6500.00	城环系
13	数字示波器	1	US $ 8605.90	计算机系
14	脉冲阀电源	1	US $ 2440.10	物理学院
15	三维数据采集处理仪	1	US $ 35100.00	信息中心
16	图像处理板	1	US $ 3191.00	信息中心
17	光学显微镜及 SPM 工作站升级	2	US $ 15550.00	化学学院
18	SUN E5500 服务器	1	US $ 129600.00	计算机系
19	旋转环盘电极仪	1	US $ 9000.00	化学学院
20	热值分析仪	2	US $ 19860.00	化学学院
21	可调流速采样器	1	US $ 6410.00	环境中心
22	叶绿素荧光测量仪	1	US $ 9234.00	生命学院
23	紫外分光光度计	1	US $ 13400.00	地质系
24	纳米定位仪	1	US $ 16566.00	物理学院
25	光电倍增管	102	US $ 36058.00	物理学院
26	闪烁体	1	US $ 36680.00	物理学院
27	差热扫描量热仪、动态热机械分析仪	2	US $ 67000.00	化学学院
28	电位分析仪	1	US $ 35000.00	化学学院
29	IBM 高性能计算服务器	1	US $ 999999.96	计算中心
30	冷冻离心机	3	US $ 7200.00	生命学院
31	超低温冰柜、培养箱	4	US $ 7200.00	生命学院
32	高速离心机	1	US $ 18700.00	生命学院
33	高效液相色谱仪	1	US $ 37200.00	化学学院
34	手持式光谱仪	1	US $ 11580.00	城环系
35	冷电藕荷探测器	1	US $ 17160.00	电子学系
36	飞秒激光放大器	1	US $ 149400.00	物理学院
37	显微镜	1	US $ 18000.00	化学学院
38	微脉冲光探测及测贴仪	1	US $ 114000.00	地球系
39	精密天平	1	US $ 8600.00	化学学院
40	紫外可见光谱仪	1	US $ 13205.12	物理学院

序号	品名	数量	合同金额	使用单位
41	红外光谱仪	1	US $ 24100.00	化学学院
42	冷热样品台	1	US $ 12500.00	化学学院
43	荧光附件	1	US $ 10096.00	化学学院
44	铁电测试仪	1	US $ 24770.00	物理学院
45	SUN 工作站	22	US $ 152506.00	微电子所
46	紫外可见近红外分光光度计	1	US $ 20998.00	城环系
47	气相色谱仪	1	US $ 29181.85	城环系
48	小型生物仪器	5	US $ 20400.00	生命学院
49	精密移液器	42	US $ 6240.00	生命学院
50	快速蛋白液相色谱仪	1	US $ 32700.00	化学学院
51	高速离心机	1	US $ 24365.00	化学学院
52	示波器	2	US $ 5269.00	物理学院
53	小动物立体定位仪	1	US $ 6539.00	心理系
54	静态真空质谱仪	1	US $ 280000.00	地质系
55	超声波细胞破碎仪	1	US $ 13953.00	化学学院
56	高压灭菌仪	1	US $ 3600.00	生命学院
57	杂交仪	1	US $ 2411.00	生命学院
58	CO_2 培养箱、超低温冰柜	2	US $ 10000.00	生命学院
59	制冰机	1	US $ 3100.00	生命学院
60	基因扩增仪	1	US $ 7500.00	生命学院
61	惰性气体分析仪	1	US $ 24513.00	化学学院
62	惰性气体分析仪	2	US $ 50000.00	化学学院
63	离心机	1	US $ 7371.00	化学学院
64	烘箱、水浴锅	4	US $ 4497.00	化学学院
65	接触台测定仪	1	US $ 29900.00	化学学院
66	超微电流测试仪	1	US $ 63389.00	化学学院
67	纳伏表	1	US $ 4162.00	化学学院
68	比表面积及孔径分析仪	1	US $ 25000.00	化学学院
69	三维激光扫描仪	1	US $ 117000.00	信息中心
70	SNOPSYS 大学设计软件包	1	US $ 100000.00	计算机系
71	SUN ULTR60 工作站	1	US $ 11111.68	计算机系
72	128 导脑电采集分析仪	1	US $ 16700.00	心理系
73	足球机器人	1	US $ 6530.00	信息中心
74	紫外/可见分光光度计	1	US $ 23776.00	化学学院
75	尼康显微镜	33	US $ 134121.34	地质系
76	SPM 隔音防震系统	1	US $ 41080.00	化学学院
77	气相色谱-质谱联用仪、液相色谱仪	2	US $ 83500.00	化学学院
78	超低温冰柜	2	US $ 12393.00	生命学院
79	精密恒温摇床	4	US $ 33231.00	生命学院
80	高速离心机	1	US $ 17100.00	生命学院
81	细胞转基因仪、真空浓缩仪	2	US $ 15795.00	生命学院
82	高速离心机	7	US $ 4200.00	生命学院
83	蛋白核酸检测仪、微量电泳仪	5	US $ 13351.00	生命学院

序号	品　名	数量	合同金额	使用单位
84	高速离心机、加样气	19	US $ 4942.00	生命学院
85	基因扩增仪	1	US $ 6000.00	生命学院
86	凝胶图像分析仪	1	US $ 9500.00	生命学院
87	化学发光图像分析仪	1	US $ 33488.00	生命学院
88	液氮罐	1	US $ 2986.80	生命学院
89	CO_2 培养箱	1	US $ 4000.00	生命学院
90	荧光倒置显微镜	1	US $ 9450.00	生命学院
91	超声波清洗器	1	US $ 1950.00	生命学院
92	二极管泵浦激光器、氩离子激光器	2	US $ 40000.00	化学学院
93	流变仪	1	US $ 50500.00	化学学院
94	表面张力测定仪	1	US $ 45000.00	化学学院
95	专用集成电路	30	US $ 5398.00	计算机系
96	MDL 数据管理系统	1	US $ 9734.00	化学学院
97	荧光光谱仪	1	US $ 47600.00	化学学院
98	固相萃取仪	1	US $ 19691.92	化学学院
99	高速冷冻离心机	1	US $ 18400.00	化学学院
100	高分辨场发射透射电镜	1	US $ 140000.00	电镜室
101	聚交离子束系统	1	US $ 110000.00	电镜室
102	倒置荧光显微镜	1	US $ 36000.00	电子学系
103	激光共聚焦显微镜	1	US $ 204000.00	生命学院
104	高速离心机	1	US $ 3195.00	生命学院
105	培养箱	1	US $ 2400.00	生命学院
106	高效液相色谱仪	5	US $ 168000.00	化学学院
107	面探测器	2	US $ 385000.00	化学学院
108	500 兆数字示波器	1	US $ 15936.00	物理学院
109	MSI 分子设计软件	1	US $ 10641.00	化学学院
110	PH 滴定义	1	US $ 8000.00	物理学院
111	协议分析仪	1	US $ 12529.16	电子学系
112	高效液相色谱仪	2	US $ 74620.00	化学学院
113	精密离子检薄仪	1	US $ 53138.00	电镜室
114	显微镜	1	US $ 9006.00	地质系
115	微孔径分析仪	1	US $ 61000.00	化学学院
116	锁相放大器、光隔离器	3	US $ 12700.00	电子学系
117	原子吸收分光光度计、紫外可见分光光度计、总碳/总氮分析仪	4	US $ 85731.00	环境中心
118	显微镜物镜	1	US $ 1800.00	物理学院
119	逻辑分析仪	1	US $ 25968.78	计算机系
120	通用测试仪附件、形变图像成像仪	2	US $ 27035.00	化学学院
121	超高真空萃取纯化仪	1	US $ 91831.73	地质系
122	自动控制仪	1	US $ 37083.00	地质系
123	SYNOPSYS 系统集成设计软件包	1	US $ 60000.00	电子学系
124	傅立叶变换红外光谱仪	1	US $ 40000.00	环境中心
125	研磨仪	1	US $ 7902.95	电镜室

序号	品名	数量	合同金额	使用单位
126	真空浓缩仪	1	US $ 9200.00	化学学院（技）
127	超纯水仪	1	US $ 2800.00	化学学院（技）
128	蛋白序列分析仪等	1	US $ 203687.00	生命学院
129	X射线荧光光谱仪	5	US $ 94000.00	化学学院
130	大流量采样器	2	US $ 24524.50	环境中心
131	比热测量仪	1	US $ 46930.00	化学学院
132	激光光散射仪	1	US $ 81985.00	化学学院
133	水浴、蠕动泵	2	US $ 4000.00	化学学院
134	激光器	1	US $ 33000.00	地质系
135	半导体特性测试仪	1	US $ 46622.00	电子学系
136	真空低温样品台	1	US $ 34400.00	电子学系
137	差热量热仪	1	US $ 24800.00	化学学院
138	多功能电泳仪、电泳图像分析仪、化学试剂	3	US $ 29100.00	化学学院
139	超微泵	1	US $ 4213.80	微电子所
140	透射、扫描电镜；能谱仪；CCD图像仪	5	US $ 790000.00	电子学系
141	旋转蒸发仪、水浴、天平、真空泵、磁力搅拌器	25	US $ 15260.00	化学学院
142	酶标仪	1	US $ 13592.02	化学学院
143	激光器附件	1	US $ 1561.55	电子学系
144	函数发生器、逻辑分析仪	3	US $ 4479.16	微电子所
145	研究用、实体显微镜	2	US $ 22435.00	生命学院
146	台式恒温摇床	2	US $ 14027.00	生命学院
147	电泳仪、酶标仪	2	US $ 5286.00	生命学院
148	超纯水仪	1	US $ 4180.00	生命学院
149	高速离心机、紫外交联仪	5	US $ 5600.00	生命学院
150	高温湿箱	1	US $ 1800.00	生命学院
151	电泳仪	6	US $ 1029.00	生命学院
152	手眼视觉分析仪	1	US $ 43750.00	信息中心
153	紫外光度计、荧光光谱仪	2	US $ 20229.00	化学学院
154	紫外光度计、红外光谱仪	2	US $ 22897.95	化学学院
155	SUN工作站	6	US $ 37607.00	地球系
156	等离子刻蚀系统	1	US $ 491945.00	微电子所
157	光谱分析仪	1	US $ 36000.00	电子学系
158	数字通讯分析仪	1	US $ 65836.94	电子学系
159	高速离心机	1	US $ 23866.80	地质系
160	紫外光度计、荧光光谱仪	2	US $ 39825.98	化学学院
161	全材料测试系统	1	US $ 36232.00	化学学院
162	PCR仪、斑点转移仪、恒温控制仪	4	US $ 13250.00	生命学院
163	高速离心机	1	US $ 6450.00	生命学院
164	摇床、恒温培养箱、磁力搅拌器、同位素检测器	7	US $ 3787.00	生命学院
165	凝胶成像分析仪	1	US $ 7500.00	生命学院
166	基因扩增仪、台式离心机、控温仪	3	US $ 13000.00	生命学院
167	吉尔森加样器	35	US $ 5405.00	生命学院
168	可控高压放大器	1	US $ 6000.00	化学学院

序号	品名	数量	合同金额	使用单位
169	细胞分选仪	1	US $ 365000.00	生命学院
170	离子阱气质联用仪	1	US $ 83527.00	环境中心
171	紫外分光光度计	1	US $ 15180.00	生命学院
172	植物生长培养箱	3	US $ 26517.00	生命学院
173	电泳仪、紫外分光光度计、杂交仪	5	US $ 12172.00	生命学院
174	CISCO 网络设备	1	US $ 331396.00	计算中心
175	紫外分光光度计	1	US $ 13789.00	化学学院
176	激光器用光栅	1	US $ 1672.00	物理学院
177	流体闪烁分析仪、r 计算器、r 谱仪、手持多道分析仪	4	US $ 103135.00	化学学院
178	离子泵及真空附件	1	US $ 16610.00	电子学系
179	手动金属角阀	4	US $ 6300.00	电子学系
180	真空吸附泵	1	US $ 4930.00	电子学系
181	真空计	5	US $ 12108.00	电子学系
182	质谱仪	1	US $ 11000.00	电子学系
183	显微图像成像系统	1	US $ 18000.00	生命学院
184	硅探测器	6	US $ 83588.00	物理学院
185	粘度计	1	US $ 4230.00	环境中心
186	马弗炉	1	US $ 1350.00	化学学院
187	扫描探针显微镜	1	US $ 146000.00	化学学院
188	多功能电子能谱仪	1	US $ 512000.00	化学学院
189	激光拉曼光谱仪	1	US $ 130000.00	地质系
190	插卡式多道分析器	1	US $ 4565.00	物理学院
191	色谱柱	2	US $ 3747.00	化学学院
192	信号发生器	1	US $ 8400.00	电子学系
193	均质仪	2	US $ 12350.00	环境中心
194	锁模激光器	1	US $ 91875.00	重离子所
195	电泳仪	1	US $ 3731.00	物理学院
196	PCR 仪	1	US $ 4327.00	物理学院
197	高压灭菌仪	1	US $ 3080.00	城环系
198	恒电位/恒电流仪	1	US $ 20000.00	化学学院
199	SUN 工作站	1	US $ 7616.00	核磁中心
200	单晶衍射仪	1	US $ 468000.00	生命学院
201	Cadence EDA 软件	1	US $ 33000.00	电子学系
202	切片机	1	US $ 6300.00	城环系
203	氘灯	2	US $ 2860.00	化学学院
204	恒温水浴、旋转蒸发仪、电动磁力搅拌器	4	US $ 7450.00	化学学院
205	光纤准直器、耦合调节器	1	US $ 794.00	电子学系
206	精密阻抗分析仪	1	US $ 37051.56	电子学系
207	真空镀膜机	1	US $ 101679.00	化学学院
208	离心机	2	US $ 34900.00	核磁中心
209	生物发酵罐	1	US $ 19500.00	核磁中心
210	制冰机	1	US $ 3200.00	核磁中心
211	基因扩增仪	1	US $ 3400.00	核磁中心

序号	品名	数量	合同金额	使用单位
212	分子生物学试剂盒	3	US$5000.00	核磁中心
213	高压灭菌仪	1	US$7500.00	核磁中心
214	离心机、移液器	3	US$3350.00	核磁中心
215	冷冻离心浓缩仪、超纯水仪	1	US$20000.00	核磁中心
216	紫外分光光度计	1	US$9900.00	核磁中心
217	数字图像分析仪	1	US$8500.00	生命学院
218	超纯水仪	1	US$3500.00	生物学院
219	光学参量振荡激光系统	1	US$99500.00	物理学院
220	TEM-STM/AFM 显微镜	1	US$110000.00	电子学系
221	CISCO 网络交换机	1	US$44420.00	计算中心
222	300MHz 核磁共振谱仪	1	US$165000.00	化学学院
223	LCR 测试仪、多路输出电源、示波器、半导体参数分析仪、函数发生器	6	US$72348.19	微电子所
224	恒温摇床、PH 计、培养箱	3	US$10562.00	核磁中心
225	超低温冰柜、电子天平、分析天平	3	US$6826.00	核磁中心
226	数字显微图像分析系统	1	US$25700.00	生命学院

合计:668 批(台、件、套)　　US$1132274574

(张洁)

医学部

序号	品名	数量	金额(元)	使用单位
1	脱色摇床	1	2400	基础医学院
2	8 路画面切换器	1	2772	动物部
3	彩色监视器	1	4922	动物部
4	彩色喷墨打印机	2	3040	动物部
5	彩色喷墨打印机	1	3673	动物部
6	彩色一体摄像机	8	30184	动物部
7	多口调制解调器	1	5222	动物部
8	风道温湿度传感器	1	3915	动物部
9	复印机	1	11500	动物部
10	集线器	1	5672	动物部
11	录像机	1	9622	动物部
12	喷墨打印机	1	680	动物部
13	数码摄像机	1	12750	动物部
14	数码相机	1	6550	动物部
15	通讯控制器	1	4672	动物部
16	投影机	1	37000	动物部
17	稳压电源	1	2422	动物部
18	音频功率放大器	1	5822	动物部
19	笔记本电脑	1	19060	放射性药物联合实验室
20	笔记本电脑	1	22750	放射性药物联合实验室
21	彩色喷墨打印机	1	3650	放射性药物联合实验室
22	电动幕	1	5300	放射性药物联合实验室
23	电子天平	1	19000	放射性药物联合实验室

序号	品名	数量	金额(元)	使用单位
24	激光打印机	1	3000	放射性药物联合实验室
25	激光打印机	1	4190	放射性药物联合实验室
26	集线器	2	3240	放射性药物联合实验室
27	扫描仪	1	3950	放射性药物联合实验室
28	投影机	1	39000	放射性药物联合实验室
29	网络激光打印机	1	17300	放射性药物联合实验室
30	微型电子计算机	2	21200	放射性药物联合实验室
31	微型电子计算机	1	10930	放射性药物联合实验室
32	微型电子计算机	3	40500	放射性药物联合实验室
33	微型电子计算机	2	32000	放射性药物联合实验室
34	展示台	1	9800	放射性药物联合实验室
35	制冰机	1	27500	放射性药物联合实验室
36	传真机	1	3500	药学院
37	CO_2培养箱	4	120000	干细胞研究中心
38	笔记本电脑	1	19330	干细胞研究中心
39	超净工作台	5	184206	干细胞研究中心
40	超净工作台	1	36842	干细胞研究中心
41	纯水反渗系统	1	30000	干细胞研究中心
42	单道可调移液器	16	16154	干细胞研究中心
43	倒置显微镜	1	48000	干细胞研究中心
44	电动加样器	2	6800	干细胞研究中心
45	电泳槽	1	7428	干细胞研究中心
46	电转移槽	1	9360	干细胞研究中心
47	电子天平	1	9500	干细胞研究中心
48	电子天平	1	18000	干细胞研究中心
49	二氧化碳浓度计	1	4375	干细胞研究中心
50	二氧化碳培养箱	1	37655	干细胞研究中心
51	二氧化碳培养箱	11	414228	干细胞研究中心
52	核酸蛋白定量测定仪	1	33841	干细胞研究中心
53	恒温水浴	1	6030	干细胞研究中心
54	监视器	1	2300	干细胞研究中心
55	空调	1	7560	干细胞研究中心
56	空调	1	18030	干细胞研究中心
57	空调	1	48500	干细胞研究中心
58	全自动高压灭菌器	1	41589	干细胞研究中心
59	数码相机	1	6640	干细胞研究中心
60	台式高速离心机	1	38402	干细胞研究中心
61	台式高速离心机	1	46984	干细胞研究中心
62	台式冷冻离心机	1	28150	干细胞研究中心
63	台式冷冻离心机	1	36142	干细胞研究中心
64	台式离心机	1	5907	干细胞研究中心
65	台式离心机	1	42334	干细胞研究中心
66	投影机	1	46500	干细胞研究中心

序号	品名	数量	金额（元）	使用单位
67	微型电子计算机	3	17700	干细胞研究中心
68	微型电子计算机	1	7900	干细胞研究中心
69	微型离心机	5	28605	干细胞研究中心
70	细胞涂片离心机	1	40398	干细胞研究中心
71	显微图像分析系统	1	234465	干细胞研究中心
72	荧光显微镜	1	188125	干细胞研究中心
73	制冰机	1	27500	干细胞研究中心
74	白板	1	4290	护理学院
75	电动投影幕	1	4250	护理学院
76	功放	1	2350	护理学院
77	护理监控系统	2	*20500	护理学院
78	激光打印机	1	3100	护理学院
79	监视器	2	3300	护理学院
80	无线话筒	1	2950	护理学院
81	液晶投影机	1	52750	护理学院
82	音箱（一对）	1	2147	护理学院
83	展示台	1	12350	护理学院
84	笔记本电脑	1	29600	护理学院
85	激光打印机	1	3100	护理学院
86	录像机	1	1280	护理学院
87	投影机	1	51000	护理学院
88	CO_2 培养箱	1	44000	化学生物学系
89	激光打印机	1	3100	化学生物学系
90	全自动酶标仪	1	84110	化学生物学系
91	上皮细胞伏欧计	1	17892	化学生物学系
92	PCR 仪	1	46619	基因研究中心
93	PCR 仪	1	80273	基因研究中心
94	笔记本电脑	1	26030	基因研究中心
95	彩色喷墨打印机	1	2730	基因研究中心
96	超低温冰箱	4	376931	基因研究中心
97	超低温冰箱	1	95412	基因研究中心
98	超低温冰箱	2	254424	基因研究中心
99	程序降温系统	1	154102	基因研究中心
100	纯水机	1	47083	基因研究中心
101	磁力搅拌器	2	3600	基因研究中心
102	磁力搅拌器	1	28424	基因研究中心
103	低温冰箱	2	42000	基因研究中心
104	低温冰箱	1	26000	基因研究中心
105	低温冰箱	1	30000	基因研究中心
106	低温冷却循环仪	2	55049	基因研究中心
107	低温冷却循环仪	1	28616	基因研究中心
108	电动匀浆器	1	28000	基因研究中心
109	定量 PCR 仪	1	608709	基因研究中心

序号	品名	数量	金额（元）	使用单位
110	多肽合成仪	1	531404	基因研究中心
111	防毒软件	1	3100	基因研究中心
112	高速冷冻离心机	1	194988	基因研究中心
113	高速离心机	1	11000	基因研究中心
114	恒温水浴	2	16851	基因研究中心
115	恒温水浴	2	24760	基因研究中心
116	激光打印机	8	24800	基因研究中心
117	刻录机	1	2200	基因研究中心
118	空气摇床	1	7500	基因研究中心
119	空气摇床	1	7700	基因研究中心
120	空气摇床	1	46477	基因研究中心
121	空气摇床	1	47738	基因研究中心
122	空气摇床	1	63304	基因研究中心
123	冷冻干燥机	1	164071	基因研究中心
124	冷冻切片机	1	110267	基因研究中心
125	磷感屏成像系统	1	268454	基因研究中心
126	汽油发电机	1	12200	基因研究中心
127	热升华打印机	1	4500	基因研究中心
128	生物显微镜	2	51660	基因研究中心
129	数据库软件	1	5415	基因研究中心
130	数码相机	1	31000	基因研究中心
131	水平电泳槽	2	8834	基因研究中心
132	酸度计	1	12430	基因研究中心
133	台式冷冻离心机	2	65924	基因研究中心
134	台式冷冻离心机	1	52868	基因研究中心
135	台式冷冻离心机	2	118554	基因研究中心
136	梯度 PCR 仪	1	59484	基因研究中心
137	脱色摇床	1	5500	基因研究中心
138	脱色摇床	1	8583	基因研究中心
139	脱色摇床	1	8752	基因研究中心
140	稳压电源	1	9700	基因研究中心
141	系统软件	1	3980	基因研究中心
142	显微图像分析系统	1	186046	基因研究中心
143	旋涡混合器	6	14387	基因研究中心
144	旋转混合器	1	4397	基因研究中心
145	旋转混合器	1	4565	基因研究中心
146	旋转蒸发仪	1	20000	基因研究中心
147	血球计数仪	1	169538	基因研究中心
148	液氮容器	1	16498	基因研究中心
149	液氮容器	1	34451	基因研究中心
150	遗传分析仪	1	1227618	基因研究中心
151	移液器	80	70680	基因研究中心
152	移液器	4	9813	基因研究中心

序号	品名	数量	金额(元)	使用单位
153	移液器	2	7848	基因研究中心
154	荧光倒置显微镜	1	125703	基因研究中心
155	增感屏	1	5700	基因研究中心
156	梯度PCR仪	1	58392	流行病卫统系
157	笔记本电脑	1	22172	基础医学院
158	微型电子计算机	1	8200	基础医学院
159	微型电子计算机	1	8400	基础医学院
160	投影机	1	35100	基础医学院
161	恒温加热器	2	16894	基础医学院
162	基因扩增仪	1	16827	基础医学院
163	全自动灭菌仪	1	42235	基础医学院
164	梯度PCR仪	1	60579	基础医学院
165	制冰机	1	30409	基础医学院
166	传真机	1	2220	基础医学院
167	激光打印机	1	3100	基础医学院
168	传真机	1	3778	基础医学院
169	笔记本电脑	1	18800	基础医学院
170	笔记本电脑	1	20000	基础医学院
171	彩色喷墨打印机	1	2600	基础医学院
172	刻录机	1	2400	基础医学院
173	真空/正压双向泵	1	8800	基础医学院
174	超低温冰箱	1	28495	基础医学院
175	超低温冰箱	1	46194	基础医学院
176	纯水系统	1	40510	基础医学院
177	倒置显微镜	1	45151	基础医学院
178	等电聚焦电泳仪	1	118754	基础医学院
179	电动屏幕	1	10000	基础医学院
180	电泳仪	1	26763	基础医学院
181	电泳仪及配件	1	31700	基础医学院
182	电子天平	1	5900	基础医学院
183	电子天平	1	13900	基础医学院
184	调音台	1	2980	基础医学院
185	二氧化碳培养箱	1	24288	基础医学院
186	反渗透系统	1	5500	基础医学院
187	高速冷冻离心机	1	28481	基础医学院
188	功放	1	3050	基础医学院
189	功放	1	4150	基础医学院
190	基因扩增仪	1	74405	基础医学院
191	咖啡壶	1	720	基础医学院
192	离心浓缩仪	1	59992	基础医学院
193	链管离心机	1	8650	基础医学院
194	数码相机	1	7140	基础医学院
195	投影机	1	63000	基础医学院

序号	品名	数量	金额(元)	使用单位
196	无线话筒	1	1780	基础医学院
197	无线领夹话筒	1	1730	基础医学院
198	细胞转基因仪	1	89337	基础医学院
199	一氧化氮测定仪	1	83571	基础医学院
200	音箱(一对)	1	1100	基础医学院
201	音箱(一对)	1	4800	基础医学院
202	超低温冰箱	1	49501	基础医学院
203	倒置显微镜	1	45472	基础医学院
204	二氧化碳培养箱	1	24258	基础医学院
205	基因扩增仪	1	36532	基础医学院
206	基因扩增仪	1	57074	基础医学院
207	酸度计	1	2224	基础医学院
208	彩色喷墨打印机	1	2600	基础医学院
209	超滤器	1	44676	基础医学院
210	传真机	1	1750	基础医学院
211	复印机	1	40000	基础医学院
212	激光打印机	1	8470	基础医学院
213	扫描仪	1	5300	基础医学院
214	服务器	1	27800	基础医学院
215	工作站	1	20000	基础医学院
216	微型电子计算机	10	111190	基础医学院
217	PCR仪	1	29000	基础医学院
218	彩色喷墨打印机	1	1200	基础医学院
219	电泳槽	1	16000	基础医学院
220	激光打印机	1	3100	基础医学院
221	SQL—Server2000数据库	1	17720	基础医学院
222	VC软件开发包	1	4860	基础医学院
223	WIN2000操作系统	1	11580	基础医学院
224	笔记本电脑	1	20200	基础医学院
225	超声波清洗机	1	16332	药学院
226	微型电子计算机	1	8300	药学院
227	笔记本电脑	1	16000	心血管研究所办公室
228	玻璃珠银幕	1	1780	心血管研究所办公室
229	超低温冰箱	1	29317	心血管研究所办公室
230	超低温冰箱	1	52875	心血管研究所办公室
231	超净工作台	2	77972	心血管研究所办公室
232	电子天平	1	4145	心血管研究所办公室
233	电子天平	1	7191	心血管研究所办公室
234	二氧化碳培养箱	3	67760	心血管研究所办公室
235	反渗透系统	1	5500	心血管研究所办公室
236	高速离心机	1	40000	心血管研究所办公室
237	高速离心机	1	75000	心血管研究所办公室
238	刻录机	2	2130	心血管研究所办公室

序号	品名	数量	金额(元)	使用单位
239	扫描仪	1	4200	心血管研究所办公室
240	扫描仪	1	4400	心血管研究所办公室
241	制冰机	1	31000	心血管研究所办公室
242	等电聚焦二维电泳仪	1	158273	药学院
243	脱色摇床	1	5449	药学院
244	冰箱	2	6100	药学院
245	微型电子计算机	1	13955	药学院
246	旋转蒸发仪	2	34704	药学院
247	旋转蒸发仪	2	34704	药学院
248	变温装置	1	169286	药学院
249	激光打印机	1	4560	药学院
250	刻录机	1	3530	药学院
251	空调	1	6600	药学院
252	空调	1	8500	药学院
253	微型电子计算机	1	7000	药学院
254	打印机	1	2750	医药卫生分析中心
255	复印机	1	11500	医药卫生分析中心
256	激光打印机	2	6200	医药卫生分析中心
257	空调	4	24640	医药卫生分析中心
258	空调	2	15600	医药卫生分析中心
259	空调	3	42000	医药卫生分析中心
260	激光共焦显微扫描系统	1	2586676	医药卫生分析中心
261	微型电子计算机	1	11600	医药卫生分析中心
262	CO2培养箱	1	31000	公共卫生学院
263	笔记本电脑	1	23000	公共卫生学院
264	彩色热升华打印机	1	6000	公共卫生学院
265	传真机	1	2380	公共卫生学院
266	倒置显微镜	1	39900	公共卫生学院
267	高速离心机	1	9000	公共卫生学院
268	激光打印机	1	4450	公共卫生学院
269	移液器	10	12800	公共卫生学院
270	移液器	1	4200	公共卫生学院
271	紫外检测仪	1	30000	公共卫生学院
272	16导生理记录仪	1	540838	中医药现代研究中心
273	超声波清洗机	1	16362	中医药现代研究中心
274	传真机	1	2450	中医药现代研究中心
275	电子天平	1	12726	中医药现代研究中心
276	电子天平	1	19483	中医药现代研究中心
277	高压液相色谱仪	1	383562	中医药现代研究中心
278	激光打印机	5	15500	中医药现代研究中心
279	刻录机	1	2400	中医药现代研究中心
280	投影机	1	54000	中医药现代研究中心
281	微型电子计算机	1	8300	中医药现代研究中心

序号	品名	数量	金额(元)	使用单位
282	旋转蒸发仪	14	207335	中医药现代研究中心
283	旋转蒸发仪	1	14811	中医药现代研究中心
284	银幕	1	1180	中医药现代研究中心
285	蒸发光散射检测器	1	109134	中医药现代研究中心
286	核酸蛋白定量测定仪	1	40000	北医三院
287	精密恒温水浴	1	17183	北医三院
288	旋转混合器	1	5150	北医三院
289	加热台	1	8300	北医三院
290	试管恒温器	2	26050	北医三院
291	PCR仪	1	77859	精研所
292	电泳仪	1	218245	精研所
293	加热器	1	1800	精研所
294	高压灭菌锅	1	52000	精研所
295	电穿孔仪	1	73960	精研所
296	酸度计	1	21250	人民医院
297	酶标仪	1	40780	人民医院

表 8-47 医学部"211"工程进口仪器设备一览表

序号	品名	数量	金额(元)	使用单位
1	大型蛋白转膜装置	1	8277.55	医学部肿瘤医学院
2	蛋白电泳装置	1	8277.55	医学部肿瘤医学院
3	倒置荧光显微镜	1	170121.54	医学部肿瘤医学院
4	电泳电源	1	8450.57	医学部肿瘤医学院
5	分光光度计	1	44095.05	医学部肿瘤医学院
6	小型蛋白转膜装置	1	5203.04	医学部肿瘤医学院
7	循环恒温水浴	1	21741.29	医学部肿瘤医学院
8	加样器	6	9900.00	医学部第三临床医学院
9	加样器	2	3600.00	医学部第三临床医学院
10	全自动脱水机	1	209450.68	基础医学院
11	超低温冰箱	1	66388.49	基础医学院
12	电泳仪	2	38699.94	基础医学院
13	电泳仪	1	21495.29	基础医学院
14	恒温振荡培养箱	1	32563.64	基础医学院
15	台式高速冷冻离心机	1	48987.28	基础医学院
16	真空冷冻干燥机	1	93420.28	基础医学院
17	馏分收集器	1	41895.65	放射性药物联合实验室
18	色谱柱	1	10023.55	放射性药物联合实验室
19	色谱柱	1	11062.55	放射性药物联合实验室
20	等聚焦二维电泳槽系统	1	88555.56	基因研究中心
21	基因扩增仪	1	70148.00	精神卫生研究所
22	冷冻离心机（台式）	1	28704.00	精神卫生研究所
23	冷冻切片机	1	128967.00	精神卫生研究所

序号	品名	数量	金额（元）	使用单位
24	荧光显微镜（带照相）	1	155024.00	精神卫生研究所
25	下颌分析仪	1	134260.00	口腔医学院
26	血氧监测仪	1	12740.00	口腔医学院
27	刻录机	1	2900.00	公共卫生学院
28	倒置生物显微镜	1	52709.94	基础医学院
29	二氧化碳培养箱	1	46229.88	基础医学院
30	液氮容器	1	40583.30	基础医学院
31	超低温冰箱	1	38441.00	基础医学院
32	超声波破碎仪	1	29149.47	基础医学院
33	高速冷冻离心机	1	48341.23	基础医学院
34	高速离心机	1	11144.07	基础医学院
35	高速冷冻离心机	1	189887.43	基础医学院
36	低温冷冻离心机	1	58551.00	人民医院
37	冰箱	1	28608.00	基础医学院
38	电子天平	1	7000.00	基础医学院
39	二氧化碳培养箱	1	44240.18	基础医学院
40	基因扩增仪	1	79179.91	基础医学院
41	移液器	5	5500.00	基础医学院
42	移液器	3	4360.80	基础医学院
43	自动包埋机	1	76639.94	基础医学院
44	基因扩增仪	1	20275.74	基础医学院
45	超低温冰箱	1	50007.09	基础医学院
46	超低温冰箱	1	51532.92	基础医学院
47	微板测试仪	1	347966.77	基础医学院
48	超速冷冻离心机	1	423300.97	基础医学院
49	动脉血压监测仪	1	361843.24	基础医学院
50	台式酸度计	1	8413.64	基础医学院
51	超低温冰箱	1	50012.09	基础医学院
52	中压液相色谱仪	1	277178.72	基础医学院
53	电子天平	1	7200.00	基础医学院
54	电子天平	1	21080.00	基础医学院
55	加样器	2	11000.00	基础医学院
56	酸度计	1	3094.30	基础医学院
57	荧光分光光度计	1	224693.70	基础医学院
58	刻录机	1	2430.00	基础医学院
59	高压液相检测器	1	45275.93	基础医学院
60	冷冻干燥机	1	53239.07	基础医学院
61	层析系统配件	1	6116.64	基础医学院
62	超低温冰箱	1	49532.43	基础医学院
63	纯水机	1	41189.16	基础医学院
64	蛋白纯化系统	1	114414.32	基础医学院
65	电子天平	1	20336.00	基础医学院
66	凝胶成像分析仪	1	51673.19	基础医学院

序号	品名	数量	金额(元)	使用单位
67	酸度计	1	2720.00	基础医学院
68	微垂电泳系统	1	23944.93	基础医学院
69	微垂直电泳槽	1	14218.88	基础医学院
70	液氮容器	1	33379.03	基础医学院
71	彩色电视机	1	12480.00	人民医院
72	电泳凝胶相机	1	6600.00	人民医院
73	宏基笔记本电脑	2	44600.00	人民医院
74	录像机	1	2280.00	人民医院
75	数码摄像机	1	16850.00	人民医院
76	投影机	2	85000.00	人民医院
77	先锋 DVD	1	2460.00	人民医院
78	幻灯片输出仪	1	46000.00	人民医院
79	电子天平	1	19691.75	药学院
80	冷冻干燥机	1	60218.60	药学院
81	荧光分光光度计	1	122220.91	药学院
82	多核振荡观察单元	1	138639.56	药学院
83	电子移液器	1	2280.00	药学院国家重点实验室
84	激光打印机	1	3980.00	药学院国家重点实验室
85	可调移液器	1	1500.00	药学院国家重点实验室
86	扫描仪	1	1350.00	药学院国家重点实验室
87	微型电子计算机	1	14670.00	药学院国家重点实验室
88	液质联用仪	1	1547292.34	药学院国家重点实验室
89	修块机	1	84609.38	医药分析中心
90	制刀机	1	63182.20	医药分析中心
91	大功率激光控制器	1	483768.43	医药分析中心
92	高压灭菌仪	1	41412.05	医药分析中心

表8-48 医学部"世行贷款高教发展项目"进口仪器设备一览表

序号	品名	金额	数量	使用单位
1	旋转蒸发仪	269824	20	药学院
2	超纯水系统	69525	3	药学院
3	傅立叶变换红外光谱仪	172861	1	药学院
4	水浴摇床	39398	1	药学院
5	旋转蒸发仪	53965	4	药学院
6	荧光分光光度计	124500	1	药学院
7	制冰机	12101	1	药学院
8	电子白板	22066	2	多媒体中心
9	多媒体液晶投影机	33306	1	多媒体中心
10	服务器	75331	2	多媒体中心
11	摄录一体机	25877	2	多媒体中心
12	数字摄录一体机	110099	2	多媒体中心
13	数字视频展示台	14660	1	多媒体中心

序号	品名	金额	数量	使用单位
14	数字视频展示台	34986	2	多媒体中心
15	多媒体液晶投影机	33306	1	多媒体中心
16	服务器	75331	2	多媒体中心
17	激光打印机	17798	1	多媒体中心
18	服务器	37665	1	基础医学院
19	层析系统	229698	1	基础医学院
20	超纯水系统	23175	1	基础医学院
21	二氧化碳培养箱	23663	1	基础医学院
22	高速冷冻离心机	199951	1	基础医学院
23	水浴摇床	39398	1	基础医学院
24	真空凝胶干胶仪	59345	3	基础医学院
25	制冰机	12101	1	基础医学院
26	紫外可见分光光度计	117823	1	基础医学院
27	生理数据采集分析系统	311979	4	基础医学院
28	生理数据采集分析系统	311979	4	基础医学院
29	荧光分光光度计	124500	1	基础医学院
30	超纯水系统	23175	1	基础医学院
31	超低温冰箱	38727	1	基础医学院
32	高速冷冻离心机	199951	1	基础医学院
33	生理数据采集分析系统	155990	2	基础医学院
34	血气分析仪	163715	1	基础医学院
35	制冰机	12101	1	基础医学院

表 8-49　正常进口仪器设备一览表

校本部

序号	品名	数量	金额（元）	使用单位
1	凝胶成像仪	1	US $ 7000.00	生命学院
2	高速离心机	1	US $ 16221.57	生命学院
3	基因扩增仪	2	US $ 12500.00	生命学院
4	电泳仪、电击仪、电干燥仪	3	US $ 7954.00	生命学院
5	SUN E450 服务器	1	US $ 36028.84	图书馆
6	高压灭菌仪、CO_2 培养箱	3	US $ 12200.00	生命学院
7	生化试剂、微量蛋白分析仪配件	1	US $ 7503.00	生命学院
8	基因扩增仪	2	US $ 50000.00	生命学院
9	sigma 生化试剂	1	US $ 19956.20	生命学院
10	Progema 生化试剂	1	US $ 9181.28	生命学院
11	冷冻切片机	1	US $ 20517.00	生命学院
12	基因扩增仪	1	US $ 7000.00	生命学院
13	超纯水仪	1	US $ 5300.00	生命学院
14	超低温冰柜	2	US $ 19696.00	生命学院
15	SUN E450 服务器	1	US $ 25066.00	光华管院

序号	品名	数量	金额(元)	使用单位
16	Sigma 离心机	1	US $ 3230.00	生命学院
17	潮酶素 B	1	US $ 1288.00	生命学院
18	精密移液器	32	US $ 4670.00	生命学院
19	超低温冰柜	1	US $ 5300.00	生命学院
20	精密电源附件	4	US $ 3980.00	技物系
21	SUN 服务器	4	US $ 124184.00	图书馆
22	光谱仪	1	US $ 94865.00	技物系
23	高压灭菌仪	2	US $ 10920.00	生命学院
24	单分子检测系统	1	US $ 45000.00	化学学院
25	紫外可见分光光度计	1	US $ 8390.00	生命学院
26	高压灭菌仪、超低温冰柜	2	US $ 10200.00	生命学院
27	真空泵、荧光灯等	62	US $ 1745.00	生命学院
28	细胞转基因仪	1	US $ 8164.00	生命学院
29	紫外检测器	1	US $ 9200.00	生命学院
30	超低温冰柜	2	US $ 9200.00	生命学院
31	恒温摇床	4	US $ 33360.00	生命学院
32	高速离心机	2	US $ 42101.35	生命学院
33	细胞转基因仪	1	US $ 6500.00	生命学院
34	高速离心机	16	US $ 15600.00	生命学院
35	微量电泳仪	1	US $ 8359.00	生命学院
36	惰性气体分析仪	1	EUR23081.00	技物系
37	波长可调谐激光源	1	US $ 43680.00	电子学系
38	高效液相色谱仪	1	US $ 29875.00	化学学院
39	液质联用系统	1	US $ 191000.00	生命学院
40	超低温冰柜	1	US $ 5000.00	城环系
41	光电接收器及附件	14	US $ 3424.00	电子学系
42	差分扫描量热仪	1	US $ 35000.00	电子学系
43	分子设计软件	1	US $ 11000.00	化学学院
44	光学多道分析仪	1	US $ 3000.00	化学学院
45	拉曼光谱仪滤光附件	1	US $ 8950.00	化学学院
46	实验用导电玻璃	200	US $ 6600.00	微电子所
47	显微镜	1	US $ 1900.00	化学学院
48	生物显微镜	1	US $ 19995.00	生命学院
49	电泳槽、电源、干胶仪	32	US $ 5880.00	生命学院
50	吉尔森加样器	14	US $ 2030.00	生命学院
51	紫外分光光度计	1	US $ 15180.00	生命学院
52	射频电源	1	US $ 8285.00	物理学院
53	超低温冰柜	1	US $ 8830.00	生命学院
54	超纯水仪	1	US $ 2664.00	生命学院
55	电镜样品修剪仪	1	US $ 8000.00	生命学院
56	化学试剂	1	US $ 1800.00	生命学院
57	化学试剂	1	US $ 2808.00	生命学院

序号	品名	数量	金额(元)	使用单位
58	化合物筛选数据库	1	US$6037.00	化学学院
59	旋转蒸发仪	1	US$6650.00	化学学院
60	高速离心机	2	US$1910.00	生命学院
61	生化试剂	1	US$3702.20	生命学院
62	生化试剂	1	US$4564.08	生命学院
63	化合物筛选数据库	1	US$10000.00	化学学院
64	逻辑分析仪	1	US$35537.18	信息中心
65	精密移液器	32	US$4700.00	生命学院
66	基因芯片扫描仪	1	US$61500.00	生命学院
67	全自动杂交分析仪	1	US$55000.00	生命学院
68	液氮罐、酶标仪、离心机	4	US$22252.30	生命学院
69	倒置、研究显微镜	2	US$19611.00	生命学院
70	激光粒度分析仪	1	US$40000.00	化学学院
合计:489批(台、件、套)			US$1586162.00	

(张洁)

医学部

序号	品名	数量	金额	使用单位
1	笔记本电脑	1	13000	基础医学院
2	笔记本电脑	1	17100	基础医学院
3	超级恒温器	1	3900	基础医学院
4	传真机	1	2120	基础医学院
5	激光打印机	1	3100	基础医学院
6	微型电子计算机	1	7500	基础医学院
7	移液器	2	1120	基础医学院
8	定量PCR仪	1	372111	基础医学院
9	激光打印机	1	2500	基础医学院
10	电子天平	1	4350	基础医学院
11	空气净化器	1	2380	基础医学院
12	激光打印机	1	2550	基础医学院
13	彩色喷墨打印机	1	980	基础医学院
14	激光打印机	1	3300	基础医学院
15	数码相机	1	5700	基础医学院
16	血小板聚集仪	1	65060	基础医学院
17	笔记本电脑	1	23400	公共卫生学院
18	集线器	2	2000	公共卫生学院
19	扫描仪	1	3200	公共卫生学院
20	SPSS统计包软件	1	11370	公共卫生学院
21	笔记本电脑	1	13000	公共卫生学院
22	彩色喷墨打印机	1	600	公共卫生学院
23	彩色喷墨打印机	1	960	公共卫生学院
24	激光打印机	1	3050	公共卫生学院
25	扫描仪	1	580	公共卫生学院

序号	品名	数量	金额	使用单位
26	激光打印机	1	3100	公共卫生学院
27	微型电子计算机	1	9620	公共卫生学院
28	笔记本电脑	1	16000	公共卫生学院
29	笔记本电脑	1	27400	公共卫生学院
30	激光打印机	1	3150	公共卫生学院
31	投影机	1	38000	公共卫生学院
32	投影机	1	48500	公共卫生学院
33	笔记本电脑	1	14200	公共卫生学院
34	彩色喷墨打印机	1	3165	公共卫生学院
35	打印机	1	4035	护理学院
36	无线扩音机	2	5360	护理学院
37	笔记本电脑	1	15000	药学院
38	扫描仪	1	2699	药学院
39	激光打印机	2	6140	药学院
40	激光打印机	1	3100	药学院
41	扫描仪	1	750	药学院
42	笔记本电脑	1	27400	基础医学院
43	彩色喷墨打印机	1	1700	基础医学院
44	复印机	1	14000	基础医学院
45	激光打印机	1	11700	基础医学院
46	投影机	1	48500	基础医学院
47	微型电子计算机	1	13700	基础医学院
48	彩色喷墨打印机	1	895	基础医学院
49	采样器	1	6100	公共卫生学院
50	打印机	1	2900	公共卫生学院
51	酶标仪	1	38000	公共卫生学院
52	喷墨打印机	1	600	公共卫生学院
53	切割器	1	5730	公共卫生学院
54	扫描仪	1	570	公共卫生学院
55	雾化吸收器	1	1180	公共卫生学院
56	校准器	1	700	公共卫生学院
57	打印机	1	2800	公共卫生学院
58	微型电子计算机	1	10700	公共卫生学院
59	微型电子计算机	1	9870	公共卫生学院
60	超低温冰箱	1	29800	公共卫生学院
61	酶标仪	1	42000	公共卫生学院
62	超净工作台	3	115068	基础医学院
63	超净工作台	1	38358	基础医学院
64	电泳仪及配件	1	15978	基础医学院
65	激光传真机	1	3850	基础医学院
66	流式细胞仪	1	581000	基础医学院
67	台式高速冷冻离心机	2	58452	基础医学院

序号	品名	数量	金额	使用单位
68	台式高速冷冻离心机	2	58452	基础医学院
69	笔记本电脑	1	18800	基础医学院
70	激光打印机	1	3165	基础医学院
71	数码相机	1	3565	基础医学院
72	微型电子计算机	1	5321	基础医学院
73	电子天平	1	7800	基础医学院
74	笔记本电脑	1	21000	基础医学院
75	打印复印机	1	7900	基础医学院
76	笔记本电脑	1	18710	基础医学院
77	超纯水机	1	48763	基础医学院
78	传真机	1	2100	基础医学院
79	电动取液器	2	9000	基础医学院
80	核酸蛋白定量测定仪	1	33034	基础医学院
81	激光打印机	2	6200	基础医学院
82	认知诱发事件相关电位	1	694237	基础医学院
83	台式高速冷冻离心机	1	28635	基础医学院
84	台式离心机	1	5644	基础医学院
85	移液器	20	19920	基础医学院
86	倒置显微镜	1	21506	基础医学院
87	酸度计	3	7200	基础医学院
88	激光打印机	1	4080	基础医学院
89	台式高速冷冻离心机	1	27744	基础医学院
90	显示器	1	2760	基础医学院
91	笔记本电脑	1	14400	基础医学院
92	彩色喷墨打印机	1	750	基础医学院
93	激光打印机	1	3000	基础医学院
94	扫描仪	1	2760	基础医学院
95	扫描仪	1	500	基础医学院
96	基因扩增仪	1	25339	基础医学院
97	激光打印机	1	2490	基础医学院
98	台式离心机	1	12249	基础医学院
99	微型电子计算机	1	5800	基础医学院
100	微型台式离心机	1	6000	基础医学院
101	杂交箱	1	21117	基础医学院
102	紫外交联仪	1	16218	基础医学院
103	电动移液器	1	3500	基础医学院
104	加样器	2	3100	基础医学院
105	加样器	2	3500	基础医学院
106	台式离心机	1	8300	基础医学院
107	液氮柜	2	155133	基础医学院
108	喷墨打印机	1	4650	基础医学院
109	CO_2 培养箱	1	21917	基础医学院

序号	品名	数量	金额	使用单位
110	激光打印机	1	3100	基础医学院
111	彩色喷墨打印机	1	1620	基础医学院
112	激光打印机	1	3100	基础医学院
113	移液器	1	1000	基础医学院
114	集线器	2	8470	基础医学院
115	脑立体定位仪	4	188665	基础医学院
116	血糖仪	1	890	基础医学院
117	倒置显微镜	3	64518	基础医学院
118	电磁血流流量计	1	96309	基础医学院
119	电动匀浆器	1	36667	基础医学院
120	标签打印机	1	1600	基础医学院
121	激光打印机	1	2400	基础医学院
122	摄像头	1	6200	基础医学院
123	投影机	1	30000	基础医学院
124	刻录机	1	2880	基础医学院
125	扫描仪	1	5350	基础医学院
126	激光打印机	1	3380	基础医学院
127	刻录机	1	3000	基础医学院
128	电动移液器	2	5400	生育健康研究所
129	外置硬盘	1	2900	生育健康研究所
130	荧光检测器	1	89109	生育健康研究所
131	高压液相色谱仪	1	225357	药学院
132	彩色喷墨打印机	1	1190	药学院
133	二元泵选择套包	1	14525	药学院
134	酸度计	1	600	药学院
135	旋转蒸发仪	2	36456	药学院
136	测压仪	1	15037	药学院
137	色谱柱	1	2300	药学院
138	色谱柱	1	8600	药学院
139	数码相机	1	12300	药学院
140	投影机	1	41700	药学院
141	旋转蒸发仪	3	44446	药学院
142	旋转蒸发仪	1	14815	药学院
143	移液器	1	1280	药学院
144	激光打印机	1	3100	外语教研室
145	刻录机	1	2080	外语教研室
146	无线扩音机	1	2680	外语教研室
147	照相机	1	1680	外语教研室
148	扫描仪	1	700	网络教育学院
149	扫描仪	1	1760	网络教育学院
150	笔记本电脑	1	16600	公共卫生学院
151	笔记本电脑	1	20800	公共卫生学院
152	彩色喷墨打印机	1	3030	公共卫生学院
153	活动硬盘	1	1870	公共卫生学院

序号	品名	数量	金额	使用单位
154	激光打印机	1	3400	公共卫生学院
155	刻录机	1	1840	公共卫生学院
156	笔记本电脑	1	13100	公共卫生学院
157	笔记本电脑	1	13500	公共卫生学院
158	传真机	1	1900	公共卫生学院
159	投影机	1	23000	公共卫生学院
160	空调	2	5000	基础医学院
161	激光打印机	1	2600	基础医学院
162	加样器	2	1600	基础医学院
163	冷藏柜	1	2170	基础医学院
164	传真机	1	3850	药学院
165	电子天平	1	6970	药学院
166	基因扩增仪	1	42875	药学院
167	小型台式离心机	1	11405	药学院
168	电子天平	1	4100	药学院
169	激光打印机	1	3000	药学院
170	喷墨打印机	1	580	药学院
171	喷墨打印机	2	1196	药学院
172	笔记本电脑	1	31300	药学院
173	电子天平	1	5900	药学院
174	激光打印机	1	4330	药学院
175	酸度计	1	2400	药学院
176	微量注射泵	1	13702	药学院
177	有机合成仪	1	425611	药学院
178	制冰机	1	29449	药学院
179	16导生理记录仪	1	112128	药物依赖研究所
180	笔记本电脑	1	20400	药物依赖研究所
181	彩色喷墨打印机	1	1200	药物依赖研究所
182	彩色喷墨打印机	1	1250	药物依赖研究所
183	超低温冰箱	1	48571	药物依赖研究所
184	激光打印机	4	12400	药物依赖研究所
185	数码相机	1	6400	药物依赖研究所
186	微型电子计算机	1	7020	药物依赖研究所
187	微型电子计算机	1	8100	药物依赖研究所
188	微型电子计算机	1	8200	药物依赖研究所
189	微型电子计算机	1	8520	药物依赖研究所
190	微型电子计算机	1	8700	药物依赖研究所
191	微型电子计算机	1	9070	药物依赖研究所
192	显示器	1	1650	药物依赖研究所
193	紫外分光光度计	1	92293	药物依赖研究所
194	彩色喷墨打印机	1	1330	医药卫生分析中心
195	彩色喷墨打印机	1	1390	医药卫生分析中心
196	笔记本电脑	1	25000	药学院
197	笔记本电脑	1	33000	药学院
198	笔记本电脑	1	33500	药学院
199	彩色喷墨打印机	1	1100	药学院
200	彩色喷墨打印机	1	2000	药学院
201	传真机	1	4290	药学院

序号	品名	数量	金额	使用单位
202	等电聚焦二维电泳仪	1	209220	药学院
203	多媒体投影机	1	56000	药学院
204	幻灯机	1	3680	药学院
205	激光打印机	1	3900	药学院
206	加样器	1	1250	药学院
207	刻录机	1	2380	药学院
208	空调	2	10500	药学院
209	空调	1	5500	药学院
210	空调	2	14650	药学院
211	扫描仪	1	1750	药学院
212	台式离心机	1	20274	药学院
213	微型电子计算机	1	14670	药学院
214	微型电子计算机	1	17000	药学院
215	旋转蒸发仪	2	31000	药学院
216	制冰机	1	29563	药学院
217	笔记本电脑	1	18800	医学伦理室
218	笔记本电脑	7	79100	医学心理学室
219	刻录机	1	2790	医药卫生分析中心
220	手提电锯(云石机)	1	870	医药卫生分析中心
221	PCR 仪	1	54029	公共卫生学院
222	传真机	1	2550	公共卫生学院
223	电子感应血糖检测仪	2	4000	公共卫生学院
224	电子天平	1	4500	公共卫生学院
225	电子血压计	1	1518	公共卫生学院
226	激光打印机	1	3200	公共卫生学院
227	移动电话	1	3950	公共卫生学院
228	彩色喷墨打印机	1	2650	公共卫生学院
229	激光打印机	1	3250	中医药现代研究中心
230	刻录机	1	1750	中医药现代研究中心
231	扫描仪	1	2340	中医药现代研究中心
232	微型电子计算机	1	8300	中医药现代研究中心
233	微型电子计算机	1	8800	中医药现代研究中心

表 8-50 实验室基本情况一览表

校本部

单位	实验室个数	实验室使用面积	教学实验(2000—2001学年度)			仪器设备(2001年度)			
			实验个数	实验时数	实验人时数(万人)	数量	金额(万元)	其中20万元以上	
								数量	金额(万元)
合计	111	59030	1799	76145	158.88	32298	66659	443	32105
数学科学学院	3	1450	24	1980	0.8	944	1186	5	123
力学与工程科学系	8	4555	32	1076	0.97	1556	3298	22	1672
物理学系	10	6214	267	1272	28.28	2594	5834	44	3240
地球物理系	6	1250	13	704	1.05	1045	1914	12	736
技术物理系	10	5046	116	13136	3.56	2321	4173	22	1975

单位	实验室个数	实验室使用面积	教学实验（2000—2001学年度）			仪器设备（2001年度）			
			实验个数	实验时数	实验人时数（万人）	数量	金额（万元）	其中20万元以上	
								数量	金额（万元）
电子学系	11	4250	130	16217	11.58	2057	3509	24	1404
计算机与科学技术系	5	2140	65	1577	14.1	2293	7379	50	3880
化学与分子工程学院	19	12338	236	2739	43.01	4146	9072	93	5473
生命科学学院	17	6253	473	5557	23.34	4491	6706	48	2344
地质学系	2	1930	189	486	1.18	1415	1798	10	646
城市与环境学系	3	1530	78	483	1.16	1244	1676	11	402
心理学系	2	635	131	27498	12.69	463	436	2	67
中国语言文学系	1	80	11	1435	0.64	201	236	0	0
考古学系	2	320	2	180	0.43	380	835	7	417
法学院	1	110	1	12	0.05	467	404	0	0
现代教育中心	1	1000	4	1036	9.6	1377	1856	7	295
计算机科学技术研究所	1	1600				130	1167	5	700
遥感与地理信息系统研究所	1	550	2	20	0.04	440	614	2	109
计算语言研究所	1	354				74	89	0	0
人口研究所	1	75	1	40	0.08	32	96	1	69
信息科学中心	1	2400				496	2085	17	1194
环境科学中心	2	1200	4	24	0.02	398	1175	16	668
计算中心	1	2900				1568	7785	23	5643
光华管理学院	1	450	20	673	6.3	1113	1465	3	151
图书馆	1	400				1053	1871	19	897

（黄凯、李小寒）

医学部

实验室名称	房屋使用面积	开出实验		人时数	科研任务		工作人员				
		个数	时数		承担课题	时数	合计	教师	实验技术人员	工人	其他
病原生物学系	1340	12	29	41438	4	11520	22	15	7	0	0
药理学系	668	0	0	0	4	11520	6	3	3	0	0
病理学系	1840	2	132	3660	0	0	37	18	19	0	0
解剖与组织胚胎系	1708	16	1134	70672	4	7204	39	20	19	0	0
生理与病生理学系	1480	3	66	230700	5	14400	7	4	3	0	0
神经科学研究所	840	0	0	0	60	172800	16	9	7	0	0
免疫学系	1794	6	17	31400	32	92160	34	14	20	0	0
生物物理学系	2542	2	1320	18720	3	20448	13	9	4	0	0
细胞生物与遗传系	1268	1	150	13500	0	0	29	16	13	0	0
生物化学及分子生物系	1882	22	221	209926	29	58500	43	25	18	0	0
公卫中心仪器室	320	5	988	1234	3	688	8	4	4	0	0
毒理学系	780	1	1080	3240	6	14400	13	7	6	0	0
营养与食品卫生系	594	1	48	2784	11	18808	9	6	3	0	0
劳动与环境卫生系	2202	33	26008	186792	31	89280	18	9	9	0	0
生育健康研究所	1084	0	0	0	3	1188	6	6	0	0	0

实验室名称	房屋使用面积	开出实验	人时数	科研任务		工作人员				
化学实验教学中心	2294	67	2314	1133706	0	0	19	4	13	0	2
药物化学系	671	21	9777	74661	57	155088	21	17	4	0	0
药剂学系	1246	12	756	27267	30	62880	33	29	4	0	0
天然药物学系	1864	12	15571	76662	36	72700	18	13	4	0	1
化学生物学系	635	5	4856	56128	32	71884	26	26			
国家重点实验室	1466	0	0	0	0	0	28	16	8	1	3
分子与细胞药理学系	520	6	3864	12056	11	12200	10	8	2	0	0
医药卫生分析中心	858	0	0	0	0	0	26	9	15	1	1

(徐继苹)

表 8-51　医学部接受国外捐赠科教仪器一览表

序号	品名	数量	金额	使用单位
1	彩色喷墨打印机	1	750	基础医学院
2	台式离心机	1	8300	基础医学院
3	激光打印机	1	3250	中医药现代研究中心
4	激光打印机	1	3900	药学院

基 建 与 后 勤

基建工作

【概况】 2000年12月底,经后勤党委批准,基建工程部党总支改选。2001年2月学校任命支琦为基建工程部部长,4月任命莫元彬、李国华、李钟为基建工程部副部长。党政领导班子进一步充实和加强。

2001年在进一步加强内部管理,健全完善管理制度方面,重点抓了以下工作:

(1) 充实完善工程项目招投标管理办法。2001年工程招投标不仅施工队伍招标,工程设计、施工监理、工程材料及设备采购订货全部引入竞争机制,由招标决定,而且招标小组成员除基建工程部有关人员外,还邀请学校审计、财务、纪委、资产部及使用单位有关负责人共同参加招标、开标、评标、决标工作,使各项招投标工作在公开、公平、公正中进行。

(2) 继续坚持工程项目负责人制。实践证明坚持项目负责人制,提高了管理水平,调动了管理人员积极性,加强了管理责任感,促进工作规范化、制度化,保证了工程质量和进度。

(3) 建立工程项目部内验收制度。每个工程竣工,在各办公室验收合格的基础上,部里统一组织各项目负责人、各专业管理人员到施工现场再次复验,认真检查挑毛病,互相学习,互相促进,促使竣工工程质量明显提高。

(4) 坚持工程项目竣工结算审计制度。2001年凡投资在10万元以上的工程结算,均须经学校审计室审计后才能办理工程竣工最终结算。为确保结算质量,基建工程部预算管理人员坚持原则,严守政策法规,严格把关,对施工单位报送的竣工结算反复进行认真审查。2001年度基建工程部对施工单位报送的工程结算核减额达400余万元,为学校节省大量建设资金。2001年向学校审计室送审竣工结算78项,累计送审额8441万元。校审计室认为基建工程部竣工结算工作质量在北京市高校系统名列前茅。

(5) 完善基建工程部党风廉政建设责任制。坚持民主集中制原则,基建工程部内重大事项及群众关心的问题,坚持集体讨论决定,严格按程序决策,统一领导,分工负责,增强工作透明度,接受部内外人员监督。

【抗震加固工程】 根据教育部关于首都抗震减灾示范区抗震加固工作指示精神,从1999年下半年起,学校陆续收到国债专款1810万元,要求限期完成北京大学32栋老旧建筑的抗震加固工作。北大大部分老旧建筑分布于未名湖文物保护区,为保护原有建筑风格,基建工程部维修办公室管理人员与设计、施工单位千方百计克服困难,采用内加固办法,经过两年多艰苦努力圆满完成了教育部下达的32栋建筑抗震加固任务,且全部达到8度抗震设防的要求,消除了结构隐患,延长了建筑物使用寿命。此次加固工作是对文物建筑最好的保护,得到了市文物局和文保专家的充分肯定,认为北京大学加固工作经验值得推广。2001年8月,该批建筑已被列入国家重点文物保护建筑。

【维修改造工程】 配合抗震加固,2001年学校利用国家"教育振兴行动计划专项资金"("985"专项)安排了18个基础设施改造项目,计划投资9930万元。

2001年维修改造工程有:物理大楼(北段)、新化学楼(北段)、昌平园主楼三段、化学南楼、南阁、北阁、档案馆、老三教室楼、昌平园学生宿舍4#楼、水塔改造、理科楼群室外广场道路、燕南园55号翻建、110kV变电站改造升级等18项工程,除电教中心大楼因故未施工外,其余均已按计划开工,部分工程已竣工交付使用。

教学科研、办公、学宿、改造工程,本着"消除(结构、消防)隐患、保障安全、满足功能、适当装修"的原则,主要工程内容是:合理调整房屋使用功能;部分屋面挑顶,消除漏雨及安全隐患;增设消防系统,满足新规范要求;暖气系统检修、更新;电气增容、线路及配电设施更新改造;更新上下水系统,改造卫生间;增加计算机网络等综合布线系统;实验台及设备更新改造;门窗维修更新、室内粉刷装饰等。如新化学楼彻底更换给排水系统,并改造水循环系统,改造235个化学实验台,60个物理实验台,249个吊柜、壁柜,更换了实验盆、龙头,引进抗腐蚀的UPVC下水管,对送风、排风系统进行调整,增加室内及楼送新风系统;更换了192个通风柜,彻底改造天然气系统,更换了管道节门;改造消防报警系统;更换旧电梯,同时增加新电梯一部,更换暖气干管。通过更新改造,改变原有设施陈旧现象,消除火灾隐患,满足化学学院各类教科研需要,使原来不能进行的实验项目可以开展了,吸引国外专家学者合作进行科研,产生了较好的社会效益。

物理大楼通过改造,在硬件方面达到了现代物理教学与研究的标准,改善了教学科研工作环境,为购进新型先进仪器,加强不同学科知识交叉融合,提高学生素质创造了条件。改造后的物理楼宽敞明亮,受到物理学院师生普遍赞誉。

2001年维修改造工程,使学校整体环境更为协调,改造后的古建筑群,已成为国家级重点文物保护建筑。改造后的教科研办公用房,满足了学校创建世界一流大学的基本需要。

【新建工程】 2001年度新建工程竣工项目6项。

(1)学生宿舍45#甲楼:建筑面积9991平方米,计划投资2400万元,于2000年11月15日开工,2001年8月竣工交付使用。地上六层,为学生宿舍;地下一层为商业营业厅及库房和配套设备用房。学生宿舍45#甲楼建成,可提供学生宿舍228间,可解决912名学生住宿,大大缓解学校扩招后新生入学住宿紧张状况。该楼每层设有一个自习活动室,一个网络间,两套厕所,盥洗、淋浴房。首层还设有洗衣房、信报室、接待室、值班室等配套用房,为改善学生住宿条件提供了有效保障。

(2)农园食堂:建筑面积9482平方米,计划投资3270万元,于2000年12月16日开工,2001年12月底交付使用。农园食堂是一个现代化食堂,从设计到施工比较复杂。施工管理人员在工作中树立精品意识、服务意识。食堂可满足2300多人同时就餐,缓解了学生食堂紧张拥挤状况,改善了学生就餐环境,增强了学校办学实力。

(3)校史馆工程:建筑面积3000平方米,计划投资1600万元,于2000年3月开工,2001年1月交付使用。

(4)万众苑工程:建筑面积2100平方米,计划投资580万元,于2000年7月开工,2001年10月30日投入使用,为中国经济研究中心改善了教学科研环境。

(5)燕东园幼儿园工程:建筑面积3178平方米,交付使用5873万元,于1999年8月开工,2001年4月投入使用。

(6)心理学楼加层:建筑面积270平方米,交付使用资产84万元,于2000年10月开工,2001年12月全部投入使用。

【煤改气及天然气工程】 为逐步改善北京市大气环境,减少废烟、废气、粉尘污染,教育部从1999年开始拨专款4200万元,用于校园内锅炉房改造,将烧煤锅炉改造为用天然气供水、供热,简称"煤改气工程"。煤改气工程由总务部和基建工程部共同负责,基建工程部主要负责天然气内外管线施工及天然气通气任务。经过两年多的艰苦努力,到2001年底已完成5个锅炉房、1个学生食堂及1个茶炉房的煤改气工程。工程竣工后,普遍反映良好,有效地减少了煤烟粉尘,净化了空气,美化了环境。

2001年除煤改气工程外,还同时完成7项天然气安装通气工程:学生区37楼茶炉房天然气安装通气,学生西区新茶炉房天然气安装通气,农园食堂天然气安装通气,燕南园55号楼天然气安装通气,化学楼实验室天然气安装通气,物理楼实验室天然气安装通气,生物楼实验室天然气安装通气。

【大运会运动场工程】 2001年第二十一届世界大学生运动会足球

比赛,在北京大学五四运动场举行。学校上下对此项任务非常重视,基建工程部承担足球场及体教中心改造更是肩负重任,全体参建人员以极高的政治热情,精心组织设计、施工、监理,全力以赴、严格管理,拼搏奉献,创造精品,高速优质地完成了建设任务。

五四运动场和体教中心改造工程,顺利通过了北京市长度测绘院、国家体育检测中心、国家田径中心大运会足球项目部以及大运会组委会的联合验收。改造后的五四运动场得到大运会组委会和各方的赞誉,大运会足委主席指出:北京大学五四运动场足球场是北京市参加大运会比赛用7个足球场地中最好的一个。北京日报等媒体对此进行了专门报导。

为了保证大运会顺利进行,暑期拆迁了保卫部用房,打通理科楼群西侧道路,目前西侧道路已成为学校主干道。

【翻建工程】 中古史研究中心翻建工程,建筑面积1156平方米,于2000年6月25日开工2001年6月8日竣工验收交付使用,该工程的建成为北京大学中古史科学研究、文科基地建设创造了良好环境和条件,为校际交流,吸引社会上更多专家、学者来校共同研讨提供了硬件保证。

【在建工程】 附中教学西楼工程建筑面积13900平方米,计划投资3390万元。2001年7月26日开工,预计2002年7月竣工。

110kV变电站土建工程 建筑面积2165平方米,计划投资467万元,2001年9月底开工,计划2002年5月30日土建工程完成,8月竣工交付使用。

理科楼群4#楼工程 建筑面积27310平方米,计划投资1400万元。2002年4月开工。

考古教学楼工程 建筑面积2252平方米,计划投资1000万元,2002年5月开工。

【其他工程】 国际关系学院大楼,新化学南楼,附小教学楼及宿舍,财保楼,学生浴室,文科楼等工程正在进行设计和办理工程前期报批手续。

(张淑鸾)

【医学部基建工作】 教育部2001年下达北京大学医学部中央财政预算内投资计划600万元,年底调增160万元("211"项目),共计760万元。截至2001年底,完成投资760万元,投资计划完成100%。

自筹资金计划2001年年初下达计划8424万元,2001年底调整投资计划为6190万元,调减投资2234万元,实际完成投资3322万元,投资计划完成54%。

已竣工建筑面积:40426平方米。包括:

(1) 5号学生宿舍。建筑面积23429平方米,工程于2000年6月6日开工,2001年8月30日竣工交付使用。

(2) 2号、3号、4号学生宿舍的加固接层。建筑面积16080平方米。3号、4号学生宿舍2000年10月20日开工,2001年4月10日竣工投入使用。2号学生宿舍2001年3月开工,2001年10月工程竣工交付使用。

(3) 城内学生宿舍北楼加固。建筑面积917平方米,工程于2001年7月25日开工建设,2001年11月竣工交付使用。

在施工程建筑面积:25159平方米。包括:

(1) 6号教工住宅楼。建筑面积17759平方米,2001年2月11号开工,2001年10月3日结构封顶,年底进行内外装修,计划2002年7月竣工。

(2) 锅炉房扩建工程,建筑面积2454平方米。2001年3月19日开工,2001年底土建建工程已完成,计划2002年10月竣工。

(3) 药学楼接建工程,建筑面积1781平方米,2001年11月27日取得规划许可证,正在办理各种开工前的手续,计划2002年4月开工建设,2002年10月竣工。

(4) 1号楼加固装修,建筑面积3165平方米,2001年10月开工,年底工程完成加固,进行内装修,计划2002年6月竣工。

(余平)

总务系统工作

【总务部工作】 概况 2001年是全国高校按照国务院、教育部的部署进行后勤社会化改革的第二年,总务部在进一步推进后勤社会化改革、明确甲乙方契约关系的同时,继续做好学校的服务与运行保障工作。

2001年2月,总务部经学校组织部批准,在全校范围内进行公开招聘,经过民主测评、公示、考核和学校批准,新的领导班子成立,总务部部长为张宝岭,副部长为杨仲昭、卢永祥。校长助理鞠传进不再兼任总务部部长职务。

总务部在新的领导班子的带领下,为了进一步推进高校后勤社会化改革,探索新的管理模式和运行机制,于2001年9月21日召开了研讨会,就进一步认真落实国务院、教育部对高校后勤社会化改革的要求,明确政府、学校、实体之间的责、权、利关系,坚持改革为学校教学、科研和师生生活服务的方向进行了研讨,对如何加强对实体的管理、协调、监督、服务,正确处理好甲乙方关系等问题进行了广泛的讨论,统一了认识,会议决定加大力度,坚定不移地推进高校后勤社会化改革。

2001年12月31日在光华楼召开"北京大学进一步推进后勤社会化改革"会议。总务系统干部职工200多人到会,校长许智宏、副校长林钧敬、校长助理鞠传进、医学部副主任史录文和学校有关部门负责人出席会议。许智宏校长传达了全国高校后勤改革（西安）会议精神，肯定了两年来后勤社会化改革的成绩。张宝岭代表学校分别与7个后勤实体（餐饮中心、水电中心、供暖中心、校园管理服务中心、学生宿舍管理服务中心、运输中心、幼教中心）签署了服务协议。协议的签署标志着北大完成了国务院和教育部规定的高校后勤社会化改革第一、第二阶段的改革任务，实现了经营与管理的分离，明确了甲乙双方应严格履行的责任和义务。

2000年，北大校园网开通了"校长信箱"，总务部非常重视这项工作，有专门人员及时了解、妥善解决"校长信箱"有关后勤的意见和建议。为了更好地搞好后勤服务，总务部受后勤党委委托编辑印刷《后勤系统服务手册》，该手册全面介绍了学校后勤系统各单位的职责、服务内容、联系方法，为广大师生的工作学习和生活提供了方便。

2001年年初，总务部在总结2000年"985"基础设施建设和改造工作的同时，制定了2001年基础设施改造工程计划，并按期完成了地热井的开凿、自备水井更新、一户一表电改造、煤改气、校园绿化美化等工程，有效地维护和改善了师生员工的工作学习和生活环境。

（牛建权）

人事管理 2001年，按照后勤社会化改革的总思路和总要求，在理顺管理体制、转换运行机制、减员增效的前提下，进一步加强了后勤人事改革的力度。总务系统七个中心在对各中心实体职工实行全员招聘的基础上，根据一年的工作实践，对实体职工进行了续聘工作。在续聘过程中广大职工通过培训、考试、考核、答辩等方式，使各自的理论水平、服务意识以及业务能力有了很大的提高。截至2001年底总务系统有正式职工522人（其中全民所有制职工407人，集体所有制职工115人），临时工1328人，离退休职工691人。"老人老办法，新人新办法"的新的用人办法也促进了后勤社会化的发展，2001年1～12月，后勤系统进入人事代理人员1人，引进本科生4人，大专生16人，中专生1人，为后勤队伍增添了有文化知识的生力军。

建立了"小机关，多实体"的管理体制，总务部机关和总务系统七个中心实体形成了契约关系。为了探讨和建立适应后勤社会化改革的人事制度，学校人事部和总务部于2001年3月23日和4月13日举办了人事工作研讨会，进一步提高了人事干部的思想认识，明确了职责，为加快后勤社会化人事制度改革打下了良好的基础。2001年2月，总务部经学校组织部批准，在全校范围内进行公开招聘，经过民主测评、公示、考核和学校审批，增聘副部长1名。

（方慧玲）

财务管理 总务部负责总务系统经常运行经费和《面向二十一世纪教育振兴计划》基础设施专项经费的管理和使用，同时对后勤各中心实体进行财务监督，较好地完成了2001年后勤保障运行任务，并保证了综合预算平衡。

（1）2001年综合预算执行情况：综合预算收入12115.99万元，其中学校预算拨款4585.58万元，后勤创收收入5339.33万元，后勤水电费收回1820.09万元，各中心实体工资返回370.99万元；综合预算支出11142.79万元，其中预算支出5970.73万元（供暖费989.37万元、维修费621.99万元、水电费3533.68万元、园林卫生费122.42万元、综合支出703.27万元）。

（2）2001年《面向二十一世纪教育振兴计划》基础设施专项预算执行情况：1999～2001年专项预算9983万元，截至2001年底完成预算6290.87万元，共完成总投资额的63％。其中2001年专项预算4070万元，完成预算2608.11万元，完成当年投资额的64％。

（杨敏）

运行管理 2001年总务部坚持三服务即"为学校服务、为广大师生服务、为创建世界一流大学服务"的原则，从硬件和软件两个方面继续改造落后的基础设施，改善服务质量，为建成世界一流大学提供可靠的后勤支撑条件。

（1）落实八字方针，做好后勤服务。2001年总务部认真把"管理、协调、监督、服务"的八字方针作为自己工作的原则和主要内容，将餐饮的质量与服务、供暖供气的标准与保障、水电的运行与维修、校园的环境与卫生、学生宿舍的管理与精神文明建设等一系列事关师生学习生活服务的问题摆在了日常工作的首位，促进各中心实体转变观念、转换机制，把为学校教学、科研和师生员工生活提供优质服务作为自己工作的宗旨。同时总务部也努力为各中心实体服务，协调各方面的工作，认真帮助解决中心实体的实际困难和问题，使他们能够加快专业化、企业化、社会化的转变，提供优质的后勤服务。

（2）坚持四项原则，改造基础设施。2001年总务部在做好日常工作的同时，坚持实行"项目负责人制、招投标制、合同制、工程监理制"的原则，为建设良好的后勤支撑环境，成功改造和建设了一批基础设施。

（王祖荫）

【**餐饮中心**】 开办新农园食堂 新农园食堂在拆除原农园食堂和燕春园餐厅的基础上建设而成，总面积9481平方米，全部用"985"资金兴建。该食堂共三层，2000年10月底开工，2002年1月基本建成。

新农园食堂按两个部分设计。第一部分约6382平方米，一层2518平方米，按大众自选餐厅设计装修，能容纳千人就餐；二层2360平方米，设计为14个风味餐档口，计划安排800个座位；三层1054平方米，为零点和宴会厅，大厅可同时容纳300人进餐，另设5个包间，备宴会之用。第二部分共2000平方米，为补充建筑，用于解决二食堂加工厂搬迁和补充学校燃煤改造工程造成的主食加工面积不足问题。新农园食堂预计有2400个座位，占学校总餐座的45%。新农园是多年来北大各级领导、老师和学生关心、期盼的一个与师生生活利益直接相关的大型建筑，总投资约4500万元。它的建成，较好地改变北京大学长期以来生活设施不足、就餐拥挤的状况，使人均占有食堂面积从0.49平方米升到0.7平方米（教育部和建设部的标准是1.3平方米）。

其他基础设施建设 2001年，除筹建农园食堂外，餐饮中心其他基础服务设施也得到了相应改善：学五食堂装修改造（其中二层辟出100平方米面积，开办了大众自助餐，丰富了校内餐饮服务方式），主食加工厂危房改造成面食部，家园餐厅一层更换顶棚，燕南美食改造夹层排送风系统，学一食堂电增容，学三食堂煤改气。为完成这些工程，餐饮中心自筹资金近250万元，总务部也给予了资金支持。

引进大型自动化米饭生产线。为实现米饭的集中加工，推进餐饮标准化生产，经过近一年时间的多方论证，经林钧敬副校长批准，在资产部进出口科的协助下，由总务部出资近600万元，餐饮中心从日本爱丰公司引进两条大型米饭自动化生产线及配套设备、一条洗锅线、全自动洗碗机、高速去皮机和多功能切菜机等系列厨房设备。米饭生产线的使用，不但满足了全校师生对米饭的需求，而且实现了标准化生产、省人节能和环保等预期目标，走在了全国高校餐饮标准化生产的前列。

完善管理体制和运行机制 2001年，餐饮中心继续完善管理体制和运行机制，重新界定各室（部）的职责范围，明确岗位职责，规范工作程序，提升工作标准，确立奖罚条例，使中心各方面工作既继承了传统的工作经验，又能更好地适应后勤社会化的要求。同时调整了中心下属各单位的经济管理方法，充分发挥经济杠杆的激励作用和财务核算的监督职能，组建了由主管负责人参加的采购监督小组和工程设备招标监督小组，并完善了其工作制度，使其对经济活动的监督和监控程序化、规范化和透明化，杜绝经济违规行为。

加强规章制度建设 2001年，餐饮中心在整理、规范以往的规章制度的基础上，结合新的改革形势，推出了面向管理人员的《餐饮中心管理手册》和面向普通员工的《餐饮中心员工必读》。这两本书均由中心主任崔芳菊牵头，各部（室）干部分工完成。林钧敬副校长为两书分别题词，给予指导和鼓励。

充实和培训管理队伍 餐饮中心坚持以人为本，通过引进、培训等多种方式改善队伍结构，提高队伍素质，更好地适应餐饮改革的要求。2001年向社会公开招聘了法律、机械工程和食品营养等专业的本专科毕业生4名，有社会星级宾馆从业经历的餐饮管理人才3名。中心坚持每月全体管理人员的学习例会制度和不定期听取专家管理知识报告制度，增强干部、职工的综合素质。

注重技术与服务培训 作为实体发展的基础，烹饪技术和餐饮服务水平的提高受到餐饮中心的高度重视。2001年，餐饮中心除了进一步办好每年度的"卫生质量月"、"伙食质量月"外，还在燕南美食试点，开展"微笑服务评比月"和技术培训活动，以改善服务态度、提高烹饪技术，已有明显成效，并准备在全中心推广。中心还支持学五食堂举行"川菜美食周"活动。年底，中心还组织厨师长、部分技术骨干和扬州大学实习生同四川大学的烹饪技术人员进行了多次业务交流，开阔了视野，丰富了知识，提高了技艺。

建设扬州大学实习生培训基地 为提高餐饮队伍技术水平，探索新的管理技术人才储备机制，餐饮中心同以烹饪类专业见长的扬州大学达成合作意向，在北大餐饮中心建设扬州大学实习生培训基地。根据合作意向，扬州大学每年派遣10名左右的烹饪工艺学和营养学专业的学生到北大餐饮中心进行为期一年的毕业实习。北大负责实习生实践能力和动手能力的培养，并选留优秀的实习生作为北大餐饮中心的后备人才。实习生利用在北大餐饮中心学到的知识和技能，为北大餐饮服务。餐饮中心很重视培训基地的建设，由中心主任崔芳菊担任扬州大学实习生管理小组组长，中心副主任王建华担任副组长。管理小组对实习生实施四个阶段的培训，包括切配、成本核算、冷荤、大锅菜、小炒、宴会等。10月12~24日，管理小组请餐饮中心8名优秀厨师为实习生做了专项讲座。11月上旬，管理小组对实习生的学习情况进行了考核，考核成绩良好。

走出校园办食堂 在办好校内餐饮的同时，餐饮中心积极地走出校园，承办北京有关高校的餐饮业务。4月中旬，应中国人民解放军艺术学院的邀请，餐饮中心与其商谈承办食堂事宜，并递交《北京大学餐饮中心承办中国人民解放军艺术学院食堂的计划书》，有关事项还在进一步洽商中。4月下旬，应北京大学成人教育学院的邀请,餐饮中心承办圆明园校区食堂。中心选派得力管理人员赴该食堂工作,取得了较好的经济效益和社会效益。

组建北京高校伙食联合采购中心 作为北京高校伙专会的主任单位,北大餐饮中心积极为北京地区高校餐饮的社会化做贡献。11月5~6日,北大餐饮中心发起的北京高校伙食工作座谈会在西御园会议度假中心举行,中心主任、北京高校伙专会主任崔芳菊出席并作主题讲话。为进行高校后勤餐饮改革,适应高校餐饮服务社会化的需求,由北京大学餐饮中心牵头,经北京高校伙专会全体委员讨论通过,成立北京高校伙食联合采购中心。北大餐饮中心主任崔芳菊担任该中心主任。北京50所高校向北京高校伙食联合采购中心提出书面加入申请。11月22日,北京高校伙食联合采购中心成立大会在北京大学图书馆北配楼报告厅举行。12月13日,中心主任崔芳菊出席在清华大学举行的北京高校伙食联合采购中心首批大米采购开标大会并讲话。

筹备水厂 11月底,餐饮中心水厂筹备工作启动。中心选聘知名矿泉水企业负责人为水厂厂长,同时为方便工作,调餐饮中心生产采购部负责人任副厂长。水厂工作人员已开始进行详细的市场调研和筹备工作。

(李振)

【水电中心】 深化改革新举措 面对新的管理格局,新一届领导班子引入新的管理制度,实行了全员岗位应聘,同时狠抓窗口服务,建立健全监督投诉机制,将投诉电话引入北大校园网络。逐步完善了水电运行、维修及水电费收缴的系统化管理,落实了两项整改措施:(1)为增强职工主动服务意识,中心以水电维修为突破口,设立水电巡视维修服务车,主动上门为学生区、校园各院系、各单位维修服务,全年共完成大小维修3200多项,缓解了零修跑票不及时的矛盾,得到了校领导及学校各单位和师生员工的认可和表扬;(2)承揽全校施工渣土运输,中心以服务学校、保护环境为目标,充分利用现有的车辆、人员,全年清运渣土1098车,取得了良好的社会效益,既保持了校园环境的整洁,又增加了收入,减少了中心对外开支。

水电供用情况 学校共有自备水井9眼,配电室28座,35kV电站。全年向校内供水505万吨,供电5539万度,运送材料1706车次。完成维修工程计划内430044元,计划外2461841元,水电运行费523369元,共计7285658元。向总务部返还工资258264元,上缴工程利润95239元。维修窗口累计完成零修19697项(以上数据含燕北园区)。

完成维修情况 完成了45甲、蔚秀园室外给排水,未名湖北岸混凝土路面重铺,25楼、27楼、35楼、39楼厕所水房改造工程。暑期完成了32楼综合改造工程。敷设电缆800多米,检修学生宿舍电气800多间。全校水电全额收费的管理办法经过多年酝酿,2002年将逐步实施,为了配合水电费收费办法改革,对校内理科楼群、商业用房等加装电表1474多块。由于学校新建筑陆续投入使用,教学科研用电逐年增加,35kV变电站是1985年运行的,已不能满足学校用电需求,为了彻底改变北京大学的用电超负荷状况,经上级部门批准在原变电站南侧新建110kV变电站,2001年11月开工,装机容量10万kVA。水电中心配合有关部门实施110kV变电站建设工程,并对全校电网及附属设施进行改造,预计2002年底建成并投入使用。

安全保卫工作 2001中心被评为学校安全保卫工作先进单位、交通安全先进单位。在年底外来人口表彰大会上,中心有6人获奖,其中4人获学校"拾金不昧"、"见义勇为"奖。

(张岩清)

【供暖中心】 概况 2001年是供暖中心为完善自身建设而继续进行改革的一年。在这一年里,由于燕北园、蔚秀园锅炉房由燃煤锅炉改为燃气锅炉,中心从运行安全考虑,将工程管理科改为燃气运行科,主管燃气锅炉的运行。同时加强对运行人员的培训工作,使运行人员都持有上岗操作证,以保证运行安全。为了提高管理水平,中心投入资金,实现办公、财务、工程、材料、固定资产等方面的计算机管理。同时与校园网连接,及时了解用户的要求,回答用户在网上对中心提出的问题。

加强管理、完善制度 为使管理手段更科学、更合理,在冬季供暖运行工作中,中心对各锅炉房实行了经济和责任的承包,同时完善了各项制度,调动了职工的工作积极性,杜绝事故的发生,保证教学、科研、工作、生活的顺利进行。每年冬季供暖工作都需要大量的外地临时工,中心根据学校的要求,加强了用工制度的管理,改善了临时工的居住条件,为安全运行、防止各类事件的发生提供了保证,被学校评为本年度外来人口管理工作先进单位。2001年供暖中心被北京市评为年度先进锅炉房。

供暖、浴室工作 2001年农园食堂、学生区45甲楼相继启用及南街改造拆除商业用房后,新增供暖面积6376.21平方米,供暖总面积达到1155170.86平方米。由于燃气费用较高,使供暖运行总经费达到1731万元。校本部大浴室运行近20年,设施陈旧,加之学校扩招,学生增多,越来越不能满足需要,因此中心自筹资金19万元,用于粉刷房屋、改造窗户,更换更衣柜、椅子和锁,改善了运行条件。

"煤改气"工程 "煤改气"工

程是由教育部与国家计委、财务部联合部署，利用国债资金对在京所属高校小吨位锅炉进行燃煤改燃气的环保工程。工程从启动到竣工历时近两年时间，上年初教育部根据北京市关于改善首都大气环境的要求，对在京部属高校小吨位锅炉进行了统计，根据统计结果申请了国债资金，启动了"煤改气"工程。此次教育部对燃气锅炉的选购，采用的是统一采购、公开招标的方式，既增加了采购过程的透明度，又节省了资金。蔚秀园、燕北园、勺园和大浴室的燃气锅炉就是采取这种方式购买的。为了能够利用好国债资金，完成好"煤改气"任务，学校专门成立了"煤改气"领导小组，成员包括总务部、财务部、基建工程部、供暖中心和会议中心等单位的负责人，小组多次召开会议，讨论工程中出现的重大问题，并通过招标的形式确定工程施工单位和锅炉附属设备生产厂家，保证了施工质量、节省了资金。工程于4月供暖结束后全面展开，先对原有锅炉房内的4台7兆瓦锅炉进行了拆除，然后建筑新的锅炉基础，对锅炉房进行改造、装修。6月份锅炉整体到场后，由施工单位进行了就位安装（其中蔚秀园锅炉房安装2台10.5兆瓦燃气锅炉，燕北园锅炉房安装2台7兆瓦燃气锅炉），并对陆续到位的附属设备进行了安装。10月份工程进入收尾、调试阶段，各个锅炉厂家、附属设备厂家都到现场参与调试，蔚秀园锅炉燃烧器的厂家德国公司也派来了专家参与调试。经过大家的共同努力，11月1日蔚秀园、燕北园两个锅炉房按时供暖。

（翁正明）

【校园管理服务中心】 概况 校园管理服务中心下设绿化环卫服务部、保洁服务部、收发服务部、茶饮服务部、订票室等7个部门，负责校本部的园林绿化、校园环卫、公共教室及部分办公区域卫生保洁、报刊收发订阅、茶炉房饮用开水及航空、火车票的预订工作。有正式职工79人（全民工40人，集体工39人），临时工180人，离退休职工284人。

绿化环卫 2001年对校本部的古文物景观、景点标志牌（介绍牌）、警示牌进行了重新设计并制作施工；对燕东园人才楼、镜春园76号院东侧、俄文楼花园、生物东西馆、振兴中华碑、燕北园、理科楼群二期等11项工程共计40357.3平方米绿地进行了改造；对北大附小院内古油松群整体进行了复壮保护工作，铺装了透气砖2000平方米，疏松了板结的土壤，并在适当位置设透气井、渗水井及施营养土、肥等，既改善了古油松根系生长环境，又满足了学校对运动场地的要求。截止到2001年底，校本部已绿化面积为835871.64平方米，绿化覆盖率50.2%，绿化覆盖面积895218.53平方米。有古树419株，其中一级古树27株，二级古树392株。2001年北京大学（昌平园区）被评为昌平区绿化美化先进单位，并有3人荣获昌平区绿化美化积极分子光荣称号；校园管理服务中心被评为海淀区绿化美化先进单位。

保洁服务 在2000年的基础上，继续增加保洁服务项目，扩大了服务范围。添置了地毯清洗机、高空升降机等服务硬件设备，新增加了9个服务客户，增加保洁面积14748平方米，总面积达到了64094平方米，其中公共教室保洁面积23989平方米。

茶饮服务 2001年，煤改气工程全部完成，结束了茶炉烧煤的历史，取消了燃煤堆积场地，改善了校园环境。

（刘凤梅）

【学生宿舍管理服务中心】 概况 2001年中，中心本着"三服务、两育人"的宗旨，努力提高管理成效和服务质量，加强管理队伍的组织建设工作，并在走廊文化、公共场所卫生环境保洁、宿舍楼区安全秩序等方面，尽可能地满足广大学生学习和生活的实际需求，为他们创造整洁、优美、安全有序的学习生活环境。

宿舍管理队伍建设 1月，2名中年女同志光荣入党，至此，中心正式职工18人中，已有党员11人；大学文化程度3人、大中专文化程度7人。2001年3月，对在岗的67名楼长和38名卫生员进行了为期两周的培训、考核、评定聘任工作。并把部分楼长在配合学校对大学生开展的"文化素质教育"工作中成绩突出的先进"楼管组"和先进个人的心得体会整理汇编成册，即《楼长管理服务工作总结汇编》。2001年2月和2002年1月，2000年度和2001年度楼长和卫生员总结表彰会分别召开，对工作中管理规范、服务热情、环境整洁的3个"先进楼管组"和85位"先进个人"进行了表彰奖励。

管理服务工作新举措 6月，在校办、财务部和总务部的支持下，制订了新学年本科生报到入住学生宿舍楼新办法，9月4日，新生顺利入住各新生宿舍。9月，斥资6万余元，在新公寓宿舍楼建设思想内容健康、艺术形式高雅、有着浓郁北大文化气息的"文化走廊"。10月，对校本部25栋学生宿舍楼中的16栋楼（另外9栋已改造）总计132个垃圾消纳口进行了彻底改造，将原有的各宿舍楼直排式垃圾消纳口全部消毒封堵，同时将各宿舍楼、楼外开放式垃圾池也一并拆除，彻底根除了原有的污染源，从而为同学们营造了更加整洁的学习生活空间，进一步改善了各学生宿舍楼区的周边环境。

安全秩序和安全保卫工作 4月，在保卫部的支持帮助下，对全体楼长和卫生员进行了安全消防培训和演练。为强化学生宿舍楼区的治安保卫工作，学校加大对学生宿舍区的投资,各有关部门紧密配合完成以下工作,①学校增拨专项综合治理经费10余万元,在45、45甲和46楼3栋楼8个门洞(2栋研究生楼和1栋01级本科生宿舍楼)安装了由北京国盛自动化系统工程公司的"电子感应式门禁"系统;②更新学生宿舍楼区的全部灭火器材290个;③在24栋学生宿舍楼每层的主要出入口安装了305盏应急灯;④对33、34A、45楼等7栋楼的1257间宿舍(门的上亮)加装了护网;对38、39、41楼等5栋楼的198间宿舍(一层窗户下亮)加装了护栏;⑤对25、43楼等17栋楼的2118间宿舍(在门锁一侧)加装了防撬板;⑥在34楼A和34楼B的二层25个女生宿舍加装防攀爬护栏。2002年1月,学生宿舍管理服务中心被评为学校2001年安全保卫工作先进集体和2001年外来人口管理先进集体。

"文明卫生宿舍标兵"评比 6月和12月,共出资27824元,进行了2000学年第二学期和2001学年第一学期"文明卫生宿舍标兵"的评比表彰,总计有378间宿舍荣获"文明卫生宿舍标兵"称号,1625名同学在此次活动中受到表彰和奖励。

暑期"送旧迎新"工作 暑假期间,根据各宿舍楼毕业生腾退宿舍的情况,在总务部运行办的大力支持帮助下,克服时间紧及大运会期间交通管制等不利因素,放弃全部暑假休息时间,积极配合协助各施工单位,对所有毕业生宿舍楼进行综合大修,其项目包括:室内外墙壁粉刷,门窗检修油漆,对25、27、39楼的水房厕所进行了上下管网的更新改造,更新了所有毕业生宿舍楼的门锁,在33、34A、45甲楼等8栋宿舍楼安装了"对讲机"系统。由于学校再次扩大了博士生招生的住宿额度,为解决扩招带来的博士生住房短缺问题,将原住本科男生的32楼进行整体综合大修后,改为01级博士宿舍楼。在做好上述工作的同时,还在暑假期间为延期毕业答辩的20多名博士生安排了临时宿舍,为近40名本校硕转博的同学提前(8月3日)解决了住宿。在文明离校工作中,组织卫生员为毕业生同学打包,运行李,回收各毕业生宿舍的窗帘1768条和201电话机880多部,清查和复位毕业生宿舍家具46704件,加配新生宿舍钥匙4100余把,订购质量优良的学生床上用品2700套(32400件),并逐一分发到每位本科新同学的床铺上。在31、32、45甲楼新建3处环境整洁卫生、服务周到热情的"大学生自助洗衣房"。

家具科和木工厂工作 家具科负责学校各个院系中心、大型户外公益活动课桌椅的运输、码放工作,有力地保障了校庆、迎新、招生咨询、毕业生洽谈会等活动的开展。2001年服务各种活动52次、租用课桌椅5872件次。木工厂负责学校部分院系中心办公、教学科研和学生公寓家具的制作、安装和维修工作。5月,投资35万对木工厂原有五六十年代的传统木工机械设备进行全面更新改造,新购置全套板式木工机械6件套流水线正式运行生产,为学生公寓和教工宿舍楼及办公、教学科研生产制作了6000多件套家具,款式新颖、坚固耐用、质优价廉,创产值近300万。

(段利久)

【运输中心】 概况 2001年运输中心继续完善上岗招聘和岗位管理工作,和职工签订了《劳动合同书》。中心和各管理岗位都制定了岗位责任制,通过加强安全管理和改进服务质量来推动社会效益和经济效益提高。进一步完善《服务承诺制》,将安全、准时、优质优价的服务提供给学校。2001年中心完成了学校"两会"、接新、申奥、大运会等大型活动用车,保证了学校教学、科研和教职工生活用车。全年安全行驶350万公里无事故,年运营收入超过400万元。2001年被评为"北京市交通安全先进单位"。

车辆发展情况 2001年中心在完成车辆大部分更新的基础上,提出了根据市场发展车辆的计划。小车队车辆发展控制在20台以下,少量增加中高档小客车。大轿车和大面包车根据需求逐步增加。目前中心车队运营车辆共计31台,总运输能力接近800人,能够承接学校各项运输任务。搬家公司现有车辆24台,总运输能力50吨,能承接学校和社会各种搬家、托运业务。

改进工作,提高服务质量 2001年1月中心召开校内用户恳谈会,采纳了用户的意见、建议,修改了派车单,使之简洁明了,结算方便;对校内用车价格进行了认真审核并以展板形式公开于调度室内;继续深化"服务承诺制",建立了调度、用户、司机之间的联系沟通机制,提高了出车准时率和服务质量;开展职工素质教育,开办了英语学习班、职工文化园地,开展了职工职业道德宣传教育;搬家公司开展了企业文化教育。通过上述措施,提高了工作效率和服务水平。2001年中心服务工作受到好评,用户投诉为零,有效地促进了运输中心工作的发展。

驾驶员岗位培训 2001年中心对最后一批驾驶员进行培训,经过学习和实际操作,最后通过考试获得教育部颁发的驾驶员和修理工技术等级证书。至此中心95%以上的职工都取得了专业技术职称,这标志着中心专业运输技术水平的提高。

家佳搬家公司发展情况 公司2001年6月迁入新址:东北旺村南队甲8号。新址承租占地12000平方米,有2座2000平方米库房,车场约5000平方米。硬件能力提高使市场竞争能力加强,经济效益明显提高。为满足用户需求,实行"门到门服务",在南京、上海、苏州、杭州、合肥、济南、西安等地设立办事处。在北京设立了中关村营业部和校本部营业部。为适应加入世贸组织后的运输市场需要、提高搬家行业的资质和规模,开始进行行业合并、联合、重组和组建家佳物流中心的筹备工作。

(牛林青)

【幼教中心】 概况 为配合北京市教委幼儿园体制改革试点园工作,经北京大学校办[校发2001]137号文件批准,幼教中心参加了北京市教委幼儿园办园体制改革试点园工作,并于2001年6月12日办理了事业法人登记,2002年初通过了海淀区教委"一级一类"幼儿园的验收。根据进一步整改和自评,中心于2002年4月22日接受了北京市"一级一类"幼儿园验收。中心现有教职员工86名,平均年龄35.2岁,均具有合格学历及各岗位上岗证。一线教师100%具有中专以上学前教育专业学历。目前有在读研究生1名,有学前教育大学本科学历者9名,具有学前教育大专以上学历的教师达到75%。其中有中学高级教师1名,小学高级教师13名,小学一级教师13名,小学二级教师9名,小学三级教师1名。幼教中心为日托园,有大、中、小、托四个年龄段的18个教学班,入托儿童535名。其中教职工子女约占三分之二,教职工三代子女及外单位儿童约占三分之一。3岁以上儿童455名,3岁以下儿童80名,儿童与工作人员之比3岁以上为1∶6,3岁以下为1∶4.5。

办园方向 办园目标:力争四年内使北京大学幼教工作达到北京市一级一类示范性幼儿园的标准。发展战略:规范管理兴园、人才素质兴园、保教质量兴园、办学效益兴园。办园模式:与学校人文、科技教育资源共享,以儿童游戏、快乐教育、科学启蒙为基本形式,全面实施素质教育。培养目标:培养善于学习、乐于学习,会快乐生活、体魄健康、胸怀宽广、团结协作、有探索精神的21世纪新人。工作宗旨:为孩子服务、为家长服务、为教学科研服务。

依法办园 "依法办园、依法执教"是幼儿园工作秩序正常运转的基础。幼教中心认真组织教职员工学习国家的法律、法规、政策,养成执行国家方针政策的自觉性,日常工作中规范教师行为,尊重幼儿作为一个独立社会成员的尊严和权利,保障幼儿身心健康、和谐发展。

以人为本科学管理 随着高校后勤社会化改革,幼儿园在由计划经济的福利型服务转为市场经济有偿服务的工作中面临着生存和发展问题。为实现创一流幼教工作水平的目标,幼教中心工作突出以人为本的原则,利用全园会、教代会、座谈交流、个别谈话的形式,将教职工的紧迫感、危机感化为工作动力,汇为创新奋进的凝聚力,树立以质量求生存的思想。

改革用人机制 中心先后从北京师范大学、中华女子大学、海淀艺师中招聘近20名青年教师,连续两年实施了面向社会招聘教职工的工作,按照国家规定满足她们的待遇、职称、保险、住宿等合理要求,使她们没有后顾之忧。用人机制的改革,调动了教师的积极性,优秀人才脱颖而出,骨干教师得到保留,从根本上解决了人力、人才问题,教师队伍动态管理的机制基本形成。由于青年教师的引进,老同志将紧迫感、危机感转化为不断学习、不断发展的动力,呈现出老带新、新促老的共进局面。

内练功底,外树形象 幼教中心通过理论学习、专题总结、理论考核、教育技能的培训,提高教学科研工作水平,练好"内功",同时还要让社会了解工作成果,对外树立良好形象。一年来幼教中心教师发表相关论文和文章多篇,并参加了师德演讲团演讲。同时也为幼儿提供更多地参与锻炼的机会,荣获"全国幼儿计算机表演赛"组织奖,另有4名儿童分别获得了"全国幼儿计算机表演赛"幼儿组二等奖和优秀奖。组织小朋友参加了申奥绿色植树、画展、庆祝建党80周年文艺演出、全国妇联组织的"心系好儿童"活动;大班小朋友参加了2001北京大学秋季运动会入场式和幼儿团体操表演,获得北京大学精神文明奖;两次参加中央电视台"七巧板"节目;幼教中心体操队参加了在浙江嘉兴举办的庆祝中国共产党建党80周年全国幼儿基本体操表演赛,并荣获二等奖;多次接待外国首脑、友人参观等。

优化教师队伍 幼教中心尊重青年教师继续深造的权利,鼓励在职教职工进行学历学习、技能学习,不断提高文化水平、专业理论水平。14名教师通过了计算机职称考核,22名教师分别选择了成人学习、高自考学习、业余时间参加专业技能学习等深造途径,其中13名教师通过成人高考进入了本科、专科学历学习,教师队伍的整体结构得到优化。对新入园的青年教师进行岗前培训,学政治、讲传统、颂师德、讲奉献、谈理想、比贡献。教会她们如何做人、如何做事、如何从教。她们良好的师德、优质的服务、纯真的爱心受到小朋友的喜爱、家长的赞许。

承担学校教学实验工作 北京大学心理系儿童心理实验室设在幼儿园内。中心与心理系教学工作紧密配合,较好地完成了每年的学生实验教学课。中心教师也学到了许多理论和测试技能,带动了幼儿园的教学教研工作。

教科研水平不断提高 中心从更新幼儿学习观入手,转变教师观念,发挥一日生活的整体教育功能,让游戏成为幼儿一日生活的基本活动,幼儿在游戏中获得发展。教师的教和幼儿的学在教育活动过程中交织在一起,成为一种互动的过程。教师更多地注重幼儿的主动参与、主动探索、克服困难并学会解决问题。保教人员根据幼儿发展的需要随时调整自己的工作计划。学会了从幼儿的需要出发去实施保教工作。保教人员和幼儿都在原有的水平上获得了发展和提高。

立体式教育模式 中心充分利用有利儿童发展的各种因素,实现了家、园、社区三方面结合的立体式教育。充分利用大学的人文、自然、科技教育资源补充幼儿园教育,收到了很好的效果,取得了良好的社会效益和经济效益。中心采取减免残疾家庭儿童部分保育费,对外国专家子女和归国科技人员子女给予特殊照顾和周到服务,新生随来随入托,取消寒暑假等措施,既满足了校内教职工子女入托的要求,也满足了校外幼儿入托的要求。另外,中心还坚持每天11小时的服务(7:15~18:00),尤其对学校后勤职工、校医院医务人员、附中附小教师子女实行早送、晚接,保证教职员工能安心工作。同时,中心为幼儿设计适合发展的教育活动。如:参观学校的建筑,参观国家重点实验室、生物标本展览室,请交警讲行路安全知识,去未名湖边感知季节的变化,参加老干部工艺品制作与书法绘画展、邀请热心幼教工作的家长为小朋友讲科学知识小发现,进行生物、生命、环保为主题的活动等等。这些活动丰富了幼儿教育内容,扩大了教育空间。

卫生保健工作 中心认真贯彻预防为主、教养并重的原则,按照一级一类的标准做好日常卫生保健、膳食管理、消毒工作,把卫生保健同教育教学工作放在同等重要的位置上。严格执行健康检查制度,做好儿童入托前的体检工作,体检率达到100%,教职员工的体检工作每年一次,执证上岗体检率达到100%。幼儿的定期体检率达到100%。幼儿身高体重增长率达到100%,幼儿体格发育增长合格率达到91.14%。还按照要求认真开展儿童五官保健工作,各项指标都符合要求。

(潘燕生)

【节能办公室】 年度用水用电及水电费支出 2001年度全校用电量5539万度,比上年同期增长18%。电费支出3095万元,比上年同期增长29%。年度用水量505万吨,与上年同期基本持平。水费支出为434万元,比上年同期增长34%。全年水电费总支出为3529万元,比上年增长29.6%。

强化指标管理,促进成本核算观念 2001年为配合学校后勤社会化改革步伐,增强能源商品化的概念,进一步将用水用电纳入到市场经济轨道,节能办和水电中心继续强化对学校各院系所中心及公司商业单位的用水用电指标定额管理力度,坚持"谁用水电谁交钱"的原则。促进了各单位成本核算的意识,加大了收费力度,取得了较好的效果,共回收水电费1820.09万元。

加速硬件改造,保证全额收费计划实施 为进一步加快学校改革,促进后勤社会化,学校决定自2002年开始实施用水用电全额收费的管理办法。为保证该办法的实施,必须进行水电表的改造安装,实现计量覆盖率达到99%。2001年共计改造安装电表1594只,水表230只。此外2001年对21000平方米绿地进行了节水喷灌改造,由原来的直喷改造为地埋升降式喷灌,即节约了用水又美化了景观(预计年节水40000立方米)。还更换了5000只节水型陶瓷芯水龙头,在硬件上避免了水资源的浪费。

坚持节能宣传,增强节约意识 根据国家及北京市有关部门的通知精神,节能办公室分别在5月和10月开展了节水宣传周和节能宣传周活动。宣传周期间除悬挂宣传横幅标语、张贴宣传画,还会同学生会、相关社团、绿色生命协会在三角地进行了大规模宣传活动,向师生员工发放了数千件节能宣传资料和小纪念品。

(王祖荫)

【后勤党委】 概况 现有党员387人(包括预备党员12人),3个分总支,22个党支部,申请入党积极分子130人。在学校党委领导下,后勤党委按照学校党委的工作安排,以邓小平理论和江泽民"七一"讲话为指导,认真贯彻全国高校后勤社会化改革会议的精神,围绕实施科教兴国战略和创建世界一流大学的目标,结合后勤社会化改革的实践,认真组织广大党员、职工深入学习、正确把握和自觉实践"三个代表"重要思想,进一步加强基层党支部建设和党员队伍建设,充分调动后勤广大职工的积极性和创造性,稳步推进后勤社会化改革,扎扎实实为师生员工办实事,为学校改革发展和稳定提供后勤保障,被评为2001年度北京大学先进党委。

抓学习,提高党员素质 后勤系统各分总支、党支部根据《北京大学关于学习江泽民同志"七一"重要讲话具体安排的通知》要求,采取多种形式,组织广大党员、职工深入学习"七一"讲话。通过学习,广大党员正确认识和把握"三个代表"重要思想的精神实质和重大意义,把学习"七一"讲话同学习十五届六中全会精神、同后勤社会化改革结合起来,确保北大改革发展和稳定的大局,有力地推进了后勤社会化向前发展。

抓教育,发挥党员作用 在后勤社会化改革的过程中,后勤党委一方面开展党员理论学习活动,另一方面围绕改革的内容开展各种教育活动,组织党员和积极分子参观建党80周年成就展览和打击经济刑事犯罪展览,组织党支部书记和优秀党员参观大寨。通过这些活动,提高了广大党员的思想政治素质,加强了党支部的战斗堡垒作用和党员的模范作用。

抓改革,思想工作到位 随着北京大学后勤社会化改革的步伐日益加快,后勤党委为改革保驾护航的一个重要责任,就是发动基层党支部和党员广泛、切实有效地开展思想政治工作,通过思想政治工作,把改革的政策、方案及时传递给职工,让职工清楚每一个阶段的目标、责任及困难所在。工作中,党委积极为群众排忧解惑、理顺情绪、协调关系、化解矛盾,焕发了职工参与改革的热情。

抓宣传,营造良好氛围 后勤党委成立了由3个部和9个中心党、政、工、团组成的宣传小组。在党委宣传部以及校刊、电视台、网络中心的关心和支持下,后勤党委紧紧围绕各单位的工作和后勤社会化改革的实际,通过校报、《后勤通讯》、《宣传橱窗》和学校电视台、网络等载体较好地开展了舆论宣传工作,起到了加强后勤职工队伍建设、鼓舞学校师生员工士气、增强职工凝聚力的作用,在后勤与学校师生员工之间架起了一座理解和沟通的桥梁。2001年宣传小组出版《后勤通讯》5期,宣传橱窗32版,制作后勤新闻若干条。

加大培养和发展党员工作的力度 按照学校党委的要求,在积极分子的培养、教育和党员发展工作上,后勤党委针对后勤系统一线党员少、年轻党员少和离退休党员比例大的状况,加大了在生产一线优秀工人、技术骨干和中青年积极分子中培养和发展党员的力度。后勤系统本年有35人向党组织递交了入党申请书,51人参加了北大党校举办的入党积极分子培训班和提高班。全年发展了9名新党员。

(刘宝栓)

表8-52 2001年总务部基础设施改造工程一览表

序号	项目名称	工程地点	工程内容	投资	竣工时间
1	地热井	静园	井深3168米,出水温度59摄氏度,日出水量2200立方米	650万元	2001年10月28日
2	水井更新	校园内	6眼基岩井,平均井深500米,出水量150立方米/井.小时。	673万元	2001年11月
3	给排水外线改造	校园内及部分家属区	学生区、物理大楼、水塔及承泽园、蔚秀园、黄庄等	185万元	2001年10月
4	校区部分配电设施改造(一户一表)	燕北园、承泽园、畅春园、黄庄等	按北京市规定标准进行配电设施改造,近期达到每户2KW	210万元	2001年11月
5	水电表改造安装	全校	理科楼群及其他教学行政办公楼和公司工厂商业单位等	330万元	2001年12月
6	路灯改造二期	学生区、朗镜地区	重新敷设电缆安装新型路灯	182万元	2001年9月
7	煤改气工程	全校	将学校10台燃煤锅炉、3个茶炉及92个食堂大灶改造为燃气炉、灶	2650万元	2001年11月
8	校园建设工程	校园内	(1)改造未名南路等8条道路;(2)校园绿化项目26个	740万元	2001年9月
9	学生宿舍改造	学生区	(1)综合改造26、40及32楼;(2)部分宿舍楼局部维修	646万元	2001年8月
10	供暖设施改造	校内	(1)改造集中供暖锅炉房;(2)改造外网干线;(3)新建电教换热站	1267万元	2001年10月

医学部后勤工作

【后勤改革】 2001年在总结甲乙方分开试运行工作经验和教训的基础上,为总体规划和协调后勤改革,2月5日医学部部务会决定成立医学部后勤改革领导小组,吕兆丰副校长任主任。同时成立后勤改革工作小组,制定了《北京大学医学部后勤社会化改革方案》,于4月9日部务会讨论后正式下发。《方案》明确了后勤与基建管理处作为甲方,北医后勤服务总公司作为乙方,规定了双方的职责任务,并对后勤的管理体制、运行机制、改革过渡期的政策都作了明确规定,它的出台为医学部后勤工作的顺利开展提供了组织保障。根据《方案》,校医院直属医学部,挂靠医管处。

5月14日,医学部党委常委会决定后勤部更名为北京大学医学部后勤与基建管理处,王书生(主持全面工作)、韩仁广任副处长。医学部副主任史录文主管后勤工作,不再担任后勤与基建管理处处长职务。

根据后勤改革进程,10月25日,经医学部部务会决定撤销医学部后勤改革领导小组。

(王书生、马世慧)

【节能工作】 2001年医学部用水163.85万吨,全年支出水费416.2万元。与2000年相比,实际用水增长1.43万吨,增长0.9%,水费支出增加143.3万元。2001年市节水办给医学部计划水指标为170.9万吨,实际用水比计划用水节约7.05万吨,节约水费30多万元。节水之所以做出成绩,主要是在编制了医学部地下管网图后又对地下供水管网进行了测漏失工作,共测出漏水处14个,都进行了修复;同时采用了节水器具,将公共场所铸铁水嘴全部更换成节能水嘴,还对高层塔楼(19~22号楼)水箱进行了改造,并改成变频泵供水。另外,在5月和10月份开展了节水宣传周活动。为加强水费回收和进行水平衡测试做准备,从10月份开始,又对各个楼区加装水表。

2001年医学部用电1522.73万度,全年支出电费为635.35万元,比2000年多用电447.3万度,用电增长41.6%,电费支出增长2.6万元。用电量大增而支出电费没有增加太多的原因是医学部在供配电改造后将照明用电和动力用电分开,两种不同用电分别交费,比过去单一种计量每年少交电费几十万元。2001年水电费共支出1052万元,比2000年多支出146万元,增长16%,因此节约水电势在必行。

为创建一流大学,为保证医教研用电需求,2001年投资1400多万元对配电室进行增容改造,使学校的变压器容量由目前的4860kVA增加到10860kVA。又投资400多万元对生理、生化、病理等教学楼和学生宿舍楼进行了老旧线路更新改造,保证了用电的需求和安全。

(戴英岐)

【医学部医院】 2001年医学部医院全年门诊57138人次(日均门诊220人次),急诊450人次,静脉点滴2030人次,开办家庭病房152人次。查体3341人次,其中学生1543人次,教职工1768人次(妇科普查450人次)。计划免疫4313人次,配合实验动物部开展流行性出血的宣传及预防接种工作。无偿献血440人,获2001年北京市无偿献血先进单位。计划生育获2001年计划生育先进单位。红十字会组织两次大型急救培训,举办"21世纪大学生拒绝烟草"的大型活动、西客站义诊咨询、"预防艾滋病你我同参与"大型音乐会,获2001年红十字先进集体奖及北京市十佳红十字青少年活动奖等。

公费医疗:完善各类收费价格体系,进一步要求病历处方规范用量,及对大型仪器检查的管理。加强医院药品的管理,药房、药库进行盘点。呈送设备、网络的立项报告,为城镇医疗保险过渡做好准备。

继续教育:医生参加全科医师培训,进行为期5个月的学习,护理人员完成25分学习;财务人员参加财务培训;全院职工进行计算机培训,另外还派出参加"心血管控制"及医院感染管理学习班。

为理顺管理体制,4月医学部医院改为医学部直属单位,职能管理由医院管理处负责。

为改善就医环境,医院增设19台空调。

2001年医院通过北京市、海淀区定点医疗机构及社区卫生服务站检查,给予挂牌,颁发"创建文明行业活动规范化服务达标"标牌。

(萧秀兰)

【北医后勤服务总公司】 高校后勤社会化改革是高校改革的重要组成部分,随着后勤改革不断深入,北医后勤服务总公司面对机遇和挑战,积极开展干部职工素质教育和技术培训工作。通过培训,干部职工的思想观念有了质的飞跃。广大干部、职工从被动迎接改革转变到主动推动改革,由等、靠、要转变到创新、开拓、务实,由过去行政领导角色转变为企业式经营服务服务行角色,全心全意为医教研与市场观念的有机结合。2001年分期分批组织实体主任、支部书记、班组长及技术骨干参加的各种培训,共11项、140余人次。通过学习培训,大家开阔了眼界,丰富了知识。面对改革广大干部职工解放思想、转变观念,勇敢接受新的挑战。通过调整管理运行机制,积极探索和实践,总公司出现了"服务讲价值、生产讲成本、经营讲效益"的良好局面。按照工作规划,后勤服务总公司完成了固定资产审核工作。

根据北京市2000第003号文件精神,幼儿园抓住机遇,积极开展体制改革工作。通过对邮电大学、钢院、五色土三家幼儿园实地考察,拟定了体制改革报告及相关文件,并经过有关部门审批,取得了具有独立法人资格的国有民办经营许可证。为了达标验收,共投入资金113万元,完成了园内整体改造工程。

努力开拓生存空间,争创服务特色。幼儿园通过升级升类与社会融合,增强了全体员工的竞争意识。在抓好教师队伍建设的同时,积极开展多种形式及有特色教学模式。如开办蒙台梭利班,参加人数60余人;开办小托班,面向2至

3岁幼儿,解决了3岁前幼儿入托难的问题,减轻了年轻教师的家庭负担。

【饮食服务中心】 饮食服务中心,坚持"以人为本"的指导思想,坚持"三服务、两育人"的服务宗旨。通过调整管理体制、转换运行机制,促进了中心的改革。

在管理上,对各部门分类管理,中心直接发包各部门,同时赋予他们充分的管理权,实行责权利统一,达到各司其职,各负其责,变过去的行政管理为经营管理。

在经营上实现了由学校拨款制到有偿服务型的转变,由不完全成本核算转变向试行模拟成本核算新方法;

在用人上引入竞争机制,竞争考核上岗,并实行岗位工资,变身份管理为岗位管理;在分配上,以部门利益、职工的岗位、工作量、技术水平结合考核,打破平均分配,建立以效益为收入的工资标准。

加强内部管理,健全和完善了12个岗位的管理制度和职责,同时成立监督小组,检查纠正工作中的问题,促进中心工作的开展。

办好学生伙食,开展多层次服务,制定维护学生利益的管理措施。坚持每周一次学生接待日,征求对饮食工作的意见;规定学生食堂高、中、低档菜的品种;职工的收入要与经济效益和社会效益挂钩,并与满意率相结合;集中采购,降低成本,限定主、副食品种最高限价,确保学生伙食价格稳定。

抓好经营管理,提高经济效益,为学校多做贡献。2001年全年营业额800万元,比2000年增加6%。全年运行经费在满足职工37人、临时工70余人工资支出外,还上缴总公司49万元。

抓好职工队伍建设,提高整体素质。职工建设主要抓以下三个环节(1)抓好管理骨干;(2)抓好技术骨干;(3)抓临时工队伍的建设,进行管理知识、职业道德、职业技能培训。并举办多种形式烹饪技术比赛,开展百日优质服务活动,评选技术能手和服务标兵。

树立职工"勤恳、务实、团结、奉献"的企业精神和后勤服务形象,开展丰富多彩的职工业余文化活动和体育活动。

【运输服务中心】 2001年度运输服务中心完成行政用车52万公里和对外创收18万元的运输任务;在总公司的全力支持下,投入336万资金购置大客车4部、小客车6部。

中心坚持以市场经济推动内部管理,改变了过去汽车修理费用偏高的浪费现象。实行新的核算方法,把统一管理维修经费与按照市场经济(责权统一协调)相结合,做到了解市场、仔细核算,达到了提高工作效率、降低生产成本的目的。

【热力供应中心】 根据北京市环保局规定,2001年度热力供应中心与兄弟单位配合进行了煤改气工程。中心组织有关人员进行技术培训,到司炉生产厂家现场观摩学习,加深对锅炉构造和原理的理解。调整医学部本部整体供暖的热平衡,加宽了医学部办公楼至细胞楼线路输送管道的直径,解决管网的水平衡失调及供暖末段室温过低的问题。更换西站低层区和家属区高层供暖大功率循环水泵,加大二次循环水的流量,增加了供回水的压差。

【社区服务中心】 社区服务中心在现有条件下,以为居民提供更好的服务为目标,2001年新增主食厨房、家电维修、安装公用电话、理发室、废品回收等服务项目,提供上门服务。根据改革的需要,调整合并有关实体的业务范围,将本部2000余户居民的水、电、气三项收费并入中心,同时也方便了广大居民。

【社区居民管理中心】 2月召开居民大会,139名居民代表和楼组长参加会议,大会通过了居民工作报告、财务工作报告,对2000年度评选居民大院级文明楼的表彰,同时颁发文明楼标牌。

以第11个全国助残日为契机,组织居民区大型助残宣传服务活动,活动中设有医疗咨询、修理家用电器等服务项目,并向残疾人发放慰问品。

为庆祝中国共产党建党80周年,组织居民各楼委会参加居民演唱会,200余名居民分别表演了精彩节目。

为庆祝申奥成功,举办了有军烈属、侨眷代表、楼组长、居民代表50余人参加的"庆祝北京申奥成功茶话会"。

举办"九九重阳节爱老助老"活动:(1)慰问80岁以上老人;(2)老年人表演了太极拳、元吉舞、太极扇、健身球等健身操;(3)志愿者为老人和居民提供裁衣、理发等无偿服务;(4)设募捐站、为贫困山区灾民募捐冬衣。

为加强精神文明建设,提高创建和评选文明楼的工作水平,经过广泛征求楼组长意见后,修订了《评选文明楼的办法及考核标准》。

【学生公寓管理中心】 2001年学生公寓管理中心工作重点,主要是学生搬迁新改建的2号楼、3号楼、4号楼及5号楼新生入住工作。

4月18日,原北医后勤服务总公司领导就学生搬迁工作进行了部署,学生公寓与教育处等单位共同配合,制定搬家方案及学生住宿管理模式,调整住宿、学生搬家5000余人次。

学生公寓5号楼如期竣工后,中心按照后勤社会化改革的精神,以改建5号楼重入入住为契机,按照物业管理的模式,制定了"学生公寓实行模拟物业管理实行办法",对原来的行政管理模式进行了改制,从医学部划拨40万/年运行经费,目前初见成效。第一,通过试行学生公寓中心改变原来的管理职能,实行楼长负责制,一切管理工作统一由各组长来协调解决。第二,精简了中心办公室人员,由原来7人精简到4人。

【校舍维护中心】 由土建维修、给排水维修、电工维修、高压运行、电梯、计划材料管理、节能、收费、绿化、卫生组成;负责医学部校内的监察、水、电、电梯的运行和管理;校园绿化、卫生、公共设施和房屋的修缮与管理工作。2001年校舍维护中心用"永不满足,全心奉献"的精神,为各位师生、员工们提供更方便、快捷的服务。

2001年校舍维护中心本着全心全意为医教研服务的宗旨,在教学区设"意见箱"设专人开启,针对不同的问题维修、研究解决办法并及时与用户联系、反馈信息,让广大师生、员工对维修工作进行监督、检查,确保做好后勤保障工作。

2001年中心购置了塑钢成型机(加工机器),还添置了部分维修工具。

整治环境 在迎接21届大学生运动会来临之际,对医学部校内及周边环境进行了综合治理,对校园内影响观瞻妨碍通行的违章建筑物及家属区违章建筑物全部拆除,恢复路面,增加2个值班室并安装铁艺大门、护栏;家属区绿化;校内周边外墙、部分教学楼进行了粉刷,平整了土地。

节能、给排水工作 为了全面落实市政府提出的节水任务,进一步加强城市用水的科学管理,为2002年实行计划用水和定额用水双考核。加装水表教学区20组、家属区29组,共计49组。配合节水办检查学校自备井,并核算了学校用水量。为每年一次的防疫站水质化验、节能宣传周、节水宣传周做了大量工作。对使用学校水电的外供户收回水电费65约万元。

电工工作 借助"985"工程款进行了综合管沟主体工程。综合管沟以增容供电电缆敷设为主,沟内敷设其他电缆及供水管线、雨水管与管沟并行,该工程包括土建、给水、电气工程等。

(1)电室出线及闸具调整工程:低压电缆10015M;高压电缆5000M;柜子25台;

(2)总配高压柜24面;低压柜31面;变压器3台;

2#站高压柜4面;低压柜17面;变压器2台;

3#站高压柜4面;低压柜24面;变压器2台;

电梯管理 (1)更换改造电梯:24号楼1台、公卫楼1台、动物部2台、图书馆2台、幼儿园1台;(2)家属区电梯增加监控设备,通讯网络能24小时不间断地对网络中的电梯进行监控,分析并记录电梯实时、电梯故障自行报警运行状况。(3)医学部35台电梯全部取得合格证。

修缮工程 (1)暑假期间对药学楼、护理楼、病理楼、电教楼等教室进行整体装修,共花费资金113万元。(2)学生宿舍改造(幼儿园)土建、暖通、电气、粉刷。(3)细胞楼三层及层流实验室净化工程,包括:土建、管道、电气、层流净化、空调制冷等;(4)旧楼外形装修:生理楼、病理楼、面积8934平方米;(5)家属区草坪喷灌工程。

绿化工作 完成重大节日、会议、活动绿化;申奥、大运会环境布置、整治、美化校园工作;大型环境布置摆花7000余盆、花坛20多个;

根据市教委关于全民义务植树,在密云境内开展义务植树任务重新完成"三核一定"植树点工作。2001年参加义务植树3156人,培育野生树、植树、养护管理10000余棵;为申奥、迎大运在学校周边四环路沿线种槐树、杨树共200棵。

【城内学生服务中心】 1月起,城内学生服务中心改革食堂管理经费提取办法,使医学部全年减少对城内学生食堂11万元多的投入,减轻了学校的负担,为加快后勤社会化取得了可借鉴的经验。

3月,对草岚子学生宿舍的用电配置进行改造,改装了学生宿舍区的限电柜,不仅保证了学生宿舍区电脑正常使用,而且也有利于安全用电、预防火灾。

3~4月,进一步落实岗位责任制,对中心下设的学生食堂、学生宿舍、进修生宿舍、锅炉房四个大组的管理员公开进行招聘。明确了管理员的责、权、利和奖惩办法,定期考核,年终兑现。通过竞聘上岗,调动了职工的积极性,为中心顺利完成2001年任务奠定了基础。

4月,按照国家技术监督局的要求,对草岚子和羊肉胡同两个学生宿区的两台供暖锅炉和两台茶炉进行了检修,完成年度检查,保证了锅炉的安全运行和学生宿舍区冬季的正常供暖。

7月下旬,配合后勤与基建管理处,完成了草岚子学生宿舍区研究生宿舍楼(北楼)的抗震加固和大修改造工程的准备工作。8月完成加固工作竣工验收工作。12月,组织研究生搬迁工作,职工用三轮车帮助西什库研究生搬家,共出车43辆次。城内学生服务中心还抓紧职工职业道德和技术培训工作,共有16人次参加了后勤管理干部培训及水质化验、会计培训、房屋普查、物业管理、卫生防疫等方面的学习。

(王维珍)

医 院 管 理

【主要医疗指标】 北京大学的3所综合医院和3所专科医院,2001年末实有病床数3820张,年门诊人次4440871,年急诊人次404321,年出院人次87842。与2000年相比,门诊人次上升5.97%,急诊人次上升13.30%,出院人次上升12.06%。在当前医疗服务需求不足的情况下,医疗工作量主要指标连年递增。从2001年看,在北京地区13所大型综合医院中,一院出院人次第一,门诊人次第二,平均住院日及病床周转次数第四;人民医院病床周转次数第一,门诊人次、急诊人次、出院人次及平均住院日第三;三院门诊人次第一,急诊人次及平均住院日第二,病床周转次数第三,出院人次第四。

【医院管理改革】 2001年北京大学暑期工作研讨会上,将医院内部管理改革确定为医学部两项最重要的工作之一。为落实暑期研讨会精神,医学部成立了以韩启德常务副校长为组长的医院改革工作小组,并于12月深入到第一医院、第三医院进行改革调研,分别召开了包括医院领导、临床及职能部门负责人、中青年技术骨干等共一百多人参加的座谈会,认真听取了大家对医院改革的意见和建议。在此基础上,工作小组明确了下一步的工作重点。

【学科联合工作】 2001年结合申报教育部重点学科,医学部积极推动医院之间,临床与基础之间的联合。

4月,一院皮肤性病科牵头,三所综合医院皮肤科组成的北京大学皮肤性病中心成立。

10月,三所综合医院、口腔医院、肿瘤医院组成的北京大学器官移植中心成立。2001年共开展肝移植52例。一院与台湾高雄长庚医院合作,成功进行了首例活体肝移植,三院成功进行了2次肝移植。2001年开展肾移植211例。

基础医学院病理学系兼三院病理科是博士授予点,一院、人民医院病理科无硕博点。为优势互补、资源共享,由病理学系与5所医院病理科组成的北京大学病理中心已于2001年12月26日成立。

精研所、医学部医学心理学教研室、北京大学心理学系有联合的需求和基础。北京大学临床心理中心的筹备工作正在进行中。

【医疗质量管理】 医疗工作坚持以人为本,高质量、高标准、规范化服务。各院医务处认真抓好三级医师查房、疑难危重病例讨论、死亡病例讨论等工作。

一院坚持每季度对全部病房进行规章制度执行情况检查;检查门诊病历1560份,门诊处方2711张;重编门诊就医指南;电子屏显示专家出诊时间及物价信息;理顺预约挂号工作;建立急性心梗绿色通道;增加急诊监护床3张;成立心脏中心,加强心内、心外、小儿心脏科合作;泌外科完成肾移植手术51例;开展"零投诉"和"百姓放心医院"活动,提高医疗服务质量。

人民医院医疗集团吸收武警二院为新成员,利用"721"医院病房资源,成立陆道培病房。建立北京第一家脐带血造血干细胞库,开设特需门诊及心衰门诊等特色门诊,成立肿瘤放化疗病房,将原骨神经科改建为脊柱外科。

三院开展新技术、新业务67项;印发"关于加强教授门诊管理的暂行规定",扩大专家门诊;缩短平均住院日,由上年15.4天降至13.7天;注重宣传,新闻报刊发表文章90余篇。

口腔医院增设晚间门诊,安装诊治区中央空调;落实"一人一机",防止院内感染;开设口腔医院第二门诊部;与清华校医院合作,成立北京大学口腔医院微笑列车重点培训中心;临床新技术、新疗法立项39项。

精研所重组临床心理治疗科,成立大兴康复基地;对医疗口人人定岗、定编、定任务;增开周六、日专家门诊;印发"2001年门诊用药暂行规定",门诊明示检查及药品价格。

肿瘤医院租用玉渊潭医院三楼改建为内五病房,医疗实验室搬迁,改造为新病区;实行有创检查同意书;进行全院应急能力抽查;组织全院单病种综合治疗研讨会;举办临床科主任学习班,加强病历管理。

病历质量是基础医疗质量。医管处12月组织了单病种病历质量检查,抽了6所医院5个病种共90份出院病历,组织相关专业专家(包括安定医院专家),按三甲医院病历标准进行分组评估小结,病历书写质量平均得分为94.21分。

组织各医院专家完成妇产科表格病历的制订工作,下发各院自2002年1月1日开始试行。

12月下旬医管处组织3所综合医院医务处分管门诊工作副处长进行门诊单病种处方调研。共抽单纯"上感"处方188张,平均费用82.93元;"上感"伴随其他疾病的处方57张,平均费用211.48元,门诊"肺炎"处方6例,平均费用585.96元。

医疗信访是医院管理工作联系群众,了解情况的重要渠道,信访工作的难点和重点是医疗纠纷。

由于多种原因,医疗纠纷的处理难度逐年增加。2001年医管处共接待、处理群众来信、来访、来电话、传真共计155件次,其中投诉132件次,除去重访,计56件,比上年同期减少25件。

【规范化服务达标】 卫生行业规范化服务达标工作已连续抓了三年。4月25~29日医管处牵头组织了对6所医院及医学部医院的规范化服务达标检查。马焕章书记带队,6所医院和医学部医院各一位领导及医管、纪监办负责人组成联合检查小组,按"三个不"原则进行全面检查。检查结果向医院领导当面反馈。马焕章书记、英立平处长赴广州参加卫生部医院精神文明建设现场会后组织各医院开会传达布置。各医院对医学部、北京市卫生局检查中发现的问题积极整改落实。

以病人为中心,以人为本,各院涌现大量好人好事。一院国内首次开展1至2岁小儿冠脉造影;人民医院成功组织了绿缘酒楼爆炸中12名伤员的抢救工作;三院成功救治了乘飞机来京的内蒙古主动脉破裂患者;精研所成功抢救氯氮平所致粒细胞减少等严重病例。

9月28日,国家计委通报11所医院价格违法案件的查处情况,医学部领导高度重视,责成有关部门起草下发了《关于转发国家计委关于首都医科大学附属友谊医院等11家医院价格违法案件查处情况的通报(新闻稿传真复印件)的通知》,提出了加强物价管理的5点具体要求,并对落实情况及时进行督导检查。10月10日,医院管理处处长英立平,北京大学纪委副书记兼医学部纪委副书记孔凡红去人民医院了解情况;10月16日,医学部党委副书记、纪委书记马焕章带领医院管理处处长英立平、副处长周喜秀去一院、三院、口腔医院了解物价管理及规范化服务达标情况,对医院物价管理情况进行调研,对规范化服务达标提出要求。

11月15日《北京青年报》第1、2版刊登"治感冒花了一千七"的报道,卫生部、医政司及北京大学医学部领导非常重视。11月16日,医管处两同志到医政司听取指示,并陪医政司医疗服务管理处两位处长到第一医院进行调查。根据领导指示,医管处对报道进行了进一步调查核实,并组织有关专家对该病人门诊病历进行了分析讨论,证实《北京青年报》报道严重失实,据此及时上报卫生部医政司;医管处与卫生部新闻办一起与《北京青年报》社进行了交涉,达成了报社负责积极挽回负面影响的解决办法,报卫生部获批准。

【药品集中招标采购】 2月,卫生部部署药品集中招标采购工作,医学部部务会决定北京大学6所医院统一进行药品集中招标采购,由医管处具体负责组织。3月1日医学部下发《北京大学医学部药品集中招标采购试行办法》。4月16日医管处牵头,宣传处、保卫处、电教中心共同承办了北京市抗微生物类药品集中招标采购新闻发布会的有关工作。医管处负责组织了北医组23所医院抗微生物类412种药品的集中招标采购工作。

【上级卫生行政部门交办任务】 受卫生部医政司委托,对全国《医院放射工作人员管理规定》《抗菌药物合理应用指导方案》进行修改。组织北大6所医院、医科院在京4所医院、部分教学医院及4所一二级医院医务处征求意见完成第二稿,召开专家座谈会征求意见提出第三稿,上报医政司。对中南大学组织起草的《急诊管理规范》及《急诊技术规范》在北大3所综合医院中征求意见上报。

受医政司委托,组织有关专家完成《自然灾害》一书的翻译工作,已上交医政司,待出版。

受北京市卫生局医政处委托,在国际交流处协作下,医管处分别于4月、10月承办了来京外国内科、全科医师执业资格考试工作。

【护理工作】 2001年继续深入开展以病人为中心的整体护理工作。坚持了每季度联合护理查房。年底进行了整体护理病房评估。组织制定了护理表格病历并下发各医院,自2002年1月1日起试行并进入住院病历保存。

"512"国际护士节,与工会共同组织庆祝活动,参加首都优秀护士竞赛,组织文艺演出,表彰26名优秀护士长,召开护理论文交流会,交流9篇论文。

邀请美国护理专家袁剑云教授来校专题讲学,组织各院护理部编写《护理临床路径手册》。

(周喜秀)

表8-53 北京大学六所医院1999~2001年主要指标

指标及年度		第一医院	人民医院	第三医院	口腔医院	精研所	肿瘤医院
期末实有病床数	1999	1147	1050	855	100	200	405
	2000	1147	1050	864	100	200	422
	2001	1147	1042	846	100	200	485

续表

指标及年度		第一医院	人民医院	第三医院	口腔医院	精研所	肿瘤医院
门诊人次	1999	954519	968458	1068019	593830	67279	61740
	2000	1112927	1049088	1239813	632765	80029	76216
	2001	1157392	1140121	1282603	685443	89910	85402
急诊人次	1999	64082	101150	117517	32714	90	2964
	2000	69600	118360	127853	38712	42	2291
	2001	79254	137682	140441	44996	79	1869
入院人次	1999	24496	22674	17330	1891	910	3834
	2000	25356	25702	19548	2004	1033	4950
	2001	28437	27358	22406	1954	1197	5918
出院人次	1999	24420	22726	17330	1913	912	3704
	2000	25280	25618	19553	2002	1013	4934
	2001	28449	28089	22356	1967	1160	5821
平均住院日	1999	14.78	16.49	17.37	16.45	74.04	34.24
	2000	14.95	15.05	15.35	16.03	75.03	29.49
	2001	14.57	14.30	13.62	15.50	68.90	27.30
病床周转次数	1999	21.29	21.66	20.17	19.13	4.56	8.95
	2000	22.04	24.43	22.85	20.02	5.07	11.73
	2001	24.74	26.62	25.48	19.70	4.90	13.40
病床使用率(%)	1999	87.52	97.95	95.23	85.28	95.65	90.05
	2000	90.95	100.9	94.54	88.45	103.78	97.20
	2001	100.0	103.0	95.78	83.70	106.50	106.0

表 8-54 北京地区 13 所综合医院主要指标

医院	门诊人次	急诊人次	期末实有病床数	出院人次	平均住院日	病床周转次数	病床使用率(%)
协 和	976568	93374	921	28195	12.96	26.15	94.96
北 京	784497	36917	670	14439	18.46	17.37	88.38
中 日	770963	102973	1295	20657	20.42	15.95	88.52
积水潭	588549	101376	952	16992	19.04	17.80	92.92
同 仁	1045224	85735	847	17927	16.17	20.87	94.29
天 坛	575109	53641	800	13606	18.08	18.08	90.20
友 谊	978510	175573	928	20326	15.61	21.66	92.11
宣 武	831968	95994	646	15256	16.23	20.47	92.23
朝 阳	1063721	100570	985	21801	15.45	22.05	93.95
安 贞	543558	65601	720	12458	19.16	17.80	91.95
北医一	1157392	79254	1147	28449	14.57	24.74	100.0
人 民	1140121	137682	1042	28089	14.30	26.62	103.0
北医三	1282603	140441	846	22356	13.62	25.48	95.78

教育基金会与校友工作

【概况】 2001年北京大学教育基金会共获得各类捐赠折合人民币约4750万元。其中重大捐赠有：香港长江制衣厂有限公司董事长陈瑞球和董事、总经理陈永棋代表陈氏家族捐资1100万元港币支持北京大学国际关系学院大楼建设。香港联泰集团主席陈守仁先生支持北京大学国际问题研究中心工程建设第一期捐款200万元港币。

按照《中华人民共和国公益事业捐赠法》和国务院颁布的《基金会管理办法》的有关规定，2001年教育基金会严格加强资金监管，确保捐赠款的使用完全符合捐赠人的意愿。本着为全校师生服务、为教学科研服务的思想，基金会努力提高服务质量，完善了基金会财务管理系统的各项查询功能，使各项基金的管理、使用更加透明，财务监督更加有效。2月3日，教育基金会与校友会在勺园举办了北京地区校友新春联谊会，许智宏校长出席并致辞，校友会常务副会长李安模及60余名北京地区中青年校友出席了联谊会。2001年校庆期间，教育基金会校友联络部与北大校友会共同组织了"1"字级校友返校活动。校友返校大会于百年纪念讲堂隆重举行。党委书记王德炳、校长许智宏、党委常务副书记兼常务副校长闵维方以及北大校友会部分负责人出席了大会。主办者还为校友们奉上学生文艺演出、专题讲座、制作校友卡等多项精彩节目，并发动"1字级"校友捐资装修北京大学档案馆阅览室，树立和倡导"北大为北大人、北大人为北大"的新风气。10月27—28日，北京大学校友工作研讨会在珠海举行。王德炳书记、许智宏校长和来自海内外校友会的负责人、校友代表欢聚一堂，畅叙友情，就加强校友联络和筹款工作进行广泛而深入的探讨。截至2001年底，由教育基金会和北大校友会主办的校友通讯《北大人》已顺利发行8期，数千位校友得到了制作精美并且可以享受校内多种服务的北京大学"校友卡"。北京大学校友网的影响力也进一步扩大。

【基金使用】 在2001年基金会所获得的各类收入中，人民币捐赠用于设立奖学金、奖教金、助学金、资助研究项目、国际会议的有162项，计6275382.28元；基金52项，计2804670.18元，比2000年增加9项；用于基建项目的捐赠17349870.34元；其他用途的捐赠有150项，计9624198.15元。美元捐赠用于奖学金、奖教金、国际会议等35项，计260034.01美元；基金23项，计1122643.53美元；日元捐赠用于奖学金1项，计600000日元。

2001年由教育基金会负责筹集，日本60多家企业捐资兴建的北京大学校史馆和香港嘉里集团郭鹤年捐资兴建的北京大学学生宿舍33号楼C座正式竣工。江泽民主席为北大校史馆题写了馆名。

【基金会（美国）成立】 2001年4月，北京大学教育基金会（美国）正式成立。北京大学教育基金会（美国）是在美国正式注册并通过美国联邦免税申请的非营利组织。北京大学前校长、国家自然科学基金委主任陈佳洱院士担任基金会理事长，北京大学党委常务副书记兼常务副校长闵维方教授任基金会副理事长。4月16日和4月18日北京大学分别在旧金山费尔蒙特大酒店和纽约联合国总部举行北京大学教育基金会（美国）成立大会和庆祝酒会。北京大学校长许智宏院士率团参加成立大会。联合国秘书长安南的特派代表、联合国副秘书长金永健，中国常驻联合国副代表沈国放，中国驻纽约总领事张宏喜等出席酒会并致辞。北京大学教育基金会（美国）的成立是北京大学迈向国际化、多渠道筹措办学经费的又一重要举措。

（赵文莉）

附 录

表8-55 2001年奖学金、助学金、奖教金、研究资助概表

奖学金

编号	奖学金名称	捐资单位、个人	奖金总额（¥）	名额合计	金额分配（¥/人）
1	光华奖学金	光华教育基金会	849400	616	本1200 硕1500 博1800

编号	奖学金名称	捐资单位、个人	奖金总额(¥)	名额合计	金额分配(¥/人)
2	明德奖学金	香港北大之友有限公司	620000	155	4000
3	北大教育—优龙奖学金	北大教育投资有限公司 北京优龙集团总公司	300000	60	5000
4	奔驰奖学金	戴姆勒克莱斯勒公司	211200	48	4400
5	董氏东方奖学金	香港东方海外货柜有限公司 香港董氏慈善基金会	195000	65	3000
6	玫琳凯奖学金	杭州玫琳凯有限公司	192000	64	3000
7	佳能奖学金	佳能公司	180000	70	特 4000 优 2000
8	曾宪梓基金会奖学金	曾宪梓有限公司	180000	50	3600
9	唐仲英奖学金	唐仲英基金会	160000	40	4000
10	侨心工程奖学金	中国华侨经济文化基金会	150000	50	3000
11	东港奖学金	东港工贸集团公司	141000	47	3000
12	靳羽西奖学金	靳羽西化妆品有限公司	140000	35	4000
13	ING 安泰奖学金	荷兰国际集团亚太区	129900	91	本 1200 硕 1500 博 1800
14	摩托罗拉奖学金	摩托罗拉(中国)公司	124000	94	特 4000 优 1000
15	杨芙清—王阳元院士奖学金	杨芙清院士、王阳元院士 北大青鸟集团有限公司	120000	20	6000
16	柯达奖学金	柯达(中国)有限公司	110000	24	本硕 4000 博 5000 方正研 6000
17	细越奖学金	财团法人细越育英会	97200	54	1800
18	通用电气基金会奖学金	美国通用电气基金会	92000	46	2000
19	东京三菱银行奖学金	东京三菱银行	80000	40	2000
20	三和银行奖学金	日本三和银行	80000	40	2000
21	杜邦奖学金	杜邦(中国)集团有限公司	67500	25	本 2500 研 3000
22	长飞奖学金	长飞光纤光缆有限公司	60000	9	
23	法学院育才奖助金	杨敦先老师 山东德义律师事务所郑海鹏先生	57000	15	5000 3000
24	有大奖学金	崔海根先生	54000	20	本 2500 研 3000
25	SK 奖学金	韩国 SK 商务株式会社	50000	10	5000
26	IET 奖学金奖学金	美国 IET 教育基金理事会	48000	30	研 2000 本 1200
27	索尼奖学金	索尼公司	48000	12	4000
28	联想奖学金	联想集团公司	47500	15	本 2500 研 3500
29	泰兆大学生科研奖助金	泰兆基金会	47000	13	理科 5000 文科 3000 论文 1000
30	宝钢奖学金	宝钢教育基金理事会	45000	15	3000

编号	奖学金名称	捐资单位、个人	奖金总额（¥）	名额合计	金额分配（¥/人）
31	华为奖学金	深圳华为技术有限公司	44000	17	研 3000 本 2000
32	岗松奖学金	岗松家族	42000	36	本 1000 硕 1200 博 1500
33	国泰奖学金	台湾国泰人寿保险公司	42000	20	经济学院定
34	朗讯奖学金	朗讯公司	41000		
35	英特尔奖学金	英特尔公司	40000	10	4000
36	中国科学院奖学金	中国科学院	35000	5	本 5000 研 10000
37	诺基亚奖学金	诺基亚公司	32000	10	3200
38	三井住友银行奖学金	日本三井住友银行	32000	20	1600
39	乡村第一代大学生奖学金	中国青少年基金会、可口可乐公司	32000	16	2000
40	花旗银行奖学金	花旗银行	30000	10	3000
41	晓龙基金会奖助金	晓龙基金会	30000	10	3000
42	住友商事奖学金	日本住友商事株式会社	28800	18	1600
43	IBM 中国优秀学生奖学金	IBM 公司	24000	4	本 4000 研 8000
44	松下育英奖学金	中国友好和平展基金会松下育英基金	21000	14	1500
45	高特奖学金	高特兄弟律师事务所	21000	3	8000 5000
46	香港城市大学奖学金	香港城市大学	20000	15	本 1000 研 2000
47	杨清钦宗教学奖学金	杨清钦先生	20000	18	本 1000 硕 1200 博 1500
48	华藏奖学金	新加坡净宗学会	16000	12	哲学系定
49	恒生银行奖学金	恒生银行有限公司	15000	5	3000
50	费孝通奖学金	中国高校校友联谊会	12000	3	4000
51	ECSC 奖学金	美国教育服务机构（ECSC）	10000	4	2500
52	东宝奖学金	通化东宝实业集团公司	10000	4	2500
53	林超地理学奖学金	刘闯女士、刘阳先生	10000	4	本 2000 硕 3000 博 3000
54	深圳长园奖学金	深圳长园新材料有限公司	10000	4	2500
55	欧阳爱伦奖学金	欧阳桢兄妹	9000	8	本 1000 研 1500
56	人口学奖学金	人口学基金	9000		
57	成舍我奖学金	成舍我纪念基金会	8000	2	4000
58	华泰奖学金	华泰财产保险股份有限公司	8000	6	特 2000 优 1000
59	日本 NKK 奖学金	NKK 公司（日本钢管株式会社）	8000	4	2000
60	力学攀登奖学金	中国科学院力学所	6000	5	1200
61	儿玉绫子奖学金	儿玉绫子、铃木重岁	5800	9	

编号	奖学金名称	捐资单位、个人	奖金总额（¥）	名额合计	金额分配（¥/人）
62	冯友兰奖学金	余景山先生	5300	3	本1600 硕2100
63	霍铸安法律奖学金	霍铸安先生	5300	3	本1600 硕2100
64	霍铸安经济奖学金	霍铸安先生	5300	3	本1600 硕2100
65	杨乃英国政奖学金	杨乃英先生	5300	3	本1600 硕2100
66	杨乃英历史奖学金	杨乃英先生	5300	3	本1600 硕2100
67	余景山奖学金	余景山先生	5300	3	本1600 硕2100
68	共学奖学金	侯小南先生	4800		
69	冯奕乔奖学金	冯奕乔纪念基金会	4000	1	4000
70	孙晓兰育才奖学金	孙晓兰女士	4000	1	4000
71	白仁杰奖助基金	白仁杰先生	4000	1	4000
72	谢培智奖学金	谢培智基金	3300	3	本1000 硕1100 博1200
73	钱穆中国历史奖学金	余景山先生	2100	1	2110
74	甘雨沛先生助学基金	甘雨沛先生 杜岫石先生	2000		
75	关伯仁奖学金	Prof. Gorlden Beanland & Mr. Andrew Power	1500	1	1500
76	红十字志愿服务奖	崔从政先生	1300	4	500 300
77	芝生奖学金	冯钟璞女士	1000	1	1000
总计			5407100	2215	

助学金

编号	助学金名称	捐资单位、个人	奖金总额（¥）	名额合计	金额分配（¥/人）
78	郑格如助学金	郑格如基金会	324000	81	4000
79	晨兴助学金	香港恒隆有限公司	200000	100	2000
80	奔驰助学金	戴姆勒克莱斯勒公司	115200	48	2400
81	黄乾亨助学金	黄乾亨基金会	19000	10	本1500 硕2000 博2500
82	浩瀚助学金	浩瀚基金会	15000	10	1500
83	金融保险助学金	中国金融教育发展基金会	10000	10	1000
84	卜一明助学金	卜一明先生	10000	5	2000
85	香港校友会助学金	香港校友会	8000	4	2000
86	智慧助学金	照惠法师（释照惠）	8000	6	本1000 研2000

编号	助学金名称	捐资单位、个人	奖金总额（¥）	名额合计	金额分配（¥/人）
87	长城律师助学金	长城律师事务所	4000		
88	君合助学金	君合律师事务所	2800		
总计			716000	274	

奖教金

编号	奖教金名称	捐资单位、个人	奖金总额（¥）	名额合计	金额分配（¥/人）
89	杨芙清—王阳元院士奖教金	杨芙清院士、王阳元院士 北大青鸟集团有限公司	240000	9	特80000 优20000
90	桐山奖教金	日本阿含宗桐山靖雄先生	215000	41	特10000 优5000
91	正大奖教金	正大集团公司	185000	33	特10000 优5000
92	ING 安泰奖教金	荷兰国际集团亚太区	152000	47	个人3000 项目4000
93	通用电气基金会奖教金	美国通用电气基金会	72000	18	4000
94	宝钢奖教金	宝钢教育基金理事会	60000	5	优10000 特20000
95	摩托罗拉奖教金	摩托罗拉(中国)公司	60000	12	5000
96	花旗银行奖教金	花旗银行	45000	10	4500
97	树仁学院奖教金	香港树仁学院	35000	7	5000
98	宝洁奖教金	宝洁公司	32000	8	4000
99	柯达奖教金	柯达(中国)有限公司	32000	4	校内6000 方正10000
100	华为奖教金	深圳华为技术有限公司	30000	10	3000
101	岗松奖教金	岗松家族	19500	13	1500
102	东宝奖教金	通化东宝实业集团公司	15000	3	5000
103	儿玉绫子奖教金	儿玉绫子、铃木重岁	13300	13	系定
104	杨钦清宗教学奖教金	杨钦清先生	9000	3	3000
105	优秀青年加速器工作者奖	陈佳洱教授	4000	1	
总计			1218800	237	

研究资助项目

编号	研究资助项目名称	捐资单位、个人	资助金额	名额合计	金额分配（¥/人）
106	奔驰博士生海外研修	戴姆勒奔驰基金会	540000	7	每人每月1700马克
107	世川良一研究基金	东京财团	247000	54	硕3000 博5000,10000
108	韩国学研究基金	韩国国际交流集团	80000	19	硕3200 博4800 教6400
109	中流研究奖助金	中流文教基金会	70000	20	研2000 教5000
110	韩静远先生哲学教育奖学金	韩效忠先生	70000	20	研2000 教5000
111	IBM 研究资助	IBM(中国)公司	5000	1	5000
总计			1012000	121	

会议中心

【概况】 会议中心所辖范围包括勺园、交流中心、百周年纪念讲堂三部分。会议中心实行理事会领导下的主任负责制，设主任一名，副主任若干名。2001年1月会议中心专用标识开始使用。标识由图形和文字两部分组成，图形部分的基本含义：中间部分由汉字"互"变化而来，既似中国古典吉祥云纹，又像执彩带的翩翩舞者，表现会议中心作为对外窗口应有的美好姿态，体现为人们相互交流、沟通提供专业化服务的宗旨。两侧的两个英文字母"C"，是会议中心的英文缩写（英文全称为 Peking University Convention Center，英文缩写为 PKUCC）。整个标识又可看成为英文字母"S"，是英文"专业化"、"服务"等单词的第一个字母。

5月30日，会议中心理事会举行第一次全体会议。这次会议是在会议中心组建运行约一年后举行的，理事会听取了会议中心工作汇报，审议通过了《北京大学会议中心章程》和《北京大学百周年纪念讲堂管理和使用暂行办法》。这两个文件于7月5日经第9次（总439次）校长办公会审议通过，为进一步做好会议中心工作奠定了基础。

5月，会议中心网页开通，完善了对外服务功能，为学校领导和广大师生员工及时了解会议中心动态，沟通有关信息提供了方便。

2001年会议中心在学校春节团拜会、首届"北大论坛"、教育部主办的女部长联谊会等重要活动中继续发挥资源互补优势，组织内部各单位大力协同，提供了优质的综合接待服务。

【勺园】 1999年9月划归会议中心所辖的勺园管理部，是北京大学重要的对外接待窗口，共辖10栋楼，有客房779间，4个餐厅，总建筑面积43000平方米，是目前国内高等院校中规模最大的校园宾馆之一。2001年在勺园长住的外国专家有40多位，来自70多个国家和地区留学生总人数约1200人。除此以外，全年共接待中外宾客14754人，接待各类国际国内会议130批、5087人次，短训班84批、1642人次。年均住房率为84％。2001年有职工近400人，其中正式职工187人。范强兼任总经理，朱宏涛兼任副总经理。

2001年勺园管理部继续坚持"严谨、求真、务实、高效"的工作作风，在2000年全员招聘工作一周年之即，于2001年3月进行了干部、员工续聘工作，此次续聘简化了第一年的部分程序，更加注重结合实际工作，更加明确了工作目标和工作重点，使全体上岗干部角色意识、员工岗位意识进一步加强。

2号楼餐厅在继续办好教授餐，在原有基础上更加注重个性化服务，使教授们在享用绿色食品为主的美味佳肴的同时，还可以欣赏到自己点播的乐曲，享受优美、悦耳的背景音乐，使"教授之家"家味更浓。佟园清真餐厅在2000年获得"海淀区民族团结先进集体"光荣称号的基础上，提出了"稳定、细致、周到、耐心"的工作目标，继续努力办好穆斯林之家。为了增加菜肴品种，专门选派厨师到新疆学习民族风味菜肴，以优质的菜品和周到的服务赢得越来越多穆斯林师生和宾客的青睐。7号楼餐厅以接待高档次的宴请和零点为特色，多次圆满完成学校的重要宴请工作。泰国诗琳通公主在离开学校前夕，欣然提笔写下"勺园美食"；教育部陈至立部长对勺园宴请服务给予了高度评价，认为体现了北京大学独特的饮食文化，具有国际水平。

2001年，勺园圆满完成了接待泰国诗琳通公主、"211"工程验收、教育部院士评审会议、女部长联谊活动、辽宁省代表团、北京市党建考察团、高校执法者国际会议、博士后会议、数学与工程计算国际研讨会、国际现象学会应对世贸会议、理科基地创建各科课程评审会议等重要来宾和活动的食宿服务工作。

在学校领导的大力支持和有关部门的配合下，勺园6号楼经过四个月的整体更新改造和全面装修，于3月9日正式恢复接待留学生和宾客，改造装修后的6号楼整体接待档次有了较大幅度的提高。在学校和总务部门的大力支持下，勺园锅炉煤改气工程（含勺园锅炉房、北招茶炉房）在保证长住留学生、专家及宾客正常生活、学习和工作的情况下，经过历时6个月的紧张施工，于12月竣工并投入使用。12月，镶嵌在7号楼大厅正面墙壁上的大型电子显示屏开始投入使用，使大堂的服务设施更加完善。

2001年，在完成繁重的日常接待工作的同时，勺园还利用庆祝建园20周年的机会，组织了以弘扬勺园人精神，弘扬勺园企业文化，激励大家奋发向上的工作热情，不断提高管理水平和服务质量，为学校创办一流大学做出应有的贡献为主线的系列活动：6月至9月组织了客房、餐饮、前厅服务员参加的英语培训，客房和餐厅服务员的理论和实际操作培训；7月组织离退休人员、在职员工250人免费查体；7月至9月各部门结合实际工作分别召开了新老员工座谈会、班长研讨会；房务部9月组织了90位新老员工进行师徒技术对抗赛;10月餐饮部外请高级技师传授烹调技艺,做现场示范表演和指导;10月至12月房务部开展了挂牌服务;9月至11月分四批组织65名员工游览八达岭长城;10月组织离退休人员约40人参加"京城水上游";10月至11月组织员工200人次参加卡拉OK、排球、乒乓球比赛;11月至12月组织40名员工参赴海南游览;12月近400人参与园庆知识竞赛。

在学校有关部门的帮助下,编发了北京大学校报第942期《勺园建园二十年专刊》(共20版),编印了《勺园二十年》纪念画册。专刊和画册记述了勺园20年的发展历程和主要工作业绩,追溯了勺园精神的发展过程,反映了勺园企业文化的深刻内涵。

12月26日晚,庆祝勺园建园二十周年大会在勺园隆重举行。前任校领导丁石孙、王学珍、陈佳洱、张学书、王义遒、李安模,现任校领导许智宏、闵维方、迟惠生、赵存生、岳素兰、王登峰、林钧敬、王丽梅、郝平、鞠传进等和部分机关部、院、系代表、留学生代表、兄弟院校同行代表及勺园员工约400人出席。范强总经理在讲话中回顾了勺园的发展历程,汇报了近年来的主要工作进展和体会,指出20年来,勺园逐步树立并不断发扬了艰苦奋斗的创业精神、爱岗敬业的主人翁精神、顾全大局的奉献精神、以客为本的服务精神、精益求精的钻研精神、齐心协力的团队精神、敢打硬仗的拼搏精神、不断创新的进取精神,形成了自身的优良传统。这是几代勺园人共同创造的比物质财富更为宝贵的精神财富,是推动勺园不断取得进步和发展的重要因素。

许智宏校长对勺园的发展和建设给予了高度的评价:勺园多年来保持了良好的发展势头,取得了可观的经济效益。同时,也创造了良好的社会效益,逐步树立了优质服务的形象,在多年的服务工作中办出了自身的特色,创出了自己的品牌。勺园举办的多次重大接待活动受到来宾和上级领导的赞扬,为学校争了光,为国家赢得了荣誉,扩大了北大在国内外的影响。今天的勺园已经成为广大留学生和外国专家的家园,成为学校接待活动的首选之地。近两年来勺园的工作不断改进,服务质量进一步提高,得到越来越多师生的认可,获得越来越广泛的好评。同时,他还代表学校对勺园提出了殷切希望:希望勺园的领导班子和全体员工发扬传统,戒骄戒躁,不负广大师生的厚望,以永不停步、争创一流的精神和自己的出色工作,为学校创建世界一流大学宏伟目标的实现贡献更多力量。

丰富多彩的园庆系列活动,在促进勺园人提高整体素质、弘扬勺园精神的同时,也促进了日常接待服务工作。2001年在全体员工的共同努力下,社会效益和经济效益得到了显著的提高,营业收入已达3600万元,上缴学校利润600万元。在提前还清为建9号楼向正大集团的借款1100万元之后,自2001年起用正大中心的部分赢利设立北京大学优秀科技论文奖。

(郝淑芳)

【对外交流中心】 对外交流中心(即会议与学术交流部)成立于1993年6月,原为国际合作部的一个部门,以促进北大的涉外学术交流为宗旨,以涉外服务为主要工作方向。1999年9月从国际合作部剥离后,对外交流中心转为集多种业务于一身的服务实体,专业承办各类国际国内会议、大型学术活动、展示展览会、海外交流团体的接待,并可提供良好的会议及交流场所。中心积极贯彻学校对外交流工作方针,拟定了"加强对外合作、扩大学校影响、树立中心形象"的工作原则。

规范管理是2001年工作的要点之一。中心通过建立和完善管理制度,如《员工守则》、《服务员守则》、《员工必读》等规章,努力提高员工的个人修养,以高素质的团队迎接各项工作的挑战。

组织承办会议 2001年中心共组织承办了11次国际学术会议。其中,"21世纪生物科学论坛"报名参会人数达到800人之多,三位获诺贝尔奖学者到会报告,有140多位海外留学生归国参加会议,其中三分之一为国际生物学界的顶尖学者。此次生物会议着力宣传祖国的改革开放,鼓励回国创业,在海外留学生中产生了深远的影响;"国际人口联盟:老年人健康与长寿"是中心受国际人口联盟委托组织举办的大型国际会议,有39个国家的120多名学者和国际观察员参加;"国际教育经济学会议"是我国首次举办的该学科大规模会议,由闵维方常务副校长亲自组织,约150余人参加;"俄罗斯高等教育与发展暨中俄高校合作交流会",有两国教育部长出席,100余人参加。其他大规模的学术会议还有"唐宋妇女研究",与会人数150余人;"唐宋寺庙供养",与会人数100余人;"数学与计算工程学术研讨会"与会人数200余人等。此外,中心积极协助校办安排了2001年春节团拜会、女部长联谊会、辽宁省代表团、宁夏自治区代表团、"北大论坛"、"211"工程汇报展等项工作,同时还接待了多批中组部老干部访问团。

旅游团队接待 中心历来将接待海外宾客来校访问的工作视为宣传北大、扩大北大在国际上知名度的良好机会,十年如一日,认真接待每一批海外来客。2001年度共接待了272批旅行团体,共计6813人次,其中包括来自香港(150批)、韩国(43批)、台湾(21批)、美国(20批)、泰国(10批)等12个国家和地区的客人。

组织接待研修团体 受国务

院台湾事务办公室的委托,中心组织安排了5期"中华文化研修班",每期10天,来自台湾各大学的532名研究生和本科生参加了研修班,获得了极好的政治影响和社会效益。另外,中心还自行组织接待了来自美国、日本、香港等15批海外交流团体到北大研修学习。

会议场所服务　为创建一流的会议场所,吸引更多高层次学术会议在北大召开,中心将完善会场功能、增设会议设备、加强会议的服务体系、提高员工的个人素质作为2001年的工作目标,为此编写了120多页的各类规章。2001年,交流中心会场使用达2055场次,127105人次在中心参加了各类会议,许多国家领导人出席了在中心举行的重要活动。

对外交流中心由陈振亚兼任主任,崔岩任副主任。2001年中心有在编职工3名,外聘本科生毕业生3名,其他工作人员11名,共计17名。此外还聘有12名在校研究生和本科生。

(陈振亚)

【百周年纪念讲堂】　讲堂管理部于2000年4月28日正式接管百周年纪念讲堂。在2000年下半年成功试运行的基础上,2001年,讲堂管理部继续坚持社会效益和经济效益并重的原则,以"弘扬高雅艺术,繁荣校园文化,开拓文化市场"为己任,积极配合学校的素质教育,努力营造良好的育人环境,千方百计将高水准、高品位的艺术活动引入学校,大力支持开展健康向上的群众性艺术活动,组织安排了大量的文艺演出和电影放映等活动,尽力满足广大师生的文化娱乐活动需求,在培养审美情趣、陶冶情操、提高欣赏水平和艺术鉴赏力以及丰富校园文化生活等方面进行了积极、有益的尝试。

为使讲堂的使用和管理规范化、制度化,会议中心讲堂管理部根据北京大学的有关规定和会议中心章程,参考校内外相关单位的管理办法,制定了《北京大学百周年纪念讲堂管理和使用暂行办法》,提交会议中心理事会讨论通过,并于2001年7月5日经第9次校长办公会(总第439次)通过施行。

2001年,校内单位在讲堂组织举办了大量活动,包括综合性文艺演出、大型联欢会、专场音乐会、话剧、舞蹈、专场电影、展览活动、咨询活动、典礼、报告、讲座、论坛等。讲堂坚持以"提供优质服务和技术保障"为己任,对校内单位使用讲堂组织活动提供了大力支持。主动为使用单位排忧解难,最大限度地提供良好演出条件,使校内师生的群众性文艺演出效果有了较为明显的提高,对繁荣校园文化和进行素质教育起到了良好促进作用。

讲堂坚持组织一流的专业艺术团体来校演出。中央芭蕾舞团进行了4次共9场演出,其中《春之祭》和《练习曲》都是首演,9场演出的上座率都在85%以上;中国爱乐乐团、中央民族乐团等在讲堂共举办11场音乐会,上座率都在80%以上。"低价位、高水平、高上座率"的文艺演出以及低价位电影放映在讲堂已经成为现实,得到了广大师生的肯定和赞同。高雅艺术在北大的火爆,继续得到演艺界、演出公司和新闻媒体的广泛关注。

讲堂承接了很多国家级重大活动,如:由2008年北京奥林匹克运动会申办委员会和第21届世界大学生运动会组委会联合主办、中央电视台承办的"迎大运助申奥——心中圣火"大型公益晚会;由中国大学生篮球联赛组委会主办的CUBA羽·泉演唱会;由国家广电总局和中宣部联合主办、中央电视台和北京电视台联合承办的"世纪彩虹"——中国第五届彩虹奖颁奖晚会;由教育部、中国教育电视台、北京大学联合主办的"世纪承诺——教师节主题晚会";由教育部、共青团中央、全国学联联合主办的"党在我心中"——首都高校学生纪念建党80周年文艺晚会;由中央电视台和北京大学联合制作的"与豹共舞"——"实话实说"节目等。承接的北京市重大活动有:由北京市委宣传部、北京市文化局、北京大学联合主办的"世纪放歌"纪念"一二·九"运动65周年朗诵音乐会;由北京市文化局和中央实验话剧院联合主办的"五个一工程"项目:话剧《狂飙》;由北京市教工委、北京市教委、共青团北京市委联合主办的"首都大学生新年音乐会"等。这些大型专题活动在讲堂举办,有利于北大师生参与社会活动,接触社会,提高自身素质,为展示北京大学的良好形象提供了难得的机会。

讲堂深入开展了影视和文化艺术知识的宣传和普及工作。在讲堂管理部的直接领导下,由学生志愿者负责在北大BBS网站和"一塌糊涂"网站分别开设的"百周年纪念讲堂"专门讨论区,对加强交流和沟通、帮助师生了解电影和文艺演出的基本知识,以更好地欣赏这些艺术作品发挥着独特的作用。由学生志愿者负责编辑的《大讲堂》专刊(免费发放给师生)年内共出版8期,其内容紧密结合在讲堂举办的活动,进行影视和文化艺术知识的宣传和普及。讲堂管理部与党委宣传部共同负责在校闭路电视台开设的"大讲堂"栏目,采取对艺术家或组织者的访谈形式,使北大师生能够通过视听这种直观的方式了解电影和文化艺术的基本知识。3月,为帮助北京大学闭路电视台改善摄像效果和提高节目质量,讲堂管理部在自身运行经费比较紧张的情况下,筹集资金,投入5万元人民币购置了一套性能较好的摄像设备捐赠给电视台。

针对在校特困生在文化生活消费方面的实际困难,讲堂配合学校素质教育,继续开展助贫活动,为504名特困生每人免费提供6张共3024张电影票兑换券,总价值15120元人民币。

9月,新学年开始后,讲堂管理部根据实际情况,进行了第二次学生志愿者招聘工作。在保留部分原有人员的基础上,对新报名的200多位同学进行了面试和严格筛选,新招收48人。讲堂管理部共有学生志愿者61人,其中男生21人,女生40人。他们尽职尽责,积极出谋划策,对讲堂规范服务、严格管理的不断完善和发展做出了积极贡献。

会议中心讲堂管理部全年组织安排了166场电影(其中25场为校内单位组织活动包场),放映影片200多部,组织和参加了多次电影活动,是第八届北京大学生电影节的三个主会场之一;组织安排了122场文艺演出和大型专题活动,其中会议中心讲堂管理部主办34场,校内有关单位主办61场,校外单位和北京大学联合主办27场,中央芭蕾舞团、中国爱乐乐团等36个国内外艺术团体到讲堂进行了文艺演出,教育部、共青团中央等20多个重要部门在讲堂举办了30多场大型专题活动;24场典礼、报告和讲座;42次专题会议;香港凤凰卫视和北京大学联合推出的"世纪大讲堂"讲座节目录制32讲;为北大师生文艺团体日常排练和演出彩排免费提供场地212次;举办书画展等展览活动22天;《人民日报》、中央电视台等20多家新闻媒体对在讲堂举办的文艺演出和专题活动进行了大量报道。百周年纪念讲堂已成为北京大学举行重大活动和广大师生文化娱乐的重要场所,在校园文化建设中发挥着日益重要的作用。

会议中心讲堂管理部由张胜群兼任主任,刘寿安任副主任。2001年有职工27名,其中正式职工8名,外聘人员19名。

(张胜群)

表8-56　百周年纪念讲堂2001年主要活动统计表

时　间	活动内容	举办单位	地　点
1月5日	2001年中国博士后迎接新世纪联欢晚会	北京大学博士后联谊会	观众厅
1月9日	歌剧《原野》	中国歌剧舞剧院、北京大学会议中心	观众厅
1月10日	歌剧《原野》	中国科学院、北京大学会议中心	观众厅
1月11日	萧友梅博士逝世六十周年纪念音乐会	中国爱乐乐团、中央音乐学院、北京大学会议中心	观众厅
1月12日	北大方正电子迎新春联谊会	北大方正电子有限公司	观众厅
1月13日	录制节目	北京电视台、北京大学党委宣传部	四季庭院
1月13日	电影包场(2场)	北京大学工会	观众厅
1月15日	北大附小迎新年文艺演出	北大附小	观众厅
2月16日	录制"世纪大讲堂"节目(2讲)	北京大学、香港凤凰卫视	四季庭院
2月24日	二十世电影歌曲精品音乐会	中国广播合唱团、北京大学会议中心	观众厅
3月3日、4日	录制"世纪大讲堂"节目(2讲)	北京大学、香港凤凰卫视	四季庭院
3月2日、3日	芭蕾舞剧《春之祭》首演、《黄河》、《梁祝》	中央芭蕾舞团、北京大学会议中心	观众厅
3月6日	电影包场	北京大学工会	观众厅
3月8日	电影《刮痧》剧组人员与观众见面会	北京大学会议中心	观众厅
3月9日	王洛宾与西部民歌大型演唱会	中央歌剧院、北京大学会议中心	观众厅
3月11日	北京大学学生十佳歌手演唱会	北京大学学生会	观众厅
3月16日	电影包场	北达资源中学	观众厅
3月17日	Motorola携手羽·泉为CUBA呐喊助威	CUBA组委会、恒华体育广告公司、北京大学会议中心	观众厅
3月19~23日	儿童剧《马兰花》	北大附小、中国儿童艺术剧院	观众厅
3月24日、25日	"东方之花"大型歌舞晚会	东方歌舞团、北京大学会议中心	观众厅
3月26日	"燕园之春"钢琴室内乐演奏会	北京大学会议中心、艺术学系	舞台
3月31日	录制"世纪大讲堂"节目(2讲)	北京大学、香港凤凰卫视	四季庭院
4月1日	录制"世纪大讲堂"节目(2讲)	北京大学、香港凤凰卫视	四季庭院

时　　间	活动内容	举办单位	地　　点
4月1日	"为了最灿烂的笑容——献给晓琳的歌"募捐义演	北京大学社会学系	观众厅
4月3日	"燕园之春"钢琴室内乐演奏会	北京大学会议中心、艺术学系	舞台
4月5、6、7日	芭蕾舞剧《吉赛尔》	中央芭蕾舞团、北京大学会议中心	观众厅
4月8日	北京大学第八届女生文化节文艺演出	北京大学学生会	
4月14日	"迎大运、助申奥"——"心中圣火"大型公益文艺晚会	北京市奥申委、大运会组委会、中央电视台、北京大学	观众厅
4月15日	电影《刘天华》首映式暨导演演员与观众见面会	北京大学会议中心、影视协会	观众厅
4月20日	大型报告会	北京大学国际合作部	观众厅
4月21日、22日	录制"世纪大讲堂"节目（4讲）	北京大学、香港凤凰卫视	四季庭院
4月21日	《茶花女》与歌剧经典音乐会	中央歌剧院、北京大学会议中心	观众厅
4月24日	电影《夏日暖洋洋》剧组与观众见面会	北京大学会议中心、影视协会	观众厅
4月30日	话剧《狂飙》首演	中央实验话剧院、北京大学会议中心	观众厅
5月1日	话剧《狂飙》	中央实验话剧院、北京大学会议中心	观众厅
5月2日	周星驰北大行、电影包场	北大在线	观众厅
5月3日	北京大学2001年五四交响音乐会	北京大学党委宣传部、会议中心	观众厅
5月4日	校庆大会、文艺演出	北京大学校长办公室、基金会	观众厅
5月4日、5日	青铜器展	北京大学考古文博院	二层展廊
5月6日、7日	"燕园之春"国粹精品晚会	中国京剧院、北京大学会议中心	观众厅
5月8日	话剧《寒号鸟》	北大附小	观众厅
5月10日	"诗与音乐"钢琴独奏音乐会	北京大学艺术学系	舞台
5月11日	北京大学庆祝建党八十周年职工文艺汇演	北京大学工会	观众厅
5月12日	北京大学庆祝建党八十周年学生文艺汇演	北京大学团委	观众厅
5月18日	"新青年、新音乐"原创作品演唱会	北大在线	观众厅
5月19日	录制"世纪大讲堂"节目（2讲）	北京大学、香港凤凰卫视	四季庭院
5月21日	"世纪彩虹"——第五届"彩虹奖"颁奖晚会	中央电视台、北京电视台、北京大学	观众厅
5月24日	国际形势报告会（李肇星）	北京大学党委办公室	观众厅
5月25日	首都高校喜迎中国共产党八十华诞教师歌咏晚会	北京市教育工会、北京市教委、北京大学工会	观众厅
5月25日	毛泽东诗词大型演唱会	中央歌剧院、北京大学会议中心	观众厅
5月26日	北京大学开放日暨2001年招生信息发布会	北京大学校长办公室、招生办公室	观众厅
5月26日	北京大学百周年纪念讲堂试运行一周年专场演出——奥斯卡电影金曲视听交响音乐会	北京大学会议中心	观众厅
5月29日	大型交响清唱剧《江姐》	北京大学经济学院	观众厅
5月30日	台湾云门舞集二团来北京大学示范演出	北京大学艺术学系	观众厅
6月1日	中国人民解放军军乐团专场音乐会	中国人民解放军军乐团、北京大学会议中心	观众厅
6月3日	录制"世纪大讲堂"节目（2讲）	北京大学、香港凤凰卫视	四季庭院
6月3日	北京大学社团文化节闭幕晚会暨"梦系红楼"音乐会	北京大学团委	观众厅
6月5日	电影包场	北京大学环境保护办公室	观众厅
6月8日	法学院2001年毕业典礼暨优秀教师表彰大会、电影包场	北京大学法学院	观众厅

时 间	活动内容	举办单位	地 点
6月9日	北京大学庆祝建党八十周年文艺演出彩排	北京大学校长办公室	舞台
6月10日	话剧《曙色朦胧》	北京大学团委、五四剧社	观众厅
6月11日	录制"世纪大讲堂"节目(2讲)	北京大学、香港凤凰卫视	四季庭院
6月12日	话剧《何家庆》	合肥市话剧团、北京大学会议中心	观众厅
6月15日	2001年第一季度十大金曲颁奖典礼	北京人民广播电台、北京大学会议中心	观众厅
6月19日～23日	北京大学庆祝建党八十周年老年书画与工艺作品展	北京大学人事部	二层展廊
6月19日	庆祝中国共产党建党八十周年——"七一放歌"大型演唱会	《大学生》杂志社、北京大学	
6月20日	北京教育系统老同志庆祝中国共产党建党八十周年文艺演出	北京市教工委、北京大学人事部	观众厅
6月22日	北京大学庆祝建党八十周年文艺演出预演	北京大学校长办公室	观众厅
6月23日	世界三大男高音紫禁城广场音乐会北大分会场	北京大学会议中心、文化部中国文化艺术有限公司	观众厅
6月24日	北京大学庆祝中国共产党成立八十周年大会	北京大学校长办公室	观众厅
6月24日	北京大学庆祝中国共产党成立八十周年师生联欢晚会	北京大学校长办公室	
6月26日	庆祝中国共产党成立八十周年暨首届全国邮政职工文艺调演	中国邮电工会、国家邮政局、北京大学会议中心	观众厅
6月28日	"党在我心中"——首都高校学生纪念建党八十周年文艺晚会	教育部、共青团中央、全国学联、北京大学	观众厅
6月29日	电影包场(2场)	北京大学学生工作部	观众厅
7月4日	北京大学2001年研究生毕业典礼暨学位授予仪式	北京大学校长办公室、研究生院	观众厅
7月5日	北京大学2001年本科生毕业典礼	北京大学校长办公室	观众厅
7月13日	庆祝申奥成功大联欢	北京大学团委、会议中心	讲堂广场
7月16日	第九届全国中学生"爱科学"夏令营开营式	北京大学社科中心	观众厅
7月17日	北京导航考研培训	北京大学燕园教育培训中心	观众厅
7月17日	录制节目	北京大学党委宣传部、湖南卫视	四季庭院
7月18日～21日	北京导航考研培训	北京大学燕园教育培训中心	观众厅
7月23日	北京导航考研培训	北京大学燕园教育培训中心	观众厅
7月23日	全国中学生"爱科学"征文颁奖暨夏令营文艺晚会	北京大学社科中心	观众厅
7月27日	第九届全国中学生"爱科学"夏令营开营式	北京大学社科中心	观众厅
7月29日～8月1日	北京导航考研培训	北京大学燕园教育培训中心	观众厅
8月2日	第九届全国中学生"爱科学"夏令营开营式	北京大学社科中心	观众厅
8月3日～6日	北京导航考研培训	北京大学燕园教育培训中心	观众厅
8月31日	欢迎奥地利联邦教育、科学和文化部长盖勒阁下莅临我校	北京大学国际合作部	101、202纪念大厅
9月1日	录制节目	北京大学党委宣传部、湖南卫视	四季庭院
9月2日	2001—2002学年北达资源中学开学典礼	北达资源中学	观众厅
9月4日	北京大学2001年本科生开学典礼	北京大学校长办公室、学生工作部	观众厅
9月5日	北京大学2001年研究生开学典礼,许智宏校长为新生作报告	北京大学校长办公室	观众厅

时　间	活动内容	举办单位	地　点
9月7日	北京大学与石河子大学合作办学签字仪式	北京大学校长办公室	202
9月7日	"北大——欧洲中国研究合作中心"成立仪式	北京大学国际合作部	纪念大厅
9月10日	"世纪承诺"—献给新世纪第一个教师节主题晚会	教育部、中国教育电视台、北京大学	观众厅
9月11日	电影包场（2场）	北京大学工会	观众厅
9月12日	电影包场	北京大学工会	观众厅
9月12日	北京大学迎新报告会	北京大学学生工作部	观众厅
9月15日	电影包场（3场）	北京大学学生工作部	观众厅
9月17日	儿童剧《红领巾》（2场）	北大附小、北京儿童艺术剧院	观众厅
9月21日	中国广播艺术团新世纪新作品慰问演出	北京圆明园学院、北京大学会议中心	观众厅
9月22日	雅风古韵——古典名曲音乐会	北京大学会议中心	观众厅
9月24日	哈萨克斯坦文化日开幕式暨哈萨克斯坦艺术团访华演出	中国对外演出公司、北京大学会议中心	观众厅
9月26日～28日	北大职工购房挑号（西二旗）、交款	北京大学资产管理部	纪念大厅
9月27日	纪念"九一八"70周年抗战歌曲合唱音乐会	北京大学党委宣传部	观众厅
9月28日	海淀区第三届中关村艺术节慰问科技工作者专场音乐会	海淀区文化局、北京大学会议中心	观众厅
9月29日	"生命·阳光"——专场音乐会	"音乐特别快车"系列工程组委会、北京大学会议中心	观众厅
10月5日、6日	京剧《欲望城国》	中国京剧院、北京大学会议中心	观众厅
10月8日	北京大学教职工购房咨询会	北京大学资产管理部	观众厅
10月10日	电影包场	北京大学马克思主义学院	观众厅
10月13日、14日	芭蕾舞剧《红色娘子军》	中央芭蕾舞团、北京大学会议中心	观众厅
10月14日	党校辅导报告	北京大学党委组织部	观众厅
10月14日上下午	录制"世纪大讲堂"节目	北京大学、香港凤凰卫视	四季庭院
10月16日	北京大学应用文理学院学习"七一"讲话辅导报告会	北京大学应用文理学院	观众厅
10月20日	昆剧《张协状元》	温州市永嘉昆曲传习所、北京大学会议中心	观众厅
10月21日	北京大学2001级新生文艺汇演	北京大学团委	观众厅
10月22日	"北大之夜"—孔祥东钢琴协奏曲专场音乐会	北大华亿影视文化有限责任公司	观众厅
10月24日～30日	马宏藻书画作品展	北京大学考古文博院	二层展廊
10月26日	"难忘的旋律"——中央民族乐团专场音乐会	中央民族乐团、北京大学会议中心	观众厅
10月28日	电影包场（2场）	北京大学马克思主义学院	观众厅
10月28日	党校辅导报告	北京大学党委组织部	观众厅
11月1日～4日	北京大学人文社会科学优秀成果展	北京大学社会科学部	讲堂广场
11月2日	首届"北大论坛"	北京大学	观众厅
11月4日	党校辅导报告	北京大学党委组织部	观众厅
11月7日	2001年国际志愿者年献礼影片《因为有爱》全国首映式暨中国志愿者形象大使授予仪式	深圳电影制片厂、北京大学爱心社	观众厅
11月8日	北大在线新闻发布会	北大在线网络有限责任公司	四季庭院

时　间	活动内容	举办单位	地　点
11月13日~17日	书画作品展	北京大学团委	二层展廊
11月15日	INTEL·八亿时空携手校园行	北京大学学生会	观众厅
11月17日	首都大学生与残疾人携手共圆"我的梦"	中国残疾人艺术团、北京大学会议中心	观众厅
11月18日	党校辅导报告	北京大学党委组织部	观众厅
11月20日	《红岩魂》演出	北京大学党委、团委	观众厅
11月22日	绿色·生命——珍妮·古道尔博士报告会	北大绿色生命协会	观众厅
11月24日	中国交响乐团专场音乐会	中国交响乐团、北京大学会议中心	观众厅
11月25日	电影包场	北京大学马克思主义学院	观众厅
11月26日	北京大学学生舞蹈团汇报演出	北京大学艺术学系	观众厅
11月30日	芭蕾舞剧《练习曲》首演、《辉煌的快板》、《男子四人舞》	中央芭蕾舞团、北京大学会议中心	观众厅
12月1日	芭蕾舞剧《练习曲》、《辉煌的快板》、《男子四人舞》	中央芭蕾舞团、北京大学会议中心	观众厅
12月2日	首都大中小学生开展"保护正版软件、抵制盗版软件"活动启动仪式	北京市新闻出版局、北京大学	观众厅
12月6日	录制《世纪大讲堂》节目	北京大学、香港凤凰卫视	四季庭院
12月8日	北京导航考研培训	北京大学燕园教育培训中心	观众厅
12月9日	北京大学"一二·九"师生合唱比赛	北京大学团委	观众厅
12月14日	"为祖国喝彩"集邮展览开幕仪式	中国集邮总公司、北京大学党委宣传部	纪念大厅
12月14日~16日	"为祖国喝彩"集邮展览	中国集邮总公司、北京大学党委宣传部	二层展廊
12月15日	北大艺术之星暨e时代校园主题原创音乐会	北京大学团委	观众厅
12月16日	北京大学"第五街牛仔"第九届女生文化节文艺晚会	北京大学学生会	观众厅
12月20日	首都大学生新年音乐会	北京市教工委、教委、团市委、北京大学	观众厅
12月21日	北京101中学、金帆交响乐团2002新年音乐会	北京101中学、北京大学资产管理部	观众厅
12月22日	北京大学政府管理学院成立大会	北京大学政府管理学院	观众厅
12月22日	中嘉丰业·北京大学研究生2002年新年晚会	北京大学研究生会	观众厅
12月23日	北京大学第十四期党的知识培训班结业典礼	北京大学党委组织部	观众厅
12月23日	庆祝勺园建园二十周年专场演出——奥斯卡金曲视听交响音乐会	北京大学会议中心	观众厅
12月26日	电影包场（3场）	北京大学工会	观众厅
12月27日	《大腕》面对面	北京大学新闻与传播学院、会议中心	观众厅
12月28日	北大法学院2002年新年晚会暨第四届十佳教师颁奖典礼、电影包场	北京大学法学院	观众厅
12月29日	俄罗斯阿穆尔艺术团专场演出	北京天马文化艺术中心、北京大学会议中心	观众厅
12月31日	北达资源中学第四届文化艺术节	北达资源中学	观众厅
12月31日	迎新年电影专场	北京大学团委、会议中心	观众厅
12月31日	迎新年广场联欢晚会	北京大学团委、会议中心	讲堂广场

燕园社区服务中心

【概况】 燕园社区服务中心成立于1999年11月,是北京大学领导下的公益性社区服务机构。其任务是为北大师生员工提供优质的生活服务和创造良好的工作、学习、生活环境,使他们解除后顾之忧,全身心投入到教学、科研和学校的各项工作中,为北大创办世界一流大学作贡献。社区中心下设5个职能管理部门:综合管理部、服务管理部、经营管理部、财务管理部、工程管理部。社区中心另设有1个网络服务中心和3个网络服务站;1个市场管理中心和5个便民服务市场;1个产业中心和26个经营企业。社区中心2001年有正式在岗职工189人,长期外聘职工482人,其中具有大中专以上学历152人。

2001年社区中心在管理方面进一步规范化,完善各项规章制度;提高服务标准,进行企业调整,增强竞争力;加大对园区服务设施改造建设资金的投入,规划整治园区服务市场,通过参与市场经营和社区便民服务取得良好的社会效益、经济效益。

【社区服务】 社区中心在2000年工作的基础上,逐步完善社区服务系统功能,提高服务质量,增加服务内容,以科学的管理、优化的服务和不断扩展的服务项目尽可能满足教职工及园区居民的需求。

进一步增强社区服务呼叫系统功能,扩大安装呼叫器和服务用户 1月19日,王德炳书记亲手开通了燕园社区网络服务呼叫系统。为了让更多的教职工家庭享受到方便快捷的各项服务,经学校同意,于9月开始由校财务出资59.4万元、社区中心出资20万元进行二期呼叫器的安装,范围扩大到在校园周边居住的所有教职工家庭。到12月31日,安装户已扩大到2400多户。2001年网络服务中心接收用户呼叫信息1619次,其中:家政服务854次,医疗求助656次,治安报警109次。接到求助信息后,校医院派车出诊75次,保卫部出现场15次。教职工通过北大红黄蓝网络服务站购物7万多人次,金额达817832元。这一系统的开通为广大教职工家庭提供了快捷便利的医疗、报警、家政服务以及网上购物、送货上门服务,受到各级领导和教职工的好评。

不断扩展服务项目,开展便民服务活动 燕园社区服务中心根据居民的需要在4月14~22日和9月15日至10月15日分别在燕东园、中关园、畅春园、燕北园四个地区集中组织开展了两次大型的便民活动。两次服务活动共为670户教职工家庭提供了油烟机、热水器、燃气灶具的清洗、检修和以旧换新等项服务,为教职工家庭解除了实际困难,解决了后顾之忧。同时,日常家政服务也随着园区居民需求的增多由原有的保姆介绍、小时工等十几项增加到家庭小修、电器修理、下水道疏通等24项内容,服务热线24小时有专人执守,随时为园区居民提供帮助。

筹建北大燕园社区服务信息网站,为教职工提供网络信息服务 燕园社区服务中心与北京凯融科技有限公司合作在较短的时间内建立起北大燕园社区服务信息网网站,并开设了社区快讯、社区服务、呼叫系统、社区建设、社区信箱等10个栏目。北大燕园社区服务信息网与北京市社区服务信息网和海淀区社区服务信息网联通,为教职工提供各种网上服务信息查询,使用户在家中通过计算机就能享受到所需要的服务。

【社区建设】 整治园区商业服务网点,改善周边环境 按照燕园社区服务设施的规划要求,从既方便园区居民及学生生活购物又不影响周边环境出发,2001年社区中心会同燕园街道和校综合治理办公室重点对燕东园、燕南园露天小市场和商业摊点进行了拆除整治,共拆除破旧商亭(棚)230.6平方米,建设燕东园商业彩板房234平方米,彩板商亭60平方米;建设燕南园彩板商亭148平方米,共投资517052.79元。经过规划治理,取消了卫生状况很差的露天小市场和破旧商棚,建起规格统一、美观、整洁的商业服务中心。经过公开招商,从上百家商户中选择了较好的41家商户,并公开挂牌,明码标价,保证了商品质量和合理的价格,提高了服务水平,方便了燕东园等园区居民购物,满足了居民日常生活需要,改善了园区生活条件和周边环境。

建设康乐园,为居民提供健身娱乐场地 2001年燕园社区服务中心自筹资金113442.63元,新建中关园北康乐园、燕东园康乐园、燕北园康乐园,铺装彩砖墁地总面积1414平方米。周围进行了绿化,安装了休闲座椅。海淀区体委资助9万元,社区中心出资3万元,购置了室外健身器和儿童娱乐设施3套,分别安装在三个康乐园区。在健身器材和儿童娱乐设施的选择上,充分考虑到中老年人及儿童的特点,尽可能满足实际需要。同时留出专用场地供中老年人进行晨练和跳舞。三个康乐园的建设连同2000年已建成的中关园南康乐园和蔚秀园康乐园,基本上满足了各园区居民室外休闲娱乐活动,提高了园区居民的生活质量。

改造园区附属设施,解决居民

实际困难 自行车存放一直是园区居民呼吁解决的难点问题,也是燕园社区服务中心优先考虑的工作重点,在 2000 年建设自行车棚的基础上,2001 年燕园社区服务中心又重点改造建设了中关园自行车棚、四至七公寓自行车棚和燕北园自行车棚(二期)。总计面积604平方米,投资250951.72元,缓解了居民存放自行车难的问题。

燕园社区服务中心 2001 年还投资 723800 元,对中关园餐厅进行了装修改造。改造后的中关园餐厅,新加了雅座包间,增添了主、副食花色品种,提高了饭菜质量,改善了就餐环境,使园区居民待客和各单位就餐、宴请更加方便。

【社区经营】 1999 年至 2001 年北京大学周边环境治理时,拆除了燕园社区服务中心所属企业经营用房 3000 多平方米,30 名职工下岗待分配或待调整,对企业经营、管理造成压力。针对这一问题,燕园社区服务中心在理事会的领导支持下,加强管理、挖掘潜力使小企业调整重组,拓宽经营领域,提高竞争能力,完善竞聘上岗机制,激发职工的积极性。并紧紧围绕以服务促经营,以经营补服务的原则取得了较好的经济效益。全年各企业共实现总产值 1 亿多元,实现利税 1000 多万元,直接投入社区服务和建设经费 300 多万元。

社区中心与北京超市发连锁股份有限责任公司合作经营的北大超市发超市,经过一年的运行,全年完成销售额 1936 万元,日平均流水 5 万多元,年上交税金近 40 万元。与禾谷园股份有限公司合作开办的燕园禾谷园超市,也在 2001 年底筹备就绪将于 2002 年春节前开业。在河北燕郊工业区建设的新成龙玻璃深加工生产流水线经过十个月的紧张建设于年底投入试生产。

北京大学燕园社区服务中心与山东日照旅游度假区合作开发的"产学研居基地"106 套公寓楼建设完工并全部售出,别墅建设将于 2002 年 6 月完成,预计在 7 月即可全部具备入住条件。良好的企业效益为燕园社区服务中心的发展和园区服务奠定了坚实的物质和财力基础。

在 2001 年社区成立两周年的时候,社区加强宣传力度编辑出版了《燕园社区服务中心文集》,制作了反映燕园社区服务中心成立两周年发展、建设历程的专题片《祥和社区,九园同馨》,编辑了 5 期《社区工作简讯》。

(社区服务中心)

附 录

表 8-57 燕园社区服务中心企业名录

企业名称	经理	电话
北京市海淀区新北高科技开发公司	苑天舒	62974070
北京市海淀大科电子科技公司	李建民	62141286
北京华方园科贸公司	孟 凯	62752838
北京海淀北欣科技公司	余 焙	62750675
北京华美利来餐厅	王来僧	62752042
北京海淀知达贸易公司	程 杰	62765744
北京海淀华庆商行	华永毅	62754582
北京燕园文化用品超市	练 勤	62751564
北京燕园蔚秀商店	刘继凤	62755715
北京北大校园博实商场	练 勤	62752070
北京海淀国辉洗衣店	孙 国	6275271
北京海淀北大综合服务社	吴文斌	62765982
北京北大建筑工程处	吴宝明	62751554
水电服务队	叶国材	62757963
天缘酒家	李朴珍	62757893
燕园甲天下餐厅	周全强	62753655
北京大学理发店	石玉华	62753284
北京大学后勤产业中心招待所	常玉琦	62755755

企业名称	经理	电话
银梦美容院	郭宇霞	62750146
昌平园商店	程 丽	89745572
北京市北大超市发商贸有限责任公司	曹雨清	62758364
北京海淀成龙玻璃经销公司	魏永忠	62943389
三河北大成龙玻璃有限责任公司	薛 华	0316—3329833
北京北大普极科技发展中心	于 刚	62753244
燕园禾谷园有限责任公司	周 波	62759633
中关园餐厅	王燕华	62756332

燕园街道办事处

【概况】 燕园街道办事处成立于1981年底，属于大院式街道办事处，受海淀区政府和北京大学双重领导。1999年学校人事财务制度改革时，调整为四个办公室：综合办公室、居民民政办公室、劳动与社会保障办公室和城管监察办公室。有在岗工作人员18人。街道办事处工作职能是：在所管辖区内，履行政府派出机构职能，依法进行城市管理；重点从事教职工生活园区的管理；负责政府、学校职能部门相互联系，发挥桥梁纽带作用。2001年，街道办事处以邓小平理论和党的基本路线为指针，以举办21届世界大学生运动会、申办2008年奥运会和纪念建党80周年为契机，以服从服务于一流大学建设为重点，更以抓大事、办实事、保稳定、创一流为目标，紧紧围绕市、区政府对街道办事处工作总体要求，强化社区党建，强化社区管理，完善社区服务，全面推动了各项工作的开展。

【重点工作】 2001年是国家大事多、喜事多的一年，"迎大运、申奥运"这两项工作能否成功，都与环境有密不可分的联系。北京大学设有大运会的比赛场馆，按照区政府提出的"没有第二，只有第一"的标准，在综合整治上，充分发挥街道城市管理职能。

街道办事处以大运会五四场馆周边、北京大学白颐路北边路段为整治龙头，带动整个辖区的环境综合整治，全面拆除违章建筑，清除运动场馆周围的所有障碍，先后拆除校内临建房屋26间，约930平方米；拆除太平洋大厦北侧临建库房13间，约1400平方米；拆除北大南街西段商业用房97间（包括地下室），约5000平方米；拆除居民区内违章建筑约2780平方米；共计拆除10110平方米，超额完成了原定1500平方米的拆违任务指标，优化净化了教学科研环境。

街道坚持"依法治街、属地管理、预防为主、确保安定"的方针，一方面做好法制宣传教育工作，在街道系统举办了法律知识竞赛；另一方面健全领导责任制，完善群防群治的组织体系。比照海淀区政府《关于组建社区治安巡逻队伍的意见》精神，为了改善辖区的治安环境，加强治安防范工作，街道争取到区政府全力支持，在8月份正式成立了一支由30人组成的燕园社区治安巡逻队，有效地预防和减少了刑事案件。在同"法轮功"邪教组织斗争中，按照区政府的要求，街道工委高度重视，多次与派出所领导研究，制定出适合本辖区特点的方案，为了实现北京市政府提出的"零"指标，街道干部和派出所干警与居干、党员群众一道，同"法轮功"进行了坚持不懈的斗争，收缴了大批光盘、传单等非法宣传品，还组织了对"法轮功"习练者进行监控、帮教和转化的大量工作，有效地转化了数名"法轮功"习练者，确保了辖区政治稳定和社会安定。

年内为本地区162名失业人员办理了《求职证》，发放失业保险金31.5万余元；办理外来人员就业证1000余人；安置待业人员55人，其中解决就业特困人员5名，并为他们争取市区两级年拨款经费6万余元；报销失业保险医疗费1.4万余元；调解民事纠纷56起；计划生育率98.7%；为辖区幼儿、青少年办理住院医疗保险353人；建立"燕园地区外来人口管理服务中心"，实现了外来人口"一站式办公"；成立了社区残疾人康复指导站；"燕园街道劳动和社会保障事务所"正式挂牌工作；完成了特种设备普查；开展了外来人口动态监测调查；进行辖区地理资料收集；组建蓝旗营居委会和蓝旗营小区业主管理委员会；除了正常的管理工作外，还着力解决了群众急需解决的一些问题：修建封闭车棚1个，停放自行车棚7个；增加健身场地3个；封闭燕园围墙600延长米；推广垃圾袋装化，楼外设置垃垃屋(62个),增设果皮箱(21个)、废电池回收桶(15个);建老年照料医务保健室5个。

【社区居委会建设】 根据《北京市政府办公厅转发市民政局关于家委会向社区居委会转制工作的通知》及《海淀区关于建立社区居委会和家委会改制工作的意见》的要求,结合辖区的实际情况,本着"便于服务管理、便于居民自治、便于资源配置"的原则,在2001年对居(家)委会进行了改制工作,将原有的9个居委会和2个家委会改制成现在的7个社区居委会,分别是燕北园社区居委会、承泽园社区居委会、蔚秀园社区居委会、畅春园社区居委会、中关园社区居委会、校内社区居委会、燕东园社区居委会。除对居(家)委会进行改制外,还把重点放在社区居委会的培训、管理,考核工作规范化和居务公开上,制定完善了"考勤制度"、"规范化管理工作制度"、"居民工作会议制度"、"居委会财与物使用管理制度"等;推行"居务公开",挂牌上岗;为了提高社区居委会干部素质,更好地适应工作要求,街道抽出专职人员对居委会干部进行了计算机及相关业务培训。

【精神文明建设】 根据首都精神文明建设委员会的要求和海淀区精神文明办公室的工作布置,以提高居民文明素质,改善居民生活环境,维护社会稳定为目标,在各社区居委会开展了争创文明居民区的活动。除硬件设施建设外,各园区还开展了各种知识竞赛,组织观看各种展览,举办图片展、书画展、花卉展、文艺汇演等,还组织合唱队、英语班,每周定时活动。此外经常组织一些公益活动,如清扫园区内的白色垃圾、清整园区卫生等。通过这些活动,促进了社区的精神文明建设。同时也通过开展这些有意义的文体活动,用高雅的文化和健康的体育活动占领思想文化阵地,铲除了邪教及其他精神垃圾借以滋生的土壤。

畅春园首批成功地创建了区级文明居民区。

(修亚冬)

北京大学校医院

【事业概况】 北京大学校医院是一所二级综合医院,是北京市首批医保定点医院,燕园社区医疗服务中心。校医院现有职工139人,其中卫生技术人员109人,包括副主任医师30人,主治医师65人,医师14人(以上均含相应职称);行政后勤人员30人。开设病床125张,总建筑面积8385平方米。有万元以上医疗设备99件,其中本年度新购置多参数监护仪、电子阴道镜、柯达洗片机等20件万元以上设备。800元以上固定资产总价值1085万余元。

【机构设置】 设有10个普通门诊,40多个专家专科门诊,由正副主任医师和外聘教授开诊;成立北京大学妇女肿瘤中心;设北京大学社区口腔中心;合并病区,原内科两个护理单元合并为一个内科病区;开设CT室。

【医疗工作】 全年门诊195194人次,日均门诊777人次,家庭病床1317人次,急诊21343人次;入院366人次,出院391人次,床位使用率26.27%,床位周转次数3.05次/张,治愈率47.07%,好转率34.57%,死亡率8.78%(均为高龄或肿瘤晚期病人),入出院诊断符合率99.46%,7日确诊率97.34%;普外、妇科及耳鼻喉科手术441例,其中大手术48例;查体20232人次,其中学生12497人次,教职工4755人次,幼儿615人次,外地工1724人次。新成立北京大学医院妇女肿瘤中心,与北京大学生命科学学院及北京大学肿瘤临床学院紧密协作,开展以乳腺肿瘤、妇女肿瘤为主的肿瘤早期诊断和手术、化疗、放疗、中西医结合等综合治疗,取得了良好的社会效益。妇科新购电子阴道镜投入使用;外科开展跟腱断裂的II期修复和甲状腺癌手术;皮科利用电子治疗仪治疗痤疮;眼科新购电子眼压计用于门诊检查和教工查体;检验科利用全自动生化仪增加检验项目,开拓新业务。校医院建立了一支雄厚的院外技术支持队伍,百余名专家教授参与医院的规划建设,成员分别来自北大三院、北大一院、人民医院、协和医院、友谊医院、积水潭医院、医科院肿瘤医院、北大肿瘤医院、市胸科医院等,定期请进本院开展门诊、查房、手术、讲座的专家、教授20余人,不定期的专家、教授70余人,方便了病人,提高了医院诊疗技术水平,获得广泛赞誉。与北京口腔协会合作成立北京大学社区口腔中心,成为北京口腔学会示范门诊,实现预约挂号,增加假日门诊,减少病人排队和候诊时间;专家每周定时讲课,业务水平明显提高,服务态度不断改善,社会效益和经济效益显著,受到患者好评。社区医疗服务中心医疗救助系统在安装2000户运行良好的基础上,正在继续安装新用户;网络呼救系统24小时在线服务,建立了社区急诊救护、医疗咨询指导的有效服务。社区医疗网站筹备建立社区健康数据库,并在此基础上逐步开展网上自动随诊、网上挂号、网上咨询。医院自行设计的健康网页同广大师生见面,配合社区开展网上各种相关卫生知识和政策的宣传。

【护理工作】 校医院坚持每月进行一次综合护理质量查房，发现问题及时处理。针对科室重病人的情况，参加科室危重病人床头交接班及查房工作，对重病人的护理进行指导。做好院内感染控制监测，全年共监测293人次，发现问题13人次，及时给予纠正和处理。组织护士理论考核2次，业务学习18次，外请专家讲课6次。根据机构设置的调整，及时修改、制定了住院病人各项管理规章制度。护理部除做好病区计算机管理工作外还承担了系统维护及与各病区、中心药房、住院处等有关科室间的协调。组织病房护士到北京肿瘤医院进修学习。医用垃圾采取分类放置，由市卫生局指定单位定期回收焚烧。

【科研成果】 继续与北京心肺血管疾病研究所合作进行国家"九五"医学科技攻关项目"心血管病社区人群综合干预研究"，已进入高血压干预观察阶段；进一步与日本北海道大学附属医院及日本渡边牡蛎研究所合作，对"活性牡蛎丸对骨质疏松的治疗效果"进行探讨；与北京医院老年病学研究所合作研究中老年皮肤病新药物。全年发表医学科技论文18篇，其中一级刊物发表2篇。

【医学教育】 全年有56人次参加中华医学会、北京医师协会组织的继续教育课；参加市全科医师培训、全国妇产科主任学习班培训、北京药学会学习班等培训34人次；为本院职工举办学习班13次，共计312人次；国外进修1人，国内进修1人，接收进修人员1人。有学生红十字会会员1400余名；370人次参加红十字会会务培训，讲授红十字会法和会务知识、内科心肺脑复苏、急救技术等9门课程，共20学时；12人次应邀参加其他院校组织的学术报告；62人通过北京市初级急救队员考试，并取得急救队员资格证书；通过各种形式发放宣传材料800余份；免费发放药品50份；200余人次参加防治艾滋病讲座及宣传活动；应邀参加中央电视台节目录制2场，共计60人次；长期帮助社区老人13户；组织13人看望并慰问佑安医院的艾滋病人和清河福利院残疾儿童。1998—2001年连续四年被评为北京市红十字会高校工委先进集体，2001年获市先进个人2人，十佳青少年1人。

【国际交流】 4月和9月，日本渡边贡先生一行来院进行活性牡蛎丸对骨质疏松治疗效果的探讨。

【体制改革与管理】 按照学校人事制度改革的要求，9月对上年度聘任的135名上岗人员进行岗位考核，并进行新学年的岗位聘任，131人受聘上岗；贯彻岗位责任制管理，各司其职，奖惩分明，工作效率明显提高。9月科室主任换届。职称晋升改为由北京大学专业职务评审委员会分会评审，北京大学职务评审委员会终审；2001年有5人通过副高级职务评审，7人通过中级职务评审。10人通过北京市中级工考试。退休4人，调入4人。计算机管理系统逐步完善，实现门诊、病房、医技科室的全院联网。对医院实行成本核算管理所需的基础数据做了必要的准备。

【精神文明建设】 在首都卫生系统创建文明行业，实现规范化活动中，区卫生局在本院召开现场会，全面检查规范化服务达标情况，肯定成绩，指出不足，下半年顺利通过验收，获得"规范化服务达标"证书。7月组织科主任赴上海等地多所高校医院参观学习，在公费医疗管理、教职工健康查体、慢性病防治等方面学到许多经验。围绕建党80周年，医院党委组织学习江泽民"七一"讲话、党建知识竞赛、评选优秀党务和思想政治工作者等活动。结合"迎奥运创服务一流"和迎接十六大召开，不断改善病人诊疗条件，得到全校师生认可，从监督电话、意见箱、校长信箱、网络等多种途径反映意见明显低于往年。年底通过"三讲"教育回头看，进一步听取全校师生的意见建议，落实整改措施。全年荣获市、区、校级先进集体3次，先进个人4人次。医院工会暑期组织90余人到大连旅游。

【后勤工作】 学校出资250万元对病房楼进行装修改造，工程内容包括：电路改造，中心供氧、负压吸引、呼叫系统，改造20间双人病房加卫生间，全楼更换塑钢窗，更新电梯，手术室装修等，改善了住院环境；对东平房装修改造，9月医院社区口腔中心开诊；对西小楼进行防护装修改造，作为放射科CT室；对浴室、锅炉房进行装修改造。进一步规范药品采购程序，医院设备采购小组做好市场调研，通过市场招标完成大量采购任务。推进后勤社会化，4月关闭洗衣房，由洗涤中心收送洗涤衣物；11月起由保洁公司负责门诊楼卫生；11月开始由外院收取需焚烧的废物，节省费用，保证质量，符合医院抗感染要求。

【基本建设】 新建轻型板材房40平方米，作为中心供氧、负压吸引系统泵房。

(叶树青)

北京大学附属中学

【概况】 北大附中创办于1960年，地处中关村高科技园区，是北京市重点中学，是北京大学的重要教育教学实验基地和后备人才的培养基地。最初的办学宗旨是实现"小学、中学、大学本科、研究生院"四级办学方针，为大学输送高质量的毕业生。南校区现有38个教学班，设教育部委办的理科实验班。在校生1620人。教职员110人，其中特级教师13人，高级教师60人，全国先进教育工作者6人，全国优秀教师2人。学校占地70亩，建筑面积44072平方米。有各种实验室20个，多媒体教室64个，300米塑胶跑道1个，塑胶篮球场1个，体育馆1个。图书馆藏书15万册，实现了微机管理。高考升学率100%，85%进入国家重点大学。

【实施高中扩招工程】 1月9日，教育部根据总理办公会会议精神，为满足广大群众对优质高中的强烈需求，决定从2001年起实施扩大高中规模的计划，并投入一定资金，抓好北大附中等6所部属中学的高中扩招工作。国务院科教办副主任廖晓淇，教育部副部长张保庆，北京市副市长汪光焘、林文漪等领导先后多次来北大附中现场办公和检查落实情况。

【高三学生上书市领导论述社会发展】 2月8日，在北京市召开人大会和政协会期间，附中高三学生李林子通过互联网，向大会提交了2000多字的电子邮件，就北京市社会发展需要调整社会结构问题发表了自己的观点并提出建议。市人大常委会副主任陶西平看后，给李林子写了回信，称赞"李林子同学在邮件中提出了很好的见解，体现了一定的创新意识"，并号召广大中学生向他学习。

【迎接素质教育督导检查】 3月20日，区素质教育督导检查组组长王传广代表区督导室来北大附中复查素质教育实施情况，在听了赵钰琳校长的汇报和实地检查后，对北大附中全面推进素质教育及其取得的成绩给予充分肯定。

【重点课题顺利完成】 3月17日，由北大附中牵头负责，全国中学教育科研联合体成员校分头完成的"九五"国家重点科研课题"重点中学实施素质教育的途径与方法"结题验收会在北大附中举行。经专家组评审，一致认为课题完成顺利，取得了积极成果，同意结题。

【北大附中河南分校成立】 4月12日，根据北京大学与河南省省校合作协议创办的北大附中河南分校在郑州新郑正式成立，占地200多亩的新校址正式破土动工，北大党委副书记赵存生参加了新校址奠基典礼。

【中招咨询效果良好】 5月12日，北大附中举办中招咨询，吸引了4000多位家长及考生前来咨询，大家普遍反映北大附中教育氛围好，接待服务好。北京电视台等媒体对此进行了报道。

【优秀高三毕业生光荣入党】 5月15日，北大附中高三毕业生余鹏、皇婷婷两位同学经北大附中党委第一支部讨论通过，光荣加入中国共产党。党委书记董灵生在会上讲话，希望有更多的学生参加党校学习，加入党组织。

【翁立强先进事迹引起反响】 6月20日，《中国青年报》以"一心只为学生发展"为题，详细报道了北大附中教师翁立强的先进事迹，其中特别突出了翁老师高尚的师德和敬业爱生的精神，在社会上引起较大反响。

【教学西楼破土动工】 7月28日，北大附中高中扩招基建工程之一——教学西楼及报告厅正式破土动工，该工程建筑面积为14000平方米，投资3300万元，预计2002年暑期竣工。这座现代化教学楼投入使用后，将满足高中扩招的需要。

【赵钰琳率团访问德国】 8月11日，北大附中6名教师和干部组成的访德团，在赵钰琳校长率领下，访问德国玛琳坳学校并签订友好学校协议；9月29日，玛琳坳学校师生二十余人来附中交流访问，双方进一步加深了了解。

【加强师德建设】 8月21至24日，北大附中召开暑期教育教学研讨会，参会人员就加强师德建设和学校的教育、教学、管理及其发展进行了认真讨论，并达成高度共识，通过了《北大附中加强师德建设的意见》，增强了面对新形势的挑战，加强团结协作，进一步办好北大附中的信心。

【张思明、张继达、李冬梅获奖】 8月，北大附中数学特级教师张思明被评为全国优秀教师。物理教师张继达、计算机教师李冬梅被评为北京市特级教师。

【新生军训汇报】 9月1日，北大附中举行高中扩招后的第一个开学典礼，受到军队良好纪律作风教育的六百多名高一学生，在军训汇报中表现出色。为了加强人数最多的高一年级的管理，学校配备了强有力的班子，第一次在年级设立党支部。

【日本早大本庄师生访问北大附中】 10月10日，北大附中与日本早稻田大学本庄高等学院进行了第17次交流活动，双方就共同关心的问题达成共识。

【运动会再夺佳绩】 10月20日，在北京大学2001年秋季田径运动会上，北大附中教工代表队夺得团体冠军。

【支部建在年级上】 10月,根据"三讲教育"的整改措施,党委决定在高中三个年级分别设立教工党支部。按党章要求,经过党员选举,高一、高二、高三和机关后勤都建立了新的党支部。

【校园文化建设通过检查】 11月20日,海淀区校园环境建设检查组来北大附中进行分组检查。检查组肯定了北大附中校园环境建设取得的成绩,对北大附中独具特色的校园文化建设给予很高的评价。

【张思明参加教育观念更新报告团】 11月24日,教育部和北京市委联合举行的"教育观念更新报告会"在人民大会堂进行,北大附中数学特级教师张思明的报告"学校环境中的数学创新实践活动"受到与会者的高度称赞。教育部陈至立部长、王湛副部长、北京市委龙新民副书记等领导出席了报告会。

【康健出任北大附中校长】 11月29日,北京大学党委副书记岳素兰在全校教职工大会上宣布康健教授任北大附中第九任校长,赵钰琳因年龄原因不再担任校长。北大校长许智宏、副校长郝平等领导出席大会并讲话。

【科技活动再创辉煌】 12月27日,北京市教委隆重举行第19届北京市中小学生爱科学月活动闭幕式暨北京市中小学生金银帆奖、金鹏科技奖颁奖大会。北大附中因科技活动成绩突出被评为北京市科技示范校。同时,原高三年级学生周欣、常瑞、张玓(现就读于清华大学)因学科成绩优异荣获中学生银帆奖,并与其他获奖同学一起受到林文漪副市长等领导的接见。

(北大附中)

北京大学附属小学

【概况】 2001年,附小学生达到1978人,分为42个教学班。教工106人,其中专职教师86人(含外籍教师2人)。现有北京市学科带头人1名,北京市中青年骨干教师1人,海淀区学科带头人7名,海淀中心学区学科带头人17名,以及获得中学高级职称教师5人。以上人员占教师人数的29.8%。截止到2001年12月,全校本专科学历者达到83%,其中本科学历教师34名。

财务工作通过检查 通过学校审计室审计,认为附小财务工作基本规范。从当年4月开始布置,至12月31日结束,海淀区教委、物价局到校检查两年账目,证明附小坚持按国家政策办事,没有乱收费现象。附小收入的捐资助学款上交北大财务处。

教学工作通过检查 11月19日,海淀区教委对附小教学工作进行检查验收。校长刘开云作了《加强教学管理,以学生发展为主,实施素质教育》的经验总结。检查团对附小教学资料管理、课堂教学和教科研活动给予很高评价。附小获得"教学管理先进校"、"教科研先进校"光荣称号。副校长尹超当选海淀区优秀教学管理干部。

少先队工作通过检查 12月17日,海淀区少工委组织各中心学区总辅导员一行40余人,对附小少先队工作全面验收并给予好评。附小大队辅导员王丽萍在全区辅导员大会上介绍了利用网络开展少先队工作的经验。

获得荣誉 在已获得的全国和市、区颁发的10个各类"先进学校"奖牌基础上,当年又被评为"全国现代小学数学教学实验示范校"、"全国'六一杯'计算机比赛先进校"和海淀区首次组织评选的"艺术传统校",并再次被评为全国古诗文诵读优秀校和北京市先进校。

【教学】 教学科研 2000年7月,申报了海淀区"十五"大型群体课题"创新教育研究",确定了附小的子课题"适应创新教育的多样化教学策略、教学模式和教学设计的研究",成立了教科研领导小组。同时,各年级组确立下一级子课题并落实到人。一年多来,教师们在创新教育理论指导下,潜心钻研,大胆进行教改实验,不同教学模式和策略大放异彩。基本形成"师生互动"、"自学—质疑—合作探究"、"情境教学"、"激趣、求异、探究、迁移"等4种教学模式。是年举行的优质课评比中,3位教师获得海淀区一等奖,1位教师获得海淀中心学区一等奖,4位教师分获二、三等奖。同时,3位美术教师的教案分获海淀区二、三等奖。理论学习与教学实践的结合把全校教学科研推向新的水平。3位教师论文获全国小语研究会论文评比二等奖,3人获三等奖;10人(次)分获北京市一、二、三等奖;20人(次)获海淀区一、二、三等奖;13位教师的研究论文在全国性刊物上发表。获奖论文总数是2000年的4.5倍。

学生成绩 2001年,附小获得第三届"紫荆花杯"中华青少年书法绘画艺术展三星紫荆花团体奖、全国青少年奥林匹克机器人比赛最佳创意奖和香港国际机器人比赛团体奖、第一届"熊猫杯"少年国际棒球邀请赛亚军、北京市青少年棒球联赛第四名、第一届"远程体育杯"北京市中小学生篮球赛第二名、第18届北京市"振兴中华杯"篮球比赛第四名、海淀区秋季篮球比赛小学女子组第一名。"娃娃京剧团"获得全国少工委、中央电视台青少年中心、中国少年儿童手拉手艺术团主办的全国儿童剧普及交流汇演的特等奖。在计算机、艺术、书法美术、体育、航模舰模等各类竞赛中,54名学生在全国、46名学生在北京市、206名学生在海淀区分获一、二、三等奖。

【教学交流活动】 北京市高年级语文教学研讨会 2001年11月14日,北京市教研部在附小举办全市高年级语文教学研讨会,潘东晖、陈小葵、刘雪英三位教师的展示课受到各界专家好评。

海淀中心学区"创新教育现场会" 11月29日,附小承办海淀中心学区"创新教育现场会",副校长尹超作了"如何在课堂教学中实施创新教育"的发言。于昆、陈小葵、康万德做了创新教育汇报课。

一年级语文实验教材(人教版)研讨会 12月14日,人教社实验教材课题组在附小召开一年级语文实验教材研讨会,与会人员有全国小语会理事长崔峦、秘书长陈先云等30余人。附小段燕梅老师在会上讲观摩课。

【学生教育】 根据江泽民总书记关于教育问题的谈话精神和有关在新形势下加强和改进中小学德育工作文件要求,本年附小学生教育突出了7个教育:(1)奏响德育主旋律的爱国主义教育。积极宣传、参与申奥活动。(2)崇尚科学,培养科学精神、科学方法、科学态度的爱科学教育。坚持各种科学小组活动,常年培训电脑爱好者。(3)从小培养遵纪守法、文明行为习惯的养成教育。加强日常教育,4月2日开始全校体育、卫生、少先队工作大评比。(4)磨炼意志品质、培养团结协作和吃苦耐劳精神的军训教育。4月,500余名高年级学生参加少年军校训练。(5)激发勤奋向上、战胜自我、克服惰性的品德教育。4月10日,组织全校师生观看残疾人文艺演出,引起强烈反响。(6)培养欣赏美、创造美和鉴赏美的艺术教育。6月1日,全校举办"世纪歌声在校园飞扬"大型联欢会。(7)讲求网络文明、提高信息素养的现代文明教育。11月26日,由团中央和全国少工委主办,以附小为主会场,召开全国千所学校"做网络文明小使者"网络现场直播主题大队会,团中央书记处书记赵勇、全国少工委主席郭长江等领导参加了大会。

【基础设施建设】 4月,学校食堂进行内部改造,增设了消毒间、分饭间、主食制作间,制作了保鲜冷库,保证就餐师生的健康。5月,所有教室安装电扇、电脑和实物投影设施,进一步改善教学环境,保证教学现代化手段的使用。

【联合办校】 经过多次考察,反复磋商,5月,附小与北大教育投资公司签约,在北京市丰台区明春苑创建北大附属实验学校。附小党支部书记李建新任该校执行校长。

(刘开云)

党建与思想政治工作

组织工作

【概况】 2001年组织工作的基本方针是：紧紧围绕北京大学创建世界一流大学这个中心工作，按照"三个代表"重要思想的要求，认真贯彻六中全会精神，全面推进党的作风建设；按照中央关于《党政领导干部选拔任用工作暂行条例》和《深化干部人事制度改革纲要》的要求，坚持六条原则，进一步加快干部人事制度改革步伐。

在实践这个基本方针的过程中，组织部把工作重点放在了六个方面：第一，组织全校党员干部认真学习江泽民同志"七一"讲话和党的十五届六中全会文件，以党的先进性教育为目标，提高党员干部的理论水平和思想政治素质，提高党员干部在新形势下与党中央在政治上保持一致的自觉性。第二，结合"三讲"教育"回头看"，对中层领导班子和领导干部进行届中考核，进一步加强中层领导班子和领导干部的党性和党风建设。第三，深入基层，调查研究，与基层党委共同分析和解决党支部建设中的理论和现实问题，指导党支部创造性地开展工作。第四，加强干部选拔任用工作的制度化建设，以扩大干部工作中的民主和群众参与程度为重点，积极引入竞争机制，促使优秀人才脱颖而出。根据北京大学和北京医科大学合并后的新情况，进一步健全相关制度措施，逐步实现领导干部选拔任用、考核、交流、监督等工作的规范化，从制度上防止和克服用人上的不正之风。第五，以北京大学党校和干部培训中心为基地，以加强政治素质为基础，培养综合素质为导向，提高管理水平为重点，增强干部培训的针对性、实用性和系统性，逐步建构多层面、立体化的干部培训模式。第六，利用北京大学马克思主义研究和人文社会科学研究的综合优势，积极开展北京大学党建理论和实践问题研究，建立"一会"（北京大学党建研究会）、"一刊"（《北大党建》）、"一套课题"（北京大学党建研究课题指南）。

【党组织基本状况】 党员状况 全校共有党员13433名，占全校总人数的24.3%。其中：干部党员1015名，占干部总数的82.3%；教师党员2635名，占教师总数的58%；工人党员421名，占工人总数的22.4%；其他专业技术人员党员1220名，占其他专业技术人员总数的17.4%；学生党员4392名，占学生总数的10.9%。其中：研究生党员2712名，占研究生总数的25.3%；本科生党员1621名，占本科生总数的11.7%；大专生与成人脱产班学生党员59名，占其总数的0.37%；中小学教工党员205名，占中小学教工总数的68.1%；离退休党员2365名；长期在国外的其他人员党员1180名。

党组织状况 全校共有基层党委45个、党总支4个、党的工作委员会3个；党支部771个（包括2个直属支部），其中校本部党支部490个，教职工支部274个，学生党支部180个，离退休党支部36个。

校本部党员状况 党员总数8651人，其中干部725人，教师1339人，学生3694人，离退休1235人，其他（包括专业技术人员、附中、附小教工等）共1658人。

以上数据截止到2001年11月30日，同期，发展党员706人（本部505人），其中教工106人（本部18人），研究生300人（本部282人），本科生288人（本部195人），专科生12人（本部10人）。

【党建工作】 深入开展党员思想理论教育活动，提高党员的政治理论水平和先进性意识 党员的先进性是党的生命力之所在，是"三个代表"重要思想的根本要求。新形势对党员的先进性提出了新的要求，在实际工作中北大党委组织部采取多种形式，以保持党员先进性为核心内容，在思想、组织、作风、制度等方面对党员全面进行教育。江泽民总书记在庆祝中国共产党成立80周年大会上发表的重要讲话，详细阐述了"三个代表"的重要思想，对新时期如何加强党的建设提出了方向。为使全校党员充分认识这一纲领性文献的意义，北大在贯彻《北京大学关于学习江泽民同志"七一"重要讲话具体安排的通知》（党发[2001]37号）的要求的基础上，充分利用北大人文社会科学的资源优势，聘请校内专家、学者,通过讲座、座谈、报告等形式,引导广大党员干部深入学习"七一"讲话,深刻理解、正确把握"三个代表"重要思想的精神实质及其在党建上的重要意义,切实把大家的思想统一到"七一"讲话精神上来。

在纪念建党80周年之际,为了使党员重温党的历史,增强党性观念,校党委组织部在全校党员和入党积极分子中开展以"实践'三个代表',共创世纪辉煌"为主题的党建党史教育活动,组织了800多名新党员的入党宣誓活动。活动中,由组织部牵头并具体负责实施了"北京大学纪念建党80周年党的知识竞赛活动",共收到答卷5497份,并进行了评奖,取得比较好的效果。党务和思想政治工作评优活动是北大党的基层工作的重要内容,如何做到评优工作的参与性与科学性、先进性带动与群众性影响的统一一直是努力目标。根据《北京大学关于表彰优秀党务和思想政治工作者的办法》,开展党务和思想政治工作优秀个人和先进集体的评选表彰活动,最后全校共评选出党务和思想政治工作先进集体13个、党务和思想政治工作优秀个人一等奖(李大钊奖)11名、二等奖71名。这些先进人物事迹还上了校园网和宣传栏。对于先进集体的事迹,部分选取了一些刊登在《北大党建》上。通过这一形式,发挥了优秀人物的示范作用,树立了党组织的光辉形象。

深入基层做好基层党组织的调研工作,加强党支部活动的规范化建设 新的社会形势为北大党的基层组织建设提出了很多新的挑战,同时也提供了很多发展机遇。2001年党的基层组织建设工作的思路就是按照"三个代表"思想的要求,认真落实2001年组织部工作要点,深入基层做好基层党组织的调研工作,发现存在的问题,加强党支部活动的规范化建设。"三讲"教育结束后,组织部积极协助校党委完成整改方案中涉及组织部的工作,主要修改并颁发了关于基层党组织建设方面的相关文件:《中共北京大学委员会关于进一步加强党校建设的意见》(党发[2001]23号)、《中共北京大学委员会关于进一步加强教职工党支部建设的若干意见》(党发[2001]22号)、《中共北京大学委员会关于进一步加强学生党支部建设的若干意见》(党发[2001]21号)、《北京大学教职工党支部考核评估办法》(试行)(组发[2001]13号)。同时根据工作的需要,制订并颁发了相关文件:《中共北京大学委员会关于进一步加强在青年教师中发展党员的工作的意见》(党发[2001]10号)、《北京大学党校工作细则》(组发[2001]12号)。这些文件紧密结合学校实际,使党的工作具有针对性,对规范和引导学校党的基层工作的开展具有重要意义。

组织部在贯彻落实这些文件精神的过程中注意了四个方面:一是始终强调基层党委要把基层党支部的建设始终放在工作的中心,坚持从本单位发展新的实际出发,以改革的精神研究和解决党支部建设中面临的理论和现实问题,指导党支部创造性地开展各项活动,对于党支部的基本状况,坚持定期分析,做到心中有数。二是进一步完善联系基层制度,切实把党建工作的重心放到基层,与基层党委共同研究分析党支部建设问题,在工作中讲求实效,坚决反对形式主义。组织部干部深入到数学学院、化学学院、外语学院、政府学院、生命学院、哲学系、历史系、中文系等单位的党支部,通过召开党支部书记座谈会,了解基层党支部的基本状况,为与基层党委一道抓典型,总结提高,形成经验,加以推广,以点带面,推动全校基层党支部建设打下了良好的基础。三是把提高党支部组织生活的质量放在重要位置。组织部联合党校、学工部对全校教工党支部书记和学生党支部书记进行专门培训。同时,在学生党支部中开展"缅怀先辈丰功伟绩,展现党员时代风采"主题党日活动,从各个方面为提高党支部活动的质量创造条件。四是注重在青年知识分子中特别是在青年教师中发展党员,要求认真落实《中共北京大学委员会关于进一步加强在青年教师中发展党员工作的意见》,切实建立党员联系青年教师的制度,加强了与青年学术骨干的思想交流,进一步扩大党组织在青年知识分子中的影响力。在学生中发展党员工作注意规范发展程序,保证党员质量,对个别院系学生党支部发展党员过程中采取差额投票的方式予以纠正,同时强调要注意考察学生的入党动机,避免突击发展的现象发生。经过各单位的共同努力,截止到2001年11月底,发展党员706人,其中教工106人、研究生300人、本科生288人、专科生12人。

加强党建理论研究,提高党建工作水平 6月21日,北京大学党建研究会成立。成立党建研究会是校党委作出的一项重要决定,旨在提高北大党建研究的水平,推动全校基层党组织建设的开展。党建研究会秘书处设在党委组织部,具体负责日常工作。组织部从10月份开始,积极筹划布置2001~2002年度党建课题及其申报工作,课题按照党的组织干部工作、理论宣传工作、统一战线工作、学生工作、共青团工作、工会工作、保卫工作等分类,列出重点课题和一般课题,各单位提交的课题申报表在经过专家组评审后将正式立项实施。为了促进党建工作的理论研究和宣传,组织部具体组织了《北大党建》的创刊工作,使北京大学的党建工作有了宣传政策、传递信息、沟通情况、反馈意见、交流经验、探讨问题的舆论阵地和工具。

总结"三讲"教育经验，巩固"三讲"教育成果，推动"三讲教育回头看"活动深入开展 2001年是"三讲"教育活动的第二年，是各单位全面落实"三讲"整改方案的重要时期。组织部配合学校党委，认真督促检查整改方案的落实情况，以巩固"三讲"教育成果。在此基础上，按照中组部和市教工委的统一部署，在校党委的统一领导下，11月上旬到12月上旬，又开展了"'三讲'教育回头看"活动，组织部负责了其中的主要工作，包括确认参加"回头看"会议的人员名单；具体负责组织五个座谈会，回收各单位"'三讲'教育回头看"的总结材料等，为学校党委全面推进"'三讲'教育回头看"活动的深入开展做了很大的努力，并受到学校领导的肯定。

认真组织党的十六大代表候选人推荐提名工作 2002年即将召开的党的十六次代表大会，在党的发展历史上将产生重大的影响，选好十六大代表是一项重要的政治任务。为做好十六大代表候选人的推荐提名工作，组织部按照上级文件精神和学校党委下发的《关于做好党的十六大代表候选人初步人选推荐提名工作计划安排》文件，认真进行宣传教育，并根据提名要求和推选步骤切实做好北大十六大代表推荐工作，使广大党员在这次推荐提名工作中，受到了一次生动具体的党的民主集中制的教育。

【干部队伍状况】 截止到2001年12月31日，北大有二级机构共116个，其中机关31个、理科26个、文科33个、其他3个、直属附属单位23个。

校级领导15人，全部具有正高职称，5人具有博士学位，2人具有硕士学位，平均年龄52.8岁。党委正副书记5人，平均年龄52.4岁；正副校长10人，平均年龄52.7岁（一位副书记兼副校长）；纪委书记一人，54岁。

班子换届、调整充实、新建与撤销共43个（其中班子换届6个、班子调整与充实18个、新建班子8个、撤销建制11个）

干部任免共138人次，其中任命共84人次、免辞共54人次。

向校外输送干部、干部挂职、干部调出12人，其中向校外输送干部9人、到校外挂职锻炼2人、调出1人。

【干部队伍建设】 加强干部工作的制度化建设 在学校党委领导下，组织部根据上级关于干部工作有关文件精神，修改和重新制定了学校干部工作的5个相关文件：《北京大学关于加强干部管理工作的若干规定》（党发［2001］17号）；《北京大学中层干部选拔任用办法》（党发［2001］18号）；《北京大学机关工作若干规则》（党发［2001］19号）；《北京大学中层班子后备干部队伍建设的若干规定（试行）》（党发［2001］20号）；《北京大学中层行政班子换届工作程序》（组发［2001］11号），作为组织部工作严格遵循的制度，使组织部工作在制度化建设方面提高到一个新的水平，在实践过程中，对干部工作的规范化、制度化、程序化、科学化都

表9-1 中层干部年龄统计比较（1998—2001）

时间	干部总数	平均年龄	正处级		副处级		45岁以下	
			总数	均龄	总数	均龄	数量	%
1998	356	47	117	52	239	45	145	40.7
1999	286	46	94	50	192	45	132	46.2
2001	297	46.7	95	50.6	202	44.8	120	40.4

表9-2 2001年底副处级以上领导干部情况统计

	人数	女干部人数（比例）	教授（正高）职称人数（比例）	副教授（副高）职称人数（比例）	博士学位人数（比例）	硕士学位人数（比例）	平均年龄（其中最小年龄）	45岁以上人数（比例）	36～45岁人数（比例）	35岁以下人数（比例）
副处以上干部	312	64 20.5%	171 54.8%	104 33.3%	80 25.6%	77 24.7%	46.9 (27)	188 60.3%	95 30.4%	29 9.3%
中层正职干部	95	17 17.9%	73 76.8%	19 20%	21 22.1%	24 25.3%	50.6 (32)	75 78.9%	19 20%	1 1.1%
中层副职干部	202	44 21.8%	83 41.1%	85 42.1%	54 26.7%	51 25.2%	44.8 (27)	102 50.5%	72 35.6%	28 13.9%
中层干部	297	61 20.5%	156 52.5%	104 35.0%	75 25.3%	75 25.3%	46.7 (27)	177 59.6%	91 30.6%	29 9.8%

截至2001年12月31日止

发挥了重要作用。

认真贯彻十五届六中全会精神，坚持用好的作风选人，选作风好的人 坚持用好的作风选人，是当前加强和改进党的作风建设的关键问题，也是全面贯彻干部队伍"四化"方针和德才兼备原则的迫切要求。组织部门作为党委选人、用人的参谋和助手，在落实用好的作风选人方面负有重大的责任。组织部在学习贯彻十五届六中全会精神的过程中，注意加强组织部自身建设。一是深入理解，严格遵循十五届六中全会关于用好的作风选人必须做到的"五坚持五不准"。二是在选拔任用党政领导干部过程中，始终坚持党管干部的原则；德才兼备、任人唯贤的原则；群众公认、注重实绩的原则；公开、平等、竞争、择优的原则；民主集中制的原则；依法办事的原则等六条原则。三是坚持解放思想，树立与时俱进观念，进一步拓宽选人用人的视野。四是深入调查研究，努力探索高校干部工作的客观规律和改革的途径。五是严肃干部人事工作纪律，增强廉洁自律意识。六是加强业务学习和内部管理，提高工作效率和水平。

结合学校内部管理体制的改革，加大干部人事制度的改革力度 深化干部人事制度改革，是建设高素质的干部队伍，培养造就大批优秀人才的治本之策，是创建世界一流大学的迫切需要。结合学校1999年以来进行的学校内部管理体制的改革，组织部根据上级的要求，结合北京大学的实际，进行了积极的探索：一是在干部选拔任用的方法上，将坚持党管干部的原则与走群众路线相结合、民主推荐和党委任用相结合，实行公开性，增强透明度，扩大群众对干部工作的参与和监督，坚持"五个公开"，即选拔任用的原则公开、干部的任用条件公开、选拔任用的程序公开、推荐和自荐的结果公开。二是在干部选拔任用的具体制度上，建立了"党口干部选任制、行政干部任期制、提拔干部公示制、任免干部票决制"的模式，学校机关正职干部实行推荐委任制，大部分副职干部实行公开招聘制，部分干部实行试用期制，从过去单一的选拔任用方式，转变成多种形式的选拔任用方式。三是结合结构改革、院系调整和岗位聘任，采取改任同级非领导职务、平级调岗、高职低聘、离职分流、提前退休等方式，疏通干部"能上能下"渠道。四是结合两校合并，扩大干部交流范围，积极探索并完善校内交流和校外交流相结合的干部交流机制。本年度校内交流干部5人，向校外输送干部10人，吸收校外干部1人。五是加大选拔优秀年轻干部特别是年轻的党政正职领导干部的力度，注重德才表现、工作实绩和群众认可程度，继续采取轮岗、交流、挂职等多种形式，把年轻干部放到工作的第一线和艰苦复杂的环境中锻炼，全面提高他们的素质。经过这几年的努力，学校干部队伍结构正在发生变化，目前校级领导班子既在年龄、专业、知识结构等方面比较合理，又顺应了两校合并的需要，保证了工作的连续性和有效性。校本部的处级干部平均年龄从1998年的47岁下降到46.7岁，其中正处干部从1998年的52岁下降到51岁，副处干部从1998年的45岁下降到44.7岁。45岁以下的干部占干部总数的百分比由1998年的40.7％上升到42.4％，干部队伍中的博士、硕士占到一半。

正常有序地进行中层领导班子的调整和换届工作 2001年度学校中层领导班子调整和换届工作数量大，任务重，头绪多，关系到中层单位工作的顺利进行和事业的发展，也关系到北京大学有关发展战略各项具体工作的贯彻和落实。组织部根据校党委的部署，按照换届条件的成熟程度、干部准备情况以及到届时间长短，分批启动，交叉进行，力争完成换届工作量的三分之二，换届条件不成熟的先搞调查研究，有序、稳步、渐进地开展中层领导班子的调整和换届工作，真正把那些作风正派、甘于奉献、能力突出、政绩显著、廉洁自律的干部选拔上领导岗位，取得了积极的效果。本年度共计调整充实班子18个，换届7个，新建班子8个，撤销建制11个，其中涉及干部任免129人次。与此同时，配合学校院系调整规划，完成了4个学院及其党委（或直属支部）的组建和干部配备工作，这4个学院是：新闻与传播学院、物理学院、地球与空间科学学院和政府管理学院。撤消的系级建制有：物理系及其党委、地球物理系及其党委、遥感所、地质学系及其党委、政治学与行政管理系及其党委。在严格考察的基础上，共选拔了15名中层领导干部担任上述学院的行政负责人。

建立并进一步完善了校级后备干部库和学校中层后备干部库 自1992年建立起校级和中层后备干部队伍，近年来在干部新老交替、充实班子建设、校内外干部交流，尤其是干部队伍年轻化方面起了重要作用。由于两校合并和内部机构改革的需要，后备干部库在1994年、1997年两次调整充实的基础上，根据中共教育部党组教党（2001）16号文件精神，组织部在校党委的领导下，通过群众推荐、组织推荐、个人推荐或自荐等多种形式，于2001年上半年再次对校级后备干部进行了调整。目前校领导班子职数为15人，调整后的后备干部总数为32人，其中36岁至45岁的后备干部20人，占后备干部总数约62.5％；后备女干部8人，占25％。后备干部的专业专长基本覆盖了北大的主干专业，并且全部具有硕士以上学位，其中博士学位21人，占65.6％。其他各类结构比例均保持比较合理水平。同时，对中层后备干部进行了动态考察、调整、充实并重新建立了中层后备干部库。调整后的中层后备干部总数为291人,其中45岁(含)以下的后备干部235人,占后备干部总数约80.8%,35岁(含)以下的后备干部87人,占后备干部总数约29.9%,后备女干部69人,占23.7%。后备干部有225人具有硕士以上学位,占77.3%,其中博士学位162人,占55.7%。其他各类结构比例均保持比较合理水平。目前北大已初步形成一支数量充足、素质精良、专业齐全、结构合理的中层后备干部队伍。

具体组织实施教育管理与德育系列职称评审工作 在学校职称评审委员会的统一领导下,组织部总结了以往工作的经验教训,在任职资格、评审程序、评审表决、评审复议、评审结果公布等有关方面,对过去的做法进行了细致分析,修改完善了有关规则,保证了评审工作在公正、公平、公开的前提下顺利进行。在本年度的评审工作中,审查出一例学历作假问题,接受并审议了9人的复议申请,公布了初审、二审和最终评审结果名单,处理了多项棘手问题。经过大量艰苦细致的努力,圆满完成了本年度的教育管理与德育系列职称评审工作。参加本年度职称评审的参评人员95人,其中正高级参评人员31人,副高级参评人员35人,中级参评人员27人,初级参评人员2人。本年度共计评审出正高级职称9人,副高级职称14人,中级职称23人,初级职称1人。

积极开展干部工作问题的研讨 学校在近年的干部工作过程中,形成了一系列管理的制度和办法,随着形势的变化和发展,出现了一些新的情况,需要调整修改。组织部积极而又慎重地进行了这方面工作的调研。2001年下半年,集中讨论修订了《北京大学共青团干部任用、培养、管理办法》。共青团干部是一个特殊的群体,既是共青团工作的骨干,也是党的工作的生力军和重要的后备力量,工作负担重,责任大。因此,其任用、培养和管理应该具有与其特点相符合的特殊制度。本办法的修订对共青团干部的构成、任用、职务级别、培养与考核等方面作出了具体的规定,对推动学校共青团的工作将发挥积极作用。

通过多种形式对中层领导班子和领导干部进行届中考察 对领导班子和领导干部进行届中考察,是干部队伍建设的重要环节和干部管理的重要内容。组织部结合"三讲"教育"回头看"和年度岗位考核,对中层领导班子和领导干部届中的基本状况进行了定性和定量的分析。9月中旬至10月中旬,党委组织部对学校机关(含直属附属单位及群团组织)全体干部进行了岗位考核,参加考核的机关人员512人,其中正职干部23人,副职干部56人,副职以下干部433人,考核结果为优秀、良好的是480人,占参加考核总人数的93.8%。群众评议中,大家普遍认为学校机关机构改革后机关工作作风有了不少转变,增强了竞争和服务意识,改变了工作态度,提高了工作效率,体现了机关机构改革的成果。

【干部培训工作】 着眼一流,结合实际,探索有自己特色的干部培训模式 创建世界一流大学工作的深入进行,对学校党政管理干部的综合素质提出了更高的要求,干部培训工作在干部队伍的建设中具有越来越重要的地位。《中共中央关于面向21世纪加强和改进党校工作的决定》中指出,干部培训要包括"理论基础"、"世界眼光"、"战略思维"、"党性修养"几方面的内容。组织部以北京大学党校和干部培训中心为基地,在近几年的实践与探索中,逐步形成了政治理论、综合知识和岗位技能三大板块的干部培训内容体系,在继续保持政治理论学习和党性修养教育不放松的基础上,进一步加强了现代管理综合知识的培训,包括国际政治形势、市场经济理论、现代科技知识、管理科学理论、法律法规培训等内容,以促进干部综合素质的提高。

加强制度化建设,使干部培训工作逐步走入正轨 2001年度,组织部起草并经校党委审议通过后颁发了《中共北京大学委员会关于进一步加强党校建设的意见》和《北京大学党校工作细则》,对党校的性质和任务、方针和职责、教学和管理、设置和领导体制都作出了明确的规定。根据这两个文件的要求,成立了党校校务委员会,负责讨论和决定党校教学、科研和管理中的重大问题,加强干部培训工作的宏观规划与管理。在党校校务委员会的领导下,党校和干部培训中心对干部学习和培训需求进行调查研究,聘任党校教师,确定干部培训的长远规划、短期计划以及具体班次的培训计划,对干部培训的远期目标、近期目标、对象、内容以及培训方式等进行有效调控,并通过建立培训档案,为干部使用、考核和继续培养提供参考依据,使干部培训工作从无序逐步走入正轨。

采取多种形式加大干部培训力度 北大的干部培训一般采取组织主体班,以专题讲座、集中学习和讨论、社会实践、在职自学为主要培训形式。在主体班的组织上,根据培训对象和具体情况,确定符合各班次需要的培训模式。2001年,党校和干部培训中心举办了入党积极分子党性教育读书班、新上岗中层干部培训班、统战理论培训班(与统战部合办)、党支部书记培训班、第14期党的知识培训班(含入党积极分子培训基础班和本科新生预备党员培训班),共培训各类学员3436人,新编学习教材两本,取得了令人满意的培训效果。北京大学的干部培训工作正在按照培养和造就一支具有较高政治理论素养和开拓创新精神，掌握现代科学文化知识，具备优秀管理素质和世界眼光，适应现代高等教育管理工作需求的高素质的干部队伍的目标，努力形成以马克思列宁主义、毛泽东思想、邓小平理论和江泽民同志"三个代表"重要思想为指导，与北大改革发展相适应、符合干部成长规律的分层次、分类别、多形式、重实效、充满活力的干部培训格局和机制。

【基本经验和工作设想】 总结一年的工作，北大党委组织部工作的基本经验是：第一，进入新的世纪后，我国的经济社会正在发生新的变化，北大创建世界一流大学的工作也进入了重要时期，搞好各项工作的关键在党，党委组织部担负着在校党委领导下，加强各级党组织建设和按照管理权限履行选拔任用党政领导干部的职责；担负着为北大创建世界一流大学的工作提供组织保证和人才支持的重要任务，组织部的工作必须更要讲学习、讲政治、讲正气。第二，组织部自身建设的关键是作风建设，要按照"三个代表"的要求，认真理论和实践十五届六中全会提出的"八个坚持、八个反对"和干部工作的"五坚持、五不准"，切实加强思想作风、学风、工作作风和生活作风建设，真正做到党性要强、作风要正、工作要实、业务要精，用高度的党性指导学校党组织建设，用好的作风为学校的发展选出作风好的党政领导干部。第三，组织部的工作必须适应学校改革、发展、稳定的大局需要，跟上创建世界一流大学的步伐，坚持解放思想、实事求是，把严肃、严谨、严格的工作态度和与时俱进、不断创新的精神结合起来，在党的建设上，要努力探索、大胆实践有北京大学特色的党建方式和途径；在干部队伍建设上，要积极推进干部人事制度的改革，用改革的精神选有改革精神的德才兼备的干部，以开阔的视野、博大的胸怀、发展的眼光去选拔任用干部特别是年轻干部。第四，组织部的工作要面向基层，深入实际，联系群众，切忌形式主义和官僚主义，进一步改进服务态度，提高工作质量，使组织部真正成为干部之家，成为群众信赖的地方，成为联系校党委和广大干部和群众的纽带。第五，作为校党委的一个工作部门，组织部必须进一步加强与学校其他党政机关部门的配合，在校党委的统一领导下，增强横向联系，加大透明度，学习借鉴其他部门的先进经验和做法，最大可能地减少工作失误，当好党委的参谋和助手。

在新的一年中，组织部工作的基本思路是：在校党委的领导下，继续深入学习贯彻江泽民同志"七一"讲话和党的十五届六中全会精神，以及上级的有关文件精神，以党的先进性教育为方向，加大基层党组织建设的力度，重点解决支部生活的正常化、制度化问题和青年教师入党积极分子的培养问题。以进一步贯彻党在干部工作中的群众路线为方向，加大干部工作中的民主化力度，重点提高干部工作的公开程度和透明度，落实群众的知情权、参与权、选择权和监督权，进一步推动干部人事制度的改革。以作风建设为方向，加大组织部自身建设力度，重点解决制度化建设问题和学校党建工作的调研问题，提高工作效率，为在2002年下半年学习、贯彻、落实党的十六大精神打好基础，做好准备。

（党委组织部）

医学部组织工作

【概况】 2001年医学部共有基层党委11个、党总支3个，基层党支部281个，党员总数为4782名，其中预备党员248名。

教职工党员2434名，占党员总数的50.9%；离退休党员1130名，占党员总数的23.6%；学生党员698名，占党员总数的14.6%；出国党员520名，占党员总数的10.9%。

学生党员698名，占学生总数的12.9%；本专科生党员313名，占本专科生总数的8.19%；研究生党员385名，占研究生总数的23.9%。

2001年共发展党员201名，其中教职工党员88名（教授13名，副教授9名），学生党员113名，研究生党员18名，本专科生党员95名。

【干部队伍建设】 医学部党委组织部参与了北京大学党委有关干部工作的文件修订，结合医学部实际认真加以贯彻落实。完成人民医院党委改选、后勤服务总公司党委调整工作，肿瘤医院、公卫学院行政班子换届工作，以及第一医院、第三医院、精研所、护理学院、网络学院、夜大学、后勤服务总公司、后勤与基建管理处、计财处、审计室等有关单位干部调整工作。

建立了100人的中层领导班子后备干部库，完善了后备干部动态管理机制。

目前，中层干部134人，平均年龄48岁。正处级干部41人，平均年龄50岁；副处级干部93人，平均年龄47岁。

【"三讲"教育"回头看"活动】 根据中央和北京市委关于在"三讲"集中教育结束一段时间后开展"回头看"活动的精神，按照市委教育工委和学校党委的统一部署，医学部党委从11月12日开始，11月底结束，集中时间，集中精力，在现职副处以上领导班子和党员领导干部中开展了"三讲"教育"回头看"活动。为组织好"三讲"教育"回头看"活动,医学部党委成立了"三讲"教育"回头看"活动工作小组,医学部党委书记林久祥任组长,医学部主任韩启德,副书记、副主任吕兆丰,副书记马焕章、吴建伟任副组长,成员有组织部部长管仲军,党委办公室、主任办公室主任李鹰,宣传部部长李海峰,纪监办公室主任孔凡红。领导小组下设办公室,负责各个具体环节的操作和各项具体事务的落实。医学部党委制定了《北京大学医学部处级以上领导班子和领导干部"三讲"教育"回头看"活动实施方案》,提出了"三讲"教育"回头看"活动的指导思想、工作原则、计划安排、组织领导等。各基层党委(党总支)也按照医学部党委的统一部署,成立了"三讲"教育"回头看"活动工作小组办公室,安排本单位的"三讲"教育"回头看"活动,并将组织机构、工作计划报医学部"三讲"教育"回头看"活动工作小组办公室。

医学部的"三讲"教育"回头看"活动重点做了两个环节。第一环节是学习、自查阶段。(1)开展了多种形式的政治理论学习活动。医学部领导班子和领导干部以江泽民同志"七一"讲话、中共中央十五届六中全会通过的《中共中央关于加强和改进党的作风建设的决定》等学习重点,注意理论与实际相结合,引导大家结合医学部目前面临的形势与任务;医学部领导班子和干部在政治思想、业务能力、工作状态、精神面貌的现状及存在的问题等方面,进一步思考、总结、梳理医学部的工作和思路,抓住重点和要害问题,提高对"回头看"活动重要性和必要性的认识。(2)广泛发动群众,征求和听取意见。党委坚持"开门"搞"三讲"教育"回头看",广泛征求和听取群众的意见和建议。在医学部设立了意见箱,分别召开了各层次在职人员、人大代表、政协委员及民主党派负责人、离退休人员代表共计36人的座谈会。与会代表提出了72条意见和建议,主要涉及创建世界一流大学的发展规划、人才培养、队伍建设、校园管理、党委书记人选、老干部待遇等。"回头看"办公室严格按照要求向领导班子进行了意见反馈。(3)认真对照整改方案,自觉开展自查自看。医学部领导班子和干部结合群众反映的意见和建议,就整改措施的落实情况逐项、逐条进行总结。"三讲"教育期间制定的《北京大学医学部"三讲"教育整改方案》主要包括深化和巩固两校合并成果,全面推进教学、科研、医疗等中心工作的进展等四个方面,共53条。如制定《北京大学医学部发展规划》;调整了医学教育专业结构,改革了医学教育教学模式,实行了长学制办学;建立了人类疾病基因中心、干细胞中心、中医药现代研究中心等研究机构,并在实际应用中取得了一系列标志性的成果;完成了医学部党建和思想政治工作研究课题论证工作,没有落实的详细说明了原因。第二环节是整改、总结阶段。(1)召开民主生活会,深入开展批评与自我批评。在认真自查和广泛听取意见的基础上,领导班子和个人针对在自查自看中查找的问题召开了民主生活会,采取逐个进行的方式开展批评和自我批评。医学部党政一把手带头就整改措施落实的不足之处,以整风的精神开展自我批评,引导生活会按照事先制定的方案,严格按照政治意识、大局意识和责任意识,工作作风和工作状态,医学部的改革、发展和稳定等几个方面的要求,抓住主要问题有条不紊地进行。在批评和自我批评中坚持实事求是、不文过饰非、不纠缠细枝末节的原则,民主生活会气氛严肃热烈,开出了班子的士气,讲出了班子成员间的团结,讲出了医学部工作的正气和活力。(2)完善整改方案,明确今后努力方向。根据群众意见,结合整改措施落实过程中存在的突出问题,认真召开常委扩大会议,讨论完善整改方案。领导班子和领导干部个人结合分工和主管的工作,本着实事求是的精神和有什么问题解决什么问题、缺少什么补什么的原则,注重从医学部改革发展的全局出发,研究完善"三讲"教育整改措施。在补充完善的整改措施中,注意责任到人,时限明确,具有可操作性。(3)通报整改情况,听取群众意见。为了使"三讲"教育"回头看"活动切实起到凝聚人心,促进医学部发展的目的,民主生活会之后,医学部党委一方面就补充整改措施的落实进行筹划,另一方面适时召开"回头看"活动情况通报会,在一定范围内通报了自查自看和整改方案的落实情况;同时,充分利用校内广播、校刊等形式向全校干部职工进行通报,并进一步征求意见。

三周的"三讲"教育"回头看"活动,使医学部领导班子和干部都感到受益匪浅,主要体现在通过认真系统的学习与教育,两级班子努力实践"三个代表"思想的自觉性有了进一步提高;通过查找整改措施的不足,推进了医学部整体工作的全面发展;通过有效的整风运动,促使领导班子的团结进一步加强,驾驭全局的能力不断提高;通过开门搞"三讲"的形式,密切了党群、干群关系,医学部工作的凝聚力进一步增强。

【医学部第十次党代会】 12月20~21日医学部第十次党代会在人民医院科研楼礼堂隆重召开。北京大学领导王德炳、闵维方、岳素兰等出席大会。医学部党委书记林久祥代表第九届党委作报告,纪委书记马焕章代表第九届纪委作报告。大会通过了党委和纪委的工作报告,并选出了新一届党委和纪委成员,组建了新的领导班子。郭岩当选为新一届党委书记,吕兆丰、马焕章、吴建伟当选为副书记;马焕章当选为新一届纪委书记,孔凡红当选为纪委副书记。大会明确了医学部实行主任负责制,重大事项由医学部主任、党委书记、副主任、副书记参加的部务会议集体研究决定。

【庆祝建党80周年活动】 6月29日下午,北京大学医学部在会议中心隆重召开庆祝中国共产党建党80周年大会。北京大学副校长、医学部党委书记林久祥首先讲话。北京大学常务副校长、医学部主任韩启德宣读了《关于表彰2001年度北京大学医学部党务和思想政治工作优秀个人和先进集体的决定》、《关于表彰2001年度北京大学医学部学生先进党支部和优秀共产党员的决定》,表彰了4个先进集体,43名党务和思想政治工作优秀个人,8个学生先进党支部,22名优秀学生党员。

解放战争时期的老党员、原北京医科大学党委书记彭瑞骢教授,青年党员代表医97-6班韩晓宁同学,民主党派代表、九三学社北医委员会主委林琬生教授分别表达了对中国共产党生日的祝贺,并表示决心在北京大学医学部党委的领导下,立足本职工作,为创建世界一流大学贡献力量。

北京大学党委书记王德炳在讲话中说,百年校庆后,为响应江泽民总书记提出的"为了实现现代化,我国要有若干所具有世界先进水平的一流大学"的号召,在国家的支持下,北大适时启动了"985工程"。两校合并后,我们又重新修订了规划,继续向前推进。创建一流大学是党和国家赋予北大的庄严使命,也是北大面向21世纪振兴发展的必然选择。北京大学作为全国高校的排头兵,国家给予了重点支持,我们应该做得更好,成为科教兴国的生力军。医学部作为全国高等医学院校的排头兵,应勇于抓住机遇,迎接挑战,特别要发挥两校合并后的综合大学的优势,为创建世界一流大学做出应有的贡献。在创建世界一流大学的征途上,我们必须以"三个代表"重要思想为指导,进一步加强党的思想建设、组织建设和作风建设,进一步提高学校党组织的凝聚力和战斗力,带领全校师生员工为实现这一宏伟目标而努力奋斗。

北京大学副校长、医学部党委副书记、副主任吕兆丰主持会议。大会还特别邀请了原北京医科大学老书记、老校长,解放战争时期的老党员等老前辈参加。出席大会的党员代表、民主党派代表有900多人。

医学部党委组织部、宣传部共同组织党史党建知识竞赛活动。

【培训工作】 (1) 做好职工和学生入党积极分子的培养教育工作。3月—5月,9月—11月,党校分别举办了学生和职工入党积极分子培训班,培训的主要内容是党的基本理论、基本路线和基本知识等。党校精心组织了6次专题讲座,分别是"邓小平理论与时代变迁"、《共产党宣言》辅导报告、"党风廉政建设"、"树立共产主义的理想信念"、"党员的权利和义务"、"国际形势报告"。讲课教师都是学校的领导或相关领域的专家教授,他们理论水平高,阅历丰富,有教学经验,因此受到了学员的好评。在课堂教学的同时,又组织职工入党积极分子去锦绣大地、首钢进行了社会实践。通过严格考勤、考试,共有10个学院的260名本专科学生、15名研究生、174名教职工获得结业证书。

(2) 做好两年一次的支部书记培训工作。为进一步学习江泽民同志"三个代表"的重要思想,切实加强基层党组织建设,发挥党支部的战斗堡垒作用和党员的先锋模范作用,组织部、党校于6月8~9日举办了党支部书记培训班。在培训班上,中国人民大学教授安启念作了题为"当前党的思想建设中的几个理论问题"的报告;三院药剂科张晓乐等5位支部书记进行了交流发言;组织部长管仲军作了题为"摸清情况、扎实工作,开创基层党支部建设新局面"的报告;马焕章副书记作了题为《医学部统战工作报告》,还请北京大学中医药现代研究中心主任徐筱杰教授、人类疾病基因研究中心主任马大龙教授介绍了本中心的发展概况及未来发展。各学院党委书记、副书记、党办主任和支部书记232人参加了培训。

(3) 积极组织中青年后备干部的培训工作。为进一步贯彻落实中央关于加强干部培训,全面提高干部素质的精神,组织部、党校、工会于7~9月组织了中青年骨干培训班。此次干部培训分为理论培训和社会实践两个阶段。8月19日,国家行政学院薄贵利教授作了题为"适应时代发展,努力提高干部队伍的素质和能力"的辅导报告。8月20~27日,由常务副校长韩启德领队,组织部长管仲军为团长,工会常务副主席王春虎为临时党支部书记,来自北大医院、药学院等14个单位的业务骨干和管理骨干共40人,组成考察团赴井冈山进行社会实践。在井冈山期间通过参观革命旧址、开展党课教育、开展支部生活会等形式,进行国情教育。返校后,每位学员都写了书面总结,认真总结个人的收获体会。在充分准备的基础上,还举行了隆重的井冈山之行汇报会。这次培训采取学习和社会实践相结合的形式,使学员们受到了较好的教育。

(4) 组织中层干部培训班。为了进一步提高中层干部素质,适应两校进一步融合与发展,10月18~19日,组织部、党校举办了医学部中层干部培训班。北大党委常务副书记、副校长闵维方,北大常委副书记岳素兰分别就创建世界一流大学的财务管理工作、干部队伍建设的问题作了报告,常务副校长韩启德、副校长吕兆丰分别对从事管理工作的重要性,医学部教学发展思路、发展原则以及在进一步融合的形势下加强团结的问题作了发言。北京大学干细胞研究中心主任李凌松教授作了"干细胞应用研究的现状及未来"的报告,北京大学政治学系主任助理赵成根博士作了"现代管理学导论"的报告。此次培训,内容上突破了以往只是政治理论知识培训的框架,涵盖了学校中心工作阐述以及管理知识和现代科技知识的内容,使中层干部了解了学校的发展思路,拓宽了视野,对于他们今后增强工作的主动性和积极性具有重要意义。

【党建研究课题工作】 为了鼓励各级党组织和广大党务工作者、思想政治工作者在新形势下积极研究高校党建面临的新情况、新问题,探索改进工作思路和对策,2000年9月,医学部党委下发了《关于申报党的建设和思想政治工作研究课题的通知》以及《立项指南》,对课题的研究目的、指导思想、主要范围等提出了具体要求。通知下发后,各单位领导非常重视,积极组织申报。经过汇总,共有18个单位申报了43项课题,范围涉及领导班子建设和干部队伍建设、党的思想政治建设、党的基层组织建设、党的宣传思想工作、精神文明和医德医风建设、党风党纪及廉政建设等工作。

由多年从事党务工作的专家、职能部处负责人以及医学部领导组成了研究课题专家评审组。2001年4月5日、19日,组织部组织召开了两次专家评审组会议,专家对申报课题的名称、内容、参加人员、所需经费、完成时间进行了讨论,并提出了具体意见和建议。专家评审组普遍认为:此次课题申报,各单位都很重视、积极踊跃,涉及范围广,参与人员多,值得肯定;大部分课题能结合本单位的实际,力求在工作内容、方式、手段、机制等方面有所创新和改进;但是个别表格填写不规范,课题内容脱离本单位的工作实际,课题名称与内容不符。6月14日,举行了党建和思想政治工作研究课题开题报告会。各单位中标课题负责人从立题依据、课题目的、课题内容、课题阶段形式到课题最终成果形式,进行了陈述,专家针对汇报和立项的要求进行提问,并提出了宝贵的意见和建议。最后确定立项课题30个,经费5万元。组织部、党校具体承担五项研究课题。目前,课题经费已经落实到位,各个研究课题正在进行之中。

【支部建设和发展党员工作】 进一步贯彻落实北京市委教育工委关于加强基层党支部建设的指示精神,推进医学部基层党支部建设,医学部党委继续在基层党支部中开展了"优秀组织活动"设计、实施竞赛活动,下拨了近8万元党费支持党支部开展组织活动。各基层党支部以"实践'三个代表',共创世纪辉煌"党史党建教育活动为契机,结合本单位实际合专业特点,紧扣主题,开展了丰富多彩的支部活动。

医学部组织部组织了"优秀组织活动"设计、实施竞赛活动汇报、交流和评选工作,共有14个基层党委(总支)69个基层党支部申报。经过认真评选,口腔医学院修复科党支部的"新世纪、新形象"主题活动等12个支部获一等奖,第三医院运动医学党支部的"党旗在我心中"主题活动等17个支部获二等奖,医学部机关工会党支部的"党员微机考试"主题活动等40个支部获三等奖;第一医院党委、第三医院党委、口腔医院党委、机关党委、药学院党委获优秀组织奖,基础医学院党委获优秀组织鼓励奖。

开展"优秀组织活动"设计、实施竞赛活动,是近年来医学部党委加强基层党支部建设的重要措施。1996年以来医学部党委要求每个基层支部重点开展1～2次有意义的组织活动。实践证明,通过此项活动的开展,对丰富组织生活的形式、内容,提高组织生活的质量,增强组织活动的思想性、政治性和实效性起到了积极推进作用。

参与北京大学党委关于基层党支部建设有关文件的修订,结合医学部实际,加以贯彻落实。原来的支部建设三级责任制继续执行。2000年是支部建设自查评估年,评估结果将作为2002年"七一"评选先进党支部的依据。

转发了北京大学党委《关于进一步做好在青年教师中发展党员工作的意见》。将制定进一步的落实措施并加强检查,力争三年有重大进展。去年,医学部共发展教职工党员88名,其中教授13名,副教授9名。

【北京市委党校北医分院工作】 1997年12月29日,经原北医大党委常委会讨论同意,由党校和社文部联合筹办北京市委党校北医分院。北京市委党校主管教学计划、教学内容、课程设置、毕业证书等,分院主要负责选聘讲课教师和学生的日常教育与管理。1998年9月北医分院开始招收业余走读大学专科(98级为行政管理专业、以后大学专科为经济管理专业)、本科班(行政管理专业)学员。现有3个年级6个班,共有学员276人。2001年主要做了以下工作:

(1)招生工作的组织管理。2001年上半年,党校、社文部联合组织对报考北京市委党校北医分院经济管理专业(大专班)、行政管理专业(本科班)考生进行考前辅导、新生入学考试的组织管理工作。2001年北京市委党校北医分院共招收经济管理专业大专学生78人,行政管理专业本科学生24人。9月2日,北京市委党校北医分院举行了新生开学典礼。

(2)毕业生组织管理工作。组织98级同学写毕业论文和总结,输入毕业生的有关材料等。2001年共有38名学员获得毕业证书。

（3）学生的日常教育与管理。9月份，对在校学生进行了校纪校规教育；12月，组织评选出2001年度优秀学员并进行了表彰。

（4）教学工作。根据同行、学生对教学的评估意见，对授课教师进行了反馈，对个别教师进行了调整。同时，还积极组织授课教师去北京市委党校参加备课会，详细了解北京市委党校对教学的具体要求，使授课教师有更强的针对性。

【组织部门自身建设】 组织部与党校合署办公后，人员来自六个不同部门，对组织工作又不熟悉，为把大家凝聚到一起，尽快熟悉工作。组织部提倡"四种意识"，即危机意识、服务意识、责任意识、质量意识；加强组织部文化建设，努力创造积极、进取、民主、协调、团结的工作氛围，强调工作中"既要有分工负责，又要有合作共事"。利用一些机会进行调查研究是医学部组织部一贯倡导的工作方法。加强制度建设，规范工作。主动与北京大学党委组织部沟通，增进了解和理解，互相取长补短。参与北京大学党委有关文件的修订，起草北京大学党委文件4个。

（医学部组织部）

宣 传 工 作

【概况】 2001年，北京大学宣传工作的指导思想是：高举邓小平理论伟大旗帜，全面贯彻"三个代表"重要思想，紧紧围绕北京大学创建世界一流大学的中心任务，唱响主旋律，打好主动仗，着眼于人，重在建设，以创新的精神做好思想宣传工作和精神文明建设，进一步激发起北京大学全体师生员工为中华民族的伟大复兴和世界一流大学的创建做贡献的积极性和创造性。

理论学习宣传方面，开展"三个代表"重要思想的学习教育活动和对江泽民同志"七一"讲话的学习、研究和宣传活动。召开了以"'三个代表'与21世纪的中国共产党"为主题的理论研讨会。编辑学习材料5期，大约16万字，组织大型调研5次。

校园文化建设方面，举办交响乐专场晚会、未名湖诗会、"同一首歌"大型歌会等校园文化活动10余场。

在新闻媒体宣传方面，电视台共播出电视新闻38期，专题80个，实况录像13次，《中华文明之光》系列片120集。"北大新闻网"年发稿中文版4380篇，日均发稿12篇，英文版269篇。《北京大学校刊》按新闻出版署的要求更名为《北京大学校报》。经学校党委批准，北大校刊由四开四版改为对开四版，报纸文字容量扩大1倍。2001年共出报28期。

【思想理论工作】 2001年宣传部围绕党和国家的工作大局，围绕北京大学创建世界一流的中心任务，通过组织理论学习研讨邓小平理论和"三个代表"重要思想，使全校教师深化了对党的方针政策的理解，进一步调动了全校教职工为创建世界一流大学而奋斗的积极性和创造性。

开展"三个代表"重要思想的学习教育活动 根据上级有关要求和北京大学的实际情况，校党委宣传部组织全校师生员工进行"三个代表"重要思想的学习教育活动。要求党员干部通过学习教育活动，加深对新的历史条件下党的性质和根本宗旨的理解，坚定走有中国特色社会主义的信念，以共产党员的标准严格要求自己。党外同志应通过这次学习教育活动，全面认识党在社会主义现代化建设中的重要领导作用，自觉接受党的领导，并通过各种方式为党的建设和发展做出贡献。学习教育活动主要围绕以下几个方面展开：

（1）学习贯彻"三个代表"重要思想的时代意义。思考讨论的问题为：从苏联东欧的教训看新时期党的建设的重要性；经济全球化对党的建设发展提出了哪些新的挑战；在改革开放的关键时期加强改善党的领导重要意义及面临的问题；北京大学党组织和党员应如何在创建世界一流大学工作中发挥领导核心和先锋模范作用。

（2）中国共产党代表着中国先进社会生产力的发展要求。思考讨论题为：如何理解中国共产党代表着中国先进社会生产力的发展要求；什么是中国先进社会生产力的发展要求；北京大学党组织和党员应如何落实这一要求。

（3）中国共产党代表着中国先进文化的前进方向。思考讨论题为：先进文化的前进方向是什么；如何处理马克思主义与中西文化的关系；如何用先进文化前进方向指导学科建设；北京大学的改革发展应如何坚持先进文化的前进方向。

（4）中国共产党代表着中国最广大人民的根本利益。思考讨论题为：中国最广大人民的根本利益是什么；如何理解"三个代表"之间的内在联系；中国共产党如何代表中国最广大人民的根本利益；创建世界一流大学的工作与中国最广大人民根本利益之间的关系。

开展对江泽民同志"七一"讲话学习、研究和宣传活动 江泽民同志"七一"讲话发表后，校党委宣传部和邓小平理论研究中心等单位密切配合,组织北京大学学者深入学习、研究、宣传江泽民同志"七一"讲话精神,开展了一系列的学术交流会,到校内外开展宣讲活动,参加多种形式的以"三个代表"为主题的调研实践活动,并就一些重大理论和实践问题进行专项课题研究。校党委副书记赵存生先后在北京大学和江苏等地宣讲"三个代表",在《光明日报》、《高校理论战线》等刊物发表了"马克思主义的理论创新"、"局部利益和整体利益的关系"、"'三个代表'与高校党组织的历史责任"等一些有影响的文章,并就如何深化学习、研究和宣传"三个代表"接受了中央电视台、中国教育电视台的采访。哲学系黄楠森教授参加了在深圳召开的由中央党校和北京大学等单位发起的纪念建党80周年学术研讨会,教育部社会科学发展研究中心召开的"三个代表"主题座谈会、在北戴河举行的党和国家领导人与部分专家代表的座谈会以及北京市社科联关于"三个代表"与"八七"讲话的常务理事扩大会议,并在光明日报等报刊发表了学习"七一"讲话的体会文章。校邓小平理论研究中心副主任王东教授在《教学与研究》上发表了"中国特色社会主义三大构想",在《北京日报》上发表了"三个代表是实现三大振兴的强大力量——振兴党风、振兴中华、振兴社会主义"等文章,完成了"'三个代表'思想的重大理论创新"课题的研究工作。阎志民教授参加了一系列关于"三个代表"的主题研讨会,在《光明日报》上发表了专访文章"代表先进生产力",完成了教育部邓小平理论研究中心的重点课题"最高纲领和最低纲领的统一"。陈占安教授参加了多个关于"三个代表"的主题研讨会,并多次应邀接受了中央电视台的采访,作为北京市教授宣讲团的成员,还到北京市有关单位进行宣讲

活动。北京大学哲学系党委书记丰子义教授参加了《求是》杂志社主持的课题研讨会"论中国化的马克思主义",以及在深圳召开的全国学习"七一"讲话研讨会。哲学系陈志尚教授主持并参加了主题为"学习讲话,推进人的发展"的人学座谈会、教育部举办的学习"七一"讲话座谈会,并发表了题为"党的世界观和三个代表"的文章,同时还参与编写社科中心《人的全面发展》一书。校党委宣传部副部长、邓小平理论研究中心副主任夏文斌先后在校内外开展了宣讲活动,在《北京大学学报》、《北京青年报》等报刊就"马克思主义与21世纪"、"'三个代表'与青年发展的方向"等问题发表了看法,并完成了《三代领导集体对社会主义现代化的贡献》一书。

【庆祝中国共产党建党80年理论研讨会】 为了庆祝中国共产党建党80周年,北京大学、国防大学于2001年5月22—23日在北京大学交流中心隆重举办了主题为"'三个代表'重要思想与21世纪中国共产党"理论研讨会,教育部副部长袁贵仁、中央党校副校长刘海藩、中宣部理论局副局长张国祚以及来自全国部分高校、研究机构的专家学者、军队代表、企业代表、农村改革代表等100余人出席了会议。会议开幕式由北京大学党委副书记、北京大学邓小平理论研究中心主任赵存生教授主持,北京大学校长许智宏院士和国防大学校长邢世忠上将首先代表主办单位向大会致辞,袁贵仁、刘海藩和张国祚分别讲话。袁贵仁指出,庆祝建党80周年是高校加强党的建设的重要契机,高校要成为学习、研究和贯彻"三个代表"的模范,学习、研究和贯彻"三个代表"思想,既是急迫的现实任务,又是艰巨的长期任务。刘海藩结合马克思主义在中国实践中的胜利这一实际,就"'三个代表'与马克思主义性质的政党

问题"谈了深刻认识。张国祚充分肯定了研讨会的重要意义,并指出此次会议具有"主题好、形式好和人员构成好"这三个鲜明的特点。这次会议通过大会主题报告与分会讨论相结合的形式,就"'三个代表'重要思想与21世纪中国共产党"这一主题进行深入研讨。大会主题报告由国防大学副政委赵可铭中将主持,中央党史研究室副主任石仲泉、《求是》杂志社前总编戴舟、国防大学政治理论教研室主任许志功、江苏华西村党委书记吴仁宝和北京大学邓小平理论研究中心副主任王东等5位同志先后在会上作了报告。会议主要研讨了下列问题:"三个代表"重要思想提出的背景和原因;"三个代表"重要思想的伟大意义;"三个代表"重要思想的深刻内涵;"三个代表"重要思想与马克思主义理论体系的关系;"三个代表"重要思想与理论创新等。

(夏文斌)

【校园文化建设】 2001年,北大进一步加强了校园文化建设,不断完善校内各种讲座、论坛和社团的管理,并加强了对各种文艺演出的审批和监督。

1月14日下午,北京大学与首都新闻界新春联谊会在资源宾馆举行。北大党委副书记赵存生、北大党委宣传部部长赵为民、北大校产办主任姜玉祥、资源集团总裁叶丽宁以及北大各媒体负责人、首都新闻界朋友60多人出席了联谊会。

1月24日晚,享誉中外的中国国家交响乐团在北大举行了专场音乐会,观众们享受到了真正的高雅艺术带给人们的快乐和神圣。中国国家交响乐团曾多次来北大演出,深受老师同学的欢迎,这次演出同样带来了精选的曲目。他们演奏了交响序曲《红旗颂》、《红色娘子军》、《乡村提琴手》等中外名曲。尤其是世界名曲《天鹅湖》,将观众

的情绪带到了高潮。

3月27日晚,北京大学未名湖诗会暨北京大学未名湖诗歌节开幕式在北大交流中心举行。此次诗歌节由五四文学社举办,是为纪念北大的诗人海子、骆一禾、戈麦等诗人而举办的。除了著名的诗人外,五四文学社的元老和骨干胡续冬、曹疏影、王璞、李海蓓等诗人也与听众分享了他们的诗作。清华大学、北京航空航天大学,和正在北大访问的台湾东华大学的同学都来助兴。

5月11日下午,北京大学庆祝建党80周年文艺汇演(教工专场)在百周年纪念讲堂隆重举行。来自北大应用文理学院、北大附小、餐饮中心、青鸟集团等各个院系、机关、企业的教职员工带来了43个精彩的节目,载歌载舞共同欢庆党的生日。

5月14日,全国青年京剧电视大奖赛部分获奖演员与北大师生联欢晚会在北京大学交流中心举行。此次活动旨在弘扬京剧文化,促进戏剧界与高等院校的艺术交流,是高雅艺术进校园的有益尝试。晚会上登台表演的既有大奖赛的获奖演员,又有北大的京剧票友。著名京剧表演艺术家袁世海的精彩表演将整台晚会推向了高潮。

6月23日,国际奥林匹克日,百周年纪念讲堂作为三高音乐会分会场,在入口处悬挂起五幅大型剪纸,分别是北京申奥标志和太极、舞剑、排球、乒乓球图案。据介绍,这五幅剪纸是中国科学院的一位退休老教师为表达自己支持北京申奥的心愿特意制作的。晚8时三高音乐会准时开始。虽是大屏幕投影,但音响效果很好。随着演唱会的推进,师生们的热情逐渐高涨,会心的笑声和如潮的掌声不时响起,当他们听到《今夜无人入睡》和《我的太阳》等熟悉的曲目时,掌声经久不息。

6月25日,在北京大学校园内,北京大学、共青团北京市委与中央电视台戏曲部共同推出了首都大学生庆祝建党80周年大型活动"年轻的心·同唱一首歌"大型歌会。歌会在《东方红》、《春天的故事》、《走进新时代》的交响合唱中开场,最先演唱的是一批老一代歌唱家,之后一批充满朝气的年轻歌手出场,演唱会在《又唱浏阳河》、《我和我的祖国》的歌声中结束。

6月28日晚,首都大学生纪念中国共产党建党80周年文艺晚会在北京大学百周年纪念讲堂成功举行。中共中央政治局常委、国务院副总理李岚清,有关部门和北京市的负责人陈至立、周强、袁贵仁、孟晓驷、廖晓淇、徐锡安等出席了文艺晚会。来自十几所首都高校的450多名学生参加了这场以"党在我心中"为主题的演出。大学生们充满激情的表演,充分表达了大学生对中国共产党的热爱。晚会自始至终气氛热烈,2000多面国旗不时地挥舞着,百周年纪念讲堂内成了红旗的海洋。演出结尾,李岚清等领导同志与2000余名大学生一起高唱《歌唱祖国》,共同抒发了伟大祖国的美好祝愿。

为庆祝建党80周年,7月1日,北大党委宣传部、党委组织部和北大档案馆联合举办了"在共产主义旗帜下"成长图片展,追溯历史的长河,探寻先辈的足迹,介绍今日标兵的风采。图片展包括"时代先锋"、"革命英烈"和"今日风采"三部分,展示了战斗在北大的一代又一代共产党员在共产主义的旗帜下,为民族的解放、国家的富强顽强拼搏的历史画卷。同时展示了在新的时期北京大学党建和思想政治工作所取得的硕果以及今天活跃在北京大学的优秀共产党员的事迹和风采。

10月22日晚,大讲堂举办了"北大之夜"孔祥东钢琴协奏曲专场音乐会。台上台下同唱生日快乐歌,著名钢琴家孔祥东在北大同学的祝福中度过了难忘的33岁生日。孔祥东与北京交响乐团合作,为同学们献上了柴可夫斯基之《降B小调第一钢琴协奏曲》和原中央乐团集体创作的《黄河》钢琴协奏曲。孔祥东娴熟的技巧、动情的演奏,乐队默契的配合、激昂的旋律让观众们深刻感受到了音乐的魅力。每一曲结束后,观众都报以持久热烈的掌声。

11月17日晚,在北京大学百周年纪念讲堂,"我的梦"中国残疾人艺术团文艺演出拉开了帷幕。自始至终,观众的掌声不绝于耳。大家所熟知的体操运动员桑兰、盲人钢琴手孙岩、聋人舞蹈家邰丽华、失去一条腿却登台表演舞蹈的皮红军等残疾青年以自己出色的表演,向观众演绎了他们对于生命平等的梦想,展示了他们在生命逆境当中不屈的意志,奏响了一曲感人至深的生命赞歌。演出得到了校内外领导的高度关注。中国残联理事长郭建模、校党委副书记王登峰教授观看了演出,并在演出之后,亲切会见演员,与演员合影留念。

11月20日上午,旅英中国画家刘海明先生捐赠北大的50幅版画在图书馆二楼展厅正式展出,北大校务委员会副主任郝斌、北大党委宣传部部长赵为民、北大图书馆馆长戴龙基等领导莅临开幕式。刘海明先生介绍说,他的作品几乎都是对乡村生活的描绘、对生命力量的赞美。刘海明先生非常重视和北大师生的交流,他认为北大是个人文底蕴凝重的地方,希望北大学子在读他的作品时能体会到他所赞美的生命力量和对人性的思考。

12月20日晚,首届首都大学生新年音乐会在北大百周年纪念讲堂举行。整场音乐会轻松、欢快的风格展示了首都大学生积极向上的精神风貌。中宣部、教育部、北京市有关领导和首都高校2000余名大学生共同观看了演出。

12月27日,以潘庆德为团长、

梁月瑛为艺术总监的北大学生舞蹈团赴台湾访问演出。此次赴台共有34名师生,演出节目以中国民族舞蹈为主,反映各民族的生活内容与风俗习尚。舞蹈、音乐、歌唱同聚一台,曼舞轻歌争相辉映,表达中华民族对美好未来的向往、对祖国统一的期待。在10天时间里,舞蹈团成员不辞辛苦,足迹遍布高雄、台南、台北、桃园等地,举行了4场专场演出,走访了台湾大学等大、中、小学,参观了阿里山等自然、文化景区,并拜访了北京大学台湾校友会,开展了多种形式的联欢、交流活动。舞蹈团的行踪成为当地最为引人注目的新闻,舞蹈团学生成为深受台湾观众喜爱的明星。一些热心观众全程陪同舞蹈团活动。桃园等地专门为北大舞蹈团访台举行大规模的新闻发布会。台湾《联合报》、《中国时报》、民视、桃园有线新闻网、香港凤凰卫视等20多家媒体对此进行了追踪报导。舞蹈团的师生说,通过在台湾的访问演出,加深了两岸中国人的相互了解,激发了对祖国壮丽河山的热爱。

(胡运起)

【校报工作】 2001年,《北京大学校报》认真贯彻中央宣传思想工作的方针,紧紧围绕学校培养社会主义事业建设者和接班人的根本任务和中心工作,努力服务于改革发展稳定的大局,唱响主旋律,打好主动仗,圆满完成了全年的新闻宣传任务。

(1)按新闻出版署的要求,《北京大学校刊》更名为《北京大学校报》,并报学校党委批准,由四开四版改为对开四版,这是北大校刊历史上第一次出版对开大报。全年共出报28期(第917期至944期),其中包括奔驰副刊4期、世纪专刊1期、招生特刊1期、学生表彰专刊1期、政府管理学院建院专刊1期(对开6版)、勺园建园20周年专刊1期(四开20版)。按一学年10个月计算,平均每月出报约3期。

(2)校报每天编发新闻,及时上传到校报网络版综合新闻栏目,平均每天上传新闻3至10条。对校内重大活动做到了密切跟踪,在第一时间上传消息,并及时更新。同时把每一期报纸按不同栏目编发上传到网络版。全年共28期报纸内容均可在网络版上阅读。扩大了校报的读者范围,提高了点击率。

(3)组织学生参与学校宣传部负责的党建丛书《风采篇》的采写。其中采写的部分稿件摘登在校报的相关栏目中。

(4)校报编辑自己采写,或组织学生采写反映北大改革发展和教学科研成果的新闻报道10余篇,刊登在《中国教育报》、《北京日报》、《北京晚报》、《北京教育报》、《中国高等教育》等报刊上,对于宣传北大,塑造北大良好的社会形象起到积极作用。

(5)在2001年北京新闻奖(高校校报系列)评选中,北大校报获得6个一等奖,1个二等奖,获奖数目在北京市高校中名列榜首。获奖作品分别为:《首颗中国"芯"在北大欢跳出世》(作者魏国英)、《老战士张起永走了》(作者汤继强)获消息类一等奖;《为了"更全"、"更强"、"更高"》(作者魏国英)、《电脑游戏启示录》(作者李春晓)获通讯类一等奖;《文雕序活》(作者王义遒)获言论类一等奖;913期一版版面(编辑汤继强)获版面一等奖;《八面来风》(编辑李彤)、《学子寻踪》(编辑赵维平)分获专栏一、二等奖。

(6)学生记者与通讯员两支队伍进一步壮大,他们写了大量新闻作品。9月,新学年开学校报招收了一批新学生记者,通过编辑部的写作培训讲座和实践锻炼,他们很快了解了新闻采写的基本知识,掌握了基本技能。全年共招收新记者80余名,经过半年的锻炼,30余名同学有了长进与提高,10余名成为骨干,他们主动收集新闻线索,认真完成编辑部布置的采访任务,写了不少好稿件,并有一些优秀新闻作品在外报发表。编辑部还加强了与一些职能部门的联系,各部门通讯员特别是科研部和社科部的通讯员积极供稿或提供新闻素材与线索,为校报深入报道创造了条件。

(汤继强)

【广播电视台】 2001年北大广播电视台在校党委宣传部的直接领导下,继续围绕学校建设世界一流大学的目标,本着坚持正确导向,服务学校工作,服务师生生活的宗旨,对校内活动进行了及时全面深入的报导。

在进一步制作高质量新闻节目、规范电视台管理体制的基础上,重点做了以下几项工作:开辟了全频道,实现了节目的每天播出;建立北大广播电视台网站,作为宣传部网站的一个组成部分,在网上开辟了视频点播内容,使得北大电视台的节目走出了校园范围的局限,走向了世界;节目内容作重要调整,突出两个方面:一方面加强对学校重点工作进行及时深入报道,围绕师德大会,为每位师德标兵做了专题片,并对大会本身进行了重要新闻和实况报道;在"北大论坛"召开的当天制作了新闻,并播出了大会的全程录像;在新增选两院院士名单公布后,立即与各单位联系,在新闻中将新增院士的简历配以照片做了介绍,并在同一期新闻中对新任的长江学者和首席科学家作了报道,展示了北大的科研实力,形成了一个新闻报道攻势;另一方面增加信息量,开辟新栏目,特别是注重制作师生们关心的节目,努力贴近大家的工作生活。新开辟了"媒体聚焦"栏目,让师生们及时了解北大在社会上的影响;推出"美丽人生"栏目,介绍平常人平常而闪光的生活,在观众中产生了良好的反响;对考研报名、电子图书的使用方法、家庭呼叫器的安装等与师生生活密切相关的事情都主动与主管工作部门联系,进行了及时报道;真正实现了与医学部间电视新闻的交流,从下半年开始将医学部的新闻重新进行编辑,与北大本部的电视节目融为一体,为合并工作的落实起到了宣传和示范作用;在学校的支持下,购置了新的电视制作设备,为电视台今后的发展打下了初步基础;承担了学校运动会、"北大论坛"的现场屏幕直播工作,为这些活动的圆满成功增添了光彩;加强学生记者团的建设,将电视台作为进行新闻实习、培养新闻人才的基地。下半年招收了新成员,成立了由30余人组成的北大电视台学生记者团,是历史中人数最多的一届。先后请李修平、亚宁等对学生记者进行了培训,同时加强管理,鼓励带领他们制作节目。在几个月时间里,学生记者们参与了新闻编辑、新闻拍摄、专题制作、后期剪辑等工作,掌握了一定的电视制作技术。

由于校内房屋进行维修需要,广播台在维修期间停播,在此期间进行了设备维护、新购设备及办公楼礼堂音响服务等工作。

(孙战龙)

【新闻网工作】 北大新闻网于2001年1月1日正式推出,是由北大党委宣传部、北大新闻中心主管的以网络为载体,发布北大新闻的校园权威信息机构。作为新诞生的校园媒体,新闻网在学校工作中的目标定位为:全面报道北大动态,展示北大最新成就;着力打造新闻精品,树立北大一流形象;加强校方与师生沟通,配合学校工作大局;发挥网络新闻优势,提高宣传工作效率;加深师生了解北大,增强责任心与自豪感;丰富校园文化生活,创造成才良好氛围;提供校园活动信息,服务师生工作学习。

新闻网主要栏目有:"学术新闻"、"北大学人"、"媒体北大"、"思想理论"、"信息预告"、"产业新闻"、"教育视点"、"校园文化"。

2001年中文版发稿共计有4380篇,日均发稿12篇。其中,"综合新闻"949篇,"学术新闻"373篇,"北大学人"91篇,"媒体北大"1076篇,"教育视点"1284篇,"思想理论"94篇,"校园文化"167篇,"产业新闻"68篇,"信息预告"264篇。英文版发稿总量为269篇。

专题报道方面,新闻网集中报道的学校重要活动有:"211工程"、学习"三个代表"、师德建设、文科大会、北大党的建设、"北大之锋"辩论赛、"世纪大讲堂"系列讲座、北大学生新世纪修身行动、北大"开放日"招生宣传、北大研究生"学术十杰"评选、北大学生支教、北大纪念建党80周年活动、毕业生就业、北大学生暑期社会实践、北大师生庆祝北京申奥成功、北大彩虹志愿者、迎接新生、首届文科"北大论坛"、北大师生纪念"一二·九"、北大新当选的两院院士、北大与西部大开发等。

年终总结报道方面,为便于校内外各界对2001年的北大有个总体把握和认知,新闻网组织了一系列的各种热点回顾和年终盘点。一方面是十大新闻评选,有"北京大学2001年度十大新闻"、"北京大学2001年度重要学术成果展示"、"北京大学2001年度十大学生新闻";另一方面是北大各种成果、奖励和排名,如"中国高校论文被收录SCI数量"、"中国高校科学技术奖"、"高教国家级教学成果奖"、"全国优秀博士论文评选"、"高校博士点专项科研基金资助经费"等。

编辑《北大信息周刊》。受宣传部和新闻中心委托,《北大信息周刊》于2001年10月12日正式创刊,每周一期,由新闻网全面负责编辑,内容分为"媒体北大"、"言论参考"、"兄弟院校"、"教育视点"和"新闻动态"等五部分,送学校领导及各职能部门和院系负责人阅览。2001年,《周刊》出版12期,在发挥新闻网的时效优势同时,也较好地弥补了网络的劣势,成为校园刊物"新宠",具备了一定知名度。

在对外宣传方面。新闻网则为社会各界提供了一个了解北大动态的窗口,为校外媒体提供了大量及时的线索、素材和第一手材料,并有一批优秀文章在《人民日报》、《北京日报》、《中国青年报》、《北京青年报》、《中国社会科学院院报》等报刊先后发表。

工作人员方面,新闻网致力于建设一支精干高效的采编队伍。目前,新闻网有专职负责人员1人(主编),其他都是学生兼职(其中学生编辑4人,学生记者15人)

(赵维平)

医学部宣传工作

【概况】 2001年,医学部宣传部在北京大学及医学部党委的领导下,以学习邓小平理论为中心,以江泽民同志"三个代表"思想及贯彻落实党的十五大精神为指导,针对国内外形势和师生关注的问题,举办了多次形势政策报告会和理论辅导报告会,使医学部党员干部及教师的思想理论学习经常化、正规化。以庆祝建党80周年为契机,开展丰富多彩的纪念活动,在师生中大力开展主旋律教育。宣传工作结合"三讲"教育的整改措施,注意围绕学校中心工作,贴近教学科研、医疗,积极寻找宣传工作的着力点,为学校的改革和发展营造了良好的舆论氛围。深入开展一系列的校园文化活动,寓教育于文化之中,营造了积极健康向上的良好氛围。

为了适应北京大学和北京医科大学两校合并后医学部体制改革的深刻变化，进一步从组织上理顺和完善宣传工作体制，加大宣传工作的力度，10月份正式成立北京大学医学部新闻中心，开通了新闻网页，下设滚动、教学、医疗、科研、视频、广角、党建、人物、部刊、校园、精彩回顾、图片新闻、专题新闻13个栏目，反映医学部的重要新闻，教学、科研、医疗的最新动态，典型人物介绍，校园文化，学生活动等最新消息，以最快的速度、最便捷的方式发布信息，展示北医实力，展示人物风采。继续搞好宣传阵地的建设，加强宣传工作的效果，宣传阵地包括广播电视台（有线电视台）、部刊编辑部、网络编辑部、会议中心、宣传栏、阅报栏、展厅等。宣传部实行报纸、电视、广播、网络、宣传栏五个宣传媒体同步宣传的策略，扩大了宣传面，加强了宣传的力度。宣传部对宣传栏18块板的内芯进行了更换，并以14个专题为内容（包括教学、科研、医疗、管理、党建等），展出图片千余张。

【思想政治工作】 深入贯彻学习江泽民同志"三个代表"重要思想，抓好理论学习和形势政策教育，围绕台湾"大选"、"三个代表"、"四个如何认识"、"十五"规划、"三讲"教育、中美关系、江泽民"七一"讲话、当前国际形势、"加入WTO中国面临的机遇和挑战"等专题作了十余场辅导报告，直接听众7000余人次。每次报告后，宣传部为二级单位复制录像带，由二级单位党委再进行传达学习。由于组织的理论学习及形势政策报告有针对性，表达生动，2000、2001年医学部宣传部连续两次获市委宣传部颁发的灵山杯优秀报告（党课）评选工作组织奖。宣传部与教育处、团委一起在广大师生中进行了揭批"法轮功"的活动和警示教育。组织了千余名学生参加"拒绝邪教、保障人权"的万人公众签名活动，举办"崇尚科学，破除迷信"的大型展览（260块），组织师生收看了录像片。

在申奥投票的关键一夜，与教育处一起组织学生在会议中心用大屏幕电视收看这一激动人心的场面。近千名学生参加了收看。

利用建党80周年的契机，唱好主旋律，在广大师生中开展了有教育意义的丰富多彩的系列活动。与教育处共同组织了历时一个月的建党80周年电影回顾展，经过精心挑选的8部影片引起了学生极大的兴趣和求知渴望，使他们受到了一次较好的党史教育，观看师生达5000余人。与工会共同组织了京剧艺术讲座及《杨门女将》的演出，进行了一次生动的爱国主义的教育。与组织部、社文部共同组织了党史知识竞赛，有14个二级党委参加，分笔试和现场竞赛两部分。3500名党员参加了笔试部分，14个二级党委参加了现场竞赛的角逐，6个党委的18名选手进入了决赛。由于组织工作好，医学部党委获得《求是》杂志社颁发的纪念中国共产党成立80周年党的知识大赛组织奖。与工会、团委共同组织了庆祝建党80周年文艺演出。组织编辑出版了《我为党旗添光彩》一书，彭瑞骢、郭应禄、曲绵域、冯传汉、唐朝枢、王宪等8名优秀共产党员成为医学部广大共产党员学习的榜样。建党80周年的系列活动使广大共产党员重温了党的历史，学习了党的知识，党性得到了锻炼，增加了医学部党员的凝聚力。

【围绕学校中心工作加强对内对外宣传】 配合"211工程"验收进行了大力宣传，重点报道了学科建设和标志性成果。以10个重点学科和20个标志性成果为宣传的着力点，制作电视专题新闻片一部，制作"211工程"展板15块。充分利用电视、校刊、广播、宣传栏等媒体进行了系列宣传。抓住两校合并一周年的契机，以合校后新的增长点为宣传的着力点，以"985"规划为宣传重点，组织中央和在京各大新闻媒体进行了多方位的宣传报道。同时利用校内电视、校刊、广播、宣传栏等媒体进行了宣传。对北京大学师德建设工作会推荐师德标兵的活动、北京大学网络教育学院的开学典礼、胡传揆教授百年诞辰、北京大学第二届生物医学论坛、人民医院成立"心桥病友会"、医学部设立"阳光基金·仁和助学金"、医学部第十次党代会和"北大论坛：基因组时代的医学"等活动进行了宣传，并分别组织中央电视台、北京电视台及各大报纸等多家媒体分别进行了报道。CCTV-10还对生物医学论坛作了专题报道。在北大宣传部的参与下，与科研处一起完成"北大论坛：基因组时代的医学"开幕式、新闻发布会及宣传材料准备的相关工作，并组织了各大新闻媒体的采访和报道。配合中央电视台"12演播室"完成了北京大学医学部《完美的誓言》电视片的摄制，通过对王夔、黎晓新两代专家的访谈，反映出医学部独特的医学教育思想。精心组织了医学部五院士做客湖南卫视"新青年"栏目，联袂说基因。配合学校学生宿舍的改造与电教中心一起完成城内学生宿舍校舍的拍摄，为医学部城内学生宿舍改造4000万资金的募集赢得了宝贵的机遇。

【校园文化】 宣传部与工会团委密切配合，组织了丰富多彩的文化活动，参加学生近6000余人次，大大丰富了校园文化，师生的参与率也大大增加，营造了一种积极健康向上的文化氛围。除在上半年为庆祝建党80周年组织的多种活动外，下半年，宣传部组织了由中国国家交响乐团演奏的校园交响音乐会，并分两次组织师生到世纪剧院和国图音乐厅进行世界名曲的交响乐欣赏。组织了曲剧《四世同堂》的演出,与团委一起举办了电影《昨天》剧组与北医师生的见面会,受到师生的热烈欢迎,并进行了现场交流。北京电视台、《北京青年报》进行了报道。12月1日是"世界艾滋病日",2001年的主题是"预防艾滋病,你我同参与"。11月30日,宣传部与团委、医学部红十字会、公卫学院学生会、医学部学生会在会议中心礼堂共同举办了"音乐守护生命"首都高校大学生首次联合公益演出,12所高校的大学生参加了公益演出,第14中学军乐团参加了友情演出,30余所高校大学生参加了晚会。预防艾滋病宣传员、著名演员濮存昕也参加了演出。演出晚会所收票款用于预防艾滋病事业。中央电视台、北京电视台都进行了报道。

【调查研究】 鉴于原北京医科大学参加"全国八省市教师滚动调查"已经十次,对教师的思想政治状况和工作生活状况调查形成了一定的规律,2001年4月,宣传部组织部分教师参加了由北京市教育工委提供的2001年高校教师问卷调查。这是两校合并后医学部第一次自我调查,内容涉及国家政治、经济、教育和学校工作等诸多方面,结果表明,医学部教师的思想状况继续保持稳定向上的态势,对各类事件的思考比较冷静客观,但思想认识领域中一些长期没有解决的问题仍然存在。对两校合并一年来的调查表明,绝大多数教师对两校合并后的工作持肯定态度,积极性得到了发挥。

【会议中心】 北京大学医学部会议中心于1995年竣工,本年度12月份开始启用,总建筑面积为2480平方米。会议中心由礼堂、会议室、接待室等几部分组成,为一幢综合性建筑物。

会议中心作为集思想教育、学术交流、校园文化三者为一体的宣传阵地发挥着积极作用。医学部于2001年对会议中心二楼北侧的房屋进行了大规模改善装修,于10月份正式启用。会议中心1~12月份共接待会议516场,接待参会者122117人次,是近年来使用最多的高峰年。改善后的会议中心扩大了会议用房,为拥有良好的会议环境、营造学术氛围提供了优质的条件。

【部刊工作】 部刊编辑部办公硬件有了很大改善,扩大了宣传,增添了新的栏目,提高了办刊质量。到12月份已出版报纸20期,专刊7期,发消息278篇。在《医苑学人》栏目中,报道青年学者25人,反映很好。对外见报70余篇,在北京高校校报中名列前茅。同时,方红韬采写的消息《北京大学干细胞中心正式挂牌运营》获北京市好新闻(高校校报系列)一等奖;傅冬红采写的消息《自体血液回收机获国家科技进步奖》获北京市好新闻(高校校报系列)二等奖。

【广播电视台】 广播台完成了自动播音装置系统的改造,共播出校内新闻233条,比2000年同期增加39.5%。制作电视新闻20期,播发新闻消息195条,比2000年增长50%,其中采用附属医院新闻消息29条。

北医电视台增强了对医、教、研方面的宣传报道的力度,在宣传学校改革发展成果方面发挥了积极作用。制作重大新闻消息的专题片若干部,其中配合"211工程"验收,推出了系列报道《"211工程""九五"期间建设标志性成果》20集;与采访相结合,制作了反映医学部第十次党代会盛况的专题片《中共北京大学医学部第十次代表大会》;两校合并一周年之际,编辑制作专题片《两校合并一周年常务副校长韩启德院士接受媒体采访》;在"北大论坛:基因组时代的医学"大会期间,制作专题片《北大论坛——基因组时代的医学》;为反映城内学生住宿状况,制作了《城内学生宿舍现状》的录像片,为学生宿舍改造申请专款创造了条件;还采访报道了新的学生公寓。在纪念建党80周年期间,为医学部师生播放实况录像《医学部庆祝建党80周年文艺晚会》。另外,为配合揭批"法轮功"教育,电视台还播放《崇尚科学,抵制邪教》宣传教育录像片;为配合党员廉政教育,播放廉政教育专题片,营造了科学、健康、文明的校园氛围。

(医学部宣传部)

统 战 工 作

【概况】 2001年是北大统战工作取得重要进展的一年。学校党委召开了全校统战工作会议,对党员干部进行了系统的统战理论知识培训,统战工作的重要地位在北大得到进一步加强。与此同时,各民主党派组织建设和思想建设也有新的进步,一批民主党派基层组织和个人受到了表彰。北大统战工作呈现出新的局面。

2001年,北大有各民主党派成员1107人(其中校本部509人),有一批著名的党外代表人士以及归侨侨眷、台胞台属、少数民族同胞、港澳同胞及其亲属和外籍华人家属等统战对象。北大各方面统战人士数量多、层次高,不少人在社会上和海内外有很高的声望、广泛的联系和较大的影响。

在北大校本部各民主党派成

员中,现有 3 人任党派中央副主席、5 人任中央常委、2 人任市委主委、3 人任市委副主委。校本部的 9 名九届全国人大代表中,有民主党派成员 3 人,无党派人士 4 人;20 名九届全国政协委员中,有民主党派成员 10 人,无党派人士 7 人,少数民族同胞 1 人;4 名十一届北京市人大代表,全部是民主党派成员;13 名九届北京市政协委员中,有 12 名是民主党派、无党派人士和归侨、台胞、少数民族同胞。在校本部,有 1 名党外人士任副校长,有 32 名各方面统战人士担任院(系、所)和机关各部处的领导职务。北大广大统战人士积极参政议政,特别是在各级人大、政协中发挥着重要作用,同时也参与学校的民主决策、民主管理和民主监督,在学校的改革发展中发挥了重要作用。

到 2001 年底,共有 6 个民主党派在北大校本部建有校级组织,即民革北大支部、民盟北大委员会、民建北大支部、民进北大委员会、致公党北大支部和九三学社北大委员会。此外,农工民主党、台盟等党派在北大也均有成员。(北京大学民主党派组织机构状况见附表)。

【主要工作】 一些民主党派组织和个人受到表彰 4 月,九三学社北京市委举行了成立 50 周年庆祝大会,一批先进集体和个人在会上受到表彰。在九三北京市委表彰的 4 个先进基层委员会中,九三北大委员会被评为先进集体。九三北大委员会的张兴根、杨其湘、陈伯雄、徐爱国、魏丽娜、陈诗闻、陈元冬等被表彰为优秀社员,方晴、许保良、姚孟臣、王德民、张有民、乔净、陈恢钦等人被表彰为优秀社务工作者。此外,在会上还对获得全国性荣誉的社员进行了单项表彰,其中有北大校本部的王选、唐有祺、韩启德等。

5 月,在中国民主同盟成立 60 周年暨北京市民盟组织成立 55 周年之际,民盟北大委员会获市盟务工作先进集体称号,北大图书馆沈正华、校医院沈佩珊、计算机系张靖等人被评为市盟务工作先进个人。

6 月,在北京大学庆祝中国共产党成立 80 周年大会上,韩汝琦(民革北大支部)获党务和思想政治工作优秀个人一等奖"李大钊奖",高巧君(民进北大委员会)、许保良(九三北大委员会)获党务和思想政治工作优秀个人二等奖。民进北大委员会获党务与思想政治工作先进集体。北大民主党派基层组织自 1995 年以来已连续三次参与学校"党务与思想政治工作优秀个人及先进集体"的评选和表彰,这项工作在民主党派上级组织和北大基层组织及成员中产生了积极的影响和良好的效果。

召开全校统战工作会议 4 月 26 日至 27 日,北京大学召开了全校统战工作会议,学校党政负责人、来自校本部和医学部各院系的党委书记和统战委员、校党委各部和部分行政部门的负责人共 100 多人参加了会议。校党委书记王德炳在会上作了《全面开创北京大学统战工作新局面》的报告,报告系统论述了统战工作在北大的重要地位,总结了北大统战工作的基本做法和经验,并就贯彻落实江泽民同志在全国统战工作会议的重要讲话的精神、全面开创北大统战工作的新局面作了具体部署。校党委统战部部长卢咸池在会上就《中共北京大学委员会关于进一步加强学校统一战线工作的若干意见(征求意见稿)》作了说明(该《意见》已于 9 月份由校党委正式下发)。北京市政协副主席、市委统战部部长沈仁道,中央统战部六局局长林智敏,北京市委教育工委副书记李明,北京市委教育工委统群处处长徐连春,海淀区委统战部副部长陈佳立等领导同志出席了会议。沈仁道在会上发表了热情洋溢的讲话,林智敏代表中央统战部刘延东常务副部长向会议表示祝贺。中共中央统战部秘书长孙晓华专程为会议作了学习贯彻中央统战工作会议精神的专题报告。此次会议体现了学校党委对统战工作的高度重视,总结了北大统战工作的经验,加深了各级干部对统战理论方针政策的认识,加强了做好统战工作的自觉性,为进一步做好北大的统战工作奠定了基础,同时对于北大创建世界一流大学也具有重要意义。

举行统战系统纪念建党 80 周年座谈会 6 月 25 日,学校党委统战部邀请北大各民主党派基层组织负责人及北大在各民主党派中央和市委任职的同志,举行了"我们一同走过——北大统战系统纪念建党 80 周年座谈会"。校党委书记王德炳、副书记赵存生参加了座谈会并讲话。校党委决定向全校民主党派成员每人赠送一份中国集邮总公司为庆祝建党 80 周年专门制作的《中国共产党三代领导人与北京大学》纪念封邮折。全国政协常委、民盟中央副主席、中文系教授袁行霈即席朗诵了他为参加这次座谈会而特别撰写的新诗《我们一同走过》,受到与会同志的热烈欢迎。获得北京大学党务和思想政治工作优秀个人称号的民主党派成员及其他同志先后在座谈会上发言。

举办党员干部统战理论政策培训班 7 月 23 日至 25 日,北京大学党委统战部、北京大学党校以及医学部党委统战部和党校联合举办了北京大学党员干部统战理论政策培训班。校党委书记王德炳、副书记赵存生,医学部党委副书记马焕章,以及来自校本部和医学部各院系的党委书记、统战委员以及学校机关有关部处的部分负责人共 80 余人参加了培训班。培训班邀请中共中央统战部研究室副主任罗广武、北京市委统战部党派处处长李卫东、国务院宗教事务管理局局长叶小文、全国政协港澳台侨局局长乐美真分别就中国共产党领导的多党合作制、北京市的民主党派工作、世界宗教问题及其对我国的影响、港澳台侨问题作了专题报告,受到与会者的热烈欢迎。

举办民主党派新成员培训班 11月2日至3日,校党委统战部、医学部党委统战部及校本部、医学部各民主党派基层组织联合举办了民主党派新成员培训班。这次学习班的基本做法和宗旨是:学习传统、座谈交流、加深认识、发挥作用。1997年下半年以来新加入民主党派的成员近百人参加了培训。培训班邀请中央社会主义学院李金河教授作了关于中国共产党领导的多党合作制度的报告。他的报告系统讲述了各民主党派与中国共产党合作奋斗的历史过程,论述了中国共产党领导的多党合作制的优越性、历史地位和历史必然性,同时他也谈了当前民主党派工作应该注意的一些问题。培训班还邀请市政协副主席、民革市委主委兼北大支部主委韩汝琦教授,民进北大委员会主委高巧君教授,九三北医委员会原主委钱玉昆教授分别从参政议政、参与学校的民主管理和民主监督、参加党派工作后的收获及如何发挥作用等方面谈了自己的切身体会。与会同志以如何发扬民主党派的光荣传统、发挥民主党派的自身优势,积极参与学校的民主管理和民主监督,为创建世界一流大学做贡献及坚持多党合作的政治制度、做好北大的统战工作为主题,进行了热烈的讨论。

举行民主党派学习邓小平理论和"三个代表"重要思想交流研讨会 12月14日,校党委统战部、医学部党委统战部和校本部、医学部各民主党派基层组织联合召开了2001年北京大学各民主党派学习邓小平理论和"三个代表"重要思想心得交流研讨会。会议的主题是:学习邓小平理论和"三个代表"重要思想,贯彻落实全国统战工作会议精神,为创建世界一流大学献计出力。研讨会上,有7位民主党派的同志做了大会交流发言,他们分别是:民革北京大学支部陈峰的《从生物多样性到社会多样性——邓小平理论中的多样性思想》,民盟北京大学委员会鲁安怀的《我对中国政党制度优越性的认识——学习全国统战工作会议精神的一点体会》,民盟北大医学部委员会王耐勤的《学习江泽民总书记"七一"讲话的几点体会》,民建北京大学支部黄恒学的《争创世界一流大学目标与"三个代表"的内在统一——学习江泽民同志关于"三个代表"重要思想的体会》,民进北京大学委员会佟新的《学习理论,促进北京大学社会科学的发展》,农工民主党北大医学部总支金燕志的《学习"三个代表",响应时代召唤》,九三学社北医委员会陈新的《拉动科研成果的转化,为创建一流大学而努力》。民建北大支部主委晏懋洵等三位同志提交了书面发言。他们的发言从不同角度论述了对邓小平理论和"三个代表"重要思想的深刻认识,并就创建一流大学等问题提出了一些具有现实针对性的意见和建议。校党委副书记赵存生、医学部党委副书记马焕章参加了研讨会。交流研讨会由校党委统战部长卢咸池主持,来自校本部、医学部各民主党派基层组织的近百名党派成员参加了研讨会。

医学部统战工作

【概况】 2001年,北京大学医学部有副高级职称以上党外知识分子977人;7个民主党派成员598人;归侨、侨眷、外籍华人亲属219人;台胞台属、港澳同胞亲属107人,少数民族师生933人,出国半年以上留学回国人员740人。

医学部民主党派组织有中国民主同盟北京大学医学部委员会、中国农工民主党北京大学委员会、中国致公党北京大学医学部支部和九三学社北医委员会。医学部各民主党派成员中有中央副主席1人,中央委员4人,市委名誉主委1人,市委副主委2人,市委常委5人,市委委员10人。医学部1名九届全国人大代表为台湾同胞;9名九届全国政协委员中有民主党派成员2人,无党派人士2人,归侨1人;2名十一届北京市人大代表中有民主党派成员1人;7名九届北京市政协委员中,有民主党派成员3人,无党派人士1人,台胞1人。

【主要工作】 深入学习贯彻第十九次全国统战工作会议精神 医学部党委于2001年元月、9月召开了两次统战工作会议,结合北京大学医学部现状传达学习并研究贯彻落实全国、北京市和高校统战工作会议精神。4月26~27日,医学部党政主要领导、各二级党委领导及机关有关职能部门负责同志近50人参加了北京大学统战工作会议。7月23~25日,各二级党委及有关职能部门负责同志28人参加了北京大学统战理论政策培训班。医学部党委副书记马焕章在医学部党支部书记培训班上,作了新时期党的统战工作的报告,各民主党派成员46人参加了学习。医学部各民主党派的骨干参加了党派市委组织的全国统战工作会议精神的传达学习。党内外同志踊跃参加全国统一战线知识竞赛,九三学社北医委员会获九三市委竞赛活动组织奖。第十九次全国统战工作会议精神的传达学习,层层深入,理论联系实际,使党内外同志受到一次新时期统战理论、方针、政策教育,提高了新形势下做好统战工作的自觉性。

医学部党委贯彻中共中央、北京市委《关于加强统一战线工作的决定》和北大党委《关于进一步加强学校统战工作的若干意见》,党支部开始设立统战委员,完善统战工作体系。党委积极支持和协助民主党派组织加强自身建设。医学部统战部与北大统战部及各民主党派组织联合举办了党派新成员培训班、学习邓小平理论与"三个代表"重要思想交流研讨会。医学部九三学社钱玉昆、陈新、民盟王耐勤、农工党金燕志作了大会发言。统战部组织党内外干部共同学习,参加了"四个如何认识"的报告会,听取了中央统战部秘书长孙晓华关于全国统战工作会议精神的传达和国家宗教局长叶小文关于我国民族宗教政策的报告。北医各民主党派积极参加中国共产党建党80周年庆祝活动,党内外同志共同参观了建党80周年展览和全国先进党委南宫村"两个文明"建设成就。党委副书记马焕章主持了党派负责人学习江总书记"七一"讲话座谈会。

医学部党委一贯重视党派组织建设,特别是领导班子建设。2001年医学部2个民主党派组织换届。在民主党派基层组织酝酿和征求各有关党委意见基础上,主管书记、统战部与党派负责人认真协商了新一届领导班子人选和换届工作,并征得党派上级部门同意。2月,致公党北大医学部支部成立,陈仲强教授任主委;3月,民盟北大医学部委员会换届,范家栋教授任主委;12月,农工民主党北医总支换届并升格为农工党北京大学委员会,顾晋教授任主委。新成立的农工北京大学委员会是中国农工民主党北京市委首批批准的三个基层委员会之一,10名委员平均年龄46.8岁,比上届下降12岁。

9月,农工民主党北京市第九届委员会届中调整,陆道培教授任名誉主委。

党外知识分子工作是统一战线一项基础性工作。截至2001年底,医学部党外副高级职称以上人员占同类人员总数的54.3%。主管书记与统战部先后两次与各单位党委共同研究推荐党外后备干部人选55名,并与组织部沟通,把党外干部培养纳入规划,在实践中探索选拔、培养、考察、举荐党外干部的机制,在工作学习等方面给予关心支持。医学部推荐临床肿瘤学院陈敏华教授的著作《消化系统疾病实用超声学》、第二临床医学院何权瀛教授的著作《现代呼吸病诊断学》获中央统战部第五批华夏英才基金出版资助。

统战部积极宣传侨务工作法规,转发了有关文件;组织归侨、侨眷和统战干部近百人参加了中国侨联《归侨侨眷权益保护法》知识竞赛;推荐2名干部参加北京市侨务干部培训;开展了医学部归侨、侨眷、台、港、澳同胞及眷属情况调查。本次填表归侨、侨眷(含外籍华人亲属)219人,台胞及台港澳眷属107人。在调查了解医学部台港澳及海外侨务工作基本情况、工作重点的基础上,统战部与各单位配合,重建了单位侨联小组,并进行了医学部侨联换届的准备工作。

10月30日,北京市16所高校侨联片会在医学部召开。会议交流了新形势下各校侨务工作的经验。北京市侨联副主席兼秘书长邱国武和海淀区侨联主席彭骖应邀出席会议并讲话。

举行胡传揆教授诞辰100周年纪念会 2001年4月1日是我国著名的医学教育家、皮肤性病学奠基人,无党派人士,第四、五、六届全国政协委员,北京医科大学名誉校长胡传揆教授诞辰100周年。医学部举办胡传揆名誉校长诞辰100周年暨北京大学皮肤病与性病防治中心成立大会,印发了《胡传揆纪念文集》和《北医》纪念专刊。卫生部、中华医学会、北京大学及医学部领导、中国医科院皮肤病研究所领导、北京市皮肤科学界人士及历届北医大领导、老教授、胡老学生和青年教师代表200余人出席大会。北京大学副校长、医学部党委书记林久祥主持了会议。校党委书记王德炳,常务副校长、医学部主任韩启德院士,卫生部前部长钱信忠、中华医学会副会长刘海林、北京市卫生局前局长严镜清等先后在大会上发言。

会后,胡传揆教授亲属、有关领导及北京大学皮肤病与性病防治中心的同志瞻仰了胡传揆教授遗骨。

纪念九三学社北医建社50周年 10月17日,九三学社北医建社50周年。1951年,九三学社北京大学医工小组成立,1956年建立北京医学院九三支社,1989年9月16日建立了九三学社北京医科大学委员会,这是九三学社在全国范围内建立的第一个基层委员会。北医九三学社老一辈的主要领导人和活动家,都是医药卫生方面的著名专家学者。他们很多人担任了九三学社中央到地方各级组织的领导工作,先后有4人担任全国人大代表,5人担任全国政协委员,7人担任北京市人大代表,6人担任北京市政协委员。50年来,北医九三学社不断发展,至今已有7个支社,272名社员,其中高级专业技术人员占73%。

九三学社北医委员会制作的展板"五十年风雨同舟,新世纪再创辉煌"在宣传栏展出。

民主党派组织围绕中心开展工作 北医各民主党派组织发挥参政议政、民主监督职能,积极开展调研和提案工作。九三北医成员参加了九三中央医药卫生委员会"关于农村医药卫生改革问题"和社市委"关于建立城市贫困人口救助制度的建议"的调研,并执笔完成提案;市人大代表钱玉昆(九三)、市政协委员刘世琬(九三)作为第一作者提出《深化医疗卫生体制改革》等10项议案、提案;民革西城区工委、区政协常委张仁尧等完成《重视医疗纠纷的正确处理》提案的调研;全国政协委员彭嘉柔(民革)提出《国家应建立蛋白质组研究国家重点实验室》等三项提案。致公党北医成员参加并由王晓敏执笔完成致公党市委组织的"关于如何化解医患矛盾的深层机制调查和对策"研究,获北京市统战系统调研成果二等奖。

各民主党派积极组织义诊、咨询活动。刘平、迟淑静教授再次参加农工党市委组织的柯棣华医疗队赴西柏坡义诊,部分农工党同志参加了国际和平周和市委青年工作委员会义诊。农工党三院支部赴内蒙古锡林郭勒盟镶黄旗义诊3天,诊治患者594人,开展手术4例,义诊收入2.5万元全部支援旗医院建设。人民医院农工党支部积极鼓励党员参加社会工作,普外农工党员彭吉润参加青年志愿者活动,赴甘肃医疗队扶贫一周,被评为优秀青年志愿者。西城区工委主委、一院张仁尧教授,民革北大一院支部刘国礼教授、郑波博士等专家赴保定第三医院、张家口第一医院举办医疗科技讲座,当地市、县、企业和医院200余名医务人员参加学习;一院民革有多位同志冒雨赴延庆大榆树乡开展"三下乡"义诊活动。

一些民主党派集体和个人受表彰 中国民主同盟北医委员会、中国农工民主党北医总支委员会、九三学社北医委员会及药学院支社被党派市委评为先进集体;各党派同时有一批先进个人受表彰;王耐勤被民盟中央评为优秀盟务工作者。在庆祝中国共产党建党80周年之际,九三学社北医委员会被评为北京大学党务和思想政治工作先进集体。范家栋(民盟)、于长隆(致公党)、林琬生(九三)获北京大学优秀党务和思想政治工作者二等奖;张仁尧(民革)、刘平(农工党)被评为北京大学医学部优秀党务和思想政治工作者。

(金纯)

附录

表9-3 2001年北京大学校本部民主党派组织机构状况

党派	委员会	支部(支社)	小组	成员数	外单位成员数	发展人数	去世人数	备注
民革		1		24	7			
民盟	1	8	1	201	7	1	2	
民建		1		18	6			
民进	1	6		103	5	2		
农工		1		5	1			
致公党		1		30	2	1		
九三	1	6		127	7	8	4	
台盟				1				参加海淀老年支部
总计	3	24	1	509	35	12	6	

纪检监察工作

【概况】 2001年北京大学党风廉政建设和反腐败斗争坚持以邓小平理论和党的十五大精神为指导,认真贯彻中纪委五次全会精神,以"三讲"教育为契机,按照"三个代表"的要求,紧紧围绕创建世界一流大学的奋斗目标和学校的中心工作,坚持反腐败工作的三项任务,做好干部廉洁自律、查办案件、纠正行业不正之风和保证监督、党风廉政建设宣传教育等项工作,加大从源头上预防和治理腐败的力度,保证和促进学校的改革、发展和稳定。

【干部廉洁自律】 重点落实廉洁自律六条规定 2001年领导干部廉洁自律工作在继续全面落实"廉政准则"等规范领导干部行为制度的同时,重点落实中央提出的六条规定:一是领导干部不准收受直接管理和服务对象、主管范围内下属单位和个人、其他与行使职权有关系的单位和个人、外商和私营企业主等赠送的现金、有价证券。二是领导干部参加健身活动,一律不准接受与其行使职权有关系的单位和个人以及外商、私营企业主提供的各种奖励和赞助。三是领导干部出国访问,要与其公职身份相称,出访费用要严格控制在本单位外事经费预算之内;不得接受国内企业以及境外中资企业的资助或邀请出访。四是处级以上领导干部在离职和(退)离休后三年内,不准接受原任职务管辖的地区和业务范围内的私营企业、外商投资企业和中介机构的聘任,不准个人从事或代理私营企业、外商投资企业从事与原任职务管辖业务相关的经商办企业活动。五是继续落实省(部)、地(厅)级领导干部配偶、子女"不准在该领导干部管辖的业务范围内个人从事可能与公共利益发生冲突的经商办企业活动;不准在该领导干部管辖的地区和业务范围内的外商独资企业或中外合资企业担任由外方委派、聘任的高级职务"的规定;并将这些规定延伸到处级领导干部中实施。六是在省部级现职领导干部中实行家庭财产报告制度。

民主生活会 6月和11月,校、院系两级领导干部分别围绕中央纪委第五次全体会议上确定的领导干部廉洁从政六项规定和党的十五届六中全会提出的"八个坚持"、"八个反对"以及领导班子思想、工作、生活作风等五个方面的内容召开专题民主生活会。校级领导班子和多数基层单位领导班子都紧密围绕廉洁自律这一专题认真学习有关文件,结合自己和本单位的实际情况,进行对照检查;积极开展批评与自我批评,开诚布公、畅所欲言;总结工作,摆出问题,找出差距,完善制度,弥补不足;对自己在廉洁自律方面的情况,进行了检查和明示。

对执行党风廉政建设责任制的情况进行考核和检查 10月,结合岗位聘任和年终考核,北大纪委、监察室对各级干部执行党风廉政建设责任制的情况进行了考核,11月,根据市教育工委《关于2001年对北京地区高等学校贯彻执行党风廉政建设责任制情况进行检查的通知》精神,结合"三讲"教育回头看活动,对校、院系两级干部领导班子和领导干部执行党风廉政建设责任制的情况进行了全面检查,在此基础上完成了《关于北京大学2001年贯彻执行党风廉政建设责任制情况的自查报告》,于12月20日以北党发[2001]16号文上报北京市教育工委。

为了贯彻中央纪委第五次全体会议关于领导干部不准收受有关单位和个人赠送的现金、有价证券的规定,根据北京市教育纪工委2月22日通知要求,北大纪委监察室于3月13日向校内各单位副处(含)以上领导干部下发了相关通知和调查表,要求对照自查,如实填报。这次调查登记人数共340人,其中部级干部2人,局级干部13人,处级干部325人。经个人填报和各单位认真自查,北京大学各单位副处(含)以上领导干部在1997年3月《廉政准则》颁布之后至中央纪委第五次全体会议之前,共有7人有收受现金、有价证券的情况,其中现金10000元,各类代币购物卡5200元,总计15200元。据查,这7位同志在收到这些钱和代币购物卡之后,即全部上交给了各自所在单位。

7月份,根据中央纪委、中央组织部《关于清理领导干部持有的因私护照和本人及其配偶办理的前往港澳通行证、外国居留证的通知》(中纪发[2001]8号)和北京市纪委、北京市委组织部《关于贯彻落实〈关于清理领导干部持有的因私护照和本人及其配偶办理的前往港澳通行证、外国居留证的通知〉的实施意见》(京纪发[2001]14号)精神,纪委监察室会同组织部对北大副处级以上390名干部、产业系统所属各大公司副总裁以上39名领导干部持有的因私护照和本人及其配偶办理的前往港澳通行证、外国居留证的情况进行了清理登记。

全年共编发6期《纪检监察简报》,编发8期《纪检监察信息快报》。向全校各单位转发了《教育纪检监察》第21期《中共教育部党组关于司(局)级以上领导干部配偶、子女个人经商办企业的具体规定》,北京市纪委京纪发[2001]11号转发《中央纪委、监察部关于各级领导干部接受和赠送现金、有价证券和支付凭证的处分规定》的通知,印发了中央纪委五次全会确定的领导干部廉洁自律的六条规定。

【制度建设】 **重新修订党风廉政建设责任制** 根据中纪委把党风廉政建设责任制作为一项政治纪律认真执行的要求,结合北京大学与北京医科大学合并后的实际情况,北大纪委、监察室协助校党委对1999年底制订的《北京大学党风廉政建设责任制》进行了重新修订,并于2001年3月12日以党发[2001]6号文件下发至各个单位。

起草党风廉政建设主要任务分工 为保证党风廉政建设各项任务的落实,纪委、监察室协助校党委起草了《北京大学党风廉政建设主要任务分工》,对学校党风廉政建设的主要任务加以分解,并明确了承担这些任务的牵头单位和协办单位,以期实现校内各单位、机关各职能部门在党风廉政建设中切实各负其责,逐步构筑起责任网络,推进责任主体到位。该"分工"草案经多次征求意见、反复修改后,提交校党委讨论通过,已于2001年4月18日以党发[2001]16号文件正式公布、实施。

起草关于严格领导干部民主生活会制度的若干规定 为深入贯彻"三讲"教育精神,进一步加强党内监督,加强校、院(系)两级领导班子的思想政治建设,提高党员领导干部思想水平和领导班子战斗力,提高民主生活会的质量,北大纪委协助校党委起草了《中共北京大学委员会关于严格领导干部民主生活会制度的若干规定》,该规定经4月18日校党委讨论通过,以党发[2001]15号文件发至各单位执行。

积极推进校务公开制度的实施 为进一步加强学校民主管理与民主监督,促进依法治校。根据校党委的安排,2000年校纪委、监察室会同工会、教代会起草了《北京大学校务公开实施办法》。经过多次召开座谈会和教代会的年会讨论,2001年3月12日,《北京大学校务公开实施办法》以党发[2001]7号的文件正式公布实施。9月14日,北京市教育工作委员会在京召开"北京高校校务公开工作会议",北京大学常务副校长闵维方代表北大作了题为"北京大学财务公开的做法和体会"的发言。

【监督检查】 教育收费检查 根据北京市教育委员会办公室《关于开展教育收费工作检查的通知》(京教监办[2001]1号)的部署,2001年北大纪委、监察室先后召开了三次中小学校长会议,传达有关文件和会议精神,落实收费的专项检查工作。6月份,对北大中小学收费工作进行了逐一对照检查,并写出了自查报告。同时,对附中违规收取讲义费和超标收取两名学生的择校费的问题及时进行了调查处理和纠正,将违规收取的费用如数退交给学生,并对直接责任人给予了相应的处理。

指派专人先后参加了学校基建工程部、总务部北京大学电网规划改造方案、北京大学110千伏输变电站建设工程等70余项基建、改造工程的招投标工作,加强事前事中的监督监察,及时堵塞管理上的漏洞。

调整北京大学招生监察办公室 叶静漪任办公室主任,初育国任办公室副主任,成员有石敬慈、侯志山、董德刚、易本兴。7月4日将该办公室成员名单上报北京市教委监察处。

指派专人参加了学校的招生工作,在参与中服务,在服务中监督,以贯彻教育部于2001年5月在厦门大学召开的招生监察工作会议精神为主线,以规范"小语种"和"艺术特长生"招生为重点,认真处理接到的有关招生的信访件,对所反映出来的问题,及时督促、协助有关部门健全和完善相关规章制度,进一步规范招生程序,不断完善招生纪律。

10月18日至26日,中纪委、监察部驻教育部纪检组、监察局在青岛召开直属高校监察处长理论和工作研讨会,会上北大监察室副主任侯志山代表北京大学作了题为"开展执法监察,促进学校改革与发展"的发言。

【宣传教育】 党风廉政建设宣传教育月 组织全校副处以上干部参加北京市纪委组织的党风廉政建设知识自测。为了搞好这次自测,北大纪委监察室印制了试题和北京市纪委、监察局编写的《领导干部党风廉政建设若干知识学习问答》,并发至每个干部手中。本次自测活动校本部应参加自测人数308人,实际参加自测287人,参测率为93%;医学部应参加自测人数132人,实际参加自测130人,参测率为98%。

校级领导干部重视并认真参加自测 北京大学17位校级领导除1人生病住院外,16人全部参加了2001年6月4日的自测。本次自测采用集中学习、集中答卷、个人独立完成的方式进行。大家认为此次自测活动很有必要,通过自测活动,进一步系统地学习了党风廉政建设知识,对加强学校的管理,提高自身素质很有好处。

各单位党委(总支、直属支部)认真组织自测 各单位在工作任务十分紧张的情况下,合理安排时间,积极组织本单位党员干部参加自测。校社区管理中心不但组织处级干部积极认真参加自测,还组织了社区30多名非处级干部参加学习和自测,目的在于增强干部遵纪守法和廉洁自律意识,提高干部管理水平。

案例教育 5月23日,组织北大部分院系的领导和财会人员代表参加了海淀区人民法院公开审理北大派驻会计于文贪污案。6月份财务部组织财会人员观看有关录像,进行了专题讨论,并决定定期对财会人员实行岗位之间、单位之间的轮换。地球物理系针对于文案件反映出的问题,认真查找原因,制定了《地球物理学系级财务管理规定》。

【信访与案件】 信访工作 根据教育部关于统计年度的区段划分,2000年12月1日至2001年11月30日,北大纪委监察部门共接到各类信访件443次(含重复34件)。校本部共接到各类信访件133件,其中来信111件,来访反映17件,电话反映5件;违反社会主义道德类1件,违犯招生考试规定类15件,侵犯教师权益类10件,教育乱收费类2件,经济类33件,其他类72件。共涉及局级干部1人,处级干部33人,其他人员29人。

共初核29件。其中:违反社会主义道德类1件,违犯招生考试规定类7件,经济类13件,教育乱收费1件,其他类7件。共涉处级干部10人,其他人员14人。

立案及党纪政纪处分情况 2001年度,北大纪委监察室共立案6件。其中违犯政治纪律类1件,违反社会主义道德类1件,违犯招生考试规定类1件,经济类2件,其他类1件;涉及人员共8人,其中党员6人。涉及处级干部3人,科级干部2人。有3人受到开除党籍的处分,1人被开除公职,1人行政除名,1人受到行政警告处分,还有 2 人免去现任职务,调离现任岗位。

案件质量检查　6 月份北京市教育纪工委要求高校纪委对所办案件质量进行自查,并采取抽查的方式在高校纪委之间进行互查。北大纪委在完成案件质量自查的基础上,参加了北京市教育纪工委组织的案件质量互查。北大的两个案件被抽查,经检查,两个案件均被定为合格案件。

【岗位聘任的申诉受理调查工作】

根据学校人事部 2000 年 9 月关于岗位聘任工作的通知精神和前两年申诉、投诉受理工作的情况,经人事部与校纪委、监察室负责人研究,2001 年北大的岗位聘任工作,仍然由纪检监察部门牵头成立申诉、投诉受理调查委员会,并将成立"申诉、投诉受理调查委员会"的信息,在 2001 年 9 月 13 日人事部向各院、系下发的"关于年度考核与岗位聘任的通知"中刊出。

申诉、投诉受理委员会　2001 年的"申诉、投诉受理委员会"组成人员主要由纪委、监察室和人事部的有关负责同志及原研究生院培养处处长汪太辅(2000 年岗位聘任申诉、投诉受理调查委员会主任)组成,王丽梅书记负责领导和总协调,叶静漪副书记具体主持该项工作。委员会可视申诉、投诉量的具体情况,随时聘请有关职能部门的干部和教师代表参加。

2001 年纪委、监察室共收到有关岗位聘任各类申诉、投诉 19 件,与 2000 年的 40 件相比,数量有所下降,但是工作难度比较大。经过委员会的工作,一是在院系层面上解决了一些问题,如外国语学院 5 位教员提升一级,重离子所内部调高 1 位教员一级岗位。二是向校岗位聘任委员会报告涉及 A 类岗 4 人,校岗位聘任委员会同意对其中 3 位教员提高 1 级。对其他的一些申诉、投诉涉及到的问题,岗位聘任申诉、投诉受理调查委员会也进行了调查研究,进行了妥善处理。

【队伍建设】　调整中共北京大学临时纪律检查委员会　2001 年 6 月 5 日,北京大学建立临时纪委。2001 年 12 月 25 日,北京大学党委批复了医学部第十次党代会关于新一届纪律检查委员会的选举结果,同时决定调整中共北京大学临时纪律检查委员会成员。以党发[2001]56 号文形式发至全校各单位。调整后的中共北京大学纪律检查委员会由原北京大学纪律检查委员会 13 名委员和医学部新当选的 9 名委员组成。王丽梅为纪委书记,叶静漪、孔凡红为纪委副书记,纪委委员为:马焕章、王丽梅、孔凡红、石敬慈、叶静漪、卢咸池、曲春兰、孙宁玲、李克安、杨运泽、吴宝科、吴新英、邱恩田、谷涛、张宝岭、张瑞颖、陈淑敏、林丛、周有光、周岳明、梁桂莲、廖陶琴。

纪检监察干部队伍建设　北大纪委、监察室选派了两名主要干部参加了北京市委党校纪检监察干部理论业务培训班,获结业证;积极参加了由北京大学政治发展与政府管理研究所承担的北京市东城区党风廉政政策研究的课题项目;与北京理工大学、北京外国语大学合作完成了北京市教育系统关于"高校腐败问题及其控制政策"的研究课题。2001 年结合工作实际,纪检监察干部共撰写工作论文 8 篇,主要有《围绕学校中心任务,发挥监督保证作用》、《香港及国外反腐败机构建设的经验与趋势》、《开展执法监察,促进学校改革与发展》、《为政清廉与先进文化》、《坚持理论联系实际的学风加强纪检监察队伍建设》、《标本兼治,遏制腐败》、《预防腐败刍议》、《论以德治国与领导干部廉洁自律意识之加强》。

在 2001 年"'三讲'教育回头看"活动中,纪委、监察室召开了专题民主生活会,就自身的工作与《2000 年"三讲教育整改方案"》中确定的整改措施逐条进行了对照检查,寻找差距,弥补不足,并写出了《北京大学纪委、监察室"三讲教育整改方案"落实情况自查报告及进一步的整改措施》。

在 2001 年度评选"北京大学党务和思想政治工作优秀个人和先进集体"的活动中,纪委、监察室被评为北京大学党务和思想政治工作先进集体,曲春兰被评为北京大学党务和思想政治工作优秀个人二等奖。北京大学纪委、监察室还被北京市纪委、北京市人事局、北京市监察局评为"北京市先进纪检监察组织",被北京市纪委办公厅评为"信息工作先进单位",叶静漪被评为"信息工作先进领导",曲春兰被评为"信息工作先进个人"。2001 年 5 月因姚奇见义勇为行为,北京市海淀区人民检察院致北京大学检察建议书即京海检刑建字第 19 号,建议北大对其予以表扬。姚奇还被北京大学治安综合治理委员会"评为 2001 年北京大学见义勇为积极分子"。

原北京大学纪委监察室干部鹿海清同志因病医治无效,于 2001 年 9 月 24 日 20 时 35 分在北京肿瘤医院不幸病逝,年仅 30 岁。

会议情况　3 月 6 日召开北京大学临时纪委第一次全体会议,党委副书记岳素兰参加会议。主要内容:一是岳素兰代表党委宣布成立临时纪委;二是传达上级有关会议精神;三是通报 2000 年纪检监察工作;四是讨论通过 2001 年北京大学纪检监察工作要点;五是讨论通过北大临时纪委的工作运行机制和工作制度;六是讨论通过两个案件的处理。全体纪委委员及纪检监察专职干部共 31 人参加会议。

3 月 15 日召开全校各单位纪检委员会议,传达上级有关精神,布置本年度纪检监察工作。共 34 人参加会议。

10月24日召开临时纪委第二次会议。一是通报上半年纪检监察工作；二是传达教育部在青岛召开的教育执法监察工作研讨会精神；三是学习江泽民"七一"讲话精神；四是讨论有关案件；五是讨论修改本年度部分工作计划内容。纪委委员和纪检监察专职干部共25人参加会议。

（纪委监察室）

医学部纪检监察工作

【概况】 2001年医学部党委、纪委按照北京大学的统一安排，围绕教学、科研、医疗工作实际，认真落实十五届六中全会和中纪委五次全会精神。坚持党中央确定的反腐败领导体制和工作机制，坚持反腐败三项任务的格局，狠抓领导干部廉洁自律，严肃查处违纪案件，认真受理信访举报，纠正部门与行业不正之风，为不断加强党风廉政建设，促进医学部的改革、发展、稳定，保证各项工作任务的顺利完成发挥了积极作用。

在新的运行机制下积极开展工作 根据教育部党组教党〔2000〕33号文件精神，经北京市委教育工委批准（京教工干〔2001〕23号），北京大学2001年2月9日党委常委会决定在党员代表大会选举之前，建立北京大学临时纪律检查委员会。临时纪委由原北京大学、北京医科大学纪委委员组成，任命王丽梅为临时纪委书记，叶静漪、孔凡红为临时纪委副书记，医学部万文徽、马焕章、孔凡红、石敬慈、刘建成、孙宁玲、杨运泽、谷涛、张瑞颖、林丛、赵俊普、梁桂莲、解冬雪、谭昌妮为临时纪委委员（2001年6月5日，北京大学党委党发〔2001〕31号）。医学部纪委在北京大学临时纪委的领导下，积极探索新的运行机制，为进一步融合，为维护改革和稳定的大局积极努力地工作。

选举产生新一届医学部纪委 2001年12月21日，马焕章代表纪委在医学部第十次党代会作题为《适应新形势，开创纪检监察工作新局面，为建设一流医学教育事业做出新贡献》的工作报告。12月22日，党员代表大会通过了《中共北京大学医学部第十次代表大会关于纪律检查委员会工作报告的决议》，大会同意马焕章作的纪委工作报告。12月22日，党员代表大会选举产生了新一届纪委，由马焕章、孔凡红、石敬慈、谷涛、孙宁玲、杨运泽、梁桂莲、张瑞颖、林丛9人组成。同日，马焕章主持召开第一次纪委会议，选举马焕章为纪委书记、孔凡红为纪委副书记。12月25日北京大学党委批复同意以上选举结果，2002年1月7日，由党委书记王德炳、副书记岳素兰、赵存生、纪委书记王丽梅到医学部宣布。

调整临时纪委 2001年12月27日，北京大学党委对北京大学临时纪委进行调整，调整后的临时纪委由原北京大学纪委13名委员和医学部新当选的9名委员组成，王丽梅为临时纪委书记，叶静漪、孔凡红为临时纪委副书记。

机构调整 1999年12月27日，原北京医科大学党委常委会讨论决定，审计室与纪检监察合署办公，成立北京医科大学纪检监察审计办公室（北医大〔2000〕校人字052号），孔凡红任纪检监察审计办公室主任（北医大〔2000〕党组字第009号）；2001年5月14日，医学部决定审计室与纪检监察办公室分离（北医〔2001〕部人字113号），"医学部仍实行纪委和监察室合署办公，对内一个机构，对外两块牌子"（北医〔2002〕部人字19号），孔凡红兼任医学部监察室主任（北医〔2002〕党字第4号）。

【贯彻中纪委五次全会精神】 医学部党委常委会认真学习中纪委五次全会文件，听取纪委汇报，研究部署了党风廉政建设和反腐败工作。在处级以上干部参加的医学部2001年工作会议上专题传达贯彻全会精神，强调重点作好五项工作；进一步推进党风廉政建设责任制的落实；落实中纪委提出的领导干部廉洁自律的六条新规定；查处案件；纠正医药购销中的不正之风仍列为重点；从权、钱、人三个方面存在的突出问题入手进行改革，加大源头治理的力度。医学部党委、医学部联合印发了《关于认真贯彻落实中纪委五次全会精神深入开展党风廉政建设和反腐败工作的意见》。医学部纪委召开扩大会，再次传达会议精神，部署工作。

医学部各单位将党风廉政建设和反腐败工作列为党政工作重要内容，分别召开党委会、书记院长办公会、党政联席会、职能处室负责人会、科（系）主任会、党支部书记会传达全会精神，作出具体安排。医学部纪委监察室及时对各二级单位落实中纪委五次全会情况进行督促检查。

此外还协助党委开展"三讲"教育"回头看"工作。

【进一步落实党风廉政建设责任制】 成立领导小组 对原北京医科大学党风廉政建设领导小组进行调整，成立了医学部落实党风廉政建设责任制领导小组，党委书记林久祥任组长，主任韩启德、党委副书记吕兆丰、党委副书记兼纪委书记马焕章、党委副书记吴建伟任副组长，小组成员有李鹰（两办主任）、孔凡红（纪委副书记）、管仲军（组织部长）、李海峰（宣传部长）、林丛（人事处长）、张明（审计室主任）。

狠抓责任主体到位 两级领导班子和领导干部对执行党风廉政建设责任制重要性的认识不断提高，自觉性不断增强，把落实责任制作为一项政治纪律认真执行。第一医院、第三医院、药学院、肿瘤医院等单位将领导班子和领导干部要强化落实党风廉政建设责任制的"四个意识",责任主体要做到"五个亲自"、"三个抓好"、"三个必须"、"两个确保"的具体要求印发给党政领导,要求认真执行。

修订实施办法 按照北京大学实施办法和任务分工的要求,在原北京医科大学实施办法的基础上修订了《北京大学医学部关于落实党风廉政建设责任制的实施办法》,制定了《北京大学医学部党风廉政建设主要任务分工》。

构筑责任网络 按照北京大学落实党风廉政建设责任制的有关规定和要求,在医学部各二级单位制定责任制实施细则,明确任务分工的同时,将落实责任制向机关部处和直属单位延伸。医学部党委书记主持召开各单位党委书记、纪委书记及医学部机关职能部处、直属单位负责人会议,要求各单位结合实际制定相应的实施细则,切实做到党政齐抓共管,层层抓落实。38个单位制定了实施办法,明确了任务分工。

实行廉政回访 第三医院对副处级以上职务领导干部执行党风廉政建设责任制情况进行跟踪检查,实行廉政回访制度,效果良好。2001年院纪委监察室对6名干部进行了考核,共听取党内外群众和主管领导意见46人次,请81人次填写评议表,对被考核人进行民主测评,将群众意见和考核结果向被考核干部反馈,并建立了领导干部廉政档案。

【领导干部廉洁自律工作】 检查廉洁自律六条新规定执行情况 结合医学部实际,将中纪委五次全会关于领导干部廉洁自律六条新规定第二、三、四、六条内容制成自查表,连同六条规定全文一并下发,要求逐条对照检查。133名副处级以上干部全部按规定进行了自查,自查表存入领导干部廉政档案。

开好专题民主生活会 纪委、组织部联合下发通知,要求领导班子和领导干部认真对照中纪委五次全会关于领导干部廉洁自律六条规定二至六条的内容,围绕如何树立正确的权力观、公仆意识自查自纠班子和个人在思想作风、工作作风方面存在的问题;对照党风廉政建设责任制有关规定和"责任主体到位"的有关要求,自查党政正职是否做到了"五个亲自",班子其他领导成员是否做到了"三个抓好",各牵头单位是否做到了"三个必须",各协办单位是否做到了"两个确保";参照京教工[2001]9号文件关于"考核、巡视检查内容"及"评估指标体系",自查管辖范围内党风廉政建设责任制落实情况。为协助党委做好生活会的有关工作,纪委召开纪检监察干部会进行专题布置,两级纪委(党办)协助党政领导班子征求干部群众意见340人次。医学部领导班子和14个二级单位的专题生活会暑假前全部召开。为加强督促、指导,医学部领导参加二级单位生活会11人次,纪检监察和组织部干部参加12人次。

【信访受理与案件检查】 受理信访举报 2000年12月1日至2001年11月30日,医学部两级纪检监察机关共受理群众来信来访、举报310件次(重复信访34件),其中医疗及行风类95件,经济类53件,失职渎职类3件,违反社会主义道德类6件,批评建议21件,申诉26件,其他105件。涉及党员72人,监察对象43人(局级干部5人,处级干部38人)。正核实12件,已了结298件,其中无法核实36件,失实43件,批评教育30件,纠正19件,转立案1件,挽回经济损失近2万元。

案件检查 立案1件,开除党籍1人。

【医疗卫生行业作风建设】 各临床医院把行业作风建设和职业道德建设作为医院精神文明建设的一件大事,坚持以病人为中心的指导思想,加强医院管理,加强医德医风建设,抵制行业不正之风,促进医院的发展。

学习先进 医学部纪委领导在纪检监察会议、医院领导干部会议传达宣讲全国卫生系统纠风工作现场会精神。各医院召开全院大会宣讲广东省中医院先进经验,讲评本院医德医风状况,向广东省中医院学习,促进医德医风建设。

规范化文明服务达标活动 一是不断加大宣传教育力度。口腔医院对新上岗职工、新入学的进修生、进入临床的本科实习生、新聘任的护理人员、卫生员、保安、门卫等临时工作人员继续开展以《北京地区三级医院规范化服务达标标准》、《卫生行业服务用语规范几禁语40例》为主要内容的医德医风教育。充分利用横幅、宣传橱窗、黑板报等形式,营造环境和气氛。开展"创优质服务,建文明窗口竞赛"活动,组织全院28个窗口科室的工作人员参加"规范化服务知识答卷"。二是加强督促检查。各医院认真自查,针对问题采取措施,认真整改,改善医院诊疗环境,延长门诊医疗工作时间,实行"首诊负责制",不推诿病人。为病人办实事做好事,提供优质的医疗服务,以积极的态度迎接北京市复验。第一医院组织了三次达标工作检查,两次物价大检查。医学部领导带队,各医院领导及医学部医院管理处、纪检监察办公室负责人参加,对六所医院规范化服务达标进行预验收。

广泛接受监督,不断加强管理 坚持每月或每季度发放问卷进行病人满意度调查,召开院外监督员会、患者座谈会,设患者"留言意见本",多种方式听取意见,接受监督。第一医院积极参与中华医院管理学会推荐的"百姓放心医院"活动,设立公示牌,通过新闻媒体向社会公示,主动接受社会监督;实行"零投诉"管理模式,力争把工作中的缺陷控制在最小限度;纪委监察室认真处理患者举报投诉,对反映的大处方等问题认真核查,同有关部门领导一起登门向患者说明,赢得理解和好评。第三医院对医务人员冒领会诊费、门诊检查私自收取现金问题及时处理并健全管理制度。肿瘤医院侧重对青年医师、进修人员的教育和管理。

治理"回扣"、"红包" 严格执行卫生部《关于在医疗活动中严禁临床促销费、开单费等回扣行为的通知》,加强购药管理,发挥药事管理委员会的作用,实行药品集中招标采购,对长期从事药品、医疗器械、物资供应等部门人员进行交流、换岗。第三医院纪检监察干部坚持轮流到病房、手术室、门诊部及电梯等地巡视,防止患者进病房送食品和医药代表进诊室,至11月30日,拒收"红包"22人次,人民币14300元、美金200元,价值4446元瑞士手表一块,照相机一台。社会监督员反映,没有发现口腔医院存在收受"红包"现象。

发现问题及时整改 针对违反价格法被国家计委通报一事,人民医院领导班子多次召开会议反复研究,提高对价格法的认识,认真进行整改,成立了医院物价监督管理小组,加强了医院、财务、科室三级物价。医学部领导随即率纪检监察和医院管理处干部检查了各医院执行价格法的情况,要求各院从中吸取教训,引以为戒,严格执法。

成效显著 经过不懈努力,临床医院职业道德和行业作风有很大改观,得到患者认可。第一医院投诉率明显下降,病人投诉由原来每天的几十件降至每天一两件。每月满意度调查的基本满意率均为90%以上,优良率均为85%以上,被百姓推举为"放心医院"。口腔医院收到锦旗7面、牌匾1个、表扬信124封,通过科室意见本表扬510人次。肿瘤医院2001年1月至10月就收到锦旗、表扬信55件,比2000年增长了53%。

【党风廉政教育】 党风廉政建设教育月活动 积极参加北京市纪委党风廉政建设教育月各项活动,组织党风廉政建设知识自测,医学部副处级以上领导干部在认真学习北京市纪委监察局编写的《领导干部党风廉政建设若干知识学习问答》的基础上,独立答题,参加答卷130人,参测率为98%,95分以上110人,平均成绩为96.97分。纪检监察干部听程世娥"关于树立正确的权力观"党课、听中纪委李玉赋反腐败形势报告、参加北京市"党风廉政颂"演讲比赛决赛现场活动6人次。

办展览 医学部举办党风廉政建设图片展一期。参加北京市第三届党风廉政建设和反腐败成果摄影比赛,第三医院选送作品获二等奖。

党课教育 纪委领导为职工、学生、入党积极分子、第一医院全体党员讲党课,进行党风廉政教育,扩大教育面。

警示教育 充分利用反面教材,开展警示教育。组织处以上领导干部学习中纪委关于原海关总署副署长王乐毅严重受贿、非法占有国家和他人财物,被开除党籍和公职、依法逮捕的案件通报。结合医疗卫生行业特点,请中国医学科学院原纪委副书记剖析该院肿瘤医院原住院部主任石巧玲职务便利,伙同他人贪污公款1100余万元,被依法判处死刑的特大贪污案。各医院主管院长、财务处长、住院部主任、两级纪检监察干部、医学部财务干部等共100余人听课。各医院利用石巧玲案对重点部门进行教育,通过自查,堵塞漏洞,建立健全有关制度。

【执法监察工作】 招生执法监察3名纪检监察干部参加招生咨询和录取新生工作,在参与的过程中了解掌握情况。受理招生方面的来信来访3件次。对新生收费情况进行了检查。

招投标工作 两级纪检监察机关积极参与招投标工作,对部分招标过程实施监督;建议并参与起草大宗物资采购和基本建设招标的管理办法。

调查研究提出建议 受医学部领导委托,纪委监察室会同有关部门对3个单位的财务管理、领导工作作风等问题进行调查,提出严格财务制度、加强国有资产管理、改进领导工作作风、增强工作透明度的建议,对有关人员进行批评教育,加强了领导班子建设。

获教代会提案落实奖 认真落实医学部第三届二次教代会《关于第一医院二部改建工程要加强监督力度》提案,纪委监察室获北医教育工会颁发的"北京大学医学部第三届二次教代会提案落实奖"。

清理公款购买商业保险 及时转发北京市纪委、市监察局通知(京纪发[2001]16号),严肃财经纪律,禁止用公款为个人购买商业保险。肿瘤医院纪委对公款购买商业保险情况进行清理,按照通知要求清退违反规定保险4项,涉及金额845万元。

【纪检监察队伍建设】 提高纪检监察干部思想政治素质和政策水平、工作能力,组织纪检监察干部认真学习江泽民"七一"讲话和十五届六中全会关于加强党的作风建设的决议,自觉实践"三个代表"的重要思想。

业务培训 举办业务培训班,请中纪委二室主任刘建华、北京市纪委信访室副主任刘刚、医学部党委副书记兼纪委书记马焕章、第一医院纪委书记王北京分别讲授案件查处、信访举报受理的基本知识和要求、党风廉政建设和反腐败工作的基本理论、卫生法规的基本知识,两级纪检监察干部25人参加培训。13人参加卫生部监察局组织的"职务犯罪的认识与预防"讲座。6人次参加北京市委党校、教育部、卫生部纪检监察业务培训班。

课题研究 医学部纪委领导、纪委监察室干部及在纪委监察室工作过的老同志共8人,负责党的建设和思想政治工作课题2个研究项目,结合工作实际撰写论文5篇,完成了1996～2000年纪检监察工作年鉴。

(医学部纪检监察室)

保 卫 工 作

【概况】 2001年,北大的保卫工作始终坚持围绕着国家大事和学校的中心工作展开。从新年庆典活动开始,到全运会、大运会等部分赛事活动、"同一首歌"大型文艺晚会、北京申奥成功、中国足球首次进入世界杯决赛等,北大师生员工均举行了各种庆祝活动。为保证庆祝活动的顺利进行,保卫部同志知难而进,连续工作,圆满完成了上述各项活动的保卫工作。在与"法轮功"邪教组织的斗争中采取有针对性的工作措施,遏制"法轮功"在校园中的活动,对思想较为顽固的"法轮功"人员进行的教育转化工作成效显著。针对日趋严峻的社会治安形势,努力抓好科技治安和校园治安综合治理工作。以理科楼群为试点,完成了楼内通道及楼区周边的治安监控系统建设并已投入使用,为下一步在全校范围内推行技术防范工作打下良好的基础;利用治安综合整治的时机,在部分学生宿舍楼试点安装电子门禁系统,已投入使用;为保证家属区安全,大力推广安装楼寓对讲系统。通过以上安全防范措施的建立实施,大大增加了师生员工的安全感。对校园重点地段进行交通整顿,实行大型摩托车在校内禁行,对交通秩序混乱的燕南路实行机动车禁行,逐步完成校内交通规划,使校园交通逐渐有序。

2001年,保卫部在硬件建设方面取得了突破性进展,迁至新址后,办公环境得到改善,为近期的保卫工作建设提供了必要的空间和条件。为更好贯彻"以服务为宗旨,内强素质,外塑形象,实现保卫工作现代化建设"的工作方针,已经开始对保卫干部进行各类业务培训,尤其要在实现办公数字化、提高排险救灾能力等方面,力争在近期有突破性进展。本年度有关保卫工作者撰写相关论文51篇,完成了两年一度的北京大学第五届保卫工作理论研讨会论文选集的编印工作。

【重大警卫活动】 2001年,共完成大型活动保卫工作及首长、外国首脑警卫工作72次,其中三级以上警卫工作31次。由于方案缜密、工作到位,保证了所有活动安全上的万无一失。尤其是泰国诗琳通公主2月来校进修,保卫部高标准地完成了这一重要的警卫任务,得到有关上级机关的充分肯定。

【维护校园稳定】 2001年初,保卫部召开研讨会对维护学校稳定工作进行了前瞻性研讨,认为:北大近年来逐步走向稳定,并迎来良好的、前所未有的发展势头,但仍是敌对势力渗透和"法轮功"邪教组织进行活动的重点目标。研讨会有针对性地对维护稳定工作提出了相应的措施和对策。2001年内保卫部共收缴各类"法轮功"宣传品6000余份,配合公安机关抓获流窜"法轮功"邪教组织人员7人,有力地打击了"法轮功"邪教组织的嚣张气焰,遏制了"法轮功"活动给社会和校园造成的不良影响,维护了社会的稳定。

【治安与科技防范】 2001年学校及周边家属区治安形势严峻。燕园派出所全年共接到报案1012次,其中刑事立案123起,治安案件887起,出警1000余人次,处理各类违法犯罪人员481名,其中:拘留以上处理33人,收容19人,罚款、警告、批评教育429人次;全年在校园及周边家属区共收缴盗版光盘5000余张,淫秽光盘4000余张。为加大打击力度,在加强校园及周边家属区的科技防范方面着重做了以下工作:(1)以理科楼群为试点,学校投资50万元,保卫部按照"技术先进、稳定可靠、便于扩充、操作方便"的工作思路进行招标,在最大限度利用资金的基础上,于6月份完成了覆盖理科楼群内部楼道及周边公共场所的治安监控系统,为下一步在全校范围内推行技术防范工作打下良好的基础;(2)利用治安综合整治的时机,学校投资8.7万元由保卫部负责实施,在3栋女生宿舍楼计8个楼门试点安装电子门禁系统,目前已投入使用,受到学生的欢迎;在家属区大力推广楼寓对讲系统,已有150多个单元门安装了该系统,通过以上安全防范措施的建立实施,大大增加了师生员工的安全感;(3)与燕园社区管理服务中心密切合作,为近3500户安装了住宅紧急呼叫器的教职员工实施24小时安全救助服务工作。保卫部共接报警信息2338次,除系统测试外,报警88次,保卫部、派出所出现场处理15次,解决了教职员工的一些实际问题。

【校园环境秩序整治】 保卫部根据实际情况,加强了校园环境、商业网点、防火安全和校内交通等各方面的管理和整顿。在日常管理工作中注意加强校内防火、安全生产、地下空间工程的安全检查力度，确保学校和师生员工的人身财产安全。2001年对校内重点部位和施工工地的安全检查共计146次，处罚19次；为校内有关单位增加、更换灭火器845具，更换水带33条，与3526名入校新生逐一签订宿舍安全责任书，使之责任明确、防患未然。12月5日校内19楼教工集体宿舍发生火灾，初步断定是违章使用电器所造成的，该楼年久且电线老化，在学校未对老宿舍楼进行改造之前，应进一步加强管理力度。

据统计，学校的7个校门每天进出人员达10万余人次；机动车出入7000余辆次；在校务工、学习的非常住人口就有7900余人，假期接待参观536批累计82000余人次，这无疑给校园环境秩序的管理带来相当大的挑战。为加强校园环境秩序管理，保卫部采取相应措施并对重点地段进行了交通整治：一是实现了大型摩托车在校内禁行，使摩托车在校内行驶数量大幅度减少；二是对交通秩序混乱的燕南路实行机动车禁行，使交通环境得到改善；三是完成校内交通规划，以逐步达到人、车行驶有序；四是与公安交通管理部门协调，对校园东西两侧的公共交通道路进行重新规划，缓解了校门交通拥堵的状况。

（张虹、王金生）

医学部保卫工作

【概况】 2001年医学部的保卫工作获北京市公安局授予的集体三等功，获2001年度国家安全小组先进集体，获海淀区交通安全先进单位。

2001年，医学部保卫处参加了第21届世界大学生运动会的安全保卫工作，8月15日正值暑假期间，大运会排球训练开始，保卫处安排了由全体干部、校卫队员和保安队员共计27人组成的安全保卫队伍，对门卫、沿线治安、交通以及训练场馆外围进行了安全保卫。大运会期间共接待15个国家的运动员381人次，执勤15天，有时一天要来5个国家的运动员，执勤时间长达12小时以上，确保了医学部大运会训练场馆的安全。

2001年，保卫处进行了两项保卫工作研讨：一项是校园"110"的研讨，一项是无形资产保卫的研讨。医学部是在北京高校中首家开通校园"110"报警求助服务的单位，三年来的经验是：领导支持是前提，队伍过硬是根本，各方联动是关键，建章立制是基础，设备到位是保证。无形资产保护是保卫工作的一个新课题，针对无形资产的范畴如何界定、立项，医学部有哪些无形资产，无形资产的价值如何评估、公证，无形资产如何管理、保护以及医学部一些无形资产流失的教训等等进行了广泛的研讨。

为提高保卫处的研究工作水平，保卫工作研讨小组发动全处人员和二级单位兼职保卫干部一起参加保卫工作研讨，编写了《保卫工作论谈》（2001版）。与此同时加强了保卫干部的继续教育工作，通过组织各种学习、自学、进修等不断提高广大干部和职工的政治和业务素质。2001年每个保卫工作人员的继续教育学分均在15分以上。

2001年，保卫处加强了宣传工作。共编写各种简报19份，编印"保卫工作内参"21期，进行治安、防火、交通、国家安全工作培训1500余人次，印发各类宣传材料3000份（册），召开各种会议26次，进行橱窗宣传13期，同时印发了《保卫工作文件汇编》、《学生出国（境）须知》、《计算机及网络安全法律、法规汇编》，充分发挥了保卫工作的宣传功能。

【治安综合治理工作】 根据北京市高校校园及其周边整治与建设领导小组的要求，2001年，医学部共组织召开综合治理会议10次。首先，健全、完善了全校综合治理组织，落实全部三级网络724人，包括部一级的综合治理领导小组及委员会24人，各二级综合治理小组及各教研室、科室安全保卫负责人193人，各实验室、办公室安全员507人。为认真贯彻"谁主管、谁负责"工作方针的落实奠定了基础。

其次，在2000年拆违3450平方米的基础上，2001年除继续拆除遗留6处的1540平方米违章建筑外，重点对多年想解决而一直未能解决的周边地区进行整治，在市、区整治办等7个单位的协助下，拆除了校西南门、东南门和家属区东南门内外的发廊、餐馆、照相馆、服装加工部等10处，约980余平方米，动用车辆300台车次，清运渣土1000余吨。小区2000余户居民拍手称快。

【政保工作】 处理和解决"法轮功"问题是医学部近十年来经历的又一次重大政治斗争。在同"法轮功"组织的斗争中，首先，集中精力做好"法轮功"人员的监控、教育和转化工作，在部党委的领导下，在全部范围组织成立了对"法轮功"人员的帮教小组13个，全年共召开帮教小组长会10次，布置帮教工作、交流帮教经验。全年共收缴"法轮功"宣传品609份，光盘3张，照片67张，磁带13盘。其次，组织召开了高校保卫系统中第一次"'法轮功'问题研讨会"，研讨"法轮功"组织活动的新动向以及相应对策。第三，2001年暑假前，完成了对医学部系统"法轮功"习练者的转化工作，对这方面工作进行了全面的总结,并研究了下一步工作的方向。

与此同时,保卫处配合国家安全部门、公安部门协查23次,向上级业务部门上报信息材料20余份,共328项,配合国家安全部门、公安部门、教工委调研工作24份,共142项,有效地维护了学校稳定。在人员少、任务重的情况下,保卫处还办理了学生自费出国政审手续132人次,开具赴边境证明156人次。

【消防工作】 2001年医学部的消防工作坚持依法管理、严格管理、科学管理。全年共进行安全大检查10次,平时检查20余次,维修消防器材420具,给学生宿舍、图书馆、城内生活科等部门新配备灭火器730具。进行了多年未解决的两大项工程建议:对学校的5座大屋顶建筑进行了改造,消除了隐患;配合药学院对药学楼配置烟感报警器探头248个,同时参与了体育馆、2、3、4、5号学生宿舍楼的消防验收工作。在"119"宣传日活动中,组织了8项宣传活动,挂横幅6条,出黑板报6块,出宣传橱窗16块。与此同时对义务消防队进行了训练,组织他们观看"逃生与自救"录像,并于11月8日举行了消防扑救演习,锻炼了队伍,增强了消防意识和防救能力。

【交通安全工作】 2001年医学部内部交通安全工作抓得紧、抓得实,获得较好成绩。上半年地区安委会验收96分,下半年90分。为加强部内交通的治理,购置禁行牌10块,制定了每月1次的司机安全月活动,进行法规和安全意识的宣传教育,全校428名驾驶员未发生挂上号的甲方事故。圆满完成了196辆机动车和428名驾驶员的年检、年审、办理牡丹卡、办理车辆监督卡、保险、车船使用税、登记备案、车辆泊位证明等等。组织人员参加花园路地区"交通安全知识竞赛",获得第二名。

【计算机及网络安全管理工作】目前高校计算机及网络安全管理普遍滞后,漏洞多,这与高校保卫部门未能全面介入此领域、计算机及网络管理与保卫工作相脱节有关。为此,在2001年的工作中,保卫处着重抓了计算机及网络安全管理工作。首先,组成了计算机及网络安全小组,并组建了全校范围包括附属医院在内的网络安全小组12个。其次,组织对安全小组成员进行培训,请有关专业人员讲解计算机及网络安全知识,并采取持证上岗。第三,编印了《计算机及网络安全法律、法规汇编》400本,定期组织对全校计算机及网络进行安全大检查,收到较好的效果。

【治安工作】 2001年医学部的治安工作,始终坚持"以防为主"的原则,在各类防范措施上下了功夫。

据统计,2001年共发生各类案件55起,比2000年73起减少24%。2001年的治安工作,以主要精力和时间研究和采取了种种预防措施,做好基础防范工作,对校内各重点部位进行了细致的摸底、排查和建档。2001年自行车报失115辆,比2000年减少44辆,减少28%。在校内打击自行车盗窃工作中,抓获5个盗车团伙,破获20余起盗窃自行车、电动车、摩托车案。查处违法违纪人员30余人。对职工和学生开展治安安全教育和治安安全检查,提高了广大教职员工的安全防范意识。

【校园秩序管理工作】 成立校园监察小组 2001年初,由保卫处倡议,在后勤服务总公司的协助下,成立了医学部校园监察小组,由保卫处及后勤服务总公司的有关人员组成。校园监察小组的职责是维护校园安全环境,发现和纠正校园内的治安、交通、秩序、广告、路标、摊点等方面的问题。校园监察小组成立一年来共纠正校园内治安、交通、秩序违章425起(件),其中解决清理建筑垃圾85件,清理摊点23个,清除违规广告标牌157件,纠正校内违章停车125次,清理校园卫生环境62件。

校园"110"发挥重要作用 校园"110"在医学部开通三年来,培养了一支迅速出动,特别能战斗的队伍。2001年共接案182起(件),其中治安事件37件,求助服务123件,处理商贩14件,扑救火险4起,处理"法轮功"事件4起。在这些案件中,共处理166起/件,已成为医学部一支能够处理校园治安、防火、交通、突发事件、大型活动、群众求助等项工作的力量。2001年共进行全校大清查60次,现场抓获盗窃分子19人,清理闲杂人员和小商贩859人次,进行大型活动值勤30次。

【外来人员管理工作】 根据年初计划,2001年保卫处配合校内各佣工单位对外来务工人员进行宣传教育,共开课4讲,使他们了解国家、校内的大事、形势,增长安全防范知识。2001年,保卫处继续组织了"第五届外来务工人员十佳评选"活动,进一步完善了对外来人员的管理工作,同时配合街道对外来人员进行了普查。现医学部校园区共有外来人员630人。2001年在医学部的外来务工人员中未发生大的治安案件,有些外来务工人员还配合学校做保卫工作。

【集体户口管理工作】 医学部集体户口管理工作是一项繁杂、严谨且政策性很强的工作,所管辖的在校的学生及单身职工有5000余人。2001年共办理户口迁入、迁出、注销396人次,借户、还户380人次,办理身份证398人次,迎新办理户口718人,派遣办理户口524人。解决户口疑难问题5个。其次,根据北京市公安局的要求,保卫处还对所有集体户口的档案进行了整理升级。整理了自1971年至2001年的全部户口约1万余人,使集体户口档案存放分门别类,科学有序,便于查找,更使户口档案得到长久安全的保护。

（王振铎、陈亚东）

工会与教代会工作

【概况】 2001年校教代会、工会工作的指导思想是：以邓小平理论为指导，继续深入学习党的十五大和江泽民总书记"七一"讲话精神，贯彻落实"三个代表"重要思想和新修订的工会法，以"立足全局、突出维护、解放思想、开拓创新"为基本工作思路，调动全体专兼职工会干部的积极性，围绕学校中心工作，着眼于学校的改革、发展、稳定，做好教代会、工会各项工作，保护、调动和发挥广大教职工的积极性，群策群力创建世界一流大学。

2001年校教代会、工会着重做好若干基本方面工作，促进工作整体水平的提高。(1) 着眼队伍建设，加强青年教师工作。3月配合校党委宣传部进行高校教师思想状况滚动调查；"五四"青年节前召开青年教师座谈会，听取青年教师的意见和建议；暑期组织青年教师到井冈山进行社会实践；年底举办了北京大学第二届青年教师教学基本功和现代教育技术应用演示比赛。(2) 促进校园精神文明建设，开展多种形式的群众性文体活动。分别举办了教职工体育文化节和第十五届"京华杯"棋牌赛，开展了冬季长跑比赛等。为庆祝建党80周年，组织了全校教职工文艺汇演。与体育教研部共同举办了北大与北医合并后的第一届教职工与学生共同参加的全校田径运动会。(3) 以维护职工权利为基本职责，做好生活福利工作。听取、反映教职工的意见、建议，依法维护教职工合法权益（蓝旗营小区、中关园被拆迁居民）；暑期组织教职工休养、疗养；为教职工办理了女教职工四种癌症和教职工安康互助保险；春节前开展了为特困户"送温暖"和慰问知名学者活动；在有关部门的大力支持下，开办了北京大学师生消费合作社。(4) 开展丰富多彩的女教职工活动。举办了庆"三八"节电影招待会、女工干部联谊会和女中层干部座谈会；开展"五一二"护士节、"六一"儿童节慰问活动；举办"北京大学女性风采展"。(5) 加强理论学习与经验交流，推进工会自身建设。组织工会干部学习江泽民总书记"七一"讲话和新修订的工会法；与兄弟院校工会进行工作经验交流；对部门工会进行建设"教职工之家"工作的考核验收；通过举办研讨班、评选先进等活动推动基层工会工作。(6) 加强教代会制度建设，发挥民主管理、民主监督作用。召开北京大学教代会四届二次会议；积极推进二级教代会制度建设；组织教代会代表对学校新出台的有关政策进行讨论；配合有关部门推进校务公开工作。

11月，北京大学工会通过上级工会的考核复验，保持了"全国模范职工之家"称号。

（陈淑敏）

【教代会工作】 校教代会四届二次会议 1月9日上午，校教代会四届二次会议在电教大楼报告厅举行。会上，许智宏校长作了2000年度学校行政工作报告，闵维方副校长作学校财务工作报告，校教代会执委会主任赵存生作教代会执委会工作报告。在分组讨论中，代表们对大会的三个报告和《北京大学校务公开实施办法》(讨论稿)提出了看法和建议。会议期间，收到代表提案26件、意见12件。牛大勇代表"关于推迟我校国家级学术带头人退休年龄的建议"、阎学杉代表"学校各部应当在北大网站上建立留言簿，以便加强与师生员工的联系"的提案、程敏代表"加强知识产权管理和与入学新生以及新进员工签署知识产权归属协议"的提案获得上年度的优秀提案奖。

二级教代会制度建设 1996年12月30日，校教代会三届二次会议审议通过《北京大学教代会执委会、工会委员会关于院、系、处级单位民主管理的暂行规定》。《规定》中提出："条件成熟的院、系、处级单位可以建立同级党委领导下的教职工代表大会（百人以上单位）或教职工大会制度，对本单位实行民主管理。"至2001年年底，力学系、原技术物理系、数学学院、化学学院、生命科学学院、外国语学院、法学院、图书馆、北大附中等单位先后建立二级教代会制度，并在本单位民主管理、民主监督工作中发挥了积极作用。

发挥代表的参与监督作用 (1) 3月，北京市委教育工委、纪检委、教育工会对北京大学校务公开工作进行检查。校工会组织召开教代会代表座谈会，反映对此项工作的意见和建议。(2) 10月，学校人事部、校工会召开教代会代表座谈会，就《北京大学关于对新增人员实行人事代理制度的规定（试行）》听取意见。(3) 11月，在"三讲"教育"回头看"活动中，25位教代会代表参加校工会召开的座谈会，就学校领导班子整改措施落实情况和领导干部作风方面提出意见和建议。

【第六届教代会工会工作研讨会】

7月27～30日，校本部工会与医学部工会共同举办北京大学第六届教代会工会工作研讨会，校教代会执委、校工会常委、各单位分管工会工作的党政领导干部和部门工会主席共130余人参加，会议主题是"开创新世纪北京大学教代会、工会工作的新局面"。会上，校党委副书记兼校教代会执委会主任、校工会主席赵存生作动员报告，全国教育工会副主席张宏遵作关于"新时期工会工作"的报告。与会同志学习江泽民总书记"七一"重要讲话及有关文件、资料，围绕"在教代会、工会工作中如何贯彻'三个代表'重要思想"等专题展开讨论，并进行了大会发言交流。外国语学院工会、人民医院工会在会上作了二级教代会和部门工会工作经验介绍。校党委书记王德炳听取了大家的意见、建议，并作了会议总结报告。

（梁燕）

【组织宣传工作】 3月下旬，校工会参加全国高校教师思想状况滚动调查工作，分别召开青年、中老年教师座谈会，将教师意见及时反映给校党委宣传部。

4月29日，校工会组织10位教师到人民大会堂参加全国总工会召开的庆祝"五一"劳动节大会。

从2001年5月起到2002年1月，校工会对部门工会建设"教职工之家"工作进行重新验收，共有45个部门工会申报。校工会组织部分兼职委员及专职干部分组到各申报单位听取汇报后，通过组宣工作委员会评议和常委会审核，按照"建家"达标条件，评选出"模范教职工之家"9个、"先进教职工之家"19个、"合格教职工之家"17个。

2001年，全校共有183位教职工从事教育工作满30年。9月，校工会向他们颁发了证章、证书及纪念品。

10月27日，修订后的《中华人民共和国工会法》颁布施行。校工会认真贯彻北京市教育工会《关于认真学习、宣传、贯彻新〈工会法〉的通知》精神，做了以下工作：（1）请中国人民大学关怀教授为校内各单位分管工会工作的党政领导干部和部门工会主席作"关于修改《工会法》的必要性及新、旧《工会法》的不同特点"的专题报告。（2）召开部分部门工会主席座谈会，结合学习新《工会法》，就如何推进北京大学工会工作进行讨论交流。（3）组织新《工会法》知识答题竞赛，全校共有3600多位教职工参加，176人获优胜奖。

11月1日，北京市教育工会主席张振民率验收组对北京大学工会的"职工之家"建设工作进行考核复验，听取了校党委副书记兼工会主席赵存生所作的工作汇报，查看了工会各项资料，并参观了工会活动图片展。验收组对北京大学工会工作的发展和成绩给予肯定评价，同意保持1998年授予的"全国模范职工之家"称号，同时对工会文体活动场地缺乏、兼职干部待遇未落实问题提出了意见。

12月，根据学校机构改革后的新情况，继续调整部门工会。据统计，到12月底，全校共有61个部门工会，4个直属小组，5861名会员。

2001年上级工会授予的各项荣誉称号有：（1）全国总工会授予邓小平理论教学组"五一"劳动奖状，授予石青云第七届全国职工职业道德建设"十佳标兵"称号，授予张丽娜"全国先进女教职工"称号。（2）北京市总工会授予邓小平理论教学组首都劳动奖状，授予周曾铨、李支敏、董镇喜、刘华杰、李鸣、颜海英、叶丽宁"教学、科研、管理创新标兵"称号。（3）北京市教育工会授予韩汝珊、潘文石、周晓林"师德先进个人"称号。

（王冬云）

【文化工作】 文艺汇演 5月11日，校工会在北大百周年纪念讲堂举办"北京大学庆祝建党八十周年教职工文艺汇演"。共有30余个单位及部分民主党派选送的35个节目登台表演。此次演出评选出最佳节目奖20个、优秀节目奖15个。在校的校领导观看了演出。

歌咏比赛 5月25日，北京大学工会主办了有首都11所高校教职工合唱团参加的"喜迎中国共产党八十华诞教师歌咏节"，各校都把最能反映本校特点和演唱水平的歌曲奉献给党的生日。北大校党委副书记兼工会主席赵存生在演出前致辞。

【体育工作】"京华杯"棋牌赛 4月8日，第十五届"京华杯"棋牌友谊赛在清华大学举行。此次比赛，北京大学代表队以8∶14的比分负于清华大学代表队。按十五届总比分，北大以9∶6胜清华大学。

教职工体育文化节 校工会每年都举办教职工体育文化节。2001年4～6月份的体育文化节期间，举办了羽毛球联赛，有49支代表队参加；乒乓球联赛有42支代表队参加；篮球联赛有21支代表队参加。体育文化节期间共有32个单位、700余人次参加了活动。

高校篮球友谊赛 4月7日，北京大学教工篮球队参加了北京市教育工会在北京师范大学举办的高校篮球友谊赛，取得了第二名的好成绩。

北京大学"资源杯"运动会 10月18～20日，校工会与体育教研部联合举办北京大学"资源杯"田径运动会。这是北京大学第一次举办校本部与医学部教职工与学生共同参加的运动会。

本届运动会的入场式由校工会负责组织，共有54个单位参加。教职工表演的"世纪曙光"彩旗健身操有800多人参加，参加各项目的运动员达1300多人次。比赛结果：北大附中代表队以402分的总成绩获"资源杯"团体总分第一名，医学部联队以778分获"资源杯"特别奖。幼教中心、图书馆等28个单位获得精神文明奖。

王德炳、许智宏等校领导参加了开幕式并走在一机关入场式队伍的最前列。北京市教育工会主席、副主席，清华大学、中国人民大学、北京理工大学、首都师范大学等兄弟院校工会主席前来祝贺并观看了开幕式。

象征性冬季长跑 12月6日，校工会组织了北京大学"迎世纪曙光"教职工象征性冬季长跑。分男、女，老、中、青6组进行，共1500多人参加，是历届长跑活动参加人数最多的一次。后勤机关、资源集团、化学学院等单位集体列队举旗参加了此次活动。王德炳书记为长跑鸣枪发令。

【青年工作】 青年教师社会实践活动 为配合学校教师队伍建设，校工会每年利用暑期组织青年教师社会实践活动。2001年正值建党80周年，校工会在7月2～9日组织了25位具有副教授职称或行政副处级以上的青年教师和干部到井冈山等地进行参观、学习、考察，接受革命传统教育。北京大学的两位青年教师为井冈山市机关干部作了"环境保护与可持续发展"、"当前国际热点问题"的报告。考察团向大井希望小学赠送了1台电脑和纪念建党80周年的宣传材料。校工会将考察团员们的日记和考察报告编辑为《井冈情》。

青年教师教学基本功和现代教育技术应用演示竞赛 12月21—23日，在理教219室举办了北京大学第二届青年教师教学基本功和现代教育技术应用演示竞赛。学校领导对这次比赛非常重视，于11月23日专门召开了各院系分管教学的副院长、副系主任和部门工会主席参加的动员布置会。常务副校长迟惠生、校党委副书记赵存生到会讲话、动员，教务部副部长朱庆之作具体安排布置。迟惠生常务副校长参加了三天的比赛全过程，并作讲评和小结。学校为此项活动拨了专项经费，活动由校工会和教务部、人事部、现代教育技术中心共同筹备组织。

这届比赛共有45位青年教师参加(含医学部)。经过评委打分和评审，评出理科一等奖2名、二等奖2名、三等奖3名，文科一等奖2名、二等奖2名、三等奖4名，其余参赛者均获优秀奖。

学校闭路电视台将此次比赛内容制作成电视节目，每周播放两位青年教师的教学演示情况，在全校广为宣传。

【女教职工工作】 庆"三八"系列活动 庆祝"三八"国际妇女节期间，校工会组织了面向全校女教职工的电影招待会；组织了面向部门工会女工委员、女干部和部分女教职工的关于"新世纪世界女性特点"和"北大女性如何迎接新世纪挑战"的报告。

北京大学女性风采展 11月，"北京大学女性风采展"的16块展板在北大"三角地"橱窗展出。此次展览以照片与文字相结合的形式反映各单位女教职工的突出事迹，展示出北大女性在创建世界一流大学过程中发挥的重要作用。

(王洪波、张丽娜)

【生活福利工作】 依法维护教职工权益 (1)听取蓝旗营住宅小区居民的意见，帮助解决实际问题。2001年校工会多次派刘永福副主席到蓝旗营小区居民中听取意见，及时向有关领导和职能部门书面报告或口头反映，帮助解决一些遗留问题，如退赔装修款。另有一些解决不了的问题则与小区建设办公室负责人沟通后答复小区居民。刘永福还参加了该小区业主委员会。蓝旗营小区居民先后反映的许多问题，在各方的努力下，多数得到了解决。尚未解决的问题有：教师按房改购房优惠5%～10%的问题和住房产权问题。(2)听取中关园拆迁户的意见，配合学校帮助他们解决问题。从2001年10月下旬开始，中关园拆迁户由于对每平方米拆迁费、按期拆迁奖励费、单独立户和自建房如何计价等问题有意见，多次集体找学校领导或到办公楼反映意见，使原定的拆迁时间拖延，拆迁工作暂时停止，中关园拆迁居民与拆迁公司的矛盾开始激化。校工会在此期间做了大量工作，帮助缓解矛盾，解决问题。配合学校及有关部门，多次召开座谈会听取意见，配合学校研究解决问题的办法，并与开发商进行谈判。经过多方的努力，到2001年底大多数拆迁户已经签订了拆迁协议，但由于中关园住户情况复杂，还有少数住户没有签协议。在中关园拆迁工作中，工会在维护学校总体利益的同时，维护了教职工的具体利益，为教职工解决了一些实际问题。

疗养和休养活动 7月15日至8月30日，校工会组织教职工九寨沟、黄龙风光游69人；黄金海岸休闲游78人；新、马、泰出境观光游72人和欧洲八国出境观光游14人。7月1日至8月10日组织了26位教学科研和行政管理骨干，分两批赴青岛海军疗养院进行为期15天和30天的健康疗养。

为教职工办理保险 5月，校工会为校内197位教职工办理了中国职工保险互助会入会手续，并代交了会员费。还为161位女教职工办理了女职工安康互助保险的投保手续，为246位教职工办理了职工安康互助保险投保手续。职工安康互助保险保期为一年，无论出险与否，都可得到相应的银行存款利息，2001年的利率为2.25%。2001年女职工安康互助保险有4位女教职工出险，得到赔付(共计8万元)。职工安康互助保险有3名教职工出险，得到赔付(共计2675元)。

开展"送温暖"活动 2001年春节前校工会对部分孤寡老人、在职教职工中的重病号、特困户，特别是一些有特殊困难的中青年教学科研骨干实施"送温暖"活动，并对部分知名学者、教授和全国及北京市劳动模范进行慰问。此项活动共慰问了71户，受到了欢迎和好评。

开办职工消费合作社　根据北京市总工会、北京市教育工会的要求，结合北大的具体情况，校工会经长期筹备，于2001年10月办起了北京大学师生消费合作社。消费合作社在保证质量和同等商品价格低于其他商店的基础上，为2000名会员办了优惠卡，持卡者到消费合作社购买商品可得到不低于6%的优惠。

金山开发　2001年金山开发进展缓慢，主要原因是地界争议。由于历史原因造成地界界定不清，通过校工会的努力，将1952年北京市政府把金仙庵遗址划归北京大学的地域争取到最佳，现占地达70余亩。金山建筑设计正在报批中。

（刘永福、崔龙）

医学部工会工作

【教代会工作】（1）在医学部部务会的统一领导下，以建立健全院级教代会制度为重点，推动两级教代会工作。从2000至2001年校园内的7个单位相继建立教代会制度，6所附属医院在已召开教代会的基础上，完善了例会和其他制度。各单位着眼于实际，保证了教代会的工作质量，而且强调规范化、制度化。院级教代会具有四个突出表现：坚持原则、措施齐全、主题明确、内容丰富；两个特点：各单位在召开教代会之前的代表培训率达到95%以上，院长向大会作高质量的工作报告，总结过去一年的工作，阐明今后的发展规划及面临的机遇和挑战，激励教职工代表的责任心，调动教职工的积极性和创造性。

（2）6月1日至2日，召开北京大学医学部第三届教职工代表大会第三次会议。这是两校合并后的第一次教代会，北京大学和医学部党政领导高度重视。北京大学党委副书记赵存生代表党委讲话。他在讲话中高度肯定了医学部教代会工作取得的成绩，并指出了今后的努力方向。北京大学常务副校长、医学部主任韩启德向大会作了题为《把握机遇、再接再厉、共创世界一流大学》的工作报告。韩启德副校长以翔实的数字，切合实际地阐述了两校合并后，医疗、教学、科研等工作的进展、整体工作状况、财务收支情况及今后的努力方向。北京大学副校长、医学部党委副书记吕兆丰宣讲了《北京大学医学部校务公开实施办法》。本办法包括6部分：①校务公开的指导思想、目的和原则；②校务公开的主要内容；③校务公开的途径和方式；④校务公开的组织指导；⑤校务公开的监督、考核和奖惩办法；⑥附则。教代会常设主席团主席李东方向大会作了题为《建立健全教职工代表大会制度为创建一流大学做贡献》的教代会工作报告，总结了二次教代会以来所取得的工作成绩和体会，并提出了以后的努力方向。医学部副主任史录文了题为《积极探索，大胆实践，进一步加快医学部后勤社会化改革步伐》的后勤工作报告。

（3）结合学习贯彻《工会法》推进部院两级教代会工作。2001年11月举办学习工会法研讨班，北医工会向各单位工会下发了《宣传贯彻新"工会法"的意见》（以下简称意见）。北医工会在认真总结部院两级教代会工作的基础上，根据院级教代会制度建设工作的普及状况，提出了新的工作任务，即巩固制度、提高质量、力求实效。着重在力求实效上下工夫，认真行使教代会的四项职权。《意见》得到了各单位工会的积极响应和贯彻。

（4）改进办理教职工代表提案的程序。三届三次教代会将提案办理程序修改为：代表提案分类后，先上报医学部主管领导阅批，再转送各职能部门回复、落实。提高教职工代表提案的办理力度和质量。2001年，部院两级教代会共收到教职工代表提案189件。回复169件，占提案总数的89%；解决落实74件，占提案总数的39%。代表提案的质量也有了大幅度的提高，涉及教学科研、改革发展、服务管理的提案占提案总数的60%以上。

（5）三届三次教代会后，根据教职工代表的要求，印发了"教职工民主建议、意见登记表"。工会汇集教职工的建议、意见，及时向主管领导和有关部门反映，得到答复后，及时向建议人反馈，以充分发挥工会桥梁和纽带的作用。

【建家工作】以建设教职工之家为龙头，不断丰富动态建家的内涵，全面推动工会工作。在2001年末，以《建设教职工之家考核条例》为依据，为达到以评促建、以验促建的目的，对13个院级工会的建家工作进行了评估验收。人民医院、第三医院、肿瘤医院被评为"北京大学医学部先进教职工之家"。10个院级工会获建家工作单项奖。第一医院经北京市教育工会专家组评审，于2001年11月授予"北京市先进教职工之家"荣誉称号。

为10537名会员办理了新的会员证，并建立了会籍管理档案。掌握了全体会员的基本情况，实现了会籍动态管理。

（王金华）

【职工教育】2001年医学部教育工会开展职工教育工作的目的是：树立典型，激励教职工教书育人，爱岗敬业，围绕三育人开展活动。

（1）2001年教师节，北京大学

校本部工会和医学部工会组织计算机、心理学、肿瘤防治、口腔保健、精神卫生等专业教授、教师参加了北京市教育工会组织的"教师回报社会活动",在西单文化广场为200多名群众进行了义务治疗和咨询。

(2)医学部工会与教育处合作,表彰2001年度优秀教师226名。组织新老教师座谈会。邀请获"桃李奖"的许鹿希、祝学光、于英心、陈育德四位教授与20余名青年教师畅谈一生中最难忘的一件事和最难忘的一堂课。鼓励青年教师立志教育。

(3)2001年护士节,6所附属医院评选出10名优秀护士参加医学部工会与医院管理处共同组织的优秀护士演讲比赛。第三医院郭莉、肿瘤医院邢沫、第三医院张会芝、人民医院吴晓英、人民医院徐国英获得医学部优秀护士奖,同时获得北京市总工会"首都优秀护士"称号。

(4)庆祝中国共产党80周年,医学部工会举办《我身边的共产党员》图片展览。图片展现了工作在第一线的专家、教授、院士及医学部领导、青年教师、后勤服务者的敬业精神。

(5)2001年12月23~24日,北京大学第二届青年教师教学基本功比赛中,第二医院王会民获理科组一等奖;第一医院王文生获理科组二等奖;基础医学院倪菊华获理科组三等奖。

(6)2001年暑期与组织部共同举办了"中青年干部培训班"共有各部门的40名干部参加。由韩启德副校长带队从井冈山进行社会考察,在井冈山和老红军进行了座谈。

(7)为提高教职工的整体素质,举办维护职工合法权益、职工保险等各类讲座4次。参加者240余人次。

(8)2001年12月29~30日,医学部工会组织二级单位主管工会工作的书记、工会主席学习讨论新《工会法》,请中国工运学院教授讲课,组织讨论学习,大会布置了学习贯彻新《工会法》的意见和要求。

【宣传工作】 2001年工会专兼职干部撰写论文29篇,出版第二集《工会论文集》。

《北京教工》2001年刊登医学部工会3篇论文,6条简讯。

出版《工会之窗》和《教工之声》各10期。《教工之声》2001年增加了"民主管理"、"女工园地"、"新鹊桥"等新栏目。各二级单位共投送稿件219篇,各种活动照片276幅。评选出14篇稿件为医学部工会"新闻奖"。

【评优创先】 (1)2001年共评选出"北京市师德先进个人"2人;"北京市经济技术创新标兵"14人;"首都劳动奖章获得者"1人。

(2)医学部工会获北京市教育工会2001年宣传工作一等奖。

(3)2001年年底评选出"医学部先进教工之家"3个,"模范工会小组"10个,"优秀工会干部"14名,"工会积极分子"16名。

(4)医学部工会为470名"三十年教龄"的老教师颁发荣誉证书。

【文体活动】 2001年,工会举办文体活动的指导思想是:鼓励教职工强身健体,丰富校园文化生活,增强教职工队伍的凝聚力,为学校的精神文明建设做贡献。采取的工作原则是:组织和引导相结合,不断扩大群众的参与面。

(1)4月26~27日,举行医学部第40届教职工田径运动会,1088名运动员参加比赛。开幕式上500多人的大型太极拳表演是在阴雨中进行的。每一位运动员都克服了恶劣的气候条件,表现出了教职工良好的意志品质。本次运动会共设四个组别19个项目,获前六名的单位分别是第三医院、第一医院、肿瘤医院、精研所、基础医学院、口腔医院。

(2)6月29日,与宣传部联合举办建党80周年文艺演出。14个二级单位600多人,历时两个多月,经过紧张的排练,上演了一台反映我党各个历史时期革命活动的精彩文艺节目。

(3)6月11~26日,举办教职工篮球比赛,14个代表队200多名运动员登场竞技。尤其是医院的运动员,要在繁忙的工作之余加紧训练参加比赛。最后,肿瘤医院、第三医院分获男队冠、亚军;口腔医院、肿瘤医院分获女队冠、亚军。

(4)10月18~20日,医学部选拔了110名运动员参加"北大资源杯"教工田径运动会,获团体总分778分的优异成绩,取得"特别奖"。共4人破北京市高校记录,11人破北京大学记录,获23块金牌,12块银牌,14块铜牌。

(5)12月10~13日,举办医学部第一届教职工羽毛球比赛。比赛是利用职工的业余时间进行的,这样可以吸引更多的教职工参加活动。共设七个项目198人参加了比赛。人民医院、第六医院分获团体冠、亚军,第三医院公卫学院并列第三名。

(刘昱)

【女职工活动】 (1)在"三八"妇女节前夕,邀请肿瘤医院院长徐光炜夫妇为医学部的女教职工作了"家庭、事业专题报告会"。140多人聆听了徐光炜夫妇面对生死考验、战胜病魔的事迹。9月,徐光炜教授一家被授予"全国五好家庭"光荣称号。

(2)5月18日,在凤山度假村,组织单身女青年职工联谊会,共120余人参加本次活动。

(3)11月14日,医学部本部8个单位的120多名女职工参加了首届女职工跳绳比赛。本次活动仅用一周的时间准备,女职工利用休息时间抓紧训练,以高昂的斗志参加了比赛。最后,基础医学院、后勤部、机关代表队分别获前三名。

【协会活动】 自2000年医学部成立了11个群众文体协会以来,采取自愿结合、独立活动、引导支持、以点带面的形式,常年开展活动。2001年足球协会举办两次比赛,共120余人参加。带动了6所附属医院的足球运动。

围棋协会多次举办活动,在与地质大学、北京大学校本部的对抗赛中取得优胜。交谊舞协会,除每周开展活动以外,在建党80周年之际,组织40多人参加党的知识问答活动。

(梁雁)

【职工福利】 2001年医学部工会采取的福利工作原则是:紧密配合社会上福利改革的形势,从教职工的实际愿望出发,尽最大努力满足教职工要求。

(1) 广泛开展送温暖工作。2001年元旦、春节期间各单位共走访、慰问困难职工11户,伤病职工33户,离退休职工6户,走访劳动模范、专家院士15人。召开座谈会、团拜会17次,计2000余人次参加活动。组织各种文娱体育活动47次,近10000余人次参加活动。参加走访慰问的党政和工会干部85人次。

(2) 为教职工子女解决择校入学的问题。2001年医学部工会疏通协调解决了33名教职工的子女入学,其中北医附小7人,北医附中2人,北达资源中学24人。

(3) 办理职工安康保险。2001年4月,医学部教职工参加职工安康保险人数3115人,保险储金4987100元。其中,参加女工安康保险人数2639人,保险储金120348元。有3名女教职工出险,获女工安康保险理赔金4万元。有3名同志获职工安康保险理赔金2400元。2001年荣获北京市保险工作一等奖。

(4) 开展丰富多彩的假日和暑期旅游活动。医学部工会在2001年"五一"和国庆节两次组织教职工去京郊鹫峰森林公园与海棠自然景观区一日游活动,共有120余人参加;暑期组织35名教职工赴张家界旅游。

(5) 捐款捐物、支援灾区。2001年10月医学部工会组织教职工为内蒙灾区捐献衣物5410件,花园路街道下达任务1500件,超额360%。

(6) 源头参与职工住房分配。在26号楼的售房工作中,医学部工会严格执行医学部三届三次教代会通过的五项房改原则,从源头参与,不包办代替。同时,说服、引导教职工正确处理国家、集体和个人三者之间的利益关系。共接待来访教职工200余人次,召开各类人员座谈会10次,向有关领导和住房委员会反映教职工的意见40余条。

(邵海中)

【表彰】 本年度医学部获表彰情况:

(1) 首都劳动奖章获得者:王海燕。

(2) 北京市师德先进个人:彭师奇、刘玉村。

(3) 北京市经济技术创新标兵:丁文惠、万峰、马潞林、洪伟、马双莲、高子芬、解冬雪、康凤娥。

(医学部工会)

学 生 工 作

【概况】 与2000年相比,2001年学生工作部、人民武装部工作人员编制配备比较齐全,同时,全体人员在校党委和行政的领导下,按照"三个代表"重要思想的要求,紧密围绕学校的改革建设,围绕学生全面素质的提高,锐意进取,稳步前进,在圆满完成各项日常工作的基础上,积极进行学生工作新机制、新渠道的探索,在网络思想政治工作、主题教育活动、优秀学生表彰宣传、助学体系建设、干部队伍培养和思想政治教育学科建设等方面有重要进展。

【思想政治教育】 加强规划与创新,建设高素质的学生工作干部队伍 认真贯彻和执行2000年出台的《北京大学选留学生工作干部试行办法》、《北京大学关于院(系、所、中心)学生工作干部队伍建设的几点意见》两个文件的精神,通过校园网络等加强《选留学生工作干部试行办法》的宣传,选留6名优秀毕业生充实学生工作队伍,补充新鲜血液,做好学生工作队伍后续资源的储备;与有关部门就2001年选留的学生工作干部的待遇、住宿和管理等问题积极进行协商,使选留学生工作干部的具体措施不断完善;积极和各院系沟通,落实了各院系学生工作办公室的设立,充分调动学生工作干部的积极性。

加强政治理论素质和思想作风素质的培养 利用学生工作例会等时间进行国际和国内形势、思想教育工作方法、心理学等方面知识的学习和培训;开阔视野,组织部分学生工作干部到深圳和香港考察当地大学学生工作,受益匪浅;顺利召开2001年度北京大学班主任工作会议和新生班主任培训大会。经过认真申报与评选,评出2001年优秀德育奖共29人,优秀班主任一、二、三等奖共90人,对他们进行了隆重表彰,并通过《北大学生工作通讯》等介绍其先进事迹。

继续完善学生骨干培养体系，建设素质高、能力强的学生骨干队伍 加强对全校各学生党支部书记的联系与指导，建立起便利的信息沟通机制，充分发挥他们在学生中的骨干作用。坚持学生助理学校的正规化建设，选拔培养一批具有较高政治理论素质、较高业务水平和较强实际操作能力的高素质学生工作后备力量。制定了《学生助理学校章程》，编写了助理学校教材，开办了助理学校初级班和高级班，邀请具有丰富学生工作经验的教师授课，并安排学生助理、学生工作助管参加各种活动，以增长知识，提高综合素质。

深入调查研究，及时掌握学生的生活、学习情况和思想动态，保证学生思想政治工作的预见性和针对性 密切关注国际、国内、校内发生的各种重大事件，通过深入基层调查、组织学生座谈、访谈等方式，及时了解学生的各种想法，撰写各类《情况反映》27期。3月到4月初，在校党委副书记王登峰的带领下，走访了14个院系，对学生的思想、学习与生活情况进行了一次大规模的深入走访调查，为提高工作的针对性奠定了基础。3月份，完成全国八省市高校滚动调查北京大学部分的调查报告。4月份，完成《社会热点思潮对高校学生的影响》调查报告，通过大规模问卷调查，分析了目前社会上流行的热点思潮对学生的思想行为产生的影响，以探讨开展有针对性的教育，清除与防范不良影响。在充分调查研究的基础上，5月份，完成《稳定形势分析报告》，为维护校园稳定起到积极作用。9月份，进行了新学期学生思想状况调查。12月份，进行学生学风状况调查，为学校的教学改革提供建议参考。此外，学工部机关坚持"三个一"联系基层制度，定期到各院系了解学生工作情况。

依托重大事件、重要节日、纪念日等，开展形势政策教育 紧密结合国际国内形势，在学生中开展形势政策教育和爱校教育。多次组织同学参加由教育部和北京市教育工委主办的有关国际形势、申奥工作、严打整治、反"法轮功"等各类形势报告会。迎接建党80周年之际，多次组织学生到中华世纪坛、中国革命博物馆、军事博物馆等参观纪念建党80周年大型展览。邀请国家高级政府官员到校为学生做有关中美关系、西部开发的形势政策报告。组织学生参加中央电视台"心中圣火"迎大运、助申奥大型晚会的摄制，参加庆祝申奥成功的庆祝晚会等。组织学生参加北大论坛、耶鲁大学校长演讲会、德国总统演讲会、奥地利外交部长演讲会等。组织学生听校史、校情、心理辅导报告等。这一系列教育活动中，受教育人数达2万多人次。这些形势政策教育以及爱国主义、爱校教育活动开阔了学生的视野，使学生充分了解国际国内形势特点，并为学校的改革和发展营造了稳定的环境。

开辟、利用网络阵地，建设思想政治教育网站，优化思想教育载体，使网络真正成为学生思想政治工作和素质教育的新平台。着眼于网络时代的社会环境和条件，为深入探索新时期学生工作的新思路和新办法，大力促进北京大学学生党建工作和学生思想政治工作的发展，精心制作推出的思想政治教育网站——"红旗在线"网站，于2001年6月正式开通。作为思想政治教育类网站，"红旗在线"有着自己明确的功能定位，融宣传报道、舆论引导、理论学习与探索、思想交流、学生服务等功能为一体，致力于成为北大学生思想政治教育工作的新平台。在明确方向、弘扬主旋律的前提下，"红旗在线"担负起了繁荣校园文化、丰富学生生活、促进理论学习、进行思想交流、加强网络道德和文化建设的重要作用。网站依托北大深厚的人文社会科学优势，充分利用综合型大学的资源，发挥精英学子的聪明才智，以党性、互动、理论、独创作为自身的特点，致力于建成北京大学学生党员和全体北大学生的网上精神家园，在校园中产生积极影响。

适应学生特点，积极开展主题教育活动，将学校教育和学生自我教育充分结合 从4月份开始，学生工作部与校团委联合发动了以"基础文明修养、社会责任感、团结协作精神、理想信念"为主题的"北大学生新世纪修身行动"，目的在于通过全校范围内的大讨论与丰富的社会实践活动，引导学生自觉树立作为北京大学学生的良好风范，营造素质教育的良好氛围，巩固和发扬优良的校风、学风，促进学生素质的全面提高。9月份，将各院系有关"修身行动"的各项工作成绩汇总，精心设计了"北大学生新世纪修身行动阶段成果展"，在学校五四路上进行了为期一周的展览，取得了良好的宣传效果。5月，与国家环保总局联合举办了"绿色中国"系列活动。通过观摩资料片、参观和社会实践活动，让大学生了解了更多的环境保护知识，增强了其环保意识，使之成为环保行动的积极倡导者和参与者，为中国的环保事业做贡献。6月~12月，配合"新世纪修身行动"，以推动国家助学贷款为起点，与华夏银行合作举办了"信用中国论坛"，该活动在高等教育界乃至全社会都引起了普遍反响。"北京大学信用中国论坛"开创全国高校大型信用教育新方式，成为一项精品工程，号召大学生培养信用意识，树立信用观念，推动信用工程、建设信用社会，为弘扬信用文化、强化信用教育、促进信用管理体系的建设做出了贡献。论坛活动以系列专题讲座形式从经济学、法学、社会学和伦理学等方面对信用问题进行探讨,通过征文、信用调查和学生论坛,在学生中开展广泛的讨论,增强学生的信用观念。"信用中国论坛"不仅推动了北大的国家助学贷款工作,也起到了很好的信用教育作用。11月,为响应学校学习江总书记"七一"讲话的号召,指导"红旗在线"网站与政治学系团委联合推出了"校园先锋·红旗文化节"。活动内容概括成"五个一"体系,即一本书、一次征文、一个论坛、一系列讲座、一份社会调查。目的是希望通过文化节引发大学生对现实政治的深刻思考,促动其对国家和民族未来的进一步关注。

学校在开展各种教育活动的同时,发动和引导学生开展自我教育。实践证明,这二者结合的教育模式更有利于实现教育的功能。

实现新生入学教育与毕业教育的形式创新,力争取得实际效果 从6月开始,明确要求各院系积极开展以"爱校荣校,做合格北大毕业生"为中心的多种形式的毕业教育活动,积极联系为毕业生放映专场电影,组织优秀毕业生进行座谈。同时在校园内创造学校送别和祝福毕业生的气氛,增强了毕业生对北大的感情,树立为社会做贡献、为母校争光的理想。9月的新生入学教育则主要以系列迎新报告会的方式进行,共组织专题报告会四场,内容涉及校史、校情、入学心理适应教育、党员教育等四个方面的内容。入学教育工作基本结束后,将迎新报告会的内容进行了编辑整理,以视频点播的形式放到"红旗在线"网站上。

加强学生党组织的思想和作风建设,充分发挥学生党支部在学生中的核心作用,以党建工作带动思想政治教育工作 坚持学生党支部书记培训与新生党员培训制度,召开了第四届学生党支部书记培训大会和新生党员培训大会;组织全校学生党支部开展了纪念建党80周年"缅怀先辈丰功伟绩,展现党员时代风采"主题党日活动,并进行了大规模的表彰与展览;组织党支部开展了"学习'七一'讲话,实践'三个代表'"学习讨论与征文活动,围绕"三个代表"思想对学生党建工作的宏观指导作用确定了讨论主题与征文主题。这些党日活动与学习讨论活动,各支部精心组织,同学们热情参与,取得了较好的效果。为加强对学生党支部的指导,进行了网上支部建设。大部分支部在"红旗在线"网站建立了自己的网页,及时发布支部信息,方便成员交流。这可以说是支部建设网络化的一个新的尝试与探索,将对支部之间的交流起到很大的促进作用,便于学生工作部对支部工作的指导。

以《北大学生工作通讯》为主要载体,大力开展学生工作的宣传 充分发挥《学生工作通讯》的作用,全面宣传北大学生工作的成果和进展情况,编写《北京大学学生工作通讯》7期,共30余万字;在完成每一项重大工作后都及时做好简报和总结,并积极为新闻中心、校刊、校电视台提供新闻稿件。与校外媒体保持密切联系,热情接待和安排校外媒体的采访。认真编写《学生工作周报》,准确记载每周工作,将学生工作部的工作成果及时反映到学校其他部门。做好先进典型的宣传工作,对在素质教育中表现突出的优秀师生以及优秀党日活动、新世纪修身行动、2001年受表彰先进集体和个人等进行了展示宣传,创造良好宣传氛围。

加强德育学科建设和科学研究工作,加强学生工作的整体规划 制定《2001年北京大学学生工作要点》,按照计划开展各项工作。召开了暑期学生工作研讨会和"三个代表"与新时期学生工作研讨会,开展学生思想政治工作理论交流,不断探索新形势下学生工作的新思路、新途径,探讨加强学生思想政治工作针对性、实效性与前瞻性的举措。鼓励学生工作干部多出理论研究成果,并结集成册,出版了《高等教育论坛——学生工作研究成果专刊(2)》,编辑了《"三个代表"与新时期学生工作研讨会专刊》,推动了北大学生工作理论研究。针对2002年9月起学校将有部分学生入住校外学生公寓的新情况,学生工作部牵头成立了课题小组,对学生公寓社会化后新的学生思想政治工作体制进行认真的探讨和研究,提前对公寓化后的教育、管理和服务工作进行规划,以保证学生入住公寓后学生工作的顺利开展。

协助马克思主义学院德育教研室开设《人生理论与实践》,并选派德育工作干部担任任课教师。

【学生日常管理】 努力完善学生素质综合测评体系 在继续推广学生素质综合测评体系的同时,组织人员到有关院系调研,对自1999年开始实施的《北京大学学生素质综合测评条例》试行两年以来的各方面情况进行全面了解,汇总需要改进和完善之处,为综合测评体系条例的修改奠定基础。同时允许各院系在《北京大学学生素质综合测评条例》的基础上根据各自情况和专业特点制订操作细则。

本着"公平、公正、公开"的原则,严格遵照奖励和奖学金评选的条件,认真组织学生奖励和奖学金的评选工作 共评选出147名三好学生标兵、54名创新奖、73名优秀学生干部、1026名三好学生,以及1270名社会工作、学习优秀、红楼艺术、五四体育单项奖获得者。制订了创新奖评比方法,使2001年的创新奖评比工作更加规范。在各院系推荐的基础上,选拔推荐42名学生为"北京市三好学生",16名学生为"北京市优秀学生干部",14个集体为"北京市优秀班集体"。在全校范围内进行了总计65项、2309个名额、4754600元人民币奖学金的评选工作。在奖励与奖学金的评选工作中,特别注意奖励与奖学金的衔接,力求获得奖励的优秀学生能够获得奖学金,在发挥奖励、奖学金的育人功能方面做进一步的努力与探索。97名毕业生被推荐为"北京市优秀毕业生",420名毕业生被评为"2001年北京大学优秀毕业生"。对获得表彰的先进集体和个人进行广泛宣传,召开表彰大会,印制了校报专刊广泛发放,并在三角地制作宣传展板40块,在校内形成宣传典型、崇尚先进、学习先进的良好风尚。通过对先进学生的大规模表彰与宣传以及对违纪学生的严格处罚,规范学生日常行为。

顺利完成2001年学生工作先进单位和班集体的评比 经过认真的答辩和研究,评选出生命科学学院、地质学系、物理学系、外国语学院、法学院等5个院系为"学生工作先进单位";数学科学学院00级2班等23个班集体为"北京大学优秀班集体";中国语言文学系98级文学本科班等29个班集体为"北京大学先进学风班";推荐生命科学学院00级本科生1班等14个班集体为"北京市优秀班集体"。

【助学工作】 转换观念,明确助学工作的新思路 实现了助学体系的重大转变,由以前的助学金、减免学费等无偿救助为主,转变为以国家助学贷款、勤工助学为主体、其他救助形式为辅助的助学体系,让学生在获得帮助的同时也逐渐承担一定的责任或义务。为了使学生能全面、详细了解助学体系,协助国家教育部编写了全国发行的《高等学校资助政策问答》,编辑印发了12000份《北京大学助学贷款宣传材料》;专门开通了一部助学贷款咨询电话,成为校园里的一部咨询热线;在学生工作部的主页上放置助学贷款问答;在新生入校期间专门设置了助学贷款咨询台和经济困难学生接待站;请银行负责人到校为负责助学贷款工作的老师提供咨询和培训。助学工作实现了网络化管理。依托学生工作管理信息系统,通过近年来积累及调查的经济困难学生资料,建立了全校经济困难学生信息库,该系统已能查询1996级至2001级经济困难学生信息,基本实现了经济困难学生档案网络化管理。

完善了经济困难学生助学体系 进一步修改和完善了《北京大学减免学费申请审批表》、《北京大学助学金申请审批表》和《北京大学经济困难学生调查表》,适应了新的资助政策的需要,也方便了学生的申请和院系老师的审批工作。积极落实国家助学贷款工作。2001年共有907名学生与工商银行签订了国家助学贷款合同,合同总金额达15633260元,比去年同期增加255人。减免学费金额1686150元,由于国家助学贷款已成为资助困难学生的主渠道,2001年减免总人数比2000年减少166人,比例也从6.00%降到了4.98%。为69人办理了总金额为290520元的缓交学费,为15人办理了28000元的借款。接受奔驰、晨兴、浩瀚、智慧、黄乾亨、郑格如、卜一明及香港校友会等8项助学金,共有266名学生获得资助,总金额为711200元。接受以个人名义设立的助学金10项,总金额为20余万元。划拨全校学生活动经费(临时困难补助经费)总额372260元,比2000年增加100,680元。同时,利用"国际消除贫困日"在校内为经济困难学生募集图书300多本;联系杂志社为西部开发助学工程受助学生捐赠期刊;与大讲堂合作,为500余名经济困难学生免费提供电影票。

开辟勤工助学基地,通过各种方式为学生提供各类勤工助学岗位,积极开拓助学工作新局面,促使学生在实践中增长才干,全面成才 2001年勤工助学中心完善自身建设,成立了家教、校园导游、礼仪、书报、调研项目等10多个部门,一方面加强了对勤工助学活动的管理,另一方面更合理地安排了学生勤工助学岗位。其中建立的校园书报亭既是北大的第一个勤工助学基地,又作为文明修身的窗口展现北大学子的风采。2001年勤工助学中心共提供学生助理、家教、校园导游、礼仪服务、售书报、销售、翻译、调研、宣传策划等勤工助学岗位1800个,使学生获得了200万余元的报酬。学生在这些助学活动中,开阔了视野,锻炼了能力,提高了各方面素质。

建立和初步完善了国家助学贷款信息库、学生信用档案和勤工助学人才库 国家助学贷款信息库可为助学贷款工作的顺利开展提供信息支持,勤工助学人才库可快速了解学生特长能力和岗位需求,及时为学生提供勤工助学信息。这些工作的目标是把勤工助学建设成为北大助学体系中重要的"造血系统"。

【本科毕业生就业指导】 基本情况 2001年北大共计本科毕业生2217人,其中思政班73人不参加就业派遣,可就业毕业生2144人(包括双学位50人)。可就业毕业生中,考取研究生827人,占38.6%;申请出国留学584人,占27.2%;申请不参加就业48人,占2.2%;实际参加就业685人,占32.0%。在实际参加就业的685人中,目前已落实就业单位560人,北京生源待分46人,外地生源回省二分79人。申请不参加就业的48人中有20人为到外企或其他未有正式接受手续的单位工作,20人为隐性就业;二分的79人中有30人回省办理出国手续,隐性就业19人,"打工"10人,因此到目前为止实际已经落实就业去向的毕业生为2063人,就业率为96.2%。

已落实就业单位的560名毕业生中,去机关54人,占9.6%;科研设计单位11人,占2.0%;高校

28人,占5.0%;其他教学单位9人,占1.6%;其他事业单位57人,占10.2%;金融单位71人,占12.7%;其他国有企业113人,占20.2%;三资企业105人,占18.8%;其他企业105人,占18.8%;部队7人,占1.3%。

从就业的部门来看,中央170人,占30.4%;其他省市186人,占33.2%;北京204人,占36.4%。从就业的地区来看,北京371人,占66.3%;内地省份178人,占31.8%;西部省市11人(其中非西部省市生源支援西部地区4人),占2.0%。

就业特点 与2000年相比,2001年毕业生社会需求有所增加,就业形势总体好于往年,但其很大程度上只是流于一些表面的"热闹",因为这种"热闹"主要是因为部分用人单位在校园招聘时时间上的提前、加强宣传鼓励力度所形成的,其有效需求总量并没有明显增加,长期形成的深层次的毕业生供需矛盾依然存在,并呈现出某些新的特点。

(1) 与2000年相比,上研、出国的毕业生在数量和比例上均有稳定增长,其中考研比例较上年上升了3.2个百分点,增加了64人;出国较去年上升了5.9个百分点,增加了126人。参加就业的毕业生比例较之去年下降了8.7个百分点。

(2) 与前几年的就业流向相类似,企业仍是本科毕业生就业的主渠道,在已落实就业单位的560人中去企业的有394人,占70.4%,在2000年的64.5%基础上又增长了5.9个百分点,其中去三资企业的比例增幅最为明显,2001年为18.8%,比2000年增加9.2个百分点。

(3) 与实际参加就业人数的减少以及本科生的就业特点相适应,去机关的毕业生比2000年减少了30人,下降了2.1个百分点。

(4) 从毕业生就业的地区分布来看,与近几年的就业形势基本相同,在京就业的毕业生以371人的绝大多数仍高居榜首,占已落实单位毕业生总数的66.3%,比去年增加了11.0个百分点;接下来分别为广东(主要是深圳和广州)96人、上海37人,分别占已落实单位毕业生总数的17.1%、6.6%,浙江、山东、大连、天津等沿海经济发达地区紧随其后。

主要工作 (1) "未雨绸缪",通过加强就业指导与咨询工作,帮助毕业生树立正确的择业观。为此,除就业中心定期开展面向学生的就业咨询和指导活动,继续办好《就业指导报》和就业指导专家系列讲座以外,学校还要求各院系以及有关校职能部门把就业指导、毕业教育与学校现行的本科生人生理论课、毕业生奖优评优、毕业生免试推荐上研等工作联系起来,并根据继续在国内深造、到国外留学、实际参加就业的毕业生的不同需要和特点,切实做到分类指导,逐个落实,全面建立与本科毕业生班主任日常联系制度,以加强对毕业生的就业指导,使其面对现实,准确定位,适应形势,充分准备,树立到内地、到基层、到西部建功立业的正确择业观,确保今年就业工作顺利完成。

(2) "预备热身",抓好就业实践活动。为了让毕业生事先亲身体验找工作的"酸甜苦辣",积累择业经验,除与校团委合作组织江苏、广东两个较大规模的社会实践考察团外,校就业中心本年度还与华为、中兴通讯、巨龙信息技术有限公司等多家用人单位就毕业生社会实践、就业实习、科技成果转让、科研项目联合研究开发等事宜开展合作,为广大毕业生的实际就业提前做好了铺垫和准备工作。

(3) "知己知彼",调查供需基本情况,研究对策,统一思想,做好就业的基础工作。为此,学校采取了以下三项措施:一是通过国家经济社会发展形势分析、相关政府部门走访、人才市场供需调查、用人单位毕业生需求信息反馈等多种渠道,认真调查研究社会需求,客观分析就业形势,精心制定符合客观实际的应对措施;二是采取院系座谈、毕业生问卷调查以及学生记者采访等活动,了解毕业生的就业意向、求职心态,分析其中带有普遍性和规律性的问题,做到有的放矢;三是召开为期数天的全校规模的就业工作研讨会,从主管校领导、校有关部门到各院系主任、书记都亲自参加,并把大会动员、经验交流与深入热烈的分小组讨论相结合,在集思广益的基础之上形成当年的就业工作实施意见,统一思想,明确任务,为就业工作顺利开展提供思想与组织保障。

(4) "抢高占地",发挥无形就业市场与有形就业市场的主渠道作用,努力创建全方位、立体化、综合型的毕业生就业信息市场。为此,学校采取了以下几项措施:一是扩大毕业生就业信息网(http://scc.pku.edu.cn)功能模块,增添毕业生个人资料信息、就业政策法规指导、求职技巧、就业实践、就业论坛等功能分区,用最快的速度发布和征集需求信息,使得通过网络实现供需见面的规模、比例及成效均有明显增加;二是从每年的10月份起,由学校大量发函收集用人单位信息,积极主动地走出去参加航天、核工业、中国工程物理研究院等部门组织的供需见面会;三是精心组织召开全校规模的大型就业洽谈会和100多场用人单位专场招聘会以及数百场小型洽谈会;四是继续通过三角地橱窗、学生宿舍楼道、中心信息发布栏、《就业指导报》发布重要需求信息、招聘会安排以及公务员考试等内容;五是积极组织学生利用寒假参加全国各省市举办的人才招聘会等。实践证明,学校所采取的一系列措施是行之有效的,在就业压力日趋增强的情况下,仍使得今年的就业信息量较2000年有较大幅度增长。

(5)"爱国进步",积极加强与军队、地方组织人事主管部门以及北京各区县的合作,努力形成毕业生就业工作的特色和亮点。为此,校系两级就业工作部门立足于北大"爱国、进步、民主、科学"的优良传统和校风,密切配合解放军总政治部以及江苏、浙江、辽宁、江西、福建等省组织部门选拔优秀毕业生到基层锻炼的工作,并与北京市海淀区、宣武区等政府部门就毕业生引进结成校地共建单位。

(6)"因应时势",抓住北京市制定的中关村科技园区高科技企业高校毕业生优惠引进政策的有利契机,积极为毕业生创造新的就业空间和机会。学校利用北大地处中关村科技园区核心位置的有利条件,积极与园区高科技企业建立广泛的联系,加强与中关村科技园区所属一区五园的联系与沟通。2001年,仅北大外地生源毕业生到海淀区所在的高科技企业工作的就有近200人,为北大方正、北大青鸟、北方华为、方正奥德等企业输送了大批的优秀毕业生。

【毕业研究生就业指导】 基本情况 2001年北大毕业研究生共计2002人,其中MBA 210人、法律硕士57人、在职260人不参加就业派遣,可分配毕业生1475人。在可分配毕业生中,考取博士研究生和博士后的103人,占7.0%;申请出国留学348人,占23.6%;实际参加就业分配1024人,占69.4%。在实际参加就业分配的毕业生中,目前待就业21人,占1.4%;已落实就业单位1003人,就业率为98.6%。在已落实就业单位的1003名毕业生中,去机关199人,占实际落实就业单位人数的19.8%;到科研设计单位101人,占10.1%;高校253人,占25.2%;其他教学单位5人,占0.5%;医疗卫生单位1人,占0.1%;其他事业单位71人,占7.1%;金融单位106人,占10.6%;其他国有企业153人,占15.3%;三资企业57人,占5.7%;其他企业44人,占4.4%;部队13人,占1.3%。

就业特点分析 2001年毕业研究生就业情况大致呈现以下几个特点:

(1)上博(包括博士后)、出国的人数仍维持较高的人数和比例,但上博(包括博士后)的人数较之上年减少了55人,所占比例比上年减少了4.8个百分点(这可能与北大博士生入学考试题目偏难有关,而北大学生大多愿意报考母校,导致2001年实际参加就业人数明显增多);

(2)虽然实际参加就业人数增多,但由于2001年学校组织收集的毕业研究生有效需求信息多于往年,2001年的毕业研究生在就业流向上去机关、科研单位、高校、企业的较之去年均有较大程度的增加,分别增加了63人、29人、62人、78人,所占比例与去年相比也分别上升了3.6、1.5、2.4、2.2个百分点;

(3)与本科生去企业就业占绝大多数不一致,毕业研究生在就业单位性质上是事业单位"唱主角",2001年人数为431人,占已落实单位毕业生总数的43.0%(去企业的占36.0%),比上年增加了83人,上升了1.4个百分点;

(4)从毕业生就业单位地区分布看,与本科毕业生不同特点的是,虽然留京的毕业研究生也是高居榜首(683人,占68.4%),但与往年相比,其多元化趋势明显,其中超过25人的省市分别为山东(75人)、广东(主要是深圳和广州,共68人)、上海(62人)、辽宁(主要是大连,37人)、湖北(35人)、浙江(31人)、江苏(31人)、四川(29人)、河北(28人)、湖南(26人)、河南(24人),分别占7.5%、6.8%、6.2%、3.7%、3.5%、3.1%、3.1%、2.9%、2.8%、2.6%、2.4%。

主要工作 (1)与校内有关单位、各院系相配合,认真细致地做好毕业教育和毕业鉴定工作。在就业咨询指导过程中,针对当前毕业研究生就业中较为普遍存在的行业、地区、专业的不平衡、人才高消费以及功利化倾向,与校系两级学工系统、校研究生院通力合作,狠抓了毕业研究生的毕业教育和毕业鉴定工作,以提高毕业研究生有志于发挥专业特长、献身社会、报效祖国的自觉性和主动性。与此同时,还以院系为单位组织毕业研究生专场座谈会,给毕业生讲清当前的就业形势、国家的有关政策以及求职的技巧、需要注意的问题,往届毕业生成功与失败的经验等,并积极协助毕业生与西部地区、与国家有关重点单位联系和沟通,为双方牵线搭桥,为双方的"互选"工作创造必要的便利和条件。实践证明,此举不仅赢得了用人单位和毕业生的好评,也使得北大的毕业研究生绝大多数都到了国家规定的服务范围内工作,一次就业率高。

(2)加大就业指导服务力度,提高就业工作的内涵和水平。根据毕业研究生择业心理比较成熟、自主性强、就业市场相对稳定等不同于本科毕业生的特点,学校着重在提高就业工作的内涵和水平上下功夫,也即是主要立足于高质量、高标准的就业工作服务来吸引、凝聚、引导毕业研究生,加大就业指导服务的力度。为此,在与部分用人单位协商一致后,学校在积极配合用人单位了解考察毕业生本人的同时,还创造条件让毕业生到该单位去实地体验用人单位的工作环境、发展状况,以便供需双方更加充分的交流和沟通,最大限度地发挥双向选择的作用,寓"教育"、"管理"、"指导"等工作职能于"服

表 9-4 2001 年与 2000 年毕业研究生就业情况统计

项目		年度	2000 年		2001 年	
			人数	比例(%)	人数	比例
流向						
总计			1338	100	1475	100
出国			342	25.6	348	23.6
录取博士(后)			158	11.9	103	7.0
实际参加就业	合计		836	62.5(100)	1024	69.4(100)
	高等院校		191	(22.8)	253	(25.2)
	科研单位		72	(8.6)	101	(10.1)
	党政机关		136	(16.2)	199	(19.8)
	大中型企业		282	(33.7)	316	(31.5)
	其他事业单位		85	(10.2)	77	(7.7)
	部队		15	(1.8)	13	(1.3)
	回省再就业		25	(3.0)	21	(1.4)
	服务范围外		30	(3.6)	44	(4.4)

注：比例栏中括号内的数字是指占实际参加就业人数的比例

务"职能之中，使他们在不知不觉中主动、自愿、愉快地接受就业中心的指导和管理，从而在毕业生就业指导工作中实现由"管理—指导—服务"三位一体到"服务—指导—管理"三位一体功能模式的转换，这种观念和关系转变的实质内涵也即是适应市场经济条件下人才培养和流动的客观规律，在尊重毕业生同学主观能动性的基础上，通过他们感兴趣的方式吸引他们自主、自愿、负责地选择对其自身有利的各种指导服务，并进而实现自我教育、自我管理的潜能和功效。

（3）抓住重点，办好毕业研究生为主体的就业市场。以毕业研究生为主体的就业市场，以其针对性强、效果好、效率高的优势发挥着越来越大的作用，为此，加强了为毕业研究生和用人单位之间提供供需信息服务的工作，并采取了以下几项措施：一是积极主动地向各有关用人单位发出毕业研究生生源信息和毕业研究生需求情况调查表，通过多种渠道收集需求信息，并及时将收集到的需求信息整理登录到中心独立的就业信息网，供毕业研究生随时查阅，对紧急信息、特殊信息电话通知，使就业信息迅速、准确地传递给学生，保证了就业信息渠道的畅通无阻；二是根据用人单位的需求，结合专业特点，组织研究生专场招聘会，为用人单位对毕业研究生进行面试、录用提供方便，提高了用人单位的办事效率，加强了用人单位与学校长期合作的关系；三是对来校的用人单位除热情接待以外，还如实向用人单位介绍北大毕业研究生的专业特点及所需毕业生的在校表现情况，为用人单位提供参考性意见。同时，把所了解的用人单位情况向毕业研究生做客观的介绍，安排毕业研究生与用人单位见面，为他们创造"双选"的机会，使双方在签协议之前都有一个比较深入的了解，以减少违约率。

（4）选拔优秀毕业研究生挂职锻炼或直接到基层工作，为毕业生就业工作培育新的生长点。经校长办公会研究批准，就业中心与校研究生院、组织部、人事部、学工部、校团委等校有关部门合作，以学校的名义专门给各院系下发了《关于选派优秀毕业研究生到地方挂职工作的决定》；在与相关用人单位协商一致后，推荐并协助优秀研究生骨干去地方党政机关或国有大中型企业挂职锻炼或直接到基层工作，此举受到了接收单位和毕业生本人的热忱欢迎。

（5）建章立制，全面有效地加强毕业研究生就业工作和就业行为的规范管理。经过近年来的探索实践，在毕业研究生就业工作和就业行为的规范管理方面，北大已经初步建立了一套适合本校实际的办法和措施。一是建立了就业中心主任接待日制度和假期值班制度，为毕业生解疑释惑，提供帮助；二是建立优秀生优荐制度。在各院系按综合素质评估挑选出优秀毕业生的基础上，由校系两级就业工作部门出面向有关重点单位推荐；三是规范毕业生的择业行为。就业中心为此统一制订了符合毕业研究生就业政策又切合北大实际的《北京大学 2001 年毕业研究生就业指导手册》，毕业生人手一册。手册对就业工作的方针、原则、政策规定、就业程序、协议书的签订、违约处理等都作了明确而具体的规定，并采取一问一答、个案分析的形式，制订出了操作性很强的办法和措施，使毕业生和教师都有章可循、有"法"可依；四是规范用人单位的招聘行为。中心为此一方面加大了甄别、选择用人单位来校招聘的力度，严格规定了校园招聘的时间、地点及宣传方式，另一方面还专门行文通知校内各有关单位，明确规定了审批、收费程序。此举不仅保证了就业指导中心作为学校就业工作主管部门工作职能的发挥，同时也从制度层面上使毕业生和用人单位双方的合法权益均能得到保障。

（方伟）

【国防教育】 提高军事理论课教学水平 军事课教学中，在传授军事理论知识,加强国防观念的基础上,进一步确立了军事理论课的指导思想;掌握军事理论知识,加强国防观念,培养爱国主义精神,提高综合素质。在这一指导思想下,军事教员对教学内容进行了修改,教学内容紧贴国际国内实际,军事教员根据武装部的要求修改了多媒体课件,将最新的国际国内大事充实到教学内容中,极大地提高了同学们的学习兴趣;同时聘请国防大学最好的教员到北大授课,以提升教学质量,取得了良好的教学效果。

围绕新世纪第一部《国防教育法》颁布和全民第一个"国防教育日"开展丰富多彩的国防教育活动 承办了"北京高校新世纪论国防演讲比赛";组织并参加了2001年4月中旬至5月下旬由包括北大在内的北京9所大学联合举办的"首都大学生国防教育月"活动;组织参加了9月在圆明园举办的北京高校"国防教育日"活动和校内的"国防教育日"活动,校内的"国防教育日"活动主要进行了600人左右的升国旗、唱国歌、发放《国防教育法》,举行座谈会等活动。

顺利完成其他国防工作 积极配合总政驻北大"后备军官选培办"开展工作;继续抓好预备役军官的工作,审核并重新办理了"预备役军官工作证";完成了平时的国防潜力(军地通用技术人员、装备器材)的登记、统计、造册、上报工作;加强了与周边军队机构的联系,继续保持了与国防大学、军科院、卫戍区、海淀区武装部等单位良好的军地关系。

(武装部)

医学部学生工作

【概况】 教育工作 坚持德育工作放在首位,以培养和提高学生的综合素质为人才培养目标。对政治理论课和思想品德课进行教学改革,保证了德育教育的效果;在全学程进行医德医风教育,培养医学生树立良好的职业道德;结合医学专业特点适时开展卫生国情教育,形势政策教育,为提高学生的综合素质创造有利条件和氛围;建立有效的德育工作机制,学校和学院分别实施教育计划。

教学工作 以教学改革促进本专科教育教学的发展,使教学活动在发挥教师主导作用的前提下,向实现和加强学生的主体地位转变,把传授知识、培养能力和提高素质融为一体。通过召开教学工作会议、申报国家有关部委的研究课题、进行实验教学改革等手段和措施加大教学改革力度,并取得了一定成效。

管理工作 建立健全学生教育教学管理的各项规章制度,保障各项工作有章可循、有法可依。建立健全学校教学委员会和其下属的各专业教学委员会、学生工作指导委员会和其下属的德育工作领导小组,这两个专家型工作体系的建立,使教育教学管理工作更加科学化,使管理决策更符合实际,提高了管理工作的效率。

【本专科生思想工作】 学校一贯把学生德育工作放在重要位置,在政策、人力、物力上给与很大的支持。2001年,通过试行导师制,完善德育工作体系和教育管理体制,加强学生工作队伍与学生骨干队伍的建设,医学部德育工作取得了显著的成绩。

(1)为适应时代发展对人才培养模式提出的新要求,使"教书"和"育人"有机结合起来,针对大学生工作的现状,在本科生培养中引入"导师制"的教育培养体系。导师制由导师、学生、辅导员三个要素组成,所有导师均由专业课老师担任。导师通过交流、谈心、联欢等形式与学生进行沟通、引导,同时将学生的情况反馈给辅导员,使辅导员更好地掌握学生的思想动态,更有针对性地做好工作;辅导员则通过工作座谈会、报送学生的成绩等形式向导师汇报学生的情况,使导师更好地了解学生的学习情况。导师制工作沟通了老师与学生之间的感情,激发了学生对专业学习和科研的兴趣,对于学生进入大学后尽快适应学习、思想、生活的各个方面起到了重要的作用。

(2)结合医药卫生行业的特点,开展各种形式的医德医风教育。在开学典礼上,所有新生宣读《医学生誓词》,入学教育中组织瞻仰老校长的遗骨骨架标本;进入临床学院后,举行隆重的入院仪式,重温誓词,并由名医授白大衣,以帮助同学们更迅速地完成从医学生到准医生的观念转变,更快地适应临床生活,更好地接受临床技能的培训,同时也激励同学们的学习热情,引导他们为了实现自己的理想而更加努力。学校将"医学伦理学"、"医学史"等课程列入教学计划,作为医学的人文学科,使医学生了解医学发展史,铭记"德为医之本"的道理,并学会重视医疗预防过程中的伦理学问题。

(3)以丰富的活动推动学生德育工作的进行。5月份,开展了广泛的校纪校规教育,利用广播、班会、讲座等多种手段在同学中深化校纪校规意识,维护了良好的校风学风。6月份,与宣传部协办了建党80周年电影回顾展,放映了《我的一九一九》等八部优秀的爱国主义教育影片,在同学们中引起热烈的反响。12月份,为了继续转变教师"教学生学会知识"为"教学生会学知识",培养学生自主学习的能力,同时充分调动学生参与教改的积极性,做教育教学改革的主人,积极主动进行学习模式的改革与调整,着手开展"我与教学改革"医学生大讨论活动,整个讨论活动将分动员报告、主题宣传、辅导报告、主题活动四个阶段进行，预计历时近半年。

（4）加强学生工作队伍建设。班主任队伍建设是学生工作队伍建设的重点。从3月份开始，举办每月一次的学生工作队伍培训班，重点对兼职班主任进行教育学、教育心理学等方面的培训；9月，对新任班主任进行了岗前培训，并组织新老班主任交流，使得班主任工作在新的学年里能够顺利衔接，保证了学生工作的顺利进行。为了进一步提高医学部学生思想政治工作队伍的整体素质和管理水平，加强与学生教育管理同行的交流，探讨新世纪加强和改进学生思想政治工作的特点和规律，学习兄弟院校先进的教育管理经验，2001年5月，教育处组织各院系主管学生工作的党委副书记15人赴浙江大学、中国药科大学、上海交通大学、复旦大学等四所大学学习考察学生工作，对南方高校的德育教育模式、管理体制、长学制医学生的教育管理模式、学生心理健康教育工作、勤工助学工作、学生生活园区管理模式等进行了全方位的学习考察。此外，医学部学工部鼓励从事学生工作的教师积极开展理论研究，在由北京大学举办的《高校教育论坛》上，医学部于锋池、戴清、张建荣三位教师的文章分别获奖。

（5）积极开展调研，准确及时地了解学生思想、学习情况以及当前学校教育中存在的问题，进一步为校领导决策以及学校各部门的工作提供参考。5月到7月份，进行了各院学生党建工作调研、北京市高校学生滚动调查、2000级七年制学生调查、9月份2001级新生学习情况调查。通过这一系列调研，对学生党建工作、学生学习、生活状况掌握了第一手资料，为更好地开展学生工作提供了依据。同时，也整理形成一系列调查报告，以简报等多种形式报送校领导及学校各部门，在学生与学校之间打通了一个窗口，为领导决策及各部门改进工作提供了参考。

【研究生思想政治工作】 2001年研究生思想工作部重点加强研究生的党建与德育工作。按照学校统一部署，在各院（所）建立了研究生党支部。各二级研究生管理部门实行德育工作与研究生业务培养工作结合。

启动"北京大学医学部党的建设和思想政治工作研究课题"2项，旨在开展研究生的思想动态研究，总结当前研究生教育模式，探讨研究生政治课改革，加强研究生导师在研究生思想教育中的地位和作用。

研究生思想工作部组织10支队伍，185名师生分赴青海、甘肃等14个省、区，开展以医学讲座、医疗服务和基层卫生状况调查为主要内容的社会实践活动。扩大了北京大学医学部的影响，加深了研究生对社会的了解，提高了研究生服务社会的自觉性。

2001年研究生各类奖励、奖学金评选工作顺利结束，共有227人获得各级、各类奖励。

研思部与学生公寓管理中心密切合作，顺利完成研究生公寓2号楼的搬迁、安置工作。

大力支持研究生会的工作，从财力、物力上予以帮助。积极协助研究生会搞好第二届"北京大学生物医学论坛"。

（贾春红）

【素质教育】 2001年，为搞好国家大学生文化素质教育基地的建设工作，医学部制定了明确的目标和任务，通过加强教育教学改革，提高教师的整体文化素养，优化文化素质教育环境，强化文化素质教育的各项活动，建设高品位和高格调的校园文化；同时结合医学教育特点，探索在高等医学教育中加强文化素质培养的模式，努力培植医学生的人文精神，实现医学生文化素质水平的整体提高，使医学部建设成有医学特色的国家大学生文化素质教育基地。此外，医学部继续从学生素质教育专项基金中拨出10万元专款，用于支持开展素质教育活动。

（1）通过在全校师生中开展面向21世纪教育思想、教育观念、培养目标、培养模式的讨论，使大家认识到随着社会的发展，新型合格医药卫生人才应具备广而博的人文社会科学知识，宽而厚的自然科学知识，坚实的医学基础理论知识和实验能力，厚实的专业理论知识和熟练的专业实践能力，加强了全校师生对医学生培养中文化素质教育的意义的认识。

（2）加强选修课课程建设。在专业教学计划中加大选修课课时比例，增加选修课程的可选范围，在原有基础上增加人文与社会科学选修课程的构成比例，调整了选修课的学分分布，使选修课成为文化素质培养目标的重要补充。选修课方面，1999年至今开设人文社会科学选修课达30余门。此外，医学部积极参加了学院路沿线的教学共同体，承认教学共同体开设的各门选修课程学分，用政策鼓励学生选修外校的文化类课程。

（3）学生文化活动硬件建设。2000到2001年，医学部投资60余万元进行学生多功能活动中心建设，建好的学生活动中心中包括多功能厅、社团活动室、舞蹈排练厅等等。学生活动中心为广大在校学生提供了丰富业余生活的场所，和提高综合素质的舞台。此外，近年来医学部投资总计近50万用于学生乐队购置乐器，舞蹈队、礼仪队、合唱团、国旗班等学生社团组织购置服装等等。

（4）多彩的"第二课堂"。2001年，教育处、团委、德育教研室继续利用双休日推出大学生文化素质系列讲座，邀请校内外知名人士、两院院士、教授等为学生开展涵盖各学科领域的系列专题讲座,对于学生关心的问题、关注的热点,以及在选修课的范围没有涉猎到的内容,以周末第二课堂的形式进行补充。一年中,由学校举办讲座24讲,学生会及各学生社团举办讲座数十讲,内容包括现代医学与高科技发展系列讲座、医学与哲学系列讲座、医学生与法系列讲座、艺术欣赏系列讲座、形势政策系列讲座、大学生心理健康讲座、环保讲座等。

(5)丰富的社会实践。社会实践侧重于为学生提供接触社会的窗口,同时也利用医学院校的特点开展形式丰富的医疗服务活动,培养学生的社会服务意识。利用暑假时间组织了9路人马,分别前往邻近郊县、河北张家口、安徽芜湖、河南安阳乃至走出国门到韩国、日本进行社会实践考察,内容形式丰富多样,有参观、义诊、交流,还有医学知识普及宣传。通过社会实践,同学们学到了很多课本上学不到的东西,接触了社会,实践了自己在学校学到的知识,更重要的是在社会实践之后,同学们还作了认真的交流、思考和总结,纷纷表示,尽管社会实践的时间短暂,却给自己带来了更多的对生活、对事业、对社会的思考,也在自己的大学生活中记下了光彩而有意义的一页。除了暑期社会实践活动以外,以院系、班级为单位利用业余时间走向社会的短期实践活动更是丰富多彩。

(7)建设"文明校园",倡导"高雅文化"。医学部坚持在医学生中开展"建文明校园,做文明先锋"活动,组织学生学习《首都大学生文明公约》、《全国青少年网络文明公约》和《首都公民基本道德规范》,鼓励学生加强自身文明修养,自觉投身校园文明建设,使学生们表现出了良好精神风貌。此外,本着"一流的大学,应当具有一流的

校园文化"的指导思想,医学部把校园文化定位于高起点、高层次、高品位上,坚持以引进和发展高雅艺术来提高学生的整体素质,并利用重大纪念日的纪念活动、学生艺术节、科技文化节、护士节等机会,组织多场文艺汇演,提高了广大师生的参与程度,使校园文化建设更具群众性、普及性。同时通过研究生学术文化节暨北大生物医学论坛、本科生校园科技文化艺术节、体育节、社团节等多种活动载体,积极建设"高品位、高格调、高质量"的校园文化格局,引导广大学生加强自身修养,自觉投身于校园两个文明的建设中。

【学生日常管理】 (1)奖励先进,鼓励创新。2001年共评出北京市先进班集体4个,校级先进班集体4个,院级先进班集体10个;976名学生获各类奖学金(奖学金总计87.1万元),占总参评人数的35.3%,其中北京市三好学生、优秀学生干部14人,"五四奖"4人,特等奖14人,联邦奖80人,光华奖16人,椎名奖3人,医药奖50人,一等奖39人,二等奖219人,三等奖362人,单项奖189人。获奖学生中男生290人,女生686人,分别占获奖总人数的29.7%和70.3%;党员138名,团员820名,分别占获奖总人数的14.2%和84%;少数民族48人,占获奖总数的4.9%;学生干部417人,占获奖人数的42.7%。另外,新生有15人获优秀新生奖。

(2)学生保险工作。2001年为01级新生1002人办理中国人寿保险公司大学生平安保险(附加意外伤害医疗保险),保费总计84105元。当年共有4名同学因意外伤害获得保险赔偿,金额总计5226元。

(3)新生入学教育。医学部于9月初对2001级新生进行了为期一周的新生入学教育,内容包括:学校传统和校风教育、专业入门教育、校纪校规教育、生活指导、安全

教育、心理健康指导和控烟教育,既让新入学的学生感到学校的细致与温暖,又让学生明白学校管理的严谨,为保持医学部良好的校风学风打下基础。

(4)助学贷款。2001年,学工部协助工商银行在同学中做了大量的工作,如向学生发放回收助学贷款表格,并依据助学贷款的新规定向学生进行有关宣传等等。2001年共为101名同学办理了国家助学贷款,金额总计2167520元。同时,向49名98级以上学生发放了总计131750元的助学贷款,为同学正常的学习生活提供了保证。

【学生综合素质评估】 学生工作部根据学校的培养目标和学生的实际情况,修订了《北京大学医学部本、专科生综合评估量表》,并根据新的《评估量表》对学生的德育、智育、体育、基本素质和创新能力进行测评,作为评优、评奖、专升本、推荐免试研究生的依据,引导学生按照学校的培养目标,在德智体等诸多方面都努力发展,成为符合21世纪需要的合格医学人才。

(吴科春)

【勤工助学体系】 2001年勤工助学中心积极与校内各单位联系,开辟勤工助学岗位。2001年共安排260人次参加校内勤工助学活动,截止到12月底仍有137人在岗。此外,组织落实了玫琳凯、仁和医院阳光助学、卫生人才方杰助学金、医学部后勤总公司助学金、新疆维吾尔自治区教育厅资助内地新疆籍少数民族学生项目、协和药业资助、留美校友华丰个人捐助等7个项目的奖助学金,金额总计24.02万元,为103名经济困难生提供了800元/年到5000元/年不等的资助,保证了困难学生正常的学习生活。

(李翠华)

【国防教育工作】 武装部于7月9日至25日圆满地完成了对2000级全体学生的军训任务。在军事理

论课和政训中,在完成十几门常规军事理论课的同时,在政训中着重对4月份的"中美撞击事件",先后请外交部、国防大学、市国家安全局的专家,分别从国际关系、国防建设、国家安全等不同角度深刻地讲述作为当代大学生应有的国家忧患意识;激发起作为爱国青年对祖国的满腔热忱;并讲明理智、清醒地处理国际关系,对于一个国家的持久发展和最终强盛是必不可少和实事求是的基本态度。7月15日至25日,2000级军训团在本市门头沟区斋堂军训基地进行为期10天的封闭式军训。在全体参训人员的努力下,在基地和承训部队的大力支持帮助下,2001年军训成为历年军训效果最好的一次。

(陶继国)

【医学部本专科毕业生就业指导】

基本情况 北京大学医学部2001年有本专科毕业生587人,其中本科毕业生501人,专科毕业生86人(含高职专科32人)。毕业生中,考取研究生192人,占32.7%;申请出国留学52人,占8.86%;实际参加就业343人,占58.4%。在实际参加就业的毕业生中,已落实就业单位的311人,占52.98%;北京生源待分19人,占3.24%;外地生源回省二分的13人,占2.21%。在落实就业单位的311人中,到事业单位252人,占81.03%;到企业单位29人,占9.32%。从就业部门看,到中央单位144人,占46.3%;北京市104人,占33.4%;地方63人,占20.3%。

2001年临床医学、口腔医学七年制硕士毕业生有61人,其中考取博士生14人,占22.95%;申请出国留学9人,占14.75%;实际参加就业38人,占62.3%,并已全部落实就业单位。在落实单位的38人中,到事业单位33人,占86.8%;其他企业就业5人,占13.2%。从就业部门看,到中央单位28人,占73.7%;北京市9人,占23.7%;内地1人,占2.6%。

就业形势分析 从需求情况看,需求单位很多,北京生源学生都选择在北京就业,外地生源学生也积极争取留京工作,去外地就业不积极,对于外省需求信息不重视。医学部2001年各专业供需比分别为:护理学1∶3.57,临床医学1∶2.21,基础医学1∶1.09,预防医学1∶0.92,口腔医学1∶1.13,妇幼卫生1∶1.16,药学1∶1.53,药物化学1∶1.47,药理学1∶1.3。2001年毕业生就业率为95.58%,各专业就业率为:护理学100%、临床护理100%、药学专科96.57%、药学本科96.50%、基础医学96.3%、口腔医学95.14%、预防医学95%、临床医学94.68%、药理学91.3%、药物化学90%、妇幼卫生89.8%、医学实验技术84%,就业率与2000年相比略有提高。从上述就业情况可以看出,现在就业形势是很严峻的,必须要重视,尤其是专科就业率偏低。其原因是:①目前全国就业市场存在人员需求高消费的现象,应由本科生来胜任的工作一定要找研究生来做,本科生做专科生的工作,专科生就面临无单位接收,这是一个社会问题;②专科生认为自己是北京生源,就业不积极。

2001年10月底召开了毕业生工作研讨会,进行了大会动员、经验交流和大会讨论,在会上大家统一思想,明确任务,保证毕业生工作的顺利开展。12月底召开了用人单位处长会,为就业工作人员和用人单位提供了交流与沟通的机会,并为今后更好地开展工作打下了很好的基础,建立了密切的联系。

加强毕业生就业指导和咨询服务。举办毕业生就业指导系列讲座,办《就业指导报》,为毕业生及时提供就业需求信息。加强毕业教育,做好后期的毕业鉴定工作和评优工作,使毕业生顺利走上工作岗位。

(袁红利)

【研究生就业指导分配工作】 北京大学医学部2001年共计毕业研究生302人(博士生180人,硕士生122人),其中临床型研究生88人占毕业研究生总数的29.1%。

就业去向及分析 302名毕业研究的就业去向:87人申请自费出国,6人考取国内博士生,3人进入国内博士后流动站,212人参加就业派遣,其中6人在服务范围外就业,具体就业情况见表9-5。

2001年医学部研究生就业呈现以下特点:

(1)就业率较高,流向基本合理。暑期毕业研究生一次就业率为97.7%,全年就业率97.4%。其中到国家重点单位的就业率为34.1%(包括北京大学),到西部地区的就业率为5.0%。就业单位遍布全国23个省、自治区、直辖市。

(2)内科学统分生杨少奇博士毕业后自愿赴宁夏医学院工作,受到医学部通报表彰和奖励。宁夏医学院领导感谢北大医学部多年来为宁医输送优秀毕业生。

(3)北京大学留用毕业研究生91人(其中博士生71人,硕士生20人),比2000年(23.9%)上升6个百分点,主要由于北京大学校内各用人单位对所需人才学历层次要求提高所致。

(4)毕业研究生在国内就业比例为68.2%,较2000年(72.8%)下降了4个百分点,申请毕业后不就业直接自费出国、考取国内博士(后)的比例为31.4%,比上年(27.2%)上升了4个百分点。近几年自费出国留学比例一直呈上升趋势,其原因是多方面的,其中,国家关于自费出国留学和就业等宏观、微观政策以及用人单位的自然状况与吸引力度等是重要影响因素。

表 9-5　2001 年医学部毕业研究生去向统计

流向		人数	比例（%）
总计		302	100
出国		88	29.1
录取博士（后）		7	2.3
实际参加就业	合计	207	68.5
	高校师资	123	40.7
	科研单位	9	3.0
	党政机关	3	1.0
	企业	27	8.9
	医疗卫生	31	10.3
	其他事业单位	2	0.7
	部队	5	1.7
	回省再就业	6	2.0
	其他	1	0.3

主要工作　（1）加强就业指导，优化毕业研究生资源配置。①为了帮助毕业生认清形势，了解情况，正确选择职业，研究生院医学部分院于 12 月下旬召开了医学部毕业研究生就业动员大会。由研究生院副院长、招生分配办主任及人事处副处长等亲自主讲。同时，分三批将多种渠道收集的用人单位需求信息提供给每位毕业生，使信息公开、共享。②组织毕业生参加多个大型"供需见面会"，把毕业生直接推向社会参与人才市场的竞争，让研究生学会自己推销自己。对于外分毕业生强化个别指导并及时安排用人单位与毕业生面谈，引导毕业生根据自身特点和社会需要实事求是的选择工作岗位。③为了做好研究生留校工作，研究生分院组织各院、所研究生主管部门在尊重研究生个人志愿，并听取导师、教研室（科室）意见的基础上推荐毕业生参加学校组织的招聘答辩会，由各院、所及科室领导与人事、研究生主管部门组成的评审组，结合学科建设需要、劳动人事指标状况、研究生成绩及应聘答辩表现等综合指标进行认真的讨论、审查和选拔。（4）医学研究生的专业特点决定了研究生居住分散，作息时间不一，使管理和信息沟通难度加大，特别是在毕业最后一年不仅要准备论文和毕业考试，有的还需完成临床转科，如何安排好各项工作并在有限的时间内选择到满意的工作岗位，导师、教研室（科室）起着重要的指导作用。医学部许多导师、教研室（科室）的老师们不仅注重教书育人，而且还帮助毕业生推荐单位。

以两校合并为契机，共同做好研究生就业指导服务工作。校本部和医学部研究生就业指导中心试行了统一政策，分头实施，及时沟通，相互合作，取长补短，共同做好研究生就业指导工作。具体工作方法采取了"四统一"，即：统一就业政策；统一"双选"时间；统一上报就业计划时间；统一使用北京大学印制的"三方协议书"。"三沟通"，即：对上级文件，会议精神及时沟通；对用人单位需求信息及时沟通；对毕业研究生就业工作中的情况及出现的问题及时沟通，同时共享"毕业生供需见面会"等。依据《北京大学毕业研究生工作实施意见》制定了《关于作好北京大学医学部 2001 年毕业研究生工作的通知》，并在此基础上编辑了《北京大学医学部研究生就业咨询手册》，使研究生就业工作有章可循，同时方便毕业生随时咨询。上好毕业教育最后一课。2001 年 7 月 4 日身披博士、硕士服的 2200 多名北大毕业研究生们在百年纪念堂从校长手中接过学位证书，实现了梦寐以求的愿望。医学部的 302 名研究生也有幸成为北京大学尝试恢复逐一授予学位的首批毕业生。毕业生们纷纷反映毕业典礼隆重而热烈，使毕业生们终身难忘。学子们表示要发扬北大优良传统和作风，用新的业绩为母校增光，为祖国增光。

（侯建伟　刘秀英）

共青团工作

【概况】　2001 年是北京大学共青团学习、贯彻"三个代表"重要思想，积极创新，全面推进各项工作的一年。

团委围绕北京大学建设世界一流大学的中心任务和服务青年学生成长成才的根本要求，努力发展素质教育模式，不断完善充实青年服务体系，努力满足青年全面发展的愿望。2001 年举办了北京大学第九届"挑战杯"五四青年科学奖竞赛，组织参加了第七届"挑战杯"全国大学生课外科技作品竞赛，再获"优胜杯"。在首届"挑战杯"首都高校大学生课外学术科技作品竞赛中，北京大学综合成绩排名第一，并获优秀组织奖。指导研究生会成功举办了第三届研究生"学术十杰"评选。为了帮助同学了解、适应社会，服务于同学们就业和创业的需求，团委要积极开展推荐优秀毕业生挂职锻炼的工作，并组织了北京大学第三届"通用杯"学生创业计划大赛。

团委指导研究生会协助研究生院启动了北京大学研究生"助研、助教、助管"制度,改善了广大研究生的科研和生活条件。10月,指导校学生会和研究生会提议并促使学校制订执行了"学校领导定期会见学生代表"制度。制度实施后,同学们关心的一批焦点问题得到了妥善解决。11月,团委正式启动了"团委聊天室"项目,团委书记班子成员同同学们进行直接沟通,了解同学们的需求。

"北大学生新世纪修身行动"是旨在通过全校范围的学习、讨论与丰富的社会实践活动,推动素质教育工作深入开展的又一项重要工程。4月8日,由学生工作部和校团委联合发起的这项活动正式启动。校团委创造性地组织了一系列活动,为同学们修身成才起了极大启迪和鼓舞作用。校团委还提出了"北大标准"的命题,掀起了一场关于"跨世纪的北大人应该具备什么标准"以及"怎样才能成为'北大制造'的跨世纪合格人才"大讨论,把新世纪修身工程引向深入。

【学生思想政治教育】 在新的历史时期,北大团委高举邓小平理论伟大旗帜,把"三个代表"重要思想作为指导工作的根本方针,按照上级团组织和学校党委的部署,沿着"建设、服务、创新、发展"的思路组织青年学生学习、实践"三个代表"重要思想,推动北京大学"三个代表"重要思想"三进"工作和学生思想政治工作。

团委把学习贯彻"三个代表"重要思想当作工作中的头等大事来抓。2001年10月20日,校团委召开了"三个代表"重要思想学习动员大会,向全校青年发出了深入学习贯彻"三个代表"重要思想的号召,并制订了《北大共青团学习贯彻"三个代表"重要思想实施方案》。在学习实践"三个代表"重要思想过程中,坚持做到"一条主线,两个结合,三个代表队,四个阶段"(即:以"知行合一"为主线;骨干参与学习和广大同学共同参与相结合,集中学习与持续推进相结合;建设团校、研究生骨干学校、基层共青团组织、学生组织和理论研究类学生社团为主体的"学习代表队",由校刊、网络、广播电视等媒体组成的"宣传代表队"和以实践团队与青年志愿者为主要力量的"实践代表队";划分为学习、领会、实施和总结四个阶段),全面实施,层层推进。同时,大力培养青年学生中的"三个代表者",即是指在党的指引下、团的帮助下自觉贯彻、实践"三个代表"重要思想,体现"四个统一"要求的先进青年。号召青年学生刻苦学习专业知识,注重培养创新精神,服务于"科教兴国"战略和社会主义现代化事业;具有坚定的政治信仰、高尚的思想道德,积极参与健康向上的校园文化建设;胸怀祖国、心系天下,具有强烈的社会责任感和全心全意为人民服务的意识,积极投身广阔的社会实践和青年志愿服务等工作,艰苦奋斗,在社会的大课堂中主动将自己的成长成才和国家人民的利益结合起来。

团委指导团校、研究生骨干学校和学生社团组织团员骨干学习"三个代表"重要思想。团校开展了"弘扬先进文化、锻造时代先锋"征文活动,并于12月6日邀请中国人民大学和北京师范大学的学生代表共同举行了"三个代表"重要思想理论研讨会。研干校在11月开展了"三个代表、入世与体制改革、以德治国"主题教学、调研活动。在江总书记发表"七一"讲话当天,校团委指导成立了学习、研究和实践"三个代表"重要思想的学生社团"北京大学青年马克思主义发展研究会"。11月20日,青年马克思主义发展研究会把"红岩魂"形象报告话剧请进北大校园,热情讴歌了中国共产党,宣传了"三个代表"重要思想。

团委按照"三个代表"的要求,高扬理想的旗帜,加强理想信念教育,举行了一系列活动。4月30日,举行了北京大学纪念"五四"运动82周年座谈会,深刻剖析了对当代青年大学生进行理想信念教育的重要性和迫切性。12月9日,举行了纪念"一二·九"66周年运动座谈会,老、中、青三代北大人把"一二·九"精神与北大精神、"三个代表"的要求有机结合起来,统一了思想,振奋了精神。6月27日,开展了"实践'三个代表',坚定理想信念"——北京大学、国防大学研究生共话理想信念活动,同学们在做社会主义事业合格接班人这一事关党和国家前途的重大问题上,向党和人民做出了庄严坚定的回答,为全国青年做出了表率。11月15日,团委邀请清华大学、中国人民大学、北京师范大学等兄弟院校学生代表,举行了"实践'三个代表'重要思想,让青春绽放绚丽光彩——首都高校大学生与残疾青年共话青年价值"活动,向广大青年昭示:青春的价值就在于时代的召唤,树立远大理想和崇高信念,为中华民族的伟大复兴而努力奋斗。12月18日,举办了"'三个代表'与当代青年——李君如、刘吉同志报告会",报告人就"三个代表"重要思想体系的形成、"三个代表"与中国社会和当代青年的理想与使命等主题进行宣讲,在同学们中引起巨大反响。

【理论研究与宣传引导】 团委积极进行理论创新,出版了多本书籍,在重要报刊、杂志上发表了多篇理论文章,并巩固了自身理论阵地。2001年团委编辑出版了《发现中关村——北大学子眼中的"中国硅谷"》、《北大校园文化》、《北大青年》、《青年如歌——北大共青团人访谈录》4本专著和文集。《光明日报》2001年五四专刊第二版整版刊登了北大团委署名文章《坚持基本定位，变通成才要求，在变与不变中寻求校园思想工作新路——北大探索新世纪修身行动》。《中国青年报》11月4日在"全国青年学习'三个代表'理论征文"栏目中首篇刊登了北大团委署名文章《支撑我们的思想大厦》，该文还获得团中央主办的全国青年学习"三个代表"重要思想读书征文活动一等奖。团委还利用其机关刊物《北大青年工作研究》积极探索理论前沿问题，发表了《鼓足干劲，开拓创新，迎接北大共青团工作的新局面》《全面落实"三个代表"精神，加强和改善我校共青团建设》等理论文章。同时，理论研究室还就"'911'事件后北大学子的思想动态"、"以德治国与北大青年"等课题进行了调研。团委被团市委评为"2001年度调研工作先进单位"。

团委重视宣传阵地的建设和巩固。团委主页的建设与更新走上正规化，建立团系统图片库，对历年所拍摄的活动照片进行整理保存，并制定了严格的使用制度。2001年初，团刊《北大青年》共编辑出版了13期共52版报纸，还举办了报庆三周年展。团委宣传部也在工作程序、人员安排、部门协调等方面踏上制度化道路，组织"2000~2001学年度团属学生刊物评比活动"，对团委、学生会、社团刊物进行了统一登记和编号管理。12月下旬，宣传部开始筹划成立"网络数码中心"，推动团委宣传工作的网络化和数码化进程。

【学术科技与社会实践】 2001年，校团委成功组织了第九届"挑战杯"暨五四青年科学奖评比活动。在北京市首届"挑战杯"首都高校大学生课外学术科技作品竞赛中，北京大学获得特等奖5个、一等奖5个，二等奖6个，三等奖4个，获得综合排名第一的优异成绩，并同时荣获优秀组织奖。在第七届"挑战杯"全国大学生课外学术科技作品竞赛中，北京大学共获得特等奖1个、二等奖2个，三等奖2个，以总分290的成绩，再次获得"优胜杯"。

团委将学习、宣传、实践"三个代表"重要思想作为实践的核心主题共组织了141支团队、1208人次奔赴祖国28个省市开展社会实践活动。团委组织了20支学生党员"三个代表"实践服务团，奔赴祖国各地开展"三个代表"宣讲服务。校长许智宏院士、党委副书记王登峰教授与研究生们一起深入湖南，指导学生进行实践活动。为纪念建党80周年，学校专门组织了15支团队远赴革命老区开展"循着党的足迹，勇挑世纪重担"的实践活动。为继续响应国家实施西部大开发的号召，组建团队40余支，奔赴西部进行考察。为继续贯彻"文化、科技、卫生"三下乡的宗旨，鼓励同学到中西部欠发达地区传播科技知识。同时，与新世纪修身行动相结合，北大组织了相关实践团队远赴大江南北，发扬推广文明修身精神。2001年实践活动的另一突破是建立和巩固了一批学生暑期社会实践基地，陆续收到合作意向50多份。北大被评为"2001年度首都高校社会实践先进单位"，还获得了首都高校党员大学生"三个代表"实践服务活动优秀组织奖以及北京博士团"三下乡"志愿服务行动优秀组织奖。此外北大团委还举办了第三届"通用杯"学生创业计划大赛，评选出一等奖1个，二等奖2个和三等奖5个。一等奖获得者作为北京大学代表队，参加了杭州西湖博览会，获得了良好的社会反响。

【校园文化建设】 2001年，团委组织了一系列学术活动，丰富了校园学术氛围，提高了大家参与学术活动的积极性。校团委与香港凤凰卫视合作举办了"世纪大讲堂"系列讲座共32讲，并据此制作了《世纪大讲堂》系列光盘公开发行。团委还主办了"素质教育一百讲"之迎新系列、中西比较系列、"新世纪、新北大"系列等80多个讲座。编写了内部资料《燕园师林》。该书集合了北京大学各院系主要教授的联系方式及研究成果、方向，是讲座资源的结晶，为此后各类学术讲座的举办提供了良好的资源准备。校团委联合学生会、学生科协共同举办了五四学术文化节。此外，还举办了"繁荣校园学术，推动学生科研"的师生研讨会、"走近实验室"参观科普展等活动。

2001年团委组织的文体精品活动也是层出不穷。9～10月，"燕园秋韵"系列小型露天音乐演奏会在三角地、光华楼前举行。10月21日，北京大学2001级新生文艺汇演在百周年纪念讲堂举行。11月17日，中国残疾人艺术团和校团委在百周年纪念讲堂举办"我的梦"大型文艺汇演。11月22日，"红岩魂"形象报告展演在百周年纪念讲堂举行。12月9日，"北京大学一二·九师生合唱比赛"在百周年纪念讲堂举行。此次比赛共有17个院系的2000多名师生共同参与，是历年师生参与最踊跃的一次。12月15日，"人济之梦——北京大学'艺术之星'暨E时代校园主题原创音乐会"在百周年纪念讲堂举行。为迎接2002年新年到来，团委和艺术学系联合举办了北京大学2002新年交响音乐会和北京大学2002新年合唱音乐会。12月22日团委指导研究生会举办的北京大学研究生2002年新年晚会在百周年纪念讲堂上演。12月31日晚还举办了"为祖国喝彩"——北京大学2002年新年狂欢夜活动，中央电视台对狂欢夜盛况进行了现场直播。

【学生组织与学生社团】 北京大学学生会和研究生会是在北京大学党委的领导和团委的指导下，代表北京大学全体在校本科生和研究生进行自我管理、自我教育、自我服务的自治性群众组织。

2001年5月,学生会进行了中期调整,选举产生了新的执委会主席团和常代会正副会长。法学院98级本科生邢祎、政府管理学院98级本科生陈向前分别当选执委会主席和常代会会长。12月,学生会常代会制作完成北京大学学生会制度汇编,翻开学生会规范化建设新的一页。在学术科技活动方面,4至5月,学生会组织了"青年创新论坛——中关村论坛",并举办了北京大学"前沿·新世纪"科技文化节,学生会和团委学术实践部、学生科协联合举办了"科研·创新·我们""五四"学术文化节,在北大校园里掀起学术热潮。12月,学生会和研究生会共同举办了第七届"我爱我师——最受学生爱戴的老师暨十佳教师"评选活动,数学科学学院丘维声等十名教师荣获北大十佳教师荣誉称号。学生会成功举办了第一届"北大之锋"辩论赛和"干细胞与伦理道德"主题辩论赛。在文体活动方面,学生会举办或协办了北大学子"跨进新世纪"狂欢、"统一梦公园"北京大学十佳歌手大赛决赛、2001级新生系列杯赛、"惠膳坊杯"北大三人制篮球赛、"第五街牛仔"北大第九届女生文化节等一系列活动,丰富了同学们的生活。学生会还积极发挥自我服务职能,与学校各部门沟通,切实维护广大同学权益,为同学们提供了许多生活服务。

2001年,以国际关系学院98级硕士研究生胡九龙为主席、信息管理系99级博士生韩圣龙为常代会主任的第21届研究生会是跨世纪的一届研究生会,也是原北京大学和北京原医科大学合并后新北京大学的第一届研究生会。2001年9月29日,北京大学第十七次研究生代表大会分别选举国际关系学院2000级硕士研究生王永健为第22届研究生会执委会主席,法学院99级硕士研究生钟瑞友为北京大学研究生会第21届常代会主任。北京大学研究生会确定《纵横》刊物为校研究生会的会刊,定期编订《工作简报》,全面反映北京大学研究生会和各院系研究生会的工作动态。第十二届常务代表委员会制定了《北京大学研究生会执行委员会主席选举办法》,完善了研究生会主要干部的选举制度。

在学术活动方面,11月间举办了"北京大学研究生学术文化节"。从4月初开始的"许继杯"北京大学第三届研究生"学术十杰"评选活动是北大、北医合并组建新北大以来第一次研究生"学术十杰"的评选,受到了校领导的高度重视,校长许智宏院士,常务副校长、研究生院院长韩启德院士,校党委副书记王登峰教授等领导会见了获得研究生"学术十杰"称号的全体同学。在社会实践方面,研究生会注重直接到基层中去,从基层中磨炼和提高自己。2001年"五一"期间研究生会组织了赴河南学习考察团;2001年暑期组织了分赴湖南、宁夏、四川、深港、山东、河南焦作等地的6个学习考察团;12月组织了北大博士生代表赴辽宁学习考察团。此外,研究生会还积极为同学们的生活等方面创造条件。2000年11月,进行了"三助"计划大型调查,积极推动"三助"的实施;为了加强北京大学男女研究生之间的交流,研究生会进行了专项调查,并写出了调查报告;研究生会还积极参与45楼甲地下超市及新生被褥的招标过程,发挥了良好的作用。研究生会还积极加强对外交流。8月5~16日,胡九龙主席带领北大研究生代表团赴日本参加了第十三次中日学生会议。研究生会定期向全国学联、北京市学联定期汇报工作,及时得到了全国学联、北京市学联的指导。此外,研究生会还积极与清华大学、人民大学、复旦大学等其他高效研究生会交流与沟通,学习兄弟院校的成功经验。

2001年,在"加强管理、合理规划、分类指导、重点扶持"的原则下,团委学生社团管理日益规范化、制度化,学生社团成为校园文化的重要传播者和营造者。围绕"支持申奥"、"文明修身"和"高雅艺术"三个中心,着眼于校园文化建设的社团文化节是社团活动的一大亮点。6月,为纪念建党80周年,在团委的直接支持下,北大五四戏剧社创作和上演话剧《曙色朦胧》。11月,理论类学生社团学习贯彻"三个代表"重要思想工作协调会召开。到秋季学期为止,北大学生社团登记在册数量达到了历史最高记录,首次突破了110家,成为名副其实的"百团大战"。10月,校团委创立社团文体骨干培训中心(The Association and Cultural Cadreman Training Center,简称ACTC),旨在从广大同学中发掘和培养在学生社团组织管理和文艺体育组织策划方面具有良好素质和突出能力的骨干人才。来自各院系、学生社团等推荐的优秀学生骨干组成的成员在这里学习包括管理学初步知识、社团组织运作、经验介绍交流、文体基础知识、文体活动组织策划和其他相关知识技术。同时,学生社团评优工作全面创新,首次推出了网上投票环节,同时在三角地开展了现场问卷调查的工作。在奖项设置上,增设社团最高奖项"品牌社团奖"。大会投票产生了爱心社、山鹰社和自行车协会等3个"品牌社团",足球协会、青年马克思主义发展研究会等10个"十佳社团",邓小平理论发展研究会等七家特色社团。12月,《北大社团》创刊出版,弥补了北大历史上无社团联合刊物的空白。

【青年志愿者行动】 青年志愿者总队 2001年第21届世界大学生运动会在北京召开。北大志愿者总队的"彩虹志愿者"参加了服务工作,给各国朋友留下了深刻而美好的印象。北京大学获得第 21 届世界大学生运动会"志愿服务组织奖"金奖、"文明观众组织奖"金奖、"彩虹志愿者拉拉队"金奖、彩虹志愿者培训工作组织奖和大运会知识竞赛组织奖。校党委副书记王登峰教授荣获"彩虹之友"称号,团委副书记马伯寅等 4 人获得"彩虹志愿者先进工作者",志愿者吴思思等 5 人获得"彩虹之星"称号,周闯等 23 人获得"优秀彩虹志愿者"称号。此外,青年志愿者总队还成立了网络分队,为在校老教师提供电脑网络服务,制作完成了"北大共青团心理在线"。青年志愿者总队还协助团中央成功举办了 2001 年国际志愿者年献礼片《因为有爱》全国首映式暨中国志愿者形象大使授予仪式,与北京国际志愿者协会开展了长期合作,开展了劳动人民文化宫书市志愿服务活动,接待了身患白血病的小女孩周越,参加了团市委、北京市版权局、北京市教委联合主办的"保护正版、抵制盗版"劝戒活动等,受到社会各界广泛好评,引起媒体的普遍关注。壮大了北大青年志愿者总队的力量,扩大了北大青年志愿者总队的影响。

研究生支教志愿者 自 1998 年开始的教育部与共青团中央共同组织实施的青年志愿者支教工作,至今已有四载春秋。北京大学积极响应支教计划,先后组织了 3 届支教团,共 31 名同学到河南、青海、西藏等最艰苦最贫困的地区支教扶贫。2001 年 7 月第三届支教团 15 名同学(含医学部 3 名)奔赴青海、西藏开展支教扶贫工作。其中,由北京大学派往西藏进行支教的 5 名同学是全国高校中的首批赴藏支教人员。同时,2002~2003 年第四届支教团已经组建,12 名同学(含医学部 3 人)整装待发。青年志愿者支教工作受到了学校领导的高度重视和学校多方面的大力支持。许智宏校长专门会见过赴西藏支教的志愿者。10 月 9 日至 13 日,校党委副书记王登峰率团到西藏慰问了北大赴西藏自治区的研究生支教志愿者,为支教团成员送去了学校和同学们的温暖。12 月 30 日晚,"北京大学研究生支教志愿者 2002 新年茶话会"在勺园举行,党委副书记王登峰以及团中央青年志愿者行动指导中心和学校有关部门的领导与在校的第一、二、三、四届研究生支教团的 26 位成员欢聚一堂,共迎新年。

【机关建设】 作风建设 2001 年,北大团委从各个方面入手全方位改进工作作风,强调团委机关干部作为人民教师的全面育人责任,注重提高共青团干部的政治素质与服务意识,明确提出了共青团干部要按照"三讲"的要求努力改进作风,要"讲学习、比才智,讲政治、比觉悟,讲工作、比能力,讲团结、比境界,讲纪律、比形象",并着力改进校团委机关的工作作风,取得了良好的成效。9 月,北大团委创办了"团委聊天室"系列活动,由校团委的副书记作为每次聊天室的"主聊人",同来访的同学进行座谈,开辟了校团委与普通团员青年信息沟通的新渠道。11 月,由校团委牵头在北大设立了"校领导定期会见优秀学生代表"制度,为校领导了解同学们学习、工作、生活情况的创造了一个良好的途径,真正发挥了桥梁与纽带作用,是校团委改进工作作风、树立服务意识的另一项有效工作。

机关党务 团委党支部工作的基本思路是围绕团委中心工作,积极学习和实践"三个代表"等重要思想和理论,加强党性修养,团结和带动党员和群众干部,推动团委工作,使工作取得新的成绩。一年来团委党支部主要做了三件大事:一是党员的教育和理论学习:以建党 80 周年和学校"三讲""回头看"为工作契机,重点学习"三个代表"、十五届五中全会精神、"七一"讲话等。4 月,支部以机关党委评选优秀党务工作者为依托,组织党员讨论"新时期党员的任务和作用"等专题,在讨论中思考和理解"三个代表"的丰富内涵;7 月,组织党员学习"七一"讲话,要求青年党员在工作中实践党的指示;10 月~12 月,团委认真落实"三讲""回头看"的各项工作部署,多次召开民主生活会。二是进行制度建设,增强支部的战斗堡垒作用;3 月,支部对两周一次的学习制度作了新的规定,要求党员在支部学习中"带着问题来,解决问题去",使学习更有针对性;4 月,支部开始制定和修改"团委党风廉政建设责任制",从而使得分工明确,责任到人;9 月,支部制定民主生活会制度,重点解决如何有效地开展批评和自我批评的问题。三是落实组织工作,发展新党员。

基层组织建设 2001 年的基层团委工作围绕"三个代表"重要思想的学习实践展开,先后开展了"树立崇高信仰,坚持科学精神"、"学习讲话精神,努力开拓创新"两次主题团日活动,涌现出一大批优秀团日与先进团支部。在此基础上,北京大学团日库正式建成。6 月,北大团委确立法学院与国际关系学院为"党建带团建"的试点单位,以党建思想指导基层团建,推动这项工作走向全面深入。11 月,在基层团组织中开展"弘扬先进文化,锻造时代先锋"的征文活动。12 月,校团委组织部在基层兼(专)职团委书记中展开调研,与基层团干部进行了充分的交流、沟通,以进一步加强北大的基层团组织建设。2001 年的基层团组织工作取得了可喜的成绩。7 月,《共青团北京大学委员会制度汇编》的编印使团委工作在制度化、规范化方面又迈上了一个新台阶。9 月,北大共青团系统 2000~2001 年度的评优工作完成并召开总结表彰大会。城市与环境学系主任杨开忠荣获北京市

"五四奖章"，校团委副书记沈千帆荣获"北京市优秀团干部"荣誉称号，法学院团委被评为"北京市'五四红旗'团委"，外国语学院99级俄语团支部被评为"北京市'五四红旗'团支部"，马克思主义学院团委书记曹誉曦被评为"北京市优秀团员"。在校内奖励中，共评出外国语学院团委等5个红旗团委，化学学院团委等5个先进团委，经济学院99级国际经济与贸易班等25个优秀团支部，心理系98本科团支部等28个先进团支部，马莉等10名共青团标兵，陆俊林等93名优秀团干部，邱源等95名优秀团员。

信息与财务工作 2001年团委综合办公室坚持做好团委的信息工作，编辑每周一期的《北大团内信息》，及时上报团中央、团市委、校党委、校行政，并下发到各院（系、所、中心）团委，全年共刊发《北大团内信息》33期。2001年9月，为了进一步规范信息工作，根据团中央《关于2001年团内信息报送工作的几点要求》，结合工作实际情况，编订了《共青团北京大学委员会〈团内信息〉管理文件汇编》。团委本着"精打细算，厉行节约，合理使用"的原则，对活动经费实行项目化管理，一方面严格执行财务管理制度，一方面发挥服务职能，不断提高财务管理工作的水平，保证了经费的有效使用，全年财务运转良好。

【青年团干与学生骨干培养】2001年，北大团委通过团校和研究生骨干学校培训、系列讲座等途径加大了青年团干与学生骨干培养的力度。

校团委组织部在2001年上、下半年分别组织了"青年团干培训系列讲座"，邀请共青团中央学校部部长白希等校内外有关领导与机关团干部、基层团委书记进行座谈，为他们解决了长期以来困扰自己工作的许多问题，为今后的工作指明了方向。10月，校团委组织部举办了"团委机关学生骨干培训系列讲座"。校团委的主要领导干部就学生骨干的作用与形象等问题为学生骨干作了精彩的讲座，力争把他们培养成高素质的综合型人才。

创办于1982年的北大团校，被誉为学生"政治代表队"，多年来培养了一大批优秀人才。2001年，校团委进一步完善了团校"三级二阶"的培养模式。面对网络化浪潮，第十七期团校提出了远程教育的概念，创办了自己的网站，建立了团校的网上宣传和学习阵地，实现了"休假不休学"。5月，团校开展了文明修身月系列活动，在校内外产生广泛影响。6月，《北大团校》第十七期（光盘版）出版。7月，团校成功地组织了赴大庆社会实践活动，并与大庆油田有限责任公司人事部共建社会实践基地。9月至11月，第十八期初级团校、第七期高级团校和新生团支书培训班先后开学，初级团校举办的"理想、成才、青年"主题系列讲座、高级团校举办的学习"三个代表"重要思想理论研讨会和新生团支书培训班举办的生涯设计演讲比赛都在北大青年学生中产生了很大的反响。12月，团校还组织了部分学员赴燕京啤酒集团公司参观考察。

北京大学研究生骨干学校是由北京大学团委创办的面向研究生骨干的培训机构，至今已经举办六期。学校以全面提高研究生骨干的政治素养、理论水平、实践工作能力及领导能力为主要内容，以理论联系实际为主，通过知名学者、政府官员的讲座和座谈，深入社会的实践和调研，学员之间的研讨和交流，以及生动活泼的文体活动等方式使学员的素质得到全面的提高。11月3日，北京大学研究生骨干学校第六期秋季班举行了开学典礼，校团委书记、研干校校长张彦对研干校以及北大研究生总体的现状作了精辟的分析，并呼唤校园文化研究生时代的到来。第六期秋季班先后进行了社会发展与青年领袖的成长、国策理论研讨和基层管理模式与经验研究等三个主题教学，开展了"先锋论坛"、"'三个代表'、依法治国与以德治国"问卷调查、新时期共青团影响力的调查以及企业实地考察等活动。第六期研干校打破了以往的办学模式，以明确的、有针对性和适应性的教学内容为基础，以规范、严格、有效的管理和评估体系为保障，扩大研干校对研究生骨干的培训范围，增强对研究生骨干的凝聚作用，使之成为北大共青团工作，特别是研究生骨干工作的高层次人才的主要来源和北大发展过程中"政治代表队"的后备军，为今后的研干校发展探索出一条新道。

（校团委）

医学部共青团工作

【概况】 2001年，共青团北京大学医学部委员会在上级团组织和医学部党委的领导下，以邓小平理论和"三个代表"的重要思想为指导，以培养新世纪优秀的医药卫生人才为己任，以创建世界一流大学为导向，服务医学部的中心工作，服务广大团员青年成长成才的需要，利用历史契机，以"达标创优"为工作手段，在全医学部内树立先进典型，加强广大青年团员教育和引导，努力提高基层团组织的工作水平和战斗力，逐步形成了崇尚先进、学习先进的良好风气，使广大团员青年能够在良好的环境中努力学习，健康成长。

【组织建设和思想政治工作】 团建是共青团工作的根本。医学部团委把夯实基础，加强基层团组织建设，作为共青团工作的根本。坚持以活动促建设、以建设促发展的原则,在原有团建的基础上,突出医学部的特色,加强共青团自身的基础性建设,为各项工作的顺利开展提供有力保障。团委在年初的工作计划就以推进素质教育、促进青年成长成才作为工作主线,以加强思想政治工作作为全年工作重点,以建党80周年、"国际志愿者年"、成功申奥、主办大运会等重大事件为契机,利用各种有效的方式,积极推进思想政治工作,提高广大团员青年的思想政治素质。

调查研究 2001年伊始,医学部团委逐家走访了各基层团组织,了解各基层团组织的基本状况,增强与基层团组织的沟通和了解,通过和各基层团干部的访谈和对基层团组织工作环境、工作状态的调查研究,更好地确定了2002年的工作目标,确定了本年学院、医院和青工共青团的工作重点,为2002年顺利地开展工作奠定了基础。

制度建设 为了加强共青团工作规范化、科学化,2001年医学部团委在以往工作的基础上,继续共青团的制度化建设。收缴团费是共青团的一项重要工作。一段时间以来,收缴团费工作是工作中一项较为薄弱的环节。为了增强共青团员的团性,加强对团费收缴、使用的管理,2001年5月,团委重新制定并下发了《共青团北京大学医学部委员会关于加强团费收缴管理工作的规定》,对团费的收缴管理工作进行了重新的修订,并在该规定下发之后,在年底对全部各级团组织的团费收缴使用工作进行检查,使该项工作不断走向规范化;制定下发了《北京大学医学部"青年岗位能手"管理办法(讨论稿)》、《北京大学医学部"青年志愿者协会"章程(试行)》,以促进青年志愿者工作和"号"、"手"工作,引导广大青工团员在医、教、研、管理、服务等各条战线上发挥主力军作用。

干部培训 加强团干部队伍建设是保障共青团干部队伍战斗力的基础。2001年年初,医学部团委组织了一次共青团工作研讨会暨团干部培训班,参加研讨会的不仅有各基层共青团的干部,还邀请了主管共青团工作的党委领导,一起探讨新时期共青团工作的新思路,对共青团工作的推进和对团干部工作思路的开拓起到了很重要的作用。团委举办了"传承五四火炬,共谱青春乐章"新老团干座谈会。通过座谈会,团干部认识到了自己肩负的历史责任,各个历史时期赋予共青团工作不同的内涵,在新时期丰富共青团工作,要在继承中创新,更好地为团员青年服务。团委还适时地利用学生干部大批更替的时机,举办学生干部培训班,医学部研究生会、学生会副部以上学生干部、各院系研究生会、副部以上学生干部及各院系团总支委员将近160名同学参加了本次培训。大批学生干部通过学习和交流,提高了工作的使命感和责任感,增强了他们做好工作的信心和决心。通过不同层次、不同方式的干部培训,不断加强团干部、学生干部之间的交流和沟通,促进其工作能力和思想政治素质的提高,建设一支高效的团干部队伍。

达标创优 "达标创优"是共青团工作的重要内容之一,也是共青团工作的重要手段。为鼓励在"达标创优"活动中涌现出的先进个人和先进集体,更好地树立共青团的良好形象,"五四"之后,召开了北京大学医学部"达标创优"表彰大会,临床99-6团支部被评为"北京市五四红旗团支部";预防97团支部等6个团支部被评为"首都高校'先锋杯'优秀团支部";第一医院赵明辉获得"第十五届北京市'五四'奖章";药学院李柳被授予"北京市优秀团员"称号。此外,第一医院团委等6个团委被评为"2000年度北京大学医学部共青团'达标创优'竞赛活动优秀组织奖";口腔99-1团支部等16个团支部被评为"北京大学医学部优秀团支部";临床00-5团支部被评为"北京大学医学部提名优秀团支部";杨斌等51人被评为"北京大学医学部优秀团干部、优秀团员"。在大会上除了表彰了先进集体和优秀个人,还首次表彰了评选出的医学部方玉江、丁磊等首届"十佳青年岗位能手",在医学部全团范围产生了非常积极的影响。

工作创新——成立临时工团支部 随着后勤社会化改革的深入,必然带来很多年轻临时务工人员。这些临时工大多是年轻人,精力充沛。为了充分调动他们的积极性,正确引导他们,在调查研究的基础上,6月28日医学部正式成立了临时务工人员团支部——饮食服务中心临时工人员团支部。这不仅壮大了团组织的队伍,对医学部团组织也是一次有益的补充,为共青团组织输送了新鲜的血液。

团委委员和常委的增补和调整 共青团组织流动性非常强,2000年组建的第十三届团委,由于各种原因,一些团委委员已经不在共青团岗位上。为了更好地发挥委员会的作用,医学部团委在调查研究的基础上,对委员会和常务委员会进行了及时的增补和调整工作,完善了共青团的工作队伍。

庆祝建党80周年活动 团组织是党的后备军,在庆祝建党80周年之际,医学部团委带领各级团组织以"在党的光辉照耀下健康成长"为主题,以各种形式开展贯穿全年的教育活动。组织了"党在我心中"主题团日竞赛活动,并对优秀活动进行了表彰;进行了"庆祝建党80周年,为祖国健康工作50年——罗氏杯健康知识竞赛"、"'杨森杯'党在我心中"演讲比赛;召开了"传承五四火炬,共谱青春乐章"新老团干部座谈会;参与组织了医学部庆祝建党80周年大型文艺演出"光辉的历程";进行了全校学生参加的"我在红旗下成长"为主题的升国旗活动;参加北京电视台"红色之旅"节目拍摄;医学部同学分别到北京大学李大钊同志纪念碑及香山脚下的万安公墓——李大钊烈士陵园,庄严宣读了倡议书;并于当日下午在团委会议室进行了深刻而热烈的讨论,从自己为什么入党、身边平凡共产党人的不平凡的事迹等方面表达了对共产主义、对共产主义革命精神的认识。

抵制"法轮功"活动 2001年初,"法轮功"制造了骇人听闻的"自焚事件",在社会上造成了很大的影响。寒假一结束,团委就和教育处一道召开各学院的座谈会,积极了解学生假期中的见闻,及时准确地把握大学生的思想状况。团委还连同学校有关部门在校园内布置展板,揭露"法轮功"的真实面目,在跃进厅前举行全校师生签字仪式,召开学校领导和学生座谈会,组织学生观看有关录像,引导学生正确认识"法轮功"反动本质。团委向全体团员青年发出"崇尚科学、捍卫真理、珍爱生命、抵制邪教"倡议书。在校园里开展的一系列抵制"法轮功"的活动,对揭露"法轮功",引导学生树立科学、正确的人生观起到了重要作用。

初级党课暨团校 团委的业余团校和组织部举办的高级党课培训班一直遥相呼应,对大学生了解党的基本知识,了解党组织,加入党组织起到了非常重要的作用。2001年11月,团委举办了第十五期业余团校暨初级党课,在以往成功经验的基础上,还加入了学生讲党课的内容,受到了大学生的欢迎。此次业余团校有800余名学生报名参加。此次团课的内容还首次进入互联网,在网络学院的学生中引起较大反响。

素质教育 团委一直是学校进行素质教育的一支重要力量,每年都要组织大量的各种门类讲座,以提高学生的综合素质。2001年,据不完全统计,各种讲座已超过100次。在学校的支持下,2001年1月15日至18日医学部团委首次举办中学生艺术周,来自辽宁、陕西、内蒙古、广东等20多个省市的近百名同学参加了艺术特长生的考试,有35名同学通过了最后的专业课复试,15名艺术类特长生通过高考进入了医学部。他们在校园内通过各种活动,带动了更多的学生加入到校园文化活动中来,扩展了校园文化的内涵和外延。

【青年志愿者与"青年文明号、青年岗位能手"创建工作】 青年文明号、青年岗位能手工作和青年志愿者工作是医学部共青团2001年工作的另一个重点,也是医学部的一个品牌工作。2000年底医学部成立了青年志愿者协会,倡导广大团员青年新纪元从做志愿者开始,标志着医学部志愿者工作上了一个新台阶。2001年年初团委制定下发了《北京大学医学部"青年岗位能手"管理办法(讨论稿)》、《北京大学医学部"青年志愿者协会"章程(试行)》,使"号"、"手"工作更加规范化,引导广大青工团员在医、教、研、管理、服务等各条战线上发挥主力军作用。年初,北京大学第三医院神经高干病房被授予"全国青年文明号"的荣誉;上半年,共青团北京大学医学部委员会首次进行了"北京大学医学部首届十佳青年岗位能手"评选和表彰活动。医学部志愿者还积极参加各种志愿活动如环保志愿活动、支教团活动,参加了团中央在双榆树公园举行的"安捷伦研究生支教团相约2008主题志愿服务"。医学部志愿者在各种志愿活动中体现了良好的精神风貌和医德医风,受到多方好评。

第21届世界大学生运动会是我国举办的第一个世界综合性运动会。团委响应团中央发出的"做一名注册志愿者"的号召,配合进行"国际志愿者年"宣传活动,以提供"国际化、专业化、职能化"的志愿服务为目标,进行志愿者的招募、培训和管理工作。

在大运会期间,医学部700名彩虹志愿者承担了大运村礼仪、接待、场馆服务及大运会开幕式演出等相关工作,并组织了1300人次的拉拉队及1600人次的文明观众,在比赛场馆为各国的运动员们呐喊助威。医学部彩虹志愿者成功地完成了彩虹志愿者的职责,展现了北医学子的风采,其突出的表现得到了组委会及外国来宾的赞许。

9月10日,北京大学医学部在第21届世界大学生运动会志愿服务工作总结表彰大会上,获得"文明观众工作组织奖"、"志愿服务工作组织奖银奖"及"拉拉队工作组织奖银奖"等奖项。北京大学副校长、医学部党委副书记、副主任吕兆丰荣获"彩虹之友"称号,团委书记迟春霞等3人获得"彩虹志愿者先进工作者"称号,丁磊获得"彩虹之星"称号,张洋等13名同学获得"优秀彩虹志愿者"称号。

【社会实践工作】 2001年,医学部团委利用医学部专业特色,和学校有关部门配合组织了5支社会实践团:医学部研究生赴内蒙博士"三下乡"社会实践团,赴国家级贫困县——灵丘"三个代表"社会实践团,第一医院赴芜湖、口腔医院赴周口,药学院赴张家口社会实践团。社会实践活动内容丰富,有为地方百姓提供医疗服务,与地方医务工作者交流学习改革经验,了解国情;有举办专业讲座,为地方培养人才服务,又促进校地合作、学校和企业合作。医学部的社会实践工作受到了市委宣传部、市委教育工委、团市委、市教委、市学联的联合表彰,北京大学医学部获"2001年度首都高校社会实践先进单位";团委副书记王韶华获"2001年度首都高校社会实践先进工作者"；北大医学部团委获"首都高校党员大学生'三个代表'实践服务活动优秀组织奖"；北大医学部团委获"北京博士团'三下乡'志愿服务行动优秀组织奖"；医学部社会实践建设基地有河北省唐县白求恩医院、河南省周口地区口腔医院、张家口医药集团有限责任公司被评为"首都大学生社会实践示范基地"。

【学生组织及校园文化】 学生会和研究生会是学校和学生的桥梁，"两会"代表着广大同学的利益。2001年团委继续指导和帮助"两会"进行制度建设、健全队伍，使其更好地发挥学生组织的职能。分别进行了"两会"的班子调整和换届工作，成立了宿舍管理委员会，使"两会"更好地代表广大学生的切身利益，合法行使民主管理、民主监督的职能，通过提案等渠道，正确反映学生的心声，积极向学校反映医、教、研、管理、服务等方面存在的问题，为学校改革、发展献计献策。

校园文化建设是营造良好校园氛围、提高学生、青工综合素质的有效途径。团委通过科学文化艺术节、体育节、社团节等多种活动载体，积极建设"高品位、高格调、高质量"的校园文化格局，引导广大团员青年加强自身修养，自觉投身于校园两个文明的建设中。

要培养高素质的人才，就必须有高素质的校园文化氛围。医学部团委把服务青年成长、成才作为全年工作的主线，把"一月"和"三节"暨新生活动月、社团节、研究生学术文化节暨北大生物医学论坛、2001校园文化节作为四大载体，区分不同层次，全面带动广大团员青年投身于校园文化建设中来。

新生作为大学生人生的一个新起点，进入大学开始的经历对他们的大学生活，甚至一生都十分重要。团委以新生活动月为起点，用新生风采大赛、"开心考场"新生知识竞赛、新生篮球赛、北医版实话实说、新生文艺晚会等全面展示新生才艺和风采，让新生一入校就感受到校园文化，并很快融入北医的校园文化中来。

社团在校园文化建设中具有重要的地位，引导学生创建文化、科技、兴趣等有益于大学生全面发展的社团，确保社团良性运转对校园文化十分重要。2001年社团活动更趋向公益化和科技化，如新成立的爱鸟协会组织了多次活动，分别在怀柔水库、首都机场、天坛、紫竹院、北戴河、河南董寨开展观鸟及环保活动，并在校园内举办爱鸟图片展，以及请中央人民广播电台"绿色行动"节目主持人作环保讲座等；绿风社开展了"垃圾分类回收"试点活动，还在团委的引导下，发起"共青团员为义务植树做贡献"活动，收到捐款2600多元，并送至北京青少年发展基金会，绿风社社员还主动和团员青年们到密云石城乡进行植树环保活动，在同学们中举办了"绿色奥运、环保有我"发放环保书签活动。同学们自始至终都保持着极高的热情参与这些活动，并纷纷表示从中学到了许多知识，增添了许多见闻。

2001年的第八届社团文化节更是给各社团充分的展示舞台。"我们的万圣节"假面化妆晚会、摊煎饼大赛、IQ大比拼、助申奥20.08米书画长卷创作、学通社举行庆祝成立十三周年晚会等等在广大同学中产生了很大的反响。

研究生在校园文化中的需求除了文体活动外，更重学术性。研究生学术文化节在上年首创的北大生物医学论坛基础上，今年又从内容和形式上进行创新，举办了第二届"北大生物医学论坛"。论坛贯彻"学术活动为主干，文化艺术为枝蔓"的宗旨，论坛的主题为"21世纪中国医药卫生事业的发展与方向"。参与论坛的学者分别来自卫生部、中科院、医科院、北京大学、清华大学、复旦大学，25位应邀参加本次论坛的专家教授、政府官员和企业家从不同的角度就当今医学科技发展前沿的最新成就作了23场激动人心的演讲。论坛不仅使广大研究生拓宽了视野，增长了知识，研究生在举办活动的过程中，也锻炼了社会活动能力和团结协作精神。论坛在校内外产生了很大反响，很多外校甚至外地的人都慕名前来参与论坛，中央电视台、北京电视台、北京青年报、健康报、北京日报、光明日报、人民日报海外版等12家媒体对本次活动进行采访和报道，并给予了高度的评价。

2001年的校园文化节在以往文化节的基础上，有了很大的创新，而且好戏连台，把2001年的校园文化活动推向了高潮。有校园歌坛争霸赛、"音乐守护生命"公益晚会、辛欣"放120个心"个人演唱会、"我形我塑"服饰搭配大赛、电影《昨天》剧组与北医师生见面会等大型精彩活动，其中值得一提的是著名演员、预防艾滋病宣传员濮存昕参加了预防艾滋病"音乐守护生命"公益晚会；著名流行歌手辛欣在医学部开了精彩的个人演唱会。有同学们自己动手的医学试验技能大赛、美食比赛。在文化节中有一个亮点就是干细胞与伦理道德辩论赛，激烈的决赛在北大本部和医学部之间进行，医学部同学以精彩的表现获得了辩论赛的冠军，活动促进了两部同学之间的融合和交流，增进了友谊。文化节中还有青工系统保龄球比赛、"我最喜欢的教师"评选活动、挑战主持人等等。中央电视台、北京电视台、日本NHK等对有关活动进行了报道。

精彩的校园文化如春雨般陶冶着大学生，使大学生在活动中不断成长、丰富，为他们进入社会，建设祖国奠定了基础。

（迟春霞、王韶华）

·人物·

在校院士简介

中国科学院数学物理学部

段学复 1914年生,陕西华县人。1936年毕业于清华大学数学系,1943年获美国普林斯顿大学博士学位。曾任清华大学数学系主任、北京大学数学系主任。现任北大数学学院教授、博士生导师。

长期从事代数学方面的教学和研究工作。早年研究有限部群的计数定理,在与华罗庚合作的基础上,成功地推广了A.库拉考夫定理;在研究有限群模表示论方面,与R.布饶尔合作,对于阶恰为一个素数的一次幂所除尽的有限群,特别是单群的线性群,得到了重要结果;在与C.谢瓦莱在代数李代数与代数李群方面合作所取得的成果,是代数群现代理论早期发展中首创性工作。70年代,其开始有限群对一类组合问题的应用的研究,曾以解决某项实际问题提高计算时效而获奖。

姜伯驹 1937年生,浙江苍南人。1957年毕业于北京大学数学力学系,留校任教至今。曾任美国普林斯顿高等研究所、巴黎高等科学研究所研究员、联邦德国海德堡大学客座教授,1985年当选第三世界科学院院士。现任数学学院教授、博士生导师。1984年被评为国家级有突出贡献的专家。

主要从事不动点理论的研究,60年代以来,在不动点理论中Nielsen数的计算方面,首创迹群和有限覆迭方法,取得突破性进展。80年代以来,深入研究低维的不动点问题,对于曲面自同胚,证明了Nielsen数等于最少不动点数;并以辫群为工具发现了与高维情形相反,曲面自映射的最少不动点数一般不等于Nielsen数。这项工作解决了自20年代Nielsen理论创立以来的最大疑难,获国家自然科学二等奖。

张恭庆 1936年生,上海人,1959年毕业于北大数学系,曾在美、英、法、德、意大利、加拿大等国作研究访问。现任北大数学学院教授、博士生导师,并被授予"国家级有突出贡献专家"称号。

张恭庆教授在非线性泛函分析及非线性偏微分方程理论研究中都获得了国际领先成果,特别是他建立和发展了孤立临界点无穷维Morse理论,把几种不同的临界点定理纳入了一个新的统一的理论框架,由此又发现了好几个新的重要的临界定理,运用这一理论,得到了一批重要理论成果。此外,他发展了集值映射拓扑度和不可微泛函的临界点理论,解决了一批有实际应用的非线性偏微分方程的自由边界问题。他的这些成果都达到国际领先水平,多次获国家级科学奖。

杨立铭 1919年生,江苏溧水人。1942年毕业于重庆中央大学机械系,1948年获英国爱丁堡大学博士学位。1952年到北大物理系任教。现为北大物理系教授、博士生导师,并兼任中国核物理学会理事长等职。

杨立铭教授长期从事原子核理论研究,取得了一系列重要成果,为我国核理论及其队伍的形成和发展做出了重要贡献。他在原子核集体运动方面提出了系统的微观基论,该理论不但为国际上著名的相互作用玻色子模型提供了微观基础,而且可以解决唯象理论未能适用的某些领域中的问题,他的这一突出贡献曾获得国家教委科技进步奖一等奖、国家自然科学奖三等奖。

杨应昌 1934 年生,北京市人。1958 年毕业于北京大学物理学系,留校任教。曾在法国、美国等地从事研究工作。现任北大物理系教授、博士生导师。

杨应昌教授研究物质的磁性,研究固体的宏观磁性与微观结构的联系,特别是结合我国资源特点,研究稀土金属间化合物的结构与磁性,取得了一系列在国际磁学界具有重要影响的成果,如合成了以稀土-铁为基的新相,发现了间隙原子效应,开发了具有我国知识产权的新型稀土永磁材料等。曾获国家自然科学二等奖、王丹萍科学奖以及多届国家教委科技进步一等奖等。

陈佳洱 1934 年生,上海市人。1954 年毕业于吉林大学物理系。1963～1965 年应英国皇家学会的安排赴牛津大学与卢瑟福高能研究所等处访问,从事串级加速器和等时性回旋加速器的研究工作。1982 至 1984 年初在美国石溪大学和劳仑斯伯克利国家实验室做访问科学家。曾任北京大学副校长、校长,现任北京大学技术物理系教授、博士生导师,北京大学重离子物理研究所所长,同时任国家自然科学基金委员会主任、中国科学院数理学部主任、中国科学院主席团执行委员会委员、国家高技术项目主题专家组顾问、中国科协全国委员会常务委员、北京市科协主席、中国物理学会理事长等职。1998～2000 年任亚太物理学会主席,2000 年选为英国物理学会会员(Chartered Physicist)。

陈佳洱教授长期从事粒子加速器的研究与教学,是一位理论素养与实验技能兼备,熟悉多种加速器的学科带头人。在比较艰苦的条件下完成了 4.5 兆伏静电加速器的设计、建造以及 2×6 兆伏串列加速器的改建工程,填补了国内单色中子能区空白和拓展了重离子束核分析技术;主持建成静电加速器质谱计,在国内首次实现 C-14 同位素的超灵敏检测,为国家夏商周断代工程任务的完成作出了重要贡献;在回旋加速器中心区物理和束流脉冲化研究上取得了一系列创造性成果,大幅度地提高了束流输运和利用效率;在加速器发展的前沿,他建议并主持新型重离子 RFQ 加速结构,率先实现用一个 RFQ 同时加速正负离子,大大提高了加速结构的束流效率;推动和主持射频超导加速器的实验研究,取得了具有国际先进水平的成果,为我国新一代加速器的发展做出贡献。在国内外发表论文 150 余篇,获国家科技进步二等奖、国家"863"计划优秀工作者(一等奖)各一项,省部级科技进步一等和二等奖各三项,获美国门罗学院、日本早稻田大学和香港中文大学授予的理学荣誉博士学位。

甘子钊 1938 年 4 月出生,广东省信宜县人。1959 年 10 月于北京大学物理系毕业,1959 年 12 月至 1963 年 1 月在北京大学物理系攻读研究生,毕业后留校任教至今。

现任北京大学物理系教授,中国科学院院士,北京大学物理系主任,中国人民政治协商会议第九届常委,北京大学固体物理研究所所长,北京现代物理中心副主任,国家超导技术专家委员会第一首席科学家,国家超导实验室学术委员会主任,人工微结构和介观物理国家实验室主任,《中国物理快报》(《Chinese Physics Letter》)主编,国务院学位委员会物理学科组成员,国家自然科学基金委员会物理学科评议组成员,《Solid State Communication》中国编委,《Modern Physics Letter B》中国编委,中国物理学会出版委员会副主任,中国物理学会学术交流委员会副主任,中国材料科学学会常务理事。甘子钊的研究领域是固体物理和激光物理。1960 年至 1965 年间,主要从事半导体物理的研究工作。曾在半导体中的电子隧道过程、杂质电子状态、磁共振现象等方面进行过理论研究,解决了锗中隧道过程的物理机理。1970 年至 1978 年间,主要从事激光物理的研究工作,曾在二氧化碳气体激光器和燃烧型气体动力学激光器的研制、气体激光器的频率特性等方面进行过实验和理论研究,对发展我国的大能量气体激光做出一定贡献。1978 年至 1982 年间,主要从事光与物质的相互作用的研究,曾提出多原子分子光致离解的物理模型和光在半导体中相干传播的理论。1982 年至 1986 年主要从事固体电子状态的研究,曾在半导体中杂质的自电离状态量子 Hall 效应、绝缘体-金属相变、磁性半导体中磁极化子、低维系统中电子输运等方面进行理论研究。从 1986 年开始,转入高温超导电性的实验和理论研究,主持北京大学的高温超导和全国超导攻关项目的研究工作,对我国高温超导研究的发展做出重要贡献,并负责组建国家重点实验室

"人工微结构物理实验室"的工作,在国际与国内学术刊物上发表论文30余篇。甘子钊学术工作的特点是致力于在凝聚态物理与光学物理的前沿研究,并总是力求把理论研究与实验研究结合起来。

文兰 1946年生,甘肃省兰州市人。1964～1968年在北京大学数学力学系读本科,1978年到1981年,在北京大学数学系读研究生,师从著名数学家、国际微分动力系统研究主要代表人之一廖山涛院士。1982年到1988年,在美国纽约州立大学、西北大学数学系学习,其间获得西北大学博士学位。1988年回国,在北大博士后流动站从事两年研究工作。1990年8月晋升教授。

文兰教授是数学学院微分动力系统专家,独立解决了流C1稳定性猜测,建立了不一定可逆系统的C1封闭引理,证明Williams猜测对一大类非扩张双曲引子成立。由于这些工作,文兰教授先后获得国家教委科技进步二等奖(1992年)、国氏博士后奖励基金(1994年)、陈省身数学奖(1996年)、求是杰出青年奖(1997年)。1999年11月,当选为中国科学院理学部院士。

丁伟岳 1945年生,上海市人,1968年毕业于北京大学数学系,"文革"后以优异的成绩考取中国科学院数学研究所研究生,1986年获博士学位。现任北京大学数学学院教授。

丁伟岳在几何分析这一当代基础数学的前沿领域许多重要而困难的课题上做出了令人瞩目的成果。他推广了著名的 Poincare-Birkhoff 定理并将其应用于常微分方程周期解的存在性问题;在著名的 Nirenberg 问题研究上取得了突破性进展,首次证明了该问题有解的充分条件,这一结果与其它一系列相关研究有力地推进了具共形不变性的半线性椭圆方程的理论;他在调和映射的存在性问题和热流方法、Kahler-Einstein 度量的存在性等一系列重要问题上也获得了有国际影响的结果。目前指导的一个几何分析青年研究中心,集中了该领域的一批优秀青年数学家,并取得了丰硕的成果。丁伟岳曾获国家自然科学二等奖、陈省身数学奖和求是杰出青年奖,在1991年被国家教委和国家学位委员会授予"作出突出贡献的中国博士学位获得者"。

陈建生 1938年7月生,1963年毕业于北京大学地球物理系天体物理专业,1979～1980年在英澳天文台访问,1982～1983年在欧洲南方天文台访问,现任中国科学院北京天文台研究员,中国科学院—北京大学联合北京天体物理中心主任,北京大学天文系主任。1986年起任博士生导师,1991年当选为中国科学院院士。现兼任中国科学院数理学部副主任,中国科学院天文学科专家委员会主任,国家自然科学奖等评审组专家,中国科技大学兼职教授,国际天文学会第9、第28委员会组委,美国《Fundamental of Cosmic Physics》学报编委,国务院学位委员会及人事部博士后专家组成员,中科院学位委员会委员,第八届全国政协委员、第九届全国人大常委、教科文卫委员会委员,农工民主党中央副主席,中—德议会友好小组成员。主要研究领域:类星体巡天、类星体吸收线、星系际介质、星系物理、施密特CCD测光及大视场、大尺度、大样本天文学,现主持"九五"中科院重大基础研究项目及国家基金委重点项目,为"973"项目"星系形成与演化"首席科学家。

赵光达 1939年10月生,陕西省西安市人。1963年毕业于北京大学物理系。现任北京大学物理学院理论物理所教授。

赵光达在粒子物理学的强子物理和量子色动力学等方面,取得了一系列研究成果。首次从QCD轴矢流反常的基本关系出发,研究了h,h$\not{C}$与赝标重夸克偶素之间的混合及现象学,解释了J/Y的辐射衰变实验,对$\Psi(2S)$的预言与之后的实验一致。与研究生一起对NRQCD和重夸克偶素物理进行了研究,首次给出了强衰变中色八重态对QCD辐射修正的贡献,证明了红外发散的抵消,并得到了符合实验的P波粲偶素强衰变宽度;指出色八重态可将D波粲偶素在许多过程中的产生率提高一两个数量级,是对NRQCD产生机制的关键性检验;预言了正负电子对撞中J/Y的产生截面以色八重态的贡献为主,得到了美国和日本两个B介子工厂最新实验结果的支持。与合作者预言了奇异数等于-2,-3的重子谱,并被之后发现的W*(2250)等重子所验证。有关夸克模型和重子谱、重子磁矩、胶子球、及B介子衰变的四篇论文被国际粒子物理界权威评述机构"粒子数据组"连续引用。

1994年被授为国家有突出贡献的中青年专家。1997年获中国物理学会评选的周培源物理奖。

人物·在校院士简介

田 刚 1958年生,江苏南京人。1982年毕业于南京大学数学系,1984年获北京大学硕士学位,1988年获美国哈佛大学数学系博士学位,现任北京大学教授及美国麻省理工学院西蒙讲座教授。曾为美国斯坦福、普林斯顿等大学访问教授。自1998年起,受聘为教育部"长江计划"在北京大学的特聘教授。

田刚院士解决了一系列几何及数学物理中重大问题,特别是在Kahler-Einstein度量研究中做了开创性工作,完全解决了复曲面情形,并发现该度量与几何稳定性的紧密联系。与他人合作,建立了量子上同调理论的严格的数学基础,首次证明了量子上同调的可结合性,解决了辛几何Arnold猜想的非退化情形。田刚教授在高维规范场数学理论研究中做出杰出贡献,建立了自对偶Yang-Mills联络与标度几何间的深刻联系。由于他的突出贡献,田刚教授获美国国家基金委1994年度沃特曼奖,1996年,获美国数学会的韦伯伦奖。

中国科学院化学部

张青莲 1908年生,江苏常熟人。1930年毕业于上海光华大学,1936年获德国柏林大学博士学位,并进入瑞典斯德哥尔摩物理化学研究所当访问学者。回国后曾任西南联大教授、清华大学教授、北京大学化学系主任。现任北大化学学院教授、博士生导师、中国科学院化学部副主任。

张青莲教授长期从事无机化学的教学和研究工作,对同位素化学造诣尤深,是我国稳定同位素化学研究工作的奠基人和开拓者,亦是最早对重水物理化学常数和状态图进行研究的学者之一,所测定的重水密度值是最佳值之一,被国际承认和引用。1991年,他测定的铟原子量被采用为国际新标准。

邢其毅 1911年生,贵州贵阳人。1931年毕业于辅仁大学,1936年获美国伊利诺大学博士学位,并在德国慕尼黑大学进行博士后研究工作。回国后曾任中央研究院化学研究所研究员、华中军医大学教授、北大教授。现任北大化学学院教授、博士生导师。

邢其毅教授长期从事大学化学教学工作,专长有机化学合成反应及其应用领域的研究。早年提出的测定不饱和脂肪酸结构的方法得到了普遍应用;"氯霉素新合成法"于1978年获全国科学大会奖;他参与研制的人工合成牛胰岛素获国家自然科学一等奖,多肽合成方法获国家教委科学技术进步二等奖。他编写的《有机化学》及《基础有机化学》教材,被国内各大专院校广泛采用。

唐有祺 1920年生,上海南汇人。1942年毕业于同济大学,1946年赴美留学,师从世界著名化学家鲍林教授,并获博士学位。1952年到北大任教,现任北大化学学院教授、博士生导师,物理化学研究所所长,兼任中国化学会理事长,国家教育部科技委员会主任等职。

唐有祺为我国晶体化学和结构化学的奠基人之一,曾筹建北大物质结构研究基地,参加对胰岛素结构的测定,并在晶体结构基础理论、超导体和催化剂的科研方面做出了贡献,获国家自然科学奖、国家教委科技进步奖等多项奖。近年来又主持国家重点实验室"北京分子动态及稳态结构实验室"。

徐光宪 1920年生,浙江绍兴人。1944年毕业于上海交通大学化学系,1951年获美国哥伦比亚大学博士学位,回国后在北大任教。现任北大化学与分子工程学院教授、稀土化学研究中心主任、博士生导师、国家自然科学基金委员会化学科学部主任、中国化学会理事长、中国稀土学会副理事长等职。

徐光宪教授与合作者在量子化学领域中,提出了原子价的新概念 nxcπ 结构规则和分子的周期律、同系线性规律的量子化学基础和稀土化合物的电子结构特征,被授予国家自然科学二等奖。他的"串级萃取理论",把我国稀土萃取分离工艺提高到国际先进水平,并取得巨大经济和社会效益,其《物质结构》一书在长达四分之一世纪的时期内是该课程在全国唯一的统编教材,被授予国家优秀教材特等奖。

冯新德 1915年生,江苏吴江人。1937年毕业于清华大学化学系,1948年获美国诺德丹大学博士学位。1952年由清华大学调入北京大学。现任北大化学学院教授、博士生导师,兼任中国科学院感光化学所研究员、石化总公司顾问。

冯新德教授为中国高等学校第一个高分子化学专业的创始人之一。在自由基聚合、共聚合、医用高分子材料、生物降解药物缓释放高分子、电荷转移光聚合、开环聚合等方面的研究中都取得了突出的成绩,获得国家奖励。他重视人才的培养,所指导的博士研究生中有二人获得中国化学会青年化学奖。

张滂 1917年生,江苏南京人。1942年毕业于国立西南联合大学化学系,1949年获英国剑桥大学博士学位。现为北大化学学院教授、博士生导师。兼任中国化学会常务理事等职。

张滂教授在有机化学领域有很深的造诣,他特别着重于基础理论研究,取得了独创性的成果,在国内外重要期刊上发表了数十篇高水平的论文。他在以天然产物为中心的有机合成、新型化合物、试剂和方法的研究及新的有机反应的发现等研究领域都做出了突出的贡献。他还长期担任国家化学课程改革的学术领导工作,为我国有机化学人才的培养、教材建设及教学改革做出了重大贡献。

黎乐民 1935年生于广东省电白县。1959年北京大学技术物理系毕业后留校任教。1965年北京大学研究生毕业。1984年2~9月在美国北卡罗莱纳大学做访问学者,1984年10月至1985年6月在美国Iowa州立大学做客座科学家。1991年当选为中国科学院学部委员(院士)。现任北京大学化学与分子工程学院教授、博士生导师、院学术委员会主任;北京大学稀土化学研究中心主任,稀土材料化学及应用国家重点实验室学术委员会主任。兼任《无机化学学报》、《分子科学学报》、《化学研究与应用》、《北京大学学报(自然科学版)》等刊物的副主编,《中国科学》、《科学通报》、《高等学校化学学报》、《物理化学学报》、《中国稀土学报》等刊物的编委。曾任稀土材料化学及应用国家重点实验室主任,中国化学会常务理事、无机化学委员会副主任等职。

1976年以前科研方向为配位化学,开展溶液中络合物的化学平衡、平衡常数测定方法、平衡常数与络合物组成及结构的关系等方面的实验与理论研究。与徐光宪合作提出弱络合物平衡的吸附理论,用正规溶液理论阐明萃取过程中惰性稀释剂的溶剂效应,发展了适用于研究萃取络合平衡的两相滴定法,被用于研究一系列萃取与协萃体系。1977年以后主要从事量子化学和物理无机化学研究。提出同系物性质变化的正弦型同系线性规律、振动力常数的自洽计算方法、配位场理论-双层点电荷模型及其应用、芬太尼类麻醉镇痛剂的药效与其电子结构的关系。开展稀土化合物的电子结构和化学键、稀土化合物稳定性规律及相对论效应的影响、密度泛函理论计算方法及其应用等方面的研究工作,取得了系统的有特色的研究成果。本人及与他人合作发表学术论文一百余篇。研究成果"应用量子化学—成键规律和稀土化合物的电子结构"获得1987年国家自然科学奖二等奖。还获得过部委省级科技成果奖多项。在教学方面,与徐光宪等合作,出版教材多本,其中《量子化学——基本原理和从头计算法》(上中下),得到广大读者的好评。

刘元方 1931年生,放射化学家,浙江镇海人。1952年毕业于燕京大学化学系。毕业后一直在北京大学任教。

1991年当选中国科学院院士,曾任中国核化学与放射化学学会理事长,国际化学联合会(IUPAC)放射化学和核技术委员会主席,中国核学会常务理事。多年来一直兼任中国科学院化学学部副主任,《国际放射化学学报》顾问编委。

40年来,他在核化学与放射化学领域做过许多开拓性和创造性的工作,为创立和建设我国第一个放射化学专业的教育事业做出了贡献。1955年,在我国开创了热原子化学研究;1960年领导建成了我国第一台5万转/分的浓集235U的气体离心机;利用超铀元素重离子核反应首次直接制得251Bk,解决了从几十种元素中快速分离纯Bk的难题,重制了251Bk的衰变纲图;建立了从核燃料废液中提取Rh,Pd和Tc的优于国外的先进流程;80年代起系统地开展放射性核素标记抗癌单克隆抗体的化学的重要研究,成绩优异,其中111In标记化学等成果具有国际先进水平;他负责的"从金川矿中提取铑和铱的新方法"获国家教委科技进步一等奖。还最先从生物体提取与稀土相结合的蛋白质,并测定了分子量与结合常数。1994年以来,在生物-加速器质谱学研究中做出了突出成果。在核化学与放射化学等领域发表论文约120篇,著有《放射化学》(无机化学丛书16卷,科学出版社,1988)等。

周其凤 1947 年生,湖南浏阳人。1965～1969 年在北京大学化学系学习,1979～1981 年,在北京大学化学系读研究生,师从著名化学家冯新德先生。1981～1983 年在美国麻省大学攻读研究生,1983 年获得博士学位回国。1990 年 8 月晋升教授,1995 年任北京大学研究生院常务副院长。

周其凤教授主要从事高分子化学的教学和科研工作。他创造性地提出了"Mesogen-Jacketed Liquid Polymer"(甲壳型液晶高分子)的科学概念,并从化学合成和物理性质等角度给出了明确的证明。该成果获 1997 年国家自然科学三等奖。最先发现通过共聚合或提高分子量可使亚温态液晶分子转变为热力学稳定的液晶高分子两个原理;并发现了迄今认为是最早人工合成的热致液晶高分子;发现了高分子六方柱相超分子结构等。16 年来,发表论文 160 篇,据 SCI 统计,其论文被引用 486 次。曾获中国化学会高分子基础研究王葆仁奖、霍英东教育基金会优秀青年教师基金、国家教委科技进步二等奖等奖励。

黄春辉 1933 年生,河北人,无机化学家。1955 年毕业于北京大学化学系,并留校任教。1981～1982 年任美国能源部 Ames 实验室访问学者,1982～1983 年任美国亚利桑那大学化学系访问学者。现任北京大学化学与分子工程学院教授。

黄春辉教授的主要研究领域是稀土配位化学和分子基功能膜材料。在稀土功能配合物的研究中,首次在稀土配合物的光学微腔中同时观察到荧光增强和寿命缩短这两个介观物理现象;以铽配合物组装成的电致发光器件,其绿光亮度达到目前同类工作已知的最高值 920 坎德拉/平方米。在分子基功能材料的研究中,将二阶非线性光学材料分子设计的原理引入到光电转化材料的设计中。在具有二阶非线性的半菁染料体系中,发现了两者在构效关系上的相关性,开发了一类新的光电转化材料。美国物理化学杂志(J. Phy. Chem.)连续刊登了她们的工作,并于 2000 年被权威杂志 Chem. Rev. 大段引用。在对二氧化钛纳米晶进行表面修饰后,提高了染料敏化纳米晶太阳能电池的一些重要指标。

著有《稀土配位化学》(1997)和《光电功能超薄膜》(2001)。此外还参加编写了《无机化学丛书第七卷·钪及稀土元素》、《稀土》等三本专著。发表论文 200 余篇。曾获得专利 2 项、国家自然科学三等奖 1 项(排名第四)、国家教委科技进步二等奖 2 项(排名第一)。她注重教书育人,共培养硕士生 11 名,博士生 23 名。研究小组中有一名博士生于 1996 年获中国化学会青年化学奖及首届全国优秀博士论文奖,另一名青年教师获 1998 年中国化学会青年化学奖及 1998 年国家杰出青年基金的资助。

中国科学院地学部

董申葆 1917 年生,江苏武进人。1940 年毕业于北京大学地质系。1948 年赴法国留学,回国后曾任北京大学地质系教授、长春地质学院院长等职。现任北京大学地质系教授、博士生导师。他在变质岩石和岩浆岩石学研究方面取得了重要突破,曾获 1978 年全国科技大会先进工作者称号。他发起组织和领导了中国变质地质图件的编制与研究,填补了我国地质科学中的一项空白。他的专著《中国变质图及说明书》、《中国变质作用及其与地壳演化的关系》,分别获得国家自然科学二等奖、地矿部及全国优秀科技图书第一届提名奖。1998 年,"中国扬子北缘元古代蓝片岩带及榴辉岩"获得教育部科技进步一等奖。

侯仁之 1911 年生,山东恩县人。1940 年毕业于燕京大学并留校任教,1946 年赴英国利物浦大学地理系进修,1949 年获博士学位后回国,并任教于燕京大学。1952 年院系调整后,任教于北京大学地质地理系,曾任系主任和校副教务长等职。还曾兼任国际地理学会及科学历史哲学国际协会所属地理学思想史工作委员会常任委员。现任北大城环系教授、博士生导师,兼任北京市人民政府首都发展战略顾问组顾问等职,1980 年当选为中国科学院院士。侯仁之教授长期致力于历史地理学的教学与科学研究,1950 年发表"中国沿革地理课程商榷"一文,第一次在我国从理论上阐明沿革地理与历史地理的区别及历史地理学的性质和任务。他在对北京历史地理的研究中,解决了北京城市起源、城址转移、城市发展的特点及其客观规律等关键性问题,为北京旧城的改造、城市的总体规划及建设做出重要贡献。他还在西北干旱及半干旱地区的考察中,揭示了历史时期不合理的土地利用是导致沙漠化的重要原因,为沙区的治理,在决策上提出了重要的科学依据。改革开放以来,多次进行国际学术交流,曾应邀在加拿大和美国伊利诺大学讲学,出席在美国、西班牙与荷兰举行的学术讨论会,在康奈尔大学完成"从北京到华盛顿城市设计主体思想试探"专题论文。1984年被英国利物浦大学授予"荣誉科学博士"称号,1999年10月获何梁何利基金科学与技术成就奖,1999年11月获美国地理学会 The George Davidson 勋章。

赵柏林 1929年生,辽宁辽中人,1952年毕业于清华大学气象系,其后在北大物理系及地球物理系任助教、讲师,1979年越级晋升为教授,1984年为博士生导师。1957年到苏联莫斯科大学和苏联科学院应用地球物理研究所进修,完成国家重要科研任务多项,现为国家自然科学基金重大项目首席科学家。曾获国家科学大会奖(1978)、国家教委科技进步奖一等奖(1986)、国家科技进步一等奖(1987),获部委科技进步奖二等奖三项,1988年获国家级有突出贡献中青年专家称号,1990年获全国高等学校科技先进工作者称号。1991年当选为中国科学院院士(学部委员),1992~1994年任中国科学院地学部常务委员,1994年当选为总部在莫斯科的国际高等学校科学院院士。是第八届和第九届中国人民政治协商会议全国委员会委员。

他在云降水物理、大气光学、微波遥感、无线电气象、卫星气象及气候变化等科学领域中做出了重大贡献。在苏联期间,实现首次以人乘气球测云中电荷,其结果载入专著之中。后来研究雨层云人工降水和冰雹成长机制,并用于实践,研制多频微波辐射计用以监测天气变化,研制雷达与微波辐射计测雨系统,提高了测雨精度,建立微波遥感地物实验室,研究遥感水面油污和土壤湿度,用于环境遥感。在光学遥感大气污染方面,建立光学遥感气溶胶和二氧化氮的新方法,利用卫星遥感得出东亚大气尘暴的流动和大气臭氧的分布。在国际上有良好的反响。云雨对微波通讯影响的评估为国内外所采用。在海洋大气遥感方面,建成低空大气遥感系统,利用此系统在海洋上进行观测,参加中日合作的西北太平洋云辐射实验,获得成功,受到国际上的重视,建立卫星遥感海洋大气新的方法,在实践中取得效益。目前在主持的科研项目有:世界气候研究计划项目:全球能量与水分循环试验亚洲季风区中日合作的淮河流域试验;热带降水测量卫星(TRMM)微波资料的中日合作研究;国防科研项目:大气底层微波波导传播的预报。

王仁 1921年生,浙江吴兴人。1943年毕业于西南联大航空工程系,1953年获美国布朗大学博士学位。1955年到北大工作,曾任力学系主任、力学研究所所长。现任北大力学系教授、博士生导师、国家自然科学基金委员会副主任委员。

其专长塑性力学的研究,在滑移线理论、结构的塑性动力响应、柱壳在轴向冲击下的塑性动力稳定性等方面做过深入的工作。还研究地球动力学,曾在地球构造的驱动力研究、地球构造应力场、华北地区地震迁移规律、引潮力对地震的触发作用、岩石破裂机制的研究等方面做过很多开创性的工作,著有《固体力学基础》。

涂传诒 1940年7月生,北京市人。1964年毕业于北京大学地球物理系。先后于1980~1981年在美国天主教大学、1988~1990年在德国马克斯普朗克学会高空研究所从事合作研究。现任北京大学地球与空间科学学院教授。

涂传诒教授建立了太阳风中湍流串级理论和太阳风质子加热理论:提出了在阿尔芬脉动中存在着弱非线性湍流相互作用的新概念,给出了自恰处理阿尔芬波在非均匀介质中传播的几何光学效应与湍流串级加热效应的方法,导出了阿尔芬脉动功率谱在非均匀磁流体介质中发展的控制方程及阿尔芬脉动的能量串级函数。该理论证了存在于阿尔芬波脉动中的湍流串级过程,给出了维持观测到的太阳风质子温度所需的能源,不仅解释了过去学术界所不能解释的关于功率谱发展的观测现象,而且被在该理论发表数年之后所做的数据分析所证实。该理论统一了在理论研究中长期存在的对于阿尔芬脉动的波动描述与湍流描述之间的矛盾,揭示了太阳风中阿尔芬脉动的本质,促进了国际学术界对太阳风湍流传输理论和太阳风动力学模型的研究;建立太阳风湍流发展的形态学和太阳风湍流的结构模型;首次发现太阳风湍流热能值起伏是起伏马赫数的一级量,提出磁声波与压力平衡结构混合模型,否定了国际学术界广泛流行的"近似不可压理论"在太阳风中的适用性;他和 Marsch 出版的专著总结了太阳风湍流研究成果,并指出了新的研究方向。涂传诒先后获教委科技一等奖(1988年)、国家自然科学奖二等奖(1989年)、Vikramsarabhai(COSPAR)奖章(1992年)、首届王丹萍科学奖

(1992年)、北京市科技进步一等奖(2000年)、国家自然科学奖二等奖(2001年)。

中国科学院技术科学部

王 选 1937年生于上海。江苏无锡人,1958年毕业于北京大学数学力学系计算数学专业。现为北京大学计算机研究所所长、教授、博士生导师,中国科学院院士、中国工程院院士、第三世界科学院院士,文字信息处理国家重点实验室主任,电子出版新技术国家工程研究中心主任,方正(香港)董事局主席,中国科协副主席,九三学社中央副主席,全国人大常委,全国人大教科文卫委员会副主任。

王选教授主要致力于文字、图形和图像的计算机处理研究。从1975年开始,他作为技术总负责人,领导了我国计算机汉字激光照排系统和后来的电子出版系统的研制工作。他大胆越过当时日本流行的光机式二代机和欧美流行的阴极射线管式三代机,直接研制当时国外尚无商品的第四代激光照排系统。针对汉字字数多、印刷用汉字字体多、精密照排要求分辨率很高所带来的技术困难,发明了高分辨率字形的高倍率信息压缩技术(压缩倍数达到500:1)和高速复原方法,率先设计了提高字形复原速度的专用芯片,使汉字字形复原速度达到700字/秒的领先水平,在世界上首次使用控制信息(或参数)来描述笔画的宽度、拐角形状等特征,以保证字形变小后的笔画匀称和宽度一致。这一发明获得了欧洲专利和8项中国专利。以此为核心研制的华光和方正中文电子出版系统处于国内外领先地位,引起了我国报业和印刷业的一场"告别铅与火、迈入光与电"的技术革命,使我国沿用了上百年的铅字印刷得到了彻底改造。王选教授因此被誉为"当代毕升"。这一技术占领了国内报业99%和书刊(黑白)出版业90%的市场,以及80%的海外华文报业市场;方正日文出版系统进入日本的报社、杂志社和广告业;方正韩文出版系统开始进入韩国市场;累计利税15亿元,取得了巨大的经济效益和社会效益,分别两度被评为国家科技进步一等奖及中国十大科技成就。

其后,相继提出并领导研制了大屏幕中文报纸编排系统、基于页面描述语言的远程传版技术、彩色中文激光照排系统、Post Script Level2栅格图像处理器、新闻采编流程管理系统等国内首创并达到国际先进水平的成果,得到迅速推广应用,使我国出版印刷行业在"告别铅与火"后又实现了"告别报纸传真机"、"告别传统的电子分色机"以及"告别纸与笔"的技术革新,使中国报业技术和应用水平处于世界最前列,比日本领先两年,极大地促进了印刷行业生产力的提高。近年来方正出版系统的技术优势和市场占有率仍在不断持续上升。王选教授是促进科学技术成果向生产力转化的先驱者。从1981年开始,他便致力于研究成果的商品化工作,使中文激光照排系统从1985年起成为商品,在市场上大量推广。1988年后,他作为北大方正集团的主要开创者和技术决策人,提出"顶天立地"的高新技术企业发展模式,积极倡导技术与市场的结合,闯出了一条产学研一体化的成功道路。

王选教授1986年获第14届日内瓦国际发明展金奖。1987年获国家科技进步一等奖,首届毕昇奖。1990年获陈嘉庚奖。1991年获国家重大技术装备研制特等奖,1995年获国家科技进步一等奖,联合国教科文组织科学奖。1996年获王丹萍科学奖。1997年获台湾潘文渊文教基金奖,1999年获香港蒋氏科技成就奖。1993年、1995年及1999年、2000年还分别被授予全国劳动模范、全国先进工作者及首都楷模、首都精神文明建设奖光荣称号。

杨芙清 1932年生,江苏无锡人。1959年北大数力系研究生毕业。曾留学苏联,任莫斯科杜勃纳联合核子物理研究所计算中心中国专家。现任北京大学信息与工程科学学部主任。四十多年来一直从事计算机科学技术研究和教学工作。在系统软件、软件工程基础理论和软件工程环境、软件工业化生产技术等方面进行了系统性研究,取得了富有创造性的科研成果,为中国计算机科学技术的发展,软件学科和软件产业的发展做出了重要贡献,被誉为中国"软件工程铺路人"。

杨芙清自50年代末开始从事程序自动化的研究。1957~1959年,在前苏联科学院计算中心和莫斯科大学学习和工作期间,她独立设计和实现的"逆编译程序"以其独创性,被西方杂志称为"程序自动化研究早期的优秀工作"。60年代末至70年代初,杨芙清主持了中国第一台百万次集成电路计算机操作系统的研制工作,研制成功了中国第一个规模大、功能强、支持多道程序运行的计算机操作系统(150机操作系统)。该项目获得全国科学大会奖。70年代中后期,又主持研制成功了中国第一个全部用高级语言书写的操作系统(DJS240机操作系统)DJS200/XT2。该成果获1985年电子工业部科技成果一等奖,1986年国家教委科技进步二等奖。

80年代以来，杨芙清主要致力于软件工程的研究。在软件工程基础研究方面，她在国内率先提出，要解决大型复杂软件系统的高（复杂程度高）、长（研制周期长）、难（正确性保证难）的问题，关键是良好的软件结构、先进的软件开发方法和高效的软件工具。从80年代中开始，杨芙清开始主持中国软件工程技术与环境的研究工作，即青鸟工程。青鸟工程的基础性研究成果"核心支撑环境 BETA-85"，获1986年电子工业部科技进步一等奖。以后又相继开发出中国第一个大型的"集成化软件工程支撑环境"（命名为青鸟系统Ⅰ型）、"大型软件开发环境-青鸟Ⅱ型系统"（采用面向对象技术）、"大型软件开发环境-青鸟Ⅲ型系统"（基于软件复用技术）、"青鸟软件生产线系统"，并制定出青鸟标准规范。青鸟系统是中国第一个、也是世界上为数不多的大规模综合软件工程支撑环境，该成果被评为1995年电子十大科技成果，国家"七五"、"八五"科技攻关重大科技成果；获1996年电子工业部科技进步特等奖、1998年国家科技进步二等奖。90年代中后期，青鸟工程的主要目标是研究以软件复用为基础的，基于构件/构架模式、采用集成组装方式的软件工业化生产技术，并取得了突破性成果，推出了青鸟软件生产线系统。杨芙清教授在深入研究和大量实践的基础上，根据软件具有构造性和演化性的特点，提炼出青鸟软件生产线的概念模型、过程模型和工艺流程，解决了软件开发模式、技术方法与支持工具及过程接口等重大技术问题，并对领域工程和应用工程中的活动与活动结果进行了深入分析和研究。该项目已于2000年12月通过了科技部主持的验收。

在领导青鸟工程攻关的同时，杨芙清还专注于软件技术的基础研究，主持了多项国家"863"高科技计划课题的研究工作，重点在面向对象技术、软件复用技术方面开展深入的理论研究，其主要成果被誉为具有"国内领先、国际先进"水平，受到国内同行的关注。在国家教委和IBM公司联合推动的"高等学校信息技术学科建设"项目中，被聘为"面向对象技术学科建设"首席专家。

杨芙清还以较大精力致力于中国软件产业建设，她所主持的青鸟工程始终以支持中国软件产业的建设为首要目标。在国家的支持下，杨芙清组建了软件工程化基地和成果转化基地——软件工程国家工程研究中心和北京北大青鸟有限责任公司，并提出了一整套发展软件产业的思路、方法和建议，许多已经被政府有关部门采用。杨芙清在学科建设、人才培养方面做了大量工作。1983年8月至1999年3月担任北大计算机系主任，为计算机系的创建、发展和壮大做出了突出贡献；历任国务院学位委员会委员及计算机科学技术学科评议组第二届、第三届及第四届成员或召集人，为中国计算机科学技术学科建设做出了重要贡献。几十年来，培养了一大批软件高级人才，包括百余名硕士、博士和博士后。因其杰出的科学成就，杨芙清多次获得各种荣誉称号和奖励，包括：全国科学大会奖、国家科技进步二等奖、电子工业部科技进步特等奖等十余项国家及部委级的奖励，全国"三八"红旗手，全国高等学校先进科技工作者，国家"七五"、"八五"重点科技攻关先进个人，光华科技基金一等奖，何梁何利基金1997年度科学与技术进步奖等。共发表论文90余篇，著作6部。

吴全德 1923年生于浙江黄岩。1947年毕业于清华大学电机系，同年即留校任教，1952年到北京大学物理系任教。现为北京大学无线电电子学系教授、博士生导师、北京大学纳米科学与技术研究中心主任。

吴全德首次解开了第一只用于电视摄像管和红外变像管的银氧铯光电阴极发射机理之谜，提出了埋藏有金属超微粒（纳米粒）薄膜的物理模型，推导出长波光电发射的光电流密度和量子产额公式，计算了对长波有贡献的平均银超微粒的直径为3.1纳米。此理论被国外有关文献称之为"吴氏理论"。他对超微粒子——半导体薄膜材料的结构和特性进行系统研究，获得国家级科技奖。他还与合作者提出实用多碱光电阴极"多碱效应"的解释，提出固体表面上原子团簇和超微粒的形成和生长理论，并推广到外延生长条件等问题。

吴全德负责并参与纳米电子学基础研究工作。他们发现的直径为0.33纳米的单壁碳纳米管比当前理论极限0.4纳米还小，其"T型结"可能成为纳米电子器件基础构件之一；还收集和整理信息纳米薄膜生长中出现的形象艺术图片，2000年底在北大三角地橱窗展出了"显微镜下的形象艺术"。

石青云 1936年出生于四川合川县。1957年在北京大学数学系毕业，留校任教至今，现为北京大学信息科学中心教授。1993年当选为中国科学院院士。80年代中期主持创建了北京大学视觉与听觉信息处理国家重点实验室，1986～1992年任主任，1992

～1997年改任该实验室学术委员会主任。曾任国家自然科学基金委员会第三届全委会委员，国际模式识别学会 Governing Board 成员，中国自动化学会常务理事，中国图像图形学会副理事长。

自1978年开始从事模式识别研究。1979～1980年相继提出了用于癌细胞识别的形状特征和树分类器设计方法，是模式识别方面我国在国际上发表的较早工作。1980年秋至1982年春为美国 Purdue 大学访问学者，在模式识别的前沿领域开展了深入的研究。1981～1984年间，她建立了一类适于景物分析的属性扩展图文法；提出和实现了属性与随机树立法的高效误差校正句法分析算法及其对英文字符识别的应用；给出了一类语义与句法引导的形式语言翻译模式并用于图像处理，从而以高维属性文法实现了统计模式识别与句法模式识别的有效结合。1982年率先在我国开展了图像数据库的理论与方法研究，后得到国家自然科学基金的连续资助。在这期间，她提出了新型图像数据结构 CD 表示，还取得了二维符号串 I-CON 索引的重要结果。1986年至1990年，她主持了国家"七五"科技攻关项目"模式识别图像数据库"的研究工作，取得四项具有国际先进水平的成果，获"七五"科技攻关重大成果奖。其中研究成功的地理信息系统，图像数据结构采用 CD 表示，有很强的综合信息检索和空间数据信息复合功能；并研制了体现最新技术思想的图像数据库管理系统和可视化图像查询语言，实现了图像操作和数据操作的统一处理。

1982～1985年，在她主持的科学基金项目中，对数字图像的离散几何性质进行了深入的研究，创造了从指纹灰度图像精确计算纹线局部方向，进而提取指纹特征信息的理论与算法。随后，在她主持的国家"七五"科技攻关项目中，研究成功适于民用身份鉴定的全自动指纹鉴定系统和适于公安刑事侦破的指纹鉴定系统，1990年曾在美国中标，进入了国际市场，鉴定评价为居于国际领先地位的科技成果，1991年获国家教委科技进步一等奖，1993年获国家科技进步二等奖。

在指纹自动识别技术的进一步研究中，石青云基于指纹方向图，给出了快速纹型分类和准确提取指纹中心、三角、形态和细节特征的全套新算法，以及统一处理无中心和有中心情况的高效指纹匹配算法。在国家"八五"科技攻关专题中，她主持研究成功技术先进的指纹自动鉴定第二代实用系统 PU—AFIS 和 PU—ID，近几年实现了产业化，广泛应用于公安和银行等领域。

1990年至1993年，石青云在国家自然科学基金重大项目"智能信息处理与智能信息系统"中主持了计算机视觉的研究。和她的学生一起，得出了由含曲面多面体景物的线画图定量恢复三维形态的原理和快速求解与误差校正算法，以及数字空间数字形态学的几何理论和结构元分解理论与算法。近几年在主持的航天"863"项目中研究成功以遥感为应用背景的高性能动态序列图像压缩软件系统，在国家自然科学基金重点项目和"九五"攻关专题中，对基于小波的视觉方法和图像数据压缩又有新的发展，以代数方法实现了具有紧支集的双正交小波的构造和优选，以及同时支持无失真压缩和有失真压缩的小波变换和以此为基础的基于感兴趣区域的图像压缩。1990年以来，在学术刊物和国际会议上发表论文70余篇，出版了专著《数字空间的数学形态学理论与应用》。由于她在视觉与听觉信息处理国家重点实验室的创建和发展中做出了突出贡献，1990年和1994年曾两次获得国家重点实验室先进个人金牛奖。1993年她还获得光华科技基金一等奖。1998年获得何梁何利基金科技进步奖。

王阳元 1935年出生于浙江宁波镇海县，1958年于北京大学毕业后留校任教。1982年4月至1983年7月在美国伯克利加州大学（U. C Berkeley）做访问学者。1995年当选中科院技术科学部院士。2000年被英国 IEE（电气工程师协会）选为 Fellow。2000年被美国 IEEE（电气与电子工程协会）选为 Fellow。

他主持研究成功了我国第一块三种类型1024位 MOS 动态随机存储器，是我国硅栅 N 沟道 MOS 集成电路技术开拓者之一。提出了多晶硅薄膜"应力增强"氧化模型，为多晶硅薄膜氧化条件和掺杂浓度的选择提供了科学依据。在研究用于亚微米器件和电路的硅化物/多晶硅复合栅结构的应力分布中，提出了复合栅结构中多晶硅优选厚度及相关供应途径。发现磷掺杂对固相外延速率的增强效应以及 $CoSi_2$ 栅对器件抗辐照特性的改进作用。提出了 SOI 器件浮体效应模型和通过改变器件参量抑制浮体效应的工艺设计技术。扩充了 SPICE 模拟软件。在 MOS 小尺寸器件物理及其失效机理的研究中，与合作者一起实现了有关陷阱电荷三个基本参量（俘获截面，面密度和距心）的直接测量和在线检测。在超高速电路研究中，与合作者一起提出了多晶硅发射极晶体管的新的解析模型，采用了 $CoSi_2$/多晶硅复合结构和浅结薄基区等先进双极工艺技术，使电路平均门延时达到了30—50ps。此外还组织领导研制成功我国第一个集成化 VLSI ICCAD 系统（三级系统），为我国集成电路设计业的发展打下了重要技术基础。

发表论文130余篇,编著和译著6部,共取得重大科技成果15项,曾获全国科学大会奖、国家发明三等奖、国家和部委级奖励13项,专利4项。2000年,他的"对新型抗辐照CMOS/SOI集成电路技术的研制",荣获信息产业部1999年度科学技术进步二等奖。

秦国刚 1934年3月生于南京,原籍江苏昆山。1956年7月毕业于北京大学物理系,1961年2月研究生毕业于该系(固体物理方向)。现任北京大学物理学院教授。

秦国刚长期从事半导体材料物理研究。他带领的研究组在半导体杂质与缺陷和多孔硅与纳米硅镶嵌氧化硅发光领域做出系统的和创造性的成果:在中子辐照含氢硅中检测到结构中含氢缺陷在导带以下0.20eV深能级,在国际上最早揭示硅中存在含氢深中心,提出的微观结构,被实验证实;发现退火消失温度原本不同的各辐照缺陷在含氢硅中变得基本相同;最早揭示氢能显著影响肖特基势垒高度。测定的硅中铜的深能级参数被国际权威性半导体数据专著采用。1993年对多孔硅与纳米硅镶嵌氧化硅光致发光提出量子限制—发光中心模型,成功解释大量实验,得到广泛支持;首次观察到p-Si衬底上氧化硅发光中心的电致发光现象。在此基础上,设计并研制出一系列硅基电致发光新结构,如半透明金膜/纳米(SiO2/Si/SiO2)双垒单阱/p-Si等。发光波长从近红外延伸到近紫外。所提出的电致发光机制模型,被广泛引用。在国内外重要期刊上发表论文180余篇,其中SCI论文130余篇。

获国家教委(教育部)科技进步一等奖和二等奖各一次和中科院自然科学奖二等奖一次。获物理学会2000～2001年度叶企孙奖。

中国科学院生物学部

许智宏 1942年10月出生于江苏省无锡市。1959年9月至1965年8月,就读于北京大学生物系植物专业;1965年5月参加工作后长期在中国科学院上海植物生理研究所工作;1979年8月至1981年9月,先后在英国约翰依奈斯研究所和诺丁汉大学从事研究工作;1983年12月至1988年10月,任上海植物生理研究所副研究员、副所长;1988年11月至1991年2月,任上海植物生理研究所研究员、副所长;1991年2月至1999年10月,任上海植物生理研究所所长。1992年10月至今任中科院副院长、党组成员。1999年12月,任北京大学校长。

许智宏长期从事植物生理学和生物工程的研究,为推动和发展中国的植物组织培养和生物工程研究,做出了重要贡献。1988年获"有杰出贡献中青年科学家"称号;1991年获国家自然科学三等奖;1994年获英国DEMONTFORT大学荣誉科学博士学位。1994年任香港大学荣誉教授。1995年当选第三世界科学院院士。1997年当选中国科学院生物学部院士。

翟中和 1930年生,江苏溧阳人,中国科学院院士。1956年毕业于苏联列宁格勒大学生物学系,回国后在北大生物系任教。后曾到苏联科学院生物物理研究所进修,并为美国麻省理工学院生物学系访问教授。现任北大生命科学学院教授、博士生导师,兼任中国细胞生物学会副理事长、亚洲太平洋地区细胞生物学联盟副主席、北京大学生命科学学院学术委员会主任等职。

翟中和教授较早建立细胞超微结构技术,首次研制成鸭瘟细胞疫苗,在动物病毒复制与细胞结构关系的研究方面取得突出成就。近十多年来,主要进行核骨架-核纤层-中间纤维体系、非细胞体系核重建、植物中间纤维及细胞凋亡与细胞衰老的研究,取得了许多创新性的成果,被国内外所引用。先后在国内外发表科研论文200余篇,其中被SCI收录为70多篇。培养硕士研究生30多名、博士生20多名、博士后6名。

翟中和教授先后获得过国家教委科学技术进步奖一等奖(4次);农业部科学技术进步奖一等奖;国家自然科学奖2次(3等,4等);国家科技进步三等奖;钱临照电子显微奖;何梁何利科学与技术进步奖;北京大学首届自然科学基础理论研究突出贡献奖等奖项。他还主持编写了细胞生物学方面高校教材3册,《细胞生物进展》(3卷)、《细胞生物学动态》(3卷)、《生命科学技术》等书,并参与编著《医学生物学图库》、《生物医学超微结构》等书籍。

朱作言 1941年9月出生于湖南省澧县。中国科学院院士，第三世界科学院院士。国家自然基金委员会副主任。1959毕业于北京大学生物系。1980年，于中国科学院研究生院细胞及发育生物学专业毕业。1981年至1982年10月，在英国伦敦帝国肿瘤研究所做访问学者。1982年至1983年5月，美国波士顿遗传研究所做访问学者。1988年4～10月，美国明尼苏达大学Hill-Visit-ing Professor。1988年11月年至1991年3月，美国马里兰大学海洋生物技术中心教授，Faculty Member。1991～1994年，英国阿伯丁大学高级讲师，Teaching Staff，博士生导师。其它兼任职务：中国科学院水生生物研究所所长（1996～1999），北京大学学术委员会委员（自2000），国家科委"863"专家组成员（1986～1988）；中科院生物技术专家委员会委员（自1992）；《中国科学基金》主编，《水生生物学报》、《遗传学报》、《遗传》、《动物学报》、《水产学报》、《生物工程学报》、《Cell Research》编委；中国细胞生物学会副理事长、中国水产学会副理事长等；湖北省科学技术协会副主席；第九届全国人民代表大会代表。

70年代在童第周教授指导下，合作完成了鲫鲤间的细胞核移植克隆，第一次实现低等脊椎动物异种间克隆。最近又用金鱼卵克隆了转基因鲤鱼，用斑马鱼卵克隆了稀有鮈鲫。鱼类异种克隆成功，对国内外正在进行的哺乳动物异种克隆有重要的激励和指导意义。80年代首创转基因鱼研究，提出鱼类转基因模型理论：外源基因不稳定的嵌合性整合（"有效整合"、"沉默整合"和"毒性整合"）和非均一表达，通过克隆建立稳定的转基因纯系。系统阐明了转GH基因鱼饵料利用、能量转换和蛋白质合成代谢的高效性，在转基因鱼的生理、能量及营养代谢和生态安全对策等方面，均开展前沿性研究，确立了我国在该研究领域的领先地位。提出"全鱼"重组基因概念，克隆鲤鱼肌动蛋白（CA）基因和草鱼生长激素（GH）基因，构建了全部由我国鲤科鱼类基因元件组成的"全鱼"基因重组体pCAgcGH，培育转"全鱼"基因黄河鲤和不育的"863吉鲤"。F1群体生长速度提高42%，饵料节省18.52%，养殖效益提高125.66%，并可实现当年成鱼上市，对促进我国东北和西北淡水养殖有非常重要的意义，现已完成中试和营养安全检测，有望在我国建立世界首例转基因动物品种商品化生产的范例。80年代，组建了鲤、草鱼基因组文库，克隆并测序了鲤科鱼类4个基因和6个特异DNA片段，首次发现了鲤种的DNA分子标记；揭示了鱼类GH基因结构对研究脊椎动物早期演化的特殊意义。上述4方面共发表研究报告110多篇，其中3篇已成为鱼类基因工程领域公认的经典文献。曾应邀25次在国际学术会议和22次在欧美大学作学术报告。1978年获全国科技大会奖，1979年获中科院重大科技成果奖和湖北省科学大会奖。1984年获中国科学院技术改进奖三等奖。1988年获中国科学院科技进步奖二等奖。1996年获中国科学院自然科学奖一等奖。1997年获国家自然科学奖三等奖。1992年获国务院政府特殊津贴。1996年获"国家级有突出贡献中青年专家"称号。

韩启德 1945年7月生，上海市人，病理生理学家。1968年毕业于上海第一医学院医学系，1982年在西安医学院获医学硕士学位，1985年9月至1987年8月在美国埃默里大学药理系进修。曾任北京医科大学副校长、研究生院院长、北京医科大学学位评定委员会副主席、北京医科大学心血管基础研究所所长、第三医院血管医学研究所副所长、教授。现任北京大学常务副校长，北京大学医学部主任，北京大学研究生院院长，兼北京大学生命科学学院教授。

长期以来从事心血管基础研究。近十年在α1-肾上腺素受体（α1-AR）亚型研究领域获重要成果，1987年在国际上首先证实α1-AR包含α1A与α1B两种亚型，阐明了它们在药理特性与信号传导机制方面的差别，主要结果在《自然》与《分子药理学》等杂志发表。近年来系统研究α1-AR亚型在心血管分布、功能意义以及病理生理改变，曾于1993年获得国家科技进步一等奖，1995年获国家自然科学三等奖，这方面的工作在国际同类研究中具有特色并有重要影响。在心血管神经肽研究中也有较多成果，关于神经肽与降钙素基因相关肽对心血管的作用以及病理生理意义的研究，先后获卫生部科技进步三等奖与国家教委科技进步二等奖。至今发表科研论文180余篇，其中在国际刊物上发表30余篇。论文被国外刊物引用1300余次。主编了《血管生物学》、《心血管药理学进展》等书。讲授心血管病理生理学、受体学等门课程。1993年被聘为博士研究生导师，1995年加入九三学社，1997年加入中国共产党。现任北京市委副主任委员，九三学社副主席。兼任国务院学位委员会学科评议组成员、国家教委科技委员会委员、中国病理生理学会秘书长、国际心脏研究学会理事与中国分会主席、中国药理学会理事与心血管专业委员会主任,《临床与实验药理学与生理学》(Clinical and Experimental Pharmacology and Physiology)、《中国药理学报》、《中国病理生理杂志》等十余种国内外期刊的编委。1990年获卫生部授予的"优秀留学回国人员"称号,1991年获国家人事部与国家教委授予的"做出突出贡献的留学回国人员"称号,1994年由国家人事部授予"有突出贡献的中青年专家"称号。

吴阶平 1917年1月生,江苏省常州市人,泌尿外科学家。1942年毕业于北京协和医学院,获医学博士学位。1947～1948年在美国芝加哥大学进修。曾任北平中和医院(现北京大学人民医院)外科住院工程师、住院总医师、主治医师;北京医学院第一附属医院外科讲师、副教授、教授;北京第二医学院副院长、院长;中国医学科学院副院长、院长;北京医科大学泌尿外科研究所所长;中华泌尿外科学会主任委员;中国科学技术协会副主任;世界卫生组织人类生殖专门项目顾问组成员等职。现任中国医学科学院名誉院长,中国协和医科大学名誉校长;北京大学泌尿外科研究所名誉所长;中华医学会名誉会长;中华泌尿外科学会名誉主任委员;《中华泌尿外科杂志》总顾问;《中国大百科全书》总编委会副主任;《中国医学百科全书》总编委会名誉主任;五所国内大学名誉教授;国际计划生育联合会中央副主席、亚太地区主席等职。是中国科学院院士、中国工程院院士,第三世界科学院院士,美国医学院荣誉会员,美国泌尿外科学会荣誉会员,国际外科学会荣誉会员,美国泌尿外科学会荣誉会员,国际外科学会荣誉会员,四个国际学术团体荣誉会员或成员。

吴阶平在教学工作中强调提高学生实际工作能力,着重掌握临床医学特点,做一名好的医生。主要科研成果有:① 提出肾结核对侧肾积水的新概念,使原来不能挽救的病人获得康复机会;② 计划生育研究中在输精管结扎术的基础上提出多种输精管绝育法,国际上已承认我国居于领先地位;③ 经17年临床资料的积累,确立了肾上腺髓质增生为独立疾病;④ 对肾切除后留存肾的代偿性增长自80年代起进行了系统的实验和临床研究,已取得的研究成果说明,传统认识需要调整,以提高接受肾切除病人的寿命。1982年编著《性医学》,为在我国开展性教育打下了基础。发表医学论文150篇,编著医学书籍21部,其中13部为主编。获得全国性的科学技术奖7次,获首届人口科技研究奖,北京医科大学首届伯乐奖,巴黎红宝石最高荣誉奖,日本松下泌尿医学奖。1981年被聘为博士研究生导师。1952年加入九三学社。1956年加入中国共产党。是九三学社主席、第五、第六届全国政协委员,第七、第八届全国人大代表,第七届全国人大常委会副委员长。

陈慰峰 1935年11月生,上海市人,免疫学家。1958年毕业于北京医学院,1980～1982年在澳大利亚做访问学者及PHD学生,1982年获哲学博士。现任北京大学免疫学系教授、中国科学院院士,兼任中国免疫学会副理事长兼秘书长、亚洲大洋洲地区免疫学会联盟副主席、世界免疫学会联合会执行委员会委员、国家自然科学基金委员会生命科学部专家咨询组成员、二审专家、卫生部第四届药物审评委员、中国国家艾滋病预防顾问委员会委员、北京市第八届政协委员等职及《北京医科大学学报》、《国外医学》免疫学分册、《生命科学杂志》、《中国免疫学杂志》、《中华微生物学》和《免疫杂志》等多种杂志编委。

陈慰峰长期系统从事胸腺内T淋巴细胞分化研究。首创两类高克隆效应单个T细胞培养系统,提示出胸腺内T细胞功能发育规律,即免疫功能始显于胸腺皮质型中的细胞,经胸腺髓质区分化、发育为功能完全成熟的胸腺迁出细胞;发现T细胞抗原识别受体,基因重排及转录发生于早期T细胞阶段。体外建立小鼠胸腺基质细胞系及克隆,揭示胸腺基质细胞经两类信号诱导早期T细胞分化为处于发育不同阶段的T细胞,包括细胞;粘附分子VLA-6及LAMININ结合产生的信号,涉及PRE-T细胞分化表达CD3分子;证明胸腺髓质型细胞须经胸腺髓质型TSC诱导,经历功能成熟分化,才发育为免疫功能细胞。从事细胞因子基因克隆、表达、纯化及功能研究,发现人多种细胞因子基因引端非编码区的二级结构特点影响其在E. COLI的表达,据此适宜修饰,可提高表达效力。细胞因子生物功能研究,证明IL-10是杀伤T细胞分化因子,IL-7诱导早期T细胞表达;IL-4-LAK抑制人淋巴白血病细胞在裸鼠的致癌作用;原发性肾病的发病可能与IL-4产生过多相关,等等。发表论文203篇,其中研究论文169篇,综述论文34篇,主要论文被国际引用630次(SCI统计)。1990年被聘为博士研究生导师。曾荣获卫生部科技成果甲级奖、乙级奖,科技进步二等奖,国家教育委员会科技成果一等奖,国家自然科学三等奖,光华科技一等奖及何梁何利奖等,被授予国家级有突出贡献中青年科学家、全国科技先进工作者等光荣称号。

王夔 1928年5月生,天津市人,无机化学家,1949年毕业于燕京大学化学系。曾任北京医学院及北京医科大学助教、讲师、副教授及教授,教研室主任、药学系主任及药学院院长,天然药物及仿生药物国家重点实验室主任,现任北京大学教授,及国家自然科学基金委员会化学科学部主任。1991年当选为中国科学院院士。

目前主讲医学化学及细胞微型机无机化学课。主要研究病理、毒理或药理过程中的基本无机化学,问题包括金属离子与生物大分子、细胞表面及内部靶分子的结合及由之引起的后续变化、生物系统中反应组合、有组织表面上的化学(膜或基质指导矿化的过程)以及金属离子生物效应的化学基础及其规律。在大骨节病病理化学过程方面发现致病因子黄腐酸通过自由基机理引起软骨细胞胶原蛋白基因表达由Ⅱ型转为Ⅰ型,使基质异常、骨矿物形成异常。此项工作获中科院科技进步二等奖及"八五"攻关重大成果奖。在胆红素溶液化学与自由基化学研究基础上阐述色素型胆结石形成过程,获国家教委科技进步二等奖。在大小分子配体竞争金属离子的反应组合研究方面获国家教委科技进步三等奖。提出金属络合物(作为毒物或药物)与细胞相互作用的多靶模型。在这方面重点研究对膜分子与细胞骨架的进攻及影响。系统地研究了顺铂类抗癌药物与非DNA靶分子的作用,在此基础上找到几种毒性低,抗癌活性强的铂络合物,已申请专利。近年来,又在此基础上研究稀土的生物效应的化学机理。开拓了以金属离子与细胞相互作用为基础的无机药物化学一个新的方向。1990年被聘为博士研究生导师。已发表论文100多篇。现任中国科学院化学部常委会副主任、全国自然科学名词审定委员会化学组副主任,是第七届全国政协委员。

韩济生 1928年7月生,浙江省萧山市人,生理学家。1953年毕业于上海医学院医学系。在大连医学院生理高级师资班进修后,先后在哈尔滨医科大学、北京卫生干部进修学院、北京中医学院、北京医学院等单位生理系任教。1979年由讲师直接晋升为教授。1983～1993年任北京医科大学生理教研室主任,1987年任北京医科大学神经科学研究中心主任。1993年任卫生部神经科学重点实验室主任。主讲生理学和高级神经生理学课程。现兼任国务院学位委员会学科评议组成员,国务院科技名词审定委员会委员,中国博士后科学基金会理事会医学组长;卫生部医疗卫生国际交流中心理事会理事;北京神经科学会理事长及名誉理事长;中华医学会疼痛学会主任委员;中国生理学会常务理事及副理事长;中国神经科学会副理事长。任《生理科学进展》杂志主编,《中国疼痛医学杂志》主编,《国际神经科学杂志》、《国际神经科学方法学杂志》、《亚太药理学杂志》、《中国药理学通报》、《中国生理科学杂志》(英文版)、《中国中西医结合杂志》(英文版)、《中国药物滥用防治杂志》等编委。

从1965年开始从事针灸原理研究,1972年以来从中枢神经化学角度系统研究针刺镇痛原理,发现针刺可动员体内的镇痛系统,释放出阿片肽、单胺类神经递质等,发挥镇痛作用;不同频率的电针可释放出不同种类阿片肽;针效的优劣取决于体内镇痛和抗镇痛两种力量的消长。研制出"韩氏穴位神经刺激仪(HANS)",对镇痛和治疗海洛因成瘾有良效。在国内外杂志及专著上发表论文400余篇。主编《中枢神经介质概论》(1977,1980)、《针刺镇痛的神经化学原理》(1987)、《生理学多题汇编》(1987,1995)、英文生理教科书(1989)、《神经科学纲要》(1993,150万字,获国家教委科技图书特等奖)等著作。获国家自然科学三等奖一次,卫生部甲级奖三次、乙级奖二次,国家教委一等奖二次、二等奖一次,国家民委一等奖一次,北京市科技进步一等奖一次,国家中医药局二等奖一次。1981年被聘为博士研究生导师。1992年获北京医科大学"桃李奖"。1984年被评为有突出贡献的中青年专家。1995年被评为北京市先进工作者。1993年当选中国科学院院士。1979年以来邀到24个国家和地区的100余所大学和研究机构讲学。多次担任国际学术会议主席,现任世界卫生组织科学顾问。获国际脑研究组织与美国神经科学基金会联合颁发的"杰出神经科学工作者奖学金",被选为瑞典德隆皇家学会国际会员,国际疼痛研究会(IASP)教育委员会委员和中国分会主任委员,国际麻醉性物研究学会(INRC)执委会委员。连续9年获美国国立卫生研究院科研基金用以研究针灸原理。

张礼和 1937年9月生,江苏省扬州市人,有机化学家。1958年毕业于北京医学院药学系,1967年北京医学院药学系研究生毕业。1981年至1983年在美国弗吉尼亚大学化学系做访问学者。曾任北京医科大学药学院院长,现任北京大学教授,天然药物及仿生药物国家重点实验室主任。长期从事核酸化学及抗肿瘤抗病毒药物研究。开设有机合成、高等前机化学及核酸化学等课程。1990年被聘为博士研究生导师。

张礼和20世纪60年代在研究1,2,4三嗪类化合物的合成时,发现了羟基含氮杂环化合物的不正常对甲苯磺酰化瓜,为这类化合物的取代基引人开辟途径。在美国工作期间,参与并完成了博莱霉素的全合成及其断裂DNA的机理研究。回国后在以下研究领域取得了成果:① 发展了环核苷类化合物的立体选择性合成方法和不同立体异构体的溶液构象研究,系统研究了环核苷酸类化合物结构与生物活性的关系,发现一些具有诱导分化肿瘤细胞的新化合物;② 针对癌基因,设计合成了具有选择性作用的反义寡聚核苷酸的偶联物;③ 发展了立体选择性地合成寡核苷酸甲基膦酸酯类似物的方法,并用作锤头型酶性核酸的底物研究酶降解机理;④ 系统合成并研究了不同类型的核苷和核苷酸,包括异核苷、氟代异核苷、碳环核苷、C-核苷和核苷酸糖酯等;发现一些具有较好的抗癌和抗病毒活性的化合物,已申请中国专利2项;⑤ 合成了一类新的非放射性DNA探针标记试剂。这些成果分获1980年北京市科技成果奖、1988年日本大谷科研奖、1993后国际药联奖和1994年吴阶平、保罗杨森医药奖。

主要兼职有国务院学位委员会学科评议组药学学科召集人,国家新药评审委员会委员,国家自然科学基金委员会评审委员,《高等学校化学学报》副主编,《国外医学药学分册》副主编,中国药学会常务理事,亚洲药化学会副主席,中科院上海有机所生命有机国家重点实验室学术委员会副主任等。1990年被评为在国家重点实验室建设中做出突出贡献先进工作者,1991年被评为北京市爱国立功标兵,1990被日本星药科大学授予名誉博士学位,1993年被美国密苏里-堪萨斯大学授予第十二届埃德加·斯诺教授称号,1995年当选为中国科学院院士。1995年被评为卫生部有突出贡献的中青年科学家。

中国工程院
信息与电子工程学部

王 选 (双院士,见509页)

中国工程院农业
轻纺与环境工程学部

唐孝炎 1932年10月生,籍贯江苏省。现任北京大学环境科学中心教授。1959年1月至1960年4月在苏联科学院地球化学分析化学研究所进修,1985年9月至1986年10月,美国布鲁克海文国家实验室和国家大气科学中心高级客座科学家。兼任联合国环境署(UNEP)臭氧层损耗环境影响评估组共同主席,中国环境学会副理事长。

自1972年起在我国最早建立环境化学方面的专业,20余年来培养出大量研究生和本科生。自70年代以来,开拓了大气环境化学研究方向。在我国兰州及其它城市光化学烟雾的成因及控制对策;南方地区酸雨的输送成因、来源及控制对策和城市化进程中我国大气污染的特点和大气中细颗粒物污染等研究方向进行了系统深入的研究,取得了丰硕成果。在我国执行"蒙特利尔议定书"过程中,协助国家环保局主持编写《中国消耗臭氧层物质逐步淘汰国家方案》和行业机制战略等。为指定国家执行国际合约的战略和策略奠定了基础。探索了经济、能源与环境协调发展的道路、方法和理论。在福建和青岛做出了富有成效的典型范例。出版了多本著作,其中《大气环境化学》获国家教育部和国家环保局优秀教材一等奖。自1985～1993年先后获国家科技进步二等奖三次,三等奖一次,国家教委科技进步一等奖一次。1994年获何梁何利科学技术进步奖。1998年获国家科技进步一等奖。

中国工程院
生物医学学部

吴阶平 (双院士,详见中国科学院生物学部)

陆道培 1931年9月生,上海市人,血液病学家。1955年毕业于同济医学院医疗系,1958年起在北京医学院工作,历任北京医学院人民医院内科教授,北京医科大学血液病研究所所长,北京医科大学人民医院内科主任,北京医科大学内科学专业主任等职,1996年2月当选为中国工程院院士。兼任中华医学会副会长,中国科技协会全国委员会委员,中华医学会器官移植学会与实验血液学会副主任委员,全国骨髓移植登记与协作级负责人,同济医科大学名誉教授,国内外若干学术团体的名誉会员或会员,国际骨髓移植指导委员会委员,香港大学与香港中文大学名誉与客座教授,香港明德医院骨髓移植高级顾问,此外,还担任国外六种医学杂志的编委或主编,多次被邀请到英国、美国、瑞士、意大利、德国、法国、日本及澳大利亚等国的著名学术机构与大学访问、讲学。发表论文100余篇,主编了《白血病治疗学》、《血液学进展》等专著,参加撰写十余种医学书籍。

陆道培院士近年来在我国带头开展骨髓移植,并在此领域内进行了系统的开拓性研究,在国内首先发现三种移传血液疾患,首先报告紫草及提取物对血管性紫癜与静脉炎有显著疗效。1964年,在亚洲首先成功进行了同基因骨髓移植,治愈了重症再生障碍性贫血。在世界上首先确定少致 0.35×10^8 公斤骨髓细胞就可重建骨髓,在世界上首先成功持久植活异基因骨髓移植,时间上早于台湾和香港。1985年因此获得国家科学进步二等奖。1986年ABO主要血型不相合的骨髓移植在国内首先成功,在国内外首先证实大蒜中有抗巨细胞毒成分,并首先用于防治骨髓移植后间质性肺炎。1991年又首先在国际上报道了诱导免疫耐受的一种新技术。目前他所领导的血液病研究所已完成异基因骨髓移植230例,患者长期存活率达到国际先进水平。1986年被聘为博士研究生导师。

郭应禄 1930年5月生,山西省定襄县人,泌尿外科学家。1956年毕业于北京医学院医学系,1963年于北京医学院医学系泌尿外科专业研究生毕业。1983年在加拿大大学皇家维多利亚医院进修肾移植。曾任北京医科大学第一医院副院长及泌尿外科主任。现任北京大学泌尿外科研究所所长,北京大学泌尿外科培训中心主任、教授、主任医师。

多年来从事泌尿外科教学、科研及医疗工作,主要研究方向是尿石症防治、尿路肿瘤的基因诊治及腔内泌尿外科技术。在我国肾移植、体外冲击碎石及腔内泌尿外科的发展中起到牵头促进作用,是泌尿外科学科带头人。1990年被聘为博士研究生导师。主编有:《肾移植》、《腔内泌尿外科学》、《前列腺热疗及衍生疗法》、《临床男科学》,主译《泌尿外科腔内手术图谱》,发表论文130余篇,参加了十余种书籍的编写。现任全国政协委员,中华医学会男科学会主任委员,中华医学会泌尿外科学会主任委员,吴阶平泌尿外科医学基金会理事长,中日医学科技交流协会会员,中国医学基金会副会长,国家医药管理局全国医疗器械评审专家委员会副主任,卫生部国际交流中心理事及吴阶平—杨森医药研究奖评委会主席。曾任北京医科大学第一临床医学院党委常委。获首届吴阶平—杨森医药学研究一等奖。获全国科技大会一、二等奖及多项市及卫生部二、三等科技成果奖。1992年开始享受国务院颁发的政府特殊津贴待遇。

沈渔邨 1924年2月生,浙江省杭州市人,精神病学家。1951年毕业于北京大学医学院医学系。同年赴苏联留学,1955年毕业,获医学科学副博士学位。曾任北京医学院第三附属医院精神科主任、副院长,北京医科大学精神卫生研究所所长、教授,WHO北京精神卫生研究与培训使用中心主任,北京医科大学精神卫生系主任,卫生部精神卫生学重点实验室主任。

沈渔邨院士40余年来,始终坚持在医疗、教学与科学研究的第一线。70年代,在农村社区首创家庭精神病防治模式,随访证实其治疗效果与住院病人相近,复发率低,社会劳动能力恢复好,费用节省,曾在山东、辽宁、四川等省推广,此项成果于1984年获卫生部乙级科技成果奖。80年代引进精神疾病流行病调查的先进方法,组织国内六大行政区的12个单位进行了全国首次精神疾病流行病学调查,使得我国精神疾病流行病学研究水平迅速与国际接轨,并于1985年获卫生部乙级科技成果奖,WHO已将此调查资料用英文编辑出版。在此期间还率先对老年期痴呆筛查和诊断工具、发病率、患病率及发病危险因素进行研究,以及开展抑郁症病人的生化基础与药物治疗研究。上述课题在1993年分别获得卫生部与国家教委科技进步三等奖。目前正在进行精神疾病分子遗传学研究工作。60年代开始指导研究生。1984年被聘为研究生导师,主编了大型参考书《精神病学》,卫生部规划教材《精神病学》第二版和第三版。主编的《精神病防治与康复》,荣获中宣部颁发的全国首届奋发文明进步图书二等奖。发表论文百余篇,被SCI收录11篇,被引176次。参加国际学术会议50余次。1986年被挪威科学文学院聘为国外院士。1990年12月被美国精神病学院聘为国外通讯研究员。目前在国内外兼职有：WHO总部精神卫生专家组成员（已连任四届）、世界心理康复协会亚太区地区副主席。卫生部精神卫生咨询委员会主任委员，国务院学位委员会医学科学评议组成员。中华精神科学会副主任委员，中国心理卫生协会副理事长，《中华精神科杂志》总编辑，《中国心理卫生杂志》副主编。1959年被北京市授予文教卫生先进工作者荣誉称号。是北京医科大学90年代首批八位名医之一。

庄辉 1935年1月生，浙江省奉化县人，流行病学、微生物学专家。1961年毕业于苏联莫斯科第一医学院。1961～1963年任中山医科大学卫生学教研室助教。1963年到北京医科大学工作。现任北京大学医学部基础医学院微生物学教研室教授。1980年3月—1982年6月、1993年2月至8月及1999年7月至12月先后三次作为访问学者赴澳大利亚Fairfield医院病毒科兼世界卫生组织病毒参考、生物安全性及协作研究中心进行病毒性肝炎研究。曾任北京医科大学微生物学系主任，现任国际戊型肝炎研究会副主席、国务院学位委员会学科评议组和卫生部肝炎防治领导小组成员、国家科技奖励医药卫生专业组评委会、卫生部病毒性肝炎专家咨询委员会、卫生部生物制品标准化委员会委员、中华医学会肝病学会主任委员、中国肝病防治基金会理事及第四军医大学等四所大学名誉教授等职。同时担任《中华肝脏病杂志》和《国外医学病毒学》杂志副主编，《World Journal of Gastroenterology》、《中华流行病学杂志》、《中华实验和临床病毒学杂志》等十余种期刊的常务编委或编委。

庄辉院士主要从事病毒性肝炎研究。首先证实我国存在流行性和散发性戊型肝炎；总结了我国戊型肝炎临床和流行病学特征；提出戊型肝炎流行和散发与病毒基因型无关，而与流行因素有关；发现戊型肝炎开放读框3抗原主要与急性期抗体有关，而开放读框2抗原则与恢复期抗体关系密切；在国内首先建立戊型肝炎实验室诊断技术和猕猴动物模型；研制成功"戊型肝炎病毒IgG抗体酶联免疫测定试剂盒"和"乙型肝炎病毒表面抗原胶体金试纸条"，获两项国家新药证书。先后获国家科技进步二等奖两项，卫生部科技进步一等奖、北京市科技进步一等奖和浙江省科技进步一等奖各一项。在国内外学术期刊上共发表论文300余篇，其中21篇被SCI收录，引用200余次。

教 授 名 录

数学科学学院

教授

丁伟岳	尤承业	文 兰	王 杰	王 铎
王长平	王正栋	王诗宬	王雪平	王耀东
丘维声	田 刚	伍胜健	刘旭峰	刘西垣
刘张炬	刘和平	刘培东	刘嘉荃	孙山泽
孙文祥	庄大蔚	许进超	何书元	应隆安
张乃孝	张平文	张恭庆	张继平	张筑生
李 忠	李正元	李伟固	李承治	李治平
陈大岳	陈亚浙	陈家鼎	陈维桓	林作荃
林源渠	郑志明	郑忠国	姜伯驹	柳 彬
段海豹	胡德昆	赵春来	夏志宏	徐明耀
徐树方	耿 直	郭懋正	钱敏平（女）	鄂维南
黄少云	彭立中	程士宏	程乾生	董镇喜
蒋美跃	谢衷洁	蓝以中	裘宗燕	谭小江
滕振寰				

教授级高工

魏泽光

研究员

宗传明

物理学院

教授

丁富荣	于金祥	马伯强	尹道乐	方家驯
毛节泰	王文采	王世光	王守证	王若鹏
王祖铨	王福仁	王德煌	王稼军(女)	包尚联
卢大海	史俊杰	叶学敏	叶沿林	甘子钊
田光善	乔国俊	任尚元	刘 川	刘弘度
刘玉鑫	刘式达	刘式适	刘克新	刘松秋
刘树华	刘洪涛	刘晓为	吕建钦	吕斯骅
孙駉亨	朱 星	朱允伦	朱元竟	江栋兴
许方官	许甫荣	吴月芳	吴学兵	吴思诚
吴崇试	吴鑫基	宋行长	张 酣	张启仁
张宏升	张国义	张承福	张保澄	张树霖
李重生	李振平	杨应昌	杨泽深	杨威生
邹英华	陆 果	陈开茅	陈文雄	陈佳洱
陈秉乾	陈受钧	陈家宜	周治宁	孟 杰
林 勤	林纯镇	林宗涵	林祥芝	欧阳颀
郑汉青	俎栋林	俞大鹏	俞允强	冒亚军
姚淑德(女)	段家忯(女)	赵 夔	赵光达	赵汝光(女)
赵志泳	赵柏林	钟锡华	唐国有	桑建国
秦 瑜	秦国刚	郭 华	郭之虞	郭建栋
钱维宏	陶祖钰	高政祥	高崇寿	盖 峥
章 蓓(女)	阎守胜	黄嘉佑	龚旗煌	傅济时
程檀生	舒幼生	谢 安	韩汝珊	楼滨乔
廖绍彬	熊传胜	熊光成	谭本馗	戴远东

教授级高工

王建勇	王洪庆	张征芳(女)	沈定予	周赫田
赵绥堂	赵渭江	程本培	蔡建新	

研究员

陈金象	卢咸池	陈建生

化学与分子工程学院

教授

马季铭	伊 敏(女)	王剑波	王祥云	丘坤元
甘良兵	全长文	关烨第	刘元方	刘文剑
刘忠范	刘虎威	庄乾坤	汤卡罗	阮慎康
严纯华	何美玉(女)	吴 凯	吴念祖	吴瑾光(女)
张新祥	李元宗	李克安	李俊然	李星国
李标国	李崇熙	来鲁华	杨 震	杨华铨
杨锡尧	沈兴海	羌 笛	邹德春	陈尔强
陈志达	其 鲁	周其凤	宛新华	林建华
林炳雄	金祥林	姚光庆	段连运	赵新生
赵璧英(女)	唐有祺	夏 斌	席振峰	徐光宪
徐筱杰	桂琳琳(女)	袁 谷	郭国霖	钱民协
钱秋宇	顾镇南	高 松	高宏成	寇 元
常文保	曹维孝	黄其辰	黄建滨	黄春辉(女)

程正迪　程虎民　谢有畅　韩玉真　蔡生民
裴伟伟(女)　黎乐民　戴乐蓉(女)　魏根拴　魏高原

教授级高工

林孝元　翁诗甫

研究员

王 远　赵钰琳　章士伟　蔡小海

电子学系

教授

毛晋昌	王 楚	王子宇	刘惟敏(女)	汤俊雄
余道衡	吴全德	吴淑珍(女)	吴锦雷	吴德明
杨东海	陈徐宗	周乐柱	祝西里(女)	项海格
奚中和	徐安士	栾桂冬	郭 瑛(女)	梁庆林
龚中麟	彭练矛	焦秉立	董太乾	谢柏青(女)
薛增泉				

教授级高工

姜天仕　赵兴钰

研究员

姜玉祥

地球与空间科学学院

教授

马学平	马蔼乃	王河锦	王新平	史 謌
白志强	刘树文	刘瑞珣	孙荀英(女)	许保良
邬 伦	齐文同	何国琦	张立飞	李 京
李 琦	李江海	李茂松	肖 佐	陈永顺
陈秀万	陈晓非	郑 辙	郑亚东	郑海飞
侯建军	赵永红	郝守刚	徐希孺	晏 磊
涂传诒	秦其明	高克勤	崔文元	阎国翰
曾贻善	董熙平	韩宝福	鲁安怀	臧绍先
蔡永恩	潘 懋	濮祖荫	魏春景	

研究员

宋振清(女)	张荫春	邵济安(女)	徐 备	穆治国

生命科学学院

教授

丁明孝	于龙川	王忆平	邓兴旺	邓宏魁
卢光莹(女)	孙久荣	安成才	朱圣庚	朱玉贤
许崇任	吴才宏	张传茂	张继仁	李 毅
苏都莫日根	陈建国	陈章良	周曾铨	尚克刚
罗 明	罗林儿	罗静初	俞梅梅(女)	姜 颖
茹炳根	赵进东	唐建国	顾 军	顾红雅(女)
崔克明	程 红	程和平	舒红兵	雷光春
翟中和	潘文石	瞿礼嘉		

教授级高工

王忠民　周先碗

研究员

白书农　朱作言　李二秋　林忠平

城市与环境科学系

教授

于希贤　方　拥　方精云　王仰麟　王红亚
王学军　王缉慈(女)　冯长春　任明达　刘耕年
吕　斌　张永和　李有利　李树德　杨开忠
杨景春　陈静生　周一星　周力平　俞孔坚
胡兆量　唐晓峰　夏正楷　莫多闻　陶　澍
崔之久　黄润华　董黎明　谢凝高　韩光辉
韩茂莉(女)　蔡运龙

教授级高工

王永华

研究员

吴月照

计算机科学技术系

教授

丁文魁　方　裕　王立福　王阳元　王克义
王德和　代亚非(女)　宁宝俊　甘学温　关旭东
吉利久　孙家䶮　许卓群　张　兴　张大成
张天义　张立昂　张利春　李晓明　杨冬青(女)
杨芙清(女)　邵维忠　陈　钟　陈向群　屈婉玲(女)
俞士汶　赵宝瑛　康晋锋　梅　宏　程　旭
董士海　韩汝琦

教授级高工

王兆江　张　录　倪学文　莫邦燹

研究员

许铭真(女)　袁崇义　盛世敏　魏引树

心理学系

教授

朱　滢　李　量　王　垒　王登峰　王　甦
沈　政　肖　健　钱铭怡(女)　周晓林　韩世辉
苏彦捷(女)

力学与工程科学系

教授

于年才　方　竞　王　龙　王　炜(女)　王大钧
王建祥　王健平　王敏中　叶庆凯　严宗毅
佘振苏　吴江航　吴望一　李存标　苏先樾
邹光远　陈　滨　陈十一　陈国谦　陈德成
武际可　殷有泉　袁明武　顾志福　黄　琳
黄永念　黄筑平　颜大椿　魏庆鼎

研究员

刘凯欣

中国语言文学系

教授

丁尔苏　马　真(女)　王岳川　王洪君　王福堂
车槿山　卢永璘　刘勇强　孙玉石　孙钦善
安平秋　朱庆之　严绍璗　严家炎　何九盈
张双棣　张少康　张联荣　张颐武　李　零
李小凡　李思孝　李家浩　沈　炯　陆俭明
陈平原　陈保亚　陈熙中　周先慎　孟　华(女)
洪子诚　夏晓虹(女)　袁行霈　袁毓林　钱志熙
钱理群　商金林　曹文轩　温儒敏　程郁缀
葛晓音(女)　董学文　董洪利　蒋绍愚　裘锡圭
褚斌杰　戴锦华(女)

研究员

张剑福

历史学系

教授

牛大勇　王小甫　王天有　王红生　王晓秋
邓小南(女)　刘俊文　刘祖熙　朱孝远　何芳川
何顺果　宋成有　张希清　张衍田　李孝聪
岳庆平　房德邻　林承节　欧阳哲生　茅海建
荣新江　徐　凯　徐　勇　徐万民　郭卫东
郭润涛　高　毅　阎步克　彭小瑜　董正华

研究员

王春梅(女)

考古学系

教授

马世长　王幼平　刘　绪　孙　华　权奎山
齐东方　严文明　李伯谦　林梅村　赵　辉
赵化成　赵朝洪　晁华山　高崇文　黄蕴平(女)
葛英会

哲学系

教授

丰子义　王　东　叶　朗　任定成　刘壮虎
孙尚扬　朱良志　许抗生　何怀宏　吴国盛
张文儒　张志刚　张祥龙　李中华　杜小真(女)
陈　来　陈　波　陈少峰　陈启伟　周北海
尚新建　金可溪　姚卫群　胡　军　赵家祥
赵敦华　郭建宁　曹玉文　韩水法　楼宇烈
靳希平　魏常海

经济学院

教授

王志伟　王跃生　刘　伟　刘文忻(女)　孙祁祥(女)

何小锋　李心愉(女)　李庆云　肖灼基　郑学益
胡　坚(女)　晏智杰　萧　琛　萧国亮　睢国余

法学院

教授

尹　田　王　哲　王小能(女)　王世洲　白建军
白桂梅(女)　刘守芬　刘凯湘　刘剑文　刘瑞复
巩献田　朱启超　朱苏力　吴志攀　张　文
张玉镶　张守文　李贵连　杨紫烜　汪建成
肖蔚云　邵景春　陈兴良　陈瑞华　周旺生
罗玉中　郑胜利　姜明安　贺卫方　赵国玲(女)
饶戈平　贾俊玲　郭自力　钱明星　盛杰民
龚刃韧　褚槐植　潘剑锋

研究员

叶静漪

国际关系学院

教授

孔凡军　方连庆　牛　军　王　杰(女)　叶自成
刘金质　朱　锋　许振洲　张世鹏　张锡镇
李义虎　林代昭　林勋建　袁　明(女)　贾庆国
梁守德　黄宗良　潘国华

研究员

邱恩田

新闻与传播学院

教授

杨伯淑　陈　刚　徐　泓　肖东发　龚文庠
谢新洲

信息管理系

教授

王余光　王锦贵　刘兹恒　余锦凤(女)　吴慰慈
李国新　孟昭晋　秦铁辉　傅守灿(女)　赖茂生

社会学系

教授

马　戎　王汉生(女)　王思斌　王铭铭　吴宝科
张　静(女)　杨善华　邱泽奇　夏学銮　郭志刚
高丙中　谢立中

研究员

刘世定　周　星　蔡　华

外国语学院

教授

于荣胜　马文韬　孔远志　王文融(女)　王东亮
王邦维　王庭荣　王逢鑫　王燕生　史习成
申　丹(女)　石春祯　仲跻昆　任友谅　任光宣
刘金才　刘树森　刘意青　刘曙雄　孙　玉(女)
孙承熙　安美华(女)　吴贻翼　张玉书　张玉安
张保胜　张冠尧　张荣昌　李昌珂　李毓榛
汪大年　沈　弘　沙露茵　周小仪　季羡林
罗　芃　范大灿　金海民　姜永仁　姜望琪
拱玉书　段　晴(女)　段若川　胡春鹭　胡家峦
赵　杰　赵玉兰　赵振江　赵登荣　赵德明
唐仁虎　徐昌华　徐曾惠　秦海鹰　陶　洁(女)
顾嘉琛　高一虹(女)　彭广陆　程朝翔　辜正坤
韩加明　韩振乾　韩敏中　解又明　裴晓睿
潘金生　魏　玲(女)

政府管理学院

教授

王浦劬　宁　骚　石志夫　关海庭　江荣海
张国庆　李　强　杨开忠　沈明明　陈庆云
周志忍　袁　刚　黄恒学　谢庆奎

光华管理学院

教授

于鸿君　王立彦　王其文　王建国　厉以宁
史树中　刘　力　朱善利　张国有　张维迎
李　东　杨岳全　邹恒甫　陆正飞　陈　良
陈　嵘　单中东　周春生　武常歧　姚长辉
胡建颖(女)　涂　平　秦宛顺　曹凤岐　梁钧平
符国群　雷　明　靳云汇(女)

马克思主义学院

教授

仓道来　江长仁　吴国衡　李士坤　李青宜
李顺荣　杨　河　陈占安　易杰雄　林　娅(女)
赵建文　徐雅民　秦玉珍(女)　梁　柱　智效和

体育教研部

教授

王　余　孙玉禄　李士信　李宜南　刘承鸾(女)
周田宝

艺术学系

教授

丁　宁　朱青生　彭吉象

对外汉语教学中心

教授

王若江(女)　李晓琪(女)　赵燕皎(女)　郭振华

计算机科学技术研究所

教授
王　选　阳振坤　宋再生　肖建国　陈堃銶(女)

研究员
刘秋云　汤　帜　陈晓鸥　周秉锋

亚非研究所

教授
张振国　张敏秋(女)　李　玉　李安山　陆庭恩
尚会鹏　贾蕙萱(女)

教育学院

教授
丁小浩(女)　闵维方　陈向明(女)　陈学飞　高利明(女)
康　健　喻岳青　魏　新

中国经济研究中心

教授
周其仁　梁　能　海　闻　林毅夫　宋国青
胡大源　卢　锋　陈　平　汪丁丁　平新乔
赵耀辉(女)

人口研究所

教授
张纯元　李涌平　邵　秦(女)　陆杰华　郑晓瑛(女)
曾　毅

研究员
顾鉴塘

计算中心

教授级高工
王一心　刘贺湘(女)　孙绍芳(女)　张　蓓(女)　张兴华
李润娥(女)　黄达武

研究员
孙光斗

环境科学中心

教授
叶文虎　白郁华(女)　朱　彤　张世秋(女)　张远航
李金龙　姚荣奎　胡　敏　倪晋仁　唐孝炎(女)
栾胜基　郭怀成

信息科学中心

教授
石青云(女)　迟惠生　陈　珂　姚国正　查红彬
唐世渭　谭少华

方正集团

教授级高工
王永达　汪岳林　陈文先　周　宁　孟志华(女)
张玉峰

研究员
张兆东　张国祥　周瑜采(女)　鲁永令

青鸟公司

教授级高工
任守奎　朱守涛　苏渭珍

未名集团

教授级高工
宋　云　潘爱华

研究员
李平方

资源集团

教授级高工
巩运明

研究员
黄琴芳(女)

维信公司

研究员
段震文

校办公司

教授级高工
王　川　朱连山　何宇才　姜纪冰　晏懋洵

图书馆

研究馆员
朱　强　张玉范(女)　沈乃文　沈正华(女)　周家珍(女)
高倬贤　谢琴芳(女)　蔡蓉华(女)　戴龙基

现代教育技术中心

教授
朱万森　李树芳

研究员
殷金生

教授级高工
孙辨华

校医院

主任医师

李鸿明　　周玉芳(女)　钟玮玲(女)　徐川荣(女)

社区服务中心

研究员

赵桂莲(女)

出版社

编审

王春茂　　乔征胜　　江溶　　张文定　　周月梅(女)
段晓青(女)　赵学范　　彭松建

校部机关

教授

吴树青　　任彦申　　郝平　　王义遒　　朱邦芳(女)
陈建龙

研究员

支琦　　王兴邦　　王丽梅(女)　史守旭　　许智宏
张景春　　李国斌　　杜家贵　　陈淑敏　　周岳明
岳素兰(女)　林钧敬　　赵存生　　郝斌　　郭建荣
崔芳菊(女)　曹在礼　　鞠传进

教授级高工

赵仲成(女)　莫元彬

编审

龙协涛　　陈婧媛(女)　赵为民　　魏国英(女)

基础医学院

研究员

吴永华(女)

教授

丁桂凤(女)　万有　　于吉人　　于英心(女)　于恩华
马大龙　　文宗耀　　方伟岗　　王宪(女)　　王志均
王晓民　　王新娟(女)　王照　　邓鸿业　　白惠卿(女)
刘斌　　刘德富　　庄辉　　朱万孚　　许鹿希(女)
吴立玲(女)　库宝善　　张远(女)　张书永　　张孙曦
张志文　　张宗玉(女)　张波　　张家萍(女)　时安云
李英(女)　李五岭　　李刚　　李学军　　李凌松
李铁　　杨逢春(女)　沈丽(女)　邱幼祥　　陈冠英
陈慰峰　　周春燕(女)　周柔丽(女)　周爱儒　　林志彬
范少光　　郑杰　　侯伟敏　　宫恩聪　　胡梦娟(女)
贺师鹏　　钟延丰　　唐军民　　唐朝枢　　徐家伶(女)
殷金珠(女)　聂松青　　贾弘禔　　郭长占　　钱瑞琴
陶成　　高子芬(女)　高兴政　　高晓明　　梅林(女)
龚曼丽(女)　温淑荣(女)　程时(女)　程伯基　　童坦君

舒辰慧(女)　谢蜀生　　韩济生　　廖松林　　谭焕然(女)
樊景禹

编审

冯腊枝(女)

药学院

研究员

车庆明　　卢景芬(女)　杨铭　　杨秀伟　　林文翰
洪和根　　郭绪林　　崔育新

教授

王璇(女)　王夔　　艾铁民　　刘俊义　　刘湘陶(女)
吕以仙(女)　许金晃　　许善锦　　张礼和　　张强
李中军　　李长龄　　李安良　　李荣昌　　李润涛
陈虎彪　　果德安　　武凤兰(女)　侯新朴　　赵明(女)
赵玉英　　凌仰之　　徐秉玖　　屠鹏飞　　崔景荣(女)
彭师奇　　雷小平(女)　蔡少青

公共卫生学院

研究员

刘虎生　　孙尚拱　　李东方　　李勇　　林慰慈(女)
康凤娥(女)　续美如

教授

马军　　马鸣岗　　马谢民　　王燕(女)　王生
王秀茹(女)　王洪玮(女)　王振刚　　王润田　　卢春林
刘士杰　　刘毅　　吕姝清(女)　吴明　　宋文质
李立明　　李竹　　李曼春　　杨辉　　肖颖(女)
陈娟(女)　陈育德　　周宗灿　　周树森　　季成叶
林晓明(女)　胡永华　　赵宗群(女)　赵树芬(女)　郝卫东
唐仪(女)　郭岩　　郭新彪　　常元勋　　康晓平(女)
黄悦勤(女)　詹思延(女)　潘小川　　薛彬(女)

护理学院

教授

王宜芝(女)　吴光煜(女)　肖顺贞(女)　郑修霞(女)　姚景鹏
洪黛玲(女)

卫生部卫生经济研究所

研究员

李卫平(女)　赵郁馨(女)

北大医院

主任医师

丁文惠(女)　马澜(女)　马玉凤(女)　马郁文　　马彦彦(女)
尤玉才　　王丽勤(女)　王振军　　王嘉其　　卢新天
甘晓玲(女)　田绍荣(女)　白勇　　石雪君　　刘士媛(女)
刘文椿　　刘玉春　　刘玉洁(女)　刘运明　　刘荫华
刘桐林　　刘新民　　刘新光　　孙洁　　汤秀英(女)

许 幸	吴常德	宋鲁新	张明礼	张彦芳	寇伯龙	崔 恒	黄 迅	黄晓军	黄晓波
张致祥	张淑岚(女)	张淑娥(女)	李 挺(女)	李 琳(女)	傅剑峰	曾超美(女)			
李庆琪	李桂莲	李 简	李蕙薪(女)	杨拔贤	**主任技师**				
杨 勇	肖江喜	迟淑静(女)	陈永红	陈茂森	滕智平(女)				
陈斯同	周元春(女)	周永芬(女)	庞 琳	於光曙	**主任药师**				
林景荣	金 杰	金燕志(女)	姜 毅	柯肖玫	王 佩(女)	李玉珍(女)			
胡伏连(女)	贺茂林	赵冬红	赵玉宾	赵季琳	**研究员**				
赵建勋	徐小元	徐玉秀	殷 悦	涂 平	马本良	王吉善	王 宇	冯 捷(女)	刘 晖(女)
聂红萍(女)	郭凤英(女)	郭在晨	高惠珍	高燕明	何申戌	何雨生	李春英		徐婉芳(女)
黄建萍(女)	曾和平	谢鹏雁	廉玉茹	霍维扬	**教授**				
戴三冬	戴淑凤	夏同礼			于仲元	于德麟	王 杉	王京生	王 俊
主任技师					王晓峰	王德炳	丘镜莹	冯传汉	卢纹凯(女)
孙可淳(女)	孙孟里(女)	吴北生	黄丽英	裘毅民(女)	白文俊	吕厚山	回允中	朱积川	何权瀛
主任药师					冷希圣	张 正	张小东	张国良	张建中
孙忠民	鲁云兰(女)				杜如昱	杜湘珂	杨宗于	陆道培	姜保国
研究员					姜燕荣(女)	胡大一	胡永芳	赵景涛	徐万鹏
丁 洁(女)	冯 陶(女)	伍期专	刘晓燕(女)	刘素宾	徐 林	栗占国	栾文忠	郭 卫	蒋宝琦
吕兆丰	孙曼琴(女)	朱世乐	齐家纯	吴丽娟	解基严	黎晓新	魏丽惠(女)		
张宝善	李六亿	李本富	李晓玫	李海峰					
汪士昌	陈用忠	陈洪德	陈增辉	周惠平		**北大三院**			
孟繁荣	苗鸿才	俞莉章	姚景雁	赵 宜	**主任医师**				
夏铁安	高树宽	戚 豫	蔡浩然		丁士刚	马勇光	王秀云	王金锐	王宪玲
教授					王 超	丛玉芳(女)	叶蓉华(女)	乔 杰	伍赞群
万远廉	马圣清	马忠泰	马明信	王 丽	刘剑羽(女)	吕愈敏	朴梅花	闫天生	克晓燕
王 梅(女)	王仪生	王临虹	王荣福	王荫华	吴惠群(女)	张 捷	张永珍	张连第	张宝惠
王海燕(女)	王象昌	左文莉(女)	申文江	任自文	李 东	李伟力	李邻峰	李 松	李 选
刘玉村	朱天岳	朱 平	朱立华	朱国英	李美珠(女)	杨 孜	陆少美	陈凤荣	周丽雅
朱学骏	祁云云(女)	那彦群	严仁英	吴希如	周谋望	范家栋	郑溶华	侯宽永	姚婉贞
吴 栋	吴新民	张仁尧	张齐联	张钧华	洪天配	徐 梅	徐希娴	贾建文	郭丽君
张慧琳(女)	李小梅(女)	李 龙	李克敏	李志光	童笑梅(女)	葛堪忆(女)	谢汝萍(女)	谭秀娟(女)	潘天明
李若瑜(女)	杜军保	杨宗萍	邹英华	陈宝雯(女)	檀庆兰(女)				
陈鸿义	陈瑞英(女)	周丛乐	周应芳	林 庆	**主任技师**				
林景辉(女)	武淑兰(女)	赵 伟	唐光健	徐文怀	杨池荪(女)				
晏晓明	秦 炯	郭应禄	郭燕燕	高 炜	**研究员**				
高玉洁	章友康	彭 勃	温宏武	蒋学祥	于长隆	付贤波	吴建伟	张幼怡(女)	李可基
韩德宽	鲍圣德	廖秦平(女)	潘柏年	薛兆英	陈东明	陈贵安	林 丛	赵一鸣	秦泽莲(女)
霍 勇					贾廷珍(女)	樊东升			
		人民医院			**教授**				
主任医师					马庆军	毛节明	王 薇(女)	王 侠	王振宇
丁秀兰(女)	于永祥	于贵杰	于 德水	马淑惠	卢国勋	叶立娴	叶鸿瑁	刘忠军	曲绵域
王山米(女)	王秋生	王 豪	史克菊	乔新民	严宝霞(女)	张同琳	张自顺	张 武	李 钊
任汉云	伍少鹏	刘美贞	刘桂兰	孙宁令	李学佩	李诗兰	李健宁	陈仲强	陈吉棣(女)
安友仲	朱继业	江 滨	纪立农	张文娟	陈忠新	陈明哲	陈浩辉	周孝思	林三仁
张乐萍(女)	李书娴	李月玺	李立新	李建国	林共周	林佩芬	范敏华	娄思权	赵凤临
杨乃众	杨志昌	沈 浣(女)	芦翠贞	陈 红	赵金桓	赵鸣武	党耕町	敖英芳	郭静萱(女)
屈汉庭	赵 彦(女)	郭继鸿	高伯山	高淑华	董国祥	蒋建渝	谢敬霞(女)	韩启德	蔡钦林

口腔医学院

主任医师

马 琦(女)　丰 淳(女)　毛 驰　王伟健　王忠桂(女)
王德惠　刘宏伟　朱春溪　许天民　张 丁(女)
张建国　李锡瑾(女)　岳 林(女)　罗 奕　俞兆珠
胡晓阳　赵士杰　徐宝华　徐岩英(女)　郭传滨
钱端申　阎 燕　黄敏娴(女)　葛立宏　谢毓秀(女)
魏克立　梁俐芬(女)

研究员

王 同(女)　刘文一　张筱林　林 红(女)

教授

于世凤(女)　马 莲　马绪臣　卞金有　王 兴
王鸿颖(女)　王新知　王嘉德　邓 辉(女)　冯海兰(女)
吕培军　孙勇刚　吴运堂　张 刚　张 益
张博学　张震康　李雨琴(女)　沙月琴(女)　孟焕新
林 野　林久祥　林琼光(女)　欧阳翔英(女)
俞光岩　洪 流(女)　赵福运　徐 军　徐恒昌
高 岩　高学军　曹采方(女)　傅民魁　曾祥龙
谢以岳　韩 科

编审

颜景芳

肿瘤医学院

主任医师

马丽华(女)　王 怡　刘淑俊(女)　张集昌　李萍萍
李蔚范(女)　季加孚　林本耀　范志毅　施琦旎(女)
徐 博　章新奇(女)　薛仲琪

主任技师

胡思超　韩树奎

研究员

万文徽(女)　方家椿　王启俊　邓大君　何洛文(女)
张宗卫　张青云　张 联　徐志刚　蔡 红(女)

教授

邓国仁　吕有勇　许佐良　寿成超　张力健
张珊文　张晓鹏　李吉友　杨仁杰　陈敏华(女)
勇威本　柯 杨　徐光炜　顾 晋　黄信孚
游伟程　魏淑敏(女)

编审

凌启柏

医学部外语部

教授

胡德康　董 哲

医学部体育部

研究员

张建祥

医学部社文部

研究员

徐天民　钱自强

教授

王 玥(女)　刘 奇(女)　刘新芝(女)　张大庆　胡佩诚
程之范

医学部校办产业

主任药师

刘云清

研究员

邓伯庄

主任技师

张立坤(女)

医学部党政机关、后勤及直属单位

主任医师

肖秀兰(女)　陈绿波(女)

研究员

马焕章　王振铎　王普玉(女)　乔 力(女)　刘志民
刘秀英(女)　吕忠生　张成兰(女)　李 均(女)　李 鹰(女)
李丰宁　周喜秀　郑继旺　侯 卉(女)　柏 志
聂克珍(女)　彭嘉柔　谢培英(女)　廉志坚　赖豫建

研究馆员

尹 源(女)　刘桂兰(女)

教授

任爱国　汤 健　杨果杰

编审

周传敬(女)

精神卫生研究所

主任医师

方明昭　方耀奇(女)　吕秋云(女)　宋燕华(女)　张彤玲(女)
韩永华

研究员

王玉凤(女)　张 岱　李淑然(女)　汪向东　周东丰(女)

教授

杨晓玲(女)　沈渔邨(女)　赵友文(女)　崔玉华(女)

2001年逝世人物

姓　名	单　位	职称	去世时间	姓　名	单　位	职称	去世时间
宫　磊	体育教研部	教授	2001.3.2	文　重	党办校办	教授	2001.7.5
杨文娴	马克思主义学院	研究员	2001.3.6	曹玉文	哲学系	教授	2001.7.12
李宪之	地球物理系	教授	2001.3.20	许保良	地质学系	教授	2001.7.28
王　仁	力学与工程科学系	教授	2001.4.10	张冠尧	外国语学院	教授	2001.10.9
仇为之	城市与环境学系	教授	2001.5.12	周一良	历史学系	教授	2001.10.22
倪申源	外国语学院	教授	2001.6.2	庞春兰	外国语学院	教授	2001.11.16
王万宗	信息管理中心	教授	2001.6.19	陈君华	外国语学院	教授	2001.12.21

· 2001年党发、校发文件 ·

党发文

党发[2001]1号	关于成立中国共产党北京大学教育学院总支委员会的通知
党发[2001]2号	关于医学部部分职能部处干部任职通知
党发[2001]3号	关于吕凤英、邵集中职务任免的通知
党发[2001]4号	关于胡永华、郭岩任职的通知
党发[2001]5号	关于中文系党员大会选举结果的批复
党发[2001]6号	北京大学党风廉政建设责任制
党发[2001]7号	北京大学校务公开实施办法
党发[2001]8号	北京大学关于举行中国共产党成立80周年纪念活动的通知
党发[2001]9号	中共北京大学委员会关于评选表彰党务和思想政治工作优秀个人和先进集体的通知
党发[2001]10号	中共北京大学委员会关于进一步加强在青年教师中发展党员工作的意见
党发[2001]11号	关于北京大学党校办公室主任的任命的通知
党发[2001]12号	北京大学党委常委会工作规则
党发[2001]13号	北京大学校长办公会工作规则
党发[2001]14号	中共北京大学委员会关于撤销对黄美琦开除团籍、开除学籍的决定
党发[2001]15号	中共北京大学委员会关于严格领导干部民主生活会制度的若干规定
党发[2001]16号	关于印发《北京大学党风廉政建设主要任务分工》的通知
党发[2001]17号	北京大学关于加强干部管理工作的若干规定
党发[2001]18号	北京大学中层干部选拔任用办法
党发[2001]19号	北京大学机关工作若干规则
党发[2001]20号	北京大学中层领导班子后备干部队伍建设的若干规定
党发[2001]21号	中共北京大学委员会关于进一步加强学生党支部建设的若干意见
党发[2001]22号	中共北京大学委员会关于进一步加强教工党支部建设的若干意见
党发[2001]23号	中共北京大学委员会关于加强党校建设的意见
党发[2001]24号	关于成立北京大学物理学院的通知
党发[2001]25号	关于北京大学团委副书记的任命通知
党发[2001]26号	关于成立北京大学新闻与传播学院的通知
党发[2001]27号	关于杨河同志的任职通知
党发[2001]28号	关于计算机系党员大会选举结果的批复
党发[2001]29号	关于北京大学人民医院第八届党委委员、新一届纪委委员选举结果的批复
党发[2001]30号	关于廖秦平同志的任职通知
党发[2001]31号	关于组建中共北京大学临时纪律检查委员会的通知
党发[2001]32号	关于拟表彰的党务和思想政治工作优秀个人及先进集体公示通知
党发[2001]33号	中共北京大学委员会关于表彰党务和思想政治工作先进集体和优秀个人的决定
党发[2001]34号	关于郝平任职的通知
党发[2001]35号	关于社会学系党员大会选举结果的批复
党发[2001]36号	关于学习贯彻江泽民同志在庆祝中国共产党成立80周年大会上重要讲话的通知
党发[2001]37号	北京大学关于学习江泽民同志"七一"重要讲话具体安排的通知
党发[2001]38号	中共北京大学委员会关于进一步加强学校统一战线工作的若干意见

党发[2001]39号	关于张彦、刘宇辉职务任免的通知	
党发[2001]40号	关于成立北京大学地球与空间科学学院的通知	
党发[2001]41号	关于明确王武召同志职级的通知	
党发[2001]42号	关于明确时和兴同志职级的通知	
党发[2001]43号	关于医学部党委《关于召开中共北京大学医学部党代表大会的请求》的批复	
党发[2001]44号	关于迟行刚同志任职的通知	
党发[2001]45号	关于方正集团董事长职务任免的通知	
党发[2001]46号	关于于鸿君、李文胜同志任职的通知	
党发[2001]47号	北京大学校级领导班子"三讲"教育"回头看"活动实施方案	
党发[2001]48号	北京大学中层领导班子"三讲"教育"回头看"活动计划	
党发[2001]49号	关于明确廖晓玲同志职级的通知	
党发[2001]50号	关于贯彻落实《中共中央关于加强和改进党的作风建设的决定》的意见	
党发[2001]51号	关于做好党的十六大代表候选人初步人选推荐提名工作的通知	
党发[2001]52号	关于中共北京大学医学部第十届委员会和纪律检查委员会委员候选人的批复	
党发[2001]53号	关于邹惠、李文胜职务任免的通知	
党发[2001]54号	关于成立北京大学政府管理学院的通知	
党发[2001]55号	关于北京大学医学部第十次党代会选举结果的批复	
党发[2001]56号	关于调整中共北京大学临时纪律检查委员会的决定	
党发[2001]57号	关于缪劲翔同志的任职通知	
党发[2001]58号	关于成立北京大学党建研究会的通知	

北党发

北党发[2001]1号	关于北京大学增补一位主管外事工作副校长的请示
北党发[2001]2号	关于中国高校校报学会申请变更业务主管单位的请示
北党发[2001]3号	关于推荐"北京市有突出贡献的科学技术、管理专家"和"北京市优秀青年知识分子"的候选人的报告
北党发[2001]4号	关于组建中共北京大学临时纪律检查委员会的请示
北党发[2001]5号	关于北京大学校长助理的任职报告
北党发[2001]6号	关于增补主管外事工作副校长的请示
北党发[2001]7号	关于刘悦同志申请妻子来京落户的证明
北党发[2001]8号	关于推荐韩启德同志为中国科协副主席人选的函
北党发[2001]9号	关于向市委推荐年轻干部的函
北党发[2001]10号	关于北京大学副校长任免的请示
北党发[2001]11号	北京大学关于原北京医科大学与北京大学合并15个月来的情况报告
北党发[2001]12号	北京大学关于推荐张兆东同志参加第12期党员专家理论研究班学习的报告
北党发[2001]13号	北京大学关于张兆东同志推荐参加党员专家理论研究班学习的报告
北党发[2001]14号	北京大学关于聘请罗豪才同志担任北京大学公共行政管理学院院长的请示
北党发[2001]15号	北京大学关于李长龙同志申请妻子来燕园落户的函
北党发[2001]16号	北京大学关于贯彻执行党风廉政建设责任制情况的检查报告
北党发[2001]17号	北京大学关于校级后备干部选拔情况的报告

党办发文

党办发[2001]1号	关于印发王德炳书记、许智宏校长在全校干部大会暨"三讲"总结会上的讲话的通知
党办发[2001]2号	关于印发学校领导在全校干部大会上的讲话的通知

校发文

校办[2001]1号	关于春节放假的通知

校发[2001]2号	关于北京大学作为股份公司发起人的决定
校发[2001]3号	关于批复教育基金会内设机构负责人招聘结果的通知
校发[2001]4号	关于产业管理委员会办公室等机构主任、副主任待遇问题的通知
校发[2001]5号	关于转发《关于财政部对〈面对21世纪教育振兴行动计划〉专项资金进行检查的通知》的通知
校发[2001]6号	关于印发《北京大学选聘博士生指导教师办法》的通知
校发[2001]7号	关于于欣、崔玉华职务任免的通知
校发[2001]8号	关于游伟程、徐光炜职务任免的通知
校发[2001]9号	关于任命北京大学副总会计师的通知
校发[2001]10号	关于北京大学关于选派部分优秀毕业硕研生到地方挂职工作的决定
校办[2001]11号	关于转发《转发市政府办公厅关于迅速清理侵犯国际奥委会知识产权行为的紧急通知》的通知
校发[2001]12号	关于北京大学对"北大方正集团公司产权激励试点试行方案"的批复
校发[2001]16号	关于印发《北京大学教材建设委员会工作会议纪要》的通知
校发[2000]17号	关于发布《北京大学校属实体机构设置和调整申请与审批程序的规定》的通知
校发[2001]18号	关于公布北京大学规划委员会等四个委员会组成名单的通知
校发[2001]19号	关于发布《北京大学规划委员会工作章程》等四个"章程"的通知
校发[2001]20号	关于成立北京大学科学与工程计算中心的通知
校发[2001]21号	关于成立北京大学微处理器研究开发中心的通知
校发[2001]22号	关于成立北京大学细胞研究中心的通知
校发[2001]23号	关于成立北京大学中医药现代研究中心的通知
校发[2001]24号	关于成立北京大学深圳校区建设筹备工作组的通知
校发[2001]26号	北京大学关于设立研究生助教、助管岗位及实行岗位津贴制度的实施办法(试行)
校发[2001]27号	关于李岩松、郝平职务任免的通知
校发[2001]28号	关于张宝岭、鞠传进职务任免的通知
校发[2001]29号	关于支琦、鞠传进职务任免的通知
校发[2001]30号	关于陈晓宇职务任免的通知
校发[2001]31号	关于方慧玲、葛顺建职务任免的通知
校发[2001]32号	关于牛大勇、周其凤职务任免的决定
校办[2001]34号	关于北京大学教职工子女2001年升入初中的通知
校发[2001]35号	关于重申加强教学管理、严肃教学纪律的通知
校发[2001]36号	关于成立《中国糖尿病杂志》社的批复
校办[2001]37号	关于举行纪念建党80周年全校师生文艺汇演的通知
校发[2001]40号	关于对北京大学方正兴园电子有限公司资产评估确认的批复
校发[2001]41号	关于成立北京大学皮肤病与性病防治中心的通知
校发[2001]42号	关于同意成立"北京北大国际旅行社"的批复
校办[2001]43号	关于转发北京大学教材建设委员会《关于北京大学近期教材建设的规划》的通知
校办[2001]44号	关于转发北京大学教材建设委员会《关于北京大学教材出版资助经费管理使用办法》的通知
校办[2001]45号	关于转发北京大学教材建设委员会《关于编写本科生素质教育通选课系列教材的方案》的通知
校发[2001]46号	关于限制拆除北大南街西段的紧急通知
校发[2001]47号	关于林建华同志任职的通知
校发[2001]48号	关于校史馆馆长、副馆长任命的通知
校发[2001]49号	关于审计室建制和审计室主任任职的通知
校发[2001]50号	关于权忠鄂、郑庄任职的通知
校发[2001]51号	关于柯杨同志职务任免的通知

校发[2001]52号	关于哲学系行政班子换届的通知
校发[2001]53号	关于丁宁同志任职的通知
校办[2001]54号	关于全校田径运动会改期举行的通知
校办[2001]55号	关于五一节放假的通知
校发[2001]56号	关于成立北京大学研究生录取工作委员会的通知
校发[2001]57号	关于同意聘请季维先生为北京大学客座副教授的决定
校办[2001]58号	2001年"五四"接待校友返校工作安排
校发[2001]59号	关于同意聘请长泽雅男先生为北京大学客座教授的决定
校发[2001]62号	关于陈文申、李立明职务任免的通知
校发[2001]63号	关于刘波任职的通知
校发[2001]64号	关于王雷任职的通知
校发[2001]65号	关于肖珑任职的通知
校发[2001]66号	关于卢永祥任职的通知
校发[2001]67号	关于李国华、莫元彬、李钟任职的通知
校发[2001]68号	关于张明任职的通知
校发[2001]69号	关于教务部内设机构负责人任免的通知
校发[2001]70号	关于成立北京大学企业资产经费管理有限公司的决定
校办[2001]71号	关于转发《关于2001年"五·一"节期间加强值班工作的通知》
校办[2001]72号	关于北京大学教职工子女2001年升入初中补充的通知
校办[2001]73号	关于转发《财政部关于开展〈会计法〉执行情况检查的通知》的通知
校发[2001]74号	关于北京大学软件工程国家研究中心独立建制的通知
校发[2001]75号	关于成立北京大学老龄健康与家庭研究中心的通知
校发[2001]76号	关于撤销北京大学亚太发展研究院和北京大学亚太教育中心的通知
校发[2001]77号	北京大学关于新建、改建、扩建、装修工程项目严格遵守消防法律、法规等有关规定的通知
校发[2001]78号	关于同意聘请小林英夫先生为北京大学客座教授的决定
校发[2001]79号	关于同意聘请魏根深先生为北京大学客座教授的决定
校发[2001]80号	关于同意聘请哈桑·潘达姆西先生为北京大学客座教授的决定
校发[2001]81号	关于增补化学与分子工程学院副院长职数和沈兴海同志任职的通知
校办[2001]82号	关于2001年暑期毕业生离校前活动安排的通知
校发[2001]83号	关于邹培等人任免的通知
校发[2001]84号	关于成立北京大学中国未来研究中心的通知
校发[2001]85号	关于企业使用北京大学名称的管理规定
校办[2001]86号	关于北京大学2001年献血工作安排的通知
校发[2001]87号	北京大学宿舍楼计算机网络管理办法
校发[2001]88号	关于同意成立"北京大学华亿影视文化有限公司"的批复
校发[2001]89号	关于成立北京大学文化产业研究所的通知
校发[2001]90号	关于同意成立"北京大学青鸟网络通信技术有限公司"的批复
校发[2001]91号	关于同意聘请蔺新力先生为北京大学客座副教授的决定
校发[2001]92号	关于同意聘请谢雍博士为北京大学客座副教授的决定
校办[2001]93号	关于校本部节约用电、安全用电的紧急通知
校办[2001]94号	关于调整单位归档工作有关事宜的通知
校发[2001]95号	关于李研等同志任免的通知
校发[2001]97号	关于王进茹任职的通知
校发[2001]98号	关于成立北京大学现代教育技术中心及中心主任、副主任任命的通知
校办[2001]99号	关于清退学校教学科研用房中各类公司占用房的通知
校发[2001]100号	关于增补生命科学学院副院长职数和许崇任同志任职的通知
校发[2001]101号	关于成立北京大学二十一世纪创业投资研究中心的通知

校办[2001]102号	关于放暑假的通知
校发[2001]103号	关于成立北京大学深圳研究生院的通知
校发[2001]104号	关于成立北京大学脑科学与认知科学中心的通知
校发[2001]105号	北京大学文科重点研究基地管理办法
校发[2001]106号	北京大学普通高等学校人文社会科学重点研究基地人员经费核定和人员编制管理实施办法
校发[2001]107号	北京大学普通高等学校人文社会科学重点研究基地建设经费使用办法
校发[2001]108号	关于北京大学所属企业作为股份公司发起人的变更决定
校发[2001]109号	关于北京医科大学实验药厂资产与债务转移的决定
校发[2001]110号	关于陈保亚、宋绍平职务任免的通知
校发[2001]111号	关于技术物理系体制调整过渡期若干具体问题处理的通知
校发[2001]112号	北京大学成人高等教育招生入学考试、阅卷管理办法
校发[2001]113号	北京大学关于表彰2001届优秀毕业生的决定
校发[2001]114号	关于给予蔡绮勒令退学处分的决定
校发[2001]115号	关于给予刘岩勒令退学处分的决定
校发[2001]116号	关于法学院行政班子换届的通知
校发[2001]117号	关于成立北京大学卫生政策与管理研究中心的通知
校发[2001]118号	关于北大与乌鲁木齐经济开发区联合创办"北大新疆高科技产业园"的通知
校发[2001]119号	关于成立北京大学清理整顿单位银行账户领导小组的通知
校发[2001]120号	关于填报单位银行账户情况的通知
校办[2001]121号	2001年迎新工作安排
校办[2001]122号	关于转发资产管理部《关于西二旗售房操作中有关事宜的请示》的通知
校发[2001]123号	关于印发"北京大学安宁西里住房(一期)操作方案"的通知
校发[2001]124号	关于同意恢复北京北大青鸟商用信息系统有限公司的批复
校发[2001]125号	关于同意北京北大青鸟软件有限公司增资扩股及更名为北京北大医保投资有限公司的批复
校发[2001]126号	关于同意授予德里达先生北京大学名誉教授称号的决定
校办[2001]127号	关于第二期自动呼叫器安装的通知
校发[2001]128号	关于印发《北京大学会议中心章程》的通知
校发[2001]129号	关于印发《北京大学百周年纪念讲堂管理和使用暂行办法》的通知
校发[2001]130号	关于王红生任职的通知
校发[2001]131号	关于夏红卫任职的通知
校发[2001]132号	关于北京大学青鸟有限责任公司资产评估立项申请的批复
校发[2001]133号	关于同意聘请汤超先生为北京大学客座教授的决定
校发[2001]134号	关于同意聘请张汝京先生为北京大学客座教授的决定
校发[2001]135号	关于"十一"国庆节放假的通知
校发[2001]136号	关于物理学院所属教学科研实体单位组成及负责人任命的通知
校发[2001]137号	关于重离子所行政班子换届的通知
校发[2001]138号	关于计算中心行政班子换届的通知
校发[2001]139号	关于批复人事部内设机构负责人招聘结果的通知
校发[2001]140号	关于同意对北京大学医学部所属"北京医科大学试验厂"进行改制的决定
校发[2001]141号	关于北京大学作为有限责任公司发起人的决定
校发[2001]142号	关于批复北京大学深圳研究生院内设机构负责人招聘结果的通知
校发[2001]143号	关于批复发展规划部内设机构负责人招聘结果的通知
校发[2001]144号	北大实施本科教学改革计划——"元培"计划的决定
校发[2001]145号	关于深圳研究生院干部任命的通知
校发[2001]146号	关于北京大学科学与工程计算中心主任聘任的通知

校办[2001]147号	关于2001年国庆节期间加强安全保卫和值班工作紧急通知
校发[2001]148号	关于印发《北京大学关于现代远程教育收费管理的规定》的通知
校发[2001]149号	关于同意聘请俞滨先生为北京大学客座教授的决定
校发[2001]153号	关于同意"北京红烛教育音像专营店"更名的批复
校发[2001]154号	关于校办产业委员会、科研开发部、国内合作委员会办公室三个部门编制事项的通知
校办[2001]155号	关于举行全校田径运动会的通知
校发[2001]156号	关于童庆禧先生职务聘任的通知
校发[2001]157号	关于初育国同志职务任免的通知
校发[2001]158号	关于阎敏等同志职务任免的通知
校发[2001]159号	关于董德刚同志职务任免的通知
校发[2001]162号	关于同意成立"北京北大科技园国际医疗投资管理有限公司"的批复
校发[2001]163号	关于公布北京大学离退休工作委员会组成名单的通知
校发[2001]164号	关于批复保卫部内设机构负责人招聘结果的通知
校办[2001]165号	关于开展2001年"节能宣传周"活动的通知
校办[2001]166号	北京大学关于对新增人员实行人事代理制度的规定(试行)
校发[2001]167号	北京大学关于专业技术职务岗位聘任的若干意见
校发[2001]168号	关于成立北京大学宽禁带半寸体研究中心的通知
校发[2001]169号	关于批复研究院内设机构负责人招聘结果的通知
校发[2001]170号	关于批复财务部内设机构负责人职务任免的通知
校发[2001]171号	关于公布北京大学对口支援石河子大学北京大学工作组名单的通知
校发[2001]173号	关于成立"北京大学基因研究中心"的批复
校发[2001]174号	关于明确电话室管理体制的通知
校发[2001]175号	关于调整北京大学辐射防护领导小组和辐射防护专业小组的通知
校发[2001]176号	关于康健、赵珏琳职务任免的通知
校发[2001]177号	关于给予张震勒令退学处分的决定
校发[2001]178号	关于开斋节对信仰伊斯兰教的少数民族放假的通知
校发[2001]179号	关于批复校史馆内设机构负责人招聘结果的通知
校发[2001]180号	关于更换北大中关园置业有限公司部分董事的通知
校发[2001]181号	关于公布2002年招生工作组长名单的通知
校发[2001]182号	关于成立中国科学院—北京大学超快光科学与激光物理联合中心的通知
校发[2001]183号	关于成立北京大学—香港浸会大学应用数学联合研究所的通知
校发[2001]184号	关于公布北京大学首都发展研究院行政班子成员名单的通知
校发[2001]189号	关于王玉玲、白志强、周福民职务的通知
校发[2001]190号	关于张贵龙任职的通知
校发[2001]191号	北京大学关于表彰2000～2001学年度三好学生和先进集体的决定
校办[2001]192号	关于元旦放假的通知
校发[2001]193号	北京大学水电引导管理暂行办法
校发[2001]194号	关于成立北京大学收费管理领导小组的通知
校发[2001]195号	关于印发《北京大学收费及票据管理暂行规定》的通知
校发[2001]196号	关于印发《北京大学专利基金管理办法》的通知
校发[2001]197号	关于印发《北京大学科学技术成果奖励办法》的通知
校发[2001]198号	关于王东亮、罗芃同志职务任免的通知
校办[2001]199号	关于转发《关于公布2001年度资助教材出版立项的通知》的通知
校发[2001]200号	关于印发《北京大学规章制度程度的规定》的通知
校发[2001]201号	关于同意聘请藤田昌久先生为北京大学客座教授的决定
校发[2001]202号	关于同意聘请王一丹女士为北京大学客座教授的决定
校发[2001]203号	关于同意聘请小沢顯先生为北京大学客座教授的决定

校发[2001]204 号	关于同意聘请陈先生为北京大学客座教授的决定	
校发[2001]205 号	关于同意聘请梁定邦先生为北京大学客座教授的决定	
校发[2001]206 号	关于同意授予苏坎尼先生北京大学名誉教授称号的决定	
校发[2001]207 号	关于同意授予佩显顿·钱斯(Britton Chawe)博士北京大学名誉教授称号的决定	
校发[2001]208 号	关于同意聘请高杰先生为北京大学客座教授的决定	
校发[2001]209 号	关于同意聘请钱颖一先生为北京大学客座教授的决定	
校发[2001]210 号	关于同意授予让·玛丽·莱恩先生北京大学名誉教授称号的决定	
校发[2001]211 号	关于成立北京大学青年研究中心的通知	

北发文

北审[2001]1 号	关于报送北京大学2000年和"九五"期间审计工作总结的函
北人[2001]2 号	关于申报"重点高校系主任和研究所/实验室骨干出国研修项目"候选人的请示
北财[2001]3 号	关于2000年购汇人民币限额执行情况的报告
北资[2001]4 号	关于北京大学医学部独立办理进口审批及相关事宜的请示
北资[2001]5 号	关于赠送仪器配件申请免税进口的请示
北财[2001]6 号	关于对北京市北大高智电子开发中心资产评估结果予以审核确认的请示
北医[2001]7 号	关于北京大学医学部网络教育有关工作的请示
北函[2001]8 号	关于更换深港产学研基地理事的函
北函[2001]9 号	关于北大与晗乐物业管理公司签协议事
北资[2001]10 号	关于赠送计算机申请进口的请示
北财[2001]11 号	关于北京北大未名湖生物工程集团拟投资设立股份公司申请项目评估立项的请示
北财[2001]12 号	关于北京大学拟投资设立股份公司申请项目评估立项的请示
北基[2001]13 号	关于报送北京大学1998年基建财务决算报告的函
北函[2001]14 号	关于北京大学拟成立眼视光医院的请示
	关于申请北京北医眼视光研究中心医疗执照的函
北财[2001]15 号	关于申请专项设备费拨款的请示
北发[2001]16 号	北京大学关于老干部工作的报告
北发[2001]17 号	关于筹建"北大国际旅行社"的申请报告
北医[2001]18 号	关于北京大学医学部2001年医学远程网络教育普通高教招生计划的请示
北医[2001]19 号	2001年北京大学医学部成人高等学历教育函授招生计划的请示
北医[2001]20 号	2001年医学远程网络教育招生计划的请示
	2001年北大医学部医学远程网络教育招生计划
北函[2001]21 号	关于委派杜如显教授任北京大学香港科技大学深圳医学中心常务副主任的函
北发[2001]22 号	关于报送北大附中高中扩招工程报告项目有关材料的报告
北发[2001]23 号	关于北京大学与深圳市合作共建北京大学深圳校区的请示
北发[2001]24 号	关于办理拆迁许可证的请示
北函[2001]25 号	关于邀请全国(国家林业总局)领导出席"中国—加拿大草业生态研究中心"揭牌仪式的函
北财[2001]26 号	关于北京大学拟投资设立股份公司申请项目评估立项的请示
北财[2001]27 号	关于北京北大未名生物工程集团拟投资设立股份公司申请资产评估项目合规性审核的请示
北财[2001]28 号	关于报送北京大学2000年决算的函
北函[2001]29 号	关于对"关于聘请北京大学为高等教育自学考试心理学专业(独立本科段)主考学校的函"的复函
北基[2001]30 号	关于调整北京大学"211工程"建设项目的请示
北财[2001]31 号	关于调整计划外MBA专业研究生、法律硕士及留学生MBA收费的请示
北科[2001]32 号	关于申请对北京大学"211工程"(一期)进行验收的请示
北医[2001]33 号	关于北京大学继续主办《北京大学学报〈医学版〉》的请示

北教[2001]34号	关于北京大学2001年招生计划的请示
北资[2001]35号	关于赠送试剂申请免税进口的请示
北发[2001]36号	关于北京大学实施中日合作《良渚文化石器研究》课题的请示
北自[2001]37号	关于北京大学湍流与复杂系统研究国际重点实验室等四个重点实验室领导班子换届的请示
北医[2001]38号	关于北京大学医学部2001年医学远程网络教育普通高教招生计划的请示
北医[2001]39号	关于北京大学医学部2001年医学远程网络教育普通高教招生计划的请示
北财[2001]40号	关于北大方正集团公司进行产权激励试点资产评估立项的请示
北医[2001]41号	关于北京大学《中国介入心脏病学杂志》增刊的请示
北医[2001]42号	关于北京大学《中国疼痛医学杂志》增刊的请示
北函[2001]43号	关于我校信访工作人员情况的报告
北教[2001]44号	关于同意豁免孙涛回国服务两年义务的请示
北资[2001]45号	关于赠送设备申请进口的请示
北基[2001]46号	关于新建医学教学大楼的可行性研究报告
北基[2001]47号	关于建设北大燕园社区服务中心综合楼的可行性报告
北人[2001]48号	关于北京大学推荐2001年度两院院士候选人的报告
北发[2001]49号	关于恳请江泽民总书记题写"北京大学校史博物馆"馆名的请示
北发[2001]50号	关于北京大学拟开展加强与CUSPEA学者联络沟通工作报告
北教[2001]51号	关于我校非通用语种招生工作的报告
北教[2001]52号	关于崔娟慧更改姓名的请示
北研[2001]53号	关于授予泰王国诗琳通公主北京大学名誉博士学位的请示
北人[2001]54号	关于请求协调臧运祜同志转业的函
北资[2001]55号	关于赠送试剂申请进口的请示
北资[2001]56号	关于北京大学拟购买IBM RS/6000SP高性能计算服务器的请示
北人[2001]57号	关于解决黄俊立同志夫妻两地分居的请示
北人[2001]58号	关于解决王元周同志夫妻两地分居的请示
北人[2001]59号	关于解决彭士香同志夫妻两地分居的请示
北人[2001]60号	关于解决陈廷礼同志夫妻两地分居的请示
北医[2001]61号	关于北京大学公共卫生学院与斯洛文尼亚共和国建立科技合作项目的请示
北教[2001]62号	关于推荐侯元铭等4名学生赴俄学习的请示
北教[2001]63号	关于北京大学2001年招生工作的请示
北科[2001]64号	关于北京大学报送霍英东青年教师基金及青年教师奖推荐名单的函
北资[2001]65号	关于赠送设备申请免税进口的请示
北资[2001]66号	关于赠送图书申请免税进口的请示
北函[2001]67号	关于北大维信生物科技有限公司股权转让事宜的函
北医[2001]68号	关于中国药物依赖性研究所发展问题的报告
北审[2001]69号	关于报送《北京大学2001年审计项目计划》的函
北财[2001]70号	关于委托教育部财务司全权处理北京大学在原中国教育科技信托投资有限公司有关债权事宜的函
北产[2001]71号	关于对北京北大方正兴园电子有限公司资产评估确认的请示
北财[2001]72号	关于北京大学调整国内访问学者、进修教师等收费标准的请示
北自[2001]73号	关于北京大学推荐赴德短期合作项目的请示
北人[2001]74号	关于王辛夷申报国家留学基金赴莫斯科大学研修的报告
北教[2001]75号	北京大学关于2001年招生工作的请示
北基[2001]76号	关于"理科教学楼4号"调整建筑面积的请示
北基[2001]77号	关于北京大学医学部研究生公寓项目建设的立项申请
北基[2001]78号	关于北京大学调整钳工车间、机工车间扩建建筑面积的请示

文号	标题
北基[2001]79号	关于北京大学扩建预防药学楼的立项申请
北发[2001]80号	关于北京大学方正电子出版社申请《IT 职场》光盘连续出版物的请示
北医[2001]81号	关于北京大学试办医药卫生长学制教育的请示
北发[2001]82号	关于建立军用专用电路设计服务中心的报告
北发[2001]83号	关于退役放射性废渣的请示
北发[2001]84号	关于北京大学校报由四开四版改为对开四版的请示
北基[2001]85号	关于北京大学理科楼群4号楼初步设计方案审批的请示
北函[2001]86号	请继续支持我校电站扩容工作的函
北研[2001]87号	北京大学关于申报高等学校重点学科的报告
北发[2001]88号	关于北京大学在深圳设立的分校机构名称变更的请示
北人[2001]89号	关于推荐刘占兵为中法教育合作项目候选人的请示
北医[2001]90号	关于解决苟宝迪同志夫妻两地分居的请示
北医[2001]91号	关于解决张志同志夫妻两地分居的请示
北医[2001]92号	关于解决王晓敏同志夫妻两地分居的请示
北医[2001]93号	关于解决郑旭同志夫妻两地分居的请示
北医[2001]94号	关于解决唐于勇夫妻两地分居的请示
北医[2001]95号	关于解决赵恩民同志夫妻两地分居的请示
北自[2001]96号	关于湍流与复杂系统研究国家重点实验室学术委员会调整方案以及生物有机与分子工程教育部重点实验整改方案的请示
北基[2001]97号	关于北京大学附属中学教学西楼基建工程扩大建筑面积的请示
北人[2001]98号	北京大学关于申报2001年教育部优秀年轻教师资助计划的请示
北人[2001]99号	北京大学关于推荐高洁为赴俄罗斯攻读学位人员的请示
北人[2001]100号	北京大学关于选派王燕生为赴德短期科研学者的请示
北人[2001]101号	北京大学关于同意免除张京回国服务两年义务的请示
北人[2001]102号	北京大学关于解决康凯同志夫妻两地分居的请示
北人[2001]103号	北京大学关于解决唐爱国同志夫妻两地分居的请示
北人[2001]104号	北京大学关于解决吴必虎同志夫妻两地分居的请示
北人[2001]105号	北京大学关于解决汤大华同志夫妻两地分居的请示
北人[2001]106号	北京大学关于解决吴晓樵同志夫妻两地分居的请示
北人[2001]107号	北京大学关于解决周劲同志夫妻两地分居的请示
北人[2001]108号	北京大学关于解决李常庆同志夫妻两地分居的请示
北人[2001]109号	北京大学关于解决刘曙光同志夫妻两地分居的请示
北财[2001]110号	北京大学关于成立"《会计法》检查领导小组"的报告
北人[2001]111号	北京大学关于推荐第四批"长江计划"特聘教授候选人的请示
北人[2001]112号	北京大学关于申报"长江计划"第五批特聘教授岗位的请示
北基[2001]113号	北京大学关于商请修改电站设计的函
北基[2001]114号	北京大学关于北大未名集团生物城项目一期工程修改总体规划的请示
北人[2001]115号	北京大学关于2001年选留应届本科毕业生的请示
北资[2001]116号	北京大学关于赠送仪器申请免税进口的请示
北医[2001]117号	北京大学关于成立北京北医企业资产经营管理有限公司的立项申请
北资[2001]118号	北京大学关于赠送图书申请免税进口的请示
北资[2001]119号	北京大学关于捐赠科教用品申请免税进口的请示
北基[2001]120号	北京大学关于新建变电站增加建筑面积的请示
北发[2001]121号	北京大学关于成立北大青鸟电子出版社的请示
北发[2001]122号	北京大学关于《市场与人口分析》杂志更换主编的报告
北发[2001]123号	北京大学关于《教育技术学学报》申请刊号的请示
北医[2001]124号	北京大学关于高晓明同志更改国家留学基金资助赴欧洲合作研究计划的请示

北发[2001]125号	关于申请对涉及北京大学的有关字号、图案进行商标注册的请示	
北函[2001]126号	北京大学关于主校园土地权属来源情况说明的函	
北函[2001]127号	北京大学关于承泽园土地权属来源情况说明的函	
北函[2001]128号	北京大学关于燕东园土地权属来源情况说明的函	
北函[2001]129号	北京大学关于燕北园土地权属来源情况说明的函	
北函[2001]130号	北京大学关于蔚秀园土地权属来源情况说明的函	
北函[2001]131号	北京大学关于畅春园土地权属来源情况说明的函	
北医[2001]132号	北京大学关于上地朱房（体育大学靶场北墙外）土地权属来源情况说明的函	
北函[2001]133号	北京大学关于金山寺土地权属来源情况说明的函	
北函[2001]134号	北京大学关于塞口村北土地权属来源情况说明的函	
北人[2001]135号	北京大学关于推荐刘玉鑫等10人为2001年度教育部"高等学校优秀青年教师教导科研奖励计划"候选人的请示	
北医[2001]136号	北京大学关于《国外医学学院管理手册》杂志变更法定代表人（主要负责人）的请示	
北发[2001]137号	北京大学关于幼教中心改制和申办事业法人资格的请示	
北医[2001]138号	北京大学关于张成兰同志赴美学习考察的请示	
北基[2001]139号	北京大学关于与北京紫都房地产有限公司联合建设清河滨河住宅小区的请示	
北人[2001]140号	北京大学关于同意免除王雪梅回国服务两年义务的请示	
北研[2001]141号	北京大学关于严勇兵转入我校学习的请示	
北人[2001]142号	北京大学关于张继平缩短出国研修期限的请示	
北人[2001]143号	北京大学关于推荐朱小健为联合国教研科文组织青年妇女生命科学奖学金项目候选人的请示	
北基[2001]144号	北京大学关于翻建材料库房的请示	
北教[2001]145号	北京大学关于《对新石器时代考古教学实践与成果》课程申报国家级教学成果奖评选结果的申诉	
北基[2001]146号	北京大学关于"化学楼三期改造工程"招标的请示	
北人[2001]147号	北京大学关于王卒夷提前赴莫斯科大学研修的请示	
北发[2001]148号	北京大学关于原铀、钍矿石掩埋场中碴土的检测、分类及处置方案的请示	
北自[2001]149号	关于申请建立"医疗技术国家工程中心"的请示	
北自[2001]150号	关于报送暴雨监测与预防国家重点实验室整改方案的报告	
北医[2001]151号	关于更换我校国家文科重点研究基地北京大学外国哲学研究所长的请示	
北人[2001]152号	关于推荐曲仁为联合国教科文组织青年妇女生命科学奖学金项目候选人的请示	
北基[2001]153号	北京大学关于科技发展中心2期初步设计方案审批的请示	
北教[2001]154号	北京大学关于招收刘晓畅同学为保送生的请示	
北发[2001]155号	北京大学关于拟接受世界卫生组织健康发展研究中心资助恳请卫生部批准的请示	
北基[2001]156号	北京大学关于文科楼群（一期）立项的请示	
北基[2001]157号	北京大学关于艺术大楼立项的请示	
北基[2001]158号	北京大学关于财保楼立项的请示	
北基[2001]159号	北京大学关于36#、37#学生宿舍立项的请示	
北教[2001]160号	北京大学关于拟同意接收王佳插班学习的请示	
北资[2001]161号	北京大学关于赠送图书申请免税进口的请示	
北函[2001]162号	关于将北京大学列为零批录取院校的商请函	
北医[2001]163号	北京大学关于拟调魏来同志来校工作的请示	
北财[2001]164号	北京大学关于申请追加2001年外汇额度的请示	
北社[2001]165号	关于将《国际政治研究》公开出版的请示	
北发[2001]166号	北京大学关于附小收取"三代生借读费"的请示	
北研[2001]167号	北京大学关于澳门硕士生何失霞申请教育部奖学金的请示	
北研[2001]168号	北京大学关于上报拟接收港澳台学生名单的请示	

北医[2001]169号	北京大学关于上报"我国高等口腔医学教育课程体系和教学模式的改革"项目成果参加单位的请示	
北医[2001]170号	北京大学关于李竹教授赴南非参加国际会议的请示	
北资[2001]171号	北京大学关于赠送仪器申请免税进口的请示	
北医[2001]172号	北京大学关于推荐韩启德同志参加教育部组团赴美考察的请示	
北函[2001]173号	关于北京大学事业法人登记证的报告	
北发[2001]174号	北京大学关于原铀钍矿的放射性污染物掩埋场能否对公众无限制开放进行了验收检测的请示	
北医[2001]175号	北京大学关于任爱国教授赴南非参加国际会议的请示	
北研[2001]176号	北京大学关于申请特批建筑硕士生招生的请示	
北人[2001]177号	北京大学关于推荐第一批春晖计划学术休假项目候选人的请示	
北发[2001]178号	北京大学关于出版《大学图书馆学报》"合并后的大学图书馆改革与发展"专刊的请示	
北发[2001]179号	北京大学关于公开出版《北京大学教育评论》的请示	
北教[2001]180号	北京大学关于2001年全国教学成果奖有关问题的请示	
北基[2001]181号	北京大学关于考古教学楼方案设计审批的请示	
北函[2001]182号	北京大学关于申请再借一台1000KVA变压器的函	
北医[2001]183号	北京大学关于《中国优生优育》杂志出版2001增刊的请示	
北医[2001]184号	北京大学关于《中国糖尿病杂志》变更主办单位和主管单位的请示	
北医[2001]185号	北京大学关于《中国糖尿病杂志》变更法定代表人(主要负责人)的请示	
北医[2001]186号	北京大学关于《国外医学医院管理分册》变更刊名的请示	
北医[2001]187号	北京大学关于《国外医学医院管理分册》变更栏目的请示	
北医[2001]188号	北京大学关于《国外医学医院管理分册》变更刊期的请示	
北医[2001]189号	北京大学关于《中国医学医院管理分册》变更开本的请示	
北医[2001]190号	北京大学关于《中国优生优育》杂志变更刊名的请示	
北医[2001]191号	北京大学关于《中国优生优育》杂志变更刊期的请示	
北医[2001]192号	北京大学关于《中国优生优育》杂志变更开本的请示	
北医[2001]193号	北京大学关于《中国优生优育》杂志增加页码的请示	
北医[2001]194号	北京大学关于《中国优生优育》杂志开办广告业务的请示	
北人[2001]195号	关于同意免除马配学回国服务两年义务的请示	
北人[2001]196号	关于同意免除陈名玲回国服务两年义务的请示	
北人[2001]197号	北京大学关于解决韦之同志夫妻两地分居的请示	
北人[2001]198号	北京大学关于解决常宝宝同志夫妻两地分居的请示	
北人[2001]199号	北京大学关于解决曹广忠同志夫妻两地分居的请示	
北人[2001]200号	北京大学关于申请调入顾军教授的请示	
北人[2001]201号	北京大学关于申请调入秦海鹰教授的请示	
北医[2001]202号	北京大学关于预防医学2000年学生张弩同志转学的请示	
北财[2001]203号	北京大学关于报送1999-2001年《面向21世纪教育振兴行动计划》财务决算的请示	
北发[2001]204号	北京大学关于申请晨明医学院作为《市场与人口分析》杂志协办单位的请示	
北研[2001]205号	关于同意生命科学学院顾红雅、瞿礼教授上报"中英科技研究基金项目建议书"的函	
北社[2001]206号	北京大学关于商请为老龄健康两个项目申请分别向中国自然科学基金和中国社会科学基金撰写推荐意见的请示	
北社[2001]207号	北京大学关于将"中国老年人口健康状况及影响因素"项目申请作为国家自然基金委委托项目立项的请示	
北发[2001]208号	北京大学关于组建北京大学出版集团的请示	
北财[2001]209号	北京大学关于确认北大先行科技产业有限公司国有股份的请示	
北医[2001]210号	北京大学关于解决陈雷同志两地分居的请示	
北医[2001]211号	北京大学关于解决王系荣同志两地分居的请示	

北医[2001]212号	北京大学关于解决薛利芳同志两地分居的请示
北资[2001]213号	北京大学关于捐赠设备申请免税进口的请示
北资[2001]214号	北京大学关于捐赠设备申请免税进口的请示
北医[2001]215号	北京大学关于调整医学部学生宿舍住宿费的请示
北人[2001]216号	北京大学关于单忠东博士回国工作定居的请示
北发[2001]217号	北京大学关于放射性污染物运出北京的请示
北医[2001]218号	北京大学关于王德炳等21名人员赴香港参加海峡两岸暨香港地区医学教育研讨会的请示
北发[2001]219号	北京大学关于保留97年首规委批准北京大学科技发展中心二期工程的建筑规模和建筑用地的请示
北函[2001]220号	北京大学关于"长江学者奖励计划"第三批特聘教授刘间庆等有关问题的报告
北人[2001]221号	北京大学关于同意免除张俊然回国服务两年义务的请示
北教[2001]222号	北京大学关于拟同意接收陈怡如插班学习的请示
北财[2001]223号	北京大学关于新增专业研修班收费标准的请示
北财[2001]225号	北京大学关于报送1999-2000年《面向21世纪教育振兴行动计划》专项资金决算的请示
北医[2001]226号	北京大学关于人民医院拟转让其所持有的北京源德医疗设备有限公司部分股份项目资产评估结果确认的请示
北教[2001]227号	北京大学关于同意唐双凌转入南京理工大学的请示
北教[2001]228号	北京大学关于录取台湾学生钟立文等四人入我校学习的请示
北教[2001]229号	北京大学关于录取刘璇、桑兰和金海英入我校学习的请示
北基[2001]230号	北京大学关于物理学院重离子物理研究所建设库房的请示
北函[2001]231号	北京大学关于办理北大维信药厂房产事宜的函
北医[2001]232号	北京大学关于《国外医学医院管理分册》申请变更刊名的情况说明
北发[2001]233号	北京大学关于邀请韦钰副部长出席第三次国际认知科学大会专家招待会的请示
北人[2001]234号	北京大学关于王宇钢改英国进修的请示
北函[2001]235号	北京大学关于修复金山寺(生态环境培训基地)方案的请示
北函[2001]236号	北京大学关于北京市北达加油站申请补办规划手续的函
北函[2001]237号	北京大学关于报送银行账户清理自查情况的函
北社[2001]238号	北京大学关于推荐曾毅教授为第四届中华人口奖候选人的请示
北发[2001]239号	北京大学关于请求尽快接通天然气的紧急请示
北产[2001]240号	北京大学关于北京北大青鸟有限责任公司申请资产评估立项的请示
北教[2001]241号	北京大学关于增加"北京大学物理学丛书"项目获奖人数的请示
北资[2001]242号	北京大学关于赠送设备申请免税进口的请示
北医[2001]243号	北京大学关于《医学教育》杂志变更开本的请示
北医[2001]244号	北京大学关于《医学教育》杂志变更页码的请示
北财[2001]245号	北京大学关于报送2002年部门预算的请示
北人[2001]246号	北京大学关于推荐刘宁、吴增定为太古奖学金候选人的请示
北社[2001]247号	北京大学关于调整文科学报结构、创办学术期刊的请示
北医[2001]248号	北京大学关于王德炳书记赴香港参加海峡两岸暨香港地区医学教育研讨会的请示
北人[2001]249号	北京大学关于接收应届毕业生工作的报告
北人[2001]250号	北京大学关于同意免除初鑫钊回国服务两年义务的请示
北人[2001]251号	北京大学关于同意免除王敬华回国服务两年义务的请示
北函[2001]252号	北京大学关于用电增容的请示
北发[2001]253号	北京大学关于五道口、万柳学生公寓建设遇到困难请求帮助解决的请示
北社[2001]254号	北京大学关于北京大学学报出版增刊的请示
北社[2001]255号	北京大学关于申请创办《邓小平理论研究》学术期刊的请示
北人[2001]256号	北京大学关于推荐尹保云、于鸿君、尚新建为富布赖特项目候选人的请示

北财[2001]257号	北京大学关于拟发起设立北京北大药业有限公司申请项目评估立项的请示	
北产[2001]258号	北京大学关于发起设立北京北大药业有限公司的请示	
北人[2001]259号	北京大学关于推荐王镇棣、高杰、徐君为春晖计划学术休假项目候选人的请示	
北基[2001]260号	北京大学关于扩建预防药学楼项目列为2001年施工任务的请示	
北基[2001]261号	北京大学关于建设文科楼群(一期)工程的请示	
北医[2001]262号	北京大学关于解决栾庆先同志夫妻两地分居的请示	
北教[2001]263号	北京大学关于确定国家教学成果奖主要完成单位和获奖人员名单的请示	
北发[2001]264号	北京大学关于在清河地区(中关村科技园区发展区)建设教职工住宅的请示	
北人[2001]265号	北京大学关于签署第四批"长江计划"特聘教授聘任合同的请示	
北发[2001]266号	北京大学关于建设北京大学软件工程学院的请示	
北发[2001]267号	北京大学关于对口支援石河子大学情况的报告	
北社[2001]268号	北京大学关于《市场与人口分析研究杂志》出版增刊的请示	
北医[2001]269号	北京大学关于将高等医学教育技师监控教师培训班纳入教育部骨干教师培训计划的请示	
北医[2001]270号	北京大学关于在北京大学医学部设立美国CGFNS考点的请示	
北医[2001]271号	北京大学关于拟发起设立北京北大药业有限公司申请资产评估项目合规性审核的请示	
北医[2001]272号	北京大学关于认证张嘉学历结果的函	
北继[2001]273号	北京大学关于提高部分成人教育专业收费标准和增设成人教育招生报名考试费的请示	
北函[2001]274号	北京大学关于申请免缴工程贴费的函	
北函[2001]275号	北京大学关于申请免缴技物楼变电室工程贴费的函	
北社[2001]276号	北京大学关于"2001年传记文学国际研讨会"申请经费的请示	
北人[2001]277号	北京大学关于推荐"高校基础课教程任课教师出国研修"项目候选人的请示	
北发[2001]278号	北京大学关于西门外篓斗桥地区拆迁资金落实情况的请示	
北研[2001]279号	北京大学关于2001年博士研究生英语学科考试问题的调查处理报告	
告北医[2001]280号	北京大学关于王德炳等代表赴香港参加海峡两岸暨香港地区医学教育讨论补充说明的请示	
北医[2001]281号	北京大学关于拟派周锦浚同志赴港进行学术访问的请示	
北人[2001]282号	北京大学关于申请教师资格认定授权委托的请示	
北发[2001]283号	北京大学关于成府地区和西校门外拆迁和环境整治工作报告	
北研[2001]284号	北京大学关于2001年博士研究生录取工作遗留问题的请示	
北研[2001]285号	北京大学关于选派国家奖学金项目留学人员的请示	
北基[2001]286号	北京大学关于翻建材料库房的请示	
北基[2001]287号	北京大学关于理科4号楼报建说明的报告	
北教[2001]288号	北京大学关于推荐姚西蒙等12名学生出国留学的请示	
北发[2001]289号	北京大学关于申请出版2002年《多媒体广场》光盘杂志的请示	
北基[2001]290号	北京大学关于建设社科人才高级培养基地的请示	
北财[2001]291号	北京大学关于报送学校第三季度会计报表的报告	
北医[2001]292号	北京大学关于解决王勇同志夫妻两地分居的请示	
北发[2001]293号	北京大学关于"北京大学软件工程学院"建设选址问题的请示	
北研[2001]294号	北京大学关于报送2002年研究生招生规模的请示	
北财[2001]295号	北京大学关于申请专项设备费的请示	
北发[2001]296号	北京大学关于上报学生军训工作先进学校评选材料的请示	
北教[2001]297号	北京大学关于李宁宁更改姓名的请示	
北人[2001]298号	北京大学关于上报2001年度享受政府特殊津贴候选人的请示	
北研[2001]299号	北京大学关于推荐国家奖学金项目留学人员的请示	
北发[2001]300号	北京大学关于修复金仙庵(生态环境培训基地)方案的请示	
北发[2001]301号	北京大学关于《基督教与近代中西文化》一书有关问题的请示	

文号	标题
北医[2001]302号	北京大学关于《医疗设备信息》杂志就更主办单位的请示
北医[2001]303号	北京大学关于《中国优生优育》杂志更名为《中国生育健康》杂志的请示
北医[2001]304号	北京大学关于《中国优生优育》杂志变更刊期的请示
北医[2001]305号	北京大学关于《中国优生优育》杂志变更主编的请示
北医[2001]306号	北京大学关于《中国优生优育》杂志2001年出版增刊的请示
北医[2001]307号	北京大学关于《中国糖尿病杂志》增加页码的请示
北医[2001]308号	北京大学关于拟于接收军队转业干部周茜同志来校工作的请示
北发[2001]309号	北京大学关于西门外楼斗桥地区拆迁资金落实情况的紧急报告
北人[2001]310号	北京大学关于徐信忠教授回国工作定居的请示
北自[2001]311号	北京大学关于申请给予"北京现代物理中心"教育部实验室待遇的请示
北基[2001]312号	北京大学关于报送医学部药学楼接建项目的初步设计及概算的请示
北资[2001]313号	北京大学关于赠送仪器申请免税进口的请示
北资[2001]314号	北京大学关于赠送仪器申请免税进口的请示
北人[2001]315号	北京大学关于同意免除蒋庆堂回国服务两年义务的请示
北人[2001]316号	北京大学关于同意免除陈蓓回国服务两年义务的请示
北医[2001]317号	北京大学关于执行医师资格考试与医学人才培养之间有关问题的请示
北发[2001]318号	北京大学关于解决许德贞博士的儿子居住权问题的请示
北基[2001]319号	北京大学关于自筹资金改造电网设施情况的请示
北发[2001]320号	北京大学关于西门周边环境整治问题的请示
北研[2001]321号	北京大学关于上报《北京大学"十五"学科建设规划》的报告
北资[2001]322号	北京大学关于蒋家胡同7号院房屋产权问题的报告
北资[2001]323号	北京大学关于赠送仪器申请免税进口的请示
北人[2001]324号	北京大学关于申请拨付"长江奖励计划讲座岗位奖励津贴"的请示
北财[2001]325号	北京大学关于MBA联考、硕士生入学单独考试及博士入学考试报名考试费的请示
北基[2001]326号	北京大学关于北达加油站校内异地翻建的请示
北医[2001]327号	北京大学关于紧急申请医学部学生宿舍改造等工程经费的请示
北发[2001]328号	北京大学关于考古学系与美国哈佛大学人类学系合作进行"中国水稻起源的考古研究"的请示
北人[2001]329号	北京大学关于同意免除徐玮斌回国服务两年义务的请示
北人[2001]330号	北京大学关于同意免除孔亚丽回国服务两年义务的请示
北基[2001]331号	北京大学关于考古教学楼绿化审批的请示
北财[2001]332号	北京大学关于申请"留学回国博士"专项经费的请示
北产[2001]333号	北京大学关于成立"北京北大基因研究中心"的请示
北函[2001]334号	北京大学关于拟邀请刘淇市长、林文漪副市长、汪光焘副市长、刘敬民副市长出席庆祝"侯仁之先生九十华诞从教六十五年大会"的函
北发[2001]335号	北京大学关于篓斗桥地区土地使用问题的报告
北发[2001]336号	北京大学关于篓斗桥地区拆迁经费问题的报告
北发[2001]337号	北京大学关于篓斗桥地区土地使用问题的报告
北资[2001]338号	北京大学关于赠送图书申请免税进口的请示
北发[2001]339号	北京大学关于二十集团军驻北大军事教员组工作情况的报告
北发[2001]340号	北京大学关于请张保庆副部长为北京大学勺园建园二十周年题词的请示
北发[2001]341号	北京大学关于拟对泥湾盆地马圈沟和大长染两处旧石器文化遗址剖面进行地层年代采样工作的请示
北发[2001]342号	北京大学关于中德高科技合作项目"北京大学超导加速器"申请经费的请示
北人[2001]343号	北京大学关于申报2000年应届毕业生接收计划的请示
北发[2001]344号	北京大学关于公开出版《北京大学教育评论》的请示
北医[2001]345号	北京大学关于上报《中央级普通高等学校修购专款》的请示

北发[2001]346号	北京大学关于横穿中关村北路建设电缆隧道的请示
北发[2001]347号	北京大学关于篓斗桥地区土地使用问题的紧急报告
北人[2001]348号	北京大学关于解决张雄同志夫妻两地分居的请示
北人[2001]349号	北京大学关于解决程玉芹同志夫妻两地分居的请示
北人[2001]350号	北京大学关于解决王波同志夫妻两地分居的请示
北人[2001]351号	北京大学关于解决何东风同志夫妻两地分居的请示
北人[2001]352号	北京大学关于解决徐芳同志夫妻两地分居的请示
北人[2001]353号	北京大学关于解决王锡锌同志夫妻两地分居的请示
北人[2001]354号	北京大学关于解决胡敉瑞同志夫妻两地分居的请示
北人[2001]355号	北京大学关于解决张贵龙同志夫妻两地分居的请示
北人[2001]356号	北京大学关于申请调入马尽文教授的请示
北发[2001]357号	北京大学关于科技发展中心二期工程申请免交市政公用设施建设费的请示
北发[2001]358号	北京大学关于组建北京大学出版集团工作中若干问题的请示
北继[2001]359号	北京大学关于申报2002—2003学年度接受进修教师的请示
北医[2001]360号	北京大学关于聘请Barbara Lynn Hoffman女士讲授医学英语的请示
北自[2001]361号	北京大学关于同意周乐桂教授申报"中新联合研究计划"项目的报告
北产[2001]362号	北京大学关于北大青鸟有限责任公司资产评估确认的请示
北财[2001]363号	北京大学关于报送2002年购汇人民币预算的请示
北产[2001]364号	北京大学关于"北京大学实创新技术公司"和"北京大学物理系工厂"资产评估立项的请示
北发[2001]365号	北京大学关于拟举办"二十一世纪的物理学和中国的发展"CUSPEA学者研讨会的请示
北医[2001]366号	北京大学关于办理张岫屏同志落户的请示
北教[2001]367号	北京大学关于增设本科生应用物理学专业的请示
北医[2001]368号	北京大学关于在英语专业方向增加"生物医学英语"专业招生的请示
北研[2001]369号	北京大学关于补充推荐国家奖学金项目留学人员的请示
北自[2001]370号	北京大学关于同意罗静初教授申报"中澳科技合作资金"项目的报告
北自[2001]371号	北京大学关于同意龚旗煌教授申报"中澳科技合作资金"项目的报告
北基[2001]372号	北京大学关于医学部尸体库扩建工程的立项请示
北基[2001]373号	北京大学关于医学部新建城内学生宿舍楼的立项请示
北基[2001]374号	北京大学关于医学部建设留学宿舍楼项目的立项请示
北基[2001]375号	北京大学关于医学部13号住宅楼改造工程的请示
北财[2001]376号	北京大学关于招收艺术、体育特长生收取初试、复试费的请示
北财[2001]377号	北京大学关于上报2002年修购专项2002年预算表的函
北资[2001]378号	北京大学关于赠送仪器申请免税进口的请示
北研[2001]379号	北京大学关于同意免除成庆民回国服务义务的请示
北发[2001]380号	北京大学关于解决万柳学生公寓交通问题的请示
北基[2001]381号	北京大学关于建设开团站及电缆隧道问题的请示
北基[2001]382号	北京大学关于建设附小学生宿舍立项问题的请示
北自[2001]383号	北京大学关于申请"王宽诚教育基金会"资助外国专家来华讲学的请示
北资[2001]384号	北京大学关于捐赠科教用品申请进口的请示
北研[2001]385号	北京大学关于申请将信号与信息处理等学科列入全国高校重点学科的请示
北自[2001]386号	北京大学关于撤消秦国刚等人中国高校科学技术奖的报告
北医[2001]387号	北京大学关于人民医院高血压医疗设备专项拨款的请示
北产[2001]388号	北京大学关于上报《〈关于北京大学清华大学规范构办企业管理体制试点指导意见〉实施方案》的请示
北发[2001]389号	北京大学关于西门周边环境整治资金问题的请示
北财[2001]390号	北京大学关于中国教学仪器设备总公司并入北京北大方正集团有关情况的报告
北医[2001]391号	北京大学关于提请最高人民法院对北京市高级人民法院(2000)高经再终字第494号《民

	事判决书》进行提审并暂缓执行的请示
北财[2001]392号	北京大学关于2001年"行动计划"专项经费预算调整的请示
北函[2001]393号	北京大学关于请中关村科技园区管理委员会会商我校在清河地区进行教职工住宅建设申请的函
北发[2001]394号	北京大学关于请刘淇市长帮助解决我校教职工住宅困难的请示
北教[2001]395号	北京大学关于申请自主设置本科生专业审批权的请示

表彰与奖励

"长江学者奖励计划"教授

批准批次	岗位名称	姓 名	备注
1	基础数学	田 刚	
1	基础数学	夏志宏	
1	纳米科学与技术	彭练矛	
1	纳米科学与技术	刘忠范	
1	凝聚态物理	欧阳颀	
1	光学	龚旗煌	
1	生物化学与分子生物学	邓兴旺	
1	计算机应用	阳振坤	
1	流体力学	佘振苏	
1	流体力学	陈十一	第二批签合同
2	计算数学	鄂维南	讲座教授
2	计算数学	许进超	讲座教授
2	高分子化学与物理	程正迪	讲座教授
2	无机化学	严纯华	
2	物理化学	赵新生	
2	天体物理学	刘晓为	
2	细胞生物学	舒红兵	
2	生物化学及分子生物学	罗 明	讲座教授
2	信号与信息处理	查洪彬	
2	自然地理学	周力平	
3	基础数学	张继平	
3	计算机软件与理论	丛京生	讲座教授
3	粒子物理与原子核物理	孟 杰	
3	遗传学与发育生物学	赵进东	
3	生物技术	邓宏魁	讲座教授
3	细胞生物学	程和平	
3	固体地球物理学	陈晓非	
3	自然地理学	陶 澍	
3	环境科学	朱 彤	
3	有机化学	杨 震	
4	固体地球物理学	陈永顺	
4	遗传学及发育生物学	朱玉贤	
4	理论化学	刘文剑	
4	有机化学	席振峰	
4	理论物理	马伯强	
4	基础数学	王诗宬	
4	概率论与数理统计	刘 军	讲座教授
4	生物化学及分子生物学	夏 斌	
4	无线电物理	金长文	
4	一般力学与力学基础	王 龙	
4	化学生物学	来鲁华	
2	免疫学	高晓明	
3	生理	王 宪	
3	药物化学	叶新山	
3	心血管分子生物学	刘国庆	第四批签合同
3	免疫学	吴 励	讲座教授
4	心血管分子生物学	李凌松	
4	内科肾脏病学	汪 涛	
4	免疫学	杨逢春	

"教学优秀奖"获得者

单位	姓名	单位	姓名
数学科学学院	程士宏 黄少云	国际关系学院	杨朝辉
物理学院	钟锡华 段家怃	政治学与行政管理系	魏明康
	许方官 乔国俊	经济学院	叶静怡
力学与工程科学系	李植	光华管理学院	张志学
地球物理学系	胡天跃	法学院	潘剑锋 沈岿
电子学系	董太乾	社会学系	李猛
计算机科学技术系	许卓群 张天义	信息管理系	张积
化学与分子工程学院	田桂玲 赵新生	马克思主义学院	宋国兴
生命科学学院	程红	中国经济研究中心	海闻
地质学系	郑海飞	教育学院	高利明
城市与环境学系	李国平	对外汉语中心	李海燕
心理学系	侯玉波	体育教研部	马立军
中国语言文学系	宋绍年	基础医学院	马大龙
历史学系	许平	药学院	李荣昌
考古学系	张辛	第一临床医学院	高嵩
哲学系	陈来	第二临床医学院	吕厚山
艺术学系	马清	第三临床医学院	乔杰
外国语学院	史习成 顾嘉琛		

奖教金获得者

姓 名	单 位	奖项名称	姓 名	单 位	奖项名称
王大鹏	电子学系	宝洁	蒋建成	数学科学学院	岗松
康晋锋	计算机科学技术系	宝洁	王骏	哲学系	岗松
李维红	化学与分子工程学院	宝洁	张锦	化学与分子工程学院	岗松
柴真	生命科学学院	宝洁	赵智杰	环境科学中心	岗松
林源渠	数学科学学院	宝洁	路菁	考古系	岗松
安金珍	地球物理系	宝洁	王军	信息管理系	岗松
王若鹏	物理学院	宝洁	徐仁新	物理学院	岗松
刘才山	力学与工程科学系	宝洁	陈功	人口所	岗松
郝福英	生命科学学院	东宝	于铁军	国际关系学院	岗松
程红	生命科学学院	东宝	余潜	体育教研部	岗松
高崇明	生命科学学院	东宝	王轶	法学院	岗松
李道新	艺术学系	岗松	王枫	中文系	岗松

姓　名	单　位	奖项名称	姓　名	单　位	奖项名称
施建淮	经济中心	安泰（个人）	姚志勇	经济学院	安泰（个人）
赵玉萍	电子学系	安泰（个人）	袁　诚	经济学院	安泰（个人）
张奇涵	化学与分子工程学院	安泰（项目）	方　敏	经济学院	安泰（个人）
杨延军	电子学系	安泰（项目）	张智勇	法学院	安泰（个人）
卢　锋	经济中心	安泰（个人）	陈跃红	中文系	安泰（个人）
王新超	光华管理学院	安泰（个人）	刘子瑜	中文系	安泰（项目）
李　琦	光华管理学院	安泰（个人）	关　平	地质系	安泰（个人）
杨云红	光华管理学院	安泰（项目）	吴朝东	地质系	安泰（个人）
苏都莫日根	生命科学学院	安泰（个人）	师曾志	新闻与传播学院	安泰（个人）
吴　岚	数学科学学院	安泰（个人）	李新峰	历史系	安泰（项目）
孙尚扬	哲学系	安泰（个人）	牛　可	历史系	安泰（个人）
吕肖庆	计算机所	安泰（项目）	黄清华	力学与工程科学系	安泰（项目）
赵广英	环境科学中心	安泰（个人）	陈　斌	力学与工程科学系	安泰（个人）
郭文革	教育学院	安泰（个人）	康沛竹	马克思主义学院	安泰（个人）
付绥燕	地球物理系	安泰（个人）	黄桂田	经济学院	花旗银行
王　迅	考古系	安泰（个人）	孙　薇	经济学院	花旗银行
刘　宏	信息科学中心	安泰（个人）	李　权	经济学院	花旗银行
袁瑞军	政治学与行政管理系	安泰（个人）	吕随启	经济学院	花旗银行
赵旭东	社会学系	安泰（个人）	王一鸣	经济学院	花旗银行
王延飞	信息管理系	安泰（个人）	周建波	经济学院	花旗银行
吴杰伟	外语学院	安泰（个人）	张元鹏	经济学院	花旗银行
褚　敏	外语学院	安泰（项目）	张　延	经济学院	花旗银行
陈思红	外语学院	安泰（个人）	章　政	经济学院	花旗银行
荀　坤	物理学院	安泰（个人）	刘　怡	经济学院	花旗银行
张建玮	物理学院	安泰（个人）	徐天进	考古系	树仁
张国辉	物理学院	安泰（项目）	严洪杰	化学与分子工程学院	树仁
吴建华	物理学院	安泰（项目）	叶抗生	数学科学学院	树仁
周　云	人口所	安泰（个人）	王彩琴	外语学院	树仁
王福春	国际关系学院	安泰（个人）	赵　强	物理学院	树仁
李保平	国际关系学院	安泰（个人）	徐爱国	法学院	树仁
刘　铮	体育教研部	安泰（个人）	王河锦	地球物理系	树仁
刘新立	经济学院	安泰（项目）	王一心	计算中心	摩托罗拉
郑　伟	经济学院	安泰（个人）	王兆江	计算机科学技术系	摩托罗拉

姓 名	单 位	奖项名称	姓 名	单 位	奖项名称
陈向群	计算机科学技术系	摩托罗拉	马 真	中文系	桐山(特)
刘 学	光华管理学院	摩托罗拉	李大遂	汉语中心	桐山
白书农	生命科学学院	摩托罗拉	丁 宁	艺术学系	桐山
周祖胜	计算机所	摩托罗拉	胡建颖	光华管理学院	桐山
高淑清	外语学院	摩托罗拉	关旭东	计算机科学技术系	桐山
韩加明	外语学院	摩托罗拉	魏常海	哲学系	桐山
萧文革	体育教研部	摩托罗拉	李中华	哲学系	桐山
萧国亮	经济学院	摩托罗拉	张新祥	化学与分子工程学院	桐山
王志军	电子学系	摩托罗拉	唐晓峰	城市与环境学系	桐山
王世洲	法学院	摩托罗拉	任明达	城市与环境学系	桐山
殷洪玺	电子学系	柯达	安成才	生命科学学院	桐山
于江生	计算机科学技术系	柯达	陈维桓	数学科学学院	桐山
吴於茜	方正研究院	柯达	钱敏平	数学科学学院	桐山
杨 斌	方正研究院	柯达	毛志锋	环境科学中心	桐山
马 捷	光华管理学院	通用电气	李文利	教育学院	桐山
王明进	光华管理学院	通用电气	吴艳红	心理系	桐山
吴必虎	城市与环境学系	通用电气	臧绍先	地球物理系	桐山
冯会芙	地球物理系	通用电气	马世长	考古系	桐山
韩玉真	化学与分子工程学院	通用电气	李成言	政治学与行政管理系	桐山
刘 能	社会学系	通用电气	刘建波	地质系	桐山
柯彦玢	外语学院	通用电气	张 骐	法学院	桐山
顾巧巧	外语学院	通用电气	肖东发	新闻与传播学院	桐山
张亚伟	物理学院	通用电气	徐万民	历史系	桐山
许振洲	国际关系学院	通用电气	刘祖熙	历史系	桐山
王 娟	中文系	通用电气	王建祥	力学与工程科学系	桐山
刘文忻	经济学院	通用电气	祖嘉和	马克思主义学院	桐山
秦 善	地质系	通用电气	李先卉	物理学院	桐山
金 野	电子学系	通用电气	尹道乐	物理学院	桐山
丁文魁	计算机科学技术系	通用电气	高政祥	物理学院	桐山
刘 田	计算机科学技术系	通用电气	林勋建	国际关系学院	桐山
李 君	力学与工程科学系	通用电气	潘 维	国际关系学院	桐山
黄小寒	马克思主义学院	通用电气	李 海	体育教研部	桐山
曹维孝	化学与分子工程学院	桐山(特)	刘勇强	中文系	桐山

姓　名	单　位	奖项名称	姓　名	单　位	奖项名称
吴玺宏	信息科学中心	桐山	李本纲	城市与环境学系	正大
程为敏	社会学系	桐山	孙久荣	生命科学学院	正大
唐　军	社会学系	桐山	朱学贤	数学科学学院	正大
秦铁辉	信息管理系	桐山	董镇喜	数学科学学院	正大
王文融	外语学院	桐山	丰子义	哲学系	正大
赵德明	外语学院	桐山	田　玲	教育学院	正大
陶　澍	城市与环境学系	桐山	甘怡群	心理学系	正大
潘文石	生命科学学院	杨芙清-王阳元院士（特）	李　康	社会学系	正大
梁庆林	电子学系	杨芙清-王阳元院士	仲跻昆	外语学院	正大
张利春	计算机科学技术系	杨芙清-王阳元院士	金景一	外语学院	正大
梅　宏	计算机科学技术系	杨芙清-王阳元院士	傅增有	外语学院	正大
朱　彤	环境科学中心	杨芙清-王阳元院士	毛节泰	物理学院	正大
李　忠	数学科学学院	杨芙清-王阳元院士	王稼军	物理学院	正大
刘意青	外语学院	杨芙清-王阳元院士	俎栋林	物理学院	正大
王福堂	中文系	杨芙清-王阳元院士	杨保筠	国际关系学院	正大
蔡　华	社会学系	杨芙清-王阳元院士	刘剑文	法学院	正大
叶静怡	经济学院	杨芙清-王阳元院士	陈保亚	中文系	正大
李克安	化学与分子工程学院	宝钢（特）	史　諨	地质系	正大
方精云	城市与环境学系	宝钢	颜海英	历史系	正大
高崇寿	物理学院	宝钢	赵进中	历史系	正大
陈占安	马克思主义学院	宝钢	李　植	力学与工程科学系	正大
谢秋菲	口腔医学院	宝钢	邱尊社	马克思主义学院	正大
丁明孝	生命科学学院	正大（特）	吴文刚	计算机科学技术系	华为
赵家祥	哲学系	正大（特）	代亚非	计算机科学技术系	华为
马文韬	外语学院	正大（特）	刘惟敏	电子学系	华为
舒幼生	物理学院	正大（特）	吴建军	电子学系	华为
叶安培	电子学系	正大	孙文祥	数学科学学院	华为
张兴华	计算中心	正大	王春梅	数学科学学院	华为
张立昂	计算机科学技术系	正大	莫小欢	数学科学学院	华为
戴乐蓉	化学与分子工程学院	正大	陈玲秀	研究生院	华为
李树芳	现代教育技术中心	正大	董礼国	研究生院	华为
高宏成	化学与分子工程学院	正大	冯　丹	研究生院	华为
陈效逑	城市与环境学系	正大			

优秀德育奖

单位	姓名
医学部	刘宏伟 袁红利 周蕾 贾春红
力学与工程科学系	于年才
物理系	董晓华
地球物理系	臧绍先
电子学系	郭瑛
计算机系	魏引树
化学与分子工程学院	李支敏
生命科学学院	沈扬
地质学系	王德明
城市与环境学系	任秀生
中国语言文学系	蒋朗朗
历史学系	马春英
考古文博院	雷兴山
哲学系	张晓黎
经济学院	张小强
法学院	韩流
社会学系	吴宝科
政治学与行政管理系	江荣海
外国语学院	李桂霞
马克思主义学院	李毅红
艺术学系	李静
团委	刘颖 王干
学生工作部	陈炜 杨爱民 方伟

优秀班主任奖

一等奖(8人)

单位	姓名
计算机科学技术系	刘田
化学与分子工程学院	田桂玲
心理学系	吴艳红
国际关系学院	于铁军
光华管理学院	张圣平
政治学与行政管理系	王丽萍
马克思主义学院	仓道来
公共卫生学院	丁磊

二等奖(26人)

单位	姓名
数学学院	夏壁灿
力学系	周文灵
物理学系	王若鹏
地球物理系	雷军
技术物理系	赵广英
电子学系	殷洪玺
化学与分子工程学院	黄爱今
生命科学学院	王东辉
地质学系	王长秋
城市与环境学系	田绍舆
中国语言文学系	杨铸
历史学系	臧运祜
哲学系	吴增定
国际关系学院	梅然
经济学院	刘群艺
法学院	沈岿
信息管理系	刘嘉
社会学系	熊跃根
外国语学院	刘杉杉 高一虹 咸蔓雪
艺术学系	徐金灿
药学院	陈斌斌
人民医院	殷晓丽
基础医学院	祝红
第一临床医院	阎红

三等奖(56人)

单位	姓名
数学学院	史宇光 潘家柱 甘少波
力学系	李植
物理学系	连贵君 高巧君
地球物理系	赵强 汪晓滨
技术物理系	刘建国
电子学系	刘安培
计算机系	于民 王捍贫 王雁 张宁
化学与分子工程学院	刘淑珍 高苏

生命科学学院	张文霞 姚锦仙		法学院	梁根林 蔡志敏
	白书农 官　山			叶元生 张　婕
地质学系	徐　备		信息管理系	王林兰
城市与环境学系	曹广忠 蒙吉军 李迪华		外国语学院	滕　军 王　军 付志明
环境科学中心	孙卫玲			黄　颖 周林飞 谷　裕
汉语中心	王海峰		中日友好医院	崔爱琴
中国语言文学系	常　森		药学院	刘　鹏
历史学系	彭小瑜		第一临床医学院	向妮娟 张道俭 曹建一
考古学系	路　菁		积水潭医院	宋　红
国际关系学院	黄宗良 张锡镇		护理学院	邹　红 张培珺
经济学院	郑　伟 李绍荣		公共卫生学院	周海莎
光华学院	杨红云 刘　学		第三临床医学院	王织云

北京大学优秀班集体

数学科学学院	00级2班(本)		经济学院	国际金融98级本科班
电子学系	99级1班(本)		光华管理学院	00级硕士班
化学与分子工程学院	98级3班(本)		法学院	法学2000级硕士班
化学与分子工程学院	99级1班(本)		政治学与行政管理系	00级本科班
生命科学学院	00级1班(本)		外国语学院	英语99级研究班
城市与环境学系	99级博士班		外国语学院	朝语00级本科班
城市与环境学系	自然地理学98级本科班		马克思主义学院	00级硕士班
信息科学中心	研究生班		第一临床医学院	临床98级4班(本)
历史学系	00级本科班		中日友好临床医学院	临床97级7班(本)
考古文博院	99级硕士班		公共卫生学院	预防97级本科班
哲学系	98级本科班		药学院	药理97级本科班
国际关系学院	99级本科班			

党务和思想政治工作先进集体(13个)

数学科学学院党委	纪委办公室　监察室
力学与工程科学系党委	药学院党委
技术物理系党委	第三医院党委
历史学系党委	第一医院党委
外国语学院党委	民进北大委员会
后勤党委	九三学社北医委员会
图书馆党委	

党务和思想政治工作优秀个人

一等奖——李大钊奖名单(11人)

王春梅：历史学系党委书记　研究员
刘宇辉：党委办公室、校长办公室主任　副研究员
关烨第：化学与分子工程学院教授
卢咸池：统战部部长　研究员
仲维英：地球物理系党委书记　高级工程师
仝　华：马克思主义学院副院长　副教授
严敏杰：计算机系党委副书记　学生工作组组长兼系团委书记　助教
贾建文：第三医院党委书记　教授
洪和根：药学院党委书记　研究员
管仲军：医学部党委组织部部长　助理研究员
韩汝琦：民革北京市委员会主委　北京市政协副主席　计算机系微电子所教授

二等奖名单(71人)

田立青：数学科学学院党委副书记　副研究员
丘维声：数学科学学院代数几何与微分方程党支部书记　教授
邹　惠：力学与工程科学系学生工作办公室副主任　讲师
黄巧荣：力学与工程科学系党委副书记　副研究员
周维金：技术物理系离退休党支部书记　教授
李　能：化学与分子工程学院物理化学研究所党支部书记　副教授
戴乐蓉：化学与分子工程学院胶化党支部书记　教授
沈　扬：生命科学学院党委副书记　学生工作办公室主任　副教授
任时仁：生命科学学院工会主席　高级工程师
魏中鹏：电子学系团委书记兼校团委副书记　本科生党支部书记　讲师
栾桂冬：电子学系教授
白志强：地质学系党委副书记　工会主席　教授
夏正楷：城市与环境学系地貌党支部书记　教授
肖　健：心理学系党委书记　教授
蒋朗朗：中文系党委副书记　副教授
曹亦冰：中文系古文献党支部书记　副研究员
张衍田：历史学系中国古代史党支部书记　教授
赵朝洪：考古学系党委书记　教授
束鸿俊：哲学系党委副书记　学生工作办公室主任　讲师
梁云祥：国际关系学院97级本科生党支部书记　副教授
王福春：国际关系学院工会主席　研究生工作组组长　副教授
龚文东：法学院院长助理　学生工作组组长　讲师
朴文丹：法学院党委委员　党委秘书　院务办公室副主任　助理研究员
段明莲：信息管理系党委组织委员　副教授
刘旭东：社会学系党委书记　学生工作办公室主任　系办公室主任　讲师
杨　松：政治学系党委副书记　学生工作办公室主任　助教
吴新英：外国语学院党委书记　研究员
李桂霞：外国语学院党委书记　副教授
侯玉杰：马克思主义学院党委副书记　学生工作组组长　副研究员
李保忠：成人教育学院办公室副主任　助理研究员
赵为民：党委宣传部部长　研究员
王淑文：党委组织部干部室　研究员
曲春兰：纪委监察室党支部书记　副研究员
刘长友：保卫部副部长　党支部副书记　实验员
张　芳：党委办公室、校长办公室副主任　助理研究员
李国斌：机关二党委副书记　继续教育部部长　研究员
于素荣：汉语教学中心党支部书记　办公室主任　副研究员
董德刚：教务部党支部书记　助理研究员
何淑云：社会科学部党支部书记　研究员
刘宝栓：后勤党委副书记　副研究员
张振铎：后勤离退休党支部书记
崔芳菊：餐饮中心党支部书记　主任　研究员
王立建：校医院党委纪检委员　主管药师
冯金梅：北大附中党委组织委员兼行政后勤党支部书记　一级教师
刘秋云：方正集团党委书记　副总裁　研究员
蒋自媛：青鸟集团党总支部书记　工会副主席
修亚冬：街道办事处机关一支部党支部书记　综合办公室主任　助理研究员
蒋学祥：第一医院党委书记、教授

殷　悦：第一医院眼科党支部书记、副主任医师
杨　斌：第一医院党办副主任、团委书记、技师
张惠霞：第一医院护理部党支部书记、副主任护师
丁秀兰：人民医院急诊科党支部书记、副主任、教授
郭静竹：人民医院科研处党支部书记、副处长、副主任医师
刘凤云：第三医院党院办党支部书记、副主任　助理研究员
刘幸芬：第三医院老干部处党支部书记、处长　助理研究员
洪　伟：口腔医院修复科党支部书记、副主任医师
黄敏娴：口腔医院颌面外科党支部书记、主任医师
齐加良：肿瘤医院后勤服务公司党支部书记、高级电工
冯　健：精研所党办主任、助理研究员
朱永红：基础医学院微生物学系党支部书记、副教授
杜永香：药学院党院办主任、助理研究员
丁　磊：公共卫生学院团委书记、助教
王　丽：护理学院学办党支部书记、讲师
迟春霞：医学部团委书记、讲师
陆银道：医学部出版社支部书记、社长、副研究员
王维珍：医学部后勤服务总公司后勤机关党支部书记、党办主任
高巧君：民进北大委员会主委　物理学院教授
许保良：九三北大委员会主委　地质学系教授
范家栋：民盟北医基层委员会主委　第三医院主任医师
林琬生：九三北医委员会主委　公共卫生学院研究员
于长隆：致公党市委副主委、中央委员　第三医院教授

党务和思想政治工作奉献奖名单(100人)

力学与工程科学系
于年才　张瑞云
生命科学学院
余瑞元　崔克明　陈耀堂
电子学系
程光裕　栾桂冬　郝永成　吴兰芳　郭　瑛
地质学系
郝维城
中文系
费振刚　董丽芬
信息管理系
张锦英
政治学与行政管理系
谢庆奎　陈庆云

成人教育学院
宋心才　李保忠　杨秀岚
一机关
母金玲　曲春兰　靳　毅　周　爽　王冬云
后勤
宁示敏　张鸿奎　李韵梅　李少庄　刘宝栓　李贡民
王　忠　于泽江　骆　信　刘悦清　崔芳菊　孟俊国
杨运媛
出版社
周月梅　李宝屏　刘彦文　沈少周
校医院
付　新
北大附中
董灵生
街道
张书仁　何敬仁
北大医院
付克让　阎　红
人民医院
李　颖
第三医院
张　寰　方德本　杨连启　梁桂莲
口腔医院
张震康　王雨之　石广香
肿瘤医院
李吉友　韩翠娥　万文徽　徐光炜
基础医学院
张　远　房亚力　白惠卿
药学院
洪和根　高秀云　解冬雪　李玉连
公卫学院
赵俊普
护理学院
张培君
社文部
徐天民
医学部机关
彭瑞骢　马熙允　田庆兰　王赤民　王儒珍　张　质
姚树印　徐桂珍　杨　志　张贵业　张琨然　曹盛容
杜嘉祺　陈淑华　谭　立　李桂芬　石敬慈　赵卫华
刘淑英　方红韬　王文英　许连陆　郭述贤　陶纪国
易本兴　王长达　程伯基　王振铎
医学部后勤
郭富堂
医学部产业
杨群志　侯建新

学生奖励获得者

北京市优秀学生干部名单

法学院　傅雪蓓
信息管理系　韩圣龙
法学院　王昕
哲学系　陈宝剑
地质学系　戚国伟
经济学院　王飞
城市与环境学系　祁黄雄　俞奉庆
生命学院　张瑶
哲学系　李军会
数学科学学院　周臻
光华管理学院　冒大卫
公共卫生学院　吕聪
基础医学院　郑日亮
药学院　刘忆霜
第三临床医学院　宋纯理

2001年北京市三好学生名单

考古系　王琳琳
经济学院　刘佳
生命科学学院　王莉江
力学系　舒南江　傅琦
马克思主义学院　张一　郭可坤
物理学院　穆良柱　贾珣
政治学与行政管理系　汤杰
哲学系　周佳梅
地球物理系　黄慧　季永杰
数学科学学院　吴思思　刘苏
地质学系　王欢　李强
城市与环境学系　左谦
新闻与传播学院　杨虎
法学院　夏春利
光华管理学院　石岳
计算机系　邱迪　李欣
电子学系　虞南方
外国语学院　王灏　胡晓庆　魏巍　秦杰
化学与分子工程学院　谢佳
国际关系学院　孙志强

基础医学院　王婷　李玲
药学院　张娟
公共卫生学院　刘芃
护理医学院　黄晶
第一临床医学院　于扬　尚鹊
第二临床医学院　高鹏骥
第三临床医学院　徐伟仙
积水潭医院　于峥嵘
中日友好临床医学院　王娜
口腔医学院　丁鹏

三好学生标兵

数学科学学院
刘苏　周娜　刘京辰　吴思思　梁爽　邢浩
林宗芳
力学与工程科学系
傅琦　舒南江　孟昭龙
物理学院
纪丽丽　屈强　季永杰　贾珣　齐明鑫　穆良柱
孟铁军
地球物理系
黄慧
电子学系
张建伟　贾玉婷　虞南方　祝曙光
计算机科学技术系
李大磊　高晓洁　潘文斌　李欣　邱迪　贾西贝
韩华
化学与分子工程学院
谢佳　王飒　傅丹　董广彬　林泰　姜晓成
李琪　刘广
生命科学学院
聂书怡　赵卫星　石锐　滕林　田萌　曹玮
陈彦丞　王莉江
地质学系
王欢　李强
城市与环境学系
左谦　陈杨　王雅琴　傅泽强
心理学系
万迅　张剑

中国语言文学系
于浩淼　张淼　金锐　翁阳　金永兵
历史系
冯楠　薛松
考古文博院
王琳琳　秦岭
哲学系
周佳梅　孟令朋
国际关系学院
孙志强　周玲　张海涛　林辉撑　张妍
经济学院
刘佳　李荻　王海民　晏萌　冯煜　刘志颖
阳穆哲　张树峰
光华管理学院
张鹏　李芳　王斐　张元　石岳　范元宁
郭瑛英
法学院
夏春利　陆艳平　吴敏　柏林　王绍乐　赵辉
杨春媛　付立庆　汪永乐　郭雳
信息管理系
冯兰晓　郑清文
社会学系
宋婧　包胜勇
政治学与行政管理系
梁江　汤杰　王冬欣
外国语学院
王名南　秦杰　王灏　胡晓庆　魏巍　刘英军
赵剑英
马克思主义学院
张一　肖银　郭可坤
新闻与传播学院
杨虎　周爱华
中国经济研究中心
郭凯
环境科学中心
缪国芳
基础医学院
方燕姗　金聪　谷士贤　梅枚　郑日亮　白瑾
吴嘉媛　王婷
药学院
芮妍芳　田晓明　张娟　刘忆霜　梅振东　杨天智
公共卫生学院
刘苋　吴盛　段立嵘
护理学院
张瑛　曾淳　杜忆
第一临床医学院
刘旸　张雯　贾汝静　王悦

第二临床医学院
彭清
第三临床医学院
徐伟仙　郭钧
第四临床医学院
于峥嵘
中日友好临床医学院
王娜
口腔医学院
丁鹏　周治波

创新奖

数学科学学院
郝学森　方烨
物理学院
孙锴　王欣　谷安佳　戴栋　郑永光
地球物理系
景志成　张海明
电子学系
许北雪
计算机科学技术系
谭佳　杜刚
化学与分子工程学院
俞彬　闵玮　孙琳　江林
生命科学学院
陆剑　倪挺　焦建伟　季清洲　周波
地质学系
王祺
城市与环境学系
彭建　陈安平
中国语言文学系
陈佳勇　施春宏
历史系
谢丰斋
哲学系
李之美
国际关系学院
任羽中　杜鹏　汪恒
经济学院
陈丽嘉　周战强
光华管理学院
张新海　郭建南
法学院
刘诗芳　吴迪　李悦　张曦　欧阳泽蔓
曹圣光　卢杰　苗淼　孙远　李佳　罗培新

政治学与行政管理系
唐 睿 陈 伟 杨立华 安卫华
外国语学院
李玉霞
马克思主义学院
郭 峰
人口研究所
方鹏骞
环境科学中心
张 帆

三好学生

数学科学学院
张 鹏 张 蓓 黎 波 樊春鹏 李 季 周栋焯
倪 强 程羽心 李佩繁 熊江涛 肖 寒 张婷婷
江银灯 郝 宁 李 刚 乔 琦 李 睿 李智一
朱永宁 邓 林 陈基琳 王 峰 张 静 王耀君
唐君莉 丁悦静 陈 靖 魏 震 袁立宇 刘 晓
朱歆文 王晓宇 龙 云 王 翀 恽之玮 王文龙
李 鑫 牛 玥 苏 阳 王小康 李金辉 王 烈
殷 浩 邱亚娜 袁珂珂 张雪娟 秦胜潮 李建清
王海辉
力学与工程科学系
程暮林 梅小露 高 娟 刘艾琳 夏书满 刘英婷
赵寒月 黄红波 陈雪梅 杨延涛 刘 海 聂君锋
王 嘉 韩 璐 周春燕 潘海珍 张 恺 潘文潇
王志珍 王丛舜
物理学院
张 瑞 王宇方 李志强 朱 磊 刘明国 李 丹
王万章 王 炜 沈志侠 仇 乐 李 亮 王 莹
孙 亮 杨 帆 林国基 王宇昊 李 可 田 兴
王 彦 祁东晨 李 嘉 乐 旭 林金泰 贾宏博
陈 宇 赵 轶 龙 涛 于海涛 王跃辉 许 轲
王小虎 林 树 段侪杰 张蜜蜜 杨文昌 韩 笑
黄 波 葛 颂 齐 志 杨光林 陈 科 周舰航
谢 旭 徐耿钊 刘湘涛 刘 怡 杨 磊 陈 源
李湘庆 韩宝玺
地球物理系
田 玥 徐 强 周 霁 黄俊伟 贾晓峰 史全岐
王洪光
电子学系
胡宗敏 黎晓晨 高 迪 王 薇 钟 声 鄢毅阳
沈顺泉 王 峥 查海宁 张 渊 杨佳雄 刘艺锋
付 芳 任 申 陈 潭 刘文俊 张宏忠 陈丽丽
刘 鹏 谢 琳 朱贤铭 吴毅凌 李晓旭 徐明波
熊 强 穆家松 付大群 万维强 张利剑 汪海明

谭云华
计算机科学技术系
袁 杰 聂书忻 马 振 赵 晶 阎 哲 董海瀛
刘 菁 凤旺森 孙含欣 董云飞 郑 旋 贺 婷
申峻嵘 杨婵君 苏 杭 许 顺 马梦瑶 朱家稷
吴 琦 王 懿 杨乘默 马文秀 施 澍 银 平
叶玉婷 朱文琪 穆亚东 张 颖 任茂胜 杨 阳
吴大可 韩 翔 徐博卷 杨 涛 林长海 陈金凌
满成圆 李素科 徐 颖 杨胜齐 苟意远 李 斌
王 丽 阎宏飞 秦 超 朱德新 张 宁 彭宇新
化学与分子工程学院
张继华 施建兴 杨珮琳 向 晶 刘 畅 陈 超
毕 洁 孙振宁 李 竹 尹嘉璐 颜 珺 王晶晶
蒋云峰 刘 睿 白 洁 徐常亮 杨雅立 骆亦奇
刘 鹏 阎 墨 王荐文 张 然 齐 玮 阎 昊
王 津 曹晓宇 王 岩 谷田甜 李 晨 江 宇
吕小羽 廖 琪 郑 捷 郑 磊 王 博 王胜地
刘 庄 孟 翔 杨 铭 谢黎明 张文彬 张伟林
曲 鹏 任 亮 应丽贞 苏晓丹 范可强 谢详金
李 勇 王 凡 刘振明 李正全 贾炳楠 张亚龙
焦 鹏 曲朝晖 张 昕 陈继涛 阎 云 范江峰
生命科学学院
李勇青 吕海慧 凌 晨 张然然 张珠强 王 屹
韩 飞 陈 曦 李 薇 于芙蕖 沈杰威 邵毓敏
辛富晓 王明钰 吴 巍 刘 崑 陈 颖 颉 伟
沈抒殚 姜靓靓 李 梦 张 力 曹玉锦 刘 飞
楼 松 李 超 崔 洁 邢 娟 周 翔 庄光磊
王 晶 苏 岳 郑乃中 傅静雁 石广路 徐 楠
卢 静 张 婷 孙闻嘉 李为娟 缪若羽 权陆军
余双全 钟 瑾 蔡国林 李联运 仲寒冰 于 明
王 楠 姬生健 梁允宽 冉文忠
地质学系
张 睿 张 锐 国木子 金 华 赵 金 张 蕤
刘 洁 王 宇 张 静 任康绪 杨 艳 高 翔
孙艳荣
城市与环境学系
王道军 闻 辉 白 萌 肖 渝 于海波 俞 曦
刘 宁 王 颖 金晓辉 冯晓娟 陈燕飞 刘 洋
赵星烁 毕崇明 沈青云 陈路晗 赵珊珊 王 会
叶友斌 晋璟瑶 邹 亮 喻 新 王晓东 梁 洁
沈海花 陈安平 郑 一 张 巍 樊 铧 赵 敏
金 波 王如渊 陈 璟 张 瑛 霍雅勤 杨晓燕
刘 述 林绍福 高 勇
心理学系
张 昕 蒋 毅 李 健 周 斌 高 隽 王慈欣
李 林 茅 玥 王晓春 李 波

中国语言文学系

孙 鹏	李 莉	刘小琴	文 雯	孔令涛	张 娟
张 丽	柴璐璐	辛晓娟	彭姗姗	王振峰	彭春凌
徐丽文	魏 薇	李洪彦	王 媛	林平芳	仲 林
王 璞	陈 勤	汪 洋	邓 芳	于成霞	张咏华
宋 辉	陈洪治	薄 茹	孙 雷	康 丽	孙晓忠
王家康	刘淑丽	成 敏	王立群	赵 彤	

历史系

贾 妍	姜 娜	史 楠	汪 洋	陈嘉渊	冯 陶
张 晗	左 娅	潘 曦	朴 燕	李 睿	周延胜
宋培军	高 洁	洪庆明	林 震	李永胜	何维保
倪玉平					

考古文博院

高 洁	邬 斌	宿正伯	张少倩	盛 洁	陈 瑞
邓 超	吴敏娜	张明东			

哲学系

朱 琴	李科林	罗洁洁	范皑皑	张 鹏	李媛媛
林 翔	王海凤	王 征	李红霞	张 华	刘 畅
补利军	张 军	贾鸿飞	那非丁	张 华	黄皖毅
肖 湛	唐亚刚	徐 梦			

国际关系学院

郭一峰	张 玥	黄培皓	鲍佳音	杨 琛	陈 洁
韩荣斌	竺波亮	刘凌霄	魏 佳	丛兰兰	武 洁
曹 文	陈 晔	孙力舟	姚佳威	余 乐	高望来
肖 媛	李晓红	杨 光	简 易	李双伍	刘 东
李国奇	罗 锋	赵 焱	王永健	节大磊	廖其年
谢文雄	乔卫兵	王传剑	芮立平	杨万强	王 燕

经济学院

刘 佳	莫思多	柳凌殊	李 荻	殷露璐	熊碧华
王海民	龚陟帆	晏 萌	姚雨蒙	冯 煜	蔡 晔
张 伟	吴淑姣	蔡 悦	侯叶楠	商雯婧	王 薇
李 伟	陈 佳	白育龙	林隆华	谢伦裕	林卫斌
童 竹	郭 丽	翁 禽	康可佳	金仙淑	付 玲
郑 佳	刘 森	朱 凯	梁 昊	雷 蕾	焦 点
张 慧	纪 沫	薛小琳	李 钦	乔 捷	马韧韬
于映辉	龙 欣	王 蕴	张 杰	吕 霞	胡先琴
周海欧	周 静	李 虹	许云霄	王子健	姜 勇
来有为	宋芳秀				

光华管理学院

汤文斌	林丹敏	陈爱霞	李晶璇	曾祥展	贾 楠
叶 澜	李 俪	陈 静	戚 臻	李彬璐	苏 倩
黄 灿	陈嫣嫣	苏 慧	袁 燕	周 蜜	俞文皎
金海龙	郝睿禧	权 静	苏 林	孙立平	卢远瞩
赵 晓	樊锦平	徐 瑾	韩 冰	叶桂平	施 丹
刘彦春	李治华	朱晓明	张 青	王 鹏	杨达治
林 妍	卜蓉蓉	王建军	崔金欢	张丽君	吴志轩
崔莉霞	郭尚华	梁子恒	高海峰	马佳临	唐长虹

朱 杰	潘文东	杨 力	姜东晖	刘晓英	肖欣荣
周 煊	汪淼军				

法学院

吴 昊	王 来	陈小兰	曾为欢	赵 枫	余韶华
袁 媛	冯翠玺	韩思婷	王 波	焦 娇	周 雯
李 静	唐桂英	蒋璐奇	乔乐天	郭维真	童颖琼
王 喆	张瑞彩	易 立	张宁宁	胡馨月	黎 藜
罗 鉴	杨 帆	李凯玲	沈丹丹	刘佳萍	辛嘉佳
曲晶晶	张 静	张湖月	黄军辉	潘新艳	董华春
董晓敏	黄善端	史震建	祝燕萍	钟瑞友	关爱华
史朝霞	姜廷松	郑汉杰	吕峒南	杜 震	肖 前
吴新华	唐 亮	刘 忠	康晓明	孙 晔	朱利江
凌 斌	姜 岸	彭 爽	丁春艳	黄军辉	顾洁妮
曾 彦	回 颖	舒 静	宋功德	肖江平	梁晓俭
俞 江	许永强	卢宇蓉	汪明亮	查庆九	宫万路
许永安	赵颖坤				

信息管理系

李 峥	刘晓晨	邵晓舒	余训培	张鹏翼	杨 晓
张 勇	刘 凌	罗 戎	赵慧勤	张 燕	管计锁
傅 欣	魏 铮	王京山			

社会学系

张 敏	张 磊	彭钢旎	田 耕	张 婧	张 琳
田 芳	杨 迎	唐 蕊	任道远	马冬玲	姚映然
孟雅丽	李永新	刘玉照	王 微		

政治学与行政管理系

汪 韬	史煜妍	陈 虹	郑婧儒	何 峰	胡 磊
邓 璇	孟令奇	寇建建	苏雪燕	杨 琨	张将来
徐 印	邓湘树	于 强	崔绪奎	杨章裕	黄仁宗
林 震	胡叔宝	高鹏程	王庆锋	张庆东	

外国语学院

耿琳琳	马 雪	曾 雅	高剑妩	史 阳	周 密
俞丽娜	郭泰然	游珊珊	迟 方	金 勇	王新萍
冯 超	金 怡	吴 鹉	朱丽峰	范颖川	焦啸天
包明明	袁 媛	项 琳	李 佳	金 灿	陈 宁
金红梅	马天杰	于雯竹	陈 萌	乐 恒	李如钰
周晓丹	王 冰	魏 静	车 玲	韩冬冬	姚 霞
郭 丽	张晓晖	苗 馨	刘 昊	盖伟江	王 莺
张 毅	王冬梅	陈 倩	李 江	王 虹	霍晓丹
李志东	刘立辉				

马克思主义学院

王 辉	韩 琦	孟凡桥	郭根山	宁 可	王 伟
蔡一冰	郭 征	胡 伟	张丽群	李雪松	王卫东
李晓勤	宋朝龙	周 丽	白丽娟	陈 坚	刘 彦
冯修青					

科学与社会研究中心

沈 虹	彭万华

艺术学系
刘蓉林　余晓潮
汉语中心
王萍丽
新闻与传播学院
周易军　朱媛媛　黄佳佳　袁嘉露　秦阿娜　李　萌
刘思甸　王妍妍　王轶男　苑可英　尹　平　张　洁
马占英
中国经济研究中心
王　勇　刘安田　罗　佳　赵　莹
教育学院
蔡磊砢　令狐岩萍
信息科学中心
遇　辉　时建新　高　韬
环境科学中心
王志恒　苏　芳　胡　雪　李恩敬　申新华　任英顺
徐建华　林伟立
基础医学院
曲爱娟　程　宁　王欢宇　李　婷　邢　巧　李瑞芳
罗　昕　徐　冲　顾　漪　吴乐萌　庞　维　刘业成
边大鹏　史济华　赵轶国　李秋萍　李　纾　孔雅娴
徐新娜　樊曦涌　范子田　江　东　刘　佳　雷　鹍
李　浩　赵　娟　姚远洋　刘　琳　张大方　侯　艳
崔　扬　赵幼娜　谢　兰　朱　敏　曹　喆　黄晋杰
管　悦　杨　昕　陈　佳　陈　琛　吴　俊　旺若婕
张灵云　张　潇　李　蕾　袁　磊　肖　玮　李会谱
赵博扬　帆赫英东　汪　旸　朱　颖　尹　珏
杨　颖　谢　敬　郭晶晶
药学院
韩重阳　赵　芊　董一洲　刘　毅　贾新颖　高　炜
刘　瑜　申　佳　郭　慧　王玉记　奚　静　邱婷婷
肖泽宇　赵　芮　杨晓静　潘晓伟　孟　萌　石晓翮
王　芳　孙　昱　李　柳　郭　畅　纪　超　师晓丽
王少戎　韩　冬　钱珂多　赵贵玉　易姝燕　赵　菁
卢　宁　刘　斌　倪　钎　王　蓓　张　烁
公共卫生学院
江　河　张　卓　曾　琳　周　虹　柳　鹏　周利平
马　曦　赵　鹏　扈春阳　郝　秦　孙玉琳　胡晓倩
秦　雪　邓　晶　黄丽萍　陈　良　李会娟　林薇薇
田妍妍
护理学院
张艳敏　来小彬　黄　晶　王　飞　李　晶　王晓菁
姚　璐　孙　扬　张维毅　项　绯　张丽丽　桓　晨
刘玮玮　杨文菁　孟　盈　张　莹　韩　迪　徐　冉
李江薇　李　欣　刘　怡　张　瑞
第一临床医学院
刘　静　田　婵　张　瑜　胡瑞荣　孟　娜　宋萍萍

李洪振　刘继强　何立芸　尚　鹋　徐明江　齐丽丽
邢　莹　刘立军　任　建　郭　瑾　倪莲芳　蒋　镭
赵金霞　李金龙　郝晓楠　胡　平　张婷婷
第二临床医学院
王玉艳　陈　雪　武　蓓　张晓蕊　李　雪　程　瑾
娄鸿飞　赵海燕
第三临床医学院
陈　森　段卓洋　王　通　赵　阳　白　鹏
第四临床医学院
黄厚峰　周　苏　王　飞　杨　进　候晓雷　钱　英
中日友好临床医学院
花　欣　张　静
口腔医学院
王　琳　韩　冰　李思雨　王　鹏　肖　楠　刘云松
李　玫　杜　钰　陈　斯　陈晓播　王秀婧

优秀学生干部

数学科学学院
周　臻　刘佰军
力学与工程科学系
邱　源　孙智利
物理学院
吴晴芳　周　宁　徐轩彬
电子学系
王绍翾　蒋　云
计算机科学技术系
陆俊林　胡　钢
化学与分子工程学院
张　莹　秦瑞雯
生命科学学院
张　瑶　侯宏伟
地质学系
梅国庆　戚国伟
城市与环境学系
任丽然
心理学系
杨　洋　傅俊清
中国语言文学系
张　铁　肖　洁
历史系
徐利卫　张小萌　刘　聪
考古文博院
高　天　雷喜红
哲学系
孙增林　陈宝剑　李军会

国际关系学院
徐 涛　石 磊
经济学院
王 飞　黄冠华
光华管理学院
冒大卫　张新海
法学院
郭 岳　王 昕　傅雪蓓　王建波
信息管理系
毛 辉　梁胜利　韩圣龙
社会学系
高洪山　李 祎
政治学与行政管理系
兰明善
外国语学院
郭 峰　刘 岩　海苑苑
马克思主义学院
王浩雷
新闻与传播学院
李 杰　王 昭
中国经济研究中心
周 淳
人口研究所
黄 成
环境科学中心
鞠文学
基础医学院
王笑菲　王贺春
药学院
于 杰　王坚成　孙 崎
公共卫生学院
吕 聪　王海俊
护理学院
邓寒羽
第一临床医学院
韩晓宁　叶雄俊
第二临床医学院
高鹏骥
第三临床医学院
张 娜　王耀宏
第四临床医学院
关 岚
中日友好临床医学院
付宏宇
口腔医学院
徐 宁　杨雁琦

临床肿瘤医学院
武爱文

社会工作奖

数学科学学院
俞 欢　陆丹峰　陈 凯　白 茹　杨 光　狄佳宁
马士谦　于洪波　吉远慧　刘旭元　崔江薇　高 勤
史佳祎　井 琪　邓琦琦　严葵华　俞诗鹏　李 超
李开灿
力学与工程科学系
邓新华　马 莉　徐 杰　梁 颖　刘云峰　霍 光
物理学院
朱 萌　张冰峰　王建军　唐 亮　张天萌　任 磊
刘 靖　李正龙
地球物理系
林 峰　张青松
电子学系
田 甜　张 宇　顾瑶瑶　伊 林　杨振宇　冻 梁
计算机科学技术系
申成磊　安禹佳　宋 翔　郭德玺　任 品　贾 硕
郭德超　郑闽睿　彭 云　孙 欣　赵 礴　阳 萌
刘譞哲　王 煜　蒋逸明　孙玉香　祁益峰　张吉豫
李继峰　鲁文高
化学与分子工程学院
及 新　袁自冰　董 巍　范士亮　蔡玉琴　王 毅
邢冠华　贺 江　刘 寅　黄 英　王姝晶　傅 正
宋 靖　袁 建　温梦婷　高雨茜　卫庆硕　曲晓兴
孟 翔　孟芫茹　张 丽　何建涛　赵 强　邹 鸣
生命科学学院
张 颖　权 力　陈纪袁　王紫壹　伊 松　李 化
张 婧　宋峰辉　张 乐　李 俏　李 贞　杨兴文
任 辉　谭涛超　姚锦仙
地质学系
余海洋　衣学磊　伍天洪　郑姿姿
城市与环境学系
俞奉庆　仝 德　祁黄雄
心理学系
马 成　蔡蟒生　庄晓华　黎 鹏　曾 飚　钟 杰
中国语言文学系
马宝华　关 刘　彭　张 哲　李海蓓　刘艳平
王圆圆　王 婷　李萌昀　刘丹青　朱喜峰　高慧芳
仲 林　张 伟　秦 璇　杜 娟　刘 卓　丁 超
姜 华
历史系
李 鹏　刘丹青　孙 辉　陈继静　张晓刚

考古文博院
秦建岭　梁竞文　汤诗伟　霍杰娜　程玉冰

哲学系
王　胜　杜　娟　杨春光　余　亮　王　蓓　彭宏伟
田　莉　张晓芳　罗福迎　向　勇　李守利　邱章红
李宏伟

国际关系学院
郭　力　王　荣　高　静　毛晓华　杨伟玲　刘　晓
郭　婷　柴　玥　黄　菊　吕　强　罗　菁　张　陶
李　昀　张　梧　黄　锐　刘　然　田　哲　冯全普
陈应武　王立勇　胡　雁　马　威

经济学院
王磊蕾　刘晓丽　杨蓓蓓　石　岩　袁　硕　马　箖
苏　创　刘　爽　沈　祺　刁天烽　鲁亓春　李峙玥
刘　爽　陈一辛　彭　泳　刘双玲　何亚东

光华管理学院
于亚丽　赵　婷　周春峰　姜　玲　张伍新　周雪军
于　越　万　星　王学举　潘　祥　林　立　李　辰
王晋杰　葛　欣　陈道雷　曹鸿星　任　润　王　卫
韩美清　刘洪波　刘海东　祝　歆　励　斌　胡　枫
白宏波　毕　岩　续震亮　于　泓　闻　磊　高世杰
张诗学　吴成丕　刘柏宏　韩义民　杨建军

法学院
张　锐　章永乐　顾军锋　高广斌　王　力　杨　南
卢菁菁　徐　斌　徐玲芳　蒋晓薇　单　册　王丙成
王　岩　刘文鹏　黄英亮　谷　森　挺　伟　贺晓勇
陈玉秋　易晓洁　唐汉洁　李雅娟　俞志龙　周晓冰
于兆波　尹好鹏　袁祝杰

信息管理系
邵劲风

社会学系
季　蕾　张阎龙　朱　斌　许　超　陈征微　周　晖
章邵增　王　珊　臧宝瑞　吴　乔　梁茂春

政治学与行政管理系
高　翔　陈向前　曹立春　王　娜　康　尹　刘　烨
邢培健　果　佳

外国语学院
杨　俭　于　荣　陈　彬　王　辉　刘　燕　罗蕾蕾
李春晓　刘　旭　刘　旭　王　蔷　李晗鸣　谭　晶
孙　亮　李　兵　王振广　于润生　朱　峰　王羽维
蒋　鹏　姚　洛　温晓静　许大公　秦立彦　黄兆旦
王润华　张莉萍

马克思主义学院
王　勃　朱文湘　林振忠　张福旺　胡士杰　王继瑞
刘学礼　王欣涛　高振强

科学与社会研究中心
刘　立

中国经济研究中心
张焕腾　龚　鹏

人口研究所
王海东

信息科学中心
潘　颖

环境科学中心
郑　洋　岳蓬蓬

基础医学院
杨　鹤　李　晔　金　楠　陈　琦　王　卓　李　珺
郝丽文　张五芳　冯　喆　柳　晨　林　寒　史　楠
肖　斌　张月霞　吴　元　刘　珣　白　静　刘永鑫
韩　亮　静媛媛　于路平　庞艳丽　郝　萌　卢旭光
刘　晶　高　瑾　杨　辰　张　源　彭文平　刘　亮
刘佳勇　查　洋　张　博　阎　妍

药学院
王绪华　金　伟　王建辉　张　楠　金　悦　吴仁鸿
张　征　巩　卓　赵酉酉　刘京京　钱晓晓　孟　幻
蒋高喜　李　慧　宋　涛　郑　伟　管晓东　李业嘉
李立飞　高　飞　于　嘉

公共卫生学院
简伟研　沈　鹏　李　林　罗　昊　李扬眉

护理学院
赵　欢　徐　征　赵建娟　朱　静　赵　蕴　王萌萌
黄　婷

第一临床医学院
曹晓光　李　虎　宋　雷　王新宇　于　扬　尹　奕
叶锦棠　管丽丽　郑丽沙

第二临床医学院
马雯娴　李　鹏　何清华　张玉敏　鲍黎明　罗樱樱

第三临床医学院
郑凌冰

第四临床医学院
郝建珍　陈北冬　万丛碧　苏　静　吴　捃

口腔医学院
冯向辉　韩　怡　周建锋

学习优秀奖

数学科学学院
方初莹　陈燕峰　方　方　曹　晶　吴宇宏　陆怡舟
胡　丹　叶运奇　殷　悦　林　乾　李　嘉　陈大卫
石志猛　谭艾心　刘丹平　韩建强　孔　强　林鸿煌
赵　震　葛　菲　黄　琳　刘　歆　袁新意　黄　辉
陈斯超　葛　颢　郭委鑫　杨雨龙　林乐峰　孙　懿
陈志英　隗雪莲　彭献华　周　怡　魏　刚　于行洲
刘　英

力学与工程科学系
程天锦　孙　黎　杨陶令　刘　霄　冯所前　杨　鹏
李　赟　李　培　周文韬　胡　新　蒋　欣　祁祖海
缪维民　贾丛贤　张　震　赵　辉　梁　颖　郝　飞
赵颖涛
物理学院
向　杰　郑　毅　程　翔　王新杰　夏春雷　周　成
牛　峰　宋　洋　刘彦良　章一鸣　李　盈　杨勋轩
肖博文　赵　军　梁震宇　孔令雯　马西亚　詹　卉
杨　静　江　毅　施　勇　郭　颖　王晓楠　许应瑛
方　瀛　智华勇　张　浩　彭　旭　连季春　陈　波
朱晓春　杜　凯　王　然　李　微　李光临　李文杰
周生强　朱佩君　郭红沧　王淑霞　孟　策　贾圣果
黄森林　孙晓辉　郝立昆　周　劲　邓连堂　金　鑫
地球物理系
郑中华　周　成　牛　峰　张　慧　罗　曦　燕　佳
江　毅　施　勇　戴天然　王　然　邹最红　高炳荣
曹　军　孙晓辉
电子学系
马　强　潘剑颖　刘　野　姚宏颖　何建彬　范霄安
钟　瑜　赵　菲　范小杏　王苗苗　谭　磊　任　惟
赵晓雪　冉崇海　刘　安　伍景明　张　恒　高　迪
陈　备　刘　朋　苏　鹏　丁　伟　金新喜　黄新宇
李　华　翁　波　亓祎男　唐　谦　蒋　伟　谢伟良
郭等柱
计算机科学技术系
徐国市　高　翊　胡　丹　董　亮　张　远　魏可伟
白　萍　周晓君　翟　博　沈　坚　李　军　刘　吟
刘晓敏　郑闽睿　田媛媛　孙　熙　陈珑元　周林杰
汪　萌　陈　亮　杨　帆　蒋孟萍　李瑞超　殷　俊
宋珊珊　谭静荣　贾锦杰　刘　昕　张云霞　张成亮
周光华　单松巍　许俊娟　周荣春　吕国科　马　亮
刘恩峰　阎　强　高　军　周　欣
化学与分子工程学院
欧阳缇　刘铭钊　陈以昀　迟　蕾　俞　莹　朱文江
许　述　冯　昊　韩　伟　牛怀萍　陈纪袁　李引引
伊　松　甘　霖　宋峰辉　刘　玥　郑　斌　徐　佳
陈德来　钟　鸣　张　盛　李成永　陈煜静　郝　欣
王　超　米启今　周　爽　汪丽敏　谢　芳　李　博
颜　钦　贾　艳　吴春赞　程碧初　李　俏　唐廷基
施卫峰　杨　军　赵永华　黄　昀　陈　晓　刘　勉
曹廷炳　张海良　程智勇　鲁从华　耿利娜　张茂峰
姜健准
生命科学学院
冯旭燕　叶日升　黄洁虹　冯　倩　葛　媛　申小莉
张　虹　刘晶晶　刘贤伟　钟丽娴　李　凯　蔡　珺
袁　华　刘宇鹏　陈浩东　黄　珊　银　好　姜忆南

许江南　刘　巍　吕　嬿　陈悦军　谢怡莹　阎晋源
卢　蓓　张丹丹　苏　天　王　超　薛　远　黄小鸥
刘忠钰　蒋大铭　叶　芳　唐博謇　郭　琦　周舜泰
潘　盈　黄腾波　毛贤军　付文侠　徐　莉　严远鑫
毛自朝　姜　凌
地质学系
李金臣　徐　杰　李　晨　吴自兴　王　楠　王　斌
万之缓　王　烨　刘　晶　刘　珺　蔡剑辉　冯有利
城市与环境学系
董莉娜　党　宁　朱　彪　孔江涛　李青森　毛　娟
余　博　徐宜勤　于　烁　翟国梁　林　卉　李　莉
张　源　王晓光　邢珏珏　吴晓栋　方琬丽　高广汉
李　理　龙　飞　王　怡　沈　琼　阎永涛　曾　宇
李　虎　陶迎春　袁仁茂　刘志林　刘玉玲　张文江
景　涛　刘　涛　卢明华　孙铁山　施　治　唐子颖
王　辉　丁　艳　颜廷真　赵淑清　朱华晟　陈　戈
范文宏　李东泉　史红帅　张成渝
心理学系
陈　曦　阎　冬　阎学煌　周　玫　王　欢
中国语言文学系
戴海静　陈　君　徐　璇　曹疏影　杨治宜　林　星
王学振　包菊香　吕　远　陈嘉燕　谈　汀　李　贞
曹菁菁　汪晨芳　颜维琦　郭青剑　张筱燕　林志英
孙映辉　马俊英　刘　畅　王　丽　马　明　马云镂
季剑青　丁　元　李峻岫　徐宝余　蒋文燕　邓　程
李鹏飞　李畅然　张兴吉　段美乔
历史系
张　杰　朱　溢　张会芳　方诚峰　吴　越　刘冬昕
邢丽咏　赖毅斌　杨治宜　栾国磊　孙毓泽　陈　晨
仇朝兵　张朝阳　陈　爽　朱丽双　宋云伟　戴　宇
崇　明　于　红　张红菊
考古文博院
戴　维　杨颖亮　马　赛　魏　峻　李梅田
哲学系
万书田　炜　肖清和　屠　玥　王彦晶　顾凡颖
向德行　王永生　黄向军　张立英　赵建功　谭明冉
国际关系学院
陈　斌　苏　钰　邹　欢　左瀚颖　许世鹏　盛　成
李闻宇　赵　宏　梁宇星　牛仲君　王庆东　于边疆
王泽育　邓光华　丁艳灵　庞　珣　梁利锋　方书涛
黄新保　孙晓慧　夏维勇　吴　辉　李淑云　郑国栋
朱晓姝
经济学院
商　凌　谢毅成　宋英培　王　星　李　峰　曾琪琪
钱艳琼　曹　杰　辛　科　张　伟　蔡　晔　肖　琦
黄晓庆　张蓉蓉　王　敏　李薇叶　程　旭　王　潇
余　楠　汪　倩　古晓岚　孙君玮　张　宇　尹劲桦

| 余晋琳 | 杨长湧 | 苗　苗 | 姜天岳 | 陈一辛 | 徐　秋 |

新闻与传播学院

王亚洲	罗　康	刘富玉	龚天贵	朱晨明	刘夕佳
林宏海	姬江帆	张　莉	邵　亮	孙　斌	韦希娜
张　萍	黄　嵩	林金巧	喻桂华	韩雨芹	周　桦
丁永勋	谢　颜	李　楠	李　莎	周丽锦	杨华京
戚自科	卢力平	韩玲惠	袁东明	梁　媛	邹　燕
胡奇伟	王晓天	王　岩			

光华管理学院

中国经济研究中心

张英璇	吴　兰	徐　蕾	叶仲广	陈丹丹	张　超
殷　韦	蔡　荣				

| 胡　丁 | 王　劲 | 李新星 | 肖文明 | 王　星 | 任　佳 |

教育学院

陈雯雯	刘洋洋	赵端端	魏镇江	李宏蕴	胡运春
魏秦歌	杨艳玲				

| 厉　凯 | 刘彬彬 | 卢益辉 | 卢英武 | 胡　枫 | 刘建兴 |

人口研究所

冯　泓	奚卫华	徐　波	明　铄	李　杰	赵海燕
牛建林					

| 佟学英 | 汤命鹏 | 胡瑞琦 | 鲁再平 | 梁晓军 | |

信息科学中心

法学院

| 段紫辉 | 聂向辉 | 朱杰斌 | | | |

| 李　佳 | 张一诺 | 王斯曼 | 孙　宇 | 申剑光 | 江　颖 |

环境科学中心

任小静	赖　萌	欧阳泽蔓	王　蕾	秦　钰	
郑　彦	赵传峰	郭　昱	吴玉新	罗亚威	唐晓刚

王　雷	俞嘉颖	杨晓雷	许忠剑	王　伟	李　丹
许　楠	王鑫海				

| 李丹梅 | 翟小波 | 黎　敏 | 孟庆如 | 赵　宁 | 王　瑛 |

基础医学院

魏双娟	高云龙	李　涛	何晓凤	姜丽丽	王　新
杨菁菁	郭芳岑	李世蕊	孙　帅	郭丽莉	方柏荣
米传勇	武　欣	赵　玲	熊江宁	朱　理	何　巍
辛　晨	单　莹	郑一华	许可见	马　媛	肖　洋
刘　喆	易继明	温　辉	陈　岭	姜战军	永　伟
朱前拯	暴　婧	段鸿洲	赵艺超	宋军民	苗　颖
丁　一	陈天本	王　磊	任　寰		
程　敏	高凤莲	任　倩	任立焕	王　京	章　伟

信息管理系

徐　飞	周　婷	崔益亮	马琳琳		

| 张　萌 | 田　凯 | 邓　鹏 | 梅占武 | 浦美娟 | 李冬秀 |

药学院

栗沛沛	刘　欣	朱　琳	胡文倩	胡文倩	钟　琳
张　健	傅德倩	何梅孜	段　铮	王　宏	袁新婷

张莉扬	孔　桃	罗丽丽	李　伟	侯大怿	李　艳
郑瑞霞	丁武孝	鲁丹丹	陈　平	方　芳	杨照罡

社会学系

| 车　敢 | | | | | |

| 肖丽娜 | 尚　丹 | 娄毅敏 | 周　敏 | 李　睿 | 任海英 |

公共卫生学院

宋　静	涂　骏	张　燕	张汝立	陈　波	
李祥虹	李艳丽	王　乐	黄超峰	李　琼	张瀚迪

政治学与行政管理系

陈　敏	宋　洋	王　亮	黄高平		

| 李红霞 | 李晓玮 | 裴自余 | 胡良俊 | 邱高爽 | 阮　草 |

护理学院

许　亮	丁　杰	石淇玮	丁　峰	姚晓晖	宋　震
阎　琰	张　岚	周　丹	阎　霜	左艳芳	尤文平

罗　旭	林挺进	高桂芳	邱唤勇	宋　斌	沈友军
李　娟	陈　韵	翟　静	崔　静	周　巍	王　豫

唐　娟	涂晓芳	许红兵	曾勇明		
陈　晔	赵　虹				

外国语学院

第一临床医学院

翁妙玮	倪运宏	陈　玮	张晓健	张　羽	张　璐
李　醒	李新宇	赵　霞	朱贵霞	田　园	王　皓

罗小燕	沈立宏	王建宇	张远帆	王　辉	王明晖
李双喜	郑　博	李志艳	周　越	任婷婷	

| 郝媛媛 | 马晓燕 | 陈　明 | 郑　旖 | 陆映波 | 张凌琳 |

第二临床医学院

黄　杨	孙　娜	于扬杰	李　森	杨　迪	王　力
乙国兴	谭　阳				

| 于　岩 | 乐　江 | 付　倩 | 富景筠 | 徐贵霞 | 来婷妍 |

第三临床医学院

宋　敏	滕　威	陈　燕	周　琴	李　煜	
徐潇漪	闵一帆	刘　昕			

马克思主义学院

第四临床医学院

朱　梅	雷晓燕	王天阳	徐庆群	官菁菁	张　云
彭炳蔚					

| 牛金华 | 刘思浔 | 侯肖林 | 周森林 | 陈华珊 | 贾可卿 |

中日友好临床医学院

魏　波					
江　萍	段琼文	杨　波			

科学与社会研究中心

口腔医学院

| 朱　捷 | | | | | |

艺术学系

| 马　宁 | 郝　晋 | 崔　亮 | 赵　彦 | 曹　婕 | 曹　烨 |

| 刘媛平 | 黄雪蕾 | | | | |

红楼艺术奖

电子学系
林海洋
生命科学学院
杨 谦
城市与环境学系
段晓峰 杜婷婷 李晓瑭
新闻与传播学院
陈 卓
中文系
秦 琳
国际关系学院
张 蓓 谌冠英 康 涛 文艺橙 耿 姝
经济学院
吴 夏
光华管理学院
陈 阳 鲜丹丹
法学院
单立娟 胡晓晓 任 为
信息管理系
张 迪
社会学系
李 蒙
政治学与行政管理系
臧 迪
外国语学院
崔 佳
口腔医学院
王 莺 葛 娜
基础医学院
马 銎 杨 婷
药学院

郑晓曦 刘晓琴 阎婉珣
公共卫生学院
孙 亮 邢 运
护理学院
李 欣
第一临床医学院
汤 可 平凌燕
第一临床医学院
刘筱菁

五四体育单项奖

法学院
张 婷 朱诺伟 于 丹 张 林 赵 岩 袁 远
王 潇 卢 鑫
经济学院
王 驰
基础医学院
林玉晶 刘 烁
药学院
陶 原 冼勋德 安 硕
公共卫生学院
饶林洁 檀 溪 王圣淳 程亚杰 宋欣欣
护理学院
赵燕婷 李燕筠 付 佳 张媛媛
第一临床医学院
郭 鹏 武颖超 杨瑞锋 龚 岩
第二临床医学院
王 嘉 安 琦
第三临床医学院
曹 威
口腔医学院
李 宁 刘松林

奖学金获得者

五四奖学金

数学学院
陈 靖 张 伟 龙 云 林乐峰 杨雨龙 王 翀
林 凌 丁悦静 袁立宇 葛 灏 牛 玥 刘 海
缪维民 赵 亮 黎 波 张 蓓 熊江涛 周栋焯

李 林 李 季 倪 强 张毅超 周 舟 沈玉萍
陈泽浩 王耀君 谢先超 邓 林 袁珂珂 刘兴武
王小康 李建清 于行洲
力学系
杨延涛 蒋 欣 祁祖海 梅小露 郝鹏程
赵寒月 刘英婷 黄红波 周文韬 潘文潇 王从舜

物理学院
赵　轶　齐明鑫　贾宏博　陈　宇　龙　涛　林　树
张　霖　王宇方　刘明国　屈　强　王万章　王宇昊
李　亮　王　莹　杨　帆　李　可　王　彦　祁东晨
施　勇　林金泰　江　毅　周舰航　齐　志　王洪光
韩宝玺　李湘庆　邓莲堂

电子学系
庄　晖　陈丽丽　陈　晨　刘　鹏　秦　谊　金增笑
朱贤铭　张小欣　谢　琳　姚宏颖　范霄安　张　宇
何建彬　谭　跃　王绍翾　张　渊　孙亚亚　翁　波
徐明波　唐文静

计算机科学技术系
李继峰　徐博卷　韩　翔　朱亦真　孙玉香　杨　帆
陈　亮　李俊德　李瑞超　杨　阳　任茂胜　杨　红
周发龙　陆俊林　何毓辉　孙　欣　孙含欣　刘晓敏
郑闽睿　邱　楠　周荣春　许俊娟　王思锋　李劲宇
阎　强　刘恩峰

化学与分子工程学院
吕小羽　王　羿　汪丽敏　谢　芳　卓小丁　杨　铭
李　博　贾　艳　傅用增　朱嘉丹　梁璋仪　项　征
施建兴　李　尤　王　超　文大为　郭　素　赵　鹏
许春阳　代可化　林　莉　李引引　郑　斌　徐　佳
张　然　王　岩　王荇文　孙　琳　钟　鸣　何　等
武利庆　沈鸿雁　杨朝晖　张　波　骆宏鹏

生命科学学院
陈旭光　林　舒　徐冬彦　刘　旸　丁慧华　张　婷
潘　盈　王　倩　金　锐　龙小杭　徐晓曼　李　福
陈　颖　刘　嵬　李　凯　雷　鸣　陈　聪　郭　建
仲寒冰　付文侠　于　明　何　坤　王　楠　汤萍萍

地球与空间科学学院
戚国伟　董建毅　李　健　王乾杰　陈路晗　邹　亮
李　虎　戴天然　何玉庆　郑中华　张　辉　雍稳军
黄臻臻　刘　宁　何建森　李　强　郭　心　陈志宇
周贵云　李　伟　王　勇　柯叶艳

城市与环境学系
龙　飞　阎永涛　晋　瑶　王　会　叶友斌　赵珊珊
毕崇明　姚江春　毛　娟　闻　辉　董莉娜　翟国梁
于　铄　张　巍　郑　一　后立胜　袁仁茂　张　波
朱华晟

心理学系
周　雯　杨大赫　杨　珉　吕晓薇　董　葳　姚　翔
黄　娟

新闻与传播学院
周丽锦　郑　琳　丁　佳　杨　虎　龚　涛　秦阿娜
戴婧婷　何　叶　刘立丰

中文系
林平芳　张莜燕　郭青剑　徐丽文　王　琳　肖　洁
章　欣　刘小琴　吕　远　孙冬梅　陈　勤　白　雪
林　星　董红源　朱振宇　金永兵　赵　彤　成　敏
杨俊蕾　张洁宇

历史系
陈　晨　潘　曦　梁　晨　黄　君　赖毅斌　陈嘉渊
邢丽咏　陈　默　宋培军　杨军仕　姚宏杰　张建军
陈奉林

考古系
梁竞文　陈　瑞　高　洁　宿正伯　张少倩　吴敏娜
秦　岭　哲学系　王　征　王彦晶　郑　磊　阮　吉
李　哲　夏志锋　田　炜　李守利　李轶群　贾江鸿
邱章红

国际关系学院
高望来　陈　晔　刘彩华　孙广星　吴　浩　邱　静
黄培皓　杜　鹏　鲍佳音　张　玥　竺波亮　王　蓉
刘凌霄　毛晓华　田　越　戚淑斌　李国奇　汪卫华
王开明　郑东丽

经济学院
苗　苗　姜天岳　尹劲桦　张　慧　章林峰　梁　昊
余晋琳　苏　创　李　峰　高　凌　陈丽嘉　殷露璐
石　岩　任小琛　林卫斌　侯叶楠　商雯婧　白育龙
林隆华　袁东明　韩玲慧

光华管理学院
毕　琦　林智明　樊　蕾　汤文斌　徐　蕾　曾祥展
孙园园　吕晨飞　李翠芳　吴胜明　李　骥

法学院
卢　杰　付　澎　左　芳　曲晶晶　苗　淼　刘佳萍
郭　霞　刘诗芳　吴　迪　胡　晗　任小静　赖　萌
江　颖　李　悦　张　曦　王　波　王　喆　凌涛涛
李佳佳　易　立　曹圣光　张宁宁　李　佳　查庆九
汪明亮　宋功德　卢宇蓉

信息管理系
张　勇　刘　凌　李　峥　邵晓舒　余训培　杨　晓
李　伟　管计锁

社会学系
唐　蕊　周　敏　胡　军　张　磊　肖莉娜　彭铟旎
娄毅敏　张　琳　姚映然　陈　波　包胜勇

政治学与行政管理系
杨惠颖　裘　菊　张将来　汪　韬　陈　虹　唐　睿
郑婧儒　何　峰　胡　磊　徐　印　安卫华　丁　峰
胡叔宝　王征宇

外国语学院
冯　骋　李如钰　韩冬冬　周姣贵　方　菲　于雯竹
沈　可　乐　恒　王　靖　周　莉　刘　淳　李宏梅
刘　博　俞丽娜　项　琳　马　雪　汤晓萍　冯　超
张　玥　王　以　金　怡　杨舒春　金妍妍　袁　瑷
王盛男　谭耀智　赵剑英　彭爱民　郑　琳　崔　燕

盖伟江

马克思主义学院

马怀峰　郭　征　肖　银　林振中　王卫东　张　一
张雨馨　宁　可　王　伟　王浩雷　尹晓华

科学与社会研究中心

彭万华

艺术学系

黄雪蕾

中国经济研究中心

陈桂洪　王璐航

教育学院

蔡磊砢

人口研究所

王海东

信息中心

井铁军　唐威锋

环境中心

刘秋霞　陈　武　王　斌　邹积颖

基础医学院

王笑菲

药学院

芮妍芳

第一临床医学院

王　皓

口腔医学院

丁　鹏

光华奖学金

数学科学学院

郭委鑫　李　弛　张　阳　陈燕峰　薛光日　陆怡舟
吴宇宏　郝　宁　江银灯　张　佳　朱永宁　石志猛
葛　菲　安金鹏　郑星华　宣宇琳　谢贼生　曹　磊
童行伟　刘劲松　王雅琪

力学与工程科学系

宫玉才　周昌令　赵　辉　周春燕　贾丛贤　郝　飞

物理学院

侯　阳　孙笑晨　黄志琦　万　鹏　周　波　程　翔
郑　毅　张　宇　王　炜　王　凯　陈亦飞　练唯诚
王　鹏　史敬亢　徐耿钊　陈　科　郭红沧　江林华
胡豪然　杨　磊　孟铁军　张俊华　唐学体　金艳波
王　蕾　朱　凤　黄文涛　佟　华　张必达　戴　東

技术物理系

韦　宇　李　勇

电子学系

黄　海　邵　华　蔡　钦　连志球　刘艺锋　孙光来
宋淑梅　肖灯伟　张　帆　王文佳　张平宗　依　娜

李景聪

计算机科学技术系

方　昊　汪　萌　李玉娟　刘江红　任　芳　翟　博
王　琦　赵　晶　魏可伟　王　煜　刘　吟　王志津
阳　萌　高　峻　吕国科　谭静荣

化学与分子工程学院

孟　鑫　江　宇　宋　靖　颜　钦　谢黎明　褚海斌
吴春赞　童廉明　肖超贤　李　薇　叶迎春　宋　威
白　旭　李　爽　牛怀萍　薛　倩　朱明轩　李琛琛
王金亮　叶伟平　谷田甜　谷建勤　庄海玉　阎　瑾
周兴华　韩　峰　李　琦　李红梅　张延东　阮　科
白　洁

生命科学学院

张　燕　阎　言　朱益平　叶　芳　戚劢莉　郭素良
江　伟　周海霞　李勇青　陈晓伟　王　冶　刘金晶
江　枫　宋　晖　李　勇　杨　健　马璐璐　刘　飞
鲁嘉韦　祎　魏　刚　赖秋安

地球与空间科学学院

张　伟　田　麟　张志刚　余　博　王细林　郑姿姿
张宇波　李秋银　肖　咏　王成远　马　廷　刘　晶
邓继新　李树芳　马修军　张　俊　张　静　马照亭

城市与环境学系

李　理　沈青云　党　宁　赵星烁　金晓辉　卢明华
孙铁山　赵　敏　施　治　彭　建　赵鹏军　傅建利
刘国敬　刘江涛　金　波　王如渊

心理系

齐雅琼　曲晓艳　陈　曦　王　丽　常玉轩　陈红雷
刘萃侠　周建中

新闻与传播学院

李　楠　李　珊　刘夕佳　卢茹彩　胡献红　王　晶
杜　宁

中国语言文学系

杨治宜　张　丽　王　薇　马　辉　宋新华　翟景运
丁　超　齐湘辉　陈明珠　富　丽　赵东方　秦艳春
李世文　段美桥　刘希庆　张晓峰

历史学系

毕　琼　马京晶　范恩实　苏　航　倪　婷　杨　萍
林　鹄　何岩巍　朱步冲　李永春　王　伟　陈继静
李永胜　张红菊　蒙　曼　董经胜　张士昌

考古学系

秦建岭　戴　维　高　天　程玉冰　黄　曲　霍杰娜
雷喜红　邓　超　李梅田　魏　峻

哲学系

徐　梦　栾国磊　范皑皑　邝勇军　赵玉兰　张立英
张　军　田　莉　谭朝晖　傅　秋　李　想　谢荣华
王威威　刘锦震　赵成文　彭俊平　刘可欣　肖　湛
邢　荣　柯小刚

国际关系学院
姚佳威　楼　莹　冯　茵　李玉英　廖其年　王大为
王亚林　刘东胜　郎继勇　彭淑媛　张　杰　向　宇
臧义斌　郭建业　李　颖　史　哲　杨万强　朱晓姝
吕耀东　王传剑　金　蕾　徐未欣　陶　靖
经济学院
王磊蕾　孙　斌　张　莉　邵　亮　周　静　张　楠
马国昕　王国强　任亚嫒　梁　嫒　卢力平
光华管理学院
田　路　陈映雪　黄军锋　于　萍　刘　彬　许德生
孙琦琳　刘　洋　舒胜晖　杜　渡　王汀汀　钟云飞
董　强　赵蔚松　顾效冬　臧恒佳　余书炜　郑晓辉
李克成　王　震
法学院
赵　敏　刘潇潇　郭　芬　何晓凤　姜丽丽　万　琪
葛　磊　米传勇　王　新　蒙晓燕　孙秋宁　朱　理
熊江宁　赵　玲　魏双娟　张　璐　张　楠　郭永茂
杜　震　韩　涛　王建波　方文碧　王　晶　张　怡
刘妙香　李　昊　徐峻峰　何印胜　赵建丽　孟　刚
董华春　徐海栋　王　迁　赵颖坤　陈天本　赵永伟
宫万路　许永安　丁　一　姜战军　吕艳利　于兆波
汪全胜　石佑启　温　辉　王文华　汪永乐　肖江平
信息管理系
梅占武　陈　敏　侯艳飞　张莉扬　孔　桃　陈立娜
王京山　李　艳　刘洪权
社会学系
朱可嘉　李　祎　梁　克　罗守峰　宋　静　涂　骏
张　翔　孟雅丽　任海英　臧宝瑞　郭　静　刘　畅
谢子平　张汝立　刘玉照
政治学行政管理系
张兴佰　林挺进　王冬欣　祝乃娟　张桂霞　谷　雪
黄仁宗　宋　斌　姚晓晖　皇　娟　宋　震　高鹏程
龙　飞　王庆锋　张　锋　张庆东　林　震　沈友军
外国语学院
杨　扬　郑　熹　邹　丽　陈　湘　李　悦　沙陶金
周晓薇　岳　蕊　严　妍　马宇姣　朱慧中　张　强
淡　霞　陈　璐　纪瑛琳　马乃强　白云峰　王　莺
于　岩　范　晔　陈艳平　黄亮新　毛　悦　邹怀强
罗　健　刘　昊　杜　艳　刘　莹　王　芳　沈旭东
刘立辉　刘　扬　马　剑　朱立霞　张吉焕　李志东
唐　慧　闵雪飞　陈法春
马克思主义学院
蔡一冰　雷晓燕　王天阳　张丽群　徐庆群　李雪松
李晓勤　张福旺　王　辉　须　捷　牛金华　朱文湘
白丽娟　王建星　王钦双　刘　彦　杨玉静　陈　颖
汪文庆　冯修青　张丽君　王　勇

科学与社会研究中心
朱　捷　沈　虹　尚智丛　刘　立　周雁翎
艺术学系
向　勇　孙恩钰
中国经济研究中心
陈　超　范文辉　龚　鹏　王鹏飞　张焕腾　朱露莎
张　莉　蔡　荣　刘培林　朱耀春
教育学院
哈　巍　周　萱　令狐岩萍　赵国栋
人口研究所
牛建林　黄　成　方鹏骞
信息中心
庞　博　高　韬
环境中心
赵慧艳　李　莉　李　燕　蔡博峰　李　灿　刘小峰
马　强　刘玲莉　曾　铮　马奇菊　何凌燕　张　勇
孟晓刚　方红松

明德奖学金

数学科学学院
袁新意　刘志鹏　恽之玮　刘若川　肖　寒　孔文彬
物理学院
吕　莹　陈晓升　宋均亮　邓志峰　高　正　季　焘
贾　珣　段雪峰　高锦华
电子学系
张　恒　杨佳雄　张　磊
计算机科学技术系
关方兴　叶玉婷　穆亚东　张　颖　丁　阳　伍　赛
董　申　刘昕鹏　杨　帆　柳　超　许　顺
化学学院
陈　政　汤砚蔚　冯　玮　韩德伟　陈思远　张　维
罗佗平　陈以昀　谢　佳　刘铭钊　曹晓宇　洪毅颖
陈德来　傅　丹
生命科学学院
周　鹏　周　翔　艾尔康　庄光磊　马衍成　邓颖璐
陆　文　白志勇　秦道明　石广路　谭　磊　郭　婧
张　颖　凌　晨　魏迪明　肖俊宇　唐爱辉　刘沁颖
黄　鲲　彭晓聿　张焱明　吴　魏　王明钰　颉　伟
颜　毅　张　力
中文系
陈　君　盛利君　刘艳伟　王　璞
哲学系
吴晓楠
国际关系学院
任羽中　张　微　许静倩
经济学院

邢自强　郑　佳　张　宇　赵冰喆　王慧敏　郭志华
高民芳　雷　蕾　杨长涌　黄海文　陈敏杰　徐舒扬
钱　磊　米大鹏　毛晓刚　李　汀　莫思多　范大邮
曹　杰　李文斐　王崇颖　晏　萌　黄晓庆　孙　铮
孙嘉弥　刘　翎　郑徐兵　吴淑姣　孙笑乐　何　颉
林　婉　夏　冰
光华管理学院
孙立平　蒋德军　刘洋洋　谈　丹　孙　洁　袁　博
郝睿嘉　杨　婵　王　琅　王　斌　王　瀛　贾　楠
余静阑　李　杰　殷丽敏　刘　馨　胡　玲
法学院
郭　洋　周芬芬　张坤义　张湖月　罗　鉴　沈成然
方　博　陈天一　于　哲　周　曦　罗　彧　盛艳慧
韩思婷　张　锐　桑　叶　陆艳平　李　强　孙海萍
张瑞彩　陈　胜　张文靖　刘　翔　丘　先
信息管理系
吴　菁
政治学与行政管理系
陈良文
外语学院
杨　慧　李双志　洪　玮　褚　涛

新生奖学金一等

数学科学学院
王文龙　何济峰　陈　灵　张恺元
物理学院
程　熹　乔永远　张　曦　唐　晖　邓小宇　梁毫兆
崔永涛
国际关系学院
李彦铭

新生奖学金二等

数学科学学院
王　一　娄易非　姚齐聪　殷婧彬　徐立恒　丁　琦
黄　鹤　汪明晰　章唯一　钮凯福　雷　径　陈　曦
物理学院
刘友珊　李　莹　羡　政　周振宇　李　洋　鄢宏亮
郭荆濮　陈越超　季敏标　黄炳杰　庄　萌　张熙博
殷志平　郑海子
电子学系
陈文兰
化学与分子工程学院
毛舒能　熊　浩　李家齐　周强辉　李钊博　陈　谦
刘安安　张前锋　李　立　姚晓辉
生命科学学院

陈　波
新闻与传播学院
常　江
国关学院
李　慧　魏可钦　徐　莎
经济学院
吴晓雯　冀梦恒　崔少旭　杨　楠　彭子姮　张　芳
赵玉亮　李　杨　仝亚娜
光华管理学院
柴文进　李红莲　韩　嫣　马　琳　王朔然
法学院
翟　润　张乃真　赵　琳
外国语学院
徐　笛
元培计划
吕　游　沙　珧　王文静

新生奖学金三等

数学科学学院
吴　昊　程锦佳　胡懿娟　何桢祺　覃广南　汤　建
赵梦远　胡　斌　王小朋　滕　晔　张　磊　杨功荣
窦　炜
力学与工程科学系
林勇文
物理学院
吴永宁　黄成扬　臧允之　刘　东　贾　璋　成　静
高一凡　李京俅　张继瑞　才　博　符鑫锋　张丹桦
曾　川　路　璐　黄　河　魏　宏　刘　云　莫一非
张　力　冯　升　杨一玻　张嘉俊　杨永亮　冯国星
电子学系
巴哈提亚　向　博
计算机科学技术系
马　锐　边　伟　王世江　王　畅　宋云成　刘明浩
化学与分子工程学院
王　菲　王　璋　龙　云　王　华　李元凯　王　奇
郭　琳　地学院　常国平　吴伟颂
国际关系学院
张春蕾
经济学院
崔青筠　陈　霞　郭　欣　李唯唯　吴　渊
光华管理学院
王玉哲　薛　伟
法学院
席娜劼　张　婧　徐　婷　陈　翠　彭　鹏　林英杰
严　莉　王　丽　康　鹏　周　丽　张　强
信息管理系

杨 亮
外国语学院
倪 璐　代倩梅
元培计划
刘 键　郭 彬　金 戈

城市与环境学系
方琬丽　陈 杨　俞 曦
新闻学院
苑可英
中文系
文 雯
历史系
张 晗
考古系
王琳琳
哲学系
杨柏龄
国际关系学院
孙力舟　孙志强　陈 洁
经济学院
王海民　刘 佳　李 荻
光华管理学院
陈爱霞　张自权　施涵清
法学院
李凯玲　王斯曼　唐桂英
信息管理系
冯兰晓
社会学系
田 芳　田 耕
政府管理学院
成云波　邓 璇
外国语学院
胡晓庆　王 灏　魏 静　魏 巍　秦 杰

新生奖学金鼓励奖

计算机科学技术系
杨淮洲　孙逸峰
生命科学学院
吴 霞　蒙 敏
新闻与传播学院
蒋俏蕾　魏 玮
中文系
杨 珂　杨霁楚　刘 婷
国际关系学院
李玉婷　李晓晖　赵 倩　卫 菲
经济学院
胡玉婷　王 冠　李 瑞　王 蕾　杨 毅　高 文
崔 洁　孙蔚娟　马 龙　戴 晨
光华管理学院
宋美虹　安亭亭　钮统安
法学院
郑 燕　袁秀梅　张世原　李 莉　梁素娟　杨立威
李正慧　蔡明卉　杨国艳
社会学系
李雄明

教育优龙奖学金

数学科学学院
梁 爽　刘京辰　吴思思　李智一　乔 琦
力学与工程科学系
陈雪梅　夏书满
物理学院
陈航晖　冯振兴　李志强　刘彦良　李 嘉
电子学系
任 申　王 薇　贾玉婷
计算机科学技术系
邱 迪　谭 佳　凤旺森　阎 哲
化学与分子工程学院
姜晓成　冷永华　董广彬　王 津　闵 玮
生命科学学院
陈斯迪　缪若羽　腾 林　张晗芸
地球与空间科学学院
田 玥　宋 卓

奔驰奖学金

物理学院
董世英　王 垈　孙 锴　王 欣　田 旭　周云鹤
章一鸣　林国基
中文系
金 锐　王 媛　袁一丹　洪 琰　李 莉　王学振
彭姗姗　柴璐璐
哲学系
郑砚秋　屠 玥　许红蕾　董 鹏　唐英英　朱 琴
肖清和　张 鹏
光华管理学院
赵端端　任 佳　项婷婷　曾 勃　邓 旻　王 斐
唐家齐　胡 玮
法学院
张 静　黎 蓁　夏春利　曾为欢　刘 卉　陈 娜
林 妙　孙景云
外国语学院

陈 雷　王 凯　钟 礼　林卫光　高震云　王名南
宋才华　王竹雅

董事东方奖学金

数学科学学院
王晓宇　黄 辉　李 鑫　邱亚娜　陈 酌
力学与工程科学系
高 娟　张 恺　孟昭龙
物理学院
贺 言　詹 卉　谢 旭　杜广华　杨光林
电子学系
吴毅凌　范 勇
计算机科学技术系
吴大可　银 平　朱文琪　蒋孟萍　杨乘默　董云飞
申峻崃　鲁文高　王 丽　陆庆达　程 峰
化学与分子工程学院
廖 琪　张文彬　黄 勇　赵 飞　陈煜静　甘 霖
生命科学学院
崔 洁　李 露　李 超
地球与空间科学学院
黄俊伟　王晓明　李 强　王 烨
城市与环境学系
曾 宇　王道军　左 谦　王晓东
心理系
王 瑶　戚健俐
新闻与传播学院
毛 艳　黄 佩
中文系
汪 洋　王振峰
考古系
邬 斌
国际关系学院
檀雪菲
法学院
幸嘉佳　孙 宇　郭维真
信息管理系
张鹏翼
政治学与行政管理系
李若鹏
外国语学院
金红梅　马天杰　车 玲　耿琳琳　游珊珊　徐 添
王 楠
马克思主义学院
孟凡桥
环境科学中心
汪冬冬

玫琳凯奖学金

数学科学学院
张婷婷　张 静
物理学院
蒋闽曦　蔡 益
化学与分子工程学院
袁 洁　陈 忠
生命科学学院
刘 渝　由 优
地球与空间科学学院
刘亚男　孙朗秋
城市与环境学系
肖 渝　仝 德
中文系
陈媛媛　李 昊　辛晓娟
历史系
邓 菲
考古系
王小梅
哲学系
杜 鹃
国际关系学院
颜丽媛　黄 菊　徐 来　许世鹏　左瀚颖　徐 倩
周 艳　潘妮妮　杨伟玲　詹潇潇
信息管理系
胡文倩　余 艳
社会学系
王 珊　申 静　刘 静　乔 杉　苏 醒　张 婷
王 微
政府管理学院
杨骁鹰　赖婷婷　魏 薇　左 瑜　黄 丽　刘 颖
俞 静　李 莉　唐姗姗　彭 莉
外国语学院
李 丹
医学部
王 云　宋欣欣　何姗姗　戴 慧　钟 铮　郭 惠
李清艳　张 娟　杨菁菁　王 敏　张秋颖

佳能优等奖学金

数学科学学院
宋 鹏　韩建强　李晓冬　隗雪莲　刘 英
力学与工程科学系
程暮林　刘艾琳　朱 波
物理学院

向 杰 唐佳妤 牛 峰 罗 乐 王 欣 颜学庆
电子学系
王广福 付芳桂 剑 李东风
计算机科学技术系
赵 礴 高 军
化学与分子工程学院
周 爽 刘 庄 彭 涛 廖明毅 李永成 王 璇
任清华
生命科学学院
孙闻嘉 冯 倩 杨 竞
地球与空间科学学院
李 敏 黄 健 夏 晖 史全歧
城市与环境学系
张 源 冯晓娟 樊 铧
新闻与传播学院
王 颖 刘思甸
信息管理系
毛 辉 邓 鹏 栗沛沛 罗丽丽
社会学系
秦 冰 宋 婧
外国语学院
黄雷鸣 张芬芳 章 蓉 张 毅
环境科学中心
邢可霞

佳能特等奖学金

数学科学学院
陈基琳 郑 浩 王海辉
力学与工程科学系
傅 琦
物理学院
周 成 孙晓辉 毛有东
地球与空间科学学院
魏荣强
计算机科学技术系
周晓君 秦 超
化学与分子工程学院
骆亦奇 阎 墅
生命科学学院
田 萌 沈抒殚
哲学系
黄圣平
法学院
沈丹丹 余韶华 蒋璐奇
信息管理系
罗 戎 赵慧勤

曾宪梓奖学金

数学科学学院
蔡勇勇 曹淑霞 曾 伟
力学与工程科学系
聂君峰 党 刚
物理学院
方 圆 武洪刚
电子学系
刘天喜 李贵生 管 武
计算机科学技术系
梁希云 姚远照 肖 鹏
化学与分子工程学院
郑 捷 谢书宝 阎 昊 徐常亮
生命科学学院
王 瑞 刘国琪 孙丹丹
地球与空间科学学院
喻 新 尚学峰 杜 蔚
城市与环境学系
陶文娣
心理系
李文娟
新闻与传播学院
张亚歌
中文系
陈 晔 刘春明
历史系
曾 柳 汪 丹
社会学系
豆坦友 杨耀辉
考古系
王慧丽
哲学系
王海凤 许韩茹
国际关系学院
吴瑞成 武光陶
经济学院
焦 点 朱 凯
光华管理学院
方小丽 沈启盟
法学院
王兴华 丁晓静 张有志
信息管理系
邓 国 朱兴国
政治学与行政管理系
贾丽华 李 强

外国语学院
赵博娟　侯艳丽

唐仲英奖学金

数学科学学院
杨升松　赵晓飞　李彩艳
力学与工程科学系
万　希
物理学院
王　然　杨文昌　朱鹏飞　李新林
电子学系
吴　波
计算机科学技术系
黄炎灿
化学与分子工程学院
王静娜　甘文勋
生命科学学院
邢　娟　沈　玥
地球与空间科学学院
龙玄耀
城市与环境学系
张树才
新闻与传播学院
路小磊
中文系
张佳妮
历史系
曹　晋
考古系
张剑葳
哲学系
李　爽
国际关系学院
王志鑫　汤风琴
光华管理学院
綦　龙
法学院
牟家玥
信息管理系
吴龙婷
社会学系
章邵增
政治学与行政管理系
甘启裕　李文博
外国语学院
温晓静　郭晓丽　付予彬

侨联侨心奖学金

数学科学学院
谭小路　董国明
力学与工程科学系
刘小亚　黄晓亮
物理学院
朱碧徽　李璐璐
电子学系
朱玉振　胡海飞
计算机科学技术系
黄家琪　田海明
化学与分子工程学院
李东阵　谢军奇
生命科学学院
庞宏博　林　林　冯　镭
地球与空间科学学院
明　镜　玉　珏
城市与环境学系
覃金堂　郎　畅
心理系
杜晓明　潘苗苗
新闻与传播学院
刘美媛
中文系
王　斌　孙　顺
历史系
石　莉　史如松
考古系
郭慧文　周文丽
哲学系
田　园　于明明
国际关系学院
付凤云　刘　琼
经济学院
汤国鸿　彭小春
光华管理学院
张　炜　张　黎
法学院
谭四军
信息管理系
王苏蕴　杨　林
社会学系
尤璞允　陈　超
政府管理学院
王晓锋　沈汝洋　白成太

外国语学院
杨川进 陈 瑛
艺术学系
邓 盾
元培计划
肖 云 刘建龙 刘 璐

力学与工程科学系
梁 颖 刘云峰
物理学院
刘 一 王新杰 李 盈 马 勋 贾圣果 李 洁
王丹翎
电子学系
陈 备 陈旭晖
化学与分子工程学院
姚 波
生命科学学院
葛 媛 靳 彤 王显花 张宇坤 姜 凌
地球与空间科学学院
景志林 任康绪 李玉宁
城环系
林 卉 唐子颖 刘志林 张 茵 颜廷真
心理系
刘兴华
新闻与传播学院
李 壮 倪丽慧
中文系
徐百柯 隋 倩 张夏放 刘继业
历史系
王 伟
哲学系
贾鸿飞
国际关系学院
韩 炎
经济学院
王 沛 储丽雯 郭万怀 李 昊 李峣玥 秦雪征
宋英培 王 星 叶 捷 田雅林 龙 亮 孙珺玮
谷晓岚 袁 硕 马 笊 林金巧 廖绪发 韦希娜
黄 嵩 喻桂华 张 萍 姬江帆 姜 霖 邹 燕
何亚东
光华管理学院
骆 楠 张瑛璇 叶仲广 黄玲文 刘 展 韩俊丽
唐永殳 郭 磊 张 昆 付 冰 李 强 黄成明
王 勇
法学院
刘科科 赵 岩 唐延明
社会学系
马冬玲
政府管理学院
朱海江
外国语学院
党素萍
环境科学中心
刘小勇

东港奖学金

化学与分子工程学院
冯 莱 苏允兰 辛 颢 苏 萍 张晓梅 赵长家
王 旭 王 悦 赵立艳 朱丽荔 范江峰 高卫平
鲁从华 于振宁 高德青 别利剑 常 菲 张 军
刘建宇 刘 勉 杨延莲 尚洪山 张 昕 郑金玉
魏柳荷 殷晓颖 李 鹏
生命科学学院
梁允宽 冉文忠 卢智刚 汤富酬 姬生健 黄金霞
门淑珍 陈 曦

靳羽西奖学金

物理学院
周 锞
计算机科学技术系
席 倩
生命科学学院
王 玑 杨 莹 吴 薇 廖雅静 童 一 胡蕴菲
新闻与传播学院
张 晔
经济学院
邓靖芳 蔡 超 王林丽 黄小倩
光华管理学院
权 静 刘 琪 王 玥 尹璐怡 潘伟明 王微微
宋 婷 慈颜谊 谭 彦 王海桐 孟涓涓 柏 青
幸 娟 金 燕
法学院
徐晓彦 塔 娜 李 佳
外国语学院
黄 淳 高剑妩 黎孔静 陈春仙
元培计划
韩 凌

安泰奖学金

数学科学学院
方 烨 周首豪 黄 琳 姜 薇 赵 震 周 怡
彭献华 杨 华 郑伟英

历史系
高　洁
国际关系学院
林　燕

摩托罗拉特等奖学金

物理学院
朱　煜
计算机科学技术系
祁益峰　张吉豫
电子学系
刘　安
经济学院
刁天烽　刘晓丽
国际关系学院
郭一峰　刘　宁
光华管理学院
冒大卫
外国语学院
刘　岩

摩托罗拉优等奖学金

数学科学学院
陈斯超　殷　悦
力学与工程科学系
胡　新　杨陶令　杨伟轩
物理学院
吴晴芳
电子学系
严伟振　郝诗莹　刘　朋　王　琳　陈建平　钟　瑜
沈　昕　王春利　黄君彬　沈世洪
计算机科学技术系
侯晓宇　张联宇　刘思源　刘　佳　胡　卿　史　诗
刘谭哲　王　宁　黄　璜　王　汐　兰景宏　孙　雷
邓志鸿　周　欣　曹新平　黄其军
化学与分子工程学院
王　超　宋相志
生命科学学院
许　笛　王　在
地球与空间科学学院
李　震
心理系
李晓白
新闻与传播学院
赵　晨　李　莎

中文系
董熠晶　林志英
历史系
史　楠　刘冬昕
光华管理学院
贺　婧　陈　琦　初　君　周　蜜　林丹敏　许玉莲
陈　丹　王　劲　肖文明　胡　丁
外国语学院
孙　娜　王　冰　李　艳　张　宇　陈　玮　王　炜
王　辉　郝媛媛　王明晖　许　莲　牛　莲　王　蔷
马晓燕　李玉霞
马克思主义学院
刘思浔　郭可坤
经济学院
张君红　常　斌　徐　甜　王　蕾　张　楠　罗　玥
黄　婧　林瑞晶　马　宁　鲁元春　冀　愉　郭庆齐
温　静　翟珊珊

杨芙清王阳元院士奖学金

数学科学学院
周　娜　刘　苏　秦胜潮
力学与工程科学系
舒南江　孙智利
物理学院
穆良柱
电子学系
高　迪　刘　野　朱永兰　蒋　伟
计算机科学技术系
袁　杰　胡　丹　潘文斌　徐　颖
城市与环境学系
王雅琴　王　颖　陈安平
信息管理系
郑清文
社会学系
张　敏
信息中心
遇　辉

柯达奖学金

数学科学学院
张　鹏　李佩繁
物理学院
邹宇斌　郑永光
电子学系
虞南方　张建伟　黎晓晨　傅大群　蒋　云　谢伟良

梁　欣
计算机科学技术系
刘　菁　赵　静　应　莺　苟意远　翁念龙　张　成
李春华　朱德新　彭宇新　杨建武　韩　华
化学与分子工程学院
赖　鹏
地球与空间科学学院
张海明

细越奖学金

数学科学学院
方初莹　宋世君　陈海强
力学与工程技术系
王　嘉　黄源浩
物理学院
王　睿　张蜜蜜　邹润磊　宋昌盛
计算机科学技术系
李　军　田嫒嫒
化学与分子工程学院
郑　磊　余　燕　俞　瀚　张　勇　黄世明　张　盛
生命科学学院
李为娟　吴　涛　楼　松　唐　玉
地球与空间科学学院
唐元之
城市与环境学系
于海波　朱　彪
心理系
尹晓曼　刘　滢
新闻传播学院
周易军　刘　丽
中文系
仲　林
历史系
冯　陶　孙静涛
考古系
马　塞
哲学系
倪咏娟　李麒麟
国际关系学院
俞　晴　陈　洁
经济学院
金仙淑
光华管理学院
叶　澜
法学院
杨　华　卢菁菁

信息管理系
田　凯　浦美娟
社会学系
杨　迎
政府管理学院
汤　洁　梁　江
外国语学院
郭　峰　徐　薇　吴　胡　俊　李　佳
马克思主义学院
胡　伟　韩　琦

通用电气奖学金

电子学系
田　甜　潘剑颖　鄢毅阳　钟　声　查海宁　王　峥
安　科
计算机科学技术系
宋姗姗　蒋逸明　吴　泠　戴　蓉　周林杰　陈瑞怡
国际关系学院
吴伟锋　曹　文　张海涛　杨　琛　苏　钰　唐　思
汪　恒
经济学院
付　玲　童　竹　王　薇　王　敏
光华管理学院
王　嫒　滕　飞
法学院
曹酒婷　普丽芬　邹　丹　汪　岚　朱　颖
信息管理系
朱　琳　葛　宁　张　萌　刘　欣
社会学系
李　睿　马　强　张阎龙　高　洋　陈　姝
政治学与行政管理系
苏雪燕　杨　琨　史煜妍　陈向前　郭丽岩　许萌萌

东京三菱银行奖学金

经济学院
吕　霞　张　杰　胡先琴　王　蕴　龙　欣　于映辉
李亚峻　李　涛　戚自科　黄冠华
光华管理学院
刘丽娜　秦丽娜　丁　辉　高　展　宋　森　王述欣
张　翔　李红岗　田雅静　金亢亢　祝丹涛　吴成丕
法学院
姜　岸　康晓明　刘　忠　丁春艳　顾契妮　黄军辉
曾　彦　孙　晔　朱利江　留永昭　汪庆华　王佳明
朱晓东　王　亓　蔡巧萍　廖　凡　蔡俊锋　李慧妮

三和银行奖学金

国际关系学院
张湄湄　邹　欢　盛　成　陈　斌　楼玲令　刘　杨
周　玲　胡丽芳　史云鹤
经济学院
龚陡帜　解毅成　熊碧华　钱艳琼　肖　琦　俞　楠
王　潇　李薇叶
光华管理学院
计　茜　缪登峰
法学院
李　磊　徐玲芳　蒋晓薇　许　懿　唐汉洁　丁建勇
郑小鸿　王　欣　计　芳　戴　菲　顾逸群　刘琳琳
黄英亮
社会学系
王　迪　尚　丹
政治学与行政管理系
孟令奇　寇建建　许卓萍　孙　蕾　刘　烨　颜　璐

杜邦奖学金

化学与分子工程学院
朱轶才　赵怡芳　牛佳莉　杨雅立　冯　平　陈敬龙
生命科学学院
顾卫彬　张金伟　王　竹　蔡国林　路中华
地球与空间科学学院
江　洲
城市与环境学系
白　萌　陈燕飞　刘　洋　许　峰
光华管理学院
李　芳　李晶璇　张　鹏　田　昆　郑志刚
法学院
申剑光　童颖琼　彭　爽　罗培新

IET 奖学金

数学科学学院
樊春鹏　黄德龙　李　睿　殷　浩　孙　懿
力学系
赵颖涛
物理学院
刘轶鸿　刘争晖　耿玉菲　王大威　宋袤禹
化学学院
蒋云峰　刘　玥　鹏越峰
生命科学学院
刘　歆　杨秀娟　陈　果

中文系
孙　娟　张　淼　张　哲　施春宏　马东瑶
历史系
李云飞
哲学系
翁向红
法学院
李凤英
外国语学院
霍晓丹
马克思主义学院
陈　坚
艺术学系
刘蓉林
经济中心
陈　勇
环境中心
王志辉

索尼奖学金

计算机科学技术系
贺　婷　杨婵君
生命科学学院
冯晓燕　鲍贻倩
城市与环境学系
王　怡　李　莉
中文系
于浩淼　包菊香
法学院
袁　媛　乔乐天
外国语学院
曾　雅　查轶伦

联想奖学金

数学科学学院
张雪娟
电子学系
胡宗敏　李彦丽
计算机科学技术系
申成磊　马　振　杨胜齐　李　斌　葛　佳　胡　钢
杜　刚　马　亮
经济学院
柳凌殊
光华管理学院
阎　林　周纪冬　付兵涛

宝钢奖学金

数学科学学院
唐君莉
物理学院
周朝显
化学与分子工程学院
姜 萌
生命科学学院
汪宇盈 李联运
地球与空间科学学院
张 慧
心理系
刘祖祥
新闻传播学院
王允嘉
中文系
曹菁菁
历史系
方诚峰
考古系
盛 洁
哲学系
李科林
经济学院
林宏海
法学院
杨春媛
信息管理系
刘晓晨

华为奖学金

数学科学学院
方 方 孔 强 王 峰 王 烈 林宗芳
电子学系
张宏志 刘文俊 万维强 张利剑
计算机科学技术系
贾 硕 张 远 单松巍 徐嘉佳
信息中心
佘轶原 潘 颖 孙燕征 胡 娟

岗松奖学金

数学科学学院
白 芸 刘 晓 胡 丹

力学系
邱 源
物理学院
张友炘 李宜泽 孟 策
化学与分子工程学院
王 博 李 昂 苏 立 现晓军
生命科学学院
杨华夏 张 婧 林 达 杜 娟 陈彦丞 侯宏伟
吴东川 徐 莉 周 波
地球与空间科学学院
郭 磊 刘 勇 曹军 张 晶
城市与环境学系
邢珏珏 冯 健 彭朝辉 陈 戈
新闻与传播学院
孙菁茹
中文系
李洪彦 林艳敏 刘 洋 程 凯 赵建章
经济学院
刘双玲 彭 泳

中国科学院奖学金

数学科学学院
叶运奇 李 刚
力学与工程科学系
欧阳正清 李 浩
物理学院
李润东 白 凡 郭宏宇 阎华文
技术物理系
姜健准
化学与分子工程学院
钟 南 赖仁福
生命科学学院
赵 婧 王景文 王莉江
中文系
程小牧 季剑青
国际关系学院
乔卫兵
经济学院
王子健
光华管理学院
张薇薇
法学院
易继明

雏鹰奖学金一等

电子学系
刘　洪
化学学院
董　蓉
地球与空间科学学院
秦　适
中文系
严　斌　王琰琰
哲学系
顾凡颖　宋　蕾

雏鹰奖学金二等

物理学院
刘　丹
化学与分子工程学院
何　智
生命科学学院
杨江峰
城市与环境学系
裴　丹
心理系
周　斌
中文系
王　应　陈　朗　陈佳勇
历史系
刘丹青
哲学系
金卫国　王　杨　郭道平　朱莹莹　姚　娜　吴立雯

雏鹰奖学金三等

物理学院
马　杰
电子学系
熊　炜　刘　晓　许　刚
化学与分子工程学院
叶　璇　王依海　聂稻波　马　翀　蓝　宇　谢　晔
蒋　帆　蒋洪玉　何懿峰　程　磊　杨晓帆　董晓鹏
生命科学学院
车南颖　辛富晓　周艳峰　雷　剑
地球与空间科学学院
胡　旻　张　爽　徐丽君
城市与环境学系

曹丽格　杨文瑜　郑　童　肖海燕
心理系
杨　洋　赵　薇
中文系
梁　雨　党伟龙　李萌昀　蔡　卿　孙艳丽　邓　丹
谭圆圆
历史系
周　婧　崔　娜　曹婷婷　虞　琰　汪雪亮
哲学系
徐　楠　王玉响　张佳佳　乔　宇　王　蓓　金　溪
袁晓希　周　兰　马　楠　丁笑丹　刘文俊　李崇巍
杨　帆
信息管理系
王　炼

诺基亚

数学科学学院
程羽心　李金辉
力学与工程科学系
韩　璐　潘海珍
物理学院
乐　旭
电子学系
张冠男　顾晓东
计算机科学技术系
陈竞凯
信息管理系
傅　欣
信息中心
吴廷耀

三井住友奖学金

经济学院
周歆序　童杨威　朱　琳　杨蓓蓓　张蓉蓉　汪　倩
程　旭
光华管理学院
苏　林　董晓波　吴　焱　吴　兰　王　妍　高星星
于　柠
法学院
李　枫　欧阳泽蔓　高广斌　周　洁　王嘉琳
吴晓琼

第一代乡村大学生奖学金

化学分子工程学院

元 睿
生命科学学院
姚 松 辛富晓
地球与空间科学学院
纪鸿聪 雍稳军 武金涛
哲学系
赵 红
中文系
梁 雨 高红海 张 君
经济学院
张爱霞 郑春林
法学院
夏欲钦 徐兰婷
政治学与行政管理系
李晓丽 冯 涛

花旗银行奖学金

经济学院
阳穆哲 刘志颖 马韧韬 乔 捷 张树峰 纪 沫
来有为 宋芳秀 李 虹 许云霄

晓龙奖学金

经济学院
姚羽蒙 谢伦裕 蔡 悦 陈 佳 李 伟
光华管理学院
鲍驭舟 王晶琦 严 格 陈雯雯 王 星

住友商事

数学科学学院
邢 浩 周 臻 陆丹峰
力学与工程科学系
邓新华
物理学院
陈磐颖 李 源 杨 静
生命科学学院
周黔禾 吕海慧 杨 谦 唐华平
地球与空间科学学院
乔 妥 琚 岩 李明艳
心理系
吴佳音
外语学院
王新萍 刘 扬
马克思主义学院
朱 梅

奥德奖学金

计算机系
李燕梅 源安禹佳 徐国市 高 翔 董 亮
白 萍 李 欣 王 懿 沈 坚 马梦瑶 梅俏竹
苏 杭

IBM 奖学金

计算机系
李大磊 高晓洁 李 丹 王腾蛟

松下电器奖学金

生命科学学院
李 翼 徐 栩
城市与环境学系
沈 琼 吴晓栋
历史系
马 翎 吴 越
考古系
汤诗伟 杨颖亮
国际关系学院
陈 玲 邱 岚
法学院
李晓红 杨 亭
外国语学院
杨 洋 万丽娜

香港城市大学校长奖助金

地球与空间科学学院
万珍珠 宾国澎
城市与环境学系
杨 宇 王晓光
心理系
王 姝 王慈欣
新闻传播学院
朱媛媛 尹 菡 宋云天
中文系
汪晨芳 何 佳 李畅然
历史系
王文仙
考古系
张明东
哲学系
那非丁

杨清钦奖学金

哲学系
杨春光　李蓓蕊　余　莉　卞　上　陈宝剑　商伟兰
夏　欣　王　俊　童　昊　黄鹏飞　刘　伟　林　锋
余　莲　丁艳红　王　浩　汪　琼　罗美云　王　珍

华臧奖学金

中文系
秦　晔
历史系
冯　楠
哲学系
林　翔　魏　农　黄皖毅

恒生银行奖学金

经济学院
刘　淼　康可佳
光华管理学院
黄　翀　林　珏　周雪军

杨乃英奖学金

历史系
朱　溢　张　杰　熊贵平
国际关系学院
张孝菊　费溢群　魏　巍

霍铸安奖学金

经济学院
曾琪琪　钟　贞　周海欧
法学院
黄　文　蔡晨程　唐　亮

ESEC 奖学金

计算机科学技术系
陈斌斌　朱家稷
生命科学学院
陈　曦　王　屹

东宝奖学金

生命科学学院
黄腾波　毛贤军　何　群　徐云剑

林超地理奖学金

城市与环境学系
李青淼　孔江涛　李　莹　傅泽强

深圳长园奖学金

技术物理系
杨　军
化学与分子工程学院
孙豪岭　秦瑞雯　张铁莉

欧阳爱伦奖学金

生命科学学院
阮国祥　孙　欣
中文系
王立群
经济学院
冯　双
光华管理学院
赵　婷
外国语学院
王　焱　臧　亮　尹秀华

成舍我奖学金

中文系
魏　薇　彭春凌

日本 NKK 奖学金

数学科学学院
叶京晶　林鸿煌
中文系
戴登云　丁　元

华泰奖学金（特等）

经济学院
陈一辛
光华管理学院
吕光昕

华泰奖学金（优等）

经济学院
张 莹　石 拓
光华管理学院
林 立　于晨曦

力学攀登奖学金

力学与工程科学系
徐 杰　薛 琨　李 培　李 赟　杨 鹏

余景山奖学金

中文系
陈 烁　寸 熙　李云雷

冯友兰奖学金

哲学系
孙小微　周佳梅　许美平

冯奚桥奖学金

物理学院
张 磊

谢培智奖学金

历史学系
孙正军　湛贵成　陈寂静

谢义柄奖学金

物理学院
韩 笑　陈 刚　金 鑫

钱穆奖学金

历史系
雷 闻

关伯仁奖学金

环境中心
屈广义

芝生奖学金

中文系
陆 乐

优秀医学生特等奖学金

基础医学院
金 聪　郑日亮　吴嘉煖　王 婷
药学院
张 娟　纪 超
公共卫生学院
吕 聪
护理学院
黄 晶
第一临床医学院
韩晓宁
第二临床医学院
陈 雪
第三临床医学院
徐伟仙
第四临床医学院
王 飞
中日友好临床医学院
王 阳
口腔医学院
王秀婧

优秀医学生一等奖学金

基础医学院
曲爱娟　吴乐萌　边大鹏　孔雅娴　顾 漪　杨 昕
王欢宇　谢 敬　赵轶国　李 浩　朱 敏　张灵云
李 蕾　李会谱　尹 珏
药学院
杨晓静　石晓翻　李 柳　刘忆霜　卢 宁　张 烁
丁武孝　田晓明
公共卫生学院
郝 秦　邓 晶　陈 良　林薇薇
护理学院
孟 盈　徐 冉　付 佳　张维毅　赵建娟　张 瑞
第一临床医学院
张 雯　张 瑜
第二临床医学院
石菁菁
第四临床医学院

钱 英
口腔医学院
王 琳 杜 钰

优秀医学生二等奖学金

基础医学院
程 宁　李 婷　李瑞芳　袁人培　孙 艳　赵艳丽
侯海燕　吴 静　庞 维　郭晶晶　史济华　朱 丹
李秋萍　徐新娜　樊曦涌　魏洪政　蔡 林　郑 晴
安 娜　周围围　江 东　赵 娟　姬 涛　时延伟
朱 厉　邢晓芳　贾 媛　刘玉雷　刘 斯　张 扬
张大方　陈 芸　姜晓磊　梁 琳　刘 飞　赫英东
周 熹　曹 喆　陈 晨　汪若婕　袁 磊　魏玉梅
冯 俊　弓 煦　陈 琛　康晓征　孙 馨　邢海英
徐 冲　邹晓英　孙浩林　黄 真　孙婧雯　刘 丽
曹 琦　王 妍　王 荣　冯 硕　赵 博　邹琦娟
冯雨苗　崔 扬　王宇昭　邓志平　谭 鹤　王振生
药学院
刘瑞琴　郑瑞霞　陈 平　郑元元　刘新月　刘 斌
张 健　武 豪　武文琼　冼勋德　何梅孜　倪 钎
王 宏　申 佳　孟 萌　王 燕　马秀全　林 木
屈 晶　郭 慧　段若竹　铁 璐　赵传科　李业嘉
刘 艺　王玉记　方 芳　李 嘉　李鲜婵　张 娜
肖泽宇　焦元元　孙 昱　刘 嘉　赵桂玉　段 萌
杨照罡　师晓丽　赵 菁　吕晓洁
公共卫生学院
周利平　陈 敏　杨艳蕊　黄丽萍　裴荣娟　吴春眉
王 乐　赵 鹏　胡晓倩　余灿清　黄超峰　李 琼
宋 洋　王 波　罗晓敏　李会娟　李扬眉　赵晋丰
张瀚迪　曾 琳　张 焱　周 虹
护理学院
杨文菁　王晓菁　张 莹　翟 静　周 巍　刘 怡
阎 琰　王琼玲　陈 韵　李江薇　王 豫　李熙瑶
张 岚　杨桂玲　张雅璐　孙 扬　徐 征　赵 虹
周 丹　李 娟　张 婷　赵 欢　张丽丽　陈 晔
王 飞　何姗姗
第一临床医学院
李新宇　朱贵霞　于 扬　刘 旸　齐丽丽　周 棉
宋萍萍　贾汝静　田 园　郝晓楠　邢 莹　刘豫鑫
李 醒　田 婵　胡胶月　张婷婷　赵京丹　谢群慧
何立芸　刘 静　蒋 镭　徐明江　褚松筠　商 敏
李洪振　曹晓光
第二临床医学院
王 驰　虞 巍　左英熹　程 瑾　曹 菊　齐 越
张晓蕊　孙 瞳　李 雪　娄鸿飞
第三临床医学院

曹 威　肖 晗　芦雪峰　徐潇漪　潘柏林　陈 森
第四临床医学院
杨 进　万丛碧　游珊珊　黄厚峰　赵云荷　何 豫
彭炳蔚
中日友好临床医学院
景 红　张 岩　王 娜
口腔医学院
王 洋　冯向辉　崔 亮　周建锋　曹 婕　林 范
郝 晋　卫 彦　刘松林　赵 彦　韩 冬　曹 烨
李 峥

优秀医学生三等奖学金

基础医学院
郭弘妍　孙 倩　郭晓萌　吴 熙　翁 默　倪春雅
李 涛　黄 萍　张 瑾　张五芳　杨 鹤　任 倩
赵金存　任 玮　白 静　马 鍫　林国南　刘 磊
钟博南　唐 锋　刘永鑫　冯 喆　李伟山　刘 亮
杨 雪　金克敏　王智敏　郝丽文　翟莉莉　种铁文
王 婧　吴 欢　马晓伟　杨 宏　马向娟　任 银
华 蕾　林玉晶　黄 鹏　潘海晖　庄 彦　王 京
周 瑞　邓雪蓉　张丽娜　张 博　高世琴　徐 飞
王贵彬　史 楠　鲁 明　郭玉林　芦 浩　刘佳勇
陈 琦　金星姬　田 婷　李艳玲　吕 杰　李秀玲
张 婷　漆佩静　刘 莹　周秀娟　李俊良　周 婷
王 卓　刘 杰　刘倩竹　柳大为　史晨旭　毛 卓
王 旻　张月霞　陈少敏　杨 超　杨 辰　王 希
张玉霞　黄 辉　赵慧颖　黄建荣　宋军民　查 洋
赵 晶　刘世晓　周 淋　卢旭光　赵冬雁　崔益亮
郝 萌　刘军伟　柯 嘉　刘 晶　张 源　江 怡
陶剑锋　吴 元　于路平　祝 欣　彭文平　陈焰锋
李 维　屈 岭　庞艳丽　张 蓓　甘雨田　张译中
药学院
刘光慧　张 征　刘 斌　张 俊　陈文倩　王启迪
全 漪　王 冲　范 佳　车 敢　张 峰　陈治强
郑陈业　刘 蕾　钱晓晓　徐 曼　韩 冬　李立飞
陈 鑫　李清艳　李京虎　王占良　郑晓曦　王 雷
金 伟　任 雪　肖莉莉　贺 赟　顾 佳　于 嘉
赵靖华　郑 盈　孙玉峰　吕 维　宋 涛　朱静辉
傅翌秋　严以劫　王 南　吴少坤　郑 伟　张 默
刘晓琴　鲍 奕　孟 幻　王建辉　管晓东　范 婷
张 娟　赵帼英　尹 婷　俞 江　杨立华　李 楠
谢洁琼　王清林　徐 崑　李 慧　吴 边　董岳岩
胡利华
公共卫生学院
简伟研　饶林洁　乔亚萍　张丽荣　张 兴　刘 军
何 俊　朱志峰　李 祈　王 娟　廖 巍　孙雪冰

徐丽玲	王娴	高崧	焦薇	于鸿江	颜流霞	徐天睿	林寒	王武超	张晓燕	岳学苹	谢良麒
孙亮	左孝光	刘童童	王亮	李珅珅	宋欣欣	刘元沨	柳晨	刘烁	李世蕊	韩蓓蓓	侯奇
吴娟	赵琦	巫琦	骆颖慧	梁明斌	梁艺怀	徐清问	王伟	王方芳	马晓文	张韬	范琨
熊玮仪	冯星淋	任彤彤	李林	马丽	胡强	李珺	马新颖	郑瑜	吴剑挥	邓锐	张英兰
李祥虹	董采萱	李艳丽	黄高平	马晓光	程亚杰	朱璐	付静	静媛媛	杨步月	高瑾	孙丹
护理学院						阎妍	单莹	韩亮	徐明明	周妮娜	程渊
刘玮玮	杨婷	芦静	韩迪	崔静	马静威	高莉	方柏荣	韩肖	刘鹏	夏文丽	唐澍
黄婷	付雅媛	赵蕴	刘称	董媛媛	王晶	潘佳忻	薛瑞琪	祝水莲	万俐		
桓晨	张晖	牛静	赵宁	王平平	贺楠	药学院					
吕娜	姚璐	朱琳瑞	孙英杰	李晶明	陈红	曹征	赵芳	张含黄	杨姮	成伟家	王俊华
马凤玲	胡榴燕	高谊	梁辰	项绯	赵雪	郭昀	刘晓明	杜国顺	赵颖	程水红	高飞
初宁宁	成涛	王戈	洛桑德吉	韩巧慧		顾为	黄轶洁	刘京京	李然	邓洁丽	顾媛媛
张媛媛	孟英	黄卉	焦新颖	郭莹	赵颖	王凤	于杰	刘莎	金悦	蔡雷	张梅竹
耿微微	张泉	鲍云非	王萌萌	任然	杜俊	陈艳丽	李云飞	邹卫红	张楠	韩镭	毛薇
孙睿	左艳芳					赵酉酉	石予白	雷超	吴增宝	安硕	
第一临床医学院						公共卫生学院					
孟娜	宋雷	胡艳	李金龙	靳文英	王旭	郭剑平	南奕	龚丽云	周颖	邢运	汤富磊
尚玥婷	杨明辉	刘菲	胡平	任婷婷	叶明	李肖琦	沈鹏	王超	徐佳	檀溪	赵亮
任怡	师素芳	郭瑾	叶锦棠	陈晓勇	吴娜琼	谢冰如	汪楠	郑鑫	罗昊	王圣淳	吴梅
田孝东	何雪梅	刘立军	乔力松	钟旭辉	马序竹	徐燚					
王新宇	李洁	赵金霞	龚岩	吴慧娟	郭静	护理学院					
田晓军	周越	武颖超	任婷婷	林璐	高杰	刘红波	张岩	李燕筠	孙婵	张晶	王婷
冯汝立	管丽丽	朱伟赞	孙笑			魏艳	王媛	刘瑾	王小楠	张婷	张婧
第二临床医学院						师晓荣	朱静	陈岩	李欣	姚梦君	马媛
冯琦琛	白洁	龚继芳	郭琰	李君	魏征	陈瑶	李晶	陈思然	宋妍		
姜海蒂	王铁华	李欣	闻卫兢	魏娜	丘辉	第一临床医学院					
张伟峰	陶勇					顾建芬	孙玉华	石云	平凌燕	袁长梅	任景怡
第三临床医学院						郭鹏	李虎	陈亚红	吴妮	余文	耿莹
张娜	梁京津	邱伟强	马霄虹	杨楠	刘昕	王成	薛志强	金睿	王瑶	赵晓甦	王逸群
吴超	李晓					李健	王子涵	郑丽沙	陈慧瑾	刘如辉	
第四临床医学院						第二临床医学院					
吴捃	李燕宁	高禅	赵怿	陈北冬	莫莉	侯小萌	卜梁	高颖	王凯	陈茁	黄晨
关岚	张洁	刘筱菁	周苏			朱丽琳	沈凯				
中日友好临床医学院						第三临床医学院					
江萍	张坤	段琼文	杨波	鲁静		郑凌冰	许珂	彭颖	王晨	何宜静	
口腔医学院						第四临床医学院					
朱文昊	史瑞棠	邹冠弘	彭玲燕	李浩	刘莹	林青	张涛	刘芳	康永峰	张静	权翔
葛娜	李宁	周琼	丁雪芳	张艳玲	陈慧敏	中日友好临床医学院					
徐礼波	付宏云	钟金晟	李云霞	李婧	顾晓宇	王宁	唐锦明				
张奕	李蓬	张洁	周欣	王碧	贾瑞芝	口腔医学院					
何锦泉						刘钢	王荣林	徐涛	孙猛	田福聪	白洁
						路阳	尹兴	吴洁	孙樱林	吴鹏	

优秀医学生单项奖

椎名医学奖

基础医学院

李晔	张慧	肖斌	王刚	张剑钊	曾浩霞
金楠	田然	刘珣	汪业军	杨婷	石磊

基础医学院

郭芳岑　杨菁菁

第一临床医学院
杨瑞锋

联邦医学教育奖

基础医学院
赵幼娜　朱　颖　白　瑾　谷士贤　吴　俊　雷　鹏
邢　巧　杨　颖　黄晋杰　梅　玫　张　潇　姚远洋
罗　昕　刘业成　管　悦　范子田　肖　玮　刘　琳
谢　兰　李　纡　陈　佳　刘　佳　杨　帆　侯　艳
汪　旸
药学院
韩重阳　刘　瑜　易姝燕　王　芳　董一洲　王　蓓
傅德倩　奚　静　段　铮　郭　畅　高　炜　梅振东
钱珂多　潘晓伟　邱婷婷
公共卫生学院
张　卓　田妍妍　柳　鹏　扈春阳　吴　盛　秦　雪
孙玉琳　刘　芃
护理学院
杜　忆　张艳敏　张　瑛　曾　淳　尤文平　彭淑霞
赵燕婷　邓寒羽　来小彬
第一临床医学院
蒋宇振　任　建　胡瑞荣　刘园梅　尚　鹊　许　宁
孙丽杰　尹　奕　刘继强　李志艳
第二临床医学院
高鹏骥　武　蓓　彭　清
第三临床医学院
段卓洋　白　鹏
第四临床医学院
于峥嵘　侯晓雷
中日友好临床医学院
张　静
口腔医学院
韩　冰　李思雨　肖　楠　李　玫　陈　斯

光华医学生奖

基础医学院
方燕姗
药学院
赵　芊　刘敬婧
公共卫生学院
江　河　马　曦
护理学院
阎　霜

第一临床医学院
郑　博　张　钰　郭雪梅　倪莲芳
第二临床医学院
鞠　辉　黄　萍
第三临床医学院
王　通
第四临床医学院
郝建珍
中日友好临床医学院
花　欣
口腔医学院
王　鹏

医药奖

基础医学院
孙　帅　段鸿洲　郑一华　程　敏　肖　洋　章　伟
郭丽莉　赵艺超　许可见　高凤莲　朱前拯　马琳琳
辛　晨　苗　颖　马　媛　任立焕　暴　婧
药学院
张艳娟　马晓霞　杨　静　赵　鑫　邹汉军　王仲清
钮正睿　里筱竹　鲁丹丹　郑少君　李　宁　蒋高喜
王　伟　俞　捷　杨洪森
第一临床医学院
魏雅楠　汤　可　李双喜　李　然　王　薇　马志毅
赵　霞　高　芳
第二临床医学院
王玉艳　赵海燕　冯雪茹　付志方
第三临床医学院
赵　阳　闵一帆
第四临床医学院
龙建婷　张　惠　苏　静
中日友好临床医学院
徐　宁

优秀医学新生奖

基础医学院
陈　鑫　彭　琳　刘　丹　张　勇　周艳华　张　黎
毛　雯　迟永堃　包靖玲　强　璐　梁　瀛　陈　怡
崔　玄　郎　昭
药学院
赵　彬

毕业生名单

本、专科毕业生（包括第二学士学位毕业生）

理学学士

数学科学学院

方彬	王平	王珏	王黎鸣	刘启后
刘晓宇	孙少辉	庄东平	何琳	何旭华
张龙	张州	张骅	张东林	李理
苏峥	林冬瑜	姜永镔	倖旻	倪忆
翁国标	高敏	谢兵永	韩嘉睿	戴强
魏晓丹				

应用数学专业

丁吉旻	于鲁泉	方军雄	方剑刚	牛海军
王冲	王驰	王证	王卓	王犁
王鹏	王璐	王军辉	王欣欣	王晓亮
王晓霈	冯晋涛	史斌	叶丽	甘锐
任嫣	刘青	刘嵩	刘宗键	刘建军
刘首政	刘浩源	刘继华	华锦芝	孙兴
孙志超	师华鹏	成彬	汤义峰	邢天昊
严熙婷	何平	何长洲	吴昊	吴仲信
宋瑞	张晰	张磊	张会娜	张先龙
张京日	张厚丰	张晓博	李凡	李伟
李华	李鹏	李秋生	李根宾	李镐俊
杜素贞	杨勇	杨健	杨智	杨维华
汪超	汪霁	沈芳芳	苏小泉	辛磊
陈宇	陈亮	陈莉	陈颖	陈小龙
陈可明	陈知欣	陈思锦	陈莉莎	陈通益
单盈	周晨	周翔	周建松	周谢慧
季霞	季新华	郑郑	信吉平	洪献文
胡凯	胡月辉	胡国强	赵扬	赵鹏
赵新宇	赵瑞君	钟声	钟小刚	钟玉聪
唐勇林	徐鹏	徐志勇	徐佳东	徐新征
桂宁	殷俊锋	浦顾	莫旭	贾达琦
郭佳	郭挺	钱勇	顾英	高明

曹珺	阎长春	隗刚	黄洋	博午晅
彭海伟	曾钢	曾辉	童海	葛丹丹
谢描	谢立刚	蒙宜诗	管雷	蔡辉
谭曙光	樊欣	冀晨	魏明	瞿超

力学与工程科学系

万钧	马建	王凯	王欣	王悦
王鹏	王义槐	王克非	王彤安	王连庆
王国华	冉鹰	卢荃	史可天	司冰
申耀明	任谦	任国利	刘云	刘洪
刘慧	刘翼	刘大猛	刘文平	刘志斌
华明	孙勇	孙勇	孙雷	孙庆青
江李	严人斌	何广	何英松	何海国
余宏标	吴杨	吴昉	吴俊宝	宋现锋
张明	张威	张浩	张萍	张代化
张伟华	张丽娟	张志明	张洪波	张海健
李博	李强	李智	李霞	李廷文
李京生	杜文峰	杨光	杨坤	杨铸
杨睿	杨义峰	杨朝栋	杨翔宇	杨歆乐
沈应遽	肖江	肖笛	陆汉涛	陈元
陈勇	陈虹志	周超	周卫星	周春锋
周新建	孟广为	林海	林美凤	武蕊

物理学院

罗云	罗达	罗春雄	罗喜良	苗川
范凯	郑睿	郑巧玲	姚坤	姚望
施小康	柏亚军	胡建飞	胡景实	钟宇
钟诚	倪志勇	党江涛	郭雷	陶凯
陶彩军	高颖佳	堵光磊	康玉琳	曹政
黄颉	黄为鹏	黄迎春	龚斌	塔海森
彭渺	彭程	彭恒初	曾娜	游江洋
董卫华	蒋乐跃	谢平	谢辉	谢黎博
詹炜	雷易鸣	廖慧敏	熊熠	翟乃剑
翟菊婷	谭忠魁	鲜峰	魏兰	

地球物理学系

习锋杰	王毅	王先桥	王兴娟	王治国
王新楼	冯永勇	叶国扬	白光顺	任素玲
刘飞	刘希	刘小刚	刘文龙	刘亚静
危结根	朱健	纪洋	吴龙涛	张勃
张勇	李蓉	李阳春	李振华	李富余
杨明	杨蕾	杨金龙	汪洋	沈迹
周伟	周煦之	郑应才	金星	姜瑜君
胡滨	胡小明	郝永强	唐瑜	徐袁
莫倩	袁天乐	章卫祥	阎文希	黄毅
黄聪	富起来	彭大勇	彭书棋	董峰
蒋峰	覃争锐			

技术物理系

丁刘胜	马兆远	王剑	王凌峰	王锦亮
王韶辉	付成锋	冯雷	叶涛	叶鹏
叶松柏	左登科	刘军	刘欣	刘久发
刘小鹏	刘正全	孙昌	孙凤龙	朱李华
江卫军	过莉	吴文忠	宋才胜	张超
李凤	李东海	李思成	杨娟	汪振国
肖春光	邵荆	陈珂	陈珂	陈博
陈熙	陈中阳	周原	庞丹阳	欧夏威
郑文丰	俞芃芃	胡昊	胡大成	赵静
唐昕	唐定国	徐卫民	栾玲	常郁林
康宁	梁智	阎宇	黄钢	黄志红
黄骏锋	龚夔	彭松	彭锋	葛治国
蒋咏	谢志	谢建勋	熊春乐	缪证
魏峥颖				

电子学系

马猛	方田	毛卫洋	王彦	王华辉
王志富	邓杰	邓轶	乐天遥	吕晓亮
孙伟	孙琰	朱海	朱晓东	江兆宁
汤钊	许娟	那森	吴晖	宋京
张蒋	张辉	张静	张磊	张立军
张宏健	张志坚	张建军	李准	李强
李楠	杨帆	杨帆	杨立功	沈士军
肖世军	邵子瑜	陈华	陈亮	陈超
陈兢	陈建宏	周翔	周静	官力
屈宏伟	房凯	林中松	苗澍	郑光宇
胡伟	胡楠	赵建坤	赵承宇	徐冠雄
袁磊	贾涛	郭武	郭中梅	钱海春
陶小兔	顾云	常明贤	阎极晟	黄昊
黄微晓	程勇	葛维严	满文钢	鲍小玲
滕岭				

计算机科学技术系

于建强	马飞	马磊	木拉提	王冲
王洹	王悦	王越	王瑜	王雷
王鹏	王旭东	王志华	王彦彦	王益冬
王霄楠	邓海清	付强	冯乐宇	冯海涛
卢振庭	田欣	皮文凯	石凯	刘迎
刘铭	刘燕	刘世杰	刘园园	刘洪洲
刘晓亮	危夷晨	宇昆渤	庄伟	曲宁
朱伟	朱寰	朱志高	朱嘉音	许耿纯
邢岩	余鹏	余利波	吴杰	吴旭升
吴海涛	宋漪	宋春燕	张良	张怡
张松	张牧	张勇	张洋	张涛
张晰	张鹏	张嘉	张启珑	张志汝
张京华	张青淳	张春凯	张栴浥	张凌霄
李阳	李丽	李成军	李积善	李起成
李朝光	杜鲲	杨胎	杨杰	杨勇
杨春	杨洁	杨洁	杨守申	杨瑞多
沈健	沈强	肖波	肖建宏	苏玉梅
邱观琛	邵然	邹优芳	陈华	陈原
陈超	陈聪	陈旭宁	陈顺刚	陈海强
陈新峰	周力	周然	周述康	周智颖
屈岩松	林峰	罗昶	姚柏强	姜晖
施晶	段炼	段晖	段卫华	段明媛
胡彦君	赵建明	赵培翔	闻章宪	项斌
饶文靖	倪卫平	夏冉	夏勇	徐亮
徐兴文	敖翔	晏奇	殷晓田	涂彬
秦镜	袁骏	诸葛建伟	贾斌	郭琳
钱育闯	顾强	高微	高睿	崔嵬
崔永祯	曹延民	梁研	梁国朕	章悦
黄山	黄滨	黄亚锋	黄金生	龚笔宏
傅谦	彭枫	彭哲	彭程	曾铭芳
曾福恋	温勇	韩近强	熊国民	臧桂鹏
潘嵘	薛明	薛晶晶	戴祝运	魏巍
魏金程				

化学与分子工程学院

孔祥旭	尹海清	毛天华	毛煜春	王凡
王圣	王伟	王俊	王斌	王璇
王小立	王永锋	王先荣	王志会	王新益
王耀杨	邓达义	付逊	冯艳娥	史峰
司锐	宁柏宇	田文龙	关元	刘宁
刘严	刘佳	刘媛	刘聪	刘海山
刘登峰	吕彩霞	孙亮	孙俊良	安焱明
曲涛	朱敦深	朱耀球	江洞	许宁
许伟光	何健	何斌	余宇翔	吴笛
吴义室	吴春蕊	张卉	张岩	张栋

张 珂	张 悦	张 浩	张 罡	张 湛	黄 波	龚卫江	龚清秋	强 力	曾卫华
张 翔	张 磊	张云辉	张宝中	张明萱	曾华鑫	焦 健	焦雨铃	程 书	舒 畅
张晓瑜	张雅薇	张新南	张耀华	李 园	葛 凡	蒋少娟	谢 芳	谢志平	韩 冰
李 栋	李 洁	李 媛	李 颖	李恩华	韩 熠	韩庆庆	赖 明	赖茂毅	熊 伟
李晓东	李晓崧	杨 宇	杨 帆	汪益敏	蔡 涛	蔡华清	潘良斌	薛 垄	魏朝亮
沈亦佳	沈丽春	肖宁宁	苏 顺	苏 骏					
陆 江	陈 言	陈 路	陈旭东	陈丽娜	**地质学系**				
陈炜伟	周 历	周 江	周 璐	奉文涛	文彦君	方世文	卢虹霞	史宏宇	田 杰
宓捷波	官轮辉	林 颖	武 翔	苗 辛	孙 旎	牟 南	牟 莉	许 绚	许西桥
范 爽	郑 涛	郑 婷	郑文炜	郑洁茹	张海泉	杨 旭	杨默函	沈 冰	郑金武
金 舒	侯思聪	姚文生	查 虎	柳 林	姚卫浩	赵 敏	贾向军	常志刚	渠继永
段继诚	祝 斌	胡逸民	赵 芊	赵宇星	曾倩如	覃文圣	蔡 悦	谭 辉	潘薪如
赵春丰	郝 琴	卿 泉	夏国尧	徐 骏					
徐建勋	晏皖琳	袁 海	贾晓非	郭贤荣	**城市与环境学系**				
钱 华	项 昊	顾 超	高 飞	高 卓	于 健	于占福	马 岳	马胜男	王 平
高 奕	崔 莉	曹昕宇	梁 晗	梅 岩	王 晟	王 翊	王 曦	王彩凤	丘 君
湛 涛	阎吉超	黄 波	黄 南	黄 煜	叶轶尘	玄兆辉	田 军	田 坤	申松兰
黄 鑫	黄丽白	黄科峰	龚海宁	彭 况	伏玉玲	刘 洋	孙 翊	朱彦旎	何 锐
曾 莉	葛 鹏	蒋永平	谢秋喆	鲁海舸	吴 倩	宋先花	张宏亮	张骁鸣	张海峰
甄剑锋	赖晓东	雷晓光	廖 炜	廖若雪	李 方	李 皓	李 雁	李 滨	李卫锋
蔡立思	蔡新宇	潘冬立	潘杰辉	潮兴娟	李小凌	李吉芝	杨小兰	杨明俊	沙志友
霍 骏	戴 楠				肖庆文	肖晓柏	苏洁琼	苏燕羚	谷洪涛
					邹 力	陈 凡	陈 阳	陈 昕	陈 杰
生命科学学院					陈玲飞	周碧亮	林 凡	武胜利	罗 璇
					范 巍	金 玲	侯 全	俞 锋	姜卫峰
丁 磊	马 莉	马世嵩	尹慧然	牛丽莉	姜世国	钟 彬	唐 蔚	钱 伟	高林宇
牛志宇	王 伟	王 昊	王 昕	王 萌	常原飞	谌 磊	景 娟	程冰歧	覃宁宁
王 燕	王文毅	王冠南	王晓东	王晓颖	鲍 超	蔡 蓉	樊 晗		
王璞玥	冯丽瑾	厉景行	叶志强	白 凌					
石 毅	石 磊	石慧敏	刘 奉	刘 琼	**心理学系**				
刘 鹏	刘蓉蓉	吉 栩	孙 磊	孙国明	马 悦	王 浩	付艳华	田 林	刘 研
成若之	纪 明	许 明	邢 旭	齐 杰	刘 嘉	刘海骅	孙 沛	孙 洋	朱 珊
何 冰	余 慧	余小萌	吴飞南	吴贝贝	衣琳琳	吴超荣	张哲宇	李 彦	汪 默
宋 兢	张 卉	张 岚	张 亮	张 勇	邱 磊	宛小昂	姚君华	段 毅	郭铁元
张 晔	张 颖	张 震	张旭东	张晓军	曹明弟	黄 峥	蒋 昕	管延军	
张艳岭	张惠敏	李 菲	李 媛	李 晴					
李 颖	李 墨	李 燕	李华柏	李次山	**信息管理系**				
李劲颖	李倩如	杜婷婷	杨 伟	杨 洁	王 宁	王 晓	王 婧	王志伟	王志远
杨 琦	杨尚鑫	杨俊晟	沙 江	苏 洋	王奇刚	付岳宇	冯 静	刘 清	许 珂
苏小琴	迟 峰	陈 倩	陈 强	陈 溪	吴淑燕	宋旭洋	宋维翔	张 萍	张建新
陈炳章	陈椰林	卓佳旻	周 卓	周 洁	杜 征	辛鸣镝	岳 霖	易 路	郑宏祎
周 锋	周克民	林 兰	林丛星	武 胐	胡晓峰	骆旭剑	徐 波	黄绍初	黄美艺
罗光弼	侯仲刚	姚 远	姚 杰	宫维斌	傅晓旗	彭 喜	曾凤萍	蒋 澍	
施 婧	胡一多	胡劲松	赵兴宇	郝 楠					
倪 隽	夏 凡	徐 沁	徐 磊	徐盛强	**环境科学中心**				
柴咏平	桑丽芸	耿 泱	郭晓飞	郭琪莎	马 宁	王 华	田 天	许开鹏	张 敏
钱 丹	钱晓刚	陶晓琨	顾文娟	崔 谊	张立勋	张宝慧	李全林	李佳漪	花 维
常 兴	曹 飞	曹忠仁	盛晓锋	黄 佳					

陈 磊	陈燕霞	周伟奇	胡 璇	唐明宇
梁晶晶	阎 元	普利锋	曾 海	葛小东
赖斯芸	戴永立			

工学学士

力学与工程科学系

工程结构分析专业

文 立	毛小锋	王 静	包长吉	刘长礼
刘世强	刘志强	刘建中	向 宇	吴宝榆
张志雄	张凯凯	杨 俊	杨 勇	杨元铮
於 晨	武义明	罗一斌	侯 艺	娄宇存
施兴华	钟 彦	钟锦汉	袁 方	郭 昊
高永刚	黄 犀	黄 溢	黄国华	敬晓清
葛幼璋	简应荣			

文学学士

中国语言文学系

马 雁	卞 晶	王 琦	王 靓	王文特
王亚莉	王华伟	王范儒	王艳杰	王皓冰
韦 星	卢 涛	田 媛	石 祥	艾 英
刘 钏	刘春华	刘敬华	孙颂军	孙瑞雪
江粤军	何蕴琪	吴德祖	宋作艳	宋晓佺
宋晓晖	张 楠	张冬梅	张丽华	张俊峰
李 炯	李 莉	李予湘	李佳行	李奇峰
杜 轶	杜新艳	杨庆民	杨金涛	沈 婷
肖小冰	肖索未	邱立坤	陈 星	陈宇航
陈园媛	周弘一	孟贵贤	房海荣	林志伟
罗德宏	郑以然	郑运钟	侯丽华	俞 骅
姚静仪	姜 南	宫小琳	施 杰	胡晓霞
赵 楠	徐 亮	徐世梁	袁绍辉	袁筱芬
寇渝佳	崔玉珍	黄荣荣	黄晖菁	曾汀燕
温海墨	程亚婷	董宜宁	谢 玄	蒙 娃
路宇歆	慕志勃	缪 川	滕 琦	薛朝东

信息管理系

马 莉	王 苗	王 媛	王 攀	王海娟
卢红岩	刘 姝	刘 静	刘 燕	吕玉红
孙震华	何春勇	宋建敏	张 京	张东生
张新名	张蔚萌	李 海	杨临明	卓晓辉
周剑青	施 燕	屠淑敏	黄 宜	程 莉
蒋 浩	楼丽萍	潘雅茵	薛 旻	

外国语学院

丁郁敏	马 玥	马 莉	马 赛	马浩岚
支丹阳	方 宏	王 东	王 芳	王 岩
王 征	王 娜	王 勍	王 强	王 晔
王 越	王 辉	王 颖	王 馨	王小飞
王世燃	王明丽	王惠珍	车玉兰	邓文嫦
韦 艳	冯 燕	史 月	史可新	田艳妍
石 晶	艾春英	边 疆	任立榕	刘 华
刘 阳	刘 丽	刘 杉	刘 森	刘 瑾
刘 镇	刘 巍	刘迪南	刘祥亚	刘培培
刘湘燕	华 娓	向 俊	吕 雯	吕 鹏
孙 星	孙 晔	孙 辉	孙丽霞	宇 博
朱 成	朱 岱	朱 骏	朱 琳	汤 潞
许 飞	许莹莹	严 格	吴小芸	吴红红
吴怀瑾	吴姝翌	宋 阳	张 怡	张 嵩
张 影	张一实	张心松	张宇征	张林林
张嘉妹	李 尼	李 佩	李 佳	李 威
李 娜	李 爽	李伟娜	李安钢	李芳芳
李洑溪	李春燕	李菁菁	杨 明	杨 俊
杨冰殊	杨志刚	沈 涵	沈 赟	迟静斐
邱 萍	邱锋盛	陈 明	陈 琼	陈 颖
陈 骞	陈 鹏	陈永利	陈先梅	陈洪利
陈珞珈	周 晶	周照宇	孟 元	孟宇微
庞 强	易 婷	易 璐	林 玥	武 艺
郑 宏	郑学东	郑霄勇	姚 骏	姚 婕
段微之	胡 燕	胡思诗	赵 媛	赵 蕾
赵英晖	赵敏莉	郝小松	唐 枏	唐志林
徐 芳	徐 清	徐小汀	徐冬梅	栾 晔
聂立涛	袁 琳	贾 哲	贾 维	郭 宁
郭西宁	陶岳波	高 琼	崔 妍	崔艺芋
常 力	曹 飞	曹 芸	曹 进	章 燕
黄兆华	彭冬梅	彭晓莉	惠 慧	曾 毅
董 舒	谢奕秋	楼菁菁	裘 实	鲍晓多
蔡雷雷	颜 研	薛小乐	薛晓云	戴 辉
魏大民				

艺术学系

卞 勇	尹铁钢	王清原	冯丹丹	宁 熹
曲 葳	朴美瑛	吴 昊	张 洁	张成成
陆旻轩	陈 欣	陈海东	俞 静	逄淑涌
秦 川	贾 佳	高琳娜	蔡莉莉	

历史学学士

历史学系

马 赛	尹 佳	王 宇	王 颖	王兴栋
王海亮	王锦萍	王霄飞	付 琳	包新宇
田 欢	刘汉生	孙 扬	孙 明	朱 丽

齐 济	何心平	何秀霞	张 岩	张 玲	梁 星	梁亚军	章鑫尧	脱 脱	黄 山
李 骊	李海燕	邱 燕	学白羽	林小异	黄 丹	黄照静	彭 云	曾 飞	程 锡
昝 涛	胡红娟	徐慧璇	高 暖	高俊杰	董明慧	蒋苏晋	谢夏珩	蓝建学	雷 欣
常越男	晨 蕾	曹 原	黄国弋	谢 慧	廖世烨	管 梅	颜 畅	戴平辉	
熊 婵	檀东航	鞠 雷							

考古文博院

马 健	吕恒立	张华琴	李珍萍	李媛媛
杨冠华	陈 鸢	陈曾路	范梦园	郑英春
祝诣博	袁 错	常 洁	阎 欣	韩少华

哲学学士

哲学系

于万昌	马秀丽	王 鹤	王世松	兰文飞
宁晓萌	刘 晔	刘 晨	刘红梅	孙 琼
成 果	朱子男	汤 倩	何 平	何文凭
吴天岳	张 鼎	张元军	李 立	杨骁晨
邵 冰	邹德新	陆 鹏	苗 林	姚福燕
胡占利	赵立建	赵建林	郭 珏	陶云飞
高健群	盛 珂	韩运哲	翟继光	蔡 蓁

法学学士

新闻与传播学院

国际文化交流二学位

王冬霞	付 瑶	冯 华	卢 嘉	刘 扬
刘双燕	曲永冠	张 亮	张元山	张加宁
李 逸	罗彦彬	高瑞立	崔 黎	阎 震
彭俐萍	董 军	蒋周滕	薛 东	薛建新

国际关系学院

于 斌	于海亮	马 宁	王 玮	王 磊
王传洋	王秀丽	王进强	王怡乔	王毓蔺
王燕群	冯 娴	叶淑兰	龙 瑾	刘 建
刘 馨	刘振莉	刘慧萍	华吉平	吕 品
孙彦红	朱 宁	汤仪华	邬 晶	何 卉
余剑伟	吴晓风	宋 伟	张 美	张华军
张盈盈	张晓文	张 槾	李 钢	李 悦
李 晶	李 燊	李士祎	李庆华	李宏霞
李佳临	李绘新	杨 芮	汪 宏	陈 政
陈 婧	陈 琦	陈慧颖	周 杰	周正刚
虎翼雄	郑宝亮	金丽华	俞 南	律海林
胡新龙	赵 天	赵 妍	赵煜光	饶 贞
郭慧敏	顾琼瑶	高 颖	崔健怡	崔晓莹

法学院

丁佳佳	丁晓东	马 征	马 莉	马永强
王 玉	王 侠	王 重	王 桔	王 强
王 晶	王 颖	王 鹏	王 榕	王 霞
王齐鸣	王媛媛	令狐倩	令狐铭	田 珊
申昌国	申晓雨	白洪娟	艾 飞	邝浩欣
乔 熙	仲 爽	任 娜	全奕颖	刘 波
刘 玥	刘 勇	刘 雅	刘云鸽	刘晓飞
刘晓春	刘景明	刘颖丽	吕 凯	孙 琳
孙 巍	戎 砚	成 进	朱 荃	朱 峰
朴明姬	许秋云	严 然	余启平	余明旭
吴 冬	吴 枚	吴菁霞	张 从	张 宁
张 沛	张 昕	张 玥	张 琳	张 鹤
张文亮	张文静	张正伟	张汉东	张庆越
张晓煜	张啸川	张培祥	张媛媛	李 凡
李 勋	李 辉	李 路	李 霞	李伟华
李建滨	李明鑫	李玲玲	李银平	杜 健
杨 科	杨 晔	杨 巍	杨建红	杨铁明
杨莉轩	芮 鹏	苏 浩	邱 方	邹 慧
陆 瑶	陈 延	陈 昉	陈 玮	陈 淙
陈 琪	陈 静	陈 影	陈平健	陈庆辉
陈志伟	陈旻倩	周 研	周 倩	郑 芳
郑屹磊	姚 兰	姚 硕	姚晓辉	祖 辉
祝欣欣	胡 茜	胡 爽	胡凯之	胡密苗
贺凤哲	赵 佳	赵 晶	赵文艳	钟 鑫
唐小娟	奚 静	徐 晴	真晓惠	郭 威
陶方舟	顾心悦	高 欣	高 健	高醇恺
崔康康	盛 茜	阎 肃	龚 睿	傅思齐
彭 皖	程秀强	程琳琳	熊 瑛	蔡斯栩
蔺志坚	潘 华	魏 帼		

知识产权法二学位

方 芳	王周谊	王宗华	叶定定	乔 波
刘雪飞	孙战营	孙晓燕	吴 萍	张 剡
李 焱	李东亚	李祥章	杨晓林	汪 辉
汪兰英	迟 姗	陈 浩	洪小鹏	胡唯嵘
徐 霞	徐中强	高 雪	黄洁丽	黄献军
惠云燕	缪海波	鲜晓斌	魏国平	

社会学系

万 萍	王利平	史 征	史 涵	田晓丽
龙 彦	刘 嘉	刘小涛	刘君代	刘振业
孙 捷	孙力强	朱宇晶	朱春波	许敏敏

张琳	李妍	李莹	李琰	李璐
李永博	李海伟	李雁刚	李福高	陈越
陈玉明	陈美玲	巫俏冰	姜鲜英	胡琳琳
徐晓宏	敖丹	郭悦	郭婷婷	顾清
崔立明	常姝	傅丽	储德武	程维
谢铮	翟杰霞			

政治学与行政管理系

王波	王霞	王红玉	邓玥	邓海龙
史峰峰	宁兆欣	田雨	任哲	刘英
刘月梅	刘灿灿	刘煦淳	庄严	江锦凡
何海燕	吴锐	吴昭伟	宋红海	张帆
张鑫	张丽娟	李南	李莹	李瑛
李文华	李晓明	杨琨	杨赫男	汪东
陈彬	陈再飞	孟玥	官华	岳宝英
郑磊	钟开斌	郭丛斌	高洁	高峰
梁开业	梁胜宇	黄玮茹	焦炜	程霞
葛元杰	靳舜瑶	颜通纪	薛建	檀莉

马克思主义学院

卫晓辉	马颖	马小莉	王焰	王文娣
王红杰	王启军	王欣茹	王茵茵	王燕斌
叶旭明	左晋	刘欣	刘洪	刘卡宁
刘礼国	刘培伦	向兵	江楠	汤海峰
许丹	许竞云	吴旭	吴大为	吴孝燕
吴增军	张天	张帆	张红	张旺
张洁	张辉	张颖	张静	张郭琳
李威	李梅	李景	李小娟	杨文泓
杨宏伟	肖玲	邹剑	陆海	陈刚
陈红	陈天骄	孟广慧	苑海燕	赵健武
夏燕	徐辉	桑毅力	殷娇	袁涛
郭佳	郭榕	高鼎	高漠	阎敬武
彭志芳	焦妍	舒思今	葛东军	鲍雅梦
廖跃	谭画新	衡凤英		

经济学学士

经济学院

丁文	万雪莲	于宏君	马勤学	孔晋萍
尤海峰	尹健龙	王冬	王成	王妍
王怡	王蕾	王瀑	王丹莉	王仁双
王守刚	王俊超	王晓雅	王莉君	王焕杰
邓红霞	韦佩伶	付颖	冯蕾	叶剑锋
田轩	石俊峰	任治新	任浩聪	伍非
刘宇	刘峙	刘胜	刘菲	刘颖
刘西铭	刘佳佳	刘晓伟	刘维娜	刘鹤群

孙嘉	孙丽萍	安龙洙	安菲菲	曲承东
朱烨华	朱维佳	江岚	许晋	许泽星
严欢	何焕荣	余江	余芳	冷岩
吴华	吴怡	吴莹	吴蕊	吴云英
吴俊涛	应婷婷	张杰	张春	张莉
张磊	张璐	李佳	李悦	李涛
李楠	李瑶	李燕	李骥	李小军
李志刚	李远志	李建华	李轶凡	李轻舟
李淑萍	李智娟	李鹏程	杜莹	杨石
杨鹏	杨伊琳	杨胜男	杨晓静	杨鲁闽
杨影秋	沈俏蔚	肖明	肖子帆	谷颖
邵功南	陆春燕	陈平	陈莹	陈超
陈科屹	陈虹百	陈捷琼	陈毅骊	周侃
周昊	周密	周筱荃	周慧琳	国桐
孟元	孟丽君	宗乐	庞可	林华
林丽	林彦军	欧怡	欧阳雪君	郑芸
郑婕	郑青松	姚兰	姚杰	姜萍
宣继玲	柯春欣	段然	胡君	胡艳
胡大奎	胡晓晗	胡朝亮	贺云	贺晋
赵刚	赵隽	赵媛	赵江山	赵步魁
赵美燕	赵留彦	钟亮	唐奇	唐昊
夏朋	夏晨	夏鹏	夏育松	展宇
徐华	徐莹	徐红旗	徐绍峰	秦煜
耿晓丹	聂海峰	贾轩	郭晓琪	郭海燕
钱华	高勇	啜玉林	崔艳	崔巍
曹郁	梁洁	梁志伟	阎芳	隋勇
黄欣	黄莹	黄颖	彭晖	曾晓洁
程满清	童晓兰	董梅	董元星	遇晓莹
锁凌燕	韩华	韩立晨	楼狄飞	溥琳
窦明	窦慧靖	虞健	睢岚	廖华汶
蔡成苗	蔡超育	谭丽	潘圆圆	黎新平
薛润坡	戴蒲英	濮江		

管理学学士

光华管理学院

万军	王申	王俭	王冠	王浩
王晨	王昊宇	付焘	代冰彬	冯昭
冯永欢	卢建康	甘翠锋	任海燕	刘泰
孙萌	孙晓慧	庄毅	庄春光	张华
张竹	张小龙	张旻	张颖慧	李季
李骅	李晶	李睿	李蕾	李书玲
李天梓	李荣荣	李恩霞	杨锐	苏瑜
陈杰	陈琨	陈辉	陈曦	陈建武
陈育岩	周潇	周宇光	和会娣	金庆玉
姜希	施浩	赵肖行	赵春来	夏莲

秦 岭	诸葛晨	贾文玉	贾卢呐	高 固	李月霞	杨 萍	肖 琳	言 苏	周 婷
高 强	曹京华	彭 燕	童晓晖	董冠军	林可可	范晓君	侯晓力	胡翠环	荆 华
谢月玲	蔡 珍	蔡泽平	黎 果		耿笑微	黄晓楠	潘 贤		

医学学士

基础医学

尹 航	王文超	付文先	卢 铭	刘 嘉
吴军峰	应 嘉	张 丹	张 欣	张 亮
张敬姝	张静川	李 恒	杨文琪	汪 冰
陈 彦	陈 蔚	陈蕴韬	周 周	俞庆声
赵睿颖	徐 锋	郭晓昕	崔 岩	隋滋野
景 峥	鲁佳苗			

临床医学（7年）

丁颖果	于 峰	王 丹	王力刚	卢颖毅
史力斌	任 蕾	刘 宁	刘 杉	刘彦梅
刘馥迪	汤文杰	齐 心	佘海澄	张 彦
张 颖	张文颖	张丽芳	张岫屏	李 伟
李 丽	李 欣	李子剑	李新宇	杨 帆
杨 钊	杨 莉	杨 鹭	杨立春	芮宏亮
陆 叶	陈 翔	陈 静	陈建海	周 力
周灵丽	松布尔	金 哲	姜新杰	胡怀湘
胡国华	徐 玲	徐妍慧	贾云丽	谢 彦
谭 可				

口腔医学

马俐丽	方 晨	邓 蓓	邓久鹏	田 华
买日给亚	刘星纲	刘洪良	刘蕴玉	那 宾
余文丽	吴 畏	吴家锋	宋 洋	李景超
杨 杰	肖凝岚	陆扬宁	陈小贤	杰恩斯
林 钊	林 晨	林晓华	罗 旭	赵亮亮
赵晓婧	海丽达	热沙来提	袁峻伟	符策宁
黄马雷	彭一纯	焦 洋	谢文高	释 栋
阙宇剑	鲍庆红	薛世华		

口腔医学（7年）

王 津	王 鑫	田雪飞	孙 旸	张 菁
张 磊	张迎佳	张京华	张智勇	李 静
李晶晶	周菊芬	赵宝红	梁 炜	潘向勇

药物化学

于海宁	马 龙	孔维桦	王 薇	王正会
王延龄	王洪涛	王铁松	韦 晋	田 茵
刘 博	吕 雯	孙亚平	安佳宁	余宇平
张 欣	张华宁	李 铮	杨 哲	杨欣欣
杨莲黛	陈 滔	陈 霖	周 鑫	段永生
段亚波	赵 威	赵 鹏	倪南婷	贾 煜

预防医学

尹 璐	尹利民	毋维敏	毛雪丹	王 东
王 昕	王 晶	王文斌	厉 昆	史小军
史翠娟	田中华	刘小秋	刘国旺	吕冰峰
孙星华	朱 俊	朱忠军	朱燕萍	祁妍敏
纪 颖	许锋华	齐 智	吴 涛	张 宇
张 炎	张 洁	张华捷	李 刚	李 岩
李 楠	李阳桦	李晓霞	李瑞松	杨 鹏
杨季民	陈 嵘	陈 震	姜范波	洪 婷
胡少晖	胡智勇	赵 红	徐 波	徐国智
贾 轶	贾 蔚	郭永超	崔 玲	崔利伟
梁 惠	黄 波	黄 菁	黄雅卿	彭昆靖
程 辉	蓝 海	路万里	翟 屹	霍益亮

药理学

尹 娜	尹琳琳	王丽昕	刘 路	刘跃鹏
朱春玥	何敬华	吴雪龙	张 丹	张立峰
李卫华	李志松	李湘辉	杨绍杰	迟晓丽
陆 颖	陆 鑫	周 昆	岳继平	罗蓓蓓
倪 微	耿兴超	暨荀鹤		

药学

王 伟	王宇光	王江华	王闽川	王晓燕
冯 焕	卢 迪	古海锋	田 莉	石 靖
乔露朦	关晓丽	刘广学	刘建清	刘青宇
刘瑞凝	吕继华	师 伟	朱为为	朱婷婷
纪 佳	齐立新	何洪旺	吴科春	吴弼东
张 琪	李 任	李 想	李以川	杨 轶
肖新霞	谷敏知	邵 将	邹迎曙	陈 刚
陈启龙	陈晓虎	欧阳楠	罗 佳	祖连锁
胡新颖	贺 颖	赵 莹	钟 蕾	徐岷涓

妇幼卫生

广德新	王春慧	刘 莉	孙军玲	米艳丽
张 琦	张佳持	李 娜	杨 健	杨 琳
陈 丽	陈晓玲	孟 君	范 佳	侯冬青
海日古力	顾舫怡	高文静	赛格林	

护理学

刁葳菲	王秀玲	王攀峰	全海玉	朱 薇
江 华	宋寒平	张 莹	张 颖	李 佳

栗 莹	袁 泉	郭 杰	崔晓锋	隋 勇	祝 龙	胡 然	胡 赫	胡昊森	胡治国
彭 雯	韩雪峰	鲁惠强	滕丽达	薛 晶	胡晓艳	胡维亨	贺 昆	赵 东	赵 红
魏 伟	魏 征				赵 邑	赵 威	赵 嫣	赵 磊	赵景鑫

临床医学

					倪 昱	夏建国	徐 平	徐 华	桑东培
					翁 利	翁智远	袁 晶	贾 冉	贾凌云
万 伟	于 婕	于宏志	马 为	马 凯	郭 丹	郭 永	郭 阳	高 亮	高 洁
马 健	马旭东	马雅立	文 毅	方 芳	高 嵩	高德浩	崔 专	崔 龙	崔 英
毛源杰	牛 磊	王 昱	王 强	王 琛	崔荣丽	梁 敏	梁颖慧	梅 放	黄 平
王 鹏	王亚强	王会元	王佐岩	王秀茹	黄 进	储 刚	彭 靖	曾 毅	曾全良
王建龙	王林平	王欣越	王海云	王晰程	程 序	童一帆	童洪飞	董 森	董 琪
王腾科	邓 娟	韦钰晴	付 钰	兰学文	董明睿	蒋爱华	覃莲香	韩 川	韩 彬
冯 莉	史晓敏	叶瑜剑	田 磊	田江华	廉 波	管军鹏	蔡 翔	蔡京京	蔡春宇
申占龙	白 明	白 欣	石 坚	石 瑛	蔡颖琨	潘 飞	燕 宇	霍 娜	戴 晶
买晓琴	任 轶	伊力夏提	农 英	刘 坤	医学实验技术(专科)				
刘 怡	刘 恂	刘 洁	刘 森	刘 超					
刘 瑶	刘 蕊	刘卫华	刘国华	刘怡昭	马 轲	王 澈	冯一琼	叶 薇	田石华
刘新民	吕海波	孙 婷	孙小丽	孙爱辉	任 魁	刘 颖	刘丽英	刘朝辉	朱 楠
朱 霏	毕建钢	汤坚强	许 力	许连军	张 凡	张 驰	张 雪	李 洁	李 倩
齐志华	吴 曦	吴文湘	吴梦青	吴锦霞	李晓辉	陈 娜	周国玺	尚 彬	唐雪梅
宋 岩	宋之明	宋福英	张 兰	张 京	袁 超	屠 莹	黄达未	黄艳清	鲁红丽
张 春	张 虹	张 健	张 珣	张 颖	临床护理(中专起点)				
张 静	张 骥	张丽蕾	张远锦	张连娜					
张峪东	张晓天	张晓鹏	张浩波	张海滨	于晓杰	于海洋	王 丹	王 岳	王 静
张鲁锋	张德龙	时 昕	时境迁	李 宏	王 蕾	王宏颖	王津京	王艳萍	付 玲
李 佳	李 明	李 威	李 渊	李 斌	刘 顺	刘 蓓	吕燕辉	何 莉	吴 蔚
李 琪	李 翔	李 韵	李小圳	李飞宇	吴瑟菲	张 昕	张 萌	张 楠	张丽娜
李云燕	李卉丽	李冰思	李怡然	李炳震	杨 妹	陈 元	陈晶晶	侯海洋	唐 滢
李海云	杨 扬	杨 艳	杨 智	杨 靓	夏 颖	徐 圆	崔婷婷	黄 慧	董 娟
杨宏彦	杨雪飞	汪 蕾	沈 涛	沈 艳	雷 媛	魏 洁			
沈 超	沈利军	肖格格	邵 江	陈 宁	应用药学(专科)				
陈 华	陈 希	陈 勇	陈 浩	陈 涛					
陈 彬	陈 蔚	陈 澄	陈赣玲	周 雁	于 苑	于 莹	王 华	王 蔺	王一凡
周足力	和 宇	季 涌	宛振宇	岳 欣	王洪庆	兰 杨	刘 楠	刘 颖	吕丹丹
岳述荣	帕尔哈提	杭 燕	林 辉	林 歆	吕冠博	张 慧	李民悦	杨 波	周轶欧
林根健	欧惠萍	罗 礼	罗 浩	罗文毅	孟 群	武振芳	赵庚昊	赵质斌	郝盛华
苑 飞	苑 博	郑 蓉	郑宏宇	金 金	展 懿	顾 莹	高 山	高莹莹	常明星
金 曦	姚先锋	柳华东	段 平	洪 颖	梁 纳	董 骁	蒋维婧	魏小丽	

硕士毕业生

数学科学学院

					胡 銮	胡大鹏	胡绍平	胡文波	黄冬妮
					黄建明	黎德玲	李 挺	李国栋	李金波
陈 斌	陈 南	陈 威	陈 勇	戴凯乐	李亚军	林 昊	刘 玲	刘廷永	罗武安

马莎	马春勇	宁峰	齐欣	阮杰锋	韩军东	胡文蕙	胡智鹏	黄靖	黄微
沈群智	田立秀	田少武	王家军	吴海燕	黄爱华	李毅	李果锋	林斌	林毅竟
徐进军	杨燕	杨志坚	姚健钢	叶诚	刘迅	刘洋	刘儒翔	刘永峰	龙勤
衣婧	易华	于炜	于善辉	于秀涛	卢传利	吕邕	欧阳辰	邱祥磊	曲磊
詹从赞	张羿	张爱军	张俊峰	张振勇	孙磊	孙海涛	唐锟	王军	王婷
章复熹					王毅	王勇	王钊	王宏伟	王绪胜
					吴琼	吴筱萌	谢军	谢丹夏	徐快
					杨均正	叶松	易立	袁勇	张颖
					张震	张海洋	赵伟	郑春雷	周彬

力学与工程科学系

崔云俊	李唤龙	林发布	刘千虎	罗长虹
万晓亮	王进	王云	魏震松	尹崇禄
翟建军	张宇	张立新		

化学与分子工程学院

陈雄	陈柳民	陈省	陈柱成	崔澎
丁振生	付强	高峰	顾长明	郭锐
何江涛	黄小华	黎艳	黎淳昭	李启广
李晓峰	路国欣	路培超	毛敏	南小林
倪立生	齐航	钱程	任家文	宋秋玲
陶鹏	王珏	翁健	吴海臣	吴庆华
吴瑞阁	熊向源	徐维明	杨鳌	张磊
张煦	赵宪瑞	郑晓亮	钟竑	周长军
朱念东	左刚			

物理学院

昂勤	蔡明	高东峰	何勇志	黄东浩
黄钧伟	李年华	刘慧	栾峰	罗康
罗志全	孟颜志	石玉娇	孙锴	田金荣
涂修文	王刚	王玮	王大军	吴赛骏
肖志广	谢大若	晏浩	杨锟	于立平
余程钢	袁海江	张波	张栋	张林
张纪才	张景山	张宇锋	甄阳	周江峰
朱星				

生命科学学院

曹圻	陈秋实	高春	贡宜萱	何海燕
胡建成	蒋朋宸	鞠武建	李崎	李伟
李星	李铉	李乾芝	李权胜	李枝蓉
柳振宇	路小龙	明亮	任秋婷	邵承华
沈源	石鹏	孙庭万	万宏	王焕臣
吴刚	徐伟	易岚	俞怡	虞建军
苑华毅	张志宏	朱家鹏		

地球物理学系

陈非	陈蔚天	邓悦	丁守国	高超
何宜文	洪成	蒋循	蒋志勇	李昶
李晨光	李黎明	李弋林	任奎	斯召俊
汪洋	王均智	吴京文	徐建文	余彬
张坚	张继春	周卫华		

地质学系

陈华勇	陈志民	来红州	李超	李明慧
刘娟	刘珍佐	隋颖慧	孙世鹏	汪涛
王冬	王海峰	王海青	王晓芳	王耀光
王以亮	肖庆	徐湘	张翠光	张华锋
张素君	张增杰	周宏	朱明新	朱彦北

技术物理系

陈川	陈挺立	陈伟杰	陈延锋	戴华
付云峰	高朋	胡岩乐	林琳	刘峰
陆旭	马经国	王茂林	王青芳	王思学
王亚俐	谢景林	许云平	杨泗春	袁之伦
张登	张宏林	张艳群	左澎	

城市与环境学系

陈韫敏	邓静	谷光灿	胡波	胡智勇
黄湘江	季民	江子瀛	解学通	孔宁宁
李争晓	李峥嵘	林辉平	刘东云	刘开瑜
刘瑞民	刘旭红	刘忠伟	陆华	马佳
孟晓杰	史中华	苏平	孙鹏	谈斌
王长杰	王大成	王晓昱	王永乾	王志芳
吴世亮	谢强	徐成新	许晓东	杨咏
叶生发	袁栋	袁吟欢	张平	张晔
张毅	张景瑞	张歆梅	周正武	朱凌

电子学系

蔡绪鹏	陈光	陈波涛	陈东斌	杜民
冯路	高翔	顾旗君	韩少华	郝冰
晋明武	林锦辉	刘锋	刘盛	刘勇
刘建新	卢琪	马飞	马黎黎	戚振超
陶成钢	王毅平	吴冬梅	肖嵩	杨盛琳
姚鹏	张浩	张振荣	祝朝辉	

计算机科学技术系

| 蔡一波 | 曹云波 | 常欣 | 陈宇 | 陈兆琪 |
| 丁力 | 董欣 | 付弘宇 | 顾磷 | 郭胤 |

朱玉明

心理学系

黄瑞惠	霍 燕	李云峰	廖芳怡	谭洪岗
王俪玶	武志红	肖 敏	徐必成	姚晴蕾
张 岩	张 晏	张国宪	赵向阳	

中国语言文学系

安性载	蔡 可	蔡毅宏	崔 洁	邓 琳
邓国华	范晓燕	冯倾城	富 强	谷 建
胡轶群	黄慧贤	金男泫	李 晶	李 力
李 艳	李二民	李云路	林 鹰	刘 芳
刘探宙	吕 焱	马克和	马月华	梅园粿
申屠鸿	沈 浩	隋慧娟	孙红梅	孙晓靖
孙志阳	汪 锋	汪树香	王 戎	王连成
王振华	吴永雄	肖 樱	熊 燕	徐 欣
徐兰君	杨 早	杨昊升	于洪梅	曾祥波
战立忠	张 健	张 翔	张慧文	赵 元
邹 颖				

历史学系

鲍莉炜	邓永飞	冯 翔	付传侃	李 达
李春志	李 纪	李宽宽	李相洙	李玉琳
刘子忠	柳垠再	聂义峰	欧阳城旺	庞冠群
钱家杰	钱可威	寿韶峰	孙 柏	孙 瑜
谭星宇	汪小烜	王 静	王 勋	王宝明
王明前	毋有江	徐春峰	于 浩	张 静
张斌绪	赵希善	仲笑林	朱孔京	朱晓罕

考古文博院

陈 馨	成小林	单月英	丁晓雷	何利群
劳洁灵	林 立	倪润安	孙 翔	滕 磊
王 艺	武家璧	亚当史密思	杨建军	虞丽琦

哲学系

常 蕾	高丽敏	宫 睿	郭 跃	郭双鹰
贺志勇	胡慧冬	蒋广学	李 剑	李 旭
李根德	李海春	李容润	李忠杰	梁媛媛
刘成付	刘祥和	齐文辉	萨尔吉	申镇植
释觉幻	眭松涛	谭忠诚	藤卷惠子	王 颀
王江涛	王立刚	邬波涛	武 超	徐 辉
张 敏	张国栋	张华伟	张建军	张丽华
张兴明	张宇凌	张玉安	赵 嘉	赵如发
赵正来	朱 莉			

国际关系学院

艾建琪	陈 欣	陈 岩	陈立忠	陈世跃
谌园庭	程增宾	楚国清	春 阳	崔 磊
党建军	丁志勇	董书慧	樊小红	范向阳
方文国	符 晓	高静宇	高延晶	龚艳玲
郭 军	郭 欣	胡凤玲	胡九龙	黄 英
黄经民	贾 斌	蒋立新	金 一	金惠英
孔 晶	李 全	李东桓	李江华	李露霞
李世新	李文凯	李贤美	李侑贞	李愚喆
林 江	凌 厉	刘 谦	刘华锋	刘宛骐
刘新苗	刘宇杰	毛玉西	邵毓然	宋宪荣
苏 黎	孙 瑞	孙华宇	孙立国	田 源
王 江	王 萍	王 琪	王 涛	王福凯
王广权	王伟光	王文英	王有华	文 琼
文日铉	吴 红	阎小骏	杨 迪	杨彬彬
杨冠达	姚 说	叶远强	于新春	曾鹏飞
曾向荣	张 辉	张 军	张 奇	张 钊
张锦姬	张世樑	张湘东	张秀台	张永蓬
郑桂红	朱海涛	吴 红		

经济学院

曹宇芳	车兰梅	陈 东	陈 渝	陈宏波
陈宇东	程 刚	程雪玉	初晓鹰	褚晓菲
崔殿斌	刁 宣	杜丽娟	范 伟	耿 勤
郭海秋	郭济莺	韩 松	韩 韬	韩 隽
黄 潞	黄慧玲	黄雪昀	李 佳	刘 英
刘 屿	刘剑枫	刘永强	罗爱华	牛国栋
欧梦萍	彭艳琳	秦 军	任 菲	沈寅生
孙 诚	孙 杰	孙兆刚	王 芳	王 宁
王轶佳	文 渊	吴 域	萧 维	徐海英
许莲姬	杨成山	杨毅凌	姚里程	叶美仪
袁 琼	曾 琪	张 璨	张雪飞	张严梅
张 勇	张有利	赵冶虹	周 莉	周春松
朱烨东	邹 浩			

光华管理学院

艾 平	包英群	蔡洪江	蔡力群	曹 珂
常 鹏	陈 斌	陈 畅	陈 刚	陈 磊
陈 黎	陈 莹	陈 宇	陈和平	陈 鸿
陈 荣	陈绍宁	陈铁力	陈焱晗	陈玉颐
崔健民	崔 猛	崔文洁	戴荣苏	戴艳坤
邓 方	邓京新	董鸣雷	董志强	杜 梅
杜 涛	杜延霞	杜宗涛	段立坚	段肖磊
段志钢	樊文锋	范学红	范延军	范永彪
范正武	冯 威	冯子敏	高 岩	高义敏
高占斌	苟 林	顾佳峰	管 建	郭振举
韩 勇	韩 宇	韩 磊	郝雪涛	何 杰
何绪军	何燕青	何移直	贺 喜	贺海燕
洪 坚	侯育清	胡继全	户才和	黄 旌

黄 晔	黄慧玲	黄建军	黄 亮	黄 玲	张雪成	张 阳	张奕丹	张益民	张永忠
黄明辉	黄正红	简嘉德	江 洲	姜琳琳	赵 坚	赵立明	赵迎春	赵忠鑫	甄丽英
蒋家东	蒋正苗	金昌禧	阚 笫	康敬东	郑 燕	郑春建	郑 建	周 耿	周可彦
康小明	孔一兵	孔勇钧	李 彬	李 擘	周克胜	周胜瑜	周岫彬	周 毅	朱 雷
李 凡	李 昊	李 洪	李 辉	李 磊	朱 振	朱丽筠	朱 涛	朱卫城	朱叶青
李 丽	李 丽	李 林	李 玫	李 岩	诸益平	邹东生	左 梅	余 鹏	
李本刚	李承熹	李 春	李春晖	李广聚	**法学院**				
李国安	李海风	李建国	李菁华	李鹏涛					
李青妹	李世良	李文军	李小梅	李修辞	安 然	巴桑旺堆	白光清	薄 勇	曹永刚
李 勇	李 勇	李玉刚	李媛琳	李云明	柴海涛	柴艳茹	陈 钢	陈 倩	陈 实
李正军	李志宏	廉晓红	梁 峰	梁华峰	陈 文	陈 鑫	陈孟君	陈强林	陈巧燕
廖 睆	林荣环	林卫民	刘 彬	刘 方	陈锡祐	程金华	邓国宏	邓海平	董春雷
刘 芳	刘 军	刘 丽	刘 怡	刘 颖	董文媛	董晓华	段春梅	段秀梅	付东攀
刘德军	刘桂进	刘海阳	刘弘瑜	刘建萍	傅 静	高 宁	高晓力	高雪雁	龚 隽
刘京安	刘军丰	刘丽红	刘丽萍	刘秋华	龚文东	关文伟	郭寅峰	何玉波	洪欣欣
刘天君	刘向前	刘霄仑	刘兴中	刘旭东	候青海	胡春秀	胡恩中	胡健泼	胡有斌
刘亚峰	刘燕南	刘一波	刘哲强	龙 秀	黄 永	黄家兴	黄军会	黄丽明	贾劲松
娄培玉	卢小玲	陆 佳	陆 路	陆 勤	贾晓梅	姜丽勇	姜晓棠	金 朝	金夆谦
吕 虹	吕卫团	马化祥	马学进	马勇强	金锦萍	金泰延	金知淑	柯荆民	雷筱云
马志达	毛长青	茅业业	梅挽强	苗 蕾	黎美莲	黎叶梅	李 艾	李 飞	李 军
莫 森	牛宇闶	潘 冬	潘志洁	彭国兵	李 琦	李 荣	李 松	李诚镐	李富成
秦晓斌	庆立军	冉成中	任 铭	任黎波	李桂娟	李华周	李军芳	李克明	李明义
任美玲	荣险锋	沈 扬	盛 杰	施 瑜	李清池	李素佳	李卫红	李亚飞	梁景威
石端正	宋健敏	苏 明	孙 刚	孙 琰	梁 燕	廖美香	林怡华	刘 波	刘 超
孙晋峰	孙利军	孙晓妹	谭小燕	汤烈华	刘 燕	刘德恒	刘韶华	刘晓霞	刘学圣
唐春晖	唐箭云	唐荣玉	陶 为	陶 冶	刘燕炬	刘 颖	刘豫光	刘运毛	刘至申
滕海川	田 阳	田孟晋	田 莹	童爱辉	卢晓光	吕册人	罗 莹	马伯寅	马冬梅
童俊莉	汪 涛	王 虹	王 军	王 辛	孟庆焱	聂 阳	牛新文	欧阳梅	彭 亮
王 岳	王 悦	王宝华	王大军	王 锦	彭秋嫦	朴永斌	齐华英	任 蕾	荣 华
王九平	王黎洋	王琳琪	王明超	王明华	邵 勇	沈春晖	沈美琼	石秀丽	史大晓
王青华	王锡江	王喜民	王晓东	王晓鹏	史江红	司海江	宋小海	苏 杰	苏德栋
王 毅	韦耀德	韫艳苹	吴 阳	吴艾今	苏 晶	孙 黎	孙红梅	孙卫国	台 冰
吴浩波	吴晶辉	吴强军	吴新跃	吴英杰	太贤淑	汤薇乔	田忆社	田胜昔	田文静
伍 耘	武柏东	武德旺	肖 光	肖 勇	童朋方	万 玫	王 琪	王 伟	王陈剑
肖晴筝	肖守和	谢 民	谢 清	谢烈文	王晋刚	王立君	王伟奇	王文林	王相坤
谢绚丽	胥 青	徐 鹰	徐国军	徐海涛	王运生	王振宇	温道军	吴楚婉	武艳茹
徐 莉	徐秋梅	徐向东	许朝辉	薛 飞	肖爱华	肖志刚	辛万玲	熊国盛	熊晓青
薛连欣	阎智江	燕 祥	杨 罕	杨 鹏	徐国骏	徐和建	徐立新	徐素英	徐绪辉
杨阿仑	杨 晨	杨红梅	杨洪刚	杨建平	许敬斌	许克显	鄢莎莎	杨 丽	杨 珞
杨 立	杨书宣	杨毓莹	叶 晨	叶 猛	杨家宝	杨君佐	杨文风	杨正洪	姚永清
叶 明	叶黎闻	伊士哲	尹 忠	尹少华	叶 菁	叶军莉	叶向阳	殷 盛	尹谷生
应 帅	于 彬	于 明	于莉鑫	于 鲁	尹可平	尹燕玲	游克湘	喻 莉	袁平海
余 洋	余 熙	俞 竞	曾 光	曾 志	张 辰	张光东	张海涛	张际枫	张立民
曾 薇	占寇良	张 兵	张 虹	张 静	张 丽	张为一	张文静	张晓津	张晓鹏
张 莹	张 峰	张葛军	张会涛	张建功	张雪姐	张永良	张月波	张政燕	张志成
张军强	张 珂	张立新	张启杰	张苏林	张志明	张智霞	赵 倩	赵春宇	赵华宾
张文胜	张晓鹏	张昕宇	张 学	张学知	赵淑茹	赵英敏	赵志宏	郑 斌	郑 韬

郑　勇　　郑有为　　政田范子　周　蕾　　周　勤
周燕红　　朱胜茂　　朱　焰　　朱一心　　朱益宇
朱兆银

信息管理系

丁夕友　　胡　萍　　纪丽斌　　金丽萍　　李　娜
李继成　　梁海丽　　刘丽娜　　柳宝玲　　路小红
马　莉　　马红艳　　潘　筠　　任小艾　　沈芸芸
孙广芝　　汤路漫　　田　敏　　杨　玲　　于洪彬
赵海霞　　周红忠

社会学系

毕向阳　　陈　刚　　崔　嵬　　高　琴　　龚洪训
郭金华　　何江穗　　胡善冰　　蒋广慧　　李春华
李嫫妮卡　潘秀军　　石　彤　　王水雄　　杨渝东
张艳霞

政治学与行政管理系

巴清宏　　毕于慧　　陈　磊　　陈　婷　　邓名奋
范盱阳　　冯小宁　　冯依民　　傅红庆　　顾昭明
何世新　　贾晓辉　　金洪秀　　李振远　　刘　震
刘银喜　　马凤军　　马海兵　　马继业　　齐子鑫
秦梦卿　　任　重　　容　宏　　宋瑞新　　孙如立
唐　耀　　王　峰　　王　莹　　王大鹏　　王发文
王桂琴　　王洛忠　　王晓琦　　王馨仪　　吴力勤
谢梦醒　　杨　清　　杨延陆　　杨　颖　　杨治昌
姚铁男　　尹海涛　　张立华　　赵　义　　赵金波
郑准镐　　周鲲鹏　　周启明

外国语学院

毕　波　　蔡　晖　　蔡学娣　　常佐威　　陈　茵
陈　劼　　陈黎辉　　陈丽华　　揣姝茵　　党小玲
董欣然　　杜　菁　　何　宁　　胡　静　　姜丹丹
蒋寅刚　　雷　云　　李　梅　　李凡荣　　李洪权
李晶晶　　李莉莎　　李丽娟　　李育超　　梁润生
刘　征　　刘鸿勇　　卢　涛　　南　燕　　欧阳晓莉
余志茹　　沈英英　　宋晨燕　　宋海波　　孙　凯
孙红娟　　孙佳音　　孙若颖　　田小满　　王发怀
王巧云　　王秋石　　王姝颖　　王晓颖　　王志刚
魏　萍　　吴春梅　　奚凌云　　夏　露　　咸蔓雪
修立梅　　许　彤　　杨　嵋　　禹春景　　张立群
张晓静　　张志敏　　赵　波　　郑国栋　　宗笑飞
左汉卿

马克思主义学院

安　然　　白玉光　　曹学东　　陈　黎　　单　斌
单汝况　　韩俊彦　　韩秋波　　胡东旭　　吉嘉伍

李　涛　　李林林　　李天舒　　李晓澜　　廖　奇
刘　刚　　刘复兴　　刘志广　　芦艳芳　　苗华伟
史焕祥　　舒　虹　　宋立明　　宋丽静　　苏　鸿
孙久臣　　孙宗伟　　谭丙阳　　王　磊　　王　峥
王健生　　王泽长　　吴　宁　　奚万荣　　辛　虹
徐　甤　　许　戎　　袁　敏　　臧振远　　张　卉
张　爽　　张菊莹　　张秀芹　　张志宏　　郑树文
朱光好

科学与社会研究中心

陈　强　　张锦志

对外汉语中心

成东济　　江月娥　　刘　冰　　柳　兰　　马　楠

中国经济研究中心

白金辉　　丁　峰　　杜　杨　　谷京萍　　韩　军
柯　钦　　李　刚　　梅孝峰　　汤　弦　　王　洪
王　晖　　王　民　　王春华　　韦余娜　　吴斌珍
吴任昊　　夏　春　　叶伟强　　尹海涛　　支兆华
周　扬　　周万龙

教育学院

陈　兵　　陈霜叶　　董德刚　　刘　强　　刘大立
肖　若　　杨　钋　　周　涛

人口研究所

耿学技　　海　乐　　黄东玲　　马虬飞　　汪洪波
尤丹珍　　岳　勇　　曾　卓　　张一多　　庄　源

信息科学中心

陈　珺　　方　方　　谷列先　　李　琦　　李长才
李常青　　李小龙　　罗平宇　　王倩宜　　许玉亮
张　凯　　朱述杰

环境科学中心

曹　静　　曹淑艳　　戴大军　　杜　可　　付　欣
龚慧明　　李　雪　　李正山　　刘　利　　刘国梁
全准烈　　任国珍　　万小春　　王立新　　肖　雪
谢飞钦　　于　湧　　张　玲　　张　媛　　张振兴

基础医学院

曹琦珍　　陈　军　　崔国红　　丁海勤　　董庆鸣
顾　明　　胡少勇　　黄　健　　康宁东　　李　璇
李　英　　梁　玉　　屈　伟　　石　爽　　索塔林
王　健　　谢志刚　　岳黎敏　　张凤云　　张　莹
赵　侠　　邓　波（肄业）

公共卫生学院

柴慧丽　董　辉　董竹敏　高　莹　江　宇
李旭东　刘　军　刘飞鹰　刘　莉　刘文静
刘燕敏　彭瑞玲　石　玲　王　静　王丽华
王子军　魏晓林　阎冠华　张建群　赵　彤
赵　慧　朱　虹

药学院

陈大兵　陈　刚　董诗文　劳凤云　劳彦斌
李　霞　林文卫　刘　红　卢　强　卢忆蘋
苗　及　王雪松　张国栋　张　华　张　杰
张文蘅　张远杏

第一临床医学院

安　然　高翔羽　霍　力　李　平　李玉林
林宁晶　刘方旭　沈　悦　孙奇志　田亚男
王　萌　夏　昊　徐旭东　袁　幽　张淑立
张文婵　张　新　赵　军　朱丽红

第二临床医学院

艾　京　鲍冬梅　丁昊伟　郭　鑫　胡小朋
刘春雁　王　卉　王　燕　杨钟波　张　波

郑大滨

第三临床医学院

陈晓华　贾丽萍　冷文川　尚咏琦　孙　杰
谭婷婷　唐世英　王伽略　王　建　王　晶
许克锋　薛海滨　张培礼　周兰兰

口腔医学院

邱　萍　高　凯　郭娟丽　胡运东　黄　微
焦健姿　孙靖临　田岳红　杨　斌　于　玲

精神卫生研究所

宋煜青　曾　燕

护理学院

王　艳　张亚荣

社文部

易春丽

肿瘤防治研究所

李　沛　彭亦凡　孙秀明　王雪鹃　肖绍文

博士毕业生

数学科学学院

陈　新　崔晓瑜　党淑君　侯新文　华先胜
黄　红　蒋达权　李　若　李铁军　林　通
马文卿　倪国喜　齐　峰　曲海鹏　孙玉冰
王　芳　王　燕　王明辉　王永革　韦长江
杨文强　余学军　张　勇　张小霞　张晓声
张增华　赵　阳　赵纪满　周　烽　邹　雄

力学与工程科学系

罗雄平　宋春雷　孙树津　张汉勋　朱怀球

物理学院

常　虹　韩　强　冉广照　王树峰　肖振军
谢　刚　杨凯华　杨胜东　俞慧丹　张　爽
朱红波　刘树新

地球物理学系

陈　敏　黄占奎　梁福明　刘晓阳　慕巧珍
孙爱东　孙向明　王　娜　肖池阶　张东和
张军华　张天华　周元泽

技术物理系

褚泰伟　郝建奎　瞿　波　乐小云　李　健
李东立　任　静　沈毅雄　应　军　张福根

电子学系

焦文华　刘虹雯　陶振宁　王　勇　张琦锋
周小计

计算机科学技术系

崔宗军　冯艺东　胡长军　胡俊峰　金海岩
李　辉　李文新　廖怀林　刘晓彦　刘云峰

毛凌锋　穆甫臣　孙宏林　万新恒　汪小林
王生原　王子欧　卫建林　杨存宇　杨良怀
余华山　张文娟　邹　炜

化学与分子工程学院

白耀文　陈　文　陈　宇　陈金玉　董常明
郭兴林　黄　玲　雷晓钧　李洪亮　李银玲
刘　平　刘志杰　毛凤楼　逄杰斌　钦曙辉
秦东奇　孙文秀　汪　倩　王　繁　王胜龙
王永成　王忠胜　卫　敏　尉继英　魏　忠
吴增茹　阎爱新　杨丽敏　于小丰　张　生
张庆敏　张淑珍　张拥军　赵　峰　周广彦
朱广宇　朱明强

生命科学学院

毕　群　高云飞　康巧华　李　斌　李　艳
梁宇和　龙　玉　舒　芹　孙　丽　孙紫清
田哲贤　王　昊　王大勇　王戎疆　夏　天
杨　巍　赵　允　赵恢武　赵乐群　周建军
邹本德　左晓峰

地质学系

鲍景新　冯建忠　甘怡绚　何文渊　李铁锋
谭富文　肖成东　袁建平

城市与环境学系

德村志成　窦文章　樊　绯　范海生　盖文启
韩　鹏　洪　松　胡金明　黄建军　蒋一军
赖志斌　李本纲　李英奎　龙爱民　孟庆民
聂瑞丽　秦华鹏　陶志红　王东锐　徐春秀
薛巍巍　杨友孝　张　莉　朱竞梅

心理学系

陈素芬　李　丽　秦速励

中国语言文学系

安小兰　陈　剑　陈肖霞　陈铉美　崔宰荣
戴　萤　高美淑　龚　刚　顾　钧　郭　篯
何辉斌　蓝　旭　雷世文　李　更　李　明
李红印　李华川　李敬一　李荣明　李学武
刘　萍　刘　瑛　刘一之　刘元满　刘耘华
马奔腾　马庆洲　权英实　萨支山　苏恩希
万丽华　王慧玉　徐　盛　易　晖　于荣胜
猿渡静子　詹　颂　张　沛　张树国　赵　强
赵白生　赵长征　赵大明　周守晋　周威兵
朱怀江　朱星一

历史学系

陈苏镇　韩方明　黄云静　李存朴　蔺志强
刘　兰　孟宪实　闵锐武　潘星辉　宋　霞
谭继军　唐孟生　王晓菊　韦德星　夏立安
许金华　杨　光　杨　英　叶　炜　张四齐
赵成国

考古文博院

段　勇　何　努　张晓梅

哲学系

陈岸瑛　池俊镐　崔福姬　方旭东　贺翠香
贾可春　姜真硕　李　巍　李　智　李成宁
厉才茂　林亨锡　林艳梅　彭高翔　彭国华
权善姬　沙宗平　宋一夫　孙　毅　唐文明
徐凤林　游冠辉　俞炳光　曾传辉　展立新
张光成

国际关系学院

阿马杜　陈须隆　傅　莲　耿协峰　寒天阳
姜　鹏　金景一　金礼庆　李怀义　李英桃
刘中民　罗会钧　门洪华　农华西　朴镜弼
齐　庸　钱雪梅　任一雄　邵　巍　孙向丽
田镗旭　王　昱　王报换　魏宪朝　谢　峰
禹锡熙　张广宇　张莉萍　张林宏　朱艳圣

经济学院

白龙吉　陈　健　陈　莉　邓盛华　韩振国
李丹红　李光彦　李广乾　李笋雨　李振明
李洙行　刘　怡　刘社建　罗　涛　张大宝

光华管理学院

邱东辉　高佃恭　胡中祥　黄博炫　刘　霖
刘建民　刘新利　刘云中　欧阳俊　邱　琼
邵东亚　王咏梅　魏玉根　杨承喜　姚长辉
詹正茂　张庆华　赵学军　郑常恩　邹　健

法学院

白　彦　包万超　蔡杰峰　曹文泽　常　凯
陈希佳　丁　利　丁　智　封丽霞　关福金
何　兵　何海波　贺日开　姜俊禄　姜业清
李长喜　李红海　李晓峰　李耀芳　刘凯湘
刘为波　刘远生　刘中发　龙文懋　罗　锋
毛　曙　孟庆华　潘　攀　钱明星　苏聪儒
孙海龙　孙同鹏　谭湘龙　王成英　王红山
王铁汉　项俊波　徐秀娥　许道敏　薛春喜

杨焕宁　杨书文　杨素娟　于绪刚　张　巍
张　献　张庆方　张瑞麟　张晓永　赵永琛
郑顺炎　周长征　朱宏涛

孙荣华　孙瑞卿　王东升　王冬青　王　玢
邢东琦　于廷曦　张　杰　张　君　张霄瑜
张勇刚　韩淑红　母生梅　刘宇欣

信息管理系

董　焱　高　波　罗志勇　师曾志

公共卫生学院

何丽华　李　民　沈　靖　易宗春　周　凯

社会学系

旦增伦珠　樊欢欢　郭建如　贺立平　贾西津
李连友　林　梅　苏　红　叶响裙　张暎硕
周庆智　朱冬亮

药学院

崔巍娜　董阿玲　董径超　杜秀莲　范田园
高拥军　郝美荣　何　应　琳　娜　陆江海
禚如朋　茹成杰　王　黎　吴　军　向　兰
杨美华　刘俊岭

政治学与行政管理系

曹　敏　陈文申　褚松燕　顾平安　胡启生
黄持渊　李建忠　李宜春　林　猛　刘海波
钱　蔚　王振海　咸台炅　杨雪冬　赵辰昕
朱光明

第一临床医学院

常杏芝　陈　华　陈育青　陈　煜　程叙扬
程远雄　董　菁　董玉君　杜　晨　高　莉
耿志宇　龚　侃　韩燕华　何海云　蒋　捷
李　军　林桂亭　刘　钢　刘莉平　刘　伟
刘晓勤　吕传勇　罗　强　马春艳　孟洪弟
秦乃姗　荣　蓓　沈　明　宋　毅　王朝霞
王晓新　王　玉　吴赤红　吴　楠　吴　艳
武秀峰　夏春芳　杨发军　杨桂彬　杨　莉
张　红　张　强　张志超　赵世刚　赵志杰
周安宇　周国鹏　周　菁　朱德海　朱建健
黄柳明　李　楠　刘时光　马　靖　张　岩
李东明　王维蓁　杨　勇

外国语学院

包国红　黄燎宇　李　莹　刘　敏　刘绯绯
罗益民　彭宣维　冉　斌　魏丽明　谢秩荣

马克思主义学院

樊石虎　李纯安　李元阳　刘　捷　刘忠俊
孙代尧　王在全　杨柳新　曾红颖　蔡长华
单继刚

科学与社会研究中心

孙雍君　王耀德　王亦楠　杨艳萍　赵春音

第二临床医学院

陈　雷　陈陵霞　董霄松　杜志军　桂黎明
郝红缨　黄　凯　赖悦云　李　春　李月廷
梁　斌　刘广芝　卢冰冰　吕建锋　孟元光
阮国瑞　石　璇　孙　婧　王鸿懿　翁山耕
杨　刚　杨　慧　杨少奇　殷春悦　臧维苹
张晓红　张佑彬　周翔海　朱凤雪　陈　玲
顾　莹　王齐欣

中国经济研究中心

刘明兴　马晓野　王晓青　张　洪　张都兴

教育学院

陈　彬　晋保平　王　建

第三临床医学院

陈近利　陈亚红　丛　琳　崔　鸣　笪　彤
杜　鹃　杜仪琴　范燕宏　郭慧兰　雷　莉
李爱军　李危石　刘　溢　鲁　明　邵欣欣
沈　宁　姚桂梅　张永龙　郑　铭　周海涛
侯凌飞　李家谋　孙　冰　孙　威　王洪成

人口研究所

顾大男　任　强

环境科学中心

陈　莎　陈跃琴　李育才　孟　凡　任信荣
孙永福　王伟黎　王文军　尹魁浩　周福民
周凌晞

口腔医院

陈　利　何冬梅　胡　炜　贾培增　刘　妍
潘　瑾　王书盛　王晓霞　王颖莉　尹宁北
戴国维　王祖华

基础医学院

陈　凯　陈英玉　陈紫薇　龚顺友　李丰桥
李红梅　陆　纲　罗　俊　潘秀芳　邱　阳

精神卫生研究所

王华丽　王刚　汤宜朗　臧玉峰

社文部

甄橙

肿瘤防治研究所

黄甦　李金萍　阎衡秋　张霁

毕业留学生

校本部

国籍	中文姓名	性别	系别	专业
日本	泷泽正寿	男	法学院	经济法
日本	木场祥云	男	经济学院	国际经济
日本	荻野正昭	男	经济学院	国际贸易
日本	小牧大介	男	法学院	国际经济法
日本	岩本雅幸	男	法学院	国际经济法
日本	山内明彦	男	法学院	国际经济法
日本	荒金治	男	历史学系	中国历史
日本	张本扬子	女	经济学院	国际金融
日本	中田友美	女	中国语言文学系	汉语言文学
日本	福田美丽	女	法学院	国际法
日本	香东亚以子	女	法学院	国际法
日本	宫本仁美	女	光华管理学院	会计学
日本	酒井晴加	女	历史学系	中国历史
日本	绢川由季	女	历史学系	中国历史
日本	杉本明子	女	中国语言文学系	汉语言文学
日本	竹代昌子	女	考古文博学院	考古学
韩国	曹源住	男	中国语言文学系	汉语言文学
韩国	李奉燮	男	经济学院	国际经济
韩国	朴钟	男	国际关系学院	国际政治
韩国	柳德守	男	经济学院	国际经济
韩国	李仁宰	男	法学院	国际经济法
韩国	朴钟德	男	光华管理学院	市场营销
韩国	权赫麟	男	中国语言文学系	汉语言文学
韩国	金映桓	男	经济学院	国际贸易
韩国	郑在胜	男	经济学院	国际贸易
韩国	朴帝炫	男	历史学系	中国历史

国籍	中文姓名	性别	系别	专业
韩国	尹重弼	男	光华管理学院	市场营销
韩国	郑宰良	男	法学院	国际经济法
韩国	许凡	男	经济学院	国际贸易
韩国	金汉俊	男	经济学院	国际贸易
韩国	吴世润	男	国际关系学院	国际政治
韩国	姜劲锡	男	法学院	经济法
韩国	黄赞弘	男	经济学院	国际金融
韩国	文晢焞	男	经济学院	国际经济
韩国	奇雨铉	男	国际关系学院	国际政治
韩国	郑胜元	男	国际关系学院	国际政治
韩国	申龙焕	男	法学院	国际法
韩国	金保亨	男	国际关系学院	国际政治
韩国	李磁镐	男	法学院	国际法
韩国	姜治民	男	法学院	经济法
韩国	元成荣	男	经济学院	国际经济
韩国	南宪佑	男	哲学系	哲学
韩国	朴旼相	男	国际关系学院	国际政治
韩国	郑武吉	男	经济学院	经济学
韩国	吴正哲	男	法学院	国际经济法
韩国	韩昌熙	男	国际关系学院	国际政治
韩国	申东昔	男	光华管理学院	市场营销
韩国	金英爱	女	经济学院	国际贸易
韩国	李希爱	女	法学院	法律学
韩国	金原希	女	中国语言文学系	汉语言文学
韩国	全伦志	女	经济学院	国际经济
韩国	李周美	女	外国语学院	英语言文学
韩国	张惠美	女	法学院	国际法
韩国	朴恩惠	女	中国语言文学系	汉语言文学
韩国	卢之允	女	法学院	国际经济法
韩国	金贞河	女	经济学院	国际经济
韩国	金珍修	女	经济学院	国际经济
韩国	李周美	女	历史学系	中国历史
韩国	禹贞姬	女	国际关系学院	国际政治
韩国	金兔妍	女	经济学院	经济学
韩国	申东珠	女	法学院	国际经济法
韩国	宋旻正	女	经济学院	国际经济
韩国	李昭妊	女	国际关系学院	国际政治

国籍	中文姓名	性别	系别	专业
韩国	沈淑姬	女	中国语言文学系	汉语言文学
马来西亚	廖婉雯	女	中国语言文学系	汉语言文学
泰国	郑汉	男	历史学系	中国历史
印度尼西亚	陈绍庆	男	经济学院	国际贸易
印度尼西亚	迪雅	女	中国语言文学系	汉语言文学
吉尔吉斯斯坦	爱戴	女	国际关系学院	国际政治
斯洛伐克	菲利普·弗拉贝尔	男	国际关系学院	国际政治
英国	庄颜珊	女	光华管理学院	营销管理
日本	林振江	男	国际关系学院	国际政治
日本	德村志成	男	城市与环境科学	人文地理学
日本	猿渡静子	女	中国语言文学系	中国现当代文学
韩国	朴镜弼	男	国际关系学院	国际政治
韩国	朴正元	男	中国语言文学系	中国现当代文学
韩国	田镒旭	男	国际关系学院	国际政治
韩国	房永学	男	国际关系学院	国际政治
韩国	金彦河	男	中国语言文学系	中国现当代文学
韩国	崔宰荣	男	中国语言文学系	汉语史
韩国	张英硕	男	社会学系	社会学
韩国	徐盛	男	中国语言文学系	古代文学
韩国	李成宁	男	哲学系	中国哲学
韩国	郑常恩	男	光华管理学院	国际经济计划与管理
韩国	禹锡熙	女	国际关系学院	国际政治
韩国	李敬一	女	中国语言文学系	古代文学
韩国	权英实	女	中国语言文学系	语言学
韩国	陈铉美	女	中国语言文学系	比较文学
韩国	苏恩希	女	中国语言文学系	汉语史
韩国	高美淑	女	中国语言文学系	语言学
韩国	李钟美	女	中国语言文学系	古典文献
日本	高木博	男	中国语言文学系	现当代文学
日本	马克和	男	中国语言文学系	中国古代文学
日本	藤卷惠子	女	宗教学系	宗教学
日本	政田范子	女	法学院	国际法
韩国	李承熹	男	光华管理学院	国民经济计划与管理
韩国	成东济	男	对外汉语教学中心	现代汉语
韩国	朴永斌	男	法学院	国际法
韩国	李容润	男	哲学系	中国哲学
韩国	李东桓	男	国际关系学院	国际政治学

国籍	中文姓名	性别	系别	专业
韩国	金智源	男	国际关系学院	国际政治
韩国	金昌禧	男	光华管理学院	企业管理
韩国	郑准镐	男	政治学与行政管理	行政学
韩国	赵正来	男	哲学系	美学
韩国	金夆谦	男	法学院	民法学
韩国	文日铉	男	国际关系学院	国际政治
韩国	金洪秀	男	政治学与行政管理	政治学理论
韩国	蔡熙培	男	中国语言文学系	汉语史
韩国	李愚喆	男	国际关系学院	国际政治
韩国	申镇植	男	哲学系	中国哲学
韩国	李诚镐	男	法学院	经济法学
韩国	全准烈	男	环境科学中心	环境化学
韩国	金泰延	男	法学院	经济法
韩国	金 一	男	国际关系学院	国际政治学
韩国	李根德	男	哲学系	中国哲学
韩国	柳垠再	女	历史学系	中国近现代史
韩国	慎圣恩	女	对外汉语教学中心	现代汉语
韩国	柳宝玲	女	信息管理系	科技情报学
韩国	金男炫	女	中国语言文学系	现代汉语语法
韩国	黄经民	女	国际关系学院	国际政治
韩国	汪树香	女	中国语言文学系	现代汉语
韩国	江月娥	女	对外汉语教学中心	现代汉语
韩国	李侑贞	女	国际关系学院	国际政治
韩国	郑莲美	女	法学院	国际经济法
韩国	金惠英	女	国际关系学院	国际政治
韩国	李贤美	女	国际关系学院	国际政治
韩国	赵希善	女	历史学系	世界近现代史
韩国	金知淑	女	法学院	经济法学
韩国	李松	女	法学院	经济法学
菲律宾	邵毓然	女	国际关系学院	国际政治
尼泊尔	詹巴·莫拉马	男	国际关系学院	国际政治
埃塞俄比亚	海乐	男	人口研究所	人口学
英国	阿达姆·史密恩	男	考古文博学院	考古学
英国	黄永浩	男	法学院	经济法
加拿大	刘念祖	男	中国语言文学系	现代汉语
美国	王宇霆	男	历史学系	中国古代史

医学部

序号	国籍	姓名	性别	类别	专业
1	毛里求斯	根卡丁·阿南	男	本科生	临床医学
2	尼泊尔	伊曼	男	本科生	临床医学
3	孟加拉	苏赞乌丁	男	本科生	临床医学
4	乌干达	奥察玛·朱特	男	本科生	临床医学
5	蒙古	奥德格尔勒	女	本科生	临床医学
6	多哥	阿穆佐	男	本科生	临床医学
7	日本	山下宣明	男	本科生	临床医学
8	加拿大	陈智	女	本科生	临床医学
9	日本	若松邦佳	女	本科生	临床医学
10	乌干达	萨姆	男	本科生	临床医学
11	加拿大	安蒂克	男	本科生	临床医学
12	尼泊尔	美娜莉	女	本科生	临床医学
13	尼泊尔	苏赞	男	本科生	临床医学

2001 年大事记

1 月

1月1日 第21届世界大学生运动会"新世纪之光"火种采集仪式在北京大学图书馆门前的广场举行。北京市委书记贾庆林、教育部长陈至立、国家体育总局局长袁伟民、北京大学校长许智宏,以及外交部、北京市委、市政府的其他领导,首都新闻界和北大的同学们共同参加了火种采集仪式。

欧美同学会2001年新年联谊会在交流中心举行,来自北京大学及欧美同学会西北片22所高校、科研院所的200余名会员参加。

1月2日 北大召开党委常委会。会议传达了北京统战工作会议、北京经济工作会议、全国高校后勤社会化工作会议等几个会议的精神,通报了北大科技园征地工作进展情况和全校"三讲"教育进展情况,审议了有关人事任免事项,研究了寒假工作研讨会的初步安排。

1月3日 副校长林钧敬带领宣传部、保卫部、总务部等有关部门干部对化学学院、学生宿舍39楼等施工工地进行安全检查,对在检查中发现的问题,林钧敬责成有关部门进行整顿和清理。

1月4日 北大党委统战部召开基层党委统战委员和部分院系党委书记会议。校党委副书记赵存生到会并讲话。

医学部召开2000年医学继续教育工作总结交流表彰大会。韩启德、吕兆丰出席会议并讲话。

1月5日 北京大学科技与产业新年团拜会在勺园多功能厅举行,各行政部门、院系主要领导、主要企业代表、部分科研代表及医学部代表共150余人与会。会议由产业办主任姜玉祥主持,党委书记王德炳、校长许智宏、常务副书记副校长闵维方、副校长陈章良等校领导出席了会议。

生理学界泰斗、中国科学院院士王志均院士遗体告别仪式在北京八宝山殡仪馆大礼堂举行。王德炳、许智宏、韩启德、林久祥、吕兆丰及各界人士500多人参加了遗体告别仪式。王志均先生于2000年12月24日不幸病逝。

1月6日 民盟北大本部和医学部联合举行新春联谊会。民盟中央副主席、北京市委主委王维城教授、北大党委副书记赵存生到会并讲话。北京大学民盟成员近百人参加了联谊会。

1月7日 北京大学学生就业指导服务中心在燕园校区举办2001年毕业生就业洽谈会。这是北大本着"供需见面,双向选择,自主择业"的精神,为2001届毕业生组织举办的规模最大的一次就业洽谈会。

经过专家论证,校长办公会决定在静园开凿一眼地热井,凿井的前期围挡工作已开始进行。地热井含有多种对人体具有医疗保健作用的元素,凿成后将首先用于洗浴,既提高师生的生活质量,又能取消目前燃煤锅炉,根除煤烟污染。

1月9日 召开招生工作领导小组会议,就北大今年的招生工作进行了研究和部署。迟惠生、吕兆丰出席会议并讲话。

2000年度"华为奖教奖学金"颁奖会。王登峰出席。

教代会年会召开,许智宏作年度工作报告,闵维方作年度财务工作报告,赵存生作教代会年度工作报告。岳素兰等校领导出席了会议。

经校长办公会讨论,2001年北京大学招生工作领导小组正式成立。常务副校长迟惠生任组长,副校长、医学部副主任吕兆丰为副组长。

1月10日 在勺园举行北京大学老干部春节团拜会,校长许智宏,常务副书记、副校长闵维方等领导出席会议并讲话。

召开分党委书记及机关各部门负责人会议,传达有关会议精神,沟通中层干部"三讲"教育进展情况。王德炳、岳素兰、王丽梅出席会议。

1月11日 为70岁老同志集体过生日。闵维方、赵存生参加,向欢度70华诞的老同志表示祝贺。

召开教学科研工作会,就北大的学科发展规划等问题进行研究。迟惠生、何芳川、陈章良出席会议。

医学部医院管理系统举行新春联谊会,王德炳出席并向到会同志恭祝新春。

1月12日 校本部与医学部工会专职干部举行新春联谊会。赵存生、马焕章出席会议。

1月14日 北京大学与首都新闻界新春联谊会在资源宾馆举行。北大党委副书记赵存生、北大党委宣传部部长赵为民、北大校产办主任姜玉祥、资源集团总裁叶丽宁以及北大各媒体负责人、首都新闻界朋友60多人出席。

北大侨联会与北大党委统战部联合举行归侨、侨眷、台胞、台属新春联谊会。赵存生、林久祥参加。

1月15日 外国语学院德语系马文韬教授荣获奥地利共和国政府颁发的"杰出翻译奖"。

1月17日 教育部部长陈至立来北大看望季羡林教授。许智宏陪同。

北大党委办公室校长办公室被评为北京市党委系统信息工作优秀单位。

北京大学干细胞研究中心正式挂牌运营,北京中关村生命科技园将其列为首批入园的九大项目之一。

1月19日 在交流中心大厅举行春节团拜会。王德炳、许智宏、闵维方、迟惠生、韩启德、赵存生、岳素兰、何芳川、林钧敬、吕兆丰出席。许智宏致新年贺辞。全国人大副委员长丁石孙、教育部副部长吕福源、卫生部副部长彭玉等到会祝贺并讲话。

教育部副部长吕福源来北大看望侯仁之教授。闵维方陪同。

校领导王德炳、许智宏、闵维方、迟惠生、韩启德、赵存生、岳素兰、林钧敬、林久祥、吕兆丰、郝平、鞠传进、吴志攀走访一线职工。

1月20日 北京市教育工委书记、教委主任徐锡安来北大看望韩启德、黎乐民教授。

2 月

2月4~7日 林钧敬带领北大慰问团一行23人前往浙江千岛湖赛艇训练基地,慰问和看望了春节期间仍坚持训练的北大赛艇队教练员和运动员。

2月7~9日 召开校领导寒假工作会议。会议传达了教育部第11次直属高校咨询会议等会议精神,研究了北大下一步发展面临的形势和任务,听取了北大财政、院系管理体制、教学、学科建设、科技园建设、后勤社会化、党建、思想政治工作和稳定等方面工作的报告,并就上述工作进行了研讨和部署。

2月13日 岳素兰主持召开校本部与医学部组织工作研讨会,对去年的组织工作进行了总结,并就今年北大的组织工作进行了研讨和部署。

2月14日 泰王国诗琳通公主作为中华文化研究项目奖学金获得者,来到北京大学开始为期一个月的研究和学习。诗琳通公主将在北大研修中国文化课程,包括汉语、绘画、书法、二胡、太极拳等内容,还将走访北京民宅,参观历史文化古迹,观赏中国传统艺术表演,参加北大的各种学术研讨和校园文化活动。北京大学在勺园7号楼举行欢迎诗琳通公主晚宴,许智宏校长、泰国大使分别致辞。晚宴由迟惠生常务副校长主持。现年46岁的诗琳通公主曾就读泰国朱拉隆功大学、艺术大学和诗那卡琳威洛大学,获文学学士、古文字学硕士和教育学博士学位,兼通英、法文,且兴趣广泛,深爱历史和文学、擅长乐器、写作和绘画。

2月15日 王德炳、许智宏、闵维方、林钧敬前往中国地质大学(北京)考察北大与中国地质大学(北京)联合办学的有关事宜。

北大领导召开会议,对北大基层各单位开展"三讲"教育的进展情况进行了汇总。

2月16日 北大临时纪委召开会议,就如何落实校领导寒假工作会议精神及2001年工作计划进行了研讨。

许智宏代表北大与北京安达房地产开发公司就西二旗安宁西里经济适用房项目签订了合作协议。该项目分为两期工程,共14万平方米。其中一期工程552套住房,于2001年春季开工,2002年年底前竣工。

2月16~17日 由北大与凤凰卫视共同举办的"世纪大讲堂"节目又录制了四集。题目分别为:"这是现代艺术"、"迈向新世纪的司法改革"、"从基因组到蛋白组"、"神奇的纳米技术"。参加录制的老师分别为北大的朱青生、贺卫方、唐建国、李正孝四位教授。

2月19日 许智宏校长在全校中层干部会议布置本学期工作时指出,在"三讲"教育整改方案中,按照创建世界一流大学的要求,北大今后的发展思路概括为"一个目标、两个工程、三大功能、四项基本工作"(一个目标是:创建世界一流大学;两个工程是:"211工程"和"985"工程;三大功能是:科学研究、人才培养、社会服务;四项基本工作是:学科建设、队伍建设、增强办学实力、党建与思想政治工作),这一思路也就是本学期北大行政工作总的指导思想。许智宏在讲话中传达了近期中央、教育部和北京市有关会议精神,部署了北大2001年的主要工作。党委书记王德炳作了北京大学"三讲"教育工作总结。

2月20日 北大召开2001年第1次(总第431次)校长办公会。会议听取了关于"211工程"项目验收准备工作的汇报,决定成立"211工程"项目验收工作领导小组。初步讨论了国家重点学科申报问题,提出了重点学科申报的基本原则,原则通过了《北京大学关于校属实体机构设置或调整申请与审批程序的规定》、《北京大学规划委员会工作章程》等几个文件及相关委员会建议名单,同意"北京大学教育技术服务中心"等几个虚体中心的成立等事宜。

北京大学正式启动了生物信息学跨学科研究生培养模式。生物信息学是一个以数、理、化知识为基础,将计算机和信息科学方法运用到生命科学,尤其是分子生物学研究中的重大学科交叉前沿研究方向,是基因组研究的一个重要支撑。北大整合医学(药学)、生命科学、化学、数学、物理学、计算机与信息科学等多学科的人才优势,依托校内生物医学跨学科研究中心、生物信息学中心、人类疾病基因研究中心、理论计算生物学中心、非线性科学及生物技术实验室等,组织跨学科科研和教学力量,在国内率先开展这一领域的研究生培养工作。

2月21日《北京大学年鉴》(2000)出版。

由北京大学第三医院与荷兰阿姆斯特丹大学联合建立的中-荷康复医学中心在北医三院举行了揭牌仪式,该中心是北京与国外成立的首家国际康复医学及培训中心。

2月23日"211工程"项目验收工作领导小组召开第一次工作会议,许智宏、闵维方、迟惠生、林钧敬出席会议并讲话。

2月24日 许智宏、陈章良前往河南与河南省政府签订北京大学与河南省全面合作协议。

2月26日 北大勤工助学中心和北京每日报刊发行有限公司合作的书报亭正式开始营业。从当天起,它将为校内经济困难的同学们提供一个勤工助学全新岗位。

2月27日 校党委召开常委会。王德炳通报了2月21日北大党委书记、校长到教育部向陈至立部长汇报工作的情况。迟惠生通报了诗琳通公主在北大学习的情况。岳素兰通报了近期中央提出的加强组织工作的新举措。常委会原则同意在本学期召开全校统战工作会议;原则通过了《北京大学关于举办哲学社会科学报告会、研讨会、讲座的管理办法》,建议做文字修改;此外,还研究了干部问题和有关人事任免事项。

召开《北京大学年鉴》工作会议,对2000年卷的工作进行了总结,并对2001年卷的写作工作进行了部署。赵存生出席会议并讲话。

由学生工作部与党委宣传部联合主办的"西部大开发战略形势报告会"在电教报告厅举行。报告会开始之前,王德炳会见了报告主讲人、国家发展计划委员会副主任、西部开发办公室副主任李子彬。

2月28日 中国民主建国会中央委员倪晋仁荣获"民建全国优秀会员"光荣称号。中国民主建国会中央委员会将这一决定通知了北京大学,通知中表彰了倪晋仁多年来在社会主义现代化建设事业和中国民主建国会中央委员会会务工作中做出的成绩。倪晋仁是北大环境科学中心教授,现任该中心副主任。

在中国民主同盟八届四中全会上,北京大学肿瘤学院张梅颖教授被选为民盟中央驻会副主席;九三学社第十届中央委员会第四次全体会议上,北京大学常务副校长、医学部主任韩启德院士,被增选为九三学社中央副主席。

北大召开全国人大代表、全国政协委员通报座谈会。王德炳、闵维方、迟惠生、赵存生、林钧敬到会向"两会"代表和委员通报了北大近期工作、创建世界一流大学、"211工程"等方面的情况。4位全国人大代表、14位全国政协委员分别就我国教育及北大今后的发展发表了自己的看法。

2月 每月以现金形式支付的助学金和补助将逐步通过校园卡发放。北京大学2000级本科生、研究生的助学金及补助由现在的现金发放改为金穗校园卡发放。为了方便学生存取款,农行还在三教和四教之间设立了农行海淀支行北大分理处。

校园网连接到了本科生宿舍楼。全部本科学生宿舍楼通过光缆以千兆速率连入校园网,以10/100M的速度交换到房间。

3月

3月4日 北京大学教授、原九三学社中央委员、北京市第八、九届人大代表阴法鲁逝世,享年88岁。

3月5日 北京大学有30位政协委员出席全国政协九届四次会议。

北京大学有11位全国人大代表出席第九届全国人大四次会议。

医学部公共卫生学院与北京市爱国卫生运动委员会签订合作协议。

3月6日 2001年第2次(总第432次)校长办公会。会议听取了关于"211工程"项目验收准备工作的汇报,原则通过了《北京大学校务公开实施办法》,通过了"北京大学出版集团领导小组"组成名单及其他事项。

3月7日 党委宣传部召开全校宣传工作会议,向各院系宣传委员通报和布置了今年北京大学宣传工作重点。校党委副书记赵存生与会并讲话,把北大宣传工作概括为五句话,即"把握方向,服务中心,凝聚力量,树立形象,营造环境"。

"香港陈瑞球先生、陈永棋先生向北京大学捐赠仪式"在北京大学交流中心举行。香港长江制衣厂有限公司主席陈瑞球、董事总经理陈永棋代表陈氏家族向北京大学捐赠人民币1200万元。

全国人大、全国政协和中共中央统战部、国务院港澳事务办公室领导同志,以及首都和香港著名人士、北京大学师生代表300多人出席捐赠仪式。北京大学校长许智宏、北京大学教育基金会会长吴树青分别向陈瑞球、陈永棋先生颁发北京大学名誉董事铜牌和北京大学杰出贡献奖。这次对北大的捐赠款项将用于北京大学国际关系学院陈瑞鸿纪念楼的建设。

在交流中心召开"庆'三八'联谊会"。赵存生、岳素兰出席会议并讲话。

3月8日 北京大学2000年度"玫琳凯奖学金"捐赠、颁奖仪式暨新闻发布会在交流中心举行。岳素兰、郝平出席。

3月9日 召开8个院系党委书记座谈会，就基层党建、青年教师入党、入党积极分子培训等问题进行了研讨。岳素兰出席会议并讲话。

北大举行仪式，授予香港著名实业家、书法家、诗人和散文家施子清先生"北京大学顾问教授"称号。北大党委副书记赵存生、副校长何芳川、校部机关各部门的负责人、师生代表以及北师大等兄弟院校的代表出席了授予仪式。何芳川在授予仪式上讲话，中文系学生代表向施先生及其夫人献花和佩戴北京大学校徽。赵存生向施子清先生颁奖。

迟惠生主持召开有关单位负责人参加的会议，再次对"211工程"的验收工作进行部署。

3月11日 中央电视台"名校讲坛"在北大录制现场讲座。北大心理系副教授、2000年度北大十佳教师苏彦捷，北京大学党委副书记、心理系教授王登峰，北大城环系教授胡兆量，中文系教授、博士生导师钱志熙分别作了精彩的报告。

北京大学"十佳歌手"大赛在百周年纪念讲堂举行。

3月12日 由北京大学心理学系发起，联合北京师范大学心理学社、首都师范大学知心社和北京大学医学部心理学社共同举办的北京高校心理文化节在北京大学正式拉开帷幕。从3月12日至4月12日，为期一月。文化节的主题为"生活中的心理学"。

3月13日 "北京大学授予泰国诗琳通公主殿下荣誉博士学位仪式"举行。王德炳出席授予仪式，并代表北大授予诗琳通公主荣誉博士学位。

在2001年第四届教代会和第十六届工代会的第二次年会上，代表们在双代会期间提出的提案有三项获得提案奖。本次年会对165项提案进行了严格的评选，牛大勇等《关于推迟北大国家级学术带头人的退休年龄的建议》、闫学杉等《学校各部应当在北大网页上建立起自己完备的主页，且在主页上建立留言簿，以便加强和教职工及学生的联系》、程敏等《关于加强学校知识产权管理与入学新生以及新进员工签署"知识产权归属协议"的提案》获得提案奖。

召开校部机关负责人会议，会议通报了北大校务公开、党风廉政责任制、医学部干部任职以及本年度财务工作情况。王德炳、闵维方、赵存生、岳素兰、王丽梅等出席会议并讲话。

《南风窗》杂志的总编辑秦朔在勺园多功能厅为北大师生作了题为"从中美杂志比较看中国传媒未来"的演讲。

3月14至15日 北大分别召开民主党派负责人、各院系党委统战委员会议。会议布置了北大本年度统战工作要点，并决定于4月份召开北京大学统战工作会议。王德炳出席了统战委员会议并讲话。赵存生出席两个会议并讲话。

3月15日 由迟惠生教授负责、信息科学中心及微电子所研究人员共同承担的"特定说话人语音控制器"通过验收。该项目是"九五"国家重点科技攻关专题。

外国语学院举行以色列驻华使馆赠送教学设备接受仪式。以色列驻华使馆向北大外国语学院希伯来语教研室赠送了一批声像设备，以支持该教研室的希伯来语教学。以色列驻华大使和其他使馆官员以及北大部分校院领导出席了仪式。

闵维方会见了ING荷兰国际集团亚太区域经理（中国）吴先盛先生。吴先盛先生表示愿继续为北大学生提供奖学金（安泰奖学金）。随后，吴先盛先生与闵维方分别代表ING集团和北大在合作协议书上签字。

北京大学临时纪委召开第一次全体会议。岳素兰、王丽梅出席会议。

闵维方会见了世界贫困儿童教育基金会东南亚区会长胡华先生一行。双方就合作事宜进行了交流。

全校组织委员会议召开，布置了本年北大组织工作要点。王德炳、岳素兰、王丽梅到会并讲话。

3月16日 召开基层党委（总支、直属支部）书记及有关职能部门负责人会议。会议传达了有关会议精神，布置了本学期北大的党建工作。王德炳、闵维方、赵存生、岳素兰、王登峰、林久祥、王丽梅出席会议。

北大召开全校工会主席会议。赵存生到会并通报了北大近来工作情况。

3月19日 北京大学接到北京2008年奥申委的感谢信，对北大在北京申办奥运工作中给予的支持表示感谢。信中特别表彰了北大中国经济研究中心的海闻教授和法学院的何笑冰在其中作出的贡献。在不久前接待国际奥委会评估团对北京申办2008年奥委会评估考察工作中，海闻教授作为主题一"国家、地区及候选城市特点"的陈述专家，何笑冰作为主题二"法律"的陈述专家，以他们高度的责任心和丰富的专业知识，直接参加了"迎评"的陈述工作，受到国际奥委会评估团的一致好评。

召开统战工作会议筹备会，初步确定了北大统战工作会议的时间和议程。王德炳、赵存生出席。

3月20日 北京大学生命科学学院的吕植教授和环境科学中心的唐孝炎院士荣获国家环境保护总局授予的"环境保护杰出贡献者"称号。这是国家环境保护总局对多年来社会各界参与环保事业的一次大规模表彰行动。

在南京大学中国社会科学研究评价中心的一项权威统计中，北京大学在"高等院校发文篇数排序"和"高校社会科学综合性学报被引次数排序"中，分别以1143篇和179次位居第一。该项统计的正式名称是《中国社会科学研究计量指标——论文、引文与期刊引用统计(1998)》。

党委常委会2001年第4次会议，会议由王德炳主持，迟惠生报告了物理学院筹备工作和"211工程"验收准备工作，韩启德报告了教育部重点学科申报工作，赵存生报告了师德建设工作会议筹备情况，吕兆丰报告了2001年招生准备工作情况。

我国著名的气象科学家、教育家，九三学社社员，北大地球物理系教授李宪之病逝，享年97岁。

3月19～23日 由北京大学数学科学学院主办的科学与工程计算国际会议在北京大学国际交流中心举行。大会邀请了国内外科学与工程计算领域100多名专家、学者。会议期间，由包括来自一些国家的科学院院士在内的近20名专家学者做了专题报告。大会研讨的课题相当广泛，主要集中在当今最受关注的科学计算的前沿方向，及其大气、海洋、力学中的应用。

3月21日 美国前国务卿基辛格来北大，在百周年纪念讲堂与北大学生座谈。迟惠生出席并讲话。

3月23日 北大进行"211工程"预验收，王德炳、许智宏、闵维方、迟惠生、赵存生、岳素兰、何芳川、林钧敬参加。

北大邀请部分近期升调到校外工作的校友返校座谈，王德炳、许智宏、闵维方、赵存生、岳素兰、林钧敬出席了座谈会。

3月24日 北京大学校研究生会、社会学系研究生会及学生会在三角地和理科楼群共同发起了为孙晓琳同学募捐的活动。孙晓琳是社会学系2000级硕士生，自2000年10月以来，她因不明原因持续高烧，后被确诊为嗜血细胞综合症，生命垂危。

来自台湾大学、新竹清华大学、东华大学、政治大学等校的台湾中文系研究生代表团一行16人抵达北大，进行为期8天的学术访问活动。台湾客人的到访揭开了"海峡两岸中文系研究生学术交流活动"的序幕。

3月26～28日 国家"211工程"验收组对北大"211工程""九五"期间的执行情况进行了验收。许智宏校长代表北大作了总体汇报，验收组对北大"211工程"的实施工作给予了较高评价。北大于1996年9月被国务院批准列入《"211工程"总体建设规划》中，成为国家在"九五"期间进行重点建设的首批高等院校之一。

3月27日 原复旦大学校长杨福家在图书馆报告厅为北大师生作了题为"新世纪的高等教育"的报告。王德炳、许智宏、迟惠生出席了报告会。

3月28日 2001年第3次（总第433次）校长办公会。会议通报了"211工程"项目验收情况，听取了今年本科生招生准备工作和关于本年度国家调整工资标准的情况汇报。会议同意和原则同意成立"北京大学皮肤病与性病防治中心"和"中国未来研究中心"(虚体)等三个研究机构，原则同意"北京大学离退休人员工作委员会"组成名单。

3月29～30日 北京大学师德建设工作会议在校图书馆北配楼举行。北京大学党委书记王德炳，校长许智宏，副书记赵存生、岳素兰、王登峰，副校长林钧敬、吕兆丰，纪委书记王丽梅等校领导出席开幕式。出席会议的还有各院系、机关各部、各民主党派等单位的负责人和教代会、学生会代表等。王德炳讲话，赵存生宣读了《北京大学关于加强和改进师德建设工作的若干意见（征求意见稿）》，许智宏通报了北大"211工程"进展情况并作了总结发言。大会表彰了哲学系黄楠森、生命科学学院潘文石、信息中心石青云、第一临床医学院教学院长刘玉村、基础医学院教学副院长高子芬等一批敬业爱岗、求真务实、自强不息的师德模范。黄楠森、潘文石等七位师德标兵分别发言。王德炳总结了以这些师德标兵为代表的北大教师所具有的精神，那就是：爱国主义精神和高度的社会责任感；敬业爱岗，忠诚党的教育事业；言传身教，教书育人。许智宏在总结发言中说，这次大会是贯彻江泽民总书记讲话精神的会议，是新世纪新形势下北京大学召开的一次重要工作会议。师德建设是一项系统工程，我们要把这项工作渗透到教学、科研中去，建立一整套行之有效的规章制度，建立一个完整的保障体系，把师德建设落实到实处。他明确指出，要严格实行师德"一票否决制"，每隔两年召开一次师德表彰会，把这项工作作为一项重要任务来抓，长久地做下去，为把北京大学创建成为世界一流的综合性大学而努力。会议期间，代表们还分组讨论了王德炳书记的工作报告、《北京大学关于加强和改进师德建设工作的若干意见》、《北京大学教师教学工作管理办法（试行）》及《北京大学关于教师学术道德问题的规定（征求意见稿）》。

3月30日 北大召开2000～

2001年度北京大学宝洁奖学金、奖教金颁奖会。林钧敬到会致辞。

北大原博士生刘燕文的学位诉讼案经北京市第一中级法院审理,作出判决:"已超过法定起诉期限,驳回上诉,维持原裁定。"而且"本裁定为终审裁定"。至此,这桩"全国第一宗学位诉讼案"画上了句号。

3月31日 北大社会学系2000级硕士生孙晓琳同学因病医治无效病逝,学校表示沉痛哀悼。自孙晓琳同学生病住院以来,学校对此非常重视,广大师生也纷纷捐款救助,并为此举行了义演。

3月 北大信息科学中心陈珂教授、数学学院陈大岳教授、生命学院李毅教授、力学与工程科学系王建祥教授、化学学院王剑波教授,以及医学部李凌松、栗占国、张强教授等8位年轻教师入选最后一届教育部"跨世纪优秀人才培养计划"。2000年度在数学、物理、化学、生命科学和信息5个领域共有86名年轻学者入选,北京大学是入选人数最多的学校。

北大35项成果获北京市第六届哲学社会科学优秀成果奖。《中国文学史》(袁行霈等著)获特等奖;《家与中国社会结构》(麻国庆著)等10项成果获一等奖;《清代诗学研究》(张健著)等24项成果获二等奖。

29、32、36、38号等本科生宿舍楼全部安放了自动售货机,每楼两台,放在一楼楼道。自动售货机进宿舍是北大后勤工作深入学生生活的一项措施。

3月31日至4月1日 由北大与凤凰卫视共同举办的"世纪大讲堂"系列讲座举行。来自景观设计规划中心的俞孔坚教授、中国经济研究中心的陈平教授、经济学院的晏智杰教授和历史系的朱孝远教授分别就其研究方向作了讲演。

4月

4月1日 医学部举行了纪念胡传揆名誉校长诞辰100周年暨北京大学皮肤病与性病防治中心成立大会,该中心由第一医院、人民医院、第三医院的皮肤性病科组成。

4月2~4日 王登峰率领北大支教慰问团赴青海慰问了北大派往西宁的8名支教人员。

4月3日 北大第三届"通用杯"创业计划大赛拉开帷幕。此次大赛由北大团委学术实践部承办。北大学生可以个人名义或组队形式参加,于5月11日前将作品提交创业大赛组委会。初赛结果于6月初揭晓,前15名进入复赛。最终评出一、二、三等奖。一等奖将获得奖金1万元,二等奖5000元,三等奖2000元。奖金由日本通用技术公司提供。

4月4日 北京大学"三讲"教育办公室召开总结会。王德炳、岳素兰、王丽梅出席会议并讲话。

北大召开"京华杯"棋牌赛赛前动员大会。赵存生出席并做动员报告。4月7日,第15届"京华杯"棋牌赛在清华大学举行,北大以总分8:14失利,在总共15届的比赛中,北大以9:6的总比分领先。

4月6日 光华管理学院与数学科学学院举行了"北京大学金融信息实验室"合作协议签字仪式。

教育部专家小组在党委副书记赵存生、副校长何芳川、经济学院院长晏智杰等人的陪同下,对北京大学"国家经济学基础人才培养基地"进行了中期检查。

4月7日 教务部主持召开了北京大学通选课课程建设教学工作会议。

9所高校参加的"大学生与大运会"英语演讲比赛在北大举行。王登峰出席并讲话。

4月8日 "多元之美"比较文学国际学术研讨会在北京大学学术交流中心新闻报告厅开幕。来自我国两岸三地和日本、韩国、新加坡、法国、德国、美国、印度、瑞典及新西兰等国的学者与嘉宾200余人出席了开幕式。北京大学常务副校长韩启德、北京大学知名学者季羡林教授、法国驻华大使毛磊先生等出席并发表讲话。

北大学生新世纪修身行动动员大会在办公楼礼堂举行。此次修身行动是在北京大学文明修身工程的基础上,结合时代特点和北大学生的思想、学习、生活现状推出的。它以"基础文明修养、团队精神、社会责任感、理想信念"为主题,目的在于通过全校范围的大讨论和丰富的社会实践活动,引导学生自觉树立良好的学生风范、形象,在学生中营造一种自律与自我教育的整体氛围与风气,推动北大素质教育工作。北大党委书记王德炳、校长许智宏、党委副书记王登峰等领导出席大会并讲话。

著名力学家、地球动力学家与力学教育家、中国科学院院士、中国共产党党员、北京大学力学与工程学系教授、地球物理系教授王仁先生逝世,享年80岁。

为了表达首都大学生对北京申奥的支持,北京大学学生自行车协会举行"首都大学生八达岭自行车攀登支持北京申奥"活动。

4月初 在教育部全国普通高校招生就业工作会议暨全国普通高校就业工作先进集体和个人表彰大会上,北大被评为全国普通高校毕业生就业工作先进集体。

4月10日 2001年第4次(总第434次)校长办公会。会议通报了北大周边拆迁工作进展情况、重点学科申报情况和近期安全保卫工作形势,听取了关于2001~2002学年度校历安排的报告,审议了"2001~2005年北大发展规模自核建议数",讨论了关于2001年"五四"校庆的安排,听取了研究生招生录取工作的汇报。

4月13日 赵存生召集有关部门人员研究庆祝建党80周年《北京大学党建经验篇》一书的编辑工作。

北京大学世界卫生日"精神卫生"论坛举办。卫生部副部长殷大奎、教育部相关领导及北大王德炳、韩启德、赵存生出席论坛。

王德炳、许智宏、岳素兰与前来北大学习进修的重庆高校领导进修班的学员进行了交流座谈。

4月14日 王仁院士遗体告别仪式在北京八宝山革命公墓举行。王德炳、迟惠生、赵存生、林钧敬参加了告别仪式。

以"迎大运、助申奥"为主题、名为"心中圣火"的大型公益晚会在北大进行了录播。全国人大副委员长王光英、北京市委副书记龙新民、北京市教育工委副书记夏强及北大领导赵存生、林钧敬参加了节目录制。

4月14~16日 来自美、英、法、德、意、墨西哥、爱尔兰7个国家的50余位精神分析专家和我国的数十位学者,在北大医学部就21世纪的心理治疗与精神分析等议题展开深入探讨,这是首次在中国召开精神分析国际研讨会。

4月15日 北京大学图书馆展览厅举行"黄卓明,程道德教授收藏中国近现代历史名人书画展"。

精神卫生研究所举行20周年所庆大会。王德炳、韩启德到会祝贺并讲话。

4月17日 北京大学校办产业改制方案上报国务院办公厅,经过有关部门的正式审批,该方案将作为北大产业进一步改革的重要依据。

"北大之锋"辩论赛在北大交流中心举行开幕式及预赛首场比赛。

校党委召开常委会,会议听取了关于近期理科建立学院工作进程的汇报,北京大学统战工作会议筹备情况的报告,以及研究生工作研讨会筹备情况的报告,审议通过了《中共北京大学委员会关于严格领导干部民主生活会制度的若干规定》和《北京大学党风廉政建设主要任务分工》等事项。

4月18日 "华凌杯"全国高校诗歌创作大赛颁奖朗诵会在北大交流中心举行。北京大学、清华大学、北京师范大学等首都高校以及南京大学、南开大学等外地高校全国共30多所大学的诗歌才子济济一堂。

4月20日 德国著名哲学家哈贝马斯来北大演讲,题目为"民主的三种规范模式"。演讲前,北大常务副校长迟惠生会见了哈贝马斯。

北大召开全校中层干部大会,王德炳传达了全国治安工作会议的有关精神。岳素兰、林钧敬出席大会并讲话。

4月21日 首届"高校女性学学科建设研讨会"在北京大学正式拉开帷幕。此次会议由北京大学妇女研究中心发起并组织,来自全国24所高校的近百名知名学者参加了此次会议。全国妇联书记处书记、妇女研究所所长李秋芳出席开幕式并讲话;北京大学副校长、中国妇女研究会副会长、北京大学妇女研究中心主任何芳川、北京大学党委副书记岳素兰出席大会开幕式并发表讲话。

4月23日 由澳大利亚驻华使馆、北京大学外国语学院英语系、北京大学澳大利亚研究中心和北京大学五四文学社联合举办的"北京大学未名诗歌节——安达尔·桑特诗歌朗诵与对话"在北大交流中心举行。

4月25日 北大召开安全保卫与校园综合整治大会。王德炳、王登峰、林钧敬出席会议并讲话。

4月26日 北京大学统战工作会议在图书馆北配楼报告厅开幕,北大党政负责人、来自校本部和医学部各院系的党委书记和统战委员、校党委各部和部分行政部门的负责人共100多人参加了会议。会议由校党委副书记赵存生主持,党委书记王德炳在会上作了《全面开创北京大学统战工作新局面》的报告。校党委统战部部长卢咸池在会上就《中共北京大学委员会关于进一步加强学校统一战线工作的若干意见(征求意见稿)》做了说明。北京市政协副主席、市委统战部部长沈仁道,中央统战部六局局长林智敏,北京市委教育工委副书记李明,北京市委教育工委统群处处长徐连春、海淀区委统战部副部长陈佳立等领导出席了会议。

在北京客车五厂举行了我国首台大型综合眼视光检查车交接仪式,这是由北大医学部眼视光学研究中心与北京客车五厂等单位合作研制开发的具有我国自主知识产权的新型检查车,北大医学部专家将在这个"流动的医院"里为广大的青少年和老年患者提供检查诊治。

4月27日 中共中央统战部秘书长孙晓华来校作了学习贯彻中央统战工作会议精神的专题报告。

"树立北大文科精品意识"大会在北大办公楼礼堂召开。大会号召全校文科教师从我做起,清除赝品,拒绝平庸,以建设优良学风为己任,心无旁骛,聚精会神做学问,共创北大文科精品。全校文科教师参加了大会。教育部社政司司长顾海良、北大党委书记王德炳、常务副校长迟惠生、副校长何芳川及社科部部长程郁缀、人文学部主任袁行霈、社会科学部主任厉以宁、法学院副院长朱苏力等出席大会并发言。大会由党委副书记赵存生主持。

4月29日 在清华大学90周年校庆大会上许智宏代表北大讲话,对清华大学建校90周年表示祝贺。

北京大学研究生工作研讨会召开。参加这次大会的有研究生院各职能部门负责人,相关部门负责人,学位评审委员会及各分会负责人,各院系主管研究生工作的负责人及部分教师代表与教务员代表100余人。北大常务副校长迟惠生、党委副书记王登峰、副校长林钧敬到会并讲话。

著名学者、北京大学教授、哲学家冯友兰先生塑像揭幕仪式在北京大学图书馆人文社科图书借阅区举行。北京大学领导郝斌、何芳川,著名学者季羡林、任继愈,冯友兰先生的亲属,北京大学图书馆馆长,哲学系师生代表,图书馆部分工作人员近百人出席了揭幕仪式。冯友兰先生铜像由南京大学教授、北大校友吴为山先生雕塑并捐赠。

4月30日 北大"纪念五四运动82周年座谈会"举行。王登峰出席并讲话。

5 月

5月1日 北大师生参加了北京市体育局、北京市委宣传部、北京奥申委等八家单位共同组织的"万人骑行盼奥运"活动。

5月2～4日 由中国登山协会和北京大学主办,北京大学山鹰社承办的北京大学飘柔杯全国攀岩邀请赛在北京大学山鹰社人工岩壁举行。国家体委名誉主席李梦华、中国登协副主席汪铁铭、北大校长许智宏、北大党委副书记王登峰等领导出席了开幕式和闭幕式。

5月4日 北京大学建校103周年庆祝大会在百周年纪念讲堂举行。王德炳、许智宏、赵存生、郝平出席大会并讲话。

北京大学党委宣传部、北京大学会议中心主办的"北京大学五四交响音乐会"在百年纪念讲堂举行,中国爱乐乐团的演奏家们为北大学子作了一场精彩的交响乐演出。

北大200名同学参加了由大运会组委会、北京团市委组织的第21届世界大学生运动会火炬传递点火仪式。

5月5日 北大正式批准试行"北京大学研究生助研、助教、助管岗位(简称'三助')及其津贴制度",这是北京大学面向21世纪努力创办世界一流研究生教育的一项重要举措。根据"三助"岗位制度的规定,全校大致将有85%的研究生有望获得助理岗位及津贴。

5月7日 耶鲁大学校长代表团来北大访问,耶鲁大学校长、经济学家理查德·莱文作了题为"耶鲁大学与中国的百年历程"的演讲。许智宏、迟惠生、郝平出席演讲会。

5月8日 "第四届蔡元培学术讲座"在中国文化书院正式开幕。北京大学副校长何芳川出席并致开幕词。

美国出版的《科学》杂志(Science, May 11, 2001, Vol. 292, No. 5519, pp. 1142-1145)再次报道了中美科学家在华北发现世界最古老大洋岩石圈残片的最新研究成果。它由北京大学地质学系李江海副教授和美国圣路易斯大学地球与大气科学系 T. Kusky 教授及华盛顿大学地球与行星科学系 R. Tucker 教授合作完成。

校长办公会及党委常委会召开。会议听取了北京大学科技园拆迁建设进展、北大教育基金会(美国)成立、研究生工作会议、物理学院筹备及物理学院领导班子组成原则和人员构成等情况的报告,原则通过了《北京大学学生宿舍网络管理办法》、《北京大学关于企业使用北京大学名称管理规定》两个文件。

5月9日 北大地质学系李江海副教授主持的"华北克拉通早期大陆性质和演化"科研项目通过中期评估。由国家自然科学基金委地球科学部组织的专家组对该项目给予很高评价。

5月9～10日 北京市教育工委考察组对北京大学的党建和思想政治工作进行了考察。考察组审阅了北大的综合报告及相关材料,听取了王德炳代表北大作的综合汇报,并分别召开座谈会,与北大的党政职能部门负责人、分党委书记、各院系院长、系主任、部分教师(含非党教师)和学生代表进行了座谈。此外,考察组的部分成员还检查了北大"两课"课堂教学的情况。

5月11日 国务院学位委员会批准北京大学今年首次招收工程硕士,由北大软件工程国家工程研究中心、计算机科学技术系、微电子研究所等3个单位联合招收企业或军队的工程技术和工程管理人员在职攻读工程硕士学位。

5月12日 北京大学教育基金会(美国)在美国正式注册成立,并作为非营利组织通过美国联邦免税申请。国家自然基金委主任、北大前校长陈佳洱院士担任理事长,北京大学副校长闵维方教授担任常务副理事长,理事会成员包括:前惠普副总裁 Allan Bickell,加州大学校董 David S. Lee 博士以及著名华裔科学家、诺贝尔奖获得者李政道博士。

北京大学庆祝建党80周年学生文艺汇演在百周年纪念讲堂举行。校党委副书记赵存生等校领导、校内外特邀嘉宾及各媒体记者观看了演出。

5月14日 全国京剧演员大奖赛获奖演员与北大学生举行联欢晚会,中央电视台等新闻媒体也进行了报道并播出了演出实况,赵存生、岳素兰等观看了晚会。

5月16日 "东方文学与东方文化——世纪之交的回顾与展望"国际学术研讨会在北大民主楼举行。季羡林先生和副校长何芳川出席。

在教育部、共青团中央召开的表彰会上,北京大学的陈永利等10人获"全国三好学生标兵"称号。

国务院体改办潘岳副主任、教育部赵沁平副部长一行就高校企业改制来北大调研。会议在勺园7号楼301会议室举行。陈章良参加了会议。

5月17日 2001年第6次(总第436次)校长办公会。会议听取了关于教育技术中心、环境学院、地球与空间科学学院的筹备进展情况、核磁共振中心建设中出现的困难和问题、近期本科生教学工作和教学改革取得的成绩和存在的问题等方面的情况汇报,并研究和讨论了其他有关事项。

教育经济学国际研讨会在北京大学交流中心新闻发布厅举行。来自美国、英国、法国、日本和中国香港等地的当今国际著名的教育经济学家和国内众多资深教育经济学理论研究者,以及有关部门的领导和各省教育部门的专家、学者共90余人参加了会议。北京大学校长许智宏院士和著名经济学家周远清教授致开幕辞。开幕式由北京大学副校长闵维方主持。闵维方作了《北京大学教育经济学的回顾和展望》等主题报告。

北大举行祝贺季羡林先生90华诞暨从事东方学研究66周年大会。国务院副总理李岚清给季羡林先生写来贺信表示祝贺,原人大常委会副委员长雷洁琼、外交部部长唐家璇、韩国社会科学院理事长金俊烨也分别发来贺信。出席大会的校内外领导和嘉宾有:教育部部长陈至立专程前来北大看望季羡林先生,教育部副部长韦钰,外交部副部长李肇星,中共中央统战部副部长刘延东,中国国际交流协会常务副会长李成仁,全国政协常委、民盟中央常务副主席吴修平,东方文化研究会名誉会长韩天石,山东省副省长邵桂芳,印度驻华大使梅农,伊朗驻华大使马劳亦克,德国驻华公使克劳斯·威德尔,清华大学党委书记胡显章,香港著名出版家、北大名誉博士石景宜,及北大领导许智宏、迟惠生、赵存生、何芳川、郝平等。

北京大学获得新千年最大一笔捐款。香港新鸿基地产发展有限公司郭氏家族向北京大学捐赠人民币2200万元。

校长许智宏做客"北大在线"聊天室,与广大师生就北大的发展前景进行网上交流。

5月18日 由中国教育国际交流协会主办的"俄罗斯高等教育展"暨"中俄高校合作交流会议"在北京大学交流中心举行。教育部部长陈至立、中国教育国际交流协会会长柳斌、北京大学校长许智宏、俄罗斯联邦教育部长菲利波夫、俄罗斯驻中国大使罗高寿等人出席了大会。来自北京大学、清华大学、中国人民大学、南开大学、武汉大学、兰州大学等20多所中方高校与来自俄罗斯莫斯科国立大学、莫斯科鲍曼理工大学、莫斯科建工学院、莫斯科国立罗蒙诺索夫等30多所著名高校的校长及代表共120余人参加了此次研讨会。

北京大学物理学院成立,新成立的物理学院由原物理系和其他系所相关专业及研究机构组成,包括原地球物理系的大气科学专业,原技术物理系的物理部分及辅助机构,原天文系,原重离子物理研究所等。

由北京大学科协、北大学生会和北大团委学术实践部联合举办的五四学术文化节开幕式在电教报告厅举行。许智宏出席并作了题为《植物·农业和环境》的报告,这是校长系列精品报告讲座的首讲。

北京大学2001年班主任工作会议在电教报告厅召开,赵存生出席会议并讲话。

5月19日 北京大学国际关系学院"大使系列讲座"再次开讲,中央外事办顾问、中国国际关系研究所理事、中国南亚学会副会长程瑞生大使为北大师生作了关于新中国外交的报告。

5月20日 北京大学"关注奥运,关注发展"英语演讲比赛决赛在北京大学理科教学楼举行。

5月21日 由中央电视台、北京电视台联合举办的"世纪彩虹"第五届中国彩虹奖颁奖晚会在北京大学百年纪念大讲堂举行。这是经中宣部批准的中国广播电视总局的最高奖项。

5月22～23日 北京大学与国防大学共同主办"'三个代表'重要思想与21世纪的中国共产党"大型理论研讨会,与会者就"三个代表"的思想内涵、内在联系、重大意义等一系列重大理论和实际问题进行了深入研讨。在此前后,北大又先后举行"马克思主义与当代现实"理论研讨会、"学习江泽民同志七一重要讲话座谈会"、"缅怀先辈丰功伟绩,展现党员时代风采"主题党日活动、纪念建党80周年庆祝大会、"在共产主义旗帜下"成长图片展等活动。会议由北京大学校长许智宏院士和国防大学校长邢世忠上将共同主持。

5月24日 北大举行国际形势报告会,邀请外交部副部长、前驻美大使李肇星为北大师生作关于中美关系的报告。许智宏、赵存生、岳素兰、王丽梅、郝平出席。

5月25日 由校学生会和历史系学生会共同发起的"北大学子抗议日本右翼篡改历史教科书讨论会"在历史系会议室召开,何芳川出席会议。

首都部分高校喜迎中国共产

党八十华诞歌咏节在北大举行。赵存生出席并讲话。

5月26日 奥地利外交部部长费莱罗·瓦德纳女士来北大作了题为"奥地利与欧盟"的讲座。许智宏、迟惠生、郝平出席了报告会。

"歌华杯"第三届北京大学—清华大学赛艇对抗赛举行。北京市委副书记龙新民,北京市政府秘书长戴卫,北京市政协副主席李获生,市委常委、教工委书记徐锡安等领导及北大、清华两校领导、学生到场观战助威。整个赛程由中央电视台进行了实况转播。

"北京大学首届校园开放日暨招生咨询会"举行。上午举行了新闻发布会和北京大学招生信息发布会。许智宏、赵存生、吕兆丰出席会议并讲话。

5月27日 校团委和出版社共同举办的"信息之光"活动开幕式暨"电脑小院士"丛书赠书仪式在勺园举行。团中央书记处书记赵勇及北大党委副书记岳素兰出席会议并致辞。

北大举行"双休日干部培训班",邀请中央党校的李忠杰教授作了题为"按'三个代表'的要求,全面加强党的建设"的报告。岳素兰主持了报告会。

5月28日 北京大学新闻与传播学院成立。全国人大外事工作委员会主任曾建徽、中宣部副部长王晨、中国记协主席邵华泽、国家新闻出版总署副署长桂晓风、北京市委副书记龙新民、光明日报社总编袁志发、著名新闻学专家方汉奇等出席成立大会,北京大学王德炳、许智宏、韩启德、赵存生、岳素兰、王登峰、林钧敬、鞠传进、吴志攀等也出席了成立大会。成立大会由何芳川主持。

5月29日 2001年第7次(总第437次)校长办公会。会议听取了创建世界一流大学规划修改情况、教学工作会议筹备情况、科研工作会议筹备情况及地球与空间学院、环境科学与工程学院筹备情况的汇报,并对其他有关事宜进行了研究和讨论。

大型交响清唱剧《江姐》义演活动在百周年纪念讲堂举行。王登峰在演出之前会见了剧组的全体演员。赵存生与师生一同观看了演出。

5月31日至6月2日 "北京大学深化住房改革研讨会"召开,许智宏、赵存生、林钧敬、鞠传进出席会议并讲话。

6 月

6月1日 北京市教工委公示了5所拟以市委名义命名表彰的北京市党的建设和思想政治工作先进普通高等学校名单,北京大学榜上有名。

由北大学生科协、学生会和团委举办的"推动学生科研,繁荣校园学术"师生研讨会在交流中心举行。王登峰出席会议并讲话。

6月1~2日 医学部召开第三届二次教代会年会,韩启德、赵存生、岳素兰、林久祥、吕兆丰出席会议。韩启德作报告,赵存生在会上讲话。

6月3日 由北京大学主办、华夏银行独家赞助的"北京大学—华夏银行信用中国论坛"开幕式在校国际交流中心举行。北京大学校长许智宏、副校长林钧敬、党委副书记王登峰等校领导,华夏银行董事长陆宇澄,以及中国人民银行、教育部等有关方面的领导出席了开幕式。许智宏、陆宇澄等发言。经济学院副院长刘伟教授作了主题报告。

6月5日 许智宏召集发展规划部、研究生院等有关部门负责人就北京大学深圳研究生院的定位、结构、规模、组织机构等有关事宜举行了研究和讨论。韩启德、陈章良出席。

北京大学2001年优秀博士论文评选结果由研究生院学位办公室公布。8人获一等奖,15人获二等奖,35人获三等奖。一等奖获得者同时也是国家优秀博士论文获得者。

校党委召开常委会,研究北大纪念建党80周年活动安排进展情况,审议了部分干部任免事项。随后召开了廉洁自律民主生活会。

6月7日 新疆部分高校在北京一些高校挂职锻炼的干部前来北大学习考察。岳素兰会见了参观团一行。

北京大学第九届"挑战杯"五四青年科学竞赛颁奖典礼暨2001年五四学术文化节闭幕式在勺园举行。许智宏、王登峰出席。

6月8日 主题为"在党的光辉照耀下健康成长"的北京大学庆祝建党80周年学生演讲比赛在交流中心举行。赵存生、王登峰出席。

6月8~10日 北大教学工作会议召开,王德炳、许智宏、迟惠生、韩启德、赵存生参加了会议。

6月10日 王登峰带队前往中华世纪坛参观了由北京市举办的纪念中国共产党建党80周年大型成果展。

北大学生自创自演的话剧《曙色朦胧》在百周年纪念讲堂上演。北京市有关领导龙新民、张效廉、夏强等及北大领导王德炳、赵存生、王登峰与师生一同观看了演出。

6月11日 王德炳、岳素兰、林久祥组织召开校评审委员会会议,初步评选出2001年北京大学党务和思想政治工作优秀个人74名,其中一等奖(李大钊奖)8名、二等奖66名;先进集体10个。另有6名民主党派个人被评为北京大学党务和思想政治工作优秀个人。

6月12日 北大召开部分长

江特聘教授座谈会。许智宏、校本部各院系及医学部的 15 位长江特聘教授和 1 位长江讲座教授参加了座谈。

2001 年第 8 次（总 438 次）校长办公会。会议听取了环境学院、地球与空间学院筹备情况的汇报，审议了公共管理学院顶层设计问题及《文科重点研究基地管理办法》等三个文件，会议还研究和讨论了一些其他事宜。

北京大学第一医院心外科实施了国内首例川崎病合并心肌梗塞幼儿患者的体外循环下冠脉搭桥、室壁瘤切除、左心室成形术，手术获得圆满成功。患儿年仅两岁九个月，本例手术创下了国内冠脉搭桥手术年龄最小的新纪录。

6 月 13 日 北京大学第十七期初级团校结业典礼在图书馆举行。王登峰出席典礼并讲话。

6 月 14 日 北大召开学科规划委员会和教学科研工作委员会联席会议。迟惠生、何芳川、林建华出席会议并讲话。

许智宏、王登峰、何芳川、林钧敬前往青岛进行招生宣传与咨询，同时就高等教育合作的有关事宜进行调研，并与山东省和青岛市的有关领导进行了协商。

6 月 16 日 在团市委组织的首都高校理论社团研讨会上，北大邓小平理论研究会和国际关系学会获得了团市委颁发的学生优秀理论类社团奖。

6 月 18 日 北大召开 2000 级本科生军训带队教师动员大会，林钧敬出席会议并讲话。

6 月 19 日 "理科楼群治安监控系统开通"仪式举行，王德炳、林钧敬出席。

北大事业规划委员会会议召开，讨论了北大个别单位的编制及机构设置等问题。闵维方、岳素兰、林久祥出席会议。

由北京市委教育工委、《大学生杂志社》与北京大学共同举办的"南方高科之夜——首都大学生庆祝建党八十周年文艺晚会"在北大举行，王德炳、赵存生、王登峰与师生一同观看了演出。

北京肿瘤医院宁养院举行成立庆典。这是北京首家为晚期癌症病人提供免费上门服务的宁养医疗服务机构。

6 月 21 日 北京大学党建研究会成立大会暨基层党支部党建经验交流会在光华管理学院会议室举行。王德炳、闵维方、赵存生、岳素兰出席会议并讲话。

6 月 22 日 北京大学三代共产党员庆祝建党八十周年座谈会举行。王德炳、赵存生出席会议并讲话。

6 月 23 日 芝加哥大学经济学教授、1993 年诺贝尔经济学奖得主罗伯特·威廉·福格尔出席了中国经济研究中心 2001 年毕业典礼，并作特别演讲。400 余名毕业生和家长出席了毕业典礼。

2100 多名师生在大讲堂观赏了世界三大男高音音乐会。为了突出北大分会场自己的特点，分会场还邀请了北京大学艺术学系侯锡瑾教授、目前就读于北大的体育明星刘伟和北大的两名学生，以歌剧和奥运为主题录制了对话形式的电视专题片。

6 月 24 日 北京大学庆祝中国共产党成立 80 周年大会在百周年纪念讲堂召开。原北京大学党委书记汪家镠，王学珍、任彦申，原北京大学校长吴树青、原北京大学副校长季羡林，"一二·九"运动时期和解放战争时期的老党员白文治、黄楠森、彭瑞骢，北京市委教育工委副书记李明，北京大学校领导王德炳、许智宏、迟惠生、赵存生、岳素兰、王登峰、林钧敬、林久祥、吕兆丰、鞠传进，北京大学民主党派代表韩汝琦教授及教师和学生代表 2000 多人出席大会。大会由常务副书记兼副校长闵维方主持。

北京大学庆祝中国共产党成立 80 周年师生联欢晚会举行，王德炳、闵维方、迟惠生、赵存生、岳素兰、林钧敬与师生一同观看了演出。

6 月 25 日 北大第三医院在神经内科高干病房举行了全国"青年文明号"的揭牌仪式。团中央青工部副部长张良驯、北京大学副校长吕兆丰出席揭牌仪式。

北京大学红旗在线网站开通。红旗在线在内容架构上具体划分为七大版块，即风云天下、北大评论、经典重读、红色艺术、党建社区、七一文库、先锋论坛。

北京大学纪念建党 80 周年活动表彰大会暨红旗在线网站开通仪式在勺园多功能厅举行。会议由党委副书记岳素兰主持，党委副书记赵存生、王登峰出席了这次大会。赵存生发表了讲话。

许智宏校长率领北大代表团访问了位于四川绵阳的中国工程物理研究院。

北大党委统战部邀请北大各民主党派基层组织负责人及北大在各民主党派中央和市级组织任职的同志，举行了"我们一同走过——北大统战系统纪念建党 80 周年座谈会"。王德炳、赵存生参加了座谈会。

举行北京大学学生暑期社会实践出征仪式。王德炳、王登峰等出席，王德炳为社会实践团授旗。

中央电视台"同一首歌"栏目举办的"年轻的心——北京大学演唱会"在北大举行。韩启德、赵存生、岳素兰、林钧敬与来自北大及部分首都高校的师生一同观看了演出。

中国科学技术协会第六次全国代表大会闭幕，北大韩启德、王选院士当选为科协全国委员会副主席。

6 月 27 日 北京大学和国防大学百余名博士、硕士研究生召开座谈会，迎接中国共产党成立 80 周年。赵存生、王登峰及教育部、解放军总政治部、国防大学相关部门的领导出席了座谈会。

6月28日 由北京大学计算中心和北京大学财务部共同研制的"高校校园网络环境下的财务管理信息系统"鉴定会在办公楼103会议室召开。出席会议的有北京大学常务副校长迟惠生、教育部计划财务司处长田组荫、财政部文教司处长宋秋玲、北京大学财务部部长廖陶琴、北京大学计算中心副主任黄达武、科研部副部长刘波、鉴定委员会主任侯炳辉教授率领的专家组成员,以及北大相关各部门负责人。

北京大学校长许智宏获得香港城市大学授予的荣誉理学博士学位。

由团中央、教育部举办的"党在我心中"首都大学生纪念中国共产党成立80周年文艺晚会在北大百周年纪念讲堂举行。国务院副总理李岚清,中央和北京市有关部门的负责人周强、陈至立、袁贵仁、孟晓驷、廖晓淇、徐锡安,及北大领导王德炳、许智宏、岳素兰、王登峰出席了文艺晚会。

6月29日 接中共教育部党组教党任[2001]40号文及教育部教任[2001]25号文通知:任命郝平同志为中共北京大学委员会委员、常委,北京大学副校长。

北大举行青年教师赴井冈山社会实践活动出征仪式,赵存生在会上作了动员。

王德炳、韩启德、岳素兰、林久祥、吕兆丰参加医学部庆祝建党80周年大会,王德炳在大会上讲话。

7 月

7月1日 北大组织师生收听和收看了江泽民总书记在庆祝中国共产党成立八十周年大会上的讲话。下午,北大又组织部分师生举行了学习江总书记七一重要讲话座谈会。许智宏、赵存生、王登峰出席座谈会。

7月1~3日 "第六届亚太地区社会科学与健康战略发展圆桌会议"在北京大学交流中心召开。来自日本、印度、菲律宾、斯里兰卡等亚太地区的10名专家和我国人口学、社会学、医学、法学、人类学等学科领域的30多位知名学者出席了会议。

7月2日 北京大学自行车协会"挑战青藏高原自行车远征"新闻发布会在北京大学交流中心举行。新华社、《人民日报》、《中国环境报》、中国教育电视台等多家媒体对本次活动进行了报道。

7月3日 由团中央、全国学联、教育部组织的"三个代表"实践团出征仪式在北京大学举行。王登峰等出席出征仪式。

7月4日 北京大学举行2001年研究生毕业典礼。王德炳、许智宏、闵维方、韩启德、王登峰、陈章良、何芳川、林久祥出席了毕业典礼。

校团委召开学习江总书记7月1日在庆祝建党80周年大会上的讲话讨论会。王登峰参加了讨论会。

7月5日 北大举行2001年本科生毕业典礼,王德炳、许智宏、闵维方、迟惠生、王登峰、陈章良、林钧敬、郝平、林建华出席了毕业典礼。

2001年第9次(总第439次)校长办公会。会议研究了领导班子暑期研讨会的筹备问题,听取了教务部关于筹备成立"本科试验学院"和王阳元院士关于信息科学技术学科群建设的报告,以及资产部关于房改工作会议的情况汇报。会议还听取了物理学院内部机构和人事安排的报告。

7月6日 季羡林先生向北大捐赠个人藏品仪式在北京大学办公楼举行。许智宏出席并讲话。捐赠仪式由郝平主持。

赵存生、王登峰召集北大有关部门负责人召开会议,就如何进一步加强网络安全,消除网上不良信息的工作进行了研究和部署。

北大召开全校暑期安全保卫工作会议。林钧敬在大会上讲话。

7月10~11日 北京大学国际关系学院和东西方文化研究中心联合举办的"21世纪:东亚文化与国际社会"国际学术研讨会召开。来自北京大学、复旦大学、浙江大学、南开大学、淡江大学、香港中文大学等国内高校和来自美国南加州大学、土耳其中东科技大学、东京大学等国外高校的60余名专家学者参加了此次研讨会。开幕式由北京大学国际关系学院副院长许振洲主持,北京大学副校长郝平到会致辞。

7月12日 迟惠生应邀出席了第48届洛杉矶世界事务委员会会议午餐会,并就北京大学与加州州立大学联盟的合作培训项目发表了演讲。

7月13日 北京大学百年纪念讲堂前万名北大学子怀着激动和自豪的心情目睹了北京赢得2008年奥运会主办权。

7月 月内,北京大学校园规划再出大举措,拆除南门外商业街,恢复南墙。此次恢复南墙是基于整治环境和自身的发展规划的考虑,为北大的教学科研创造更好的环境。

8 月

8月3日 北京大学未名湖燕园建筑被列为第五批国家级重点文物保护单位。

8月22~24日 中科院化学所与北京大学化学与分子工程学

院共同主办的 2001 年学术报告会在北京大学召开。

8 月 24～25 日 北京大学科技开发与产业工作会议举行，许智宏、赵存生、陈章良、王丽梅等领导出席了会议，国务院体改办、教育部的相关领导也应邀出席了会议。

8 月 27 日 王德炳、许智宏、闵维方、林钧敬同清华大学的部分校领导一同前往教育部汇报两校"985"计划的执行情况。

8 月 28 日 北京大学 4 名学生组成的自行车队，从青海省格尔木市出发，历时 27 天，风雨骑行 1700 多公里后成功穿越了有"世界屋脊"之称的青藏高原。

北京大学数学学院的王长平、刘培东，力学系的方竞，化学学院的高松、吴凯、邹德春、夏斌（核磁中心），生命学院的李毅、邓宏魁，地球物理系的陈永顺，计算机系的梅宏，信息中心的陈珂等共 12 人通过国家自然科学基金委专业评审组评审，成为 2001 年度国家杰出青年科学基金候选人。

校党委召开常委会，研究和部署全校干部会及北大学习江泽民总书记"七一"重要讲话的具体安排，并通报了北京市高校干部会的精神。

8 月 29 日 北大邀请教育部副部长袁贵仁为北大干部和教师作学习江泽民总书记"七一"重要讲话的辅导报告。王德炳、许智宏、闵维方、赵存生、岳素兰等参加报告会。

8 月 30 日 全校干部大会召开。上午分别由迟惠生、韩启德、闵维方、陈章良就主管工作作报告。下午王德炳、许智宏分别作了总结报告。

9 月

9 月 1 日 北京大学校史馆落成典礼在校史馆一层大厅举行。国家主席江泽民亲自为北京大学校史馆题写了馆名。

在校史馆落成仪式上，北京大学同时也得到了第一笔"校史基金"。北京大学计算机科学技术系主任、中国科学院院士杨芙清与北京大学微电子所所长、中国科学院院士王阳元将他们获得的台湾"潘文渊奖"奖金 50 万元台币（折合人民币约 12 万元）捐赠给北京大学校史馆。

央视《讲述》栏目推出专辑，报道潘文石教授在广西崇左关于白头叶猴的研究工作。

9 月 4 日 在北京大学临湖轩举行授予法国思想家德里达北京大学名誉教授的仪式，迟惠生出席并颁发聘书。

北京大学 2001 年校本部本科生开学典礼在百周年纪念讲堂举行。王德炳、许智宏、闵维方、韩启德、赵存生、岳素兰、陈章良、林钧敬、吴志攀出席。

校长办公会召开。会议听取了 2001 年北大招生工作情况，北京大学首都发展研究院建设情况，教务部和学工部关于教师节表彰工作筹备情况，元培计划执行情况，以及教育中心筹备情况等工作的汇报。

9 月 5 日 北大 2001 年研究生开学典礼在百周年纪念讲堂举行。王德炳、许智宏、闵维方、迟惠生、韩启德、赵存生、岳素兰、陈章良、吕兆丰等领导出席。典礼结束后，许智宏为 2001 年新生作了校情报告。

北京大学 2000 级本科生军训结束。王德炳、林钧敬参加了昌平军训基地的结业典礼。林钧敬参加了大兴军训基地的结业典礼。

9 月 6 日 北京大学和石河子大学合作办学沟通会在北大办公楼 103 举行。北大党委书记王德炳、校长许智宏、常务副校长迟惠生、校长助理吴志攀及有关部门、院系的负责人参加了会议。新疆建设兵团教委主任高继宏、石河子大学党委书记周生贵、校长向本春参加了讨论。

许智宏、韩启德、吕兆丰与医学部的部分同学座谈，听取了同学们就校本部与医学部的融合以及同学们广泛关心的其他一些问题的意见。

9 月 6～7 日 王德炳、许智宏、迟惠生、吴志攀会见了新疆石河子大学代表团。双方就北京大学对口支援石河子大学及全方位合作事宜进行了商谈，并签订了对口支援及全方位合作协议。

9 月 7 日 "北大—欧洲中国研究合作中心"的揭牌仪式在北京大学百周年纪念讲堂举行，北京大学常务副校长迟惠生出席揭牌仪式并讲话。

北大召开教师节表彰大会，校领导王德炳、许智宏、闵维方、迟惠生、王登峰、林钧敬等出席。大会由赵存生主持，许智宏讲话。

9 月 9 日 核科学与核技术教育部网上合作研究中心揭牌仪式在北京大学交流中心新闻发布厅举行。教育部赵沁平副部长以及教育部、科技部、国家自然科学基金委、国防科工委、核工业总公司的有关领导出席了揭牌仪式。中心的成员单位目前包括北京大学、清华大学、四川大学和兰州大学。

9 月 10 日 李岚清副总理，教育部副部长吕福源，北京市副市长林文漪在北京大学党委书记王德炳、校长许智宏的陪同下，走访了北大两位德高望重的知名学者徐光宪院士和李赋宁教授。

北京大学工会 2001 年教师节青年教师座谈会在校工会会议室召开，赵存生出席并讲话。

北京大学 2001 级优秀新生代表座谈会在办公楼会议室召开。许智宏、王登峰到会并讲话。

北京市召开庆祝教师节暨教育教学成果颁奖大会。北大获教学成果奖一等奖36项，二等奖17项，分别占获奖总数的20.3%和9.3%，位居北京高校首位。

钱其琛副总理前来北大视察工作并在办公楼礼堂发表演讲。校领导王德炳、许智宏、闵维方、迟惠生、韩启德、赵存生、何芳川、林久祥、郝平、王丽梅等参加了演讲会。

教育部等单位在北京大学百周年纪念讲堂举办庆祝教师节大型文艺晚会"世纪承诺"。陈至立、吕福源、王湛、袁贵仁、徐锡安、王德炳、许智宏、闵维方、韩启德、岳素兰、王丽梅等领导出席并观看了演出。

9月11日 北大工会干部工作会议召开，会议总结了上学期北大的工会工作，并对本学期的工会工作做出部署。赵存生出席会议并讲话。

校党委召开常委会，会议审议和讨论了北京大学2001年度岗位聘任、考核及职称评审工作的安排等事宜。会后党委理论中心组进行了学习。

9月12日 北京大学陈守仁国际研究中心奠基仪式在北大未名湖南岸、博雅塔西侧的生物楼东西馆举行。香港联泰集团主席陈守仁先生向北京大学捐赠人民币500万元。北大校长许智宏致辞，并向陈守仁先生颁发"北京大学教育贡献奖"铜牌、"北京大学教育基金会名誉理事"证书。

北京大学在图书馆北配楼召开2001年度岗位聘任、考核及职称评审工作会议。许智宏出席会议并讲话。

9月13日 在长春开幕的中国科协2001年学术年会开幕式上颁发了"中国科协求是杰出青年奖"。北京大学教授肖建国、中国首位工程塑料博士杨桂生等5位青年科学家获中国科协求是杰出青年成果转化奖。

9月14日 北大本科生招生工作委员会召开会议，对2001年本科生的招生工作进行了初步总结。迟惠生、吕兆丰参加会议。

北大召开本科生新生党员培训大会，岳素兰为新生党员作了报告。

北大在百周年纪念讲堂举行了迎新系列报告会的第四场报告。王登峰为北大新入学的本科生作了如何适应大学生活的报告。

9月14～15日 在2001年全国大学生艺术歌曲演唱比赛决赛（业余组）中，北京大学学生合唱团的女声小合唱《春潮》和王翊的女声独唱《兰花花》获一等奖。

北京大学2001级新生党员培训大会于9月14日下午在勺园多功能厅举行。刚入校的本科生、硕士生、博士生党员近250人参加了会议。岳素兰在会上作了报告。

9月15日 9月15日是我国的第一个国防教育日。下午，林钧敬与北大部分师生参加了北京市有关部门在圆明园举办的国防教育活动。

教育部专家组于对北大"造山带与地壳演化"教育部重点实验室进行了评审验收。

9月16日 北京大学医学部举行北京大学医学网络教育学院揭牌暨首届开学典礼。仪式由副校长、医学网络教育学院院长吕兆丰主持，北京大学党委书记王德炳、常务副校长韩启德到会。王夔院士、王德炳书记为该院揭牌。

北京大学召开彩虹志愿者工作总结表彰大会。王登峰、林钧敬等出席大会。

9月17日 北大召开基层党委统战委员工作会议。赵存生出席会议并讲话。

9月18日 北大城市与环境学系方精云教授领导的研究小组继2001年6月份在美国著名的《科学》杂志上发表了半个世纪以来中国陆地生态系统的碳循环及其对全球气候变化影响的研究结果后，再次在该杂志上发表论文，报道了他们在陆地植被生产力与降水关系方面的最新研究结果。这是北大在国家自然科学基金委、国家科技部以及北京大学"211工程"项目的支持下，在陆地生态系统生态学研究方面取得的又一重要成果。

市政协副主席、市委统战部部长沈仁道，市教育工委副书记李明来北大检查贯彻落实全国和北京市统战工作会议的情况。王德炳、赵存生及相关部门的负责同志分别向市领导做了汇报。

北大召开校长办公会，会议听取了北大2002年招生工作计划的通报，关于北京大学教育学院与教育部直属中央电教馆联合成立教育技术资源研究中心的报告，关于地球与空间科学学院成立以及"元培计划"执行情况的报告。会议同意关于"985"中期检查情况的通报和工作进展要求，以及2002年10月26日举行医学部90周年庆典活动。

9月21～22日 北京大学哲学系暨马克思主义文献研究中心组织召开"马克思主义与全球化：《德意志意识形态》的当代阐释"学术研讨会。来自中央编译局、中央党校、中国社会科学院、中国人民大学等单位的专家学者80余人参加了会议。大会开幕式由哲学系党委书记丰子义主持。赵存生出席开幕式并讲话。

9月22～23日 北京大学召开2001年度招生工作总结会。许智宏、迟惠生、吕兆丰、林建华出席会议。

9月24日 第七届"挑战杯"全国大学生课外学术科技作品竞赛决赛在西安交通大学落下了帷幕。北京大学取得1项特等奖，1项一等奖，2项二等奖，2项三等奖，以总分290的成绩再次夺得"优胜杯"。

9月26日 北京大学深圳研究生院成立大会暨2001年开学典

礼在深圳市高新区深港产学研基地大楼广场举行。深圳市市长于幼军，北京大学党委书记王德炳、校长许智宏、香港科技大学校长朱经武等出席大会。

9月27日 北京大学2001年文化、科技、卫生"三下乡"学生暑期社会实践总结表彰大会在北京大学交流中心新闻发布厅举行。北京大学党委副书记王登峰、团中央大学处处长史士林等出席了会议。

9月28日 深圳北京大学香港科技大学医学中心暨北京大学深圳医院正式挂牌。

北京大学现代教育技术中心正式成立。何芳川出席并主持了成立仪式。

9月29日 北京大学第17次研究生代表大会召开。韩启德、王登峰出席大会。

9月初 北京大学心理学系周晓林、生命科学学院潘文石、物理学院韩汝珊以及北大医学部彭师奇、刘树村等5人荣获北京高校师德先进个人光荣称号。

10 月

10月7日 国务院副秘书长高强、教育部副部长张保庆、北京市副市长汪光焘及有关部门负责人前来北大就校园周边情况进行调研，并就存在的问题进行了初步研究。林钧敬、鞠传进陪同调研。

10月9日 北大召开党委常委会。会议通报了教育部《关于加强本科生教学工作，提高基本教育教学质量》等文件，研究和讨论了医学部党委换届的有关事项，审议通过了若干北大干部任免事项。

10月9～13日 北大党委副书记王登峰率团到西藏慰问了北大首批赴西藏自治区开展支教扶贫工作的研究生支教团志愿者。

10月10日 北京大学地质系李江海科研组，在辽西地区的科学考察中，又有古大洋遗迹的重要发现，这些遗迹的岩石组成、结构类型、及地质构造与冀东地区的岩石完全一致，从而证实华北古大洋遗迹构成的缝合线至少超过了200公里。

世界著名物理学家、诺贝尔奖获得者杨振宁前来北大举行报告会。陈佳洱、王德炳、郝平等有关方面领导出席报告会。报告会由许智宏主持。

10月14～15日 北京大学林钧敬副校长与鞠传进校长助理率团出席山东大学百年华诞庆祝活动，并代表北京大学与山东省签署了《山东省政府与北京大学全面合作协议书》。

10月16日 中国经济研究中心举行"万众苑"落成仪式暨严复翻译《国富论》100周年学术讲座。全国人大副委员长许嘉璐、"万众苑"捐资人万众先生，及北大许智宏、季羡林、侯仁之等出席仪式。

校长办公会召开。会议研究和讨论了北大研究生招生规模问题，听取了教育部重点学科评审有关进展情况、北大西门外篓斗桥地区拆迁安排情况，以及有关本年度校友工作会议筹备情况的报告。

10月18日 "北京大学脑科学与认知中心"成立大会在图书馆北配楼举行。教育部副部长韦钰、北大常务副校长迟惠生等出席成立仪式。

医学部2001年中层干部培训班开班，闵维方、韩启德、岳素兰、林久祥、吕兆丰等出席。闵维方、岳素兰分别为培训班学员作了关于北大财务和干部工作的报告。

2001年度"北京市科技进步奖"揭晓，北京大学本部共申报10项，其中2项获一等奖，2项获二等奖；4项获三等奖。医学部共申请35项，其中11项获二等奖，16项获三等奖。

王德炳、林钧敬、鞠传进等学校领导前往国务院汇报北大周边环境整治工作的进展情况。

由北京大学和中科院高能物理研究所联合组建的"北京射频超导研究中心"成立大会在北大交流中心召开。北大许智宏校长、中科院白春礼副院长、国家自然科学基金委陈佳洱主任、高能物理研究所陈和生所长以及教育部科学技术司、科技部基础研究司等有关单位的领导出席了成立大会。许智宏校长和白春礼副院长为中心揭牌。

10月19日 北大召开机关干部考核领导小组会议，王德炳、闵维方、岳素兰、王丽梅等出席会议并讲话。

辽宁省人民政府代表团一行百余人在省长薄熙来的率领下，前来北大访问并签署省校全面合作协议。王德炳、闵维方、赵存生、岳素兰、郝平等北大领导会见了辽宁省代表团一行。双方举行了省校合作座谈会。座谈会由辽宁省副省长夏德仁主持。出席座谈会的省校领导有薄熙来、赵新良、陈政高、夏德仁、许智宏、赵存生、郝平等。随后举行辽宁省人民政府北京大学全面合作签约仪式，教育部副部长韦钰、科技部副秘书长鹿大汉前来出席了签约仪式。

10月20日 北京大学田径运动会开幕式在五四体育场举行。参加开幕式的来宾有北京市教育工会主席张振民、副主席杜自中，北京理工大学工会主席、北京市教育工会兼职副主席董兆钧及清华大学、人民大学、首都师范大学工会的领导。北大王德炳、许智宏、闵维方、迟惠生、岳素兰、吕兆丰、郝平、鞠传进、林建华及前任北大领导王学珍、张学书、郝斌等参加了开幕式。开幕式由赵存生主持。

校团委举行北京大学2000—2001年度共青团系统表彰暨学习"三个代表"重要思想动员大会，闵维方出席大会并讲话。

北京大学眼科中心正式成立。全国人大教科文卫委员会主任朱开轩、原国务院侨办主任鲁平、卫生部副部长彭玉及北大领导王德炳等出席成立仪式。

10月21日 北大举行2001级新生文艺汇演，王登峰与师生一同观看了表演。

10月22日 静园热水井进行了首次抽水试验，王德炳、岳素兰、鞠传进等前往现场观看。

10月23日 我国著名历史学家，原北京大学历史学系系主任，中国日本史学会名誉会长周一良教授病逝。

10月25日 北京大学人口所在图书馆报告厅举办"中国老龄健康研讨会"，全国人大副委员长彭珮云及北京大学党委书记王德炳等应邀出席。

美国国家地理学会（NGS）向北京大学侯仁之教授颁发了2001年度"研究与探险委员会主席奖"。

何梁何利基金2001年度颁奖大会在友谊宾馆贵宾楼举行。北大化学与分子工程学院张滂院士、物理学院陈佳洱院士和医学部人民医院冯传汉教授获奖。

10月26日 北京大学地球与空间科学学院成立大会。王德炳、许智宏出席了大会。与会的嘉宾有国土资源部副部长寿嘉华、中国地震局局长陈章立等。大会由常务副校长迟惠生主持。

10月27日 北京大学第二届生物医学论坛在医学部举行，吕兆丰出席。

10月27~28日 北京大学在珠海召开2001年校友工作研讨会。来自世界各地38个校友会的代表及北大发展规划部、教务部、研究生院、国内合作委员会等部门的领导和部分校办企业负责人计80余人出席了会议。校领导王德炳、许智宏、吕兆丰、鞠传进及校友会主要负责人郝斌、李安模参加了会议。

10月28日 北大教育科学园在珠海市淇澳生态旅游岛动工兴建。北京大学党委书记王德炳、校长许智宏和广东省委常委兼珠海市委书记黄龙云、市长方旋等领导出席奠基动工仪式。

11 月

11月1日 德国总理施罗德访问北京大学，并在办公楼礼堂发表演讲。演讲主题是世界格局变化中的中德伙伴关系。北京大学数百名师生代表了演讲会。演讲会由郝平主持，许智宏致辞。

全国总工会委托北京市教育工会对北大工会的"全国模范职工之家"称号进行复验。赵存生向验收组汇报了北大创建"全国模范职工之家"的工作。

位于北大静园的京热-119号地热井工程交接仪式在北大办公楼礼堂举行。王德炳、闵维方、林钧敬参加了交接仪式。

北京大学首届社团艺术节暨"红楼文化月"开幕式在电教报告厅举行。中国红楼梦研究所所长张庆善、著名作家二月河及北大党委副书记王登峰出席开幕式。

11月2日 以"21世纪：人文与社会"为主题的北京大学文科论坛开幕式在百周年纪念讲堂举行。出席开幕式的嘉宾及北大领导有：全国人大副委员长丁石孙，全国政协副主席罗豪才，著名学者季羡林、饶宗颐，教育部副部长袁贵仁，国家新闻出版总署副署长桂晓风，香港证监会前主席、中国证监会首席顾问梁定邦，清华大学副校长胡东成，北京大学校长许智宏，常务副书记兼副校长闵维方，常务副校长迟惠生，党委副书记赵存生，校长助理吴志攀等。论坛开幕式由副校长何芳川主持。

校领导许智宏、陈章良、林钧敬召集北大有关部门负责人召开会议，研究和讨论北大西门外周边环境整治的有关问题。

物理学院举行庆祝北大原副校长、物理系沈克琦教授八十寿辰座谈会。许智宏、迟惠生、赵存生、林钧敬等出席了座谈会。

11月3日 举行2001年北京大学教职工党支部书记培训班开班仪式。闵维方、岳素兰出席并讲话。

医学部2000—2001年度优秀学生、先进班集体奖学金颁奖大会在医学部会议中心举行，会议由吕兆丰主持，韩启德为优秀学生、先进班集体代表颁发了荣誉证书。

11月4日 国务院发展研究中心副主任陈锡文为北大第14期入党积极分子"党的知识培训班"的学员和北大教职工党支部书记培训班成员作了关于学习"三个代表"的辅导报告。王德炳、岳素兰等出席报告会。

11月5日 北大召开各基层党委书记、机关部处长会议，传达"三讲"教育"回头看"活动的有关精神，并广泛征求对北大开展"回头看"活动实施方案的意见和建议。会议由王德炳主持。王丽梅传达了有关文件精神，岳素兰通报了活动实施方案的有关情况。

11月6日 北京市委教育工委"三讲"教育"回头看"活动检查组组长周兴健等一行来到北大。王德炳、王丽梅接待了检查组一行并向检查组汇报了北大"回头看"活动的进展情况。

"杨芙清—王阳元院士奖励基金"协议续签仪式在交流中心举行。北大党委常务副书记副校长闵维方与杨芙清、王阳元院士、青鸟集团总裁许振东分别代表北大和捐赠方共同签署了"关于在北京大学增加'杨芙清—王阳元院士奖励基金'年度捐赠的协议"。参加仪式的还有：北京大学教育基金会理事长吴树青,北京大学副校长何芳川、郝平,校长助理吴志攀。青鸟公司的代表以及部分曾获"杨芙清—王阳元院士奖励基金"的教师和学生也参加了此次协议续签仪式。

北京大学召开校长办公会,会议听取了中关园建设合作谈判和项目立项过程的回顾报告,并通过了北大对口支援新疆石河子大学工作组名单和办公室的组成。

北大党委常委按照北大"三讲"教育"回头看"活动实施方案的统一要求,在办公楼103会议室进行了集中学习。

11月7日 北大召开北京大学"三讲"教育"回头看"活动动员大会。闵维方、赵存生、岳素兰、林钧敬等校领导参加了大会。大会由许智宏主持,王德炳作了动员报告。

教育部、财政部有关领导到医学部视察,并听取了韩启德、吕兆丰等关于医学部基本建设的情况汇报,闵维方陪同视察。

11月9日 医学部召开"三讲"教育领导小组工作会议,对医学部"回头看"活动的实施方案进行了讨论。下午,又召开了各二级单位党委书记、办公室主任会,部署了此项工作。林久祥、吕兆丰参加会议。

11月9~10日 为纪念北京大学首任校长、中国近代杰出思想家、教育家、翻译家严复逝世80周年,由北京大学参与主办的"纪念严复逝世80周年"学术研讨会在福州市举行。北京大学国学研究院常务副院长、原副教务长吴同瑞教授代表北京大学出席,北京大学原副校长梁柱教授作为专家应邀与会。

11月10日 由党委组织部和学生工作部联合主办的北大第四届学生党支部书记培训大会暨理论学习动员会在勺园多功能厅召开。王登峰到会并讲话,200多名基层学生党支部书记和宣传委员参加了学习。

11月11日 校党委常委召开"三讲"教育"回头看"活动学习体会交流会。会议由党委书记王德炳主持,党委常委闵维方、迟惠生、韩启德、赵存生、岳素兰、王登峰、何芳川、林钧敬、林久祥、吕兆丰、郝平、王丽梅参加了会议。北京市委教育工委"回头看"活动检查组周兴健等列席了会议。

北京大学卫生政策与管理研究中心(CAHP)召开"跨学科卫生与经济管理"研讨会。会议以中国卫生的现状与改革发展宏观问题、微观问题和农村卫生保健问题为中心展开了专题研讨。北京大学公共卫生学院、经济研究中心等单位与台北"中央研究院"等机构的专家与学者出席了本次会议。北京大学常务副校长、医学部主任、CAHP主任韩启德院士介绍了CAHP前期工作及其进展,并向会议致辞。

11月12~15日 北京大学分别召开党外人士代表、中层干部代表、教师代表、工会和教代会代表、老干部代表等5个座谈会,广泛征求和听取干部群众对领导班子和领导干部"三讲"教育整改措施落实情况和在工作作风等方面的意见和建议。王德炳、许智宏、赵存生、王登峰、何芳川、林钧敬、林久祥、郝平、王丽梅、吴志攀、林建华等领导分别参加了座谈会。

11月12日 北京大学第一医院普通外科与小儿外科在台湾长庚医院肝移植专家组的指导下,共同完成了我国大陆首例儿童亲体右半肝肝脏移植手术。

11月13日 王德炳、闵维方、林钧敬前往教育部汇报北大西门外拆迁整治工作的有关情况。

由团委、北大学生书画社、北大青年摄影学会联合举办的首届"北大师生书画、摄影作品展"开幕式在百周年纪念讲堂举行。迟惠生、王登峰出席了开幕式。

11月14日 北京大学网络文明工程"绿色行动"启动暨网络文明协会成立仪式在勺园多功能厅举行。国家网络文明组委会主任徐文伯以及北大党委副书记王登峰参加了大会。

11月15日 中央党校省部级领导干部学习班60余位学员在教育部部长陈至立的带领下来北大参观指导。校领导许智宏、王德炳、闵维方、迟惠生、韩启德、赵存生、岳素兰、陈章良、林钧敬参加了接待,并向来校参观的领导介绍了北大建设和发展的基本情况。

由中国残疾人联合会、北京大学团委、北京大学研究生会联合举办的"实践'三个代表'重要思想,让青春绽放绚丽光彩"——首都大学生与残疾青年共话青春价值座谈会在北京大学举行。王登峰出席座谈会。

11月16日 北京大学2001年度奔驰奖学金颁奖大会在百周年纪念讲堂举行。闵维方出席会议并讲话。

11月18日 北京大学校级领导班子集体听取了"三讲"教育"回头看"活动中群众对落实整改方案和改进工作作风等方面的反馈意见。

11月20日 北大召开"三讲"教育"回头看"领导班子自查自看专题民主生活会,会议由王德炳主持。许智宏、闵维方、迟惠生、赵存生、岳素兰、王登峰、陈章良、何芳川、林钧敬、林久祥、郝平、王丽梅及北京市教育工委检查组周兴健等参加了会议。

11月21日 举行北京大学首届博士生婷美助学基金颁发仪式。王登峰出席并讲话。

北大举行"三讲"教育"回头看"活动中层干部集中学习报告会。赵存生为作了题为"认真实践'三个代表'重要思想,努力创建世界一流大学"的报告。

11月21~22日 林钧敬副校

长前往山东日照市,看望北大研究生院在"11·17"重大道路交通事故中受伤的同志。

11月22日 北大召开党委常委扩大会,就如何进一步完善整改方案进行了研究和讨论。会议由王德炳主持。许智宏、闵维方、迟惠生、韩启德、赵存生、岳素兰、王登峰、陈章良、林久祥、郝平、王丽梅参加了会议。

11月23日 北大举行北京大学青年教师教学基本功和现代教育技术演示竞赛动员会。迟惠生、赵存生出席并讲话。

林钧敬前往河北承德解放军某部,对他们近几年来为北大军训工作做出的贡献表示感谢,同时通报了军训教员的工作情况,希望部队领导对他们返回部队后的工作做出妥善安排。

11月24日 北大举行北京大学第三届"通用杯"学生创业计划大赛颁奖典礼及创业成果发布会。王登峰出席并讲话。

11月26日 北京大学召开校长办公会,专门研究中关园平房区的拆迁与建设问题。

北大团委、研究生会举行2001年研究生学术文化节开幕式。王登峰出席并讲话。

11月27日 北大召开2001年光华奖学金颁奖大会。北大王德炳、王登峰、林钧敬及光华教育基金会的有关负责人出席了大会,并为获奖同学颁奖。

校长办公会举行。会议听取了关于创新人才培养方面的有关情况,通过了医学部调整作息时间的决定,研究和讨论了北大适度扩大博士后招收规模等问题。

北京大学2000级(2001年度)本科生军训总结表彰大会在图书馆北配楼召开。王登峰、林钧敬等出席会议并讲话。

11月29日 "21世纪哲学创新暨庆祝黄楠森教授八十华诞"学术研讨会开幕。出席大会的有教育部副部长袁贵仁、北京大学党委书记王德炳、中央编译局局长韦建桦、中宣部理论局副局长张国祚、中央党校副校长王伟光、教育部社政司司长顾海良、教育部社科中心主任田心铭、北京市社科联张文启教授、中国人民大学陈先达教授等领导和专家学者。全国人大副委员长彭珮云、全国人大教科文卫委员会主任朱开轩、北京市委副书记龙新民及一些兄弟院校、学者向黄楠森教授发来了贺信。大会由何芳川副校长主持。

北京大学校长许智宏、党委副书记王登峰在北大办公楼与研究生会、学生会执委会、常代会的新老两届学生干部座谈。

12 月

12月2日 团市委在北京大学举行北京大中小学生"反对盗版软件,保护正版软件"活动启动仪式,市教委、团市委其他相关部门领导及北大闵维方出席了仪式。

12月3日 侯仁之先生九十华诞暨从教六十五周年庆祝大会在英杰交流中心举行,全国政协副主席罗豪才、北京市市长刘淇、中科院院长路甬祥、科技部部长徐冠华、北京市副市长汪光焘等都向侯仁之先生发来了贺信。全国人大副委员长丁石孙、国家自然科学基金委主任陈佳洱、教育部副部长赵沁平、北大党委书记王德炳、中科院地理所所长刘纪远等向先生致贺辞。

12月4日 北大召开"三讲"教育"回头看"活动通报会。王德炳、许智宏、闵维方、赵存生、岳素兰、林久祥、吕兆丰、鞠传进、林建华及北大各基层单位党政主要负责人、机关部处长参加了会议。会议由王德炳主持。许智宏通报了北大"三讲"教育整改方案落实及补充整改措施的有关情况。

12月5日 举行北京大学信息科学学院成立筹备小组和工作小组会议。会议听取了王阳元院士关于筹备工作进展情况的汇报,迟惠生、林建华出席会议。

经国家自然科学基金委员会表彰工作领导小组评定,北京大学被评为"国家自然科学基金管理工作先进单位"。

北京大学2001年三和国际基金奖学金颁奖会举行。林钧敬出席并为获奖同学颁奖。

医学部医院管理改革小组召开第一次工作会议,拟定了对北大附属医院进行领导体制和运行机制调研的工作计划。韩启德出席会议。

12月6日 王德炳、岳素兰向市委教育工委"三讲"教育"回头看"活动检查组全体成员汇报了北大"回头看"活动的整体情况。

王德炳、岳素兰分别在校本部和医学部召开基层党组织负责人会议,对党的十六大代表候选人初步人选推荐提名工作进行部署。

12月6~9日 由北大常务副校长迟惠生、党委副书记赵存生率领的北京大学代表团一行21人赴新疆石河子大学进行对口交流活动。访问期间,北大代表团与石河子大学分别举行了对口交流工作会、石河子大学发展规划咨询论证会、石河子大学博士点申报工作座谈会。北大代表团在石河子大学校长向本春等领导的陪同下,先后参观考察了农学院、医学院、师范学院、艺术系、图书馆以及校办企业等,代表团各职能部门及有关院系的领导还分头与对口单位进行交流座谈,商定合作交流项目。北大代表团成员、社科部部长程郁缀教授应邀为石大学生作了一场学术报告。

12月7日 林久祥主持召开了医学部第十次党员代表大会筹

备会议。

12月8日 "三个代表"与新时期学生工作研讨会在北大勺园多功能厅举行。来自北大、清华、复旦、南大、中科大的100余名师生代表参加了研讨会。教育部社政司思政处处长李斌、北大党委副书记王登峰和北大学生工作部部长陈建龙先后作了主题发言。

12月9日 民进中央副主席王立平为北大师生作了中国加入WTO之后有关著作权保护问题的讲座。讲座开始前,林钧敬副校长会见了王立平。

北大举行纪念"一二·九"运动66周年座谈会。参加过"一二·九"运动的老同志刘导生,北大前任领导张学书、梁柱、沙健孙以及党委副书记王登峰参加了座谈会。

北大在百周年纪念讲堂举行了北京大学纪念"一二·九"运动66周年师生合唱比赛。韩启德、赵存生、王登峰、王丽梅等观看比赛并为获奖院系颁奖。

12月10日 2001年新增中科院院士名单公布,共有56人当选,其中有北京大学5位教授:数学学院田刚、物理学院赵光达、秦国刚、化学学院黄春辉、地球与空间科学学院涂传诒。

12月11日 北大党委召开常委扩大会。会议通报了北大十六大代表候选人初步人选推选工作进展情况和北京市教工委"三讲"教育"回头看"活动检查组向北大反馈"回头看"活动意见的情况,以及环境学院和信息学院的筹备情况,听取了中共北京大学医学部第十次代表大会筹备情况的汇报。

12月12日 医学部基础医学院病原生物学系庄辉教授当选为中国工程院医药卫生工程学部院士。

12月13日 韩国电子通信研究所(ETRI)总裁Gil Rokoh博士一行四人来北京大学参观访问。迟惠生在临湖轩会见了来宾。

北大召开各基层党委(总支、直属支部)书记会议,通报了北大十六大代表候选人初步人选遴选结果。王德炳、岳素兰出席会议。

"许继杯"北京大学第三届研究生"学术十杰"颁奖仪式在英杰交流中心举行。

12月14日 "为祖国喝彩"大型集邮展览开幕式及中国教育系列封首发式在北大举行。国家邮政总局、中国集邮总公司、中国体育博物馆、中国足协等主办单位的领导及中国足球队主教练米卢蒂诺维奇、北大党委副书记赵存生等出席了开幕式及首发式。

陈至立部长及教育部有关领导前来北大调研校园周边整治的进展情况。王德炳、陈章良向陈至立部长作了汇报并陪同实地考察。

统战部与校本部、医学部各民主党派组织召开2001年北京大学民主党派学习理论心得交流会。赵存生出席会议并讲话。

12月14日 北京大学举行"国际交流与合作工作研讨会"开幕式。教育部副部长章新胜和外交部、外国专家局领导及北大许智宏、迟惠生、岳素兰、林久祥出席,开幕式由郝平主持。

12月15日 由学生工作部主办的"北京大学信用论坛学生论坛"在勺园举行,王登峰出席并讲话。

由北大学生会主办的北京大学第七届"十佳教师"评选大会在办公楼礼堂举行,彭吉象、丘维声等十位教师被推选为2001年的北京大学"十佳教师"。

中国工程物理研究院朱祖良院长与北京大学签订定向培养本科生协议。随同来访的有中国工程物理研究院副书记谭志昕、副院长张维严,高级科学顾问于敏、胡思得、杜祥琬院士以及科技部副部长张文平等。欢迎会上,物理学院叶沿林院长、中国工程物理研究院朱祖良院长和国家自然科学基金委

主任、原北京大学校长陈佳洱院士先后发言,北京大学甘子钊、赵柏林、秦国刚、赵光达院士等出席了座谈会。

北京大学团委举行"人济之梦:艺术之星暨e时代校园原创歌曲音乐会",赵存生、王登峰与师生一同观看了演出。

12月17日 全国人大常委、北大光华管理学院院长厉以宁教授为北大中层干部作了关于我国加入WTO后的对策的报告。北京、宁夏两地在北大接受培训的地市级干部也参加了报告会。报告会由岳素兰主持。

北大穆斯林师生在佟园餐厅欢度穆斯林的传统节日——开斋节。林钧敬代表北大向师生们表示节日的祝贺。

许智宏与清华、人大两校校长前往国务院向李岚清副总理汇报校园周边环境整治工作情况。

12月18日 由北京大学团委主办的"'三个代表'与当代青年"专题报告会在电教报告厅举行。著名思想理论家李君如、刘吉为到会师生作了报告。闵维方主持了报告会。

12月19日 北大召开2000～2001学年三好学生及先进集体表彰大会。王德炳、许智宏、闵维方、赵存生、岳素兰、林钧敬、吕兆丰、郝平等出席大会。大会由王登峰主持。王德炳发表讲话。

北大工会组织各单位党政领导及工会负责人学习新《工会法》。赵存生与大家一起参加了学习。

北京大学未名交响乐团2002年新年音乐会在办公楼礼堂举行。许智宏、韩启德、赵存生等与师生一同欣赏了由北大师生自己表演的新年音乐会。

12月20日 宁夏自治区人民政府代表团访问北大,并与北大签署了区校合作协议。宁夏自治区人民政府主席马启智和许智宏校长分别在协议上签字。签字仪式由王

登峰主持。

林钧敬、鞠传进前往侯仁之教授家中看望,并听取了他对校园规划的意见和建议。

北大第一医院获中华医院管理学会首届评选的"明明白白看病百姓放心医院"的称号。

12月21日 王登峰与物理学院部分班主任进行座谈。院党委书记郭建栋教授主持座谈会。这次座谈的目的是了解理科学生学习上存在的困难和问题、班主任老师采取的措施、班主任对院系和北大学生工作的意见和建议。

北大2001年理科科研情况通报会在红三楼会议室举行。出席会议的有常务副校长迟惠生、校长助理林建华、人事部部长周岳明、理科院系主管科研负责人。

通用电气公司人才发展报告会暨北京大学2001年GE基金会奖学金颁奖会在英杰交流中心举行。林钧敬出席会议并为获奖的同学颁奖。

"北大之星"辩论赛总决赛在英杰交流中心举行。韩启德、王登峰观看了比赛。

12月21~22日 中共北大医学部第十次代表大会召开,选举产生了中共北京大学医学部第十届委员会和新一届纪律检查委员会。公共卫生学院党委书记郭岩教授当选为医学部新一届党委书记。

12月21~23日 校工会分五段时间组织进行了北京大学青年教师教学基本功和现代教育技术应用演示竞赛。迟惠生观看了比赛。

12月22日 北京大学政府管理学院成立大会在百周年纪念讲堂举行。全国人大副委员长丁石孙,全国政协副主席罗豪才,全国政协副主席陈锦华,全国人大常委、北大光华管理学院院长厉以宁,国家行政学院党组书记、常务副院长陈福今,国家财政部副部长张佑才,国务院学位办公室主任周

其凤,北京市政协副主席、市委统战部部长沈仁道及北大王德炳、闵维方、迟惠生、林钧敬、郝平等出席了大会。大会由校长助理吴志攀主持。

第四届北京大学学生"演讲十佳"大赛总决赛在办公楼礼堂举行。王登峰等出席了演讲赛。

12月23日 北大党校第14次党的知识培训班结业典礼在百周年纪念讲堂举行。王德炳、闵维方、岳素兰、王登峰出席典礼。

12月24日 医学部与北京市实验动物中心举行了实验动物部代管签字仪式。韩启德及北京市科委主任范伯元出席了签字仪式。

教育部召开"全国普通高等学校科研管理(人文社会科学类)先进集体和先进个人表彰大会暨经验交流会",对高校科研管理(人文社会科学类)工作中成绩突出的先进集体和先进个人进行评选表彰。北大社会科学部荣获"全国普通高等学校科研管理(人文社会科学类)先进集体"称号;北大社科部程郁缀、萧群、朱邦芳,被评为"全国普通高等学校科研管理(人文社会科学类)先进个人"。

12月25日 召开校长办公会。会议研究了寒假工作会议的初步安排,听取了全国重点学科评审初步结果、本年度职称聘任、继续教育发展、农园餐厅建设等情况汇报,原则同意在主校园外建立"北京大学医院第二门诊部"的申请,并原则通过了《北京大学专利基金管理办法》和《北京大学科技成果奖励办法》、《北京大学收费及票据管理暂行办法》、《北京大学规章制定程序的规定》等文件。

北大合唱团2002年新年音乐会在办公楼礼堂举行。赵存生、王登峰与师生一同观看了演出。

12月26日 中央军委委员、总政治部主任于永波上将一行与教育部副部长赵沁平等有关领导

前来北大看望和慰问在读的国防定向生。许智宏、林钧敬陪同。

王登峰在北大团委会议室与理科院系的学生代表就理科学生课业负担和生活情况进行了座谈。

医学部召开2001年度教学工作会议,会议由吕兆丰主持,韩启德参加了会议。

举行勺园建园20周年大会。许智宏校长到会致辞表示祝贺。北大会议中心主任兼勺园总经理范强作了《发扬传统再谱历史新篇》的讲话。

12月27日 王德炳、赵存生、岳素兰、王登峰召开会议,就在2002年1月份召开北大基层党委书记会议的有关事宜进行了研究和部署。

"北大论坛:基因组时代的医学"在医学部开坛。王德炳、韩启德、林久祥出席。

12月28日 迟惠生及北大相关部门负责人在校团委与学生代表就招生、教学、选课等问题进行了座谈。这是校领导定期接见学生代表制度启动后,北大校领导第二次接见学生代表。

教育部科技发展中心发布2001年度中国高校科学技术奖授奖项目公告,该数据显示,北京大学在国内高校自然科学基础研究和应用基础研究方面处于领先地位。在公告项目的自然科学奖中,北京大学有2项一等奖,10项2等奖,加权排序位居第一。

12月28~29日 学工部召开2001年工作总结与研讨会。王登峰、林钧敬出席会议并讲话。

12月28~30日 王德炳、许智宏参加了全国高校党建工作会议。王德炳就北大师德建设工作情况在大会上作了交流。

12月30日 北大团委举行支教志愿者新年茶话会。王登峰出席并与4届新老志愿者进行了座谈。

(党办校办信息室)

附录

北京大学聘请的名誉教授与客座教授

表15-1　2001年聘请的名誉教授

姓　名	国别（地区）	职　务	授予时间
雅克·德里达	法国	法国国家高等社会科学研究院研究主任	2001.8.28
苏坎达尼	印度尼西亚	印度尼西亚工商会总主席、民族企业家、社会活动家	2001.11.1
佩里顿·钱斯	美国	宾州大学教授	2001.11.18
让·玛丽·莱恩	法国	法国斯特拉斯堡大学教授、法兰西学院教授，诺贝尔奖获得者	2001.12.28

表15-2　2001年聘请的客座教授

姓　名	职　务	授予时间	备　注
季维	密苏里大学副教授	2001.2.20	聘期两年
长泽雅男	日本爱知淑德大学副校长	2001.3.28	聘期两年
小林英夫	日本早稻田大学教授	2001.5.8	聘期两年
魏根深	欧盟驻华代表团团长	2001.5.8	聘期两年
哈桑·潘达姆西	美国康奈尔大学物理系、纽曼核物理实验室教授、射频超导加速器实验室主任	2001.5.8	聘期两年
汤超	美国NEC研究所高级研究员	2001.9.4	聘期两年
张汝京	中芯国际微电子制造（上海）有限公司总裁兼CEO	2001.9.4	聘期两年
滕田昌久	日本京都大学经济研究所教授	2001.9.4	聘期两年
俞滨	美国Advanced Micro Devices（AMD）公司研究员	2001.9.18	聘期两年
王一丹	亚洲开发银行研究所教育与培训专家	2001.10.16	聘期两年
小沢顯	日本理化学研究所研究员	2001.10.16	聘期两年
陈先	美国洛斯阿拉莫国家实验室生物科学部研究员	2001.10.16	聘期两年
梁定邦	香港资深大律师	2001.10.16	聘期两年
高杰	法国国家科研中心终身教授	2001.12.26	聘期两年
钱颖一	美国伯克利加州大学经济系教授	2001.12.26	聘期两年

表 15-3　2001年医学部聘请的客座教授

姓　名	专　业	职　务	批准时间
陈昭燃	神经生理学	丹麦 Aalborg 大学国际生物医学科学及工程研究生院教授	2001.5.14
João Lobo Antunes	神经外科	葡萄牙里斯本大学医学院院长、神经外科教授、主任,欧洲神经外科学会主席	2001.7.16
William Stratford May, Jr.	血液学 肿瘤学	美国 Florida 大学癌症研究中心主任、教授	2001.7.24
Nick Hadjiliadis	化学	希腊艾奥尼娜大学化学系主任、教授	2001.11.12
Tsuneo A. Takahashi	生物学	东京大学医学所教授,东京大学脐带造血干细胞库主任,日本冷冻生物工程学会主席,东京大学医学研究所细胞工程系	2001.11.12
杜晓军	心血管	墨尔本 Monash 大学医学院医学系研究员	2001.11.12
刘俊平	内分泌	澳大利亚贝克医学研究所分子信号传递实验室主任	2001.12.18

表 15-4　2001年授予的名誉博士

国　别	姓　名	身　份	授予日期
泰国	诗琳通	泰国公主	2001.3.13

报刊报道有关北大主要消息索引

【新闻·消息】

点击爱心　互联生命——北大学子响应造血干细胞捐献爱心行动 ……《科学时报》2001年12月31日
"北大论坛——基因组时代的医学"举行 ……《中国教育报》2001年12月30日
北大纪念唐钺教授110周年诞辰 ……《中国教育报》2001年12月28日
北京大学病理中心今天成立 ……《北京晚报》2001年12月26日
学"三个代表"青年是中坚 ……《北京青年报》2001年12月18日
北大为学生举办个唱 ……《北京青年报》2001年12月18日
北京大学国际交流与合作工作研讨会举行 ……《中国教育报》2001年12月15日
北京大学纪念封发行 ……《中国教育报》2001年12月15日
北大方正加盟连宇通信　合攻中国IP核心网络 ……《科技日报》2001年12月7日
北大将开200门新型选修课 ……《北京晚报》2001年12月5日
北大环科中心参与的科研计划"珠峰环境检测研究"获重大成果 ……新华网2001年12月5日
科学界共庆侯仁之九十华诞 ……《科技日报》2001年12月4日
侯仁之:夕阳虽晚仍思扬鞭——北大昨为侯老贺90华诞 ……《北京晨报》2001年12月4日
我国高校科研实力三大排行榜公布:北大清华浙大夺冠 ……《北京晨报》2001年12月4日
北大专家研讨美降息与全球经济 ……《经济日报》2001年12月4日
北大清华浙大分列我国高校科研实力三大排行榜榜首 ……新华网2001年12月3日
北大推出"试验班"　淡化文理科界限 ……中新网2001年12月3日讯

北大成立中国金融研究中心	《北京青年报》2001年12月2日
北大中国国情研究中心负责北京市民精神健康首次调查	《广州日报》2001年12月2日
理论学术界庆祝黄楠森八十华诞	《光明日报》2001年11月30日
北京大学列为进行高校企业改制首批试点	中新网2001年11月29日讯
北京大学等单位将共同主办中外智业交流大会	《中国计算机报》2001年11月29日
北京大学图书馆受赠全文检索版《四部丛刊》	《人民日报》2001年11月28日
北大人大与NCR数据仓库携手培养中国数据仓库专才	新浪网2001年11月28日讯
晏智杰推出《劳动价值学说新探》	人民网2001年11月25日讯
北京大学"大学生网络文明协会"成立	焦点网2001年11月22日讯
北大法学院博导袁曙宏教授给福建省党组学习中心组做报告	《福建日报》2001年11月22日
季羡林破解永乐大钟梵文	《人民日报》2001年11月21日
打造高校后勤经营服务的双赢格局——"燕园模式"红杏出墙	《现代教育报》2001年11月21日
北大青鸟推出最快"防火墙"	《光明日报》2001年11月19日
桑兰想上北大	《北京青年报》2001年11月19日
国家研究生专业目录亟待充实 北大今年3个新专业目录里不曾出现	《北京晚报》2001年11月18日
萧灼基解析股市入世变局	《北京青年报》2001年11月16日
北大学生网上借书	《北京青年报》2001年11月11日
北大计算机系与新太科技共建联合创新实验室	《中国证券报》2001年10月24日
社会科学领域已经形成独具特色的"季羡林学派"	人民网2001年10月23日讯
北大哲学系与马研中心主办马克思主义与全球化研讨会	人民网2001年10月23日讯
北大"承包"伏牛山旅游开发总体规划	河南报业网2001年10月23日讯
北京大学法学院举办中国选举制度改革理论研讨会	《法制日报》2001年10月21日
北大成立脑科学与认知科学中心	《光明日报》2001年10月19日
北大研制出微乳化燃油添加剂	中国化工网2001年10月19日
北大实创借力资本举牌白光LED	《中国经营报》2001年10月18日
诺贝尔奖得主在北大讲货币	《科技日报》2001年10月17日
诺奖得主在北大说:应当建立亚元	《中国青年报》2001年10月17日
北大医学部专家点评炭疽热:防治得当危害不大	新华网2001年10月17日讯
与世界一流大学相比北大的差距在哪里	《文汇报》2001年10月15日
杨振宁与北大学子分享治学经验	人民网2001年10月12日
对中国有了更深理解——杨振宁与北大学生畅谈"新新中国"	《文汇报》2001年10月12日
北京大学成立器官移植中心	《北京晚报》2001年10月11日
北大:国交新音乐季首次进校园	东方网2001年9月27日
同等待遇不搞第二品牌 北大深圳研究生院成立	《深圳商报》2001年9月27日
百年名校在深安营 北大研究生院成立	《深圳晚报》2001年9月26日
挑战杯赛北大金舒、顾大男分获特等奖和一等奖	《北京青年报》2001年9月25日
互联网业界领军人物与北大学子共论网络未来大势	新浪网2001年9月25日
仁者见仁:北大取消状元墙	《中国青年报》2001年9月14日
北京大学对口支援石河子大学协议签署	《光明日报》2001年9月13日
美籍华人陈守仁向北京大学捐赠五百万元	中新社2001年9月13日
北大今年招生录取新特点	《中国教育报》2001年9月12日
北大招生主任谈招收病残考生难在哪里	《北京日报》2001年9月10日
一时领先不表明永远成功 北大"状元墙"不见了	《北京青年报》2001年9月10日
北大推出便捷助学贷款 确保新生安心读书	新浪网2001年9月7日
北大今年招收38位各省高考"状元"	东方网2001年9月6日
私企老板资助优秀学子上北大	《郑州晚报》2001年9月5日
北京大学今年三成新生办理国家助学贷款	中新网2001年9月5日讯

北大今年共招收38位各省高考文理科"状元"	《北京晚报》2001年9月5日
文理都有 全国各地38名状元进北大	《北京晨报》2001年9月4日
北大扎扎实实推进"三进"工作	《光明日报》2001年9月3日
湖南5名奥赛得主免试上北大	新华网2001年9月1日
北大明年研究生招生:控制招生规模 增加面试权重	《中国青年报》2001年8月28日
北大实施定向培养支援宁夏民族教育	北方网2001年8月22日讯
北京大学燕南园60号王力旧居	《中华读书报》2001年8月16日
墙倒墙起看北大	《文汇报》2001年8月13日
北京大学校长许智宏:生命科学将深刻影响人类生活	《中国青年报》2001年8月6日
北京大学重树南墙再起轰动	新浪网2001年8月4日讯
北京大学专家赴安徽省开展旅游总体规划编制工作	安徽在线2001年8月3日
申奥之夜北大无眠 方便面、啤酒、看转播	人民网2001年7月13日讯
北大再出惊人之举:拆除商业街恢复南墙	《经济日报》2001年7月13日
北京大学将对口支援新疆石河子大学	《人民日报》2001年7月11日
季羡林向北大图书馆捐赠个人收藏品	新华网2001年7月7日讯
北大实行博导限额招生	东方网2001年7月6日讯
北京大学青年马克思主义发展研究会成立	新华网2001年7月3日讯
北大师生学习江泽民重要讲话 庆建党80周年	人民网2001年7月1日讯
北大红楼将建成中国新文化运动陈列馆	新华网2001年6月29日讯
北大确定建成世界一流大学时间表	东方网2001年6月29日讯
北大研究成果:中国森林生态作用转向良性增长	《北京晚报》2001年6月29日
庆祝建党80周年 年轻的心《同唱一首歌》	《北京晨报》2001年6月26日
北大:隆重集会庆祝建党80周年	东方网2001年6月26日
北大人唱出爱党心声	《北京信报》2001年6月25日
中美合办北京大学国际MBA首期学员毕业	中新社2001年6月23日讯
三位诺奖得主今登北大讲台	《北京晨报》2001年6月21日
北大学子排演话剧纪念建党80周年	中青在线2001年6月18日
歌曲排行榜颁奖晚会走进北大	千龙新闻网2001年6月18日
"关爱生命,拒绝毒品"签名活动在北大举行	《北京青年报》2001年6月15日
北京大学医学网络教育桂林学院挂牌成立	中国医药网2001年6月13日
北京大学红楼将建成新文化运动陈列馆	《北京晨报》2001年6月11日
绿色运动人文情怀——探寻北大清华赛艇对抗的奥秘	《人民日报》2001年6月8日
北大第九届"挑战杯"五·四青年科学奖竞赛揭晓	新华网2001年6月8日讯
北大开启"信用中国论坛"莘莘学子直面信用教育	《人民日报》2001年6月5日
北大心理学研究表明:天天洗头可增强自信	新华网2001年6月5日讯
北大金融法春季论坛举办	《经济日报》2001年6月4日
北京大学第三届财经记者培训班结业	中新社2001年6月3日讯
国大与北大合办国际企管硕士课程	《联合早报》2001年6月2日
北京大学与新加坡国立大学合作办学	新华网2001年6月1日
北大八名高考状元谈高考冲刺	《生活时报》2001年6月1日
改变招生政策 北大设文理实验班	《深圳商报》2001年5月31日
北京大学首届金融法春季论坛近日在京开幕	《市场报》2001年5月30日
北大文化发展集团与人民日报联合创办京华时报冲击北京报业市场	《中国经营报》2001年5月29日
北京大学重办新闻教育	《华声报》2001年5月29日
北大为确保一流生源实行分类录取	《中国青年报》2001年5月23日
我国科学家发现"世界上最早的大洋"	新华网2001年5月20日讯
北京大学进入首批MPA招生院校	《中国青年报》2001年5月19日

北大庆祝季羡林先生九十华诞 李岚清致信祝贺	新华网2001年5月17日讯
一代宗师燕园寿星 季羡林昨九十华诞 他说：我争取活到120岁	《北京晨报》2001年5月17日
北大校企将引入股份制	《中国经济时报》2001年4月19日
北大举办精神卫生论坛	《科技日报》2001年4月19日
学界泰斗季羡林无偿为社会做公益广告	《中国文化报》2001年4月17日
300洋秀才北大"赶考"高校洋学生越来越多	《北京晨报》2001年4月17日
季羡林90岁主演广告片	《北京晨报》2001年4月16日
北大实行留学生入学考试外国留学生北大考"托福"	《北京青年报》2001年4月15日
昨晚申奥激情在北大洋溢	《北京晚报》2001年4月15日
北大学子纵论"新世纪国防"	《中国教育报》2001年4月14日
西部MBA教师到北大"留学"	《光明日报》2001年4月11日
方正数码：推出国内第一家EAP	《科技日报》2001年4月11日
北大外语系五月开考	《北京青年报》2001年4月11日
北京大学第四届法律文化节开幕	《人民日报(海外版)》2001年4月10日
罗燕今在北大办讲座	《北京日报》2001年4月10日
西部教师"留学"北大——第二期"西部大开发MBA师资培训班"昨天开学	《北京青年报》2001年4月6日
杨福家北大谈高教	《科学时报》2001年4月5日
北京大学举办"最灿烂的笑容"义演	《科学时报》2001年4月5日
北大医招连出新招：确定三条提档线 硕士博士连读 推出MBA	《北京青年报》2001年4月4日
北大医学部今年单划录取分数线	《北京晚报》2001年4月4日
北京大学启动"天漠绿色营"活动	《人民日报(海外版)》2001年4月3日
为保护"五四"运动发祥地，国家文物局昨天外迁	《北京晨报》2001年3月31日
北大清华研究生要求增加补助	《科学时报》2001年3月29日
北大有个"外语集中营"	《科技日报》2001年3月26日
北大学子支持北京申奥	《北京晚报》2001年3月26日
世界知名人力资源专家给北大学生上课	《中国青年报》2001年3月21日
北大教授唤醒"古滇王国"	《北京青年报》2001年3月21日
奖学金发给北大女生	《北京青年报》2001年3月12日
20世纪最后一位诗歌巨匠今晚北大登台	《北京晚报》2001年3月11日
施子清"北大顾问教授"证书颁发仪式举行	《中国教育报》2001年3月10日
北大今天收1200万元捐款	《北京晚报》2001年3月7日
方正新闻采编系统佳音迭传	《中国教育报》2001年2月25日
北京大学人民医院体细胞治疗首获国家批准	《光明日报》2001年2月19日
北大方正有了新国标字库	《科技日报》2001年2月19日
诗琳通公主留学北大	《中国文化报》2001年2月17日
北京大学深圳办学	《光明日报》2001年2月15日
诗琳通公主到北大学习	《中国教育报》2001年2月15日
北大国际关系学院土耳其讲学效果好	《光明日报》2001年2月9日
北京大学干细胞研究中心成立	《科技日报》2001年1月18日
北大毕业生与名企联姻	《中国工商报》2001年1月17日
文物局撤出北大红楼	《北京晚报》2001年1月15日
住在北大啥滋味	《中国工商报》2001年1月13日
"反对邪教 保障人权"百万公众签名活动在北大揭幕	《人民日报(海外版)》2001年1月12日
北大出现素食部落	《北京青年报》2001年1月12日
北大举办最大规模招聘会	《北京青年报》2001年1月8日
大运会圣火今晨在北大点燃	《光明日报》2001年1月4日
北京大学潘文石教授获两项国际大奖	《人民日报(海外版)》2001年1月2日

三代大学生共话新世纪	《北京青年报》2001年1月2日
无创性人体功能代谢检查研究获成功	《中国医学论坛报》2001年1月18日
神经科学将成为生物学发展下一高峰	《健康报》2001年2月6日
神经科学的走势	《健康报》2001年2月9日
北大一院切除多发性髓内肿瘤获成功	《中国医学论坛报》2001年4月5日
网络课程的病理学教学	《科学时报》2001年4月19日
首例利用腔镜技术的整形手术获得成功	《家庭医生报》2001年4月30日
妇女增补叶酸预防神经管畸形的推广研究获"九五"国家重点科技攻关计划优秀科技成果奖	《科技日报》2001年5月15日
北京大学成立干细胞研究中心	《科学时报》2001年5月24日
腋下开小口治好多年肺气肿	《家庭医生报》2001年5月28日
图片新闻"新世纪首批医学生毕业"	《健康报》2001年7月5日头版
寻找中医药现代化的突破口	《科学时报》2001年7月19日
人才服务中心北医工作站揭牌	《中国教育报》2001年7月25日
北京人人才服务中心北医工作站挂牌	《科学时报》2001年7月26日
更年期激素替代治疗会令人发胖吗	《家庭医生报》2001年8月6日
北大医学网络教育学院开学	《健康报》2001年9月18日
北京大学医学网络教育学院揭牌	《光明日报》2001年9月20日
北京大学医学网络教育学院开学	《科学时报》2001年9月20日
准分子激光原位角膜磨镶术的神奇效应	《中国教育报》2001年10月7日
北大生物医学论坛开讲	《北京青年报》2001年10月29日
院士主讲北大生物医学论坛	《北京日报》2001年10月29日
北京大学人民医院成立心桥病友会	《科学时报》2001年11月1日
第二届北大生物医学论坛举行	《光明日报》2001年11月1日
北大生物医学论坛举行	《人民日报(海外版)》2001年11月1日
北大生物医学论坛很精彩	《健康报》2001年11月1日
北京大学生物医学论坛举行	《中国教育报》2001年11月2日
梅毒性脑膜炎重新在我国出现 梅毒性痴呆将在几十年内出现	《中国教育报》2001年11月4日
首个"心桥病友会"成立	《科技时报》2001年11月4日
图片新闻"电影《昨天》剧组与北医学生见面会"	《晨报》2001年11月23日
查基因,可预知乳腺癌	《晨报》2001年12月28日
韩启德院士批评急功近利与浮躁学风	《科技日报》2001年12月28日
新世纪我国基因组药物开发路在何方	《科学时报》2001年12月21日
图片新闻"韩济生院士介绍"	《中国教育报》2001年12月16日
图片新闻"王夒院士介绍"	《中国教育报》2001年12月30日
颈动脉梗塞的手术改善	《中国教育报》2001年12月30日

【专题】

虚功实做 树北大师德师风	《中国教育报》2001年12月28日
北大清华将进行规范校办企业管理体制试点	《中国教育报》2001年11月28日
北大青鸟:资本运作出新意	《中国证券报》2001年11月27日
高校科技产业——北大清华市场争雄	《科学时报》2001年11月22日
北大青鸟的第四只翅膀	新浪网2001年8月27日讯
北大南墙:为何拆而复建?	中青在线2001年7月13日讯
北京大学:我党的渊源之地	《中国教育报》2001年6月26日
打造北大资本旗舰	《经济日报》2001年6月4日
独特的技术 神奇的效果——北大指纹自动识别系统开发纪实	《光明日报》2001年4月3日
北大与北医大合并一周年 交叉创新前景看好	《中国教育报》2001年4月3日

二十年炼成"火眼金睛"——北京大学研制开发指纹识别系统纪实 ……《人民日报》2001年3月31日
常抓不懈　重点推进——北京大学治安综合治理和环境整治侧记 ……《中国教育报》2001年3月26日
北大方正创新打造品牌 ……《北京日报》2001年2月24日
百年北大人年轻 ……《北京日报》2001年2月19日
铸造世界一流的研究生教育 ……《科学时报》2001年2月1日
北京大学：扬优良学风　谱辉煌篇章 ……《科学时报》2001年1月4日

【人物访谈】
汤一介：拿来主义与送去主义 ……《北京日报》2001年12月31日
"认认真真做事，老老实实做人"——访中国科学院院士、北京大学教授石青云 ……《光明日报》2001年12月27日
生物技术使中药物美价廉——访北京大学教授、博士生导师茹炳根 ……《光明日报》2001年12月3日
张世英：经济全球化进程中的民族文化 ……《人民日报》2001年11月24日
田昆谈基金的发展、创新与合作 ……人民网2001年11月24日
入世后我们怎么应对挑战——经济学家厉以宁谈加入WTO后的中国经济机制转换 ……《社会科学报》2001年11月22日
FUS是如何抗癌的——访北京大学人民医院何申戌教授 ……《光明日报》2001年11月19日
厉以宁谈校长如何面对WTO：教育管理者观念要更新 ……《中国教育报》2001年11月12日
赵存生：高校：公民道德建设的重要阵地 ……《中国教育报》2001年11月10日
请珍惜我国的世界遗产——访北京大学教授谢凝高 ……《光明日报》2001年11月9日
陈章良：APEC之CEO峰会首次将生物技术列入话题 ……中新社2001年10月20日讯
王登峰：迈好进入大学的第一步 ……《光明日报》2001年9月10日
名流谈华商：华人经济是所在国经济的组成元素——访北京大学华侨华人研究中心主任周南京教授 ……中新社2001年9月10日讯
马克思主义哲学也要创新——访北大哲学系黄楠森教授 ……《人民日报》2001年8月25日
北京大学马克思主义学院教授博导阎志民专访 ……《光明日报》2001年7月21日
厉以宁：加入WTO后企业靠什么留住人才？ ……《中国质量报》2001年7月5日
耶鲁北大校长访谈录 ……《教育导报》2001年5月31日
何芳川：提倡注重人文科学建设有重大意义 ……新华网2001年5月19日讯
厉以宁纵论整治市场经济秩序 ……《北京日报》2001年4月16日
北大聚英才——前世界乒坛冠军刘伟细说上学感受 ……《北京青年报》2001年4月12日
王东："以德治国"的理论源流有哪些 ……《北京晚报》2001年3月26日
陈占安：认清复杂性　与邪教斗争不可掉以轻心 ……《北京青年报》2001年3月13日
叶朗：应把文化产业放在战略位置来考虑 ……《光明日报》2001年3月9日
袁行霈：转变观念　积极发展民办高教 ……《中国教育报》2001年3月9日
个人所得税法如何修改——访财税法专家、北京大学法学院教授刘剑文 ……《科学时报》2001年3月7日
刘力：对资本市场说点儿"不着边儿"的话 ……《北京晚报》2001年3月6日
陈章良"笑"说基因 ……《中国青年报》2001年2月19日
韩启德院士谈：北大北医合并前景怎样 ……《光明日报》2001年2月8日
何芳川：新经济时代与人文精神 ……《光明日报》2001年1月4日
张岱年：当代青年与文化建设 ……《人民日报（海外版）》2001年1月2日

【人物记】
志当存高远——记中国科学院院士唐有祺教授 ……《中国青年报》2001年12月13日
万宁桥上老人乐——为九旬长者侯仁之教授暖寿 ……《人民日报（海外版）》2001年12月6日
北大指纹研究专家石青云 ……新华网2001年8月27日讯
享誉海内外的东方学大师——季羡林小传 ……新华网2001年8月2日
吴奇修：填补北大空白 ……中青在线2001年7月3日讯
扛着铁锤走大山——记北京大学地质系副教授李江海 ……《人民日报（海外版）》2001年4月18日

贺卫方的两次变向 …………………………………………………《中国青年报》2001年4月6日
数学家院长学者——记北京大学数学学院院长张继平教授 ………《人民日报(海外版)》2001年3月28日
聚焦撒贝宁 ………………………………………………………《人民日报(海外版)》2001年3月21日
诗琳通公主在北大 …………………………………………………………《参考消息》2001年3月8日
季羡林的表里冲撞 ………………………………………………《人民日报(海外版)》2001年2月21日
生活啊,我的姐妹——小记曹文轩先生 ………………………………《中国文化报》2001年1月19日
叶朗:人文精神的坚守与呼唤 …………………………………《人民日报(海外版)》2001年1月2日

索 引

使用说明

一、本索引采用内容分析索引法编制。除大事记外,年鉴中有实质检索意义的内容均予以标引,以便检索使用。

二、本索引基本上按汉语拼音音序排列。具体排列方法如下:以数字开头的,排在最前面;以英文字母打头的,列于其次;汉字标目则按首字的音序、音调依次排列,首字相同时,则以第二个字排序,并依此类推。

三、索引标目后的数字,表示检索内容所在的年鉴正文页码;数字后面的英文字母 a、b、c,表示年鉴正文中的栏别,合在一起即指该页码自左至右的版面区域。

四、年鉴中用表格、图形反映的内容,在索引标目后面用括号注明(表)、(图)字,以区别于文字标目。

五、为反映索引款目间的隶属关系,对于二级标目,采取在上一级标目下缩二格的形式编排,之下再按汉语拼音音序、音调排列。

0～9

110kV 变电站土建工程　412a
1995～2001 年发表 SCI 收录论文统计(表)　270
1995 年以来仪器设备(800 元以上)拥有量一览(表)　380
1 号楼加固装修　412c
2000、2001 年事业支出情况比较(图)　364
2000 年北京大学 SCI 论文影响因子统计(表)　271
2000 年发表的 SCI 收录论文分布(表)　270
2001～2002 年度校本部各类岗位统计(表)　354
2001 年北京大学体育教学改革方案　198b
2001 年大事记　602
2001 年党发、校发文件　527
　　北党发　528
　　北发文　533
　　党办发文　528
　　党发文　527
　　校发文　528
2001 年各院系在校研究生统计(表)　245
2001 年科技论文与著作统计　270
2001 年录取各省第一名学生名单(表)　224
2001 年录取中学生国际奥林匹克竞赛获奖学生名单(表)　225
2001 年收入构成分析(图)　363
2001 年与 2000 年毕业研究生就业情况统计(表)　488
2001 年支出结构分析(图)　364
211 工程　1、3a、16a、70b
211 工程国家验收　1、22a
211 工程进口仪器设备一览(表)　398
211 工程经费预算执行情况审计　366c
211 工程九五期间建设项目验收　37a
　　专家组意见　3a、3b
211 工程预算执行情况审计　368c
211 工程资金使用检查　36a
21 楼改造工程　370b
26 号楼分配工作　375a
5 号学生宿舍　412b
6 号教工住宅楼　412b
863 计划　258a、261a
　　中标项目(表)　265
973 项目　257c、260b
首席科学家　352b
985 工程　70b
　　执行情况　373b
　　中期检查　23a
　　中期评估　27b
985 项目进口仪器设备一览(表)　386
　　校本部　386
　　医学部　391

A～Z

Apabi Reader1.0　298b
CALIS 全国医学文献信息中心　308a
CETA 网站　329b
ESEC 奖学金　577a
IBM 奖学金　576b
IET 奖学金　573a
SCI 论文影响因子统计(图)　271
SCI 论文在国内高校或研究机构中的排位　271a
SCI 收录论文分布(表)　270
SCI 文章　55b

A

爱国主义精神　43b

索引

安宁西里小区经济适用房项目 25b、371a
安泰奖学金 570a
案件检查 472b
案件质量检查 470a
案例教育 469c
奥德奖学金 576b
澳门终审法院文化研修 253b

B

百周年纪念讲堂 434a
 2001年主要活动统计（表） 435
班子换届 450b
班子建设 19b、33a
办理离退休手续统计（表） 357
办学规模 1b
办学经费 34b
办学实力 70b
办学条件 2a
宝钢奖学金 574a
保卫部 474a
保卫工作 474
保卫工作研讨 475b
报刊报道有关北大主要消息索引 623
 人物访谈 628
 人物记 628
 消息 623
 新闻 623
 专题 627
报考研究生持续升温的原因 231a
北大超市发超市 441b
北大方正集团公司 297a
 北京北大方正宽带网络科技有限 298a
 北京方正春元科技发展有限公司 298a
 北京方正东安稀土新材料有限责任公司 298a
 方正Apabi Reader1.0 298b
 方正GB18030字库 298b
 方正超大字库 298b
 领导层调整 297b
 冕宁北大方正稀土新材料有限公司 298a
 企业管理与发展 298a
 深圳市方正科技有限公司 298a
 研究与开发 297c
 业务发展 298a
北大附小 446
北大附中 445
 河南分校 445b
 建设 29b
 扩招 25b
北大概况 68
北大—港大历史与文化研修班 253c
北大广播电视台 460c
北大科技园 24b、288c
 建设开发有限公司 288c、289b、301b
北大蓝光科技有限公司 86c
北大论坛 278c
 基因组时代的医学 260a
 开坛仪式 61、62
北大青鸟集团 299c
 产品研发 300b
 融投资管理 299c
 业界荣誉 300b
 业务拓展 300a
北大深圳研究生院在校生统计（表） 237
北大暑期地球科学高级论坛 89c
北大团委机关建设 497b
 财务工作 498
 机关党务 497b
 基层组织建设 497c
 团委党支部工作 497b
 信息工作 498
 作风建设 497b
北大团校 498b
北大网络技术培训中心 331c
北大未名生物工程集团 300c
 北京北大生物城 301a
 企业经营情况 300c
 深圳北大生物谷 301a
 生物工程产业化基地建设 301a
 厦门北大生物园 301a
北大文科精品意识 59
北大消息索引 623
北大新当选院士 256b
北大新闻网 461a
《北大信息周刊》 461b
《北大学生工作通讯》 484b
北大学生舞蹈团赴台湾访问演出 460a
北大学生新世纪修身行动 494a
北大学子抗议日本右翼篡改历史教科书讨论会 117c
北大燕园社区服务信息网站 440b
北大—耶鲁植物分子遗传学及农业生物技术联合研究中心 106c
北大医院 163c
北大正元科技有限公司 301c
北大之夜孔祥东钢琴协奏曲专场音乐会 459b
北大中核磁业有限公司 86b
北大资源集团 301b
 北大科技园建设开发有限公司 301b
 北大正元科技有限公司 301c
 北大资源科技有限公司 301c
 北京北大科技园建设开发有限公司 301
 北京世纪京华房地产有限公司 301c
 博雅园 301c
 董事会 301b
 改制进展 301b
 业务发展 301b
北京北大方正宽带网络科技有限 298a
北京北方正软件学院 299b
北京北大药业有限公司 294c
北京北医投资管理有限公司 294a
北京大学 68a
北京大学211工程建设规划 1a
北京大学211工程九五期间建设项目验收专家组意见 3a
北京大学出版社 308b
 2001年新书目录 310

大型巡回教材信息交流会 309a
发展概况 308b
获奖情况 309a
《潘光旦文集》 309c
《十三经注疏》繁体整理本 309a
图书系列化和规模化进展 308c
图书营销活动 309a
新书目录 310
北京大学创建世界一流大学规划 22a、27a、68b、339c
北京大学档案馆 321a
 档案科学技术研究基地 322a
 档案利用与服务 321b
 档案收集 321a
 档案整理 321b
 发展概况 321a
 馆藏搬迁 321c
 回顾历史,再现辉煌 322a
 加固改造 321c
 建党80周年图片展 322a
 学术交流 321c
 一字级同学身边的人和事专题展览 322a
 专题展览 322a
北京大学的名称使用问题 374a
北京大学第六医院 183b
北京大学发展规划修订 38a
北京大学附属小学 446
 北京市高年级语文教学研讨会 447a
 财务工作检查 446a
 发展概况 446
 海淀中心学区创新教育现场会 447a
 获得荣誉 446c
 基础设施建设 447c
 教学工作检查 446b
 教学交流活动 447a
 教学科研 446c
 联合办校 447c
 少先队工作检查 446b
 学生成绩 446c
 学生教育 447b

 一年级语文实验教材(人教版)研讨会 447b
北京大学附属中学 445
 北大附中河南分校 445b
 北大附中校长 446b
 访问德国 445c
 高中扩招工程 445a
 教学西楼 445c
 科技活动 446b
 日本早大本庄师生访问 445c
 师德建设 445c
 素质教育督导检查 445b
 翁立强先进事迹 445b
 校园文化建设 446a
 新生军训汇报 445c
 学生上书市领导论述社会发展 445a
 优秀高三毕业生入党 445b
 运动会 445c
 支部建在年级上 446a
 中招咨询 445b
 重点课题 445b
北京大学规划委员会 339a
北京大学国内合作委员会 290b
北京大学—剑桥大学项目 253a
北京大学教育基金会 427a
北京大学教育基金会(美国) 427c
北京大学进一步推进后勤社会化改革会议 412c
北京大学科技园 289a、301
北京大学口腔医院 181a
北京大学临时纪律检查委员会 471a
北京大学临时纪委第一次全体会议 470c
北京大学领导班子整改方案 7a、18a
北京大学—牛津大学项目 253a
北京大学女性风采展 479b
北京大学聘请的名誉教授与客座教授(表) 622
北京大学青岛分校筹建 341c
北京大学庆祝建党80周年文艺汇演(教工专场) 459a
北京大学庆祝中国共产党成立80

周年大会 4a
北京大学深圳校区 236b
北京大学深圳研究生院 236c
 挂牌仪式 236c
北京大学师德建设工作会议 43
北京大学顺利通过211工程九五期间建设项目的国家验收 1
北京大学图书馆 302a
 2001年11月与2000年同期借阅量比较(表) 303
 CALIS十五期间总体建设目标 306b
 CALIS项目 305b
 CALIS子项目计划目标和完成情况(表) 306
 报刊、学位论文采访统计(表) 303
 读者服务 303c
 读者借阅量 304a
 分馆建设 304b
 冯友兰先生塑像 305b
 工会工作 307a
 馆藏展览 304c
 馆藏整理 304c
 交流合作 305a
 接待读者借阅咨询统计(表) 303
 借阅量比较(表) 303
 离退休职工工作 306c
 流通部读者服务统计(表) 303
 期刊及学位论文编目统计(表) 303
 书刊编目 303c
 数字图书馆研究所 304b
 图书编目统计(表) 303
 图书采访统计(表) 302
 文献采访 302c
 文献信息服务网络建设 305b
 文献信息资源及数字化建设 305c
 信息咨询部2001年工作统计(表) 303
 学科馆员 304a
 中国高等教育文献保障系统 305b

索 引

北京大学团委 493b
北京大学外国留学生中国语文专
　修班 254a
北京大学卫生政策与管理研究中
　心 40b
北京大学未名湖诗歌节 459a
《北京大学校报》 460a
北京大学校长科研基金 258c
北京大学校医院 443
　　国际交流 444b
　　后勤工作 444c
　　护理工作 444a
　　机构设置 443b
　　基本建设 444c
　　精神文明建设 444b
　　科研成果 444a
　　事业概况 443a
　　体制改革与管理 444b
　　医疗工作 443b
　　医学教育 444a
北京大学学报（医学版） 327a
　　编辑委员会 327b
　　出版情况 327c
　　发展概况 327a
　　学报医学版 327c
　　正式更名 327b
　　中国期刊方阵入选 327c
北京大学学报（哲学社会科学版）
　326b
　　发展概况 326b
　　社科期刊评奖 327a
北京大学学报（自然科学版）
　323b
　　被收录情况 324b
　　编辑部接收稿件学科分布
　　（表） 326
　　编辑部历任主任 323c
　　编委会成员 323c
　　对侵权者进行投诉 325a
　　发展概况 323b
　　岗位培训 324c
　　工作概要 325b
　　获奖情况 324a
　　计量指标 324b
　　刊载论文被收录情况（表）
　　325
　　刊载论文学科分布（表） 325

课题研究 325a
历史沿革 323c
论文被国外权威检索期刊（数
　据库）收录情况 325b
论文出版合同 325a
论文计量指标（表） 326
收稿情况 325c
新栏目 326a
学报工作调研和总结 326a
学报论文计量指标 325c
学报印装质量 326a
学术活动 324c
学术论著 324c
中国高校学报（自）学会版权
　工作委员会组建 325b
中国期刊方阵入选 324a
著作权保护工作 325a
专刊组织 326a
北京大学验收专家组 2a
北京大学医学部会议中心 463a
北京大学医学部新闻中心 462a
《北京大学医学部研究生手册》
　234a
北京大学医学网络教育学院
　251a
北京大学优秀班集体 549
北京大学有博士、硕士学位授予权
　的学科专业目录 242
北京大学与首都新闻界新春联谊
　会 458c
北京大学在创新体系中的地位
　52b
北京大学资源杯运动会 478c
北京地区13所综合医院主要指标
　（表） 426
北京方正春元科技发展有限公司
　298a
北京方正东安稀土新材料有限责
　任公司 298a
北京高校伙食联合采购中心
　415a
北京世纪京华房地产有限公司
　301c
北京市科技合同项目 261b
北京市科技合同项目（表） 266
北京市科技进步奖 268b
北京市科研项目 258c

北京市三好学生名单 552a
北京市社会科学理论著作出版基
　金资助名单（表） 286
北京市委党校北医分院工作
　456c
北京市优秀学生干部名单 552a
北京市哲学社会科学十五规划项
　目（表） 282
北京市重点实验室（表） 267
北京市资助项目 261b
北京市自然科学基金 261b
北京医科大学 68b
北京医科大学出版社 318a
　　2001年出书目录 319
　　北京大学医学出版社 318c
　　出版基金 318c
　　出书目录 319
　　对外合作部 318b
　　发展概况 318b
　　教材建设 318b
　　十五规划制定 318c
北京医科大学纪检监察审计办公
　室 471b
北京肿瘤医院 182a
北医电视台 463c
北医三院 174c
奔驰奖学金 566b
本科毕业生就业指导 485c
本科教学工作会议 48
本科教学工作会议总结会 50
本科教学重要性 50b
本科教育发展战略问题 48b
本科课程目录（表） 203
本科生教育教学 196
本科生科研 196c
本科生培养 37b
本科生招生工作 13a
本科专业目录（表） 202
本、专科毕业生 582
本专科毕业生就业指导 492a
本专科生思想工作 489b
毕业教育 484a
毕业留学生 597
　　校本部 597
　　医学部 601
毕业生工作研讨会 492b
毕业生名单 582

毕业生人数统计（表） 226
毕业生学位类别人数统计（表） 226
毕业研究生就业工作和就业行为规范管理 488c
毕业研究生就业情况统计（表） 488
毕业研究生就业市场 488a
毕业研究生就业指导 487a
毕业研究生去向统计（表） 493
毕业研究生资源配置 493a
边整边改 20a
编制核定 349c、360a
便民服务活动 440b
表率作用 20b
表彰 543
病历质量 424c
博士、硕士学位授予权的学科专业目录 242
 法学 242a、245b
 工学 244a
 管理学 244a、245b
 教育学 242b、245b
 经济学 242a
 理学 243a、244b
 历史学 243a
 临床医学 245a
 文学 242b
 校本部 242a
 医学 244b
 医学部 244b
 哲学 242a
 专业学 244b
博士毕业生 594
博士后出站情况（表） 358
博士后工作 13a
博士后管理 358b
博士后进站情况（表） 358
博士后科研工作 358c
博士后流动站 236a
博士后在站情况（表） 359
博士后招收与学科建设 358b
博士培养 229b
博士生指导教师登录招生简章工作 232b
博士生指导教师遴选 232b
博士生指导教师名单 237

 校本部 237a
 医学部 241a
博士学位论文匿名评审制 229c
博雅园 301c
补充整改措施制订 12b
部长信箱 35b
部刊工作 463b
部院两级教代会工作 480b

C

财务部主页 35b
财务查询系统 366a
财务工作 34a、363a
财务工作透明度 366a
财务工作向管理型转变 34b
财务工作指导方针 34a、365a
财务工作总体思路 34a
财务管理 35a、365a
财务管理上的深度融合 365b
财务管理信息系统鉴定会 35b
财务收支审计 366c、367a
财务问题 41b
财务状况 30a、363a
 专题分析 364c
餐饮中心 413c
 北京高校伙食联合采购中心 415a
 大型自动化米饭生产线 414a
 管理队伍培训 414b
 管理体制和运行机制 414b
 规章制度建设 414b
 基础设施建设 414a
 技术与服务培训 414b
 水厂筹备工作 415a
 新农园食堂 413c
 扬州大学实习生培训基地建设 414c
 运行机制 414b
 走出校园办食堂 414c
产学研基地 2a
产业改制 24b
产业管理 287
产业开发 256
长江学者候选人推荐及审批情况（表） 352

长江学者奖励计划教授 352b、543
长江学者聘任 352a
长期专家 344a
长学制的医学教育模式 40a
常务副校长迟惠生在本科教学工作会议上的讲话 48
常务副校长迟惠生在科研工作会上的讲话 57
常务副校长迟惠生在秋季全校干部大会上的讲话 37
常务副校长韩启德在秋季全校干部大会上的讲话 39
陈佳洱 503a
陈建生 504b
陈进元 324c
陈慰峰 514b
陈章良 72、236b
成人高等学历教育在校生统计（表） 251
成人高等学历教育招生录取人数统计（表） 251
成人教育 28b
成舍我奖学金 577b
成套家属房统计（表） 379
承办国家项目 353a
城内学生宿舍北楼加固 412b
城市与环境学系 107c
 发展概况 107c
 国家重点学科 107c、108b
 获奖情况 110c
 科研成果 110a
 科研项目 109c
 科研项目（表） 110
 人文地理 108b
 图书资料 110b
 学生活动 110c
 祝贺侯仁之先生90华诞暨从教65周年大会 109a
 自然地理 107c
迟惠生 37、48、57、72
崇左生物多样性研究基地建设 107a
出版著作（表） 273a
出国留学工作研究会 359b
出国学习人员学历、专业技术职务、年龄分布情况（表） 361

出售公有住宅楼房情况一览（表） 380
初级党课暨团校 500a
雏鹰奖学金 575a
创建世界一流大学 18a、31b、47b、59a
创建世界一流大学规划 68b
  修订 22a、27a、68b
创新奖 553b
创新教育 13a
创新人才培养 23b
春季汉语进修班 253c
春季全校干部大会 16、21
春季学期班 253c
春种秋收 61b
存在的问题 41a

D

达标创优 499b
大局观念 16b
大事记 602
  1月 602a
  2月 603a
  3月 604c
  4月 607b
  5月 609a
  6月 611b
  7月 613a
  8月 613c
  9月 614a
  10月 616a
  11月 617b
  12月 619b
大型仪器设备采购论证及招标采购 373b
大型仪器设备清单 380
大学后高层次继续教育培训学生统计（表） 252
大学科技园 30b、288c
  规划和建设 24b
大运会运动场工程 411c
代表参与监督作用 477c
代表团到访北京大学 343a
党的建设 2a
党的十六大代表候选人推荐提名工作 450a

党的思想建设 5a
党的组织建设 5b
党的作风建设 5b
党发文件 527
党风 15b
党风廉政建设 25b
  图片展 473b
  宣传教育月 469b、473b
  主要任务分工 468c
党风廉政建设责任重新修订 468c
党风廉政建设责任制考核检查 468a
党风廉政建设责任制落实 471c
党风廉政教育 473b
党纪政纪处分情况 469c
党建党史教育活动 449a
党建和思想政治工作 12a、13c、25b、32b、70b、448
  水平 449c
党建理论研究 449c
党建研究课题工作 456a
党课教育 473b
党外知识分子工作 466b
党委（总支、直属支部）自测 469b
党委常务副书记、副校长闵维方在北大论坛开坛仪式上的致辞 62
党委常务副书记、副校长闵维方在秋季全校干部大会上的讲话 34
党委书记王德炳在本科教学工作会议总结会上的讲话 50
党委书记王德炳在春季全校干部大会上的讲话 16
党委书记王德炳在秋季全校干部大会上的讲话 31
党委书记王德炳在师德建设工作会议上的讲话 43
党委书记王德炳在文科教师大会上的讲话 59
党务和思想政治工作奉献奖名单 551a
党务和思想政治工作先进集体 549
党务和思想政治工作优秀个人 550

党性党风教育 8a
党性党风问题 17a
党员干部统战理论政策培训班 464c
党员思想理论教育活动 448c
党员状况 448b、448c
党支部活动规范化建设 449a
党组织基本状况 448b
党组织状况 448c
导师队伍建设 234c
导师制教育培养体系 489b
到访北京大学 343a
德育学科建设 484b
邓小平 4b
邓兴旺 54b
抵制法轮功活动 500a
地球物理学系 88b
  北大暑期地球科学高级论坛 89c
  编制 89a
  党建工作 90a
  队伍建设 89c
  发展概况 88b
  岗位聘任 89a
  国际会议 89c
  获奖情况 89b
  科研情况 89b
  人才引进 89c
  学科建设 89a
  学生工作 90a
  院士 89a
  在职人员构成 89
地球与空间科学学院 88a
  发展概况 88a
  人员设置 88b
  学院机构 88b
地下空间安全专项治理整顿活动 372b
地质学系 90b
  地质博物馆和档案馆 90c
  第六届全国显微构造与组构学术研讨会 91b
  对外交流 91a
  发展概况 90b
  工会工作 92a
  华北克拉通早期大陆性质和演化 91a

科研成果 91c
科研学术活动 91a
全国环境矿物学学术研讨会 91a
实验室建设 91c
学科建设 90c
学生工作 92a
第21届研究生会 496a
第40届教职工田径运动会 481b
第八届社团文化节 501b
第二课堂 490c
第二临床医学院 170a
　北京大学器官移植中心 171a
　本专科教育 171c
　毕业后教育 172b
　党员代表大会 173c
　发展概况 170a
　肝研所 170c
　关节病研究所 170c
　国际交流 174a
　获奖情况（表） 173
　纪念钟惠澜教授诞辰100周年活动 174b
　继续医学教育 172b
　教学工作 171c
　进修医师继续教育 172c
　科研成果 173a
　科研工作 172c
　科研管理 173a
　科研基金 172c
　科研基金申报及获准情况（表） 173
　碎石所 170c
　血研所 170b
　研究生教育 172b
　医疗工作 170b
第二学士学位毕业生 582
第六届教代会工会工作研讨会 477c
第三临床医学院 174c
　本科生教学任务完成情况（表） 178
　病案科 177b
　超声诊断科 177b
　成形外科 176c
　儿科 176c
　耳鼻喉科 176c
　发展概况 174c
　放射科 177b
　妇产科 176c
　骨科 176a
　核医学科 177b
　护理部 178a
　护理工作 178a
　护校 178a
　急诊工作 177a
　教学工作 178b
　康复医学中心 176b
　科研工作 179b
　口腔科 177a
　老年内科 176a
　麻醉科 176c
　泌尿外科 176b
　内分泌科 175c
　皮肤科 177a
　普通外科 176a
　设备改进 180b
　神经内科 175c
　神经外科 176a
　手术室 176c
　危重医学科 176c
　心血管内科 175a
　心脏外科 176b
　胸外科 176b
　研究生培养 179c
　药剂科 177b
　医疗保险工作 179c
　医疗工作 175b
　医疗工作指标情况（表） 175
　医务处 177c
　医院信息化管理 180a
　营养部 177c
　优秀学生奖学金评选情况（表） 178
　运动医学 176b
　职业病科 177a
　中医科 177a
第四届校教职工代表大会执行委员会 74
第五届国家图书奖 279c
第五届国家图书奖名单（表） 286
第一代乡村大学生奖学金 575b
第一临床医学院 163c
　党建工作 168a
　党委日常管理 169c
　党委系统院外获奖情况 170a
　党员发展工作 168c
　二部工程 167c
　放疗科 164b
　服务特色 164b
　工会工作 169b
　共青团工作 169c
　规范化服务 165a
　规范化收费标准 165a
　护理工作 165c
　交流与合作 167a
　教学工作 166a
　教育教学获奖情况（表） 166
　经济运行情况 167b
　科技成果获奖统计（表） 166
　科研工作 167a
　老干部工作 169c
　理论学习 168c
　廉政建设 169b
　两个文明建设 168b
　临床药理基地工作 167b
　零投诉工作 169a
　男科学 164c
　三讲教育回头看活动 168a
　事业概况 163c
　思想政治工作 168a
　统一战线工作 169a
　心内科 164b
　新技术疗法 164b
　眼科 164c
　医疗保险工作 165b
　医疗工作 163c
　医疗集团工作 165c
　医院基本建设 167c
　医院资源 164c
　院级基金申报及批准情况统计（表） 166
　中标课题统计（表） 166
电子学系 94c
　电子信息科学基础实验中心组成（表） 95
　发展概况 94c
　教学工作 95b
　科研工作 95c

实验室建设　95a
　　学科建设　95a
　　学生工作　96a
调查研究　45b、463a、473c、499a
调入人员的分布（表）　351
丁伟岳　504a
东宝奖学金　577a
东港奖学金　570a
东京三菱银行奖学金　572b
董申葆　507b
董事东方奖学金　567a
动物慰灵碑　338c
杜邦奖学金　573a
短期专家　344a
段学复　502a
队伍建设　70b
队伍结构　69b
对内对外宣传　462b
　　对外汉语教学　254a
　　发展概况　254a
　　国际交流与合作　255a
　　教学　254b
　　科研　254c
　　课程　254b
对外合作　2、13b、342
对外交流中心　433b
　　规范管理　433b
　　会议场所服务　434a
　　旅游团队接待　433c
　　组织承办会议　433c
　　组织接待研修团体　433c
多渠道筹措办学经费　363a
多渠道筹措发展经费　67b

E

二级管理体制改革　23a
二级教代会制度建设　477c
二期211工程申报工作　28a

F

发表在《Science》和《Nature》的文章　271a
发表在高影响因子刊物上的文章　271b
发展党员工作　453c、456b

发展规划部　339
　　主页　339a
发展规划工作　339
发展规划专家组　340c
发展机遇　57b
发展思路　70b
发展新党员　33a
法轮功问题处理和解决　475c
法学学士　586a
法学院　135c
　　2001年立项项目（表）　137
　　发展概况　135c
　　获北京大学高等教育教学成果奖名单（表）　136
　　获北京市第六届哲学社会科学优秀成果奖名单（表）　136
　　获北京市高等教育教学成果奖项目名单（表）　136
　　获国家高等教育教学成果奖项目名单（表）　136
　　交流与合作　137a
　　科研与学术活动　136c
　　学科建设　136b
　　学生工作　138b
　　《中外法学》　136a
翻建工程　412a
泛太平洋地区高能自旋物理会议　344c
方正集团　297a
房地产工作　374b
房地产管理　369a、369c
房改工作　370c、374c
房改售房工作　375a
房屋安全大检查　375a
房屋基本情况汇总（表）　376b
房屋所有权证办理　375b
非教师系列职务评议结果（表）　355
非离退减员的工作岗位分布情况（表）　352
非离退减员的学历分布情况（表）　352
冯奚桥奖学金　578a
冯新德　505c
冯友兰奖学金　578a
冯友兰先生塑像　305b

服务工作　47b
服务体系调整　38a
福利　356a、362a
福利费支出情况统计（表）　357
辐射防护工作　341b
附录　622
附中教学西楼工程　412a
附属单位负责人　79
附属医院领导　13b
副处级以上领导干部情况统计（表）　450
副教授（副研究员）评议结果（表）　355
副校长郝平在国际交流与合作工作研讨会上的讲话　64
副校长何芳川在文科教师大会上的讲话　59

G

改革、发展和稳定的关系　33b
干部　72、360b
干部队伍建设　450c、453c
干部队伍状况　450b
干部工作问题研讨　452a
干部工作制度化建设　450c
干部管理办法改进　13b
干部廉洁自律　467c
干部培训工作　452b、452c
干部培训力度　452c
干部培训模式　452b
干部人事任免制度　360b
干部人事制度改革　451a
干部任免　450c
甘子钊　503b
岗松奖学金　574a
岗位考核　30a
岗位聘任　353b
　　申诉受理调查工作　470a
岗位统计（表）　354
高层次创造性人才工程　352a
高层次继续教育培训学生统计（表）　252
高层次继续医学教育统计（表）　252
高等学校博士点学科专项科研基金　258b

高级职务任职资格评审情况（表）
　362
高教发展项目　374a
高科技企业　297a
高素质教师队伍建设　23b
高素质人才培养改革　39a
高素质审计人员引进　368a
高校教师问卷调查　463a
《高校经济活动案例选编》　367c
高校科学技术奖　268a
高校篮球友谊赛　478c
高校校园网络环境下的财务管理
　信息系统鉴定会　35b、366a
高质量成果产出　230a
歌咏比赛　478c
各单位合作签订的主要技术合同
　项目　295
各院系毕业生人数统计（表）　226
各院系在校研究生统计（表）　245
各专业毕业生人数统计（表）　226
更新教学内容　51b
工程竣工结算审计　367b
工程开工前审计　367b
工程审计　367b
工程项目部内验收制度　410b
工程项目负责人制　410b
工程项目竣工结算审计制度
　410b
工程项目招投标管理办法　410a
工程院院士　352a
工会工作　477
　　宣传工作　481b、478a
　　自身建设　477b
　　组织工作　478a
工学学士　585a
工资　356a、362a
工作创新　499c
工作原则　32b
公共服务体系建设　2a、70a、259c
公共课程选课制度改革　197a
公共卫生学院　161a
　　发展概况　161a
　　合作与交流　162a
　　教学工作　161a
　　科研工作　161c
　　领导班子换届　161a
　　学科建设　162a

公款购买商业保险清理　473c
公用房调配与管理　369c
公用房调整情况一览（表）　376
攻关计划　258a
供暖中心　415c
　　供暖工作　415c
　　加强管理　415c
　　煤改气工程　415c
　　完善制度　415c
　　浴室工作　415c
供需基本情况调查　486b
共青团北京大学医学部委员会
　498c
共青团工作　493
　　规范化科学化　499a
鼓励创新　491c
关伯仁奖学金　578a
关心解决教师的实际问题　46a
关心群众生活　12b
关于严格领导干部民主生活会制
　度的若干规定　468c
管理工作　489b
管理机制　229c
管理模式　39b
管理问题　14b
管理学学士　587b
管理与后勤保障　339
光华管理学院　134b
　　MBA职业服务中心　135c
　　发展概况　134b
　　交流与合作　135c
　　教学获奖　135b
　　科研活动　135a
　　科研获奖　135b
　　学科建设　134c
　　学术活动　135a
光华奖学金　563a
光华医学生奖　581a
广播电视台　460c、463b
归国华侨联合会负责人　80
规范化文明服务达标活动　425a、
　472c
规划修订　339c
规模较大的会议　344c
郭应禄　517b
锅炉房扩建工程　412b
国防教育　488c、489a、491c

国际关系学院　127b
　　党建工作　128c
　　发展概况　127b
　　国际合作　128c
　　《国际政治研究》　129a
　　教学工作　127c
　　科研活动　128b
　　学生工作　128c
　　中日联合培养研究生　128a
国际交流合作的层次　64b
国际交流为学术服务　65b
国际交流与合作　63、64、70a
　　工作研讨会　63、64
　　项目　260b
国际文化交流二学位　586a
国际学术会议　277、344c
国际学术会议（表）　286
国家高技术研究发展计划　258a、
　261a
国家工程研究中心（表）　266
国家教学成果奖　49b
国家杰出青年基金获得者　352b
国家杰出青年科学基金　257a
国家科技部资助项目　260b
国家科技进步奖　268a
国家科研计划项目　257c
国家社会科学项目（表）　279
国家图书奖　279c
国家新药筛选实验室　262b
国家重点基础研究发展规划项目
　（表）　265
国家重点科技攻关计划　258a
国家重点实验室（表）　266
国家助学贷款信息库　485c
国家自然科学基金委员会资助项
　目　257a、260a
　　国家杰出青年科学基金
　　　257a
　　海外（及港澳）青年学者合作
　　　研究基金　257b
　　基金委与香港研究资助局联
　　　合科研资助基金　257b
　　面上项目　257a
　　重大研究计划　257b
　　重点项目　257a
国家自然科学基金项目与经费
　（表）　264

索 引

国家自然科学奖 267a
国家最高科学技术奖 259a、267a
国内合作 287、290b
国内合作委员会 290b
国内设备采购 373b
国外捐赠科教仪器一览(表) 410
国有资产 34b
国有资源共享问题 41b

H

海外(及港澳)青年学者合作研究
　基金 257b
海外教育 252a
海外青年学者合作研究基金
　260a
海峡两岸—大学的校园学术研讨
　会 342b
韩济生 515b
韩启德 3b、39、72、232c、250b、
　513c
韩汝琦 464b
郝平 64、72
合并以来的基本情况 39a
合作办学问题 30a
合作项目 253a
何芳川 59、72
和兄弟院校、科研院所的联合
　56b
恒生银行奖学金 577a
红包治理 473a
红楼艺术奖 561a
红旗在线网站 483b
侯仁之 49a、109a、342c、507c
后勤保障 339
后勤党委 419c
　党员素质 419c
　党员作用 419c
　培养和发展党员工作 420c
　思想工作 420a
　营造良好氛围 420b
后勤社会化改革 25a、29a
胡传揆教授诞辰100周年纪念会
　466b
护理工作 425c
护理学院 162b
　出版图书一览(表) 163

发表论文一览(表) 163
教学工作 162b
科研工作 162c
论文发表情况一览(表) 162
学生活动 163b
花旗银行奖学金 576a
华泰奖学金 577b、578a
华为奖学金 574a
华臧奖学金 577a
化学与分子工程学院 99a
　成果统计 101b
　985中期检查 101a
　发展概况 99a
　教学工作 100b
　今日化学讲座(表) 103
　科研工作 101c
　科研项目(表) 101
　兴大科学系列报告(表) 102
　学科设置 100a
　学生工作 101a
　学术交流 102a
　学院结构及研究机构(表)
　　99
　曾昭抡讲座 103a
　中科院化学研究所和北大化
　　学学院2001年学术报告会
　　103b
　专业设置 100a
环境保护 341b
环境科学中心 155b
　发展概况 155b
　教学 155b
　科研 155b
黄春辉 507a
黄楠森 125a
回扣治理 473a
会议与学术交流部 433b
会议中心 432b、463a
　理事会 432a
获北京市社会科学理论著作出版
　基金资助名单(表) 286
获第五届国家图书奖名单(表)
　286
霍英东基金奖 270a
霍英东教学奖 270b
霍英东研究奖 270b
霍铸安奖学金 577a

J

机构 72、360b
机制创新 67a
基层党组织调研工作 449a
基础对专业的问题 51a
基础教育 51a
基础设施 41a
　改造工程一览(表) 420
　规划与建设 25a
　建设 2a、32b、70a
基础研究重大项目前期研究专项
　260c
基础医学院 158a
　发展概况 158a
　教学活动 158a
　科研活动 158c
　学科建设 158c
基地建设 196c
基建工程部 410a
　党风廉政建设责任制 410c
基建工作 410a
基建修缮工程审计 368c
基金会(美国) 427c
基金使用 427b
基金委与香港研究资助局联合科
　研资助基金 257b、260b
吉金铸国史—周原出土青铜器精
　品展 328a
集体户口管理工作 476c
集体宿舍管理与改造 370b
计算机安全管理工作 476b
计算机辅助审计培训 368a
计算机科学技术系 96b
　发表论文情况统计(表) 97
　发展概况 96b
　教师队伍职称状况(表) 96
　教学工作 96c
　科研工作 97a
　科研获奖情况(表) 98
　科研验收结题情况(表) 97
　论文收录统计(表) 97
　聘岗情况(表) 96
　人事工作 96b
　微电子所2001年新立项项目
　　(表) 98

新立项目（表） 97
　　学生工作 98a
计算机科学技术研究所 151a
　　20世纪重大工程技术成就
　　　151b
　　产品开发 151c
　　成果获奖情况（表） 153
　　成果鉴定情况（表） 153
　　出版专著情况（表） 152
　　发展概况 151a
　　个人获奖情况（表） 153
　　国家最高科学技术奖 151a
　　汉字信息处理与印刷革命
　　　151b
　　基地建设 152a
　　科研工作 151c
　　新产品开发情况（表） 152
　　专利申请情况（表） 152
计算中心 331a
　　北大网络技术培训中心
　　　331c
　　成人教育 333b
　　发展概况 331a
　　高性能并行处理机的机房建
　　　设、运行和维护管理 333a
　　管理信息系统建设 332a
　　管理信息系统建设进展和成
　　　果 332b
　　管理信息系统研究室 332a
　　文、理科计算机大型实验室软
　　　件升级及功能扩充 333a
　　文、理科计算机大型实验室硬
　　　件升级及功能扩充 332b
　　校园网建设 331a
　　运行室工作 332c
纪检监察队伍建设 470b、473c
纪检监察工作 467
纪检监察课题研究 474a
纪检监察业务培训班 473c
纪念九三学社北医建社50周年
　466c
技术合同项目 295
技术培训 356c
季羡林 144b、304c
继续教育 13a、28b、246a
　　昌平校区 248c
　　成人教育教学管理制度改革
　　　247b
　　成人教育学院建设与发展
　　　248c
　　成人教育招生工作 246c
　　队伍建设 13a
　　法律专科起点本科现代远程
　　　教育 246c
　　高层次继续教育 246b、248a
　　高层次研讨班、研修班 248a
　　继续教育学院 248c
　　教学管理与研究 247b
　　进修教师接收 248a
　　考风建设 247c
　　现代远程教育 246b、248b
　　现代远程教育自主招生报名
　　　工作 247a
　　学籍管理 247a
　　学历教育结构调整 246a
　　园丁工程 248b
　　圆明园校区 248c
　　自学考试主考和助学工作
　　　248a
加拿大魁北克医学研究基金会项
　目 336c
佳能特等奖学金 568a
佳能优等奖学金 567b
假日旅游 482b
监督检查 469a
减员情况 351b
检查整改方案 9a
建党80周年图片展 322a
建党80周年文艺演出 481c
建家工作 480c
建设世界一流大学 38b
建设一流大学计划中期评估 39a
鉴定、评审的科技成果 275
　　理科 275a
　　医科 275a
江泽民 4b、8a、8b、46b
姜伯驹 502b
讲话学习工作 31a
讲堂管理部 434a
奖教金获得者 544
奖教金评审 352c
奖教金资助概表（表） 431
奖励 491c、543
奖学金、助学金、奖教金、研究资助
　　概表（表） 427
　　奖教金 431
　　奖学金 427
　　研究资助项目 431
　　助学金 430
奖学金获得者 561
奖学金年度评审 252c
奖学金评选工作 484c
奖学金资助概表（表） 427
交叉学科讲座 40a
交通安全工作 476a
教材建设 69b、197c
教代会工作 477b、480a、480b
教代会四届二次会议 477b
教代会提案落实奖 473c
教代会制度建设 477b
教风 15b
《教工之声》 481b
教师队伍建设 13a、23b、23b、49b
教师队伍年龄结构 53b
教师队伍年龄结构（表） 350
教师队伍学历状况（表） 350
教师思想道德素质 46a
教师思想动态 43b、45b
教师思想政治工作 47a
教师思想状况和发展动态 43b
教师职务评审委员会 72
教授（含研究员）评议结果（表）
　355
教授联系信息库 67a
教授名录 518
　　北大三院 524b
　　北大医院 523b
　　城市与环境科学系 520a
　　出版社 523a
　　地球与空间科学学院 519b
　　电子学系 519b
　　对外汉语教学中心 521b
　　法学院 521a
　　方正集团 522b
　　公共卫生学院 523b
　　光华管理学院 521b
　　国际关系学院 521a
　　护理学院 523b
　　化学与分子工程学院 519a
　　环境科学中心 522a
　　基础医学院 523a

索 引

计算机科学技术系 520a
计算机科学技术研究所 522a
计算中心 522a
教育学院 522a
经济学院 520b
精神卫生研究所 525b
考古学系 520b
口腔医学院 525a
力学与工程科学系 520a
历史学系 520b
马克思主义学院 521b
青鸟公司 522b
人口研究所 522a
人民医院 524a
社会学系 521a
社区服务中心 523a
生命科学学院 519b
数学科学学院 518a
体育教研部 521b
图书馆 522b
外国语学院 521a
维信公司 522b
卫生部卫生经济研究所 523b
未名集团 522b
物理学院 519a
现代教育技术中心 522b
校办公司 522b
校部机关 523a
校医院 523a
心理学系 520a
新闻与传播学院 521a
信息管理系 521a
信息科学中心 522a
亚非研究所 522a
药学院 523b
医学部党政机关、后勤及直属单位 525b
医学部社文部 525b
医学部体育部 525b
医学部外语部 525a
医学部校办产业 525b
艺术学系 521b
哲学系 520b
政府管理学院 521a
中国经济研究中心 522a

中国语言文学系 520b
肿瘤医学院 525a
资源集团 522b
教书育人 44a、46a
教务长系统恢复 38a
教学成果 69b、197b
教学辅助人员队伍建设 13b
教学改革 1b、32b、50b、196a
教学工作 489b
教学管理 23b、38a
教学和科研的关系 56a
教学科研 12a、13a、22a、27b
　　服务设施 302
　　条件 41a
教学内容问题 51a
教学评估 197b
教学设施建设与改造 373c
教学态度 44b
教学问题 41b
教学优秀奖获得者 544
教学组织模式 51b
教育部博士学科点基金 261b
教育部科学技术研究项目 258b、261a
教育部留学回国科研启动基金 258c、261b
教育部人防协作组工作 372b
教育部人文社会科学十五规划第一批研究项目（表） 280
教育部人文社会科学重点研究基地项目（表） 283
教育部神经科学重点实验室 261c
教育部审计论文评比奖项 367c
教育部网上合作研究中心（表） 267
教育部心血管学重点实验室 261c
教育部优秀青年教师资助计划 258c
教育部重点实验室 256c
教育部重点实验室（表） 266
教育部资助项目 258b、261a
教育改革 1b、69a
教育工作 489a
教育观念 45a
教育管理与德育系列职称评审工

作 452a
教育基金会 427
《教育技术》 329b
教育教学 196
教育教学改革 13a
教育收费检查 469a
教育思想 45a
教育学院 147c
　　发展概况 147c
　　会议 148c
　　获奖情况 148c
　　科研工作 148a
　　培养工作 148a
　　人事工作 148c
　　学术交流 148b
教育优龙奖学金 566a
教职工表彰 482b
教职工代表大会执行委员会 74
教职工代表提案办理 480c
教职工党员 453c、350a、360c
教职工集体宿舍管理与改造 370b
教职工篮球比赛 481c
教职工权益维护 479b
教职工体育文化节 478c
教职工田径运动会 481b
教职工羽毛球比赛 481c
教职工之家建设 480c
教职工住房困难解决 370b
教职工住宅现状情况（表） 379
教职员工基本情况一览（表） 350
接受境外赠送工作 373b
接受群众监督 17a、472c
接受上级财务检查的情况 35b
节能办公室 419b
　　成本核算 419b
　　节能宣传 419b
　　年度用水用电 419b
　　全额收费计划实施 419b
　　水电费支出 419b
　　硬件改造 419b
　　指标管理 419b
解决热点问题 12b
金山开发 480a
进取精神 17b
进一步推进后勤社会化改革会议 412c

晋升高级职务人员的年龄、学历结
　构情况(表)　362
靳羽西奖学金　570a
京华杯棋牌赛　478c
经费支出　34b
经济管理工作　368c
经济困难学生助学体系　485b
经济学学士　587a
经济学院　133b
　　发展概况　133b
　　科研工作　134a
　　学科建设　133c
经济责任审计　367a、368c
　　课题研究　367c
精力外流　44b
精品意识　60a
精品意识—金牌战略—亮点工程
　61a
精神卫生研究所　183b
　　发展概况　183b
　　国际交流　184a
　　教学工作　184a
　　科研工作　184b
　　医疗工作　183c
精神文明建设　2a
警示教育　473b
敬业爱岗　43b
境外办学　67a
静园草坪地热井工程　29b
就业实践活动　486b
就业特点　486a
就业形势分析　492b
鞠传进　72
捐款捐物　482b
军事理论课教学水平　488c

K

开门搞回头看　10b
开门搞三讲教育　19a
康健　446b
康乐园建设　440c
抗震加固工程　410c
抗震救灾预案修订工作　372a
考古教学楼工程　412a
考古文博院　118a
　　本科生课程设置与教学计划
　　(表)　118
　　博士研究生培养要求(表)
　　119
　　博物馆教研室　119c
　　发展概况　118a
　　汉唐教研室　119b
　　获奖情况　121b
　　教学活动　119a
　　科研工作　119c
　　硕士研究生课程教学与培养
　　(表)　118
　　田野考察　121a
　　新石器—商周教研室　119a
　　学科建设　118c
　　学术活动　120a
　　在研课题项目统计(表)　119
　　中国考古学研究中心　121a
柯达奖学金　571b
科技产业改制　30a
科技成果　259a
科技防范　474c
科技工作存在的问题　53a
科技工作地位　53a
科技合作范围　289c
科技开发　70a、287、289b
科技开发、技术转让项目　259c
科技开发部　289b、290a
　　合同到款额统计总表(表)
　　295
　　合同额统计总表(表)　295
科技论文与著作统计　270
科技园建设　24b、30a
科技展览会　289b
科普专项基金　260b
科学研究　1b、38a、70b、256
科研工作会　52、57
科研基地建设　256c
科研经费　30a、257a
　　查询系统　35b
科研论文　258c、261b
科研水平　22a、69b
科研项目　257a、260a
客座教授(表)　622、623
课程教学　234a
课题分散、课题重复现象　53b
孔祥东　459b
口腔医学院　181a
　　发展概况　181a
　　教学活动　181b
　　科研工作　181c
　　医疗情况　181a
跨世纪人才工程　2a
跨世纪优秀人才培养计划　258b、
　261b
　　名单　278
跨学科国际与地区研究中心建设
　28b
跨学科研究　40a
会计队伍建设　366b
《会计法》自查自纠工作　366b
会计派驻制　366b

L

蓝旗营住宅小区　371c、479b
老干部政治待遇落实　357b
离退休工作委员会　357a
离退休人员分布(表)　352
离退休人员工作　356c、362c
黎乐民　506a
李大钊奖名单　550a
李德成　236b
李冬梅　445c
李江海　259a
李岚清　288b
李林子　445a
李士信　200a
李文海　2b
李宪之　90a
李政道　49b
理科出版著作(表)　273a
理科单位发表论文的分类统计
　(表)　273
理科单位专利授权与申请情况
　277
理科国际学术会议　277
理科科研　256
理科科研工作会议　52a
理科楼群4#楼工程　412a
理科与医科到校科研经费(表)
　263
理科与医科科研成果获奖情况
　267
理科与医科科研经费统计(表)

索　引

264
理科与医科在研项目（表）　262
理论学习　16b、18b、457a
理论研究　494c
理学部学术委员会　73
理学学士　582a
力学攀登奖学金　578a
力学与工程科学系　83a
　　出席国际会议　83c
　　发展概况　83a
　　国际交流与合作　83c
　　获奖情况　83b
　　教学工作　83b
　　科研工作　83b
　　人事工作　84a
　　湍流及复杂系统研究国家重
　　　点实验室　84a
　　学科建设　83b
历史学系　115c
　　北大学子抗议日本右翼篡改
　　　历史教科书讨论会　117c
　　党的工作　117a
　　发展概况　115c
　　国际学术交流　116b
　　教学工作及获奖　116c
　　科研工作及获奖　116c
　　世界史　116a
　　学科建设　116a
　　学生工作　117b
　　中国古代史　116a
历史学士　585b
立案情况　469c
联邦医学教育奖　581a
联合实验室　290a
联想奖学金　573b
廉洁自律　17a
廉洁自律六条规定落实　467c
　　情况检查　472a
廉政回访　472a
两个工程　70b
两课教学　198a
两校深层次融合计划　41b
　　交叉学科研究生班　42b
　　具体措施　42b
　　两个定位　42a
　　三条原则　41b
　　宣传工作　42b

学科融合　42b
学校对附属医院的领导　42b
一种管理模式　42a
医学部党委改选　42a
医学教育模式论证　42b
指导思想　41b
疗养和休养活动　479c
林超地理奖学金　577b
林建华　72
林久祥　72
林钧敬　72
林志超　200a
临床药理研究所　184b
　　发表文章　185a
　　国际交流　185a
　　继续教育　184c
　　教学工作　184b
　　科研工作　184c
　　科研课题　185a
　　临床试验研究　184c
　　临床药理培训班　184c
　　研究生培养　184c
　　医疗工作　184b
　　医学学生教育　184b
　　重大事项　184b
临床医院职业道德和行业作风
　　473a
临床肿瘤学院　181c
　　发展概况　181c
　　国际交流　183b
　　教学工作　182c
　　科研工作　182b
　　文明达标工作　183a
　　医疗工作　182a
　　医院管理　182c
　　中标科研项目情况（表）　182
临时工团支部　499c
临时纪委调整　471b
领导班子新建与撤销　450b
领导班子整改方案　7a、18a
　　落实情况　11b
领导班子自查自看专题民主生活
　　会　6a
领导班子自身建设　12a
领导干部　72
　　届中考察　452b
　　廉洁自律工作　472a

领导集体的凝聚力　17b
刘海明捐赠北大版画展　459c
刘元方　506c
刘中树　2b
流动编制　354c
留学生工作　66a、252a
留学生教育　28b
留学生学习优秀奖获奖情况统计
　　（表）　252
留学生招生工作　252a
六所医院1999～2001年主要指标
　　（表）　425
陆道培　516c
录取各省第一名学生名单（表）
　　224
录取中学生国际奥林匹克竞赛获
　　奖学生名单（表）　225
吕斌　342c
吕兆丰　72、250a
论文答辩　229c

M

马克思主义理论教育　16b、18b
马克思主义学院　146c
　　对外交流　147b
　　发展概况　146c
　　教学工作　147a
　　科研工作　147b
　　学生工作　147c
毛泽东　4b
玫琳凯奖学金　567b
煤改气及天然气工程　411c
美育精品系列讲座　198b
门球场　358a
冕宁北大方正稀土新材料有限公
　　司　298a
面临的主要任务　32a
面上项目　257a、260a
民主党派和归国华侨联合会负责
　　人　80
民主党派新成员培训班　465a
民主党派学习邓小平理论和三个
　　代表重要思想交流研讨会
　　465a
民主党派组织工作　466c
民主党派组织和个人表彰　464a、

467c
民主党派组织机构状况（表） 467
民主党派组织建设 466a
民主生活会 19b、454b、468a、472b
闵维方 5b、34、62、72
名誉博士（表） 623
名誉教授（表） 622
明德奖学金 564b
摩托罗拉特等奖学金 571a
摩托罗拉优等奖学金 571a

N

内部控制审计课题研究 367b
拟南芥 54b
年度考核 353b
年轻的心·同唱一首歌大型歌会 459b
农园食堂 411b
女教职工工作 479b
女教职工活动 477b、481c
女性风采展 479b
诺贝尔奖得主来访 343b
诺基亚 575b

O

欧阳爱伦奖学金 577b

P

派出工作 345a
派出交流学者、教师 343a
《潘光旦文集》 309c
潘文石 107a
培训工作 455b
培养工作 234b
培养模式改革 234b
批评与自我批评 11a、17b、19b
聘请的客座教授（表） 622
聘请的名誉教授（表） 622
聘请留学回国人员 344b
聘请外国专家工作 343c
评优创先 481b

Q

七一讲话学习、研究和宣传活动 457c
企业改制 13b
企业经济工作 294a
钱穆奖学金 578a
侨联侨心奖学金 569b
侨务工作法规宣传 466b
秦国刚 512a
勤工助学基地 485b
勤工助学人才库 485c
勤工助学体系 491c
青年工作 479a
青年教师工作 477a
青年教师教学基本功和现代教育技术应用演示竞赛 479a
青年教师流动公寓 353b
青年教师社会实践活动 479a
青年团干部培训系列讲座 498a
青年团干部培养 498a
青年文明号、青年岗位能手创建工作 500a
青年志愿者创建工作 500b
青年志愿者行动 496c
青年志愿者总队 496c
清除赝品、拒绝平庸，树立北大文科精品意识 59
清华大学东欧交换生专修班 254a
庆贺侯仁之教授九十华诞暨从教六十五周年学术成果展 304c
庆贺季羡林教授九十华诞暨从事东方学研究六十六周年学术成果展 304c
庆三八系列活动 479b
庆祝建党80周年活动 455a、499c
庆祝勺园建园二十周年大会 433a
庆祝中国共产党成立八十周年大会 4、455a
庆祝中国共产党建党80年理论研讨会 458b
秋季全校干部大会 26、31、34、37、39
秋季学期汉语进修班 254a
求真务实 44a
全国出国留学工作研究会 359b
全国高等学校教育技术协作委员会 329b
全国青年京剧电视大奖赛部分获奖演员与北大师生联欢晚会 459a
全国台联中华文化研习班 253c
全国优秀博士学位论文（表） 237
全国优秀博士学位论文评选 235b
全校工作的总体指导思想 31a
全校统战工作会议 464b
全校文科教师大会 278b
全校性公共课程选课制度改革 197a
全校增员的分布（表） 351
全员工作积极性 24a
群众路线和群众观点再教育 17a

R

人才服务与培训 362b
人才开发与培训 352c
人才培养 70b
人才培养模式改革 28a
人才引进 361a
人防工程管理 372a
人防工程（含普通地下室）统计（表） 379
人工微结构和介观物理国家重点实验室 85c
人口研究所 154b
    发展概况 154b
    科研活动 154c
    学科建设 154b
    学术交流 155a
人民医院 170a
人事部 349c
人事代理制度 356a
人事档案工作 362b
人事档案管理 359a
人事干部培训班 353a
人事管理 349
人事制度改革 24a、29b
人文社会科学十五规划第一批研

究项目（表） 280
人文社科重要性 59a
人文学部学术委员会 73
人文学科 60b
人物 502
人员分布情况 350
日本 NKK 奖学金 577b
日照产学研居基地 441c
入党积极分子培养教育工作 455b
入选教育部跨世纪优秀人才培养计划名单 278

S

萨尔斯堡大学项目 253b
赛克勒考古与艺术博物馆 327c
  发展概况 327c
  吉金铸国史—周原出土青铜器精品展 328a
  再制毛主席用瓷捐赠仪式 328a
三大功能 70b
三高音乐会分会场 459a
三个代表重要思想学习教育活动 457b
三好学生 554a
三好学生标兵 552b
三和银行奖学金 573a
三讲集中教育 7a、7b
三讲教育 7a、7b、8a、16a、17a、17b、18a、18b、19a、19b、20b
  成功经验运用到党建日常工作 11a
  成果 450a
  工作做法和体会 18a
  经验总结 450a
三讲教育回头看活动 5、7b、10b、32b、450a、453c
  必要性 8a
  动员大会 6a、6b
  计划安排和范围对象 10b
  领导小组 10a
  通报会 11b
  意见和要求 7b
  指导思想 10a
  重点环节 454a

  自觉性和主动性 7b
  组织领导工作 10a
三井住友奖学金 575b
三下乡社会实践团 500c
上学期工作回顾 37a
勺园 432a
勺园管理部 432b
设备采购 373a
设备管理 369a、375c
社会保险 356b
社会服务 70b
社会工作奖 557b
社会科学 60b
社会科学部学术委员会 73
社会科学项目（表） 279
社会实践 491a、495a、500c
社会学人类学研究所 142b
  博士后流动站 142c
  发展概况 142b
  国际交流 143c
  基地建设 143b
  科学研究 143a
  课程与教学 143a
  人事变动 143c
  信息网络建设 143c
  学术交流 143a
  学术思路 142c
  资料库建设 143c
社会学系 141a
  成人教育 142b
  党建工作 142b
  发展概况 141a
  科研活动 142a
  课程与教学 141c
  学生思想工作 142b
  学术活动 142a
社会责任感 43b
社区服务 440a
  呼叫系统 440a
社区建设 440c
社区经营 441a
社团文化节 501b
申请及获准国家自然科学基金项目与经费（表） 264
申诉投诉受理委员会 470a
深港产学研基地 25a、292b
  产业发展 293a

  公共研发平台 293a
  理事会 292b
  深港产学研创业投资公司 293a
  深港产学研基地大楼建设 292c
  深港产学研论坛 293a
  深圳北京大学香港科技大学医学中心 293c
  深圳信息化建设 293b
  研究生代表团赴深考察 293b
  招生形势 292c
深圳北京大学香港科技大学医学中心 293c
深圳长园奖学金 577b
深圳市方正科技有限公司 298a
深圳市政府与北京大学创建北京大学深圳校区合作意向书 236b
深圳校区建设 30b
深圳研究生院 236b
  2001 年招生情况 237b
  考察调研 341c
神经科学重点实验室 261c
沈士团 2b
沈渔邨 517c
审计队伍建设 368a
审计工作 30a、366b
  改革思路 368c
  教育部表彰 366c
  素质教育 368b
  制度建设 368b
审计科研 367b
审计项目完成情况 366c
审计效果 368a
审计效率 367c
审计制度建设与业务建设 367c
审计质量 367c
生活福利工作 477a、479b
生命科学学院 104a
  21 世纪生物科学前沿论坛 106b
  北大—耶鲁植物分子遗传学及农业生物技术联合研究中心 106c
  崇左生物多样性研究基地建

设　107a
　　出版教材一览（表）　105
　　发展概况　104a
　　教学工作　104b
　　教学获奖情况一览（表）　105
　　科学研究　104c
　　科研项目一览（表）　105
　　理科4号楼　105c
　　生命科学大楼　105c
　　生物基础教学实验中心评估
　　　106a
　　学科建设　105c
　　学生工作　107b
　　主攻方向　105c
生物医学工程　231c
生物医学跨学科研究中心　40a、
　　40b
生物医学论坛　462c
生物医学学科发展　40b
生育健康研究所　186b
　　成果推广　187c
　　发展概况　186b
　　妇女增补叶酸预防神经管畸
　　　形的推广项目　187a
　　建立具有中国特色的出生缺
　　　陷生物信息库　187a
　　科学研究　186c
　　生育健康监测系统电子化的
　　　研究　186c
　　斯利安　187b
　　推广研究　187a
　　学术交流　187c
生源质量　23b
盛唐工程研究项目　344c
失业保险缴费情况统计（表）　357
师德建设工作　45a、46a、47b
　　成绩及问题　45a
　　方法　46b
　　会议　43
　　领导权和主动权　47a
　　问题和不足　46a
　　新局面　46b
师德宣传　45b
师资培养　361a
诗琳通北大研修　252c
《十三经注疏》繁体整理本　309a
十五国家科技攻关项目　260c

十五项目的组织和申报工作　55a
石河子大学对口支援　39b、342a
石青云　510c
石元春　2b
实践三个代表　31a
实验动物科学部　337b
　　动物慰灵碑　338c
　　发展概况　337b
　　国际交流　338b
　　教学工作　338a
　　经费预算　337c
　　培训工作　338a
　　新动物楼改建　337c
　　新建教学基地　337c
　　新建会计室外走廊　337c
实验室基本情况一览（表）　408
　　校本部　408
　　医学部　409
实验室建设与改造　56a、373c
实验室建设与管理　369a、373c、
　　374a、375b
实验室人员培训交流工作　374a
实验室体制改革　373c
世行贷款高教发展项目　374a
　　　进口仪器设备一览（表）　400
事业编制增员的分布（表）　351
事业规划　340c
事业规划委员会　340b、341a
事业支出情况比较（图）　364
逝世人物　526
收费管理　36b
收费管理程序　36b
收费立项审批难　36a
收入构成分析（图）　363
收入预算　35a
收支概况　363a
收支总量　364c
首都大学生纪念中国共产党建党
　　80周年文艺晚会　459b
首都大学生庆祝建党80周年大型
　　活动　459b
首都发展研究院　191a
　　第一届理事会　191c
　　第一届理事会名单　192b
　　第一届学术委员会名单
　　　192b
　　发展概况　191a

　　科研成果　195b
　　科研项目　194b
　　科研项目（表）　194
　　学术活动　194b
　　研究院负责人及其他人员名
　　　单　192b
　　研究院建设　192a
　　章程　192c
　　组织机构　192b
首届首都大学生新年音乐会
　　459c
授予的名誉博士（表）　623
暑期汉语进修班　254a
暑期旅游　482b
树立北大文科精品意识　59、60
数学科学学院　81a
　　2001年获奖表（表）　81
　　党建工作　82c
　　发展概况　81a
　　教学工作　82b
　　科研成果　81c
　　师资队伍　81b
　　数学研究所　81b
　　学生工作　82c
　　学生基本情况（表）　82
　　学术交流　82a
水电费改革　365c
水电中心　415a
　　安全保卫工作　415b
　　改革新举措　415a
　　水电供用　415b
　　维修情况　415b
硕士毕业生　589
硕士学制　229b
思想斗争　19b
思想发动　18b
思想观念转变问题　41b
思想理论工作　457b
思想政治工作　12a、13c、25b、
　　32b、33a、70b、448、462c、498c
　　先进集体　549
　　优秀个人　550
思想政治教育　482b、484a
思想政治倾向　45a
思想作风素质　482c
四项基本工作　70b
松下电器奖学金　576b

送温暖活动　479c、482a
素质教育　13a
素质教育　23b、490b、500a
孙玉录　200a
索尼奖学金　573b

T

唐孝炎　516b
唐有祺　505b
唐钺　113b
唐仲英奖学金　569a
特困基金　358a
特载　1
体教中心改造工程　412a
体育工作　478c
体育教学　198b
　　场馆建设　199c
　　科研　199b
　　师资动态　199c
　　体育代表队　199b
　　体育对外交流　199c
　　体育活动　198b
　　体育教学改革方案　198b
　　学生一级篮球裁判员　199c
　　重要社会工作主要参与者　200a
体育课程自由选课制度　196a
天然气工程　411c
田刚　505a
田径纪录（表）　227
　　男子　227
　　女子　228
田敏月　200a
调整充实　450b
调资情况（表）　356
通过的副教授（副研究员）年龄和学历结构（表）　355
通过鉴定、评审的科技成果　275
通过教授（研究员）的年龄和学历结构（表）　355
通用电气奖学金　572b
统战工作　463
统战工作会议　464b、465c
统战系统纪念建党80周年座谈会　464c
涂传诒　508c

土地登记工作　370c
土地及房屋产权档案资料　374b
土地资源基本情况汇总（表）　376a
湍流及复杂系统研究国家重点实验室　84a
团干部队伍建设　499b
团委委员和常委的增补和调整　499c
团组织建设　498c

W

外国留学生工作　66a
外国语学院　144a
　　对外交流　146b
　　发展概况　144a
　　工会工作　146c
　　继续教育　146c
　　科研工作　144c
　　学科建设　144b
　　学生工作　146c
　　祝贺季羡林先生90华诞暨从事东方学研究66周年　144b
外国专家工作　343c
外来人员管理工作　476c
万众苑工程　411c
王德炳　4a、5a、6a、6b、16、31、43、50、59、72
王登峰　72
王夔　515a
王丽梅　72
王仁　84b、508b
王选　151a、259a、509a、516b
王阳元　511c
王余　200a
网络安全管理工作　476b
网络思想政治阵地建设　33b
网络信息服务　440b
为教职工办理保险　479c
为教职员工办实事　25a、29a
为老同志做实事　357c
为人才培养服务　23b
维护校园稳定　474b
维修改造工程　411a
卫生部工程研究中心（表）　267

卫生部重点实验室（表）　267
卫生行业规范化服务达标工作　425a
卫生政策与管理研究中心　40b
未名湖诗会暨北京大学未名湖诗歌节　459a
魏建功　114c
文化工作　478b
文科国际学术会议（表）　286
文科横向项目到账经费情况（表）　283
文科教师大会　59
文科科研　278
文科老师　59b
文兰　504a
文明服务达标活动　472c
文明校园建设　491a
文人相轻　44b
文体活动　481b
文体精品活动　495c
文学学士　585a
文艺汇演　478b
稳定工作　26a
问题整改　473a
翁立强先进事迹　445b
我的梦中国残疾人艺术团文艺演出　459a
无形就业市场与有形就业市场的主渠道作用　486c
无形资产保卫研讨　475b
无形资产管理　374a
吴大猷　49a
吴国盛　122b
吴阶平　514a、516c
吴全德　510c
吴志攀　72
五必看　9a
五四奖学金　561a
五四体育单项奖　561b
五四运动场改造工程　412a
物理学院　84b
　　北大蓝光科技有限公司　86c
　　北大中核磁业有限公司　86b
　　北京大学超导加速器装置　87a
　　北京射频超导研究中心　87b
　　出版科学著作一览（表）　86

党建工作　85a
第二次医学影像物理和工程国际会议　87c
第三届泛太平洋地区高能自旋物理会议　87b
电子显微镜实验室　86b
发展概况　84b
非线性动力学与生物技术实验室　86a
交流与合作　86c
教学工作　85b
科技成果转化　86b
科研工作　85c
人工微结构和介观物理国家重点实验室　85c
师生员工　84c
实时在线拉曼光谱仪　86c
物理大楼翻修改造工程　87c、411b
学生工作　85a
中德高功率质子加速器物理与技术学术研讨会　87b
重大事件　88a
物资供应中心　376b

X

西部大开发　290b
西二旗安宁西里小区经济适用房项目　371a、371b
吸引一流人才　66a
系级财务查询系统　35b
细越奖学金　572a
现代教育技术中心　328b
　　CETA 网站　329b
　　北京大学教育信息资源库系统（平台）的研究与开发　328c
　　第二届年会暨学术交流会　329b
　　发展概况　328b
　　技术服务　329a
　　教师培训　329a
　　《教育技术》刊物　329b
　　科研开发　328c
　　全国高等学校教育技术协作委员会　329b
　　协作委员会工作　329b
　　现有人员编制构成（表）　350
香港城市大学校长奖助金　576b
向校外输送干部　450c
象征性冬季长跑　479a
消防工作　476a
晓龙奖学金　576a
校办产业　2a、30b、70a、288a
校报工作　460a
校本部 1995 年以来仪器设备（800元以上）拥有量一览（表）　380
校本部办理离退休手续统计（表）　357
校本部成套家属房统计（表）　379
校本部出售公有住宅楼房情况一览（表）　380
校本部党员状况　448c
校本部房屋基本情况汇总（表）　376b
校本部各单位博士后在站情况（表）　359
校本部各分会非教师系列职务评议结果（表）　355
校本部各类岗位统计（表）　354
校本部各学部副教授（副研究员）评议结果（表）　355
校本部各学部教授（含研究员）评议结果（表）　355
校本部各学部通过的副教授（副研究员）年龄和学历结构（表）　355
校本部各学部通过教授（研究员）的年龄和学历结构（表）　355
校本部公用房调整情况一览（表）　376
校本部和医学部在财务管理上的深度融合　365b
校本部教师队伍的年龄结构（表）　350
校本部教职工住宅现状情况（表）　379
校本部教职员工基本情况一览（表）　350
校本部民主党派组织机构状况（表）　467
校本部人防工程（含普通地下室）统计（表）　379
校本部人事干部培训班　353a
校本部失业保险缴费情况统计（表）　357
校本部土地资源基本情况汇总（表）　376b
校本部现有人员编制构成（表）　350
校本部校级综合预算执行情况　35a
校本部新任教职员岗前培训班　353a
校本部养老保险缴费情况（表）　357
校本部与医学部实质性融合　13b、29a、32a
校发文件　527
校风建设　15a
校机关各部门、工会、团委负责人　74
　　校本部　74
　　医学部　75
校级后备干部库　451c
校级领导干部　72、450b
　　自测　469b
校际合作项目　343b
校际交流　341b、342b
校领导分工调整　30b
校内国际交流网络建设　67a
校内开放大型仪器设备清单　380
　　校本部　380
　　医学部　381
校内收费行为规范　365c
校企改制　288a
校史馆工程　411c
校务公开制度　469a
校友工作　427
校园 110　476c
　　研讨　475b
校园管理服务中心　416a
　　保洁服务　416b
　　茶饮服务　416b
　　绿化环卫　416b
校园规划　341a
校园规划委员会　340b
校园环境秩序整治　474c
校园监察小组　476b
校园精神文明建设　477a

校园网建设　2a
校园文化　462c、501a
校园文化建设　457a、458c、495b
校园文化节　501c
校园稳定　25b
校园秩序管理工作　476b
校院系三级建制二级管理体制改革　23a
校长信箱　413a
校长许智宏在北大论坛开坛仪式上的致辞　61
校长许智宏在国际交流与合作工作研讨会上的讲话　63
校长许智宏在科研工作会上的讲话　52
校长许智宏在秋季全校干部大会上的讲话　26
协会活动　482a
谢培智奖学金　578a
谢义柄奖学金　578a
心理学楼加层　411c
心理学系　111a
　　教学工作　111c
　　科研工作　111a
　　唐钺先生诞辰110周年纪念大会暨《唐钺文集》首发式　113b
　　午餐学术研讨会　111b
　　行政人事工作　113a
　　学生工作　111c
　　学术合作与交流　112b
心血管学重点实验室　261c
新建工程　411b
新建研究中心　267
新任教职员岗前培训班　353a
新生奖学金　565、566a
新生入学教育　484a、491b
新闻媒体宣传　457a
新闻网工作　461a
新闻与传播学院　129b
　　编辑出版　130b
　　传播学　130b
　　发展概况　129b
　　发展指导委员会　131b
　　广播电视新闻　130c
　　广告学　130b
　　国际文化交流　130b
　　合作交流　130c
　　机构设置（图）　129
　　教学　131a
　　科研　131a
　　网络传播　130b
　　新闻学　130b
　　学院成立大会　130a
　　学院历史　129c
　　专业设置　130b
新兴交叉学科　231c
新一届医学部纪委　471b
新增人员的类别及学历分布（表）　351
信访工作　469c
信访受理　472b
信息管理系　139a
　　教育　140b
　　发表著作一览表（表）　141
　　发展概况　139a
　　科研工作　139c
　　科研项目一览表（表）　140
　　学科建设　139a
信息化校园　33b
信息科学中心　156b
　　成果转化　158a
　　发展概况　156b
　　公安指纹自动识别系统　158a
　　合作交流　157c
　　科研工作　157b
　　课程建设　157b
　　学科基地建设　157b
　　学科建设　157a
　　研究方向　156c
信息与工程科学部学术委员会　73
行动计划专项资金　364a、365b
　　预算执行情况　35a
邢其毅　505b
形势政策教育　483b
休养活动　479c
修订规划　339c
徐光宪　505c
许家瑞　2b
许智宏　2a、3a、21、26、52、61、63、72、11b、236b、512b
宣传工作　457
指导思想　457a
宣传教育　469b
宣传引导　494c
宣传阵地建设　462a
选课制度改革　197a
　　成绩登录　197b
　　考试　197b
　　退课　197a
　　选课　197a
选留毕业生的分布（表）　351
选修课课程建设　490c
选作风好的人　451a
学部学术委员会　73
学风　15a
学风建设　15a
学科布局　14b、27b
学科规划　340c
学科规划委员会　340b
学科建设　12a、13a、22a、27b、38b、69a、70b、196
　　项目　231b
学科交叉　54a、54b
学科交叉和结合　40a
学科交叉建设　22b
学科结构　1b
学科联合工作　424a
学科融合问题　41b
学科整合　27b、38a、69a
学科专业目录　242
学生保险工作　491b
学生参与国际交流　66a
学生党员　453c
学生党支部核心作用　484a
学生党组织思想和作风建设　484a
学生德育工作　489c
学生工作　482
　　干部队伍建设　482b、490a
　　先进单位和班集体评比　485a
　　宣传工作　484b
　　整体规划　484b
学生骨干队伍建设　483a
学生骨干培养　498a
　　体系　483a
学生管理　33a
学生会　496a

学生奖励获得者 552
学生奖励评选工作 484c
学生结构 1b
学生日常管理 484c、491b
学生社团 495c
    管理 496c
学生思想调研 490a
学生思想政治工作 33a
    预见性和针对性 483a
学生思想政治教育 494a
学生素质综合测评体系 484c
学生宿舍45#甲楼 411b
学生宿舍管理服务中心 416b
    安全保卫工作 416c
    安全秩序 416c
    管理服务工作新举措 416c
    家具科 417b
    木工厂 417b
    暑期送旧迎新工作 417a
    宿舍管理队伍建设 416c
    文明卫生宿舍标兵评比 417a
学生宿舍加固接层 412b
学生文化活动硬件建设 490c
学生信用档案 485c
学生艺术团2001年演出活动（表） 150
    学生交响乐团 150
    学生民乐团 150
    学生舞蹈团 150
学生自我教育 483c
学生综合素质评估 491c
学生组织 495c、501a
学术环境 55a
学术活动 495b、496b
学术交流 38a
学术科技 495a
学术评审投诉案审理程序 230a
学术梯队建设 361a
学术委员会 72
学术研究 63a
学位工作 232a、234c
学位评定委员会 73
学位授权点及培养点建设 234c
学位授予 232a、236a
学位与研究生教育发展战略研究组 229c

学位与研究生教育工作改革措施 229b
学习贯彻第十九次全国统战工作会议精神 465c
学习贯彻三个代表重要思想 8a、457c
学习情况调研 490a
学习优秀奖 558b
学校财务工作面临的若干问题 36a
学校发展战略 14a
学校经费 34b
学校面临的主要困难 36b
学校收支 363a

Y

严格、透明、公平、效益、服务的十字指导方针 34a
言传身教 44a
研究基地建设 22b、39b
研究生毕业鉴定工作 487c
研究生毕业教育 487c
研究生公共外语教学 229c
研究生骨干学校 498b
研究生国际交流 233a
研究生会 496a
研究生教务管理 231c
研究生教育 69b、229
    改革 229a
    工作研讨会 229a、230b、233a
研究生就业特点 492c
    分析 487b
研究生就业指导 487a
    分配工作 492c
    服务工作 487c、493b
研究生课程教学大纲修订工作 234a
研究生培养工作 13a、234a
    管理软件系统 234c
    培养质量 231b
研究生培养计算机辅助管理 231b
研究生三助岗位津贴 231b
研究生思想政治工作 490b
研究生外语教学改革 234a

研究生网上选课 231b
研究生问题 56b
研究生学籍管理 232a、234a
研究生院 229a
    自身建设 230a
研究生招生 230a、233c
    招生计划和专业目录 230b
    招生录取工作委员会 229c
研究生支教志愿者 497a
研究生主要课程进修班工作 234c
研究资助概表（表） 431
研修项目 253b
燕东园幼儿园工程 411c
燕园街道办事处 442
    发展概况 442a
    精神文明建设 443b
    社区居委会建设 443a
    重点工作 442a
燕园派出所 474c
燕园社区服务中心 440
    企业名录（表） 441
杨承运 49b
杨芙清 509c
杨芙清王阳元院士奖学金 571b
杨福家 2a
杨立铭 502c
杨乃英奖学金 577c
杨清钦奖学金 577a
杨应昌 503a
养老保险缴费情况（表） 357
遥感与地理信息系统研究所 92b
    出版科技专著、教材（表） 94
    对外交流 94a
    发展概况 92b
    科研成果 94a
    科研项目 93a
    科研项目（表） 93
药厂 294b
    GMP改造 294c
    北大药业改制工作 294c
    北大药业有限公司 294c
    技术改造 294b
    斯利安项目推广 294b
药品集中招标采购 425b
药学楼接建工程 412b
药学院 159a

索 引

863资助项目简表(表) 161
985资助项目简表(表) 161
发展概况 159a
国家自然科学基金资助项目
　简表(表) 160
获奖的科研成果(表) 160
获专利的科研成果(表) 160
教学活动 159b
科研工作 159c
学科建设 159b
业余团校 500a
一个目标 70b
一字级同学身边的人和事专题展
　览 322a
医德医风教育 489c
医科到校科研经费(表) 263
医科获准国家自然科学基金项目
　与经费(表) 264
医科科研 256
　成果获奖情况 267
　经费统计(表) 264
医科在研项目(表) 262
医疗卫生行业作风建设 472c
医疗信访 424c
医疗指标 424a
医疗质量管理 424b
医学部211工程进口仪器设备一
　览(表) 398
医学部保卫处 475b
医学部保卫工作 475a
医学部北京市科技合同项目(表)
　266
医学部本、专科生教育教学 200a
　本专科招生工作 201c
　成人学历教育教学工作
　　201a
　各专业录取最高分 202a
　基础课程教学质量评估
　　200c
　教材建设 200c、201b
　教室建设与管理 202b
　教学改革 200b、201b
　教学管理队伍培训 201c
　教育教学工作 200a
　教育教学工作成果 201a
　课程建设 201b
　临床教学基地建设 201a

全国高等医学教育教学质量
　监控培训班 201c
师资队伍建设 200c
网络课程 201c
医学高等职业教育 202b
医学教育教学建设 200c
医学教育模式改革与研究
　200b
招生工作 201c
医学部本专科毕业生就业指导
　492a
医学部毕业研究生去向统计(表)
　493
医学部产业管理 293c
　北京北医投资管理有限公司
　　294a
　改制概况 293c
　企业经济工作 294a
医学部出版著作及发表论文(表)
　274
医学部出国学习人员学历、专业技
　术职务、年龄分布情况(表)
　361
医学部创收收入分配方案重新制
　定 365c
医学部档案馆 322b
　档案工作管理 323a
　档案利用与服务 323a
　档案收集与整理 322c
　发展概况 322b
　馆藏档案 322b
　继续教育和培训 323a
医学部第三届教职工代表大会第
　三次会议 480b
医学部第十次党代会 454c
医学部第一届教职工羽毛球比赛
　481c
医学部对外费用支付合同重新签
　订 366a
医学部对外交流 345b
　发展概况 345b
　国际合作项目 345c
　国际交流 345b
　国外奖学金申请工作 345c
　台港澳地区及国外奖学金的
　　申请工作 345c
医学部房屋固定资产数据信息管

理系统 374b
医学部负责人 74
医学部高级职务任职资格评审情
　况(表) 362
医学部工会工作 480a
医学部共青团工作 498c
医学部后勤工作 420a
　北医后勤服务总公司 421c
　城内学生服务中心 423c
　电梯管理 423b
　给排水工作 423a
　公费医疗 421b
　后勤改革 420a
　环境整治 423a
　继续教育 421b
　节能工作 421a、423a
　绿化工作 423b
　热力供应中心 422b
　社区服务中心 422b
　社区居民管理中心 422b
　校舍维护中心 423a
　修缮工程 423b
　学生公寓管理中心 422c
　医学部医院 421b
　饮食服务中心 422a
　运输服务中心 422b
医学部会议中心 463a
医学部基建工作 412b
医学部纪检监察工作 471a
医学部纪委 471b
医学部继续教育 249b
　对内继续教育 249c
　高层次继续医学教育 249b
　国家级继续医学教育培训基
　　地 249c
　继续医学教育工作总结交流
　　表彰大会 250a
　继续医学教育培训基地
　　249c
　医学网络教育学院 250c
　远程教育 249c
　住院医师规范化培训 249b
医学部教育技术中心 329c
　北医电视台 330b
　多媒体教学实验室 330a
　发展概况 329c
　基础设施建设 330a

教材建设　330b
教学服务　330b
医学摄影工作室　330a
音视频技术工作室　330a
远程教育　330c
综合业务办公室　330a
医学部教育教学工作　200a
医学部教职工队伍建设　360c
医学部接受国外捐赠科教仪器一览（表）　410
医学部晋升高级职务人员的年龄、学历结构情况（表）　362
医学部经济适用住房政策　374c
医学部开展高层次继续医学教育统计（表）　252
医学部科研工作　259b
医学部离退休人员办公室　362c
医学部留学生工作　255b
医学部落实党风廉政建设责任制领导小组　471c
医学部民主党派组织　465c
医学部聘请的客座教授（表）　623
医学部人才服务与培训中心　362b
医学部人事处　360c、362b
医学部人事管理　360a
医学部社会科学与人文科学教学部　189a
　　发展概况　189a
　　教学工作　189a
　　科研活动　189b
　　学科建设　189a
医学部申报国家863计划中标项目（表）　265
医学部审计工作　368b
医学部生源质量和生源数量　198a
医学部世行贷款高教发展项目进口仪器设备一览（表）　400
医学部统战工作　465b
医学部外语教学部　188b
　　发展概况　188b
　　科研活动　188c
　　学科建设　188c
医学部校务公开实施办法　480b
医学部校医院纳入医学部财务处统一核算与管理　365b

医学部新闻中心　462a
医学部信息中心　333c
　　培训工作　334a
　　人员情况　333c
　　网络建设　333c
　　信息建设　333c
医学部宣传部　461c
医学部宣传工作　461c
医学部学生工作　489a
医学部学术委员会　74
医学部研究生教育　233a
医学部在职教师学历结构情况（表）　360
医学部专业技术人员年龄结构情况（表）　361
医学部专业技术人员职务结构情况（表）　360
医学部资产管理　374b
医学部组织工作　453b
医学教育　69a
医学教育模式　40a
医学图书馆　307a
　　CALIS全国医学文献信息中心　308a
　　CALIS项目　307c
　　读者服务　307c
　　继续教育　308a
　　教学与培训　308a
　　书刊编目　307b
　　书刊剔旧　308b
　　数字图书馆建设　307b
　　文献采访　307b
　　资源共享　307c
医学学士　588a
医学专业学位培养工作　234b
医药奖　581b
医药科工作委员会　235c
医药卫生分析中心　334a
　　985仪器申请书论证报告及专家论证报告　336a
　　测试服务与创收　334b、335c
　　蛋白质组学研究平台　335a
　　放射性药物联合实验室　335b
　　计量认证复查换证评审工作　336c
　　加拿大魁北克医学研究基金

会项目　336c
　　教学工作　334c、336a
　　科研工作　334c
　　生命元素谱　336c
　　生性寄生虫金属抗药性的研究　336b
　　实验室建设　334c
　　体制改革　334a
　　同位素稀释法测定环境样品中痕量元稳定素　336b
　　卫生与环境分析室　336a
　　新仪器新功能开发　334c
　　药学与化学分析室　335c
　　医学与生物（细胞）分析室　334b
　　仪器维修与维护　336a
《医苑学人》　463b
医院管理　424
　　改革　424a
仪器设备（800元以上）拥有量一览（表）　380
仪器设备不及格原因　373a
仪器设备管理　372b、373a
艺术教育　198b
艺术学系　149a
　　发展概况　149a
　　高校影视编导专业教学研讨会　149c
　　科研活动　149c
　　学生交响乐团　150
　　学生民乐团　150
　　学生舞蹈团　150
　　学生艺术团2001年演出活动（表）　150
　　影视编导本科专业　149b
异地办学　341b
因公出国（境）人员统计（表）　346
　　校本部　346
　　医学部　347
因私出国（境）人员统计（表）　348
银行账户清理整顿　36b、366a
英语教育　28b
用好的作风选人　451a
优秀班集体　549
优秀班主任奖　548
优秀毕业研究生挂职锻炼选拔　488b

索　引

优秀博士生学位论文评选　232b
优秀博士学位论文（表）　237
优秀博士学位论文世顺奖颁奖仪
　　式　230a
优秀德育奖　548
优秀科研论文目录　271a
优秀人才引进和培养机制　24a
优秀学生干部　556b
优秀医学生单项奖　580a
优秀医学生二等奖学金　579a
优秀医学生三等奖学金　579b
优秀医学生特等奖学金　578b
优秀医学生一等奖学金　578b
优秀医学新生奖　581b
优秀主干基础课（表）　223
　　　理科组　223
　　　文科组　223
优秀组织活动设计、实施竞赛活动
　　456b
有突出贡献的中青年专家　352b
幼教中心　418a
　　　办园方向　418a
　　　教科研水平　418c
　　　教师队伍优化　418c
　　　科学管理　418b
　　　立体式教育模式　419a
　　　内练功底，外树形象　418b
　　　卫生保健工作　419a
　　　学校教学实验工作　418c
　　　依法办园　418b
　　　用人机制改革　418b
于幼军　236b、36c
余景山奖学金　578a
与地方的产学研合作　25a
与港澳台地区的学术交流与合作
　　343a、343c
与河南省的合作　290c
与辽宁省的合作　291a
与宁夏回族自治区的合作　291c
与农业银行、教务部的合作　365c
与山东省的合作　291b
与卫生部的关系问题　41b
预备热身　486b
预决算透明度　35a、365a
预算改革　365a
预算执行情况审计工作　366c
元培计划　196b

元培计划管理委员会　189c
　　本科教育和教学改革计划
　　　189c
　　弹性学制　190b
　　导师制　190b
　　发展概况　189c
　　教务工作　190c
　　教学改革　190a
　　行政设置　190b
　　学分制　190a
　　学生工作　190c
　　学习和交流　191a
　　元培计划管理委员会委员暨
　　　导师名单（表）　191
　　元培计划实验班　189c
　　自由选择专业　190b
园区附属设施改造　440c
园区商业服务网点整治　440c
原北京医科大学211工程九五期
　　间建设项目验收专家组意见
　　3b
原始性的、创新的重大成果　53b
远程教育工程项目　258b
院士　352a、02
院系复试权重　229b
院系情况　81
院、系、所、中心负责人　76
　　校本部　76
　　医学部　78
院系调整　27b
岳庆平　342c
岳素兰　5b、72
运输中心　417b
　　车辆发展情况　417c
　　服务质量　417c
　　家佳搬家公司　417c
　　驾驶员岗位培训　417c

Z

再制毛主席用瓷捐赠仪式　328a
在北大论坛开坛仪式上的致辞
　　61、62
在北京大学三讲教育回头看活动
　　动员大会上的讲话　6b
在北京大学三讲教育回头看活动
　　通报会上的讲话　11b

在本科教学工作会议上的讲话
　　48
在本科教学工作会议总结会上的
　　讲话　50
在春季全校干部大会上的讲话
　　16、21
在岗博士生指导教师名单　237
在共产主义旗帜下成长图片展
　　459b
在国际交流与合作工作研讨会上
　　的讲话　63、64
在建工程　412a
　　自筹基建经费缺口问题　37a
在科研工作会上的讲话　52、57
在秋季全校干部大会上的讲话
　　26、31、34、37、39
在师德建设工作会议上的讲话
　　43
在文科教师大会上的讲话　59
在校研究生统计（表）　245
在校院士　502
　　中国工程院农业轻纺与环境
　　　工程学部　516b
　　中国工程院生物医学学部
　　　516c
　　中国工程院信息与电子工程
　　　学部　516b
　　中国科学院地学部　507b
　　中国科学院化学部　505a
　　中国科学院技术科学部
　　　509a
　　中国科学院生物学部　512b
　　中国科学院数学物理学部
　　　502a
在职教师学历结构情况（表）　360
在职人员申请学位　235a
择业观　486b
责任网络　472a
责任主体到位　471c
曾宪梓奖学金　568b
增员的分布（表）　351
增员情况　350a
翟中和　512c
张恭庆　502b
张继达　445c
张礼和　516a
张潇　506a

张青莲 505a
张世英 123b
张思明 445c、446a
招生工作 23b、28a、37b、197c、230a
招生监察办公室调整 469a
招生情况 197c
招生宣传和队伍建设 13a
招生执法监察 473b
招投标工作 473c
赵柏林 508a
赵存生 72
赵敦华 122b
赵光达 504c
赵鹏大 2b
赵钰琳 445c
哲学系、宗教学系 121b
 爱智杯系列学术活动 127a
 德里达北大演讲 126c
 动向 121b
 发展概况 121b
 哈贝马斯北大演讲 126b
 黄楠森80华诞学术研讨会 125a
 教学与研究生培养研讨会 122a
 马克思主义与全球化学术研讨会 123c
 全球化问题的研究方法问题 124c
 全球化与马克思主义的阐释效应问题 124a
 全球化与现代化的关系 124a
 哲学概论课 123b
 中日宗教学、哲学学术研讨会 126b
哲学学士 586a
振兴行动计划经费预算执行情况审计调查 367a
整改措施补充 11a
整改方案落实 11a
整改情况通报 454c
整体规划问题 14b
正常进口仪器设备一览(表) 401
 校本部 401
 医学部 403

正常设备进口采购 373b
政保工作 475c
政风 15b
政府采购问题 36b
政府管理学院 31b
 党团工作 133b
 对外交流 133a
 教学工作 132b
 科学研究 132c
 学院成立 131b
 政治学研究基地 131c
政要来访 343b
政治理论素质 482c
政治意识 16b
支部建设 456b
支部书记培训工作 455b
支出结构 363c
支出结构分析(图) 364
支出预算 35a
芝生奖学金 578b
执法监察工作 473b
直属、附属单位负责人 79
 校本部 79
 医学部 79
职工安康保险 482a
职工福利 482b
职工个人工资查询系统 35b
职工和学生入党积极分子培养教育工作 455b
职工教育 480c
职工消费合作社 480a
职工之家建设工作考核复验 478b
职工住房档案 374c
职工住房分配 482b
职务评聘工作 30a
制度化建设 452c
制度建设 340a、468c、499a
治安防范 474c
治安综合治理工作 475c、476b
治学态度 44b
治学严谨 44a
智力引进工作 343c
中层干部年龄统计比较(1998—2001)(表) 450
中层干部培训班 455c
中层后备干部库 451c

中层领导班子调整和换届工作 451
中层领导班子和领导干部届中考察 452b
中共北京大学临时纪律检查委员会调整 470b
中古史研究中心翻建工程 412a
中关园拆迁户 479b
中国传统文化研究博士班 231c
中国高等教育文献保障系统 305b
中国高校科学技术奖 268a
中国古代碑帖拓本展览 304c
中国国家交响乐团专场音乐会 458c
中国经济研究中心 153b
 发展概况 153b
 学科建设 153c
 学术交流 153c
 严复年度经济学纪念讲座 154a
中国科学院奖学金 574b
中国研究生院长联席会 232b
 2001年工作会议 232b
 2001年年会 233a
 2001年夏季研讨会 232c
中国药物依赖性研究所 185b
 成果与进展 185b
 发展概况 185b
 药物滥用的脑功能显像研究 185c
 药物滥用复吸干预模型的建立 186a
 药物滥用流行病学调查与药物滥用监测项目 185b
 镇痛药评价方法研究及应用 185c
中国语言文学系 113b
 多元之美比较文学国际学术研讨会 115a
 发展概况 113b
 获北京市高等教育教学成果奖情况(表) 114
 获全国高等教育教学成果奖情况(表) 114
 纪念魏建功先生诞辰一百周年暨《魏建功文集》出版学

术研讨会　114c
　　教学工作　113c
　　科研活动　114a
　　学生工作　114b
中华医学科技奖　269b
中纪委五次全会精神贯彻　471c
中科院化学研究所和北大化学学
　　院2001年学术报告会　103b
中科院院士　352a
中青年后备干部培训工作　455c
中医药　54a
忠诚党的教育事业　43b
钟惠澜　174b
重大基础研究计划　257c、260b
重大警卫活动　474b
重大研究计划　257b
重大重点项目　22b
重点实验室　261c
　　评估　256c
重点实验室名录（表）　266
重点推广项目　296
重点项目　257a、260a
重点学科规划　22b
重点学科建设　1b
重点学科评审　232a
重点学科申报　22b、27b、37b、
　　232a
周其凤　507a
周一良　117c
朱作言　513a
主题教育活动　483c

住房管理　370a
住房普查工作　370b
住房制度改革研讨会　371a
住房资源开拓　370b
住友商事　576a
助学贷款　491c
助学工作　485a
　　新局面　485b
　　新思路　485a
助学金资助概表（表）　430
著作统计　270
专科毕业生　582
专利授权与申请情况　277
专题民主生活会　472b
专文　16
专业技术人员年龄结构情况（表）
　　361
专业技术人员职务结构情况（表）
　　360
专业技术职务聘任　353c、361b
　　非教师系列　354a
　　教师系列　354a
　　聘任原则　354a
　　聘任总量　354a
专业技术职务评审委员会　72
专业学位　235b
庄辉　518a
椎名医学奖　580b
资产管理　369
资产管理部　369a

资源杯教工田径运动会　478c、
　　481c
资源配置　14b
自查自纠工作　9a
自查自看　454b
自强不息　44a
宗教学系　121b
综合竞争力　54a
综合优势　54a
综合预算执行情况　35a
总体办学效益　365a
总体财务状况　363a
总体指导思想　31a
总务部工作　412c
总务部基础设施改造工程一览
　　（表）　420
总务系统工作　412c
　　财务管理　413b
　　后勤服务　413c
　　人事管理　413a
　　运行管理　413c
组织部工作基本经验　453a
组织部工作基本思路　453b
组织部门自身建设　457a
组织工作　448
组织管理问题　41b
作风建设　13b
作风转变　17b

（肖东发　王彦祥）